Vahlens Handbücher
der Wirtschafts- und Sozialwissenschaften

Management

Eine verhaltenswissenschaftliche Perspektive

von

Dr. Wolfgang H. Staehle

Professor für Betriebswirtschaftslehre
an der Freien Universität Berlin
Institut für Management

6., überarbeitete Auflage

Verlag Franz Vahlen München

Die Deutsche Bibliothek – CIP-Einheitsaufnahme

Staehle, Wolfgang H.:
Management : eine verhaltenswissenschaftliche Perspektive /
von Wolfgang H. Staehle. – 6., überarb. Aufl. –
München : Vahlen, 1991
    (Vahlens Handbücher der Wirtschafts- und Sozial-
    wissenschaften)
ISBN 3 8006 1583 5

ISBN 3 8006 1583 5

© 1991 Verlag Franz Vahlen GmbH, München
Satz und Druck: C.H.Beck'sche Buchdruckerei, Nördlingen

Zusätzliche
Bedingung

Wichtig
ist nicht nur
daß ein Mensch
das Richtige denkt

sondern auch
daß der
der das Richtige
denkt
ein Mensch ist

*Erich Fried**

Vorwort zur 6. Auflage

Tagtäglich werden Unternehmungen gegründet; einige wachsen und gedeihen, andere scheiden früher oder später wieder aus dem Markt aus. Können Organisationen lernen, sich an immer neue Anforderungen ihrer Umwelt anzupassen, oder sind sie den Selektionskräften des Marktes hilflos ausgeliefert? Daß Mitarbeiter permanent lernen und sich weiterbilden müssen, ist schon seit längerer Zeit Allgemeingut. Diesem Thema habe ich in der 4. Auflage ein neues Kapitel über **Human Resource Management** gewidmet. Aber auch Organisationen müssen lernen und sich weiterentwickeln. Die Fähigkeit von Organisationen zu lernen ist als ein zentraler Wettbewerbsvorteil erkannt worden, der Managementwissenschaftler und -praktiker in gleicher Weise beschäftigt.

In der vorliegenden Auflage ist deshalb das Kapitel D im 3. Teil völlig neu geschrieben worden. Es heißt jetzt: **Management des Wandels: Entwicklung und Veränderung von Organisationen** und liefert neueste Erkenntnisse auf dem Gebiet des organisationalen Lernens, der Organisationsentwicklung und Organisationstransformation.

Die restlichen Teile sind bis auf kleine Verbesserungen und Aktualisierungen unverändert beibehalten worden.

Berlin, im Juni 1991   *Wolfgang H. Staehle*

Vorwort zur 4. Auflage

Anläßlich eines Forschungssemesters, das ich im Winter 1987 an der Harvard Business School verbrachte, erhielt ich so viele neue Anregungen zum Thema *Management,* daß ich mich zu einer grundlegenden Überarbeitung

---

* (1921–1988) geb. in Wien, emigrierte 1938 nach England, Schriftsteller in London.

dieses Lehrbuchs entschloß. Die nun vorliegende 4. Auflage stellt das Ergebnis einer zweijährigen intensiven Beschäftigung mit den verhaltenswissenschaftlichen Grundlagen des Managements dar. Es ist praktisch ein neues Buch geworden. Im Literaturverzeichnis sind 580 neue Quellen aufgenommen worden, dafür aber auch 650 alte Quellen verschwunden; dies ist nur ein Indikator für die immer kürzer werdende Halbwertzeit des Managementwissens.

Teil 1: Management als Gegenstand von Forschung und Lehre
behandelt die historische Entwicklung der Praxis und der Lehre vom Management und deren Verankerung in der akademischen Aus- und Weiterbildung.

Teil 2: Verhaltenswissenschaftliche Grundlagen des Managements
behandelt auf drei Betrachtungsebenen
- Verhalten von Individuen
- Verhalten von Gruppen
- Verhalten von Organisationen
die in der Literatur vorliegenden verhaltenswissenschaftlichen Erkenntnisse über den Objektbereich *Management*.

Teil 3: Anwendung verhaltenswissenschaftlicher Erkenntnisse im Management
bietet eine Anwendung der im 2. Teil erarbeiteten Grundlagen auf die drei zentralen Managementbereiche einer Unternehmung:
- Unternehmungsstrategie
- Unternehmungsorganisation
- Personalmanagement.

Während sich die Teile 1 und 2 primär an *Studenten* und *Wissenschaftler* wenden, ist Teil 3 vor allem für den *Praktiker* konzipiert.

Da ein Großteil meines Leserkreises Frauen sind und auch in der Managementpraxis immer mehr Frauen tätig sind – amerikanische Management-Lehrbücher bieten neuerdings i. d. R. ein Kapitel über *women in management* – wäre es nicht nur ein Gebot der Höflichkeit, stets auch z. B. von Managerinnen oder Mitarbeiterinnen zu sprechen, was die Lesbarkeit des Textes allerdings stark strapazieren würde. Leider bietet die deutsche Sprache keine befriedigende Möglichkeit, die weibliche und männliche Person gleichberechtigt und gleichzeitig auszudrücken. Wenn hier also die männliche Person gewählt wird, bedeutet dies keineswegs eine Diskriminierung sondern eine Kurzform für *beide* Geschlechter.

Berlin, im Dezember 1988   *Wolfgang H. Staehle*

Inhaltsverzeichnis

Teil 1
Management als Gegenstand von Forschung und Lehre

Teil 2
Verhaltenswissenschaftliche Grundlagen des Managements

Teil 3
Anwendung verhaltenswissenschaftlicher Erkenntnisse im Management

Teil 1
Management als Gegenstand von Forschung und Lehre

Teil 1

A. Historische Entwicklung der Praxis des Managements

Die anglo-amerikanischen Managementhistoriker[1] sind sich einig, daß die Ausübung von Managementaufgaben im heutigen Sinn erstmals im Zuge der Industrialisierung (also etwa ab 1750) nachzuweisen ist. Andererseits machen sie deutlich, daß auch in der Antike und im Mittelalter (also in der vorindustriellen Zeit) Funktionen erkennbar waren, die man als Management bezeichnen könnte, wenngleich die spezifisch **ökonomische** Orientierung noch fehlt. Organisations- und Führungsprobleme treten hier vor allem bei der Verfolgung religiöser, politischer und militärischer Ziele auf. So wird darauf hingewiesen, daß schon mit der Entstehung der ersten Großorganisationen mit formaler Struktur Ägypter (Bewässerungsprojekte, Pyramidenbau), Hebräer (Gesetze *Moses*), Chinesen (Beratung durch Stäbe), Babylonier und Inder (Aufzeichnungen zum Zweck der Steuereintreibung), Griechen (*Plato*: Arbeitsteilung im Handwerk) und Römer (Infrastruktur des Reiches) Managementprinzipien und -techniken angewandt hatten.

Die allseitige Geringschätzung des ökonomischen und leistungsorientierten Denkens, vor allem durch Religion und Philosophie sowie feudale Gesellschaftsverhältnisse, verhindert bis hin zur Reformation eine verstärkte Beschäftigung mit Fragen des Managements mit ökonomischer Ausrichtung. Zwar werden im Verlauf der Kreuzzüge neben religiösen und machtpolitischen auch ökonomische Interessen verfolgt – ausgehend von Oberitalien (vor allem Venedig) haben sich Handel und Bankwesen entwickelt –, aber selbst bei der großzahligen Fertigung von Waffen, Schiffen und Tonprodukten verläßt man sich nach wie vor auf handwerkliche Produktionsweisen.

Erst die sozialen, politischen, technologischen und ökonomischen Veränderungen im 18. Jahrhundert, die zur Industrialisierung führen, schaffen sowohl die Notwendigkeit als auch die Voraussetzung für die Entwicklung des Managements in ökonomischen Organisationen (vgl. zum folgenden *Michel* 1953, *Bendix* 1960).

---

[1] Vgl. vor allem den hervorragenden Überblick bei *Pollard* 1965, *George* 1972 und *Wren* 1979 sowie für die deutsche Entwicklung *Kocka* 1969a und *Siegrist* 1987.

I. Die industrielle Revolution als Geburtsstunde des industriellen Managements

1. Industrialisierung in England

Die industrielle Revolution nimmt Mitte des 18. Jh. in England ihren Ausgang. Dies erklärt sich u. a. aus folgenden Umständen:

- Existenz eines großen, freien (Welt-)Marktes
  A. Smith[2] (1776) erkennt die zentrale Bedeutung der gesellschaftlichen und produktionstechnischen Vorteile der Arbeitsteilung für den Wohlstand einer Nation.
- Existenz eines liberalen Staates
  Der ‚Nachtwächterstaat' garantiert die freie Betätigung aller am Wirtschafts- und Gesellschaftsleben Beteiligten und beschränkt seine Eingriffe auf das Notwendigste (Manchesterliberalismus). Der Individualismus und der wirtschaftliche Liberalismus sind Voraussetzungen für die Entfaltung einer kapitalistischen Marktwirtschaft.
- Rechtliche Verankerung der Freiheit und Sicherheit der Person und des Eigentums.
- Akkumulation von Kapital in den Händen weniger Produzenten und Entstehung einer großen Klasse von Arbeitern als vermögenslose Konsumenten.
- Glaube an den Segen dieser Ordnung (freier Wettbewerb, Gewinnstreben, Selbstverantwortung) und eine puritanische bzw. protestantische Ethik.
  Der Christ soll arbeiten, um anderen nicht zur Last zu fallen und um Bedürftigen zu helfen. *M. Weber* (1920) sieht in dieser religiösen Überzeugung (Askese, harte Arbeit, strenge Pflichtauffassung) eine wesentliche Triebfeder des Kapitalismus.
- Technologische Innovationen
  1735 erste Spinnmaschine von *J. Wyatt*
  1769 erste Dampfmaschine von *J. Watt*
  1814 erste Dampfmaschine auf Rädern (Dampfwagen) von *G. Stephenson*.
  Historisch gesehen werden Managementfunktionen zunächst im Produktionsbereich notwendig, als der **gesellschaftlichen Arbeitsteilung** im Merkantilismus und später im Zuge der industriellen Revolution eine **produktionstechnische Arbeitsteilung** folgt. Diese Entwicklung spiegelt sich auch in den Schriften der englischen Management-Pioniere wider.
  Charles Babbage hat die Vorteile der Arbeitsteilung genauestens analysiert und sich – lange vor *Taylor* – für eine Verwissenschaftlichung des Manage-

---

[2] *Smith, Adam* (1723–1790) Prof. Logik und Moralphilosophie, Uni Glasgow.

ments eingesetzt. Der Erfinder des ersten Computers gilt heute als der Vorläufer von Operations Research und Management Science.

Robert Owen[3] hingegen sieht in der Arbeitskraft einen wichtigeren Faktor als in Maschinen und hat sich konsequenterweise für eine drastische Verbesserung der Arbeitsbedingungen eingesetzt. Nicht zuletzt deshalb wird er als Vorläufer der Human Relations Bewegung angesehen.

Im Mittelpunkt der Bemühungen von *Andrew Ure*[4] steht die Erziehung und Ausbildung von Managern und Arbeitern für das neue Fabriksystem in England. Seiner Auffassung nach liegen die Hauptprobleme zu Beginn der Industrialisierung nicht im Erfinden von Maschinen, sondern in der Anpassung der aus landwirtschaftlichen Berufen kommenden Arbeitskräfte an die Regeln der Fabrikarbeit und -disziplin.

Charles Dupin[5] hat dessen Ideen nach Frankreich getragen und damit deren Verbreitung auf dem Kontinent initiiert. Der große Vorsprung der Engländer im technisch-handwerklichen Bereich führt dazu, daß die deutschen Unternehmer Ingenieure und hochqualifizierte Handwerker aus England anwerben müssen, um die technologische Lücke allmählich zu schließen.

2. Industrialisierung in Deutschland

Ende des 18. Jh., als England schon zu weiten Teilen industrialisiert ist, präsentiert sich Deutschland noch als Agrarland; 85% der Bevölkerung leben auf dem Lande (*Michel* 1953, *Kocka* 1983). Die vorherrschende Produktionsform ist das Handwerk. Der Beginn der Industrialisierung wird für Deutschland mit den Jahren 1835–1845 angegeben. Verschiedene Entwicklungen haben diesen gesellschaftlichen und sozialen Prozeß ermöglicht bzw. gefördert.

• Vereinheitlichung der Währung und Wirtschaftspolitik sowie Schaffung eines wirtschaftlichen Großraumes

Noch zu Beginn des 19. Jh. ist Deutschland in eine Vielzahl von Einzelstaaten zersplittert. *List*[6] klagt in einer Eingabe an den Deutschen Bund: „Um von Hamburg nach Österreich, von Berlin in die Schweiz zu handeln, hat man zehn Staaten zu durchreisen, zehn Zoll- und Mauthordnungen zu studieren, zehnmal Durchgangszoll zu bezahlen." 1834 tritt der Zusammenschluß der deutschen Bundesstaaten zum deutschen Zollverein in Kraft; 1866 wird der Norddeutsche Bund geschlossen und 1871 das Deutsche Reich gegründet.

---

[3] *Owen, Robert* (1771–1858) britischer Unternehmer, engagierte sich für Neue Moral und Sozialen Wandel.
[4] *Ure, Andrew* (1778–1857) Prof. Chemie in Glasgow.
[5] *Dupin, Charles* (1784–1873) franz. Ingenieur.
[6] *List, Friedrich* (1789–1846) Prof. politische Ökonomie, Uni Tübingen, später Exil in USA.

- Niedrige Lohnkosten und hohe Nachfrage durch Bevölkerungswachstum
  Durch die Verbesserung der hygienischen Verhältnisse, der Gesundheits-
  fürsorge sowie der Ernährung fällt die Sterblichkeitsrate, und die Gebur-
  tenrate steigt. Auf dem Territorium des Deutschen Reiches leben um 1800
  23 Mio. Einwohner und um 1900 56 Mio. (*Kocka* 1983, S. 56 f).
- Laissez Faire-Liberalismus des Staates
  Durch flankierende staatliche Maßnahmen, wie Abschaffung der behördli-
  chen Konzessionierung des Fabrikbetriebs, d. h. Einführung der Gewerbe-
  freiheit (ab 1866), Erleichterung der Kapitalbeschaffung durch die Rechtsform der Aktiengesellschaft sowie Maßnahmen staatlicher Sozialpolitik zur
  Milderung sozialer Risiken, wie Krankheit, Unfall, Arbeitslosigkeit, wird
  die Industrialisierung gezielt vorangetrieben.
- Ausbau der Verkehrswege vergrößert die Absatzmärkte und erleichtert den
  überregionalen Handel
  1835 fährt die erste deutsche Eisenbahn von Nürnberg nach Fürth. Der
  Ausbau des Eisenbahnnetzes zum Rückgrat des Transportsystems liefert
  den Grundstock für eine der wichtigsten Wachstumsbranchen, den Maschinenbau. 1840 umfaßt das deutsche Eisenbahnnetz 420 km und zehn Jahre
  später schon 5875 km.

Der drastische Ausbau der Verkehrswege führt zu erheblichen Verhaltensänderungen der privaten Haushalte, die sich wiederum nachteilig auf das
Handwerk auswirken: Das lokale Angebotsmonopol vieler Handwerker
wird durch die neuen Verkehrsmittel gebrochen; Güter des täglichen Bedarfs und vor allem langlebige und modische Artikel werden aus anderen
Städten oder Ländern bezogen.

Im Zuge bahnbrechender Erfindungen haben sich im 19. Jh. folgende Industriezweige herausgebildet:

Dampfmaschine (ab 1835) → Maschinenbau
Farbenherstellung (ab 1850) → Chemische Industrie
Glühbirne, Elektrizität (ab 1880) → Elektrotechnische Industrie
Verbrennungsmotor (ab 1883) → Automobilindustrie

3. Industrialisierung in Nordamerika

Anfang des 19. Jh. ist in Nordamerika, das bisweilen fälschlicherweise als
das Ursprungsland des Managements angesehen wird, noch keine mit England vergleichbare Beschäftigung mit Fragen des Managements festzustellen.
Bis etwa 1840 überwiegen kleine Produktionsstätten mit hohem Anteil an
Kinderarbeit (Mangel an Arbeitskräften). Um 1900 tragen die Einwanderer
mit 40% zum Bevölkerungswachstum und mit über 70% zum Wachstum der
Industriearbeiter bei. Die Vielzahl alternativer Beschäftigungsmöglichkeiten
in einer stark expandierenden Wirtschaft fördert eine hohe geographische

Mobilität der Arbeiter, was allerdings gleichzeitig die Entwicklung eines soli-
darischen Arbeiterbewußtseins und einen organisierten Widerstand gegen die
negativen Folgen der Industrialisierung behindert (*Aldrich/Mueller* 1982).
Erst als Arbeiter aus europäischen Ländern mit einer gewissen gewerkschaftlichen Tradition und Erfahrung im Widerstand gegen Unternehmerwillkür
einwandern, nehmen auch Streiks und sonstige gewerkschaftliche Aktivitäten
ein für die Arbeitgeber bedrohliches Ausmaß an. Taylorismus (Scientific Management), Fordismus und Welfare Capitalism (Sozialpolitik) sind zum großen Teil auch als Antworten auf diese Unruhen zu interpretieren und stellten
über mehrere Dekaden erfolgreiche Strategien der Arbeiterbefriedung dar.

Bezeichnet man ein Land dann als weitgehend industrialisiert, wenn weniger als 50% seiner Bevölkerung im primären Sektor (Landwirtschaft, Forst-
wirtschaft, Fischerei) beschäftigt sind, dann sind die USA als spät industrialisiert anzusehen. Während England die 50%-Marke im Jahre 1841, Frankreich
1866 und Deutschland 1870 erreichen, gelingt dies den USA erst 1880 (*Bendix*[7] 1960, S. 342).

Ab 1850 ist ein stetes, z.T. stürmisches Wachstum der Industrie festzustellen. Breite Einwandererströme und hoher Kapitalzufluß ermöglichen diese
Entwicklung, in deren Mittelpunkt zunächst der Bau von Eisenbahnen, Stra-
ßen und Kanälen stand. Der Sezessionskrieg (1861–1865) bringt weitere
Wachstumsanreize. Die oben angesprochenen Arbeitsmarktprobleme und
der Wegfall der Sklavenarbeit veranlassen die amerikanischen Unternehmer
schon sehr frühzeitig, nach effizienten Formen der Mechanisierung und Rationalisierung zu suchen, wobei der Produktions- bzw. Werkstattbereich im
Mittelpunkt steht. Somit werden die USA schon ab 1870 in Fragen der Arbeitsorganisation und Werkstattausstattung zum Vorbild für Europa (vgl.
Kocka 1969 a).

Die wichtigsten Wachstumsbranchen sind Bergbau, Stahl, Textilien, Leder,
Fleischkonservierung und vor allem Erdöl; diese bescheren den USA das ‚Big
Business‘ und die ersten ‚Robber Barons‘ (*Vanderbilt, Rockefeller* u.a.), die
unterstützt von einem laissez faire-Kapitalismus und fehlender Sozialgesetzgebung lange Zeit das Land beherrschen. Mit *Sherman's* Antitrust Act 1890
versucht man die wildesten Auswüchse des Kapitalismus (vor allem Mono-
polsituationen) zu verhindern. Eine neue Generation von kreativen, innovativen Unternehmern (*Edison, Morse, Bell, Carnegie, Ford, Chrysler, Sears, Du
Pont* u.a.) initiiert dann die wissenschaftliche Analyse von Arbeit, Produktion und Management (vgl. *Chandler* 1977). Solche sog. **wissenschaftlichen
Analysen der Arbeit** in der Produktionswirtschaft gehen primär von einer
ökonomischen Fragestellung aus und richten ihr Hauptaugenmerk weniger
auf die Beziehungen zwischen **Mensch und Arbeit** als primär auf diejenigen
zwischen **Arbeit und Leistung.** Arbeit wird instrumentell als quantifizierbarer

---

[7] *Bendix, Reinhard* (1916–1991) geb. in Berlin, emigriert 1938 in die USA, Prof.
Soziologie, Uni Berkeley.

Input für technische Produktionsprozesse konzeptualisiert, wobei eine ökonomisch optimale Abstimmung von Arbeitsteilung, Arbeitszerlegung und Arbeitsverbindung mit Hilfe organisatorischer Hilfsmittel wie Arbeits-, Zeit- und Bewegungsstudien angestrebt wird. Eine solche mechanistische, an technischen Abläufen orientierte Organisationsauffassung ermöglicht es den Ingenieuren (wie etwa *Taylor* oder *Fayol*), die Organisation und Führung von Fabriken als ihr ureigenes Betätigungsfeld anzusehen.

II. Der Wandel der Produktionsformen

Die vorherrschende Produktionsform des 18. Jh. ist das **Handwerk.** Der Handwerksbetrieb umfaßt neben dem Meister eine kleine Zahl von Gesellen und Lehrlingen, die ohne Maschinen und ohne große Arbeitsteilung produzieren. Der Handwerker fertigt und kontrolliert sein Produkt von Anfang bis zum Ende selbst und verkauft es an den Abnehmer seiner Wahl.

Die nächste Stufe gewerblicher Organisation stellt der **Verlag** dar. Hier verbleibt zwar die Fertigung räumlich dezentral, der Heimarbeiter arbeitet mit seinen eigenen Produktionsmitteln zu Hause im Familienverband, die Rohstoffbeschaffung und der Vertrieb werden aber zentralisiert. Der Handwerker befindet sich in großer Abhängigkeit von einem Kaufmann, dem Verleger, der ihm die Roh- oder Zwischenprodukte beschafft und das Endprodukt verkauft. Der Verleger kann alle Waren kaufen bis auf die Ware ,Arbeitskraft'; dies unterscheidet ihn vom Produzenten bzw. Unternehmer.

In der **Manufaktur** wird die bislang nur auf ganze Funktionsbereiche (Beschaffung, Produktion, Absatz) beschränkte Arbeitsteilung vor allem im Produktionsbereich konsequent weitergetrieben. Zur arbeitsteiligen Aufgabenerfüllung werden in einer zentralen Fertigungsstätte zwar Werkzeuge, aber noch keine Maschinen eingesetzt. Die Handarbeit dominiert. Dagegen erfolgt eine Trennung von Leitungs- und Ausführungsaufgaben sowie von Wohn- und Arbeitsplatz.

Der wesentliche Unterschied der Manufaktur zur **Fabrik** besteht in der Verwendung mechanischer Kraft zum Betrieb von Werkzeugen und Maschinen. Als *zentrale* Energiequellen zum Antrieb der Aggregate stehen zunächst Wind, Wasser und Tiere, später Dampf und Gas zur Verfügung. Mit dem Aufkommen der Energieart ,Elektrizität' (um 1880) wird ein *dezentraler* Antrieb über Elektromotoren möglich, was die örtliche Konzentration der Produktion auf *ein* Fabrikgebäude technologisch überflüssig macht. Die Spezialisierung des Arbeiters auf einen einzigen, leicht zu erlernenden Arbeitsgang, nimmt zu; die Aufgaben- und Rollenteilung zwischen Arbeiter und Management (kaufmännische und technische Direktoren) wird weiter ausdifferenziert. Eine gewisse Mittlerfunktion zwischen Arbeiter und Unternehmer nimmt lange Zeit der **Meister** ein, dessen Position allerdings im Laufe der Zeit (spätestens im Zuge der Taylorisierung des Universalmeisters in acht Funktionsmeister) immer schwächer wird (vgl. z.B. *Wiedemann* 1967). In der Funktion des Zwischenmeisters (um 1800) kann er sich noch als Kleinunternehmer fühlen, da er selbständig und in eigener Verantwortung für bestimmte Produktionsbereiche Arbeiter einstellen, entlassen, entlohnen und bestrafen kann. Insgesamt ist das Fabriksystem durch hohe Mechanisierung, hohe Arbeitsteilung und Massenfertigung in großen zentralisierten Werkstätten gekennzeichnet; es ermöglicht durch die hohe Arbeitszerlegung den Einsatz ungelernter oder angelernter Arbeiter, erfordert aber auch als Folge der hohen Mechanisierung einen erheblichen Kapitaleinsatz. Dies wiederum verlangt nach möglichst exakten ökonomischen Daten (Prognosen, Planung, Rechnungslegung) verbunden mit der Schriftlichkeit betrieblicher Vorgänge und einer reibungslos funktionierenden, disziplinierten Arbeiterschaft, was die Formalisierung von organisatorischen Strukturen und Abläufen erforderlich macht. Hierzu sind **Managementfunktionen,** wie Planung (Prognose, Arbeitsvorbereitung), Organisation (Abteilungsbildung) und Kontrolle (Aufsicht, Rechnungslegung) notwendig. Während sich im Fertigungsbereich vor allem ‚overlooker‘ (Aufseher, Kontrolleure) als Vertreter einer neuen **Managementebene** herausbilden, werden auf der obersten Ebene unter dem Eigentümerunternehmer, dem Fabrikherrn, Spezialisten des Rechnungswesens benötigt. ‚Accounting‘ und ‚Engineering‘ bilden dementsprechend die Managementschwerpunkte im 19. Jahrhundert (*Brech* 1963).

Die Umstrukturierung der Organisation der gewerblichen Arbeit im Deutschland des 19. Jh. vom Handwerk hin zur Fabrik läßt sich eindrucksvoll an der Veränderung der **Zahl der Beschäftigten** in den jeweiligen Produktionsformen ablesen (vgl. *Kocka* 1983, S. 63 und 66). Um 1800 verteilen sich die insgesamt 2,2 Mio. im gewerblichen Sektor Beschäftigten (Gebiet des Deutschen Reiches) wie folgt:

    51% Handwerk
    44% Verlag
    5% Manufaktur, erste Fabriken.

Um 1900 verteilen sich die nunmehr 9,5 Mio. im gewerblichen Sektor Beschäftigten wie folgt:

    35% Handwerk
    5% Verlag
    60% Manufaktur, Fabrik.

Aus diesen Zahlen wird deutlich, daß das Verlagssystem lediglich eine Übergangsphase zum Fabriksystem darstellt, u.a. deshalb, weil es nicht annähernd die ökonomischen Vorteile der Arbeitsteilung und des Maschineneinsatzes wie im Fabrikbetrieb bieten kann.

III. Konsequenzen der Industrialisierung für das Management

Mit dem industriellen Wachstum und im Zuge der weiter oben beschriebenen Reorganisation von Produktionstätigkeiten verändern sich auch die Managementaufgaben. Der Managementbedarf im Sinne von planmäßiger Arbeitsvorbereitung, -einteilung und -überwachung, zunächst allein im Produktionsbereich erkannt, wird nun auch nach und nach in allen anderen Funktionsbereichen der Unternehmung bedeutsam: in Einkauf, Personalverwaltung, Forschung und Entwicklung, Finanzierung und Rechnungswesen sowie im Absatz.

Kennzeichnend für diese Entwicklungsstufe des Managements ist die aufkommende **Trennung von Eigentum und Unternehmungsführung** vor allem als Folge der laufend zunehmenden Unternehmensgröße. Die ständige örtliche und funktionale Ausdehnung der Unternehmungsaktivitäten und die damit verbundene höhere Komplexität der Führungsaufgaben zwingen die Unternehmer als Inhaber oder Hauptkapitalgeber dazu, besonders qualifizierte leitende Angestellte heranzuziehen. Es setzt damals schon ein Prozeß der allmählichen Loslösung der Leitung vom Kapitaleigentum und der ihm innewohnenden Entscheidungsgewalt ein (vgl. *Berle/Means*[8] 1932). Die Trennung von Management und Eigentum, die heute in fast allen mittleren und großen Unternehmungen anzutreffen ist, hat den Manager als Vertreter einer neuen Berufsgruppe, eines neuen sozialen Standes, hervorgebracht. Diese Tendenz – das **Aufkommen der Manager** – hat sich zwar bis heute immer stärker fortgesetzt, es ist jedoch keineswegs zu einer ‚Managerial Revolution‘ gekommen, wie sie *Burnham* (1941) prophezeite, wenn er die Vision von einer Übernahme der politischen und sozialen Macht durch die Klasse der Manager heraufbeschwört, die die beiden anderen Klassen, Kapitaleigentümer und Arbeiter, zur Bedeutungslosigkeit verdammen würde (vgl. hierzu ausführlicher *Staehle* 1989, S. 61 ff.).

In deutschen Unternehmungen ist auf der obersten Managementebene schon Mitte des 19. Jh. eine Zweiteilung in eine kaufmännische und eine technische Direktion anzutreffen, wobei zunächst keine eigene Stelle für General Management (Generaldirektion) vorgesehen ist. Erst mit Beginn des 20. Jh. finden sich vereinzelt Abteilungen für ‚Allgemeine Verwaltung‘ und/oder ein Generaldirektor (und somit ein dreigeteiltes System).

Ein besonderes Managementproblem, vor allem in den großen, örtlich dezentralisierten und hoch arbeitsteilig produzierenden Unternehmungen, be-

---

[8] *Berle, Adolf Augustus* (1895–1971) Prof. Gesellschaftsrecht, Columbia Uni, Law School.
Means, Gardiner C. (geb. 1896) Ökonom, beriet amerik. Regierung im Zuge des New Deal.

steht in der Koordination der unternehmerischen Entscheidungen auf den einzelnen Managementebenen. Mit *Kocka*[9] (1975, S. 85ff.) lassen sich zwei **Strategien der Koordination** unterscheiden: die familienbezogene und die bürokratische (vgl. auch *Pollard* 1965).

Bei der *familienbezogenen* Strategie zur Sicherung der Einheit der Führung rekrutiert der Unternehmungsgründer seine Führungskräfte aus dem Kreis von nahen und fernen Verwandten (Nepotismus). Der Familienloyalität wird eine hohe integrierende Kraft zugeschrieben, die auch bei großer räumlicher Distanz der Produktionsstätten eine einheitliche Unternehmungspolitik gewährleistet. Beispielhaft für diese Strategie ist die Koordination des Elektrokonzerns **Siemens & Halske** durch die drei *Siemens*-Brüder *Werner* (Berlin), *Carl* (St. Petersburg) und *William* (London) (vgl. *Kocka* 1969b sowie das Konzept der Organisationskultur, S. 465ff.).

Bei der *bürokratischen* Strategie verläßt sich der Fabrikherr mehr auf die fachliche Kompetenz der angestellten Manager denn auf Familienbande. Zur Sicherung einer einheitlichen Unternehmungspolitik ist dann jedoch ein Mindestmaß an formalisierten Regeln und Anweisungen hinsichtlich der Informations-, Autoritäts- und Verantwortungsstrukturen erforderlich. Bürokratische Koordination vertraut eher auf systematisches professionelles Management denn auf loyale Familienangehörige.

Insofern ist die Verwissenschaftlichung des Managements eine Folge des Überganges von familienbezogenen zu bürokratischen Koordinationsformen (zum Bürokratiemodell vgl. Abschnitt B I 3).

Neben der Entwicklung des Managements in industriellen Großunternehmungen gewinnen Managementtechniken auch in einem anderen klassischen Organisationstyp, der militärischen Organisation, immer mehr an Bedeutung. Schon *Clausewitz*[10] hat sich mit dem Management (vor allem Analyse- und Planungstechniken) von großen Armeen und der Verwissenschaftlichung der Entscheidungsfindung beschäftigt. Die großen militärischen Erfolge in der zweiten Hälfte des 19. Jh. führen zu einer weiteren Aufwertung militärischer Vorbilder und zu einer verstärkten Übernahme militärischer Organisations- und Führungsprinzipien durch Wirtschaftsorganisationen (vgl. auch den Strategiebegriff von *Clausewitz*, S. 561). Zudem sind die ersten Unternehmer und Manager häufig Offiziere (Kriegsbaumeister), die ihre Ausbildung an Artillerie- oder Ingenieurschulen genossen haben.

Im Zuge der Taylorrezeption (vgl. Kapitel B I und D) werden vor allem in Deutschland immer wieder Parallelen zwischen der Anwendung von Organisationsprinzipien im Heer und in der Industrie gezogen. So werden die Vorgänge des Ladens und des Präsentierens eines Gewehrs sowie des Schießvor-

---

[9] *Kocka, Jürgen* (geb. 1941) Prof. Geschichte, FU Berlin.
[10] *Clausewitz, Carl von* (1780–1831) preußischer General.

gang in kleinste Teilbewegungen aufgelöst, damit sie auch der unbedarfteste Rekrut möglichst schnell und fehlerfrei erlernen kann (vgl. *Hinrichs* 1981, S. 62 und 300).

IV. Konsequenzen der Industrialisierung für die Arbeiter

Die industrielle Revolution hat einen tiefgreifenden Wandel der Arbeit, der Arbeiter (Produktivkräfte) und damit der gesamten Gesellschaft (Produktionsverhältnisse) zur Folge. Aus Handwerkern und Bauern rekrutiert sich ein Heer von Industriearbeitern, das sich ohne Vorbereitung mit ungewohnten (un-natürlichen) Arbeitsinhalten (extreme horizontale und vertikale Arbeitsteilung, maschinenbestimmte Arbeitsabläufe), Arbeitsbedingungen (Arbeitszeit, Arbeitsumwelt) und Lebensbedingungen (Wohnung, Nahrung, Hygiene) abfinden muß.

Es entsteht somit eine neue Klasse zwar nicht rechtlich, aber sozial und materiell Unfreier – von *Marx*[11] als Arbeiterklasse bezeichnet – d.h. eine gesellschaftliche Schicht, die nicht über Eigentum an den Produktionsmitteln verfügt und ihre Arbeitskraft als einzigen marktgängigen Besitz an die Unternehmer verkaufen muß (*Kocka* 1983). „Die Arbeit erscheint nicht als die gesellschaftliche Macht, die sie ist, sondern verteilt sich auf viele Individuen, die unter dem Privateigentum dem Schein nach selbständig agieren" (*Jonas* 1974, S. 181).

Der Umstand, daß der Arbeiter nicht selbst über Produktionsmittel verfügt und somit fremder Herrschaft und Willkür unterworfen ist, sowie die Tatsache, daß der Arbeiter zur Zeit der Frühindustrialisierung unter zum Teil menschenunwürdigen Arbeitsbedingungen in einer ihm fremden Arbeitsumgebung arbeiten mußte, sind von *Marx* (1844) mit dem Begriff der **Entfremdung** belegt worden. Dabei unterscheidet er folgende Aspekte der Entfremdung (nach *Ludz* 1975 und *Israel* 1985):

• Entfremdung des Arbeiters vom Produkt seiner Arbeit.

Der Arbeiter verfügt weder über die Produktionsmittel noch über das Produkt seiner Arbeit und folglich steht das Ergebnis seiner Tätigkeit ihm fremd gegenüber. Indem der Gegenstand der Arbeit dem Arbeiter verlorengeht, tritt er ihm als fremde Macht gegenüber. Die vom Menschen geschaffene Technik und von ihm veränderte Natur werden vom Menschen nicht mehr beherrscht, sie gewinnen vielmehr Gewalt über ihn.

• Entfremdung des Arbeiters vom Akt des Produzierens.

Da der Arbeiter seine Tätigkeit nur als Mittel zur Bedürfnisbefriedigung

---

[11] *Marx, Karl* (1818–1883) Ökonom und Journalist, lebte nach 1848 überwiegend in London.

versteht und seine unmittelbaren Bedürfnisse nur außerhalb der Arbeit befriedigen kann, ist auch die Tätigkeit selbst entfremdet. Die Selbstentfremdung tritt ein, da die Arbeit nicht länger als ‚Lebenstätigkeit' aufgefaßt wird.

• Entfremdung des Arbeiters von seinen Arbeitskollegen.

Durch Arbeitsteilung, Konkurrenzkampf und kommunikationshinderliche Arbeitsorganisation werden die zwischenmenschlichen Beziehungen unterbrochen, die zu einer Befriedigung sozialer Bedürfnisse notwendig sind.

• Entfremdung vom Gattungswesen Mensch.

Durch Entfremdung vom Resultat der Arbeit wie von der Arbeitstätigkeit verliert der Arbeiter die Beziehung zu sich selbst. „Der Arbeiter fühlt sich erst außer der Arbeit bei sich und in der Arbeit außer sich" (*Karl Marx*).

Marx sieht die historisch vorfindbaren Produktionsweisen (den Stand gesellschaftlicher Organisation der Arbeit) als Produkt jeweils herrschender Gesellschaftsverhältnisse an.

Durch die ausschließlich instrumentelle Ausrichtung der Arbeit (Mittel zur Existenzsicherung) im ausgehenden 19. und zu Beginn des 20. Jahrhunderts konnten Fragen nach dem **Sinn von Arbeit** verständlicherweise kaum praktische Relevanz gewinnen. In jüngerer Zeit hat vor allem *Habermas*[12] anknüpfend an die *Marx*sche Terminologie von Produktivkräften und Produktionsverhältnissen mit den Konstrukten Arbeit (zweckrationales Handeln) und Interaktion (institutioneller Rahmen) die Diskussion über legitimationsvermittelnde Sinnproduktion von Arbeit neu belebt (*Habermas* 1968, 1981 ähnlich auch *Marcuse*[13] 1968). Versteht man Arbeit auch als kommunikatives Handeln zur Bestimmung vom Sinn dessen, was man tut, werden Entscheidungen über Art, Form und Verteilung von zu produzierenden Gütern sowie die Verteilung der Produktionsergebnisse problematisiert und Wünsche nach Entscheidungsteilhabe (Mitbestimmung) als legitime Forderungen auf dem Weg zu einer notwendigen Identifikation mit der Arbeit verstehbar.

Neben diesen gesellschaftstheoretischen Ansätzen erfährt der Begriff der Entfremdung (*Israel* 1985, *Ludz* 1975) sozial-psychologische Operationalisierungen mit dem Ziel, **Arbeitsverhalten** aus der Produktionsstruktur und den Arbeitsbedingungen zu erklären (*Blauner* 1964, *Kanungo* 1982) und produktionswirtschaftlichen Entscheidungen zugänglich machen zu können (*Gaitanides* 1975).

Das Phänomen der Entfremdung hat im Zuge fortschreitender Industrialisierung vor allem durch ständige Rationalisierungsmaßnahmen nichts an Aktualität verloren (vgl. *Conrad* 1988).

---

[12] *Habermas, Jürgen* (geb. 1929) Prof. Philosophie und Soziologie, Uni Frankfurt, ehem. Dir. Max-Planck-Inst. zur Erforschung der Lebensbed. der wiss.-techn. Welt.
[13] *Marcuse, Herbert* (1898–1979) geb. in Berlin, Philosoph der Kritischen Theorie, emigrierte 1934 in die USA, Prof. Columbia Uni, später Uni of California, San Diego.

Die Jahre nach der Reichsgründung (vor allem zwischen 1871 und 1914) sind durch eine kontinuierliche **Steigerung der Arbeitsproduktivität** gekennzeichnet, und zwar einerseits als Folge der weiteren Mechanisierung der Fertigung und andererseits als Folge einer systematischen Steigerung der Arbeitsintensität. Vor allem *Friedmann* (1952) hat sich mit den Folgen hochgradiger Arbeitsteilung in der mechanisierten Massenproduktion beschäftigt. Der Mensch wird seiner Einschätzung nach zum Anhängsel von Automaten und übt lediglich die Funktion eines Lückenbüßers in vom technischen Fortschritt noch ausgesparten Tätigkeitsbereichen aus. *Friedmann*[14] gilt heute als einer der Vorläufer der Bewegung ‚Humanisierung der Arbeit'. Nachdem die Wirksamkeit der Maschinen weitgehend wissenschaftlich erforscht und praktisch erprobt ist, rückt nun die Wirksamkeit des Menschen in den Mittelpunkt des Forschungsinteresses und, sobald umsetzbare Ergebnisse vorliegen (dargestellt in den nächsten Abschnitten), in den Mittelpunkt von Rationalisierungsmaßnahmen. Die einschlägige Literatur spricht dann auch in Analogie zu sachlichen Produktionsfaktoren vom ‚Fertigmachen und Fähigmachen des Menschenmaterials' (*Hinrichs* 1981, S. 25).

Diese Entwicklung wird jedoch von den Betroffenen nicht ohne Widerstand hingenommen. Das immer stärker werdende Aufbegehren der Arbeiter gegenüber den Fabrikherren äußert sich in individuellen und kollektiven Aktionen, wie Zurückhaltung der Leistung, Produktion von Ausschuß, Verlangsamung des Arbeitstempos, Streiks, Aufruhr, Demonstrationen.

V. Strategien der Herrschaftssicherung und Arbeiterbefriedung in Deutschland

Die mit der Industrialisierung und Rationalisierung für die Arbeiter verbundene Verschärfung der Belastungen durch die Arbeitsbedingungen sind in Deutschland ungleich gravierender als in den USA. Ziel der Maßnahmen ist stets, die Diskrepanz zwischen der potentiellen Leistungsfähigkeit des Arbeiters und seiner tatsächlich erbrachten Leistung zu minimieren (vgl. *Holzkamp-Osterkamp* 1981, S. 15, sowie *Volmerg* et al. 1986).

Die aus den USA stammenden Methoden der ‚wissenschaftlichen' Betriebsführung (vgl. *Nelson* 1980) zeigen in Deutschland ihre negativen Wirkungen vor allem darin, „daß diese Verfahren zu einem Prozeß der Veröffentlichung und Versachlichung des noch restlichen individuellen und verhüllten leib-seelischen Lebens des Arbeiters führten. In Deutschland kam es

---

[14] *Friedmann, Georges* (1902–1977) franz. Philosoph und Soziologe, Prof. Geschichte der Arbeit, Conservatoire des Arts et Metiers, Paris.

denn auch – in den Jahren vor 1933 – zur Auflehnung des einzelnen Arbeiters, der spürte, daß es um den Rest seines individuellen Lebens in der Arbeit ging, das in Betrieb und Kollektiv ohnehin genug aufgezehrt wurde" (*Michel* 1953, S. 221).

Es fällt auf, daß von den deutschen Unternehmern primär technologische und arbeitsorganisatorische Innovationen aus den USA übernommen wurden, während im Bereich der Personalpolitik eine andere Managementstrategie gewählt wird. Die Reallöhne werden nicht gesteigert, eher das Gegenteil; dafür aber soll die Arbeitsfreude angehoben werden. *Kocka* (1969 a) weist darauf hin, daß in der deutschen Managementliteratur um die Jahrhundertwende eine mit amerikanischen Verhältnissen vergleichbare Wertschätzung finanzieller Anreize und autoritärer Führung nicht festzustellen sei. Hingegen kann er aus historischen Quellen entnehmen, daß den Managern z.B. schon um 1911 psychologisch orientierte, indirekte Leitungstechniken, Anerkennung und Beachtung sowie Förderung und Zufriedenheit anempfohlen wurden.

Neben der Aufgabe einer permanenten Erhöhung der Leistungsbereitschaft der Arbeiter stellt sich dem Management das Problem, diese Rationalisierungsstrategien vor dem Hintergrund eines unauflösbaren Grundwiderspruchs zwischen Kapital und Arbeit möglichst reibungslos durchzusetzen. Darin wird es vom liberalen Staat durch die Schaffung entsprechender Rahmenbedingungen unterstützt. Die Lösung der sog. **sozialen Frage** (question sociale) suchen Wissenschaftler wie Praktiker in der Re-Individualisierung bzw. Vereinzelung sozialer Beziehungen und Strukturen, um dem Problem der Vermassung der Arbeiterschaft in Fabrikhallen, Mietskasernen und politischen Versammlungen, die als Nährboden für soziale Unruhen angesehen werden, zu begegnen. Neben Strategien der Re-Individualisierung, wie Status- und Positionsdifferenzierungen innerhalb der Hierarchie und Lohndifferenzierungen nach Anforderungen und Leistung, und Maßnahmen der betrieblichen Sozialpolitik, wie Werksfürsorge und Werkswohnungen, die zu einer Vereinzelung und Entsolidarisierung der Arbeiter führen, stehen personale Ansätze der Sensibilisierung der Vorgesetzten gegenüber den Bedürfnissen der Arbeitnehmer in Aus- und Weiterbildungsprogrammen.

Im folgenden werden Lösungsansätze von seiten der

- **Wissenschaft**
- **Arbeitgeber**
- **Gewerkschaften**
- **Gesetzgeber (Staat)**

diskutiert.

Aus dem Bereich der **Wissenschaft** haben sich vor allem Ingenieure an den Technischen Hochschulen mit Fragen der Organisation und Rationalisierung befaßt. Für die Beschäftigung mit Problemen der Qualifizierung und Disziplinierung der Arbeiter hat sich ab 1930 die Bezeichnung Sozialingenieur durchgesetzt (vgl. *Briefs* 1934). Andere Lösungsansätze aus dem Bereich der Wissenschaft werden ausführlich in Abschnitt D III diskutiert.

Die **Arbeitgeber** haben auf verschiedenen Ebenen einerseits die Taylorrezeption systematisch vorangetrieben, zum anderen immer neue Ansätze der Befriedung unzufriedener Arbeiter entwickelt.

Auf der **überbetrieblichen Ebene** wird 1921 das **Reichskuratorium für Wirtschaftlichkeit** in Industrie und Handel (**RKW**)[15] gegründet, und zwar mit der Aufgabe, alle Entwicklungen auf dem Gebiet der Rationalisierung systematisch zu verfolgen, einen Erfahrungsaustausch zwischen den Unternehmungen sicherzustellen und Anregungen für Verbesserungen zu liefern. 1924 wird vom Gesamtverband Deutscher Metallindustrieller und von der Arbeitsgemeinschaft deutscher Betriebsingenieure der **Reichsausschuß für Arbeitszeitermittlung** (**REFA**)[16] ins Leben gerufen. Er hat die Aufgabe, alle Entwicklungen auf dem Gebiet der Arbeitsstudien (Zeit- und Bewegungsstudien, Arbeitsbewertung, Arbeitsablaufstudien, Fertigungsplanung) zu verfolgen und für die Aus- und Weiterbildung von Zeitnehmern und Lohnkalkulatoren aufzubereiten.

Eine von den Arbeitgebern zunächst sehr geschätzte Nebenwirkung von Taylorsystem und Fordismus besteht in der prinzipiellen Austauschbarkeit der Leistungsbeiträge und damit der einzelnen Arbeiter unter- und gegeneinander. Das Arbeitskräfteüberangebot an ungelernten Arbeitern dient als notwendiges Mittel zur Disziplinierung. Zwei negative Folgen zeichnen sich jedoch für das Management ab. Zum einen führten die immer weiter vorangetriebene Arbeitsteilung und der verstärkte Einsatz von Fließbandarbeit zu einer Wahrnehmung der Gleichartigkeit der Arbeitsbedingungen und damit zu einer Homogenisierung der Arbeiterschaft, was deren Solidarisierung und gewerkschaftliche Organisation erleichtert; zum anderen macht sich allmählich ein Mangel an ‚werkstreuen‘ Facharbeitern bemerkbar. Die deutsche Industrie und führende Techniker-Verbände, wie Verein Deutscher Ingenieure (VDI) oder Verein Deutscher Elektrotechniker (VDE), erkennen schon frühzeitig die Notwendigkeit einer überbetrieblichen Ordnung der Ausbildung des deutschen Facharbeiternachwuchses. Auf deren Initiative wird 1908 der **Deutsche Ausschuß für Technisches Schulwesen** (**DATSch**) gegründet, der Berufsbilder und Leitsätze zur Facharbeitererziehung und -ausbildung formuliert sowie sog. Ausbildungsberufe festlegt[17].

Zur Wiederherstellung und Förderung des Arbeitsfriedens in den Betrieben wird 1925 auf Initiative von *Carl Arnhold* (damals noch bei der Gelsenkirchener Bergwerks AG beschäftigt) von Unternehmerverbänden das **Deut-**

---

[15] ab 1947: Rationalisierungskuratorium der Deutschen Wirtschaft e.V.

[16] heute: Verband für Arbeitsstudien – REFA e.V.

[17] Die Funktionen des ehemaligen **DATSch** werden heute vom **Bundesinstitut für Berufsbildung** (**BIBB**) in Berlin wahrgenommen; dies sind vor allem Berufsbildungsforschung und Mitwirkung an der Erarbeitung von Ausbildungsordnungen.

sche Institut für technische Arbeitsschulung (**DINTA**) gegründet (vgl. *Kipp* 1978, S. 53 ff.). Es hat die Aufgabe der Erziehung des arbeitenden Menschen für die Wirtschaft, wobei neben der fachlichen Qualifizierung das Ziel der Pazifizierung steht, d. h. des Abbaus bzw. der Verhinderung einer feindseligen Haltung der Arbeiter gegenüber den Unternehmern (sittliche Wirtschaftsdienstpflicht). Die Ausbildung richtet sich primär an Betriebsingenieure, die entsprechend indoktriniert (dintisiert), zukünftige Arbeitergenerationen in den Lehrwerkstätten schulen sollen. *Hinrichs* (1981, S. 280 f.) charakterisiert die Arbeit des **DINTA** zutreffend als antigewerkschaftliche, deutschnational inspirierte Menschenschulung. Nach 1933 wird das **DINTA**-Konzept, vor allem die auf militärischen Vorbildern beruhende Idee der Werksgemeinschaft, für die NS-Betriebspolitik nutzbar gemacht. **DINTA**-Chef *Arnhold* wird Leiter des Amtes für Berufserziehung und Betriebsführung in der **Deutschen Arbeitsfront (DAF)**.

Auf der **betrieblichen Ebene** sind verschiedene Bemühungen der Befriedung der Arbeitnehmer durch Gewährung **betrieblicher Sozialleistungen** zu nennen. Zusätzliche Leistungen über das eigentliche Arbeitsentgelt hinaus finden sich schon in der vorindustriellen Zeit bei einzelnen patriarchalisch bzw. paternalistisch eingestellten Unternehmern, die als Gegenleistung für ihre Fürsorge gegenüber dem Arbeiter und seiner Familie besondere Treue und Gehorsam, Dankbarkeit und Loyalität erwarten (vgl. *Kocka* 1975). Dieser Paternalismus nimmt jedoch häufig recht autoritäre Züge an, wie aus den Arbeitsordnungen der damaligen Zeit zu entnehmen ist. So wurden den Betriebsangehörigen u. a. Heiratsbeschränkungen auferlegt oder die Lektüre sozialistischer Zeitungen untersagt. Weitsichtige Unternehmer beginnen Mitte des 19. Jh., sei es aus ethisch-religiösen und sozialreformerischen Motiven oder ganz einfach aus Angst vor sozialen Unruhen, Aufständen und kommunistischen Revolutionsideen, betriebliche Wohlfahrtseinrichtungen und Unterstützungskassen zu bilden, die Hilfe in den ärgsten Notfällen bieten sollten. Diesen eher karitativen Initiativen fehlte jedoch die notwendige Breitenwirkung, so daß eine merkliche Entspannung der sozialen Lage nicht eintrat. Letztlich sieht sich der Staat Ende des 19. Jh. gezwungen, zur Aufrechterhaltung der bestehenden Herrschaftsverhältnisse in Wirtschaft und Gesellschaft verstärkt mit staatlicher Sozialpolitik einzugreifen (*Bismarck*sche Sozialgesetzgebung). Der Schutz gegen die vier Hauptrisiken (Krankheit, Unfall, Arbeitslosigkeit, Alter) wird in der Folge gesetzlich verbindlich gemacht; eine Teilung der Lasten zwischen Arbeitgeber und Arbeitnehmer vereinbart.

Die Unternehmer und ihre angestellten Manager haben also neben der **Koordination** arbeitsteiliger Stellen, Abteilungen und Arbeitsprozesse stets die Aufgabe der **Herrschaftssicherung** zu lösen, d. h. der Absicherung und Stabilisierung der Machtposition der Eigentümer gegenüber dem Faktor ‚Arbeit‘. *K. Marx* hat diese zweifache Funktion von Management (Koordination und Herrschaftssicherung) als die Doppelnatur des Managements bezeichnet.

Die **Gewerkschaften** haben sich im Laufe ihrer Geschichte recht ambivalent gegenüber dem Taylorsystem und anderen Formen der Arbeitsintensivierung verhalten (vgl. hierzu vor allem *Stollberg* 1981).

Abgesehen von einigen Ausnahmen vor allem in der revolutionären Nachkriegszeit (nach 1918) ist das Verhalten der deutschen Gewerkschaften nicht auf Konfrontation und Konflikt ausgerichtet, sondern auf Interessenausgleich und Konfliktregelung. Die Realisierung des Taylorsystems wird, wie heute auch die aktuellen Rationalisierungsmaßnahmen, als notwendige Strategie des Managements angesehen, um auf dem Weltmarkt konkurrenzfähig zu bleiben. Die Arbeiter selbst sind zwar nicht begeistert, begrüßen aber – sofern sie Arbeit haben – die erhöhten Verdienste (bei Akkord), den erhöhten Lebensstandard und die Verkürzung der Arbeitszeit (vgl. *Wiedemann* 1967). Die Gewerkschaften befassen sich vor allem mit den **Nachteilen der Rationalisierung** (*Stollberg* 1981, S. 91 ff.; für die Situation nach 1965 vgl. *Spannhake* 1982):

- Dequalifikation
- Sinnentleerung der Arbeit
- Intensivierung der Arbeit
- Arbeitslosigkeit.

Eine wesentliche Schwäche der deutschen Gewerkschaftsbewegung vor dem zweiten Weltkrieg ist u. a. in deren konfessioneller und weltanschaulicher **Uneinheitlichkeit** zu sehen (Richtungsgewerkschaften). So kann es den Arbeitgebern und ihren Verbänden immer wieder gelingen, Zwiespalt zwischen der Basis und den Arbeitnehmervertretern unterschiedlicher Orientierung zu säen. Ein Beispiel hierfür ist das Aufkommen antigewerkschaftlich orientierter **gelber Werksvereine**, die sich des besonderen Wohlwollens der Arbeitgeber erfreuen, da sie von einer Interessenidentität von Kapital und Arbeit ausgehen und konsequenterweise Klassenkampf und Streiks ablehnen.

Auch die permanente Pflege des Betriebs- und Werksgemeinschaftsgedankens von seiten der Unternehmer verbunden mit einer Vielzahl freiwilliger betrieblicher Sozialleistungen machen es den Gewerkschaften schwer, in den Betrieben auf breiter Basis Fuß zu fassen. Daß auch gewerkschaftsnahe Wissenschaftler nicht frei von solchen Harmoniebestrebungen waren, belegt die Arbeit *De Mans*[18] (1927), der durch die Pflege der zwischenmenschlichen Beziehungen die Arbeitsfreude steigern will.

Neben den Bemühungen der Arbeitgeber um eine Entschärfung des Klassenkampfes sind vor allem noch die Anstrengungen der Kirchen (Sonntagsschule) und des **Staates** (Schulpflicht, Militärdienst, Sozialgesetzgebung) um eine soziale Integration der Arbeiterschaft in die bürgerliche Gesellschaft von Bedeutung.

---

[18] *De Man, Hendrik* (1885–1953) geb. in Antwerpen, Sozialpsychologe, Akademie der Arbeit Frankfurt/M., belg. Arbeits- und Finanzminister, 1946 wegen Kollaboration mit den Deutschen verurteilt.

In Deutschland ruht zwischen 1933 und dem Ende des 2. Weltkrieges zwangsläufig die gesamte nicht parteigebundene sozialwissenschaftliche Forschung. Der Nationalsozialismus glaubt ohne deren Unterstützung die Probleme Deutschlands lösen zu können.

Neben die Herrschaftssicherung der Position der Eigentümer tritt nun die Herrschaftssicherung des nationalsozialistischen Staates.

Die Gleichschaltung der industriellen Arbeitsbeziehungen erfolgt seit Mai 1933 in der **Deutschen Arbeitsfront (DAF)**. An die Stelle des kollektiven Arbeitsrechts (Tarifvertragsordnung von 1918, Betriebsrätegesetz von 1920) tritt 1934 das ‚Gesetz zur Ordnung der nationalen Arbeit'. Gewerkschaften werden aufgelöst, das bisherige Betriebsverfassungsrecht wird abgeschafft, sozialwissenschaftliche Forschungsinstitute werden bei fehlender eindeutig nationalsozialistischer Orientierung geschlossen. So muß z. B. im Gegensatz zum **DINTA** das für die damalige betriebssoziologische Forschung bedeutsame Berliner Institut für Betriebssoziologie (vgl. S. 106) 1934 seine Arbeit einstellen. Anders als Sozialwissenschaftler stehen Ingenieure, Arbeitswissenschaftler und Betriebswirte in hohem Ansehen. Der Taylorismus kann sich ungehindert entfalten. Die **Betriebsgemeinschaft** als sozialer Ordnungsrahmen ist vom **Führerprinzip** beherrscht, d. h. der Unternehmer ist Führer, die Mitarbeiter seine Gefolgschaft. § 1 des Gesetzes zur Ordnung der nationalen Arbeit (1934) lautet: „Im Betriebe arbeiten der Unternehmer als Führer des Betriebes, die Angestellten und Arbeiter als Gefolgschaft gemeinsam zur Förderung der Betriebszwecke und zum gemeinen Nutzen von Volk und Staat."

Auch das AktG wird 1937 an die neue Ordnung angepaßt; § 70 Abs. 1 lautet: „Der Vorstand hat unter eigener Verantwortung die Gesellschaft so zu leiten, wie das Wohl des Betriebes und seiner Gefolgschaft und der gemeine Nutzen von Volk und Reich es fordern."

Wirft man einen Blick auf die Entwicklung der Arbeitsbeziehungen nach 1945 in den beiden deutschen Staaten, so fallen auf den ersten Blick gravierende Unterschiede auf. Im Gegensatz zur Bundesrepublik Deutschland hat die **DDR** zunächst die Chance, durch eine radikale Änderung des Wirtschaftssystems zu einer Demokratisierung der Arbeitsbeziehungen zu kommen (vgl. hierzu ausführlich *Bust-Bartels* 1980). In der Tat haben die Arbeiter und ihre Betriebsräte in den Jahren 1945–1948 eine weitgehende Kontrolle über die Arbeit in den Betrieben der sowjetischen Besatzungszone; dies obwohl die sowjetische Militärverwaltung ganz in der Tradition *Lenins* auf einer Beibehaltung kapitalistischer Leistungsanreize und tayloristischer Arbeitsorganisation besteht. In dem Maße, in dem die Macht der Zentralinstanzen zunimmt, wird die Macht der Basis und der Betriebsräte geschwächt. Zentral gesteuerte Gewerkschaftssekretäre treten an die Stelle der Betriebsräte. Der Aufstand der Arbeiter am 17. Juni 1953, u. a. aus Anlaß einer 10%igen Erhöhung der Arbeitsnormen, zeugt jedoch noch von einem erheblichen Widerstandspotential. Die Zentralinstanzen werden gezwungen, zu humaneren und subtileren Formen der Willensdurchsetzung im Betrieb überzugehen. Hier stehen auch für die DDR-Funktionäre die in kapitalistischen Staaten erfolgreich angewandten Ansätze der Motivation und Führung Pate (vgl. hierzu *Hentze* 1984):

- Übergang von Akkordlohn zu Prämienlohn
- ‚wissenschaftliche‘ Begründung der Arbeitswertermittlung
- Entwicklung einer ‚Wissenschaftlichen Arbeitsorganisation‘ (WAO)
- Einführung innerbetrieblicher Demokratie
- Humanisierung der Arbeitswelt
- Einführung des sozialistischen Wettbewerbs.

Zusammenfassend läßt sich der erste Eindruck einer grundsätzlich anderen Arbeitswelt dahingehend korrigieren, daß abgesehen von Unterschieden in der Terminologie und Ideologie in den DDR-Betrieben die gleichen sozialen Kontrollmechanismen, Herrschaftsverhältnisse und Bedingungen entfremdeter Arbeit anzutreffen sind wie bei kapitalistischer Produktionsweise (vgl. auch *Israel* 1985).

Was die heutige betriebliche Praxis in beiden deutschen Staaten anbetrifft, so muß man sich im klaren sein, daß die wissenschaftlichen Arbeiten, die sich im Anschluß an *Taylor* mit Fragen der Arbeit im Betrieb beschäftigen (vor allem die Human Relations-Bewegung und nachfolgende Ansätze der Betriebspsychologie, -physiologie und -soziologie) keineswegs – wie häufig in der Literatur behauptet – den Taylorismus abgelöst haben. Wissenschaftler wie *H. Münsterberg* (Psychotechnik) oder *E. Mayo* (Human Relations) schenken ihre Aufmerksamkeit nicht mehr wie *Taylor* der Organisation der Arbeitsprozesse selbst, sondern eher dem Problem der Anpassung der Arbeiter an die von Ingenieuren geplanten Fertigungsprozesse. Die Vorstellungen *Taylors* leben auch heute noch in den verschiedenen Systemen vorbestimmter Arbeitszeit (z. B. Methods-Time-Measurement) und in den frühen Arbeiten des **Verbands für Arbeitsstudien (REFA e. V.)** fort. Menschliche Arbeit wird dabei in Analogie zu Maschinenelementen gemessen und bewertet und formal den Faktoren ‚Kapital‘ und ‚Material‘ als gleichgewichtiger Produktionsfaktor hinzugefügt, der vom Management als dem subjektiven Faktor geplant und kontrolliert wird.

Die in den nächsten Abschnitten zu besprechenden Management-Ansätze weisen mehr oder weniger wissenschaftlich fundierte Wege zur Intensivierung menschlicher Arbeit im Produktionsprozeß (vgl. *Friedmann* 1952), wobei allerdings der Zwang immer größer wird, den (Mit-)Arbeiter als *Menschen* zu behandeln (Human Relations und Human Resources).

B. Historische Entwicklung der Managementforschung

Die industrielle Revolution, die Mitte des 18. Jh. in **England** ihren Ausgang nimmt, kann als die Geburtsstunde sowohl des industriellen Managements als auch der Managementforschung angesehen werden. Seit 1870 erscheinen in britischen ingenieurwissenschaftlichen Zeitschriften Arbeiten über Produktionsmanagement und Kostenrechnung. Eine systematische Verbindung der Funktionen des **Accountant** und **Engineer** als Grundlage des Managements leisten erstmals *Garcke* und *Fells* in dem Buch ‚Factory Accounting‘, 1887. Zu dem gleichen Gebiet erscheinen noch im 19. Jh. von *Slater-Lewis*, The Commercial Organisation of Factories, 1896 und von *Burton*, The Commercial Management of Engineering Works, 1899. (Zur Entwicklung des Managementwissens in Großbritannien vgl. *Urwick/Brech* 1963 sowie *Pollard* 1965).

Abb. 1.1: Historische Entwicklung des Managementwissens

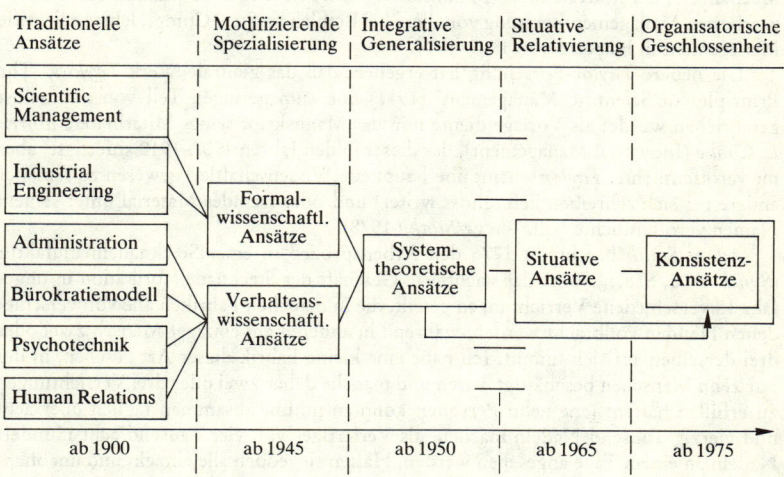

Quelle: In Weiterentwicklung von *Kast/Rosenzweig* 1985, S. 118

In den **USA** wird das Jahr 1886 als der Beginn der neuen Disziplin **Management** betrachtet. Am 26. Mai 1886 hält der Präsident der American Society of Mechanical Engineers, *Henry Towne*, eine Rede vor dieser 1880 gegründeten

Gesellschaft (der auch *F. W. Taylor*[1] angehört) über „The Engineer as an Economist", die von den Management-Historikern als Beginn der Managementwissenschaft gefeiert wird (*Bluedorn* 1986, S. 442).

Die weitere Darstellung der historischen Entwicklung von Managementwissen erfolgt in Anlehnung an Abb. 1.1 (vgl. auch *Scott* 1961, *Massie* 1965, *Perrow* 1973, *Scott/Mitchell/Birnbaum* 1981).

I. Traditionelle Ansätze

1. Ingenieurmäßig-ökonomische Ansätze (Scientific Management und Industrial Engineering)

Als Ausgangspunkt wissenschaftlicher Analysen von Arbeit und Management gelten die Studien von *F. W. Taylor*.[2] Was *K. Marx* als gesellschaftliche Arbeitsteilung beschrieben und *A. Smith* im berühmten Beispiel der Nadelherstellung[3] an betrieblichen Produktionsprozessen gezeigt hat, wendet *Tay-*

---

[1] *Taylor, Frederick Winslow* (1856–1915) studierte Jura in Harvard, dann Lehre als Mechaniker, bei Midvale Steel (Philadelphia) vom Arbeiter zum Chefingenieur hochgearbeitet, Managementberatung vor allem bei Bethlehem Steel Comp., lehrte Scientific Management in Harvard von 1909–1914.

[2] Die neuere *Taylor*-Forschung hat ergeben, daß das zentrale Werk *Taylors*, ‚The Principles of Scientific Management' (1911) nur zum geringen Teil von ihm selbst geschrieben wurde; als Vorlage diente ihm das Manuskript seines Mitarbeiters *Morris L. Cooke* (Industrial Management), das dieser in den Jahren 1907–1910 anfertigte, aber nie veröffentlichte. *Taylor* scheint überhaupt ein ‚Wissenschaftler' gewesen zu sein, der andere für sich schreiben ließ (ghost writer) und/oder fremdes Material unter seinem Namen veröffentlichte (vgl. *Wrege/Stotka* 1978).

[3] *Adam Smith* beschreibt 1776 den Arbeitsprozeß in einer Stecknadelmanufaktur (*Smith* 1905, S. 8): „So ist das wichtigste Geschäft der Stecknadelfabrikation in ungefähr 18 verschiedene Verrichtungen geteilt, die in manchen Fabriken alle von verschiedenen Händen vollbracht werden, während in anderen ein einziger Mensch zwei oder drei derselben auf sich nimmt. Ich habe eine kleine Fabrik dieser Art gesehen, in der nur zehn Menschen beschäftigt waren und manche daher zwei oder drei Verrichtungen zu erfüllen hatten. Jene zehn Personen konnten mithin zusammen täglich über acht und vierzig Tausend Nadeln machen, als Verfertiger von vier Tausend acht Hundert Nadeln an einem Tage angesehen werden. Hätten sie jedoch alle einzeln und unabhängig voneinander gearbeitet und wär keiner für sein besonderes Geschäft angelernt worden, so hätte gewiß keiner zwanzig, vielleicht nicht eine Nadel täglich machen können, d.h. vielleicht nicht den viertausend achthundertsten Teil von dem, was sie jetzt infolge einer geeigneten Teilung und Verbindung ihrer verschiedenen Verrichtungen zu leisten imstande sind. In jeder anderen Kunst und jedem anderen Gewerbe sind die Wirkungen der Arbeitsteilung denen, welche dieses so wenig belangreiche Gewerbe darbietet, ähnlich, obgleich in vielen derselben die Arbeit weder in so viele Unterabteilungen zerlegt noch auf eine so große Einfachheit in der Verrichtung zurückgeführt

lor mit der Entwicklung von Methoden der Analyse von Arbeitsprozessen und deren Zerlegung in möglichst kleine Aufgabenelemente, die von verschiedenen Arbeitern erledigt werden, konsequent an. Üblicherweise werden die beiden Hauptwerke von *Taylor* (Shop Management 1903, The Principles of Scientific Management 1911) als die Geburtsstunde der wissenschaftlichen Erforschung des Managements angesehen. Shop Management erscheint zunächst als Veröffentlichung der American Society of Mechanical Engineers und erst später (1911) in Buchform. Die im gleichen Jahr publizierten Principles stellen mehr oder weniger eine Zusammenfassung von Shop Management dar. *Taylors* ,Principles of Scientific Management' liefern die Bezeichnung für eine neue Denkweise des Managements, die geprägt ist von dem rationellen Einsatz von Menschen und Maschinen im Produktionsprozeß, einer am Best-Arbeiter[4] orientierten Maximalleistung, entsprechenden Personalauswahl- und -anreizsystemen und der konsequenten Trennung von ausführender und planender Tätigkeit (Funktionsmeistersystem). Insofern bedeutet Scientific Management nicht nur systematisches Methoden- und Zeitstudium (Industrial Engineering), sondern darüber hinaus den Ausdruck eines **neuen Leistungs- und Effizienzdenkens.**

Im einzelnen unterscheidet *Taylor* folgende **Managementprinzipien:**
- Systematische Zeitstudien als Voraussetzung für eine
- Differenzierung der Akkordsätze
- Trennung der Planung von der Ausführung
- Wissenschaftliche Arbeitsmethode
- Kontrolle durch das Management
- Funktionale Organisation.

F. B. Gilbreth,[5] der prominenteste Schüler *Taylors,* ergänzt dessen Zeitstudien konsequenterweise durch Bewegungsstudien der Arbeitsabläufe, und zwar aus der Überzeugung heraus, daß jede Bewegung, die nicht unmittelbar dem Produktionsprozeß dient, vergeudete oder vertane Arbeit darstellt. Menschliche Arbeit soll durch diese Organisation der Arbeit von allem Irra-

---

werden kann. Doch bringt die Arbeitsteilung, soweit sie sich einführen läßt, in jedem Gewerbe eine verhältnismäßige Vermehrung der Produktivkräfte der Arbeit zuwege. Die Trennung der verschiedenen Gewerbe und Beschäftigungen scheint infolge dieses Vorteils entstanden zu sein."

[4] Die in fast jedem Managementbuch ausführlich wiedergegebene Geschichte des Arbeiters *Schmidt* von der Bethlehem Iron Comp. aus dem Jahre 1899 (zitiert bei *Taylor* 1911) ist weitgehend Fiktion, wie die neuere Managementgeschichtsforschung ergeben hat (vgl. *Wrege/Perroni* 1974). *Taylor* hat die Story, wie der Arbeiter *Schmidt* dazu gebracht wurde, anstatt täglich 12,5 Tonnen Erz bis zu 47 Tonnen auf einen Eisenbahnwagen zu laden, in verschiedenen Versionen erzählt. Zwar existierte *Schmidt* (als *Henry Noll*), aber von einer wissenschaftlichen Auswahl von Männern, die physisch in der Lage waren, 47 Tonnen täglich zu laden, kann keine Rede sein. Auch das zitierte Gespräch zwischen *Schmidt* und dem Arbeitsstudienmann hat in dieser Form nie stattgefunden.

[5] *Gilbreth, Frank B.* (1868–1924) gelernter Maurer, Unternehmensberater.

tionalen, Zufälligen und unnötigen Qualifikationen befreit werden. Der Grundtenor dieser Studien findet sich heute noch im REFA-Gedankengut. *Gilbreth* gilt zusammen mit *Gantt* und *Barth*[6] als Begründer einer Forschungsrichtung, die im angelsächsischen Raum als **Industrial Engineering** bezeichnet wird. Bewegungs- und Zeitstudien werden verstärkt technisch unterstützt. *Gilbreth* verwendet z. B. Fotoapparat und Filmkamera, um Bewegungsabläufe auf sog. Zyklogrammen festzuhalten.

Die Prinzipien wissenschaftlichen Managements haben nicht nur eine **quantitative** Dimension (was zu extrem kleinen Arbeitsinhalten mit minimalen Anlernzeiten und den bekannten Monotonieerscheinungen führt), sondern auch – was für die Qualifizierungs- und Professionalisierungsprozesse des Arbeiters viel entscheidender wurde – eine **qualitative** Komponente. So führt die von *Taylor* betriebene Trennung von körperlicher und geistiger Arbeit (Trennung von Planung und Ausführung) zu einer relativen Reduzierung der in einer bestimmten Produktionsstufe körperlich Arbeitenden, da die zeitraubenden geistig-kreativen Aufgaben funktional konzentriert werden können. Jetzt werden neue Aufgabenbereiche erkennbar, die als **Management** im funktionalen Sinn bezeichnet werden. Die exakte Zuweisung determinierter Aufgaben zusammen mit der Angabe von restriktiven Vorschriften hinsichtlich Mindestmengen und -zeiten sowie einer detaillierten Arbeitsordnung führen dazu, daß jeder Schritt des Arbeitsprozesses und der Arbeitsausführung einer Kontrolle unterworfen wird. **Kontrolle** im Sinne von Disziplinierung und Überwachung wird neben der **Planung** (als Arbeitsvorbereitung) zur wichtigsten Managementaufgabe. Folge dieser Entwicklung ist, daß jedes Arbeitselement von allen Spezialkenntnissen, die eine etwas anspruchsvollere Ausbildung erfordert hätten, befreit und auf möglichst einfache manuelle Verrichtungselemente reduziert werden kann. Arbeiter werden systematisch davon abgehalten, Managementfunktionen zu erlernen. Ein niedriger Bildungsstand ist erwünscht; Abstinenz von anspruchsvolleren höheren Tätigkeiten wird sozialisiert. Neben dem mit dieser Art von Arbeitsteilung verbundenen Produktivitätszuwachs ergibt sich als weiterer ökonomischer Vorteil, daß das für einen derartig organisierten Produktionsprozeß erforderliche Paket an Wissen, Können und Fertigkeiten bedeutend billiger in Form getrennter Elemente (viele unqualifizierte Arbeiter, wenige qualifizierte Manager) als in Form traditionell integrierter Arbeitsangebote gekauft werden kann. Vor allem *Babbage*[7] hat ganz deutlich auf diesen ökonomischen Vorteil der Arbeitsteilung verwiesen (**Babbage-Prinzip**): „Daß nämlich der industrielle Unternehmer durch Aufspaltung der auszuführenden Arbeit in verschiedene Arbeitsgänge, von denen jeder einen anderen Grad an Geschick-

---

[6] *Gantt, Henry L.* (1861–1919) amerikanischer Ingenieur.
Barth, Carl G. L. (1860–1939) Mathematiklehrer, Partner *Taylors.*
[7] *Babbage, Charles* (1792–1871) Sohn eines britischen Bankiers, Prof. Mathematik, Cambridge Uni.

lichkeit oder Kraft erfordert, gerade genau jene Menge von beidem kaufen kann, die für jeden dieser Arbeitsgänge notwendig ist; wogegen aber, wenn die ganze Arbeit von einem einzigen Arbeiter verrichtet wird, dieser genügend Geschicklichkeit besitzen muß, um die schwierigste, und genügend Kraft, um die anstrengendste dieser Einzeltätigkeiten, in welche die Arbeit zerlegt worden ist, ausführen zu können" (*Babbage* 1832, zitiert in *Braverman* 1977, S. 70).

Das Babbage-Prinzip wird später von der Handarbeit auch auf die Kopfarbeit übertragen und dient heute als ein Erklärungsansatz für die neue internationale Arbeitsteilung, d. h. Kopfarbeit (Know how) verbleibt in den hochindustrialisierten Ländern während die Handarbeit in sog. Niedriglohnländer verlagert wird. Das internationale Gefälle an Lohn-, Kapital- und Infrastrukturkosten bietet für Unternehmungen in hochentwickelten Industrieländern Anreize, die Herstellung bestimmter Teile des Produktes in Länder mit günstiger Kostenstruktur zu verlagern (vgl. *Fröbel/Heinrichs/Kreye* 1977, 1986).

Eine Weiterentwicklung des Babbage-Prinzips sowie tayloristischer Vorstellungen von Arbeitsteilung stellt die **Fließfertigung** dar. In der US-amerikanischen industriellen Produktion wird das Fließband erstmals in der Fleischkonservierungsbranche (Zerlegeabteilung der Chicagoer Schlachthöfe ab 1905) und auf breiter Ebene dann in der Automobilindustrie eingesetzt (bei **Ford** ab 1913, Eröffnung des Highland Park Werkes, *Edwards* 1981, S. 129ff.).

Während sich *Taylor* noch primär mit der Rationalisierung handwerklicher Arbeit befaßte, konzentriert sich *Ford*[8] auf die Rationalisierung des industriellen Fertigungsprozesses bei Massenproduktion (Autos). Als **Fordismus** bezeichnet man die Managementstrategie *Fords*, die neben der arbeitsorganisatorisch optimalen Anordnung von Menschen und Maschinen bei der Montage uniformer Massenprodukte, eine drastische Lohnerhöhung (von 2,30 auf 5 Dollar pro Tag), eine Arbeitszeitverkürzung auf 48 Stunden pro Woche und eine erhebliche Senkung der Verkaufspreise zur Steigerung der Absatzmengen vorsieht (*Ford* 1923). *Ford* verfolgt hierbei folgende Prinzipien:

• hohe Typisierung der Produkte (ein Modell T in schwarz)
• hohe Mechanisierung der Produktion (Fließfertigung)
• Eignungsuntersuchungen zur Auswahl der besten Arbeiter
• hohe Löhne und niedrige Preise zur Schaffung einer kaufkräftigen Nachfrage nach seinen Produkten
• Verbot von Gewerkschaften in seinen Betrieben.

Die Verwendung der Fließfertigung hat nicht nur zu einer erheblichen Produktivitätssteigerung geführt, sondern auch den hohen personellen Kontrollaufwand, der im Taylorsystem erforderlich ist, reduziert. Das unpersön-

---

[8] *Ford, Henry* (1863–1947) gründete 1903 Ford Motor Comp., 1936 Ford Foundation zur Forschungsförderung.

liche Kontrollinstrument ‚Montageband' übernimmt jetzt die Arbeit der Aufseher tayloristischer Prägung (vgl. hierzu S. 523).

Die Tatsache, daß zehn Jahre nach **Ford** Opel 1923 als erste deutsche Automobilfabrik auf Fließfertigung umstellt, macht den beträchtlichen technologischen Abstand zwischen den USA und Deutschland deutlich (**Opel** wurde 1929 von **General Motors** übernommen).

2. Administrative Ansätze (Verwaltungslehre)

Während die Vertreter des Scientific Management und Industrial Engineering sich in erster Linie mit arbeitstechnischen Problemen auf der untersten Managementebene beschäftigen, und zwar nicht nur im Bereich der Fertigung, sondern auch im **Verwaltungsbereich** *(Leffingwell* 1917), zielen administrative Ansätze mehr auf die Analyse der Organisation insgesamt. *Fayol*[9] (1916, S. 1 ff.) meint, Management als Bündel universell nachweisbarer Funktionen in allen Organisationen erkennen zu können „Toutes les opérations auxquelles donnent lieu les entreprises peuvent se répartir entre les six groupes suivants:
(1) opérations techniques
(2) opérations commerciales
(3) opérations financières
(4) opérations de sécurité
(5) opérations de comptabilité
(6) opérations administratives."
Die letzte Funktionsgruppe, die Managementfunktionen, umfaßt die Teilbereiche
(a) Vorschau und Planung (prévoir)
(b) Organisation (organiser)
(c) Leitung (commander)
(d) Koordination (coordonner) und
(e) Kontrolle (contrôler).

L. Gulick[10] hat diese Einteilung modifiziert und erweitert (Planning, Organizing, Staffing, Directing, Coordinating, Reporting, Budgeting = POSDCORB) und damit die weitere Inhaltsbestimmung von Management in den USA beeinflußt (*Gulick/Urwick* 1937).

Später ergänzt *H. Simon* (1945) den Katalog der Managementfunktionen um die Funktion ‚Entscheidung', der er eine übergeordnete Bedeutung im Managementprozeß zuweist.

---

[9] *Fayol, Henry* (1841–1925) franz. Bergbauingenieur.
[10] *Gulick, Luther* (geb. 1892) Direktor Institute of Public Administration, Columbia Uni.

Mit dem Wort *générale* im Titel seines Buches (Administration industrielle et générale) bringt *Fayol* zum Ausdruck, daß die Probleme des Managements nicht allein in industriellen Unternehmungen von Bedeutung sind, sondern in allen Organisationen, ganz gleich welcher Art. Im Gegensatz zu *Taylors* funktionaler Gliederung der Organisation fordert *Fayol* ein Liniensystem. Auf ihn geht der **Grundsatz der Einheit der Auftragserteilung** zurück, d. h. eine in der Hierarchie nachgeordnete Instanz kann nur von einer vorgeordneten Instanz Weisungen erhalten und nicht wie bei *Taylor* von mehreren. Die Befehlslinien erstrecken sich dann entlang dem Instanzenweg von oben nach unten (umgekehrt: Dienstweg).

Neben dem Prinzip der Einheit der Auftragserteilung formuliert *Fayol* (1916) noch weitere 13 Managementprinzipien, die er als flexible Richtlinien zur Führung von Unternehmungen jeglicher Art verstanden wissen will, wie z. B. Entsprechung von Autorität und Verantwortung, gerechte Entlohnung, hierarchische Organisation.

Nach *Kitzke* (1938) hat die französische Verwaltungslehre (doctrine administrative) den Charakter einer Lehre von der Menschenbehandlung und -führung, die das soziale Geschehen im Betrieb unter dem Aspekt seiner Bedeutung für den Betriebserfolg erforscht (S. 88, 103). 1919 wird das ,Centre d'Etudes Administratives' in Paris gegründet und ab 1920 wird die Verwaltungslehre an den ,Grandes Ecoles' gelehrt (vgl. *Perridon*[11] 1986).

Mooney/Reiley[12] (1931, 1939), *Gulick/Urwick* (1937) und *Urwick*[13] (1943) erweitern und modifizieren die *Fayol*schen Prinzipien und entwickeln aus ihnen **Managementregeln** der effizienten Strukturierung von Organisationen. Effiziente Organisationen sind formale Organisationen, und folglich stehen Probleme der horizontalen Differenzierung (Spezialisierung) und der vertikalen Differenzierung (Hierarchisierung) im Mittelpunkt des Interesses.

Den *Fayol*schen Prinzipien werden im Laufe der Jahre immer neue hinzugefügt, ohne daß eine Relativierung im Hinblick auf den Anwendungsbereich erfolgt (vgl. zur Kritik *Massie* 1965). Dies sind vor allem:
- Prinzip der optimalen Kontrollspanne (*Graicunas* 1937)
- Prinzip der Führung in Ausnahmefällen (Management by Exception, vgl. S. 511 ff.)
- Prinzip der Stab-Linien-Organisation (vgl. S. 662 ff.)

Während in den USA Probleme der **Werkstattorganisation** (technische Produktionsabläufe) eindeutig im Vordergrund von Managementtätigkeiten stehen, gewinnt in Deutschland um die Jahrhundertwende der Kaufmann mit

---

[11] *Perridon, Louis* (geb. 1918 in Rotterdam) Prof. BWL, Uni München und Augsburg; Gründungspräsident Uni Augsburg.
[12] *Mooney, James D.* (1884–1957) Manager bei General Motors.
Reiley, Alan C. (1869–1947) Manager und Historiker.
[13] *Urwick, Lyndall F.* (1891–1983) britischer Offizier, erster Direktor des Genfer International Management Instituts (1927–1933), Unternehmensberater in London.

seinem Arbeitsgebiet gegenüber dem Ingenieur immer mehr an Gewicht (Gründung der ersten Handelshochschulen ab 1898). Die Gesamtorganisation des Betriebes, die kaufmännische Verwaltung und speziell die **Bureauorganisation** sind die Domäne des Kaufmanns, nicht des Ingenieurs. Einen Überblick über die Büroforschung in Deutschland vermitteln *Staehle/Sydow* (1986).

3. Bürokratische Ansätze (Bürokratiemodell)

Nach *M. Weber*[14] stellt bürokratische Herrschaft die reinste Form legaler Herrschaft dar. Sie stützt sich dabei auf bürokratische Organisationen, die durch einen kontinuierlichen, regelgebundenen Betrieb von Amtsgeschäften durch Beamte gekennzeichnet sind, welche über genau abgegrenzte Aufgabenbereiche, Befehlsgewalten und Sanktionsmittel verfügen.

„Ein derart geordneter Betrieb soll *Behörde* heißen. Behörden in diesem Sinn gibt es in großen Privatbetrieben, Parteien, Armeen natürlich genau wie in ‚Staat‘ und ‚Kirche‘" (*Weber* 1972, S. 126).

Merkmale rationaler Herrschaft durch eine moderne bürokratische Verwaltung sind:
• spezialisierte Aufgabenerfüllung (Arbeitsteilung)
• streng hierarchischer Aufbau (Amtshierarchie)
• Amtsführung durch Beamte nach technischen Regeln und Normen
• Aktenmäßigkeit der Verwaltung.

„Akten und kontinuierlicher Betrieb durch Beamte zusammen ergeben: das Bureau, als den Kernpunkt jedes modernen Verbandshandelns" (*Weber* 1972, S. 127).

Der **Beamte** in der bürokratischen Verwaltung erlangt ein Amt, das nicht sein persönliches Eigentum wird, aufgrund eines fachlichen Ausleseprozesses (Prüfung), erhält eine feste Besoldung (meist mit Pensionsberechtigung) und wird nach Dienstalter und/oder Leistung befördert.

K. Marx sah in bürokratischen Organisationen ein Kontroll-Instrument der herrschenden Klasse (Machtelite) sowohl gegenüber den direkten Organisationsmitgliedern als auch anderen sozialen Klassen.

R. Michels[15] (1925) formuliert das **eherne Gesetz der Oligarchie,** wonach moderne bürokratische Großorganisationen zwangsläufig oligarchisch in ihrer Führungsstruktur ausgerichtet sind, und zwar als Folge der Notwendigkeit einer Vielzahl hauptamtlicher Funktionäre bei zunehmender Organisationsgröße und als Folge der Apathie der Masse der Organisationsmitglieder (vgl. hierzu ausführlich *Grunwald* 1980).

---

[14] *Weber, Max* (1864–1920) Nationalökonom und Soziologe, Prof. in Heidelberg und München.
[15] *Michels, Robert(o)* (1876–1936) studierte Geschichte und Nationalökonomie, ab 1913 ital. Staatsbürger, Prof. in Turin, Basel, Perugia.

Merton[16] (1968) analysiert als schwerwiegende **Dysfunktionen der Büro-kratie** die unzureichende Flexibilität in der Anwendung von Fähigkeiten, die Entpersönlichung von Beziehungen sowie vor allem die Verschiebung der Aufmerksamkeit von den Zielen der Organisation auf die Mittel, die häufig zum Selbstzweck werden.

Merton faßt diese Erscheinungen der Bürokratie wie folgt zusammen (S. 269):

„1. Eine effektive Bürokratie erfordert Verläßlichkeit in der Reaktion und strikte Befolgung des Reglements.

2. Solche Treue den Regeln gegenüber führt zu ihrer Umformung in absolute Werte; sie werden nicht mehr bezogen auf vorgegebene Zielsetzungen.

3. Dies stört eine rasche Anpassung unter besonderen Bedingungen, die zur Zeit der Formulierung der allgemeinen Regeln nicht klar vorausgesehen wurden.

4. So erzeugen gerade jene Elemente, die im allgemeinen zur Effektivität führen, in spezifischen Fällen Ineffektivität."

Das blinde Befolgen formeller Regeln und Vorschriften sowie die Überbe-tonung von Disziplin führen somit zu Starrheit und mangelnder Anpassungs-fähigkeit der Organisation.

Trotz dieser offensichtlichen Mängel, unter denen vor allem die fehlende Flexibilität und Anpassungsfähigkeit an Situationsänderungen zu nennen sind, beherrscht bürokratisches Denken das Handeln der meisten Menschen in großen Organisationen. Es ist jedoch in der Praxis unverkennbar, daß diejenigen Elemente des Systems, die die bürokratische Organisation beson-ders leistungsfähig machen sollen, in vielen Fällen die Ursache für die Ineffi-zienz des Gesamtsystems oder einzelner Subsysteme sind (unverhältnismäßi-ge und unwirtschaftliche Ausweitung bürokratischer Regeln und Verwal-tung, vgl. *Parkinson* 1957).

Webers Bürokratiemodell ist in den USA schon bald zum dominanten Erklärungsansatz für formale Organisationen avanciert und damit zum festen Bestandteil von Managementwissen geworden[17]; dies übrigens im Gegensatz zur betriebswirtschaftlichen Organisationslehre, wo es erst in den sechziger Jahren auf dem Umweg über die USA und Großbritannien Eingang fin-det.

Modifikationen und Weiterentwicklungen erfährt der Bürokratieansatz *Webers* vor allem durch amerikanische Organisationssoziologen wie *Merton, Selznick, Gouldner, Blau, Mouzelis (Mayntz* 1968), die sich mit den dysfunk-tionalen Auswirkungen bürokratischer Organisationsformen auseinanderset-zen, sowie durch eine englische Forschergruppe um *Pugh* und *Hickson,* die

---

[16] *Merton, Robert K.* (geb. 1910) Prof. Soziologie, Columbia Uni, New York.
[17] *Webers* ‚Wirtschaft und Gesellschaft' (1921) erscheint 1947 in den USA als ‚The Theory of Social and Economic Organizations' in der Übersetzung von *A. M. Hender-son* und *Talcott Parsons.*

aufgrund empirischer Analysen ein stark verfeinertes Instrumentarium zur Beschreibung von Organisationen entwickeln. Nicht zuletzt stellen diese Arbeiten eine Wurzel situativer Ansätze in der Organisationsforschung dar, denn es ergibt sich zwangsläufig die Frage, ob strukturelle Unterschiede in Organisationen nicht aus unterschiedlichen situativen Gegebenheiten zu erklären sind (vgl. hierzu ausführlich S. 47ff.).

4. Physiologisch-psychologische Ansätze (Psychotechnik)

Während sich die soziologische Bürokratieforschung mit ,Beamten' (Angestellten) in formalen Organisationen befaßt, entwickeln sich in Deutschland um die Jahrhundertwende Forschungsansätze, die sich mit der Analyse der physiologischen, psychologischen und ergonomischen Einflußfaktoren auf die Leistung des Personals beschäftigen.

Die Erkenntnis, daß Maximalleistung und Dauerleistung auseinanderfallen und der Mensch nicht nur ein homo oeconomicus ist, sondern daß auch die Arbeitsbedingungen und psychische Faktoren die Leistung beeinflussen, setzt sich immer mehr durch.

Mit körpergerechten Arbeitsbedingungen beschäftigen sich die **Ergonomie**[18] und verschiedene Richtungen der **Arbeitswissenschaft.**

Erste Ansätze einer **Arbeitspsychologie** werden in *Wundt's* Laboratorium für experimentelle Psychologie an der Universität Leipzig erarbeitet (*Wundt* 1874). Dabei baute *Wundt*[19] auf den Arbeiten von *Fechner*[20] auf, der als der Begründer der Psychophysik, einer experimentell ausgerichteten Psychologie, gilt. Der Begriff **Psychotechnik**, als Lehre von der Menschenbehandlung, stammt dagegen von *Stern*[21] (1900), der von 1906 bis 1916 das Berliner ,Institut für angewandte Psychologie und psychologische Sammelforschung' leitet. *Kraepelin*[22] (1896) untersucht das Ermüdungsproblem bei Industriearbeitern und macht Vorschläge zu dessen Überwindung. In seiner Studie über ,Die Arbeitscurve' (1902) veröffentlicht er Forschungsergebnisse zu den positiven (Anreiz der Arbeit, Übung, Willensanspannung) und negativen Einflußfaktoren (Ermüdung, Gewöhnung) der Arbeitsleistung.

---

[18] Der Begriff Ergonomie wird im deutschen Sprachraum erst ab 1949 gebräuchlich.
[19] *Wundt, Wilhelm* (1832–1920) deutscher Physiologe und Psychologe, Prof. in Leipzig (1875–1917), erstes Laboratorium für experimentelle Psychologie, begründet Psychologie als eigenständige Wissenschaft.
[20] *Fechner, Gustav Th.* (1801–1887) deutscher Psychologe (Psychophysik), Begründer der experimentellen Psychologie.
[21] *Stern, William Louis* (1871–1938) deutscher Experimentalpsychologe, erfand Konzept für IQ, Begründer der angewandten Psychologie.
[22] *Kraepelin, Emil* (1856–1926) deutscher Psychiater, Schüler *Wundts*.

Münsterberg[23] hat sich vor allem um die industrielle Nutzung und Verwertung der Berliner und Leipziger Forschungsergebnisse bemüht und in den USA die Grundzüge einer industriellen Psychotechnik entwickelt, die seit dieser Zeit zum festen Bestandteil des Managementwissens gehört (*Münsterberg* 1912, 1914).

Grundannahme der Psychotechnik ist, daß durch eine planmäßige, systematische Berücksichtigung psychologischer Faktoren des Arbeitenden eine schnelle und kostengünstige Aufgabenbewältigung zu erreichen ist. Im Mittelpunkt der Technik stehen Eignungs- und Auslesetests, Techniken des Einübens und Anpassens neuer Mitarbeiter und Verfahren der psychologischen Arbeitsgestaltung.

Die Arbeiten *Münsterbergs* stehen letztlich in der Tradition *Taylors*, denn auch ihm geht es darum, **den richtigen Mann an den richtigen Arbeitsplatz** zu stellen, um eine optimale Leistungsabgabe zu erreichen. Nur stehen hier nicht physische, sondern psychische Faktoren im Vordergrund. Kennt man erst die individuellen Eigenschaften und Eigenheiten eines Bewerbers bzw. Beschäftigten, seine Belastbarkeit, Lernfähigkeit, Geschicklichkeit, Ermüdungskurve etc., so kann man ihn auch optimal einsetzen. Die Art von angewandter Psychologie, die *Münsterberg* mit großem Erfolg für seine Auftraggeber betrieb, hat der Industrie- und Betriebspsychologie als Wissenschaft den Vorwurf der Parteilichkeit eingetragen (vgl. Abschnitt D III 3).

Die oben beschriebenen Arbeiten werden von einem weiteren *Wundt*-Schüler, *W. D. Scott*,[24] weitergeführt und vor allem auf das Gebiet der Werbepsychologie ausgedehnt. *L. M. Gilbreth*,[25] die Frau von *F. B. Gilbreth*, wendet in ihrer Dissertation (Psychology of Management, 1914) psychologische Konzepte auf das Scientific Management an. Positive Aufnahme findet die von *Münsterberg* entwickelte **Testpsychologie** nicht nur in wirtschaftlichen, sondern auch in militärischen Organisationen. Nach dem Einsatz der Eignungsauslese in Gruppenprüfverfahren durch die USA-Armee finden diese Verfahren seit 1917 auch in Europa Verbreitung. Dabei geht es zunächst vor allem um die Erfassung der intellektuellen Fähigkeiten.

Ähnlich wie schon *Kraepelin* führt *C. S. Myers*[26] Ermüdungsstudien in England durch. Als Mitglied des 1918 gegründeten Industrial Fatigue Research Board leitet er Forschungsarbeiten über den **Einfluß von Arbeitsbedingungen** (Beleuchtung, Temperatur, Lärm, Pausenregelung, Arbeitszeit) auf

---

[23] *Münsterberg, Hugo* (1863–1916) *Wundt*-Schüler aus Leipzig, Prof. industrielle Psychotechnik, ging 1892 auf Einladung von *William James* nach Harvard (psychologisches Laboratorium).

[24] *Scott, Walter Dill* (1869–1955) promovierte bei *Wundt* in Leipzig, Lehrer und Psychologe, begründet 1901 Industriepsychologie (speziell Werbepsychologie).

[25] *Gilbreth, Lillian M.* (1878–1972) studierte Sprachen und Psychologie, wendet in ihrer Dissertation (1914) psychologische Konzepte auf Scientific Management an.

[26] *Myers, Charles Samuel* (1873–1946) engl. Industriepsychologe, Gründer (1921) und Direktor National Institute of Industrial Psychology.

Ermüdung, Absentismus, Arbeitsunfälle, Produktivität und Qualität der Arbeit. Er erkennt in der Arbeitsmonotonie schon lange vor den Hawthorne-Studien eine zentrale Ursache der Unzufriedenheit (*Myers* 1924).

Psychotechnik und **Taylorismus** gleichen sich weitgehend in ihren Gestaltungsempfehlungen für das Management: Der richtige Arbeiter auf den richtigen Arbeitsplatz. Beide gehen davon aus, daß Arbeiter unterschiedlich begabt und leistungsfähig sind, und daß es Arbeiten gibt, die nur von einem bestimmten Typ Arbeiter optimal, d.h. rasch und genau, ausgeführt werden können.

5. Sozialpsychologische und soziologische Ansätze (Human Relations)

Nach dieser individualistischen Ausrichtung der Erforschung menschlicher Arbeitsleistung wendet sich in Folge das Interesse der Managementforscher mehr den **sozialen Gruppen** in Organisationen zu. Schon *Follett*[27] (1918) betont, daß der arbeitende Mensch sich nur in der Gruppe entfalten und entwickeln könne. Für die Entwicklung des Managementwissens (speziell der situativen Ansätze) ist das von ihr formulierte ‚law of the situation‘ von besonderer Bedeutung. Damit spricht sie sich gegen personale Abhängigkeiten zwischen Vorgesetzten und Untergebenen (Entpersönlichung der Führung) und für eine sachbezogene situationsorientierte Aufgabenerfüllung (take orders from the situation) aus. Aufgabe des Managements ist es nach *Follett* zu untersuchen, wie sich in Organisationen soziale Gruppen bilden und wie sie sich am besten zu einer produktiven Gemeinschaft (einem sozialen System) entwickeln können. Das geschieht ihrer Ansicht nach am ehesten, wenn die Führung als Gruppenprozeß nachstehenden Prinzipien folgt:
• Koordination zu einem möglichst frühen Zeitpunkt (Motivation)
• Koordination durch laufenden direkten persönlichen Kontakt
• Koordination als kontinuierlicher Prozeß der Abstimmung bei gemeinsamer Verantwortungsübernahme.

Üblicherweise werden die langjährigen empirischen Forschungsarbeiten (1924–1932) im Hawthorne Werk der Western Electric Comp. (einem Unternehmen der **AT & T Comp.**) als Wende in der Managementforschung angesehen (**Hawthorne Experimente**). Diese Festlegung erscheint willkürlich, um so mehr, als der Forschungsansatz von *Mayo*,[28] *Roethlisberger*,[29] *Pennock*,

---

[27] *Follett, Mary P.* (1868–1933) geb. in Boston, studierte Philosophie und Politikwissenschaften, lebte und arbeitete lange Jahre in England, später Unternehmensberaterin.
[28] *Mayo, George Elton* (1880–1949) geb. in Australien, studierte Logik und Philosophie, seit 1926 Prof. Industrial Research, Harvard Uni.
[29] *Roethlisberger, Fritz J.* (1898–1974) seit 1925 Prof. Industrial Research, Harvard Uni.

Dickson, Whitehead u. a. m. zunächst ganz in der Tradition der Psychotechnik steht, d. h. eine kontrollierte Variation objektiver physikalischer Arbeitsplatzbedingungen vorsieht (*Roethlisberger/Dickson* 1939, vgl. auch *Rose* 1975). Ungewöhnlich ist nicht der Ansatz, sondern das Ergebnis, daß nämlich effiziente Organisation und Führung ohne Beachtung der sog. sozialen Dimension bzw. informaler Phänomene nicht zu erzielen sind. Gegenstand der Untersuchungen ist zunächst der **Einfluß von Arbeitsbedingungen** (Pausenregelung, Arbeitsräume, Licht- und Luftverhältnisse, Farbengestaltung etc.) auf die Arbeitsleistung von Arbeiterinnen. Insgesamt werden sechs Untersuchungsreihen durchgeführt:

- Beleuchtungsstudien (1924–1927)
- Relay Assembly Test Room (1927–1932)
- Second Relay Assembly (1928)
- Mica Splitting Test Room (1929)
- Interview Programme (1928–1930)
- Bank Wiring Observation Room (1931–1932)

Die entscheidenden Erkenntnisse bringt das ‚Bank Wiring Room'-Experiment, bei dem zwei Gruppen von Arbeiterinnen über einen längeren Zeitraum beobachtet werden. Während bei der ersten Gruppe die Arbeitsbedingungen konstant gehalten werden, hat man sie bei der zweiten partiell verändert. Im Laufe der Untersuchung steigen die Leistungen laufend, und zwar in beiden Gruppen. Dieses überraschende Ergebnis lenkt die Aufmerksamkeit auf soziale Phänomene, wie Anwesenheit und Interesse von Forschern, informelle Gruppen und deren Auswirkung auf die **Arbeitsmotivation.**

Rose (1975) berichtet, daß der britische Industriepsychologe *C. S. Myers* schon lange vor *Mayo* auf das später als **Hawthorne-Effekt** bezeichnete Phänomen hingewiesen hat, nachdem allein die Anwesenheit der Forscher und deren Interesse für die Arbeiter (Interviews) deren Leistung erhöht, auch wenn noch gar keine Veränderung der Arbeitsbedingungen stattgefunden hat.

Arbeitsleistung (output) ist eben nicht (nur) eine Funktion ‚objektiver' physikalischer Arbeitsbedingungen, sondern davon abhängig, wie Arbeiter behandelt werden, wie sie ihre Arbeit, Mitarbeiter und Vorgesetzte wahrnehmen. Sie finden ihre Identität in der Gruppe; Gruppennormen und Kollegenmeinungen sind wichtiger als die von Managern und Kontrolleuren. Der Manager muß weniger über technische als vielmehr über soziale Fertigkeiten verfügen (**Human Relations-Techniken**).

Solche Techniken umfassen etwa die Schulung der Vorgesetzten im höflichen und herzlichen Umgang mit den Untergebenen (Mitarbeitergespräche), Hilfe bei betrieblichen und familiären Problemen im Rahmen eines Personalberatungsdienstes (**Personnel Counseling Program**)[30] sowie Anerkennung gu-

---

[30] Dies ist eine Umsetzung der Erkenntnisse aus dem **Interview-Programm,** wonach das Interesse der Interviewer an den Problemen der Arbeiter zu einer Leistungssteige-

ter Leistung. Sie dienen primär dazu, der Entpersönlichung der menschlichen Beziehungen in den großen Fabriken entgegenzuwirken sowie den zunehmenden Einfluß der Gewerkschaften in den Betrieben zurückzudrängen.

Da der individuelle Beratungsdienst durch Counselers sehr aufwendig ist, geht man allmählich dazu über, alle Vorgesetzten in einem **kooperativen Führungsverhalten** zu schulen, das dem Bedürfnis der Mitarbeiter nach Zuwendung und menschlicher Wärme entgegenkommt. In Ergänzung hierzu soll partizipatives Führungsverhalten den Mitarbeitern das Gefühl geben, sie hätten selbst in hohem Maße an den Entscheidungen mitgewirkt.

Die Ergebnisse der Hawthorne Untersuchungen führen die Forschung von der einseitigen Lohnorientierung der ‚Wissenschaftlichen Betriebsführung‘ weg und öffnen den Weg zur Entwicklung neuer sozialpsychologischer Theorien. Diese leiden jedoch bis heute insofern unter einer **Psychologisierung der Arbeitswelt**, als sie gesellschaftliche Bedingungen, Herrschafts- und Konfliktbeziehungen häufig aus der Analyse ausklammern (*Herkommer/ Bierbaum* 1979, *Holzkamp-Osterkamp* 1981, *Vilmar/Kißler* 1982).

Sozialwissenschaftliche Forschung beschäftigt sich in der Folge mit dem Aufbau, Verhalten und Zerfall von formellen und informellen Gruppen, sowie mit Problemen der Leistungsverweigerung, der informellen Führerschaft und der Autorität.

Barnard (1938) versucht die Hawthorne Forschungen mit den klassischen Managementansätzen zu verbinden. Hierzu benutzt er sozialwissenschaftliche Modelle. *Barnard*[31] gilt als der Managementautor, der erstmals den **Systemansatz** von *V. Pareto*[32] auf diesem Forschungsgebiet angewendet hat (*Gannon* 1982, *Kast/Rosenzweig* 1985). Die formale Organisation, „als ein System bewußt koordinierter Aktivitäten oder Kräfte von zwei oder mehr Personen" (*Barnard* 1938, S. 73), ist lediglich *ein* System eines ‚cooperative system‘, das in einer Umwelt agiert. **Organisatorisches Gleichgewicht** als Voraussetzung für das Überleben von Organisationen erfordert neben der formalen Organisation die Berücksichtigung informaler (vor allem Gruppen-) Beziehungen. Die Funktionen des Managers bestehen dann darin, auf allen organisatorischen Ebenen für dieses Gleichgewicht Sorge zu tragen und zwar durch

- Aufbau eines Kommunikationssystems
- Selektion, Training und Motivation von Mitarbeitern (Aufbau von Kooperation)
- Formulierung von Zielen, Entscheidungsfindung und Delegation.

---

rung führt. 1950 sind im Beratungsdienst der Hawthorne Werke 30 hauptamtliche Interviewer tätig, deren Aufgabe darin besteht, Mitarbeiter von leistungsmindernden ‚gefühlsbedingten Störungen‘ zu befreien (vgl. *Bendix* 1960, S. 416ff.).

[31] *Barnard, Chester I.* (1886–1961) studierte Ökonomie in Harvard (ohne Diplom aber sieben Drs. h. c.), President New Jersey Bell Telephone Comp., später Rockefeller Foundation.

[32] *Pareto, Vilfredo* (1848–1923) geb. in Paris, ital. Ingenieur und Ökonom, Prof. Soziologie, Uni Lausanne, Begriff ‚Soziales System‘ geht auf ihn zurück.

Management-Anreize steuern die Beiträge der Mitarbeiter in Richtung auf die Organisationsziele. Anreize beeinflussen die **Indifferenzzone** des Mitarbeiters (zone of indifference), d. h. die Zahl der Aufträge, die ein Individuum für die Organisation ausführt, ohne deren Legitimität in Frage zu stellen (*Barnard* 1938, S. 167). Erscheinen die Anreize geringer als die geforderten Beiträge, wird der Mitarbeiter seine Indifferenzzone reduzieren.

Management-Maßnahmen dienen nicht nur dazu, organisatorische Ziele zu erreichen (Effectiveness = Leistungswirksamkeit), sondern erstmals wird von *Barnard* deutlich gemacht, daß sich das Management auch um die Erfüllung individueller und sozialer Ziele der Mitarbeiter (Efficiency = Sozialwirksamkeit) bemühen muß.

Auch *Homans*[33] (1950) greift die Hawthorne Experimente auf und unterscheidet bei sozialen Systemen zwischen einem **externen** (Umweltfaktoren, wie Aufgabendefinition, Arbeitsfluß, Anweisungen) und einem **internen System** (selbst entwickelte Verhaltensweisen von Individuen und Gruppen).

Die Hawthorne Studien und daran anknüpfende Sozialtechnologien sind nicht ohne Kritik geblieben. Die meisten normativen, sozialtechnologischen Aussagen der Human Relations Richtung genügen häufig nicht einmal bescheidensten wissenschaftstheoretischen und methodischen Anforderungen (ad hoc und ex post Hypothesen, Stichprobengröße, Wechsel in der Gruppenzusammensetzung). Eine massive **Kritik** dieser Mängel findet sich bei *Carey* (1967); eine Art Rechtfertigung bzw. Verteidigung der Hawthorne Studien liefert *Sonnenfeld* (1985).

Trotz aller Kritik an den Hawthorne Studien ist unstrittig, daß deren Ergebnisse die verhaltenswissenschaftliche Forschung nach 1935 nachhaltig beeinflußt haben. Folgende **Forschungsgebiete** nehmen z. B. direkt Bezug auf die hier gewonnenen Erkenntnisse:

- Klientenzentrierte Therapie (*Rogers* 1942)
- Kleingruppenforschung (*Homans* 1950, *Whyte* 1948, *Coch/French* 1948, *Bales* 1950, *Trist/Bamforth* 1951, *Cartwright/Zander* 1953)
- Organisationstheorie (*Barnard* 1938, *Simon* 1945, *Parsons* 1960)
- Forschungsmethodologie (*Landsberger* 1958, *Perrow* 1970).

II. Moderne Ansätze

1. Disziplinäre Spezialisierung

Die weitere Entwicklung des Managementwissens ist gekennzeichnet durch eine stärkere Arbeitsteilung und Spezialisierung der klassischen sowie das Aufkommen von neuen Wissenschaften, die sich mit dem Erkenntnisob-

---

[33] *Homans, George C.* (1910–1989) Prof. Soziologie, Harvard Uni.

jekt „Management in Organisationen" beschäftigen. Die Fülle der Ansätze läßt sich in zwei große Richtungen einteilen (*Kast/Rosenzweig*[1] 1985, S. 118, s. auch Abb. 1.1 auf S. 21):

- **verhaltenswissenschaftliche Ansätze** (Behavioral Sciences),
- **formalwissenschaftliche Ansätze** (Management Sciences/Quantitative Sciences).

Zu den formalwissenschaftlichen Ansätzen zählt die managementrelevante Forschung der angewandten Mathematik, der Informations- und Kommunikationstheorie, der Kybernetik und des Operations Research. Unter verhaltenswissenschaftlichen Ansätzen versteht man primär die organisations- und führungsrelevante Forschung in der Psychologie, Sozialpsychologie und Soziologie.

a. Verhaltenswissenschaftliche Ansätze

Im Anschluß an die Human Relations-Bewegung existiert seit den 30er Jahren dieses Jh. eine sozialwissenschaftliche Forschung, die gemäß der *Lewin*schen Forderung nach Lebensnähe auch deutlich praxisbezogene, sozialtechnologische Absichten verfolgt. Der weite, die verschiedenen Strömungen integrierende Begriff **Behavioral Sciences** wird jedoch erst um 1950 durch das Forschungsprogramm ‚Individual Behavior and Human Relations' der Ford Foundation populär (vgl. *Senn* 1966, S. 11).

Die Behavioral Sciences (im Plural) stellen eine Teilmenge der **Sozialwissenschaften** dar. Im weitesten Sinne umfassen sie alle Disziplinen, die sich vorzugsweise mit menschlichem Verhalten beschäftigen. In unserem Zusammenhang interessiert primär das Verhalten in und von Organisationen (organizational behavior).

Eine aus **soziologischer** Sicht theoretisch-konzeptionell vielversprechende verhaltenswissenschaftliche Denkrichtung geht auf *Barnard* zurück, der mit seinem bekanntesten Werk ‚The Functions of the Executive' (1938) endgültig die Voraussetzungen für einen Brückenschlag zwischen traditionellem und modernem Managementdenken leistet.

Simon[2] (1945) setzt diese Tradition fort und legt die Grundlagen einer ‚Social Science of Formal Organization and Administration' (so *Barnard* im Vorwort zu *Simons* ‚Administrative Behavior'). In den 60er Jahren erfolgt der Ausbau zu einer ‚Behavioral Theory of the Firm' (*Cyert*[3], *March*[4], *Simon*).

---

[1] *Kast, Fremont E.* (geb. 1926) und *Rosenzweig, James E.* beide Prof. Business Administration, Uni Washington, Seattle.

[2] *Simon, Herbert A.* (geb. 1916) Prof. Computer Science and Psychology, Carnegie-Mellon Uni Pittsburgh, Nobelpreis 1978.

[3] *Cyert, Richard M.* (geb. 1921) Prof. Economics and Industrial Administration, President of Carnegie-Mellon Uni Pittsburgh.

[4] *March, James G.* (geb. 1928) Prof. Management, Stanford Uni (früher: Carnegie-Mellon).

Für *Simon* (1945) ist Management und speziell Entscheidungsfindung eine Gruppenaktivität. Entscheidungen in Organisationen sind das Ergebnis der gemeinsamen Bemühungen von Gruppen (composite decision).

In der managementrelevanten Forschung der **Psychologie** und **Sozialpsychologie** dominieren empirische Arbeiten. Die Kleingruppenforschung (Gruppendynamik, Soziometrie) erlebt einen großen Aufschwung (*K. Lewin, J. Moreno, M. Sherif*). Die Arbeiten von *Lewin, Lippitt* und *White* (1939) zur Unterscheidung von Führungsstilen (authoritarian, democratic, laissez faire) bilden den Ausgangspunkt für eine Fülle von empirischen Forschungsansätzen zur Erfassung und Analyse von Führungsverhalten (ausführlich dargestellt in Teil 3 C). In den 40er und 50er Jahren werden hierzu **Forschungsprojekte** in folgenden neu gegründeten Instituten begonnen:

• Research Center for Group Dynamics (1945, MIT später ISR)
• Institute for Social Research-ISR (1948, Michigan University)
• Personnel Research Board (Ohio State University)
• National Training Laboratories (1947, Bethel, Maine)
• Tavistock Institute of Human Relations (1945, London).

Kurt Lewin und *Eric Trist* gründen 1946 die einflußreiche Zeitschrift *Human Relations*. Der klinische Psychologe *Maslow* veröffentlicht 1943 ein motivationspsychologisches Konzept der ‚Hierarchie der Bedürfnisse' (vgl. ausführlich S. 151f.) und *Scanlon*[5] entwickelt zu jener Zeit das nach ihm benannte Anreizsystem. Der Scanlon-Plan sieht die Einführung von Produktionskomitees vor (ähnlich den heutigen Qualitätszirkeln), die auf Abteilungsebene Verbesserungsvorschläge entwickeln. Die daraus resultierenden Rationalisierungs- und Produktivitätsgewinne werden nach einem zwischen Management und Gewerkschaften auszuhandelnden Schlüssel zwischen Unternehmung und Arbeitern (Lohn-Prämie) verteilt. *Bradford*[6] führt 1947 das erste Sensitivity Training in Bethel, Maine, durch. Es handelt sich dabei um eine Methode der Selbsterfahrung und der Reflexion von Gruppenprozessen. *Coch* und *French* (1948) untersuchen – aufbauend auf den Arbeiten von *Lewin* – die Bedingungen organisatorischen Wandels, und mit der Studie von *Walker* und *Guest* (1952) über Arbeitsbedingungen bei Fließbandarbeit wird die Diskussion über neue Formen der Arbeitsorganisation (job enlargement, job rotation etc.) eingeleitet. In der Führungsforschung wird der Ruf nach partizipativer Führung und sog. ‚Power Equalization' und ‚Bottom up Management' Ansätzen laut *(Given, McCormick)*.

Am Tavistock Institute of Human Relations wird der für die zukünftige Organisationsforschung äußerst einflußreiche soziotechnische Systemansatz entwickelt *(Miller, Rice, Trist)*. Dieser Ansatz analysiert Organisationen als offene, zielgerichtete sozio-technische Systeme, betont gleichermaßen die Be-

---

[5] *Scanlon, Joseph*, Stahlarbeiter, Gewerkschaftsfunktionär, später Forscher am MIT.
[6] *Bradford, Leland* (geb. 1905) Sozialpsychologe, 1947–1970 Director National Training Laboratories, ab 1967 NTL Institute for Applied Behavioral Science, Arlington.

4*

deutung sachlicher und menschlicher Aspekte und liefert mit Überlegungen zum organisatorischen Gestaltungsspielraum, zur Arbeitsmotivation durch Aufgabenorientierung und zur teilautonomen Gruppenarbeit Konzepte, deren Bedeutung weit über die anderer neoklassischer Ansätze hinausreicht. Die Bedeutung dieser sozio-technischen Konzepte für die Theorie und Praxis des Managements resultiert aus ihrer Anwendungsorientierung, aus ihrer Multidisziplinarität und aus normativen Vorstellungen zur Humanisierung und Demokratisierung von Arbeit in Organisationen, die in den 60er und 70er Jahren von Wissenschaft und Praxis vor dem Hintergrund eines gesellschaftlichen Wertwandels, wirtschaftlicher Prosperität und technologischer Veränderungen bereitwillig aufgegriffen werden (vgl. ausführlich S. 759 ff. der Arbeit sowie *Sydow* 1985 a).

In den Jahren 1957–1960 gewinnen zunehmend normative, auf humanistischen Philosophien beruhende Managementmodelle an Bedeutung. In Anlehnung an *Miles*[7] (1965) werden diese neuen Ansätze auch unter der Bezeichnung **Human Resources** zusammengefaßt. Mitarbeiter werden hier als Reservoir einer Vielzahl potentieller (managementdienlicher) Fähigkeiten und Fertigkeiten angesehen, und es ist Aufgabe und Verantwortung des Managers herauszufinden, wie diese Anlagen am besten zu aktualisieren, zu fördern und weiterzuentwickeln sind (Entwicklung von Motivationstheorien).

Das **Individuum** rückt gegenüber der Gruppe wieder in den Mittelpunkt der Forschung. *Maslow* schreibt über ‚Motivation and Personality' (1954) und ‚Eupsychian Management' (1965); *Argyris* (1957) thematisiert den Konflikt zwischen Individuum und Organisation. Seiner Meinung nach sind die Anforderungen formaler Organisationen unvereinbar mit einer ‚gesunden' Persönlichkeitsentwicklung. *McGregor* (1960) macht deutlich, daß Führung das Ergebnis von ‚self-fulfilling prophecy' Annahmen (Theory X und Y) über die arbeitenden Menschen ist. *Herzberg/Mausner/Snyderman* (1959) entwickeln die Zwei-Faktoren-Theorie der Arbeitszufriedenheit, die im Rahmen der Bemühungen um eine Humanisierung der Arbeit besondere Beachtung findet.

Die verhaltenswissenschaftlichen Ansätze werden an dieser Stelle nur knapp und überblicksartig dargestellt, da ihnen später ein ganzes Kapitel gewidmet ist.

Die formalwissenschaftlichen Ansätze werden nur in ihren historischen Entwicklungslinien dargestellt, da es sich bei diesem Buch explizit um eine verhaltenswissenschaftliche Einführung in den Problembereich handelt.

b. Formalwissenschaftliche Ansätze

Die Suche nach Ordnung, Formalisierung und Systematisierung von Entscheidungsprozessen durch Wirtschaftsinformatik, Operations Research und

---

[7] *Miles, Raymond E.*, Prof. Business Administration, Uni Berkeley.

Management Science wird häufig unzulässigerweise lediglich als moderne Fortsetzung der Scientific Management Ansätze unter Zugrundelegung eines mechanistischen Menschenbildes beurteilt. Das Anliegen dieser Formalwissenschaften ist es dagegen, den Aussagen über Management den Status einer exakten Wissenschaft zu geben, die es ermöglicht, aus vorgegebenen Prämissen optimale oder zumindest zufriedenstellende Entscheidungen zu deduzieren. Somit plädieren sie (mit einem Seitenhieb auf die Verhaltenswissenschaften) für mehr ‚science‘ im Management. Entsprechend ist der Terminus **Management Science** zu verstehen, der meist synonym mit **Operations Research (OR)** gebraucht wird.

Die Entwicklung der ersten OR-Verfahren erfolgt im militärischen Bereich (Transport- und Nachschubprobleme) um 1938 in Großbritannien und ab 1940 in den USA. 1952 wird die Operations Research Society of America und 1953 das The Institute of Management Sciences (TIMS) gegründet. 1957 erscheint dann das Standardwerk über OR von *Churchman/Ackoff/Arnoff*[8] (vgl. hierzu *Loomba* 1978). Die an formalen Entscheidungsmodellen interessierten Wissenschaftler schließen sich 1968 im American Institute for Decision Sciences zusammen. In Deutschland wird die Entwicklung auf dem Gebiet der Unternehmensforschung von der Deutschen Gesellschaft für Operations Research (DGOR) vorangetrieben.

Neben der Anwendung formaler Sprachen (z.B. mathematische Modelle) zur Formulierung und Lösung von Entscheidungsproblemen in Organisationen eint die Formalwissenschaftler zusätzlich die Nutzung von **Computern.** Die gemeinsame Herausgabe der Zeitschrift ‚Interfaces‘ durch TIMS und OR Society of America deutet für die Zukunft auf eine stärkere Integration des Forschungsgebietes.

Zur Lösung von Optimierungsproblemen im Bereich quantifizierbarer Managementprobleme werden seit fast 50 Jahren **mathematische Entscheidungsmodelle** formuliert. Zum gesicherten Methodenbestand zählen heute: Lineare Programmierung, dynamische Programmierung, Simulationsverfahren, Spieltheorie und Netzplantechnik. Die Verfahren finden überwiegend im Bereich der Fertigung und Materialwirtschaft Anwendung (Warteschlangen-, Lagerhaltungs- und Ersatzmodelle). Im Bereich der Organisation und Führung entwickelt sich im Anschluß an die Arbeiten von *Marschak*[9] (1955) eine entscheidungstheoretische Organisationstheorie, die auf modelltheoretischem Wege optimale Informations- und Kommunikationsstrukturen ermitteln will, z.B. optimale Abteilungsgliederung, optimale Kontrollspanne, optimale Entscheidungskoordination.

---

[8] *Churchman, West Ch.* (geb. 1913) Prof. Business Administration, Uni Berkeley, kritisiert später extensive Nutzung von math. Modellen in OR und tritt aus OR Society aus.

[9] *Marschak, Jakob* (1898–1977) geb. in Kiew, studierte ab 1919 Ökonomie in Deutschland, emigrierte 1933 nach England (Oxford Institute of Statistics), 1938 in die USA (New School for Social Research), Prof. Economics, UCLA.

Der Reiz einer Problemformulierung mit Hilfe der Mathematik sowie die Chance, mit Hilfe des Computers unzählige Alternativen durchrechnen zu können, verführt die Formalwissenschaftler mehr und mehr dazu, auch schlecht strukturierte Managementprobleme quantitativ abbilden und lösen zu wollen (vgl. z. B. strategische Entscheidungen mit Hilfe von Expertensystemen, Nutzung künstlicher Intelligenz). Die heuristische Funktion mathematischer Modelle ist jedoch keineswegs zu unterschätzen.

2. Systemtheoretische Ansätze

Auf die Managementforschung haben systemtheoretische und vor allem kybernetische Ansätze in verschiedenen Entwicklungsphasen erheblichen Einfluß ausgeübt. Obwohl diese Ansätze mehrere Realwissenschaften übergreifende Disziplinen darstellen, lassen sich ihre Wurzeln schwerpunktartig entweder in den Natur- oder den Sozialwissenschaften verorten.

a. Naturwissenschaftliche Modelle

Während das Ganzheitsdenken in der Philosophie eine lange Tradition hat, wird die heutige disziplinübergreifende Verwendung von Systemkonzepten erst durch den Biologen *Ludwig v. Bertalanffy*[10] eingeleitet, der in den 30iger Jahren eine Theorie der Selbstregulierungsfähigkeit offener biologischer Systeme entwickelt. Durch Verallgemeinerung strebt er eine **Allgemeine Systemtheorie** an, die zu einer ‚Unity of Science‘ beitragen soll (*Bertalanffy* 1951).

Der Anspruch einer „General Theory", aus unterschiedlichen wissenschaftlichen Disziplinen stammende und von unterschiedlichen Wertvorstellungen getragene Forschungsansätze unter einem Dach (d. h. einer einheitlichen Terminologie und Methodologie folgend) integrieren zu wollen, führt zu einer hohen Abstraktion der Aussagen, Reduktion der Vielfalt auf universell nachweisbare Kategorien und Formulierung wenig operationaler Aussagen mit geringem Informationsgehalt für alle Arten von Systemen. Einen praktischen Anwendungsbezug, vor allem auch in Zusammenhang mit Managementproblemen, bringt erst die Verbindung mit der **Kybernetik.** Die Kybernetik als die Wissenschaft von der Steuerung und Regelung von Systemen (*Wiener*[11] 1948) sowie die mathematisch orientierte **Informationstheorie**

---

[10] *Bertalanffy, Ludwig von* (1901–1972) Biologe und Philosoph, 1934 Privatdozent Universität Wien, Lehre und Forschung an versch. Uni in den USA und Kanada, gründet 1954 Society for the Advancement of General Systems Theory (heute: Society for General Systems Research) mit *A. Rapoport* und *K. E. Boulding.*

[11] *Wiener, Norbert* (1894–1964) amerik. Mathematiker, Prof. MIT.

(Shannon/Weaver[12] 1949) haben den normativen Gestaltungsaspekt der Systemtheorie begründet. Heute liegen aus den unterschiedlichsten Disziplinen Systemkonzeptionen vor (vgl. hierzu den Überblick bei *Probst/Siegwart* 1985 und *Probst* 1987), die z. T. von sehr unterschiedlichen theoretischen Traditionen ausgehen. *Maruyama* (1963) unterscheidet entwicklungsgeschichtlich zwei Phasen der Forschung:

Kybernetik I betont primär die gleichgewichtserhaltenden Prozesse in Systemen. Folglich stehen Probleme der Ultra- und Multistabilität und Servomechanismen zu deren Erreichung (Soll-Ist-Vergleich, Abweichungsanalyse, Rückkopplung) im Mittelpunkt des Interesses.

Kybernetik II befaßt sich dagegen mit Problemen der Instabilität, Flexibilität, Wandel, Lernen, Evolution, Autonomie und Selbstreferenz. Ungleichgewicht ist keine Katastrophe, sondern eher der Normalfall und Voraussetzung für Wandel.

Vor allem die Ansätze der Vertreter einer Kybernetik I, wie *W. Ashby, St. Beer, H.-J. Flechtner, C. Shannon, W. Weaver, N. Wiener,* sind in den 60er Jahren von der Managementforschung in England und den USA (vgl. vor allem *Johnson/Kast/Rosenzweig* 1963, *Katz/Kahn* 1966, *Seiler* 1967, *Kast/Rosenzweig* 1970) und in Deutschland (vgl. vor allem *Ulrich* 1968 sowie den Überblick bei *Bleicher* 1972) aufgegriffen worden.

Die Anwendung mechanistischer Input-Output-Modelle aus Kybernetik I auf nicht-technische Systeme, wie z. B. Unternehmungen, ist z. T. auf heftige **Kritik** gestoßen (vgl. z. B. *Gaitanides/Oechsler/Remer/Staehle* 1975). Diese trifft nicht die Vertreter von Kybernetik II, von denen unter anderem folgende Ansätze stammen, die zu einer neuen Sicht des Managements auffordern:

- Autopoiesistheorie von *Humberto Maturana* und *Francesco Varela* (1980),
- ökologischer Ansatz von *Eric Trist* (*Emery/Trist* 1965),
- populationsökologische Ansätze und Theorien der Ressourcenabhängigkeit von *Howard Aldrich, John Freeman, Michael Hannan, Jeffrey Pfeffer, Gerald Salancik* (*Hannan/Freeman* 1977, *Aldrich* 1979, *Aldrich/Pfeffer* 1976, *Pfeffer/Salancik* 1978).
- evolutionstheoretische Ansätze (*Erich Jantsch* 1979, *Rudolf Sprüngli* 1981, *Werner Kirsch* 1979),
- kommunikationstheoretische Ansätze, z. B. *Paul Watzlawick* et al. (1985),
- Ökosystemforschung von *Frederic Vester* (1984).

Für den Bereich der **Managementforschung** sind vor allem die Arbeiten von *Beer* richtungsweisend. *Beer* (1959) hat zunächst ganz in der Tradition von Kybernetik I gestanden, ist heute mit seinem Modell lebensfähiger Systeme (*Beer* 1981) aber eher ein Vertreter von Kybernetik II.

---

[12] *Shannon, Claude E.* (geb. 1916) amerik. Mathematiker und Informationstheoretiker, Prof. MIT.

Beer[13] unterscheidet in Analogie zum menschlichen Zentralnervensystem fünf **Subsysteme der Lenkung** von Systemen, wobei jedes System prinzipiell die gleiche Struktur aufweist.

System 1:	Leitung von Geschäftsbereichen (sog. Basiseinheiten), entweder funktional (Produktion, Vertrieb) oder divisional organisiert
System 2:	Abstimmung und Koordination der Basiseinheiten (z.B. über Controlling)
System 3:	Operatives Management, interne Abstimmung (Anstreben von internem Gleichgewicht)
System 4:	Strategisches Management, System-Umwelt Abstimmung (Anstreben von externem Gleichgewicht)
System 5:	Normatives Management (Abstimmung zwischen System 3 und 4).

Eine ausführliche Darstellung des Modells von *Beer* findet sich bei *Fredmund Malik* (1986), der – wie die gesamte St. Galler Gruppe – erheblich zur Verbreitung des Systemdenkens in der deutschsprachigen Managementforschung beigetragen hat. Ähnlich wie *Beer* hat auch *Hans Ulrich*[14], und mit ihm das Institut für Betriebswirtschaft an der Hochschule St. Gallen, eine Entwicklung von Kybernetik I zu Kybernetik II vollzogen. 1968 wählt er noch den klassisch-mechanistischen Systemansatz zur Darstellung von Führungsproblemen unter dem Titel: Die Unternehmung als produktives soziales System; im Laufe der Zeit erkennt er aber die Grenzen der Anwendung einer mechanistischen Regelungs- und Kontrolltheorie auf lebensfähige soziale Systeme und präferiert heute (1984) eine **systemisch-biokybernetische Perspektive,** wie sie in dem Projekt ‚Grundlegung einer allgemeinen Theorie der Gestaltung, Lenkung und Entwicklung zweckorientierter sozialer Systeme' ihren Niederschlag findet (vgl. auch *Probst/Siegwart* 1985).

Für *Malik*[15] (1986) besteht das Grundproblem des Managements in der **Beherrschung von Komplexität,** d.h. in dem angemessenen Umgang mit der Vielfalt der Beziehungen zwischen den Elementen eines Systems. Dabei bezieht er sich auf *Ashby* (1958), der in diesem Zusammenhang gefordert hat, daß die Varietät des lenkenden Systems dem Ausmaß an (potentiellen) Störungen, die zu bewältigen sind, angemessen sein muß (**Gesetz der erforderlichen Varietät**).

Dieses Problem wird in der Managementlehre ganz unterschiedlich angegangen. Zwei Arten von **Managementtheorie** lassen sich nach *Malik* (1986, S. 49) unterscheiden, ein

---

[13] *Beer, Stafford* (geb. 1926) engl. Kybernetiker, Prof. Operations Research, Manchester Business School und Wharton School, Philadelphia.

[14] *Ulrich, Hans* (geb. 1919 in Brig, Schweiz) Prof. BWL, Hochschule St. Gallen.

[15] *Malik, Fredmund* (geb. 1944 in Österreich) Titularprof. Unternehmungsführung, Hochschule St. Gallen, Direktor Management Zentrum St. Gallen.

• konstruktivistisch-technomorpher und ein
• systemisch-evolutionärer Theorietyp:

Konstruktivistisch-technomorph	**Systemisch-evolutionär**
Management ...	Management ...
1. ... ist Menschenführung	... ist Gestaltung und Lenkung ganzer Institutionen in ihrer Umwelt
2. ... ist Führung Weniger	... ist Führung Vieler
3. ... ist Aufgabe Weniger	... ist Aufgabe Vieler
4. ... ist direktes Einwirken	... ist indirektes Einwirken
5. ... ist auf Optimierung ausgerichtet	... ist auf Steuerbarkeit ausgerichtet
6. ... hat im großen und ganzen ausreichende Information	... hat nie ausreichende Information
7. ... hat das Ziel der Gewinnmaximierung	... hat das Ziel der Maximierung der Lebensfähigkeit

Ein zentraler Unterschied zwischen beiden Ansätzen besteht in der Tatsache, daß herkömmliche Managementtheorie primär Führungstheorie im Sinne von Menschenführung oder Personalführung ist (Führung von Individuen oder kleinen Gruppen, Anwendung primär sozialpsychologischer Erkenntnisse); **systemorientiertes Management** befaßt sich dagegen mit der Gestaltung und Lenkung eines Gesamtsytems (Institution).

„Gestalten und Lenken eines Gesamtsystems ist weder ein wirtschaftliches noch ein technisches noch ein psychologisches usw. Problem. Es ist all das zusammen, aber nicht in aggregierender Interdisziplinarität, sondern als *neue Disziplin*. Dies und nur dies macht die Kybernetik für die Lösung des Problems so wichtig, denn die Kybernetik ist, wenn auch auf sehr abstraktem Niveau, diese Disziplin. Kybernetik ist die Wissenschaft von der Kontrolle von Systemen." (*Malik* 1986, S. 50 f.)

Probst (1987, S. 32 f.) macht auf einen weiteren wesentlichen Unterschied aufmerksam. Während wir herkömmlicherweise gewohnt sind, in monokausalen, linearen Kausalketten (Ursache-Wirkungs-Ketten) zu denken, betont systemisches Denken besonders „die Vernetzung und die Art und den Grad wechselseitiger Abhängigkeiten zwischen den Teilen eines Systems sowie zwischen Teilen und dem Ganzen. Erst die Analyse der wechselseitigen Wirkungen zwischen den Teilen gibt uns Auskunft über die Dynamik in einem System und damit die effektive Komplexität".

Dachler[16] (1984) sieht die **Grenzen der Erklärungskraft** biologischer und organischer Analogien in den besonderen Eigenschaften von Humansystemen begründet. Er vertritt die Auffassung, „daß eine biokybernetisch ausgerichtete Systemtheorie als Grundlage der Betriebswirtschaftslehre im allge-

---

[16] *Dachler, H. Peter* (geb. 1938) Prof. Psychologie, Hochschule St. Gallen.

meinen und der Managementlehre im besonderen, die von ihr erhofften Erkenntnisse und besonders die von ihr erhofften anwendungsbezogenen
Handlungsanweisungen für Praktiker nur in sehr begrenztem Maße erreichen
und nur auf einer Abstraktionsebene konkretisieren kann, die dem Praktiker
für die Lösung seiner alltäglichen Probleme schwer zugänglich ist" (S. 220).

Es erscheint ihm deshalb erstrebenswert, die biokybernetischen Vorstellungen mit sozialwissenschaftlichen Annahmen und Ergebnissen über den
Menschen und seine sozialen Beziehungen anzureichern. Auch *Peter Ulrich*[17]
(1984, 1986) ist der Auffassung, daß selbst organismische Systemkonzeptionen zu kurz greifen, insofern als es ihnen nicht gelingt, das Nicht-Systemische an der Unternehmung, eben das Kulturspezifische, konzeptionell zu
fassen. Der Paradigmawechsel der Managementlehre von konstruktivistisch-
technomorphen (mechanistischen) zu systemisch-evolutionären (biologisch-
organismischen) Systemkonzeptionen sensu *Malik* sei zwar eine notwendige
aber nicht hinreichende Voraussetzung zur Erfassung zeittypischer Führungsprobleme, wie Implementierungs-, Akzeptanz-, Motivations- oder
Imageprobleme. *P. Ulrich* fordert aufbauend auf einer Rekonstruktion des
Nicht-Systemischen in der Unternehmung ein **kulturbewußtes Konsensus-
Management** (vgl. hierzu ausführlich *P. Ulrich* 1983). Dabei nimmt er Bezug
auf die Trennung von *Habermas* (1981) in System und Lebenswelt und dessen Kritik an der Kolonialisierung der Lebenswelt durch (management-)tech-
nische Rationalisierung.

b. Sozialwissenschaftliche Modelle

Im Bereich der Managementforschung hat als erster *Chester Barnard*
(1938) Organisationen als **cooperative systems** analysiert und auf die Bedeutung gleichgewichtserhaltender Prozesse hingewiesen (z. B. Anreiz-Beitrags-
Theorie, Austauschtheorie, Gleichheitstheorie).

Auch *Homans'* **Interaktionstheorie** ist eine Systemtheorie, die Interaktionen in Gruppen als Austauschprozesse interpretiert (*Homans* 1958). Aktivitäten und Interaktionen führen zu Empfindungen, die wiederum Aktivitäten
und Interaktionen beeinflussen. Die Variablen beeinflussen sich gegenseitig,
was *Homans* (1950 S. 90) dazu veranlaßt, von einem System zu sprechen. Ein
soziales System, wie z. B. eine Gruppe, setzt sich aus einem externen und
einem internen System zusammen. Das **externe System** (extern, weil durch
die Umwelt bestimmt) beschreibt den Zustand der drei Elemente Aktivität,
Interaktion, Empfindung, der es der Gruppe erlaubt, in einer bestimmten
Umwelt zu überleben. Das **interne System** wird nicht direkt von der Umwelt
beeinflußt, sondern entwickelt sich aus den Interaktionen zwischen Individu-
en mit eigenen Werten, Einstellungen und Bedürfnissen. Das Ergebnis sind
selbst entwickelte Gruppennormen und Verhaltensweisen.

---

[17] *Ulrich, Peter* (geb. 1948 in Bern) Prof. Wirtschaftsethik, Hochschule St. Gallen.

Während bei diesen frühen Ansätzen noch stark mechanistische Züge erkennbar sind (Gleichgewichtserhaltung, Korrektur von Abweichungen), geht es bei den nachfolgend besprochenen soziologischen Ansätzen um Fragen der Möglichkeit sozialer Ordnung bei Existenz einer Vielzahl von Handlungsmöglichkeiten; der Möglichkeit rationalen Handelns bei einer Überzahl von Handlungsmöglichkeiten (Handlungsrationalisierung) und der Konstitution bzw. Vermittlung von Sinn.

Vor allem mit dem Ordnungsproblem befaßt sich die Systemtheorie von *Parsons*[18] (1951, 1960). Organisationen sind zweckorientierte Sozialsysteme, deren Struktur aus institutionalisierten Wertmustern besteht. Konformität mit Werten wird durch deren Internalisierung durch die Handelnden erreicht. Kulturelle Wertorientierungen (**kulturelle Systeme**) durchdringen die Handlungsprogramme (**soziale Systeme**), die wiederum die individuelle Orientierung (**psychologische Systeme**) beeinflussen. Die Struktur einer Organisation muß dabei bestimmten grundlegenden Funktionserfordernissen genügen. Diese sind in der Literatur als **AGIL-Schema** bekannt geworden, wonach jedes soziale System folgende vier Grundfunktionen erfüllen muß, wenn es überleben will:

Adaption: Umweltorientierung zur Sicherstellung des Ressourcenzugangs bei Erhaltung der Eigenständigkeit des Systems

Goal attainment: Zielsetzung und -verwirklichung (Zielerreichung durch Ressourcennutzung)

Integration: Integration und Kontrolle von Handlungen in den Subsystemen (Bewahrung von organisatorischer Handlungskonsistenz)

Latency: Aufbau und Erhaltung der Sozialstruktur (Normen, Werte) und der Mitgliedermotivation.

Zentrale Fragestellungen in den Arbeiten von *Luhmann*[19], der in vielen Punkten an *Parsons* anknüpft, bildet die Erfassung und **Reduktion von Komplexität**. Wie schon bei *Parsons* geht es um das Problem, wie man bei einer Überfülle von Möglichkeiten noch vernünftig handeln kann. Für den Umgang mit hoher Komplexität benötigen soziale Systeme leistungsfähige Reduktionsmechanismen. *Luhmann* (1968, S. 120) begreift Systeme ganz allgemein als Identitäten, „die sich in einer komplexen und veränderlichen Umwelt durch Stabilisierung einer Innen/Außen-Differenz erhalten"; damit wird als primäre Gestaltungsaufgabe die Grenzziehung zwischen System und Umwelt bzw. Innen und Außen deutlich. Durch diese Grenzziehung gewinnt das System seine Identität, und mit der Entscheidung über den Verlauf der Grenze werden zugleich wichtige Vorentscheidungen über die innere Strukturie-

---

[18] *Parsons, Talcott* (1902–1979) studierte an der London School of Economics und Heidelberg (promoviert dort 1929 bei *Edgar Salin*), einflußreicher amerikanischer Soziologe (Strukturfunktionalismus, Systemtheorie), Prof. Harvard Uni.

[19] *Luhmann, Niklas* (geb. 1927) studierte Rechts- und Sozialwiss., ab 1970 Prof. Soziologie, Uni Bielefeld.

rung des Systems getroffen. Mit der Trennung von Innen und Außen wird jedoch nicht nur eine eigene Identität des Systems angestrebt, sondern vor allem eine Reduktion von Umweltkomplexität auf ein für das System beherrschbares Niveau beabsichtigt. *Luhmann* unterscheidet in diesem Zusammenhang fünf verschiedene **Reduktionsstrategien** (S. 125 ff.):

1. **Subjektivierung** (Substitution der objektiven Situation durch eine subjektive; Übersetzung von Umweltkomplexität in systemeigene Komplexität)
2. **Institutionalisierung** (Reduktion der Vielzahl möglicher Verhaltensweisen auf bestimmte Formen der Erlebnisverarbeitung; Generalisierung von Verhaltenserwartungen)
3. **Umweltdifferenzierung** (Bildung von Subumwelten als Voraussetzung der Spezialisierung und Stabilisierung des Systems)
4. **Innendifferenzierung** (Bildung von Subsystemen zur Spezialisierung sowie zur Steigerung der Lern- und Anpassungsfähigkeit)
5. **Flexibilisierung der Systemstruktur** (Flexibilität der Struktur als Voraussetzung der möglichst starken Absorption von Umweltkomplexität und -veränderlichkeit).

So einfach und überzeugend dieses Konzept erscheint, so schwierig ist dessen empirische Prüfung und praktische Umsetzung. Die Grenzziehung ist eben nicht eine Entscheidung zu einem Zeitpunkt, sondern ein permanenter Prozeß der Adaption der Organisation an veränderte innere und äußere Situationen, was zu einer laufenden Redefinition führt.

In jüngeren Arbeiten (vgl. z.B. *Berger/Luckmann* 1980, *Luhmann* 1984) hat die Umwelt nicht mehr den zentralen Stellenwert für die Strukturbildung, obwohl sie als Bestandsvoraussetzung stets mitgedacht wird. Soziale Strukturen werden interaktiv selbst produziert (**Selbstreferenz**) und konstituieren somit Sinn, der zur Schaffung bzw. Wahrnehmung von Identität notwendig ist. Zwischenmenschliche Kommunikation (Interaktion) ist Voraussetzung für die Entwicklung sozialer Systeme (z.B. **symbolischer Interaktionismus**). Jedes Verhalten, jede Handlung in einem System wirkt strukturbildend. Soziale Systeme organisieren sich also selbst, sie sind operationell geschlossen, d.h. sie produzieren alle Eigenschaften, Verhaltensweisen, Grenzen zur Umwelt selbst, sie sind selbstreferentiell. Die Nähe dieser Theorie sozialer Systeme zu Ansätzen aus Kybernetik II, vor allem zur biologischen **Autopoiesistheorie**, die Leben als sich selbst produzierenden Ordnungsprozeß beschreibt, ist unverkennbar und wird auch von *Luhmann* betont (zur Kritik vgl. *Bühl* 1987 und *Druwe* 1988).

Damit scheint sich eine theoretisch sehr fruchtbare Verbindung zwischen natur- und sozialwissenschaftlichen Systemansätzen anzubahnen, insofern als beide die Ganzheitlichkeit und Konsistenz sozialer Systeme betonen. Ob auch die Managementforschung aus diesen Ansätzen Nutzen ziehen kann, werden praxisnähere Arbeiten belegen müssen (vgl. den Versuch von *Probst* 1987).

3. Situative Ansätze

Die weiter oben skizzierten Mängel systemtheoretischer Konzepte, speziell von Kybernetik I, als Ausgangspunkt und Bezugsrahmen von Forschung und Lehre im Bereich des Managements lassen verstärkt den Ruf nach differenzierten, konkreten Gestaltungsempfehlungen in operationaler Form laut werden. Vor allem die **Management-Praxis** kann mit den generellen, abstrakten Aussagen der Systemtheorie wenig anfangen, was sie dazu verleitet, weiterhin mit traditionellen Organisations- und Führungsgrundsätzen oder mit neuen Heilslehren (z.B. *Ouchi* 1981, *Peters/Waterman* 1982) zu arbeiten.

Forschungsziel situativer Ansätze ist die Relativierung der traditionellen *one best way*- und generellen systemtheoretischen Aussagen sowie die situationsadäquate Berücksichtigung formal- und verhaltenswissenschaftlicher Gestaltungsempfehlungen.

Der zentrale Unterschied zu systemtheoretischen Ansätzen besteht darin, daß situative Ansätze dezidiert ein **empirisches Forschungsprogramm** erfordern.

Nach dem Ausmaß der Determiniertheit von Managementhandeln durch die Situation (Kontext), von dem die einzelnen Ansätze ausgehen, lassen sich **klassisch situative** (mechanistische) und **verhaltenswissenschaftlich situative Ansätze** unterscheiden (vgl. *Burrell/Morgan* 1979, *Astley/Van de Ven* 1983, *Morgan* 1986). Seit Mitte der 70er Jahre hat sich eine neue Forschungsrichtung etabliert, die weniger die externe Kontingenz als vielmehr organisationsinterne Konsistenz betont. Solche **Konsistenz-Ansätze** lassen sich als Ergänzung zu den Kontingenz-Ansätzen interpretieren. *Drazin/Van de Ven* (1985) sehen hierin eine von drei Richtungen situativer Forschung.[20]

- **Selection Approaches** entsprechen weitgehend den mechanistischen Ansätzen: Der Kontext bestimmt die Struktur; Kongruenz (fit)[11] zwischen Situation und Organisationsstruktur führt zu Effizienz.
- **Interaction Approaches** stellen eine Variante der verhaltenswissenschaftlichen Ansätze dar: Zwischen Kontext und Struktur bestehen wechselseitige Anpassungsprozesse; auch eine Beibehaltung der Struktur und die Veränderung der Situation können effizient sein.
- **Systems Approaches** entsprechen weitgehend den Konsistenz-Ansätzen: Interne Konsistenz der Struktur- und Kulturmerkmale einer Organisation ist für die Effizienz ausschlaggebend.

---

[20] *Kubicek* (1987) unterscheidet vier Modelle: Quasi-mechanistische, unternehmungspolitische, personalistische und gestaltungsprozeßbezogene Modelle.

[21] Fit (passend) bzw. **misfit** (nicht passend) stellen zentrale Begriffe des situativen Ansatzes dar. Sie geben an, ob zwei Variablengruppen (z.B. Umwelt und Organisationsstruktur) sich in ihren Merkmalen entsprechen, ob sie übereinstimmen, oder nicht.

a. Klassisch situative Ansätze

Obgleich *M. P. Follett* (in *Metcalf/Urwick* 1942) schon 1925 auf die Abhängigkeit aller Organisations- und Führungsmaßnahmen von der jeweiligen Situation (Law of the Situation) hinweist, und *Sherman* (1966) in Ablehnung der Organisationsprinzipien feststellt, *It all depends,* steht die Formulierung von Prinzipien und Grundsätzen noch lange Zeit im Mittelpunkt der Managementforschung.

Mitte der 60er Jahre entwickelt sich nach Vorläufern in Großbritannien (*Woodward* 1958, *Burns/Stalker* 1961) vor allem in den USA ein neuer **situativer Forschungsansatz** (Contingency Approach, Situational Approach), der die hohen Ansprüche allgemeiner Theorien aufgibt und versucht, auf einem mittleren Abstraktionsniveau operationale Aussagen über die Beziehungsmuster zwischen Situation, Struktur und Verhalten zu formulieren. Wesentliche Beiträge stammen aus der Organisationssoziologie von der Forschergruppe um *Pugh*[22] an der Universität Aston in Birmingham sowie der Forschergruppe um *Blau*[23] und *Heydebrand* an der Universität Chicago. Ein situatives sozialwissenschaftliches Forschungsprogramm wird ab 1961 von der **Aston Gruppe** konzipiert, und zwar in Weiterführung der von *Max Weber* eingeleiteten **Bürokratieforschung.** Eine explizite ‚Contingency Theory of Organization' wird dann in den USA von *Lawrence* und *Lorsch* (1967) formuliert (zur Entwicklung situativer Ansätze vgl. ausführlich *Staehle* 1976).

Dieser Ansatz soll es ermöglichen, die „richtigen" Erkenntnisse des bislang kumulierten Managementwissens für konkrete Gestaltungsempfehlungen nutzbar zu machen.

Dabei ist die Nähe der neueren situativen zu den historisch älteren **systemtheoretischen Ansätzen** in der Organisations- und Managementlehre nach wie vor unverkennbar. Dies wird vor allem in der Definition von *Kast/ Rosenzweig* (1985, S. 116) deutlich: „Die situative Analyse von Organisationen und ihrem Management betrachtet eine Organisation als ein aus Subsystemen zusammengesetztes System, das durch identifizierbare Grenzen von seinem Umsystem (Umwelt) getrennt ist. Der situative Ansatz bemüht sich um ein Verständnis der Beziehungen sowohl innerhalb und zwischen Subsystemen als auch zwischen der Organisation und ihrer Umwelt; dabei strebt er nach einer Formulierung von Beziehungsmustern oder Variablensystemen. Er betont die multivariate Natur von Organisationen und versucht zu verstehen, wie Organisationen in bestimmten Situationen und bei sich ändernden

---

[22] *Pugh, Derek S.* (geb. 1930) engl. Prof. Soziologie, Open Uni, School of Management, Milton Keynes, früher Uni of Aston, Birmingham. Zu der Aston-Gruppe zählen noch die englischen Sozialwissenschaftler *David J. Hickson* (Uni of Bradford), *Christopher R. (Bob) Hinings* (Uni of Alberta, Kanada) und *Roy L. Payne* (Manchester Business School).

[23] *Blau, Peter M.* (geb. 1918 in Wien) Prof. Soziologie, Chicago und Columbia Uni.

Bedingungen handeln. Situative Ansätze laufen letztlich darauf hinaus, Empfehlungen für Organisationen und Management auszusprechen, die der jeweiligen Situation angemessen sind".

Situative Forschungsansätze wollen u. a. vergleichbare Problemsituationen, deren Einflußfaktoren, mögliche Handlungsalternativen sowie Effizienzindikatoren in Unternehmungen empirisch erfassen. Diese Vergleichsforschung sucht darauf aufbauend nach regelhaften Zusammenhängen zwischen bestimmten Situationsvariablen (unabhängigen Variablen) und Ausprägungen von Systemstrukturen und Entscheidungshandeln (abhängigen Variablen). Die Benennung bestimmter Inhalte als abhängige und andere als unabhängige Variablen ist bei den einzelnen Autoren häufig nicht einsichtig und in aller Regel auch nicht begründbar, sondern im Bereich der **Forschung** abhängig vom Erkenntnisziel und im Bereich der **Anwendung** von praktischen Gestaltungsmöglichkeiten und -interessen.

Ziel empirischer Forschung ist es herauszufinden, ob und gegebenenfalls welche Beziehungen unter Berücksichtigung der intervenierenden zwischen den unabhängigen Variablen (Situationsgrößen, -faktoren, Kontextvariablen) und den abhängigen Variablen (Dimensionen von Struktur und Verhalten) bestehen. Dadurch sollen mögliche Konsequenzen von Entscheidungen, die einzelne Variablen betreffen, prognostiziert werden können. Hierzu werden meist **zwei Gruppen von Hypothesen** gebildet. Die **erste** Gruppe liefert Aussagen über vermutete (kausale) Zusammenhänge zwischen bestimmten Handlungsstrukturen und Prozessen und die sie verursachenden Bedingungen und Situationen (Makrobetrachtung). In der Wenn-Komponente solcher Sätze steht eine möglichst umfassende Beschreibung der Situation und der verursachenden Bedingungen und in der Dann-Komponente die bewirkte Struktur und/oder das bewirkte Verhalten. In einer **zweiten** Gruppe von Hypothesen beschreibt die Wenn-Komponente eine bestimmte Struktur bzw. ein bestimmtes Verhalten, und die Dann-Komponente enthält Aussagen über die Effizienz (Handlungsfolgen) der in der Wenn-Komponente erfaßten Handlungen und Maßnahmen (Mikrobetrachtung).

In der einfachsten Form behaupten situative Ansätze in ihrem Erklärungsbereich kausale Abhängigkeiten zwischen unabhängigen und abhängigen Variablen (= situativer Determinismus). **Deterministischen situativen Ansätzen** geht es letztlich um die Formulierung normativer Aussagen, und sie sind insofern erst einmal in die Tradition klassischer Managementansätze sensu *Taylor* zu stellen. Seit den 'Principles of Scientific Management' bis in die 60er Jahre beherrschen die Organisationspraxis sog. Managementprinzipien bzw. -techniken mit universalistischem Geltungsanspruch. Die Empfehlung, situationsgerecht zu entscheiden, bricht nur auf den ersten Blick mit dieser Tradition. Im klassischen situativen Ansatz wird nämlich von einer einseitigen Einflußbeziehung zwischen Situationsvariablen (Kontextfaktoren) und Dimensionen der Organisationsstruktur ausgegangen. Unter Effizienzgesichtspunkten verbleibt nur *eine* situationsgerechte Gestaltungsalternative;

das bedeutet, organisatorische Strukturentscheidungen reduzieren sich auf ein bloßes **Anpassungshandeln** an externe und interne Umweltgegebenheiten.

Vor allem solche Ansätze, die der Idee des *fit,* des nahtlosen Passens von Kontextvariablen, Strukturvariablen und Personenvariablen, anhängen, haben zu dem Positivismus- und Determinismusvorwurf Anlaß gegeben. Sie werden aufgrund der als deterministisch angenommenen Wirkung der Umwelt auf die Organisationsstruktur von *Kubicek* (1980, 1987) zutreffend als quasi-mechanistisch bezeichnet. Die Einbeziehung von Effizienzüberlegungen unterscheidet die mehr betriebswirtschaftlich orientierten situativen Ansätze von den organisationssoziologischen. Erst durch das technologische Interesse, ausgehend von empirisch gefundenen Übereinstimmungen zwischen Kontext und Struktur durch entsprechende Organisationsgestaltung die Effizienz zu steigern (Kongruenz-Effizienz-Hypothese), entsteht der situative Determinismus mit den bekannten Gefahren naturalistischer Fehlschlüsse.

Vereinfacht läßt sich das **Konzept** wie folgt darstellen:

Abb. 1.2: Deterministischer, quasi-mechanistischer situativer Ansatz

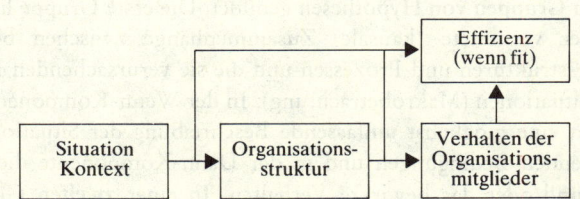

Eine besondere Ausformung findet der Determinismusgedanke in den **populations-ökologischen Ansätzen** der natürlichen Selektion (*Aldrich/Pfeffer* 1976, *Hannan/Freeman* 1977, *Aldrich*[24] 1979). In Analogie zu biologischen Systemkonzepten und in Anlehnung an die Arbeiten *Darwins*[25] behaupten die Vertreter eines Natural-Selection-Modells, daß die Umweltkräfte solche Organisationscharakteristika auswählen, die am besten mit der Umwelt vereinbar sind (fit). Gegenstand der Analyse sind hierbei weniger einzelne Organisationen als vielmehr ganze Populationen (Gattungen) von Organisationsformen, deren Auftauchen und Ausdifferenzierung (variations), Auswahl der

---

[24] *Aldrich, Howard E.* (geb. 1943) Soziologe, Prof. Industrial and Labor Relations, Uni of North Carolina.
[25] *Darwin, Charles Robert* (1802–1882) studierte in Edinburgh und Cambridge Philosophie, vertritt biolog. Evolutionstheorie (Sozialdarwinismus).

Besten (selection) und Bewahrung und Reproduktion (retention) in einem Drei-Phasen-Prozeß gesehen wird.[26] Zentrale Fragestellung ist, warum einzelne Organisationstypen (Gattungen) überleben und prosperieren und andere aussterben. *Scott/Mitchell/Birnbaum* (1981, S. 263) bemerken, daß es sich weniger um einen situativen Determinismus (survival of the fittest organization) handle, als vielmehr um ein probabilistisches Modell, denn es gäbe durchaus erfolgreiche Organisationen, die einen misfit mit der Umwelt aufweisen. Dennoch ist einhellige Meinung der Populationsökologen, daß organisatorischer Wandel sich stets an Umwelterfordernissen auszurichten habe. Managemententscheidungen, Macht und Konflikt in Organisationen spielen letztlich keine Rolle mehr; ein Handlungsspielraum, eine Möglichkeit zur strategischen Wahl (strategic choice), wird nicht gesehen.

Eine Modifikation und konstruktive Weiterentwicklung klassisch-deterministischer Ansätze schlägt *Donaldson* (1987) mit seinem **SARFIT-Modell** vor (*structural adjustemt to regain fit*). Ähnlich wie die Populationsökologen und Strukturfunktionalisten (z.B. *Parsons*) sieht er situative Anpassung als einen Prozeß in der Zeit. Veränderungen in der Umwelt der Organisation führen zu einem Ungleichgewicht (misfit), das Effizienzeinbußen zur Folge hat, die wiederum auf Wandel drängen. Hier setzen organisatorische Anpassungsprozesse (Strukturveränderungen) an, die zu einem neuen Gleichgewicht (fit) mit verbesserter Effizienz führen. Der Zwang zum Strukturwandel entsteht also nicht direkt in der Umwelt, sondern erst zeitlich versetzt, wenn Effizienzeinbußen als Folge eines misfit auftreten.

Was die **Methode** anbetrifft, so dominieren bei den deterministischen Ansätzen großzahlige empirische Erhebungen bei Mitgliedern des Managements der untersuchten Unternehmungen.

Die Daten werden mit Hilfe von Fragebögen und strukturierten Interviews gewonnen. Erhebung und Auswertung der Daten erfolgen fast ausschließlich mit **quantitativen Verfahren**. Anlaß für eine immer stärker werdende Kritik an Konzept und Methode sind der geringe Bewährungsgrad situativer Hypothesen, durchweg niedrige Korrelationen sowie inkonsistente Ergebnisse. Eine Diskussion der Kritiker mit überzeugten Anhängern situativer Ansätze gestaltet sich jedoch schwierig, denn situative Aussagen sind prinzipiell nicht falsifizierbar. Entweder werden ‚falsche' oder unwesentliche Kontextfaktoren einbezogen, oder es werden die ‚falschen' Personen befragt, oder die ‚falsche' Grundgesamtheit gewählt, oder die ‚falsche' Operationalisierung. Daraus wird deutlich, daß der situative Ansatz so verstanden *keine* Theorie ist, sondern ein Forschungsansatz, der beliebig inhaltlich ausgefüllt werden kann. Dies ist seine Stärke und Schwäche zugleich. Nur wenn man von *Kontingenztheorie* redet, greift nachfolgende **Kritik**.

---

[26] Zu einer Kritik und Modifikation dieses Evolutionsmodells (ecological change – enactment – selection – retention) vgl. *Weick* 1979, S. 130ff.

1. **Theorielosigkeit** der Korrelationsanalysen: Die Methode dominiert das Forschungsziel und Erhebungskonzept. Der Gestalter/Organisator wird zur Black Box; verhaltensbestimmende sozialpsychologische Einflußfaktoren bleiben unberücksichtigt.

2. Ein **rational handelnder Entscheider** wird unterstellt. Dieser realisiert nur solche Maßnahmen, die im Einklang mit den Umwelt- und Effizienzanforderungen stehen. Dieses Modell der Rationalität ist unrealistisch, denn was der Forscher/Wissenschaftler der Praxis als rationales Handeln anempfiehlt, kann für diese durchaus irrational sein; und was der Forscher im Verhalten der Praxis als irrational zu erkennen glaubt, kann vom Wissenschaftler noch nicht verstandene Rationalität der Praxis sein (vgl. *Ebers* 1985, S. 89).

3. Der Markt wird als organisationsunabhängiger Selektionsmechanismus für ‚richtige‘ Strukturen unterstellt. Die ‚invisible hand‘ des Marktes ist aber inzwischen durch die ‚visible hand‘ des Managements abgelöst worden; unvollkommene Wettbewerbsbedingungen erlauben **Unternehmenspolitik**, d.h. es bestehen Handlungsspielräume.

4. Zwischen Kontext (Umwelt) und Organisationsstrukturen herrscht keineswegs die Einbahnstraßen-Regel. Die Unternehmung kann in Abhängigkeit von Größe/Marktmacht ihre Umwelt aktiv gestalten (**interaktive Ansätze**).

5. Je Situation gibt es nicht nur *eine* passende (effiziente) Organisationsstruktur. Offensichtlich existieren je Situation mehrere, äquifunktionale Strukturen. Darüber hinaus gibt es soziale Systeme, die sich unabhängig von der externen Situation strukturieren (Phänomen der **Autopoiesis**; vgl. *Bühl* 1987) oder externe Einflüsse abpuffern können (Phänomen des **Organizational Slack**; vgl. *Scharfenkamp* 1987).

Was die Kritik an den von klassischen Kontingenztheoretikern favorisierten **Methoden** der empirischen Forschung anbetrifft, so wird primär die Dominanz der Methode über die Forschungskonzeption beklagt. Gemessen wird nur das, was aufgrund der Bürokratieforschung meßbar erscheint. Dies führt zum Ausklammern von Faktoren, wie Macht, Persönlichkeitsstruktur, Führungsverhalten, zwischenmenschliche Beziehungen, gruppendynamische Prozesse, die den Einfluß von unabhängigen auf abhängige Variablen moderieren. Dieses Unterschätzen der primär verhaltensbestimmenden sozialpsychologischen Einflußfaktoren, m.E. eine Folge der Wahl unzureichender, da realitätsferner Organisationstheorien bzw. Bezugsrahmen, geht einher mit einem Überschätzen objektiv meßbarer, aber nicht unbedingt verhaltensrelevanter Einflußfaktoren. Diese Einschätzung der Lage veranlaßt zu der Kritik, daß in der situativen Organisationsstrukturforschung mit in vielerlei Hinsicht unzureichendem empirischen Material und ungeeigneten Erhebungs- und Auswertungsmethoden unverhältnismäßig aufwendig gerechnet wird.

Diese Kritik drängt sich unmittelbar angesichts des korrelationsstatistischen Ansatzes der Aston-Gruppe auf. Fragen der Datensammlung, -aufbereitung und -auswertung dominieren die Entwicklung eines geeigneten theoretischen Bezugsrahmens.

Grundsätzlich wird eingewendet, daß soziale Sachverhalte nicht im Rahmen der mechanistischen und statistischen Annahmen eines **naturwissenschaftlichen Modells** erfaßt werden können. Dieses gehe am Wesen sozialen Lebens völlig vorbei (vgl. Arbeitsgruppe Bielefelder Soziologen 1973, *Pondy/ Mitroff* 1979). Die **Kritik** stützt sich auf drei Hauptargumente:

1. Im sozialen Bereich finden sich keine Gesetzmäßigkeiten, sondern nur kontextabhängige Regelmäßigkeiten. Unterschiedliche kontextabhängige Deutungszusammenhänge werden aber durch vorgängige Operationalisierungen des Forschers zugedeckt (vgl. *Kreppner* 1975); sie können besser durch Methoden des „interpretativen Fremdverstehens" ermittelt werden.
2. Der im Zuge des Forschungsprozesses Befragte hat keine – wie bei standardisierten Verfahren vorausgesetzt – passiv-rezeptive Rolle inne, vielmehr kann auch eine noch so entwickelte Fehlermethodologie nicht den grundsätzlich kommunikativen Charakter der Erhebungssituation negieren (vgl. *Hoffmann-Riem* 1980). Sieht man jedoch den Befragten in der Rolle eines gleichberechtigten Dialogpartners, so eröffnet sich die Chance, daß dieser seine Deutungssysteme in einem Prozeß sozialer Interaktion darstellt und dem Forscher den erforderlichen Auswertungskontext mitliefert.
3. Der korrelationsstatistische Ansatz kann soziale Sachverhalte in ihrer ganzheitlichen Komplexität nur unzureichend erfassen. Die Ergebnisse mathematisch-statistischer Methoden sind nämlich immer abhängig vom theoretischen Bezugsrahmen oder vom Abstraktionsmodell des Fachwissenschaftlers, das häufig nicht aufgedeckt wird. Ihre Plausibilität zur Erklärung sozialer Sachverhalte ist alltagsweltlichen Deutungen prinzipiell nicht überlegen. Deshalb müssen sie mit den Deutungsmustern der Befragten konfrontiert werden (vgl. *Köckeis-Stangl* 1980).

Obwohl die Methodologie qualitativer Erhebungs- und Auswertungsverfahren noch viele Fragen offen läßt, stellt sie heute schon eine wichtige Ergänzung der bislang dominierenden quantitativ-statistischen Verfahren dar.

Zusammenfassend läßt sich zu den klassisch situativen Ansätzen festhalten: Was das **Konzept** anbetrifft, so erscheint es widersinnig, daß eine Managementlehre oder entscheidungsorientierte Betriebswirtschaftslehre, die ihre Daseinsberechtigung als Wissenschaft der Existenz von Handlungsspielräumen verdankt, deterministische Konzeptionen favorisiert; was die **Methode** anbetrifft, so wurde deutlich, daß sich sozialpsychologische Phänomene einer allein quantitativ-statistischen Erhebung bzw. Auswertung nur schwer erschließen.

b. Verhaltenswissenschaftlich situative Ansätze

Aus der Kritik an Konzept und Methode der klassisch situativen sind sog. verhaltenswissenschaftliche Ansätze entwickelt worden, denen man allerdings den Vorwurf des Voluntarismus machen kann. Ein Brückenkonzept zwischen deterministischen und voluntaristischen Ansätzen sieht *Sydow* (1985b, S. 266f.) im **Handlungsspielraum,** denn der Begriff ‚Spielraum' vereint nach *Crozier/Friedberg* (1979, S. 73) Freiheit und Zwang. Handlungsspielraum ist aber nicht als etwas objektiv Vorgegebenes zu interpretieren, sondern konzeptualisiert subjektiv Wahrgenommenes. Eine vermittelnde Position zwischen Voluntarismus und Determinismus nimmt auch *Giddens* (1984) ein, demzufolge Strukturen sowohl ermöglichende (enabling) als auch einschränkende (constraining) Qualitäten besitzen.

Was das **Konzept** anbetrifft, so stellt die Einbeziehung von Spielräumen *die* wesentliche Veränderung der Kontingenztheorie dar und befreit sie zugleich von dem weiter oben begründeten Determinismusvorwurf. Dabei ist die Idee keineswegs neu: Schon *Chandler* hat 1962 auf die entscheidende Bedeutung der strategischen Entscheidungen des Managements für strukturelle Maßnahmen überzeugend hingewiesen (ebenso *Miles/Snow* 1978). Demnach gilt: ‚structure follows strategy' und nicht ‚structure follows context/situation'. Zwischen der Wenn-Komponente (Kontext, Dimensionen der Situation) und der Dann-Komponente (Struktur, Dimensionen der Organisation und Führung) steht in der Realität das absichtsgeleitete, kommunikative (und nicht behavioristisch reaktive) Handeln von Managern.

Diese Einsicht wird von Autor zu Autor unterschiedlich konzeptionell verarbeitet: *Child* (1972) spricht von strategischer Wahl, *Miles/Snow* (1978) von Organisationsstrategie, *Gasparini* (1978) von Management-Macht, *Montanari* (1978) vom Entscheidungsspielraum des Managements, *Bobbit/Ford* (1980) von Entscheiderwahl und *Kubicek* (1980) von der begrenzten Wahl von Begrenzungen strukturbezogener Wahlmöglichkeiten.

Modelle der Wahl sind im Gegensatz zu den deterministischen prinzipiell interaktionistisch angelegt (vgl. *Drazin/Van de Ven* 1985 sowie die doppelt gerichteten Pfeile in Abb. 1.4 auf S. 58), d.h. sie sehen durchaus auch die Möglichkeit, daß Organisationsstrukturen beibehalten und Umweltbedingungen verändert werden. Kennzeichnend für diese Ansätze ist, daß sie mehr oder weniger versuchen, die Entscheidungsspielräume der Organisatoren explizit einzubeziehen und verhaltenswissenschaftlich zu fundieren. Da sich gleichzeitig das Forschungsinteresse von der Umwelt-Struktur-Beziehung auf die **Struktur-Verhalten-Beziehung** verlagert, werden diese situativen Ansätze auch als *verhaltenswissenschaftlich* bezeichnet.

Die vermehrt verhaltenswissenschaftliche Fundierung situativer Ansätze sollte jedoch keinesfalls zu einer Reduktion von Erklärung auf individuelles Verhalten und somit analog etwa zur Human Relations-Bewegung zu einer Abstraktion von realen gesellschaftlichen und organisationalen Verhältnissen führen (vgl. S. 34). Einen in diesem Sinne geeigneten, wenn auch noch sehr allgemeinen Bezugsrahmen zur Verknüpfung gesellschaftlich-ökonomischer und verhaltenswissenschaftlicher Einflußfaktoren hat *Kubicek* (1980) vorgelegt (s.a. *Kieser/Kubicek* 1983, S. 369ff.).

Dieser Ansatz macht deutlich, daß rein personalistisch-voluntaristische Vorstellungen, die Freiheiten gegenüber den Zwängen überbetonen, die organisatorische Praxis nur unzureichend abbilden. Der Organisationsgestalter sieht sich nämlich in Entscheidungssituationen einer Vielzahl vermeintlicher und realer Begrenzungen seines Handlungsspielraums ausgesetzt. **Begrenzungen** (Entscheidungsprämissen, Restriktionen, Nebenbedingungen u. ä.) werden von Personen gesetzt, verändert, be- oder mißachtet. Der vorhandene Organisationsspielraum wird vor allem durch in der Vergangenheit getroffene strukturbezogene Entscheidungen begrenzt. An diese Grundidee knüpft *Kubiceks* Zwei-Stufen-Modell der begrenzten Wahl von Begrenzungen strukturbezogener Wahlmöglichkeiten durch die dominierende Koalition an.

In einer *ersten Stufe* werden die für eine Organisation konstitutiven Entscheidungen getroffen, die nur sporadisch anfallen (*Staehle* 1989). *Kubicek*[27] hebt die folgenden vier Entscheidungsbereiche besonders hervor:

● Das Sachziel oder die Domäne der Organisation.
● Das Formalziel, das für Organisationen in kapitalistisch-marktwirtschaftlichen Systemen zumeist die Form der langfristigen Gewinnmaximierung annimmt.
● Die Organisationsverfassung als legale innere Herrschaftsordnung.
● Die Sozialstruktur der Organisation, die insbesondere die Verteilung von Qualifikationen, Werten und Normen widerspiegelt.

Diese Entscheidungen können nicht unabhängig voneinander getroffen werden. Von besonderer Bedeutung ist für *Kubicek* die Entscheidung über die Organisationsverfassung, von der die Wahl der Sach- und Formalziele abhängt und die durch die formale Organisationsstruktur konkretisiert wird. Für die Organisationsverfassung wie für die anderen konstitutiven Entscheidungen besteht eine Wahlmöglichkeit, die jedoch aufgrund gesellschaftlich-ökonomischer Bedingungen begrenzt ist. *Kubicek* spricht daher von einer **begrenzten Wahl** hinsichtlich der eine Organisation konstituierenden Entscheidungen.

Auf einer *zweiten Stufe* implizieren diese konstitutiven Entscheidungen Begrenzungen für nachfolgende Entscheidungen, die Vorgabe von Leistungsstandards, die Entwicklung einer Strategie, die Schaffung einer Organisationsstruktur und den Einsatz des Personals betreffend. In Abb. 1.3 auf S. 56 kommen die Begrenzungen auf dreierlei Weise zum Ausdruck (*Kubicek* 1980, S. 46 f.):

1. Grundsatzentscheidungen über die vier konstitutiven Elemente (Formalziel, Verfassung, Sozialstruktur, Domäne) eröffnen vier Korridore als Felder zulässiger Entscheidungen.
2. Diese Korridore überschneiden sich und begrenzen somit ein Feld von Wahlmöglichkeiten (gestricheltes Achteck).
3. Innerhalb dieses Achtecks werden dann unter Beachtung von Interdepen-

---

[27] *Kubicek, Herbert* (geb. 1946) Prof. BWL, Uni Bremen.

denzen zwischen den Entscheidungsgegenständen und von bestimmten Effizienzgesichtspunkten Wahlen hinsichtlich der Strategie, Leistungsstandards, Organisations- und Personalstruktur getroffen.

In einer jüngeren Veröffentlichung weist *Kubicek* (1987, S. 349 f.) auf negative Folgen von Inkompatibilitäten zwischen den Ausprägungen der Elemente und auf die Notwendigkeit einer konsistenten Kombination im Sinne der Harmonisation hin (vgl. Punkt 4. Konsistenz-Ansätze).

Abb. 1.3: Die begrenzte Wahl von Begrenzungen strukturbezogener Wahlmöglichkeiten

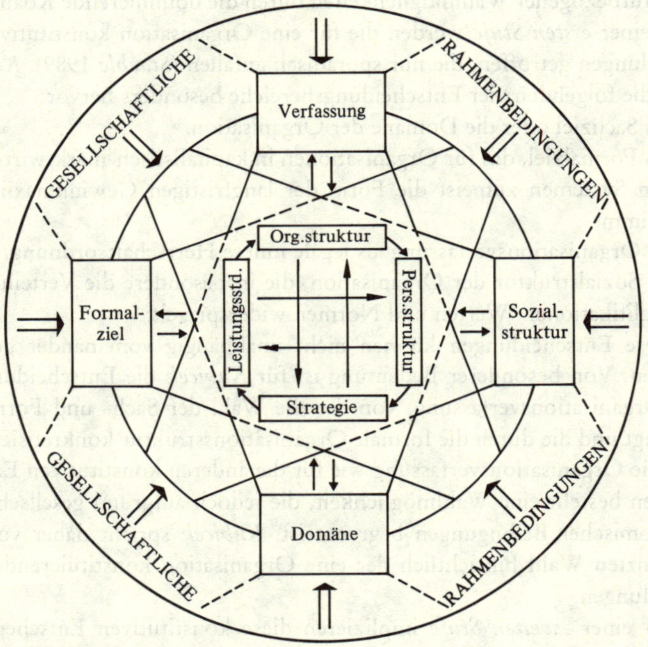

Quelle: Kubicek 1980, S. 45

Das Aufdecken von Grenzen und Spielräumen ist eine wesentliche Voraussetzung für eine Organisationsreform innerhalb der gegebenen gesellschaftlichen Verhältnisse.

Eine ebenfalls von reformerischer Absicht geleitete Neuorientierung situativer Ansätze versucht *Schreyögg* (1978, S. 301 ff.). Auf der Grundlage der konstruktivistischen Philosophie stellt er Fragen nach den Zwecken organisatorischen Gestaltungshandelns, das es deutend zu verstehen gilt. Auch *Schreyögg*[28] verweist auf die Grenzen eines individualistisch-statischen Zugangs zum Problem der Organisationsstrukturierung, wenn er die Bedeutung

---

[28] *Schreyögg, Georg* (geb. 1946) Prof. BWL, Fernuniversität Hagen.

von Institutionalisierungen im Sinne sozialer Zwänge für das Gestaltungs-handeln betont. Soziale Strukturen können nur historisch-genetisch verstan-den werden. „Handeln stellt sich uns somit als Ergebnis des Spannungsver-hältnisses zwischen gesellschaftlichen Zwängen und selbstbestimmter (bera-tener) Interaktion dar" (S. 322).

Eine konkrete Zugriffsmöglichkeit auf das Problem organisatorischen Ge-staltungshandelns sieht *Schreyögg* in der **Entscheidungsprozeßanalyse.** „Es wäre genetisch zu untersuchen, *wer* im Rahmen der gegebenen Zwänge die Strukturentscheidungen bestimmt und welche *Absichten* und Zwecke (Inter-essen) in diesen Entscheidungsprozeß einfließen bzw. eingeflossen sind" (S. 331). Organisationen werden dann als ‚Verbund potentiell widerstreiten-der Interessen' gefaßt. Geht man von der Existenz von Spielräumen im Ge-staltungsprozeß aus, so ist dessen notwendigerweise interessenbezogene Nutzung begründungspflichtig. Für die Begründung bzw. Rechtfertigung bestimmter Handlungsalternativen stellt die konstruktivistische Philosophie ein methodisches Instrumentarium in Form der idealen Sprechsituation (Dis-kurs) zur Verfügung (vgl. z. B. *Braun* 1976).

Eine kritische Diskussion dieser und weiterer, neuer organisationstheoreti-scher und industriesoziologischer Ansätze zur **Begründung der Existenz von Organisationsspielräumen** findet sich bei *Sydow* (1985 b). Mit Hilfe des Kon-zepts des Organisationsspielraumes wird methodologisch eine Brücke zwi-schen voluntaristischen und deterministischen Ansätzen der Managementleh-re geschlagen: Neben den *Möglichkeiten* werden auch die technischen, öko-nomischen, sozialen und rechtlichen *Grenzen* organisatorischer Gestaltung aufgezeigt. Organisationsspielräume werden als hierarchisch miteinander verschränkt und als Ergebnis der Einflußnahme von Individuen mit unter-schiedlichen Interessen aufgefaßt. Im Sinne einer verhaltenswissenschaftli-chen Weiterentwicklung des situativen Ansatzes werden *vorgegebene* und durch das Management bzw. die Gestalter subjektiv *wahrgenommene* Orga-nisationsspielräume unterschieden. Dabei geht *Sydow* davon aus, daß sich die vorgegebenen Strukturbedingungen über die subjektive Wahrnehmung und Interpretation der Organisationsspielräume durch die Gestalter durchsetzen und damit die strukturellen Gemeinsamkeiten hierarchischer Organisationen – bei aller Unterschiedlichkeit im Detail – bedingen (s. a. *Giddens* 1984).

Die Einbeziehung der **Wahrnehmung** von Organisationsstruktur und -kul-tur durch die Organisationsteilnehmer als Voraussetzung für Leistungsver-halten stellt eine weitere bedeutende konzeptionelle Ergänzung des Ansatzes dar. Einunddieselbe Organisationsstruktur und -kultur werden von den Menschen in Organisationen unterschiedlich wahrgenommen und z. T. rede-finiert. Es besteht also ein mehr oder weniger großer **Verhaltensspielraum.** Die Konzepte der Arbeitszufriedenheit und des Organisationsklimas bieten sich als Interpretationshilfen für individuelle und kollektive Wahrnehmungs-differenzen an (vgl. Abschnitt 2 D 6).

Die Kontextfaktoren, als Orientierungen für Möglichkeiten und Grenzen organisatorischen Handelns, dürfen nicht in der Welt objektiver Fakten, sondern müssen in den Köpfen der Gestalter gesucht werden (vgl. *Ebers* 1985, S. 96). Dieselbe Situation (Kontext) wird individuell unterschiedlich wahrgenommen. Die Privilegierung von Beobachtungspositionen, d. h. hier die empirische Analyse von Unternehmungen überwiegend aus einer Perspektive, nämlich der des Managements, muß aufgegeben werden, wenn man ein differenzierteres Bild von Organisationen erhalten will. Der **Pluralität von Sichtweisen** einunddesselben empirischen Phänomens wird in Abb. 1.4 durch die vervielfachte Abbildung der Variablen *Situation, Organisationsstruktur* und *Effizienz* Rechnung getragen.

Abb. 1.4: Verhaltenswissenschaftlich situativer Ansatz

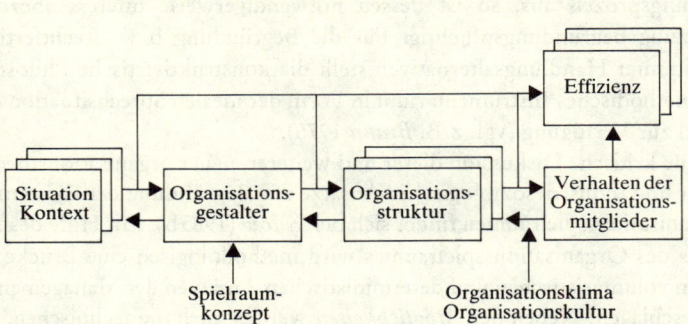

Nun führt das unsystematische Sammeln individueller Meinungen über Organisation und Umwelt noch zu keinen wissenschaftlichen Aussagen. Es ist deshalb nach kollektiven **Deutungsmustern** zu suchen, die zu möglichst homogenen Gruppen (z. B. Management, Betriebsrat, Außendienst) zusammenzufassen sind. Entsprechend diesen Überlegungen muß das klassisch-deterministische Modell konzeptionell erweitert bzw. verändert werden, was zwangsläufig auch andere **Methoden** der empirischen Sozialforschung relevant werden läßt. Neben den Hypothesentest mit Hilfe von Daten aus großzahligen Erhebungen tritt das deutende Verstehen von Entscheidungsprozessen und den dabei eingebrachten Argumenten. Hierzu eignen sich Einzelfallstudien unter Verwendung von Methoden, wie teilnehmende Beobachtung, inhaltsanalytische Auswertung von Protokollen und offene Interviews.

4. Konsistenz-Ansätze

Anfang der 70er Jahre ist erstmals die bis dahin in der Kontingenztheorie vorherrschende **Kongruenz-Effizienz-Hypothese**, d. h. je besser die Übereinstimmung (fit) zwischen Organisation und Umwelt, desto effizienter die Unternehmung, in Frage gestellt worden und zwar auf der Grundlage einschlägiger empirischer Untersuchungen (vgl. z. B. *Osborn/Hunt* 1974, *Pennings* 1975, 1977/78; zur Entwicklung der Konsistenz-Ansätze vgl. vor allem *Child*[29] 1984, S. 212 ff.).

Die empirische Organisationsstrukturanalyse von *Khandwalla* (1973) in 79 amerikanischen Industrieunternehmungen gilt als Ausgangspunkt einer mit der Kongruenz-Effizienz-Hypothese konkurrierenden **Konsistenz-Effizienz-Hypothese.** *Khandwalla* fand, daß die interne Konsistenz zwischen Strukturvariablen (Mechanismen zur Reduktion von Umweltkomplexität, zur Differenzierung und Integration) positiv mit der Effizienz der Organisation korreliert. Die Ergebnisse veranlassen ihn zu der Annahme, „daß die Gestalt oder Konfiguration einer Organisation einen größeren Einfluß auf deren Effizienz hat als jedes einzelne Element dieser Konfiguration" (S. 493). *Mintzberg* (1979, S. 219 ff.) unterscheidet entsprechend zwei unterschiedliche Hypothesen-Typen:

• **Kongruenz-Hypothese:** Die Strukturierung ist effektiv, wenn sich Kontingenzfaktoren und Gestaltungsparameter genau entsprechen (close fit).

• **Konfigurations-Hypothese:** Die Strukturierung ist effektiv, wenn eine interne logische Konsistenz zwischen den Gestaltungsparametern besteht.

Mintzberg[30] integriert beide Aussagen-Typen zu der Hypothese: Effektive Strukturierung erfordert Konsistenz zwischen den Gestaltungsparametern und den Kontingenzfaktoren.

In einem späteren Aufsatz (*Mintzberg* 1981) entwickelt er die Konfigurations-Hypothese weiter. Seiner Auffassung nach ordnen sich die Charakteristika von Organisationen in Cluster oder **Konfigurationen,** die eine natürliche Harmonie aufweisen, deren Fehlen zu Effizienzeinbußen führt. *Flippo/Munsinger* (1982, S. 27) benennen konkret die Charakteristika einer Organisation, die sich in Übereinstimmung (alignment) befinden müssen, wenn sie effizient handeln will: Umwelt, Ziele und Strategien, Technologie, Struktur, Personal und Managementphilosophie.

Was die **Methode** anbetrifft, so dominiert bei Konsistenz-Ansätzen die Typenbildung. Mit der Bildung von **Organisationstypologien** verbindet die Organisationssoziologie folgende Absichten (*Büschges* 1983, S. 78 f.):

• „Organisationen zusammenfassen zu können, die einander hinsichtlich der Organisationsprogramme, der Organisationsvorschriften und der Personalstruktur ähnlich sind,

• Organisationen nach Unterschieden in den Organisationszwecken oder -zielen voneinander abheben zu können,

• Organisationen im Hinblick auf Unterschiede in den Rollen- und Autoritätsstrukturen miteinander vergleichen zu können."

---

[29] *Child, John,* engl. Prof. Soziologie, Aston Business School, Birmingham.

[30] *Mintzberg, Henry* (geb. 1939 in Kanada) Prof. Management Policy, McGill Uni, Montreal.

Erste Klassifikationsversuche bildeten organisationale **Taxonomien**[31] lediglich nach *einem* Kriterium, verbanden damit aber die Hoffnung, daß Organisationen, die dieses Merkmal aufwiesen, auch viele weitere Merkmale gemeinsam hätten. Beispielhaft für solche Ansätze ist u.a. der von *Parsons* (1960), der danach klassifiziert, was Organisationen zur Erreichung gesellschaftlicher Aufgaben beitragen.

Katz/Kahn (1966) gliedern in Analogie zu ihrem Vorschlag der Subsystembildung (vgl. S. 387 der Arbeit) nach Organisationszielen und *Blau/Scott* (1962) nach dem primären Nutznießer (prime beneficiary) einer Organisation.

All diesen Ansätzen ist gemeinsam, daß sie heuristisch-deduktiv eine logische Einteilung von Organisationen vornehmen und dabei lediglich *ein* Unterscheidungskriterium zugrundelegen. Die Folgen sind eine Fülle von Überschneidungen, mangelnde Prognosekraft und Realitätsferne. Aufgrund dieser Mängel und des im Zuge der Kontingenzforschung wachsenden Interesses an den Determinanten von Organisationsstrukturen wendet sich die neuere Forschung von eindimensionalen Klassifizierungsansätzen ab und der Entwicklung empirischer Taxonomien von Organisationen zu (vgl. z.B. *McKelvey* 1975). Dabei interessieren vor allem die strukturellen Aspekte von Organisationen und deren Beziehung zu situativen Faktoren, wie Technologie, Umwelt, Aufgabe (vgl. die Literaturhinweise bei *Hall* 1982).

Hier wird dann nicht mehr nur ein Kriterium zur Teilmengendefinition herangezogen, sondern möglichst alle Eigenschaften (Elemente) des zu klassifizierenden Objekts werden, z.T. unterschiedlich gewichtet, bei der Klassenbildung berücksichtigt. Bei der großen Elementevielfalt bietet sich eine rechnergestützte Clusteranalyse an, die dann u.U. Typen hervorbringt, die in dieser Gestalt in der Realität überhaupt nicht anzutreffen sind. Bei diesem Dilemma gewinnen induktive a priori-Klassifikationen, etwa mit Hilfe der aus der Biologie stammenden phyletischen Methode, die Organisationen entwicklungsgeschichtlich einteilen (etwa vom Sammler und Jäger bis zum Fabrikbetrieb) an Bedeutung (vgl. *McKelvey* 1978, *Aldrich/Mueller* 1982).

Danny Miller (1981), ein langjähriger Kollege von *Mintzberg*, sieht ebenfalls in der Suche nach Gestalt, nach Konsistenz zwischen Kontext, Struktur und Effizienz einen neuen Ansatz der Kontingenzforschung und veröffentlicht zusammen mit *Peter Friesen* das heutige Standardwerk auf diesem Gebiet. *Miller/Friesen* (1984, S. 1) verstehen unter Organisationen komplexe Einheiten, deren Struktur-, Strategie- und Umweltelemente eine natürliche Tendenz haben, sich zu Konfigurationen (Quanten) zu verbinden. Der von ihnen propagierte **Quantum View** besagt, daß eine relativ geringe Anzahl dieser Konfigurationen oder Typen (Archetypes) die überwiegende Mehrzahl der in der Realität vorkommenden Kombinationen von Organisationsele-

---

[31] Taxonomie: systematisches Ordnungsmuster als Ergebnis einer Klassifikation von Objekten auf Grund gemeinsamer Merkmale der zu ordnenden Gegenstände (nach dem Vorbild der Klassenbildung in der Biologie).

menten abbildet. Mit Hilfe der Clusteranalyse reduzieren sie diese Vielfalt von Variablen-Konfigurationen auf eine Taxonomie weniger, reich definierter Typen.

Miller/Friesen entwickeln für die Bereiche Strategiefindung und organisatorischen Wandel eine solche Taxonomie. Zusammen mit *Manfred Kets de Vries* (*Kets de Vries/Miller*[32] 1984) entwirft *Miller* eine **Taxonomie neurotischen Organisationsverhaltens** (paranoid, zwanghaft, dramatisch, depressiv, schizoid). Besonders in dieser Arbeit sind die Anleihen der Konsistenzforscher bei der Psychoanalyse und Gestaltpsychologie offenkundig.

Auch *Mintzberg* (1979, 1983 a, b) arbeitet bevorzugt mit Taxonomien, von denen seine Strukturtypen der Organisation und der Macht besondere Beachtung gefunden haben (vgl. S. 450 der Arbeit).

Die engen Bezüge der Konsistenz-Ansätze zu biologisch-systemtheoretischen Arbeiten rechtfertigen die Charakterisierung dieser Ansätze als Systemansätze innerhalb der Kontingenztheorien durch *Drazin/Van de Ven* (1985).

Miller/Friesen (1984) sehen im Quantum View keine Alternative, sondern eine notwendige Ergänzung zum Contingency View, der die Analyse von relationalen Beziehungen zwischen Umwelt und Struktur überbetont und Aspekte der Synthese, der ganzheitlichen Betrachtung von Organisationen vernachlässigt. Als Argument für die **Ganzheitsbetrachtung** führen sie einmal Ergebnisse der populations-ökologischen Forschung an, die davon ausgeht, daß nur relativ wenige Organisationsformen langfristig überleben, und zum anderen solche der biologisch-systemtheoretischen Forschung (vor allem Autopoiesistheorie), wonach Systeme sich selbst erzeugen und erhalten, indem sie eine interne harmonische Geschlossenheit anstreben. Im Unterschied zu biologischen Systemen und Darwinistischen Selektionsprozessen, die sich über mehrere Generationen hinziehen, sind soziale Systeme (z.B. Unternehmungen) jedoch in der Lage und fähig, sich relativ kurzfristig anzupassen bzw. zu verändern. Die Organisation wird hier im Konflikt zwischen Kontingenz- und Konsistenzstreben mit dem Problem konfrontiert, die Kosten einer nicht an die Umwelterfordernisse angepaßten Organisationsstruktur (Kosten des misfit) gegen die Kosten der Zerstörung einer in sich konsistenten, harmonischen Organisationsstruktur und -kultur abzuwägen. Die Autoren sprechen sich hier eindeutig für einen Quantum Change und gegen einen Piecemeal Change aus. Quantum Change heißt, möglichst langes Beibehalten einer gewachsenen, harmonischen Konfiguration und, wenn der Umweltdruck zu stark und die Veränderung unvermeidbar ist, revolutionärer Übergang zu einer neuen Konfiguration, die aber in all ihren Teilsystemen aufeinander abgestimmt sein muß. **Piecemeal Change** ist dagegen die bevorzugte

---

[32] *Kets de Vries, Manfred,* Prof. Psychologie, INSEAD, Fontainbleau, Frankreich.
Miller, Danny, Prof. Psychologie, Ecole des Hautes Etudes Commerciales, Montreal.

Strategie der Kontingenztheoretiker; sie erfordert eine evolutionäre, inkrementale Anpassung von einzelnen Strukturelementen, sofern und sobald ein Misfit mit einem Umweltsegment eintritt. *Miller/Friesen* (1984) kritisieren an diesem Vorgehen, daß man nicht ohne erhebliche Effizienzeinbußen einzelne Versatzstücke aus dem Management-Technologie-Baukasten (wie Matrix-Organisation, strategische Planung, Theorie Y) je nach situativen Erfordernissen unkoordiniert nebeneinanderstellen könne. Einzelelemente einer Organisation sind nur mit erheblichem Aufwand isoliert zu verändern. Obwohl die Autoren den Quantum Change eindeutig favorisieren, sehen sie dennoch Situationen, in denen auch ein Piecemeal Change sinnvoll ist.

Miller (1982) empfiehlt ein **situatives Anpassungsmanagement,** wobei er Situationen unterscheidet, in denen *revolutionäre* Strategien, und solche, in denen *evolutionäre* Strategien angemessen sind. Zur Beschreibung der Entscheidungssituation benutzt er zwei dichotom skalierte Dimensionen:
- **Umweltzustand** (exklusiv oder inklusiv)
- **Umweltunsicherheit** (voraussehbar oder nicht voraussehbar).

Exklusiv heißt ein Umweltzustand, der nur eine bestimmte Struktur als ‚optimal' erlaubt, was ceteris paribus eine revolutionäre Anpassung favorisiert,

inklusiv heißt ein Umweltzustand, der mehrere ähnliche oder leicht modifizierte Strukturen erlaubt, was ceteris paribus eine evolutionäre oder inkrementale Anpassung favorisiert,

voraussehbare Umweltzustände favorisieren eine unmittelbare Anpassung,

nicht oder nur *schlecht voraussehbare* Umweltzustände favorisieren eine verzögerte Anpassung (d. h. warten, bis ein deutlicher Trend erkennbar ist).

Damit ergibt sich eine Matrix mit vier möglichen Anpassungsstrategien an eine Auseinanderentwicklung von Umwelt und Organisationsstruktur.

Umweltzustand \ Umweltunsicherheit	voraussehbar	nicht voraussehbar
exklusiv	unmittelbarer revolutionärer Wandel	verzögerter revolutionärer Wandel
inklusiv	unmittelbarer evolutionärer Wandel	verzögerter evolutionärer Wandel

Der Manager erkennt, daß nicht in jedem Fall eine sofortige Anpassung an wahrgenommene Fehlentwicklungen notwendig ist.

Child (1984, S. 241) betont, daß die Reorganisationsmaßnahmen vor allem auch mit den Werten und der Geschichte, eben der Kultur der Organisation, vereinbar sein müssen. Revolutionäre Quantensprünge werden dann erleichtert, wenn erhebliche personelle Veränderungen im Top-Management anstehen, bei Unternehmensaufkäufen (take-over) oder Gründungen auf der grünen Wiese (greenfield sites).

Im deutschsprachigen Raum favorisieren vor allem Anhänger systemtheoretischer Ansätze das Gestaltungsziel **Harmonisation**. *Bleicher*[33]/*Meyer* (1976, S. 20 ff.) erblicken in der intersystemischen Harmonisation (Konsistenz zwischen Unternehmung und Umwelt) und der intrasystemischen Harmonisation (Konsistenz zwischen Elementen und Subsystemen im Innern der Unternehmung) eine originäre Führungsaufgabe.[34] *Welge* (1987, S. 31) sieht im 7-S-Konzept (vgl. S. 475 der Arbeit) den Gedanken der Harmonisation konsequent verwirklicht. Hier wird behauptet, daß Konsistenz zwischen den harten S (z.B. Strategie und Struktur) und den weichen S (z.B. Stil und Personal) effizienzsteigernd wirke.

Mitglieder der **St. Galler Forschergruppe** vertreten mit dem Konzept der organisatorischen Geschlossenheit, der Selbst-Erzeugung und -Erhaltung von Systemen (**Selbstreferenz, Autopoiesis**), eine mit dem Konsistenz-Ansatz vergleichbare Idee (vgl. S. 42f. der Arbeit). *Gomez/Probst*[35] (1985) sehen hierin ein komplementäres Konzept zu situativen Ansätzen. Danach erzeugen autonome Systeme ihre Grenzen und Innendifferenzierung selbst, in teilweiser Mißachtung von Umweltanforderungen. Gerade durch die Invarianz ihrer grundlegenden Werte, Glaubenssätze und Normen bewahren sie ihre Identität. Das Konzept der **Organisationskultur** (vgl. Abschnitt 2 D 7) wird in diesem Zusammenhang als Ansatz angeboten, um die Stabilität und Kontinuität von Systemen, selbst in dynamischen Umwelten, zu deuten. Übersehen wird hier m.E. die Tatsache, daß sich z.B. Unternehmungen nur solange *autonom* verhalten können, solange sie die Interessen/ Forderungen solcher Gruppen zufriedenstellen, die Macht über das System besitzen. Sollte die relevante Umwelt bei der Beschaffung knapper und lebensnotwendiger Ressourcen das System dominieren, ist ein Anpassungsverhalten unumgänglich. Wie bei systemtheoretischen Ansätzen generell, so vernachlässigen auch die systemorientierten Konsistenzansätze die für erwerbswirtschaftliche Organisationen typischen **Konflikt- und Ungleichgewichtsprobleme** und überbetonen Harmonie und natürliches Gleichgewicht.

Zusammenfassend ist festzuhalten, daß mit den Konsistenz-Ansätzen und deren Betonung der Synthese und Gestalt gegenüber Analyse und Kontin-

---

[33] *Bleicher, Knut* (geb. 1929) Prof. BWL, Hochschule St. Gallen.
[34] Zum Begriff der Konsistenz vgl.
Bleicher/Meyer (1976, S. 87f.);
Krüger (1984, S. 28) spricht von der organisatorischen Adäquanz (Harmonisation) als Leitidee der Gestaltung.
[35] *Gomez, Peter* (geb. 1947) Prof. BWL, Hochschule St. Gallen.
Probst, Gilbert J. B. (geb. 1950) Prof. BWL, Uni Genf.

genz eine Renaissance systemtheoretischen Denkens in der Managementforschung eingeleitet worden ist. Die Bezüge zu den Arbeiten von Kybernetik II
und den sozialwissenschaftlichen Ansätzen über organisatorische Geschlossenheit, Selbstreferenz und Identitätsbewahrung sind unverkennbar und
scheinen den Beginn einer für die Generierung von Managementwissen
fruchtbaren Kooperation zwischen Kontingenz- und Konsistenzansätzen
einzuleiten.

C. Wissenschaftliche Aussagen über Management

I. Zum Begriff Management

Wie in Abschnitt B. ausgeführt, finden sich literarische Belege für den Begriff **Management** erstmals im England des 19. Jh. und wenig später auch in den USA.

In der anglo-amerikanischen Literatur wird Management heute in zwei Bedeutungsvarianten verwendet:

- Management im *funktionalen* Sinn, d.h. Beschreibung der Prozesse und Funktionen, die in arbeitsteiligen Organisationen notwendig werden, wie Planung, Organisation, Führung, Kontrolle (**managerial functions approach**);
- Management im *institutionalen* Sinn, d.h. Beschreibung der Personen (-gruppen), die Managementaufgaben wahrnehmen, ihrer Tätigkeiten und Rollen (**managerial roles approach**).

Etymologische Deutungen des englischen Verbs *to manage* sind kontrovers und reflektieren das jeweilige Gesellschaftsbild des Autors. Während die Annahme, *to manage* sei auf das lateinische *manu agere* (mit der Hand arbeiten) zurückzuführen, wenig plausibel erscheint, gewinnt die Interpretation von *Braverman* (1974), *manus agere* bedeute ‚an der Hand führen', oder genauer, ‚ein Pferd in allen Gangarten üben', im Lichte der Kontroll- und Disziplinierungsfunktion des Managements schon eher an Plausibilität. *Boetticher* (1963) ist dagegen der Meinung, Manager sei derjenige, der das Haus für einen (Eigentümer) bestelle, denn es stamme von *mansionem agere* ab.

Wie dem auch sei, Management ist ein feststehender Begriff der englischen Sprache, der auch in der deutschen – vor allem nach dem 2. Weltkrieg – weite Verbreitung gefunden hat.

Nach der deutschen Übersetzung (1948) des amerikanischen Bestsellers von *Burnham*[1] ‚The Managerial Revolution' (1941) wird es allgemein üblich, die Originalbegriffe *Manager* und *Management* beizubehalten. Dies ist ein nicht zu unterschätzendes Verdienst des Übersetzers von *Burnhams* Werk. „Die Einführung eines besonderen deutschen Wortes dafür (Manager, W.St.) würde ... uns nur die Beteiligung an dem internationalen Gedankenaustausch

---

[1] *Burnham, James* (geb. 1905) bis 1954 Prof. Philosophie, New York Uni, Herausgeber der National Review, zeitweise Trotzkist.

erschweren, von dem wir zum Schaden allzulange ausgeschlossen waren"
(*Burnham* 1948, S. 10).

In der Nachkriegszeit fehlt es in Deutschland keineswegs an Bemühungen,
die amerikanischen Management-Ansätze zu verstehen und in die **Betriebswirtschaftslehre** aufzunehmen (vgl. hierzu Abschnitt D). Originalliteratur
wird zunehmend ins Deutsche übersetzt[2] und vermehrt werden Erfahrungs-
berichte und Lehrbücher von deutschsprachigen Wissenschaftlern aus den
USA[3] vorgelegt.

In der Betriebswirtschaftslehre wird – sofern man nicht ebenfalls von Management spricht – eine Vielzahl von Übersetzungen angeboten, die alle darunter leiden, daß diese deutschen Begriffe (wie Unternehmensführung, Betriebspolitik, Führung, Leitung,[4] dispositiver Faktor) aus eigenständigen
Theorieansätzen stammen und eine historische Entwicklung reflektieren, die
mit der des Management-Begriffs kaum vergleichbar ist. Bei dieser Sachlage
kann es kaum überraschen, daß keine Einheitlichkeit in der deutschen **Mana-
gement-Terminologie** entstehen kann, das um so mehr, als mit den Übertra-
gungsbemühungen u. a. die alte betriebswirtschaftliche Kontroverse um die
Abgrenzung von Betrieb und Unternehmung neu aktualisiert wurde (heißt es
Betriebs- oder Unternehmensführung?). Da der Begriff Management auf keinen spezifischen Organisationstyp festgelegt ist, neigen viele Autoren dazu,
ihn generell mit *Führung* zu übersetzen, ein Begriff, der so unverbunden in
der Betriebswirtschaftslehre keine Tradition hat, dagegen aber in der Psychologie und Sozialpsychologie; dort allerdings keineswegs in der Bedeutung
von Management. Andere Autoren identifizieren Management mit Unter-
nehmens- bzw. Betriebsführung (-leitung) und knüpfen damit an auch in der
Betriebswirtschaftslehre bekannte *sachbezogene* Führungs-, Leitungs- und
Verwaltungsaufgaben an; erst bedeutend später wird eine *personenbezogene*,
verhaltenswissenschaftliche Komponente des Managements erkannt, die
meist mit dem Begriff Menschen- bzw. Personalführung belegt wird.

Dieses gesamte Forschungsgebiet bezeichne ich im folgenden als **Management**; die hierüber gesammelten Forschungsergebnisse als **Managementwissen**. Dieses gliedert sich in drei große Bereiche:

- **(Personal-)Führung:**[5] auf Personen und Kleingruppen bezogen, verhaltenswissenschaftlicher Teil des Managementwissens *(Behavioral Sciences)*
- **Unternehmungsführung:** auf wirtschaftliche Institutionen bezogen, betriebswirtschaftlicher Teil des Managementwissens *(Business Administration)*

---

[2] Für die Anfänge vgl. z. B. aus den **USA:** *Drucker* 1956: Die Praxis des Management; *Dale* 1972: Management; aus **GB:** *Hanika* 1969: Modernes Managementdenken.
[3] Vgl. etwa *Junckerstorff* 1955, 1958, 1960; *Matz* 1965, *Schoenfeld* 1967, *Pack* 1969,
Reber 1969 a, b, *Staehle* 1971 a.
[4] Zur Unterscheidung von Führung und Leitung vgl. *Seidel* 1984.
[5] Vgl. auch die Konzeption des ‚Handwörterbuch der Führung' *(Kieser/Reber/Wun-
derer* 1987).

• **Unternehmensforschung/Operations Research:** auf Verfahren bezogen, formalwissenschaftlicher Teil des Managementwissens *(Management Sciences).*

Die vorliegende Arbeit befaßt sich ausschließlich mit Personal- und Unternehmungsführung.

II. Fachdisziplinäre Einordnung von Managementwissen

Forschungsergebnisse zum Erfahrungsobjekt **Management** liegen in den unterschiedlichsten Disziplinen vor, so z. B. in der Psychologie, Soziologie, Politologie aber auch in den Ingenieurwissenschaften und der Rechtswissenschaft. Unabhängig von ihrem eigenen Forschungsbeitrag gelten die Disziplinen **Business Administration** (für den angelsächsischen Bereich) und **Betriebswirtschaftslehre** (für den deutschsprachigen Raum) als prädestiniert zur Vermittlung von Managementwissen an Studenten und Praktiker. Der Manager kann sich aber bei der Suche nach Managementwissen nicht allein auf diese beiden Disziplinen beschränken, sondern sollte auch die einschlägigen Forschungsergebnisse der Nachbardisziplinen zur Kenntnis nehmen.

Den Zusammenhang zwischen dem Kernbereich einer Managementwissenschaft und benachbarten Wissensgebieten verdeutlicht Abb. 1.5.

Abb. 1.5: Kernbereich der Managementwissenschaft und benachbarten Forschungsbereiche

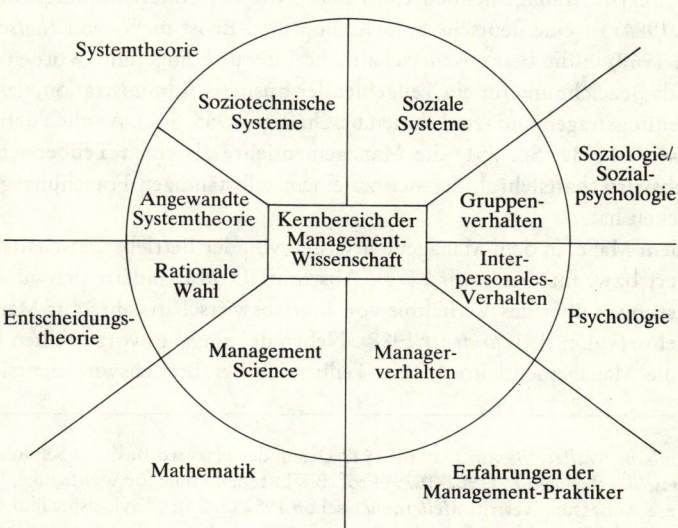

Quelle: Koontz/O'Donnell/Weihrich 1984, S. 62

Das **Auswahlprinzip** für die Aufnahme von nachbarwissenschaftlichen Forschungsergebnissen in den Kernbereich ist stets der **Praxisbezug** der neuen Erkenntnisse gewesen, d. h. inwiefern sie zur Lösung von Problemen des Managements beitragen können. Ein solches Konzept einer problemorientierten Integration von managementrelevanten Wissensbausteinen hat als erster *Donham*[6] vertreten; er fordert, die Erkenntnisse der oben genannten Nachbardisziplinen in die Business Administration zu integrieren, aber nur insoweit, als diese auf konkretes administratives Handeln abstellen (*Donham* 1936). *Walter-Busch* (1984, S. 238) charakterisiert den Ansatz von *Donham* als ein „aktionsorientiertes Umsetzungs- und Integrationskonzept für möglicherweise praxisrelevantes science-Teilwissen, das der multidimensionalen Komplexität praktischer Probleme entsprechend aus verschiedenen Fachwissenschaften stammt". Dieses praxisrelevante science-Teilwissen bezeichne ich als Managementwissen. *Ulrich* (1984, S. 16) vertritt eine ähnlich aktions- und praxisorientierte Position, wenn er fordert, daß die Probleme, welche sich die Managementlehre stellt, einen klaren Bezug zu solchen Problemen haben müssen, welche sich den Führungskräften stellen.

Während die amerikanischen **Business Schools** von Anbeginn auf eine solche Anwendungsorientierung der Business Administration Wert legen, fehlt diese bei den wirtschaftswissenschaftlichen Fakultäten bis in die jüngere Zeit.

Der Kernbereich des Managementwissens wird im angelsächsischen Sprachraum als *management discipline* oder *management theory* bezeichnet, die meist im Rahmen des Fachs Business Administration an Universitäten (Business Schools, Departments of Management) gelehrt wird. Für dieses Lehrgebiet hat sich bei uns der Begriff Managementlehre durchgesetzt.

Der Begriff **Managementlehre,** als Lehre von der Unternehmungsführung (*Pack* 1984) ist eine deutsche Sprachschöpfung. Er ist m. W. von *Illetschko*[7] (1955, 1969) in die betriebswirtschaftliche Literatur eingeführt worden, und zwar als Bezeichnung für ein Teilgebiet der Business Administration, das sich mit Leitungsfragen und -funktionen beschäftigt (1955, S. 1). Ähnlich definiert *Schoenfeld* (1984, Sp. 751) die Managementlehre als einen **Teilbereich der Betriebswirtschaftslehre**[8], der sich zu einem selbständigen Forschungsgebiet entwickelt hat.

In dem Maße, in dem Managementwissen von der Betriebswirtschaftslehre rezipiert bzw. integriert wird (vgl. Abschnitt D IV), ändern sich auch die Auffassungen über das Verhältnis von Betriebswirtschaftslehre zur Managementlehre (vgl. z. B. *Wunderer* 1988). Neben der eingangs vorgestellten Position, die Managementlehre sei ein Teilbereich der Betriebswirtschaftslehre,

---

[6] *Donham, Wallace B,* von 1919 bis 1942 Dekan der Harvard Business School.
[7] *Illetschko, Leopold L.* (1902–1979) Prof. BWL, Hochschule für Welthandel, Wien.
[8] Diese Auffassung vertritt *Mellerowicz* schon 1952 (S. 23): „Taylorismus im weiteren Sinne, wissenschaftliche Betriebsführung, ist nur ein kleiner Teil der Betriebswirtschaftslehre" (ebenso *Wild* 1974, S. 159).

wird seit Ende der 60er Jahre auch die Auffassung vertreten, die **Manage-mentlehre** sei **mit** der **Betriebswirtschaftslehre identisch.** Während m. W. bis-lang kein Betriebswirt auf die Idee gekommen ist, den quantitativen Teil des Managementwissens (Management Science) mit der Betriebswirtschaftslehre gleichzusetzen, ist dies bei dem als **Unternehmungsführungslehre** bezeichne-ten Managementwissen sowohl in seiner Gesamtheit als auch lediglich in seinem verhaltenswissenschaftlichen Teil (Führungslehre) verstärkt der Fall. So bezeichnet *Reber* (1969 b) die Managementlehre als eine nordamerikani-sche Betriebswirtschaftslehre und *Ulrich* sieht (1968) die Betriebswirtschafts-lehre als eine Lehre von der Unternehmensführung und (1984) als Manage-mentlehre. Unter den deutschen Betriebswirten hat sich vor allem *Kirsch*[9] für eine Betriebswirtschaftslehre als angewandte Führungslehre eingesetzt. *Kirsch* (1977) möchte seine Führungslehre nicht als interdisziplinäre Super-wissenschaft verstanden wissen, sondern einen multidisziplinären Erkennt-nispluralismus zum Programm erheben.[10] „Erfahrungsobjekt der Betriebs-wirtschaftslehre als Führungslehre ist alles, worüber Wissen vorhanden sein sollte, wenn man die Führung von Betriebswirtschaften ‚verbessern' möchte" (*Kirsch* 1977, S. 29). Dieses Forschungsziel läßt eine Vielzahl von For-schungstraditionen und Paradigmen in den Nachbardisziplinen der Betriebs-wirtschaftslehre relevant erscheinen. Eine Durchsicht der wirtschaftswissen-schaftlichen Fachzeitschriften der letzten Jahre sowohl im angelsächsischen als auch im deutschsprachigen Raum verleitet *Kirsch* zu dem Schluß, daß die reale Identität der Betriebswirtschaftslehre weitgehend jener der Manage-mentlehre entspricht, denn „nahezu alle Forschungsansätze und -traditionen der Managementlehre besitzen inzwischen ein Pendant in den Forschungsbe-mühungen deutschsprachiger Autoren" (*Kirsch* 1983, S. 221). Daraus aber eine weitgehende Identität der Betriebswirtschaftslehre und der Manage-mentlehre abzuleiten, erscheint selbst *Kirsch* als zu gewagt, denn er muß einräumen, daß die Anhänger einer solchen Führungslehre dazu neigen, gera-de jene Entwicklungen in der Betriebswirtschaftslehre wahrzunehmen, die die Prognose bestätigen.

Folgt man *Kirschs* (1977) Unterscheidung einer Lehre für die Führung und einer Lehre von der Führung, so ist m. E. *Kirsch* (1984 b, S. 375 ff.) dahinge-hend zuzustimmen, daß sich Betriebswirtschaftslehre und Managementlehre in ihrem Charakter als Lehre *für* die Führung stark angenähert haben. Richtet man das Augenmerk mehr auf den Aspekt der Lehre *von* der Führung, so bleiben erhebliche Differenzen zwischen Management- und Betriebswirt-schaftslehre bestehen.

Eine dritte Position geht davon aus, daß die Managementlehre, vor allem in ihrer universalistischen, multidisziplinären Fassung, weit über das Erken-

---

[9] *Kirsch, Werner* (geb. 1937) Prof. BWL, Uni München.
[10] Zur Kritik des Ansatzes von *Kirsch* vgl. z. B. *Elschen* (1983), *Stoll* (1983) und *Kirschs* Replik in *Kirsch* (1984 b).

nungsobjekt der Betriebswirtschaftslehre hinausgreift. Die **Betriebswirtschaftslehre** ist in dieser Sichtweise dann lediglich **eine spezielle Managementlehre** für Betriebe und Märkte als wirtschaftliche Phänomene (*Bleicher* 1985, S. 86). *Pack*[11] (1984) hat diese universalistische Fassung der Managementlehre als *Führungslehre im weitesten Sinne* bezeichnet, die „jeden Zusammenschluß von zwei oder mehr Personen erfaßt, welche unter Einsatz der für sie verfügbaren personellen sachlichen Ressourcen gemeinsame Ziele erreichen wollen" (Sp. 4079). Die Lehre von der Unternehmungsführung ist dann eine spezielle Führungslehre. Perspektivisch sieht *Bleicher,* der sich ausführlich mit dem Verhältnis beider Disziplinen zueinander befaßt hat, zwei mögliche Entwicklungslinien (*Bleicher* 1985, S. 88): „Die Emanzipation einer inter- und multidisziplinären Managementlehre von einer ökonomisch verhaftet bleibenden Betriebswirtschaftslehre und die Bewahrung der Einheit des Faches als eine Managementlehre von wirtschaftlichen Institutionen". Die vorliegende Arbeit liefert einen Beitrag zum Management von wirtschaftlichen Institutionen (primär Unternehmungen) auf der Basis interdisziplinären Managementwissens (primär aus den Verhaltenswissenschaften).

III. Wissenschaftstheoretische Beurteilung von Aussagen über Management

In den USA[12] sind sich die Fachvertreter bis heute nicht einig, ob management eine *science* darstellt oder nicht, und eng damit verbunden, ob managen ein Beruf ist oder nicht.[13] *Drucker*[14] (1956), einer der einflußreichsten Management-Autoren, ist der Meinung, daß Management niemals eine ‚exakte Wissenschaft' werden könne, sondern vornehmlich eine Kunst sei und auf Intuition beruhe, der die Manager bei der Erfüllung ihrer Aufgaben folgen.

Gulick (1965) bescheinigt dagegen dem bislang kumulierten Managementwissen den Status einer Wissenschaft.

Um solche Urteile über den Wissenschaftscharakter von Aussagensystemen richtig würdigen zu können, muß man sich zunächst fragen, was die amerikanischen Fachvertreter unter einer Wissenschaft verstehen. Es mag u.a. auf die pragmatisch-empirische, anwendungsorientierte Grundposition

---

[11] *Pack, Ludwig* (geb. 1929) Prof. BWL, Uni Konstanz.
[12] Vgl. zu diesem Problem im deutschsprachigen Raum *Beyer* 1970, 1972 und *Thommen* 1986.
[13] Zur Professionalisierung des Managements vgl. *Kast/Rosenzweig* 1985, S. 173 f.
[14] *Drucker, Peter F.* (geb. 1909 in Wien) studierte Jura und Journalismus in Deutschland, emigrierte 1937 nach New York, 1950–1971 New York Uni, seit 1971 Prof. Social Science, Claremont Grad. School, California; Unternehmensberater.

der meisten Management-Autoren zurückzuführen sein, daß sich wissenschaftstheoretische Aussagen so gut wie überhaupt nicht in der Managementliteratur finden. „Über die Frage, wie (diese) technologischen Einsichten gewonnen werden können, ob sie auf explikativen – praktisch schon bewährten oder noch ungeprüften – Einsichten, auf unvollständigen Erklärungen bzw. Erklärungsskizzen oder theoretisch bisher nicht fundiertem, praktisch jedoch schon lange bewährtem Erfahrungswissen beruhen, macht die Managementlehre sich allerdings nicht allzuviele Gedanken" (*Beyer* 1972, S. 336). Eine der wenigen für das Wissenschaftsverständnis der Managementvertreter aufschlußreichen Arbeiten stellt der Artikel von *Wortman* (1961) dar. Er zählt Management zu den Realwissenschaften (factual science) mit den Aufgaben der Beschreibung, Erklärung und Prognose. An **wissenschaftliche Aussagensysteme** müssen bestimmte Anforderungen gestellt werden, von denen er die folgenden fünf für besonders wichtig hält:
1. Intersubjektive Überprüfbarkeit (zur Abgrenzung wissenschaftlicher Aussagen über Management von Trivialaussagen, populärwissenschaftlichen Managementratschlägen und sonstiger Scharlatanerie)
2. Reliabilität (mit dem Grad der Bestätigung können Theorien und Hypothesen von ungeprüften ‚Prinzipien' und Vermutungen abgegrenzt werden)
3. Eindeutigkeit und Präzision
4. Strukturiertheit (z. B. Klassifikationen und Modelle zur Beschreibung realer Phänomene)
5. Reichweite.
Wissenschaftliche Aussagensysteme genügen diesen Anforderungen in unterschiedlichem Ausmaß. *Wortman* (1961) unterscheidet in Anlehnung an die Anforderungen der analytischen Philosophie (Szientismus) vier **Entwicklungsstufen einer wissenschaftlichen Disziplin:**
1. Beschreibung (aufgrund der Beobachtung singulärer Ereignisse)
2. Empirische Gesetze (Formulierung funktionaler Beziehungen zwischen beobachtbaren und meßbaren Größen; Verallgemeinerung von Beobachtungen)
3. Theorien 1. Art (Systematische Sammlung von Hypothesen über einen Teilbereich des Managements, aus denen empirisch überprüfbare Aussagen deduziert werden)
4. Theorien 2. Art (Entwicklung allgemeiner Theorien über den gesamten Managementbereich).
Wortman (1961) stellt für die damalige Zeit (1960) fest, daß die allerwenigsten Beiträge zum Erkenntnisbereich ‚Management', zu dem er auch angewandte Teile der Soziologie, Psychologie, Anthropologie und Volkswirtschaftslehre zählt, den obigen Anforderungen an wissenschaftliche Aussagen gerecht werden, und siedelt die Managementlehre – ihrem defizitären Entwicklungsstand entsprechend – zwischen den Stufen 1. (Beschreibung) und 2. (empirische Gesetze) an.

Nach *Gribbins/Hunt* (1978) dient Wissenschaft der Entwicklung von empirisch überprüfbaren Gesetzen und Theorien zur Erklärung und Prognose realer Phänomene. Wenn eine Disziplin (wie die Managementlehre) als Wissenschaft bezeichnet werden soll, muß sie nach deren Auffassung vor allem drei **Anforderungen** genügen:

1. eindeutig abgrenzbares Erkenntnisobjekt (im Falle der Managementlehre: Koordination in und zwischen Organisationen auf bestimmte Ziele hin)
2. Bemühen um die Entwicklung allgemeiner Gesetze (vielversprechende Ansätze sehen die Autoren hier in den Bereichen: Führung, Motivation, Organisationsstrukturierung)
3. Methodische Erkenntnisgewinnung (vor allem empirische Überprüfung).

Die Literatur über Managementwissen deckt heute das gesamte Spektrum denkbarer Aussagensysteme ab, ohne daß eine geschlossene Theorie in Sicht wäre. Einerseits finden wir weitgehend ungeprüfte Managementratschläge, die auf dem Markt der Managementmodelle mit anderen Handlungsempfehlungen konkurrieren, andererseits werden allgemeine Theorien über den gesamten Managementbereich mit universellem Gültigkeitsanspruch angeboten.

Zur *ersten Gruppe* von Aussagen zählen die vor allem bei uns populären **Management-Techniken** (management by ...) und **Führungsmodelle** (z. B. Harzburger Modell).

In der deutschsprachigen Literatur wird unter einem Führungsmodell ein normatives Konzept der Führung eines Gesamtsystems, etwa einer Unternehmung, verstanden. Nach *Wild*[15] (1974, S. 164) stellen Führungsmodelle „Soll-Konzepte in Gestalt konditionaler normativer Denkmodelle dar, die etwas darüber aussagen, wie Führung in Unternehmungen vollzogen werden sollte." Dabei unterscheidet er vier **Aussagenkategorien von Führungsmodellen** (S. 166):

(1) Aussagen über Ziele und Prämissen der Modellanwendung,
(2) Aussagen, die die Gestaltungs- oder Handlungsempfehlungen des Modells beinhalten,
(3) Aussagen über die Anwendungswirkungen des Modells und seine Zweckeignung,
(4) wissenschaftliche Begründung für den Zusammenhang von (2) und (3) bei Geltung von (1).

Eine Analyse der gängigen, überwiegend von Ausbildungsinstitutionen propagierten Modelle, (vgl. den Überblick bei *Scharfenkamp* 1983 und *Schindel/Wenger* 1978) belegt, daß sie sich überwiegend auf Aussagen vom Typ (2) beschränken. Aussagen über Ziele und zugrundeliegende Normen (z. B. Menschenbild) sowie über den Geltungs- und Anwendungsbereich fehlen in der Regel gänzlich, von einer wissenschaftlichen Begründung ganz zu schweigen. Dies ist auch kein Wunder, denn eine situative Relativierung des Anspruchsniveaus der Modelle würde deren undifferenzierte Vermarktung

---

[15] *Wild, Jürgen* (1938–1976) Prof. BWL, Uni Freiburg.

erheblich beeinträchtigen bzw. aufwendige Situationsanalysen erforderlich machen.

Aber auch in den USA beherrschen kurzlebige Managementempfehlungen (sog. business fads) die populärwissenschaftliche Managementliteratur.

Die Zeitschrift Business Week hat unlängst (*Byrne* 1986) in einem Leitartikel am amerikanischen Management kritisiert, daß es sich zu sehr von diesen Modeerscheinungen leiten lasse; u.a. werden folgende **Modewellen** identifiziert:

50er Jahre:	• Computerisierung
	• Theorie Y
	• Operations Research
	• Diversifikation
	• Management by Objectives
60er Jahre:	• T-Gruppen (sensitivity trainings)
	• Zentralisation/Dezentralisation
	• Matrixorganisation
	• Mischkonzerne
	• Verhaltensgitter (managerial grid)
70er Jahre:	• Zero-Base Budgeting
	• Erfahrungskurve
	• Portfolio Management
80er Jahre:	• Theorie Z
	• Intrapreneurship
	• Demassing (Abspecken)
	• Restructuring (Desinvestition)
	• Organisationskultur
	• Management by Walking Around
	• One-Minute Managing

Gerade der letzte Ansatz, präsentiert in dem Bestseller ‚The One-Minute Manager' (*Blanchard/Johnson* 1983)[16], ist symptomatisch für die kritisierte Form von Managementliteratur als Rezeptur für erfolgreiches Führen.

In krassem Gegensatz zu diesen praxisnahen Handlungsempfehlungen steht eine *zweite Gruppe* von Aussagensystemen, die z.T. den Anspruch raum-zeitlich unbeschränkter Gültigkeit und **universeller Anwendbarkeit,** was den Objektbereich anbetrifft, erheben.

Hier wird behauptet, daß sich Managementinhalte bei jeglichem koordinierten organisatorischen Bemühen feststellen ließen. Als Beispiele für solche Organisationen werden neben privaten und öffentlichen Unternehmungen Kirchen, Schulen, Gefängnisse, Theater, politische Vereinigungen etc. angeführt. Diese weite Begriffsfassung von Management findet sich schon bei *Fayol* (1916), nach dessen Überzeugung die Probleme der ‚Administration' nicht nur in industriellen Organisationen von Bedeutung sind, sondern **in**

---

[16] Inzwischen ist als Antwort auf den One-Minute Manager aus Mitarbeitersicht ‚The 59-Second Employee' geschrieben worden (*Andre/Ward* 1984), mit dem Untertitel: How to Stay One Second Ahead of Your One-Minute Manager.

allen sozialen Organisationen; dies bringt er schon im Titel seines Buches (Administration industrielle et générale) durch das Wort *générale* zum Ausdruck.

Einen besonderen Aufschwung hat die universalistische Richtung in der Managementlehre durch das Vordringen des systemtheoretischen Denkens erhalten (vgl. Abschnitt B). „Im Unterschied zu den meisten Autoren der Managementlehre, welche ihre Aussagen auf privatwirtschaftliche Unternehmungen beziehen, fassen wir den Objektbereich, der eine Managementlehre interessieren muß, viel weiter auf; er umfaßt alle zweckgerichteten Institutionen der menschlichen Gesellschaft" (*Ulrich* 1984, S. 1). *Malik* (1986) sucht das Fundament der Managementlehre in den Systemwissenschaften (speziell in der Kybernetik selbst-organisierender Systeme) und entwickelt auf dieser Grundlage eine **Management-Kybernetik** evolutionärer Systeme. Hierbei dient ihm das von *Beer* (1981) konzipierte Modell des lebensfähigen Systems als Vorbild (zur Kritik vgl. *Druwe* 1988).

Zwangsläufig steigt bei diesen Aussagensystemen der Abstraktionsgrad und damit die Schwierigkeit einer Kommunikation mit der Managementpraxis. Dennoch sind Arbeiten auf diesem Abstraktionsniveau unerläßlich, um eine ganzheitliche, dynamische Theorie der Gestaltung, Lenkung und Entwicklung sozialer Systeme zu entwerfen.

IV. Ansätze der Managementforschung

Bei der Erforschung und Darstellung von Managementwissen lassen sich zwei grundsätzlich verschiedene Vorgehensweisen identifizieren (vgl. z.B. *Hellriegel/Slocum* 1986, S. 12). Zum einen ein analytisch-funktionsorientierter (**managerial functions approach**) und zum anderen ein empirisch-handlungsorientierter Ansatz (**managerial roles approach**). Der erste, historisch ältere Ansatz geht auf die funktionale Gliederung der Unternehmung (speziell: opérations administratives) durch *Fayol* (1916) zurück, während der zweite, handlungsorientierte Ansatz seinen Ursprung in einer empirischen Studie von *Carlson* (1951) hat.

1. Managementfunktionen

Sowohl in der anglo-amerikanischen als auch in der deutschsprachigen Managementliteratur dominiert nach wie vor die von *Fayol* begründete und später von *Gulick/Urwick* erweiterte funktionalistische Sichtweise des Managements (vgl. hierzu ausführlich Abschnitt B I 2). Typisch hierfür ist die

Gliederung des Lehrbuches von *Koontz/O'Donnell/Weihrich*[17] (1984, S. 19) nach den **Funktionen:** Planning, Organizing, Staffing, Leading und Controlling. *Carroll/Gillen* (1987) haben 21 zwischen 1983 und 1986 erschienene Managementlehrbücher durchgesehen und festgestellt, daß 17 davon zumindest vier der *Fayol*schen Managementfunktionen zur Gliederung ihres Buches benutzen.

Prozeßansätze stellen eine Erweiterung der funktionalen Ansätze insofern dar, als die Funktionen in Abhängigkeit von der Zeit als Phasen eines Managementprozesses betrachtet werden. Typisch hierfür ist die Arbeit von *Terry/ Franklin*[18] (1982), die Management als **Prozeß** beschreiben mit den Phasen Planung, Organisation, Durchsetzung und Kontrolle.

Abb. 1.6: Management als Prozeß

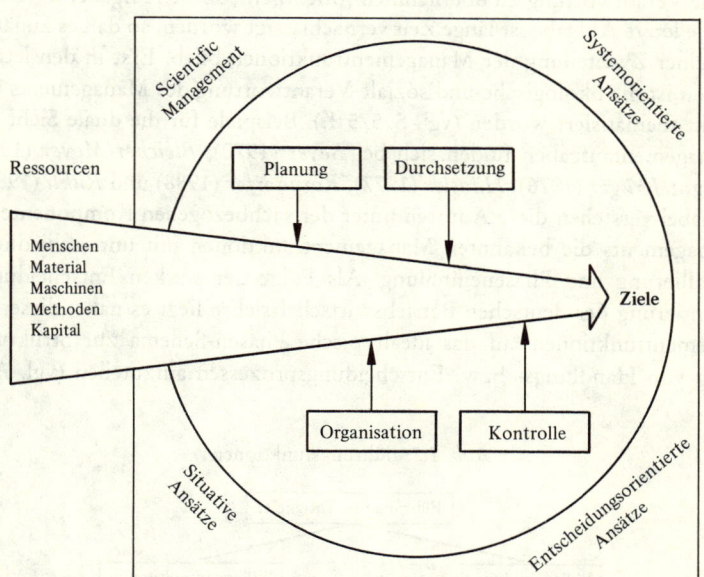

Quelle: Terry/Franklin 1982, S. 38

In der deutschsprachigen Managementliteratur werden die **Managementfunktionen** weiter untergliedert, und zwar in *sachbezogene* (z. B. Planung, Organisation, Kontrolle) und *personenbezogene* Funktionen (Personalführung). In den USA hat m. W. erstmals *Mary Parker Follett* 1925 explizit darauf hingewiesen, daß Management eine *technische* (technical side) und eine

---

[17] *Koontz, Harold D.* (1908–1983); *O'Donnell, Cyril J.* (1900–1976) beide Prof. Management, UCLA.
[18] *Terry, George Robert* (1909–1979) schreibt erstes Buch über Principles of Management (1953); dieses wird nach *Terrys* Tod von *Stephen G. Franklin* weiterbetreut.

persönliche Komponente (personnel side) umfaßt. Erstere wird für lehr- und lernbar angesehen, die zweite sei angeboren. *Schoenfeld*[19] (1967, S. 101) kommt nach einer Durchsicht der deutschsprachigen betriebswirtschaftlichen Literatur über Führungsfunktionen *(Nordsieck, H. Ulrich, Sandig, Stefanic-Allmayer, Mellerowicz)* zu folgender Definition:

„Die Betriebsführung hat

1. Entscheidungen zu fällen, die das laufende Geschehen und die weitere Entwicklung entweder des Gesamtbetriebes oder einzelner Abteilungen betreffen (sachliche Aufgaben);
2. Mitarbeiter anzuleiten, Anweisungen zu erteilen und Dritten gegenüber den Betrieb zu vertreten (Verteilungsfunktion, Personalfunktion, Repräsentationsfunktion), d. h. mit Menschen umzugehen (personelle Aufgaben);
3. die Verantwortung zu übernehmen (öffentlich-soziale Aufgaben)."

Die letzte Aufgabe ist lange Zeit vernachlässigt worden, so daß es zunächst bei einer Zweiteilung der Managementfunktionen blieb. Erst in den letzten Jahren ist die ökologische und soziale Verantwortung des Managements verstärkt thematisiert worden (vgl. S. 575 ff.). Beispiele für die duale Sicht von Managementaufgaben finden sich bei *Beyer* (1970), *Bleicher/Meyer* (1976), *Baugut/Krüger* (1976), *Häusler* (1977), *Korndörfer* (1988) und *Rühli* (1985).

Dabei verstehen diese Autoren unter der **sachbezogenen Komponente** des Managements die bekannten Managementfunktionen mit unterschiedlicher Detailierung und Phaseneinteilung. Als Folge der starken Entscheidungsorientierung der deutschen Betriebswirtschaftslehre liegt es nahe, diese Managementfunktionen auf das idealtypische Phasen-Schema zur Strukturierung von Handlungs- bzw. Entscheidungsprozessen aufzuteilen (vgl. Abb. 1.7).

Abb. 1.7: Führungsfunktionen

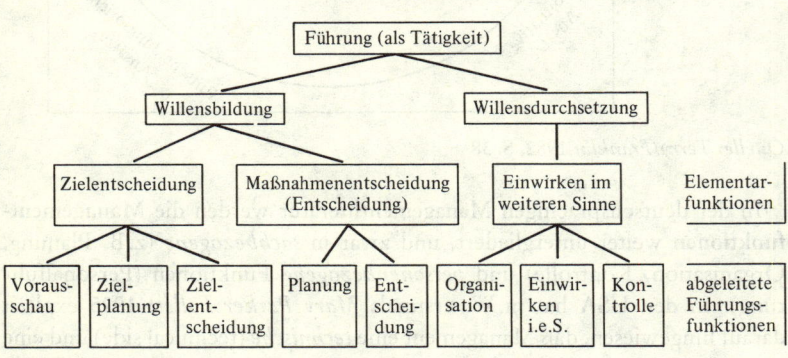

Quelle: Baugut/Krüger 1976, S. 37.

---

[19] *Schoenfeld, Hanns-Martin W.* (geb. 1928 in Deutschland), Prof. Accountancy and Business Administration, Uni of Illinois, Urbana-Champaign.

Unter der **personenbezogenen Komponente** des Managements wird Personalführung, d.h. im weitesten Sinne die zielorientierte personale Beeinflussung menschlichen Verhaltens und alle damit zusammenhängenden Probleme, wie Motivation, Gruppenführung, Machtausübung, Konfliktlösung, soziale Kontrolle verstanden.

Bei dieser dualen Aufteilung darf nicht übersehen werden, daß die Trennung in sach- und personenbezogene Komponenten nur analytischen Charakter haben kann, denn in der Realität ist stets eine enge Verwobenheit von Sach- und Personenorientierung festzustellen. Gerade an diesem letzten Punkt, der mangelnden Realitätsnähe und fehlenden empirischen Fundierung, hat sich in den 70er Jahren die Kritik an den analytisch-funktionsorientierten Ansätzen entzündet.

Die Vertreter des handlungsorientierten Ansatzes (Work Activity School) fragen konkret: Was tun Manager eigentlich den ganzen Tag?

2. Managerhandeln

Im Gegensatz zum analytisch-funktionsorientierten Ansatz erheben Vertreter des handlungsorientierten Ansatzes die **Aktivitäten der Manager** vor Ort. Hierzu werden grundsätzlich zwei Hauptgruppen von **Erhebungsmethoden** verwendet:

- Selbstbeobachtung/Tagebuchmethode (z.B. *Carlson* 1951, *Stewart* 1967)
  Manager tragen alle Aktivitäten (Inhalt, Ort, Dauer, Teilnehmer) über einen längeren Zeitraum in standardisierte Formblätter (Tagebücher) ein.
- Fremdbeobachtung plus Interview (z.B. *Sayles* 1964, *Mintzberg* 1973, *Kotter* 1982, *Luthans/Lockwood* 1984, *Luthans* et al. 1988).
  Manager werden zu zufallsgenerierten Zeitpunkten bei der Arbeit beobachtet und anschließend kurz über die beobachteten Aktivitäten befragt (stichprobenartige Beobachtung, z.B. *Kelly* 1964).
  Der Forscher hält sich über einen längeren Zeitraum in der Organisation auf (als Mitarbeiter oder Beobachter) und zeichnet alle Aktivitäten (strukturiert oder unstrukturiert) auf, die er wahrnimmt (laufende Beobachtung).

Nach *Hales* (1986), der sämtliche empirischen Studien zum Managerhandeln kritisch ausgewertet hat, richtet sich deren Forschungsinteresse primär auf folgende Fragen:

- was tun Manager?
- wie teilen Manager ihre Arbeit(-szeit) ein?
- mit wem arbeiten Manager zusammen?

Bei der Auswahl der zu untersuchenden Personengruppen ist zunächst zu klären, wer überhaupt Manager ist. Der Titel Manager sagt in den angelsächsischen Ländern noch nichts über die hierarchische Stellung in einer Organisation oder den Aufgabeninhalt aus. Im Zensus von 1983 (US Bureau of Census) werden etwa 10 Millionen Beschäftigte in den USA als Manager und Administrator klassifiziert. Zu dieser Gruppe gehören in den USA „Käufer und Einkäufer, Beamte und Verwaltungsangestellte der verschiedenen Ebenen der Regierung, der Schulverwaltung, von Krankenhäusern und anderen derartigen Institutionen, Postmeister und Postinspektoren, Schiffsoffiziere, Lotsen und Zahlmeister, Gebäudeverwalter und -inspektoren, Zugführer, Gewerkschaftsangestellte und Direktoren von Bestattungsinstituten" (*Braverman* 1977, S. 198 f.).

In den vorliegenden Untersuchungen werden jedoch fast ausschließlich Manager von der untersten Managementebene an aufwärts (First-Line Supervisor) in Unternehmungen beobachtet, und zwar überwiegend Top Manager.

Noch eng am funktionsorientierten Denken orientiert ist die Studie von *Mahoney/Jerdee/Carroll* (1965), die mit Hilfe eines Fragebogens 452 Manager aller Ebenen aus 13 Unternehmungen danach befragten, wie sich die tägliche Arbeitszeit eines Managers auf folgende acht Funktionen verteilt:

Managementfunktion	relativer Zeitanteil am gesamten Arbeitstag (in %)
Führen, Anleiten, Entwickeln von Mitarbeitern	28,4
Planung (Ziele, Regeln, Programme)	19,5
Koordination (Kommunikation mit Managern gleicher/höherer Ebene und anderen Abteilungen)	15,0
Beurteilung von Vorschlägen, Leistungen, Personen	12,7
Informationen sammeln, aufbereiten, auswerten	12,6
Verhandeln mit Kunden, Lieferanten, Behörden, Gewerkschaften	6,0
Personalauswahl, Einstellung, Beförderung, Versetzung	4,1
Repräsentation, Vorträge, Öffentlichkeitsarbeit	1,8
(Wegen Auf- bzw. Abrundens keine 100%)	

Mintzberg (1973) kommt aufgrund von Beobachtungen (über 25 Tage) von fünf Top Managern in fünf amerikanischen Unternehmungen zu dem Ergebnis, daß die Arbeit des Managers anhand zehn beobachtbarer **Rollen** beschrieben werden kann:[20]

- Repräsentant   (figurehead) ⎫
- Führer   (leader)   ⎬ **Beziehungspflege**
- Koordinator   (liaison)   ⎭
- Informationssammler   (monitor)   ⎫
- Informationsverteiler   (disseminator)   ⎬ **Information**
- Informant von externen Gruppen   (spokesperson)   ⎭
- Unternehmer   (entrepreneur)   ⎫
- Krisenmanager   (disturbance handler) ⎬
- Ressourcenzuteiler   (resource allocator) ⎬ **Entscheidung**
- Verhandlungsführer   (negotiator)   ⎭

[20] Eine ausführliche Beschreibung dieser Rollen findet sich bei *Frese* 1987, S. 90 ff. und *Strehl* 1987.

Die von *Mintzberg* beobachteten Managerrollen decken sich inhaltlich weitgehend mit den von *Mahoney/Jerdee/Carroll* ermittelten Managementfunktionen.

Ein Vergleich mit den analytisch gewonnenen Funktionsbeschreibungen des Managements macht jedoch deutlich, daß in der Realität stärker kommunikative, interpersonale Aktivitäten feststellbar sind, als die mehr sachbezogenen Funktionsbeschreibungen des Managements in der Literatur vermuten lassen. Dies ist ein deutlicher empirischer Beleg für die Notwendigkeit einer verhaltenswissenschaftlichen Managementlehre.

Eine wichtige Erkenntnis der *Mintzberg*-Studie ist die Feststellung, daß Managementaktivitäten kurz, abwechslungsreich und stark fragmentiert sind. Etwa die Hälfte der Aktivitäten dauert weniger als neun Minuten; nur 10% dauern länger als eine Stunde. Manager bevorzugen eindeutig die mündliche direkte Kommunikation.

Mintzbergs Untersuchung ist zehn Jahre später von *Kurke/Aldrich* (1983) repliziert worden. Von *Kurke/Aldrich* wurden vier Top Manager in vier mittelgroßen Unternehmungen 20 Tage lang studiert. Trotz unterschiedlicher Größe, Branche und Region bestätigen die Analysen von *Kurke/Aldrich* (1983, S. 979) die Befunde von *Mintzberg:*

Kategorie	*Mintzberg*-Studie	*Kurke/Aldrich*-Studie
Schreibtischarbeit		
Ø Dauer	15 Min.	12 Min.
Zeitanteil	22%	26%
Telefonate		
Ø Dauer	6 Min.	4 Min.
Zeitanteil	6%	8%
geplante Besprechungen		
Ø Dauer	68 Min.	65 Min.
Zeitanteil	59%	50%
ungeplante Besprechungen		
Ø Dauer	12 Min.	8 Min.
Zeitanteil	10%	12%
Besuche		
Ø Dauer	11 Min.	11 Min.
Zeitanteil	3%	3%
Arbeitszeit pro Woche	40 h (100%)	44 h (100%)

Stewart (1982) entwickelt auf der Grundlage von Beobachtungen und Interviews mit 98 Managern unterschiedlicher Ebenen und Funktionsbereiche einen Bezugsrahmen zum besseren Verständnis der Tätigkeiten und des Verhaltens von Managern in der Praxis. Dabei unterscheidet sie drei Variablen:

Anforderungen (demands): Was der Manager in seiner Position tun muß (Leistungs- und Verhaltensanforderungen, auferlegt durch Externe, Vorgesetzte, Kollegen, Untergebene, sich selbst, Regeln und Vorschriften).

Nebenbedingungen (constraints): Organisationsexterne und -interne Bedingungen, die seinen Handlungsspielraum einengen (Begrenzungen durch verfügbare Ressourcen, Gesetze, Verträge, Technologie, Standort, Organisation, Menschen).

Handlungsmöglichkeiten (choices): Welche Wahlmöglichkeiten sich dem Manager eröffnen.

Dabei gilt das Hauptaugenmerk von *Stewart* dem letzten Aspekt. Unter Verwendung der oben genannten Erhebungsmethoden und von qualitativen Interviews untersucht sie, wie Manager in der Realität ihren Handlungsspielraum nutzen. Geht man davon aus, daß Anforderungen und Nebenbedingungen vom Manager weitgehend unbeeinflußbar sind, ergibt sich der Handlungsspielraum als Chance der individuellen Entfaltung für den Manager. Der von den Managern wahrgenommene Handlungsspielraum ist, wie die Studie belegt, weniger von Kontextfaktoren wie Größe, Branche oder Technologie beeinflußt als von der Managementphilosophie und der Managementebene.

Kotter (1982) hat unter Verwendung von Fragebogen, Beobachtungen, Terminkalendern sowie intensiver Interviews 15 General Manager aus neun US-amerikanischen Unternehmungen bei ihrer Arbeit kennengelernt. Sein Ansatz steht deutlich unter dem Einfluß der **Kontingenztheorie** seiner Kollegen von der Harvard Business School (vgl. *Lawrence/Lorsch* 1967 sowie S. 437 der Arbeit). So werden Unterschiede im Verhalten der Manager u. a. auf mangelnde Übereinstimmung *(misfit)* zwischen den beiden von ihm analysierten Variablengruppen zurückgeführt.

Aufgabenanforderungen (als Folge bestimmter Kontextfaktoren):
– Vorgabe von Zielen, Politiken und Strategien unter Bedingungen großer Unsicherheit
– Allokation knapper Ressourcen
– Überblick bewahren und frühzeitig Probleme erkennen
– Gewinnung von Informationen, Kooperation und Unterstützung
– Gewinnung von Mitarbeitern sowie von wichtigen internen und externen Gruppen (z.B. Stabsabteilungen, Gewerkschaften, Kunden)
– Motivation, Kontrolle, Konfliktlösung
Merkmale der Person:
– Familienhintergrund
– Persönlichkeitszüge
– Erziehung und Ausbildung
– Karriereweg
– Erfahrung in der jetzigen Unternehmung
Eine Voraussetzung für eine erfolgreiche Managerkarriere sieht *Kotter* in der weitgehenden Deckung *(fit)* von Anforderungen des konkreten Jobs mit den persönlichen Stärken des Managers. Dabei zeigen erfolgreiche Manager keineswegs immer die gleichen Stärken; im Gegenteil, sie pflegen z.T. sehr unterschiedliche Managementstile. Daraus schließt *Kotter* (1982, S. 120), daß erfolgreiches Managementverhalten (bewertet auf der Grundlage von Ergeb-

nisgrößen, wie Umsatz und Gewinn, und von Einschätzungen der Kollegen, Untergebenen und Vorgesetzten) situationsabhängig ist.

In diesem Zusammenhang warnt *Kotter* vor dem von ihm beobachteten ‚I can do anything'-Syndrom mancher General Manager und fordert im Sinne des situativen Ansatzes eine Personalpolitik, die es unterschiedlichen Managern erlaubt bzw. die sie ermuntert, sich in unterschiedlichen Situationen auch unterschiedlich zu verhalten (vgl. hierzu auch das Kapitel über situative Führungskonzepte, S. 322 ff.).

In der Bundesrepublik wird die empirische Analyse von Managementhandeln vor allem deshalb vorangetrieben, um die Chancen einer **technischen Unterstützung von Managementtätigkeiten** durch moderne Büro- und Kommunikationstechnologie zu prüfen (vgl. etwa das HICOM Bürokommunikationssystem von Siemens). Im Rahmen eines Gemeinschaftsprojekts zwischen der HSBw München und der **Siemens AG** (1979–1981) haben *Reichwald* et al. (1984) 33 Personen (Manager, Sekretärinnen, Assistenzkräfte) einer Aufgaben- und Kommunikationsanalyse (überwiegend Interviews) unterzogen, deren Ergebnisse diejenigen von *Mintzberg* (1973) weitgehend bestätigen. Nur zeigte sich, daß der Anteil an offiziellen Terminen (geplante Besprechungen, bei *Mintzberg* 59%) auf unteren Ebenen stark abnimmt. Als besonders belastend wurden Ad-hoc-Aufgaben angesehen, die 20% bis 40% der Gesamtarbeitszeit eines Managers in Anspruch nehmen. Darunter leidet die notwendige, intensive Schreibtischarbeit (Lesen, Schreiben, Konzipieren), die lediglich 10%–30% der Managertätigkeit ausmacht.

In Anlehnung an *Neuberger* (1984, S. 133 ff.) lassen sich die wichtigsten **empirischen Ergebnisse** dieser Forschungsrichtung zusammenfassen:

• Der Manager hat keinen festen Arbeitsplatz
• Der Manager ist mehr als nur Führer (vgl. die zehn *Mintzberg*-Rollen)
• Der Manager kommuniziert hauptsächlich mündlich, er lebt von sozialen Kontakten (der Manager ist weniger als ein Fünftel der Arbeitszeit allein)
• Kontakte mit Untergebenen dominieren, es folgen Beziehungen zu Kollegen und Vorgesetzten
• Der Arbeitstag des Managers ist äußerst zerstückelt, setzt sich aus vielen kurzen, meist ungeplanten Episoden zusammen
• Der Arbeitsablauf ist folglich durch häufige Unterbrechungen gekennzeichnet, was nur kurzzyklische Arbeitsakte erlaubt.

Die empirische Erforschung des Managerhandelns hat zweifellos unser Wissen über die Praxis des Managements erheblich bereichert. Dennoch würde ich nicht so weit gehen wie etwa *Mintzberg* (1973), der den Ansatz der Analyse von Managementfunktionen für gänzlich überholt hält. Dies aus folgenden Gründen: Einmal variieren die empirischen Befunde über Manageraktivitäten deutlich mit der gewählten Erhebungsmethode. Je nachdem, ob Tagebücher, Fremdbeobachtung oder Interviews eingesetzt werden, unterscheiden sich die Beschreibungen der Arbeitsabläufe (vgl. *Hales* 1986, S. 103 ff.). Zum anderen werden mit den gewählten Indikatoren und Methoden lediglich die äußeren Bedingungen festhalten, unter denen Manager ihre Ziele/Aufgaben verfolgen (vgl. *Carroll/Gillen* 1987). Die **mentalen Prozesse** sind jedoch nicht direkt beobachtbar. Die Tatsache, daß viel telefoniert und konferiert wird, sagt noch nichts über die dahinterliegenden Intentionen aus. Hier hilft der analytisch-funktionale Ansatz weiter. Während dieser jedoch davon ausgeht, daß die Managementfunktionen auf allen Hierarchieebenen prinzipiell die gleichen sind, unabhängig davon, ob sie von einem Top Manager oder einem Meister ausgeübt werden, hat der empirische Ansatz diese These relativiert und die Forschung auf ebenenspezifisches Managementhandeln gerichtet.

3. Managementebenen

Obwohl die gängige Einteilung des Managements als Institution in Top, Middle und Lower Management eine differenzierte Analyse des Managements auf einzelnen Hierarchieebenen erwarten läßt, überrascht, daß hier häufig nur universelle Aussagen anzutreffen sind.[21]

Unter **Management als Institution** wird der Personenkreis verstanden, dem die Ausübung der oben genannten Managementaufgaben (Managementfunktionen) obliegt. Die ältere betriebswirtschaftliche (z.B. *Gutenberg* 1962, *Mellerowicz* 1963) sowie betriebssoziologische Literatur (z.B. *Dahrendorf* 1959 a) hat deutlich zwischen den Aufgaben des dispositiven Faktors (echte Führungsentscheidungen) und Leitungsaufgaben auf nachgeordneten Stufen unterschieden. Vor allem *Dahrendorf* (1959a, S. 31 ff.) verweist auf die besonderen Probleme der *Männer in der Mitte*, die er in der schwierigen Vermittlungsaufgabe zwischen oben (Management) und unten (Arbeiter) sieht.

Das **untere Management** stellt die Nahtstelle zwischen den Managementpositionen und den allein ausführend tätigen Mitarbeitern dar. Typisch hierfür ist die Position des Meisters. Dessen Orientierung ist weniger nach oben als nach unten ausgerichtet, zur Gruppe der Arbeiter, aus der er häufig ohne hinreichende Qualifizierung befördert wurde. Dem Funktionswandel des Meisters im Zuge technologischer und sozialer Veränderungen im Industriebetrieb (Meisterkrise) wird seit den 50er Jahren starke Aufmerksamkeit geschenkt. Im Verwaltungsbereich ist heute der Gruppenleiter aufgrund neuer Informations- und Kommunikationstechniken einem ähnlich gravierenden Funktionswandel unterworfen.

Das **mittlere Management** ist dagegen nach oben orientiert und zwar mit eindeutigen Karriereerwartungen. Der Mittel-Manager stammt aus einer ganz anderen sozialen Schicht als der untere, ist besser ausgebildet, aufstiegsmoti-

---

[21] Vgl. dagegen die Beiträge in *Lorsch* 1987 über The First-Line Supervisor (von *Leonard A. Schlesinger/Janice A. Klein*), Middle Managers (von *Rosemary Stewart*) und General Managers (von *Jay A. Conger/John P. Kotter*).

viert. Seine zentrale Aufgabe besteht darin, Ziele und unternehmungspoliti-sche Entscheidungen in Programme, Regeln und konkrete Vorgaben zu über-setzen und deren Einhaltung/Ausführung zu überwachen. Hierzu sind neben technischen auch erhebliche soziale Qualifikationen erforderlich.

Das **obere Management** ist zur Formulierung der unternehmungspoliti-schen Ziele und Grundsätze befugt. *Gutenberg* (1962, 1969) hat zur Kenn-zeichnung des Aufgabenbereichs des oberen Managements einen Katalog echter **Führungsentscheidungen** formuliert:

- Festlegung der Unternehmenspolitik auf weite Sicht
- Koordinierung der großen betrieblichen Teilbereiche
- Beseitigung von Störungen im laufenden Betriebsprozeß
- Geschäftliche Maßnahmen von außergewöhnlicher betrieblicher Bedeut-samkeit
- Besetzung der Führungsstellen im Unternehmen.

Vergleicht man diese Idealtypologie mit der von *Hauschildt* et al. (1983) aus der Empirie entwickelten Realtypologie (Auswertung der Protokolle der Geschäftsleitungssitzungen einer großen Familienunternehmung), so ergeben sich große Ähnlichkeiten. Die so gewonnene **Typologie von Führungsent-scheidungen** umfaßt (S. 101):

1. Unternehmenspolitische Richtlinien-Entscheidungen
2. Entscheidungen im außergewöhnlichen Fall (fallweise Entscheidungen – Präzedenz-Entscheidungen)
3. Entscheidungen unter Streß (Entscheidungen über eilige Plankorrekturen – Entscheidungen über Störungen der Okkasionen)
4. Entscheidungen zur laufenden Betriebsabstimmung.

Wenn in Deutschland heute vom Management als Institution geredet wird, denkt man abgesehen vom Top Management als den obersten Führungsorga-nen vor allem an den **leitenden Angestellten** (*Witte/Bronner* 1974, *Tenckhoff* 1983).[22]

Der leitende Angestellte bildet in der hierarchischen Struktur der Unter-nehmung das Bindeglied zwischen dem obersten Führungsorgan (Vorstand, Geschäftsführung) und den sonstigen Mitarbeitern (Arbeitern, Angestellten). Er steht somit zwischen zwei Fronten, den Kapitaleignern bzw. deren Reprä-sentanten auf der einen und der Belegschaft auf der anderen Seite. Besondere Relevanz erhält diese Zwitterstellung durch den Umstand, daß der Gesetzge-ber nur eine Zweiteilung in Arbeitgeber- und Arbeitnehmerseite vornimmt. Der leitende Angestellte muß folglich in kritischen Fällen – insbesondere bei der Ausübung des aktiven und passiven Wahlrechts zum Betriebsrat (Bereich des Betriebsverfassungsgesetzes) und bei der Wahl in den Aufsichtsrat (Be-reich des Mitbestimmungsgesetzes) – einer dieser Seiten zugeordnet werden. Die **Abgrenzung der leitenden Angestellten** wird auch dadurch erschwert,

---

[22] Zum Sozialprofil der deutschen Manager vgl. z.B. *Pross/Boetticher* 1971, für die USA: *Maccoby* 1976, 1981.

daß die übliche skalare Differenzierung von Führungskräften in Top-, Middle- und Lower-Management heute immer mehr durch eine funktionale Differenzierung ergänzt wird.

Führungsaufgaben wie Planen, Organisieren, Entscheiden und Kontrollieren werden von sehr vielen Mitarbeitern wahrgenommen – nur in unterschiedlichem Ausmaß. Das deutsche **Betriebsverfassungsgesetz von 1972** verbindet in der Abgrenzung des leitenden Angestellten von sonstigen Arbeitnehmern Elemente beider Kriterien. § 5 Abs. 3 dieses Gesetzes lautet:

„Dieses Gesetz findet, soweit in ihm nicht ausdrücklich etwas anderes bestimmt ist, *keine* Anwendung auf leitende Angestellte, wenn sie nach Dienststellung und Dienstvertrag

1. zur selbständigen Einstellung und Entlassung von im Betrieb oder in der Betriebsabteilung beschäftigten Arbeitnehmern berechtigt sind oder
2. Generalvollmacht oder Prokura haben oder
3. im wesentlichen eigenverantwortlich Aufgaben wahrnehmen, die ihnen regelmäßig wegen deren Bedeutung für den Bestand und die Entwicklung des Betriebes im Hinblick auf besondere Erfahrungen und Kenntnisse übertragen werden."

Das Bundesarbeitsgericht in Kassel (BAG) hat in mehreren Prozessen entschieden, daß als leitende Angestellte nur solche Angestellte anzusehen sind, die echte unternehmerische Funktionen zu erfüllen haben. Ein Vorschlagsrecht reicht dafür allein nicht aus. Dagegen ist ein maßgeblicher Einfluß auf Personalfragen ein wesentliches Merkmal für die Einstufung als leitender Angestellter. Auch die Stellung im Unternehmen ist für den Status des leitenden Angestellten allein nicht ausreichend. Es kommt vielmehr im Einzelfall auf die tatsächlich ausgeübten Funktionen an.

Tenckhoff (1983) schlägt ein Verfahren der analytischen **Arbeitsbewertung** (Stufen-Wertzahl-Verfahren) vor, um das Problem der Abgrenzung des Kreises der leitenden Angestellten zu lösen. Unter Berücksichtigung der Kriterien, die in der bisherigen BAG-Rechtsprechung zu § 5 Abs. 3 BetrVG 72 genannt wurden, und der Gebote der Einfachheit und der Allgemeingültigkeit für alle Angestellten entwickelt *Tenckhoff* (1983, S. 115) einen Katalog von acht Anforderungsarten:

- *Bewertung der Fachanforderungen*
  - Fachkenntnisse
  - körperliche Anforderungen
  - Konzentrieren, Denken, Planen
  - Einfluß auf Ziele und Ergebnisse
  - Arbeitssicherheit
  - Kontakte
- *Bewertung der Führungsanforderungen*
  - Verhalten als Mitarbeiter
  - Verhalten als Vorgesetzter.

Bei Erreichen bzw. Überschreiten einer bestimmten Wertzahlgrenze ist nach diesem Verfahren ein Angestellter dann als leitend einzustufen. Aufgrund der vielen subjektiven Komponenten des Verfahrens, angefangen von der Gewichtung der einzelnen Anforderungsarten bis hin zur Einstufung der einzelnen Aufgaben, ist beim Umgang mit den Ergebnissen höchste Skepsis angebracht. Sie können lediglich als Orientierungsgrößen dienen.

Die rechtliche Kodifizierung des leitenden Angestellten und die Operationalisierung seiner Abgrenzung von anderen Managementebenen hat als eine positive Nebenwirkung verstärkte Forschungsbemühungen in Richtung auf eine empirische Analyse der Tätigkeit von Managern in der deutschen Wirtschaft ausgelöst (vgl. vor allem *Witte/Bronner* 1974).

Auch in der angelsächsischen Literatur werden Kataloge von Anforderungen an Managementtätigkeiten formuliert, die in ihren Ausprägungen ebenenspezifisch differenziert werden. *Katz* (1974) unterscheidet drei **Klassen von Fähigkeiten,** über die ein erfolgreicher Manager verfügen sollte (vgl. auch *Stewart* 1982, S. 80 ff.):

technische Fähigkeiten (technical skills): Anwendung von Methoden und Verfahren im Bereich der sachbezogenen Aufgabenerfüllung (z. B. Kostenrechnung, Investitionsrechnung, Lagerhaltungsmodelle, Qualitätskontrolle, Projektplanung)

soziale Fähigkeiten (human-relations skills): Kompetenz im Bereich der personenbezogenen Aufgabenerfüllung (z. B. Führung, Motivation, Konfliktlösung)

analytische Fähigkeiten (conceptual skills): Problembewußtsein, ganzheitliche Sicht der Unternehmung und ihrer Teile, Erkennen von Zusammenhängen und Interdependenzen zwischen den Unternehmensbereichen.

Die Bedeutung der Fähigkeiten variiert von Ebene zu Ebene (vgl. Abb. 1.8).

Abb. 1.8: Die Verteilung von Managementfähigkeiten über drei Managementebenen

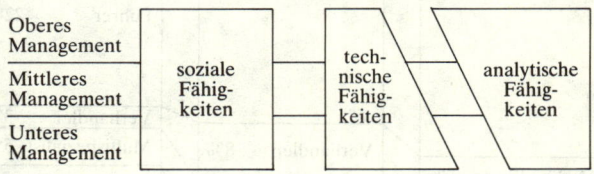

Auf der unteren Managementebene sind danach technische Fähigkeiten (Fachwissen, technisches Spezialwissen) von größter Bedeutung, die aber auf höheren Ebenen drastisch abnimmt. Einen entgegengesetzten Verlauf nehmen analytische Fähigkeiten (analytisches, abstraktes Denken, ganzheitliches, strategisches Denken). Soziale Fähigkeiten (Motivation und Führung von Mitarbeitern, Entwicklung kooperativer, partizipativer Verhaltensweisen) sind auf allen Ebenen in gleicher Weise bedeutsam.

Auch das **Demands-Constraints-Choices Modell** von *Stewart* (1982) läßt sich ebenenspezifisch differenzieren (vgl. Abb. 1.9):

Abb. 1.9: Die Verteilung von Anforderungen, Nebenbedingungen und Handlungsmöglichkeiten über drei Managementebenen

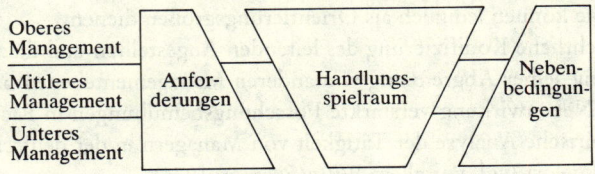

Abb. 1.10: Verteilung von ebenenspezifischen Positionsanforderungen

MANAGEMENT-EBENE

untere (N = 191)	mittlere (N = 131)	höhere (N = 130)
Planer 15%		
Informations- verarbeiter 8%	Planer 18%	
Koordinator 5%		Planer 28%
Beurteiler 2%	Informations- verarbeiter 8%	
	Koordinator 7%	Informations- verarbeiter 6%
	Beurteiler 5%	Koordinator 8%
		Beurteiler 8%
Führer 51%	Führer 36%	
		Führer 22%
		Verhandler 3%
	Verhandler 8%	Multispezialist 5%
Verhandler 6%		
Multispezialist 6%	Multispezialist 8%	Generalist 20%
Generalist 9%	Generalist 10%	

Wegen Aufrundungen ergibt die Gesamtsumme nicht immer 100%

Quelle: Mahoney/Jerdee/Caroll 1965, S. 109 in der Übersetzung von *Neuberger* 1984, S. 140.

Das Top Management transformiert schlecht-definierte, nicht-routinemäßige Aufgabenstellungen in operationale Vorgaben für niedere Managementebenen. Strategische Problemformulierungen werden schrittweise in operative Budgets übertragen. Somit nehmen die **Entscheidungsprämissen** (constraints) und **Anforderungen** (demands) an Verhaltensstabilität von oben nach unten zu und der **Handlungsspielraum** (choices) der Manager entsprechend ab (vgl. auch *Kast/Rosenzweig* 1985, S. 410f.).

Eine ebenenspezifische Auswertung der Ergebnisse der Studie von *Mahoney/Jerdee/Carroll* (1965) macht deutlich, daß Planer und Generalisten (analytische Fähigkeiten) mit steigender hierarchischer Ebene an Bedeutung zunehmen (vgl. Abb. 1.10 auf S. 86). Die letzten beiden Funktionen (Personalauswahl, Repräsentation auf S. 78) sind wegen geringer Besetzung hier nicht berücksichtigt worden.

D. Managementwissen in der akademischen Ausbildung

I. Institutionalisierung der Managementausbildung

1881 wird die Wharton School of Commerce and Finance als **erste Business School** an der Universität von Pennsylvania gegründet. 1900 führt das Dartmouth College (USA) den Studiengang Business Administration ein. In Deutschland wird 1898 die **erste Handelshochschule** in Leipzig gegründet.

Vor den amerikanischen Business Schools und den deutschen Handelshochschulen haben sich in Europa neben den Universitäten, die sich schon Jahrhunderte mit ökonomischen Problemen beschäftigten, einzelne Institutionen herausgebildet, die sich primär mit der **Ausbildung von Kaufleuten** befassen[1]. So wird 1820 in Paris die Ecole Spéciale de Commerce et d'Industrie (ab 1852: Ecole Supérieure de Commerce) gegründet; 1858 die Wiener Handelsakademie und 1898 die Export-Akademie (ab 1919: Hochschule für Welthandel), 1898 in St. Gallen die Höhere Schule für Handel, Verkehr und Verwaltung (ab 1911: Handels-Hochschule) sowie 1895 die London School of Economics and Political Science.

Für Deutschland hat schon Anfang des 18. Jh. *Marperger*[2] (erfolglos) eine akademische Ausbildung der Kaufmannschaft gefordert.[3] Zwei Jahre nach dessen Gründung im Jahre 1885 wird *Ehrenberg*[4] vom ‚Deutschen Verband für das Kaufmännische Unterrichtswesen‘ beauftragt, ein Gutachten über die Möglichkeiten einer akademischen Ausbildung von Kaufleuten zu erstellen. Als Vorbilder dienen ihm u.a. die London School of Economics and Political Science sowie die Wharton School of Commerce and Finance.

Anlaß für die Gründung der ersten Wirtschaftshochschulen in den USA (ab 1881) und Deutschland (ab 1898) ist der Bedarf an hochqualifizierten Kaufleuten (Managern) mit akademischer Allgemeinbildung.

Ein bedeutender Unterschied zwischen beiden Ländern besteht jedoch darin, daß die Wharton School als weiterer Fachbereich an einer bestehenden

---

[1] Zur Geschichte einzelwirtschaftlicher Wissenschaften vor 1900 vgl. *D. Schneider* 1987, S. 81 ff.

[2] *Marperger, Paul Jacob* (1656–1730), Kaufmann, Hofrat in Dresden.

[3] Zur Entwicklung der akademischen Kaufmannsausbildung vgl. *Redlich* 1957 sowie *Busse von Colbe* 1962.

[4] *Ehrenberg, Richard* (1857–1921), Volkswirt in Rostock.

Universität[5] gegründet wird, während die ersten Handelshochschulen in Deutschland, ähnlich den heutigen Fachhochschulen, unabhängig von den Universitäten entstehen. Erst 1914 wird die erste Wirtschafts- und Sozialwissenschaftliche Fakultät an der Universität Frankfurt/M. gegründet.

Ein wichtiges Motiv für die Gründungen in Europa ist das geringe Ansehen des Kaufmanns, das man durch eine wissenschaftliche Ausbildung verbessern will; dies im Gegensatz zu den USA, wo sich *businessmen* in der Öffentlichkeit stets hoher Wertschätzung erfreuen.

Redlich (1957, S. 89) unterscheidet vier **Ansätze zur Institutionalisierung** der akademischen Ausbildung von Kaufleuten:

- die Anbindung an eine bestehende **Universität** (diese Lösung wurde generell in den USA gewählt);
- die Anbindung an eine **Technische Hochschule** (diese Lösung wurde z.B. in Aachen und in den USA in Boston, beim MIT gewählt);
- die Gründung unabhängiger **Handelshochschulen** (z.B. Paris, Wien, Köln, Berlin);
- die Einbindung in Wirtschafts- und Sozialwissenschaftliche **Fakultäten** (z.B. London, Frankfurt/M.).

Während die heute bei uns übliche enge Einbindung der kaufmännischen Ausbildung in Universitäten (abgesehen von Leipzig) erstmals mit der Gründung der Wirtschafts- und Sozialwissenschaftlichen Fakultät an der Universität Frankfurt erfolgt, ist dies in den USA von Anbeginn der Fall.

Andrews (1968) sieht in der Tatsache, daß die **Business Schools** von Anfang an in die Gemeinschaft einer bestehenden Universität aufgenommen werden, einen besonderen Vorteil für die Entwicklung der Business Administration: „Die Idee der Universität verleiht den Zielsetzungen der Unternehmensführungsbildung Tiefe und Universalität. Die Spannung zwischen der Business School und den anderen Bereichen der Universität ist insofern vorteilhaft, als sie die mehr praxisorientierten Elemente der Business-Fakultät an die Werte und die integre Beharrlichkeit wahren Gelehrtentums mahnt, an die Tradition einer nonkonformistischen und unabhängigen Denkweise, an die Notwendigkeit langfristiger Ziele und an die Möglichkeiten, einen immer größeren Teil des Alltags-Chaos der Disziplin systematischer Untersuchungen zu unterwerfen. Die Verbindung mit einer großen Universität versetzt eine Managementschule in die Lage, ihr Augenmerk eher darauf zu richten, den Forderungen des Berufspraktikers voranzueilen, statt ihnen zu folgen" (S. 18).

Dennoch ist nicht zu übersehen, daß die Business Schools im Vergleich mit anderen Fakultäten anfänglich kein großes Ansehen genossen. Ihre geringe intellektuelle Anziehungskraft macht sie auch nicht attraktiv für anspruchsvollere, fähige Studenten der Sozialwissenschaften. Auf die Anstrengungen,

---

[5] Die Universität von Pennsylvania wird 1740 von *Benjamin Franklin* gegründet.

die die Business Schools in der 60er Jahren unternommen haben, um diesen Zustand zu ändern, wird an späterer Stelle noch zurückgekommen.

Besonders zu erwähnen sind noch die 1908 gegründete **Harvard Business School**, weil sie die erste Schule ist, die ein Bachelor's Degree als Zulassungsvoraussetzung für ihr MBA Programm fordert, und die 1906 gegründete **Handels-Hochschule Berlin**, weil sie als erste Schule die Handelswissenschaft ins Zentrum ihres Lehrprogramms rückt. *Redlich* (1957, S. 35, 85) sieht eine enge Verwandtschaft zwischen den Lehrkonzeptionen beider Schulen, die er u. a. auf die Bekanntschaft der zentralen Gründerfiguren beider Institutionen, *Jastrow*[6] und *Taussig*, zurückführt.

Was die **Verbreitung** der Institutionen anbetrifft, so ist festzustellen, daß die USA gegenüber Deutschland einen erheblichen zeitlichen und quantitativen (was die Zahl der Neugründungen anbetrifft) Vorsprung erringen können. Die Qualität von Forschung und Lehre streut jedoch in Nord-Amerika bedeutend stärker als im deutschsprachigen Raum.

Was die **Lehrinhalte** anbetrifft, so ergibt ein entsprechender Vergleich, daß das Lehrangebot in den 20er Jahren in beiden Hochschultypen weitgehend identisch ist. Während der Anteil der allgemeinbildenden Fächer in Deutschland im Zuge der Verankerung der Betriebswirtschaftslehre an den Universitäten gegenüber den Handelshochschulen rapide abnimmt, bleibt dieser an den Business Schools im ‚Undergraduate Program‘ im Gegensatz zum MBA-Programm bis heute relativ hoch[7]. Dies erklärt sich aus dem unterschiedlichen Bildungs- und Hochschulsystem in den USA.

Vergleicht man heute die Lehrinhalte der wirtschaftswissenschaftlichen Fachbereiche in Betriebswirtschaftslehre und der Business Schools in Business Administration, so sind ebenfalls keine gravierenden Unterschiede zu erkennen. Was die Aus- und Weiterbildung von Führungskräften anbetrifft, finden sich nach Meinung von *Pack* (1969) bezüglich der **Zielsetzung** von Management-Ausbildung und BWL-Ausbildung keine wesentlichen Abweichungen. „Auch die Form, in der die betriebswirtschaftliche Forschung – zumindest von den jüngeren Fachvertretern – betrieben wird, stimmt im wesentlichen mit der an amerikanischen Business Schools betriebenen Forschung überein: in beiden Fällen steht die quantitativ-analytische Forschung im Vordergrund. In dieser Beziehung unterscheiden sich betriebswirtschaftliche Pu-

---

[6] *Jastrow, Ignaz* (1856–1937) erster Rektor der Handels-Hochschule Berlin. Er hat 1904 die USA bereist und die dort existierenden Business Schools besucht.

[7] Hier gilt die – heute aber nicht mehr überall eingehaltene – 40%–60%-Regel der **American Assembly of Collegiate Schools of Business**: „At least forty per cent of the total hours required for the bachelor's degree must be taken in subjects other than business and economics provided that economic principles and economic history may be counted in either the business or non-business groups".

Die BA-Studenten erhalten in den ersten beiden Jahren primär eine Liberal Arts-Ausbildung; die Business Schools sehen die Studenten erst im Junior-Jahr (3. Jahr).

blikationen und Veröffentlichungen von amerikanischen Autoren auf dem Gebiet des Business Administration kaum voneinander" (S. 54). Allerdings muß er an anderer Stelle (S. 57) einschränkend feststellen: „Gewiß, die Lehre der Verhaltenswissenschaften (Soziologie, Psychologie, Sozialpsychologie usw.) ist an deutschen Universitäten im Rahmen des betriebswirtschaftlichen Studiums meist entschieden weniger stark ausgebaut und entwickelt als an den Business Schools der USA". Er führt dies u. a. auf fehlende selbständige, tragfähige betriebswirtschaftliche Forschungsergebnisse und auf das Desinteresse der deutschen Betriebssoziologen an diesem Forschungsbereich zurück. Hierbei mag die von *K. Hax*[8] (1965) geäußerte Befürchtung der Soziologen eine Rolle gespielt haben, „daß nämlich eine als reine Kunstlehre ausgestaltete Managementlehre die Betriebs-Soziologie zu einer ausgesprochenen ‚Managersoziologie' macht . . ." (S. 235).

Gruppiert man die **Lehrinhalte** in drei große Blöcke,

● Funktionen und Institutionen

● verhaltenswissenschaftliches Managementwissen *(Behavioral Sciences)*

● quantitatives Managementwissen *(Quantitative Sciences)*,

so ist die formale Ähnlichkeit unverkennbar. Schaut man sich jedoch die Kursinhalte genauer an, so sind die Unterschiede unübersehbar. So fehlen in den Business Schools die Äquivalente für unsere **Allgemeine Betriebswirtschaftslehre** sowie i. d. R. auch für die **Institutionenlehren** (Banken, Versicherungen, Industriebetriebslehre etc.). Auf diesen Unterschied hat schon *Junckerstorff* (1955, S. 473) hingewiesen: „Es werden zwar auch die theoretischen Zusammenhänge gezeigt, aber es fehlt bislang eine einheitliche, das gesamte Gebiet umspannende Theorie, die etwa unserer ‚Allgemeinen Betriebswirtschaftslehre' entspräche". Ansatzweise ist diese in dem Anfang der 60er Jahre an der Harvard Business School entwickelten **Business Policy-Konzept** zu erblicken (*Christensen* et al. 1987).

Die **Funktionenlehren** sind in den USA konsequent *entscheidungsorientiert* konzipiert und werden durch aktive Lehrmethoden unterstützt (Fälle, Planspiele, Rollenspiele etc.). „Der Lehrplan in der Unternehmensführungslehre gliedert die speziellen Studiengebiete nicht institutionell oder nach Wirtschaftszweigen, sondern funktionell und in Anlehnung an den Unternehmensprozeß" (*Andrews* 1968, S. 13). Bilanztheorien, Produktions- und Kostentheorien haben nicht entfernt die Bedeutung wie in unserer BWL-Ausbildung.

Im Folgenden werde ich mich auf eine vergleichende Analyse der Blöcke zwei und drei (Managementwissen) beschränken, ohne jedoch zu übersehen, daß diese in beiden Ländern einen erheblichen Einfluß auf Konzeption und Darbietung der betriebswirtschaftlichen Kernfächer (Block eins) haben.

---

[8] *Hax, Karl* (1901–1978) Prof. BWL, Uni Frankfurt/M.

II. Managementwissen in der Business Administration

Aus einer Analyse der Lehrinhalte in Business Administration der 20er Jahre kann geschlossen werden, daß zu jener Zeit noch keine erkennbar intensive Beschäftigung mit Management erfolgt. Lediglich in den Fächern **Industrial Management** und **Industrial Relations** wird auf das zu jener Zeit vorliegende Managementwissen zurückgegriffen. *Taylor* setzt sich nach Beendigung seiner Tätigkeit bei der Bethlehem Iron Comp. selbst aktiv für das Angebot von Managementwissen in den Lehrprogrammen der Business Schools ein. Für die Harvard Business School entwickelt er einen Kurs in Industrial Management und ist in diesem auch als Dozent tätig (vgl. *Nelson* 1980, S. 188f.). Bis in die 50er Jahre hinein sind an den meisten Business Schools ausschließlich die **Departments for Production Management**[9] für Lehre und Forschung in Management zuständig, was eine breite Rezeption dieses neuen Wissensgebietes in anderen Bereichen behindert.

Eine besondere Problematik ergibt sich im angloamerikanischen Sprachraum noch aus der kontroversen Verwendung der Begriffe *Management* und *Administration*. Ursprung der Begriffsverwirrung ist die unterschiedliche Übersetzung der *Fayol*schen ,opérations administratives' – speziell des Verbs *administrer* – durch *Coubrough* (1930) und *Storrs* (1949) (nach *Wren* 1979). *Coubrough* (1930): „To *administrate* is to plan, organize, command, coordinate and control".

Storrs (1949): „To *manage* is to forecast and plan, to organize, to command, to co-ordinate and to control".

Obwohl *Coubroughs* Übersetzung exakter ist (*Fayol* bezeichnete *administrer* als einen der sechs Funktionsbereiche des Gesamtmanagements), hat sich *Storrs'* Version nachhaltig in den USA durchgesetzt.

Heute finden die Begriffe ,Management' und ,Administration' neben der synonymen Verwendung noch in zwei ganz unterschiedlichen Zusammenhängen Anwendung:

• *Administration* ist eine Subfunktion des *Managements*, die sich mit der Durchführung beschlossener Maßnahmen und der Ausführung vorentschiedener Pläne befaßt.

• Von *Management* spricht man bei privatwirtschaftlichen Unternehmungen, von *Administration* bei öffentlichen Betrieben und nonprofit-Organisationen.

Eine besondere Bedeutung bei der Durchsetzung des Managementbegriffs und der Verbreitung von Forschungsergebnissen über Management spielt die

---

[9] In der Library of Congress Classification (Washington, 4. Aufl. 1981) findet sich heute noch *Management* als Subkategorie von *Production*.

1936 gegründete **Academy of Management**. Diese Standesvereinigung von Managementforschern und -praktikern organisiert heute ihre Aktivitäten in 18 *professional divisions*, was in etwa einen Eindruck von der Breite des Faches vermittelt.

Schoenfeld (1984, Sp. 747 ff.) unterscheidet drei **Entwicklungsperioden der Business Administration:**

1880–1918: Gründung der ersten Business Schools als Antwort auf die Nachfrage nach qualifiziert ausgebildeten Führungskräften;

1919–1940: Aufschwung der Business Schools im Zuge einer Gründungswelle;

seit 1941: Einbeziehung von Mathematik, Statistik, EDV; empirische Forschung; interdisziplinäre Forschung und Ausbildung; Spezialisierung auf Funktionsbereiche; Entwicklung ganzheitlicher Studiengänge (MBA).

Was die **Lehrinhalte** betrifft, sieht *Andrews* (1968, S. 13) ebenfalls drei Entwicklungsstadien: „Das Problem, einen Lehrplan zu gestalten, der den vielfältigen und weitgespannten Differenzierungen in der Wirtschaft entspricht, wurde zuerst dahingehend gelöst, daß bestimmte Basisfunktionen, wie Marketing, Produktion und Finanzierung bestimmt wurden, die allen Wirtschaftszweigen gemeinsam sind. In einem nächsten Schritt wurden die Prozesse, die sich durch alle Funktionen erstrecken, zum Studienobjekt, wie z. B. die quantitative Analyse, die Kontrolle, das Organisieren. In einem dritten Stadium wurde das Bedürfnis offenkundig, den sozialen, volkswirtschaftlichen, politischen und wissenschaftlich-technischen Hintergrund der Wirtschaft und der einzelnen Unternehmungen kennenzulernen".

Stadium eins (Funktionsbereiche) beinhaltet die betriebswirtschaftlichen Kernfächer. Anfang der 50er Jahre hat sich das Managementwissen als Grundlage für das **zweite Stadium** (Prozesse) soweit konsolidiert, und die Verbreitung wissenschaftlicher Erkenntnisse über die Praxis des Managements ist soweit fortgeschritten, daß sich erste Autoren an die Gesamtdarstellung des Stoffes in Form von Lehrbüchern (textbooks) wagen. Diesen Darstellungen liegt die Betrachtung des **Managements als Prozeß** zugrunde, dessen Phasen (z. B. Planung, Organisation, Kontrolle) aus einer Modifikation der *Fayol*schen Funktionen gewonnen werden. Zu den einzelnen Prozeßphasen werden Managementprinzipien entwickelt, die, in die Form theoretischer Grundannahmen gefaßt, als Handlungsanweisungen dienen sollen. Typisch für solche Veröffentlichungen sind die ‚Principles of Management' von *Terry* (1953) und *Koontz/O'Donnell* (1955). Stärker auf die Managementpraxis ausgerichtet ist das grundlegende Werk von *Drucker* (1954). In späteren prozeßorientierten Ansätzen spiegelt sich das Vordringen **entscheidungstheoretischer** Arbeiten deutlich wider (*Newman/Summer* 1961, *Haynes/Massie* 1961, *Richards/Greenlaw* 1966, *Filley/House* 1969).

Den Beginn des **dritten Stadiums** mit 1941 anzugeben, wie dies *Schoenfeld* tut, halte ich im Lichte meiner Literaturstudien für sehr problematisch. Die

Jahre nach 1940 haben nur für einige Elite-Hochschulen den Beginn einer breiteren wissenschaftlichen Fundierung der Business Administration markiert; die Masse der Business Schools hat erst in den 60er Jahren ihr Lehr- und Forschungsprogramm qualitativ angepaßt. Dies als Folge von zwei von der Ford bzw. Carnegie Foundation finanziell unterstützten Studien zur Lage der **Education for Business** in den USA (*Gordon/Howell* 1959; *Pierson* et al. 1959). Beide Untersuchungen kommen zu einem vernichtenden Urteil über das Niveau von Forschung und Lehre im Bereich der Business Administration (mit Ausnahme der Elite-Hochschulen). Die wichtigsten **Kritikpunkte** sind:

- Vernachlässigung der Allgemeinbildung (zu frühe Spezialisierung);
- Vernachlässigung der Forschung;
- zu geringe Anforderungen bei der Zulassung (BA-Studenten im Undergraduate Program gelten als die am wenigsten qualifizierten);
- zu niedriges akademisches Niveau (BA-Fakultäten gelten als die ‚unwissenschaftlichsten‘).

Im Bereich der Allgemeinbildung am College (**General Education**) empfehlen *Gordon/Howell* (1959, S. 166 ff.), neben den Humanities, Natural Sciences und Mathematics vor allem die **Social Sciences** zu stärken. Sie sehen im Studium dieser Disziplinen die wichtigste Voraussetzung für einen erfolgreichen Geschäftsmann. „Our present concern about human behavior implies the view that business administration is the englightened application of the behavioral sciences, inter alia, to business problems" (*Gordon/Howell* 1959, S. 167). In der von ihnen untersuchten Praxis der Business Schools finden sie jedoch, daß in 70% der Fälle die befragten Schulen von den Studenten keine Kurse in Psychologie, Soziologie oder Anthropologie (als *Behavioral Sciences* bezeichnet) verlangen.

Im Bereich der Spezialausbildung (**Professional Education**) sehen die Autoren neben der einheitlichen Festlegung von betriebswirtschaftlichen Kernfächern (core concept) die Hinwendung der Business Administration zum Management als wichtigsten Entwicklungstrend des Faches. „After the core concept, the growing emphasis on ‚management‘ has probably been the most important curriculum development in business education since the Second World War" (*Gordon/Howell* 1959, S. 177).

Allenthalben werden Departments of Management and Organization eingerichtet. Als Gegenstand der Forschung und Lehre im Managementbereich definieren *Gordon/Howell* 1959 (S. 178 ff.) folgende vier Felder:

Management Analysis:

Techniken, die in den einzelnen Phasen des Entscheidungsprozesses (Information, Alternativensuche und -bewertung, Entscheidung) Anwendung finden; vor allem quantitative Verfahren aus dem Bereich der *Management Sciences*.

Organization Theory:

Auch als ‚Theory of Administration‘ bezeichnet, die einen Beitrag zur

Erklärung menschlichen Verhaltens in Organisationen leisten soll. Sie befaßt sich auch mit der Wirkung von Organisationsstrukturen und der Entscheidungsfindung und -durchsetzung in Organisationen. Die wichtigsten Bezugsdisziplinen sind die ‚Behavioral Sciences‘ *(Macro Organizational Behavior)*.

Principles of Management:
Präskriptive Regeln für effizientes Managementhandeln. Die Wissensbasis dieser Regeln stammt aus den empirischen Ergebnissen der Managementforschung; diese werden technologisch transformiert in normative Aussagen.

Human Relations:
Aussagen deskriptiver und präskriptiver Art (Human Relations Techniken) über zwischenmenschliche Beziehungen in Organisationen, speziell in Kleingruppen *(Micro Organizational Behavior)*.

Beide Studien beklagen das Defizit an eigener Forschung der Business Schools auf dem Gebiet des Managements und der Organisation. Als Übergangslösung wird eine stärkere Rezeption von Forschungsergebnissen aus den *Behavioral* und *Quantitative Sciences* empfohlen.

Als Antwort auf die Kritik an der Praxis der ‚Education for Business‘ hat sich in den 60er Jahren an den Business Schools eine Reihe neuer **Forschungsrichtungen** etabliert, die *Matz* (1965, S. 10) folgendermaßen klassifiziert:

a) Eine mehr **universale Richtung,** auch traditionelle Schule genannt, nach welcher das Management die Aufgabe hat, Probleme durch Menschen, die in Gruppen organisiert sind, zu lösen;

b) eine **empirische Richtung,** in welcher die betriebswirtschaftliche Ausbildung mit empirischen Studien identifiziert wird, oft mit der Absicht, daraus allgemeingültige Grundsätze abzuleiten, oft aber auch nur, um den Studenten Erfahrungen zu vermitteln;

c) eine **psychologische Richtung** (Human Behavior) mit dem Grundgedanken, daß das Studium und die betriebswirtschaftliche Forschung vom menschlichen Verhalten ausgehen müssen;

d) eine **entscheidungstheoretische Richtung,** die sich um Wege für rationale Entscheidungen bemüht, wobei der Entscheidung für eine Aktion die Wahl zwischen verschiedenen Alternativen zugrunde liegt;

f) eine **mathematische Richtung,** welche die Unternehmung als ein System mathematischer Modelle und Prozesse betrachtet und in welcher besonders die Methode des Operations Research eine große Rolle spielt. Anhänger dieser Richtung gaben ihr den vielversprechenden Namen *Management Science.*

Folgende **Kurse** gehören seit jener Zeit zum festen Bestandteil der Business Administration:

- **Managerial Accounting** – (Finanz- und Kostenrechnung für Managementzwecke)
- **Managerial Economics** – (Volkswirtschaftliche Entscheidungslehre)

- **Macro Organizational
  Behavior**   – (Organisationstheorie)
- **Micro Organizational**   – (menschliches Verhalten in Organisatio-
  Behavior   nen)
- **Management Science**   – (Operations Research, mathematische
                                       und statistische Entscheidungstheorie)
- **Industrial Engineering**   – (Ingenieurwissenschaftliche und arbeits-
                                       wissenschaftliche Organisationsgestal-
                                       tung).

Was fehlt, ist eine systematische Ordnung der kaum noch zu überschauenden Fülle von Managementansätzen.

Neue Forschungsergebnisse aus den Sozial- und Verhaltenswissenschaften
führen zu einer heftigen Kritik an den formalen Organisations- und Managementansätzen. Andererseits wird mit Erkenntnissen der Entscheidungs- und
Systemtheorie eine weitere Formalisierung und mit Mathematik und Compu-
terwissenschaft eine weitere Quantifizierung der Aussagensysteme angestrebt. In den Werken von *March/Simon* (1958) und *Haire*[10] (1959) wird die
Wende zu den modernen Ansätzen ganz deutlich.

Ein bedeutendes Ereignis in der Entwicklung zu einer Wissenschaft vom
Management in den USA ist 1962 ein Symposium an der University of California, Los Angeles (UCLA), zum Stand der Managementforschung. Auf
Einladung von *Koontz,* der als Diskussionsgrundlage seinen inzwischen be-
rühmt gewordenen Artikel ‚The Management Theory Jungle' (1961) vorlegt,
kommen alle bedeutenden Managementwissenschaftler in Los Angeles zusammen. *Koontz* unterscheidet in diesem Beitrag sechs **Schulen** (vgl. die deutsche Darstellung bei *Beyer* 1970):

1. Management Process School

Diese Schule (begründet von *Fayol*) versteht unter Management den Inbegriff spezifischer Managementfunktionen, die sich innerhalb eines Prozesses
vollziehen. Der Managementprozeß wird als unabhängig von der Art der
Unternehmung und der Höhe der Führungsebene betrachtet (Universalisten), und zwar als ein Prozeß der Aufgabenerreichung durch in Gruppen
kooperierende Mitarbeiter.

2. Empirical School

Die Vertreter dieser Schule (z.B. *Dale*[11]) werten die Erfahrungen erfolgreicher Manager aus und untersuchen die Fehler, die im Management vorkommen, nach dem Motto ‚Erfahrung ist der beste Lehrmeister'. Dieses rein
empiristische, induktivistische Vorgehen (Verallgemeinerungen der in der
Wirklichkeit gefundenen Erscheinungen) richtet zukünftige Entscheidungen

---

[10] *Haire, Mason* (geb. 1916) Prof. Organizational Psychology and Management,
MIT (Boston) und Berkeley.
[11] *Dale, Ernest* (geb. 1917) Prof. Industrial Economics, Cornell Uni, Unternehmensberater.

lediglich an Erfahrungen der Vergangenheit aus. Als Vehikel zur Vermittlung dieser Erfahrungen dienen Fallstudien und vergleichende Analysen.

3. Human Behavior School

Diese Schule (begründet von *Mayo*) ist der Überzeugung, daß im Mittelpunkt aller Handlungen des Managements Menschen innerhalb ihres sozialen Kontextes stehen. Gegenstand ihrer Untersuchungen sind die zwischenmenschlichen Beziehungen, die Motivation und die soziale Kommunikation. Diese Schule macht sich hierbei weitgehend die Erkenntnisse der Psychologie und der Sozialpsychologie zunutze und ist der Meinung, daß die besten Arbeitsergebnisse dann erzielt werden, wenn dabei die psychologischen Bedürfnisse der Arbeitnehmer befriedigt werden.

4. Social System School

Die Vertreter dieser Schule (z. B. *Barnard, March, Simon*) sehen die Unternehmung als ein soziales System, das sich aus einer Vielzahl formeller und informeller Untersysteme (= Gruppen) zusammensetzt. Ihr Ziel ist es, diese z. T. sehr verschiedenen Gruppen zu einem arbeitsfähigen Sozialsystem zu integrieren. Diese Schule verarbeitet überwiegend soziologische Erkenntnisse, die systemtheoretisch aufbereitet werden.

5. Decision Theory School

Nach dieser Schule bestehen die Hauptaufgaben des Managers im Treffen von Entscheidungen und der Delegation ihrer Ausführung auf kompetente Mitarbeiter. Ausgehend von der Entscheidungssituation werden Entscheidungsobjekte, Entscheidungsmethoden und der gesamte Entscheidungsprozeß analysiert.

6. Mathematical School

Diese Schule sieht das Management als einen logischen Prozeß, der sich weitgehend mit mathematischen Symbolen, Formeln und Gleichungen ausdrücken läßt. Sie arbeitet mit mathematischen Modellen, die stark von der Wirklichkeit abstrahieren. Beiträge zu dieser Schule stammen von Operations Researchers, Systemforschern und Management Scientists.

Diese Klassifikation von *Koontz* bleibt auf dem Symposium nicht unwidersprochen. Vor allem *Simon* lehnt die Einteilung ab und sieht die Einheit der Managementlehre durch die Klammer der Systemtheorie gewährleistet. Dennoch ist zu jener Zeit die überwiegende Meinung der Managementtheoretiker, daß bei dieser Vielzahl von Richtungen ein Eklektizismus im Management angebracht sei. Das ist die Geburtsstunde des bis zur heutigen Zeit so beliebten ‚Reader‘. Da kein einzelner Autor die Vielfalt der Ansätze angemessen wiedergeben kann, muß man Einzelbeiträge von Vertretern der einzelnen Schulen zusammenstellen, will man einen Überblick über das gesamte Gebiet des Managements geben.

Fast 20 Jahre später hat *Koontz* (1980) den Stand der Managementtheorie erneut beschrieben und kommt dabei zu elf Ansätzen:

Management Theory Jungle

1961	1980
1. Management Process School	1. Operational Approach
2. Empirical School	2. Empirical or Case Approach
3. Human Behavior School	3. Interpersonal Behavior Approach
	4. Group Behavior Approach
4. Social System School	5. Cooperative Social System Approach
5. Decision Theory School	6. Decision Theory Approach
6. Mathematical School	7. Mathematical or ‚Management Science' Approach
	8. Systems Approach
	9. Sociotechnical Systems Approach
	10. Managerial Roles Approach
	11. Contingency or Situational Approach

Diese annähernde Verdoppelung der Schulen erklärt sich einmal aus einer Spaltung der Schule 3 in einen mehr psychologisch (3) und einen mehr soziologisch (4) ausgerichteten Forschungsansatz und zum andern aus der zwischenzeitlichen Entwicklung von vier neuen Ansätzen (8–11). Nahezu unverändert blieben die Schulen 1, 2, 4, 5 und 6. Trotz der größeren Zahl von Forschungsansätzen sieht *Koontz* 1980 einen deutlichen Trend zu mehr **Konvergenz** zwischen den einzelnen Managementschulen.

Dies ist u. a. ein Ergebnis des Vordringens **systemtheoretischer** und **situativer Ansätze**. Dabei wird die Nähe des situativen zum systemtheoretischen Denken allenthalben betont (vgl. z. B. *Luthans* 1976, *Carlisle* 1976). Die Leistung des *Systemansatzes* wird primär in der Analyse von Subsystemen, Systemen und Umsystemen und der Beziehungen zwischen ihnen auf hohem Abstraktionsniveau gesehen und die des *situativen Ansatzes* in der Synthese unterschiedlicher Konzepte und Modelle und deren pragmatischer Anwendung in konkreten Situationen. Dabei werden beide Ansätze komplementär und keineswegs als sich gegenseitig ausschließend behandelt.

Heute erscheint in den USA kaum ein **Lehrbuch** über Management, das nicht zumindest den Anspruch erhebt, *situativ* vorzugehen (vgl. z. B. *Greene/ Adam/Ebert* 1985, *Hellriegel/Slocum* 1986, *Donnelly/Gibson/Ivancevich* 1987). Auch die beiden Klassiker unter den **Textbüchern** über Management konnten und wollten sich dieser Entwicklung nicht verschließen (*Koontz/ O'Donnell/Weihrich* 1984, *Terry/Franklin* 1982). Das nach dem Tod von *Koontz* und *O'Donnell* von *H. Weihrich* weiterbetreute Standardwerk verzichtet ab der 7. Auflage (1980) auf die *Principles* im Titel, um den falschen Eindruck zu vermeiden, es handle sich um eine Aufzählung von Techniken oder Prinzipien.

In diesen Managementbüchern werden die Begriffe *contingent* und *situational* synonym benutzt, wobei *contingent* mit dem Bedeutungsgehalt ‚abhängig von, bedingt durch' verwandt wird. Weniger gebräuchlich, aber treffend sind andere Bezeichnungen für situatives Management, wie *it depends management, if-then approach, all depends approach*.

Lediglich *Luthans*[12] (1976) sieht einen deutlichen Unterschied zwischen Contingency Management und Situational Management. Seiner Meinung nach stellt **Situational Management** (all depends approach) lediglich auf das Erkennen, Diagnostizieren und Analysieren von Situationen ab, an die sich Management und Organisation anpassen sollen, ohne dabei den Anspruch zu erheben, funktionale Beziehungen zwischen den relevanten Variablen identifizieren zu wollen. In der Tat entspricht die Masse der Managementliteratur lediglich dieser Charakterisierung von Situational Management.

Contingency Management (if-then approach) ist dagegen bedeutend anspruchsvoller, indem es sich nach *Luthans* (1976, S. 50) um die Analyse funktionaler Beziehungen in Form von Wenn-dann Sätzen zwischen Umwelt-Variablen und bestimmten Managementkonzepten und -techniken unter Beachtung von Zielen bemüht.

Dies ist jedoch weitgehend Programm geblieben, wie überhaupt in den letzten Jahren eine erhebliche Ernüchterung hinsichtlich der Einschätzung der Leistungsfähigkeit des klassisch situativen Ansatzes eingetreten ist. Von einem dominanten Forschungsparadigma, wie in den 70er Jahren, kann nicht mehr die Rede sein.

Was das Lehr- und Forschungsprogramm der heutigen Business Schools anbetrifft, so sieht *Miles* (1985) diese in einer neuen Krise. Angeblich werden zu viele hoch spezialisierte, aber analytisch engstirnig denkende Studenten ausgebildet. Die Lösung dieser neuen Kontroverse zwischen Spezialisten und Generalisten sieht er nicht in einer grundsätzlichen Curriculum-Reform, sondern in einem **Multi-level Approach** (S. 68ff.), d.h. in unterschiedlichen Entwicklungsphasen bzw. Karriereetappen sollen Aus- bzw. Weiterbildungsprogramme mit unterschiedlichen Schwerpunkten angeboten werden.

25 Jahre nach den Studien von *Gordon/Howell* (1959) und *Pierson* et al. (1959) hat die **American Assembly of Collegiate Schools of Business (AACSB)** *L. W. Porter* und *L. E. McKibbin* beauftragt, Stand und zukünftige Entwicklung der Managementaus- und weiterbildung in den USA zu untersuchen. Anlaß war u.a. massive **Kritik** an den Curricula der Business Schools (*Porter/McKibbin* 1988, S. 64ff.), wie

- Überbetonung quantitativer Analysemethoden
- Vernachlässigung interpersonaler, kommunikativer Fähigkeiten und vor allem von Führungsfähigkeiten
- Vernachlässigung externer Rahmenbedingungen (Recht, Politik, Kultur)
- Vernachlässigung der internationalen Dimension
- Vernachlässigung ethischer Fragen.

Dabei fallen die Einschätzungen darüber, was die ‚richtigen' Lehrinhalte für die Business Schools heute und für die Zukunft sein sollten, zwischen den Hochschullehrern und den Praktikern (Managern) weit auseinander. Letztere sind – im Gegensatz zu den Fakultäten – ganz überwiegend der Auffassung,

---

[12] *Luthans, Fred* (geb. 1939) Prof. Management, Uni of Nebraska, Lincoln.

daß den *verhaltenswissenschaftlichen* Lehrinhalten zu wenig Aufmerksamkeit geschenkt, daß den Studenten keine Visionen und kein Unternehmertum vermittelt werde (*Porter/McKibbin* 1988, S. 69 ff. und S. 323 f.). Zurecht wird darauf hingewiesen, daß Unternehmungen heute weniger hierarchisch strukturiert sind, insgesamt partizipativer geführt werden und dies u. a. eine stärkere Betonung der zwischenmenschlichen und soziale Beziehungen (people skills) erfordere.

III. Managementwissen in betriebswirtschaftlichen Nachbardisziplinen

Schon bald nach Erscheinen von *Taylors* Arbeiten setzt die **Internationalisierung der Scientific Management Bewegung** auf breiter Ebene ein. In Deutschland wird über das System Taylor seit 1904 publiziert (*Möller* 1904). 1909 erscheint die deutsche Übersetzung von *Taylors* „Shop Management" und 1913 die von „The Principles of Scientific Management". Im gleichen Jahr (1913) behandelte der Verein Deutscher Ingenieure (VDI) auf seiner Hauptversammlung Fragen der Wissenschaftlichen Betriebsführung, und zwar unter Mitwirkung amerikanischer Scientific Management-Experten (*Kocka* 1969a). Da angelsächsisches Managementwissen in Deutschland von manchen **Nachbardisziplinen** früher und z. T. intensiver rezipiert wurde als in der Betriebswirtschaftslehre selbst, werde ich zunächst die dortige Entwicklung nachzeichnen. Viele Betriebswirte haben erst über diesen Umweg bzw. Filter Kenntnis von den einschlägigen Forschungsergebnissen erhalten.

1. Betriebs- und Arbeitswissenschaften

Von seiten der Wissenschaft haben sich in Deutschland zunächst die **Ingenieurwissenschaftler,** denen ja primär die Ausbildung zukünftiger Manager im Produktionsbereich oblag, mit Fragen der Arbeitsforschung und -organisation beschäftigt. Ab 1904 (TH Berlin) werden an deutschen Technischen Hochschulen (Aachen 1906, Hannover 1907) Lehrstühle für *Betriebswissenschaft* eingerichtet. *Georg Schlesinger,* ehemals Chefkonstrukteur bei der **Ludwig Loewe AG,** wird Inhaber des ersten Lehrstuhls für Werkzeugmaschinen und Fabrikbetriebe an der TH Charlottenburg und entwickelt sich zu einem der Hauptpropagandisten des Taylorsystems in Deutschland (der deutsche *Taylor*). Die neuen, aus den USA kommenden Forschungsrichtungen (Scientific Management und Industrial Engineering) werden von ihm als **Betriebswissenschaft** bezeichnet (vgl. *Schlesinger* 1920). „Die Betriebswissenschaft befaßt sich vorwiegend mit Problemen der internen Betriebsführung, insbesondere mit Konstruktion, Fertigung, Mensch, Arbeit und Lohn sowie Wirtschaftlichkeitsfragen im Gegensatz zur Betriebswirtschaftslehre, die man damals mehr in den Feldern der Finanzierung, des Rechnungswesens, des Einkaufs und Verkaufs sah" (*Rühl* 1984, Sp. 1940). Auch *Kern* (1984, Sp. 1856) sieht die Wurzeln der Betriebswissenschaft in den USA: „Der Aufgabenbereich des Industrial Engineering und entsprechend der Betriebswissenschaft weitete sich insbesondere in den letzten zwei Jahrzehnten über die ursprünglich anliegenden Fragen der Zeit- und Bewegungsstudien sowie der Leistungsentlohnung auf alle mit den Produktionsprozessen verbundenen sogenannten Stabsfunktionen hin aus. Zu nennen sind die Probleme der Fabrikeinrichtung und Anlagenplanung, der Gestaltung von Erzeugnissen, Fabrikanlagen und Betriebsmitteln, der Planung und Steuerung industrieller Arbeit und Kontrolle einschließlich der Kostenüberwachung".

Mit dem Aufkommen des **Wirtschaftsingenieurwesens** an den Technischen Hochschulen Mitte der 20er Jahre (TH Berlin ab 1927) verschwindet auch allmählich die Bezeichnung *Betriebswissenschaft* und der Begriff *Betriebswirtschaftslehre* setzt sich immer mehr durch. Heute gibt es m. W. nur noch an der ETH Zürich und der TU Graz betriebswissenschaftliche Institute.

Eine zweite Entwicklungsrichtung an ingenieurwissenschaftlichen Fachbereichen, die sich mit Arbeitsforschung befaßt, wird als **Arbeitswissenschaft** bezeichnet. In ihren Ursprüngen ist sie weitgehend mit der **Arbeitsphysiologie** identisch. So wird die Gründung des Kaiser-Wilhelm-Instituts für Arbeitsphysiologie 1913 in Berlin (später: Max-Planck-Institut für Arbeitsphysiologie in Dortmund) als Geburtsstunde der Arbeitswissenschaft angesehen. *Graf* (1960, S. 7), damals Mitglied des Max-Planck-Instituts, definiert Arbeitsphysiologie „als Wissenschaft von der Anpassung der Arbeitsbedingungen vor allem in der industriellen Fertigung an die Eigengesetzlichkeit des menschlichen Organismus". Gegenstand stark naturwissenschaftlich orientierter Forschung des Instituts sind Probleme des Leistungsvermögens des Arbeiters (Arbeitsbelastung und -beanspruchung). Während die junge Disziplin anfangs kaum Resonanz findet, zählt der Ausschuß für wirtschaftliche Fertigung[1] im Jahre 1920 (AwF 1920) 40 Arbeitswissenschaftliche Institute und Lehrstühle in Deutschland; dabei gilt das **Institut für industrielle Psychotechnik** an der TH Berlin als führend (vgl. *Söllheim* 1922). Folgende Aufstellung vermittelt einen Eindruck von den damaligen Arbeitsgebieten des Instituts (AwF 1920, S. 11f.):

„1. Eignungsprüfung an Lehrlingen, Facharbeitern und Facharbeiterinnen (bisher Maschinenbauer, Maurer, Telefonistinnen, Wicklerinnen, etwa 800 Lehrlinge u. a.) nach fachwissenschaftlichen systematischen Untersu-

---

[1] Der AwF wird 1918 beim VDI gegründet, um Maßnahmen zur möglichst wirtschaftlichen Gestaltung der industriellen Erzeugung zu untersuchen; später wird er dem RKW zugeordnet (vgl. *Hoffmann* 1985, S. 182ff.).

chungsverfahren. Neben exakten Apparaturen werden nichtapparative Prüfeinrichtungen und Methoden verwandt.

2. Rationalisierung a) der Arbeitsprozesse, b) der Anlernverfahren für Arbeiter.

3. Vornahme von Zeit-, Bewegungs- und Ermüdungsstudien.

4. Vorlesungen an der Technischen Hochschule Charlottenburg über industrielle Psychotechnik, Eignungsprüfung, Rationalisierung der Arbeit, der Anlernung und des Absatzes; Übungen für Anfänger und für Fortgeschrittene; ferner für Auszubildende und Doktoranden psychotechnisches Praktikum täglich. Vorlesungen und Übungen umfassen Eignungsprüfung und Rationalisierung.

5. Sonder-Lehrgänge zur Ausbildung von Eignungsprüfern."

Einen guten Überblick über Gegenstandsbereich und Methoden der Arbeitswissenschaft geben die Arbeiten von *Walter Moede* (Lehrbuch der Psychotechnik, Berlin 1930), *Otto Lipmann* (Lehrbuch der Arbeitswissenschaft, Jena 1932) und das von *Fritz Giese* herausgegebene ‚Handwörterbuch der Arbeitswissenschaft‘ (Halle a. d. S. 1930).

In den folgenden Jahrzehnten hat sich als weiterer arbeitswissenschaftlicher Kernbereich neben der Ergonomie (vgl. S. 30) vor allem die Arbeitspsychologie in Fortsetzung der Arbeitsphysiologie herausgebildet. Die Entwicklung zu einer **Arbeits- und Betriebspsychologie** unterteilt *Bornemann* (1967, S. 22, s. auch *Thomas* 1969, *Fürstenberg* 1975) in folgende drei Phasen:

„1. Phase:
Industrielle Psychotechnik[2]. (Es interessiert nicht so sehr der Mensch, als vielmehr der Arbeitsablauf. Ziel: Arbeitsrationalisierung. Hochblüte in Deutschland: in den zwanziger Jahren.)

2. Phase:
Psychologie des Arbeitserlebens. (Anthropologische Wandlung der Arbeitspsychologie, experimentelle und phänomenologische Analyse des Arbeitserlebens. Hochblüte in Deutschland: Ende der zwanziger Jahre bis zum zweiten Weltkrieg.)

3. Phase:
Betriebliche Sozialpsychologie. (Zunehmende Berücksichtigung der soziologischen Aspekte. In den USA seit den dreißiger Jahren, in Deutschland vor allem seit dem Ende des zweiten Weltkrieges.)"

Trotz dieser verhaltenswissenschaftlichen Öffnung der Arbeitspsychologie dominiert nach wie vor eine naturwissenschaftlich-technische Orientierung. Die angewandte Arbeitswissenschaft ist auch nach dem zweiten Weltkrieg primär **Rationalisierungsforschung,** wobei lediglich ‚rudimentäre Sozialtech-

---

[2] *Giese* unterscheidet hier genauer zwischen einer **Subjektpsychotechnik,** die sich mit der Anpassung des Menschen befaßt (Eignungsprüfung, Anlernverfahren) und einer **Objektpsychotechnik,** die sich auf die Anpassung der Arbeit und der Arbeitsbedingungen konzentriert.

niken' Berücksichtigung finden (vgl. *Fürstenberg*[3] 1975, S. 5). Nach dem Krieg, während dem die eigene Forschung weitgehend ruhte, setzt allerdings eine Hinwendung zu US-amerikanischen Arbeiten ein.

Die deutsche **Arbeitspädagogik,** hat sich von Beginn an (industrielle Revolution in Deutschland), abgesehen von einigen humanistischen, bildungsidealistischen Ansätzen, primär um eine optimale Anpassung der Arbeiterjugend an das jeweils herrschende politische System (Monarchie, NS-Staat) sowie die jeweils herrschenden Produktionsbedingungen bemüht. Neben *Kerchensteiner* und *Spranger* gilt *Johannes Riedel* als der Nestor der deutschen Arbeitspädagogik (vgl. *Kipp* 1978). *Riedel,* der einige Zeit als freier Mitarbeiter für das **DINTA** tätig ist (vgl. S. 17 der Arbeit), hat sich intensiv mit der Behandlung des ,menschlichen Faktors' im Betrieb befaßt. Er unterscheidet drei auch für das heutige Personalmanagement aktuell anmutende Positionen, nach denen betriebliche **Personalpolitik** betrieben werden könne (zitiert nach *Kipp* 1978, S. 58):

1. Der *Raubbaustandpunkt* versucht, eine momentane Höchstleistung (Leistungsmaximum) ohne Rücksicht auf die Zukunft herauszupressen: dem entspricht Planlosigkeit.
2. Der *menschenökonomische Standpunkt* betrachtet den Menschen zwar auch als Mittel zum Zweck, sorgt aber für die „pflegliche Behandlung des Menschen als des wesentlichsten Betriebskapitals".
3. Dem *Führungsstandpunkt* geht es darum, „auch noch das letzte an einheitlicher Willensrichtung aller Betriebsangehöriger" herzustellen: er will den „Einklang zwischen dem Entfaltungsstreben der Belegschaft und den Lebensmöglichkeiten des von der Unternehmung umschlossenen Betriebes".

Nach 1945 erfolgt eine Übernahme des amerikanischen TWI[4]-Programms zum effizienten An- und Umlernen des deutschen Nachkriegsarbeiters. Die z.T. stark nationalsozialistisch geprägte Begrifflichkeit (Betriebsgemeinschaft, betriebliches Führerprinzip, Werktreue), läßt eine unmittelbare Wiederaufnahme der Vorkriegsansätze in einer Zeit der Entnazifizierung wenig geraten erscheinen.

In den USA sind inzwischen auf dem Gebiet der **Sozialforschung** bahnbrechende Arbeiten durchgeführt worden. Ich denke vor allem an die Hawthorne-Untersuchungen von *Mayo* und die Führungsstil-Forschung von *Lewin.* Diese Forschungsergebnisse werden in Deutschland unter der Bezeichnung *Psychologie der Menschenführung* publiziert. „In Deutschland hat sich in den letzten Jahren – z.T. unter Nutzbarmachung der amerikanischen Erfahrungen – eine Psychologie der Menschenführung im Betrieb entwickelt, die unter dem Namen der Betriebspsychologie bekannt geworden ist. Die Betriebspsy-

---

[3] *Fürstenberg, Friedrich* (geb. 1930) Prof. Soziologie, Uni Bonn.
[4] TWI *(Training within Industry):* Programm der Arbeitsunterweisung und Ausbildung der Ausbilder. Im 2. Weltkrieg in USA entwickelt; nach 1945 von Amerikanern in Deutschland eingeführt und als Vier-Stufen-Methode von REFA (Vorbereiten, Vorführen, Ausführen, Weiterüben) bekannt geworden.

chologie geht – im Unterschied zu anderen Richtungen der Wirtschaftspsychologie – nicht von der Sache, also von der Arbeit aus, sondern vom Menschen, vom Arbeiter" (*Scherke* 1949, S. 145).

Unter den Betriebswirten hat vor allem *G. Fischer*[5] (1949, S. 2) auf diese neue Entwicklung hingewiesen: „Die Amerikaner haben einen besonderen Teilzweig der Wirtschaftswissenschaften entwickelt, den sie ‚human relations' nennen. Sie verwenden die Methoden der Psychologie und der Psychotechnik; nicht um Menschenfreundlichkeit zu beweisen, sondern weil sie erkannt haben, daß die pflegliche Behandlung der Beziehungen zwischen den arbeitenden Menschen eines Betriebes, zwischen Vorgesetzten und Untergebenen, zwischen Arbeitern und Angestellten, zwischen Belegschaft und Unternehmer die Wirtschaftlichkeit der Betriebsleistung erhöhen läßt. Ähnliche Überlegungen kennt auch die deutsche Arbeitswissenschaft, auch sie bemüht sich, die menschliche Arbeit nicht nur als Objekt organisatorischer Betriebsmaßnahmen zu erfassen, sondern den Menschen auch als Subjekt im Betriebsablauf zu würdigen".

Neubauer (1976, S. 22ff.) kennzeichnet die nun folgenden zehn Jahre zwischen 1950 und 1960 als die Phase der Konsolidierung, die mit der Herausgabe des 9. Bandes des Handbuches der Psychologie, *Betriebspsychologie*, durch *A. Mayer*[6] und *B. Herwig* ihren Abschluß findet. Vor allem *A. Mayer* (1951) hat sich mit seiner Habilitationsschrift (an der Wirtschaftshochschule Mannheim) für eine enge Kooperation mit der Betriebswirtschaftslehre eingesetzt und seit dieser Zeit intensiv gepflegt (für die Betriebssoziologie trifft dies für *O. Neuloh* in gleicher Weise zu). Dies hat zu einer gewissen Ablösung von der Allgemeinen Psychologie und stärkeren Hinwendung zur amerikanischen **Organisationspsychologie** geführt (*Mayer* 1978). Die Schüler *Mayers* (*Hermann Brandstätter, Diether Gebert, Oswald Neuberger, Lutz v. Rosenstiel, Bruno Rüttinger, Heinz Schuler*) sowie *Siegfried Greif* und *Ansfried Weinert*, um nur einige zu nennen, haben diese Richtung konsequent weiterverfolgt und eng mit betriebswirtschaftlichen Fakultäten zusammengearbeitet. So haben viele Betriebswirte erst über den Umweg der deutschen Betriebs- bzw. Organisationspsychologie Zugang zu verhaltenswissenschaftlichem Managementwissen gefunden.

2. Betriebs- und Industriesoziologie

Dahrendorf (1959a, S. 9ff.) sieht in dem umfassenden, von *Max Weber* initiierten empirischen Forschungsprogramm des 1872 gegründeten **Vereins für Socialpolitik** die Geburtsstunde der Betriebssoziologie. Die ‚soziale Frage' und die Skepsis der Sozialwissenschaftler hinsichtlich der Wohltaten der

---

[5] *Fischer, Guido* (1899–1983) Prof. BWL, Uni München.
[6] *Mayer, Arthur* (geb. 1911) Prof. Psychologie, Uni München.

Industrialisierung waren der Anlaß für diese ersten industriesoziologischen Studien. In den Jahren zwischen 1905 und 1914 führt der Verein breit angelegte Vereinserhebungen unter dem Thema „Auslese und Anpassung (Berufswahl und Berufsschicksal) der Arbeiterschaft in der geschlossenen Großindustrie" durch.

Während die deutsche Soziologie bis zu jener Zeit von einer engen Verflechtung mit **Sozialpolitik** gekennzeichnet ist (die Gründer des Vereins für Socialpolitik waren sog. Kathedersozialisten, eine Gruppe von Universitätsprofessoren, u. a. *Brentano*[7], *Schmoller*[8], *Wagner*[9], die für Sozialreformen und eine verstärkte Sozialgesetzgebung des Staates eintraten), führt der Streit auf dem Wiener Kongreß über die Objektivität in den Sozialwissenschaften (1905) zu einer Spaltung in (normative) Sozialpolitik und (theoretische) Soziologie. *Max Weber* und gleichgesinnte Kollegen treten nach dem Streit vor allem mit *Philippovich*[10] aus dem Verein aus und gründen die **Deutsche Gesellschaft für Soziologie.** Aber auch die Enqueten des Vereins sind empirisch ausgerichtet (teilnehmende Beobachtung) und enthalten sich jeglicher Werturteile. Sie bieten uns vor allem in der Studie *Marie Bernays* (1910) wertvolle Einsichten über Gruppenprobleme im Betrieb sowie die Berufswege von Industriearbeitern.

Ihre erste Blütezeit erlebt die **Betriebssoziologie** in der Weimarer Republik (vgl. *Neuloh* et al. 1983, S. 107ff.). In jener Zeit bemühen sich neben den Nationalökonomen verstärkt Soziologen um ein besseres Verständnis der Arbeiter. Gerade im Bereich der Betriebssoziologie gibt es Wissenschaftler, die die Grenzen des Taylorismus, vor allem die damit verbundenen Entfremdungserscheinungen für den arbeitenden Menschen, deutlich erkennen und auf Abhilfe sinnen. Dabei ist eine romantische, sozialreformerische Note unübersehbar. Neben der staatlichen Sozialpolitik (*Bismarck*sche Sozialgesetzgebung) sind einige betriebliche Experimente erwähnenswert, in denen versucht wird, die unbeschränkte Unternehmerherrschaft freiwillig einzuengen oder zur Idylle ganzheitlicher handwerklicher Arbeit in Werkstätten zurückzukehren; dies vor allem, um den Gefahren der Vermassung entgegenzuwirken. Parallelen zum Organisationsprinzip der teilautonomen Gruppen, das im Zuge der Humanisierungsdebatte in den 70er Jahren wieder Aktualität gewonnen hat, sind unverkennbar.

Ein schon revolutionär anmutendes Beispiel stellt die **Betriebsverfassung** des Berliner Jalousiefabrikanten *H. Freese* (1909) dar. In seiner ‚konstitutionellen Fabrik', der konstitutionellen Monarchie nachgebildet, hat die Arbeiterschaft in allen Fabrikangelegenheiten ein Mitbestimmungsrecht.

---

[7] *Brentano, Lujo* (1844–1931) Jurist und Ökonom, Prof. Uni München.

[8] *Schmoller, Gustav von* (1838–1917) Prof. Staatswissenschaften in Berlin, Begründer der ‚Historischen Schule'.

[9] *Wagner, Adolph H.* (1835–1917) Nationalökonom (Finanzwissenschaften), Prof. in Berlin.

[10] *Philippovich, Eugen von* (1858–1917) österr. Nationalökonom.

Hellpach[11] (Institut für Sozialpsychologie, TH Karlsruhe) veröffentlicht Anfang der 20er Jahre die von dem Ingenieur *Richard Lang* bei **Daimler Benz,** Untertürkheim, verwirklichte Idee einer **Gruppenfabrikation** (*Hellpach/Lang* 1922). Nach dem Vorbild der Kleinwerkstatt werden anstelle der Reihenfertigung im großen Fabriksaal kleine Fabrikationsgruppen gebildet, denen wie bei den teilautonomen Arbeitsgruppen ganzheitliche Aufgaben (Montage von Lenkung, Getriebe, Motor) übertragen werden[12].

Rosenstock[13] (1922) schildert in seinem Buch **Werkstattaussiedlung** die Geschichte des Drehers *May*, den seine Firma aufgrund seiner besonderen Fähigkeiten und Qualifikation trotz häufiger Erkrankung nicht verlieren wollte. Sie stellte ihm eine Drehmaschine in eine von ihm gemietete Werkstatt in unmittelbarer Nachbarschaft zu seiner Wohnung. *Rosenstock* entwickelt auf diesen Erfahrungen aufbauend seine Idee der dezentralen Produktion, wonach Gruppen bis zu 12 Arbeitern sich in Werkstätten aus dem Mutterbetrieb aussiedeln und auf eigene Rechnung Aufträge für den Mutterbetrieb ausführen. Gedankliche Anleihen beim Verlagssystem des frühen 19. Jh. sind unverkennbar[14].

Nach dem 1921 gegründeten Institut für Sozialpsychologie (TH Karlsruhe) ist das 1928 durch *Briefs*[15] an der TH Berlin gegründete Institut für Betriebssoziologie und soziale Betriebslehre für die Entwicklung der Betriebssoziologie als eigenständige Disziplin besonders wichtig geworden. Die von ihm (*Briefs* 1918, 1934) und seinen Berliner Kollegen *Adolph Geck* (1931) und *Walter Jost* (1932) entwickelte Konzeption des **Betriebes als Sozialgebilde** hat nicht nur die Rezeption angelsächsischer, sondern vor allem auch französischer Forschungsergebnisse (französische Verwaltungslehre, *Doctrine Fayol*, vgl. *Kitzke* 1938) erleichtert. Allerdings fällt im Vergleich mit den Forschungen in den USA auf, daß die deutsche Betriebssoziologie auf realsoziologische Untersuchungen mit systematischen Befragungen und Beobachtungen im Feld weitestgehend verzichtet. Die **Methoden der empirischen Sozialforschung** sind noch weithin unbekannt. Erste Ansätze realsoziologischer Forschung finden 1933 ein Ende. „Die deutsche Soziologie repräsentierte sich vor 1933 durch so hervorragende Vertreter wie Leopold von Wiese, Othmar Spann, Ferdinand Tönnies, Karl Mannheim, aber sie lebte, von wenigen Ausnahmen wie Max Weber abgesehen, im ‚elfenbeinernen Turm'. Selbst die aus

---

[11] *Hellpach, Willy* (1877–1955) Prof. Sozialpsychologie, TH Karlsruhe, badischer Kultusminister und Staatspräsident.

[12] In den 20er Jahren haben ähnliche Ideen einer Fertigung in teilautonomen Werkstätten des tschechischen Schuhfabrikanten *Thomas Bata* ebenfalls Bedeutung erlangt (*Friedmann* 1952, S. 331 ff.).

[13] *Rosenstock-Huessy, Eugen* (1888–1973) PD TH Karlsruhe, Prof. Rechtswiss., Uni Breslau und Harvard, Gründer und Leiter ‚Akademie der Arbeit' Frankfurt/M.

[14] Zur Kritik der ‚Sozialromantik' in den Vorschlägen von *Hellpach* und *Rosenstock* vgl. *Stollberg* 1981, S. 127 ff.

[15] *Briefs, Goetz* (1889–1974) Prof. VWL und Soziologie, Uni Freiburg, TH Berlin; 1934 Emigration USA (Washington, New York).

der betrieblichen Sozialpolitik hervorgegangene Betriebssoziologie von Goetz Briefs und anderen hatte kaum Kontakt zur ausländischen angewandten Soziologie. Dabei hatte schon in den 20er Jahren die berühmte Hawthorne-Studie mit ihren empirischen und methodischen Innovationen einen Boom von angewandter Sozialforschung bewirkt. So erscheint die Feststellung einer Nullsituation der empirischen Sozialforschung nach 1945 berechtigt" (*Neuloh* et al. 1983, S. 67). Nach dem Zusammenbruch spielt die Sozialforschungsstelle Dortmund eine zentrale Rolle bei der Neuorientierung der wissenschaftlichen Sozialforschung. Nach Einschätzung von *O. Neuloh*[16], eines ihrer Gründungsmitglieder, dient sie ab 1946 als eine Art Fluchtburg für Intellektuelle (*Neuloh* et al. 1983, S. 30). Jetzt werden verstärkt Ergebnisse der empirischen Sozialforschung aus den USA sowie sog. Human Relations-Techniken in Deutschland rezipiert. „Die Sehnsucht, aus der eigenen Geschichte auszusteigen, und Modernitätsbereitschaft ließen die Amerikaner zum Vorbild werden" (*Neuloh* et al. 1983, S. 74). Ähnliches beobachtet *Siegrist* (1987, Sp. 1006) für die Wirtschaftshistoriker. „Es scheint, daß ... auch ideologische Gründe (der Begriff Führung weckt negative Assoziationen an den Nationalsozialismus) den mit der Führungsproblematik befaßten deutschen (deutschsprachigen) Historikern die Bevorzugung des eingedeutschten Begriffs ‚Management' nahelegen". In jener Zeit erscheinen in Deutschland aber auch wieder eigenständige sozialwissenschaftliche Arbeiten, die den **Industriebetrieb** vor allem **als soziales Gebilde** analysieren (*Neuloh* 1956, *Popitz* et al. 1957, *Mayntz* 1958, *Dahrendorf* 1959a).

In der damaligen betrieblichen Praxis wird ein gutes **Betriebsklima** (*v. Friedeburg*[17] 1963) als eine Voraussetzung für Zufriedenheit und Leistungssteigerung angesehen. Soziale Maßnahmen (Betriebsausflug, Bücherei, Kantine, Wohnheime etc.) werden in Abhängigkeit von der wirtschaftlichen Situation der Unternehmung gefördert oder vernachlässigt. Die Einrichtung von Abteilungen für zwischenmenschliche Beziehungen und Maßnahmen einer **sozialen Betriebsgestaltung** zeigen, daß das deutsche Nachkriegsmanagement schnell die Lektion der Human Relations-Bewegung gelernt und die leistungssteigernde und konfliktreduzierende Bedeutung einer humanen Arbeitsorganisation erkannt hat (vgl. hierzu ausführlich *Kaste* 1981). Jedoch erscheint es kurzschlüssig, in den Bestrebungen zu einer sozialen Betriebsgestaltung lediglich eine deutsche Kopie der amerikanischen Human Relations-Ansätze zu sehen. *Kaste* (1981, S. 40ff.) führt überzeugend aus, daß in der Bundesrepublik zu jener Zeit bei den Arbeitgebern weniger das Motiv der **Produktivitätssteigerung** als das der ideologischen und sozialtechnologischen

---

[16] *Neuloh, Otto* (geb. 1902) Volkswirt, Prof. Soziologie, seit 1946 Geschäftsführer Sozialforschungsstelle Dortmund, seit 1962 Direktor Institut für emp. Sozialforschung, Saarbrücken.

[17] *Friedeburg, Ludwig von* (geb. 1924) Prof. Soziologie, FU Berlin und Uni Frankfurt, zeitweise hessischer Kultusminister.

Abwehr von gewerkschaftlichen Forderungen (vor allem Mitbestimmung auf Betriebs- und Unternehmensebene) im Mittelpunkt von Maßnahmen wie soziale Betriebsgestaltung, kooperativer Führungsstil und Mitbestimmung am Arbeitsplatz stand.

Analysiert man das Verhältnis der deutschen Manager und Betriebswirte zu den Forschungsergebnissen der Betriebssoziologie, so fällt auf, daß sich beide, abgesehen von einigen Annäherungsversuchen (vgl. *K. Hax* 1965), stets mehr den US-amerikanischen Ansätzen verbunden fühlten als den deutschen. Dieses Phänomen gilt es im folgenden zu deuten.

3. Unterschiede in der amerikanischen und deutschen verhaltenswissenschaftlichen Forschung

Kenner der deutschen und US-amerikanischen sozialwissenschaftlichen Forschung mit Bezug zu Managementproblemen konstatieren zutreffend Unterschiede im Erkenntnisinteresse und methodischen sowie methodologischen Vorgehen der Forscher. „Grob verallgemeinernd läßt sich heute sagen, daß in der amerikanischen Betriebssoziologie das Interesse an Problemen der betrieblichen Integration (Management, Organisationsprobleme, Produktivitätsfaktoren, Gruppenbildung) vorwiegt, während im europäischen Bereich Probleme des Konflikts (Lage der Arbeiterschaft, Mitbestimmung und industrielle Demokratie, Technik und Arbeit) etwas mehr im Vordergrund zu stehen scheinen" (*Dahrendorf*[18] 1959a, S. 11, vgl. auch *Mayntz* 1963, S. 33 ff.). *Kornhauser* (1947) kritisiert an der amerikanischen Industriepsychologie deren Abstinenz von Fragen des Konflikts zwischen Kapital und Arbeit, von Untersuchungen über Macht und Autorität im Industriebetrieb sowie deren insgesamt zu starke **Managementorientierung.** Dies hat sich bis heute nicht geändert (vgl. *Nord* 1974).

Während in den USA eher eine mikrosoziologische, apolitische, stark empiristische Forschungsweise dominiert, die nach technologischer Anwendung ihrer Ergebnisse durch den **Unternehmer** bzw. Manager strebt, ist Adressat deutscher Sozialforschung, die mehr makrosoziologisch, gesellschaftskritisch und theoretisch-spekulativ ausgerichtet ist, primär der **Politiker** gewesen.

„Sozialistische, sozialreformerische oder sozialrevolutionäre Bestrebungen, wie sie für die deutsche Betriebssoziologie typisch waren, waren diesem Denken (dem amerikanischen, W. St.) fremd, oder zumindestens in ihrer gesellschaftlichen Relevanz bedeutungslos. Im Vordergrund stand das Gewinninteresse des einzelnen Unternehmers. ... Die Human Relations Bewe-

---

[18] *Dahrendorf, Ralf* (geb. 1929), Prof. Soziologie, Warden, St. Antony's College, Oxford.

gung wurde zu einer neuen Managementlehre. Probleme und Konflikte des Betriebes wurden als Fragen zwischenmenschlicher Beziehungen analysiert. ... Ausgangspunkt aller Analysen ist stets die prinzipielle betriebliche Lösbarkeit. Phänomene wie Streiks als Ausdrucksformen gesellschaftlicher Interessenkollision wurden nicht thematisiert" (*Bettinger* 1983, S. 108 f.). Die **harmonistische Sichtweise** der Probleme und die große **Praxisnähe** der Forschungsergebnisse führen in Amerika zu deren rascher Rezeption durch die Managementpraxis. *Boetticher* (1963) weist darauf hin, daß die ,Grundwahrheiten' *Mayos* bei uns schon früher entdeckt worden seien, aber im Gegensatz zu den USA nicht annähernd die Verbreitung in Theorie und Praxis fanden. „Ungleich den amerikanischen Verhältnissen blieben diese Wahrheiten aber weithin unbeachtet, und das aus guten Gründen. Es lag nicht etwa daran, daß Harvard eine gut funktionierende Public-Relations-Abteilung gehabt hätte. Es lag vielmehr nächst der Beweiskraft der vorgelegten Ergebnisse vor allem daran, daß der Typ des amerikanischen Managers weder durch die Geschichte seines Landes, noch durch die Vorurteile von Klassen, noch durch Ideologien in der Weise belastet ist wie ein Europäer" ... (S. 44).

Diese unterschiedliche Forschungstradition soll jedoch m. E. nicht auf die Ignoranz der US-Wissenschaftler gegenüber gesellschaftlichen und sozialen Problemen zurückgeführt oder anders moralisierend diskreditiert werden, sondern aus dem im Vergleich zu Europa sehr unterschiedlichen sozialen und wirtschaftlichen Umfeld im Amerika des frühen 20. Jh. heraus erklärt werden. Mitte des 19. Jh., als England schon zu weiten Teilen industrialisiert ist und Deutschland sich auf dem Wege hierzu befindet, präsentiert sich Nordamerika weitgehend noch als Agrarland (vgl. hierzu Abschnitt A I 3). Breite Einwandererströme und hoher Kapitalzufluß ermöglichen ab 1850 eine umfassende **Industrialisierung.** Unter den Arbeitnehmern (primär Einwanderer) dominieren Angelernte und Ungelernte; der für die deutsche Arbeitsstruktur typische Facharbeiter mit seiner hohen Qualifikation und seinem ausgeprägten politischen Bewußtsein fehlt. Im Gegensatz zum Typ des Facharbeiters ist der Einwanderer dem Taylorsystem (vor allem dem Leistungslohn) gegenüber aufgeschlossener, denn es verspricht gute Verdienstmöglichkeiten und verdeckt die Spätfolgen hoher Arbeitsintensivierung.

„In den Vereinigten Staaten nun hatte der Taylorismus gewisse geistige und soziale Voraussetzungen, die seine Härten und Unmenschlichkeiten milderten: Aufstiegschancen, die stark nachwirkende puritanische Arbeitsethik, die demokratische Betriebsatmosphäre, die Kameradschaftlichkeit zwischen oben und unten; dazu der starke Mangel an qualifizierten Arbeitern, der wirtschaftlich gewissermaßen diesen Ausweg erzwang. In Deutschland fehlten diese mildernden Momente. Hier erst wurde das Taylorsystem in Verbindung mit der Psychotechnik ,rein wissenschaftlich' durchgeführt – als ,wissenschaftliche Betriebsführung' – und prägte demgemäß seine negativen Wirkungen in verstärktem Maße aus" (*Michel* 1953, S. 221).

Erst als Arbeiter aus europäischen Ländern mit gewerkschaftlicher Tradition und Erfahrung im Widerstand gegen Unternehmerwillkür einwandern, nehmen auch in den USA Streiks und sonstige gewerkschaftliche Aktivitäten ein für die Arbeitgeber bedrohliches Ausmaß an.

Aufgrund der unterschiedlichen Problemlage in beiden Ländern bzw. Kontinenten sind in den USA die **Unternehmer** zu den Hauptinitiatoren (Auftraggeber) der Betriebssoziologie und der empirischen Sozialforschung geworden; in Europa waren es dagegen **Sozial- und Wirtschaftsphilosophen,** wie *Le Play*[19], *Saint Simon*[20] und *Karl Marx,* welche die wichtigsten Anstöße zu einer industriellen Sozialforschung gegeben hatten. Die sehr aufwendige empirische Feldarbeit wird von amerikanischen Unternehmern und privaten Universitäten großzügig finanziell gefördert. Dies im Gegensatz zu Deutschland, wo keine auch nur annähernd vergleichbare Finanzierung der nach US-Standards recht amateurhaft anmutenden Erhebungen erhältlich ist. So wird im Vorwort zu den Untersuchungen des Vereins für Socialpolitik über ‚Auslese und Anpassung der Arbeiterschaft in der geschlossenen Großindustrie' (1910) erwähnt, daß für die zehn Betriebsuntersuchungen lediglich ein Kredit von 10 000 Mark zur Verfügung stand (zitiert bei *Neuloh* 1956, S. 8). Abgesehen von den unterschiedlichen finanziellen Möglichkeiten ist der **Stellenwert empirischer Forschung** in der deutschen Soziologie stets umstritten gewesen. Vom Streit über die Objektivität in den Sozialwissenschaften auf dem Wiener Kongreß (1905), über den Positivismusstreit der 60er Jahre bis hin zum Streit um den Nutzen der HdA-Forschung zieht sich ein Konfliktpotential, das die Theoretiker von den Empirikern mit ‚Realitätsdrall' trennt. Gerade die Theoretiker distanzieren sich deutlich von den amerikanischen Betriebssoziologen und ihren deutschen Epigonen.

„Für die deutsche Betriebssoziologie der 20er Jahre war vor allem der frühe Versuch der Verallgemeinerung kennzeichnend. In mancher Hinsicht erschien hier die Betriebssoziologie als Präzisierung der sozialen und moralischen Kritik des industriellen Zeitalters. Demgegenüber ist die amerikanische Betriebssoziologie, die in der Folgezeit bis auf den heutigen Tag in alle anderen Länder ausstrahlte, aus theoretisch wenig informierten Einzelforschungen hervorgegangen" (*Dahrendorf* 1959a, S. 10).

Kutsch/Wiswede (1986, S. 111) wenden sich jedoch gegen eine solche Schwarzweißmalerei und äußern gegenüber beiden Richtungen Ideologieverdacht: „Vielfach ist betont worden, daß die US-amerikanische Forschung zur Industriesoziologie sich in ganz andere Richtungen entwickelt habe. Sicherlich ist dort die Anbindung an die frühen Human Relations-Studien größer, und an die Stelle einer Betonung der sozialkritischen Dimension tritt dort eher eine pragmatische Ausrichtung. Ideologieverdächtig sind sie beide: die

---

[19] *Le Play, Frédéric* (1806–1882) franz. Sozialreformer, Prof. Bergbauwesen, gilt als einer der Begründer der empirischen Sozialforschung.
[20] *Saint-Simon, Claude Henri de* (1760–1825) Ökonom und Journalist, franz. Sozialreformer.

europäische Tradition mit ihrer eher negativ-skeptischen Einstellung zur Industrialisierung und Technisierung – vielleicht aufgrund des humanistischen Bildungsideals sowie aufgrund der Dominanz marxistischer Ansätze in diesem Bereich –, und die amerikanische Forschung durch ihren eher sozialtechnologischen Praxisbezug, der sich natürlich dem Angriff aussetzt, Forschung im Sinne wohlfeilen Harmoniedenkens im Schlepptau von Managementinteressen zu betreiben. So ist denn auch die amerikanische Industriesoziologie ständig dem Vorwurf ausgesetzt gewesen, eigentlich eine soziologisch verbrämte Managementlehre zu sein."

Die Neigung der deutschen Betriebssoziologie, bei ihrer Forschung stets die **gesellschaftliche Bedingtheit** betrieblichen Handelns zu reflektieren, ist bei der Betriebswirtschaftslehre und der betrieblichen Praxis auf wenig Gegenliebe gestoßen. Insofern überrascht es nicht, daß die Kontakte der Betriebswirtschaftslehre und der Managementpraxis zur Betriebspsychologie, vor allem in ihrer amerikanischen Orientierung, und zur amerikanischen Betriebssoziologie bedeutend intensiver sind. Dennoch ist dem Amerikaner *McCollom* (1962, S. 93) aufgefallen, daß im Unterschied zu angelsächsischen Ländern die deutschen Industriepsychologen weniger dazu neigen, sich ausschließlich mit den Vorgaben des Managements zu identifizieren, sondern auch die Anliegen der Mitarbeiter mitberücksichtigen.

IV. Managementwissen in der Betriebswirtschaftslehre

1. Unterschiedliche Positionen zur Interdisziplinarität der Betriebswirtschaftslehre

Die Forderung nach Anwendungsorientierung und Interdisziplinarität der Betriebswirtschaftslehre, wie sie vor allem von Vertretern einer entscheidungs- und systemorientierten Betriebswirtschaftslehre erhoben wird, berührt das grundlegende Problem des Umgangs einer wissenschaftlichen Disziplin mit nachbarwissenschaftlichen Erkenntnissen. *Walter-Busch* (1984, S. 233) unterscheidet vier mögliche Auffassungen:

1. Die fachwissenschaftlichen Untersuchungsverfahren einer Disziplin reichen aus, um auch Forschungsfragen zu beantworten, die in den Bereich von Nachbarwissenschaften fallen (z.B. Betriebswirtschaftslehre als Wirtschaftstheorie).

2. Wissens- bzw. Forschungsdefizite in einer Disziplin werden durch Integration von Erkenntnissen aus benachbarten Fachwissenschaften geschlossen (z.B. Betriebswirtschaftslehre als interdisziplinäre Entscheidungslehre).

3. Grenzüberschreitende Forschungsfragen werden durch interdisziplinäre Projektforschung zu beantworten gesucht.
4. Die Interpretation von Wissen aus unterschiedlichen Disziplinen wird mit Hilfe eines einheitlichen transdisziplinären Bezugsrahmens angestrebt (z. B. mit Hilfe der allgemeinen Systemtheorie).

Was das Verhältnis verhaltenswissenschaftlichen Managementwissens zur Betriebswirtschaftslehre anbetrifft, sind vor allem zwischen Vertretern der 1. und 2. Auffassung z. T. heftige **Kontroversen** entstanden. Dies ganz im Gegensatz zur Übernahme von Erkenntnissen und Methoden der Formalwissenschaften (und früher schon der Volkswirtschaftslehre und Jurisprudenz), die unter den Begriffen Operations Research und später Unternehmensforschung rasch und relativ problemlos von der deutschen Betriebswirtschaftslehre rezipiert werden.

Dies erklärt sich u. a. daraus, daß **quantitative Ansätze** der Betriebswirtschaftslehre seit ihrer Gründung im Bereich des Rechnungswesens und durch die Vermittlung von Kenntnissen der Statistik und Mathematik vertraut sind. *Kirsch* (1984a, Sp. 4141) deutet die Entwicklung wie folgt: „Die Kluft zu den Verhaltenswissenschaften wurde vertieft, als nach dem letzten Weltkrieg insbesondere Gutenberg und E. Schneider eine sehr enge Zusammenarbeit – wenn nicht gar eine Vereinigung – von Betriebswirtschaftslehre und Volkswirtschaftslehre auf der Grundlage einer einheitlichen mikro- und makroökonomischen Wirtschaftstheorie propagierten und teilweise auch realisierten. Dies führte sicherlich zu einem Durchbruch in der Anerkennung der Betriebswirtschaftslehre als wissenschaftliche Disziplin. Ferner trug die Dominanz der mathematisch fundierten mikroökonomischen Theorie wesentlich dazu bei, daß auch in der deutschen Betriebswirtschaftslehre sehr schnell das nachvollzogen wurde, was im angelsächsischen Bereich als „Management Science Revolution" bezeichnet wird. Das relativ schnelle Vordringen der Unternehmensforschung und die zunehmenden Bemühungen um eine angewandte Informatik sind sichtbare Zeichen hierfür".

Ende der 50er Jahre gibt es bei uns die ersten Publikationen über **Operations Research**[21] und schon 1961 kann man die deutsche Ausgabe des 1957 in den USA erschienenen Standardwerks über OR von *Churchman/Ackoff/Arnoff* studieren. Die Jahrestagung des Verbandes der Hochschullehrer für Betriebswirtschaft steht 1977 unter dem Leitthema: *Erkenntnisfortschritt in der Betriebswirtschaftslehre durch quantitative Ansätze?* Nach einer recht euphorischen Phase der Rezeption in den 60er Jahren bringt diese Tagung eine ernüchternde Standortbestimmung: „In fast allen Beiträgen, in denen zu dem Leitthema der Tagung Stellung genommen wird, wird der gegenwärtige Zustand im Bereich der praktischen Anwendung quantitativer Ansätze als nicht zufriedenstellend bezeichnet" (*Müller-Merbach* 1978, S. 5).

---

[21] Vgl. z. B. *Frenckner* 1957, *Wittmann* 1958; *Wittmann, Waldemar* (1925–1988), Prof. BWL, Uni Frankfurt/M.

Zusammenfassend läßt sich festhalten: Erkenntnisse und Methoden der Management Sciences (quantitatives Managementwissen) werden von der Betriebswirtschaftslehre Anfang der 60er Jahre, nur kurze Zeit nach der entsprechenden Rezeption in den USA, aufgegriffen.

Erkenntnisse und Methoden (z. B. empirische Sozialforschung) der **Verhaltenswissenschaften** werden dagegen erst mit einem time lag von über zehn Jahren in die Betriebswirtschaftslehre aufgenommen, wobei der Nutzen dieser Öffnung unter Betriebswirten bis heute umstritten ist.

Für diese Entwicklung lassen sich folgende Gründe anführen:

a. In der deutschen Betriebswirtschaftslehre wird verhaltenswissenschaftliche Forschung anfangs u. a. von Wissenschaftlern betrieben, die eine sozialethische Richtung vertreten. Diese wird von der herrschenden Betriebswirtschaftslehre abgelehnt.

b. In Deutschland ist die verhaltenswissenschaftliche Forschung während des nationalsozialistischen Regimes unterbrochen. Bedeutende Wissenschaftler müssen sich zur Ruhe setzen oder emigrieren.

c. Sozial-ethische Vorstellungen vom Betrieb (z. B. Betriebsgemeinschaft) werden vom Nationalsozialismus für seine Zwecke dienstbar gemacht. Nach dem 2. Weltkrieg will man hier nicht anknüpfen. Eine Forschungstradition reißt ab.

d. Nach dem 2. Weltkrieg kommt in Deutschland, im Gegensatz zu den USA, keine enge Kooperation zwischen Betriebswirtschaftslehre und Verhaltenswissenschaften zustande:

   • letztere werden von der dominierenden kritisch rationalen Wissenschaftsauffassung z. T. wegen ‚Theorielosigkeit‘ abgelehnt;

   • darüber hinaus werden die deutschen Sozialwissenschaften in vielen Teilen als zu ‚links‘ kritisiert;

   • außerdem sieht man in einer zu engen Kooperation mit ihnen die Identität der Betriebswirtschaftslehre als eigenständige Disziplin gefährdet.

e. In der Betriebswirtschaftslehre verhindert die klassisch-instrumentelle Sichtweise von Organisation (die Unternehmung *hat* eine Organisation) eine breite Rezeption von verhaltenswissenschaftlichen Forschungsergebnissen.

2. Übernahme von verhaltenswissenschaftlichem Managementwissen in die Betriebswirtschaftslehre

Wissenschaftliche Aussagen über Management lassen sich im deutschsprachigen Raum erst bedeutend später feststellen als im angelsächsischen. In der Frühzeit der Betriebswirtschaftslehre stehen nicht ökonomische und organisatorische Probleme der industriellen Massenfertigung im Vordergrund, sondern Probleme der **Rechnungslegung**.

„Im angelsächsischen Bereich waren es vor allem Praktiker[1], Ingenieure, die produktionsökonomische und -technische Vorgänge sowie arbeitsökonomische Sachverhalte als Forschungsobjekt wählten. In Deutschland waren es meist Akademiker, Ökonomen, die teilweise von der Wirtschaftstechnik und vom Rechnungswesen her oder auch von der Nationalökonomie her den Vorstoß zur Betriebswirtschaftslehre unternehmen" (*Leitherer* 1984, Sp. 703).

Produktionswirtschaftliche Veränderungen, die – wie wir gesehen haben – in England und den USA den Ausgangspunkt des Managements bilden, werden bei uns zunächst nicht als *betriebswirtschaftliche* sondern als *technische* Probleme definiert und den **Ingenieurwissenschaften** (Betriebswissenschaft und Arbeitswissenschaften) zugewiesen. Die Dualität Kaufmann – Techniker (Ingenieur) zieht sich durch die gesamte Geschichte der Betriebswirtschaftslehre und die Führungshierarchien von Unternehmungen (kaufmännischer Direktor – technischer Direktor).

Im folgenden werde ich **drei Positionen** hinsichtlich der Übernahme von Managementwissen in die Betriebswirtschaftslehre unterscheiden:

- **Ablehnung einer Übernahme**
- **Rezeption von Managementwissen**
- **Integration von Managementwissen.**

Dabei sind nur die verhaltenswissenschaftlichen Ansätze Gegenstand der Betrachtung, denn deren Übernahme verursacht weit mehr Probleme als die Rezeption bzw. Integration von formalwissenschaftlichen Ansätzen.

Unter **Rezeption** verstehe ich die Übernahme von Managementwissen aus sog. Nachbardisziplinen, die als solche deutlich von der Betriebswirtschaftslehre abgegrenzt werden. Unter Hinweis auf unterschiedliche Erkenntnisobjekte und -interessen wird eine klare Distanzierung zu diesen aufrechterhalten. Darüber hinaus sind die von den Vertretern dieser Position präferierten betriebswirtschaftlichen Theorien prinzipiell ungeeignet, verhaltenswissenschaftliche Forschungsergebnisse zu integrieren. Die Forschung bleibt disziplinorientiert. Die Betriebswirtschaftslehre steht *neben* den Sozial- bzw. Verhaltenswissenschaften.

Unter **Integration** verstehe ich die Verschmelzung von Managementwissen mit betriebswirtschaftlichem Wissen. Die Abgrenzungsversuche werden aufgegeben, die Betriebswirtschaftslehre öffnet sich gegenüber disziplinfremden Erkenntnissen; die Grenzen werden diffus. Ein Paradigmawechsel (die Unternehmung als soziales Gebilde) erlaubt die Integration verhaltenswissenschaftlicher Forschungsergebnisse. Die Forschung ist problemorientiert. Die Betriebswirtschaftslehre *ist* eine Sozialwissenschaft.

---

[1] *Frese* (1984, S. 108f.) sieht in der fehlenden Bereitschaft der deutschen gegenüber den amerikanischen Unternehmern zur Publikation ihrer Managementerfahrungen auf dem Gebiet der Planung, Organisation und Führung eine Ursache für den Rückstand der deutschen Wissenschaft und Praxis in diesem Bereich.

a. Ablehnung einer Übernahme

Im Gegensatz zur Integration formalwissenschaftlicher Ansätze in die Betriebswirtschaftslehre, die – wie weiter oben ausgeführt – relativ problemlos verläuft, provoziert der Versuch einer Übernahme von verhaltenswissenschaftlichen Ansätzen erhebliche methodologische und wissenschaftspolitische Kontroversen (vgl. *Chmielewicz* 1979, S. 24 ff.). Vertreter einer ablehnenden Position plädieren für eine klare Trennung zwischen Erfahrungs- und Erkenntnisobjekt sowie zwischen Forschungs- und Ausbildungsziel der Betriebswirtschaftslehre. Typisch hierfür ist die Meinung von *Schäfer*[2] (1952, zitiert bei *D. Schneider* 1987, S. 163): „... Immer wieder stößt man bei der Erörterung der Frage des Verhältnisses der Betriebswirtschaftslehre zu anderen Wissenschaften auf das Argument, daß die Berücksichtigung sozialer oder psychologischer und sonst welcher Aspekte des Betriebslebens außerordentlich wichtig sei. Wer will das bestreiten? Es ist nur die Frage, welche Folgerungen hieraus gezogen werden sollen".

Eisfeld (1956, S. 39) bringt das Problem folgendermaßen auf den Punkt: „Die Betriebswirtschaftslehre insonderheit ist vor die Entscheidung gestellt, Wissensgebiete, die bisher als Grenzgebiete betrachtet wurden, ganz oder teilweise in sich aufzunehmen. Die ‚Renaissance des Menschen‘, anders ausgedrückt, das ‚Primat der Arbeit‘, hat Arbeitswissenschaft, Betriebspsychologie und Betriebssoziologie in den Vordergrund gerückt. Diese Gebiete sind zweifellos für die künftigen Inhaber gehobener oder leitender Stellungen in der Praxis von erheblicher Bedeutung. Muß aber deshalb eine wirtschaftswissenschaftliche Disziplin, wie die Betriebswirtschaftslehre, den Unterricht und die Forschung in diesen Fächern übernehmen, wie es vereinzelt zu beobachten ist, oder soll sie das der Psychologie, der Soziologie usw. überlassen, wie soll sie sich gegenüber der Arbeitswissenschaft, die in dieser Richtung bereits tätig ist, verhalten? Die Einstellung der Betriebswirte zu diesen Fragen ist nicht einheitlich, manche befürchten, die Betriebswirtschaftslehre würde ins Hintertreffen geraten, wenn sie sich nicht zur Aufnahme der genannten Fächer entschlösse, andere glauben, die Betriebswirtschaftslehre solle sich freihalten von Bestandteilen, die nach ihren Methoden nicht zu ihr passen und die leicht zu einem Dilettieren in fremden Lehrbereichen führen könnten".

Die hier angesprochenen Probleme werden Gegenstand einer lebhaften Kontroverse im Anschluß an die Veröffentlichung der **Entscheidungsprozesse** durch *Kirsch* (1971). In diesem Werk werden erstmals für die deutsche Betriebswirtschaftslehre die US-amerikanischen verhaltenswissenschaftlichen Forschungsergebnisse zu dem Problembereich Entscheidungen von Individuen, Gruppen und Organisationen umfassend dargestellt. Von einem Methodenstreit zu reden, wäre übertrieben, obwohl *Kirsch/Meffert* (1970) einen solchen erwartet haben: „Erstaunlicherweise hat diese ‚Neuorientierung‘ (ge-

---

[2] *Schäfer, Erich* (1900–1984), Prof. BWL, Uni Nürnberg.

meint ist die Entscheidungsorientierung, W. St.) der Betriebswirtschaftslehre bislang keinen nennenswerten ‚offenen‘ Methodenstreit ausgelöst" (S. 9). *Blohm* (1971) hat Ansätze zu einem solchen in seiner Buchbesprechung zu *Kirsch* (1971) geliefert. Tenor der Kritik ist, daß das aufwendige Auswerten großer Mengen verhaltenswissenschaftlicher amerikanischer Literatur wenig mit Betriebswirtschaftslehre zu tun habe; konkret vermißt *Blohm* (1971, S. 894): „Wirklich neue Einsichten, eigene Forschung über das Verhalten des Menschen im Betrieb . . ." An der Kontroverse haben sich in Folge *Reber*[3] (1972), *Budäus* (1972), *Schanz* (1972), *Luhmann* (1971) und *Kirsch* selbst beteiligt (1972, 1984 b). Festzuhalten ist, daß die Prognose von *Kirsch* (1972, S. 223), „Die Betriebswirtschaftslehre wird in Zukunft nicht mehr darum herumkommen, sich der Ergebnisse all derjenigen Wissenschaften zu bedienen, die sich mit dem Verhalten von Menschen, Gruppen, Organisationen und Gesellschaften befassen", inzwischen eingetreten ist. Es kann also heute nicht mehr um das *ob* sondern nur noch um das *wie* gehen, d.h. eigene empirische Forschung oder Übernahme von Ergebnissen aus einschlägigen Disziplinen. Vor allem gegen letztere Strategie werden immer wieder Vorbehalte geäußert.

In jüngerer Zeit haben *D. Schneider*[4] (1987) und *Elschen* (1982) den **Dilettantismus-Vorwurf** gegenüber den verhaltenswissenschaftlich orientierten Betriebswirten erneuert. Beide erweisen sich, was die Rezeption von verhaltenswissenschaftlichen Erkenntnissen anbetrifft, als dogmatischer im Hinblick auf die Identitätswahrung der Betriebswirtschaftslehre als z.B. *Gutenberg*.

Nur die Übernahme von verhaltenswissenschaftlichen Erkenntnissen in die Ausgangsbedingungen eines wirtschaftstheoretischen Modells sei erlaubt (*D. Schneider* 1987, S. 192). Die Sicht der Betriebswirtschaftslehre als Unternehmungsführungswissenschaft, die sich mit dem gesamten Sozialgebilde Betrieb beschäftigt, anstatt nur mit einem Aspekt, dem Einkommensaspekt menschlichen Handelns, ist abzulehnen (S. 204). Die verhaltenswissenschaftliche Öffnung und sozialwissenschaftliche Interpretation mit Hilfe einer Managementwissenschaft stellt einen Ausbruchversuch aus der Wirtschaftstheorie dar (S. 188, 192).

Interessanterweise wird der Dilettantismus-Vorwurf nicht gegenüber den quantitativ orientierten Betriebswirten erhoben. Sicherlich ist eines an der Kritik richtig: Wenn die nachbarwissenschaftlichen Erkenntnisse ohne explizite sprachliche Aufbereitung, ohne Angabe von Übernahmekriterien und ohne jede methodenkritische Hinterfragung in die Betriebswirtschaftslehre als Führungslehre *integriert* werden, kann dies nicht nur zu einer Sprachverwirrung führen, sondern erschwert auch dem einzelnen Anwender verhaltenswissenschaftlicher Erkenntnisse, die Problemrelevanz konkreter Ergeb-

---

[3] *Reber, Gerhard* (geb. 1937) Prof. BWL, Uni Linz.
[4] *Schneider, Dieter* (geb. 1935) Prof. BWL, Uni Bochum.

nisse in der *fremden* Disziplin für die eigene zu erkennen. Die Konzeption der **Betriebswirtschaftslehre als Sozialwissenschaft** darf nicht dazu führen, daß wirtschaftliche Aspekte vernachlässigt werden; wirtschaftliches Verhalten in Unternehmungen kann nur dann richtig beschrieben und erklärt werden, wenn wirtschaftliche und Verhaltensaspekte in gleicher Weise in die Betrachtung einfließen.

b. Rezeption von Managementwissen

Die Rezeption von Managementwissen, das anfangs stark am produktionstechnischen Bereich ausgerichtet ist, kann erst mit der Entwicklung von **Wirtschaftszweiglehren** innerhalb der Betriebswirtschaftslehre (hier: Industriebetriebslehre, Fabrikbetriebslehre) einsetzen (vgl. *Kern* 1984, Sp. 1854). Sieht man das umfassende Lehrbuch der Wirtschaftswissenschaften in vier Bänden ‚Die Handelshochschule' (*Schmidt*[5] 1928) als repräsentativ für den Pflichtlehrstoff dieser Disziplin an, dann ist an Managementwissen zu jener Zeit noch kaum etwas vorhanden. Lediglich im Kapitel über **Industriebetriebslehre** von *Penndorf* finden sich unter der Überschrift ‚Die Verwaltung der Arbeit (Personal-Politik)' (S. 1161 ff.) Ausführungen über industrielle Menschenführung, psychotechnische Eignungsprüfung und Personalauslese, Personalausbildung, Personalbehandlung. Auf den amerikanischen Einfluß in diesem Bereich wird explizit hingewiesen.

Andere Quellen zeugen jedoch davon, daß die deutschen Übersetzungen von *Taylors* Hauptwerken sowie deutschsprachige Veröffentlichungen zur **Psychologie des Betriebes** oder dem Menschen als Betriebsfaktor schon 1920 den Betriebswirten bekannt sind (vgl. den Abschnitt ‚Betriebswirtschaft und Mensch' bei *Isaac* 1923, S. 106 ff.). In Deutschland wird, wie bereits erwähnt (S. 100), seit 1904 über das System Taylor publiziert (*Möller* 1904).[6]

Der Ingenieur *Grimshaw* (1903, 1906) ist einer der ersten Autoren, der sich mit der Organisation und Führung des Fabrikbetriebs beschäftigt. Außer **Fabrikorganisation** (s. vor allem *Calmes* 1906) und Kontorwissenschaft werden den angehenden Diplom-Kaufleuten an den Handelshochschulen im allgemeinbildenden Teil des Lehrangebots Vorlesungen über Philosophie und Wirtschaftspsychologie geboten. Für eine solche Ausweitung hat sich schon früh *Nicklisch*[7] ausgesprochen. 1910 wird er ordentlicher Professor an der Handelshochschule Mannheim und gründet dort 1914 ein betriebswissenschaftliches Institut für Forschungen auf dem Gebiet des Betriebslebens. *Nicklisch* (1932, S. 19) meint, der Wirtschaftswissenschaftler könne die Er-

---

[5] *Schmidt, Fritz* (1882–1950) Prof. BWL, Uni Frankfurt/M.
[6] Zur Entwicklung der Organisationslehre vgl. *Frese* 1984, S. 31 ff.
Frese, Erich (geb. 1938) Prof. BWL, Uni zu Köln.
[7] *Nicklisch, Heinrich* (1876–1946) Prof. BWL, Handelshochschule Mannheim, ab 1921 Handels-Hochschule Berlin.

scheinungen des Wirtschaftslebens, speziell des Betriebslebens, nur verstehen, wenn er den Menschen verstanden hat. Er könne sich hierbei nicht auf Philosophen und Psychologen verlassen, sondern müsse selbst auf diesem Gebiet forschen. Aus diesem Grund ist 1919 dem betriebswissenschaftlichen Institut an der Handelshochschule Mannheim ein wirtschaftspsychotechnisches Laboratorium eingegliedert worden mit der Aufgabe, die psychologischen Seiten betriebswissenschaftlicher Fragen zu erforschen (*Hoffmann* 1985, S. 175).

1920 wird an der Handels-Hochschule Berlin das erste Institut für **Wirtschaftspsychologie** eingerichtet. Direktor ist *Moede*[8], der aber schon 1921 an der TH Berlin den Lehrstuhl für angewandte Psychologie übernimmt. Gleichzeitig wird er Vorstand des dortigen Instituts für Industrielle Psychotechnik und Arbeitstechnik. Einschlägige Forschungs- und Unterrichtsgebiete an der Handels-Hochschule sind:

- kaufmännische Eignungsprüfung (Auslese)
- Prüfverfahren für Werbemittel (Werbewirkung)
- Prüfverfahren für kaufmännische Geräte und Einrichtungen (ergonomische Studien)
- Verkaufsstudien (Verbraucherverhalten).

In der Betriebswirtschaftslehre haben sich vor allem Hochschullehrer mit einer *sozial-ethischen* Ausrichtung *(Nicklisch, Sandig, Lohmann, Kalveram)* mit der Stellung des Menschen im Betrieb und einer sozialen Betriebsgestaltung beschäftigt. Die Betrachtung des **Betriebs als Organismus** (*Le Coutre* 1928, *Nicklisch* 1932) geht auf *Emminghaus*[9] zurück. Die darauf gründende Betonung der Idee einer **Betriebsgemeinschaft,** die wirtschaftliches Verhalten nicht als individuelles sondern als soziales Verhalten interpretiert (*Sandig* 1937), ist eine Wurzel der verhaltenswissenschaftlichen Betriebswirtschaftslehre.

In der hier beschriebenen *ersten Phase* der Rezeption wird Managementwissen aus den USA (Scientific Management, Industrial Engineering) und Frankreich (Doctrine Administrative) übernommen. Eigene psychotechnische Forschung wird an Hochschulinstituten durchgeführt.

In einer *zweiten Phase* der Rezeption (nach dem Zweiten Weltkrieg) werden den Betriebswirten bekannte und vertraute Aspekte und Theoriebestandteile des Managements herausgegriffen und dem traditionellen Lehrgebäude der Betriebswirtschaftslehre hinzugefügt. Hierbei handelt es sich um *sachbezogene* Aspekte, die unter den Bezeichnungen Unternehmens- bzw. Betriebsführung, Betriebspolitik, Leitung, schon seit langem Bestandteile betriebswirtschaftlicher Untersuchungen sind.

Die in diesem Zusammenhang häufig zitierte deutsche Entwicklung einer

---

[8] *Moede, Walter* (1880–1958) deutscher Psychologe (Psychotechnik).
[9] *Emminghaus, Karl Bernhard A.* (1831–1916) Prof. Wirtschaftslehre, TH Karlsruhe, ab 1873 Direktor einer Versicherungsgesellschaft.

Lehre von der **Betriebspolitik**[10] als einer angewandten Betriebswirtschaftslehre ist unabhängig von der amerikanischen Managementlehre erfolgt, was von solchen Autoren offensichtlich verkannt wird, die in der Betriebspolitik den Vorläufer einer deutschen Managementlehre erblicken wollen. Wenn *Ludovici* (1768) zwischen Handlungswissenschaft und Handlungspolitik und später *Seyffert* (1925) zwischen Betriebswirtschaftstheorie und Betriebswirtschaftspolitik unterscheiden, so waren diese ersten Ansätze zur Begründung einer Lehre von der Führung bzw. Leitung von Unternehmungen eher als Derivat einer zuvor entwickelten wirtschaftswissenschaftlichen Theorie zu verstehen. Ganz anders gestalten sich die angloamerikanischen Bemühungen zur Begründung einer Theorie der Unternehmung aus den systematisierten Erkenntnissen einer handlungsorientierten Business Administration.

In Deutschland beschäftigen sich etwa ab 1950 einige Fachvertreter im Rahmen der Betriebspolitik verstärkt mit den Managementfunktionen Planung, Organisation und Kontrolle sowie mit Politik als unternehmerischer Funktion der Zielbestimmung und -erreichung (vor allem *Sandig* 1953). *Mellerowicz* (1963) sieht in der Betriebspolitik (= Unternehmenspolitik) einen der drei großen Teilbereiche der Betriebswirtschaftslehre (neben Theorie und Technik), der sich mit dem Treffen von Entscheidungen grundsätzlicher Art beschäftigt und damit als Kernaufgabe einer Unternehmensführung (= Management) anzusprechen sei. Er formuliert folgende Grundfunktionen der **Unternehmensführung:**

• Unternehmenspolitik (Entscheidungen grundsätzlicher Art)
  = Kernaufgabe
• Planung ⎫
• Organisation ⎪
• Koordinierung ⎬ Mittel der Unternehmenspolitik
• Kontrolle ⎪
• Information ⎭

Während *Mellerowicz* (1963) die betriebswirtschaftliche Theorie als Grundlage für die Gestaltungsbemühungen der Betriebspolitik ansieht, betont *Sandig* schon 1953 die Eigenständigkeit der Betriebswirtschaftspolitik als Lehre vom Führungshandeln neben der Betriebswirtschaftstheorie als der Lehre vom Sein im Betrieb. *Thommen* (1986, S. 222) sieht in *Sandig*[11] und *Mellerowicz*[12] die Väter der deutschsprachigen Lehre der Unternehmungsführung und -politik und in ihren Arbeiten die erste Phase der Entstehung der Führungslehre (1951–1967). In Fortführung dieser unternehmenspolitischen Tradition entwickelt *Dlugos*[13] (1974) unter Bezug auf politikwissen-

---

[10] *Dlugos* (1987) diskutiert die betriebswirtschaftlichen Ansätze zur **Unternehmungspolitik** *(Mellerowicz, Sandig, Rühli, Ulrich)* im Hinblick auf ihren Beitrag zur Unternehmungsführung und Mitarbeiterführung (ebenso *Thommen* 1986).
[11] *Sandig, Curt* (1901–1981) Prof. BWL, Wirtschaftshochschule Mannheim.
[12] *Mellerowicz, Konrad* (1891–1984) Prof. BWL, TU Berlin.
[13] *Dlugos, Günter* (geb. 1920) Prof. BWL, FU Berlin.

schaftliche Konzepte eine Lehre von der **Unternehmungspolitik** als betriebs-
wirtschaftlich-politologische Teildisziplin, die vor allem Fragen von Macht,
Herrschaft und Konflikt bei der Formulierung und Realisierung von Unternehmungszielen zum Gegenstand hat.

Während sich mit der Betriebspolitik lediglich ein Nebenstrang der Betriebswirtschaftslehre beschäftigt, wird das Fach in der Ära *Schmalenbach*[14]
also vor 1945 (vgl. *Kruk/Potthoff/Sieben* 1984) primär von Fragen der Bilanzierung, Finanzierung und Kostenrechnung beherrscht. Erst *Gutenberg*[15]
(1951) nimmt wieder einen konsequent produktionstheoretischen Standpunkt ein, der es zwangsläufig erfordert, Managementwissen über den Faktor
Arbeit und die dispositiven Faktoren Geschäfts- und Betriebsleitung sowie
Planung und Organisation in seine Grundlagen der Betriebswirtschaftslehre
aufzunehmen.

Im *Gutenberg*schen **System der produktiven Faktoren** werden diese so
miteinander kombiniert, daß ein optimales Verhältnis von Faktorertrag zu
Faktoreinsatz (Produktivitätsbeziehung) erzielt wird. Zu den produktiven
Faktoren zählen menschliche Arbeitsleistung, Betriebsmittel und Werkstoffe.

Da der oben beschriebene Kombinationsprozeß jedoch nicht von selbst
abläuft, unterteilt *Gutenberg* den Elementarfaktor menschliche Arbeitsleistung in die **objektbezogene,** nicht anordnende Arbeit und in die **dispositive
Arbeitsleistung,** die als **Geschäfts- und Betriebsleitung** den vierten Faktor im
System bildet. Im Abschnitt über die Bedingungen optimaler Ergiebigkeit
menschlicher Arbeitsleistung im Betrieb werden *arbeitswissenschaftliche* (arbeitspsychologische und arbeitsphysiologische) und *betriebssoziologische* Erkenntnisse verarbeitet. Ergebnisse der empirischen Sozialforschung aus den
USA (z. B. Hawthorne-Experimente) werden zitiert.

Im Kapitel über die **dispositiven Faktoren** nimmt *Gutenberg* auf die wissenschaftliche Betriebsführung *Taylors* Bezug und bearbeitet darauf aufbauende Managementliteratur.

Der dispositive Faktor steuert den Prozeß der Kombination der Elemen-
tarfaktoren nach dem Wirtschaftlichkeitsprinzip. Da sich der dispositive Faktor nach Ansicht *Gutenbergs* in kein rationales Schema einfangen läßt und
damit quantifizierenden Methoden nur begrenzt zugänglich ist, wird er aus
der produktionstheoretischen Analyse ausgeschlossen.

Mit der Ausklammerung des dispositiven Faktors aus den produktionstheoretischen Überlegungen rücken Fragen der **Geschäfts- und Betriebsleitung** mehr und mehr in den Vordergrund *eigenständiger* wissenschaftlicher
Untersuchungen, die seit Mitte der 50er Jahre in der BRD unter der Bezeichnung **Managementlehre** firmieren.

Gutenberg ist hier selbst bahnbrechend tätig geworden. In seiner ‚Einführung in die Betriebswirtschaftslehre‘ (*Gutenberg* 1958), mit der er das Sammelwerk ‚Die Wirtschaftswissenschaften‘ einleitet, schreibt er im Vorwort:

---

[14] *Schmalenbach, Eugen* (1873–1955) Prof. BWL, Handelshochschule Köln.
[15] *Gutenberg, Erich* (1897–1984) Prof. BWL, Uni zu Köln.

„In den letzten Jahrzehnten hat die wirtschafts- und sozialwissenschaftliche Forschung große Fortschritte gemacht. Die traditionellen Probleme wurden von neuen Ansatzpunkten her erörtert, Fragen bisher noch nicht diskutierter Art rückten in den Mittelpunkt des wissenschaftlichen Interesses und entfesselten Diskussionen, die tief in die Grundlagen der wirtschafts- und sozialwissenschaftlichen Disziplinen hineinragen. Dabei kann kein Zweifel daran bestehen, daß die ausländischen Forschungen das deutsche wirtschaftswissenschaftliche Denken stark befruchtet haben. Zudem führten die Ergebnisse sozialwissenschaftlicher Untersuchungen zu neuen Einsichten sowohl im einzelwirtschaftlichen wie im gesamtwirtschaftlichen Sektor der Wirtschaftswissenschaften."

‚Die Unternehmensführung' lautet das dritte Kapitel dieser Einführung, und dem gleichen Thema ist ein selbständiger Band ‚Unternehmensführung – Organisation und Entscheidungen' (*Gutenberg* 1962) gewidmet. *Gutenberg* trägt damit der Tatsache Rechnung, daß Fragen der **Unternehmungsführung** nach den Vereinigten Staaten nun auch in der deutschen Betriebswirtschaftslehre in den Vordergrund des wissenschaftlichen Interesses gerückt sind (Vorwort zu *Gutenberg* 1962). In diesem Werk wird durchgängig auf Erkenntnisse der US-amerikanischen Managementforschung sowohl aus dem quantifizierenden als auch aus dem verhaltenswissenschaftlichen Bereich zurückgegriffen. Faßt man das von *Gutenberg* herausgegebene Sammelwerk ‚Die Wirtschaftswissenschaften' als einen Querschnitt durch den damaligen Stand der Forschung auf (so das Vorwort), dann ist das Ausmaß an managementrelevanten Beiträgen im Vergleich zu dem 30 Jahre vorher erschienenen Sammelwerk ‚Die Handelshochschule' beachtlich. Während die Beiträge von *Koch* (1961) über ‚Betriebliche Planung' und *Kosiol* (1962) über ‚Organisation der Unternehmung' noch stark der Tradition der deutschen Betriebswirtschaftslehre verhaftet sind, überschreiten die folgenden drei Bände (von Nicht-Betriebswirten verfaßt) eindeutig die herkömmliche Grenzziehung der Betriebswirtschaftslehre zu ihren Nachbarwissenschaften:

- *Dahrendorf* (1959): Sozialstruktur des Betriebes
- *Graf* (1960): Arbeitsphysiologie
- *Bornemann* (1967): Betriebspsychologie

In all diesen Werken wird ausgiebig auf managementrelevante Forschungsergebnisse der Verhaltenswissenschaften zurückgegriffen. In der Phase der **Rezeption** bleiben jedoch die Forschungsergebnisse der Nachbardisziplinen der Betriebswirtschaftslehre nach wie vor äußerlich. Das der mikroökonomischen Theorie verpflichtete Faktorsystem *Gutenbergs* erlaubt keine **Integration** verhaltenswissenschaftlicher Erkenntnisse, sondern fördert die Entwicklung einer eigenständigen Managementlehre.

Dies trifft insbesondere für die *personenbezogene* Komponente des Managements (Personalführung) zu. So wird behauptet, der personale, verhaltenswissenschaftliche Teil des Managements sei eine nicht lehr- und lernbare Kunst. Das schließt jedoch nicht dessen (empirische) Erforschung aus. Allerdings waren zu Zeiten *Gutenbergs* die Methoden der empirischen Sozialforschung noch nicht auf dem heutigen Entwicklungsstand und darüber hinaus war deren Leistungsfähigkeit den Betriebswirten unbekannt. Das änderte sich erst mit den bahnbrechenden Arbeiten von *Witte*[16] (1968, 1981).

So schreibt *Gutenberg* (1962), daß es „keine wissenschaftliche Lehre von der Unternehmensführung geben kann ... diese Kunst ist im Grunde weder lehr- noch lernbar" (S. 3). Dabei geht *Gutenberg* davon aus, daß sich dispositive Arbeit, die sich übrigens vollinhaltlich mit Management im institutionellen Sinne decke (S. 20), im Gegensatz zur objektbezogenen Arbeit einer quantitativen Erfassung nicht zugänglich zeige. Führung wird als Ergebnis von Individualeigenschaften der hierfür zuständigen Personen (vgl. Eigenschaftstheorie der Führung), als etwas **Irrationales** qualifiziert, das nicht analog zur objektbezogenen Arbeit technologisierbar ist (vgl. auch *Stöber/Bindig/Derschka* 1974).

Mit leichten Modifikationen wird die *Gutenberg*sche Auffassung noch von *Rühli*[17] (1985) geteilt, der Unternehmensführung als *Ganze* nicht für lehr- und lernbar hält. „Sie (die Unternehmensführung) ist immer teilweise Kunst und demzufolge wenigstens teilweise eine Frage der Intuition und der individuellen Begabung" (S. 39).

Teilt man die Auffassung, daß dispositive Arbeitsleistung sich einer quantitativen, sachlogischen Erfassung und Erklärung verschließt, stellt sich mit aller Deutlichkeit die Konsequenz, entweder diesen ‚irrationalen', mehr intuitiv deutbaren Bereich völlig aus der Betriebswirtschaftslehre zu verbannen oder ihn aber als unwissenschaftliche Erfahrungssammlung und -systematisierung mit untergeordneter Bedeutung nebenbei zu behandeln. *Köhlers*[18] (1966) Analyse des *Gutenberg*schen Systemkonzepts macht das Dilemma noch deutlicher, wenn er mit Recht feststellt, daß die klare analytische Trennung zwischen objektbezogener und dispositiver Arbeitsleistung in der betrieblichen Realität nicht nachvollziehbar ist. In *jeder* Form von Arbeit finden sich mit mehr oder weniger großem Anteil auch dispositive Elemente. Heißt dies, daß zum Verständnis (als Voraussetzung für Einsatz und Anleitung) jeglicher Art von Arbeit verhaltenswissenschaftliche Einsichten vonnöten sind? Damit wäre die viel diskutierte **Öffnung der Betriebswirtschaftslehre gegenüber den Verhaltenswissenschaften** nicht nur eine intellektuell anregende Exkursion in wissenschaftlich interessante, aber praktisch irrelevante Grenzbereiche, sondern eine dringend notwendige, unverzichtbare forschungsstrategische Erweiterung des Erfahrungs- und Erkenntnisbereiches der Betriebswirtschaftslehre. Diese Öffnung gilt heute unter Betriebswirten als weitgehend akzeptiert. So empfiehlt die Fachkommission für Ausbildungsfragen innerhalb der Schmalenbach-Gesellschaft/DGfB die Aufnahme von Lehrstoff über Verhalten in Organisationen (Organizational Behaviour) in die Hochschulausbildung im Bereich der Organisation (vgl. ZfbF 9/1983).

---

[16] *Witte, Eberhard* (geb. 1928) Prof. BWL, Uni München.
[17] *Rühli, Edwin* (geb. 1933 in Schaffhausen) Prof. BWL, Uni Zürich.
[18] *Köhler, Richard* (geb. 1936) Prof. BWL, Uni zu Köln.

c. Integration von Managementwissen

Ende der 60er Jahre ist ein Umdenken einiger Fachvertreter der Betriebswirtschaftslehre im Hinblick auf eine verstärkte Öffnung hin zu den im Managementwissen integrierten verhaltenswissenschaftlichen Erkenntnissen festzustellen. 1969 schreibt *Stiefel*, daß „in der jüngeren Betriebswirtschaftslehre eine Entwicklungstendenz in Richtung einer Lehre von der Unternehmens- und Organisationsführung unverkennbar" sei (S. 626); und *Beyer*[19] (1970) glaubt, eine Entwicklung der Betriebswirtschaftslehre hin zu einer **Führungslehre** zu erkennen. Bis zu jener Zeit vollzieht sich nach Auffassung von *Kirsch* (1974 b) die Entwicklung der deutschsprachigen Betriebswirtschaftslehre „weitgehend losgelöst und geradezu in strikter Abgrenzung zu den Verhaltenswissenschaften bzw. ihren klassischen Mutterdisziplinen" (S. 460). Die einseitige Ausrichtung der deutschsprachigen Betriebswirtschaftslehre auf *wirtschaftliche* Fragestellungen hat sowohl fachimmanente als auch wissenschaftstheoretische Gründe (vgl. Abschnitt C III). Während sich im angelsächsischen Raum Managementwissen weitgehend unter Verzicht auf methodologische Vorüberlegungen als Antwort auf die Probleme der betrieblichen Praxis entwickeln kann, legt sich die Betriebswirtschaftslehre aus Gründen der ‚Wissenschaftlichkeit' Fesseln in Form restriktiver methodologischer Regeln an, wie sie vor allem von der deduktiv-nomologischen **Erklärungsmethode des kritischen Rationalismus** (*Hempel-Popper*-Schema)[20] gefordert werden. Dieses eher für die Naturwissenschaften relevante Erklärungsschema erschwert aber eine Integration solcher sozialwissenschaftlicher Erkenntnisse, die anderen Forschungstraditionen (z. B. Methode der Muster-Erkennung, sinnrationale Deutungsansätze, Konstruktivismus) entsprungen sind, die vor allem von Neopositivisten mit dem Etikett der ‚Unwissenschaftlichkeit' (Metaphysik) belegt werden.

Neben methodologischen Gründen (vermeintliche Unwissenschaftlichkeit) hat vor allem der klassische, instrumentale Organisationsbegriff der Betriebswirtschaftslehre (die Unternehmung *hat* eine Organisation) eine Integration verhaltenswissenschaftlicher Erkenntnisse erschwert. Bei dieser Sichtweise ist die Organisation (als Struktur) Mittel zum Zweck (Erreichen der Unternehmenszjele). Umweltsituationen, Ziele, Alternativen und deren Konsequenzen sind gegeben, Manager und Arbeiter handeln zweckrational.

Die Wahl eines institutionalen Organisationsbegriffs (die Unternehmung *ist* eine Organisation) erlaubt es *Lohmann* (1949) in Anknüpfung an die Diskussion vor 1933, die Unternehmung als soziales Gebilde, und *Fischer*

---

[19] *Beyer, Horst-Tilo* (geb. 1938) Privatdozent für BWL, Uni Erlangen-Nürnberg.
[20] *Hempel, Carl G.* (geb. 1905 bei Berlin) Studium Mathematik, Physik, Philosophie; emigriert 1934 in USA, Prof. Philosophie in Yale, Princeton, Pittsburgh.
Popper, Sir Karl Raimund (geb. 1902 in Wien) Prof. Logik und wiss. Methoden, London School of Economics.

(1949), die Unternehmung als soziale Gemeinschaft zu sehen. Beide reden dann von sozialer Betriebsgestaltung.

Grössle (1957) versucht in seiner Monographie ‚Der Mensch in der industriellen Fertigung‘, „eine betriebswirtschaftliche Betrachtungsweise mit einer sozialpsychologischen zu kombinieren" (Vorwort). *Grössle* legt erstmals in der Betriebswirtschaftslehre einen umfassenden Überblick über Entwicklung und Stand der empirischen verhaltenswissenschaftlichen Managementforschung vor. *Heinen*[21] (1962) geht diesen Weg konsequent weiter, indem er der modernen Organisationstheorie entsprechend die Unternehmung ebenfalls als Organisation (bzw. Koalition) auffaßt und damit (zunächst beispielhaft für den Zielbildungsprozeß) einer Integration der Erkenntnisse der ‚Behavioral Theory of the Firm‘ *(Simon, March, Cyert)* in die Allgemeine Betriebswirtschaftslehre den Weg bahnt. Dies ist Ausgangspunkt seiner Konzeption der **Betriebswirtschaftslehre als Entscheidungslehre,** wie sie in der ‚Einführung in die Betriebswirtschaftslehre‘ (*Heinen* 1968) ihren Niederschlag findet. *Heinen* sieht die Neuartigkeit dieses Ansatzes zum einen in der Tatsache, daß die entscheidungsorientierte Betriebswirtschaftslehre sich systematisch der Erkenntnisse ihrer Nachbardisziplinen bedient, zum anderen stellt sie „... den Anschluß an die wissenschaftliche Diskussion des Auslands, insbesondere des angelsächsischen Sprachraums her. Die Konzeption der Entscheidungslehre schließt jene Sachgebiete in systematischer Weise ein, die unter den Bezeichnungen Management Science, Business Administration, Business Economics, Administrative Behavior, Marketing Theory, Theory of the Firm u.a. behandelt werden. Es sei vermerkt, daß mir gerade das Studium der neueren anglo-amerikanischen Literatur wesentliche Anregungen zu dem hier beschrittenen Weg geliefert hat" (Vorwort zu *Heinen* 1968).

Unter **Entscheidungstheorie** wird klassischerweise eine formale, interdisziplinäre Theorie über die rationale Entscheidung eines Individuums oder einer sozialen Institution verstanden; ein Aussagensystem über die Wahl *einer* Alternative, wenn mehrere Vorgehensweisen möglich sind (vgl. *Heinen* 1962, *Gäfgen*[22] 1974). Neben dieser auch als Entscheidungslogik bezeichneten *normativen* Entscheidungstheorie hat zu jener Zeit eine mehr verhaltenswissenschaftliche, *deskriptive* Entscheidungstheorie amerikanischer Provenienz bei uns Akzeptanz gefunden. Vor allem *Heinen* versucht, mit seiner auf praktisch-normativer Basis beruhenden entscheidungsorientierten Betriebswirtschaftslehre dem neuen Trend gerecht zu werden, indem er gemäß der Gestaltungsaufgabe der Wissenschaft der betrieblichen Praxis (dem Management) Handlungsanweisungen über die bestmögliche Erreichung vorgegebener Ziele liefert. Eine zielwirksame Gestaltung von betrieblichen Anreizen durch die Unternehmungsführung setzt aber eine Beschreibung und Erklärung menschlichen Verhaltens im Betrieb voraus, womit eine Integration

---

[21] *Heinen, Edmund* (geb. 1919) Prof. BWL, Uni München.
[22] *Gäfgen, Gérard F. M.* (geb. 1925 in Luxemburg) Prof. Ökonomie, Uni Konstanz.

sozialwissenschaftlicher Erkenntnisse in die Betriebswirtschaftslehre zu einer zwingenden Notwendigkeit wird. Problem- und Entscheidungsorientierung führen von der primär institutionell-statischen zu einer mehr prozeßhaft-dynamischen Betrachtungsweise in der Betriebswirtschaftslehre, einem Ansatz, der die Business Administration immer schon geprägt hat.

Der **Entscheidungsprozeß** wird als formaler Überbau der Funktionalbetrachtung (Planung, Organisation, Kontrolle etc.) herangezogen. Gleichzeitig wird aber erkannt, daß Management als Funktion und Prozeß nicht getrennt gesehen werden kann von den Strukturen (Organisation), in denen es abläuft. Gerade auf diese integrative Sichtweise macht *Beyer* (1970) besonders aufmerksam.

Kirsch und *Meffert*[23] (1970) entwickeln den entscheidungsorientierten Ansatz systematisch weiter und machen ihn für die Konzeption einer verhaltenswissenschaftlichen Organisations- und Führungslehre (*Kirsch* 1971, 1977) einerseits und einer verhaltenswissenschaftlichen Marketinglehre (*Meffert* 1971) andererseits nutzbar.

Neben der Entscheidungsorientierung trägt auch die **Systemorientierung** (*Ulrich* 1968, 1971, *Hentsch/Malik* 1973) durch ihre ganzheitliche, interdisziplinäre Ausrichtung zu einer stärkeren Integration von verhaltenswissenschaftlichem Managementwissen in die Betriebswirtschaftslehre bei. Führung wird bei einer solchen Sichtweise als rückgekoppelter kybernetischer Lenkungs- und Lernprozeß aufgefaßt, der sich institutionell gesehen in bzw. zwischen betrieblichen Teilsystemen abspielt. In der betriebswirtschaftlichen Gesamtkonzeption *H. Ulrichs* (1970) stellt die Lehre von der Gesamtführung der Unternehmung (Unternehmenspolitik, Führung der Mitarbeiter, Leitungsorganisation, Planungs- und Kontrollsysteme) einen Teilbereich der allgemeinen Unternehmungslehre dar. *Ulrich* versteht seine Unternehmungslehre als Lieferant von Wissen für die Führungskräfte in Unternehmungen, einen Personenkreis, den er allerdings recht weit verstanden wissen will. *Ulrich* sieht heute die Betriebswirtschaftslehre als Führungslehre (Managementlehre), die sich mit der Gestaltung, Lenkung und Entwicklung zweckorientierter sozialer Systeme befaßt (*Ulrich* et al. 1984). Dabei erscheint es sinnvoll, zwischen einer personenorientierten **Führungslehre**, die sich eng an verhaltenswissenschaftliche Ansätze anlehnt, und einer institutionenorientierten **Managementlehre** zu unterscheiden, die sich nach *Ulrich* am Systemansatz orientieren sollte.

Mit der Verbreitung des entscheidungs- und systemorientierten Ansatzes (um 1970) sieht *Kirsch* die endgültige Öffnung der Betriebswirtschaftslehre zu den Sozial- bzw. Verhaltenswissenschaften vollzogen. Damit hole die Betriebswirtschaftslehre eine Entwicklung nach, die in der Managementlehre schon lange abgeschlossen sei. Die Betriebswirtschaftslehre entwickelt sich von einer rein ökonomischen Disziplin zu einer Sozioökonomie (*Kirsch*

---

[23] *Meffert, Heribert* (geb. 1937) Prof. BWL, Uni Münster.

1974 a) und nähert sich damit immer mehr der angelsächsischen Managementlehre.

Die wissenschaftliche Tagung des Verbandes der Hochschullehrer für Betriebswirtschaft 1976 in Linz steht unter dem Thema ,Personal- und Sozialorientierung der Betriebswirtschaftslehre' und trägt damit diesem Trend Rechnung. *Kirsch* (1977) sieht die Betriebswirtschaftslehre auf dem Weg zu einer verhaltenswissenschaftlich fundierten angewandten Führungslehre, und *Schanz*[24] (1977, 1978) versteht die **verhaltenstheoretische Betriebswirtschaftslehre** als eine spezielle Sozialwissenschaft mit der Aufgabe, die Realität von Betrieben mit Hilfe allgemeiner Theorien des Verhaltens von Individuen zu erklären.

Bei der nun engen Beziehung zwischen Managementwissen und verhaltenswissenschaftlich orientierter Betriebswirtschaftslehre nimmt es nicht Wunder, daß der Ende der 60er Jahre in England und den USA einsetzende Trend hin zu einer **Situationsorientierung des Managements** auch bei uns rasche Akzeptanz findet (vgl. *Staehle* 1971 a, 1973, 1976), dies allerdings nicht in der Allgemeinen Betriebswirtschaftslehre, sondern primär in den Funktionsbereichen Organisation, Führung, Planung und Kontrolle. Vor allem über die (empirische) Organisationsforschung findet das situative Denken Eingang in die Betriebswirtschaftslehre.

1974 erscheint die Organisationslehre von *Hill/Fehlbaum/Ulrich*[25], die die Notwendigkeit eines situativen Ansatzes für eine kaum noch strittige Tatsache halten. Problematisch erscheinen ihnen indessen vor allem noch die Abgrenzung und Bestimmung der relativen Bedeutung von Situationskomponenten sowie deren Operationalisierung und empirische Erfassung; diese stellen auch gegenwärtig noch zentrale Probleme in situativen Ansätzen dar.

Bleicher/Meyer (1976) plädieren für eine situationsspezifische Gestaltung der Unternehmensführung im allgemeinen und eine kontext- und situationsadäquate Auswahl von Führungsformen, -modellen und Strukturalternativen im besonderen. Als kontext- und situationsadäquat qualifizieren sie dabei eine Entscheidung, die den Bedingungen der Handlungssituation am besten entspricht und gleichzeitig zur Gesamtzielerfüllung (wirtschaftliche und sozio-emotionale Rationalität) beiträgt. Die Erkenntnisse der Kontexttheorie der Organisation und Führung sollen für diesen Selektionsprozeß die Wissensbasis liefern.

Kieser/Kubicek[26] (1976) plädieren dezidiert für eine empirische Orientierung. Zusammenhänge zwischen den drei Gruppen von Variablen: Situation (oder Kontext) der Organisation, formale Organisationsstruktur und Verhalten der Organisationsmitglieder, sollen auf der Basis empirischer Forschung

---

[24] *Schanz, Günther* (geb. 1943) Prof. BWL, Uni Göttingen.
[25] *Hill, Wilhelm* (geb. 1925) Prof. BWL, Uni Basel.
[26] *Kieser, Alfred* (geb. 1942) Prof. BWL, Uni Mannheim.

entdeckt werden, wobei sie ausgiebig auf angloamerikanische Forschungsergebnisse zurückgreifen.

Zur Kritik an diesen klassisch situativen Ansätzen und ihrer Weiterentwicklung zu verhaltenswissenschaftlich situativen und Konsistenz-Ansätzen vgl. Abschnitt B II 3 und 4 sowie Teil 2 der Arbeit.

Teil 2
Verhaltenswissenschaftliche Grundlagen des Managements

Sieht man im Aufbau, in der Stabilisierung und ggf. Veränderung von zweckrationalem Verhalten in und von Organisationen eine zentrale Aufgabe des Managements, dann wird unmittelbar einsichtig, daß das hierfür notwendige Managementwissen primär in den **Verhaltenswissenschaften** zu suchen ist. Auch wenn man einen systemtheoretisch-kybernetischen Ansatz bevorzugt, und die Aufgaben des Managements in der Gestaltung, Lenkung und Entwicklung von zweckorientierten sozialen Systemen erblickt, kommt man ohne verhaltenswissenschaftliche Erkenntnisse nicht aus (vgl. Abschnitt 1 B II 2). Insofern sehe ich in verhaltenswissenschaftlichen und systemischen Managementansätzen keine Alternative sondern eine notwendige gegenseitige Ergänzung (vgl. z. B. den sozio-technischen Systemansatz).

A. Verhaltenswissenschaften als Teil der Sozialwissenschaften

I. Gegenstandsbereiche und Forschungsprogramme der Sozialwissenschaften

Erfahrungsobjekt der Sozialwissenschaften, d. h. der Forschungsgegenstand, mit dem sich diese Wissenschaften beschäftigen, ist das *soziale* Handeln in und von gesellschaftlichen Institutionen, seine Ursachen und seine Folgen. Dieses Erfahrungsobjekt dient den sozialwissenschaftlichen Einzeldisziplinen als gemeinsamer Gegenstand ihrer Untersuchung.

Folgende Abbildung gibt einen Überblick über die den Sozialwissenschaften zuzurechnenden **Einzeldisziplinen** (vgl. *Berelson/Steiner*[1] 1964, S. 11):

Sozial- wissenschaften	Rechtswissenschaft Wirtschaftswissenschaft Geschichtswissenschaft Politikwissenschaft Ethnologie Anthropologie Psychologie Soziologie	Verhaltens- wissenschaften

Allerdings nähern sich diese Einzeldisziplinen ihrem gemeinsamen Erfahrungsobjekt mit unterschiedlichem Erkenntnisinteresse. Das **Erkenntnisobjekt** ist von Disziplin zu Disziplin verschieden. So interessiert sich z. B. die

---

[1] *Berelson, Bernard R.* (geb. 1912) Prof. Soziologie, Uni Chicago, Leiter Behavioral Sciences Department der Ford Foundation.
Steiner, Gary A., Prof. Organizational Behavior, UCLA.

Wirtschaftswissenschaft primär für einen Ausschnitt sozialen Handelns, nämlich für wirtschaftliches Handeln zur Befriedigung von Bedürfnissen.

Sozialwissenschaften – bisweilen auch als Gesellschafts- oder Kulturwissenschaften bezeichnet – sind in Abgrenzung zu den Naturwissenschaften entstanden, und zwar ursprünglich in sozialpolitischer Absicht.

Erste sozialwissenschaftiche Veröffentlichungen zu Beginn des 19. Jh. in Frankreich (*Saint-Simon, Fourier*[2]), von *K. Marx* als utopischer Sozialismus bezeichnet, sind in ihrer Zielsetzung weniger *wissenschaftlich* angelegt, im Sinne systematischer Erkenntnisgewinnung, sondern eher *programmatisch*, im Sinne einer Veränderung der gesellschaftlichen und politischen Verhältnisse zur Lösung der sozialen Probleme vor allem der arbeitenden Klasse. Für diese Richtung setzt sich später in Deutschland die Bezeichnung **Sozialpolitik** durch, die sich wertend der Erkenntnisse einer *wertfreien* Sozialwissenschaft *(Max Weber)* bedient.

In der sozialwissenschaftlichen Forschung finden zwei gänzlich unterschiedliche **Forschungsprogramme** Anwendung: der methodologische **Individualismus** und der methodologische **Kollektivismus** (Holismus). Ersterer ist eine Vorgehensweise, die, um ein Verständnis für große soziale Systeme (Organisationen, Gesellschaften) zu gewinnen, vom Individuum ausgeht. Begriffe und Konzepte, mit denen individuelles Verhalten beschrieben und gedeutet wird, eignen sich danach auch zur Beschreibung von großen Personenmehrheiten. Eine Gegenposition nimmt der Holismus ein, indem er u. a. aufgrund makroökonomischer und makrosoziologischer Analysen zu einem ganzheitlichen Verständnis sozialer Systeme zu kommen versucht.

Der in diesem Zusammenhang häufig zitierte **Reduktionismus** geht einen Schritt weiter als der methodologische Individualismus und behauptet, Aussagen soziologischer Theorien und von Gesellschaftstheorien ließen sich auf Gesetzesaussagen über menschliches Verhalten (vor allem psychologische Theorien) logisch zurückführen (reduzieren) (vgl. z.B. *Hummel/Opp* 1971, *Eberlein/Kondratzkowitz* 1977). Der Individualismus stützt sich historisch primär auf behavioristische und kognitive Konzepte; der Holismus einerseits auf systemtheoretische Konzepte, die Gleichgewichts- und Harmonievorstellungen zwischen den Elementen sozialer Systeme sowie zwischen System und Umwelt thematisieren, andererseits aber auch auf gesellschaftskritische, marxistische Theorien. In den Sozialwissenschaften ist die **systemtheoretische Betrachtungsweise** vor allem in der Soziologie (*Talcott Parsons, Niklas Luhmann*) und Volkswirtschaftslehre (*Friedrich v. Hayek,*[3] *Vilfredo Pareto, Carl Menger*) aufgegriffen worden, während in der Psychologie und Betriebswirtschaftslehre eher eine individualistische Forschungsstrategie verfolgt wird.

---

[2] *Fourier, Charles* (1772–1837) franz. Sozialreformer, kritisiert Arbeitsteilung, fordert Reintegration der Arbeit in Produktivassoziationen (Genossenschaften).

[3] *Hayek, Friedrich A. von* (geb. 1899 in Wien) Direktor Institut für Konjunkturforschung Wien, emigriert nach England, Prof. Ökonomie in London, Chicago, Freiburg i.B., Salzburg, Nobelpreis 1974.

Heute setzt sich mehr und mehr die Überzeugung durch, daß soziale Gruppen und große Organisationen über Eigenheiten (properties) verfügen, die nicht aus einer Analyse individuellen Verhaltens verständlich werden, sondern vielmehr eine soziologische Makroanalyse erforderlich machen; oder im Sinne der Emergenzthese formuliert: Beim Übergang von Individuen zu Gruppen und Großgruppen treten Eigenschaften und Gesetzmäßigkeiten hinzu, die für diese Analyseebene charakteristisch sind und die gesondert berücksichtigt werden müssen. Einzelne verhaltenswissenschaftliche Erkenntnisse gelten also lediglich für die jeweilige **Ebene der Analyse** (Individuum, Gruppe, Organisation).

II. Organizational Behavior als Teilbereich der angewandten Verhaltenswissenschaften

Im Anschluß an stark empirisch orientierte sozialpsychologische Forschungsbemühungen in den USA (Hawthorne-Studien) spricht man etwa seit 1950 von **Behavioral Sciences (Verhaltenswissenschaften)**, als einer Teilmenge der Sozialwissenschaften, die sich vorzugsweise mit dem Verhalten von Organisationen und ihren Mitgliedern beschäftigen. *Senn* (1966, S. 109f.) kommt nach Literaturrecherchen zu dem Ergebnis, daß *Hull*[4] wahrscheinlich als erster Psychologe den Begriff **behavioral sciences** benutzt hat, und zwar in dem Buch ‚Principles of Behavior‘ (1943). Der weite, verschiedene Forschungsrichtungen integrierende Ansatz der Behavioral Sciences wird jedoch erst um 1950 von der **Ford Foundation** populär gemacht, deren Forschungsprogramm ‚Individual Behavior and Human Relations‘ als ‚Behavioral Sciences Program‘ hohen Bekanntheitsgrad erzielt. Aus der Projektformulierung wird deutlich, daß die neue Richtung der Verhaltenswissenschaften als Reaktion auf die Human Relations-Bewegung zu verstehen ist. 1950/51 wird bei der Ford Foundation eine spezielle Abteilung für Behavioral Sciences eingerichtet und 1953 ein ‚Center for Advanced Study in the Behavioral Sciences‘ gegründet.

Werden die Erkenntnisse der Verhaltenswissenschaften auf einen bestimmten Realitätsausschnitt bezogen (applied behavioral sciences) und zwar auf (einzelwirtschaftliche) Organisationen, spricht man im angelsächsischen Raum von **Organizational Behavior (OB)** (vgl. *Cummings* 1978, *Howell/Dipboye* 1986, S. 15ff.; *Kast/Rosenzweig* 1985, S. 86ff.; *Miles* 1980, S. 2ff.; *Luthans* 1985, S. 5ff.; *Conrad* 1988). Ähnlich, wie in der Volkswirtschaftslehre zwischen Mikro- und Makroökonomie unterschieden wird, sprechen die US-amerikanischen Verhaltenswissenschaftler von **Micro Organizational**

---

[4] *Hull, Clark Leonhard* (1884–1952) gemäßigt behavioristischer Prof. Psychologie, Lerntheoretiker, Yale Uni.

Behavior (etwa: Organisationspsychologie) und **Macro Organizational Behavior** (etwa: Organisationssoziologie). Micro OB befaßt sich in der Tradition der Human Relations-Bewegung mehr mit dem Verhalten von Individuen und Gruppen, deren Motivation und Führung; Macro OB, bisweilen auch als **Organization Theory** bezeichnet, widmet sich dagegen mehr Struktur und Verhalten sozialer Systeme, deren Beziehungen zur Umwelt sowie Prozessen von Macht und Konflikt. Die Gründung der Zeitschrift *Administrative Science Quarterly* (1956) kann als der Beginn des interdisziplinären Forschungsbereichs Macro OB angesehen werden. In Europa schließen sich 1974 Forscher auf dem Gebiet des Macro OB zur European Group for Organizational Studies (EGOS) zusammen; diese gibt seit 1980 die Zeitschrift *Organization Studies* heraus.

Neben diesen beiden eher theoretisch-deskriptiv orientierten Forschungsrichtungen Micro und Macro OB werden noch zwei mehr praxeologisch-präskriptiv orientierte Ansätze dem Organizational Behavior-Gebiet zugerechnet: **Organization Development** (Organisationsentwicklung, vgl. Abschnitt 3 D) und **Human Resources Management** (Strategisches Personalmanagement, vgl. Abschnitt 3 C). *Tannenbaum/Margulies/Massarik*[5] (1985) von der UCLA favorisieren zusätzlich einen speziellen West Coast Approach innerhalb des Organizational Behavior. Im Konzept des **Human Systems Development** (HSD) integrieren sie Aspekte der Organisationspsychologie und -soziologie sowie der Systemtheorie (speziell sozio-technischer Ansatz) mit Ansätzen der Organisationsentwicklung.

Zusammenfassend läßt sich mit *Luthans* (1985) Organizational Behavior als Forschungsgebiet charakterisieren, das sich mit der Erklärung, Prognose und Steuerung von Verhalten in und von Organisationen befaßt. „It represents the *behavioral* approach to management, not the whole of management" (S. 7).

In dem auf S. 131 gebrachten Überblick über die Einzeldisziplinen der Sozialwissenschaften sind den Verhaltenswissenschaften die folgenden vier Disziplinen zugeordnet:
- **Ethnologie** oder Völkerkunde, als Wissenschaft von der Entstehung, Entwicklung und des Untergangs von Kulturen, ihren Institutionen und Riten.
- **Anthropologie** oder Menschenkunde, als Wissenschaft vom Menschen, von seinen biologischen, ethnologischen und philosophischen Bezügen.
- **Psychologie,** als Wissenschaft vom menschlichen Verhalten und Erleben.
- **Soziologie,** als Wissenschaft vom sozialen Handeln, als Lehre von der Gesellschaft.
   Vor allem Psychologie und Soziologie, ergänzt um die
- **Sozialpsychologie,** einer Grenzwissenschaft zwischen Soziologie und Psychologie, die sich primär mit Interaktionen in und zwischen (kleinen) Gruppen befaßt,

---

[5] *Tannenbaum, Robert* (geb. 1915) Prof. Development of Human Systems, UCLA.

stellen die zentralen Bezugsdisziplinen der Organizational Behavior Forscher dar; dies vor allem in Form der Bindestrichwissenschaften Organisations-Psychologie und -Soziologie. Im Zuge des zunehmenden Interesses der Organisationsforscher an Fragen der Organisationskultur gewinnt jedoch in jüngerer Zeit auch die Ethnologie an Bedeutung.

III. Verhaltenswissenschaftliche Ansätze im Überblick

Nach einem vielzitierten Ausspruch des Psychologen *Ebbinghaus*[6] hat die Beschäftigung mit psychologischen Fragen ,eine lange Vergangenheit, jedoch nur eine kurze Geschichte'. Damit wird zum Ausdruck gebracht, daß es schon immer Reflexionen und Spekulationen über das menschliche Verhalten im Zusammenhang theologischer und philosophischer Erörterungen gab. Erst seit der Mitte des letzten Jh. entwickelt sich eine eigenständige **Psychologie**.

Erste Ansätze zu einer verhaltenswissenschaftlichen Forschung finden sich zwar schon in *Wundts* Arbeiten in Leipzig (Gründung des ersten universitären Forschungslaboratoriums für experimentelle Psychologie 1879; vgl. auch die Ausführungen zur Psychotechnik auf S. 30), jedoch handelt es sich hierbei zunächst um eine psychophysiologisch ansetzende **Psychophysik** *(G. Th. Fechner)*, die zwar getreu dem naturwissenschaftlichen Vorbild laborexperimentell arbeitet, jedoch insofern eine Bewußtseinspsychologie ist, als sie Erlebnisdaten, also Introspektion, zuläßt. Im Gegensatz dazu entwickeln der angloamerikanische **Funktionalismus** *(W. James*[7] *und J. Dewey)*, die russische **Reflexologie** *(I. Pawlow)* sowie der **Behaviorismus** *(J. B. Watson)* ein strikt verhaltenswissenschaftliches Programm, das im rigorosen methodischen Ansatz des Behaviorismus lediglich beobachtbares Verhalten als Datenbasis zuläßt. „Die bürgerliche Psychologie in ihrem behavioristisch geprägten Kernbereich kennt keinen qualitativen Unterschied zwischen Organismen verschiedener Entwicklungshöhe, sondern nur den quantitativen Unterschied hinsichtlich der ,Komplexität', wobei der Mensch gegenüber den tierischen Organismen lediglich als komplexester Organismus, der den gleichen allgemeinen Gesetzmäßigkeiten unterliegt, betrachtet wird" *(Holzkamp-Osterkamp* 1981, S. 229).

Den Funktionalismus interessiert weniger die Struktur der Psyche als deren Funktion im Zusammenhang mit Prozessen, wie Lernen, Vergessen, Motivation, Anpassung an Umweltbedingungen. Reflexologie und Behaviorismus

---

[6] *Ebbinghaus, Hermann* (1850–1909) deutscher Lern- und Gedächtnispsychologe.
[7] *James, William* (1842–1910) amerik. Psychologe und Philosoph, biologisch-evolutionärer Ansatz.

entwickeln das Stimulus-Response (Reiz-Reaktions)-Konzept, das mit Modifikationen bis heute die Forschung in Micro OB beeinflußt. Im Zuge heftiger Kritik, auch aus Reihen der Behavioristen selbst, hat sich der dominierende Behaviorismus zunehmend liberalisiert und gegenüber der **Gestaltpsychologie** *(M. Wertheimer[8], K. Lewin)* und zum Teil auch der **Psychoanalyse** *(S. Freud)* im **Neobehaviorismus** *(E. C. Tolman, B. F. Skinner)* geöffnet. So können sich allmählich breiter fundierte Ansätze durchsetzen. Das um den menschlichen Organismus erweiterte **S-O-R Paradigma** der neobehavioristischen Psychologie

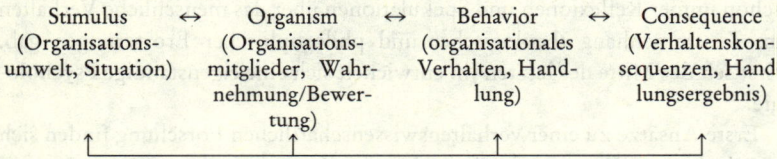

S = Stimulus   →   O = Organism   →   R = Response
(Reiz-Situation)   (Organismus)   (Reaktion)

ist das Ergebnis. Es wird von *Luthans* (1985, S. 22 ff.) zu einem interaktionistischen **S-O-B-C Modell** weiterentwickelt:

Stimulus ↔	Organism ↔	Behavior ↔	Consequence
(Organisations-umwelt, Situation)	(Organisations-mitglieder, Wahr-nehmung/Bewer-tung)	(organisationales Verhalten, Hand-lung)	(Verhaltenskon-sequenzen, Hand-lungsergebnis)

Die Doppelpfeile und Rückkoppelungsbeziehungen deuten an, daß zwischen Umwelt, Person und Verhalten vielfältige Interaktionen bestehen, die subjektive Interpretationen, Lernen und Anpassung erlauben. Unter Zurückdrängung des behavioristischen Paradigmas, nach dem der Mensch seiner Umwelt wesentlich rezeptiv und passiv in weitgehend einseitiger Abhängigkeit von externen Bekräftigungen gegenübersteht, vertritt man heute im Zuge der *kognitiven Wende* der Psychologie die Auffassung vom Menschen als einem Wesen, das sich die Umwelt aktiv (hypothesengenerierend und -testend) erschließt (vgl. *Groeben/Scheele* 1977, *Bannister/Fransella* 1981).

Im Bereich der **Arbeitspsychologie** wird seit den 70er Jahren mit Hilfe des handlungstheoretischen Ansatzes versucht, die herkömmlichen, sehr heterogenen Theorien der kognitiven Psychologie auf einer gemeinsamen, anwendungsbezogenen theoretischen Grundlage zu integrieren. Dabei wird die Vermittlungsfunktion von Handlungen zwischen Umwelt (Objekt) und Individuum (Subjekt) besonders betont (s. a. *Leontjew* 1977).

Subjekt   Handlung   Objekt

Dieser Ansatz wurde von den Arbeitspsychologen *Hacker* (1986) und *Volpert* (1974) am weitesten ausdifferenziert.

---

[8] *Wertheimer, Max* (1880–1943) deutscher Psychologe, emigrierte 1933 in die USA, Mitbegründer der Gestaltpsychologie, New School for Social Research, New York.

Neben der Arbeitspsychologie ist die Betriebs- und Industriepsychologie der Hauptanwendungsbereich von Forschungsergebnissen der Micro OB. Seit den 70er Jahren setzt sich jedoch für letztere die Bezeichnung **Organisationspsychologie** durch, und zwar in Anerkennung des Tatbestands, daß das Verhalten von Menschen in allen Arten von Organisationen Gegenstand der Forschung ist. Auch das US-amerikanische Standardwerk der Industriepsychologie (*McCormick/Ilgen* 1985) trägt ab der 8. Aufl. den Titel ‚Industrial and Organizational Psychology‘.[9]

Maslow (1943, 1954) gilt als Begründer der **Humanistischen Psychologie,** die sich von behavioristischen und psychoanalytischen Konzepten distanziert und Fragen nach dem Lebenssinn und persönlichem Wachstum thematisiert. Damit steht diese in der Tradition der verstehenden Psychologie *Diltheys*[10], eines geisteswissenschaftlichen Ansatzes, dem auch *E. Spranger* verpflichtet ist. Die Vorstellung, daß der Mensch letzten Endes nach innerem Reichtum in der Selbsterfüllung seiner Möglichkeiten strebt, ist hier zentral und wird ebenso von *Rogers*[11] (dem Begründer der **Gesprächspsychotherapie**), *Charlotte Bühler* und *Frederick Perls* (Begründer der **Gestalttherapie**) vertreten. Die Affinität dieses Ansatzes zu postmaterialistischen Wertentwicklungstrends liegt auf der Hand (vgl. *Inglehart* 1977).

Seit den 30er Jahren dieses Jh. existiert eine sozialpsychologische Forschung, die gemäß der *Lewin*schen Forderung nach Lebensnähe auch deutlich praxisbezogene, sozial-technologische Intentionen verfolgt. Die **Sozialpsychologie** führt ihren Ursprung auf die Arbeiten des Psychologen *McDougall*[12] und des Soziologen *Edward Ross* zurück, die beide unabhängig voneinander im selben Jahr 1908 eine Einführung in die ‚Social Psychology‘ vorlegen. Vor allem *Lewin*[13] (1935, 1951, 1969) hat in seiner **Feldtheorie** die Situation als Lebensraum bzw. Lebenssituation, welche die Person (Ich) und die Umwelt umfaßt, in den Mittelpunkt seiner topologischen Untersuchungen gestellt. Im Mittelpunkt der Feldtheorie steht das Konzept des Lebensraums (psychological field) einer Person, das sowohl das Individuum selbst mit seinen Zielen und Motiven als auch seine physikalische Umwelt umfaßt. In Analogie zum physikalischen Kräftefeld werden Vektoren und Valenzen als

---

[9] Die 1. Aufl. 1942 stammt von *Joseph Tiffin;* die 4. Aufl. 1958 entstand in Zusammenarbeit mit *Ernest McCormick* und die 6. Aufl. 1974 mit *Daniel Ilgen.*
McCormick, Ernest J. (geb. 1911) Prof. Industrial Psychology, Purdue Uni, West Lafayette.
[10] *Dilthey, Wilhelm* (1833–1911), deutscher Philosoph, sah Psychologie als Kulturwissenschaft im Gegensatz zur Naturwissenschaft.
[11] *Rogers, Carl R.* (geb. 1902) Prof. Psychologie, Ohio State Uni und Center for Studies of the Person, La Jolla, Cal., Begründer der Personen-zentrierten Psychotherapie.
[12] *McDougall, William* (1871–1938) geb. in England, Arzt und Psychologe, Prof. Psychologie, Harvard Uni.
[13] *Lewin, Kurt* (1890–1947) studierte bei *Wertheimer* in Berlin Psychologie, emigriert 1933 in die USA, gründet 1945 Research Center for Group Dynamics am MIT.

Determination des Verhaltens analysiert. *Lewin* überwindet insofern den damals dominierenden Behaviorismus, als er Verhalten nicht nur als bloße Reaktion auf Umwelt-Reize erklärt, sondern die Bedeutung der Wahrnehmung und Verarbeitung von Reizen durch die jeweilige Person in der erlebten Umwelt betont.

Die **Verhaltensgleichung** der *Lewin*schen Feldtheorie stellt die allgemeinste Formulierung der Entstehungsbedingungen menschlichen Verhaltens dar:

$V = f(P, U)$

V = Verhalten, P = Person, U = psychologische Umwelt.

In einer bestimmten Situation (zeitlich gesehen) hängt das Verhalten eines Individuums von dem psychologischen Lebensraum ab, in dem es sich befindet. Dieser setzt sich, wie auch aus der Gleichung hervorgeht, aus der Person selbst und ihrer Umwelt (Mikro- und Makrosituation) zusammen. Dabei sind mit *P* sowohl der momentane Zustand einer Persönlichkeit, ihre aktuellen Stimmungen, Gefühle, Bedürfnislagen etc., als auch die relativ überdauernde, entwickelte Persönlichkeitsstruktur erfaßt. Für den Begriff *Umwelt,* der sich inzwischen in Theorien der Organisationsstruktur zur Bezeichnung einer Kontextvariablen eingebürgert hat, wird heute in Theorien des Verhaltens eher der Begriff *Situation* verwandt. In ihn geht die physikalische-gegenständliche Umwelt ebenso wie der soziale Kontext (social setting) ein, in dem das Individuum sich befindet.

Heute herrscht in der Psychologie eine **interaktionistische** Auffassung vor, wonach Situationen ebenso eine Funktion der Person sind wie das Verhalten einer Person eine Funktion der Situation ist.

Die von *Bandura*[14] in die wissenschaftliche Diskussion eingebrachte und von ihm (1977, 1986) und anderen (z.B. *Mischel* 1973, 1976) weiterentwickelte **soziale Lerntheorie** verknüpft die Verhaltensgleichung *Lewins* mit dem S-O-R Paradigma. In ihrem Kern stellt die soziale Lerntheorie *Banduras* eine kognitive Verhaltenstheorie dar, die die Interaktion von Person, Situation und Verhalten betont und deshalb zu den interaktionistischen Ansätzen (vgl. *Lantermann* 1980) gezählt werden kann. Die Interaktionskomponente der sozialen Lerntheorie entstammt der Feldtheorie *Lewins.* In Erweiterung seiner Verhaltensgleichung wird in der sozialen Lerntheorie neben der Interaktion von Person und Situation (bzw. Umwelt) die Interaktion von Person und Verhalten sowie von Situation und Verhalten einbezogen, wobei Interaktion als reziproke Determination verstanden wird (vgl. Abb. 2.1). Die Einbeziehung des Verhaltens, nicht nur als Ergebnisvariable sondern als gleichberechtigte Interaktionskomponente, bringt es mit sich, daß auch die (Mit-) Gestaltung der Situation durch die sich verhaltende Person und auch die Rückwirkung personalen Verhaltens auf die Person bzw. ihre kognitiven Prozesse vom Modell erfaßt werden. Mit der Einbeziehung der Rückwirkung des Verhaltens auf Kognitionen schließt sich der Kreis zu einer Lerntheorie.

---

[14] *Bandura, Albert* (geb. 1925) Prof. Psychologie, Stanford Uni.

Sozial wird diese Lerntheorie genannt, weil sie Lernen nicht nur aus den durch die Person selbst erfahrenen Verhaltensfolgen erklärt, sondern auch aus der Beobachtung des Verhaltens anderer (Modellernen; vgl. Abschnitt 2 B II 2). Lernen wird im Gegensatz zu älteren Lerntheorien zunehmend als kognitiver Prozeß aufgefaßt, der den Menschen ein von der Umwelt bzw. Situation zwar beeinflußtes, doch weitgehend selbstgesteuertes Verhalten möglich macht.

Die soziale Lerntheorie *Banduras* wird uns genauso wie die Verhaltensgleichung *Lewins* oder das S-O-R Paradigma bei der Darstellung der für die Erklärung von Verhalten in und von Organisationen grundlegenden Wahrnehmungs-, Lern- und Motivationsprozesse wiederbegegnen.

Abb. 2.1: Grundmodell der sozialen Lerntheorie

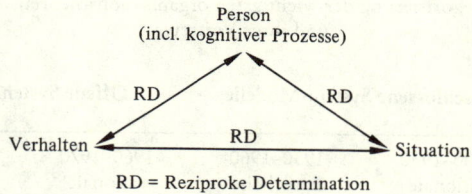

RD = Reziproke Determination

Quelle: Bandura 1977

Der Beginn der **Soziologie** als eigenständige Wissenschaft wird meist mit dem Namen *Comte*[15] verbunden, der 1842 den Begriff Soziologie prägt. Die Auseinandersetzung der Soziologie mit Organisationen als sozialen Gebilden geht letztlich auf *Spencer*[16] zurück. *Durkheim*[17] in Frankreich und *Tönnies*[18] in Deutschland setzen diese Tradition fort und befassen sich mit den Institutionen einer modernen arbeitsteiligen Gesellschaft.

Als eigentliche Begründer einer **soziologischen Organisationstheorie** in Deutschland sind jedoch *Simmel*[19] und vor allem *Max Weber* anzusehen, dessen Arbeiten über bürokratische Organisationen auch in den USA äußerst einflußreich werden (vgl. *Mayntz* 1963). Während sich Psychologie und Sozialpsychologie primär mit individuellem und Gruppenverhalten beschäftigen, haben (Organisations-)Soziologen stets die Struktur und Funktionen sozialer Systeme sowie deren Verhalten gegenüber der Umwelt zum Forschungsge-

---

[15] *Comte, Auguste* (1798–1857) franz. Philosoph, Begründer der Soziologie.
[16] *Spencer, Herbert* (1820–1903) engl. Philosoph, Sozialdarwinist (Evolutionstheoretiker), prägt Organisationsbegriff.
[17] *Durkheim, Emile* (1858–1917) franz. Soziologe, Prof. in Bordeaux und Paris.
[18] *Tönnies, Ferdinand* (1855–1936) Prof. VWL und Soziologie, Uni Kiel, Präsident der Deutschen Ges. für Soziologie (1909–1933).
[19] *Simmel, Georg* (1858–1918) Prof. Philosophie, Berlin und Straßburg.

genstand. Als in den 60er Jahren der Einfluß der **Organisationssoziologen** auf das bis dahin von Vertretern der Micro OB beherrschte Gebiet Organizational Behavior immer stärker wird, hat dies zu einer erkennbaren Anhebung des theoretischen Niveaus der Arbeiten geführt.

W. R. Scott[20] (1987) hat die wichtigsten organisationstheoretischen Ansätze – überwiegend aus dem Bereich Macro OB – nach Analyseebenen in *sozialpsychologische* (Verhalten der Organisationsmitglieder), *strukturalistische* (Funktionen der Organisation) und *ökologische* (Organisationen in ihrer Umwelt) eingeteilt (vgl. Abb. 2.2).

Weiterhin unterscheidet er zwischen offenen und geschlossenen System-Modellen. Während in *geschlossenen* Modellen Organisationen unabhängig von der Umwelt existieren und aus leicht identifizierenden Mitgliedern bestehen,

Abb. 2.2: Kategorisierung der wichtigsten organisationstheoretischen Ansätze und ihrer Vertreter

	Geschlossene System-Modelle		**Offene System-Modelle**	
Ebene der Analyse	1900–1930 rationale Modelle Typ I	1930–1960 natürliche Modelle Typ II	1960–1970 rationale Modelle Typ III	1970– natürliche Modelle Typ IV
sozialpsychologische	Scientific Management Taylor (1911) Decision Making Simon (1945)	Human Relations Whyte (1948)	Bounded Rationality March & Simon (1958)	Organizing Weick (1969) Negotiated Order Strauss et al. (1963) Ambiguity and Choice March & Olsen (1976)
strukturalistische	Bureaucratic Theory Weber (1921) Administrative Theory Fayol (1916)	Cooperative Systems Barnard (1938) Human Relations Mayo (1945) Dalton (1959)	Contingency Theory Lawrence & Lorsch (1967) Comparative Structure Udy (1959) Blau (1956) Pugh et al. (1969)	Socio-technical Systems Miller & Rice (1967) Strategic Contingencies Hickson et al. (1971) Pfeffer (1978)

---

[20] *Scott, William Richard* (geb. 1932) Prof. Soziologie, Stanford Uni.

Ebene der Analyse	1900–1930 rationale Modelle Typ I	1930–1960 natürliche Modelle Typ II	1960–1970 rationale Modelle Typ III	1970– natürliche Modelle Typ IV
ökologi-sche			Transaction Costs Williamson (1975) Ouchi (1980)	Population Ecology Hannan & Freeman (1977) Aldrich (1979) Resource Dependence Pfeffer & Salancik (1978) Marxist Theory Braverman (1974) Edwards (1979) Institutionalist Theory Selznick (1949) Meyer & Rowan (1977)

Quelle: Scott 1987, S. 100 f.

definiert *Scott* (1987, S. 23) Organisationen in *offenen* Modellen als Koalitionen wechselnder Interessengruppen, die ihre Ziele durch Verhandlungen bilden; die Struktur der Koalition, ihre Handlungen und Ergebnisse sind stark durch Umweltfragen geprägt. Offene und geschlossene Systeme können jeweils unter einer rationalen oder einer natürlichen Perspektive analysiert werden:

Rationale Modelle: Organisationen sind Systeme, die relativ präzise Ziele verfolgen und die eine relativ hoch formalisierte Sozialstruktur aufweisen.

Natürliche Modelle: Organisationen sind Systeme, deren Mitglieder ein gemeinsames Interesse am Überleben desselben haben und die hierfür informell geplante kollektive Handlungen unternehmen. Formelle Strukturen und Ziele sind bei dieser Perspektive kaum verhaltenssteuernd.

Pfeffer (1982) ordnet die wichtigsten verhaltenswissenschaftlichen Ansätze ebenfalls unterschiedlichen Analyseebenen zu: Individuen und Gruppen (Micro OB) oder gesamte Organisation (Macro OB). Abweichend von *Scott* unterscheidet er drei Perspektiven, wobei die erste mit dem rationalen und die dritte mit dem natürlichen Modell identisch ist. Die mittlere Perspektive stellt eine Mischform dar, die vor allem die Umweltabhängigkeit individuellen und organisatorischen Handelns betont (vgl. Abb. 2.3).

Abb. 2.3: Kategorisierung unterschiedlicher Ansätze in den Verhaltenswissenschaften

Handlungsperspektive

Ebene der Analyse	absichtsvoll, zielorientiert, rational	extern beeinflußt und gesteuert	zufällig entstehend, prozeßabhängig, sozial konstruiert
Individuen, Koalitionen, Abteilungen	Erwartungstheorie Zielbildungstheorie Bedürfnistheorie Politik- und Machttheorien	Operantes Konditionieren Soziales Lernen Sozialisation Rollentheorie Gruppeneinfluß ex post Rationalisierung Soziale Kommunikation	Ethnomethodologie/ Symbolischer Interaktionismus Kognitive Organisationstheorie Sprache und Kultur Affektive Prozesse
gesamte Organisation	Transaktionskostenansatz Situationstheorie Marxismus	Natürliche Selektion Ressourcenabhängigkeit	Organisationen als Paradigmen Komplexe Entscheidungsprozesse in Organisationen Organisationen als Institutionen

Quelle: Pfeffer 1982, S. 13

Die in Abb. 2.3 erwähnten Ansätze sind an verschiedenen Stellen des Buches mehr oder weniger ausführlich besprochen (vgl. Stichwortverzeichnis).

Wie *Scott* und *Pfeffer* deutlich gemacht haben, ist es zur besseren Strukturierung verhaltenswissenschaftlicher Erkenntnisse und Forschungsansätze hilfreich, verschiedene **Ebenen der Analyse** organisatorischen Verhaltens zu unterscheiden (*Nadler/Hackmann/Lawler* 1979, *Hampton/Summer/Webber* 1982, *Tosi/Hamner* 1985, *Steinle* 1985 sowie Abb. 2.4):

- **Individuelles Verhalten** (Abschnitt B)
- **Verhalten in Gruppen** (Abschnitt C)
- **Organisationsverhalten** (Abschnitt D)
- **Organisation-Umwelt Beziehungen** (Abschnitt D)

Zwischen diesen Ebenen bestehen vielfältige Beziehungen, die in Abb. 2.4 systematisiert werden.

Analog zu den Verhaltensebenen lassen sich drei Ebenen unterscheiden, auf denen Management notwendig wird:

- Management von Individuen und Gruppen (Personalführung)
- Management von Organisationen (Unternehmungsführung)
- Management der Beziehungen zwischen Organisation und Umwelt (Unternehmungsstrategie)

Abb. 2.4: Beziehungen zwischen den Analyseebenen

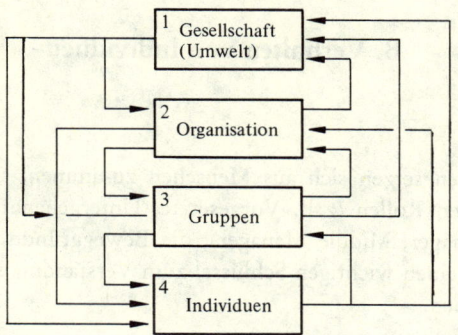

B. Verhalten von Individuen

Organisationen setzen sich aus Menschen zusammen, aus Menschen in unterschiedlichen Rollen (z.B. Vorgesetzte, Untergebene) und Positionen (z.B. Top Manager, Middle Manager); die Beweggründe ihres Verhaltens bilden folglich einen wichtigen Schlüssel zum Verständnis von Handlungen in Organisationen.

I. Aspekte der Person

Will man menschliches Verhalten in Organisationen beschreiben, erklären und vorhersagen, ist die Entwicklung einer Theorie des Verhaltens notwendig. Dabei müssen beide Seiten des Individuum-Organisation-Bezuges konzeptionell gefaßt und miteinander verknüpft werden; denn Determinanten des Verhaltens und Erlebens liegen einerseits im Organismus oder der *Person* selber oder sind andererseits Stimuluskonfigurationen der *Situation*. Aus theoretischer Sicht werden personale Determinanten mit Begriffen wie Trieb, Wert, Bedürfnis, Instinkt, Erwartung, Druck, Streben etc. belegt. (*Weiner* 1972, 1980; *Heckhausen* 1980). Die Abgrenzung dieser Konzepte untereinander ist seit Jahrzehnten Gegenstand fachlicher Auseinandersetzungen in den Sozialwissenschaften und bis heute keineswegs übereinstimmend gelöst. Da es sich um empirisch nicht direkt beobachtbare Größen handelt, sondern um solche, die mittels theoriegeleiteter Überlegungen aus Verhaltensweisen erschlossen werden müssen, spricht man auch von **hypothetischen Konstrukten.**

Menschliches Verhalten ist auf Motive zurückführbar und ist auf Ziele orientiert. Objektiv *gleiche* Umweltsituationen werden von verschiedenen Personen *unterschiedlich* verarbeitet und mit differierenden Verhaltensweisen beantwortet. Objektiv *ungleiche* Umweltsituationen können von verschiedenen Personen aber auch *gleich* verarbeitet werden und ohne erkennbare interpersonale Verhaltensunterschiede beantwortet werden. Diese im organisatorischen Alltag häufig zu beobachtenden Variabilitäten und Stabilitäten von Verhaltensweisen einer Person und zwischen Personen machen es notwendig, relativ überdauernde Aspekte von Personen näher zu betrachten. Es liegt nahe, nach den möglichen Bestimmungs- bzw. Einflußfaktoren individuellen Verhaltens zu forschen.

Die Suche nach solchen Einflußfaktoren kann einmal mehr *analytisch* (Erforschen von Teilaspekten des Menschen, Abschnitte 1–5) und zum anderen *ganzheitlich* (Erforschen der Gestalt bzw. Persönlichkeit, Abschnitte 6 und 7) erfolgen. Da dispositionale Merkmale der Person allein keine zureichenden Verhaltenserklärungen liefern können, muß eine solche Betrachtungsweise um interaktionelle Prozesse zwischen Person und Situation erweitert werden.

Zur konzeptuellen Einordnung der personalen Elemente (bei analytischer Vorgehensweise) lege ich das S-O-R Paradigma zugrunde:

Abb. 2.5: Teilaspekte zur Erklärung menschlichen Verhaltens

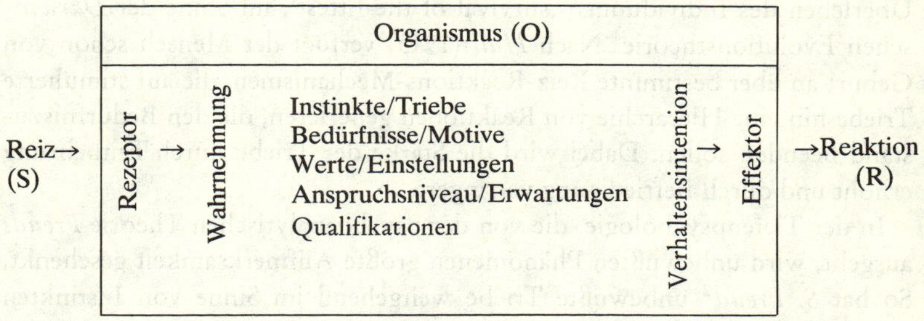

Reize aus der Umwelt, wie z. B. ökonomische Belohnungssysteme, Führungs- und Kontrollsysteme, Werbung, gesellschaftliche und Gruppennormen, Arbeitsaufgabe, erregen die Sinnesorgane (Augen, Ohren, Haut, Gehirn etc.) und werden über Rezeptoren (z. B. Netzhaut, Schnecke, Schleimhaut) wahrgenommen. Über eine Erregung des autonomen und motorischen Systems, durch aktivierte Motive, Erwartungen, Fähigkeiten etc. kommt es zu Verhaltensintentionen, die über Effektoren (z. B. Muskeln, Sehnen) zu beobachtbaren Reaktionen führen.

1. Instinkte/Triebe

Bis ins 19. Jh. beherrscht die griechische Philosophie des Hedonismus (in ihrer radikalsten Form durch *Aristippos* formuliert), wonach das Ziel menschlichen Strebens im Erreichen von Gefühlen der Lust und im Vermeiden von Unlust besteht, das Denken in westlichen Zivilisationen. In Verbindung mit dem Utilitarismus *(Bacon, Hobbes, Locke, J. St. Mill)* bildet er die wesentliche weltanschauliche Grundlage der Neuzeit. *J. Bentham*[1] sieht das Glück, wie später die amerikanische Unabhängigkeitserklärung das ‚right on happiness‘, in der größtmöglichen Befriedigung aller vorliegenden Bedürfnisse und

---

[1] *Bentham, Jeremy* (1748–1832) engl. Rechtsgelehrter.

Interessen. Seine sozialutilitaristische Position (*Benthams*ches Prinzip), wonach das ‚Glück der größten Zahl' als oberstes Prinzip der Moralität zu gelten habe, bestimmte vor allem die angelsächsische Geistestradition. *McDougall* (1908) entwickelt eine Instinkt-Theorie, in der 20 Instinkte vorkommen. Er sieht Verhalten durch angeborene Prädispositionen determiniert; diese ungelernten Instinkte steuern die Wahrnehmungs- und Verarbeitungsprozesse im menschlichen Organismus.

Mit der Arbeit von *Clark L. Hull* haben die Trieb- bzw. Antriebstheorien einen neuen Höhepunkt gefunden. Ebenso wie *McDougall* ist auch *Hull* stark von *Darwin* beeinflußt, der keinen prinzipiellen Unterschied zwischen Mensch und Tier sieht. Angeborene Verhaltensweisen sind funktional für das Überleben des Individuums; ‚survival of the fittest', im Sinne der *Darwin*schen Evolutionstheorie. Nach *Hull* (1943) verfügt der Mensch schon von Geburt an über bestimmte Reiz-Reaktions-Mechanismen, die auf stimulierte Triebe hin eine Hierarchie von Reaktionen generieren, die den Bedürfniszustand beenden sollen. Dabei wird die Stärke der Triebe durch Entbehrung erhöht und durch Befriedigung verringert.

In der Tiefenpsychologie, die von der psychoanalytischen Theorie *Freuds* ausgeht, wird unbewußten Phänomenen größte Aufmerksamkeit geschenkt. So hat *S. Freud*[2] unbewußte Triebe weitgehend im Sinne von Instinkten behandelt, indem er zunächst von den Ur-Trieben Selbsterhaltung und Arterhaltung (Sexualtrieb, Libido) ausgeht. *Brenner* (1972) hat diesen Eindruck korrigiert und deutlich zwischen Instinkten und Trieben unterschieden. „Der Instinkt ist die angeborene Fähigkeit oder Notwendigkeit, auf eine bestimmte Gruppe von Reizen in stereotyper und gleichbleibender Weise zu reagieren ..." (S. 33). *Brenner* möchte diesen Begriff lediglich zur Erklärung des Verhaltens von Tieren verwandt wissen, obgleich gewisse Analogien zum Menschen nicht geleugnet werden. Beim Menschen ist das Ausmaß instinktiven Handelns eben bedeutend geringer als bei Tieren. In diesem Sinn stellt der Mensch ein ‚Mängelwesen' *(A. Gehlen)* dar, das lediglich wenige Instinkte und Instinktresiduen aufweist. Der Begriff **Instinkt** erscheint zur Erklärung menschlichen Verhaltens wenig hilfreich, zumal man darunter im Sinne der Tierverhaltensforschung (Ethologie) heute ein genetisch programmiertes, starres Verhaltensmuster versteht, bei dem auf ein Appetenzverhalten bei Vorliegen bestimmter Schlüsselreize ein angeborener auslösender Verhaltensmechanismus erfolgt.

Als (An-)**Trieb** bezeichnet *Brenner* (S. 34) dagegen, „eine genbedingte, elementare und essentielle Komponente der Psyche, die – wenn sie wirksam wird – einen Zustand psychischer Erregung oder, wie wir oft sagen, der Spannung hervorruft." Triebe sind zwar genbedingt, also ungelernt, können aber durch individuelle Erfahrung nachhaltig verändert werden. In seiner

---

[2] *Freud, Sigmund* (1856–1939) Wiener Psychiater, Begründer der Psychoanalyse, emigriert 1938 nach London.

Theorie der Triebe behauptet *Freud* (1920) später die Existenz zweier Triebe, des Sexualtriebs und des Aggressionstriebs, wobei wichtig ist, daß beide Triebe nicht isoliert voneinander, sondern stets gemischt auftreten.

Mit dem Aufkommen des **Behaviorismus** in den 20er Jahren dieses Jahrhunderts werden die Instinkt- und Triebtheorien heftig kritisiert. Diese durch den russischen Physiologen *I. Pawlow* eingeleitete, stark experimentell orientierte Richtung der Psychologie verläßt sich ausschließlich auf beobachtbares Verhalten und muß folglich theoretische Konstrukte wie Instinkte und Triebe als Methaphysik ablehnen.

2. Bedürfnisse/Motive

Im Gegensatz zu den genbedingten, angeborenen Instinkten und Trieben sind Bedürfnisse und Motive zum großen Teil gelernt. Verglichen mit den ,körpernahen' Verhaltenselementen Instinkt und Trieb unterliegen letztere einem stärker kulturellen Einfluß. Bedürfnisse und Motive sind vergesellschaftet, d.h. sozial ausgeformt und gestaltet (vgl. *Holzkamp-Osterkamp*[3] 1981). Insofern spricht man auch von *primären* Trieben (bzw. Bedürfnissen), die der genetischen Programmierung des Menschen entsprechen, sowie von gelernten *sekundären* Bedürfnissen. Da der Mensch aufgrund seiner relativ geringen Determiniertheit durch Anlagefaktoren und seiner relativ langen Entwicklungszeit ein ,weltoffenes', lernintensives Wesen darstellt, entsteht aufgrund von Lernprozessen eine sehr große Anzahl spezieller Bedürfnisse. Dabei wird im Zusammenhang mit der Befriedigung ,primärer' Triebe, häufig zunächst als Mittel zum Zweck, eine bestimmte Verhaltensweise ausgeführt, die ihrerseits ein Bedürfnis begründet, also ,funktional autonom' wird *(G. W. Allport)*.

Im Zuge der Entwicklung moderner Gesellschaften werden die primären, ursprünglichen Beweggründe des Handelns immer mehr von sekundären (vor allem Streben nach Einkommen) überlagert, so daß die Trennung in primäre und sekundäre Motive immer fragwürdiger wird. Durch die gezielte Förderung bzw. Unterdrückung bestimmter Bedürfnisse in Lern- und Sozialisationsprozessen entstehen sekundäre Motive (z.B. Streben nach Macht, Leistung, Geselligkeit, Status), die heute in ihrer Bedeutung für das Verhalten weit höher einzuschätzen sind als die primären Motive.

Während die Unterscheidung primär-sekundär mehr auf die Genese der Motivwirkung abstellt, lenkt die Einteilung der Motive in extrinsische und intrinsische die Aufmerksamkeit mehr auf den Inhalt, die Ursache der Bedürfnisbefriedigung. **Intrinsisch** motiviert (oder verstärkt) ist ein Mitarbeiter, der aus der Tätigkeit selbst (z.B. erfolgreiche Bewältigung einer schwierigen

---

[3] *Holzkamp-Osterkamp, Ute* (geb. 1935) Privatdozentin Psychologie, FU Berlin.

Aufgabe) Befriedigung bezieht, während der **extrinsisch** Motivierte Befriedigung aus den Begleitumständen der Arbeit (z.B. Bezahlung, Anerkennung, Status) erhält. Intrinsische Motive sind also ‚äußerlich zweckfrei', sachbezogen, im Gegensatz zu den von äußeren Verstärkern (Belohnung und Bestrafung) abhängigen extrinsischen Motiven. Als intrinsische Motive werden insbesondere das Erkundungsbedürfnis oder Neugierstreben hervorgehoben, sowie das Bedürfnis nach Abwechslung, Komplexität und Neuigkeit, das Bedürfnis nach Stimulation an sich, nach persönlicher Wirksamkeit, wie sie im Spielverhalten deutlich wird (vgl. *Heckhausen* 1980, S. 607 ff.).[4]

Da in der Literatur die Begriffe Bedürfnisse (needs) und Motive (motives) meist synonym verwandt werden, gehen m.E. einige sehr wesentliche theoretische Aspekte der Verhaltensdeutung verloren. Dies soll hier vermieden werden.[5]

Bedürfnisse sind den Motiven rangmäßig vorgeordnet; als physiologische Ungleichgewichte (Hunger, Durst etc.) bezeichnen sie ein generelles Mangelgefühl und fungieren als person-interne Reize, die einen Menschen in allgemeine Handlungsbereitschaft versetzen. Bei **Motiven** handelt es sich um eine inhaltliche Klassifikation von angestrebten Zielzuständen, die sich in der Person vor allem im Laufe ihrer Sozialisation als relativ stabile „Wertungsdispositionen" (*Heckhausen* 1980, S. 24) herausgebildet haben. Unter gegebenen situativen Bedingungen wird dann ein Motiv aus der in einer Person vorhandenen und unterschiedlich intensiv ausgebildeten Motivmenge aktiviert und bis zur Zielerreichung oder zur Erreichung eines als befriedigend angesehenen Anspruchsniveaus beibehalten. Die Aktivierung von Motiven erfolgt durch Anreize, die aus der Person selber herrühren können (körperlich, symbolisch) oder durch Stimuli, die in Situationsgegebenheiten vorhanden sind, wie z.B. Geld, Arbeitsinhalt, Gruppenkontakte. Diese erhalten aber nur dann verhaltenswirksamen Aufforderungscharakter, wenn sie als solche wahrgenommen und kognitiv verarbeitet werden. Person und situative Gegebenheit stehen dabei im Verhältnis psychologischer Wechselseitigkeit. Diese Zusammenhänge lassen sich in folgendem einfachen Modell darstellen:

Abb. 2.6: Einfaches Motivationsmodell

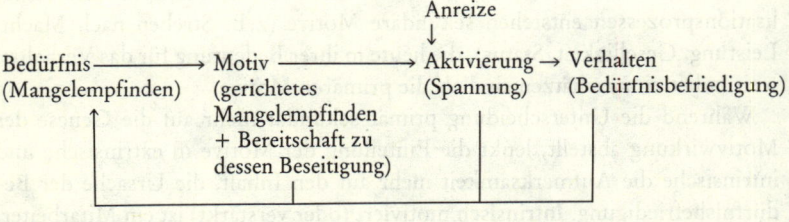

---

[4] *Heckhausen, Heinz* (1926–1988) Prof. Psychologie, Uni Bochum.
[5] Vgl. auch *Thomae* 1965, *v. Rosenstiel* 1975, *Lawler* 1973, *Todt* 1977.

Menschliches Verhalten ist auf Ziele gerichtet. Das von einem Individuum angestrebte Zielausmaß, das von ihm als verbindlicher Anspruch an das eigene Handeln erlebt wird, bezeichnet man als **Anspruchsniveau** (vgl. z.B. *Heckhausen* 1965 b, *Hoppe* 1965, *Weiner* 1972, *Reber* 1973). Eine wesentliche Determinante des Anspruchsniveaus sind die Erwartungen, die ein Individuum über den Eintritt bestimmter Umweltzustände und über die Folgen seiner Handlungen hegt. So wird es z.B. bei Erwartung einer Belohnung für erfolgreiches Handeln sein Anspruchsniveau höher festlegen als bei Fehlen einer solchen Verstärkung.

Mit dem Erreichen des selbstgesetzten Zielniveaus ist ein Erfolgserlebnis (Bedürfnisbefriedigung) verbunden, das i.d.R. auch ohne externe Verstärkung zu einer Erhöhung zukünftiger Anspruchsniveaufestlegungen führt. Diese Aussage gilt für den entgegengesetzten Fall der Nichterreichung des Zielniveaus nur mit einschränkenden Modifikationen. Während als lediglich vorübergehend beurteilte Mißerfolge sogar eine Anspruchsniveauerhöhung zur Folge haben können, führen wiederholte, andauernde Nichterreichungen des Anspruchsniveaus zu einer Senkung desselben.

Die Aussagen über den Zusammenhang zwischen Anspruchsniveauerreichung und Erfolgserlebnis gelten nur bei ‚realistischen‘ Zielfestlegungen. So bleiben z.B. Mißerfolgserlebnisse dann aus, wenn das Individuum ein Ziel nicht erreicht, das in Relation zu seinen Fähigkeiten viel zu hoch angesetzt war. Durch den Hinweis auf offensichtlich nicht realisierbare Leistungsziele entzieht man sich einer externen Kritik. Umgekehrt kann das verkündete Anspruchsniveau vom tatsächlich angestrebten abweichen (**Anspruchsniveau-Spaltung**). Liegt das verkündete Ziel niedriger als das angestrebte (Tiefstapelei), sind Leistungsergebnisse leichter als Erfolg zu buchen. Subjektiv können jedoch zu leicht erreichbare Anspruchsniveaus erfahrungsgemäß keine Erfolgserlebnisse vermitteln (*Heckhausen* 1974). In jedem Fall besteht zwischen der Beurteilung der eigenen Handlungen (Leistung) und einer Anspruchsniveauanpassung ein mehr oder weniger großer time lag und keine unmittelbare S-R-Verknüpfung.

Neben diesen intrapersonalen zeitlichen Schwankungen im Anspruchsniveau, die als Lernprozeß zu interpretieren sind, bestehen auch bei gleichen Umweltsituationen erhebliche interpersonelle Unterschiede in der **Festlegung individueller Zielniveaus**. Dies ist nicht nur eine Folge unterschiedlicher Persönlichkeitsmerkmale (Bedürfnisstruktur, Wertsystem, Einstellungen, Fähigkeiten), sondern auch sozial vermittelt das Ergebnis von Vergleichen, die das Individuum anstellt in bezug auf Leistungsstandards (Normen) anderer Menschen und vor allem von Gruppen, in denen es arbeitet, und die für es Vorbildcharakter haben. Die Bedeutung solcher Referenz-Gruppen kann so übermächtig werden, daß sich das Individuum fremde Anspruchsniveaus zu eigen macht. Eine solche Form der Entfremdung wird umso stärker sein, je mehr Macht die soziale Umwelt auf das Individuum ausübt und je eindeutiger die fremden Verhaltenserwartungen formuliert sind.

Eine einheitliche **Klassifikation** von Bedürfnissen hat der großen Zahl unterschiedlicher Erwartungen und Zielzustände Rechnung zu tragen. Darüber hinaus ist zu berücksichtigen, daß sich Personen in der jeweiligen Ausprägung (Intensität, Dauer) eines bestimmten Bedürfnisses von anderen Personen unterscheiden. In der ökonomischen und verhaltenswissenschaftlichen Literatur hat es dennoch nicht an Versuchen gefehlt, menschliche Bedürfnisse zu klassifizieren und zu hierarchisieren. Die Suche nach Bedürfnisklassen hat allerdings nicht nur erkenntnistheoretische Ursachen, sondern auch ganz praxeologische, da die Kenntnis von unterschiedlichen Bedürfnissen und Motiven eine gezielte interessenbestimmte Aktivierung (z. B. durch Werbung oder Führung) erst möglich macht.

Im vorwissenschaftlichen Verständnis, vor dem Hintergrund eines materialistischen, hedonistischen, utilitaristischen Welt- und Menschenbildes erscheint es evident, daß der Mensch vollständig aus seiner vitalen Bedürfnislage verständlich wird. Insofern ist die Versuchung groß, beinahe jeder Verhaltensweise einen Trieb oder ein Bedürfnis zu unterstellen. *Bernard* (1926) wies bereits früh auf die Kurzschlüssigkeit dieses Ansatzes hin, indem er nach Durchsicht von ca. 400 Arbeiten 5684 unterschiedliche Instinkte, Triebe, Bedürfnisse aufzählen konnte. Übersehen wurde bei diesen Trieb- und Bedürfnistheorien zumeist, daß bis in die vitale Grundschicht hinein Wechselwirkungen mit der geistigen (kognitiven) Organisation des Menschen bestehen (z. B. Sexualität und Leistungsstreben). Auch Gefühle und Stimmungen – im allgemeinen als Korrelate von Bedürfnissen interpretiert – werden wesentlich kognitiv gesteuert (*Schachter* 1971). Deshalb ist man heute im Zuge der ‚kognitiven Wende‘ der Verhaltenswissenschaften sehr zurückhaltend in bezug auf die Vorstellung, man könne von einer konstanten Bedürfnismenge mit konsistenter Struktur ausgehen. Die unkritischen Bedürfniskonzepte scheitern zudem daran, „... daß die Begriffe einen Beschreibungsextrakt von beobachtbaren Verhaltensphänomenen mit einer Erklärung gleichsetzen und damit ‚zirkulär‘ werden" (*Heckhausen* 1980, S. 26). Dennoch erfreuen sich verschiedene **Bedürfnislisten** in der Praxis nach wie vor großer Beliebtheit.

Als Beispiel für einen umfassenden Katalog universell nachweisbarer (sekundärer) Bedürfnisse kann die Zusammenstellung von *Murray*[6] (1938) dienen. In diesem Modell wird keine allgemeingültige Hierarchie von Bedürfnisklassen angenommen, sondern davon ausgegangen, daß jeder Mensch eine individuelle Hierarchie nach der subjektiven Bedeutung der einzelnen Bedürfnisse ausbildet (deshalb die alphabetische Anordnung):

---

[6] *Murray, Henry A.* (geb. 1893) Psychologe, Direktor Harvard Psychological Clinic, entwickelt 1935 thematischen Apperzeptionstest (TAT).

Abasement (Unterwerfung)	Harm avoidance (Vermeiden von Schmerz)
Achievement (Leistung)	Infavoidance (Vermeiden von Mißerfolgen)
Affiliation (soziale Kontakte)	Nurturance (Helfen, Fürsorge)
Aggression (Aggression)	Order (Ordnung)
Autonomy (Autonomie)	Play (Spieltrieb)
Counteraction (Widerstand)	Rejection (Rückzug)
Defense (Verteidigung)	Sentience (Gefühlsbetonung)
Deference (Bewunderung)	Sex (Sexualität)
Dominance (Kontrolle)	Succorance (Bedürfnis nach Zuneigung)
Exhibition (Beeindrucken)	Understanding (Wißbegierde)

Der Wunsch, in diese Vielzahl von Motiven eine Ordnung zu bringen, die letztlich das philosophisch-anthropologische Weltbild des Wissenschaftlers reproduziert, hat in der Folge das Bemühen ganzer Forschergenerationen gekennzeichnet. Auf allgemeiner Ebene hat als einer der ersten *Spranger*[7] (1914) sechs Grundmotive in einer Stufenreihe angeordnet. Die Basis der **Wertpyramide** bilden die wirtschaftlichen Grundmotive. Theoretische, ästhetische, soziale und politische Motive bilden das Mittelfeld und die religiösen Motive (Seligkeit des ganzen Daseins, geistige Erfüllung) sind auf der höchsten Ebene angesiedelt.

Gerade anhand der *Spranger*schen idealtypischen Konzeption sowie des darauf aufbauenden Testverfahrens (*Allport* el al. 1960 und *Roth* 1972: Der Werteinstellungs-Test) wird die terminologische Unschärfe der Begriffe Bedürfnis, Motiv, Wert, Interesse etc. deutlich (vgl. *Kmieciak* 1976).

Spranger hat also lange Zeit vor *Maslow* die Entwicklung einer **Hierarchie von Motiven** diskutiert. 1928 erscheint die englische Übersetzung von *Sprangers* Arbeit und findet unter dem Titel ,Types of Men' eine breite Aufnahme vor allem in den USA (*Spranger* 1928).

Das wohl bekannteste Modell der **Hierarchisierung** von Bedürfnissen/Motiven stammt von dem Amerikaner *Maslow*.[8]

Maslow (1943, 1954) entwickelt das Modell auf der Grundlage seiner klinisch-psychologischen Erfahrungen. Er integriert funktionalistische Ansätze der Psychologie, gestaltpsychologisches Gedankengut und psychoanalytische Aspekte zu einer Bedürfnispyramide mit insgesamt fünf Hauptbedürfnisklassen (vgl. Abb. 2.7 auf S. 152).

Die Ebenen sind nach ihrer relativen Dringlichkeit arrangiert, wobei situativ *eine* Bedürfnisklasse Denken und Handeln des betreffenden Individuums dominieren kann; die anderen Bedürfnisse treten in einer solchen Situation dann zurück, können aber unter anderen situativen Bedingungen wieder aktiviert werden.

---

[7] *Spranger, Eduard* (1882–1963) Prof. Psychologie, Pädagogik, Uni Leipzig, Berlin, Tübingen; Schüler von *W. Dilthey*.

[8] *Maslow, Abraham H.* (1908–1970) Prof. Psychologie, Brandeis Uni, Mass.

Abb. 2.7: Die Bedürfnispyramide von *Maslow*

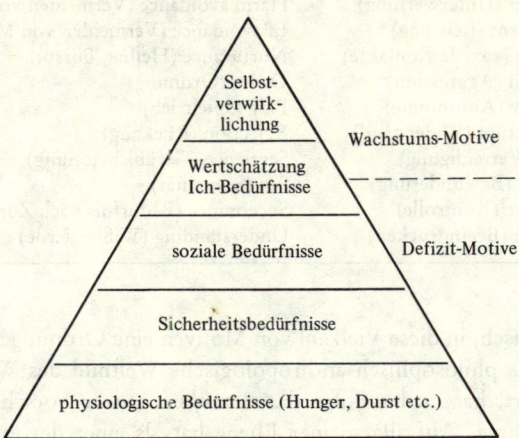

Quelle: *Maslow* 1954, S. 35 ff.

Die *physiologischen Grundbedürfnisse* (z.B. Hunger, Durst, Sexualität) sind Funktionserfordernisse individuellen und gattungsmäßigen (Über-)Lebens. Können die in dieser Bedürfnisklasse zusammengefaßten Motive als relativ gesättigt betrachtet werden, wird die nächsthöhere Ebene von Bedürfnissen, jene der *Sicherheitsbedürfnisse*, zunehmend dominant. Beispielhaft nennt *Maslow* (1977, S. 79) Sicherheit, Stabilität, Geborgenheit, Schutz, Angstfreiheit, Bedürfnis nach Struktur, Ordnung, Gesetz und Grenzen. Analog dazu werden die Inhalte der höherrangigen Bedürfnisklassen (*soziale Bedürfnisse, ichbezogene Bedürfnisse*) jeweils dann verhaltenswirksam, wenn das Individuum die darunterliegenden Ebenen als relativ erfüllt betrachtet. Die höchste Stufe der Hierarchie, die *Selbstverwirklichung*, bezieht sich auf „... die Tendenz, das zu aktualisieren, was man an Möglichkeiten besitzt. Diese Neigung kann als das Verlangen formuliert werden, immer mehr zu dem zu werden, was man idiosynkratisch ist, alles zu werden, was zu werden man fähig ist" (*Maslow* 1977, S. 89).

Maslows Hierarchiekonstrukt ist z.T. starker **Kritik** unterzogen worden (vgl. zusammenfassend *Wunderer/Grunwald* 1980, *Gebert/Rosenstiel* 1981, *Conrad* 1983):

• Mehrdeutigkeit und mangelnde Abgrenzbarkeit der von *Maslow* verwendeten zentralen Konzepte
• Geringe Operationalität der von ihm verwendeten Begriffe
• Trivialität von Grundannahmen
• Eine nur geringe Eignung des Konzeptes der Bedürfnispyramide für gültige Verhaltensvorhersagen von Individuen
• Kulturgebundenheit der Rangfolge der Bedürfnisebenen
• Mangelnde inhaltliche Logik des Ansatzes

• Ungeklärte theoretische Einordnung als Motivationstheorie oder Modell der Selbstkonzeptforschung.

Weitgehend Einigkeit besteht jedoch darüber, daß, solange die Grundbedürfnisse (physiologische und z.T. Sicherheitsbedürfnisse) nicht befriedigt sind, Bedürfnisse höherer Ordnung nicht dominant werden. Die Forschungsergebnisse lassen es jedoch als unzulässig erscheinen, die Bedürfnisse höherer Ordnung in eine Rangskala zu bringen (wie es *Maslow* tut). Auch die These, daß befriedigten Bedürfnissen keine Motivationswirkung mehr zukomme, ist zu differenzieren. Gerade für Bedürfnisse höherer Ordnung gilt, daß erste Befriedigungserfolge das Bedürfnis in seiner Stärke wachsen lassen.

Nicht zuletzt aufgrund dieser Unsicherheiten hat *Alderfer*[9] (1972) die fünf Bedürfnisse aus *Maslows* Pyramide stärker zusammengefaßt und nur noch drei große Klassen unterschieden (**ERG-Theorie**):
1. *Existence needs* (Physiologische Bedürfnisse und der physisch, materielle Teil der Sicherheitsbedürfnisse)
2. *Relatedness needs* (soziale Bedürfnisse und der interpersonelle Teil der Sicherheitsbedürfnisse)
3. *Growth needs* (Wertschätzung, Selbstverwirklichung, Wachstum).

3. Werte

Während Bedürfnisse und Motive sowohl angeboren als auch gelernt sein können, sind Werte und Einstellungen in jedem Fall erlernt und zwar durch formale Erziehung und Ausbildung sowie durch die Vielzahl menschlicher Kontakte innerhalb und außerhalb der Arbeitswelt.

Das individuelle Wertsystem und die Einstellungen eines Menschen prägen ganz entscheidend die Wahrnehmung seiner Umwelt, von Handlungsalternativen und von Handlungsfolgen, und somit sein Entscheidungsverhalten. „Ein Wert ist eine Auffassung (explizit oder implizit), die ein Individuum oder eine Gruppe vom Wünschenswerten hegt, und welche die Wahl möglicher Verhaltensweisen, Handlungsalternativen und -ziele beeinflußt" (*Kluckhohn* 1951, S. 395). Diese Definition prägt entscheidend das Wertbegriffsverständnis in den Sozialwissenschaften, obwohl an ihr oft Kritik geübt und viele alternative Begriffsbestimmungen vorgeschlagen werden (vgl. *Scholl-Schaaf* 1975, *Kmieciak* 1976, *Klages/Kmieciak* 1981).

Da sich sozialwissenschaftliche Forschung seit jeher vordringlich mit Bezug auf soziale Probleme konstituierte – so entstand etwa die sozialpsychologische Einstellungsforschung aus der Erforschung rassistischer und ethnischer Vorurteile in den USA –, liegt die Annahme nahe, daß das aktuelle Interesse an den allgemeineren Werten, die häufig als ‚Selbstverständlichkeiten' angesehen wurden, tiefgreifende **Orientierungskrisen** in den westlichen Industriegesellschaften im Übergang zu *postmodernen* (*A. Etzioni* 1975) oder

---

[9] *Alderfer, Clayton P.* (geb. 1940) Prof. Organizational Behavior, Yale Uni.

postindustriellen (O. Bell 1975) Gesellschaften reflektiert. Jedenfalls erscheint angesichts grundlegender, beschleunigt ablaufender gesellschaftlicher Veränderungen sowie technologischer Herausforderungen und Gefährdungen eine Analyse der am tiefsten verwurzelten Orientierungsleitlinien und Handlungsmaßstäbe für den einzelnen Menschen, für Gruppen und Organisationen notwendig. Folglich kann es kaum überraschen, daß Wertdiskussionen gegenwärtig in allen möglichen wissenschaftlichen Zusammenhängen, auf allen Ebenen, Konjunktur haben; so z.B. in der politologischen, der ökonomischen, der soziologischen wie auch der psychologischen Forschung. Dabei erweisen sich häufig Unklarheiten bezüglich des Wertbegriffs als besondere Hypothek (vgl. *Kmieciak* 1976, S. 147ff.). Zudem erscheint der Wertbegriff wie kaum ein anderer aktueller wissenschaftlicher Terminus traditionsbelastet. Obwohl er erst im 18. und 19. Jh. explizit in die nationalökonomische und die philosophische Literatur eingeführt wurde, verbinden sich mit ihm grundsätzliche Fragen nach den Ideen des Guten, des Wahren, des Schönen und des Gerechten, die weit in die antike Philosophie zurückreichen und im Laufe der Geistesgeschichte immer wieder erbitterte Kontroversen um wertabsolutistische und -relativistische Positionen heraufbeschworen haben.

Aus der Einstellungsforschung heraus hat der seit seiner Studie über „The open and closed mind" (1960) weltweit bekannte Sozialpsychologe *Milton Rokeach* das wohl populärste Wertforschungsprogramm entwickelt. Für ihn sind **Einstellungen** ohne die ihnen vorgelagerten Werte undenkbar; beide stellen eine komplexe Systemhierarchie innerhalb der Persönlichkeit dar, wobei einer unüberschaubaren Fülle von Einstellungen relativ wenige Werte zugrunde liegen. Demzufolge stellen ‚human values' das ökonomischere Analysekonzept dar; sie sind für den Menschen von größerer Zentralität. Als sozialisationsgeschichtlich tief verwurzelte, ichzentrale generelle Orientierungsleitlinien und Ordnungsprinzipien des Individuums strukturieren und organisieren sie Einstellungen und determinieren auch Bedürfnisse. Aufgrund von ‚Auffassungen des Wünschenswerten' *(Kluckhohn)* wird die Selektion des konkret ‚Erwünschten' geleistet. *Rokeach* (1973) behauptet weiterhin, daß aufgrund von Werten eine bessere Verhaltensprognose möglich sei als einzig auf der Grundlage von Einstellungserhebungen, d.h. durch den Rekurs auf größere und tieferreichende Einheiten des Überzeugungssystems einer Person werden zutreffendere Prognosen von Eigenschaften des personalen Systems über dessen Verhalten möglich. Dabei können sich Vorhersagen des Verhaltens jedoch weniger auf spezifische einzelne Verhaltensdaten beziehen, als vielmehr auf generalisierbare, situationsübergreifende Verhaltensmuster.

Die Popularität des Ansatzes von *Rokeach* beruht vor allem auch darauf, daß er ein relativ einfach durchzuführendes **Wert-Erfassungsinstrument** entwickelt hat, dessen Begründung er bereits in seiner Wertdefinition liefert. Dabei geht er davon aus, daß von Werten einer Person zu reden bedeutet, auf relativ dauerhafte Überzeugungen über Idealzustände oder Zielprojektionen menschlicher Existenz (die *terminalen* Werte) einerseits oder den Sollvorstellungen bzgl. des Verhaltens (die *instrumentellen* Werte) andererseits, Bezug zu nehmen.

Zur Erfassung der Wertstruktur eines Menschen werden diesem zwei von *Rokeach* erstellte Wertlisten mit jeweils 18 Wertbegriffen (*terminalen,* wie Gleichheit, Freiheit, Glück, Weisheit, und *instrumentellen,* wie hilfreich, intellektuell, mutig, tolerant) mit der Bitte vorgelegt, sie in eine Rangreihe nach persönlicher Bedeutsamkeit zu bringen. Aufgrund seiner Einfachheit, ökonomischen Durchführbarkeit und des Anspruches, die Werthierarchie einer Person insgesamt abzubilden, wird dieses Verfahren inzwischen in allen möglichen Untersuchungen eingesetzt. Gerade im Hinblick auf den Umfang und die Differenziertheit des damit ermittelten Wertsystems, aber auch im Hinblick auf die Validität (Gültigkeit) des auf der verbal-symbolischen Ebene ansetzenden Rangordnungsverfahrens, ergeben sich allerdings Zweifel, ob dieses Meßinstrument *allein* in der Lage ist, verläßliche Informationen über das Wertsystem einer Person zu vermitteln. Deshalb sollte auch auf weitere, ergänzende Erhebungstechniken und Wertoperationalisierungen im Zusammenhang empirischer Untersuchungen zurückgegriffen werden (vgl. *Scholl-Schaaf* 1975; *Klages/Kmieciak* 1981).

Bernthal (1962) hat versucht, die terminalen Werte für einige Subsysteme der US-amerikanischen Gesellschaft zusammenzustellen und in eine Hierarchie einzuordnen (vgl. Abb. 2.8). Dabei besteht zwischen den Werten Instru-

Abb. 2.8: Werte-Hierarchie in der US-amerikanischen Gesellschaft

Ebene	Werte über Ziele (Beispiele)	Wert-Hierarchie
Individuum →	Individuelle Wohlfahrt – Freiheit – Opportunität – Selbstverwirklichung – Menschenwürde	IV (höchste) ↑
Gesellschaft →	Soziale Wohlfahrt – Gerechtigkeit – Ordnung – Zivilisation – Wohlstand	III ↑
Wirtschaftssystem →	Konsumenten-Wohlfahrt – Produktion und Verteilung von Gütern/Dienstleistungen – Allokation von Ressourcen	II ↑
Unternehmung →	Eigentümer-Wohlfahrt – Gewinn – Überleben – Wachstum	I (niedrigste)

Quelle: Bernthal 1962, S. 196

mentalität, d.h. die Unternehmungsziele sollen instrumental zu denen der Volkswirtschaft sein usw.; damit gelten die Werte der Subsysteme niederer Ordnung nur dann als gerechtfertigt, insoweit und solange sie zur Zielerreichung der Subsysteme höherer Ordnung beitragen.

In kleineren sozialen Systemen als der Gesellschaft, etwa in Organisationen, herrscht in der Regel Einigkeit über die Oberziele, während die Wertvorstellungen hinsichtlich der Mittelwahl weit auseinandergehen können. Die Kenntnis gerade der Werte über Mittel ist deshalb so wichtig, da diese indirekt organisatorisches Verhalten beeinflussen.

Von dem Politologen *Inglehart*[10] stammt die für die aktuelle Diskussion über den **Wertwandel** (vgl. Abschnitt 3 A II 2 b) nach wie vor forschungsleitende These von dem Übergang von materialistischen zu postmaterialistischen Werthaltungen. In seiner berühmten Studie über ‚The Silent Revolution' (1977) liefert er aufgrund von demoskopischen Umfragen, die er in den USA und mehreren europäischen Ländern seit 1971 durchführte, empirische Belege für diese Annahme (vgl. auch *England* 1988). Konzeptionell orientiert sich *Inglehart* an der Bedürfnispyramide von *Maslow* und formuliert daran angelehnt 12 Wertitems als Indikatoren für materielle und postmaterielle Werte (vgl. Abb. 2.9 auf S. 157).

In Repräsentativ-Erhebungen werden die Befragten mit diesen 12 Wertitems konfrontiert. *Inglehart* behauptet nun für westliche Industrienationen der 70er Jahre eine stärkere Verbreitung postmaterialistischer Haltungen bei einer Bevölkerungsminderheit gegenüber einer nach wie vor dominierenden materialistischen Mehrheit. Seiner Vorstellung zufolge rekrutieren sich die Postmaterialisten vor allem aus der jüngeren Generation mit höherem Bildungsstatus; diese haben die Kriegszeiten ökonomischer Verknappung nicht mitgemacht, sondern ihre (wert)formative Phase in Zeiten der Prosperität erlebt. Außerdem nimmt er mit Rekurs auf *Maslow* an, daß die persönlichen Selbstverwirklichungswerte unter diesen Sozialisationsbedingungen an Bedeutung gewinnen. Zur Erklärung des Wertwandels bietet er zwei Hypothesen an:

- **Mangelhypothese:** Individuen entwickeln die höchste Priorität für solche Bedürfnisse, die am wenigsten befriedigt, also knapp sind; materiell Befriedigte wenden sich nicht befriedigten postmaterialistischen Werten zu.
- **Sozialisationshypothese:** Individuen zeigen Werthaltungen, die ihre Sozialisationsbedingungen widerspiegeln; Personen, die z.B. in Zeiten befriedigter materieller Bedürfnisse aufwachsen, orientieren sich eher an postmaterialistischen Bedürfnissen.

An *Ingleharts* Ansatz wird neben erhebungstechnischen Mängeln vor allem kritisiert, daß er den Umstand vernachlässigt, daß soziales Handeln nicht allein individuell, etwa bedürfnistheoretisch, zu erklären ist, sondern vor allem auch institutionell und gesellschaftlich geprägt ist. Nach *Herz* (1987)

---

[10] *Inglehart, Ronald* (geb. 1934) Prof. Political Science, Uni of Michigan.

führt nicht die Sättigung von Bedürfnissen zum Postmaterialismus – die Wohlstandsmehrung hat eher die physiologischen und Sicherheitsbedürfnisse noch verstärkt – sondern die positive oder negative Anpassung an strukturelle Veränderungen.

Abb. 2.9: Indikatoren für materielle und postmaterielle Werte

Verschönerung unserer Städte und Landschaften. Schutz des Rechts auf freie Meinungsäußerung. Entwicklung zu einer Gesellschaft, in der Ideen wichtiger sind als Geld.	Selbstverwirklichung	
Mehr Mitbestimmung am Arbeitsplatz und in der Gemeinde. Mehr Einfluß der Bürger auf die Entscheidungen der Regierung. Entwicklung zu einer freundlichen, weniger unpersönlichen Gesellschaft.	soziale Bedürfnisse	**postmaterielle Werte**
Sicherung einer starken Landesverteidigung. Aufrechterhaltung von Ruhe und Ordnung in diesem Lande. Verbrechensbekämpfung.	Sicherheit	
Erhaltung eines hohen wirtschaftlichen Wachstums. Kampf gegen steigende Preise. Erhaltung einer stabilen Wirtschaft.	physiologische Bedürfnisse	**materielle Werte**

4. Einstellungen

Während **Werte** das umfassende, situationsübergreifende Konzept darstellen und lediglich als genereller Wegweiser von Verhalten angesehen werden können, sind **Einstellungen** ganz konkret auf bestimmte Objekte, Personen oder Situationen gerichtet. Werte sind also den Einstellungen und teilweise auch den Motiven gedanklich vorgelagert. Diese Fassung beider Konstrukte zeigt bereits, daß es sich hierbei um grundlegende Konzepte der Sozialwissenschaft handelt, auf die sich der größte Teil ihrer Forschungsaktivitäten richtet (*Schmidt* et al. 1975, *Triandis* 1975). Soziale Einstellungen – auch im Sinne von Vorurteilen, Stereotypen und Überzeugungen – stellen für die Sozialpsychologie seit jeher einen unentbehrlichen Stützpfeilerbegriff (*G. W. Allport*) dar.

Einstellungen, meist synonym mit Attitüden verwandt, können als individuelles, in sich geschlossenes und relativ stabiles System von Gedanken, Gefühlen und Handlungsprädispositionen charakterisiert werden, das menschliches Verhalten gegenüber Sachen und Personen in bestimmten Situationen beeinflußt. Die Tatsache, daß Werte situationsübergreifend und objektunabhängig definiert werden, macht verständlich, warum ein Mensch zwar über relativ wenig Werte, aber über äußerst viele Einstellungen verfügt.

Aus obiger Definition von Einstellungen lassen sich drei wesentliche **Merkmale** dieses gedanklichen Konstrukts analysieren:
- **kognitive Komponente** (Gedanken)
  umfaßt das Wissen, das das Individuum vom Attitüdenobjekt hat, und zwar als Ergebnis bewußter Wahrnehmung der Gestalt oder von Details des Objekts, der Person oder Situation
- **affektive Komponente** (Gefühle)
  umfaßt die Emotionen (Haß, Liebe, Abscheu, Ärger etc.), die das Attitüdenobjekt im Individuum auslöst
- **Handlungskomponente** (Handlungsprädispositionen)
  umfaßt die Anreizwirkungen auf Handeln und Verhalten des Individuums, die bei Wahrnehmung des Attitüdenobjekts ausgelöst werden.

In der Terminologie des S-O-R Paradigmas bildet ‚Einstellung' ein hypothetisch vermittelndes Konstrukt zwischen beobachtbaren Reizen und individuellen Reaktionen (vgl. Abb. 2.10).

Abb. 2.10: Komponenten des Attitüden-Konzepts

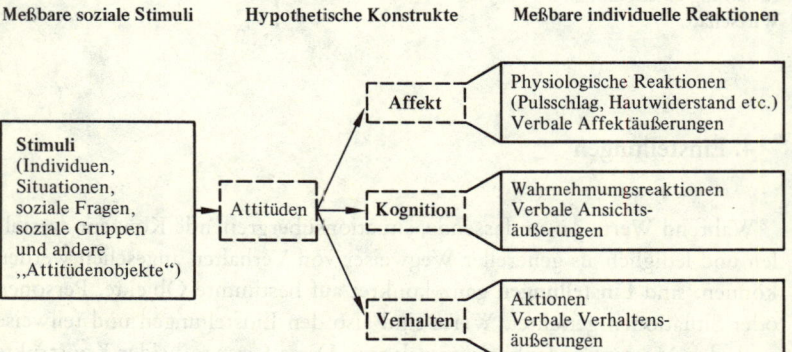

Meßbare soziale Stimuli   Hypothetische Konstrukte   Meßbare individuelle Reaktionen

Stimuli (Individuen, Situationen, soziale Fragen, soziale Gruppen und andere „Attitüdenobjekte") → **Attitüden**

Affekt → Physiologische Reaktionen (Pulsschlag, Hautwiderstand etc.) Verbale Affektäußerungen

Kognition → Wahrnehmumgsreaktionen Verbale Ansichtsäußerungen

Verhalten → Aktionen Verbale Verhaltensäußerungen

Quelle: Kiessler-Hauschildt/Scholl 1972, S. 57 nach *Rosenberg/Hovland* 1960

Die letzte Komponente ist aufgrund ihrer unmittelbaren Verhaltenswirksamkeit für die Analyse der Einstellungen von Organisationsmitgliedern von besonderer Bedeutung. Von Einstellung kann aber nur dann gesprochen werden, wenn alle drei genannten Komponenten in einer systematischen, konsistenten Ordnung vorhanden sind. Fehlt z. B. die affektive Komponente, sprechen wir nicht mehr von einer Einstellung, sondern einer **Meinung** (opinion). Meinungen lassen sich leichter ändern als Einstellungen, da ihnen die affektive Dimension fehlt und folglich schon gezielte Informationen und das Bereitstellen von neuen Fakten Meinungsänderungen herbeiführen können (vgl. *Secord/Backman* 1964). Aber auch bei Einstellungsänderungen ist die Bedeutung von Informationen nicht zu unterschätzen. Wichtige **Einflußfaktoren auf Stärke und Ausmaß des Wandels** sind (*Triandis* 1975, S. 252 ff.):[11]

- Glaubwürdigkeit der Informationsquelle
- Attraktivität der Informationsquelle
- Macht der Informationsquelle
- Stil, Struktur und Inhalt der Information.

Da Einstellungen durch Lernprozesse des Konditionierungs-, Verstärkungs- und Modell-Lernens (vgl. *Bandura* 1977) im Zuge langjähriger Erfahrungen gebildet werden, wobei durch die personale Vermittlung stets affektive Elemente mit einfließen, wird bisweilen die Auffassung vertreten, daß nur durch ähnlich langwierige Prozesse wie jene, im Verlauf derer die Einstellung gebildet wurde, auch ihre Löschung oder Veränderung erreicht werden könne.

Diese, was die Wandelbarkeit von Einstellungen anbetrifft, pessimistische Sichtweise kann allerdings lediglich Gültigkeit für ganz zentrale (ichnahe, selbstwerttangierende) Einstellungen beanspruchen, die auf existenzielle Werte und Bedürfnisse des Individuums in hohem Maße Bezug nehmen, und über deren Bedeutsamkeit der Betreffende seine Umwelt nie im Zweifel gelassen hat (hohes commitment). Das zeigt sich auch in Untersuchungen zum Einstellungswandel, die aus dissonanztheoretischer Perspektive durchgeführt wurden: Starke Selbstverpflichtung (commitment) sowie das Bewußtsein eigener Entscheidungsfreiheit (volition) erweisen sich als wichtige Bedingungen für das Entstehen von Dissonanz und damit auch der Tendenz, einem dissonanzvermindernden Einstellungswechsel zu widerstehen.

Einstellungen gegenüber verwandten Klassen von Attitüdenobjekten (z. B. Einstellung zur Mitbestimmung in allen Lebensbereichen) lassen sich analog den Wertsystemen zu **Einstellungssystemen** (cluster) zusammenfassen. Beide, Wert- und Einstellungssysteme, müssen miteinander konsistent sein, um eine stabile Persönlichkeitsstruktur zu bilden. Dieses Stabilitäts- und Konsistenzbedürfnis erfordert weiterhin einstellungskonformes Verhalten. Das bedeutet nicht nur, daß veränderte Einstellungen gegenüber einer Person auch zu

---

[11] *Triandis, Harry Ch.* (geb. 1926 in Griechenland) Prof. Psychologie, Uni of Illinois, Urbana – Champaign.

verändertem Verhalten ihr gegenüber führten, sondern auch umgekehrt, daß verändertes Verhalten (etwa als Folge einer Beförderung) auch veränderte Einstellungen (etwa gegenüber dem Management) zur Folge hat. Letzteres ist u. a. dissonanztheoretisch zu erklären (vgl. S. 227 f.); der Wunsch nach Konsonanz und Konsistenz erfordert die Rechtfertigung neuen Verhaltens (sich selbst und seiner Umwelt gegenüber) durch entsprechend geänderte Einstellungen.

Gerade für die Strukturierung von Organisationen, speziell von Arbeitsorganisationen, ist es bedeutsam, daß mit dem Erleben der Aufgabenstellung oder ihrer Bearbeitung Einstellungen gebildet oder verändert werden.

Durch die subjektive **Wahrnehmung der Aufgabe** und die sich daran anschließende Hypothesenbildung der Individuen über Zielerreichungsgrad, Belohnung und Bedürfnisbefriedigung wird die Aufgabe verhaltensrelevant (vgl. *Hackman* 1969). *Breer/Locke* (1965) gehen aufgrund von empirischen Befunden explizit davon aus, daß bestimmte, als instrumentell wahrgenommene Aufgabenergebnisse Verhaltensmuster verstärken, die somit gelernt und verfestigt werden. Die Einstellungen, die mit der Behandlung spezifischer Aufgabeneigenschaften gebildet werden, werden auf andere Aufgabensituationen (auf ähnliche Aufgaben = *lateral*) oder auf generelle Situationen (Arbeitsleben = *vertikal*) übertragen. Orientierungen werden also generalisiert.

Gerl (1975) hat am Beispiel der Einführung der EDV, also einer Veränderung der Arbeitsorganisation und damit der objektiven Aufgabe, eine Anzahl von Einstellungen erarbeiten und darstellen können (globale Attitüden, Attitüden gegenüber organisatorischen Änderungen, Attitüden aufgrund von Insuffizienz-Befürchtungen und Detail-Attitüden), die nach Charakter, typischen Ausprägungen der Attitüden und dem davon betroffenen Personenkreis bzw. ihren dominanten Dimensionen (emotional, kognitiv, handlungsorientiert) kategorisiert werden. Anhand dieser Klassifizierung gelingt es ihm, eine Übersicht über situationsgerechte, d. h. hier attitüdenadäquate Handhabungsmöglichkeiten (Informierung, Schulung, Personalveränderung, Verfahren der Organisationsentwicklung, Partizipation an Entscheidungen) zu entwickeln, die auf unterschiedlichen, in der Sozialpsychologie erforschten Mechanismen des Attitüdenwandels beruhen. Solche Typologien und darauf bezogene Eingriffsstrategien zur Attitüdenbildung bzw. -veränderung lassen sich für eine große Anzahl von Maßnahmen der Arbeitsstrukturierung bzw. der Gestaltung der Aufgabe und Arbeitssituation erstellen (vgl. auch *Böhnisch* 1979).

Arbeitsstrukturen und organisatorische Regelungen sind also an bestimmte Einstellungen und Überzeugungen geknüpft, die zu kennen Voraussetzung für einen erfolgreichen organisatorischen Wandel ist (vgl. Teil 3 D).

5. Qualifikationen

Als **Qualifikation** einer Person wird die Gesamtheit an individuellen Fähigkeiten, Fertigkeiten und Kenntnissen im Berufsleben bezeichnet, die zur Erledigung arbeitsplatzspezifischer Tätigkeiten befähigt.

Unter **Fähigkeiten** verstehe ich das gesamte relativ verfestigte Potential eines Individuums, seine Umwelt zu beherrschen, d. h. in allen Lebenssituationen kompetent zu handeln. In unserem Zusammenhang interessiert in erster Linie das technisch und sozial kompetente Handeln in Arbeitssituationen.

Fertigkeiten sind durch Übung entstandene Teile des Potentials, die automatisiert, aber nicht notwendigerweise durch Ausschaltung der bewußten Kontrolle gehandhabt werden. Sie können durch gezielte Trainingsmaßnahmen (z. B. berufliche Aus- und Weiterbildung) und durch Lernen am Arbeitsplatz (learning by doing) vervollkommnet werden.

Kenntnisse sind durch Schulungsmaßnahmen erworbenes kognitives Wissen über das Individuum und seine Umwelt sowie von Techniken zu ihrer Beherrschung.

Qualifikationen können analytisch unter zwei Aspekten erfaßt werden: funktionalen und extrafunktionalen (vgl. *Kern/Schumann*[12] 1970). Als **funktional** werden die spezifisch technisch-fachlichen, prozeßgebundenen Qualifikationen bezeichnet. **Extrafunktionale** oder prozeßunabhängige Qualifikationen beziehen sich auf normative Orientierungen, wie etwa Verantwortungsbereitschaft, Arbeitsdisziplin, Anpassungsbereitschaft, Flexibilität, Identifikation mit den jeweiligen Organisationszielen und der betrieblichen Herrschaftsordnung, die einen störungsfreien Arbeitsablauf gewährleisten. Sie können in aller Regel nicht in gleicher Weise wie funktionale Qualifikationen gelehrt und gelernt werden. Dies mag der Grund dafür sein, daß sie bei der Analyse von Qualifikationsanforderungen manchmal vernachlässigt werden, obwohl sie eine beachtliche ökonomische Bedeutung haben und in der Praxis bei der Auswahl und Entwicklung von Personal große Beachtung finden. Lange Zeit war dies allerdings in erster Linie für Führungskräfte von Bedeutung; heute sind jedoch im Zuge des technologischen Wandels in zunehmendem Maße auch die unteren Ebenen der Hierarchie davon betroffen. Neuere empirische Untersuchungen (*Kern/Schumann* 1984) zeigen, daß der Einsatz neuer Technologien erhöhte Anforderungen an Akzeptanzbereitschaft, an Flexibilität, Kooperation und Motivation zum „Mitdenken" stellen, Qualifikationen also, die mehr den extrafunktionalen als den funktionalen zuzuordnen sind.

---

[12] *Kern, Horst* (geb. 1940 in Wien) Prof. Soziologie, Uni Göttingen (SOFI). *Schumann, Michael* (geb. 1937) Prof. Soziologie, Direktor des SOFI Göttingen.

Gleichwohl dominiert in der Praxis zur Kennzeichnung von Qualifikationsanforderungen immer noch das Schema der **Berufsqualifikationen,** das von der formalen bzw. fachlichen Berufsausbildung ausgeht. Jedoch wird dieses in dem Maße problematisch, in dem die Dynamik der technisch-organisatorischen Veränderungen die Tätigkeitsstrukturen ständig umwälzt und die im Schul- und Berufsausbildungssystem erworbenen Qualifikationen im Berufsleben ständig modifiziert werden. Angesichts empirisch nachweisbarer Dequalifizierungsprozesse, denen viele gelernte Berufstätige unterliegen (vgl. *Mickler* et al. 1977, sowie S. 808 f. der Arbeit), ist die Beschränkung auf die formalen Berufsbezeichnungen zur Kennzeichnung ihrer tätigkeitsbezogenen Fertigkeiten, Fähigkeiten und Kenntnisse unzureichend. Dies gilt umsomehr bei dem berufsfremden Einsatz von Arbeitskräften (z. B. wenn der Bäcker am Montageband arbeitet). Darüber hinaus sind die formalen Berufsbezeichnungen auch für wissenschaftliche Analysen der sozialen Folgen, Begleiterscheinungen und Bedingungen des technisch-organisatorischen Wandels ungeeignet.

Eine Qualifikationsanalyse, die hinreichend differenziert die komplexen fachlichen, technischen und sozialen Komponenten des individuellen Arbeitsvermögens erfassen soll, muß auf zwei Ebenen ansetzen:

1. **Tätigkeitsorientierte Analyse** der objektiven Qualifikationsanforderungen der Arbeitssituation

2. **Personenorientierte Analyse** der subjektiven Qualifikation in bezug auf die unmittelbare und mittelbare Arbeits- (bzw. Lebens-)Situation der betroffenen Arbeitskräfte

Die **tätigkeitsorientierte Analyse** dominiert in den traditionellen arbeitswissenschaftlichen Analyseverfahren wie auch in der Berufsbildungsforschung. Wird sie nicht um eine personenorientierte Analyse ergänzt, so ergibt sich die Gefahr, daß lediglich von objektiven Arbeitsergebnissen bzw. -bedingungen auf gedachte psychische und physiologische Leistungsvoraussetzungen geschlossen wird, die einfach durch den Vorsatz „Fähigkeit zu . . ." in Qualifikationsanforderungen umgemünzt werden und sich deshalb nur schwer in Lernziele umsetzen lassen (vgl. *Volpert* 1974, S. 72). Darüber hinaus wird in rein tätigkeitsorientierten Analysen der arbeitende Mensch oft genug nur zum Randproblem (Lückenbüßer) des technisch-organisatorischen Produktionszusammenhangs erklärt, in dem Qualifikationen nur den Zweck der Integration in bestehende Arbeitsstrukturen haben und nicht den der Persönlichkeitsentwicklung (vgl. *Kohn* 1981). Dies führt u. a. zu einer Unterforderung der Mitarbeiter, was nicht nur zu Unzufriedenheit sondern auch zu Leistungsrestriktionen Anlaß geben kann.

Die dysfunktionalen Konsequenzen der **Unterforderung** sind als solche erst in letzter Zeit deutlicher erkannt und Maßnahmen zu deren Abwendung ergriffen worden (vgl. Abschnitt 3 B II 2 der Arbeit). Bereits die älteren Antriebstheorien (vgl. *Hull* 1943) haben darauf hingewiesen, daß Individuen nach einem optimalen Grad von Stimulanz oder Anregung streben. Diese, die

S-R-Verbindung unterstellenden Theorien, werden in der Folgezeit in umfassendere Motivationstheorien eingebracht und führen letztlich zu den bekannten Modellen der Motivationssteigerung. Diese wollen bei der Gestaltung der Arbeit solche Tätigkeitseigenschaften wie Mannigfaltigkeit, Autonomie, Interaktionsmöglichkeiten, Verantwortlichkeit, Aufgabenumfang, Rückkopplung stärker berücksichtigen und vor allem auch Wissen und Fertigkeiten erweitern (vgl. *Turner/Lawrence* 1965, *Hackman/Lawler* 1971, *Hackman/ Oldham* 1980).

Allerdings können die intendierten Wirkungen (Leistungssteigerung und Zufriedenheit) der Aufgabenerweiterung, -bereicherung und der Arbeitsplatzrotation nur dann erreicht werden, wenn eine situationsadäquate Zuordnung von Wissen, Fertigkeiten und Aufgaben möglich ist.

Ursachen für Überlastung und **Überforderung** sind nicht nur in mangelhafter Leistungsmotivation, sondern auch in Fähigkeitsdefiziten zu suchen. Dies macht die große Bedeutung der Weiterbildung im Zusammenhang mit den Humanisierungsmaßnahmen verständlich.

Lawler[13] (1969) weist darauf hin, daß die Tätigkeit vom Individuum dahingehend wahrzunehmen sein muß, daß es bestimmte, von ihm positiv bewertete Fähigkeiten einsetzen kann. Dieser Einsatz muß es ermöglichen, die Tätigkeit erfolgreich zu beenden und intrinsische Belohnungen zu erreichen. Bestätigung und Selbstwertgefühl resultieren nur dann auś einer Leistung, wenn das Individuum wahrnehmen kann, daß seine besonderen Fähigkeiten für diese Tätigkeit erforderlich waren. *Lawler* führt einige Laboruntersuchungen an, die zeigen konnten, daß die Motivation dann ansteigt, wenn den Individuen Aufgaben zugeordnet werden, die den Einsatz der von ihnen geschätzten Fähigkeiten fordern. Das Wissen und die Fertigkeiten der Individuen sind folglich als wichtige Größen bei der Gestaltung der objektiven Aufgabe zu berücksichtigen, denn sie beeinflussen entscheidend die Wahrnehmung der Arbeitssituation.

Die **personenorientierte Analyse** wendet sich verstärkt der Frage zu, welche Qualifikationen eine persönlichkeitsförderliche Potenz haben (vgl. *Ulich/ Frei* 1980). Sie stellt im Rahmen von Humanisierungsstrategien der Arbeit die Zusammenhänge zwischen Qualifikation, Tätigkeit und Arbeitsorganisation in den Vordergrund und will die Fähigkeiten des Individuums nicht nur bei der Aufgabenbearbeitung und beim Erreichen von Leistungszielen, sondern auch bei der Gestaltung der Aufgabenbearbeitungsstrategien berücksichtigen. So konnte beispielsweise *Fricke*[14] (1975) anhand von empirischen Studien zeigen, daß die Mitarbeiter meist genügend Qualifikationen besitzen, um an der Gestaltung der Arbeitsbedingungen mitzuwirken. Aufgrund fehlender

---

[13] *Lawler III, Edward E.* (geb. 1938) Prof. Organizational Behavior, Uni of Southern California, Direktor Center for Effective Organizations.
[14] *Fricke, Werner* (geb. 1936) Dr. Soziologie, Leiter Arbeitskräfteforschung im Forschungsinstitut der Friedrich-Ebert-Stiftung, Bonn.

Handlungsspielräume können sie jedoch die verfügbaren Qualifikationen nur unzureichend einsetzen. Die personenorientierte Analyse trägt darüber hinaus der Überlegung Rechnung, daß für eine persönlichkeitsförderliche **Sozialisation** nicht nur Elternhaus und Schule ausschlaggebend sind, sondern ebenso der Arbeitsplatz, insbesondere über die kognitiven Potentiale der Arbeit (*Kohn* 1981, *Ulich/Frei* 1980), als deren wichtigste Voraussetzung Handlungsspielräume gelten (*Osterloh* 1983).

In den vorangegangenen fünf Abschnitten wurden Teilaspekte des handelnden Menschen analysiert; in den beiden folgenden Abschnitten werden typische Ausprägungen dieser Teilaspekte zu Persönlichkeitstypen und Menschenbildern zusammengefaßt.

6. Persönlichkeit

Unter den verhaltenswissenschaftlichen Grundbegriffen nimmt das Konstrukt *Persönlichkeit* eine besonders umstrittene Stellung ein. Schon 1937 konnte *Allport* 50 unterschiedliche Persönlichkeitsdefinitionen identifizieren. Sein eigener Definitionsvorschlag, „Persönlichkeit stellt die dynamische Organisation der psychophysikalischen Systeme eines Individuums dar, die seine ihm eigene Anpassung an seine Umwelt festlegen" (*Allport* 1937, S. 48), konnte auch keine generelle Akzeptanz finden. Dies ist auch nicht verwunderlich, denn eine Vielzahl von unterschiedlichen Persönlichkeitstheorien (vgl. z.B. den Überblick bei *Brandstätter* et al. 1978, *Ribeaux/Poppleton* 1978, *Sader* 1980) haben ebensoviele unterschiedliche Definitionen zur Folge.

Luthans (1985, S. 120ff.) unterscheidet:
- **Psychoanalytische Theorien** z.B. *Freud, Jung*
- **Eigenschafts-Theorien** z.B. *Allport, Cattell*[15]
- **Ich-Theorien** (Selbstkonzept) z.B. *Rogers, Argyris*
- **Soziale Lerntheorien** z.B. *Bandura, Mischel*

Bedauerlicherweise haben sich in der Managementpraxis die anspruchsvolleren Theorien der Persönlichkeit, vor allem der psychoanalytische Ansatz auf der Basis von *Freuds* Strukturmodell des Psychischen (Es, Ich, Über-Ich) oder lerntheoretische Ansätze nicht durchgesetzt, dagegen erfreuen sich die leicht verständlichen Persönlichkeits-Typologien und einfachen Eigenschaftstheorien großer Beliebtheit. Ich-Theorien und soziale Lerntheorien gewinnen jedoch in der jüngeren Managementforschung zunehmend an Bedeutung.

---

[15] *Allport, Gordon W.* (1897–1967) Prof. Psychologie, Harvard Uni, Begründer der Persönlichkeitspsychologie.
Cattell, Raymond B. (geb. 1905 in England) Persönlichkeitspsychologe, ging auf Einladung von *Thorndike* in die USA.

a. Typologien der Person

Der Wunsch, in die Vielfalt und Unterschiedlichkeit der Menschen eine **idealtypische Ordnung** zu bringen, hat eine lange Tradition. So stammt die heute noch gebräuchliche Einteilung in

- Sanguiniker (lebhafter, temperamentvoller Mensch)
- Phlegmatiker (träger, wenig agiler Mensch)
- Choleriker (reizbarer, jähzorniger Mensch)
- Melancholiker (trübsinniger, schwermütiger Mensch)

von dem berühmten griechischen Arzt *Hippokrates*. Obgleich wir inzwischen alle wissen und immer wieder selbst erfahren, daß einundderselbe Mensch in verschiedenen Situationen alle genannten Eigenheiten mehr oder weniger zeigen kann, werden auch heute noch Menschen nach solchen **Stereotypen** klassifiziert mit der gefährlichen Folge, daß der so abgestempelte Mensch mit der Zeit die von Dritten erwarteten Verhaltensmerkmale immer mehr annimmt.

Besonders beliebt bei psychologisierenden Laien, sog. Menschenkennern, ist die **Typologie** von *Sheldon*[16] in

- Endomorph (der Korpulente, Pykniker)
- Mesomorph (der Muskulöse, Athlet)
- Ectomorph (der Schmalgebaute, Leptosom).

Sheldon (vgl. *Sheldon/Stevens* 1942) stellt einen direkten Zusammenhang zwischen der äußeren Gestalt eines Menschen und seiner Persönlichkeitsstruktur her, wie z.B. der Korpulente ist gutmütig, er liebt es, gut zu speisen. Die Frage ist hier, was ist Ursache und was Wirkung. Der Psychoanalytiker würde im Gegensatz zu *Sheldon* die Korpulenz auf frühkindliche Erfahrungen und Probleme zurückführen.

Sheldon behauptet nun keineswegs, daß sich alle Menschen in solche Idealtypen pressen lassen, vielmehr stellt jedes Individuum einen Mischtyp dar, dergestalt, daß es über eine Kombination von Merkmalsausprägungen verfügt, wie z.B. 4-6-1. Dabei bedeutet in diesem Beispiel 4 eine relativ starke endomorphe Ausprägung (auf einer 7-Punkte Skala), 6 eine sehr starke mesomorphe und 1 eine sehr schwache ectomorphe Ausprägung.

Auch die Einteilung von *Jung*[17] und *Eysenck*[18] in extrovertierte und introvertierte Orientierungen gehört heute zum Gemeingut des Laienpsychologen. Obwohl *Jung* (1939) betont, daß **Extrovertiertheit** und **Intro-**

---

[16] *Sheldon, William H.* (1898–1977), amerik. Psychologe (Persönlichkeitstheoretiker), forschte und lehrte in Chicago und Harvard.
[17] *Jung, Carl Gustav* (1875–1961) Psychologe, Schüler *Freuds*.
[18] *Eysenck, Hans Jürgen* (geb. 1916) deutscher Prof. Persönlichkeitspsychologie, lehrte und forschte in London.

vertiertheit den Charakter von Einstellungen haben, die in unterschiedlichem Maße Teile der Persönlichkeit eines jeden Menschen darstellen, und die sich im Laufe der Zeit auch verändern können, belegt der Volksmund einzelne Menschen insgesamt mit der Etikette extrovertiert oder introvertiert.

Die *Jung*sche Persönlichkeitstheorie ist auch insofern differenzierter, als über die extrovertiert-introvertiert-Dichotomie hinaus vier psychologische Funktionen unterschieden werden, die paarweise gegenübergestellt, jeweils ein Kontinuum zur weiteren Typenbildung liefern (vgl. *Hellriegel/Slocum/Woodman* 1986, S. 118ff.):

Wahrnehmungsorientierung: Erkennen – Intuition
Entscheidungsorientierung: Denken – Fühlen

So lassen sich dann vier weitere Idealtypen bilden:

- **Erkennen/Fühlen:** Menschen mit einer solchen Orientierung verlassen sich bei der Wahrnehmung nur auf das, was sie selbst mit ihren Sinnen erkennen können, zeigen dabei aber eine starke Personenorientierung, ein persönliches Engagement Personen und nicht Sachen gegenüber (der positivistische Technokrat mit Herz)

- **Intuition/Fühlen:** Menschen mit einer solchen Orientierung haben eine langfristige Zukunftsperspektive für eine menschenwürdige Organisation und lassen sich nicht von dieser entgegenstehenden Fakten abbringen (der kreative Generalist mit Herz)

- **Erkennen/Denken:** Menschen mit einer solchen Orientierung entscheiden auf der Grundlage von Fakten, die analysiert und logisch verknüpft werden (der kühl rechnende Analytiker und Bürokrat)

- **Intuition/Denken:** Menschen mit einer solchen Orientierung entwerfen große Theorien, langfristige abstrakte Unternehmungsstrategien, bei denen der Mensch ausgeklammert bleibt (der abstrakt, konzeptionell denkende Theoretiker).

Der Typ **Intuition/Fühlen** wird in der Denkpsychologie auch als *divergentes Denken* (ungeordnet, undiszipliniert, wenig systematisch) und der Typ **Erkennen/Denken** als *konvergentes Denken* (geordnet, diszipliniert, systematisch) bezeichnet. Dabei soll sich gemäß physiologischer Erkenntnisse und einschlägiger Befunde nach gehirnchirurgischen Eingriffen das divergente Denken in der *rechten* Gehirnhälfte und das konvergente Denken in der *linken* abspielen; die individuelle Bevorzugung eines bestimmten Denkstils ist demnach ein Ergebnis der Entwicklung der beiden Gehirnhälften. Vermutlich hat das menschliche Gehirn eine Spezialisierung dahingehend entwickelt, daß in der linken Hemisphäre die Befähigung zur verbal/analytischen und in der rechten Hemisphäre zur bildlich/synthetischen Informationsverarbeitung konzentriert ist (vgl. *Luthans* 1985, S. 107ff.).

linke Gehirnhälfte	rechte Gehirnhälfte
sequentielles Denken	vernetztes Denken
sprachliche Fähigkeiten	non-verbales Verhalten
logische Ableitungen	Mustererkennung
analytisches Denken	synthetisches Denken
Logik, Rationalität, Intellekt	Intuition, Kreativität, Emotion

Mintzberg (1976) hat den split-brain Ansatz für die Managementliteratur popularisiert; er hält Menschen mit ausgeprägter Spezialisierung der linken Gehirnhälfte für Planungsaufgaben und solche mit ausgeprägter Spezialisierung der rechten für Managementaufgaben prädestiniert.

Hines (1987) warnt dagegen eindringlich davor, die noch recht vagen physiologischen Befunde auf Managementprobleme zu übertragen. Er vertritt die Auffassung, daß die bislang vorliegenden z.T. recht widersprüchlichen Forschungsergebnisse keinesfalls vorschnell zu entsprechenden Managementtrainings verwandt werden sollten.

Eine weitere vielbeachtete Typologie ist die in Menschen mit *interner* und *externer* Kontrollerwartung. Das **Locus of Control Konzept** von *Rotter*[19] (1966) ordnet Menschen nach dem Ausmaß, in dem sie glauben, daß ihr Schicksal selbst (intern) oder fremd (extern) verschuldet bzw. bewirkt ist. Intern Kontrollierte gehen davon aus, daß sie ihr Leben, ihre Leistungen eigenen Handlungen/Anstrengungen verdanken; extern Kontrollierte gehen davon aus, daß Glück, Zufall oder externe Aktoren (Eltern, Lehrer, Vorgesetzte) für den Verlauf ihres Lebens verantwortlich sind.

Die kurzen Ausführungen zu den in der Praxis bekanntesten Persönlichkeits-Typologien verfolgen *nicht* die Absicht, diesen zur weiteren Verbreitung zu verhelfen, sondern im Gegenteil vor einer vorschnellen Anwendung zu warnen. Der Schaden, der mit einer voreiligen, unreflektierten Etikettierung eines Menschen aufgrund einzelner weniger Merkmale angerichtet werden kann, ist so groß, daß man von einer Typenbildung grundsätzlich Abstand nehmen sollte.

b. Persönlichkeitstheorien

Dem Konstrukt **Persönlichkeit** kommt aus der Sicht verschiedener verhaltenswissenschaftlicher Theorien unterschiedliche Bedeutung zu. *Allport* (1957) weist auf Schwerpunktsetzungen im Rahmen persönlichkeitstheoretischer Ansätze hin, die sich aus den zugrunde gelegten philosophischen Grundströmungen ergeben. Er unterscheidet nach *Herrmann* (1976, S. 27):

---

[19] *Rotter, Julian B.* (geb. 1916) Prof. klinische Psychologie, Uni of Connecticut.

angelsächsische Theorien	kontinentale Theorien
legen besonderes Gewicht auf:	

äußeres Verhalten	innere Anlagen
Oberflächenmerkmale	konstitutionelle Bedingungen
motorische Komponenten des Verhaltens	strukturelle Festigkeit der Persönlichkeit
zwischenmenschliche Beziehungen	relative Unabhängigkeit von der Gesell-
Modifizierbarkeit der Persönlichkeit	schaft
	relative Nichtmodifizierbarkeit der Per-
	sönlichkeit

Angelsächsische Autoren betonen mehr die Offenheit und Gestaltbarkeit der Person, kontinentale Ansätze mehr die Unabhängigkeit der Person von der Gesellschaft und die Stabilität des Personensystems. Heute ist eine zunehmende wechselseitige Befruchtung beider Ansatzgruppen zu beobachten (vgl. *Groeben/Scheele* 1977).

Dabei hat das *kontinentale Denken* eine eher geisteswissenschaftlich-hermeneutische Forschungsrichtung geprägt, welche die Wesenserkenntnis der Person in den Mittelpunkt ihrer Bemühungen stellt. Dieser Ansatz (**ideographische Persönlichkeitspsychologie**) verwendet zur Erforschung seines Gegenstandes sog. ideographische Methoden. Hierbei handelt es sich um die Erstellung einer detaillierten Biographie, welche die qualitativen Unterschiede zwischen Personen hervorhebt und die Einzigartigkeit und Unvergleichbarkeit von Persönlichkeiten verschiedener Menschen betont (*Allport* 1937, *Amelang/Bartussek* 1981).

In der kontinentalen Tradition steht z.B. die psychosexuelle Theorie der Persönlichkeitsentwicklung. *Freud* analysiert vier Entwicklungsphasen eines Kindes (orale, anale, phallische, genitale), die für die Persönlichkeit des Erwachsenen prägend sind. *Erikson*[20] (1965) betont gegenüber *Freud* die entscheidende Bedeutung der sozialen Umwelt (Vorbilder, Modelle) für die Persönlichkeitsentwicklung; er ist der Meinung, daß eine ‚gesunde' Persönlichkeitsentwicklung die sukzessive Lösung von Konflikten erfordert, die in bestimmten Lebensphasen auftreten (Stages of Personality Development) (vgl. Abb. 2.11).

In Abkehr von diesen Phasenschemata geht *Argyris* (1957) davon aus, daß sich die Persönlichkeit eines Menschen auf einem Kontinuum zwischen **Unreife** (Kind) und **Reife** (Erwachsener) entwickelt; diese Entwicklung erfolgt jedoch keineswegs zwangsläufig zu mehr Reife hin, sondern sie kann durch innere und äußere Einflüsse gehemmt werden. *Argyris*[21] beschreibt den Entwicklungsprozeß anhand von sieben Dimensionen (vgl. Abb. 2.12 auf S. 170).

---

[20] *Erikson, Erik H.* (geb. 1902 in Frankfurt/M) ging 1927 nach Wien (Psychoanalyse), ab 1942 Prof. Psychologie, Uni Berkeley.
[21] *Argyris, Chris* (geb. 1923) Prof. Psychologie, Yale Uni, ab 1971 Prof. Education and Organizational Behavior, Harvard Uni.

Abb. 2.11: Lebenskrisen und Mitarbeiterverhalten

Stadien-Abfolge	A Psychosoziale Krisen = Lebenskrisen	B Alter des ersten Auftretens	C Verhaltensinventar, das besonders betriebsrelevant erscheint, u. a.:
I	Vertrauenskrise	Säuglingsalter	Risikobereitschaft, Delegationsfähigkeit, Vertrauen, Glaubensstärke – versus: Mißtrauen, Sicherheitsbedürfnis, Glaubensschwäche
II	Autonomie-Krise	Kleinkindalter	Eigentumssinn, Sparbereitschaft, Ordnungssinn, Systematik, Zwanghaftigkeit, Schamhaftigkeit und Zweifel, Konformität – versus: Unordnung, Verschwendungssucht, Großzügigkeit
III	Initiativ-Krise	Spielalter	Draufgängertum, Unternehmungsgeist, Aktivität, Konfliktvermögen, Rivalitätspotenz, Wißbegier, Zielstrebigkeit, Gewissenhaftigkeit – versus: Ängstlichkeit, Passivität, Energielosigkeit, Schuldgefühl
IV	Leistungskrise	Schulalter	Selbstwertgefühl, Leistungssinn, Pflichtgefühl, Leistungsbereitschaft, Aufgabenorientiertheit, Fleiß, Zähigkeit, Stolz, Durchhaltevermögen, Verantwortung – versus: Minderwertigkeitsgefühl, Resignation, Unzulänglichkeit
V	Identitätskrise	Adoleszenz	Identität, Zielklarheit, Entschiedenheit, Eindeutigkeit, Ich-Stärke, Beharrungsvermögen, Selbstvertrauen – versus: Ich-Schwäche, Ich-Verwirrung, Überidentifizierung
VI	Intimitätskrise	Frühes Erwachsenenalter	Freundschaftsvermögen, Wettstreitsfähigkeit, Loyalität, Liebesfähigkeit, Intimitätsbefähigung, Kooperationsfähigkeit – versus: Distanzierungsbedürfnis, Isolation, unkooperatives illoyales Verhalten, Intimitätsunfähigkeit
VII	Generativitätskrise	Erwachsenenalter	Lehrfähigkeit, wachstums- und aufbauorientiert, Elternschaft, Sorge für andere – versus: stagnativ, Stillstand und Verarmung in den Beziehungen, Lehrunwilligkeit, Unfähigkeit und Nicht-Bereitschaft, Wachstums- und Erhaltungsverantwortung zu übernehmen

	A	B	C
Stadien- Abfolge	Psychosoziale Krisen = Lebenskrisen	Alter des ersten Auftretens	Verhaltensinventar, das besonders betriebsrelevant erscheint, u. a.:
VIII	Integritäts- krise	Reifes Erwach- senenalter	Selbstakzeptanz, Annahme des Ver- gangenen, Sinn und Verantwortungs- bereitschaft für die Allgemeinheit, In- tegrität, Bereitschaft, Führungsver- antwortung auf sich zu nehmen – versus: Verzweiflung, Einsamkeit, Selbstverachtung, Menschheitsver- achtung, Lebensüberdruß

Quelle: Hofmann 1979, S. 174–175 nach *Erikson*

Abb. 2.12: Unreife–Reife Kontinuum

Charakteristika einer unreifen Person	Charakteristika einer reifen Person
Passivität	Aktivität
Abhängigkeit	Unabhängigkeit
wenige Verhaltensalternativen	viele Verhaltensalternativen
oberflächliche Interessen	tiefergehende Interessen
kurze Zeitperspektive	lange Zeitperspektive
Unterordnung	Gleich- oder Überordnung
fehlende Selbsterkenntnis/ Fremdkontrolle	Selbsterkenntnis und Selbstkontrolle

Quelle: Argyris 1957, S. 50

Jede dieser Dimensionen bildet ein eigenständiges Kontinuum, so daß sich der einzelne Mensch in bestimmten Lebensphasen an ganz unterschiedlichen Punkten auf den Kontinua befinden kann. Die Persönlichkeit eines Menschen läßt sich somit als Profil der Ausprägungen der sieben Dimensionen beschreiben.

Argyris' Ansatz hat in der Managementlehre besondere Beachtung gefunden, da er vor allem an den traditionellen Managementansätzen kritisiert, daß sie einer Persönlichkeitsentwicklung hin zu einem reifen Erwachsenen entgegenstehen. Zwischen den Ansprüchen einer reifen Person und den Anforderungen bürokratischer Organisationen nach Fremdkontrolle, passivem, unterwürfigem Verhalten und Denken in kurzen Zeitperspektiven bestehen erhebliche Diskrepanzen. Die Aufgabe persönlicher Entfaltung und die Anpassung an die Zwänge formaler Organisationen muß mit materiellen Anreizen erkauft werden. *Argyris* (1962, 1964, 1985) hat in späteren Arbeiten auf Wege zur Entwicklung ‚humaner' Organisationen für reife Persönlichkeiten hingewiesen.

Das *angelsächsische Denken* favorisiert im Gegensatz zu diesen eher ideographischen Ansätzen eine an der empirischen Erforschung und Konstruktion von Gesetzeswissen orientierte Forschungsrichtung.

Diese an der Aufdeckung empirischer Regelmäßigkeiten orientierte Persönlichkeitsforschung (**nomothetische Persönlichkeitspsychologie**) versucht, zu allgemeinen Gesetzen zu kommen, die für einzelne und Mengen von Individuen gelten. Dazu entwickelt sie geeignete empirische Beschreibungsdimensionen (deskriptive Konstrukte) und versucht, Unterschiede in den Ausprägungen der Beschreibungsdimensionen mittels entsprechendem Gesetzeswissen (explikative Konstrukte) zu erklären (*Amelang/Bartussek* 1981, *Sader* 1980, *Brandstätter* et al. 1978).

Die nomothetische Persönlichkeitsforschung stellt sich dem Problem der Einzigartigkeit des Menschen bei gleichzeitiger Vergleichbarkeit mit anderen Menschen in der Art, daß sie mit Hilfe von Beschreibungsdimensionen den untersuchten Individuen einen „Platz" zuweist. Das Einzelwesen kann dann über seine jeweilige Stellung auf den herangezogenen Dimensionen verortet werden.

Die in Abschnitt I behandelten **Aspekte der Person** können prinzipiell auch als Beschreibungsdimensionen für Populationen von Individuen herangezogen werden (z. B. Leistungsmotivation, intellektuelle Fähigkeiten, Intelligenz). Für Teile von ihnen liegen bereits zahlreiche Meßinstrumente und -verfahren vor (vgl. zusammenfassend *Herrmann* 1976, *Amelang/Bartussek* 1981).

Eine Mittelstellung zwischen den ideographischen und den nomothetisch orientierten Ansätzen nimmt die **Theorie personaler Konstrukte** von *Kelly*[22] (1955) ein. Dieser Ansatz geht davon aus, daß Individuen als Handelnde stets, wenngleich nicht notwendigerweise, auf bewußtem Niveau, Hypothesen formulieren, diese in ihrem Alltags- und Berufshandeln überprüfen, bei Bewährung beibehalten, bei Nicht-Bewährung verändern oder verwerfen. Es wird also unterstellt, daß sich Handelnde prinzipiell ähnlich wie Forschende verhalten, wenn diese Hypothesen aufstellen und an der Realität scheitern lassen. Die von den Handelnden bei der Wahrnehmung, Handlungsplanung und Durchführung verwendeten begrifflichen und vorsprachlich-bildhaften, symbolischen (kognitiven) Elemente sind aber sehr viel unschärfer und weniger klar umrissen als dies beispielsweise in einem Forschungsprozeß der Fall ist, in dem bestimmte Konstrukte operationalisiert werden. Die empirische Ermittlung solcher Konstrukte geschieht nach *Kelly* nicht dadurch, daß sie sozusagen „künstlich" den Individuen vorgegeben werden, sondern vielmehr werden diese personalen Konstrukte in einem Wechselprozeß von Forscher

---

[22] *Kelly, George Alexander* (1905–1967) amerik. klinischer Psychologe, Persönlichkeitspsychologie und Wahrnehmung.

und Untersuchtem mit einer zunehmenden Perspektivenverschränkung herausgearbeitet.

In diesem **Man as Scientist-Ansatz** (*Bannister/Fransella* 1981) wird davon ausgegangen, daß jedes Individuum über ein einzigartiges System von Konstrukten verfügt, mit dem es Wahrnehmungen Bedeutungen verleiht, Handlungspläne entwirft und steuert. Verhalten erweist sich dann als abhängig von diesen personalen Konstrukten. Dieses Persönlichkeitsmodell bietet von daher Ansatzpunkte, die Trennung in eine ideographische und eine nomothetische Richtung der Persönlichkeitsforschung aufzuheben.

Zwei inhaltliche Schwerpunkte haben im Verlauf der Entwicklung der Persönlichkeitspsychologie die wissenschaftliche Diskussion beherrscht. Zum einen ist dies die bis heute nicht befriedigend gelöste Auseinandersetzung um die Einflußstärke angeborener versus erworbener (erlernter) Verhaltensmerkmale, also die Debatte um **Anlage** (Erbtheoretiker) oder **Umwelt** (Milieutheoretiker) als zentrale Determinanten des Verhaltens (*Sader* 1980). Nach dem Stand der heutigen Diskussion kann davon ausgegangen werden, daß menschliche Gene, Umgebung und jeweiliges individuelles Entwicklungsstadium stets zusammen betrachtet werden müssen, um Verhalten adäquat beschreiben zu können; eine Argumentation, die Anlagefaktoren gegen Umweltfaktoren auszuspielen versucht, ist demzufolge unfruchtbar. Im Mittelpunkt der Forschung steht die Analyse des Einflusses personaler (Eigenschaften der Person) und situationaler Variablen (Anreize der Umwelt) auf Überdauern und Stabilität des Verhaltens von Individuen.

Die **Person** versus **Situation** Kontroverse kreist im Grunde um die Frage der relativen Bedeutung von der Person internalen und externalen Verhaltenseinflüssen. Ausgehend von *Mischels* (1968) Kritik an der mangelnden Eignung eigenschaftstheoretischer Ansätze und Meßverfahren zur Vorhersage von Verhalten wird heute zunehmend die Auffassung vertreten, daß die Merkmale der Person und der Situationen zusammen den fortlaufenden Verhaltensprozeß konstituieren. In dieser interaktionsorientierten Sichtweise ist dann Persönlichkeit ein geordnetes Muster von Verhaltensweisen im Spiegel der jeweiligen Situation.

7. Menschenbilder

In organisationswissenschaftlichen Studien wird weniger von der Persönlichkeit eines Organisationsmitglieds als vielmehr generell vom Menschenbild gesprochen. Bei der Analyse und Beeinflussung von menschlichem Handeln und Verhalten in Organisationen bedienen sich Managementtheoretiker wie -praktiker implizit oder explizit des Konstrukts *Menschenbild*.

Organisationstheorien enthalten Annahmen über Eigenschaften, Bedürfnisse, Motive, Erwartungen und Einstellungen von Organisationsmitgliedern. Die Gesamtheit der Annahmen einer Theorie über den Menschen in Organisationen wird als Menschenbild bezeichnet (vgl. *Staehle* 1980, *Werhahn* 1980). In der Praxis beschreiben Menschenbilder die Auffassungen eines Vorgesetzten/Führers von der Persönlichkeit der Untergebenen/Geführten und umgekehrt.

In der US-amerikanischen Managementliteratur wird Menschenbildern unter dem Stichwort *models of man* große Beachtung geschenkt. Die in der dortigen Literatur früher festzustellende Neigung, in Extremtypen zu denken (*Staehle* 1973), d. h. zwei gegensätzliche idealtypische Modelle zur Beschreibung von Handeln und Verhalten von Organisationsmitgliedern zu entwikkeln, ist u. a. auf eine **dualistische Diskussion von Menschenbildern** zurückzuführen, wie sie sich etwa bei *Knowles/Saxberg* (1967) findet.

Der prominenteste Vertreter dualistischer Ansätze ist zweifellos *McGregor*[23] (1960), der mit dem Gegensatzpaar Theory X und Theory Y eine äußerst eingängige, weil stark simplifizierende Beschreibung der Konsequenzen zweier extrem unterschiedlicher Menschenbilder liefert. *McGregor* geht zunächst von der Annahme aus, daß jede Führungsentscheidung auf einer Reihe von Hypothesen über die menschliche Natur und menschliches Verhalten beruht. Die Annahmen der traditionellen Managementansätze faßt er unter dem Begriff Theorie X zusammen und stellt ihnen als Idealtyp die Theorie Y gegenüber. Eine Zusammenfassung der wichtigsten Annahmen beider Theorien ist in Abb. 2.13 wiedergegeben.

Abb. 2.13: Die wichtigsten Annahmen der Theorien X und Y

Theorie X	Theorie Y
Der Mensch hat eine angeborene Abscheu vor der Arbeit und versucht, sie so weit wie möglich zu vermeiden.	Der Mensch hat keine angeborene Abneigung gegen Arbeit, im Gegenteil, Arbeit kann eine wichtige Quelle der Zufriedenheit sein.
Deshalb müssen die meisten Menschen kontrolliert, geführt und mit Strafandrohung gezwungen werden, einen produktiven Beitrag zur Erreichung der Organisationsziele zu leisten.	Wenn der Mensch sich mit den Zielen der Organisation identifiziert, sind externe Kontrollen unnötig; er wird Selbstkontrolle und eigene Initiative entwickeln.
Der Mensch möchte gerne geführt werden, er möchte Verantwortung vermeiden, hat wenig Ehrgeiz und wünscht vor allem Sicherheit.	Die wichtigsten Arbeitsanreize sind die Befriedigung von Ich-Bedürfnissen und das Streben nach Selbstverwirklichung.
	Der Mensch sucht bei entsprechender Anleitung eigene Verantwortung. Einfallsreichtum und Kreativität sind weitverbreitete Eigenschaften in der arbeitenden Bevölkerung; sie werden jedoch in industriellen Organisationen kaum aktiviert.

Quelle: McGregor 1960, S. 33 ff. und 47 f.

[23] *McGregor, Douglas M.* (1906–1964) Sozialpsychologe, Prof. Management, MIT.

McGregor übernimmt von *Maslow* (1954) die Hypothese, daß die menschlichen Bedürfnisse in einer Hierarchie angeordnet seien. *McGregor* wirft nun den Anwendern der Theorie X vor, sie seien unfähig, die Mitarbeiter zu motivieren, denn die benutzten Organisations- und Führungsprinzipien würden von ganz falschen Annahmen über die Bedürfnisstruktur der Organisationsmitglieder ausgehen. Nicht auf die Befriedigung materieller Bedürfnisse (Annahme Theorie X), sondern auf die sozialer und ideeller Bedürfnisse (Annahme Theorie Y) würde sich das Streben der Menschen in der heutigen Zeit richten. Diese Aussage ist in dieser allgemeinen, undifferenzierten Form nicht aufrechtzuerhalten. Leider versäumt es *McGregor,* konkret die Bedingungen zu nennen, unter denen die Annahmen der Theorie X und unter welchen diejenigen der Theorie Y Gültigkeit beanspruchen können.

Abb. 2.14 bietet eine Gegenüberstellung dualistischer Ansätze zur Charakterisierung von Personen und Merkmalen von Personen.

Abb. 2.14: Vergleich unterschiedlicher Modelle des Menschen

Maslow (1954)	Argyris (1957)	Herzberg (1959)	McGregor (1960)	Inglehart (1977)
Wachstums-motive	reife Persön-lichkeit	Motivations-faktoren	Theory Y	Postmateria-listen
Defizitmotive	unreife Per-sönlichkeit	Hygiene-faktoren	Theory X	Materialisten

Eine wesentliche Entwicklungsstufe zu einer **Überwindung des Dualismus** (gut-schlecht) und zu einer Verbindung mit organisationstheoretischen Ansätzen findet sich bei *March/Simon* (1958). Diese gehen von drei unterschiedlichen Grundannahmen über menschliches bzw. organisationales Verhalten aus und ordnen diesen Hypothesensets spezifische organisationstheoretische Problemstellungen zu (vgl. Abb. 2.15).

Abb. 2.15: Organisationstheoretische Ansätze in Abhängigkeit von Menschenbildern

I. Organisationsmitglieder als passive Instrumente	Klassische Organisationstheorie (Scientific Management; Bürokratiemodell)
II. Organisationsmitglieder mit eigenen Einstellungen, Werten und Zielen; müssen zur Teilnahme motiviert werden	Teilnahmeentscheidungen; Konflikte in Organisationen; motivationstheoretische Ansätze
III. Organisationsmitglieder als Entscheidungsträger und Problemlöser	Entscheidungsfindung und Problemlösung; Planung und Innovation in Organisationen; Entscheidungs- und Systemtheorie

Lichtman/Hunt (1971, S. 271) gehen davon aus, „daß eine Organisationstheorie nicht besser sein kann, als die Annahmen, die sie über den Menschen macht", und diskutieren auf der Basis dieser Annahme die neuere Literatur zu strukturalistischen und personalistischen Ansätzen der Organisation und Führung (vgl. Abb. 2.16).

Abb. 2.16: Organisatorische Konsequenzen unterschiedlicher Menschenbilder

Menschenbild	Organisatorische Konsequenzen
1. Traditionell strukturalistische Ansätze	
Mensch als Produkt der Gesellschaft *(Marx)*; Mensch als Funktion struktureller Charakteristika der Gesellschaft *(Durkheim)*; Mensch handelt rational und ökonomisch vernünftig.	Scientific Management *(Taylor)*; Administrative Management *(Gulick, Urwick)*; Bureaucracy *(Weber)*; weitgehende Arbeitsteilung, kleine Leitungsspanne, formelle Regeln, straffe Hierarchie.
2. Moderne strukturalistische Ansätze	
Mensch strebt nach Selbstverwirklichung, Autonomie, Anerkennung *(Maslow, McGregor, Argyris)*.	Entbürokratisierung, Machtausgleich, Aufgabenerweiterung, partizipative Führung, geringe Strukturierung, Theorie Y Management, System 4, 9.9 Theorie.
3. Personalistische Ansätze	
Menschen verhalten sich unterschiedlich aufgrund von Wahrnehmungen der Umwelt; sie haben unterschiedliche Bedürfnisse, Motive, Wertvorstellungen, *(Lewin, Mayo, Coch/French, Vroom, Porter, Lawler)*.	Organisatorischer Wandel (Organisationsveränderung) durch persönlichen Wandel; Gruppendynamik, Sensitivity Training.
4. Integrierende Ansätze	
Integration struktureller und personaler Ansätze; Interaktion Individuum-Gruppe-Organisation-Umwelt; wechselseitige Bedingtheit personaler und organisatorischer Variabler *(Homans, Parsons, Katz/Kahn*, Tavistock-Gruppe).	Organisation in Abhängigkeit von situativen Faktoren, wie Größe, Aufgabenstruktur, Persönlichkeitsstruktur, Ziele, Technologie; es gibt nicht die richtige Organisation.

Quelle: Lichtman/Hunt 1971, S. 272 ff.

Schein[24] (1980), dessen Typologie von Menschenbildern weiteste Verbreitung gefunden hat, unterscheidet nach der historischen Entwicklung vier unterschiedliche Gruppen von Hypothesen, die er zu vier ‚managerial assumptions about humans' verdichtet (Abb. 2.17):

---

[24] *Schein, Edgar H.* (geb. 1928 in Zürich) Prof. Organizational Psychology and Management, MIT.

Abb. 2.17: Organisatorische Konsequenzen unterschiedlicher Menschenbilder

Menschenbild	Organisatorische Konsequenzen
1. rational-economic man Ist in erster Linie durch monetäre Anreize motiviert; ist passiv und wird von der Organisation manipuliert, motiviert und kontrolliert; sein Handeln ist rational; Annahmen der Theorie X.	Klassische Management-Funktionen: Planen, Organisieren, Motivieren, Kontrollieren; Organisation und deren Effizienz stehen im Mittelpunkt; Organisation hat die Aufgabe, irrationales Verhalten zu neutralisieren und zu kontrollieren.
2. social man Ist in erster Linie durch soziale Bedürfnisse motiviert; als Folge der Sinnentleerung der Arbeit wird in sozialen Beziehungen am Arbeitsplatz Ersatzbefriedigung gesucht; wird stärker durch soziale Normen seiner Arbeitsgruppe als durch Anreize und Kontrollen des Vorgesetzten gelenkt; Annahmen der Human-Relations-Bewegung.	Aufbau und Förderung von Gruppen; soziale Anerkennung der Mitarbeiter durch Manager und Gruppe; die Bedürfnisse nach Anerkennung, Zugehörigkeitsgefühl und Identität müssen befriedigt werden; Gruppenanreizsysteme treten an die Stelle von individuellen.
3. self-actualizing man Menschliche Bedürfnisse lassen sich in einer Hierarchie anordnen; der Mensch strebt nach Autonomie und bevorzugt Selbst-Motivation und Selbst-Kontrolle; es gibt keinen zwangsläufigen Konflikt zwischen Selbstverwirklichung und organisatorischer Zielerreichung; Annahmen der Theorie Y.	Manager sind Unterstützer und Förderer (nicht Motivierer und Kontrolleure); Delegation von Entscheidungen; Übergang von Amts-Autorität zu Fach-Autorität; Übergang von extrinsischer Motivation zu intrinsischer Motivation; Mitbestimmung am Arbeitsplatz.
4. complex man Ist äußerst wandlungsfähig; die Dringlichkeit der Bedürfnisse unterliegt Wandel; der Mensch ist lernfähig, erwirbt neue Motive; in unterschiedlichen Systemen werden unterschiedliche Motive bedeutsam; Annahmen der Situationstheorie.	Manger sind Diagnostiker von Situationen; sie müssen Unterschiede erkennen können und Verhalten situationsgemäß variieren können; es gibt keine generell richtige Organisation.

Quelle: Schein 1980, S. 50 ff.

Unterschiedliche Annahmen über die Bedürfnis- und Motivationsstruktur des Menschen determinieren nach *Schein* auch unterschiedliche Management- und Organisationsstrategien. Obwohl *Schein* im *complex man* die adäquate Charakterisierung des arbeitenden Menschen in der modernen Industriegesellschaft von heute sieht, schließt er keineswegs die Relevanz anderer Annahmen (1–3) in bestimmten Situationen und bei bestimmten Mitarbeitern aus. *Neuberger* (1984, S. 35 f.) sieht dagegen im *complex man* ein gefügiges Produkt seiner Umwelt, das sich unterordnet und bereitwillig an jede Veränderung anpaßt, und somit keineswegs eine positive Weiterentwicklung des *self-actualizing man*.[25] Im Zuge der Organisationskulturdebatte (vgl. S. 465 ff.) wird als Antithese zum *rational man* das Bild eines *irrational, meaning-looking man* propagiert (*Peters/Waterman* 1982), also die Vorstellung von einem irrational-emotional geleiteten, Sinn-suchenden Menschen. Zentrale Aufgabe des Vorgesetzten wäre dann die Vermittlung von Sinn, eine Sinn-orientierte Leistungsmotivation (vgl. *Hartfelder* 1984).

Weinert (1984) kritisiert an den bislang vorgestellten a priori- Klassifikationen, daß es sich lediglich um Gedankenprodukte von Forschern ohne systematische empirische Fundierung handle. Er entwickelt dagegen auf der Grundlage einer schriftlichen Befragung von 293 Führungskräften (Meister und Vorarbeiter) aus acht Textilbetrieben eine **Taxonomie der impliziten Theorien** von Vorgesetzten über die Natur des arbeitenden Menschen.

Mit Hilfe einer Faktorenanalyse kann er 12 Dimensionen identifizieren, die er als implizite Theorien von Führungskräften bezeichnet. Nachstehende Tabelle (*Weinert* 1984, S. 37) gibt einen Überblick über die Faktor-Bezeichnungen, die Anzahl der Items je Faktor und den Anteil an Varianz, die von einem Faktor erklärt wird (Kommunalität):

Nr.	Faktor-Bezeichnung	Anzahl der Items	Prozent der Kommunalität
1	Der Mensch als passives und unselbständiges Wesen	16	12
2	Der Mensch als mechanisches Instrument	14	11
3	Der nach Selbstvervollkommnung strebende Mensch	14	10
4	Der Mensch als soziales Individuum	13	10
5	Der von der Arbeitssituation bestimmte Mensch	11	7
6	Der Mensch als optimaler Entscheidungsfäller	8	7
7	Der Mensch als begrenzter Entscheidungsfäller	8	6
8	Der Mensch als Teil sozialer Gruppen	7	6
9	Der nach Führung suchende Mensch	7	5
10	Der träge, ambitionslose Mensch	7	4
11	Der Mensch als Träger unterschiedlicher Motive	6	4
12	Der von innen gelenkte Mensch	5	3

Eine Gruppierung der 12 Dimensionen nach Menschenbildern mit positiver Tendenz (3,4,6,8,12) und solchen mit negativer Tendenz (1,2,5,7,9,10; 11 war neutral) veranlaßt *Weinert* (1984, S. 44) zu dem Schluß, „daß es sich hier

---

[25] Zum Ideologiegehalt von Organisations- und Managementtheorien vgl. *Alvesson* 1987, S. 143 ff.

um zwei gleichgewichtige, aber gegensätzliche Theoriegruppen handelt, die allein 40% der Varianz der Antworten erklären". Insofern kann *Weinerts* Untersuchung als eine empirische Bestätigung der dualistischen a priori-Klassifikation angesehen werden.

II. Person und Situation

In dem Maße, in dem sich in der Psychologie die Auffassung verbreitet, daß der Mensch ein Wesen ist, das sich aktiv mit seiner Umwelt auseinandersetzt, spielt der situative Kontext als Stimulus menschlichen Verhaltens eine immer bedeutendere Rolle.

Man versteht demnach eine Handlungs- oder Verhaltensweise erst dann, wenn man die Situation rekonstruiert hat, in der der Handelnde Probleme und Kontext wahrgenommen hat. Verstehen und Deuten setzt also voraus, daß man zunächst in der Lage ist, Handlungssituationen anhand bestimmter Dimensionen zu beschreiben. Unter **Situation** wird dabei die Gesamtheit der objektiv herrschenden und der von den handelnden Individuen wahrgenommenen und erlebten Handlungsbedingungen verstanden. Die subjektive Situation (und damit vor allem verhaltensrelevante Aspekte) wird somit neben der ‚objektiven' zur gleichgewichtigen Erhebungseinheit, um Handeln und Verhalten zu analysieren (*Karg/Staehle* 1982). Das Subjekt bildet sich durch selektive Informationswahrnehmung und -verarbeitung ein internes Modell seiner Umwelt, eine ‚subjektive Theorie', und lediglich die wahrgenommenen und akzeptierten Handlungsprämissen werden zu Gegebenheiten der Handlungssituation. Handeln und Verhalten stellen also orientierte Reaktionen auf wahrgenommene Reize in bestimmten Situationen dar.

W. I. Thomas[1] (1965) hat die Bedeutung der Situationsdefinition als erster erkannt und daran allgemeine soziologische und sozialpsychologische Überlegungen geknüpft. Das nach ihm benannte *Thomas-Theorem* besagt: Wenn Menschen eine Situation als real definieren, dann ist sie für diese in ihren Konsequenzen auch real.

Die bei *Thomas* vorherrschende Sicht (Analyse und Definition) der Situation vom Individuum (Akteur) aus wird mehr und mehr durch eine solche in Ansehung der sozialen Struktur der Umwelt abgelöst (*Friedrichs* 1974). Gleichzeitig wird der phänomenologischen Perspektive, der Situationsstrukturierung vom Individuum aus bei Berücksichtigung der sozialen Vermitteltheit individueller Wahrnehmung und Interaktion, vermehrt Beachtung geschenkt (*Markowitz* 1979, *Burrell/Morgan* 1979, *Morgan* 1986).

---

[1] *Thomas, William Isaac* (1863–1947), amerik. Prof. Soziologie (Interaktionstheorie), Uni Chicago.

1. Wahrnehmung der Situation

a. Stufen und Einflußfaktoren der Wahrnehmung

Menschen handeln auf der Grundlage dessen, was und wie sie etwas wahrnehmen und nicht auf der Grundlage dessen, was ist. Insofern ist nicht die objektive Situation, sondern die **subjektiv wahrgenommene Situation** unmittelbar handlungsrelevant. Von einer **objektiven** oder **vorgegebenen Situation** (Wirklichkeit, Realität) kann dann gesprochen werden, wenn sie von mehreren Personen unabhängig voneinander (also intersubjektiv) identisch beschrieben wird (consensual reality). Im S-O-R Schema auf S. 145 stehen zwischen Reizen und der Wahrnehmung sog. **Rezeptoren.** Führen bestimmte Reize aus externen oder internen Quellen über die Rezeptoren lediglich zu einer Stimulation der Sinnesorgane, ohne daß eine kognitive Verarbeitung folgt, spricht man in der Literatur (z.B. *Luthans* 1985, S. 156) von **Empfindung** (sensation); erfolgt jedoch eine bewußte, gedankliche Verarbeitung, werden also kognitive Prozesse ausgelöst, spricht man von **Wahrnehmung** (perception). Der Organismus (O) selektiert, organisiert und interpretiert Stimuli aus der Umwelt (S).

Die Sinnesorgane werden permanent von einer Fülle von externen (z.B. Lichtwellen, Schallwellen, Wärme) und internen (z.B. chemische und energetische Umwandlungsprozesse) **Reizen** überflutet. Aus quantitativen und vor allem aus qualitativen Gründen können nicht alle Stimuli wahrgenommen werden. Die beschränkte Kapazität des Menschen zur Aufnahme und Verarbeitung von Reizen führt zwangsläufig zu einer zunächst quantitativen **Selektion.** Ein differenziertes System von Filtern erlaubt nur wenigen Reizen den Zugang zu Bewußtseinsebenen, auf denen sie eine Chance haben, handlungs- oder verhaltensrelevant zu werden.

Aus der Physiologie wissen wir, daß die menschlichen Sinnesorgane erst ab einer bestimmten **Schwelle** reagieren. Unter dieser absoluten Schwelle liegende Reize werden als unterschwellig bezeichnet (z.B. Reizschwelle beim Hören ab 16 Hz). Die Sinnesorgane nehmen also nur einen bestimmten Teil der Reize auf *(1. Filter);* von diesen wird aber nur ein gewisser Teil empfunden (Empfindungsschwelle, beim Hören etwa ab 20 dB(A) – *2. Filter).* Von den empfundenen Reizen wird wiederum nur ein Teil wahrgenommen, d.h. kognitiv verarbeitet (Wahrnehmungsschwelle – *3. Filter)*[2]. Als obere Grenze der Wahrnehmung gilt die Schmerzschwelle, die beim Gehör etwa bei 140 dB (A) angesetzt wird. Mit der Bestimmung von Schwellen, vor allem von Unterschiedsschwellen (wann wird ein Unterschied zwischen gleichen Reizen

---

[2] Zur Verknüpfung neuro-physiologischer Aspekte der Wahrnehmung mit kognitiven Aspekten der Perzeption vgl. *Conrad/Sydow* 1984, S. 76 ff.

wahrgenommen?), haben sich experimentell erstmals der Physiologe *Weber*[3] und der Psychophysiker *Fechner* beschäftigt.

Bislang wurde davon ausgegangen, daß lediglich die bewußte Reizverarbeitung zu Verhalten führen könne, daß also nicht wahrgenommene Stimuli nie verhaltensrelevant werden können. Dieses Bild muß korrigiert werden. Vor allem aus der Werbepsychologie wissen wir, daß es auch eine **unterschwellige Wahrnehmung** von Reizen gibt, die Verhalten auslöst (vgl. hierzu die Belege bei *Kroeber-Riel* 1984).

Was nun den qualitativen Aspekt der Begrenzung von Reizverarbeitungsprozessen anbetrifft, so ist zunächst bedeutsam, daß die Wahrnehmung von den jeweiligen Werten, Wünschen und Bedürfnissen des Wahrnehmenden geleitet wird. Beispielsweise vermeinen wir, wenn wir auf einer Autofahrt sehr hungrig sind (primäres Bedürfnis), in jedem Schild einen Hinweis auf ein Restaurant zu erkennen. Die dominanten sekundären Bedürfnisse (z.B. Macht, Leistung, Geselligkeit) lassen uns Reize, die eine Befriedigung dieser Bedürfnisse signalisieren, stärker wahrnehmen. Die Art und Weise der Wahrnehmung hängt hier unmittelbar von unserer Persönlichkeit und den vorgängigen Sozialisationsprozessen ab.

Wahrnehmung ist aber keineswegs nur als einschränkender Selektionsprozeß zu sehen (Selektivität), sondern in aller Regel werden auch **fehlende Reize hinzugefügt** (Organisation, Schließen). Wir haben gelernt, in den Reizen eine Ordnung, ein Muster zu erkennen. Wir suchen stets nach einer Gestalt. Dies wissen wir spätestens seit den Arbeiten von *Max Wertheimer* über Gestaltpsychologie. Wir nehmen eben nicht einfach schwarze Zeichen auf weißem Grund wahr, sondern assoziieren Worte und Sätze und lesen sogar ‚zwischen den Zeilen'.

Im einzelnen lassen sich **externe** (Wahrnehmungsgegenstand), **interne** (wahrnehmende Person) und **situationsbezogene** Einflußfaktoren auf die Selektion, Organisation und Interpretation der Wahrnehmung unterscheiden (vgl. Abb. 2.18).

Zu den **externen Faktoren** zählen u.a. (vgl. hierzu *Luthans* 1985, S. 159ff.):

Intensität: Mit zunehmender Intensität der Reize nimmt die Wahrscheinlichkeit zu, daß sie wahrgenommen werden (z.B. grelle Farben, Lautstärke).

Größe: Mit zunehmender Größe des Reizobjektes nimmt die Wahrscheinlichkeit zu, daß es wahrgenommen wird (z.B. ganzseitige Anzeige, Zeppelin).

Kontrast: Reize, die vor einem ruhigen Hintergrund präsentiert werden, haben große Chancen, wahrgenommen zu werden (z.B. Hinweisschilder).

Wiederholung: Öfter wiederholte Reize haben eine größere Chance, wahrgenommen zu werden, als einmalige (z.B. mehrfach wiederholte Anweisungen, Warnungen). Allerdings kann auch der umgekehrte Effekt eintreten, dann nämlich, wenn man ein und demselben Reiz immer wieder ausgesetzt ist und allmählich desensibilisiert wird (z.B. Lärm).

---

[3] *Weber, Ernst Heinrich* (1795–1878) deutscher Physiologe, *Weber-Fechner*-Gesetz.

Abb. 2.18: Stufen des Wahrnehmungsprozesses

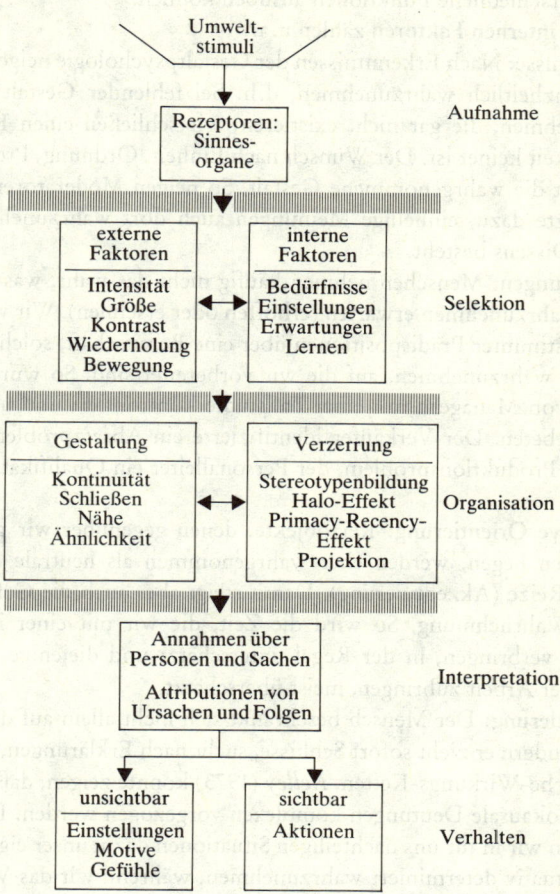

Quelle: In Anlehnung an *Hellriegel/Slocum/Woodman* 1986, S. 89

Bewegung: Reizobjekte in Bewegung erzielen höhere Aufmerksamkeit als stationäre (z. B. Film gegenüber Dia).

Nähe: Eine Gruppe von Reizen, die lokal oder zeitlich konzentriert auftreten, wird als Einheit wahrgenommen, obwohl dies in der Realität keineswegs der Fall sein muß. So werden z. B. solche Mitarbeiter einer Organisation als zusammengehörige Gruppe wahrgenommen, die im selben Stockwerk arbeiten.

Ähnlichkeit: Je ähnlicher die Reize, desto höher ist die Wahrscheinlichkeit, daß sie zu einer homogenen Gruppe zusammengefaßt werden. Mitarbeiter im weißen Kittel werden als homogene Gruppe wahrgenommen, obwohl sie ganz unterschiedliche Funktionen ausüben können.

Zu den **internen Faktoren** zählen u. a.:

Bedürfnisse: Nach Erkenntnissen der Gestaltpsychologie neigen Menschen dazu, ganzheitlich wahrzunehmen, d. h. bei fehlender Gestalt auch Reize wahrzunehmen, die gar nicht existieren; wir schließen einen Kreis, der in Wirklichkeit keiner ist. Der Wunsch nach Einheit, Ordnung, Problemlösung beeinflußt die wahrgenommene Gestalt. So neigen Moderatoren, aber auch Vorgesetzte dazu, einhellige Meinungen auch dort wahrzunehmen, wo in Realität Dissens besteht.

Erwartungen: Menschen nehmen häufig nicht das wahr, was ist, sondern was sie wahrzunehmen erwarten (erhoffen oder ersehnen). Wir verfügen aufgrund bestimmter Prädispositionen über eine Bereitschaft, solche Reize vornehmlich wahrzunehmen, auf die wir vorbereitet sind. So wurde z. B. eine Gruppe von Managern mit einer Fallstudie konfrontiert und um eine Falllösung gebeten. Der Verkäufer identifizierte ein Absatzproblem, der Ingenieur ein Produktionsproblem, der Personalleiter ein Qualifikationsproblem usw.

Affektive Orientierung: Reizobjekte, denen gegenüber wir positive Empfindungen hegen, werden eher wahrgenommen als neutrale oder negativ besetzte Reize (Akzentuierung). Damit steigt aber auch die Gefahr der verzerrten Wahrnehmung. So wird die Zeit, die wir mit einer interessanten Tätigkeit verbringen, in der Regel unterschätzt und diejenige, die wir mit monotoner Arbeit zubringen, meist überschätzt.

Attribuierung: Der Mensch beschränkt sich nicht allein auf die Wahrnehmung, sondern er zieht sofort Schlüsse, sucht nach Erklärungen, bildet einfache Ursache-Wirkungs-Ketten. *Kelley* (1973) konnte zeigen, daß dabei einfache, monokausale Deutungen komplexen vorgezogen werden. Darüber hinaus neigen wir in für uns nachteiligen Situationen dazu, unser eigenes Verhalten als situativ determiniert wahrzunehmen, während wir das Verhalten anderer auf deren Persönlichkeit zurückführen (vgl. Abschnitt II 1 c).

Kontinuität: Menschen neigen dazu, in Reiz-Folgen Kontinuitäten wahrzunehmen, die in Wirklichkeit nicht existieren. Der Wunsch nach Stabilität und Sicherheit unserer Umwelt heute und in Zukunft beeinflußt den Wahrnehmungsprozeß dergestalt, daß unveränderte oder sich trendartig entwikkelnde Reize erkannt werden.

Neuheit/Vertrautheit: Neuartige Reize in einer vertrauten Situation oder vertraute Reize in einer neuartigen Situation werden mit hoher Wahrscheinlichkeit wahrgenommen (z. B. job rotation; Verschönerung des Arbeitsplatzes nach eigenen Wünschen). Generell werden vertraute Reize schneller wahrgenommen als neuartige (z. B. PS gegenüber kW).

Die **Situation** oder der **Kontext des Wahrnehmungsprozesses** hat ebenfalls einen wesentlichen Einfluß auf das Wahrnehmungsergebnis. Forschungsergebnisse (z. B. *Asch* 1952) weisen darauf hin, daß es einen erheblichen Unterschied macht, ob das Individuum allein oder in einer Gruppe (Kollegen, Vorgesetzte, Untergebene) wahrnimmt. Gruppennormen, Rollenerwartungen und Statuszwänge führen zu gravierenden Verzerrungen der Wahrnehmung. In einer Serie von Experimenten unter Leitung von *Asch*[4] wurde eine Gruppe (7 bis 9 Personen) instruiert, bewußt falsche Wahrnehmungsergebnisse anzugeben, wenn sie die Länge einer Linie mit drei verschieden langen Linien vergleichen sollte. In über einem Drittel der Fälle (37%) gab eine nicht instruierte Vp unter dem Gruppendruck ein anderes, falsches (das Gruppenergebnis) und nicht das eigene richtige Wahrnehmungsergebnis hinsichtlich der Längenverhältnisse zwischen den Linien an. Der Konformitätsdruck der Gruppe ist offensichtlich für bestimmte Menschen so groß, daß sie wider besseres Wissen eine wahrnehmungsdiskrepante Äußerung abgeben (vgl. *Irle* 1975) und dadurch eine falsche Entscheidung treffen bzw. mittragen.

Weitere situative Einflußfaktoren der Wahrnehmung in Organisationen sind z. B. Anreizsystem, Tätigkeit, Position, Kommunikation, Streß. Darüber hinaus haben auch physikalische Umweltfaktoren, wie Raumgestaltung (Farbe, Beleuchtung, Ausstattung), Belüftung, Beheizung, Geräuschpegel mit einen Einfluß auf den Wahrnehmungsprozeß.

b. Verzerrungen bei der Wahrnehmung

Menschen streben nach Stabilität und Konsistenz ihrer Wahrnehmungen (Fixierung). Aus dissonanztheoretischen Arbeiten wissen wir, daß dissonante Informationen geringere Chancen haben, wahrgenommen zu werden, als konsonante. Der Mensch entwickelt Abwehrmechanismen gegenüber Reizen, die bestehende Wert- und Einstellungssysteme bedrohen und zu einer Revision derselben führen könnten. Reize, die nicht in das bestehende Bild seiner selbst (Selbstwertkonzept) und das Bild seiner Umwelt (Weltbild, Vorurteile) passen, werden gefiltert, umgedeutet oder völlig abgelehnt. Dabei werden die Wahrnehmungsprobleme noch um ein Beträchtliches erhöht, wenn es sich bei dem Wahrnehmungsobjekt selbst um Menschen handelt, denn im Gegensatz zur toten Materie kann sich der Mensch im Prozeß der Wahrnehmung laufend ändern.

Die wichtigsten Phänomene der Verzerrung von Wahrnehmungen sind: Stereotypenbildung, Halo-Effekt, Primacy-Recency-Effekt, Projektion.[5]

Stereotypenbildung: Der Begriff Stereotyp(platte) stammt aus dem Druckereiwesen und meint einen beliebig wiederholbaren Druckvorgang mit einer feststehenden Druckplatte. Nach *Luthans* (1985, S. 176) hat ihn *Walter Lipp-*

---

[4] *Asch, Solomon E.* (geb. 1907 in Warschau) Gestaltpsychologe, Nachfolger von *Wertheimer* an der New School of Social Research, New York.

[5] Vgl. hierzu *Luthans* 1985, *Hellriegel/Slocum/Woodman* 1986, *Duncan* 1981, *Filley/House/Kerr* 1976. *Filley, Alan C.*, Prof. Org. Behavior, Uni Wisconsin, Madison.

mann 1922 auf Wahrnehmungsprozesse übertragen. Hier bezeichnet er einen Wahrnehmungsirrtum, der darin besteht, daß man einen Menschen auf der Basis einzelner Merkmale (z. B. Geschlecht, Alter, Hautfarbe, Rasse, Beruf) einer danach gebildeten Kategorie zuordnet, über die man sich ein generelles (Vor-) Urteil gemacht hat. Der sonst schwierige Prozeß der ganzheitlichen Wahrnehmung einer Person wird durch diesen Mechanismus drastisch verkürzt auf die einfache Frage: Zu welcher Kategorie (über die ich mir schon ein Bild gemacht habe) gehört der Betreffende? (Frau am Steuer, Opel-Fahrer, Homosexueller).

Äußerst unterschiedliche Menschen werden also bestimmten Kategorien zugeordnet und zwar in der Annahme, daß die Gleichheit in einem Merkmal Ähnlichkeit in allen anderen Persönlichkeitsmerkmalen zur Folge hat.

Auch Wahrnehmungsprozesse in Organisationen leiden ständig unter Stereotypenbildungen; solche Vorurteile werden z. B. gegenüber Planern, EDV-Abteilungen, Betriebsräten, Refa-Ingenieuren gebildet, mit der Folge, daß die Kommunikation zwischen unterschiedlichen Organisationsmitgliedern durch die bestehenden Stereotypen schwer belastet wird. Im Zuge einer experimentellen Untersuchung konnte *Haire* (1955) belegen, wie stark Stereotypen die Wahrnehmung verzerren können. Verschiedene Gruppen von Managern und Gewerkschaftlern wurden gebeten, den Eindruck zu schildern, den eine Person auf einem Photo auf sie macht. Dabei wurde die Person einmal als Mitglied des Managements und einmal als Mitglied einer Gewerkschaft bezeichnet. Managementangehörige beschrieben die gleiche Person bedeutend positiver (vertrauenswürdig, kompetent), wenn sie als Manager, und negativer, wenn sie als Gewerkschaftler bezeichnet wurde.

Stereotypen müssen jedoch keineswegs nur negative Eindrücke zusammenfassen, sondern können auch positive Vorurteile beinhalten, wie *Secord/ Backman* (1964) meinen; entscheidend ist die komplexitätsreduzierende und verhaltensstabilisierende Funktion der Stereotypenbildung. Aufgrund der festgeformten Erwartungsstrukturen führt die Wahrnehmung von dem Stereotyp nicht entsprechenden Verhaltensweisen eines Menschen keineswegs schon zu dessen Revision. Aus dissonanztheoretischen Forschungsergebnissen wissen wir, daß dissonante Informationen gerne vermieden oder durch Uminterpretation lediglich zur Rationalisierung benötigt werden.

Halo[6]-Effekt: Während im Fall der Stereotype ein Mensch auf der Grundlage seiner Zugehörigkeit zu einer Kategorie wahrgenommen wird, bezeichnet der Halo-Effekt einen Wahrnehmungsvorgang, bei dem ein Mensch auf der Grundlage einer einzigen hervorstechenden Eigenschaft (Persönlichkeitsmerkmal) beurteilt wird, die alle anderen Merkmale überstrahlt. Von dem positiven oder negativen Eindruck, den *eine* Eigenschaft erweckt, schließt man auf positive bzw. negative Tendenzen bei *allen anderen* Eigenschaften, über die ein Mensch verfügt. Der als Halo-Effekt bezeichnete Wahrneh-

---

[6] gr.-lat. Hof um eine Lichtquelle.

mungsfehler hat vor allem bei der Mitarbeiterbeurteilung große Bedeutung. Viele Fehlbeurteilungen von Organisationsmitgliedern beruhen darauf, daß z.B. von positiv wahrgenommenen Persönlichkeitsmerkmalen (z.B. Fleiß, Sauberkeit am Arbeitsplatz, Pünktlichkeit) auf positive Leistungsbereitschaft geschlossen wird oder umgekehrt von negativen Leistungsmerkmalen auf negative Persönlichkeitsmerkmale.

Primacy-Recency-Effekt: In einer Vielzahl von Untersuchungen konnte festgestellt werden, daß die Reihenfolge, in der die Reize wahrgenommen werden, einen Einfluß auf die Formung des Gesamtbildes einer Person hat. In Fällen, wo der erste Eindruck (die ersten Reize) mit ungleich größerem Gewicht in die Gesamtbeurteilung eingehen als die nachfolgenden, spricht man von **Primacy-Effekt** (z.B. Liebe auf den ersten Blick). Die Erfahrung zeigt auch, daß in Fällen, wo Informationen aus dritter Hand über einen Menschen für uns die erste Beschäftigung mit diesem darstellen, diese einen nachhaltigen Einfluß auf die eigene Wahrnehmung ausüben.

Es gibt jedoch auch Situationen, in denen die zuletzt wahrgenommenen Reize am höchsten bewertet und am besten behalten werden. Hier spricht man von einem **Recency-Effekt** (letzte Frage in der Prüfung; Schlußwort). Beide Wahrnehmungs- bzw. Beurteilungsfehler können vermieden werden, wenn man den betreffenden Menschen in mehreren unterschiedlichen Situationen wahrnimmt und somit nicht in die Versuchung gerät, vorschnell vom ersten oder letzten Eindruck auf die Gesamtpersönlichkeit zu schließen.

Projektion: Eine häufig nur schwer zu durchschauende Form der verzerrten Realitätswahrnehmung stellt die Projektion dar. Werden durch eine Reihe von Informationen Gefühle des Versagens oder der Schuld beim Wahrnehmenden erzeugt, die für ihn nur schwer zu ertragen sind, vor allem wenn eine soziale Mißbilligung hinzukommt, dann neigen Menschen dazu, die eigenen (häufig unbewußten) Gefühle auf andere zu projizieren. So wird z.B. versucht, die (objektiven) Ursachen eines Fehlschlages (Nichtbeförderung) nicht in der eigenen Person – da inakzeptabel – zu suchen, sondern Dritten (ungerechter Vorgesetzter, unfaire Kollegen) zu attribuieren. Die Projektion, als Form der Wahrnehmungsverzerrung, begegnet uns häufig bei Tarifverhandlungen, wo die eine Seite der anderen die eigenen Fehler (Mißtrauen, Unzuverlässigkeit, Schlitzohrigkeit) unterstellt.

c. Deutung von Wahrnehmungen (Attribution)

Die alltagsweltliche Erfahrung, daß Reaktionen auf wahrgenommene Ereignisse sich zum großen Teil daraus erklären, auf welche Ursachen man das Ereignis zurückgeführt hat, ist Ausgangspunkt einer der heute wichtigsten sozialpsychologischen Forschungsrichtungen geworden (vgl. *Herkner*[7] 1980).

---

[7] *Herkner, Werner* (geb. 1941) Prof. Psychologie, Uni Wien.

Historischer Ursprung der **Attributionstheorien** ist die naive (da alltagsweltlich orientierte) Verhaltenstheorie *Heiders* (1958). Die **naive Verhaltenstheorie** unterstellt dem Menschen ein Bedürfnis, Umweltereignisse dadurch erklären und kontrollieren zu wollen, daß er sie auf dispositionelle Eigenschaften von Personen oder Situationen ursächlich zurückführt. Menschen werden als aktive, Informationen suchende, selektierende und interpretierende Individuen aufgefaßt, deren alltagsweltliche Erklärungsversuche darin bestehen, wahrgenommenen Ereignissen subjektiv Ursachen zuzuschreiben. Insofern wird ein rationales Informationsverarbeitungsverhalten unterstellt; der Mensch handelt wie ein Wissenschaftler. Er stellt Kovariationen (Korrelationen) zwischen Ereignis und Ursache fest und vermutet Kausalitäten. Die Attributionstheorie spricht von **Kausalattributionen,** d. h. subjektiven Ursachenerklärungen (Ursachenzuschreibungen) für wahrgenommenes Verhalten bzw. dessen Folgen. *Heider*[8] befaßt sich vorwiegend mit dem Bereich interpersonaler Beziehungen und geht – der Feldtheorie *Lewins* (1963) vergleichbar – davon aus, daß die Ursachen menschlichen Verhaltens entweder in den **Personen** selbst oder in ihrer **Umwelt** liegen. Im Unterschied zu *Lewin* untersucht *Heider* jedoch nicht die ‚wirklichen‘ Ursachen menschlichen Verhaltens, sondern wahrgenommene Ursache-Wirkungs-Verknüpfungen. An diese grundsätzlichen Überlegungen *Heiders* knüpfen alle Attributionstheorien an. Obwohl Attributionstheorien keinen homogenen theoretischen Ansatz darstellen, existieren einige zentrale Konzepte, die ihnen gemeinsam sind. Dazu zählen neben *Heiders* Theorie die von *Kelley* (1967, 1972) entwickelten **kausalen Schemata,** das **Locus of Control** Konzept von *Rotter* (1966), die **Theorie der gelernten Hilflosigkeit** von *Seligman* (1975) und die **Theorie des Leistungsverhaltens** von *Weiner* (1980).

Im Mittelpunkt der Forschungen *Kelleys* (1967, 1973) steht die Frage, welche Faktoren Kausalattribuierungen beeinflussen. Als mögliche **Ursachen für ein Verhalten** kommen in Frage:
• der Handlungsgegenstand
• andere Personen
• die Dauer der Handlung
• die Art der Interaktion mit dem Gegenstand.

Kelley[9] geht davon aus, daß ein Mensch, der eine sich verhaltende Person beobachtet, durch die Analyse der **Kovariation**[10] dieser Faktoren mit dem beobachteten Verhalten Vermutungen über die vermeintlichen Verhaltensursachen anstellt. Verhält sich die beobachtete Person beispielsweise in der beobachteten Weise nur gegenüber einem bestimmten Gegenstand, dies über

---

[8] *Heider, Fritz* (geb. 1896 in Wien) Psychologe, arbeitete mit *Wertheimer* in Berlin und *Stern* in Hamburg, ging 1930 in die USA.
[9] *Kelley, Harold H.* (geb. 1921) Prof. Psychologie, UCLA.
[10] Attribution nach dem Prinzip der Kovariation (gemeinsame Veränderung) setzt voraus, daß Informationen aus mehreren Beobachtungen vorliegen.

längere Zeit und in Übereinstimmung mit den Reaktionen anderer Personen, ist zu vermuten, daß die Verhaltensursache eher im Gegenstand als in der Person begründet liegt. Bei der Kausalattribution wird anhand von drei Kriterien vorgegangen: Konsens, Konsistenz und Verschiedenartigkeit (vgl. Abb. 2.19).

Abb. 2.19: Alternative Formen der Kausalattribution

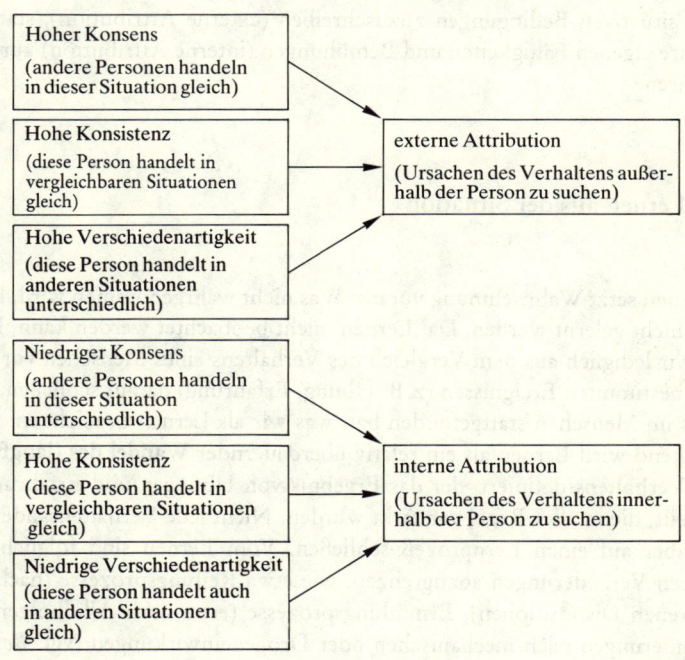

Quelle: *Kelley* 1973

Häufig wird die aufwendige Analyse der Kovariation durch **kausale Schemata** (*Kelley* 1972) ersetzt, die eine vergleichsweise schnelle und ökonomische Attribution erlauben. Kausale Schemata sind allgemeine Regeln über Ursache-Wirkungs-Beziehungen, die ein Repertoire an kulturell und/oder individuell geformten Erfahrungen bilden. *Kelley* nennt u. a. das ,multiple necessary causal schema' und das ,multiple sufficient causal schema'. Benutzt der beobachtende Mensch das erstere, geht er davon aus, daß das beobachtete Ergebnis eher mehrere plausible Ursachen hat; benutzt er das zweite, so hält er eine monokausale Erklärung für hinreichend und stoppt frühzeitg die Suche, Selektion und Interpretation weiterer Informationen.

Rotter (1966) spricht in diesem Zusammenhang von interner bzw. externer Kontrolle von Ereignissen, je nachdem ob sie eigenem Verhalten oder externen Faktoren attribuiert werden. *Rotter* geht bei der Formulierung des Locus of Control Konzepts von der sich verhaltenden Person selbst aus und unterstellt dieser, daß sie über eine Selbsteinschätzung ihrer Leistungsfähigkeit verfügt, die sie auf der Grundlage früherer Erfahrungen entwickelt hat. *Rotter* bezeichnet Menschen als *intern kontrolliert*, die davon ausgehen, daß sie die Geschicke ihres Lebens weitgehend selbst bestimmen können; *extern kontrollierte* Menschen hingegen sind solche, die sich gegenüber Umweltbedingungen relativ ohnmächtig fühlen und dazu neigen, Erfolge bzw. Mißerfolge situativen Bedingungen zuzuschreiben (externe Attribution), statt sie auf ihre eigenen Fähigkeiten und Bemühungen (interne Attribution) zurückzuführen.

2. Lernen aus der Situation

Lernen setzt Wahrnehmung voraus. Was nicht wahrgenommen wird, kann auch nicht gelernt werden. Da ,Lernen' nicht beobachtet werden kann, können wir lediglich aus dem Vergleich des Verhaltens eines Menschen vor und nach bestimmten Ereignissen (z. B. Übung, Erfahrung) darauf schließen, daß etwas im Menschen stattgefunden hat, was wir als Lernen bezeichnen. Entsprechend wird Lernen als ein relativ überdauernder **Wandel des (langfristigen) Verhaltens** definiert, der das Ergebnis von Übungen und Erfahrungen darstellt, die in aller Regel verstärkt wurden. Nicht jede Verhaltensänderung läßt aber auf einen Lernprozeß schließen. Vom Lernen sind folglich alle anderen Veränderungen abzugrenzen, wie etwa Reifungsprozesse (nach angeborenen Dispositionen), Ermüdungsprozesse (etwa nach Alkoholgenuß), Veränderungen nach mechanischen oder Drogeneinwirkungen (vgl. *Bergius* 1972). Lernprozesse setzen notwendigerweise ein **Gedächtnis** voraus, das es uns erlaubt, wahrgenommene Informationen zu behalten und auf Anforderungen wieder zu reproduzieren (vgl. hierzu Abb. 2.20).

Hierzu ist ein **Langzeit-Speicher** erforderlich, der in seiner Behaltenskapazität weit über die reine Merkfähigkeit des **Kurzzeit-Speichers** hinausgeht. Wird nicht unmittelbar memoriert, wird das Material innerhalb kürzester Zeit wieder vergessen. Es muß also ein besonderes Interesse, eine bestimmte Motivation vorhanden sein, damit der Mensch sich überhaupt der Mühe unterzieht, den Langzeit-Speicher zu benutzen, eben zu lernen. Obwohl auch das Phänomen des inzidentiellen Lernens, also des Lernens ohne Lernabsicht, bekannt ist, besteht in der Lernpsychologie Einhelligkeit darüber, daß Lernen einer Aktivierung (meist Verstärkung) bedarf.

Entsprechend den unterschiedlichen Auffassungen über Zweck und Ziel menschlichen Lernens (z. B. naturwissenschaftliche, psychoanalytische, humanistische Positionen) bestehen auch unterschiedliche **Lerntheorien.** Dies

Abb. 2.20: Schema für die Steuerung des Lernvorgangs in geschlossenen Systemen (Regelkreisen)

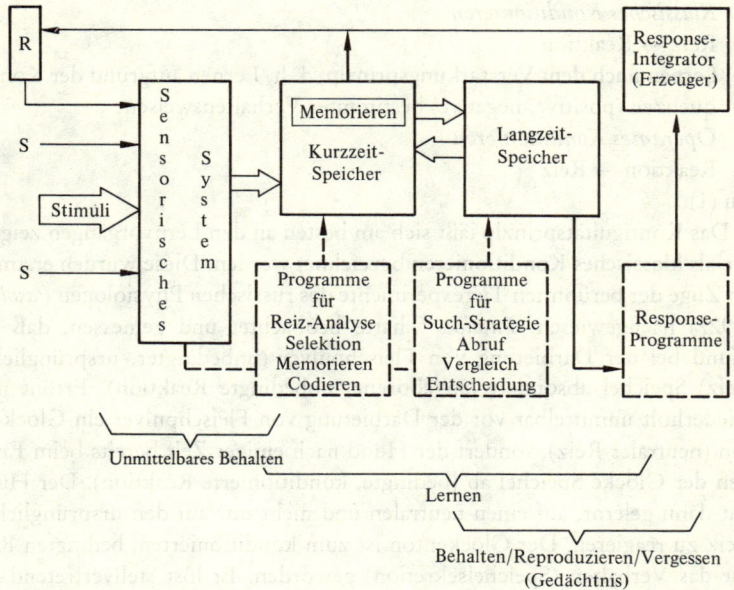

Quelle: Bergius 1972, S. 47

sind vor allem die behavioristischen Stimulus-Response-Theorien (S-R-Theorien) sowie die kognitiven und sozialen Lerntheorien.[11]

a. Stimulus-Response-Theorien

Im klassischen Behaviorismus wird versucht, den Lernprozeß unter der impliziten Verwendung der Black-Box-Methode als **Reiz-Reaktions-Modell** abzubilden. Der Mensch, als schwarzer Kasten gesehen, erhält Reize aus der Umwelt (Situation), verarbeitet sie irgendwie und antwortet mit bestimmten Reaktionen. Ändern sich die Verhaltensweisen als Reaktion auf bestimmte Reizsituationen, kann Lernen angenommen werden. Innerhalb der S-R-Theorien werden zwei unterschiedliche Erklärungsansätze für Lernen angeboten:

---

[11] Vgl. zu den folgenden Ausführungen *Bergius* 1972, *Luthans* 1985, S. 268 ff., *Luthans/Kreitner* 1985, S. 19 ff., *Brandstätter* et al. 1978, *Filley/House/Kerr* 1976, S. 72 ff., *Todt* 1977, *Ribeaux/Poppleton* 1978.

(1) **Lernen nach dem Kontiguitätsprinzip,** d.h. Lernen als Folge des räumlich-zeitlichen Zusammentreffens zweier Reize; Lernen aufgrund von Stimuli:
Klassisches Konditionieren
Reiz → Reaktion
(2) **Lernen nach dem Verstärkungsprinzip,** d. h. Lernen aufgrund der Konsequenzen (positive, negative) bestimmter Verhaltensweisen:
Operantes Konditionieren
Reaktion → Reiz

Zu (1)

Das Kontiguitätsprinzip läßt sich am besten an den Lernvorgängen zeigen, die als **klassisches Konditionieren** bezeichnet werden. Diese wurden erstmals im Zuge der berühmten Tierexperimente des russischen Physiologen *Pawlow* (1927) nachgewiesen. *Pawlow*[12] hatte beobachtet und gemessen, daß ein Hund bei der Darbietung von Fleischpulver (unbedingter, ursprünglicher Reiz) Speichel absondert (angeborene, unbedingte Reaktion). Ertönt nun wiederholt unmittelbar vor der Darbietung von Fleischpulver ein Glockenton (neutraler Reiz), sondert der Hund nach einiger Zeit bereits beim Ertönen der Glocke Speichel ab (bedingte, konditionierte Reaktion). Der Hund hat dann gelernt, auf einen neutralen und nicht nur auf den ursprünglichen Reiz zu reagieren. Der Glockenton ist zum konditionierten, bedingten Reiz für das Verhalten (Speichelsekretion) geworden. Er löst stellvertretend für den ursprünglichen Reiz das Reflexverhalten aus. Dieser Lerneffekt wird über eine gewisse Zeit auch dann erhalten bleiben, wenn der unbedingte Reiz (Fleischpulver) nicht mehr im Anschluß an den Glockenton dargeboten wird. Erst allmählich tritt die Löschung (Extinktion) der Konditionierung ein.

Löschung (Vergessen) tritt also dann ein, wenn ein konditionierter Reiz nicht auf Dauer von einem unkonditionierten gefolgt (verstärkt) wird. Bei Ausbleiben des unkonditionierten Reizes wird sich das konditionierte Verhalten abschwächen und schließlich ganz ausbleiben. Der konditionierte Reiz wird wieder zu einem neutralen. Therapeutisch genutzt kann das Prinzip des Löschens dazu veranlassen, einen Menschen, der aufgrund negativer Erfahrungen in bestimmten Situationen Angst zeigt, bewußt der angstauslösenden Situation auszusetzen, ohne daß sich die befürchteten negativen Konsequenzen zeigen (z.B. bei Klaustrophobie, Angst vorm Fliegen).

Der amerikanische Psychologe *Watson*[13] hat in der gleichen Absicht wie *Pawlow* eine Versuchsanordnung gewählt, bei der dem elf Monate alten Kind *Albert* die Angst vor einer weißen Ratte antrainiert wurde (*Watson/Rayner* 1920). Das Kind hatte zunächst vor keinem Tier Angst, auch nicht vor Ratten. Dagegen schrie es, wenn es ein lautes metallisches Geräusch vernahm

---

[12] *Pawlow, Ivan P.* (1849–1936) russ. Physiologe, entdeckte konditionierte Reflexe, 1904 Nobelpreis für Medizin.
[13] *Watson, John B.* (1878–1958) amerik. Psychologe, Begründer des Behaviorismus.

(unkonditionierter, ursprünglicher Reiz). Durch die Kopplung (Kontiguität) des unkonditionierten Reizes (Lärm) mit dem neutralen Reiz (weiße Ratte) wurde erreicht, daß das Kind nach einigen gemeinsamen Darbietungen beider Reize auch bei Wahrnehmung der Ratte ohne gleichzeitigen Lärmreiz schrie (konditionierte Reaktion). In späteren Arbeiten hat *Watson* (1930) dieses primitive Reiz-Reaktions-Modell weiter verfeinert. Er ist davon überzeugt, daß **Verhaltensänderung** nur durch Training via Konditionierung erfolgreich sein kann. Dabei umfaßt das Training die Phasen *untraining* des alten Verhaltens und *retraining* des neuen Verhaltens. Von zentraler Bedeutung in *Watsons* Lerntheorie sind die Prinzipien *frequency* und *recency*, d.h. je häufiger wir in einer bestimmten Weise auf denselben Reiz reagieren (Frequency), desto eher sind wir in der Lage, auf diesen Reiz auch das nächste Mal zu reagieren, vorausgesetzt die Reaktionen wurden verstärkt; und je jünger die letzte Reaktion auf einen Reiz ist (Recency), desto eher sind wir geneigt, diese Reaktion wieder zu zeigen, vorausgesetzt das Ergebnis war positiv.

Lernen im Sinne des Konditionierens wäre nun äußerst aufwendig und mühsam, wenn bedingte Reaktionen nur durch ein und denselben Reiz ausgelöst werden könnten. Das Prinzip der **Reizgeneralisierung** beschreibt ein Phänomen, wonach nicht nur der bedingte Reiz die konditionierte Reaktion auslöst, sondern auch andere ähnliche Reize. Dabei gilt, daß, je ähnlicher der neue Reiz dem bekannten, konditionierten ist, desto höher die Wahrscheinlichkeit ist, daß der neue Reiz das gleiche konditionierte Verhalten produziert. Das Prinzip der Generalisierung erlaubt es uns, in neuen Situationen (etwa neuer Arbeitsplatz) auf in der Vergangenheit gelernte Reiz-Reaktions-Muster (z.B. Banklehre, Praktikum) zurückzugreifen, und erleichtert uns so das Zurechtfinden bei wechselnden Umweltbedingungen.

Generalisierung hat jedoch auch negative Aspekte, dann nämlich, wenn sehr kurzfristig gebildete Reiz-Reaktions-Muster zu früh (ohne ausreichenden Realitätstest) generalisiert werden, wie es etwa im Falle der Stereotypenbildung oder des Halo-Effekts bei der Wahrnehmung der Fall ist.

Das notwendige Korrektiv zur Generalisierung ist die **Diskrimination** (Differenzierungslernen), die Fähigkeit, trotz Ähnlichkeit der Reize signifikante Unterschiede zu erkennen. Ohne Diskrimination würden wir laufend Leute mit den falschen Namen ansprechen und gesunde (z.B. Steinpilze) nicht von gesundheitsgefährdender Nahrung (z.B. Giftpilze) unterscheiden können. Gerade in der Mitarbeiterbeurteilung ist es unerläßlich, möglichst exakt zwischen vermeintlich ähnlichen Verhaltensweisen zu differenzieren, damit man der Individualität des Beurteilten gerecht wird.

Zusammenfassend läßt sich festhalten, daß beim klassischen Konditionieren ein vorgängig neutraler Reiz durch wiederholte Kopplung (Kontiguität) mit einem unkonditionierten Reiz selbst reaktionsauslösende Funktion erhält. Dabei bleibt der Organismus **passiv**, er wirkt nicht selbst auf die Umwelt ein, sondern reagiert lediglich auf Umweltreize. Damit wird deutlich, daß mit dem Kontiguitätsprinzip und dem klassischen Konditionieren nur eine kleine Klasse von in der Realität auftretenden Lernprozessen erklärt werden kann. So kann z.B. mit diesem Ansatz das Lernen neuer, nicht auf angeborenen Verhaltensmustern beruhender Handlungsweisen nicht erklärt werden.

Die große Bedeutung dieses Ansatzes liegt auch weniger in seiner Erklärungskraft als in dem Aufdecken der fundamentalen Zusammenhänge des Reiz-Reaktions-Lernens.

Zu (2)

Das Verstärkungsprinzip, d.h. Lernen aus Konsequenzen von Verhalten, liegt den Erklärungsansätzen des **instrumentellen und operanten Konditionierens** zugrunde. Die Hinwendung des Forschungsinteresses weg von den Reizen hin zu den Reaktionen, dem ‚Erfolg‘ von Handlungen, ist auf die Arbeiten des Psychologen *Thorndike*[14] zurückzuführen. *Thorndike* (1911) ließ Versuchstiere (hungrige Katzen) in einem Problemkäfig den Ausgang finden. Nach anfänglichem planlosen ‚Trial and Error‘ Verhalten entdeckten einige Katzen zufällig den Öffnungsmechanismus der Käfigtür (Schnur, Hebel). Die mit Futter belohnten Katzen fanden nach wenigen Versuchen immer häufiger die Lösung. Die in den Experimenten gemachten Erfahrungen faßte er zu dem bekannten **Law of Effect** (Effektgesetz) zusammen, das besagt, daß bei Reiz-Reaktions-Verbindungen, die von einem befriedigenden Zustand begleitet oder gefolgt werden, die Stärke dieser Verbindung zunimmt. Umgekehrt nimmt die Stärke der Verbindung (Reiz → Reaktion) ab, wenn sie von einem unbefriedigenden Zustand begleitet oder gefolgt wird (*Thorndike* 1913). Was beim klassischen Konditionieren der unkonditionierte Reiz bewirkt, übernimmt im Erklärungsschema des instrumentellen Konditionierens die Reaktion der Umwelt auf die Handlung. Die Reaktion ist *instrumental* zur Erreichung des Erfolges (z.B. Belohnung durch Futter). Der Erfolg tritt aber nicht automatisch ein, sondern erfordert – im Gegensatz zum klassischen Konditionieren –, daß das Individuum **aktiv** wird, es muß alternative Lösungen ausprobieren und erhält die Verstärkung erst *nach* einer gezeigten Reaktion.

In den S-R-Theorien werden positive und negative Verstärker unterschieden. Eine Reaktion ist **positiv verstärkt,** wenn die Wahrscheinlichkeit, daß eine bestimmte Reaktion auf einen bestimmten Reiz folgt, gestiegen ist. Eine Reaktion ist **negativ verstärkt,** wenn diese Wahrscheinlichkeit gesunken ist. Wichtig ist, daß Verstärker (z.B. Belohnung/Bestrafung) nur als solche wirken, wenn ein Zusammenhang zwischen Reaktion und Verstärker erkannt ist (Instrumentalität). Darüber hinaus ist für den ‚Erfolg‘ der Verhaltensänderung (Lernen) ausschlaggebend, daß die Verstärkung zeitlich unmittelbar auf die erwünschte Reaktion folgt.

In behavioristischer Tradition entsprechen den primären Motiven **primäre**

---

[14] *Thorndike, Edward L.* (1874–1949) amerik. Lernpsychologe, entdeckt Law of Effect.

Verstärker, die zu einer unmittelbaren Befriedigung primärer Bedürfnisse führen (z. B. Hunger → Essen). **Sekundäre Verstärker** entstehen aus einer vorgängigen, gelernten Assoziation mit dem primären Verstärker.

Während die Konsequenzen positiver primärer und sekundärer Verstärker für den Lernvorgang (langfristige Verhaltensänderung) recht eindeutig sind, lassen sich über die **Wirkungen der Bestrafung** nur vage Aussagen treffen. Bestrafung führt zwar unmittelbar bzw. kurzfristig zu einem Ausbleiben der unerwünschten Verhaltensweisen, verhindert aber nicht, daß nach Beendigung der Bestrafungsphase das alte Verhalten in der vorherigen Häufigkeit und Intensität wieder auflebt.

Während die bislang besprochenen S-R-Theorien entweder auf reizabhängiger oder verhaltensabhängiger Verstärkung beruhen, beschäftigt sich der amerikanische Lerntheoretiker *Clark L. Hull* (1943, 1951) primär mit der **Verstärkung durch Reduktion von Triebspannungen.** Nach *Hull* wird eine Reiz-Reaktions-Verbindung dann verstärkt, wenn sie mit einer raschen Verringerung der Trieb- oder Bedürfnisspannung assoziiert ist. Diese als ‚Gesetz der primären Verstärkung‘ bezeichnete Annahme rekurriert auf existentielle Bedürfnisse nach Überleben in einer sich ständig wandelnden Umwelt. Danach werden vor allem diejenigen Reaktionen gelernt, die unmittelbare biologische Bedürfnisse befriedigen können. Da primäre Verstärkung allerdings nur einen Bruchteil menschlichen Lernens zu erklären vermag, hat sich *Hull* – beeinflußt von *Pawlows* Experimenten – in späteren Arbeiten auch den Prinzipien der sekundären Verstärkung und Motivation zugewandt.

Den höchsten Bekanntheitsgrad unter den Lerntheorien nach dem Verstärkungsprinzip hat zweifellos der Erklärungsansatz des **operanten Konditionierens** nach *B. F. Skinner*[15] erlangt. *Skinner* (1938, 1948, 1971) unterscheidet zwischen *respondent* und *operant behavior.* Ersteres bezeichnet passives, reaktives Verhalten auf bestimmte Umweltreize und entspricht dem Prinzip des klassischen Konditionierens. Letzteres erfordert dagegen aktive Eingriffe in die Umwelt, um bestimmte Erfolge zu erzielen (Lernen am Erfolg). Da es sich nach *Skinner* hier um die Konditionierung von Tätigkeiten (operants) handelt, spricht er von operantem Konditionieren. Zum experimentellen Testen seiner Annahmen hat *Skinner* einen Versuchskasten (Skinnerbox) konstruiert, der es erlaubt, daß alle Reaktionen der Versuchstiere, die zum Aufbau des gewünschten Verhaltens führen, durch Verstärker (z. B. Futter) bekräftigt werden. Verhaltensaufbau und -stabilisierung können extern durch eine elektronische Steuerung des Ablaufs der Verhaltensbekräftigung (schedule of reinforcement) kontrolliert werden. Somit kann aus der Fülle der zufällig gezeigten Reaktionen durch selektive Verstärkung lediglich der erwünschten Reaktionen Verhalten geformt werden. Die Versuche zeigen, daß die **kontinuierliche Verstärkung** (jede erwünschte Reaktion wird belohnt) im

---

[15] *Skinner, Burrhus Frederic* (1904–1990) Psychologe, Entdecker der operanten Konditionierung, bis 1974 Prof. in Harvard.

Hinblick auf die Stabilisierung von Verhalten der unterbrochenen (intermittierenden) Belohnung unterlegen ist und sich lediglich zum erstmaligen Verhaltensaufbau eignet. Bei der **unterbrochenen Verstärkung** wird unterschieden zwischen *fixen* und *variablen Zeitintervallen* (Intervallbekräftigung, z.B. wird die erwünschte Reaktion nur dann belohnt, wenn eine gewisse Zeit verstrichen ist) und *fixen* bzw. *variablen Reaktionsquoten* (Quotenbekräftigung, z.B. wird die erwünschte Reaktion nur dann belohnt, nachdem eine bestimmte Anzahl von Reaktionen erfolgt ist). Intermittierende Belohnung hat zwar eine Verlangsamung des Lernens zur Folge, erleichtert aber das Ausblenden der Belohnung (fading out) und verhindert eine vorzeitige Löschung der erwünschten Reiz-Reaktions-Verbindung.[16]

Skinners operante Konditionierung hat die Führungstheorie (s. Lerntheorien der Führung, S. 351 ff.) und die **Verhaltenstherapie** stark beeinflußt. In Organisationen sind fast alle bekannten Anreizsysteme auf *Skinners* Lern-Prinzipien rückführbar. Vor allem die verschiedenen Lohnsysteme (vgl. Intervall- und Quotenbekräftigung) beruhen auf dem Prinzip des Lernens aus Konsequenzen, die verstärkt wurden. Aber auch die immateriellen Anreizsysteme, wie Anerkennung und Kritik, profitieren von den Erkenntnissen (neo-) behavioristischer Lernforschung. Empirische Forschungsergebnisse lassen erkennen, daß z.B. in einfach strukturierten Situationen neue Verhaltensweisen eher durch verstärkende Anerkennung gelernt werden als durch Kritik; dagegen erweist sich in komplexen Situationen eine begleitende Kritik als förderlicher für den Verhaltensaufbau.

b. Kognitive und soziale Lerntheorien

Das Adjektiv *kognitiv* erhalten solche Lerntheorien, die zwischen Auftreten von Reiz und Reaktion vermittelnde Prozesse (z.B. Begriffsbildungs- und Kodierungsprozesse) annehmen.

Im Gegensatz zu den S-R-Theorien konzentrieren sich die kognitiven Lerntheorien entsprechend dem S-O-R-Paradigma auf das O (Organismus) als ein selbständiges System, das über Wahrnehmen, Erkennnen und Nachdenken (Kognition) zu Einsichten kommt (**Lernen durch Einsicht**). Nach diesem Ansatz lernt der Mensch nicht durch zielloses Herumprobieren (trial and error), sondern er strukturiert Umweltwahrnehmungen entsprechend den von ihm gespeicherten Plänen über die Gestalt der Umwelt.

Hauptinitiator kognitiver Lernforschung ist *Edward C. Tolman*, der stark von gestalttheoretischen Überlegungen beeinflußt ist und in Ansätzen auch humanistische Lernauffassungen erkennen läßt. Dennoch ist auch *Tolmans* bevorzugtes Versuchsobjekt nicht der Mensch, sondern die Ratte, was nicht zuletzt aus der damals noch dominierenden naturwissenschaftlich-behaviori-

---

[16] Vgl. hierzu *Luthans/Kreitner* 1985, S. 56 ff., *Filley/House/Kerr* 1976, S. 77 ff., *Brandstätter* et al. 1978.

stischen Orientierung der Psychologie zu erklären ist. Nach *Tolman* (1932) bildet sich der Organismus zunächst eine vorläufige Karte (**cognitive map**) seiner Umwelt, mit deren Hilfe alle wahrgenommenen Reize (Zeichen) in eine zeitlich-räumliche Struktur gebracht werden, auf deren Grundlage gehandelt wird. Besteht in einer neuen Situation noch keine hinreichend strukturierte Karte (Gestalt), bildet der Organismus Erwartungen über die mögliche Problemstruktur (deshalb auch die Bezeichnung ‚Erwartungstheorie' für *Tolmans* kognitive Lerntheorie). Das Individuum antizipiert damit die Ergebnisse von Handlungen. Treten die erwarteten Ergebnisse tatsächlich ein, sieht sich das Individuum in seinen Annahmen bestätigt und erfährt ein Erfolgserlebnis. Gelerntes Verhalten ist nach kognitiven Lerntheorien also nicht das Ergebnis von Triebreduktionen oder reiz- bzw. reaktionsabhängiger Verstärkung, sondern zielgerichtetes **Problemlösungsverhalten** auf der Grundlage von Erwartungen über Umweltzustände (Handlungskonsequenzen).

Kognitive Lerntheorien haben auch in die Praxis der Mitarbeiter-Schulung Eingang gefunden (vgl. *Odiorne* 1970). So wird vor allem in den 40er und 50er Jahren in den USA entsprechend den *Tolman*schen Erkenntnissen versucht, Verbindungen zwischen Umweltsignalen (z. B. Arbeitsanweisungen, Abteilungszielen) und Erwartungen der Mitarbeiter (z. B. Belohnung für besonders wirtschaftliche Problemlösungen) herzustellen.

Eine **systemtheoretische** Variante des Kognitivismus findet sich im **Informationsverarbeitungsansatz,** der den Menschen primär als offenes kybernetisches, informationsverarbeitendes System betrachtet (vgl. hierzu vor allem *Kirsch* 1971, *Reber* 1973, *Reber* 1976a und die dort angegebene Literatur). Das System besteht aus mehreren Gedächtnissen (Kurzzeitgedächtnis, Langzeitgedächtnis), in denen die aufgenommenen Informationen gespeichert werden (kognitive Persönlichkeit). Die Informationsverarbeitungsprozesse werden von Regeln (Befehlen) über die Verknüpfung der Informationen gesteuert (kognitives Programm). Das Individuum bildet sich nun ein **Modell der Situation** (ähnlich der ‚cognitive map' bei *Tolman*), ein subjektives, inneres Modell seiner Umwelt im Lichte seiner Wertvorstellungen (Entscheidungsprämissen). Wahrgenommene Informationen werden, falls sie nicht in Einklang mit dem Modell stehen, Programmbefehle zur Anpassung auslösen. Diese können Ablehnen der Information oder Veränderung des Modells beinhalten.

Da der Mensch als ‚black box' betrachtet wird, und lediglich Input und Output gemessen werden können, lassen sich zunächst lediglich Hypothesen über die Vorgänge im Inneren des Organismus formulieren. Experimentell geht man so vor, daß die Versuchsperson mit bestimmten Problemen (Testaufgaben) konfrontiert wird und dabei (oder anschließend) berichten soll, wie sie bei der Problemlösung vorgegangen ist. Dabei hat sich das Denke-laut-Verfahren bewährt, bei dem die Vp aufgefordert wird, alle Gedanken während des Lösungsprozesses auszusprechen, damit sie protokolliert werden können. Auf der Grundlage der Protokolle werden Programme geschrieben und im Computer gespeichert. Anschließend kann jedes Programm mit unterschiedlichen Situationen konfrontiert werden. Die Reaktionen lassen Aufschlüsse darüber zu, ob das Programm die gleichen Leistungen erbringt wie der Mensch (künstliche Intelligenz).

Ähnlich wie die zuvor besprochenen lerntheoretischen Ansätze vernachlässigt auch der Informationsverarbeitungsansatz die Umwelt, in der Lernen stattfindet, und die Tatsache, daß Lernen in aller Regel ein sozialer und nicht nur ein neurophysiologischer Prozeß ist.

Der **handlungstheoretische** Ansatz der Arbeitspsychologie (*Hacker* 1986, *Volpert* 1974) geht davon aus, daß Individuen ihre Handlungen auf dem Hintergrund von inneren Repräsentationen oder kognitiven Landkarten der vorgefundenen Situation entwerfen. Werden solche Repräsentationen auf ein bewußtes Ziel konkreter Handlung bezogen, so stellen sie in Anlehnung an *D. A. Oschanin* ein operatives Abbildsystem (OAS) dar. Sie enthalten die Gesamtheit des Wissens einer Person über Zustände und Verläufe, Störungen und Eingriffsmöglichkeiten einer konkreten Handlung. Auf der Grundlage dieser operativen Abbildsysteme entwickelt das Individuum einzelne **Handlungsprogramme.** Diese sind funktionelle Einheiten, die durch folgende Merkmale charakterisiert werden:

1) Sie sind zyklische Einheiten, die man in Form eines kybernetischen Regelkreises darstellen kann. In Abweichung von traditionellen behavioristischen Vorstellungen wird dabei nicht mehr das Reiz-Reaktions-Muster als Grundelement des Handelns angesehen, sondern die Rückkoppelungseinheit, in der die Resultate einer Tätigkeit mit dem Ziel verglichen werden. *Hacker* (1986) greift dabei auf das **TOTE-Modell** (= Test-Operate-Test-Exit) von *Miller/Galanter/Pribram* (1960) zurück und formuliert es um in das **VVR-Modell** (= Vergleichs-Veränderungs-Rückkopplungs-Einheit) (vgl. Abb. 2.21).

2) Die TOTE- oder VVR-Einheiten sind hierarchisch vermascht. Das bedeutet, daß Handeln sowohl bezüglich der Vergleichs- wie der Veränderungsvorgänge auf verschiedenen Niveaus organisiert sein kann. *Hacker* (1986, S. 141) betont dabei besonders, daß die VVR-Einheit nicht nach außen hin abgeschlossen ist, sondern einen für Zielveränderungen und Umweltrückwirkungen offenen Kreisprozeß darstellt. Eine wichtige Folge dieser Betrachtungsweise ist, daß eine Trennung von Entscheidungs- und Durchführungsaufgaben unhaltbar wird, weil jede VVR-Einheit sowohl den Vorgang des Entscheidens (Test) wie auch als Bestandteil des übergeordneten Regelkreises den der Durchführung (Operation) enthält.

3) Das Handlungsprogramm ist nicht in allen Teilen im voraus detailliert geplant, vielmehr werden Teile der untergeordneten Programmschritte erst während des Handlungsverlaufs generiert. Dadurch kann flexibel auf veränderte Ziele und Umweltbedingungen reagiert werden.

4) Handlungsprogramme werden auf unterschiedlichen **Regulationsebenen** ausgeführt, die *Hacker* (1986, S. 157 ff.) kennzeichnet als

- **intellektuelle** Ebene: Sie beinhaltet die Analyse und Synthese von taktischen und strategischen Plänen. Diese unterliegen stets dem Bewußtsein
(bewußtseinspflichtig) und sind sprachgebunden.
- **perzeptiv-begriffliche** Ebene: Sie betrifft die Verarbeitung nicht völlig
vorhersehbarer Signale auf der Grundlage allgemeiner Handlungssche-
mata. Dabei werden bewußtseinsfähige, wenn auch nicht notwendig
bewußte Abbilder der Situation aktualisiert.
- **automatisierte/sensumotorische** Ebene: Sie liegt an der Grenze zur rein
physiologischen Reaktion. Dabei werden lediglich bewegungsorientier-
te Abbilder stereotyper Handlungsabfolgen aktualisiert. Diese sind
nicht bewußtseinsfähige Routinen (Fertigkeiten).

Das Drei-Stufen-Modell wurde von mehreren Autoren weiter ausdifferenziert, insbesondere auf der intellektuellen Regulationsebene (vgl. Teil 3 C I
4 b).

Abb. 2.21: a) TOTE-Einheit nach *Miller/Galanter/Pribram*
b) VVR-Einheit nach *Hacker*

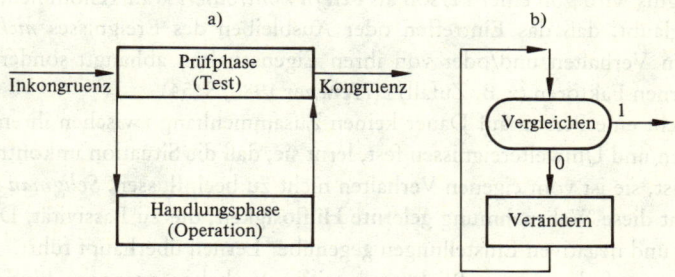

Blockschaubild eines zweistufigen hierarchischen Regelkreises

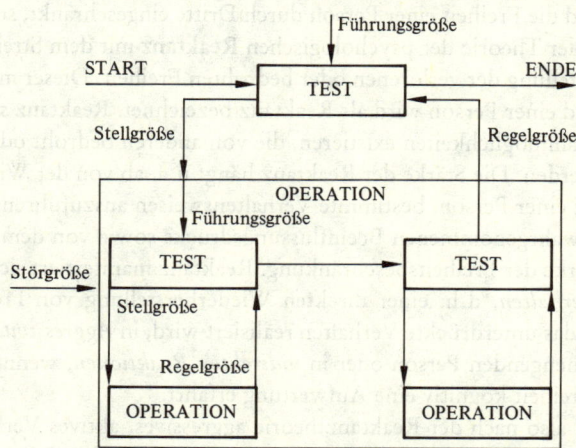

Quelle: in Anlehnung an *Osterloh* 1983, S. 172

14*

Menschliches Lernen allein mit den Prinzipien des klassischen und operanten Konditionierens oder auch durch kognitive Lerntheorien zu erklären, stößt auf erhebliche Schwierigkeiten. Man kann sich nur schwer vorstellen, daß die menschliche Sprache, moralische Urteile usw. nur durch Verstärkung und Verhaltensformung erworben werden. Der Mensch lebt nur in Ausnahmefällen allein, in der Regel spielt sich sein Leben und Lernen in Gruppen verschiedener Größe und Zusammensetzung ab. Warum sollte er dann nur durch selbst gemachte Erfahrungen und nicht auch durch Erfahrungen anderer lernen können? Dieses Phänomen wird in der Literatur als Imitation, Beobachtungslernen, soziales Lernen, Modellernen bezeichnet.

Eine der ältesten sozialen Lerntheorien stellt das Konzept des **Locus of Control** (Ort der Kontrolle) von *Rotter* (1954) dar. Entgegen den Annahmen der Stimulus-Response-Theorien vermutet *Rotter* in Kausalinterpretationen wichtige kognitive Vermittlungsprozesse zwischen Reiz und Reaktion. „Ein Ereignis befindet sich für eine Person unter *interner Kontrolle*, wenn die Person glaubt, daß das Eintreffen oder Ausbleiben des Ereignisses von ihrem Verhalten und/oder von ihren Eigenschaften (z.B. Fähigkeit) abhängt. Ein Ereignis wird von einer Person als *extern kontrolliert* wahrgenommen, wenn sie glaubt, daß das Eintreffen oder Ausbleiben des Ereignisses *nicht* von ihrem Verhalten und/oder von ihren Eigenschaften abhängt, sondern von externen Faktoren (z.B. Zufall)" (*Herkner* 1980, S. 54).

Stellt eine Person auf Dauer keinen Zusammenhang zwischen ihrem Verhalten und Umweltereignissen fest, lernt sie, daß die Situation unkontrollierbar ist, sie ist vom eigenen Verhalten nicht zu beeinflussen. *Seligman* (1975) nennt diese Wahrnehmung **gelernte Hilflosigkeit**, die zu Passivität, Depression und negativen Einstellungen gegenüber Lernen überhaupt führt.

Eine auf den ersten Blick gegenteilige Verhaltensprognose hinsichtlich nicht mehr kontrollierbarer Ereignisse bietet die **Reaktanztheorie** von *Brehm* (1966). Wird die Freiheit einer Person durch Dritte eingeschränkt, so reagiert diese nach der Theorie der psychologischen **Reaktanz** mit dem Streben nach Wiederherstellung der verlorenen oder bedrohten Freiheit. Dieser motivationale Zustand einer Person wird als Reaktanz bezeichnet. Reaktanz setzt voraus, daß Wahlmöglichkeiten existieren, die von anderen bedroht oder eingeschränkt werden. Die Stärke der Reaktanz hängt u.a. ab von der Wichtigkeit der Freiheit einer Person, bestimmte Verhaltensweisen auszuführen, von der Stärke des wahrgenommenen Beeinflussungsdrucks sowie von dem Umfang und der Stärke der Freiheitsbeschränkung. Reaktanz manifestiert sich z.B. in *offenem Verhalten*, d.h. einer direkten Wiederherstellung von Freiheit, in dem genau das unterdrückte Verhalten realisiert wird, in *Aggressivität* gegenüber der einengenden Person oder in *indirekten Reaktionen*, wenn etwa die bedrohte Freiheit kognitiv eine Aufwertung erfährt.

Während also nach der Reaktanztheorie aggressives, aktives Verhalten zu erwarten ist, prognostiziert die Theorie der gelernten Hilflosigkeit passives und resignatives Verhalten. Der Widerspruch löst sich bei dynamischer

Längsschnittbetrachtung auf: kurzfristig sind in unkontrollierbaren Umweltsituationen Reaktanzbemühungen wahrscheinlich, dagegen führen intensive und langanhaltende Erfahrungen der Einflußlosigkeit zu Resignation.

Speziell mit dem Einfluß Dritter auf das Lernverhalten befassen sich **Theorien des Modellernens.** Modellernen meint einen Prozeß, bei dem Reizmaterial von Personen (= Modelle) einem Beobachter dargeboten wird, der durch die Beobachtung der Handlung eines anderen sein eigenes Verhalten verändert, wenn er mit einer ähnlichen Situation wie der des Modells konfrontiert wird.

Voraussetzung für das **soziale Lernen** ist das Vorhandensein eines realen oder symbolischen, verbalen oder bildlichen Modells. Solche Modelle (Vorbilder) werden uns heute in Presse, Rundfunk, Fernsehen, Film zu Hauf präsentiert, und wir können allenthalben feststellen, daß ganze Bevölkerungsschichten ihr Verhalten daran ausrichten, ohne daß jemals ein entsprechendes Reiz-Reaktions-Lernen stattgefunden hätte.

Der wichtigste Vertreter dieser lerntheoretischen Richtung ist der Amerikaner *Albert Bandura* (1969, 1977, s. a. S. 353 der Arbeit). Ihm gelang auch der experimentelle Nachweis der überragenden Bedeutung des Lernens durch Nachahmung und des untergeordneten Einflusses von Reiz-Reaktions-Lernen und Verhaltensformung. So konnte er gerade bei Kindern immer wieder zeigen, daß diese sich allein durch Imitation und Identifikation Verhaltensweisen angeeignet hatten, die nachweislich zuvor noch nicht Bestandteile ihres Verhaltensrepertoires gewesen waren.

Bandura konnte in Laborversuchen nachweisen, daß ein Beobachter (meist ein Kind) lernt, daß ein bestimmtes Verhalten einer Person (das Modell) in einer bestimmten Situation mit bestimmten Konsequenzen verbunden ist. Der Beobachter wird das Verhalten dann imitieren und in das eigene Verhaltensrepertoire aufnehmen, wenn es im Vorbild belohnt (verstärkt) wurde.

Bandura (1986) hat auf diesen Erkenntnissen aufbauend seine soziale Lerntheorie weiterentwickelt, die Personen, ihr Verhalten sowie die Situation in gegenseitiger Abhängigkeit (reziproker Determination) sieht. *Latham/Saari* (1979) konzipieren auf der Grundlage dieser Theorie ein Programm zum Training von Führungskräften. *Luthans/Kreitner* (1985) haben die soziale Lerntheorie zusammen mit dem operanten Konditionieren zur Grundlage von Techniken der Verhaltensmodifikation in Organisationen gemacht (**Organizational Behavior Modification**) (vgl. Abschnitt C II 3). Die Nutzung der sozialen Lerntheorie zur Verhaltenssteuerung setzt u. a. voraus, daß man weiß, welche Personen (Vorgesetzte) unter welchen Bedingungen (Situation) für einen Beobachter (Mitarbeiter) zum Modell/Vorbild werden. In der Praxis werden bevorzugt solche Personen als Modell gewählt, die einmal über die Macht verfügen, Sanktionen (Verstärker) zu vergeben, und zum andern über die Kompetenz verfügen, Probleme zu lösen und Rat zu geben (Expertenmacht).

3. Motivation

a. Konzeptionelle und methodische Ansätze

Motivation ist Voraussetzung für zielorientiertes Verhalten und deshalb aus Managementperspektive Hauptansatzpunkt für leistungssteigernde Beeinflussungsstrategien. Wenn man wüßte, was einen Mitarbeiter veranlaßt, klaglos Überstunden zu machen, häufig zu spät zu kommen, die Anweisungen des Vorgesetzten zu sabotieren etc., hätte man den Schlüssel zur leistungssteigernden Verhaltensbeeinflussung.

Motivation geht auf das lateinische *movere* (= bewegen) zurück und soll Aufschluß geben über die Beweggründe des Handelns und Verhaltens eines Menschen. Ziele von Motivationstheorien sind Beschreibung und Erklärung des Aufbaus, der Aufrechterhaltung und des Abbaus von Verhalten sowie dessen Richtung, Intensität und Dauerhaftigkeit.

Motivation ist wie Lernen und Wahrnehmen ein hypothetisches Konstrukt, eine intervenierende Variable zwischen situativen/personalen Bedingungen und beobachtbarem Verhalten, die sich nicht unmittelbar messen läßt. Nur der Input und der Output des Verhaltens sind unmittelbar beobachtbar und damit empirisch erhebbar. Bevor einzelne Motivationsansätze vorgestellt werden, soll hier kurz auf die Probleme der Messung der Motivation bzw. der relevanten Variablen eingegangen werden.

Die **empirische Überprüfung** der Theorieansätze hängt ganz entscheidend von einer vorgängigen Operationalisierung der Modellvariablen ab, ein Problem, das in den wenigsten Modellen befriedigend gelöst wird. Deshalb ist es nicht verwunderlich, daß vor allem die Manager bei der großen Uneinigkeit der Wissenschaftler über den empirischen Bestätigungsgrad einzelner Theorien auf dieses Gütekriterium völlig verzichten und nur *das* aus der Fülle der Motivationsansätze praktizieren, was ihnen plausibel und mit dem gesunden Menschenverstand vereinbar erscheint. Daß das nicht immer (fast nie) die unter wissenschaftlichen Aspekten ‚richtigen' Modelle sind, ist gerade im Bereich der Motivationstheorien besonders auffällig. Typisch für diese Einstellung ist etwa die Auffassung von *Bleicher/Meyer* (1976, S. 162) zu *Maslows* Bedürfnispyramide, die besonders große Akzeptanz in Praktikerkreisen gefunden hat: „Wenn auch die Theorie von A. H. Maslow häufig angegriffen und teilweise variiert worden ist, kann sie doch als ein Ansatz verstanden werden, der in verständlicher Weise in der Lage ist, im Führungsprozeß die Aufmerksamkeit auf als Motive gezielt ansprechbare Bedürfnisse zu richten."

Rosenstiel[17] (1975, S. 80 ff.) unterscheidet vier Ansätze zur **Messung der Motivation:**

---

[17] *Rosenstiel, Lutz von* (geb. 1938) Prof. Psychologie, Uni München.

(1) Introspektion (Selbstbeobachtung)
(2) Verhaltensbeobachtung (Fremdbeobachtung)
(3) Analyse der Verhaltensergebnisse
(4) Physiologische Methoden.

Zu (1)

Hierzu zählen die auf die Beweggründe des eigenen Verhaltens gerichtete Selbstbeobachtung und deren schriftliche Fixierung ebenso wie die Befragung (schriftlich oder mündlich) durch Dritte über eigene Erlebnisphänomene. Diese Methode wurde u. a. von *Herzberg* zur Erfassung von Motivationsfaktoren benutzt. Die mangelnde Objektivität und intersubjektive Überprüfbarkeit (nur *ein* Beobachter) dieser Methode hat zur verstärkten Verwendung von (2) geführt.

Zu (2)

Hier wird das mehreren Beobachtern zugängliche Verhalten einer Person erfaßt. Problematisch ist der Schluß von beobachtbarem Verhalten auf die (nicht beobachtbare) zugrundeliegende Motivationsstruktur. Außerdem wird die notwendige Interpretation dadurch erschwert, daß ein und dasselbe Motiv unterschiedliche Verhaltensweisen zur Folge haben kann.

Zu (3)

Hier ist nicht das Verhalten selbst, sondern das konkrete Verhaltensergebnis (z. B. Leistung, Handschrift, Arbeits-, Testergebnis) Gegenstand der Analyse. Besondere Bedeutung haben hier sog. projektive Testverfahren erlangt, bei denen man aus Verhaltensergebnissen (hier: Phantasiegeschichten als Ergebnis der Beschreibung von verschwommenen Bildern wie beim Rorschach-Test oder Photographien wie beim TAT) auf zugrundeliegende Motive schließen will. Der von *Murray* (1938) entwickelte thematische Auffassungstest (TAT) spielt bei der Identifikation der Leistungsmotivation *(McClelland/Atkinson)* eine zentrale Rolle. Den Vpn werden in kurzen Abständen Bilder gezeigt, zu denen sie eigene Geschichten erfinden sollen, und zwar nach dem Schema: Was geschieht?, Wer sind die Personen?, Was denken die Personen?, Was wünschen sie?, Was wird geschehen?, Wie werden sich die Personen verhalten? Nun wird angenommen, daß die Vpn ihre Gedanken – und damit Motive – unbewußt in die Phantasiegeschichten projizieren, die dadurch geschulten Psychologen zugänglich werden.

Zu (4)

Hier wird versucht, aus physiologischen Daten (z. B. Blutdruck, Herzfrequenz, Atemfrequenz, Oberflächenspannung, Pupillengröße) auf die Motivation zu schließen (ähnlich wie beim Lügendetektor).

Im Anschluß an die Ausführungen von *Campbell* et al.[18] (1970, S. 340 ff.) und *Campbell/Pritchard* (1976) ist es in der Literatur üblich, zwischen sub-

---

[18] *Campbell, John P.* (geb. 1937) Prof. Psychologie, Uni of Minneapolis; *Dunnette, Marvin D.*, Prof. Psychologie, Uni of Minnesota.

stantiellen oder Inhaltstheorien und mechanistischen oder Prozeßtheorien der Motivation zu unterscheiden:

- **Inhaltstheorien** versuchen zu erklären, *was* im Individuum oder in seiner Umwelt Verhalten erzeugt und aufrechterhält. Hierzu zählen z. B. die Ansätze von *Maslow, Herzberg, McClelland.*
- **Prozeßtheorien** versuchen zu erklären, *wie* ein bestimmtes Verhalten hervorgebracht, gelenkt, erhalten und abgebrochen wird. Hierzu zählen z. B. die Ansätze von *Vroom, Porter/Lawler.*

Alle hier erwähnten Theorieansätze bemühen sich mehr oder weniger erfolgreich darum, die inhaltsleere Grundannahme des Hedonismus, wonach jegliches menschliches Verhalten auf das Erreichen von Gefühlen der Lust und das Vermeiden von Unlust gerichtet ist, mit empirischem und theoretischem Gehalt anzureichern und damit vor dem Vorwurf der Trivialität zu bewahren.

b. Inhaltstheorien

(1) Bedürfnistheorie von Maslow

Maslows (1943, 1954) Bedürfnispyramide (vgl. S. 151 f.) ist von ihm zunächst keineswegs als Theorie der Arbeitsmotivation in Organisationen gedacht gewesen. Deshalb wird sie in ihren Grundannahmen auch nicht hier, sondern in Kapitel 2 B I 2 unter den Grundlagen des individuellen Verhaltens behandelt. Seine ursprüngliche Intention war die Entwicklung einer ‚neuen' Psychologie, die sich um die Wachstumsmöglichkeiten des Individuums und dessen Gestaltungsmöglichkeiten bemüht. Besonders tritt dieser Anspruch in der Schilderung von **Selbstverwirklichern** hervor, die als eine neue Elite von Menschen gekennzeichnet werden, für die traditionelle psychologische Ansätze nicht erklärungsrelevant seien (*Maslow* 1954). Diese Betonung des Eliteaspektes mag dazu beigetragen haben, daß *McGregors* (1960) Popularisierung der Ideen von *Maslow* vor allem bei Führungskräften so rasche, aber auch unkritische Aufnahme finden konnte. *Maslow* (1965) hat selbst zu einer allzu frühzeitigen und unkritischen Übernahme seiner an einer speziellen Gruppe von Individuen gewonnenen Erkenntnisse Stellung genommen und auf die unzureichende empirische Fundierung der Annahmen an Populationen aus dem Arbeitnehmer- und Managerbereich hingewiesen.

Nach *Maslow* ist der Mensch ein ‚wanting animal'; er ist motivierbar durch bestimmte Bedürfnisse, die sich in einer Hierarchie anordnen lassen (vgl. Abb. 2.7 auf S. 152). Sobald ein Organisationsmitglied seine Basisbedürfnisse (Mindesteinkommen etc.) befriedigt sieht, wird es nach *Maslow* höher in der Hierarchie nach neuen Bedürfnissen suchen. **Befriedigte Bedürfnisse** dienen dem Menschen nicht mehr als Motivation für verstärkte Leistungsbemühungen; sie aktualisieren aber die nächsthöhere Motivklasse, die damit verhaltenswirksam wird. **Unbefriedigte Bedürfnisse** erzeugen einen Spannungszustand, den es durch Bedürfnisbefriedigung abzubauen gilt. Sieht der Mitarbeiter nach einer gewissen Zeit, daß die Befriedigung ichbezogener Bedürfnisse – ganz zu schweigen von der Selbsterfüllung – in seiner beruflichen Tätigkeit ausbleibt, wird er unzufrieden oder er senkt sein Anspruchsniveau, resigniert also und ist dabei relativ zufrieden. Andererseits kann Unzufriedenheit ein Streben nach Verbesserung der Verhältnisse und nach Aufstieg in der Bedürfnisskala zur Folge haben und somit Ausdruck einer sehr positiven Einstellung sein.

Maslows Bedürfnistheorie ist eine *dynamische*; diese Beurteilung ist dadurch gerechtfertigt, daß Annahmen dahingehend gemacht werden, daß für Menschen im Laufe ihrer psychologischen Entwicklung in unterschiedlichen Phasen auch unterschiedliche Bedürfnisse dominant werden (vgl. Abb. 2.22 auf S. 204). Dabei gewinnen die in der Hierarchie höher angeordneten Bedürfnisse auch dann schon motivationale Kraft, wenn die derzeit dominante Bedürfnisstufe noch nicht vollständig befriedigt ist. Umgekehrt verlieren niedere Bedürfnisstufen nie völlig ihre Verhaltenswirksamkeit.

Problematisch am Ansatz *Maslows* – im Hinblick auf die empirische Überprüfbarkeit – ist die Tatsache, daß die theoretischen Aussagen nicht aufgrund empirischer Arbeiten formuliert worden sind, sondern ähnlich wie bei *Murray* als Ergebnis philosophischer Studien und klinischer Erfahrungen. D. h. das Aussagensystem, vor allem die Abgrenzung der fünf Motivklassen, ist nicht operational genug, um es ohne weitere Annahmen und Hilfskonstrukte einem empirischen Test zu unterwerfen (wann ist z. B. ein Bedürfnis befriedigt?). Darüber hinaus erfordert die dynamische Formulierung der Theorie eine individuelle Längsschnittanalyse (vgl. Abb. 2.22) und keine Querschnittanalyse über unterschiedliche Berufsgruppen bzw. Schichten.[19]

Die Ergebnisse lassen vermuten, daß es in der Tat eine Hierarchie zu geben scheint, aber keineswegs nur mit den von *Maslow* angegebenen Inhalten und in der von ihm angegebenen Reihenfolge.

Hier macht sich die bürgerliche Herkunft und akademische Sozialisation *Maslows* bemerkbar. Seine Überlegungen treffen eher auf den Manager mit Mittelschicht-Werten als auf den Arbeiter zu. Einmal wirkt die abstrakt-idealistisch formulierte Spitze der Pyramide für diesen nicht so sehr als Motiv, da er ganz anders sozialisiert ist und Selbstverwirklichung in seiner Arbeit kaum erfahren kann. Andererseits kann man nicht einfach sagen, daß Arbeiter diese höheren Bedürfnisse nicht hätten, vielmehr haben sie erkannt, daß nur einige wenige Privilegierte, die einer voll befriedigenden Arbeit nachgehen, Selbstverwirklichung erreichen können; sie selbst hingegen sind schon lange frustriert hinsichtlich ihrer höheren Bedürfnisse, denn ihre Arbeitssituation bietet keine Chance zu deren Verwirklichung; deshalb weichen sie aus auf Wünsche nach höherem Lohn und mehr Freizeit, was ihnen als

---

[19] Vgl. zu den Überprüfungsversuchen z. B. *Neuberger* 1974, *Rosenstiel* 1975, *Wunderer/Grunwald* 1980, *Gebert/Rosenstiel* 1981, *Conrad* 1983.

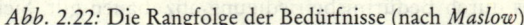

Abb. 2.22: Die Rangfolge der Bedürfnisse (nach *Maslow*)

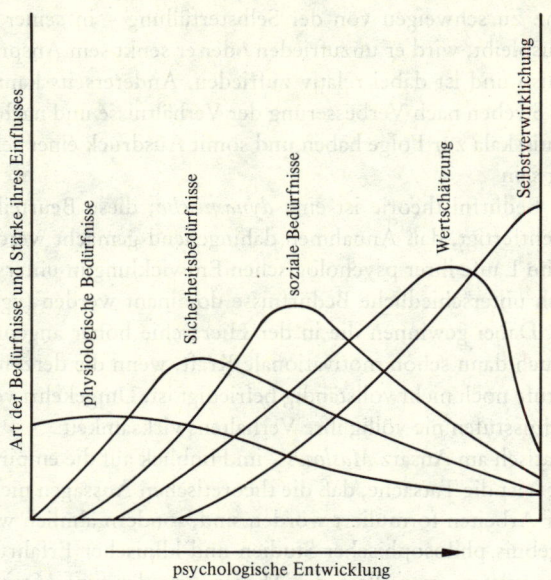

psychologische Entwicklung

Quelle: Krech et al. 1962, S. 77

Desinteresse an höheren Bedürfnissen vorgehalten wird. Diese mehr instrumentelle Einstellung zur Arbeit läßt sich mit den Prozeßtheorien bedeutend besser erklären als mit Inhaltstheorien. *Neuberger* (1985, S. 145 ff.) macht anhand eines Vergleiches der humanistischen Bedürfnistheorie von *Maslow* mit der funktional-historischen ‚kritischen' Bedürfnistheorie von *Holzkamp-Osterkamp* (1981) deutlich, daß Motivationstheorien, wie Verhaltenstheorien generell, keineswegs wertfrei sind, sondern massiv Werthaltungen und individuelle Sozialisationserfahrungen transportieren.

Maslows Pyramide hat einige organisationspolitische Anregungen geben können. Klassischerweise sind nämlich Unternehmungen recht versiert in der Befriedigung von physiologischen und Sicherheitsbedürfnissen (z. B. Löhne, Sozialleistungen, Pensionszusagen, Gewinnbeteiligung, Versicherungen), aber es fehlen auf breiter Ebene Manager, die Konzepte zur Aktivierung und Befriedigung höherrangiger Bedürfnisse (z. B. job enrichment, Partizipation, Delegation, Teamarbeit) anzuwenden vermögen. An praktikablen Modellen fehlt es nicht, denn es gibt bedeutend mehr Mittel und Wege, höherrangige Bedürfnisse zu befriedigen als niederrangige.

Wie eingangs angedeutet, hat vor allem *McGregor* (1960) *Maslows* Bedürfnistheorie popularisiert. Die Art und Weise, wie Manager über Mitarbeiter denken, welches Menschenbild sie haben, vor allem ihre Annahmen darüber, was Mitarbeiter motiviert, beeinflußt ganz entscheidend ihr Führungsverhalten. Entsprechend lassen sich die von ihm kreierten ‚Theorien' X und Y als Motivationstheorien interpretieren (vgl. S. 173 f. der Arbeit). **Theorie X** (Führung durch Kontrolle) entspricht einer negativen Motivation – sie bezieht sich lediglich auf schon befriedigte Bedürfnisse und frustrierte höhere; **Theorie Y** (Führung durch Motivation) entspricht einer positiven Motivation – sie bezieht sich auf unbefriedigte höhere Bedürfnisse und ist darüber hinaus noch ‚billiger', da Selbstkontrolle und engagierte Mitarbeit den Kontrollaufwand senken.

(2) ERG-Theorie von Alderfer

Im Gegensatz zu *Maslow* unterscheidet *Alderfer* (1969, 1972) nur drei Motivklassen (**Existence:** Existenzbedürfnisse; **Relatedness:** Beziehungsbedürfnisse; **Growth:** Wachstumsbedürfnisse), die auch nicht unbedingt in einer Hierarchie angeordnet sind sondern eher auf einem Kontinuum. Ein zentraler Unterschied zu *Maslow* besteht auch darin, daß bei *Alderfer* nicht erst die Bedürfnisse der unteren Ebene befriedigt sein müssen, damit Bedürfnisse auf oberen Ebenen Motivkraft entwickeln können; sollte ein höheres Bedürfnis nicht zu befriedigen sein, wird das nächst niedere relevant. Nach *Alderfer* gilt also nicht nur die herkömmliche Frustrationshypothese, nach der unbefriedigte Bedürfnisse zu einer Reduktion der damit verbundenen Spannungen motivieren (vgl. S. 226 der Arbeit), sondern er behauptet, daß im Sinne der **Frustrations-Regressions-Hypothese** bei Nichtbefriedigung auch niedere Motivklassen, bei denen leichter Befriedigung zu erreichen ist, dominant werden. Auch können bereits befriedigte Bedürfnisse nach wie vor noch Motivkraft entwickeln. Damit ist das Modell von *Alderfer* bedeutend offener als das von *Maslow*; es trägt der Tatsache Rechnung, daß Menschen sehr unterschiedlich auf Bedürfnisbefriedigung (Aktivierung höherer Bedürfnisse) und Nichtbefriedigung (Verstärkung gerade dieses Bedürfnisses, Aktivierung niederer Bedürfnisse, Aktivierung höherer Bedürfnisse) reagieren können. Zum dynamischen Charakter des *Alderf*schen Modells vgl. *Weinert* (1987, S. 267).

(3) Zwei-Faktoren-Theorie von Herzberg

Im Gegensatz zu *Maslows* Ansatz ist die sog. Zwei-Faktoren-Theorie von *Herzberg* et al.[20] (1959, 1968) aufgrund empirischer Erhebungen entstanden. *Herzberg* und Mitarbeiter (1959) haben in der Pittsburgh-Studie ca. 200 Buchhalter und Ingenieure mit Hilfe eines teilstrukturierten Interviewleitfadens über angenehme und unangenehme Arbeitssituationen befragt (Können Sie möglichst exakt eine Situation schildern, in der Sie Ihre Arbeit außerge-

---

[20] *Herzberg, Frederick* (geb. 1923) klin. Psychologe, Prof. Management, Uni of Utah.

wöhnlich gut/schlecht fanden?). Die Tatsache, daß nur ganz selten dieselben Ursachen (Faktoren) im Zusammenhang mit guten *und* schlechten Arbeitserlebnissen genannt wurden, führt *Herzberg* zu der Vermutung, daß es offenbar zweierlei Klassen von Faktoren gibt (vgl. Abb. 2.23):

- Faktoren, die Unzufriedenheit verhindern, aber keine Zufriedenheit herstellen, = **Hygiene-Faktoren** (Unzufriedenmacher), wie Unternehmenspolitik, Personalführung, Entlohnung, Arbeitsbedingungen
- Faktoren, die Zufriedenheit herstellen können, = **Motivatoren** (Zufriedenmacher), wie Leistung, Anerkennung, interessante Arbeitsinhalte, Verantwortung, Aufstieg.

Abb. 2.23: Einflußfaktoren auf Arbeitseinstellungen
(Ergebnis von 12 Untersuchungen)

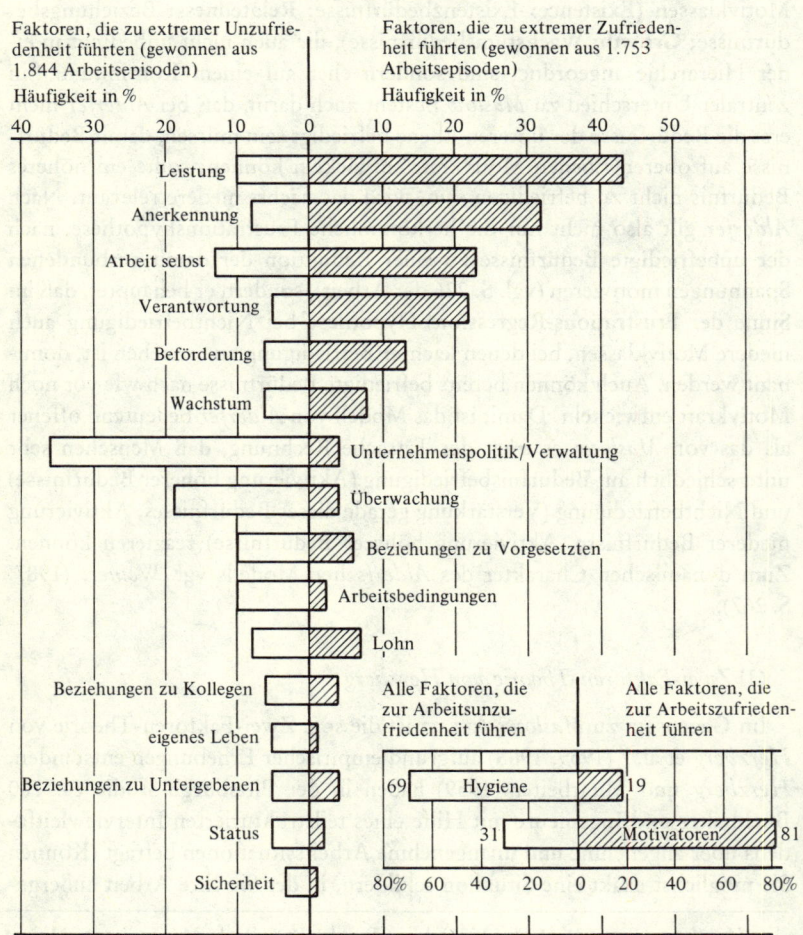

Quelle: Herzberg 1968, S. 57

Die Erkenntnis *Herzbergs*, daß positive Einstellungen von Mitarbeitern zur Arbeit andere Ursachen haben als negative, hat ihn dazu veranlaßt, das klassische Zufriedenheitskonzept, das von einem Kontinuum von ‚zufrieden‘ bis ‚unzufrieden‘ ausgeht, abzulehnen: Das Gegenteil von Unzufriedenheit sei nicht Zufriedenheit, sondern Fehlen von Unzufriedenheit (analog: Keimfreies Wasser verhindert Krankheiten, macht aber nicht gesund). Diese zunächst recht sophistisch anmutende **Neufassung des Zufriedenheitskonzepts** hat ganz erheblich pragmatische, organisationsgestalterische Konsequenzen gehabt und dient heute weltweit zur ‚wissenschaftlichen‘ Rechtfertigung von job enrichment-Programmen.

In der Managementliteratur ist es inzwischen üblich geworden, die Zwei-Faktoren-Theorie als Motivationstheorie zu bezeichnen, obwohl lediglich Arbeitssituationen (Zufriedenheitsauslöser) in zwei große, keineswegs trennscharfe Klassen unterteilt werden. Dieses Mißverständnis rührt daher, daß *Herzberg* eine dieser Faktoren-Klassen als Motivatoren bezeichnet. Kritisch anzumerken ist vor allem die Methodengebundenheit (critical incident method) der Ergebnisse, die sich in dieser Form nur unter Anwendung der ursprünglich gewählten Forschungsmethode replizieren lassen (vgl. *Wunderer/Grunwald* 1980, *Gebert/Rosenstiel* 1981, *Greif*[21] 1983). In einer Vielzahl von Replikationen konnten die von *Herzberg* berichteten Befunde nur in den seltensten Fällen bestätigt werden (vgl. die Literaturhinweise bei *Rosenstiel* 1975 und *Weinert* 1987). So tritt entgegen *Herzbergs* ‚Theorie‘ ein und derselbe Faktor einmal als Zufriedenmacher und zugleich auch als Unzufriedenmacher auf, vor allem wenn sich die befragte Population nach Alter und Beruf unterscheidet. *Locke* (1976) vermutet, daß die Zuordnung von Faktoren zu Hygiene-Faktoren oder Motivatoren durch die Befragten wahrscheinlich das Ergebnis von **Kausalattribuierungen** ist, d.h. unangenehme Situationen werden extern attribuiert (z.B. schlechte Arbeitsbedingungen), angenehme dagegen intern (z.B. eigene Leistung).

Insgesamt läßt sich festhalten, daß *Herzbergs* Aussagen zwar nicht valide, aber sehr erfolgreich in der plausiblen Erklärung von Alltagserfahrungen sind. *Herzberg* eröffnet insofern neue Perspektiven in der Mitarbeiter-Motivation, als er das Hauptinteresse der Manager vom Kontext der Arbeit (Hygiene-Faktoren) weg auf die Arbeit selbst, den Arbeitsinhalt lenkt. Seine **Gestaltungsempfehlung** lautet, die leicht zu identifizierenden negativen Aspekte in den Hygiene-Faktoren zu eliminieren und sich voll auf die Motivatoren zu konzentrieren (vor allem Arbeitsstrukturierungsmaßnahmen; siehe hierzu Abschnitt 3 B II 2 der Arbeit). Dies bedeutet eine Abkehr von der klassischen Managementauffassung, nach der es zur Zufriedenheit von Arbeitern genüge, physiologische Grundbedürfnisse zu befriedigen, während Motivatoren lediglich für höhere Ränge in der Unternehmung von Bedeutung seien.

---

[21] *Greif, Siegfried* (geb. 1943) Prof. Psychologie, Uni Osnabrück.

Myers (1964) hat das *Herzberg*-Konzept bei Texas Instruments (Stichprobe: 282 Mitarbeiter aller Ebenen) empirisch getestet und kommt zu dem Ergebnis, daß die Erklärung dafür, was einen Menschen motiviert, weniger in der Situation als in der Person zu suchen ist. Er unterscheidet entsprechend der Zwei-Faktoren-Theorie *growth seekers*, die auf Motivatoren ansprechen, und *maintenance seekers*, die Hygiene-Faktoren für wichtiger halten.

Bei einem Vergleich des Ansatzes von *Maslow* mit dem von *Herzberg* fällt unmittelbar auf, daß die Bedürfnispyramide – wenn zweigeteilt in Wachstumsbedürfnisse und Defizitbedürfnisse – der Zweiteilung von *Herzberg* in Motivations- und Hygiene-Faktoren sehr nahe kommt.

(4) Leistungsmotivationstheorie von McClelland/Atkinson

Nach *McClelland*[22] (1953, 1961, 1971) sind die meisten menschlichen Bedürfnisse erlernt. Aus dem umfänglichen Katalog von Bedürfnissen nach *Murray* (siehe S. 151 der Arbeit) erachtet er drei als besonders bedeutsam zur Erklärung menschlicher Motivation:

- **Leistungsstreben** (need for achievement)
- **soziales Streben** (need for affiliation)
- **Machtstreben** (need for power).

Diese drei Schlüsselbedürfnisse sind seiner Meinung nach im Grenzgebiet zwischen Bewußtsein und Unterbewußtsein angesiedelt und durch frühe Sozialisation, Arbeits- und Berufserfahrung sowie die gegenwärtige Arbeitssituation geprägt. Sie lassen sich mit Hilfe des ebenfalls von *Murray* entwickelten thematischen Apperzeptionstests (TAT) erschließen (vgl. S. 201).

Von den drei genannten Grundbedürfnissen haben sich *McClelland* und *Atkinson*[23] (siehe auch *Atkinson* 1975, *Heckhausen* 1980) vor allem mit dem **Leistungsstreben** auseinandergesetzt und darauf eine Theorie der Leistungsmotivation aufgebaut. Während über das **Machtstreben** als dem Streben nach Überlegenheit und Macht über andere (zurückgehend auf *Adler*[24]) nur wenige Untersuchungen vorliegen, ist das **Streben nach sozialen Kontakten** vor allem von *Schachter*[25] et al. (1951) in einer Serie von experimentellen Untersuchungen erforscht worden. Als wesentliche Ergebnisse lassen sich festhalten, daß Menschen in Angst- und Krisensituationen lieber gemeinsam mit anderen sind als allein, auch wenn keine Möglichkeit der verbalen Kommunikation besteht. Allein die Anwesenheit anderer Menschen wirkt angstreduzierend. Des weiteren ziehen Menschen, deren Selbstwertgefühl stark von der Anerkennung Dritter abhängt und die weniger leistungsmotiviert sind, die Gesellschaft anderer Menschen vor, auch bei der Wahl ihres Arbeitsplatzes (vgl. Abb. 2.24).

---

[22] *McClelland, David C.* (geb. 1917) Prof. Psychologie, Harvard Uni.
[23] *Atkinson, John W.* (geb. 1923) Prof. Psychologie, Uni of Michigan, Ann Arbor.
[24] *Adler, Alfred* (1870–1937) Wiener Arzt und Psychiater.
[25] *Schachter, Stanley* (geb. 1922) Prof. Psychologie, Columbia Uni.

Abb. 2.24: Der Zusammenhang zwischen Grundmotiv und geeignetem Betätigungsfeld

menschliche Grundmotive	geeignetes Betätigungsfeld	motivationale Voraussetzungen
Leistungs- streben	Leistungsorien- tiertes Klima (z. B. Verkauf, Inge- nieurabteilung)	Betonung persönlicher Verantwortung, kalku- liertes Risiko und Innovationsmöglichkeiten, Anerkennung und Belohnung guter Leistung (rascher feed-back) Mitgliedschaft in einem erfolgreichen Team schwache Strukturierung und Formalisierung
soziales Streben	Interaktionsorien- tiertes Klima (z. B. Beratungsberufe, Koordinations- und Forschungs- abteilung)	Entwicklungsmöglichkeiten für enge und ver- traute zwischenmenschliche Beziehungen, Un- terstützung und Förderung des einzelnen, von allen akzeptierte Mitgliedschaft in einer Grup- pe vom Typ ‚Familie‘ fast keine Strukturierung und Formalisierung
Machtstreben	Machtorientiertes Klima (z. B. Mili- tär, Produktion)	starke Strukturierung und Formalisierung, kla- re Hierarchie von Status, Autorität und Ver- antwortung Möglichkeit, Problem- und Konfliktsituatio- nen mittels formaler Autorität zu lösen

Quelle: Staehle 1973, S. 107 nach *Litwin/Stringer* 1968

Für das Management einer Organisation ist jedoch das **Leistungsstreben** mit Abstand am bedeutendsten. Hierunter ist eine relativ stabile Disposition zu verstehen, nach Leistung und Erfolg zu streben, wobei das konkrete Ob- jekt/Ziel unbestimmt bleibt. Bei *Maslow* taucht dieses Bedürfnis zwar nicht explizit auf, ist aber eindeutig den höherrangigen Bedürfnisebenen, wenn nicht der Selbstverwirklichung zuzurechnen. *McClelland* fragt sich nun, wie es kommt, daß unter den Menschen, die ja alle mehr oder weniger ausgeprägt über die drei Grundbedürfnisse verfügen, manche eine bedeutend höhere Leistungsmotivation zeigen als andere; was sind die Ursachen hierfür, und unter welchen Bedingungen läßt sich die Leistungsmotivation steigern?

Um diese Frage beantworten zu können, hat *McClelland* eine Vielzahl hoch Leistungsmotivierter (high achievers) auf typische Verhaltensweisen und Persönlichkeitszüge hin untersucht. Danach zeichnen sich hoch **Lei- stungsmotivierte** durch folgende Charakteristika aus:

- gehen gut kalkuliertes, überschaubares Risiko ein
- bevorzugen mittelschwere Aufgaben, die aber einen gewissen Neuigkeits- gehalt aufweisen und persönliche Initiative und Kreativität verlangen
- konzentrieren sich auf Arbeit/Aufgabe selbst und weniger auf Mitarbeiter; vertragen keine Arbeitsunterbrechung
- bevorzugen Arbeitssituationen, in denen sie selbständig und eigenverant- wortlich arbeiten und entscheiden können

• benötigen unmittelbaren Feedback; häufige eigene und fremde Beurteilung der Arbeitsergebnisse

• beziehen hohe Befriedigung durch die Arbeit selbst (intrinsisch motiviert); Geld ist nur als Indikator für Leistung von Bedeutung.

Ausschlaggebend für die Stärke der Leistungsmotivation scheint die Höhe des gewählten **Anspruchsniveaus** zu sein, die wiederum mit den Erfolgs- bzw. Mißerfolgserfahrungen der Menschen variiert. Empirisch lassen sich entsprechend **Erfolgsmotivierte** (Hoffnung auf Erfolg), die mittelschwere Aufgaben bevorzugen, und **Mißerfolgsmotivierte** (Furcht vor Mißerfolg), die sehr leichte oder sehr schwere Aufgaben wählen, unterscheiden.

Atkinson (1975) und *McClelland* (1971) ist es gelungen, Unterschiede in der Erwartungsstruktur Erfolgsmotivierter und Mißerfolgsmotivierter aufzudecken. Erstere präferieren Situationen mit kalkulierbarem Risiko und persönlicher Verantwortungsübernahme, erwarten raschen Feedback über erbrachte Leistungen bei einer weit vorausplanenden Zukunftsorientierung. Letztere unterscheiden sich von den Erfolgsmotivierten vor allem durch die Wahl des Anspruchsniveaus.

Erwartungen werden vom Individuum laufend (wenn auch nur implizit) an den Istwerten der Realität gemessen (Überprüfen der Eintrittswahrscheinlichkeiten). Eine hohe „Trefferquote' führt langfristig zu einer Erhöhung des Anspruchsniveaus, Mißerfolge führen zu Senkungen.

Im Ansatz bietet die Leistungsmotivationstheorie Anregungen zu einer **Erwartungs-Valenz-Theorie,** insofern als Erwartungen hinsichtlich der Folgen von Anstrengungen und Gewichtungen von Zielen gebildet werden. Vor allem *Atkinson* (1975) hat diese Zusammenhänge zu formalisieren versucht. Demzufolge ist die Tendenz (T) einer Person, durch die Ausführung einer Handlung Erfolg zu suchen, abhängig von der Stärke des Grundmotivs, Erfolg zu erreichen (M), den Erwartungen hinsichtlich der Erfolgswahrscheinlichkeit (P) und der Stärke der Anreizwirkung des Ziels (I).

$$T = M \cdot P \cdot I$$

Mit diesem Modellansatz ist die Brücke von den Inhalts- zu den Prozeßtheorien der Motivation geschlagen.

Leistungsmotivation ist für *McClelland* die Voraussetzung für einen erfolgreichen Manager[26]. In der Tat fand er, daß Manager – auch im internationalen Vergleich – eine signifikant höhere Leistungsmotivation aufweisen als Angehörige von Berufsgruppen mit vergleichbarer Ausbildung, und daß erfolgreiche Manager eine signifikant höhere Leistungsmotivation zeigen als weniger erfolgreiche.

McClelland (1961) geht sogar noch einen Schritt weiter und erklärt das **Leistungsmotiv** zum entscheidenden **Motor gesamtwirtschaftlicher Entwick-**

---

[26] Vgl. auch die Hierarchic Role-Motivation Theory (*Berman/Miner* 1985), wonach individuelle Motivstrukturen (motivation to manage) den Aufstieg in Top Mangement Positionen erklären.

lung. Er fand in internationalen Vergleichen, daß das Niveau der Leistungsmotivation einer Bevölkerung positiv mit dem Niveau der wirtschaftlichen
Entwicklung eines Landes korreliert; allerdings mit einem time lag von etwa
50 Jahren. Entwicklungsländern und benachteiligten Arbeitnehmergruppen
im eigenen Land empfiehlt er einen ‚achievement development course‘ (vgl.
McClelland 1965, *McClelland/Winter* 1969), in dem folgende Arbeitsschritte
vorgesehen sind:

• Lerne, wie ein hoch Leistungsmotivierter denkt, redet und handelt
• Lerne, höhere, aber dennoch realistische Arbeitsziele für die nächsten zwei
  Jahre zu formulieren
• Selbsterkenntnis
• Entwicklung eines Gruppen-Esprit de Corps.

Fairerweise muß man einräumen, daß *McClelland* trotz aller Begeisterung
für die Leistungsmotivation im ‚high achiever‘ keineswegs einen idealen Per-
sönlichkeitstyp propagiert, sondern das Leistungsstreben mehr instrumentell
als wesentliche Voraussetzung für Wachstum und Prosperität von Organisationen und ganzen Volkswirtschaften ansieht. An anderer Stelle (S. 233) haben wir gesehen, daß extrem Leistungs-/Erfolgsmotivierte als Typ A Persönlichkeiten besonders streßanfällig sind.

Abb. 2.25: Vergleich der Inhaltstheorien

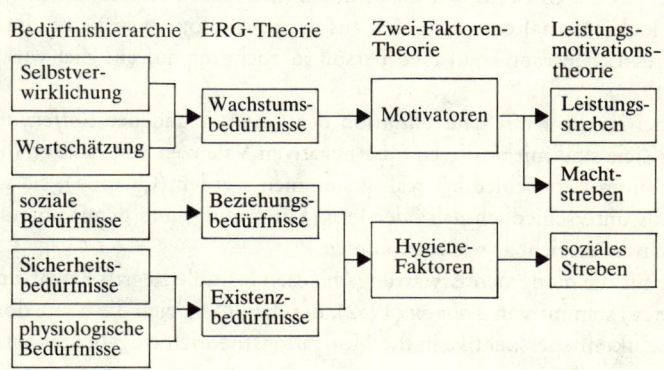

Quelle: *Hellriegel/Slocum/Woodman* 1986, S. 187

Zusammenfassend läßt sich zu den **Inhaltstheorien** festhalten, daß sie zwar
Denkanstöße dahingehend liefern können, *was,* genauer, welches Motiv,
möglicherweise für ein bestimmtes Verhalten ursächlich ist (vgl. Abb. 2.25);
daß sie aber andererseits nicht erklären können, *wie* ein bestimmtes Verhalten
zustandekommt, welche kognitiven Prozesse im Individuum ablaufen, die als
Motivation bezeichnet werden. Da es sich hier um eine ungleich schwierigere
Fragestellung handelt, sind die hierzu entwickelten Modelle i.d.R. auch be-

deutend komplexer als die Inhaltstheorien und entsprechend gering ist die Resonanz, die sie in der Managementpraxis gefunden haben. Dennoch liegt der Schlüssel zum Verständnis motivierten Verhaltens in der Erweiterung der Inhaltstheorien um die Prozeßtheorien, und folglich müssen sich Manager notgedrungen zumindest mit den grundlegenden motivationstheoretischen Ansätzen dieser Richtung auseinandersetzen.

c. Prozeßtheorien

Während in behavioristischen Motivationsansätzen das Individuum weitgehend als passiv auf Triebe und/oder Umweltreize reagierend angenommen wird und Verhalten vergangenheitsorientiert aus S-R-Verknüpfungen erklärt wird, setzen **kognitive Ansätze** ein aktives zukunftsorientiertes Individuum voraus, das aufgrund von Erwartungen über Anstrengungs-Ergebnis-Verknüpfungen bewußt Entscheidungen trifft. Der Mensch wird wie in mikroökonomischen Theorien als rational entscheidendes, nutzenmaximierendes Individuum konzeptualisiert.

Die heute in den modernen Prozeßtheorien verwandten Grundbegriffe *Valence* (Wertigkeit) und *Force* (Kraft) gehen auf die Arbeiten von *Lewin* (1935) zurück, der später in seiner Feldtheorie (1951) die Aufmerksamkeit stärker auf die Umwelt, den Lebensraum (life space), als Verhaltensdeterminante lenkt. **Verhalten** erklärt sich aus der psychologischen Kraft, die innerhalb des Lebensraums auf eine Person in Richtung auf ein Ziel wirkt (vgl. *Todt* 1977).

Dabei ist die Kraft eine Funktion der *Qualität* und der *Entfernung* des Ziels. Ziele sind mit positiven oder negativen Valenzen ausgestattet, die vom Individuum unterschiedlich wahrgenommen werden (Qualität); sie werden auch als unterschiedlich nah oder fern (Entfernung) und damit unterschiedlich schwer erreichbar wahrgenommen.

Der für die modernen Erwartungstheorien zentrale Begriff **Erwartung** (expectancy) stammt von *Tolman* (1932), der damit zugleich die heute dominierende Zukunftsperspektive in die Motivationstheorien eingebracht hat.

(1) VIE-Theorie von Vroom

Die **Valenz-Instrumentalitäts-Erwartungs-(VIE)-Theorie** von *Vroom*[27] (1964) kann als das Grundmodell aller neueren Prozeßtheorien der Motivation angesehen werden (vgl. auch *Greif* 1983, S. 228 ff.). *Vrooms* Modell beruht auf dem **Weg-Ziel Ansatz** (vgl. *Georgopoulos/Mahoney/Jones* 1957) und stellt letztlich eine psychologisch orientierte ökonomische Entscheidungstheorie dar, die davon ausgeht, daß Menschen solche Alternativen wählen, die

---

[27] *Vroom, Victor H.* (geb. 1932 in Kanada), Psychologe, Prof. und Chairman Administrative Sciences, Yale Uni.

den subjektiv erwarteten Nutzen maximieren. Der Weg-Ziel Gedanke beruht auf empirischen Beobachtungen, wonach z. B. Leistung (Weg) von Individuen nur dann als erstrebenswert wahrgenommen wird, wenn damit ein erwünschtes Ziel erreicht werden kann.

Ob ein Individuum Leistungsmotivation zeigt, ist also im Gegensatz zu den Annahmen der Inhaltstheoretiker nicht nur eine Frage der Prädisposition, Anlage oder Sozialisation, sondern auch situativ abhängig von der Wahrnehmung des relativen Nutzens der Leistung für die individuelle Zielerreichung. Dieses Mittel-Zweck Denken wird in den Prozeßtheorien als **Instrumentalität** thematisiert.

Entsprechend diesen Grundüberlegungen stehen drei Begriffe im Mittelpunkt der Erwartungstheorie (VIE-Theorie): Valenzen, Instrumentalität, Erwartungen.

Valenz (Wertigkeit) meint die affektive Orientierung eines Menschen gegenüber den Ergebnissen einer Handlung (outcome). Gemessen wird das Ausmaß der Attraktivität eines Ergebnisses für ein Individuum. Ein Ergebnis kann eine positive Valenz (Streben nach diesem Ergebnis), eine negative Valenz (Wunsch, dieses Ergebnis zu vermeiden) oder eine Valenz von Null haben (Indifferenz gegenüber dem Ergebnis).

Bei den Ergebnissen werden zwei Ebenen unterschieden: *Ergebnisse der 1. Ebene* sind z. B. Belohnungen für ein bestimmtes Leistungsverhalten (etwa Bezahlung), die als Anreize dienen. *Ergebnisse der 2. Ebene* sind bestimmte Bedürfnisse oder Ziele, die das Individuum anstrebt (etwa Ferienreise).

Instrumentalität steht für die Erwartung, daß das Ergebnis I eines bestimmten Verhaltens zur Erreichung der erwünschten Ziele (Ergebnis II) führt. Ergebnisse der 1. Ebene sind – entgegen den Annahmen vieler Inhaltstheoretiker – kein Selbstzweck, sondern gewinnen ihren Wert (Nutzen) für das Individuum erst durch ihre Eigenschaft, positiv bewertete Ergebnisse der 2. Ebene (Bedürfnisse) zu befriedigen. Die Valenz von Ergebnissen der 1. Ebene hängt also ab von der Valenz der Ergebnisse der 2. Ebene und der wahrgenommenen Instrumentalität von 1 für 2.

Die Instrumentalität kann Werte zwischen – 1 (Ergebnis 2 läßt sich sicher ohne Ergebnis 1 erreichen; mit Ergebnis 1 ist es unmöglich, Ergebnis 2 zu erreichen) und + 1 (Ergebnis 1 ist Voraussetzung, um Ergebnis 2 mit Sicherheit zu erreichen) annehmen.

Instrumentalität

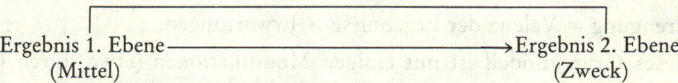

Ergebnis 1. Ebene ⟶ Ergebnis 2. Ebene
(Mittel)   (Zweck)

Annahme I: „Die Valenz eines Ergebnisses für eine Person ist eine monoton steigende Funktion der algebraischen Summe der Produkte der Valenzen aller anderen Ergebnisse und seinen Vorstellungen über deren Instrumentalität für das Erreichen dieser anderen Ergebnisse" (*Vroom* 1964, S. 17).

Erwartungen hegen Menschen über die Wahrscheinlichkeit, daß auf eine bestimmte Handlung ein bestimmtes Ergebnis folgen wird. Gemessen wird die subjektive Wahrscheinlichkeit, daß mit einer bestimmten Anstrengung ein bestimmtes Ergebnis (Aufgabenziel) erreicht wird (Erwartung I), und daß die mit dem Erreichen des Aufgabenziels verknüpfte (versprochene) Belohnung (Ergebnis 1) auch erzielt wird (Erwartung II). Wird z.B. einem Mitarbeiter für eine besondere Leistung eine Beförderung versprochen, gilt es zwei Erwartungen zu präzisieren. Einmal die Wahrscheinlichkeit, ob mit einer bestimmten Anstrengung die besondere Leistung erbracht werden kann, und zum anderen die Wahrscheinlichkeit, ob mit der erbrachten Leistung die versprochene Belohnung auch eintreten wird. Die Erwartungen nehmen Werte an zwischen 0 (es liegt subjektive Wahrscheinlichkeit vor, daß der Handlung kein Ergebnis folgen wird) und 1 (es liegt subjektive Gewißheit vor, daß der Handlung ein Ergebnis folgen wird).

Empirische Untersuchungen (vgl. z.B. *Sims* et al. 1976, *Lawler* 1977) belegen die in der Literatur geäußerten Vermutungen, daß die **Handlungs-Ergebnis-Erwartungen** (I) überwiegend Ausfluß von Persönlichkeitsmerkmalen des Individiuums selbst sind, während die **Ergebnis-Folge-Erwartungen** (II) überwiegend extern durch das Vorgesetztenverhalten und organisatorische Regelungen beeinflußt werden. Diese Befunde sind äußerst plausibel, insofern als die Prognosen zu I etwas über Ereignisse aussagen, die im Einflußbereich des Individuums liegen, während Prognosen zu II bedeutend schwieriger sind, da über die Folgen von Handlungsergebnissen in aller Regel Dritte entscheiden (z.B. Vorgesetzte, Richter, Lehrer). In der Arbeitswelt spielen intrinsische Motive daher nur eine geringe Rolle, und extrinsische Verstärkungen sind deshalb so ausschlaggebend, weil vom Arbeitsergebnis und seiner Bewertung die Lohnhöhe abhängt, die über das Ausmaß der Befriedigung materieller Bedürfnisse entscheidet.

Aus den beschriebenen Elementen des Modells läßt sich nun die **Anstrengung** ermitteln, die ein Individuum bei einer bestimmten (empirisch ermittelbaren) Konstellation der Modellvariablen unternehmen wird (= motivationale Stärke).

Annahme II: „Die Anstrengung einer Person, eine Handlung zu erbringen, ist eine monoton steigende Funktion der algebraischen Summe der Produkte der Valenzen aller Ergebnisse und der Stärke seiner Erwartungen darüber, daß der Handlung die Erreichung dieser Ergebnisse folgen wird" (*Vroom* 1964, S. 18), oder einfacher

Anstrengung = Valenz der Ergebnisse × Erwartungen.

Dieses Grundmodell ist mit einigen Modifikationen (etwa durch *Graen* (1969) bei *Campbell* et al. (1970) abgebildet (Abb. 2.26 auf S. 215).

Eine besonders wichtige Rolle spielt hier das Aufgabenziel, ein Begriff den *Campbell* et al. (1970) der Bezeichnung ‚Arbeitsrolle' von *Graen* (1969) vorziehen. Es handelt sich dabei einerseits um externe, durch die Organisation

Abb. 2.26: Das Hybrid-Erwartungsmodell nach *Campbell* et al. 1970

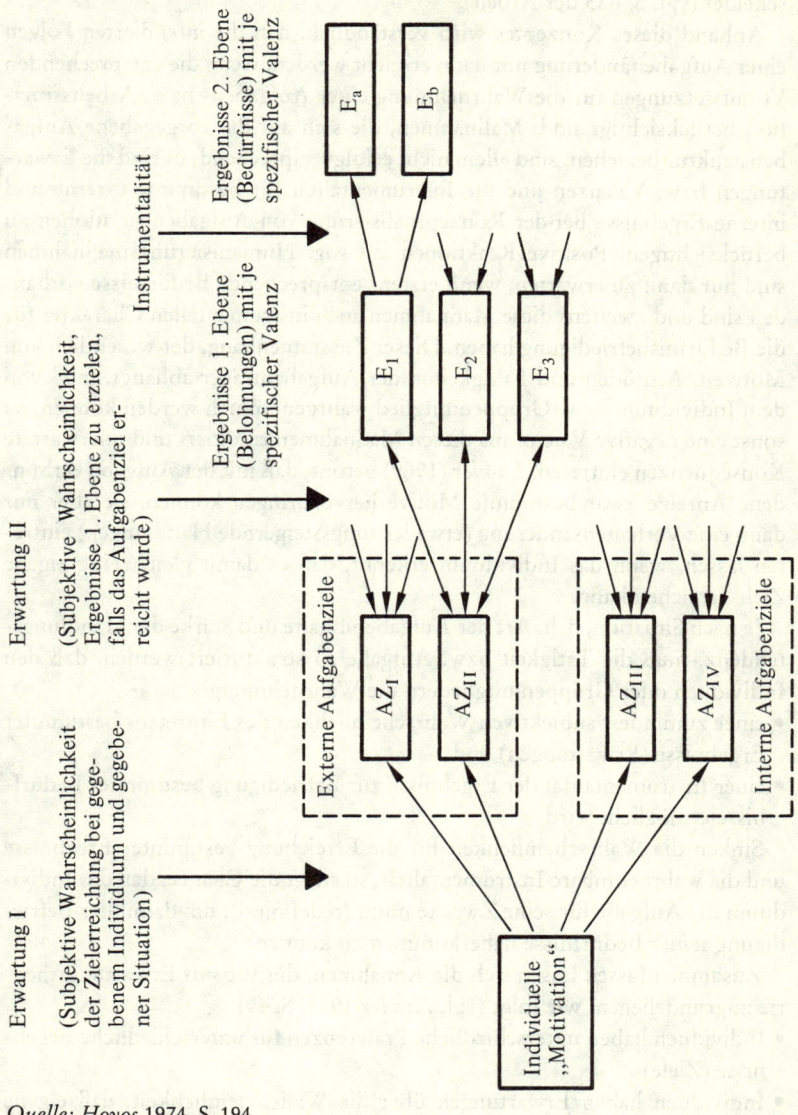

Quelle: Hoyos 1974, S. 194

vorgegebene Aufgabenziele, die auf das Arbeitsverhalten bezogen sind, andererseits um interne Aufgabenziele, d.h. die von Individuen/Gruppen aufgrund bestimmter Wertvorstellungen, Attitüden bzw. Erfahrungen und daraus abgeleiteter Erwartungen umformulierten Aufgabenziele. Hier besteht eine Verwandtschaft mit dem Konzept der redefinierten Aufgabe von *Hack-*

man (1969), der zwischen objektiver und wahrgenommener Aufgabe unterscheidet (vgl. S. 635 der Arbeit).

Anhand dieses Konzeptes wird verständlich, daß die intendierten **Folgen einer Aufgabenänderung** nur dann erreicht werden, wenn die entsprechenden Voraussetzungen für die Wahrnehmung einer Aufgaben- bzw. Arbeitssituation berücksichtigt sind. Maßnahmen, die sich auf die vorgegebene Aufgabenstruktur beziehen, sind allein nicht erfolgversprechend; es sind die Erwartungen bzw. Valenzen und die Instrumentalität für bestimmte externe und interne Ergebnisse bei der Konzeptualisierung von Aufgabenvariationen zu berücksichtigen. Positive Reaktionen auf sog. Humanisierungsmaßnahmen sind nur dann zu erwarten, wenn erstens entsprechende Bedürfnisse vorhanden sind und zweitens diese Maßnahmen auch instrumentellen Charakter für die Bedürfnisbefriedigung haben. Dieser Zusammenhang, der wesentlich von Motiven, Attitüden und Fähigkeiten der Aufgabenträger abhängt, muß von dem Individuum bzw. Gruppenmitglied wahrgenommen werden können, da sonst eine negative Valenz aus diesen Maßnahmen resultiert und unerwartete Konsequenzen eintreten. *Lawler* (1969) betont, daß mit der Aufgabe verbundene Anreize zwar bestimmte Motive hervorbringen können, sie aber nur dann eine Verhaltensänderung (etwa leistungssteigernde Handlungen) eintreten lassen, wenn das Individuum erkennt, daß es damit gleichzeitig eigene Ziele erreichen kann.

Je nach Situation, d. h. Art der Aufgabeninhalte und Stärke der Handlungstendenz, muß die Tätigkeit bzw. Aufgabe so strukturiert werden, daß den Individuen oder Gruppenmitgliedern die Wahrnehmung

- einer zumindest subjektiven Wahrscheinlichkeit des Eintretens bestimmter Ergebnisse (Erwartungen) und
- einer Instrumentalität der Ergebnisse zur Befriedigung bestimmter Bedürfnisse ermöglicht wird.

Sinken die Wahrscheinlichkeit für die Erreichung bestimmter Ergebnisse und die wahrnehmbare Instrumentalität, so steigt die Chance, daß das Individuum die Aufgabe für seine Zwecke nutzt (redefiniert), um damit der Befriedigung *seiner* Bedürfnisse näherkommen zu können.

Zusammenfassen lassen sich die Annahmen, die *Vrooms* Erwartungstheorie zugrundeliegen, wie folgt (vgl. *Lawler* 1973, S. 49):

- Individuen haben unterschiedliche Präferenzen für unterschiedliche Ergebnisse (Ziele)
- Individuen haben Erwartungen über die Wahrscheinlichkeit, daß eigene Handlungen zu einem erwünschten Verhalten führen
- Individuen haben Erwartungen über die Wahrscheinlichkeit, daß einem bestimmten Verhalten ein bestimmtes Ergebnis folgen wird (Instrumentalität)
- In jeder Situation werden die von einem Individuum gewählten Handlungen von seinen momentanen Erwartungen und Präferenzen bestimmt.

Die VIE-Theorie weist insofern stark normative Züge auf, als das dem

Ansatz zugrunde liegende rationale Mittel-Zweck Denken bei Entscheidungen über Arbeitseinsatz und Aufgabenwahl als konsequent, konsistent und vernünftig qualifiziert wird.

Vrooms Modell ist mit unterschiedlichen Ergebnissen empirisch getestet worden (vgl. *Weinert 1987*, S. 272 ff.); dabei ergab sich, daß vor allem die Erfassung von Valenzen und Erwartungen erhebliche meßtheoretische Probleme aufwirft. Die praktische Anwendung des Modells auf der Ebene ausführender Tätigkeiten ist stark eingeschränkt, insofern als dem Arbeiter kaum Alternativen offenstehen, zwischen denen er aufgrund von Valenzen und Erwartungen entscheiden könnte. In den meisten Arbeitssituationen sind die Verhaltensmöglichkeiten so reduziert, daß das differenzierte Modell von *Vroom*, das ja Wahlmöglichkeiten voraussetzt, hier kaum seine volle prognostische Kraft entfalten kann. Wichtig für das Verständnis des Arbeitsverhaltens ist jedoch zweifellos das Konzept der Instrumentalität, das in Inhaltstheorien völlig vernachlässigt wird.

(2) Zieltheorie von Locke

Zentraler Forschungsgegenstand von *Locke* (1968, 1976) ist neben den Ursachen der Arbeitszufriedenheit der Einfluß von Zielen auf das Leistungsverhalten. Ausgehend von der Alltagserfahrung, daß Ziele auf den Bearbeiter eine Art Sogwirkung (traction) ausüben und ihn veranlassen, jede Unterbrechung bzw. Störung abwehren zu wollen, bis das Ziel erreicht ist, entwickelt *Locke* eine **Zieltheorie der Arbeitsmotivation**. Das hier beobachtete Phänomen ist in der Literatur auch als *Zeigarnik-Effekt* bekannt: Zielsetzung führt zu Spannungen, die durch intensive Bewegung auf das Ziel hin reduziert wird.[28] *Hacker* (1986, S. 221) spricht vom Schwierigkeitsgesetz der Motivation: „Mit der Schwierigkeit einer übernommenen Aufgabe steigt unmittelbar (unreflektiert) die Willensanspannung." Solange das Ziel nicht erreicht, die Aufgabe nicht gelöst ist, wirkt eine Kraft auf das Individuum (Motivation), die von der Valenz des Ziels abhängt. Die zentrale These von *Locke* lautet nun: je anspruchsvoller das Ziel, desto höher die Leistung. Dieser Zusammenhang hat jedoch nur dann Gültigkeit, wenn das Ziel vom Bearbeiter akzeptiert worden ist. Folgende Modellkomponenten werden in der Zieltheorie der Motivation unterschieden (vgl. *Locke* et al. 1981 sowie Abb. 2.27 auf S. 218):

Ziele beeinflussen die Leistung, indem sie Richtung, Intensität und Ausdauer von individuellen Aktivitäten bestimmen und zu Zielerreichungsstrategien anregen. Dieser Prozeß wird positiv verstärkt, wenn der Bearbeiter sich mit den Zielen *identifiziert* (gefördert durch finanzielle Anreize) und wenn der Bearbeiter die Ziele *akzeptiert* (gefördert durch Partizipation). Neben der

---

[28] *Locke, Edwin A.*, Prof. Psychologie, Uni of Maryland; der *Zeigarnik-Effekt* ist benannt nach der russischen Psychologin *Bluma Zeigarnik* (1927), einer Berliner Kollegin von *Kurt Lewin*.

Motivkraft der Ziele beeinflussen noch die Zielklarheit und die Fähigkeiten des Bearbeiters die Leistung. Das Wissen über die Ergebnisse der Bemühungen (feedback) wirkt sich leistungssteigernd aus: **Richtung, Intensität, Ausdauer** und **Strategien** werden ergebnisorientiert korrigiert.

Die Tatsache, daß die zentrale Aussage von *Locke* hinsichtlich der leistungssteigernden Wirkung möglichst hoher Ziele sowohl der Erwartungstheorie (dort motivieren Aufgaben, die man sicher zu erledigen glaubt) als auch der Leistungsmotivationstheorie (dort motivieren mittelschwere Aufgaben) widerspricht, kann wie folgt gedeutet werden: VIE-Theorien erklären über Erwartungen und Valenzen, warum eine Aufgabe (Ziel) akzeptiert wird oder nicht; die Zieltheorie geht davon aus, daß *nach* Akzeptanz des Ziels dessen Schwierigkeitsgrad der Haupteinflußfaktor der Leistung sei.

Zusammenfassend läßt sich festhalten: Ziele per se motivieren nicht zu hohen Anstrengungen bzw. Leistungen. Entsprechend der Zieltheorie der Arbeitsmotivation müssen zumindest folgende vier Voraussetzungen gegeben sein: Zielklarheit, Zielakzeptanz, Zielschwierigkeit und Feedback über Zielerreichung (*Luthans* 1985, S. 256 f.).

Abb. 2.27: Zieltheorie von *Locke*

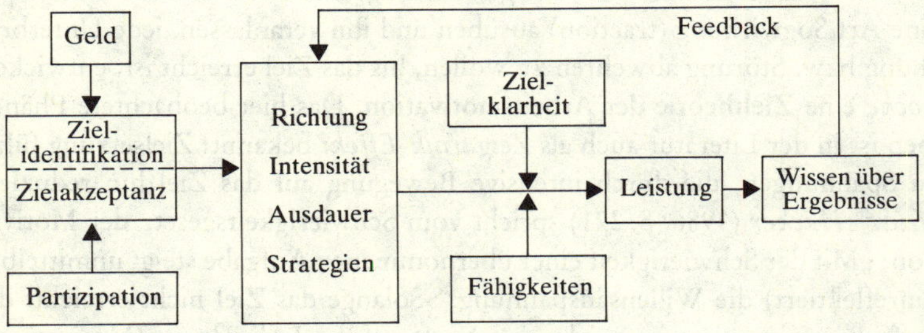

Quelle: Landy 1985, S. 339

(3) Motivationsmodell von Porter/Lawler

Auf die für Manager hoch interessante Frage, wie Motivation, Leistung und Zufriedenheit zusammenhängen, versuchen *Porter/Lawler*[29] (1968) und *Lawler* (1971, 1973) in ihrem Motivationsmodell eine Antwort zu geben. Sie bauen dabei auf der Erwartungstheorie auf. Die zentralen Variablen des Modells lauten (s. Abb. 2.28):

Anstrengung (effort), **Leistung** (performance),
Belohnung (rewards) und **Zufriedenheit** (satisfaction).

---

[29] *Porter, Lyman W.* (geb. 1930) Industriepsychologe, Prof. Administration and Psychology, Uni of California, Irvine.

Anstrengung (3) bezeichnet das Ausmaß an Energie, die von einem Mitarbeiter zur Erfüllung einer Aufgabe aufgewendet wird. Es hängt ab von der Wertigkeit der Belohnung (1) und der wahrgenommenen Wahrscheinlichkeit, daß auf eine bestimmte Anstrengung auch eine bestimmte Belohnung folgt (2). Wenn z. B. ein Individuum eine bestimmte Belohnungsart hoch bewertet und eine hohe Wahrscheinlichkeit wahrnimmt, daß seine Anstrengungen die erwünschte Belohnung zur Folge haben, wird es große Anstrengungen unternehmen.

Abb. 2.28: Die Motivationstheorie von *Porter/Lawler*

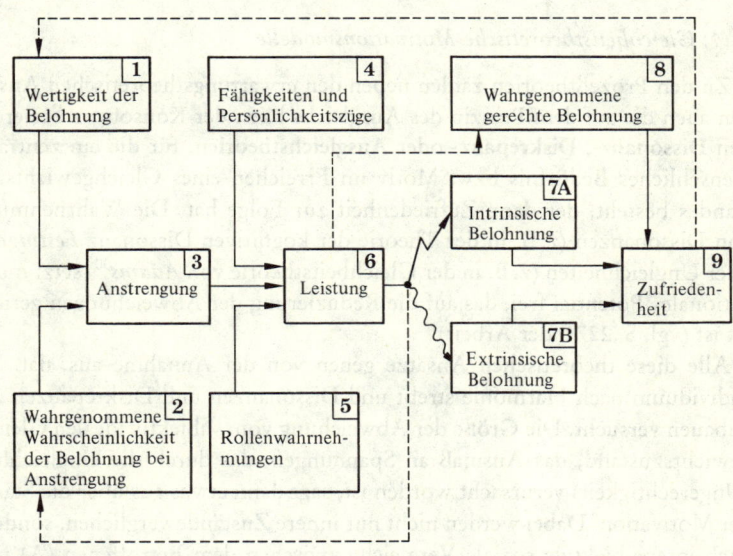

Quelle: Porter/Lawler 1968, S. 165

Leistung (6) ist der von der Organisation meßbare Output einer Handlung, der keineswegs mit der Anstrengung identisch sein muß. Das Ergebnis der Anstrengung hängt ab von den Fähigkeiten, Fertigkeiten und Persönlichkeitszügen (4) sowie der Art und Weise, wie der Mitarbeiter seine Rolle in bestimmten Arbeitssituationen wahrnimmt (5).

So kann z. B. ein Arbeiter trotz hoher Anstrengung als Folge geringer arbeitsanforderungsspezifischer Kenntnisse und ungenauer Rollenwahrnehmung eine ungenügende Leistung erbringen.

Belohnungen (7) sind die Folge von Leistungsverhalten und zwar entweder (a) intrinsischer Art (z. B. Erfolgserlebnis) oder (b) extrinsischer (z. B. Bezahlung). Besonders wichtig für das Ausmaß an empfundener Zufriedenheit ist die wahrgenommene Gerechtigkeit der Belohnung (8), d. h. die Vorstellung des Mitarbeiters darüber, was ihm in bezug auf die erbrachte Leistung als angemessene Belohnung erscheint.

Zufriedenheit (9) tritt ein, wenn die effektiven Belohnungen den als angemessen erlebten bzw. erwarteten entsprechen oder sie übersteigen; Unzufriedenheit ist zu erwarten, wenn diese unter den Erwartungen liegen. Hier wird deutlich mit der klassischen Annahme gebrochen, daß die Leistung vom Ausmaß der Zufriedenheit abhängt.

Das Modell von *Porter/Lawler* ist durch eigene Studien der Autoren (1968) sowie durch solche von Dritten (vgl. die Hinweise bei *Weinert* 1987, S. 279) weitgehend in den Grundannahmen bestätigt worden. Es integriert auch auf sinnvolle Weise bewährte Annahmen der Erwartungs- und der Gleichheitstheorie (equity theory).

(4) Gleichheitstheoretische Motivationsmodelle

Zu den Prozeßtheorien zählen neben den erwartungstheoretischen Ansätzen auch die auf dem Prinzip des Ausgleichs bzw. der Konsonanz basierenden **Dissonanz-, Diskrepanz-** oder **Ausgleichstheorien,** für die ein zentrales menschliches Bedürfnis bzw. Motiv im Erreichen eines Gleichgewichtszustandes besteht, der dann Zufriedenheit zur Folge hat. Die Wahrnehmung von Dissonanzen (z.B. in der Theorie der kognitiven Dissonanz *Festingers*) oder Ungleichheiten (z.B. in der Gleichheitstheorie von *Adams*[30]) setzt motivationales Potential frei, das auf die Reduzierung der Abweichungen gerichtet ist (vgl. S. 227f. der Arbeit).

Alle diese theoretischen Ansätze gehen von der Annahme aus, daß das Individuum nach Harmonie strebt und Dissonanzen und Diskrepanzen abzubauen versucht. Die Größe der Abweichung vom subjektiv idealen Gleichgewichtszustand, das Ausmaß an Spannungen, das durch die Ungleichheit (Ungerechtigkeit) verursacht worden ist, sagt dann etwas aus über die Stärke der Motivation. Dabei werden nicht nur innere Zustände verglichen, sondern auch intersubjektive soziale Vergleiche zwischen dem Betroffenen (A) und einer Vergleichsperson (B) angestellt. So erzeugen nach der Gleichheitstheorie von *Adams* ungleiche Quotienten in den Input/Output Relationen Spannungen, die zu Handlungen motivieren, um diese Ungleichheiten abzubauen.

motiviertes Verhalten:

$$\left(\frac{\text{Ertrag}}{\text{Aufwand}}\right)_A < \left(\frac{\text{Ertrag}}{\text{Aufwand}}\right)_B \rightarrow \begin{array}{l}\text{Erträge steigern oder}\\\text{Aufwand senken}\end{array}$$

$$\left(\frac{\text{Ertrag}}{\text{Aufwand}}\right)_A > \left(\frac{\text{Ertrag}}{\text{Aufwand}}\right)_B \rightarrow \begin{array}{l}\text{Erträge senken oder}\\\text{Aufwand steigern}\end{array}$$

$$\left(\frac{\text{Ertrag}}{\text{Aufwand}}\right)_A = \left(\frac{\text{Ertrag}}{\text{Aufwand}}\right)_B \rightarrow \begin{array}{l}\text{keine Verhaltens-}\\\text{änderung}\end{array}$$

Während in den ersten beiden Situationen Ungleichgewicht besteht (Benachteiligung bzw. Bevorzugung) und damit Spannungen hervorgerufen werden, führt der Gleichgewichtszustand zur Zufriedenheit.

---

[30] *Adams, Jean Stacy* (1925–1984) Prof. Psychologie, Uni of North Carolina.

Lawler (1973) hat sich inzwischen dieser gleichheitstheoretischen Deutung von Motivation und Zufriedenheit angeschlossen und sieht abweichend vom *Porter/Lawler* Modell (1968) Unzufriedenheit auch als Folge einer positiven Abweichung von erwarteten und tatsächlich erhaltenen Belohnungen (Überbezahlung).

Die Gleichheitstheorie von *Adams* (1963, 1965) ist verschiedentlich experimentell überprüft worden (vgl. etwa *Adams/Rosenbaum* 1962, zur Kritik siehe *Gebert/Rosenstiel* 1981, S. 63).

So wurden z.B. in vier künstlich geschaffenen **Situationen des Ungleichgewichts** experimentell die Folgen unterschiedlicher Zustände studiert:

Situation 1: Überbezahlung bei Zeitlohn

Die Hypothese, daß in diesem Fall die ‚Bevorteilten‘ durch Leistungssteigerung versuchen, Schuldgefühle abzubauen, wurde tendenziell bestätigt.

Situation 2: Überbezahlung bei Stücklohn

Die Hypothese, daß in dieser Situation eine höhere Qualität (Sorgfalt) bei gleicher Quantität die Folge ist, wurde bestätigt.

Situation 3: Unterbezahlung bei Zeitlohn

Die Hypothese, daß in diesem Fall die ‚Benachteiligten‘ aus Unzufriedenheit ihren Input reduzieren, wurde bislang nur unzureichend bestätigt.

Situation 4: Unterbezahlung bei Stücklohn

Die Hypothese, daß in dieser Situation die Leistung quantitativ gesteigert wird, und zwar bei geringer Qualität, wurde bestätigt.

Rosenstiel (1975) hat die nach der Theorie von *Adams* zu erwartenden Folgen subjektiv zu hoher, angemessener und zu niedriger Entlohnung gegenübergestellt (vgl. Abb. 2.29).

Abb. 2.29: Nach der Theorie von *Adams* zu erwartende quantitative und qualitative Leistungen bei subjektiv zu hoher, angemessener und zu niedriger Entlohnung in den Formen des Zeit- und des Stücklohns

		Zeitlohn			Stücklohn	
Über-bezahlung	Leistung	Quantität: Qualität:	hoch mittel	Leistung	Quantität: Qualität:	gering hoch
angemessene Bezahlung	Leistung	Quantität: Qualität:	mittel mittel	Leistung	Quantität: Qualität:	mittel mittel
Unter-bezahlung	Leistung	Quantität: Qualität:	gering mittel	Leistung	Quantität: Qualität:	hoch gering

Quelle: Rosenstiel 1975, S. 254

Vor allem die Prognosen der Theorie hinsichtlich der Folgen der **Überbezahlung** sind in jüngeren Untersuchungen in Frage gestellt worden. So zeigen sich positive Leistungsergebnisse nur bei Personen mit Pflichtgefühl und ‚moralischer Reife‘ (*Feldman/Arnold* 1983, S. 117). Pflichtgefühl, Fairneß oder Gerechtigkeit sind jedoch stark werthaltige Begriffe, die in Widerspruch zu den Annahmen eines ökonomisch rationalen, nutzenmaximierenden Verhaltens stehen. Einem allein dem ökonomischen Tausch verpflichteten Individuum käme es gar nicht in den Sinn, Überbezahlung mit Mehrleistung oder gar Unzufriedenheit zu beantworten.

(5) Attributionstheoretische Motivationsmodelle

In jüngerer Zeit sind vermehrt **Attributionstheorien** (vgl. S. 341 ff. der Arbeit) zur Erklärung von Leistungsmotivation herangezogen worden. Insbesondere *Weiner* (1972, 1980) hat Elemente der Theorie von *Heider* (1958) und *Kelley* (1972) in teilweise rekonzeptualisierter Form in eine Attributionstheorie der Motivation eingebracht.

Die Erklärungsfaktoren *Heiders* (Macht, intentionales Versuchen, Umwelt) hat *Weiner*[31] in Fähigkeit, Anstrengung (interne Attribution) und Aufgabenschwierigkeit umbenannt und um den Faktor Glück oder Zufall (externe Attribution) ergänzt:

Verhalten = f (Fähigkeit, Anstrengung, Aufgabe, Glück)

Danach ist Verhalten davon abhängig, ob der Erfolg bzw. Mißerfolg, der mit früherem Verhalten verbunden war, auf die *internen Faktoren* Fähigkeit und/oder Anstrengung und/oder auf die *externen Faktoren* Aufgabe und/oder Zufall zurückgeführt wurde. Entsprechende Informationen über diese Faktoren können den folgenden Quellen entnommen werden (vgl. *Weiner* 1980, S. 332):

Ursache	Informationsquellen
Fähigkeit	Anzahl der Erfolge, Verhältnis Erfolge/Mißerfolge, Erfolgsmuster, Maximalleistung, Schwierigkeit der Aufgabe
Anstrengung	Ergebnis, Leistungsmuster, wahrgenommene Muskelanspannung, Schwitzen, Ausdauer, Kovariation der Leistung mit dem Anreizwert des Leistungsziels
Aufgabe	objektive Aufgabenmerkmale, soziale Normen
Glück	Unabhängigkeit der Ergebnisse, Zufälligkeit der Ergebnisse, Einzigartigkeit der Ereignisse

Die internen und externen Attribuierungsmöglichkeiten sind mit den genannten vier Faktoren sicherlich nicht vollständig aber hinreichend erfaßt. Unklar bleibt, ob Glück nicht auch als interne Attribution („glücklicher Mensch") wirksam werden kann. *Weiner* geht davon aus, daß die Faktoren ‚Fähigkeit' und ‚Aufgabe' zeitlich relativ *konstant* sind, während ‚Anstrengung' und ‚Glück' zeitlich *instabil* sind. Die Differenzierung führt zu einem zweidimensionalen, kausalen Schema (vgl. Abb. 2.30):

---

[31] *Weiner, Bernhard* (geb. 1935) Prof. Psychologie, UCLA.

Abb. 2.30: Zweidimensionales Schema der wahrgenommenen Ursachen von Verhalten

Ort der Kontrolle Stabilität	intern (Person)	extern (Situation)
groß (stabil)	Fähigkeit	Aufgabe
gering (variabel)	Anstrengung	Glück

Quelle: Weiner 1980, S. 346 (vereinfacht)

Mit Hilfe dieses Schemas lassen sich nicht nur allgemeine Beobachtungen erklären, z. B. wenn eine/keine Person die Aufgabe löst, wird dieser Umstand auf die Leichtigkeit/Schwierigkeit der Aufgabe zurückgeführt, sondern auch differenzierte Aussagen über das Leistungsverhalten von Mitarbeitern machen. So führen hoch Leistungsmotivierte Erfolge auf eigene Fähigkeiten und Anstrengungen und Mißerfolge auf unzureichende Anstrengungen zurück, während gering Leistungsmotivierte Mißerfolge mit unzureichenden Fähigkeiten, Schwierigkeit der Aufgabe und fehlendem Glück erklären.

Spätestens in der Konzeption *Weiners* wird aus der zunächst auf das Problem sozialer Wahrnehmung bezogenen naiven Verhaltenstheorie eine **kognitive Motivationstheorie,** die Kausalattributionen als einen wesentlichen Einflußfaktor der Erwartungsbildung begreift, deren Bedeutung ihrerseits von den Erwartungstheorien der Motivation herausgearbeitet worden ist. Während für die Erwartungsbildung die Dimension *Stabilität* besonders bedeutsam ist, werden Bewertungen (Valenzbildung) vor allem von der Dimension *Ort der Kontrolle* beeinflußt.

Auch zu der gängigen Unterscheidung in *extrinsische* und *intrinsische* Motivation (vgl. S. 147 f. der Arbeit) hat die Attributionstheorie wesentliche Konkretisierungen beigetragen. So halten sich in attributionstheoretischer Sicht Personen dann für intrinsisch motiviert, wenn sie ihr Verhalten auf interne Ursachen, und für extrinsisch motiviert, wenn sie es auf externe Ursachen zurückführen. Eine Reihe von Experimenten hat in diesem Zusammenhang gezeigt (vgl. *Herkner* 1980, S. 72), daß durch Belohnungen (**Lernen nach dem Verstärkungsprinzip)** Verhalten extrinsisch motiviert aufgebaut werden kann, dabei allerdings bereits vorhandene intrinsische Motivation abgebaut wird. Dieser für die Anhänger intrinsischer Motivation nachteilige ,Untergrabungseffekt' externer Verstärker tritt jedoch nicht in jedem Fall ein; so haben unerwartete Belohnungen und immaterielle Verstärker (wie Anerkennung, Lob) keineswegs negativen Einfluß auf intrinsische Motivation. *Calder/Staw* (1975) konnten darüber hinaus zeigen, daß extrinsisch motivierte Zielentscheidungen (z. B. Gewinnstreben) durchaus mit intrinsisch motivierten Mittelentscheidungen vereinbar sind. Einmal gewählte oder gar aufgenötigte Ziele können im Bearbeitungsprozeß zu einem Interesse an den Mitteln führen, die dann um ihrer selbst willen verfolgt werden.

Kritisch ist zu den sog. Prozeßtheorien anzumerken, daß sie lediglich einen Ausschnitt, eine Episode, aus dem gesamten Handlungsfluß einer Person beleuchten. Des weiteren werden fast ausschließlich Aussagen zur **Handlungsveranlassung** (Selektionsmotivation) und nicht zur **Handlungsrealisation** (Realisationsmotivation) gemacht. Ein erster Schritt zur Analyse des gesamten Handlungsstroms ist in der *dynamischen* Handlungstheorie von *Atkinson/Birch* (1970) unternommen worden. Hier werden über die Zeit die Einflußfaktoren auf die Änderungsrate der Motivstärke untersucht und nicht nur die absolute Stärke einer Handlungstendenz zu einem Zeitpunkt bestimmt. Im deutschen Sprachraum hat sich vor allem *Julius Kuhl* (1983), auf den die Unterscheidung zwischen Selektions- und Realisationsmotivation zurückgeht, um eine Weiterentwicklung des dynamischen Handlungsmodells bemüht. Starke Motivationstendenzen führen nicht automatisch zur Ausführung einer Handlung, sondern müssen erst eine bestimmte Handlungsschwelle überwinden. Hierbei interessieren vor allem die Willensprozesse, die einen einmal gefaßten Entschluß so steuern, daß mit der Handlung begonnen und der Ausführungsprozeß auch durchgehalten wird, und zwar gegen alle widrigen Umstände und auftretende Schwierigkeiten (vgl. das **Handlungskontrollmodell** von *Kuhl* 1983).

III. Diskrepanzen zwischen Person und Situation

Die in den vorangegangenen Abschnitten beschriebenen Interaktionen zwischen Person und Situation verlaufen keineswegs immer nur harmonisch und konfliktfrei, sondern häufig enden die Bemühungen der Menschen um Bedürfnisbefriedigung erfolglos. Der Wunsch nach internem und externem Gleichgewicht (Harmonie, Konsistenz) führt zu Anstrengungen in Richtung auf den Abbau von Ungleichgewichtszuständen (Diskrepanzen).

Sozialwissenschaftliche Theorien, die mit der Denkfigur des Gleichgewichts voraussetzen, daß die Führungsgröße des Verhaltens die Vermeidung von Ungleichgewicht sei, also Komplexität geradezu vermieden werden soll, werden als **Homöostase-Theorien**[32] bezeichnet.

1. Frustration

Eingangs dieses Kapitels wurde festgestellt, daß menschliches Verhalten auf Ziele gerichtet ist. Das von einem Individuum angestrebte Zielausmaß, das

---

[32] Homöostasie: Fähigkeit von Organismen, einen Gleichgewichtszustand aufrechtzuerhalten.

von ihm als verbindlicher Anspruch an das eigene Handeln erlebt wird, bezeichnet man als **Anspruchsniveau** (vgl. z. B. *Heckhausen* 1965 b, *Hoppe* 1965, *Weiner* 1972, *Reber* 1973). Eine wesentliche Determinante des Anspruchsniveaus sind die Erwartungen, die ein Individuum über den Eintritt bestimmter Umweltzustände und über die Folgen seiner Handlungen hegt. So wird es z. B. bei Erwartung einer Belohnung für erfolgreiches Handeln sein Anspruchsniveau höher festlegen als bei Fehlen einer solchen Verstärkung.

Mit dem Erreichen des selbstgesetzten Zielniveaus ist ein Erfolgserlebnis (Bedürfnisbefriedigung) verbunden, das i. d. R. auch ohne externe Verstärkung zu einer Erhöhung zukünftiger Anspruchsniveaufestlegungen führt. Diese Aussage gilt für den entgegengesetzten Fall der Nichterreichung des Zielniveaus nur mit einschränkenden Modifikationen. Während als lediglich vorübergehend beurteilte Mißerfolge sogar eine Anspruchserhöhung zur Folge haben können, führen wiederholte, andauernde Nichterreichungen des Anspruchsniveaus zu einer Senkung desselben.

Die Aussagen über den Zusammenhang zwischen Anspruchsniveauerreichung und Erfolgserlebnis gelten nur bei realistischen Zielfestlegungen. So bleiben z. B. Mißerfolgserlebnisse dann aus, wenn das Individuum ein Ziel nicht erreicht, das in Relation zu seinen Fähigkeiten viel zu hoch angesetzt war. Durch den Hinweis auf offensichtlich nicht realisierbare Leistungsziele entzieht man sich einer externen Kritik. Umgekehrt kann das verkündete Anspruchsniveau vom tatsächlich angestrebten abweichen (**Anspruchsniveau-Spaltung**). Liegt das verkündete Ziel niedriger als das angestrebte (Tiefstapelei), sind Leistungsergebnisse leichter als Erfolg zu buchen. Subjektiv können jedoch zu leicht erreichbare Anspruchsniveaus erfahrungsgemäß keine Erfolgserlebnisse vermitteln (*Heckhausen* 1974). In jedem Fall besteht zwischen der Beurteilung der eigenen Handlungen (Leistung) und einer Anspruchsniveauanpassung ein mehr oder weniger großer time lag und keine unmittelbare S-R-Verknüpfung.

Neben diesen intrapersonalen zeitlichen Schwankungen im Anspruchsniveau, die als Lernprozeß zu interpretieren sind, bestehen auch bei gleichen Umweltsituationen erhebliche interpersonelle Unterschiede in der **Festlegung individueller Zielniveaus**. Dies ist nicht nur eine Folge unterschiedlicher Persönlichkeitsmerkmale (Bedürfnisstruktur, Wertsystem, Einstellungen, Fähigkeiten), sondern auch ein sozial vermitteltes Ergebnis von Vergleichen, die das Individuum anstellt in bezug auf Leistungsstandards (Normen) anderer Menschen und vor allem von Gruppen, zu denen es arbeitet, und die für es Vorbildcharakter haben.

Die Bedeutung solcher Referenz-Gruppen kann so übermächtig werden, daß sich das Individuum fremde Anspruchsniveaus zu eigen macht. Eine solche Form der Entfremdung wird umso stärker sein, je mehr Macht die soziale Umwelt auf das Individuum ausübt, und je eindeutiger die fremden Verhaltenserwartungen formuliert sind.

Das Nichterreichen angestrebter Ziele trotz motivierten Verhaltens hat **Konflikte** zur Folge, die sich u. a. in Frustration äußern.

Frustration bezeichnet einen Zustand der Enttäuschung über die Tatsache, daß ein vom Individuum angestrebtes Ziel (Bedürfnisbefriedigung) durch ein äußeres Hindernis, das außerhalb seiner Kontrolle errichtet wurde, ver- oder behindert wird (vgl. zu den folgenden Ausführungen *Reber* 1973, *Dessler* 1976, *Carlisle* 1976, *Tosi/Carroll* 1976). Frustration hat je nach der Konstellation der spezifischen Situation, in der sich der Mensch befindet, sehr unterschiedliche Verhaltenskonsequenzen. Einmal kann sie zu konstruktivem Suchen nach Wegen zum Überwinden des Hindernisses führen; verbreiteter aber sind mehr destruktive Formen der Konfliktbewältigung. In der Literatur (*Luthans* 1985, S. 386 ff.) werden meist folgende vier Reaktionsformen diskutiert:

● **Aggression**

Die **Frustrations-Aggressions-Hypothese** behauptet, daß frustrierte Menschen gegen das Hindernis ihrer Bedürfnisbefriedigung Aggressionen entwickeln. Diese können sich einmal gegen ein physisches Objekt oder eine Person richten, die die Zielerreichung blockiert. Die Aggression kann sich aber auch – wenn die direkte Form des Angriffs entweder sozial inakzeptabel ist oder die Gefahr der Bestrafung besteht – indirekt gegen ein ungeschütztes, unbeteiligtes Objekt (z. B. mutwillige Zerstörung) oder einen neutralen, ohnmächtigen Dritten (z. B. Familienangehörige bei Streit im Betrieb) wenden.

● **Rückzug**

Die **Frustrations-Regressions-Hypothese** behauptet, daß Menschen, die umfassende Bedürfnisse nicht erreichen, sich auf konkretere, subjektiv leichter zu erreichende zurückziehen. Bei häufigem Auftritt von Frustration ist darüber hinaus die Form der Aggression zu anstrengend, was mehr resignative Verhaltensweisen zur Folge hat, wie etwa Desinteresse an der Arbeit (Zuspätkommen, häufiger Absentismus, Apathie während der Arbeit) und/oder Flucht/Rückzug in die sog. Freizeit.

● **Fixierung**

Obwohl alle Anzeichen dafürsprechen, daß die gewählte Verhaltensweise ungeeignet ist, das gewünschte Ziel zu erreichen, versucht es das Individuum immer wieder mit den gleichen Mitteln. So beharrt z. B. bei Fixierung ein Mitarbeiter auf der Beibehaltung eines Arbeitsverfahrens, das unökonomisch ist und deshalb abgeschafft werden soll.

● **Rechtfertigung/Kompensation**

Um zumindest in den eigenen und den Augen der unmittelbaren Umwelt als erfolgreich gelten zu können, wird das Individuum versuchen, den Mißerfolg als Erfolg umzudeuten, d. h. Rationalisierungsmechanismen dergestalt einsetzen, daß einmal das ursprüngliche Ziel der Bemühungen uminterpretiert wird und/oder die wahren Gründe der Blockade durch sozial eher akzeptable substituiert werden.

Carlisle[33] (1976, S. 274) hat folgenden, etwas differenzierteren Katalog von Frustrationsfolgen zusammengestellt, der sich aber mehr oder weniger auf die obengenannten drei Grundformen reduzieren läßt:

• Aggression (direkte Aggression)
• Rückzug (Vermeiden des Hindernisses oder von Situationen, in denen bekannte Hindernisse auftreten können)
• Übertragung (indirekte Aggression)
• Rationalisierung
• Unterdrückung (Verbannen von Erfahrungen und Gefühlen der Frustration aus dem Bewußtsein)
• Projektion (Übertragung der eigenen Gefühle auf eine andere Person als Form der Verteidigung)
• Apathie.

Die genannten Verhaltenskonsequenzen von Frustration lassen i. d. R. negative Auswirkungen auf die individuelle Leistung und die organisatorische Effizienz erwarten. Es gibt jedoch auch Fälle, in denen das Gegenteil der Fall sein kann; etwa dann, wenn ein noch leistungsmotivierter Mitarbeiter bei Frustration seine Anstrengungen verdoppelt, um das Hindernis zu überwinden.

2. Kognitive Dissonanz

Zu den Homöostase-Theorien innerhalb der Psychologie gehören die Konsistenz-Theorien und darunter als weitaus populärste, die **Theorie der kognitiven Dissonanz** von *Festinger*[34], die er 1957 formuliert (vgl. *Irle* 1975, *Festinger* 1978). Diese Arbeiten gehen zurück auf Anregungen aus der Gestaltpsychologie, die von der Erforschung der Wahrnehmung ausgehend annimmt, daß die geistige Organisation auf ein Höchstmaß an Ordnung und Einfachheit (Prägnanz) gerichtet sei. Die Vermeidung von Unstimmigkeit sowie Widersprüchlichkeit – und damit Unsicherheit und Angst – gehört nach Auffassung der Gestaltpsychologen zu den Grundbedürfnissen des Menschen. Die vor allem in der Sozialpsychologie formulierten **Konsistenz-Theorien** (*Festingers* Dissonanz-Theorie, *Heiders* Balance-Theorie, *Newcombs* Theorie der interpersonalen Symmetrie; vgl. *Kmieciak* 1974) postulieren ein derartiges kognitives Inbalance-, Komplexitäts-, Dissonanz-Reduktionsmotiv. Bevor *Festinger* in seinem Hauptwerk die verschiedenen kognitiven Unstimmigkeits-, bzw. Dissonanzzustände und daran anschließende Spannungsreduktionsmöglichkeiten darstellt, untersucht er in einer Feldstudie die Reaktion von Weltuntergangs-Sektierern *nach* dem Zeitpunkt des von

---

[33] *Carlisle, Howard M.* (geb. 1928) Prof. Management, Utah State Uni.
[34] *Festinger, Leon* (geb. 1919) Prof. Psychologie, Stanford Uni.

ihnen prophezeiten Weltuntergangs (*Festinger* et al. 1956). Es stellte sich heraus, daß eine Dissonanzreduktion, in diesem Fall der Dissonanz zwischen der Prophezeiung und dem Glauben der Sektenmitglieder einerseits sowie der Falsifikation der Vorhersage andererseits, durch verstärkte Missionierung zum Zwecke der sozialen Verstärkung des Glaubens erreicht werden konnte. Dieses Beispiel einer durch die Realität nicht zu beeinflussenden Glaubenstreue, sowie viele Erfahrungen der Realitätsverleugnung, -vereinfachung und -verzerrung, die wir mit vorurteilsbehafteten, dogmatischen Haltungen anderer Menschen machen, zeigen, daß das **Streben nach einer guten Gestalt** im Sinne einer konsistenten, stimmigen geistigen Ordnung in der Tat eine der wesentlichen kognitiven Organisationsleistungen des Individuums wie auch von Gruppen darstellt.

Die Theorie der kognitiven Dissonanz geht von einem strukturellen und einem dynamischen Konstrukt aus: **Kognition** ist ein Strukturelement des mentalen (geistigen) Systems des Menschen; **Dissonanz** bezieht sich auf den Zustand der Beziehung von Kognitionen des mentalen Systems zueinander, der auf Beseitigung drängt. *Festinger* (1957) nennt folgende vier Arten der Dissonanz:

1. Logische Inkonsistenz,
2. Inkonsistenz des eigenen Verhaltens mit kulturellen Normen,
3. Inkonsistenz zwischen einer Kognition und einer allgemeineren, umfassenderen Kognition,
4. Inkonsistenz zwischen vergangenen und neuen Erfahrungstatbeständen.

Derartige Dissonanzen stellen einen kognitiven Ungleichgewichtszustand dar, der zu einer Verhaltensenergetisierung und -dirigierung in Richtung auf Eliminierung dieses unangenehmen Zustandes, d.h. zur Herstellung von **Konsonanz** führt. Die **Dissonanzintensität** – und damit auch die Stärke des Dissonanzreduktionsbedürfnisses – ergibt sich aus:

$$\frac{\text{subjektive Bedeutsamkeit} \times \text{Anzahl dissonanter Kognitionen}}{\text{subjektive Bedeutsamkeit} \times \text{Anzahl konsonanter Kognitionen}}$$

Als heuristisch wertvoll gilt die Theorie der kognitiven Dissonanz vor allem, da *Festinger* und seine zahlreichen Schüler sowie auch viele engagierte Kritiker dieses Ansatzes die Grundpostulate in sehr unterschiedlichen Verhaltensbereichen überprüft haben.

So wurde zunächst das **Verhalten nach Entscheidungen** untersucht. Hier besteht nach dissonanztheoretischer Auffassung Dissonanz zwischen dem Wissen um die getroffene Entscheidung einerseits sowie den Kognitionen, die mit den positiven Aspekten der verworfenen Alternativen einer Wahlmöglichkeit, und den Kognitionen, die mit den negativen Aspekten der gewählten Alternative verbunden sind, andererseits. Es wird nun angenommen, daß die Nachentscheidungs-Dissonanz als quasi-automatische Folge jeglicher Entscheidung um so größer ist, je persönlich bedeutsamer die Entscheidung war, je ähnlicher sich die Alternativen sind und je attraktiver die nichtgewählten Alternativen eingeschätzt wurden. Die experimentelle Dissonanzforschung ergab, daß nach wichtigen Entscheidungen häufig eine kurze Phase des Bedauerns (Regret-Effekt) und daraus hervorgehend eine Umbewertung der Alternativen in Richtung auf Erhöhung der Attraktivität der gewählten und Verminderung der Attraktivität der nichtgewählten Alternative erfolgt. Weiterhin besteht die Möglichkeit, Nachentscheidungs-Dissonanz zu reduzieren, indem die Bedeutsamkeit der Entscheidung teilweise geleugnet wird sowie indem bestimmte wichtige Charakteristika der gewählten und der verworfenen Alternativen undifferenziert als identisch wahrgenommen werden. Jeder kann diese kognitiven Entlastungsstrategien bei sich selbst hinsichtlich der Berufswahl, Wahl des Ehepartners, des Wohnorts, des Automodells, des politischen Votums, von Investitionsentscheidungen etc. überprüfen.

Ein weiteres wichtiges Gebiet der Dissonanzforschung betrifft den **Umgang mit neuen Informationen.** Hier stellt *Festinger* fest, daß ein Informations-Selektions-Prozeß stattfindet, bei dem dissonanzerregende Informationen vermieden und konsonante Elemente stützende Informationen aufgesucht werden. Würde *Festingers* Annahme in dieser allgemeinen Form zutreffen, wäre nur rigides, konservatives, dogmatisches Verhalten zu erwarten. Deshalb wurde an dieser Stelle eine wesentliche Präzisierung der Dissonanztheorie erforderlich, die die Situations- und Persönlichkeitsbedingungen klärt, unter denen die verschiedenen Informationsselektions-Strategien auftreten. Wichtig ist dabei, inwieweit man die Konsequenzen der Informationen für das eigene kognitive Gleichgewicht und die Bedeutung dieser Informationen für das **Selbstkonzept,** also das Bild, das man von sich selbst entworfen hat, übersehen kann. Hält sich jemand auf einem bestimmten Gebiet für sehr kompetent, so ist er sicherlich stark motiviert, dieses Bild von sich selber aufrechtzuerhalten; die Gefährdung der Validität des Selbstkonzeptes ruft gravierende Dissonanz hervor (vgl. *Kmieciak* 1974, S. 173 f., *Wylie* 1974). Das **Selbstkonzept** stellt den zentralen Bezugspunkt der geistigen Organisation des einzelnen dar. Für das Mitglied einer Leistungselite werden Leistungswerte einen hohen persönlichen Stellenwert einnehmen müssen. Erheblich weniger werden Leistungsorientierungen persönlich ins Gewicht fallen, wenn jemandem im Falle der Dauerarbeitslosigkeit keine Selbstverwirklichungsmöglichkeiten im Sinne der Leistungsorientierung erreichbar erscheinen. Es wird also über einen Dissonanzreduktionsdruck eine Selbstkonzeptmodifikation letztlich aufgrund veränderter (der realen Lebenssituation angepaßter) Wertprioritätensetzung notwendig. So ließe sich etwa die vieldiskutierte **Motivationskrise** bzw. der Motivationsverlust vieler arbeitsloser Jugendlicher erklären.

Ein weiterer Anwendungsbereich der Theorie der kognitiven Dissonanz zeigt, wie wichtig Wertorientierungen bei der geistigen Organisation des Menschen sind: Im Falle des sog. **Bumerang-Effektes** widersteht man nicht nur dem Versuch anderer, die eigene Überzeugung bzw. Einstellung zu beeinflussen, man wehrt sich dagegen, u. a. dadurch, daß man die eigene Einstellung festigt. *V. Cranach* et al. (in *Irle* 1969) konnten in zwei Experimenten zeigen, daß im Falle starker Verankerung der Einstellung in einer allgemeineren Werthaltung ein Bumerang-Effekt, hingegen bei geringer Verankerung eine Annäherung an die konträre Einstellung erfolgt. So läßt sich also auch die Immunisierung gegenüber Einflüssen anderer mit Rückgriff auf zugrunde liegende Wertorientierungen und deren persönliche Bedeutsamkeit erklären. Nicht nur in bezug auf die Weiterentwicklung der Dissonanztheorie, sondern auch in vielen anderen Bereichen der Sozialwissenschaften wird gegenwärtig zunehmend die Bedeutung von Wertorientierungen erkannt (vgl. S. 586 der Arbeit).

3. Streß

Ebenso wie Frustration und kognitive Dissonanz stellt der Streßvorgang eine Interaktion zwischen Person und Situation dar, die unbefriedigend verläuft, d. h. die Anforderungen der Situation übersteigen zumindest zeitweise die Möglichkeiten der Person, diesen zu begegnen. Der Begriff *Streß* geht auf Forschungen des Biomediziners *Hans Selye* (University of Montreal) zurück, der diesen erstmals in dem Buch ,Stress' (Montreal 1950) verwendet.[35] *Selye* (1974, S. 2) definiert Streß als „die unspezifische Reaktion des Organismus auf jede an ihn gerichtete Anforderung" und unterscheidet zwischen *distress*, als einem Aktivierungszustand, der unangenehm und belastend ist, und *eustress*, der als angenehm empfunden wird. Im folgenden werden unter **Streß** nur die belastenden Zustände einer Person (distress) verstanden.

Die primär von *Selye* vorangetriebene **biologisch-physiologische** Streßforschung untersucht, wie das zentrale und periphere Nervensystem sowie vegetativ-endokrine Systeme durch exogene und/oder endogene Reize aktiviert werden. Zwei Anpassungsmechanismen wurden festgestellt: *Kampf oder Flucht-Reaktion*, als kurzfristige, rasche Anpassung an veränderte Umweltbedingungen (durch Hormonausschüttung von Adrenalin und Noradrenalin); *Allgemeines Adaptionssyndrom*, als langfristige, langsame Anpassung nicht nur auf der physiologischen (Hypophyse, Nebennierenmark), sondern auch auf der motorischen und kognitiven Ebene des Individuums.

Im Bereich der **sozialpsychologischen** Streßforschung sind vor allem die Arbeiten im Rahmen des Social Environment and Mental Health Program am Institute for Social Research (Michigan-Gruppe), richtungsweisend geworden (*French/Kahn* 1962, *Kahn* et al. 1964). Unter dem Einfluß der Gestaltpsychologie (*K. Lewin*) und der Interaktionstheorie entwickeln sie ein **Per-**

---

[35] Zu Entwicklung und Stand der Streßforschung vgl. vor allem die Beiträge in *Nitsch* 1981.

son-Umwelt-Fit-Modell, das davon ausgeht, daß erfolgreiche individuelle Anpassung charakterisiert wird durch die Güte des Fit (Übereinstimmung) zwischen den Anforderungen der Umwelt und den Möglichkeiten der Person[36]. Eine für die spätere empirische Streßforschung zentrale Arbeit innerhalb der Michigan-Gruppe stellt die Studie ‚Job Demands and Worker Health‘ dar (*Caplan* et al. 1975, 1982). In Übereinstimmung mit den Annahmen des Person-Umwelt-Fit Modells ergab sich, daß eine vom Arbeitenden erlebte Diskrepanz (misfit) zwischen den Merkmalen der Arbeit (Anforderungen, Chancen) und seinen Fähigkeiten und Bedürfnissen psychischen Streß zur Folge hat. **Streßkontrolle** kann dann grundsätzlich an zwei Punkten ansetzen (vgl. *Nitsch* 1981, S. 567 f.):

1. Anpassung der Umweltbedingungen und Aufgabenanforderungen an die Bewältigungsmöglichkeiten der Person
2. Anpassung der Person an die gegebenen Umweltbedingungen und Aufgabenanforderungen.

Lazarus (1966) kennzeichnet die Vielzahl der zwischen Person und Umwelt ablaufenden Interaktionen als transaktionale Prozesse. *Lazarus,* der sich vor allem mit verschiedenen Formen der Streß-Reaktion (coping-Strategien) beschäftigt hat, gilt als Hauptvertreter der Berkeley-Gruppe (vgl. *Gebert/Rosenstiel* 1981, S. 100). Nach *Lazarus* (1966) entsteht Streß, wenn die Situation oder der *misfit* zwischen Person und Situation als bedrohlich wahrgenommen wird (vgl. Abb. 2.31).

Abb. 2.31: Streßmodell in Anlehnung an *Lazarus*

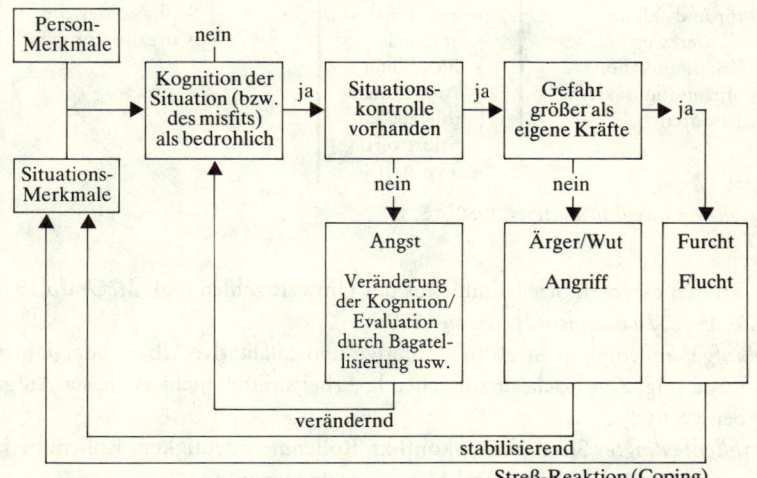

Quelle: Gebert/Rosenstiel 1981, S. 103

---

[36] Zur Anwendung des Person-Job-Fit-Modells in anderen Zusammenhängen (Berufswahl, Organisationswahl, Verlassen der Organisation) vgl. *Weinert* 1987, S. 450 ff.

Fehlende Situationskontrolle führt zu Angst und zu Versuchen der Veränderung der Kognition bzw. Evaluation. Wird trotz Situationskontrolle die Gefahr als den eigenen Kräften angemessen oder als zu groß wahrgenommen, reagiert die Person mit Angriff oder Flucht.

In einer weiteren Ausdifferenzierung des Person-Situation-Fit-Modells wird noch zwischen einem Fit zwischen *objektiven* Umweltanforderungen und tatsächlichen Bewältigungsmöglichkeiten (coping) und einem Fit zwischen *subjektiv* wahrgenommenen Anforderungen und Möglichkeiten unterschieden. Streß entsteht, wenn eine Diskrepanz zwischen Anforderungen und Möglichkeiten erfahren wird (vgl. *Neff* 1985, S. 253 ff.; zur Rezeption der Streßforschung im deutschsprachigen Raum vgl. *Gebert* 1981, *M. Frese* 1981, *Nitsch* 1981, *Meyer/Reber/Tichy* 1987).

Im Interesse des Managements liegt vor allem die Suche nach einer Antwort auf die Frage nach den Auswirkungen des Stresses auf die Arbeitsleistung, auf Absentismus und Fluktuation. **Strategien der Streßbewältigung** können auf einschlägigen Forschungsergebnissen über die Zusammenhänge zwischen situativen und personalen Stressoren sowie über streßbezogene Verhaltenskonsequenzen aufbauen (vgl. Abb. 2.32).

Abb. 2.32: Modell zur Analyse des Job-Streß

Umwelt-Stressoren	Persönlichkeit		Konsequenzen
– Aufgabe	– Bedürfnisse		– personale
– Rolle	– Erwartungen		– verhaltensmäßige
– Organisationsstruktur und -klima	– Erfahrungen		– kognitive
	– emotionale Stabilität	Streß	– physiologische
– Karriereweg	– Flexibilität		– organisatorische
– Kommunikation	– Ambiguitätstoleranz		
– organisationsexterne Faktoren	– Selbstwert		
	– Typ A/B		

Quelle: Ivancevich/Matteson 1980b, S. 17

Zu den externen Streßstimuli aus der Umwelt zählen (vgl. *McGrath* 1976, *Cox* 1978, *Ivancevich/Matteson* 1980a):

• *aufgabenbedingter* Streß (quantitative und qualitative Über- oder Unterforderung, Zeitdruck, unzureichende Arbeitsmittel, nicht avisierter Aufgabenwechsel)

• *rollenbedingter* Streß (Rollenkonflikt, Rollenmehrdeutigkeit, Rollenüberlastung, Mangel an Status und Managementunterstützung)

• *organisationsbedingter* Streß (unklare Stellenbeschreibung, Kommunikationsbeziehungen, Verantwortungsbereiche)

• *karrierebedingter* Streß (zu langsame, zu schnelle Beförderung, unzureichende Vorbereitung für neue Position)

- *kommunikationsbedingter* Streß (Anforderungen aus den Beziehungen mit Vorgesetzten, Untergebenen, Kollegen, Kunden)
- *organisationsexterne* Stressoren (Familie, ökonomische Situation, Umweltverschmutzung, kritische Lebensphase, Kriminalität, Wertewandel).

Eine wesentliche Erkenntnis der Streßforschung besteht darin, daß diese Stressoren von den betroffenen Individuen nicht in gleicher Art und Weise verarbeitet werden. Unterschiedliche Persönlichkeitsausprägungen haben unterschiedliche Streßbewältigungsstrategien zur Folge.

Neben den in Abschnitt 2 B I 6 behandelten Persönlichkeitsmerkmalen eignet sich vor allem die Typologie in **A- und B-Persönlichkeiten** zur Unterscheidung von streßanfälligen und -resistenten Menschen. *Friedman/Rosenman* (1974) haben aus der Beobachtung herzkranker Patienten diese Persönlichkeitstypen zur Prognose von Herzinfarkten entwickelt. Nachstehende Tabelle gibt einen Überblick über die Persönlichkeitsprofile von A- und B-Persönlichkeiten:

Typ A	Typ B
ist immer in Bewegung	kennt keine festen Zeiten
geht, ißt, redet schnell	ist geduldig
ist ungeduldig	explodiert nicht
macht mehrere Dinge zugleich	arbeitet, um zu leben
kann sich nicht entspannen	kann sich entspannen
ist aggressiv, leistungsorientiert	ist ruhig, niemals in Eile
sucht den Wettbewerb	kennt keinen Termindruck
fühlt sich ständig unter Zeitdruck	

Manager finden sich im Typ A weitaus stärker repräsentiert als im Typ B und entsprechend zählen sie, was koronare Herzkrankheiten anbetrifft, zu einer besonders gefährdeten Risikogruppe (vgl. *Stehle* 1987).

Im Hinblick auf die **Konsequenzen des Stresses** lassen sich Auswirkungen auf folgenden Ebenen feststellen:

- personale Ebene: Erschöpfung, Angst, Depressionen, Unzufriedenheit, Schuldgefühle, Ärger, Gereiztheit, Aggressivität
- Verhaltensebene: häufige Fehler, Unfälle, Nikotin-, Alkohol-, Drogenkonsum, soziale Isolierung
- kognitive Ebene: Konzentrationsmängel, Vergeßlichkeit, reduzierte Problemlösungsfähigkeit
- physiologische Ebene: Bluthochdruck, hoher Cholesterinspiegel, Koronarerkrankungen, Magen-/Darmerkrankungen, Allergien
- organisatorische Ebene: Absentismus, Fluktuation, Leistungsabfall, mangelndes Engagement, Unzufriedenheit mit der Arbeit, autoritär-direktives Führungsverhalten, Entscheidungszentralisation

Was den Zusammenhang zwischen **Streß** und **Leistung** betrifft, so kann keineswegs eine einfache negative Korrelation zwischen beiden Größen angenommen werden. Vielmehr ist davon auszugehen, daß es eine Zone optimaler Stimulanz mit hohen Leistungsgraden gibt und daneben Situationen mit zu wenig Streß (rust out) und zu viel Streß (burn out), die zu jeweils schlechteren Leistungsergebnissen führen (vgl. *Freudenberger* 1974, *Kast/Rosenzweig* 1985, S. 655).

Vor allem die mit den negativen organisatorischen Folgen des Stresses verbundenen hohen Kosten haben das Management veranlaßt, nach kostensenkenden Strategien der Streßbewältigung zu suchen. So läßt z.B. die Massachusetts Mutual Life Insurance Comp. bei allen Mitarbeitern regelmäßig den Blutdruck überprüfen, um durch eine Früherkennung von Koronarerkrankungen Leistungsausfällen prophylaktisch zu begegnen. Die beträchtlichen Kosten dieses Programms werden zur Hälfte aus dem Rückgang der Absentismusrate finanziert (*Luthans* 1985, S. 140). Hier, wie auch bei anderen Streßbewältigungsprogrammen (Selbstfindungsgruppen, Sport, Überlebenstraining, Meditation) wird jedoch lediglich an den Symptomen kuriert, ohne die Stressoren selbst zu bekämpfen. Ernstzunehmende Streßbewältigung kann entweder an der Situation (Umwelt) und/oder der Person anknüpfen (vgl. *Greene/Adam/Ebert* 1985, S. 166ff., *Luthans* 1985, S. 143ff.).

Organisatorische Maßnahmen:

- anforderungs- und qualifikationsgerechte Stellenbesetzung, Vermeidung von Über- und Unterforderung, Weiterbildung, Training
- Arbeitsstrukturierung (z.B. job enrichment)
- Organisationsentwicklung (z.B. Schaffung eines konfliktoffenen Organisationsklimas)
- Klärung von Verantwortlichkeiten, Zuständigkeiten, Informations- und Kommunikationswegen
- Karriereplanung und Laufbahnberatung

Persönliche Maßnahmen:

- Selbst-Management (großzügige Terminplanung, Delegation von Aufgaben, Prioritäten setzen)
- Letting-go Techniken (Entspannung, NEIN-Sagen)
- Lebensplanung (alternative Interessen pflegen, Freizeitgestaltung, soziale Kontakte intensivieren).

Zusammenfassend läßt sich festhalten: Streß ist ein interaktionistisch zu verstehender Prozeß zwischen Situation und Person; Menschen reagieren auf Stressoren und entsprechend auf Streßbewältigungsprogramme je nach ihren Persönlichkeitsausprägungen unterschiedlich; Streß ist nicht per se negativ zu beurteilen, sondern kann in bestimmten Person-Situation-Konstellationen leistungs- und zufriedenheitssteigernd wirken.

4. Unzufriedenheit

Ähnlich wie bei den zuvor beschriebenen Ungleichgewichtszuständen läßt sich auch Unzufriedenheit als Soll-Ist-Differenz definieren, d. h. das Ausmaß an (Un-)Zufriedenheit bestimmt sich aus der Differenz zwischen eigenem Anspruchsniveau (Erwartungen) und erlebter Bedürfnisbefriedigung/Erwartungserfüllung oder in den Worten der Gleichheitstheorie (vgl. *Adams* 1965 und S. 220 der Arbeit), aus der Differenz zwischen eigenen und fremden Aufwands/Ertrags-Relationen (vgl. *Gebert/Rosenstiel* 1981, S. 63 ff.).

Das Konzept der **Arbeitszufriedenheit** ist in der Bundesrepublik Deutschland erst in den 70er Jahren im Zuge der Forschungen zur Humanisierung der Arbeit, speziell zu arbeitsinhaltlichen Veränderungen, bekannt geworden (vgl. S. 759 ff. der Arbeit). Dabei gilt Arbeitszufriedenheit bei vielen Autoren als Indikator für die Erreichung von Humanzielen, die nach betriebswirtschaftlicher Auffassung unter bestimmten Bedingungen mit den dominierenden Wirtschaftlichkeitszielen konfligieren. Sollte sich nun herausstellen, daß die Annahme der Human Relations-Bewegung zutrifft, derzufolge Arbeitszufriedenheit zu hoher **Arbeitsleistung** führt, dann könnte die Erreichung von Humanzielen zur Verbesserung der Wirtschaftlichkeit (und anderer Leistungsziele) instrumentalisiert werden.[37] Aus dieser Annahme erklärt sich u. a. die Aufmerksamkeit, mit der Manager (Un-)Zufriedenheitsäußerungen ihrer Mitarbeiter zur Kenntnis nehmen bzw. mit entsprechenden Fragebogen erheben wollen.

Neben Arbeitszufriedenheit als vorübergehender Befindlichkeit in einer bestimmten Situation wird hierunter auch eine zeitlich stabile Einstellung zu verschiedenen Aspekten der Arbeit verstanden (vgl. *Locke* 1976). Wenn dem so ist, dann sind hierunter Handlungsprädispositionen zu verstehen, die sich – vorausgesetzt, das Einstellungsobjekt bleibt konstant – wie andere Einstellungen auch nur über langwierige Prozesse der **Einstellungsänderung** beeinflussen lassen (vgl. S. 159 der Arbeit). Aber selbst ohne externe Einflüsse scheint sich Arbeitszufriedenheit über die Zeit zu verändern, d. h. es handelt sich um ein dynamisches Konstrukt, das u. a. in Abhängigkeit von Prozessen der Anspruchsniveauanpassung zu sehen ist. Ein entsprechend differenziertes Konzept ist von *Bruggemann/Groskurth/Ulich* (1975) vorgelegt worden. Demnach können wahrgenommene Soll-Ist-Differenzen zwischen Bedürfnissen/Erwartungen und Merkmalen der Arbeitssituation entweder *stabilisierende Zufriedenheit* oder *diffuse Unzufriedenheit* zur Folge haben. Stabilisierende Zufriedenheit führt bei Erhöhung des Anspruchsniveaus zu *progressiver* Arbeitszufriedenheit, bei Aufrechterhaltung des Anspruchsniveaus zu

---

[37] Zur historischen Veränderung in der Legitimation von Arbeitszufriedenheit vgl. *Walter-Busch* 1977.

stabilisierter Arbeitszufriedenheit. Diffuse Unzufriedenheit führt bei Senkung des Anspruchsniveaus zu *resignativer* Arbeitszufriedenheit und bei Aufrechterhaltung des Anspruchsniveaus zu *Pseudo*-Arbeitszufriedenheit (bei Verfälschung der Situationswahrnehmung), zu fixierter Arbeitsunzufriedenheit (bei fehlenden neuen Problemlösungsversuchen) oder zu konstruktiver Arbeitsunzufriedenheit (bei neuen Problemlösungsversuchen).

Zu den anspruchsvolleren Konzepten der Arbeitszufriedenheit zählt auch die aus Interviews mit Arbeitern gewonnene **Typologie** von *Kudera* et al. (1979). Je nachdem, wie die Arbeiter mit dem Anspruch auf eine erfüllte, persönlichkeitsförderliche Arbeit mit entsprechend großem Handlungs- und Entscheidungsspielraum (Soll) umgehen (können), unterscheiden die Autoren fünf Typen:
1. Identifikatorischer Typ (Anspruch wird erfüllt)
2. Kompensatorischer Typ (Anspruch wird ersetzt)
3. Resignativer Typ (Anspruch wird aufgegeben)
4. Negatorischer Typ (Anspruch wird verleugnet)
5. Gleichgültiger Typ (Anspruch wird vermißt).

Sollten sich diese gegenüber globalen Gesamtarbeitszufriedenheitskonzepten anspruchsvolleren Analyseinstrumente empirisch bestätigen lassen, dann wären auch differenzierte Coping-Strategien hinsichtlich der Bearbeitung von „unerwünschten" (Un-)Zufriedenheitszuständen möglich. Solange diese fehlen, sind wir auf die in der Literatur angebotenen standardisierten schriftlichen Meßverfahren (z.B. Job Descriptive Index, General Motors Faces Scale von *Kunin*, Minnesota Satisfaction Questionnaire, Skala zur Messung der Arbeitszufriedenheit, Arbeitsbeschreibungsbogen) angewiesen (vgl. hierzu *Neuberger* 1974, *Neuberger/Allerbeck* 1978, *Weinert* 1987, S. 303 ff.; kritisch hierzu vor allem *Neuberger* 1985, S. 188 ff.).

Beim Einsatz dieser Instrumente hat sich immer wieder gezeigt, daß i. d. R. lediglich 20–30% der Befragten mit ihrer Arbeitssituation unzufrieden sind (vgl. *Bruggemann* et al. 1975, *Rosenstiel* 1975, *Locke* 1976), und zwar über die Zeit und über unterschiedliche Arbeitssituationen. *Neuberger*[38] (1985, S. 179 ff.) erklärt diesen zunächst überraschenden Befund mit methodischen und inhaltlichen Überlegungen. Letztere interessieren hier vor allem. Demnach ergeben sich die hohen **Zufriedenheitswerte** u. a. aus
- Abwanderung (exit) und/oder erfolgreichem Protest (voice)[39]
- Rationalisierung, Umdeutung der Situation (Pseudo-Zufriedenheit)
- Erweiterung der Selbstdefinition, so daß auch belastende Situationen (die Arbeitswelt) in eine positive Bewertung miteinbezogen werden
- Senkung des Anspruchsniveaus (resignative Zufriedenheit).

Geht man davon aus, daß Abwanderung (Kündigung) in Zeiten hoher Arbeitslosigkeit kaum möglich ist, dann würde sich die hohe Arbeitszufrie-

---

[38] *Neuberger, Oswald* (geb. 1941) Prof. Psychologie, Uni Augsburg.
[39] Vgl. zu diesen Begriffen *Hirschman* 1970.

denheit zum größten Teil aus Äußerungen von Resignativen und Pseudo-Zufriedenen erklären. Sicherlich spielt aber auch das Phänomen der sozialen Erwünschtheit gerade bei direkten Fragen zur eigenen Arbeitszufriedenheit eine große Rolle, wenn es um die Deutung der Befunde geht. Was die Interpretation über die Erweiterung der Selbstdefinition anbetrifft, so wird diese Annahme dadurch gestützt, daß stets hohe Korrelationen zwischen Arbeitszufriedenheit und **Lebenszufriedenheit** gefunden werden, d.h. es ist denkbar, daß eine positive, optimistische Lebenseinstellung ein unbefriedigendes Arbeitsleben überstrahlt (und umgekehrt).

Im Gegensatz zu den sozialkritischen **Entfremdungsstudien** deutscher Soziologen des letzten Jh. hat die empirische Zufriedenheitsforschung ihre Wurzeln in den USA. Schon *F. W. Taylor* und später vor allem die Hawthorne-Forscher haben die Bedeutung der Beurteilung der Arbeitssituation (Arbeitseinstellung) für das Leistungsverhalten erkannt und Versuche zu deren Erhebung unternommen. Die erste einschlägige Studie zum Einfluß externer Variabler (Zugehörigkeit zu einer Berufsgruppe, Art der Arbeit) auf die Arbeitszufriedenheit stammt von *Hoppock* (1935). In späteren, stärker managementorientierten Arbeiten ist vor allem nach den Einflußfaktoren der Unzufriedenheit geforscht und nach Ansatzpunkten zu ihrer Beseitigung gesucht worden. Besondere Beachtung in der **Managementpraxis** hat hier die Zwei-Faktoren-Theorie von *Herzberg* et al. (1959) gefunden, wonach zwischen Unzufriedenmachern (Hygiene-Faktoren) und Zufriedenmachern (Motivatoren) zu unterscheiden sei. Trotz aller Kritik an den Unzulänglichkeiten dieses Ansatzes (vgl. S. 207 der Arbeit) ist es nicht zuletzt ihm zu verdanken, daß die Arbeitswissenschaftler und -ingenieure ihr Augenmerk weg von der alleinigen Verbesserung von Hygiene-Faktoren (durch Einsatz von Human Relations-Techniken) hin zu arbeitsinhaltlichen Veränderungen (z.B. job enrichment) verlagert haben.

Im Gegensatz zu dem bedürfnistheoretischen Ansatz von *Herzberg* bietet *Lawler* (1973) eine prozessuale, gleichheitstheoretische Erklärung des Zustandekommens von Zufriedenheit. Abweichend vom *Porter/Lawler* Modell der Motivation (vgl. S. 219 der Arbeit), wonach Zufriedenheit eintritt, wenn die erhaltene Belohnung die als angemessen erwartete übersteigt oder ihr gleich ist, behauptet *Lawler*, daß bei einem Übersteigen der tatsächlichen über die erwarteten Belohnungen ein Ungleichgewichtszustand eintritt, der sich in Schuldgefühlen, Unbehagen und letztlich Unzufriedenheit äußert. Zufriedenheit tritt nur bei Gleichheit von tatsächlicher und erwarteter Belohnung ein. Diese Aussagen können jedoch keineswegs generalisiert werden, denn es hängt in hohem Maße von der Persönlichkeitsstruktur des Mitarbeiters ab (z.B. Pflichtgefühl), ob er auf unangemessen hohe Belohnung mit Arbeitsunzufriedenheit reagiert.

Nun ist die Untersuchung der Arbeits(un-)zufriedenheit für das Management sicherlich kein Selbstzweck, sondern es interessieren ihre vermuteten **leistungs- und kostenrelevanten Folgen:** Arbeitsleistung, Fluktuation, Absentismus, Zuspätkommen, Beschwerden, physische und psychische Gesundheit etc.

Verständlicherweise interessiert sich das Management einer Unternehmung bei der Suche nach Einflußfaktoren der Leistung für den Zusammenhang zwischen **Zufriedenheit und Leistung.** Wie erinnerlich, behauptet die Human Relations-Bewegung eine enge positive Korrelation zwischen Zufriedenheit und Leistung, woraus die Empfehlung abgeleitet wird, hohe Zufriedenheit bei den Mitarbeitern zu schaffen, um hohe Leistung als Antwort erwarten zu können. Ist diese eindeutige Aussage im Lichte der neueren Motivationsforschung noch aufrecht zu erhalten? Sicherlich nicht. Die Zusammenhänge sind bedeutend komplexer, als es diese einfache Formel vermuten läßt. Im Anschluß an *Schwab/Cummings* (1970) sind zumindest drei Zusammenhänge denkbar, für die es auch z.T. empirische Belege gibt:[40]

(1) **Zufriedenheit führt zu Leistung** (Z→L)
(2) **Leistung führt zu Zufriedenheit** (L→Z)
(3) **Zufriedenheit und Leistung hängen von dritten Faktoren ab** (Z←?→L)

Zu (1)

Dies ist die Grundannahme der **Human Relations Schule** und findet sich auch in einigen Inhaltstheorien wieder. *Maslow* und *Herzberg* deuten beide an, daß die Befriedigung bestimmter Bedürfnisse (Zufriedenheit) zu höheren Anstrengungen und Leistungen führt. Umgekehrt sehen *March/Simon* (1958), die hier als Anhänger einer Gleichheitstheorie (Homöostase) gelten können, eher in der Unzufriedenheit einen wesentlichen Motivationsfaktor. Sie vertreten die Auffassung, daß das Individuum im erhöhten Leistungseinsatz *eine* Möglichkeit sieht, die eigene Unzufriedenheit zu reduzieren. Während erstere davon ausgehen, daß das eigene Handeln zur Bedürfnisbefriedigung geführt hat (Zufriedenheit), diskutieren letztere eine Situation, in der Ungleichheit zwischen Soll und Ist eingetreten ist (Unzufriedenheit), die zu Reduktionsanstrengungen motiviert. Die empirischen Belege zu These (1) sind äußerst mager. Von einer Ursache-Wirkungs-Beziehung zwischen Zufriedenheit und Leistung kann nicht gesprochen werden.

Zu (2)

Diese Auffassung wird vor allem in den neueren **Prozeßtheorien** vertreten *(Porter/Lawler);* danach führt eine erbrachte Leistung, wenn ihr eine intrinsische Belohnung folgt, unmittelbar zur Zufriedenheit. Bei extrinsischer Belohnung muß diese der als angemessen erlebten entsprechen, um Zufriedenheit zu erzeugen. Auch bei *Smith/Cranny* (1968) beeinflußt nur die Anstrengung unmittelbar die Leistung, und die Leistung erhöht selbst oder über die Belohnung die Zufriedenheit.

Die Variablen Anstrengung, Belohnung, Zufriedenheit stehen in *wechselseitigen* Beziehungen zueinander (wechselseitig gerichtete Pfeile in Abb.

---

[40] Vgl. auch *Vroom* 1964, *Neuberger* 1974, *Rosenstiel* 1975, *Sheridan/Slocum* 1975, *Weinert* 1987.

2.33). Belohnung und Zufriedenheit können zwar zu höhren Anstrengungen führen, aber nicht notwendigerweise zu höherer Leistung. Zur Messung der Variablen ‚Zufriedenheit' haben *Smith*[41] und Mitarbeiter einen weithin bekannten Fragebogen (Job Descriptive Index = JDI) entwickelt, der wegen seiner Kürze und Einfachheit in der Praxis sehr beliebt ist (vgl. *Smith* et al. 1969 sowie *Neuberger* 1974).

Abb. 2.33: Der Erklärungsansatz von *Smith/Cranny*

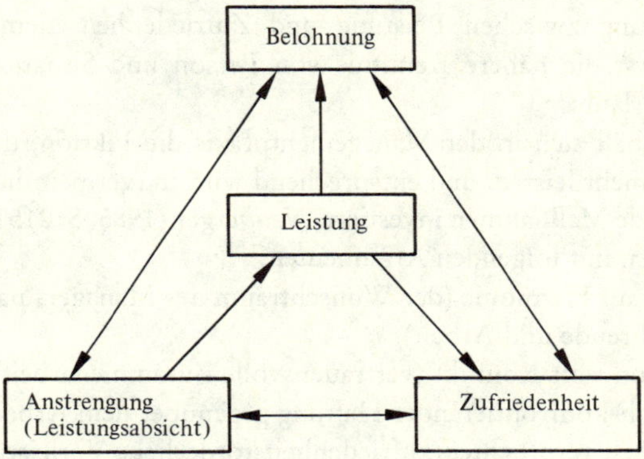

Quelle: Smith/Cranny 1968, S. 469

Zu (3)

Autoren, die diese Position vertreten, sind einmal unsicher, ob überhaupt ein Zusammenhang zwischen Zufriedenheit und Leistung besteht, und verweisen andererseits auf die notwendige **Existenz intervenierender Variablen.** Als solche werden genannt (vgl. *Weinert* 1987, S. 301): Alter, Geschlecht, Beruf, Leistungsmotivation, Fähigkeiten/Fertigkeiten, Erwartungs- und Leistungsdruck, Selbstvertrauen und Selbsteinschätzung, Werte und Bedürfnisse. Aber auch die Einbeziehung von immer mehr Variablen hat an den statistisch unbefriedigenden Zusammenhängen zwischen Zufriedenheit und Leistung nichts geändert (vgl. *Sheridan/Slocum* 1975).

Dagegen scheinen die Zusammenhänge zwischen Arbeitszufriedenheit und Fluktuation/Absentismus bedeutend enger zu sein. Hier ergaben empirische Studien durchweg negative Korrelationen.

In einem breit angelegten Forschungsprojekt im Auftrag der National Science Foundation (Washington, D.C.) kommen die Autoren (*Srivastva* et al. 1975, S. XVI) auf der Basis einer Auswertung von etwa 550 empirischen Korrelations-Studien über die **Zusammenhänge zwischen Zufriedenheit, Leistung, Absentismus und Fluktuation** zu folgenden Ergebnissen:

---

[41] *Smith, Patricia C.* (geb. 1917) Prof. Psychologie, Bowling Green State Uni, Ohio.

• intrinsisch motivierende Arbeitsinhalte korrelieren positiv mit Zufriedenheit und negativ mit Absentismus und Fluktuation
• Autonomie korreliert positiv mit Zufriedenheit und Leistung
• demokratischer Führungsstil korreliert positiv mit Zufriedenheit, aber entweder positiv oder negativ mit Leistung
• ein Organisationsklima, das durch Unterstützung, offene Kommunikation und Autonomie gekennzeichnet ist, korreliert positiv mit Zufriedenheit und in den meisten Fällen auch mit Leistung.

Zusammenfassend läßt sich festhalten, daß generelle Aussagen über den Zusammenhang zwischen Leistung und Zufriedenheit ziemlich unsinnig sind, und erst die nähere Kenntnis von Person und Situation fundiertere Prognosen erlaubt.

Dennoch hält sich in der Managementpraxis die Fiktion, daß zufriedene Mitarbeiter mehr leisten, und entsprechend wird in (vermeintlich) zufriedenheitsfördernde Maßnahmen investiert. *Neuberger* (1985, S. 215 f.) erklärt dieses Phänomen mit folgenden Argumenten:

• Hoffnung auf Harmonie (der Wunschtraum des Managers nach Harmonie zwischen Freude und Arbeit)
• Kooperation statt Konflikt (vertrauensvolle Zusammenarbeit statt klassenkämpferisch-konfrontierender Haltung gegenüber dem Arbeitgeber)
• Zufriedenheit verpflichtet (zufriedenheitsförderliche Vorleistungen des Arbeitgebers führen zu Dissonanzen beim Mitarbeiter, die durch hohe Leistung abgebaut bzw. wieder gutgemacht werden)
• Zufriedenheit und Leistung als positive Werte (wer in der Arbeit keine Freude, kein Glück findet, hat ein persönliches Problem).

C. Verhalten von Gruppen

Die kleinste soziale Einheit, in der Menschen zusammenkommen, Rollen übernehmen und spielen, ist die **Kleingruppe,** im Extrem die Zweiergruppe (Dyade). Nach *Weick*[1] (1979, S. 110 ff.) bilden solche kleine soziale Einheiten im Gegensatz zu den nur lose gekoppelten größeren Subsystemen (loose coupling) den zentralen Zugang zum Verständnis der Vorgänge in Organisationen.

I. Aspekte der Gruppe

Das Forschungsinteresse der Verhaltenswissenschaften an kleinen Gruppen, vor allem die Analyse ihres Einflusses auf Produktivität und Zufriedenheit, ist primär im Zuge der Hawthorne-Experimente entstanden (vgl. *Roethlisberger/Dickson* 1939, sowie S. 33 der Arbeit). Bis zu diesen Untersuchungen dominiert die Analyse des Individuums sowie seiner physischen Arbeitsumwelt und nicht die seiner Beziehungen in und zu Gruppen. Die sich daran anschließende stark soziologisch orientierte intensive Erforschung von Gruppenphänomenen hat eine Vielzahl neuer Teildisziplinen hervorgebracht, wie z.B. Soziometrie, experimentelle Kleingruppenforschung, Gruppendynamik, und hat auch in der Praxis des Managements zu einer Abkehr von stark individualistischen Motivations- und Führungskonzepten hin zu einer stärkeren Beachtung bestehender Gruppenbeziehungen geführt. *Whyte*[2] (1956) trifft die veränderte Realität in Organisationen sehr genau, wenn er den **Organization Man** nicht mehr als *Individuum,* sondern als *Gruppenmitglied* beschreibt. Der Glaube an die Überlegenheit von Gruppen geht heute soweit, daß das Management im **Team** und in der Teamarbeit bisweilen das Allheilmittel für seine Probleme sieht (vgl. z.B. *Scharmann* 1972, *Forster* 1978, *Trebesch* 1980).

Der Begriff **Gruppendynamik** stammt von *K. Lewin;* er hat ihn erstmals 1939 für einen Forschungsbereich verwandt, der sich mit dem Studium der Entstehung, Entwicklung und Funktion kleiner Gruppen beschäftigt. Nach

---

[1] *Weick, Karl E.,* Prof. Psychologie, Uni of Michigan.
[2] *Whyte, William Foote* (geb. 1914) Soziologe, Prof. Industrial Relations, Cornell Uni, Mitbegründer der Chicago School.

Cartwright/Zander (1968) wird der Begriff heute zumindest mit drei unterschiedlichen Bedeutungen verwandt:

1. **Gruppendynamik als Forschungsgebiet**
   Wissenschaftliche Erforschung der Prozesse, die sich innerhalb und zwischen Gruppen abspielen; der Bildung, Entwicklung und Krise von Gruppen; der Struktur, Normen, Leistung und Führung von Gruppen. Für diesen Bereich hat sich mehr der Begriff Kleingruppenforschung durchgesetzt, nicht zuletzt, um sich von den als z.T. weniger ‚wissenschaftlich' angesehenen Bemühungen unter 2 und 3 abzugrenzen.

2. **Gruppendynamik als Lehr- und Lernmethode**
   Sammelbezeichnung für eine Fülle von Trainingsmethoden zur Verbesserung des zwischenmenschlichen Verhaltens. Ziele sind u.a. Selbsterfahrung der Gruppenmitglieder, Sensitivität, soziale Kreativität, Gefühl für gruppendynamische Phänomene. Die ersten gruppendynamischen Seminare wurden 1947 von *L. Bradford* durchgeführt (vgl. S. 37).

3. **Gruppendynamik als gesellschaftliches Programm**
   Sammelbezeichnung für Programme, die die Gruppe als zentrales Bindeglied zwischen Individuum und Gesellschaft ansehen und über demokratisch-partizipativ gestaltete Gruppen (Räte) eine gesamtgesellschaftliche Strukturveränderung anstreben.

Wenn in dieser Arbeit über Forschungsergebnisse aus dem Bereich kleiner Gruppen berichtet wird, spreche ich von Kleingruppenforschung; gruppendynamische Methoden werden im Teil 3 D besprochen.

1. Begriff und Arten von Gruppen

Während eine **Abgrenzung von Gruppen**[3] gegenüber einem Individuum leicht fällt, ergeben sich Probleme, wenn zu begründen ist, welche Personenmehrheit mit der Bezeichnung Gruppe oder Team belegt werden soll. Sicherlich ist nicht jede zufällig zusammenkommende Mehrzahl von Menschen eine Gruppe (z.B. Fahrgäste in einem Aufzug), und sicherlich ist eine große Organisation, wie z.B. die Siemens AG, keine Gruppe. Folgende **Merkmale** wurden im Zuge der Gruppenforschung herausgearbeitet und zu einer sinnvollen Abgrenzung von Gruppen herangezogen (vgl. z.B. *Cartwright/Zander* 1968, *H. D. Schneider* 1975, *Forster* 1978):

- direkte Interaktion zwischen Mitgliedern (face-to-face)
- physische Nähe
- Mitglieder nehmen sich als Gruppe wahr (Wir-Gefühl, Wahrnehmung einer Gestalt)
- gemeinsame Ziele, Werte und Normen

---

[3] Im folgenden wird unter Gruppe stets eine ‚soziale Gruppe' verstanden und nicht etwa eine (statistische) Zusammenfassung merkmalsgleicher Tatbestände (z.B. Gruppe der Manager mit einem Einkommen über DM 100 000).

• Rollendifferenzierung, Statusverteilung
• eigenes Handeln und Verhalten wird durch andere beeinflußt
• relativ langfristiges Überdauern des Zusammenseins.

In der Literatur vorfindliche Definitionen der Gruppe stellen Kombinationen einzelner oder mehrerer Merkmale dar, je nachdem welche Eigenschaften der Gruppe im Mittelpunkt des jeweiligen Forschungsinteresses stehen; so betont z. B. *Homans* (1950, S. 1) die Interaktion, wenn er Gruppe definiert als „eine Anzahl von Menschen, die über einen bestimmten Zeitraum häufig miteinander in Verbindung treten, und zwar von Angesicht zu Angesicht und nicht über Dritte." Eine sehr umfassende Definition findet sich bei *Burghardt* (1972, S. 217): „Eine Gruppe stellt sich als eine begrenzte Anzahl von Personen (Gruppenmitglieder) dar, die als Folge gemeinsamer Interessen (Gruppeninteressen) und eines damit verbundenen ausgeprägten Wir-Gefühls hinsichtlich bestimmter Gegenstände und Probleme längere Zeit annähernd gleiche Ziele (Gruppenziele) durch gemeinsame Interaktionen (Gruppenhandeln) verfolgen. Zum Zweck eines koordinierten Gruppenhandelns werden den einzelnen Gruppenmitgliedern spezifische Rollen zugewiesen, die miteinander verknüpft sind."

Je nachdem, welcher Aspekt der Gruppe als primäres Definitionsmerkmal gewählt wurde, werden unterschiedliche **Arten von Gruppen** unterschieden:

• **nach der Gruppengröße: Kleingruppe-Großgruppe**

Ob die kleinste Form der Gruppe, die **Dyade** oder das **Paar,** schon als Gruppe bezeichnet werden kann, ist strittig, denn schon der Austritt eines ‚Gruppen'mitglieds führt zu ihrem Zerfall. In aller Regel werden für Kleingruppen in der Literatur 3 bis 5 Mitglieder angegeben, bei einer kritischen Größe von 20 bis 25. Genaue Zahlenangaben sind hier genauso unsinnig wie bei der Festlegung der optimalen Kontrollspanne, denn die *ideale* Gruppengröße ist von situativen Merkmalen, wie Aufgabenstellung, zur Verfügung stehende Zeit, Arbeitsbedingungen, soziale Qualifikation der Mitglieder, abhängig. Die Obergrenze für eine arbeitsfähige Kleingruppe läßt sich folglich nicht generell festlegen, sondern ist anhand von Indikatoren zu beurteilen; danach ist eine *kritische Größe* erreicht, wenn z. B.

• face-to-face Kontakte nicht mehr für alle möglich sind,
• sich allmählich Untergruppen (Cliquen) bilden.

Alles was oberhalb dieser unscharfen Kleingruppengrenze an sozialen Gebilden anzutreffen ist, könnte theoretisch als **Großgruppe** bezeichnet werden. Hierfür haben sich jedoch in Organisationen andere Begriffe eingebürgert, wie Abteilung, Sparte, Division, so daß unter Gruppe heute fast ausschließlich die Kleingruppe verstanden wird.

• **nach der Intimität der Interaktionen: Primärgruppen – Sekundärgruppen**

Der Begriff **Primärgruppe** geht auf *Cooley*[4] zurück, der darunter eine stabi-

---

[4] *Cooley, Charles Horton* (1864–1929) amerik. Nationalökonom und Soziologe, Uni of Michigan.

le, überdauernde Kleingruppe versteht, die emotional begründete, intime, direkte Kontakte erlaubt (z. B. Familie). In der Primärgruppe entwickelt das Kind eine erste Vorstellung von seinem Selbst (Selbstkonzept), das *Cooley* als Spiegel-Selbst bezeichnet. *Cooley* (1909) legt den Schwerpunkt seiner Definition von Primärgruppen auf die Funktion der (frühkindlichen) Sozialisation in und durch die Gruppe, während in späteren Verwendungen des Begriffs dieser Aspekt mehr und mehr vernachlässigt wird und lediglich die Intimität der face-to-face Kontakte als Definitionskriterium für Primärgruppen dient (also auch Kleingruppen mit starken emotionalen Bindungen beim Militär oder in der Industrie). Das Konzept von *Cooley* wird von *G. Homans* (1950) und *W. F. Whyte* (1948, 1956) weiterentwickelt und dient seitdem als Grundlage der psychologischen Selbsttheorie und der sozialpsychologisch orientierten Soziologie.

Während Primärgruppen als mehr oder weniger organisch gewachsen anzusehen sind, stellen **Sekundärgruppen** bewußt geplante, rational organisierte Gruppen mit spezieller Aufgabenstellung dar. Die Arbeitsgruppe mit formaler Struktur und klaren Regeln ist eine typische Sekundärgruppe.

Der in fast allen Industriegesellschaften festzustellende soziale Wandel läßt sich u. a. aus einer Verstärkung der Bedeutung (auch für die Sozialisation) der Sekundärgruppen gegenüber den Primärgruppen deuten; und die Entwicklung von informellen Gruppen als Folge der Bürokratisierung und Entpersonalisierung der Sekundärgruppen.

- **nach den Bedürfnissen und Entstehungsgründen der Gruppe: formelle-informelle Gruppen**

Rational organisierte, bewußt geplante und eingesetzte Gruppen werden als formell oder formal bezeichnet. Die Verhaltensweisen der Gruppenmitglieder sind extern vorgegeben und normiert. **Formelle Gruppen** innerhalb einer Organisation sind alle diejenigen, die im Organisationsplan vorgesehen sind. Formelle Gruppen können über längere Zeitabschnitte eingesetzt werden (z. B. Abteilungen, Stäbe) aber auch zeitlich befristet sein (z. B. Projektgruppen, Task Forces). Ein und dieselbe Person kann Mitglied mehrerer Gruppen sein, eine Regelung, die bei *Likerts* ‚linking pin' Modell explizit vorgesehen ist (vgl. S. 703 der Arbeit).

Entstehen innerhalb oder neben den formellen Gruppen spontane, ungeplante längerfristige Kontakte, spricht man von **informellen Gruppen**. Das Phänomen der informellen Beziehungen wird erstmals im Rahmen der Hawthorne-Experimente nachgewiesen, wo es sich zeigte, daß neben den offiziell vorgesehenen Arbeitsgruppen informelle Gruppen existieren, die von jenen der formalen abweichende Ziele, Normen, Rollen- und Statusdifferenzierungen aufweisen. Informelle Gruppen sind ex definitione nicht im Organisationsplan vorgesehen und folglich nicht unmittelbar als solche zu identifizieren. Gruppentypische Integrationssymbole, eigene Sprachmuster und spezielle Kommunikationskanäle erleichtern jedoch das Auffinden, wenn man nicht auf soziometrische Tests zurückgreifen möchte. Während bei den formellen Gruppen Effizienzüberlegungen der Organisation im Vordergrund stehen, begründen bei informellen Gruppen die Bedürfnisse der Mitglieder (nach sozialen Kontakten, Nähe, Geborgenheit, Freundschaft, Sicherheit, Anerkennung, Prestige) den Wunsch nach Gruppenbildung. Konkrete Anlässe für Kontakte, die zu informellen Gruppen führen können, bieten einmal inner-organisatorische Gelegenheiten (wie gemeinsame Pausengestaltung, Kantinenbesuche) und zum anderen außerdienstliche Gemeinsamkeiten (wie gemeinsame Interessen, Hobbies, Fahr- und Einkaufsgemeinschaften).

Abb. 2.34: Formelle und informelle Gruppen

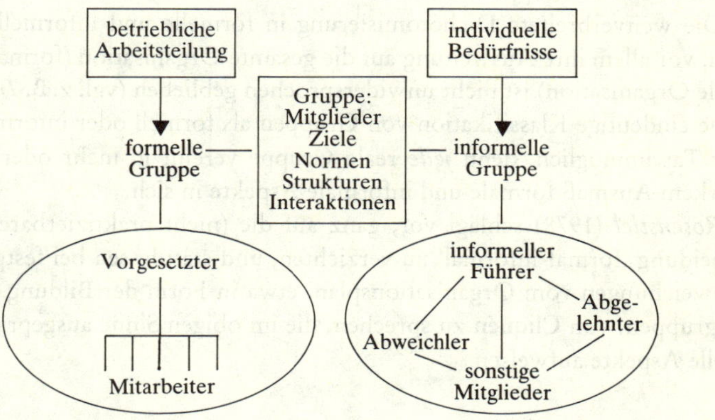

betriebliche Arbeitsteilung — formelle Gruppe

individuelle Bedürfnisse — informelle Gruppe

Gruppe: Mitglieder Ziele Normen Strukturen Interaktionen

Vorgesetzter — Mitarbeiter

informeller Führer — Abweichler — sonstige Mitglieder — Abgelehnter

Quelle: Scanlon/Keys 1983, S. 300

Lange Zeit galten informelle Gruppen und ihre **Auswirkungen auf die Organisation** als schädlich und folglich als auszumerzende Störfaktoren. Heute wissen wir, daß den unbestreitbar dysfunktionalen Konsequenzen von informellen Beziehungen (z.B. den Organisationszielen entgegengesetzte Gruppenziele, Förderung von Gerüchten über informelle Kanäle, Isolierung unbeliebter Mitarbeiter) auch äußerst positive Folgen gegenüberstehen. So schließen die informellen Gruppen Lücken, die selbst bei sorgfältigster Planung der Arbeitsabläufe unvermeidbar sind; dies wird besonders bei passiven Widerstandsformen der Arbeitnehmer, wie etwa Dienst nach Vorschrift, deutlich. Schnelle, unbürokratische Kommunikation innerhalb und zwischen Abteilungen, Befriedigung von Bedürfnissen, die formale Gruppen nicht gewähren können, besseres Verständis für Probleme der Kollegen sind weitere positive Begleiterscheinungen informeller Gruppen.

Sayles (1958) hat die formellen und informellen Gruppen noch tiefer gegliedert und zwar die *formellen* in ,Command Groups' (hierarchisch aufgebaute Kleingruppen) und ,Task Groups' (Zusammenfassung von Mitarbeitern, die an einer gemeinsamen Aufgabe arbeiten) und die *informellen* in ‚Interest Groups' (Kollegen mit gemeinsamen Interessen in der Organisation) und ‚Friendship Groups' (freundschaftliche Beziehungen, die auch außerbetriebliche Kontakte einschließen).

Als **Team** wird eine formelle Arbeitsgruppe dann bezeichnet, wenn sie besondere **Merkmale** aufweist. *Forster* (1978, S. 17) nennt als solche:

- „kleine, funktionsgegliederte Arbeitsgruppe
- gemeinsame Zielsetzung
- relativ intensive wechselseitige Beziehungen
- spezifische Arbeitsform (teamwork)
- ausgeprägter Gemeinschaftsgeist (teamspirit)
- relativ starke Gruppenkohäsion."

Die weitverbreitete Dichotomisierung in formelle und informelle Gruppen, vor allem ihre Ausweitung auf die gesamte Organisation (formale-informale Organisation) ist nicht unwidersprochen geblieben (vgl. z.B. *Irle* 1963). Eine eindeutige Klassifikation von Gruppen als formell oder informell ist in der Tat unmöglich, denn *jede* reale Gruppe vereint in mehr oder weniger starkem Ausmaß formale und informale Aspekte in sich.

Rosenstiel (1978) schlägt vor, ganz auf die (nicht praktizierbare) Unterscheidung ‚formal-informal' zu verzichten, und stattdessen bei festgestellten Abweichungen vom Organisationsplan, etwa in Form der Bildung von Untergruppen, von **Cliquen** zu sprechen, die im obigen Sinne ausgeprägt informelle Aspekte aufweisen.

2. Positionen und Rollen in Gruppen

In diesem Abschnitt geht es darum, wie Menschen den Anforderungen der Gesellschaft, der Organisation und der Arbeitsgruppe, in denen sie tätig sind, gerecht werden. Als besonders leistungsfähiger Ansatz zur Erklärung der gegenseitigen Anpassungsprozesse *Individuum – Organisation* hat sich die **soziologische Rollentheorie** bewährt (vgl. z.B. *Dahrendorf* 1959b).

Horizontale und vertikale Differenzierung sozialer Systeme ergeben **Stellen,** die unabhängig von dem (potentiellen) Stelleninhaber geschaffen werden. Ist der Stelle innerhalb einer Organisation ein bestimmter Platz zugewiesen, spricht man von **Position.** Jede Position ist mit einem bestimmten **Status** versehen, der angibt, welche Wertschätzung die Mitglieder eines sozialen Systems den bestehenden Positionen zuweisen.

Obwohl die Menschen gleich geboren werden, sind manche gleicher als andere. Dies ist das Ergebnis einer sozialen Stratifikation (Schichtung) der Gesellschaft und kleinerer sozialer Systeme (z.B. Organisationen) nach dem Status, der Individuen qua Geburt (z.B. Nepotismus) zugeschrieben ist (*ascribed status),* oder den sie sich, vor allem durch entsprechende Ausbildung, erworben haben *(achieved status)*. Die Entwicklung moderner Industriegesellschaften läßt sich u. a. dadurch kennzeichnen, daß die erstgenannte Status-Quelle (Status qua Geburt: Erbe, Adel, Vermögen) immer mehr gegenüber der zweiten Quelle von Status (Status qua eigener Leistung, Autorität) zurücktritt. Qualität, Zugang und Durchlässigkeit des bestehenden Bildungssystems sind wesentliche Voraussetzungen für einen Abbau tradierter Status-Vorteile (Privilegien). Als weitere Quellen von Status kommen in Betracht: persönliche Merkmale, wie Alter, Geschlecht, Schönheit; Zugehörigkeit zu bestimmten Klassen bzw. Schichten einer Gesellschaft oder einer Organisation; Ausbildung, Wissen, Beruf (vgl. z. B. *Parsons* 1949).

Für die Zwecke dieser Arbeit bietet es sich an, zwischen sozialem und organisatorischem Status zu unterscheiden. **Sozialer Status** als Ergebnis von Bewertungsprozessen außerhalb der Organisation (z. B. durch Verwandte, Freunde, Nachbarn) wird hier gegenüber den organisationalen Wertschätzungen einer Person bzw. Position vernachlässigt. **Organisatorischer Status** ergibt sich einmal aus der vertikalen (Position in der Hierarchie) und/oder aus der funktionalen (ausgeübte Funktion als Quelle für Status, z. B. Expertentum, Stabsstelle) Arbeitsteilung.

Hollander (1958) beschreibt den innerhalb einer Gruppe erworbenen Status sehr plastisch als direkt abhängig vom **Idiosynkrasiekredit**[5], der das Ausmaß bezeichnet, bis zu dem ein Individuum von den Erwartungen der Gruppe abweichen darf, ohne Sanktionen befürchten zu müssen. Die Höhe des durch die Gruppe gewährten Kredits für eigenes idiosynkratisches Verhalten sagt dann etwas über die Höhe des Status innerhalb der Gruppe aus.

Während die Sinnhaftigkeit von Status-Differenzierungen für die Zwecke der Organisation umstritten ist – hier wird primär eine Leistungsmotivation als Folge von differenzierten Statussymbol-Zuweisungen vermutet –, gilt es als gesichert, daß das Organisationsmitglied durch die Abgrenzung gegenüber anderen Mitgliedern Selbstwertgefühle verstärken und Bedürfnisse nach Fremdwertschätzung befriedigen kann. Deshalb wird in der verhaltensorientierten Managementliteratur den Phänomenen der **Statussymbole** z. T. beträchtliche Aufmerksamkeit geschenkt (vgl. z. B. *Kast/Rosenzweig* 1985). Als solche kommen z. B. in Betracht:

- Arbeitsplatz
- Raumausstattung
- Dienstwagen
- reservierter Parkplatz
- eigene Sekretärin
- Titel
- Kasino-Essen.

Das am feinsten abgestufte System von Status-Zuweisungen ist zweifellos beim Militär mit seinen äußerst differenzierten Dienstgraden anzutreffen. Im

---

[5] Freiraum für persönliche Eigenarten, Besonderheiten.

Zuge der Organisationskulturforschung ist allerdings die identifikations- und solidarisierungshemmende Wirkung von Statusdifferenzierungen erkannt und deren Abschaffung gefordert worden.

Während der Status das mehr oder weniger stabile, überdauernde Ansehen einer Position beschreibt, dient das Konzept der **Rolle** dazu, das Verhalten des Positionsinhabers konkret vorzuschreiben. Die Rolle bezeichnet ursprünglich die Pergamentrolle, auf der der Text für den Schauspieler steht, und wird heute umgangssprachlich noch mit dieser Wurzel in Zusammenhang gebracht, wenn man von einem Mitmenschen sagt, er habe seine Rolle als ... schlecht gespielt. Rollen stellen das Insgesamt der *Verhaltenserwartungen* dar, welche die Organisation (Management) und ihre Mitglieder gegenüber dem Inhaber einer bestimmten Position in der Organisation hegen und die von diesem erlebt werden (vgl. *Mayntz* 1963, *Joas* 1980).[6]

Inhalt und **Ausgestaltung** organisatorischer Rollen werden also bestimmt:
- vom Management (z.B. Stellenbeschreibung, Positionsbeschreibung)
- von den Erwartungen der Vorgesetzten, Kollegen, Untergebenen und anderen Personen, die mit dem Positionsinhaber in Kontakt stehen
- von der Wahrnehmung dieser Erwartungen durch den Positionsinhaber, die ihrerseits wiederum von seinen Bedürfnissen, Werten, Einstellungen etc. abhängt.

Zur **Beschreibung** einer Rolle können folgende Fragen an die Organisation gestellt werden (*Mayntz* 1963, S. 82 f.):
- Was wird von einem bestimmten Organisationsmitglied verlangt?
  (Erwartungen beziehen sich nicht nur auf Handeln und Verhalten – was muß, soll, kann er tun, oder was soll er nicht tun – sondern auch auf Einstellungen und Werthaltungen)
- Von wem gehen die Erwartungen aus?
  (von Vorgesetzten, Kollegen, Untergebenen, Geschäftspartnern, wie Kunden, Lieferanten etc.)
- Wer überwacht die Einhaltung der Erwartungen?
  (diejenigen, die die Erwartungen aussprechen oder andere?)
- Von wem werden Verstöße bestraft?

Eine organisatorische Rolle kann auch unabhängig von der Person des möglichen Inhabers definiert werden, und die damit verbundenen Verhaltenserwartungen können sich auf eine ebenso personenunabhängig gebildete Position bzw. Stelle beziehen. Die Verhaltenserwartungen richten sich dann z.B. an den Betriebsmeister und nicht an Herrn Mayer, der zufällig Inhaber dieser Position ist.

Damit wird das Verhalten unabhängig von den Eigenheiten des jeweiligen Positionsinhabers standardisiert und für die Zwecke einer geregelten, ungestörten Aufgabenerfüllung prognostizierbar. Dies erleichtert auch das Lernen

---

[6] *Mayntz, Renate* (geb. 1929) Prof. Soziologie, Max-Planck-Institut für Gesellschaftsforschung, Köln. *Joas, Hans* (geb. 1948) PD Soziologie, FU Berlin.

von Rollen unabhängig von der konkreten Situation in Schulen, Hochschulen und Weiterbildungsinstituten (Rollentraining z. B. durch Rollenspiele).

Abb. 2.35: Verhaltensbereiche und Rollen eines Individuums

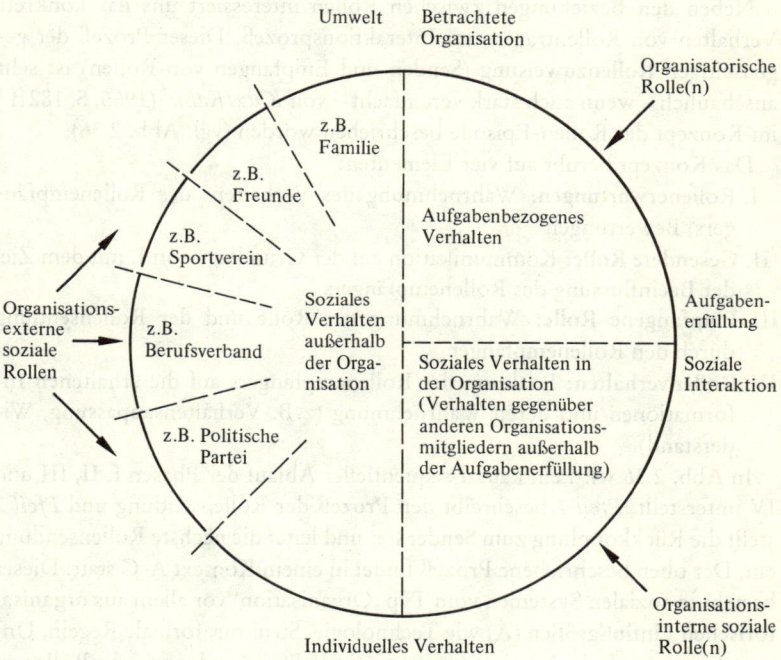

Quelle: *Kieser/Kubicek* 1983, S. 398

Jede Position ist allerdings i. d. R. nicht nur mit *einer* Rolle verbunden, sondern mit mehreren, die einen sog. ‚role-set‘ bilden. Das **Rollen-Set** beschreibt die Vielzahl der Orientierungen gegenüber denjenigen Organisationsmitgliedern und -teilnehmern, auf deren Zusammenarbeit der Positionsinhaber angewiesen ist.

Vom Rollen-Set zu unterscheiden ist die Tatsache, daß jedes Organisationsmitglied innerhalb und außerhalb der Organisation eine Vielzahl von Rollen (multiple roles) übernehmen muß bzw. kann, die aber nicht zwangsläufig mit seiner Position im Zusammenhang stehen (wie im Falle des Rollen-Set). So ist der erwähnte Betriebsmeister z. B. noch Mitglied der IG Metall, Mitglied des Betriebsrats, Ehemann, Familienvater, Mitglied der SPD, Mitglied eines Fußballvereins, Autofahrer.

Abb. 2.35 gibt einen Eindruck von der Vielfalt der Verhaltensbereiche und Rollen ein und desselben Individuums.

Rollen zu übernehmen und zu spielen ist ohne **Interaktion** mit anderen Menschen nicht möglich. Das Rollenkonzept wird als zentrales Bindeglied zwischen dem Einzelnen und der Gruppe bzw. der Gesellschaft angesehen und von manchen Soziologen als wesentlicher Baustein sozialer Systeme begriffen (vgl. z. B. *Dahrendorf* 1959 b, *Katz/Kahn* 1966, *Joas* 1980).

Neben den Beziehungen zwischen Rollen interessiert uns das konkrete Verhalten von Rollenträgern im Interaktionsprozeß. Dieser Prozeß der gegenseitigen **Rollenzuweisung** (Senden und Empfangen von Rollen) ist sehr anschaulich – wenn auch stark vereinfacht – von *Katz/Kahn*[7] (1966, S. 182 ff.) im Konzept der Rollen-Episode beschrieben worden (vgl. Abb. 2.36).

Das Konzept beruht auf vier Elementen:

I. **Rollenerwartungen:** Wahrnehmung des Verhaltens des Rollenempfängers, Bewertungen

II. **Gesendete Rolle:** Kommunikation auf der Grundlage von I. mit dem Ziel der Beeinflussung des Rollenempfängers

III. **Empfangene Rolle:** Wahrnehmung der Rolle und der Rollensendung durch den Rollenempfänger

IV. **Rollenverhalten:** Reaktion des Rollenempfängers auf die erhaltenen Informationen und deren Wahrnehmung (z. B. Verhaltensanpassung, Widerstand).

In Abb. 2.36 wird ein kausal-sequentieller Ablauf der Phasen I, II, III und IV unterstellt. *Pfeil 1* beschreibt den Prozeß der Rollensendung und *Pfeil 2* stellt die Rückkopplung zum Sender her und leitet die nächste Rollensendung ein. Der oben beschriebene Prozeß findet in einem Kontext A–C statt. Dieser besteht in sozialen Systemen vom Typ ,Organisation' vor allem aus **organisatorischen Einflußgrößen** (A) wie Technologie, Struktur, formale Regeln, Unternehmungspolitik, Anreizsysteme, die – wie *Pfeil 3* andeutet – die Rollenerwartungen des Senders beeinflussen. So läßt sich z. B. zwischen Organisationsgröße und Anzahl von Rollenkonflikten ein positiver Zusammenhang feststellen.

Persönlichkeitsfaktoren (B), wie Motive, Werte, Einstellungen gegenüber bestimmten Verhaltenserwartungen, beeinflussen einmal den Rollensender *(Pfeil 4)* und – als intervenierende Variablen – die Wahrnehmung des Rollenempfängers *(Pfeil 5)*, andererseits werden – so die Hypothese von *Katz/Kahn* (1966) – die Persönlichkeitsfaktoren durch das Verhalten des Rollenempfängers verändert *(Pfeil 8)*.

Letztlich hat die Qualität der **interpersonalen Beziehungen** (C) zwischen Rollensender und -empfänger einen wesentlichen Einfluß auf die Art und Weise, wie der Sender die Rolle formuliert *(Pfeil 6)*, und wie der Empfänger die Information wahrnimmt *(Pfeil 7)*. Verständlicherweise haben die Verhal-

---

[7] *Katz, Daniel* (geb. 1903) Sozialpsychologe, Prof. Psychologie, Uni of Michigan, Anwendung der Systemtheorie auf Sozialpsychologie der Organisation.
Kahn, Robert L. (geb. 1918) Sozialpsychologe, Prof. Psychologie, Uni of Michigan.

tensweisen des Empfängers je nach dem Ausmaß seiner Anpassung (compliance) positive oder negative Effekte auf die zwischenmenschlichen Beziehungen *(Pfeil 9)*.

Abb. 2.36: Die Rollensendung

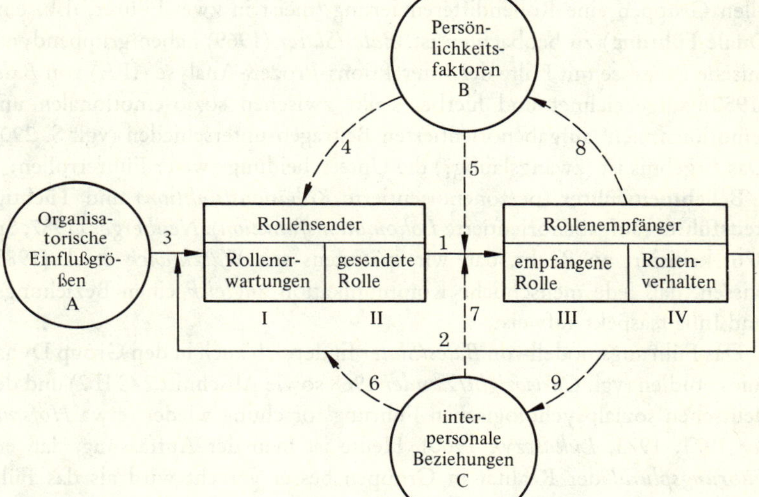

Quelle: Katz/Kahn 1966, S. 187

Mögen diese vielfältigen Beziehungen schon äußerst komplex anmuten, so bieten sie dennoch nur ein stark vereinfachtes Bild der Realität. Dort haben wir es mit mehreren Personen zu tun (nicht nur zwei), mit einem umfassenden Rollen-Set und mit simultanen, wechselseitigen und nicht sequentiellen Prozeßbedingungen. *Neuberger* (1987, Sp. 875) weist noch auf folgende **Schwächen des Rollenepisoden-Modells** hin:

• Es handelt sich um eine Momentaufnahme, welche die Dynamik der Rollenentwicklung nur unzureichend abbildet.
• Die einseitig gerichteten Pfeile entsprechen nicht der interaktionistischen Perspektive der Autoren.
• Die gleichgroßen Kästchen für Rollensender und -empfänger suggerieren gleiche Position und Macht der Beteiligten.
• Inhalt und Form der Rollensendung werden nicht thematisiert.

Beachtet man diese Beschränkungen des Modells, wird sein Wert als analytisches Konzept zur Systematisierung der Einflußfaktoren und deren Interdependenzen im Prozeß der Rollenzuweisung keineswegs geschmälert.

Im *managerial roles approach* der Managementforschung (vgl. Abschnitt 1 C IV) haben wir Untersuchungen kennengelernt (*Mahoney/Jerdee/Carroll* 1965, *Mintzberg* 1973, *Stewart* 1967), die auf empirischem Weg die unterschiedlichen Arbeitsrollen von Managern erhoben haben. Während dort unterschiedlich umfangreiche Rollen-Sets pro Person analysiert werden, hat die Kleingruppenforschung eine personale Spezialisierung von Führungsaufgaben in Gruppen feststellen können. Das Divergenztheorem besagt, daß in allen Gruppen eine Rollendifferenzierung (meist in zwei Führer, d. h. eine **Duale Führung**) zu beobachten ist. *Bales/Slater* (1969) haben gruppendynamische Prozesse mit Hilfe der Interaktions-Prozeß-Analyse (IPA) von *Bales* (1950) aufgezeichnet und hierbei strikt zwischen sozio-emotionalen und ,emotionsfreien' aufgabenorientierten Beiträgen unterschieden (vgl. S. 290). Das Ergebnis ist (zwangsläufig?) die Unterscheidung zweier Führerrollen:

Beliebtheitsführer (personenorientierte *Kohäsionsfunktion*) und **Tüchtigkeitsführer** (aufgabenorientierte *Lokomotionsfunktion*). *Neuberger* (1987, Sp. 876) kritisiert zu Recht, daß wir spätestens seit *Watzlawick* et al. (1985) wissen, daß jede menschliche Kommunikation *zugleich* einen Beziehungs- und Inhaltsaspekt aufweist.

Das Führungsmodell von *Bales/Slater* findet sich auch in den Group Dynamics Studien (vgl. *Cartwright/Zander* 1968 sowie Abschnitt 2 C II 2) und der deutschen sozialpsychologischen Führungsforschung wieder (etwa *Hofstätter* 1971, 1973, *Lukasczyk* 1960). Heute ist man der Auffassung, daß ein *Führungsplural* der Realität in Gruppen besser gerecht wird als das Führungsdual, d. h. die Zusammensetzung der Gruppe und die Verteilung der Gruppen-Rollen ist so zu wählen, daß sich die Gruppenmitglieder je nach den Anforderungen der Situation hinsichtlich der Führungsaufgaben gegenseitig ergänzen (vgl. *Paschen* 1978).

3. Ziele und Normen von Gruppen

Gruppen entwickeln ihre eigenen Ziele und Normen, die mehr oder weniger von denen des Managements oder vorgesetzter Linieninstanzen abweichen können. Die Leistung (Produktivität) einer Arbeitsgruppe hängt primär von der Übereinstimmung oder zumindest Kompatibilität von Management- und Gruppenzielen ab (*Stogdill* 1959).

Eine **Norm** ist eine Zielvorstellung oder Richtschnur des Handelns; sie stellt eine Verhaltensanforderung an einen Rolleninhaber dar.

Gruppenmitgliedschaft erfordert, daß man sich konform zu bestimmten Normen verhält. **Gruppennormen** sind Anforderungen der Gruppe hinsichtlich der Art und Weise, wie in bestimmten Situationen zu handeln ist. Das erwartete Verhalten muß von den Gruppenmitgliedern als gerecht, angemessen oder ideal akzeptiert werden, damit eine **Identifikation** mit ihnen stattfindet (vgl. z. B. *Homans* 1950). Normen der Gruppe unterscheiden sich von organisatorischen insofern, als letztere i. d. R. schriftlich fixiert und somit explizit und offiziell gemacht sind, während Gruppennormen als implizite, informelle Verhaltensstandards häufig nur unbewußt befolgt werden. Normen haben die Funktion, Verhalten zu standardisieren. Das bringt für die Organisation den Vorteil erhöhter Prognostizierbarkeit von Gruppenverhalten; aber auch im zwischenmenschlichen Bereich vermitteln stabile Verhaltenserwartungen Sicherheit. Die Erwartung von gleichförmigem, routinisiertem Verhalten kollidiert allerdings bisweilen mit individuellen Stimmungs- und Leistungsschwankungen, was zu Konflikten führen kann.

Unter Effizienzgesichtspunkten entwickeln Gruppen soziale Normen für die „Routinisierung sozialer Beziehungen", um sich von unnötigen Interaktionen entlasten zu können (vgl. *Irle* 1975, S. 444). So müssen sie für häufig wiederkehrende Entscheidungen über Kooperationsformen und Handlungsstrategien nicht immer wieder einen Konsensus herbeiführen. Soziale Normen können sich als Verhaltenserwartungen an die Rolleninhaber, als Leistungsstandards (Produktionsnormen) oder als Strategien der Aufgabenbearbeitung konkretisieren.

Es ist aus einer Vielzahl klassischer Untersuchungen bekannt, daß Arbeitsgruppen ihre geplante Leistungsabgabe auf einem Niveau fixieren, das i. d. R. unterhalb der von der Organisation erwarteten Standards liegt (vgl. z. B. *Roethlisberger/Dickson* 1939, *Coch/French* 1948). Dieses Verhalten ist vor allem bei Lohnarbeitern anzutreffen, die im Akkord bezahlt werden. Als negative Folgen erhöhter Leistungsabgaben wird nämlich hier eine Verkürzung der Vorgabezeiten und/oder eine neue Leistungsgradschätzung befürchtet.

Bezeichnet man die von den Gruppenmitgliedern geteilten Erwartungen über die angemessenen Bearbeitungsstrategien einer Aufgabe als Normen, zu denen sich die Mitglieder konform verhalten müssen, kann eine **Redefinition der Aufgabe** von der Gruppe dahingehend vorgenommen werden, daß sie eine objektive Aufgabenstellung den vorhandenen Bearbeitungsnormen anpaßt, die Mitglieder also zu einer bestimmten Wahrnehmung der Arbeitssituation verpflichtet werden. Gruppen entwickeln somit Leistungsnormen, an denen sich die Mitglieder orientieren bzw. zu denen sie sich konform verhalten müssen. Das kann einmal eine Leistungsrestriktion *(Akkordbremsen)*, andererseits aber auch eine Leistungssteigerung bedeuten, wenn die Gruppe im Vergleich zu isoliert arbeitenden Individuen ein höheres Anspruchsniveau und eine daraus resultierende höhere Leistung entwickelt.

Greene/Adam/Ebert (1985, S. 196 ff.) diskutieren sechs Strategien des Managements, um die **Konformität von Gruppenzielen mit Managementvorgaben** zu erhöhen:
- Sicherstellen, daß die Ziele und Mittel zu ihrer Erreichung klar definiert, operational und eindeutig sind (vgl. die Weg-Ziel Theorie der Führung, Abschnitt 2 C II 3)

• Beteiligung aller Gruppenmitglieder an der Formulierung der Ziele und Mittel
• Ziele sollen herausfordernd, aber erreichbar sein (vgl. die Theorie der Leistungsmotivation, Abschnitt 2 B II 3)
• rascher und häufiger Feedback über Qualität der Arbeitsergebnisse
• positive Verstärkung (Belohnung) von Fällen, in denen die Gruppe erfolgreich war
• Entwicklung eines Anreizsystems, das die Akzeptanz und Erfüllung der Managementziele honoriert.

Sollten diese positiven Ansätze erfolglos bleiben und die Gruppen Normen entwickelt haben, die den Managementerwartungen entgegengesetzt sind, wird angeregt, die **Gruppenkohäsion** zu reduzieren, und zwar durch folgende Maßnahmen:

– Erhöhung des Konkurrenzdenkens zwischen Gruppenmitgliedern durch individuelle Aufgabenzuweisung und Leistungsbeurteilung
– räumliche Trennung der Gruppenmitglieder
– Erhöhung der Gruppengröße durch neue Mitglieder
– Reduzierung von Gruppenbesprechungen.

Neben dem Problem der Konformität zwischen Management- und Gruppennormen stellt sich eine Analyseebene tiefer das gleiche Problem zwischen Gruppen- und individuellen Normen. Zur Koordination von Individuum und Organisation vgl. Abschnitt 2 D II 3.

Ob ein Gruppenmitglied **Normenkonformität** zeigt, d.h. ob sich sein tatsächliches Verhalten mit dem erwarteten Verhalten deckt, hängt von einer Vielzahl von Faktoren ab:

• Erwartete Sanktionen bei Normenerfüllung/Normenverletzung (Belohnung/Bestrafung). Die Durchsetzung und Überwachung der Einhaltung von Normen kann durch bestimmte Personen mit Autorität oder durch die Gruppenmitglieder selbst erfolgen
• Gruppenkohäsion. Kohärente Gruppen neigen zu höherer Konformität, u.a. als Folge des Gruppendrucks
• Internalisierung der Normen. Konformismus ist u.a. eine Funktion von Persönlichkeitsfaktoren (wie Bildungsniveau, Berufsethos, Selbstsicherheit). Wissenschaftler in Organisationen identifizieren sich eher mit den Normen der ‚Scientific Community' als mit Normen der Organisation (vgl. den Typ des Ambivalenten bei *Presthus* 1962)
• Legitimität der Normen. Die Anerkennung der Legitimationsbasis der Norm erleichtert ein normenkonformes Verhalten, auch bei abweichender individueller Orientierung
• Instrumentalität der Norm zur individuellen Bedürfnisbefriedigung
• Konsistenz und Widerspruchsfreiheit des Normensystems. Das Fehlen von Normen- und Rollenkonflikten erleichtert normenkonformes Verhalten.

Ein Gruppenmitglied kann in dreierlei Weise Konformität mit Gruppennormen zeigen (vgl. *Kelman* 1958).

Konformität durch Einwilligen *(compliance)* kennzeichnet eine Situation, in der die individuellen Wertvorstellungen nicht oder nur zum Teil mit den Gruppennormen übereinstimmen. Das Individuum verhält sich dennoch normenkonform, und zwar 1. als Folge realen oder vermeintlichen Gruppendrucks, 2. weil es Anerkennung der Gruppe sucht und/oder 3. weil Widerstand gegenüber Konformität mit zu hohen ‚Kosten‘ verbunden ist.

Konformität durch Anerkennung *(identification)* beschreibt die Situation, in der das Gruppenmitglied eine Beziehung zur Gruppe oder einzelnen Mitgliedern aufbaut oder vertieft und sich dabei mit den Zielen und Werten der Gruppe identifiziert.

Konformität durch Internalisierung *(internalization)* stellt schließlich den Zustand der völligen Konformität der Normen mit den persönlichen Wertvorstellungen des Gruppenmitglieds dar.

Es ist unmittelbar einsichtig, daß die letzte Form der Konformität eine höhere Stabilität und Zuverlässigkeit der Verhaltenserwartungen impliziert. Deshalb auch das große Bemühen der Organisation, die Gruppenmitglieder zu einer Identifikation mit den Zielen und Werten der Organisation zu bringen. Potentielle Organisationsteilnehmer (in Wirtschaftsorganisationen), von denen man ein normenkonformes Verhalten nicht zu erwarten glaubt (z.B. Langhaarige, Linke), haben als Folge einer selektiven Rekrutierung der Organisationsmitglieder keine Chance, Normenabweichungen zu praktizieren.

4. Gruppen- und Kohäsionsentwicklung

Bei der Bildung einer neuen Gruppe oder dem Einsatz eines Teams ist im Vergleich zur Einstellung eines neuen Mitarbeiters eine Reihe zusätzlicher Überlegungen anzustellen. Da Gruppenarbeit andere Fähigkeiten erfordert als Einzelarbeit, muß bei der Gruppenbildung auf Dinge wie soziale Interaktionsfähigkeit besonders geachtet werden. Auch die Art der Entscheidung über die Mitgliedschaft hat erheblichen Einfluß auf Erfolg oder Mißerfolg der Gruppe. Folgende **Aufnahmemodi** sind denkbar:
• Ernennung von außen
• Auswahl durch die Gruppe selbst
• Freiwillige Teilnahme
• Zwangsläufige Mitgliedschaft durch Vertrag oder Aufgabenbeschreibung.

Sollen face-to-face Kontakte möglich sein, ist an eine Obergrenze von sechs bis neun Gruppenmitgliedern zu denken, oder die Möglichkeit der Bildung von Untergruppen vorzusehen. Hierzu müssen räumliche Voraussetzungen geschaffen werden, welche die Interaktion zwischen den Gruppenmitgliedern fördern und nicht behindern (vgl. *Greene/Adam/Ebert* 1985, S. 190ff.). Was die **inhaltlichen Vorgaben** anbetrifft, so ist zu beachten, daß möglichst

- interdependente, ganzheitliche Aufgaben gestellt werden
- eine Partizipation an der Problemformulierung ermöglicht wird
- die Leistungen der Gruppe als Ganze und nicht Einzelleistungen belohnt werden
- eine Berichterstattung an eine hohe hierarchische Ebene vorgesehen wird, damit der Status der Gruppe entsprechend hoch ist.

Zwischen dem formellen Einsatz einer Arbeitsgruppe und der Entstehung eines sozialen Gebildes *Gruppe* ist es i.d.R. ein langer Weg.

Empirisch ist die Bildung und **Entwicklung von Gruppen** meist in psychotherapeutischen und T-Gruppen[8] untersucht worden. *Tuckman* (1965) hat auf der Grundlage einer umfangreichen Auswertung ihm vorliegender Studien vier Phasen der Gruppenentwicklung identifiziert (vgl. Abb. 2.37).

Die Realität zeigt, daß einige Gruppen niemals die Phasen 1 und 2 überwinden und sich folglich wieder auflösen oder höchst ineffizient arbeiten.

Abb. 2.37: Phasen der Gruppenentwicklung

Phase	Gruppenstruktur	Aufgabenverhalten
(1) Forming	Unsicherheit; Abhängigkeit von einem Führer; Ausprobieren, welches Verhalten in der Situation akzeptabel ist	Mitglieder definieren die Aufgaben, die Regeln, die geeigneten Methoden
(2) Storming	Konflikte zwischen Unter-Gruppen, Aufstand gegen den Führer, Polarisierung der Meinungen, Ablehnung einer Kontrolle durch die Gruppen	emotionale Ablehnung der Aufgabenanforderungen
(3) Norming	Entwicklung von Gruppenkohäsion, Gruppennormen und gegenseitiger Unterstützung, Widerstand und Konflikte werden abgebaut bzw. bereinigt	offener Austausch von Meinungen und Gefühlen, Kooperation entsteht
(4) Performing	Interpersonelle Probleme gelöst, Gruppenstruktur ist funktional zur Aufgabenerfüllung, Rollenverhalten ist flexibel und funktional	Problemlösungen tauchen auf, konstruktive Aufgabenbearbeitung, Energie wird ganz der Aufgabe gewidmet (Hauptarbeitsphase)

Quelle: Tuckman 1965, S. 396

Bass (1965, S. 197f.) unterscheidet ebenfalls vier **Phasen der Gruppenentwicklung:**

I. *Mutual Acceptance:* Nach einer ersten Phase des Mißtrauens suchen die Mitglieder nach gemeinsamen Aufgaben und fangen an, sich gegenseitig zu akzeptieren

---

[8] T für Training.

II. *Decision Making:* In einer Atmosphäre der Offenheit werden die Probleme und Rollen definiert, Entscheidungen über die Vorgehensweise getroffen

III. *Motivation:* Die Gruppe kommt in die Reifephase, Kohäsion und Kooperation steigen, man hilft sich gegenseitig

IV. *Control:* Die Gruppe arbeitet effizient, die Einhaltung von Gruppennormen wird überwacht, abweichendes Verhalten wird negativ sanktioniert.

Ein Vergleich der beiden Phasenschemata zeigt, daß *Bass* den Entwicklungsprozeß sehr optimistisch sieht und damit eher ein Ideal als die Realität beschreibt.

Alle Gruppen – formelle und informelle, kleine und große – verfügen über ein Mindestmaß an Gemeinschaftsgefühl, an Solidarität und ‚commitment‘. Dies ist eine wichtige Voraussetzung für das Bestehen einer Gruppe; es wird als **Kohäsion** bezeichnet. Kohäsion ist ein Maß für die Stabilität einer Gruppe sowie für die Attraktivität, die sie auf alte und neue Mitglieder ausübt. Existenz oder Fehlen von Kohäsion wird besonders dann deutlich, wenn in der Gruppe interne Probleme auftauchen. Auf diesen Aspekt weist vor allem *Stogdill* (1959) hin, wenn er mit Kohäsion die Fähigkeit einer Gruppe bezeichnet, auch dann ihre Existenz zu bewahren, wenn sie Druck und Streß ausgesetzt ist.

In Anlehnung an *Cartwright/Zander* (1968) lassen sich folgende Gründe für die **Attraktivität einer Gruppe** nennen:

• Ziele, Aufgaben der Gruppe
• charismatischer Führer
• Reputation für erfolgreiche Aufgabenerfüllung (hohes Prestige der Gruppe)
• geringe Gruppengröße
• hilfreiches, entgegenkommendes Verhalten.

Dabei ist wichtig daran zu erinnern, daß die erwartete Attraktivität und Kohäsion nur dann hoch sein werden, wenn eine entsprechend wahrgenommene Instrumentalität gegeben ist, d.h. das (potentielle) Mitglied muß die Gruppe als Mittel zur Erreichung individueller Bedürfnisse sehen können.

Aus der Fülle der empirischen Forschungsarbeiten über Bedingungen und Folgen von Gruppenkohäsion möchte ich nur die allerwichtigsten referieren (vgl. hierzu *Bion*[9] 1961, *Hellriegel/Slocum/Woodman* 1986, *Rosenstiel* 1978, *Greene/Adam/Ebert* 1985, S. 188 ff.):

• Kleinere Gruppen weisen tendenziell höhere Kohäsion auf als größere. *Seashore* (1954) stellt bei Gruppengrößen bis 20 Mitglieder steigende und danach fallende Kohäsionsmaße fest
• Erfolgreiche Gruppen weisen tendenziell höhere Kohäsion auf als weniger erfolgreiche (z.B. Fußballmannschaft an der Tabellenspitze)

---

[9] *Bion, Wilfred R.*, engl. Offizier und Psychologe, Tavistock Institute.

- Homogene Gruppen (Ausbildung, Einstellungen) weisen tendenziell höhere Kohäsion auf als heterogene
- Gruppen, die eine Vielzahl von sozialen Kontakten erlauben (z.B. face-to-face Gruppe, Vollstruktur), weisen tendenziell höhere Kohäsion auf als solche mit interaktionsbehindernden Arbeitsbedingungen (z.B. Fließband, Lärm, mangelnder Sichtkontakt)
- Gruppen mit starkem Intragruppen-Wettbewerb weisen kohäsionsmindernde Tendenzen auf; Gruppen im Intergruppen-Wettbewerb und solche, die Angriffen von außen ausgesetzt sind, weisen kohäsionssteigernde Tendenzen auf. (Vgl. z.B. *Sherifs* Untersuchung zur Kohäsionssteigerung von Wettbewerb mit Fremdgruppen in einem Ferienlager, *Sherif*[10] 1966)
- Gruppen, in denen Einigkeit über die Gruppenziele herrscht, weisen tendenziell höhere Kohäsion auf als solche, bei denen dies nicht der Fall ist.

Von den genannten Einflußfaktoren kommt der Chance, soziale Kontakte (Interaktionen) pflegen zu können, die größte Bedeutung zu. Nach der Interaction-Attraction Hypothese von *Homans* (1950) steigt die Sympathie der Gruppenmitglieder füreinander (und damit die Kohäsion) in dem Maße, in dem sie miteinander interagieren.

Zusammenfassend lassen sich die Faktoren, die **Gruppenkohäsion** fördern bzw. hemmen wie folgt gegenüberstellen:

Kohäsionsfördernd	Kohäsionshemmend
Häufigkeit der Interaktion,	Gruppengröße
Attraktivität und Homogenität	Einzelkämpfer,
Intergruppen-Wettbewerb	individuelle Leistungsbewertung
Einigkeit über Gruppenziele	Intragruppen-Wettbewerb
Erfolg und Anerkennung	Zielkonflikte
	Mißerfolge

In Wirtschaftsorganisationen interessiert verständlicherweise primär die Beziehung zwischen **Kohäsion und Gruppenleistung** (Produktivität). Die im Zuge der Human Relations-Bewegung verbreitete Ansicht, Kohäsion und Gruppenleistung korrelierten positiv miteinander, ist nicht aufrechtzuerhalten. Sicher ist heute lediglich, daß die Gruppenkohäsion die **Leistungsstreuung** innerhalb einer Gruppe beeinflußt und zwar negativ, d.h. mit zunehmender Kohäsion nimmt die Streuung der Einzelleistungen um einen Gruppendurchschnitt deutlich ab, die Konformität im Leistungsverhalten nimmt zu (vgl. *Seashore* 1954).[11] Kohäsion wirkt sich auf die Leistung überhaupt nur dann positiv aus, wenn sich die kohäsive Gruppe mit den Organisationszielen identifiziert. Hochkohäsive Gruppen, die dies nicht tun, also in ihren Grup-

---

[10] *Sherif, Muzafer* (geb. 1906 in der Türkei) arbeitet in USA als Sozialpsychologe (Intergruppen-Konflikte).
[11] *Seashore, Stanley* (geb. 1915) Prof. Psychologie, Uni of Michigan.

pennormen von den organisatorischen abweichen, sind eine Bedrohung für jede Organisation.

Schachter et al. (1951) haben aus einer experimentellen Untersuchung der Leistung von künstlich geschaffenen, hoch und niedrig kohäsiven Gruppen von College-Studentinnen folgende Ergebnisse berichtet:

- Gruppen mit hoher Kohäsion und einer Hinwendung zu positiven Normen[12] erbrachten sehr hohe Produktivitätszuwächse
- Gruppen mit hoher Kohäsion und einer Hinwendung zu negativen Normen erbrachten sehr starke Produktivitätsabnahmen
- Gruppen mit geringer Kohäsion und einer Hinwendung zu positiven Normen erbrachten schwache Produktivitätszuwächse
- Gruppen mit geringer Kohäsion und einer Hinwendung zu negativen Normen erbrachten schwache Produktivitätsabnahmen.

Die *Schachter*-Studie vermittelt einige für das **Management** sehr aufschlußreiche Einsichten: Eine hochkohäsive, gut geführte Gruppe weist die höchste Produktivität auf; eine hochkohäsive, schlecht geführte dagegen die geringste Leistung. Schlechte Führung heißt, es ist dem Management nicht gelungen, Konformität zwischen Gruppen- und Managementzielen zu erreichen. In hochkohäsiven Gruppen führt das dazu, daß diese aus ihrer Sicht sehr produktiv sind und zwar im Durchsetzen von Leistungsrestriktionen. Für diesen Fall empfiehlt es sich für das Management, die Gruppenkohäsion zu reduzieren. Gruppen mit geringer Kohäsion sind für das Management offensichtlich problemloser. Führung, sei sie nun gut oder schlecht, hat bei diesen wenig Einfluß auf die Leistung.

Kohäsion hat nicht nur Konsequenzen für das Leistungsverhalten, sondern auch für die **psychische Befindlichkeit der Gruppenmitglieder.** So konnte *Seashore* (1954) feststellen, daß hohe Kohäsion zu einer Abnahme von Angst und Anspannung führt und andererseits die Widerstandskraft des Einzelnen gegenüber Beschwerden und Bedrohungen durch das Management steigert. Allerdings hat es der Abweichler und Nonkonformist in stark kohäsiven Gruppen bedeutend schwerer, sich zu artikulieren, als in schwach kohäsiven.

Das **Partizipationsmodell** (linking pin Modell) von *Likert* (vgl. S. 703 f. der Arbeit) versucht, die positiven Aspekte kleiner Gruppen mit hoher Kohäsion für die Organisation und das Individuum nutzbar zu machen. Intragruppenkonflikte sollen vermieden und eine hohe Identifikation mit den Zielen der Organisation erreicht werden; im Konzept der ‚überlappenden Gruppen‘ wird dies durch weitgehende Selbständigkeit der Gruppen und eine Intergruppenvermaschung durch ‚linking pins‘ zu erreichen versucht.

---

[12] D.h. einer positiven Einstellung gegenüber den Leistungsvorgaben des Managements, die durch Führungsmaßnahmen erreicht wurde.

5. Bedingungen erfolgreicher Gruppenarbeit

Gruppen befriedigen unterschiedliche Bedürfnisse sowohl von Individuen als auch von Organisationen. Es stellt sich die Frage nach den Ursachen, den Gründen für die Bildung und den Erfolg von Gruppen. Abb. 2.38 gibt einen Überblick über den Nutzen von Gruppen für Organisation und Individuum.

Abb. 2.38: Organisatorischer und individueller Nutzen von Gruppenarbeit

organisatorischer Nutzen	individueller Nutzen
– Erledigung von Aufgaben, die ein Einzelner nicht leisten könnte – Poolen von unterschiedlichen Fähigkeiten und Talenten zur Lösung komplexer Probleme – kollektive Entscheidungsfindung unter Beachtung unterschiedlicher, z.T. konfligierender Perspektiven – effiziente Form der Steuerung von Mitarbeiterverhalten – Erleichterung des organisatorischen Wandels – Erhöhung der organisatorischen Stabilität durch Sozialisation neuer Mitarbeiter	– leichteres Kennenlernen der Organisation – Selbsterfahrung – leichteres Erlernen neuer Fähigkeiten – positive Unterstützung/Verstärkung durch Dritte – Befriedigung zentraler Bedürfnisse nach sozialen Kontakten und Anerkennung

Quelle: Nadler/Hackman/Lawler 1979, S. 102

Aus psychologischer und sozialpsychologischer Sicht erfüllt die Gruppe eine Fülle von zentralen **Bedürfnissen,** wie z.B. nach sozialen Kontakten, Nähe, Geborgenheit, Sicherheit, Anerkennung (Verstärkung durch Gruppenmitglieder) und Prestige (Mitgliedschaft in einer Gruppe mit hoher Reputation). Die Gruppe bietet Schutz nach außen (etwa gegenüber Vorgesetzten), verstärkt die Machtposition (Einigkeit macht stark), bewahrt vor Anonymität und verbessert die Realitätswahrnehmung (Rückkopplung von Gruppenmitgliedern).

Aus **ökonomischer Sicht** führt die Tatsache, daß bestimmte Aufgaben von einem einzelnen Menschen nicht (oder nur höchst unwirtschaftlich) allein bewältigt werden können, zum Zusammenschluß von mehreren in Gruppen und zu einer planmäßigen, geordneten (evtl. rotierenden) Arbeitsteilung zwischen ihnen. Abb. 2.39 gibt einen Überblick über die Einflußfaktoren der Gruppeneffektivität.

Abb. 2.39: Determinanten der Gruppeneffektivität

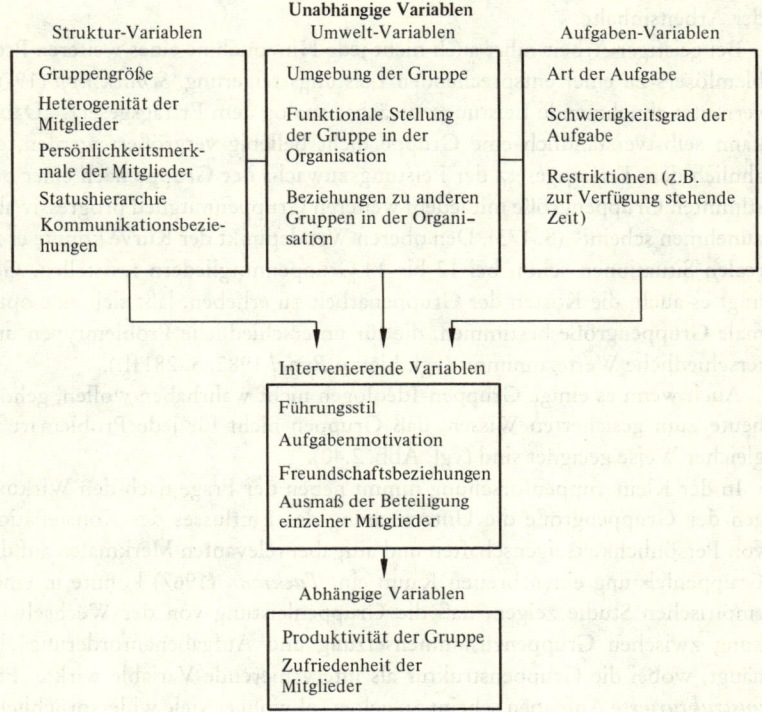

Unabhängige Variablen

Struktur-Variablen	Umwelt-Variablen	Aufgaben-Variablen

Gruppengröße

Heterogenität der Mitglieder

Persönlichkeitsmerkmale der Mitglieder

Statushierarchie

Kommunikationsbeziehungen

Umgebung der Gruppe

Funktionale Stellung der Gruppe in der Organisation

Beziehungen zu anderen Gruppen in der Organisation

Art der Aufgabe

Schwierigkeitsgrad der Aufgabe

Restriktionen (z.B. zur Verfügung stehende Zeit)

Intervenierende Variablen

Führungsstil

Aufgabenmotivation

Freundschaftsbeziehungen

Ausmaß der Beteiligung einzelner Mitglieder

Abhängige Variablen

Produktivität der Gruppe

Zufriedenheit der Mitglieder

Quelle: Krech/Crutchfield/Ballachey 1962, S. 457

Worin bestehen nun die spezifischen **Leistungsvorteile der Gruppe**?[13]
Erste Anhaltspunkte bietet die Klassifikation der Leistungsvorteile von *Hofstätter*[14] (1965) in solche bei Tätigkeiten vom Typus des
• Tragens und Hebens
• Suchens und Findens
• Bestimmens und Normierens.
Dabei ergeben sich erhebliche Unterschiede in der Produktivitätsentwicklung bei Gruppen, die *körperliche* Arbeit leisten, und solchen, die *geistige* Arbeit leisten. Durch die Addition der Kräfte ergeben sich bei körperlicher Arbeit eindrucksvolle Leistungsvorteile, die jedoch im Zuge der Mechanisierung und Automatisierung anderweitig bedeutend rationeller erreicht werden können. Wenn deshalb heute bei körperlicher Arbeit von Einzelarbeitsplätzen auf Arbeit in Gruppen übergegangen wird, hat das nichts mit Kräfteaddi-

---

[13] Vgl. hierzu *March/Simon* 1958, *Scharmann* 1972, *H.-D. Schneider* 1975, *Thibaut/Kelley* 1959, *Crott* 1979, *Redel* 1982.
[14] *Hofstätter, Peter R.* (geb. 1913 in Wien) Prof. Psychologie, Uni Hamburg.

tion zu tun, sondern erfolgt u. a. zum Zweck des Abbaus von Monotonie und zur Steigerung der Leistungsmotivation über Erweiterung und Bereicherung der Arbeitsinhalte.

Bei geistiger Arbeit führt auch nicht jede Hinzunahme eines weiteren Problemlösers zu einer entsprechenden Leistungssteigerung. *Schlicksupp* (1976) vermutet abnehmende Leistungszuwächse analog dem Ertragsgesetz. „Dabei kann selbstverständlich eine Gruppe nicht beliebig vergrößert werden, da ähnlich dem Ertragsgesetz der Leistungszuwachs der Gruppe nach einer bestimmten Gruppengröße mit jedem weiteren Gruppenmitglied progressiv abzunehmen scheint" (S. 173). Den oberen Wendepunkt der Kurve konnte er in realen Situationen schon bei 12 bis 14 Gruppenmitgliedern feststellen. Gelingt es auch, die Kosten der Gruppenarbeit zu erheben, läßt sich eine optimale **Gruppengröße** bestimmen, die für unterschiedliche Problemtypen unterschiedliche Werte annimmt (vgl. hierzu *Redel* 1982, S. 281 ff.).

Auch wenn es einige Gruppen-Ideologen nicht wahrhaben wollen, gehört heute zum gesicherten Wissen, daß Gruppen nicht für jede Problemart in gleicher Weise geeignet sind (vgl. Abb. 2.40).

In der Kleingruppenforschung nimmt neben der Frage nach den Wirkungen der Gruppengröße die Untersuchung des Einflusses der Konstellation von Persönlichkeitseigenschaften und aufgabenrelevanten Merkmalen auf die Gruppenleistung einen breiten Raum ein. *Tuckman* (1967) konnte in einer empirischen Studie zeigen, daß die Gruppenleistung von der Wechselwirkung zwischen **Gruppenzusammensetzung** und Aufgabenanforderung abhängt, wobei die Gruppenstruktur als intervenierende Variable wirkte. Für *unstrukturierte* Aufgaben scheint zu gelten (obwohl es viele widersprüchliche Befunde gibt), daß eine homogene Gruppenzusammensetzung (Mitglieder mit ähnlichen Einstellungen und Persönlichkeitsmerkmalen) einer *heterogenen* Gruppe leistungsmäßig unterlegen ist, was einmal mit den sog. Fehlerausgleichsmechanismen in den Interaktionsprozessen begründet wird und zum anderen mit dem Leistungsvorteil aufgrund der Nutzung unterschiedlichen aufgabenspezifischen Wissens.

Trist et al. (1963) haben die besondere Leistungsfähigkeit weitgehend autonomer Gruppen im Bergbau u. a. mit der gegenseitigen Ergänzung der Gruppenmitglieder hinsichtlich ihrer tätigkeitsspezifischen Fähigkeiten begründet. In der klassischen Untersuchung über die Folgen unterschiedlicher Gruppenbildung beim Abbau von Kohle in Großbritannien können *Trist*[15] und *Bamforth* (1951) empirisch nachweisen, daß ‚integrated task teams' im Sinne der heutigen **teilautonomen Arbeitsgruppen** den hochspezialisierten Arbeitsgruppen in jeder Beziehung überlegen sind. Nach dem zweiten Weltkrieg ist im britischen Kohlebergbau ein neues Abbauverfahren (Longwall System) eingeführt worden, das auf dem Prinzip weitgehender Spezialisierung auf-

---

[15] *Trist, Eric* (geb. 1909) engl. Sozialpsychologe, Uni of Pennsylvania; Mitbegründer Tavistock Institute of Human Relations, London.

baut. Danach hat z.B. die 1. Schicht die Aufgabe, die Sprengungen vorzubereiten und die Fördereinrichtungen am abgeräumten Flöz abzubauen, die 2. Schicht montiert die Förderbänder am neuen Arbeitsplatz und verschalt die Wände, die 3. Schicht schließlich baut die Kohle ab und befördert sie nach oben. In einem Bergwerk wurde nun mit Begleitforschung von *Trist* und *Bamforth* ein neues sozio-technisches System, das sog. ,Composite Longwall System' erprobt, das aus integrierten Arbeitsteams besteht, in denen sich jeweils Spezialisten aus allen drei Schichten befinden, so daß jede Gruppe die gesamte Arbeit erledigen kann. Die Gruppe darf ihre Arbeit selbst einteilen, und als weiterer Anreiz wird ein Gruppenprämiensystem entworfen. Dabei wird der Erkenntnis Rechnung getragen, daß sowohl der Einzelne als auch Gruppen frustriert sind, wenn sie daran gehindert werden, ihre einmal begonnene Arbeit auch vollständig zu beenden.

Abb. 2.40: Vor- und Nachteile der Gruppe bei der Bearbeitung von Elementarproblemen

Problemart	Vorteile der Gruppe	Nachteile der Gruppe
Analyseprobleme	• Großes ,,Entdeckungspotential'' • Breites Wissensspektrum	• Gefahr von Auffassungsunterschieden • Schwierigkeit des koordinierten Vorgehens • Weitgehende Zielidentität der Mitglieder erforderlich
Suchprobleme	• Großer Erfahrungsinhalt • Stimulierung der individuellen Assoziationen	• keine erkennbaren Nachteile
Konstellationsprobleme	• Größeres Angebot an Denkinhalten für jeden Einzelnen • Originellere Lösungen als beim individuellen Problemlösen	• keine erkennbaren Nachteile, solange das kognitive Klima angemessen ist
Konsequenzprobleme	• Größeres Wissen über Algorithmen	• Störung der Individuen beim Vollzug diskursiver Denkschritte • Setzt lückenlose Informationsübermittlung zwischen den Mitgliedern voraus
Auswahlprobleme	• Tendenz zu objektiv richtigeren Entscheidungen • Weniger Widerstand bei der Durchsetzung ausgewählter Alternativen	• Konflikte bei unterschiedlichen Zielvorstellungen der Mitglieder • Gefahr von Dissens und Fehlinterpretationen • Langwierig • Gefahr für risikoreichere Entscheidungen

Quelle: Schlicksupp 1976, S. 165

Die **Leistungsvorteile** gegenüber dem klassischen, hochspezialisierten System waren beeindruckend. Der Anteil der Nacharbeit (Zeit, die dafür aufgewandt werden muß, um die Mängel in der Arbeit der vorangegangenen Schicht zu beheben) ging von 25% auf 5% zurück, der Absentismus ging von 20% auf 8,2% zurück und die Produktivität (als %-Satz einer theoretischen Ideal-Produktivität von 100%) stieg von 78% auf 95%. Ähnliche Ergebnisse brachte eine Untersuchung der Einführung automatischer Webstühle in der Textilindustrie in Ahmedabad, Indien (vgl. *Rice* 1958).

Die Wahl teilautonomer Gruppen als Organisationsform wird weiterhin begünstigt durch die Tatsache, daß sich die Befriedigung der Bedürfnisse nach Geselligkeit, Anerkennung und Sicherheit damit am besten verwirklichen läßt (*Cartwright/Zander* 1968, S. 72), und man sich davon neben der Leistungssteigerung eine höhere Zufriedenheit der Mitarbeiter verspricht.

In engem Zusammenhang mit der Bildung integrierter, mehr oder weniger selbständiger Arbeitsgruppen stehen Fragen des Einflusses einer Beteiligung der Gruppenmitglieder an den sie betreffenden Entscheidungen auf die Gruppenleistung (**Partizipation**). In den klassischen Experimenten von *Lewin/Lippitt/White* (1939), *Coch/French* (1948), und *Marrow* et al.[16] (1967) konnten eindeutig positive Effekte der Partizipation an für die Gruppe relevanten Entscheidungen auf das Leistungsniveau festgestellt werden. Damit eine Erhöhung (zunächst) der Arbeitsmotivation als Folge der Partizipation der Gruppenmitglieder eintritt, ist es allerdings erforderlich, daß der Gruppe **echte Entscheidungsbefugnisse** übertragen werden. Positive Effekte treten nur dann auf, wenn bestimmte Persönlichkeitsmerkmale vorliegen und die Partizipation in teilautonomen Gruppen einen Wert für die Gruppenmitglieder hat. Zwischen der Entscheidungsbeteiligung und den Bedürfnissen des Individuums muß eine Instrumentalität bestehen (vgl. Abschnitt 2 B II c).

Bei einem **Vorteilsvergleich Individuum-Gruppe** wird häufig der Gruppe *ein* einzelner Problemlöser gegenübergestellt, was dazu führt, daß unter ökonomischen Gesichtspunkten (bedeutend höhere Kosten bei nur unterproportional gestiegenem Nutzen) die Gruppe abgelehnt wird. Aussagefähige Vergleiche müssen deshalb einer kooperativ arbeitenden Gruppe eine gleich große Anzahl individuell arbeitender Problemlöser gegenüberstellen. Bei einem solchen Vergleich schneiden Gruppen in aller Regel besser ab, wenngleich abnehmende Grenznutzen bei wachsender Gruppengröße unübersehbar sind. Experimentelle Untersuchungen wie auch Alltagserfahrungen belegen, daß allein schon die **Anwesenheit anderer Menschen** bei der Arbeit die Einzelleistung positiv beeinflussen kann, wohingegen Isolation zu Streß und damit zu einer Leistungsminderung führen kann. Allerdings läßt nicht schon die bloße Anwesenheit anderer Personen das Leistungsniveau ansteigen, sondern nur die Präsenz solcher Personen, die als Bezugspersonen für soziale

---

[16] *Marrow, Alfred J.* (1905–1978), *Bowers, David G.;* Psychologen am Institute for Social Research, Uni of Michigan.

Bewertungsprozesse akzeptiert werden oder notwendig sind. Außerdem zeigt sich der unterstützende Effekt Dritter nur dann, wenn es sich um gelernte, gut beherrschte und/oder unkomplizierte Arbeiten handelt, dagegen werden neue Verhaltensweisen (Tätigkeiten) lieber allein gelernt (geübt). Hier könnte die Anwesenheit Dritter eher hinderlich wirken. Leistungsvorteile kooperativ arbeitender Gruppen lassen sich aus folgenden **Ursachen** erklären:

* Gruppenmitgliedschaft steigert die individuelle Motivation, die Aufgabe erfolgreich zu lösen
* Gruppenmitgliedschaft steigert die Selbstkritik der Teilnehmer; nur ‚vernünftige' Lösungsvorschläge werden zur Diskussion gestellt (anders: Brainstorming-Sitzungen)
* Quantitative und qualitative Problemlösungskapazität der Gruppe übersteigt die des Individuums (Koordination verschiedener Fähigkeiten und Erfahrungen; breitere Urteilsbasis; Irrtumsausgleichsmechanismus)
* Fehler werden in der Gruppe eher entdeckt und beseitigt (Zieleinhaltungskontrolle)
* Größere Kontaktintensität und damit verbesserte Informationsübermittlung (unmittelbarer Feedback).

Neben diesen Vorteilen (vgl. auch Abb. 2.38 auf S. 260) der Gruppenarbeit sind eine ganze Reihe von **Gefahren** zu bedenken (vgl. zu den Nachteilen von Teamarbeit z.B. *Trebesch* 1980).

Hochkohäsive Gruppen setzen organisatorischen Veränderungen i.d.R. starken Widerstand entgegen; d.h. die Anpassungsfähigkeit von Organisationen sinkt. Gruppen wollen bestehende, eingeübte Interaktionsmuster entgegen den (veränderten) Anforderungen der Aufgabe erhalten, wenn den Mitgliedern dadurch ein Gefühl der Sicherheit vermittelt wird oder wenn gesellige Aktivitäten der Aufgabenlösung vorgezogen werden (vgl. *Thibaut/Kelley* 1959, *Bion* 1961 und *Krech* et al.[17] 1962).

Weitere mögliche Nachteile der Arbeit in Gruppen ergeben sich aus einem Gruppendruck (Konformitätszwang), der abweichende (intelligente) Lösungsvorschläge unterdrückt, oder einem übertriebenen Teamgeist, der in **Gruppenbefangenheit** (groupthink) umschlägt und u.a. zu stark getrübten Realitätswahrnehmungen führt.

Groupthink führt als Folge starken Gruppendrucks zu einer Abnahme von Problemerkenntnis- und -lösungsfähigkeiten sowie insgesamt von (moralischer) Urteilsfähigkeit. *Janis* (1982, S. 174f.) hat auf der Grundlage einer Analyse schwerwiegender Fehlentscheidungen der amerikanischen Regierung (z.B. Pearl Harbor, Cuba Invasion, Eskalation des Vietnamkriegs) typische **Symptome des Groupthink-Phänomens** zusammengestellt:

---

[17] *Krech, David* (1900–1977) geb. in Polen; *Crutchfield, Richard St.* (geb. 1912) beide Prof. Psychologie, Uni Berkeley.

- Illusion der Unverwundbarkeit; übertriebener Optimismus und hohe Risikoneigung
- Rationalisierung schlechter, unerwünschter Nachrichten
- Glaube an die moralische Integrität der Gruppe
- Stereotype Qualifizierung der Kritiker als schwach, bösartig und dumm
- Gruppendruck gegenüber potentiellen Abweichlern
- Selbstkontrolle jeglicher Abweichungen vom Gruppenkonsens
- Illusion der Einstimmigkeit; Schweigen bedeutet Zustimmung
- Selbsternannte ‚Mindguards' schützen die Gruppe vor dissonanten Informationen.

6. Risikobereitschaft von Gruppen

Weder als Vor- noch als Nachteil von Gruppenarbeit ist ohne Kenntnis des organisatorischen Wertsystems das Phänomen erhöhter Risikobereitschaft von Gruppen gegenüber Individuen (Risky-Shift-Phänomen) zu beurteilen.[18]

Das Phänomen stellt seit den 60er Jahren in der Sozialpsychologie ein beliebtes Forschungsobjekt dar und hat zu einer Fülle von Interpretationsversuchen geführt. Die **Standardversuchsanordnung** wird bei *H.-D. Schneider* 1975 (S. 228f.) in Anlehnung an *Wallach/Kogan* (1965) wie folgt beschrieben: „Die Mitglieder von gleichgeschlechtlichen Fünfpersonengruppen erhielten in der ersten Versuchsphase einen Fragebogen mit 12 Situationen vorgelegt, in denen eine Person sich zwischen einer attraktiven, aber risikoreichen, und einer weniger attraktiven, aber sicheren Wahl entscheiden muß. Die Versuchsperson wird gefragt, bei welcher Eintretenswahrscheinlichkeit sie der betroffenen Person zu der attraktiven Alternative raten würde ... Nach der individuellen Beantwortung überreichte der Versuchsleiter jedem Probanden ein neues Exemplar desselben Fragebogens und bat die Gruppe, jeden Fall zu diskutieren und zu einer einstimmigen Entscheidung zu gelangen. In der folgenden dritten Phase gingen die Versuchspersonen den Fragebogen ein drittes Mal, nun aber wieder individuell, durch und markierten ihre persönliche Entscheidung, die mit dem Gruppenvotum übereinstimmen konnte oder nicht."

In Abb. 2.41 sind die mittleren Differenzen zwischen den Entscheidungswerten der Versuchspersonen (getrennt für Männer und Frauen) in unterschiedlichen Befragungsphasen angegeben. Der Entscheidungswert einer Vp ergibt sich aus der Addition der 12 angekreuzten Wahrscheinlichkeiten aus den 12 vorgegebenen Situationen.

---

[18] Vgl. die ausführlichen Literaturhinweise bei *Irle* 1975, *H.-D. Schneider* 1975, *Crott* 1979 und *Elschen* 1982.

Abb. 2.41: Die Verschiebung der Risikobereitschaft nach Gruppendiskussionen für männliche und weibliche Versuchspersonen

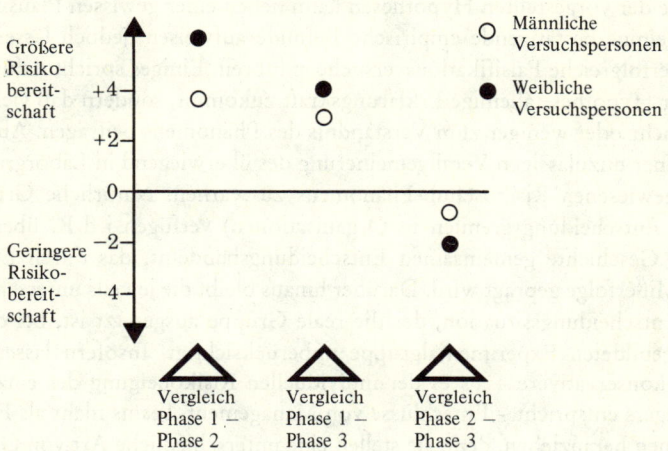

Quelle: *H.-D. Schneider* 1975, S. 230 nach *Wallach/Kogan* 1965

Beispiel:

Phase 1: Einzelentschluß, Entscheidungswert 30

Phase 2: Gruppenentschluß, Entscheidungswert 34

Phase 3: Einzelentschluß, Entscheidungswert 32

Differenz Phase 1–2: +4

Differenz Phase 1–3: +2

Differenz Phase 2–3: −2

Die Gruppe entscheidet also – so ergeben die meisten Experimente – *risikoreicher* als der Durchschnitt der einzelnen Gruppenmitglieder. Diese höhere Risikobereitschaft zeigt sich i.d.R. auch noch in der sich anschließenden Einzelbefragung (Phase 3).

Folgende **Erklärungsansätze** für das Risikoschub-Phänomen werden in der Literatur geboten (vgl. *H.-D. Schneider* 1975, S. 230ff., *Irle* 1971, S. 174ff.):

- **Verteilung von Verantwortung**
  (Ein höheres Risiko wird deshalb akzeptiert, weil sich die Verantwortung für einen Fehlschlag auf alle Gruppenmitglieder verteilt).

- **Höheres Informationsniveau**
  (Die Diskussion in der Gruppe führt zu einer besseren Vertrautheit mit dem Problem, was Unsicherheit reduziert und Risikoneigung erhöht).

- **Risikobereiter Gruppenführer**
  (Ein besonders risikobereites Gruppenmitglied beeinflußt als informeller Führer die restliche Gruppe).

- **Risikofreudigkeit als kultureller Wert**
  (Wenn Risikofreudigkeit ein sozialer Wert ist – in einer Schicht oder Ge-

sellschaft –, möchte man vor anderen auch bei konservativer Haltung diesem Ideal nahe kommen).

Jede der vorgestellten Hypothesen kann neben einer gewissen Plausibilität auch einige bestätigende empirische Befunde aufweisen, jedoch lassen sich auch erfolgreiche Falsifikationsversuche anführen. Einiges spricht dafür, daß keiner Hypothese alleinige Erklärungskraft zukommt, sondern daß vielmehr alle mehr oder weniger zum Verständnis des Phänomens beitragen. Auch ist vor einer unzulässigen Verallgemeinerung des überwiegend in Laborgruppen nachgewiesenen Risikoschub-Phänomens zu warnen. Natürliche Gruppen (z. B. Entscheidungsgremien in Organisationen) verfügen i. d. R. über eine lange Geschichte gemeinsamen Entscheidungshandelns, das durch Erfolge und Mißerfolge geprägt wird. Darüber hinaus bleibt die jeweils unterschiedliche Entscheidungssituation, der die reale Gruppe ausgesetzt ist, bei der ad hoc gebildeten Experimentalgruppe unberücksichtigt. Insofern lassen sich auch konservativere – als es der individuellen Risikoneigung des einzelnen Managers entspricht – Entschlüsse von Management-Teams nicht als Falsifikationen heranziehen, denn sie stellen eine unterschiedliche Art von Gruppe dar.

Elschen (1982) hat am Beispiel des Risikoverhaltens bei Gruppenentscheidungen auf die generellen Probleme bei der Übernahme empirisch gestützter verhaltenswissenschaftlicher Forschungsergebnisse in die Betriebswirtschaftslehre aufmerksam gemacht. Um der von ihm beschworenen Gefahr einer unkritischen Übernahmepraxis zu begegnen, derzufolge Verhaltenshypothesen angeblich ohne theoretisches Hintergrundwissen und ohne Beachtung von Anwendungsbedingungen in eine Führungslehre eingebracht werden, formuliert *Elschen* **Übernahmekriterien** als normative Auswahlkriterien für den betriebswirtschaftlichen Forscher. Da die Formulierung von Auswahlkriterien sinnvollerweise nicht losgelöst von den Forschungszielen der Betriebswirtschaftslehre erfolgen kann, diese aber von *Elschen* in Anlehnung an *D. Schneider* (1985) sehr restriktiv gefaßt werden (Einkommenserzielung und Einkommensverwendung), wird die Übernahme verhaltenswissenschaftlicher Forschungsergebnisse für eine so verstandene Betriebswirtschaftslehre ohnehin kaum relevant.

7. Problemlösen in Gruppen

Probleme ergeben sich, wenn bestimmte Ziele angestrebt werden, die Wege zum Erreichen der Ziele aber unbekannt oder durch Barrieren blockiert sind. Das Problem[19] besteht darin, Mittel und Wege zu finden, um eine gegebene, als unerwünscht erachtete Situation (S_0) in eine erwünschte Situation (S_1) zu überführen.

---

[19] Zur Abgrenzung von Problem und Aufgabe vgl. S. 631.

Nach *Dörner* (1979, S. 10) ist ein Problem durch folgende drei Komponenten gekennzeichnet

1. ein unerwünschter Ausgangszustand S_o
2. ein erwünschter Endzustand S_1
3. Barrieren, die die Transformation von S_o in S_1 im Moment verhindern.

Je nach Art der Barrieren lassen sich unterschiedliche **Problemtypen** unterscheiden:

- **Interpolationsproblem** (z.B. Schachspiel gewinnen)
- **Syntheseproblem** (z.B. Denksportaufgabe lösen)
- **dialektisches Problem** (z.B. Qualität des Arbeitslebens verbessern).

„Wenn man in einer Problemsituation weiß, was man will und auch die Mittel kennt, mit denen der angestrebte Zielzustand erreichbar ist, dann liegt das Problem in der richtigen Kombination der Mittel. Man hat eine Interpolationsbarriere vor sich. Weiß man, was man will, kennt aber die Mittel nicht, so hat man eine Synthesebarriere, und weiß man gar nicht, was man eigentlich genau will, so hat man eine dialektische Barriere." (*Dörner* 1979, S. 14).

Solche Problemtypen sind nicht ‚objektiv' zu definieren, sondern nur in Abhängigkeit vom jeweiligen Problemlöser. Was für den einen ein Syntheseproblem ist, mag für den anderen lediglich ein Interpolationsproblem sein.

Problemlösen besteht also darin, die Kluft zwischen der bestehenden und der erstrebten Situation zu überbrücken (vgl. z.B. *Pfohl* 1977, *Rühli* 1978, *Gaitanides* 1983).

Sind als Problemlösung bestimmte Aktivitäten ausgewählt und durchgeführt worden, und stellt es sich heraus, daß dabei (S_1) nicht erreicht wurde, sondern z.B. (S_2), so treten neue Probleme auf. Bei der Lösung dieser Probleme, die durch Soll-Ist-Vergleiche festgestellt werden, richten sich die Aktivitäten darauf, die Abweichung zu beseitigen.

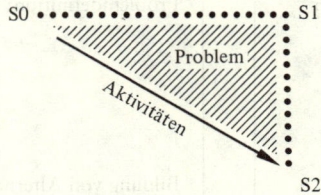

Allen Problemen sind gewisse Merkmale gemeinsam. Ein Aspekt von Problemen, der sich als Unsicherheitsfaktor äußert, ist die Zeitdimension. Problemsituationen weisen einen Vergangenheits- (z.B. Ursachen), Gegenwarts- (z.B. Wahrnehmung einer Störung) und Zukunftsbezug (z.B. Prognose der Auswirkungen) auf, wobei sowohl Analyse- als auch Prognose-Unsicherheiten auftreten. Ferner sind Probleme durch ihre Mehrdimensionalität gekennzeichnet. Bei Problemen spielen zum Beispiel soziale, psychologische, technische oder politische Dimensionen als Komponenten der Problemsituation eine Rolle. Folglich sollten bei Problemlösungsaktivitäten Erkenntnisse all jener wissenschaftlichen Disziplin herangezogen werden, die sich mit der jeweiligen Dimension befassen.

Die Tatsache, daß sich fast alle realen Probleme in mehr oder weniger kleine Teilprobleme bis hin zu Elementarproblemen aufspalten lassen, hat zur Formulierung einer Vielzahl von Phasengliederungen des Problemlösungsprozesses geführt, die letztlich alle auf die Arbeiten des Denkpsychologen *Dewey*[20] (1910) zurückgehen.

Unter einem **Problemlösungsprozeß** wird die Abwicklung sämtlicher Aktivitäten verstanden, die vom Entstehen eines Problems bis zu dessen Lösung durchgeführt werden. In analytischer Betrachtungsweise werden die einzelnen Aktivitäten des Problemlösungsprozesses inhaltlich wie in Abb. 2.42 beschrieben.

Alle Aktivitäten des Problemlösungsprozesses haben gemeinsam, daß sie einen Vorgang darstellen, der aus dem Verarbeiten von Informationen besteht. Jede Problemlösungsaktivität bedeutet Finden und Auswerten von Informationen.

Von den beteiligten Personen hängt es ab, ob sie Problemorientierung zeigen, dadurch Probleme wahrnehmen und einen Lösungsprozeß einleiten. Diese Aktivität enthält als wesentliche kognitive Komponente das Bewußtwerden eines Problems.

Abb. 2.42: Darstellung des Problemlösungsprozesses

Mikro-Prozesse	Makro-Prozeß
Tätigkeiten in allen Problemlösungsphasen: Sammeln und Auswerten von Informationen, Bewerten, Entscheiden über weitere Vorgehensweisen	→ Problemerkenntnis ↓ Problemdefinition: was? wo? wann? Umfang, Ursachen und Wirkungen? Problemanlaß? Bildung von Alternativen ↓ Bewertung aller und Wahl einer Alternative ↓ Durchführung und Kontrolle Problem gelöst ← Problem nicht gelöst

---

[20] *Dewey, John* (1859–1952) amerik. Psychologe und Philosoph.

Der idealtypische Ablauf eines Problemlösungsprozesses, wie er hier abgebildet wird, kann als Makro-Prozeß verstanden werden, der in der Realität von einer Vielzahl von Rückkopplungen und Einzelproblemlösungen überlagert wird.

Nach *Schein* (1969) ist die Phase der **Problemerkenntnis** die schwierigste Phase im gesamten Prozeß; vor allem deshalb, weil häufig die Symptome mit den Problemen selbst verwechselt werden. Das Ergebnis des Problemlösungsprozesses hängt ganz entscheidend von der Interpretation der Ausgangssituation, der Problemerkenntnis, ab. Eine neuartige Problemsicht kann zu einer völlig anderen Problemlösung führen (vgl. *Kepner/Tregoe*[21] 1965) *Irle* (1971) weist darauf hin, daß Probleme in der Praxis nicht systematisch ermittelt und vorurteilsfrei analysiert werden, sondern häufig rein zufällig erkannt werden; ein Vorgang, bei dem Stäbe eine ganz dominierende Rolle spielen.

Bei der **Problemdefinition** werden Inhalt und Umfang des Problems genau abgegrenzt; dabei werden Fragen beantwortet nach dem Inhalt des Problems, wo es auftrat und wann es festgestellt wurde. Daneben werden auch eventuelle Begleitprobleme erfaßt und in eine Rangordnung gebracht. Ferner wird versucht, aus der Problemstruktur die Ursachen- und Wirkungszusammenhänge aufzudecken und erste Lösungsansätze zu identifizieren.

Die Erkenntnis, daß eine rechtzeitige Identifikation von Problemen und die Generierung neuer Ideen wesentliche Voraussetzungen für das Überleben einer Organisation darstellen, hat in Wissenschaft und Praxis zur Entwicklung einer Fülle sog. Methoden der Ideenfindung geführt (vgl. für viele andere *Delbecq* et al.[22] 1975, *Sikora* 1976, *Schlicksupp* 1976). Für die Phase der Problemdefinition bzw. Ideenproduktion eignet sich dabei ganz besonders die Gruppenarbeit[23].

Auch bei der **Bildung von Alternativen** sind einzelne Methoden der Ideenfindung in Gruppen besonders hilfreich, denn das Aufstellen von Lösungsalternativen sollte zunächst darauf gerichtet sein, möglichst viele differenzierte Lösungsmöglichkeiten zu sammeln und sie erst danach zu bewerten.

Im Gegensatz zu dem auf Differenzierung angelegten Sammeln von Lösungsalternativen sind die folgenden Aktivitäten der **Bewertung** auf Integration angelegt, d.h. die Lösungsmöglichkeiten werden daraufhin bewertet, ob sie Beschränkungen (z.B. Begrenzungsfaktoren des Handlungsspielraums, wie Zeit und Mittel) integrativ berücksichtigen. Nach dieser Bewertung wird eine Lösungsmöglichkeit selektiert. Die **Realisierung** der ausgewählten Lösungsmöglichkeit und die **Kontrolle** der Durchführung sollen sicherstellen,

---

[21] *Kepner, Charles H.* (geb. 1922) Sozialpsychologe, President Kepner-Tregoe Inc., Princeton. *Tregoe, Benjamin*, Soziologe, ehem. RAND Corp.

[22] *Delbecq, André L.* (geb. 1936) Prof. Management, Santa Clara Uni, Calif.

[23] *Redel* (1982, S. 131 ff.) diskutiert auf der Basis der vorliegenden Literatur die besondere Eignung von Kollegien bzw. Gruppen zur Lösung der in den einzelnen Phasen des Problemlösungsprozesses anfallenden Aufgaben.

daß das Problem tatsächlich gelöst wird, bzw. einen erneuten Problemlösungsprozeß auslösen, sofern das Problem durch die ergriffenen Maßnahmen nicht gelöst werden konnte.

In Anlehnung an *Mag* (1989) lassen sich den einzelnen Phasen des Problemlösungs- bzw. Entscheidungsprozesses die in der Praxis benutzten **Entscheidungstechniken**[24] zuordnen:

- **Entscheidungsvorbereitende Techniken** (Willensvorstrukturierung)

  Problemstrukturierungstechniken (z.b. morphologischer Kasten, Netzplantechnik, Mustererkennung)

  Alternativengenerierungstechniken (z.B. Brainstorming, Synektik, Delphi Technik, Nominal Group Technik,[25] Szenario Technik)

  Prognosetechniken (z.B. Trendextrapolation, Indikatorprognosen, Korrelationsrechnung)

  Bewertungstechniken (z.B. Kosten-Nutzen-Analyse, Scoring, Nutzwertanalyse, Entscheidungsbaum)

  Auswahltechniken (z.B. Entscheidungsregeln, Operations Research)

- **Entscheidungsbildende Techniken** (Willensbildung); neben dem individuellen Problemlösungsprozeß (Selbstmanagement) ist hier vor allem der kollektive Entscheidungsprozeß in Gruppen von Bedeutung.

  Konferenz- und Moderationstechniken (z.B. Metaplan Technik) sowie Abstimmungstechniken (nach *Schein* 1969, S. 53 ff.):

  1. Entscheidung durch Nichtbehandlung (Decision by Lack of Response)

     Der Vorschlag eines Gruppenmitglieds wird einfach überhört, nicht wahrgenommen und nicht diskutiert. Die implizite Entscheidung lautet, diese Idee nicht zu unterstützen.

  2. Entscheidung durch Autorität (Decision by Authority Rule)

     Die Gruppe diskutiert ein Problem; die Entscheidung wird (nicht zwangsläufig) auf der Grundlage der Diskussion *allein* durch den hierarchisch am höchsten Stehenden getroffen (z.B. durch Gruppenführer, Vorsitzenden). Nachteilig macht sich hier vor allem bei der Implementation die mangelnde Identifikation mit der Lösung bemerkbar.

  3. Minoritätsentscheid (Decision by Minority Rule)

     Eine kleine Zahl an Gruppenmitgliedern bestimmt den Gruppenentscheid entweder durch vorherige Absprachen oder durch ad hoc Koalitionsbildungen in der Sitzung. Durch rhetorische Tricks, wie ‚wir sind doch alle der Meinung von Mayer‘, oder ‚Schweigen bedeutet doch Zustimmung‘, wird die Gruppenmehrheit überfahren.

  4. Majoritätsentscheid (Decision by Majority Rule)

---

[24] Vgl. hierzu *Kepner/Tregoe* 1965, *Delbecq* et al. 1975, *Schlicksupp* 1976.

[25] NGT ist eine der Delphi Technik ähnliche Methode, bei der die Gruppe nur formal zusammenkommt (synthetische Gruppen). Es sind nur Verständnisfragen zu den individuell entwickelten Ideen zulässig. Die Alternativen werden durch Abstimmung in eine Rangreihe gebracht.

Hier werden nach ausführlicher Diskussion die vorgeschlagenen Alternativen formell zur Abstimmung gestellt (evtl. nach vorherigen Probeabstimmungen). Trotz hoher demokratischer Legitimation weist diese Methode erhebliche Schwächen bei der Implementation auf. Minoritäten empfinden, daß sie nicht ausreichend Gelegenheit erhalten haben, ihren Standpunkt zu verdeutlichen; sie fühlen sich nicht dem Abstimmungsergebnis verpflichtet. Darüber hinaus spaltet die Entscheidung per Abstimmung die Gruppe in mindestens zwei Lager, die Gewinner und die Verlierer, mit allen negativen Konsequenzen der Gewinn-Verlust-Spielsituation.

5. Entscheidung durch Konsens (Decision by Consensus)
Dies ist der Idealfall (vor allem bei Einstimmigkeit) eines Gruppenentscheidungsprozesses. Da diese Entscheidungsmethode äußerst zeitaufwendig ist, kommt sie leider nur in wenigen Situationen zur Anwendung, und zwar dann, wenn wenig kontroverse, konsensfähige Entscheidungen anstehen, bei denen keiner etwas zu verlieren hat.

• **Entscheidungsdurchsetzende Techniken** (Willensdurchsetzung)
Hier geht es um die Implementation der Gruppenentscheidungen in der Organisation. *Scanlon/Keys* (1983, S. 95 ff.) empfehlen vor allem

Abb. 2.43: Problemlösungsprozeß als Zweikreismodell

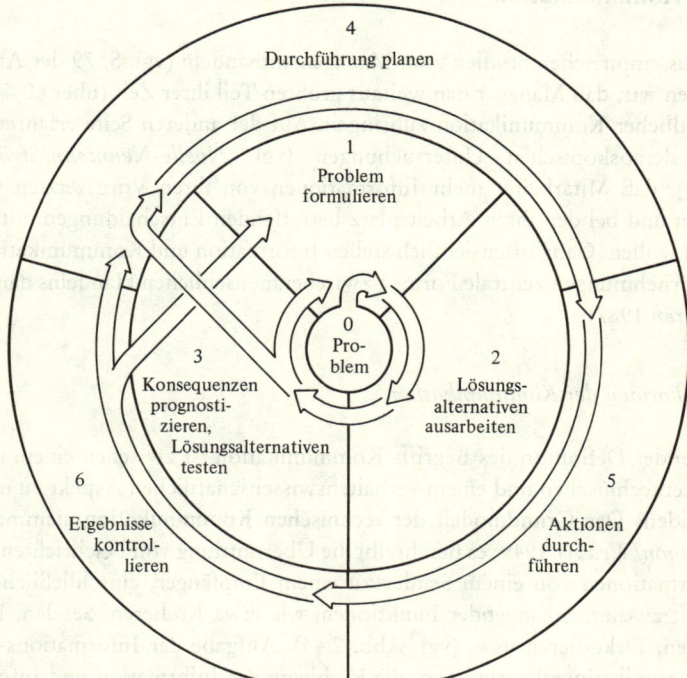

Quelle: Schein 1969, S. 47

Kommunikationstechniken (Wer soll informiert werden; wann, worüber und wie?)

Partizipationstechniken (Wer soll in welchem Ausmaß, ab wann am Prozeß beteiligt werden?)

Schein (1969, S. 46 ff.) hat den **Problemlösungsprozeß in Gruppen** als Zweikreismodell dargestellt (vgl. Abb. 2.43 auf S. 273); dabei bezeichnet der Übergang vom Innen- zum Außenkreis die eigentliche *Entscheidung*.

In aller Regel werden die Aufgaben, die im Außenkreis zu lösen sind, von einer (oder mehreren) anderen Gruppe(n) wahrgenommen als derjenigen, die mit der Lösung der Probleme im Innenkreis betraut ist. *Schein* plädiert dafür, daß zwischen den Gruppen frühzeitig Interaktionen vorgesehen werden, damit eine möglichst plangerechte Implementation der Entscheidungen gewährleistet ist. Seine Empfehlung lautet, diejenigen, die die Lösungen realisieren sollen, möglichst frühzeitig an den Prozessen im Innenkreis zu beteiligen.

II. Prozesse in Gruppen

1. Kommunikation

Aus empirischen Studien zum Managementhandeln (vgl. S. 79 der Arbeit) wissen wir, daß Manager den weitaus größten Teil ihrer Zeit (über 60%) mit mündlicher Kommunikation zubringen. Auf der anderen Seite erfahren wir aus demoskopischen Untersuchungen (vgl. *Noelle-Neumann/Strümpel* 1984), daß Mitarbeiter mehr Informationen von ihren Vorgesetzten wünschen und bei den ihren Arbeitsplatz betreffenden Entscheidungen mitsprechen wollen. Ganz offensichtlich stellen Information und Kommunikation in Unternehmungen zentrale Formen zwischenmenschlichen Handelns dar (vgl. *Wahren* 1987).

a. Formen der Kommunikation

Bei der Definition des Begriffs Kommunikation ist zwischen einem nachrichtentechnischen und einem verhaltenswissenschaftlichen Aspekt zu unterscheiden. Das **Grundmodell der technischen Kommunikation** stammt von *Shannon/Weaver* 1949; es beschreibt die Übermittlung von Nachrichten oder Informationen von einem Sender zu einem Empfänger, einschließlich aller damit zusammenhängender Funktionen, wie etwa Kodieren, Senden, Empfangen, Dekodieren usw. (vgl. Abb. 2.44). Aufgabe der Informations- und Kommunikationstheorie ist es, die Probleme der Information und Informationsübermittlung quantitativ zu erfassen und strukturell darzustellen.

Signale sind physikalisch wahrnehmbare Tatbestände (z.B. Lichtwellen, Schallwellen, Stromstöße), die zur Übertragung und Speicherung von Nachrichten dienen (vgl. *Kramer* 1965, *Steinbuch* 1965). Eine **Nachricht** setzt sich aus verschiedenen Zeichen (Buchstaben, Ziffern etc.) zusammen, die nur, wenn sie in eine gewisse Ordnung gebracht worden sind, zu einer sinnvollen Nachricht werden. Unter **Information** versteht man in der Betriebswirtschaftslehre „zweckorientiertes Wissen, also solches Wissen, das zur Erreichung eines Zweckes, nämlich einer möglichst vollkommenen Disposition eingesetzt wird" (*Wittmann* 1959, S. 14). Dieses Wissen erhält der bislang Nichtwissende durch den Empfang einer Nachricht. Eine Nachricht wird also erst dann für den Manager zu einer Information, wenn er sie für seinen Entscheidungsprozeß benötigt.

Abb. 2.44: Kommunikationsprozeß

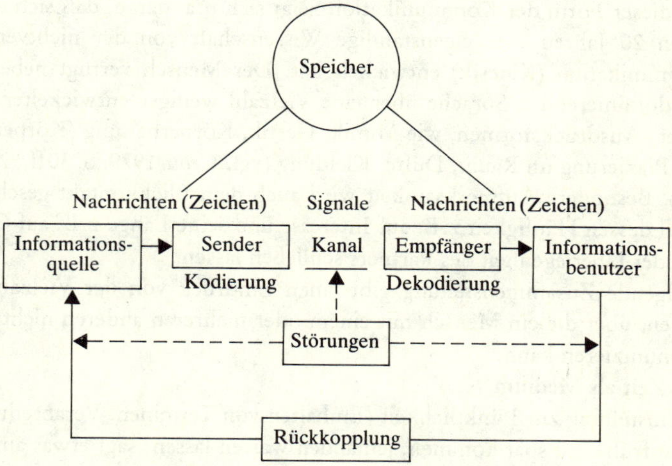

Soziale Kommunikation meint dagegen den zwischenmenschlichen Austausch von Mitteilungen, Gedanken und Gefühlen (auch nichtverbaler Art), sowie die Fähigkeit von Menschen, in Gruppen soziale Beziehungen zu unterhalten. Diese Fähigkeit wird auch als soziale oder kommunikative Kompetenz bezeichnet, die für die Arbeit in Gruppen (Teams) eine zwingend notwendige Voraussetzung darstellt.

Nach einer starken Betonung des nachrichtentechnischen Aspektes der Kommunikation vor allem im Zuge der Rezeption kybernetischer Denkmodelle in den 60er Jahren (vgl. z.B. *Steinbuch* 1965, *Flechtner* 1970), die zu einer Betrachtung der ganzen Unternehmung als informationelles System sowie seiner Subsysteme als Regelkreise (ver)führte, hat sich unter dem Einfluß der neueren sozialwissenschaftlichen Literatur (vgl. *Schulz von Thun* 1981, *Fittkau* et al. 1983, *Wahren* 1987) die Analyse der sozialen Kommunikation als für Managementprobleme bedeutend relevanter durchgesetzt.

Dabei beziehen sich all diese Autoren auf die grundlegenden Arbeiten von *Watzlawick* et al.[1] (1985), die bei der menschlichen Kommunikation zwischen einem **Inhalts-** und einem **Beziehungsaspekt** unterscheiden. Während der erstere auf den kommunizierten Inhalt, die Daten, abhebt, weist der Beziehungsaspekt an, wie die Daten zu verstehen sind.

Die Mißachtung empirisch belegter menschlicher Verhaltensweisen hat in den 70er Jahren zu einem Scheitern computerisierter Management Informations Systeme (**MIS**) und den heutigen Problemen beim Einsatz von Personal Computern (**PC**) im oberen Management geführt; in beiden Fällen ist die Konzeption zu sehr auf den ‚rationalen‘ Inhaltsaspekt der Kommunikation abgestellt worden.

Ebenso wie im Management lange Zeit der Beziehungs- gegenüber dem Inhaltsaspekt vernachlässigt worden ist, wurde die nichtverbale gegenüber der verbalen Kommunikation außer acht gelassen. Die zunehmende Bedeutung dieser Form der Kommunikation zeigt sich u. a. daran, daß sich in den letzten 20 Jahren eine eigenständige Wissenschaft von der nichtverbalen Kommunikation (**Kinesik**) entwickelt hat. Der Mensch verfügt neben der stets dominierenden Sprache über eine Vielzahl weniger entwickelter (trainierter) Ausdrucksformen, wie Mimik, Gestik, Körperhaltung (Körpersprache), Plazierung im Raum, Düfte, Kleidung (vgl. *Crott* 1979, S. 30ff., *Argyle* 1982). Besondere Aufmerksamkeit wird auch dem Blickkontakt geschenkt; so soll dessen Häufigkeit z.B. auf Interesse und seine Länge z.B. auf Offenheit oder Überlegenheit des Partners schließen lassen.

Folgende Zusammenstellung gibt einen Eindruck von der Vielzahl von Medien, über die ein Mensch mit einem oder mehreren anderen nichtverbal kommunizieren kann:

- **die Zeit als Medium**
  - Einstellung zur Pünktlichkeit (Einhalten von Terminen, Verabredungen, zu früh – zu spät kommen, jemanden warten lassen; sagt etwas aus über Status, Macht, Autorität des Partners)
  - Zeit als knapper Faktor (wie und mit wem Zeit verbracht wird, sagt viel über die Beziehungen zum Partner aus)
- **der Raum als Medium**
  - mehr ist besser als weniger (Büroraum, Haus, Garten)
  - privat ist besser als öffentlich (Club, Park, Schwimmbad)
  - höher ist besser als niedrig (Haus auf Anhöhe, Büro im Hochhaus – analog zur Unternehmungshierarchie)
  - nah ist besser als fern (bei positiven Empfindungen, sonst umgekehrt; z.B. Lage der Mitarbeiterbüros zum Chefbüro, Sitzordnung bei Tagungen, Banketts etc.)
  - ‚in‘ ist besser als ‚out‘ (Insider – Outsider in Gruppen)

---

[1] *Watzlawick, Paul* (geb. 1921 in Österreich) Prof. Psychologie, Stanford Uni und Mental Research Institute, Palo Alto.

- **Gegenstände als Medien**
  - größer ist besser als kleiner (Auto)
  - mehr ist besser als weniger (zwei Autos)
  - sauber ist besser als schmutzig (Kleidung)
  - ordentlich ist besser als unordentlich (Schreibtisch)
  - teuer ist besser als billig (Pelzmantel)
  - selten ist besser als alltäglich (Kunstgegenstände)
  - schön ist besser als häßlich (Haus)
  - ganz alt oder ganz neu ist besser als einige Jahre alt (Möbel)
  - eigen ist besser als fremd (Transportmittel)
- **der menschliche Körper als Medium**
  - Jeder Mensch ist ein lebendiges Aushängeschild dessen, was er ist und was er gerne sein möchte; er kommuniziert das (meistens unbewußt) mittels Haltung, Kleidung, Frisur, Ausdruck, Bewegungen des Mundes, der Augen, der Hände, der Füße. (Zur Bedeutung der Körpersprache für Manager vgl. *Rückle* 1982).

Nichtverbale Botschaften liefern wichtige Zusatzinformationen neben den verbalen, und zwar vor allem zum Beziehungsaspekt der Kommunikation (Gefühle, Einstellungen, Stimmungen).

Während bei der nichtverbalen Kommunikation zu Recht die mangelnde Eindeutigkeit und intersubjektive Überprüfbarkeit der Signale beklagt wird, macht man sich bei der **Verwendung der Sprache** viel zu wenig Gedanken über die Vielzahl an Mehrdeutigkeiten, Unschärfen und Verständigungsbarrieren, die der Umgang mit diesem Medium mit sich bringt. Lange Zeit waren diese Probleme lediglich Erkenntnisobjekte von Sprachforschern, die sich für **Semantik** (Lehre von den Zeichen und ihrer Bedeutung) interessieren. Mit der bahnbrechenden Arbeit von *Korzybski*[2] (1933) wird die Allgemeine Semantik als Wissenschaft von der Bedeutung von Sprache und Symbolen begründet, die sich dem Studium des menschlichen Zusammenlebens mittels sprachlicher und nicht-sprachlicher Zeichen widmet (vgl. hierzu etwa *Hayakawa* 1968). Danach ist Sprache nicht nur ein Hilfsmittel des Denkens und der Kommunikation, sondern impliziert eine Theorie der Welt, Hypothesen über die Realität des Menschen. Die Struktur der Sprache ist eben nicht mit der Struktur der Wirklichkeit identisch, das Wort ist nicht die Sprache, das Symbol nicht die symbolisierte Sache, die Landkarte nicht das Gelände. Selbst wenn die gewählten Symbole oder die benutzte Sprache sehr nahe an die Realität kommen und technisch einwandfrei kommuniziert werden, ergeben sich Probleme beim Empfänger. Eine Hauptursache für solche Störungen und Verzerrungen ist die Tatsache, daß Menschen dazu neigen, die Äußerungen anderer Personen oder Gruppen zu beurteilen und zu bewerten und sie nicht ,wertfrei' aufzunehmen. Z. B. wird die Äußerung eines Betriebsratsmitglieds von seiten des Managements sofort einer Bewertung aufgrund einer

---

[2] *Korzybski, Alfred* (1879–1950) poln. Sprachwissenschaftler.

impliziten Theorie über ‚Äußerungen von Betriebsratsmitgliedern' unterzogen (vgl. Stereotypenbildung, S. 183 f.).

Sprache bildet die Brücke von der Kommunikation zur Interaktion. Wir reden nicht nur, um zu informieren (soviel Informationen gibt es überhaupt nicht), sondern auch um Schweigen zu verhindern und menschlichen Kontakt herzustellen bzw. aufrechtzuerhalten. *Hayakawa* (1968, S. 87) drückt das sehr prononciert aus: „Der Zweck des Redens ist nicht die Kommunikation von Informationen, wie die dabei gebrauchten Symbole nahezulegen scheinen …, sondern die Herstellung von Gemeinsamkeit." Verbale soziale Kommunikation findet in Form des Gesprächs statt. *Wahren* (1987, S. 68) unterscheidet fünf **Gesprächstypen** in Unternehmungen:

- *non-personale* Gespräche
  - Sachgespräch (Information zu einem bestimmten Vorgang, z. B. Abteilungssitzung)
  - Innovationsgespräch (Information zu neuartigen Problemlösungen, z. B. Brainstorming)
  - Verhandlung (zur Entscheidungsfindung, Konflikthandhabung, z. B. Schlichtung)
- *personale* Gespräche (über persönliche Angelegenheiten der Gesprächsteilnehmer, z. B. Mitarbeitergespräch)
- *soziale* Gespräche (zur Befriedigung sozialer Bedürfnisse nach mitmenschlichen Kontakten, z. B. Kantinenplausch).

Sprache, wie auch die weiter oben besprochenen Medien der Kommunikation (Zeit, Raum, Gegenstände, Körper), hat nicht nur die Funktion der Information, der sozialen Einflußnahme und Kontrolle, sondern in ihrer symbolischen Dimension auch die Funktion der **Sinnvermittlung** und gemeinsamen Konstruktion von Wirklichkeit (vgl. *Pondy/Mitroff* 1979, *Berger/ Luckmann*[3] 1980). Sprache in Form von Geschichten, Erzählungen, Anekdoten, Mythen, stellt das wichtigste Symbolsystem zur Vermittlung von Kultur dar (vgl. Abschnitt ‚Organisationskultur' S. 465 ff.). Die Erklärungskraft von **Symbolen,** als Zeichen mit Bedeutungsgehalt, bei der Analyse und Kontrolle von Verhalten ist lange Zeit unterschätzt worden. Heute beschäftigen sich eine spezielle organisationstheoretische Richtung, Organizational Symbolism (*Pondy* et al. 1983), und eine bestimmte Managementrichtung, **Symbolisches Management** (*Pfeffer* 1981 b, *Smircich/Morgan* 1982, *Hartfelder* 1984), mit Organisationen als primär symbolisch strukturierten Realitäten.

b. Kommunikationsstrukturen

Die experimentelle Kleingruppenforschung hat ergeben, daß von der Art der bestehenden Kommunikationsnetzwerke erheblicher Einfluß auf Posi-

---

[3] *Luckmann, Thomas* (geb. 1927 in Jugosl.) Prof. Soziologie, Uni Konstanz.

tion, Status und Rollen von Gruppenmitgliedern ausgehen. 1950 fragte sich *Bavelas*[4] – ganz im Sinne situativen Denkens –, ob es einen besten Weg der Kommunikation in kleinen Gruppen (3–5 Personen) gäbe. Die vielzähligen sich dieser Fragestellung widmenden Labor-Experimente weisen i.d.R. folgendes Design auf:

Kommunikationsstruktur   ————▶   **Leistung und Zufriedenheit**
z.B. Vollstruktur, Kreis,
Kette, Stern
(unabhängige Variablen)   (abhängige Variablen)

Variiert werden: die Aufgabe, die Arbeitsbedingungen und die persönlichen Charakteristika der Gruppenmitglieder.

Die bei den Experimenten verwandten Komunikationsnetze lassen sich auf drei Grundstrukturen reduzieren:

Typ I: **Zentrales Kommunikationssystem (Stern, Y)**
Typ II: **kreisförmiges Kommunikationssystem (Kreis)**
Typ III: **ungebundenes Kommunikationssystem (Vollstruktur).**

Die Aufgaben, die zur Gruppenlösung vorgegeben wurden, variieren von sehr einfachen, leicht routinisierbaren Aufgaben bis zu sehr komplexen Problemlösungen unter Unsicherheit. Die **Effizienz** der Gruppenarbeit wurde einmal an ökonomischen Kriterien, wie Schnelligkeit der Problemlösung, Fehlerhäufigkeit, Genauigkeit, Papierverbrauch etc. und zum anderen an sozialpsychologischen Kriterien, wie Zufriedenheit der Gruppenmitglieder, Kreativität, Innovation, Flexibilität bei der Behandlung neuartiger Probleme etc. gemessen. Das führt zu dem von *Leavitt* (1962) beschriebenen Dilemma, daß nämlich bei Verwendung ökonomischer Effizienzkriterien die Klassiker (Tayloraner) Recht haben, was aber zu Routinehandlungen und inhumanen Arbeitsbedingungen führt, und bei Verwendung von Kriterien wie Kreativität und Zufriedenheit die Neoklassiker (Human Relations-Anhänger). Die Lösung sieht *Leavitt* in der Wahl unterschiedlicher Kommunikationsnetze für unterschiedliche Aufgaben und unterschiedliche Zielsetzungen. Abb. 2.45 auf S. 280 gibt eine knappe Zusammenfassung der wichtigsten Ergebnisse, und zwar nach fünf Beurteilungskriterien:

1. Zentralisation:
   Ausmaß, in dem einzelne Gruppenmitglieder Zugang zu mehr Kommunikationskanälen haben als andere
2. Kommunikationskanäle:
   Anzahl der Kommunikationskanäle, die der Mehrheit der Gruppenmitglieder zur Verfügung steht
3. Führung:
   Sicherheit, mit der die Übernahme der Führerrolle durch ein bestimmtes Gruppenmitglied prognostiziert werden kann
4. Gruppen-Zufriedenheit:

---

[4] *Bavelas, Alex* (geb. 1913 in Kanada), Prof. Psychologie, Uni of Victoria.

Ausmaß der durchschnittlichen Zufriedenheit aller Gruppenmitglieder

5. individuelle Zufriedenheit:

Abstände zwischen den einzelnen Zufriedenheitsäußerungen der Gruppenmitglieder.

Abb. 2.45: Arten von Kommunikationsnetzwerken

Beurteilungs-kriterium	Stern	Y	Kette	Kreis	Voll-Struktur
Zentralisation	sehr hoch	hoch	mittel	niedrig	sehr niedrig
Kommunikationskanäle	sehr wenige	sehr wenige	mittel	viele	sehr viele
Führung	sehr hoch	hoch	mittel	niedrig	sehr niedrig
Gruppenzufriedenheit	niedrig	niedrig	mittel	mittel	hoch
individuelle Zufriedenheit	hoch	hoch	mittel	niedrig	sehr niedrig

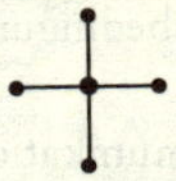

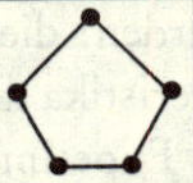

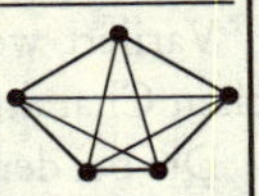

Quelle: Hellriegel/Slocum 1976, S. 169.

Baumgarten (1976) hat die vorliegenden Forschungsergebnisse vor allem auf Aussagen hinsichtlich der Effizienz verschiedener Führungsstile in Abhängigkeit von unterschiedlichen Kommunikationsstrukturen untersucht. Folgende **Hypothesen** fand er weitgehend bestätigt:

• Ein stark aufgabenbezogener, kontrollierender Führungsstil bewirkt bei zentralem Kommunikationssystem (Stern) und bei einfachen Routineaufgaben die beste Leistung, aber keine hohe Zufriedenheit.

• Ein stark mitwirkungsorientierter Führungsstil bewirkt bei ungebundenem Kommunikationssystem (Vollstruktur) und bei komplexen Entscheidungsaufgaben sowohl die beste Leistung als auch die höchste Zufriedenheit.

Was das **Zufriedenheitsniveau** der Gruppenmitglieder anbetrifft, kommen die meisten hier zitierten Untersuchungen zu dem Ergebnis, daß die Zufriedenheit des Einzelnen primär von der Zentralität seiner Stellung im Kommunikationsnetz und die Zufriedenheit der Gruppe von dem Freiheitsgrad hinsichtlich der Kommunikationsmöglichkeiten determiniert wird.

Einer Verallgemeinerung der in diesen Experimenten gefundenen Ergebnisse stehen zwei schwerwiegende Hindernisse entgegen. Einmal handelt es sich um Laborsituationen und zum anderen um kleine Gruppen, so daß eine einfache Übertragung auf reale Entscheidungsprobleme in großen Organisationen unzulässig ist. Andererseits ist die Vorstellung von einem für die Gesamtorganisation einheitlichen Kommunikationssystem unrealistisch, denn jede Organisation verfügt über eine Vielzahl von Mikrostrukturen, die aufgrund unterschiedlicher Aufgabenstellungen auch unterschiedliche Kommunikationstechniken und -strukturen verwenden.

c. *Kommunikationsbarrieren*

Im Mittelpunkt der neueren sozialpsychologisch orientierten Managementliteratur über Kommunikation stehen pragmatische Ansätze zur Überwindung von **Kommunikationsbarrieren** (*DuBrin* 1974, S. 281 ff., *Donnelly* et al. 1987, S. 428 ff., *Luthans* 1985, S. 427 ff.). Diese können struktueller und/oder persönlicher Art sein, wie

• hierarchisches Kommunikationssystem (Statusunterschiede)
• hohe Arbeitsteilung/Spezialisierung
• Zielkonflikte
• vorgefaßte Meinungen
• dissonante Informationen
• semantische Unterschiede (z.B. Fachterminologie)
• fehlende Motivation, Interesselosigkeit
• Unzuverlässigkeit der Informationsquelle
• mangelnde Kommunikationsfähigkeit
• schlechtes Organisationsklima (z.B. Mißtrauen)
• Vielzahl von Zwischenstationen.

Abb. 2.46 gibt einen Überblick über **Kommunikationsprobleme,** wie sie in den Phasen des Kommunikationsprozesses typischerweise auftreten.

Abb. 2.46: Ursachen von Kommunikationsproblemen

Sender	Empfänger
Stufe 1: Ideen	*Stufe 6: Verstehen*
Der Sender ist sich über seine wahren Wünsche und Beweggründe nicht im klaren oder möchte diese nicht preisgeben. Die Information wird dadurch unklar, unpräzise und schwer zuordenbar.	Informationen werden vor allem bei der Zuordnung von Bedeutungsinhalten verzerrt. Die wesentlichen psychischen Mechanismen sind hierbei: Vorurteile, Stereotype, selektive Wahrnehmung, Uminterpretation.

▼ (psychische Ebene) ▲

Stufe 2: Übersetzen *Stufe 5: Übersetzen*

Beim Übersetzen werden die Ideen der psychischen Ebene (Stufe 1) in motorische Aktivitäten (Stufe 3) bzw. die über die sensorischen Kanäle empfangenen Signale (Stufe 4) in Bedeutungsinhalte (Stufe 6) umgesetzt. Die Brücke bei diesem Umsetzungsprozeß wird gebildet von der Sprache. Das Problem ist, daß Sender und Empfänger den einzelnen Informationen (Worten, Gesten, etc.) andere Bedeutungen zuordnen. So sind die Vorstellungen, die hinter den einzelnen Worten der Sprache stehen, von Individuum zu Individuum höchst unterschiedlich; sprechen wir von einem „Stuhl", stellt sich jeder ein anderes Sitzmöbel vor.

(symbolische Ebene)

▼   ▲

Stufe 3: Senden   *Stufe 4: Empfangen*

Typische Probleme auf der Senderseite sind z.B.:

- eine undeutliche Aussprache,
- ein umständlicher Vortrag (Wortwahl und Satzstellung),
- das Senden widersprüchlicher Informationen auf verschiedenen Kanälen (z.B. verbal und körpersprachlich).

Schon bedingt durch den Aufbau und die Arbeitsweise unseres Wahrnehmungsapparates wird das, was wir wahrnehmen, stets ein unvollkommenes Bild der außersubjektiven Wirklichkeit sein.

Weitere Ursachen für ein nicht richtiges Empfangen können z.B. sein: Unaufmerksamkeit, Desinteresse oder Nebengeräusche.

materielle Ebene

Quelle: Wahren 1987, S. 92

Solche Barrieren haben die unangenehme Konsequenz, daß Informationen ausgelassen (Filtern, Selektieren) oder verändert (Übertreibung, Unterbewertung) werden oder Gerüchte in informale Kanäle geleitet werden (Problem des ‚grapevine'). Als einfache, aber wirksame Abhilfe empfiehlt sich hier die Aufforderung an den Empfänger, den Kommunikationsinhalt zu bestätigen und/oder an den Sender, die Nachricht auf demselben oder – besser noch – einem anderen Kanal zu wiederholen (feedback). **Feedback** kann einmal als Rückmeldung des Empfängers an den Sender verstanden werden, zum andern aber auch als Instrument zur Verbesserung der Kommunikation zwischen Vorgesetzten und Mitarbeitern (*Luthans* 1985, S. 429):

hilfreiches Feedback	ungeeignetes Feedback
soll Mitarbeiter helfen	soll Mitarbeiter kleinkriegen
präzise	generell
beschreibend	bewertend
nützlich	unpassend
zu rechter Zeit	zur falschen Zeit
Mitarbeiter ist offen für Feedback	führt zu Verteidigungshaltung
verständlich	unverständlich
verbindlich	ungenau

Folgende Variablen sind für den **Erfolg von Kommunikationsprozessen** ausschlaggebend (vgl. *Carlisle* 1976, S. 526ff.):

- Kommunikationsfähigkeiten (Sprechen, Schreiben, Lesen, Hören Wahrnehmen)
- Deutlichkeit des semantischen Bezugrahmens (Sinn, welcher der Nachricht beigelegt wird)
- Anerkennung von Bedürfnissen beim Empfänger (Wertschätzung des Kommunikationspartners)

- Vergleichbare[5] Persönlichkeitsvariablen (Einstellungen, Vorurteile, Gefühle)
- Vergleichbare[5] Position und Status
- Vergleichbare[5] Annahmen über den Kommunikationspartner
- Art der zwischenmenschlichen Beziehungen zwischen Sender und Empfänger (z. B. Angst, Vertrauen).

Als Ansatzpunkte zur **Verbesserung der Kommunikation** werden in der Literatur diskutiert (*Carlisle* 1976, *Luthans* 1985, *Donnelly* et al. 1987, *Wahren* 1987):

- Verbesserung der Kommunikationsfähigkeiten
- Anpassung der Kommunikation (Wissen, Terminologie) an das Niveau des Empfängers (z. B. empfängerorientierte Formulierungen)
- Schaffen eines angstfreien Klimas (Erleichterung offener, konfliktfreier Kommunikation)
- Erhöhung der Objektivität der Kommunikation (Benutzung von Primärquellen, Einschaltung eines neutralen Dritten, Vorinformation mit Bitte um Kommentierung)
- Wiederholung der Information
- Gelegenheit für Rückmeldungen und Rückfragen
- Berücksichtigung informeller Informationen
- Benutzerfreundliche Informationssysteme (Informationsüberladung vermeiden)
- Unterstützung des Kommunikationssystems durch ein entsprechendes Organisations- und Führungssystem.

2. Interaktion

Unter Interaktion als dem grundlegenden Phänomen des Verhaltens zwischen Menschen versteht man zweckgerichtete wechselseitige soziale Beziehungen zwischen mindestens zwei Interaktionspartnern.

Worin unterscheidet sich Kommunikation von Interaktion? Abgesehen von einigen wenigen Autoren, die beide Begriffe synonym verwenden, wird die Auffassung vertreten, daß Interaktion einerseits eine spezielle Art der Kommunikation darstellt (Interaktion = erfolgreich zustandegekommene verbale und nichtverbale Kommunikation), andererseits Interaktion über den materiellen Aspekt der Informations- bzw. Nachrichtenübermittlung hinausgeht, insofern als Interaktion eine Form sozialen Handelns darstellt, bei der ganze Kommunikationssequenzen als zwischenmenschliches Verhalten zum Thema werden.

---

[5] Jeweils zwischen Sender und Empfänger.

a. Interaktionen als Austauschprozesse

In seinen frühen Arbeiten untersucht *George Homans* (1950) u. a. an Hand des vorliegenden empirischen Materials aus den Hawthorne-Studien Interaktionen in kleinen Gruppen. Einige der **zentralen Hypothesen** lauten:

- Je häufiger Personen miteinander interagieren, desto stärker werden ihre Freundschaftsgefühle füreinander (S. 111 und S. 133). Diese zentrale These *Homans'*, daß die Sympathie zwischen Personen positiv mit der Interaktionshäufigkeit korreliere, konnte in dieser allgemeinen Form nicht aufrechterhalten werden. Er modifizierte seine Hypothese später dahingehend, daß diese Aussage nur dann Gültigkeit beanspruchen könne, wenn die Interaktion für beide Seiten eine Belohnung (Gratifikation) darstellt.
- Personen, die häufig mitereinander interagieren, werden in ihren Aktivitäten ähnlicher als solche, die das nicht tun (S. 135).
- Je höher die Position, die eine Person in einer Gruppe einnimmt, desto eher werden ihre Aktivitäten mit den Gruppennormen konform gehen (S. 141).
- Von einer Person mit hohem sozialen Status gehen mehr Interaktionen aus als von einer mit niederem (S. 145).
- Je mehr eine Person oder Clique in allen ihren Aktivitäten den Gruppennormen entspricht, desto höher wird ihr sozialer Status sein (S. 180 f.).

Aus diesen wenigen Aussagen läßt sich schon das Grundkonzept *Homans'* zur Analyse sozialen Verhaltens in Gruppen erkennen. Es beruht primär auf den Konstrukten

- **Aktivität** (activity)
  Alle Handlungen, Tätigkeiten einer Person, wie Laufen, Sprechen, Maschinenbedienen.
  Es wird zwischen *extern* geforderten Aktivitäten (external, required behavior), wie organisatorische Regeln, Vorschriften, Anweisungen von Vorgesetzten, und *intern* sich entwickelnden Aktivitäten (internal, emergent behavior), wie Leistungsrestriktionen, Redefinition der Arbeitsaufgabe, informelle Kontakte, unterschieden.
- **Interaktion** (interaction)
  Jede Form der erfolgreichen Kommunikation oder Kontaktaufnahme zwischen zwei Personen.
  Erfolgreich heißt, daß Kommunikation stattgefunden hat und nicht nur intendiert war; daß eine Reaktion feststellbar ist. Hierzu gehören auch alle Formen der nichtverbalen Kommunikation. Auch im Bereich der Interaktionen wird zwischen erforderlichen, geplanten und ad hoc entstehenden unterschieden. Im Modell von *Homans* haben die Häufigkeit der Interaktionen und die Quelle, von der die Interaktion ausgeht (der Initiator), eine besondere Bedeutung.
- **Empfindungen** (sentiments)
  Alle Ideen, Gefühle, Annahmen über die Aufgaben, Tätigkeiten einer Gruppe sowie über die Gruppenmitglieder; alle Motive des Handelns.

Empfindungen können im Gegensatz zu Aktivitäten und Interaktionen nicht beobachtet werden, was deren empirische Erhebung bedeutend erschwert. Auch hier kann zwischen geforderten Empfindungen, wie vom Management vorgeschriebene Einstellungen zur Arbeit, und eigenen Empfindungen, die jede Person mit in die Gruppe einbringt (Werte) und die sie am Arbeitsplatz gemeinsam mit anderen entwickelt (Gruppennormen), unterschieden werden.

Aktivitäten und Interaktionen führen zu Empfindungen, die wiederum Aktivitäten und Interaktionen beeinflussen.

Diese Systemvariablen bilden Grundlage und Ausgangspunkt einer Verhaltenstheorie über zwischenmenschliche Beziehungen (speziell in Gruppen). *Homans'* (1961) Interaktionstheorie versucht, Aussagen der Verhaltenstheorie (speziell *Skinners* Lerntheorie) und der Ökonomie (speziell Preistheorie) zur Beschreibung und Erklärung der Interaktionsprozesse in Gruppen nutzbar zu machen. Von *Skinner* beeinflußt, sieht *Homans* menschliches Verhalten als Funktion seines **payoff**, d.h. die eigene Verhaltensweise wird davon abhängig gemacht, ob und wie sie von dem Interaktionspartner belohnt oder bestraft wird. Nach der Art der Belohnung läßt sich zwischen *ökonomischem* Austausch (Geld, Ware, Dienste) und *sozialem* **Austausch** (Achtung, Anerkennung, Unterstützung) unterscheiden (*Blau* 1964). Das *ökonomische* Element der Theorie wird deutlich, wenn *Homans* bestimmte Verhaltenskonsequenzen als Kosten ansieht, und zwar in Gestalt von Verzicht auf Belohnung. Ein solcher Verzicht wird erwogen, wenn alternative Verhaltensweisen mit noch höheren Kosten verbunden sind oder zukünftige Erträge (rewards) die Kosten überkompensieren (profit = reward ./. cost). Einen ähnlichen Ansatz verfolgen *Thibaut/Kelley*[6] (1959), die unter Verwendung von **Auszahlungsmatrizen** (ähnlich den in der Spieltheorie verwandten) das Verhalten von Interaktionspartnern abbilden. Das Verhalten kann kompetitiv, kooperativ, teilweise kompetitiv und teilweise kooperativ sein. Wie sich am berühmten Beispiel des ‚prisoner's dilemma' zeigen läßt, verlieren beide Interaktionspartner (Spieler), wenn sie beide ihre Auszahlungen (payoffs) maximieren wollen; nur durch Kooperation können beide etwas gewinnen.[7]

---

[6] *Thibaut, John W.* (geb. 1917) Prof. Psychologie, Uni of North Carolina, Chapel Hill.

[7] Gefangenen-Dilemma: Zwei Verdächtige werden von der Polizei aufgegriffen und getrennt voneinander eingesperrt. Es besteht der Verdacht, daß sie gemeinsam ein schweres Verbrechen begangen haben, aber die Beweise dazu können nicht beigebracht werden. Wenn sie beide leugnen, können sie nur zu einer mittleren Strafe wegen Landstreicherei bzw. illegalen Waffenbesitzes verurteilt werden. Der Vernehmungsrichter macht daher beiden den Vorschlag, sie als Kronzeuge einzusetzen. In diesem Falle würde derjenige, der gesteht, eine noch geringere Strafe zu erwarten haben, während der andere, der nicht gesteht, mit einer langen Haftstrafe rechnen muß. Wenn aber beide gestehen, dann braucht der Vernehmungsrichter keine Kronzeugen mehr und er kann beide verurteilen.

Ekeh (1974) weist darauf hin, daß *Homans'* **individualistisch** orientierte Interaktionstheorie lediglich *eine* Tradition in der Soziologie darstellt, und daß es daneben einen älteren auf *Lévi-Strauss*[8] fußenden, mehr **kollektivistischen** Ansatz zur Austauschtheorie gibt. Danach entstehen Normen und Werte nicht erst in der Interaktionsbeziehung, sondern die Individuen reproduzieren gesellschaftliche Wertmuster.

In zwischenmenschlichen Austauschprozessen nach dem Wirtschaftlichkeitskalkül ist also kein generelles verhaltenswissenschaftliches Gesetz zu erblicken, das *auch* in der Ökonomie zu finden ist (vgl. *Schanz* 1977, S. 167ff.), sondern eher umgekehrt die Ausweitung kapitalistischer Tauschbedingungen auch auf nicht-ökonomische Lebensbereiche und Handlungsfelder. Zwischenmenschliche Beziehungen werden zu Objektbeziehungen zwischen Käufern und Verkäufern.

Homans' Interaktionstheorie ist letztlich eine individualistische **Austauschtheorie**, die Interaktionen in Gruppen als Austauschprozesse interpretiert (*Homans* 1958). Zwischenmenschliches Verhalten baut sich aus einem ständigen Geben und Nehmen auf, wobei keiner mehr Kosten als der andere tragen und möglichst mit Gewinn aus der ,give-and-take'-Situation herauskommen möchte.

Diese Grundgedanken einer Austauschtheorie werden von *Adams* (1963, 1965 – vgl. auch *Greif* 1983, S. 212ff.) zur Formulierung einer **Gleichheitstheorie** (equity theory) herangezogen. Diese geht davon aus, daß Menschen in sozialen Beziehungen ihre Erträge (outcomes) in Relation zu einem bestimmten Aufwand (inputs) möglichst groß gestalten wollen. In den meisten Gesellschaftssystemen existieren Normen, die eine Maximierung der individuellen Erträge bestrafen und das Befolgen des Gleichheitsprinzips belohnen. Das **Gleichheitsprinzip** besagt, daß eine Beziehung zwischen zwei Partnern A und B dann gerecht und ausgeglichen (equitable) ist, wenn folgende Gleichung gilt:

$$\frac{\text{Ertrag von A}}{\text{Aufwand von A}} = \frac{\text{Ertrag von B}}{\text{Aufwand von B}}$$

Ungleichheit besteht dann, wenn A subjektiv wahrnimmt, daß seine Ertrag/Aufwand-Relation von der des B positiv oder negativ abweicht. Basis der Gleichgewichts- oder Ungleichgewichtsdefinition sind also keine objektiven Tauschvorgänge, sondern *subjektive* Einschätzungen. Neben einem Vergleich direkter Austauschbeziehungen von A mit B können auch gemeinsame Austauschbeziehungen mit einer dritten Partei (z.B. Organisation als Arbeitgeber von A und B) Gegenstand des Vergleichs sein, also A mit O und B mit O. Empfindet A, daß er im Vergleich zu B mehr/weniger leistet als er z.B. an Lohn erhält, stellt sich ein Zustand der inneren Bedrängnis (distress) ein. Aus

---

[8] *Lévi-Strauss, Claude* (geb. 1908) studierte Recht und Philosophie in Paris, Prof. Anthropologie am Collége de France.

obiger Gleichung lassen sich mehrere Ansatzpunkte zur Reduzierung dieser **Spannungen** entwickeln (vgl. *Feldman/Arnold* 1983, S. 117f.):

1. Veränderung des Aufwands (mehr oder weniger Anstrengung)
2. Veränderung der Erträge (mehr Leistung bei verringerter Qualität)
3. Kognitive Verzerrung (veränderte Wahrnehmung der eigenen/fremden Leistung, psychologisches Gleichgewicht)
4. Aussteigen (Wunsch nach Versetzung oder eigene Kündigung)
5. Veränderung der Ertrag/Aufwand-Relation von B (Aufforderung an B, weniger zu arbeiten)
6. Wahl einer neuen Vergleichsperson (Vergleich mit C und nicht mehr mit B).

Die Überlegungen der Austausch- und Gleichheitstheorie gehen davon aus, daß die meisten Individuen danach trachten, Ungleichgewicht als Folge inkonsistenter Kognitionen zu vermeiden bzw. zu reduzieren. Theoretische Ansätze, die dieses Phänomen zu erklären versuchen, werden auch als **Konsistenztheorien** bezeichnet (vgl. *Crott*[9] 1979, S. 36ff.).

Neben der Theorie der kognitiven Dissonanz, die mehr auf intraindividuelle Dissonanzen abstellt (vgl. S. 227f. der Arbeit), geht es bei den folgenden Ansätzen mehr um interindividuelle Ungleichgewichte.

● **P – O – X Theorie** von *Heider* (1958)

Menschen streben ein balanciertes System von Beziehungen zwischen sich selbst (Person = P), einer anderen Person (Other = O) und einem Objekt, einer weiteren Person oder Personengruppe (X) an. Unbalancierte Zustände setzen Mechanismen der Spannungsreduktion in Kraft (wie Aufnahme neuer Beziehungen, Differenzierung).

● **A – B – X Theorie** von *Newcomb* (1961)

Diese stellt eine Weiterentwicklung von *Heiders* Ansatz insofern dar, als Kommunikationsprozesse zwischen den Beteiligten eingeführt werden. *Newcomb*[10] unterscheidet vier Komponenten eines interpersonalen Systems:

● A's Einstellung (attitude) zu X
● A's Anziehung (attraction) gegenüber B
● B's Einstellung zu X
● B's Anziehung gegenüber A

Auch hier wird eine Neigung zu gemeinsamen Orientierungen unterstellt, was symmetrische Situationszustände zur Folge hat. Unbalancierte Zustände führen zu Spannungen, balancierte zu weitgehend spannungsfreien Zuständen (vgl. *Crott* 1979, S. 47ff.).

Interaktion als empirisches Beschreibungskonzept kann nach *Lantermann*[11] (1980) in den drei Formen der

● statischen Interaktion

---

[9] *Crott, Helmut W.* (geb. 1938) Prof. Psychologie, Uni Freiburg.
[10] *Newcomb, Theodore M.* (1903–1984) Prof. Sozialpsychologie, Uni of Michigan.
[11] *Lantermann, Ernst-D.* (geb. 1945) Prof. Sozialpsychologie, Uni Kassel und Leipzig.

• kognitiv-dynamischen Interdependenz und
• Transaktion auftreten.

Interaktion als statische Interaktion meint eine einseitig gerichtete Interaktion, wobei mehrere unabhängige Variablen (Person- und Situationsaspekte) so verknüpft sind, daß sie gleichzeitig zur Aufklärung der statistischen Varianz der als abhängig gekennzeichneten Variable *Verhalten* beitragen.

Interaktion als kognitiv-dynamische Interdependenz stellt verstärkt auf die kognitiven Strukturierungs- und Anpassungsprozesse ab, die im Individuum ablaufen, wenn es situative Gegebenheiten wahrnimmt. Eine Trennung situativer und personaler Faktoren erscheint dann willkürlich, weil die interpersonalen Verarbeitungsprozesse stets zur Verschmelzung der beiden Faktoren führen.

Interaktion als Transaktion zielt auf die wechselseitige Abhängigkeit des Variablensatzes *Person* und *Situation*. Person und Situation wirken aufeinander; das Verhalten einer Person wirkt auf die Situation ein. Dieser Eingriff wird vom Individuum wahrgenommen und entsprechend seiner bereits vorhandenen Wissensbestände integriert. Person und Situation sind psychologisch aufeinander bezogen und über Aktivitäten, Veränderungen und Registrierung der Veränderung rückgekoppelt.

Die beiden letzten Sichtweisen von Interaktion machen deutlich, daß Wahrnehmungsprozessen in sozialen Austauschprozessen zentrale Bedeutung zukommt. Beziehen sich diese auf gemeinsam erlebte Situationen und gemeinsame Deutung von Symbolen kann zu deren Erklärung der **symbolische Interaktionismus** herangezogen werden. Dieser Ansatz geht auf *Mead*[12] (1968) zurück, für den im Interaktionsprozeß zwischen Person und Situation Symbole (vor allem die Sprache) von zentraler Bedeutung sind. Soziales Handeln in Interaktionen wird erst über Symbole als die kommunikativen Medien möglich und führt letztlich zu einer (gemeinsamen) Konstruktion der Wirklichkeit (*Meyer/Rowan* 1977, *Schütz/Luckmann* 1975, *Berger/Luckmann* 1980, *Giddens* 1984).[13]

b. Analyse von Interaktionen

Nachdem im vorangegangenen Abschnitt die theoretischen Grundlagen der Interaktion in Gruppen gelegt worden sind, werden anschließend einige pragmatische Konzepte zur Analyse von Interaktionen vorgestellt.

(1) Interaktions-Prozeß-Analyse

Eine der bekanntesten und vielfältig eingesetzten Methoden zur Beschreibung und Klassifikation sozialer Interaktionen in kleinen Gruppen ist die von

---

[12] *Mead, George Herbert* (1863–1931), studierte Philosophie in Harvard, Leipzig und Berlin, ab 1894 Prof. Philosophie und Sozialpsychologie, Uni Chicago.

[13] *Schütz, Alfred* (1899–1959) geb. in Wien, Ökonom und Soziologe, emigriert 1938 in USA, ab 1943 New School of Social Research, New York.

Giddens, Anthony, Prof. Soziologie, Uni Cambridge, England.

Bales[14] (1950, 1970) entwickelte Interaktions-Prozeß-Analyse (IPA) (vgl. hierzu *Bales/Cohen* 1982 sowie *Merkens/Seiler* 1978). Nach verbreiteter Auffassung stellt die IPA-Methode das am besten zu handhabende Instrument dar zum Verständnis nicht nur des interpersonalen Verhaltens in Gruppen – wofür sie ursprünglich entwickelt wurde –, sondern auch zum Verständnis von intrapersonalen Zuständen. So ist *Bales* (1970) der Ansicht, daß sich Gruppenverhalten in Analogie zu den Vorgängen innerhalb eines Individuums deuten läßt, und daß sich im Gruppenverhalten das individuelle Verhalten widerspiegelt.

Praktisch wird so vorgegangen, daß geschulte Beobachter das Interaktionsverhalten (auch nichtverbale Kommunikation) jedes Gruppenmitglieds mit technischer Unterstützung (Tonband, Videotechnik) aufzeichnen, anschließend in Form einer Inhaltsanalyse das Material in kleinste Beobachtungseinheiten zerlegen und in ein Kategoriensystem mit zwölf Items einordnen (vgl. Abb. 2.47 auf S. 290).

Die Kategorien sind einmal in vier Bereiche (Triaden) eingeteilt, A bis D, je nachdem ob es sich und positive oder negative Reaktionen, Fragen oder Antworten handelt, und zum anderen durch paarweise Kombination (von innen nach außen) zu sechs Problembereichen zusammengefaßt. Ein Kategorienpaar ist Indikator für jeweils ein Gruppenproblem. Die Situation einer Gruppe läßt sich dann in einer Reihe tabellarischer Übersichten darstellen, aus denen neben der Gesamtzahl der einzelnen Verhaltensakte hervorgeht, wer wem gegenüber wie häufig welche Verhaltensweisen gezeigt hat. Mit einer Weiterentwicklung der IPA, der SYMLOG (systematic multiple level observation of groups), wird es möglich, auch die Wahrnehmung der Gruppenmitglieder von sich selbst und von anderen festzuhalten (*Bales/Cohen* 1982).

Bales hat u. a. die interessante Hypothese von der **Phasenverknüpfung** (nesting) formuliert, wonach Gruppen typischerweise ganz bestimmte Problembereiche durchlaufen, und zwar beginnend mit hohen Besetzungshäufigkeiten in a (6, 7) und niedrigen in f (1, 12) zu Beginn eines Gruppenprozesses und einer Umkehrung dieser Besetzung zu Ende des Prozesses. Diese Annahme ist plausibel, wenn man sich vergegenwärtigt, daß zu Beginn der Gruppe ein Problem zur Lösung übertragen wird (Aufgabenstellung), was zunächst einmal rege Kommunikationsaktivitäten mit sachlichem Inhalt auslöst. Anschließend werden sich verstärkt Verhaltensakte der Kategorien 5 und 8 (Bewertung) zeigen usw.. Allmählich verläßt die Gruppe den emotional neutralen, mehr kognitiven Aufgabenbereich (B, C) und gerät immer stärker in die affektiven Bereiche mit sozio-emotionalen Kategorien (A, D).

Mit Hilfe der IPA-Methode läßt sich auch zeigen, daß das Interaktionsverhalten mit wachsender Gruppengröße rein quantitativ zurückgeht. Der Anteil aktiver Gruppenmitglieder sinkt. Unabhängig von der Größe läßt sich in

---

[14] *Bales, Robert F.* (geb. 1916) Soziologe, Prof. Social Relations, Harvard Uni.

den meisten Gruppen eine Tendenz zur Monopolisierung von Interaktions-aktivitäten durch einige wenige Gruppenmitglieder feststellen. Wer viel spricht, wird auch häufiger angesprochen, was wiederum zu neuen Redebei-trägen beim Angesprochenen führt. Dies sind in hierarchischen Gruppen in aller Regel die hierarchisch Höherstehenden, die auch eher die Gruppe als ganze ansprechen, als umgekehrt der hierarchisch Tieferstehende, der sich bevorzugt an einzelne Personen richtet.

Anhand der Längsschnittanalyse studentischer Kleingruppen konnten *Bales/Slater* (1969) belegen, daß sich die Rollen des **Tüchtigen** und des **Be-**

Abb. 2.47: Beobachtungsbereiche der Interaktions-Prozeß-Analyse

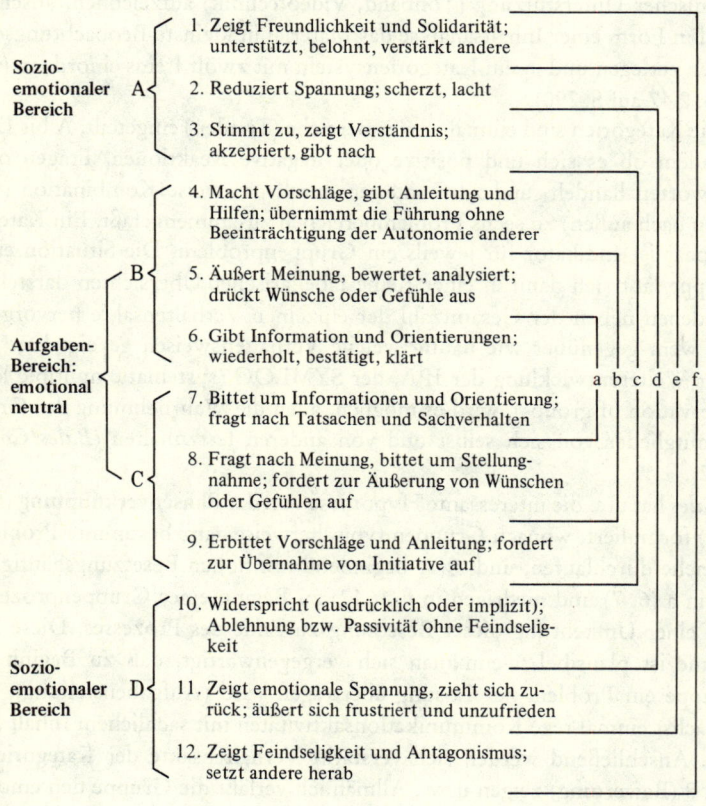

Triaden
A positive Reaktionen
B Bemühung um Antwort
C Fragen
D negative Reaktionen

Problembereiche
a Orientierung/Kommunikation
b Bewertung (Evaluation)
c Kontrolle
d Entscheidung
e Spannungsbewältigung
f Integration bzw. Reintegration

Quelle: Bales 1950.

liebten in aller Regel auf zwei Personen in Gruppen verteilen. Dieses Phänomen ist als Divergenztheorem (**Duale Führung**) in die Literatur eingegangen (vgl. S. 252 der Arbeit).

Kenntnisse über gruppendynamische Phänomene, die man mit Hilfe der IPA gewinnen kann, sind sinnvoll im Training von Gruppenmoderatoren und -führern anzuwenden. Darüber hinaus erlaubt eine Aufzeichnung des Interaktionsgeschehens vergangener Sitzungen einer Gruppe Prognosen über zukünftig zu erwartende Verhaltensweisen. In jüngerer Zeit wird die IPA als Hilfsmittel zur Beurteilung von Kandidaten in Assessment Centers eingesetzt (vgl. zum AC S. 744 der Arbeit).

(2) Johari-Fenster

Ein bedeutend einfacheres Instrument – im Vergleich zur IPA – zur Beschreibung der Interaktionsbeziehungen zwischen zwei Personen in Gruppen stellt das Johari-Fenster dar. *Johari* steht für die Abkürzung der beiden Vornamen (*Joseph Luft* und *Harry Ingham*) der Autoren dieses Konzepts (vgl. *Luft* 1961, 1970, *Schein* 1969, S. 22 ff.).

Die vier Quadranten des Fensters bilden jeweils unterschiedliche **Bewußtseinsebenen** eines Interaktionspartners ab (vgl. Abb. 2.48).

Ebene 1: Dieser Quadrant steht für die Teile des Verhaltens eines Menschen (Gedanken, Gefühle, Werte, Einstellungen), die ihm bewußt sind und die er auch anderen mitteilen möchte.

Ebene 2: Dieser Quadrant beschreibt den Teil des bewußten Selbst, den man vor anderen auf jeden Fall verbergen möchte. Dieser Teil ist zu Beginn eines Interaktionsprozesses und in der Aufbauphase von Gruppen besonders groß.

Ebene 3: Dieser Quadrant kennzeichnet einen Zustand, in dem eine Person Dinge unbewußt aus dem Bewußtsein verdrängt, diese aber unbewußt anderen (meist nichtverbal) kommuniziert, etwa durch Gesten, Klang der Stimme, Kleidung, Auftreten. Sie ist blind gegenüber diesem Teil ihres Verhaltens.

Ebene 4: Dieser Quadrant steht für den Teil einer Person, der weder ihr noch anderen bekannt oder bewußt ist. Hierunter fallen etwa stark unterdrückte (kontrollierte) Bedürfnisse, verborgene Talente, ungenützte Begabungen.

Abb. 2.48: Die vier Quadranten des Johari-Fensters

	anderen unbekannt	anderen bekannt
mir bewußt	verborgen 2	offen 1
mir unbe-wußt	unbekannt 4	unbewußt 3

Die Interaktionen zwischen zwei Personen lassen sich nun sehr anschaulich anhand folgender Abbildung klassifizieren:

Abb. 2.49: Interaktionen zwischen zwei Personen

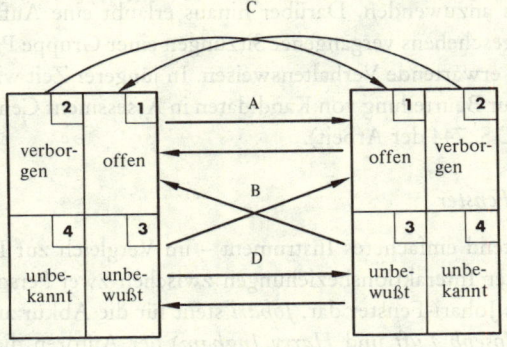

A: offene Kommunikation
B: unbewußte Eröffnungen
C: vertrauliche Mitteilungen
D: emotionale Botschaften

Quelle: Schein 1969, S. 24.

Der größte Teil der Interaktionen spielt sich auf der Ebene 1 ab *(Pfeile A)*. Die *Pfeile B* beschreiben Interaktionen zwischen den Ebenen 1 und 3, d. h. es wird teilweise unbewußt kommuniziert. Wenn Interaktionen auf den Ebenen 1 und 2 *(Pfeile C)* stattfinden, hat ein Partner dem anderen etwas im Vertrauen mitgeteilt (z. B. ein Geheimnis anvertraut), was ein besonderes Klima der Sicherheit voraussetzt. Der letzte, weniger bedeutsame Fall der Interaktion auf der Ebene 3 *(Pfeile D)* beschreibt den Fall, wo zwei Menschen gegenseitig Emotionen austauschen, ohne die Quelle der Gefühle zu kennen.

Eingangs habe ich darauf hingewiesen, daß das Johari-Fenster auch zur **Analyse von Gruppenprozessen** verwendet werden kann. Dies setzt voraus, daß mit einem Instrument der Interaktionsanalyse Inhalt und Häufigkeit der Interaktionen dokumentiert worden sind. Die Größe der Flächen der einzelnen Quadranten des Johari-Fensters sagt dann etwas über die Quantität der Interaktionen auf den einzelnen Ebenen aus. Abb. 2.50 zeigt hypothetisch die Struktur der Interaktionen in einem frühen Stadium und Abb. 2.51 die in einem späten Stadium im Leben einer Gruppe.

Die Darstellung geht von einem äußerst positiven Verlauf der Gruppenentwicklung aus, bei dem der Anteil der offenen Interaktionen drastisch zunimmt, und zwar als Folge eines Klimas des gegenseitigen Vertrauens und der psychischen Sicherheit. Dagegen nehmen die Anteile des verborgenen und unbewußten Verhaltens bis auf einen mehr oder weniger tabuisierten Bereich der Intimsphäre entsprechend ab. Der Bereich des *Offenen* (Quadrant 1) vergrößert sich durch mehr eigene Offenheit (**Öffnung**) und durch **Feedback** anderer Gruppenmitglieder über mein eigenes, mir bislang unbewußtes Verhalten (vgl. Abb. 2.50). Dabei sollten die Regeln hilfreichen Feedbacks Anwendung finden (S. 282 der Arbeit).

Abb. 2.50: Frühes Entwicklungsstadium *Abb. 2.51:* Spätes Entwicklungsstadium
einer Gruppe einer Gruppe

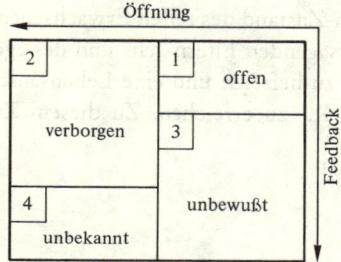

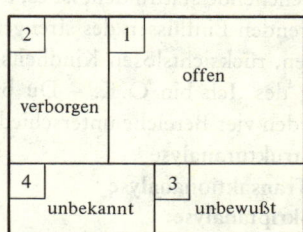

Donnelly/Gibson/Ivancevich (1987, S. 427) unterscheiden vier Stile zur Beschreibung unterschiedlichen **Interaktionsverhaltens von Managern:**

Typ A: Hier dominiert Quadrant 4. Der Manager gibt weder Informationen über sich selbst (Öffnung), noch akzeptiert er Feedback von anderen. Der Führungsstil ist autoritär bzw. autokratisch.

Typ B: Hier dominiert Quadrant 2. Der Manager ist unfähig bzw. unwillig sich zu öffnen, akzeptiert aber Feedback. Die Mitarbeiter mißtrauen solchen Vorgesetzten. Der Führungsstil ist permissiv.

Typ C: Hier dominiert Quadrant 3. Der Manager redet viel über sich und seine Vorstellungen, ist aber an der Meinung anderer nicht interessiert. Der Führungsstil ist patriarchalisch bzw. autoritär.

Typ D: Hier dominiert Quadrant 1. Dieser Manager pflegt ein effizientes Interaktionsverhalten; er gibt Informationen über sich und akzeptiert Informationen von anderen. Der Führungsstil ist kooperativ bzw. partizipativ (vgl. zur Typologie von Führungsstilen S. 311 der Arbeit).

(3) Transaktionsanalyse

Empirisch bedeutend schwerer zu handhaben als die beiden bislang besprochenen Analysemethoden ist die Transaktionsanalyse (transactional analysis). Ihr Begründer, *Eric Berne* (1961, 1964), ist stark von der Psychoanalyse *(Eric Erikson)* und der Gestalttherapie *(Frederick Perls)* beeinflußt, nur möchte er schnellere Erfolge, als sie eine langwierige psychoanalytische Behandlung zuläßt. Um dieses Ziel zu erreichen, tritt er ein für eine Vereinfachung der wissenschaftlichen Konstrukte und eine möglichst weite Verbreitung in populärwissenschaftlicher Diktion. Dieses Ziel wurde u.a. mit den beiden Werken ‚Games People Play' *(Berne* 1964) und ‚I am OK – You're OK' *(Harris* 1967), die hohe Auflagen in verschiedenen Übersetzungen erlebten, erreicht (vgl. auch *James/Jongeward* 1971, *Petzold/Paula* 1976).

Im Mittelpunkt des Ansatzes steht die Analyse und stenogrammartige Aufzeichnung von verbaler und nicht-verbaler Kommunikation, d.h. von wechselseitigen **Transaktionen zwischen Menschen** (vgl. Abb. 2.52). Ziel der Gruppensitzungen, die meist einmal wöchentlich oder konzentriert an einem Wochenende stattfinden, ist es, den Ich-Zustand des reifen Erwachsenen von störenden Einflüssen des strengen, versagenden Eltern-Ichs und des egoistischen, rücksichtslosen Kindheits-Ichs zu befreien und eine Lebensanschauung des ‚Ich bin O.K. – Du bist O.K.' zu erreichen. Zu diesem Zweck werden vier Bereiche unterschieden:

1. **Strukturanalyse**
2. **Transaktionanalyse**
3. **Skriptanalyse**
4. **Spielanalyse.**

Zu 1.

Hier werden drei Zustände des Ichs analysiert:

Eltern-Ich (El): Gefühle, Einstellungen, Reaktionen, die wir von unseren Eltern her kennen, wie Werte, Normen, Verbote, Gebote, Hilfen.

Erwachsenen-Ich (Er): Der kognitive, rationale, unemotionale Bereich in uns. Er wird mit einem Computer verglichen: Datensammeln, Alternativen suchen, Bewerten, Entscheiden.

Kind-Ich (K): Kindhaftes, emotionales Verhalten findet sich auch im Erwachsenenalter: ängstlich, trotzig, lustbetont, abenteuerlich, vertrauensvoll, rebellierend.

Diese phänomenologischen Ich-Zustände gewinnen reale Gestalt in Interaktionen mit anderen, lassen sich beobachten und erfahren. I.d.R. weisen Erwachsene alle drei Ich-Zustände auf, allerdings dominiert einer die anderen beiden.

Abb. 2.52: Beispiele für Paralleltransaktionen

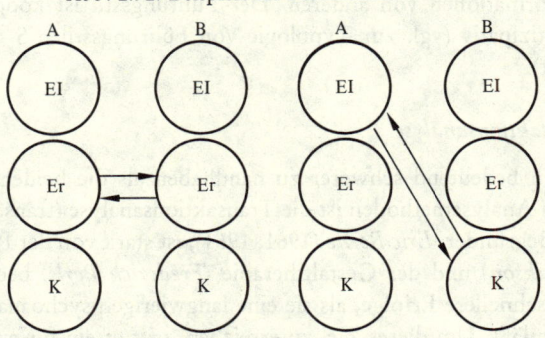

a) horizontale Paralleltransaktion   b) diagonale Paralleltransaktion

Quelle: Petzold/Paula 1976, S. 43

Zu 2.

Im Modell sind 72 Transaktionen zwischen zwei Individuen denkbar. Dies können Paralleltransaktionen (horizontale und diagonale), gekreuzte oder Duplex-Transaktionen sein (vgl. *Harris* 1967, *James/Jongeward* 1971, *Petzold/Paula* 1976).

Im Falle von **Paralleltransaktionen** (complementary transactions) interagieren zwei Individuen auf derselben Ebene (vgl. Abb. 2.52).

Beispiel für a)

Manager: Ein gutes Wartungsprogramm reduziert die Kosten beträchtlich.
Mitarbeiter: Ich finde, wir sollten den Wartungsvertrag verlängern.

Beispiel für b)

Manager: Ein gutes Wartungsprogramm reduziert die Kosten beträchtlich.
Mitarbeiter: Sie haben völlig recht!

Diagonale Transaktionen (b) sind nach wie vor für die Interaktionen zwischen Vorgesetzten und Untergebenen typisch, während die horizontale Transaktion (a), auf gleicher Ebene von Erwachsenen-Ich zu Erwachsenen-Ich, als Ideal gilt.

Gekreuzte Transaktionen (crossed transactions) treten auf, wenn die Interaktionspartner auf unterschiedlichen Ebenen miteinander umgehen, z.B. der Vorgesetzte auf der Eltern- und der Mitarbeiter auf der Kind-Ebene.

Von **Duplex-Transaktionen** (ulterior transactions) spricht man, wenn ein Interaktionspartner auf zwei verschiedenen Ebenen sendet, etwa verbal auf der Erwachsenen- und nicht-verbal auf der Eltern-Ebene.

Abb. 2.53: Vier Grundeinstellungen eines Menschen zum Leben

positiv		
Einstellung gegenüber mir selbst	Ich bin O.K. – Du bist nicht O.K.	Ich bin O.K. – Du bist O.K.
	Ich bin nicht O.K. – Du bist nicht O.K.	Ich bin nicht O.K. – Du bist O.K.
negativ		
	negativ Einstellung gegenüber anderen positiv	

Zu 3.

Hier werden vier Grundeinstellungen oder Lebensanschauungen unterschieden, die in der frühen Kindheit angelegt sind, und die unsere Lebensrolle (**Skript**) festschreiben (vgl. *Harris* 1967 sowie Abb. 2.53).

1. Ich bin nicht O.K. – Du bist O.K.

Typisch für die frühe Kindheit; die angsterfüllte Abhängigkeit des Kindes

2. Ich bin nicht O.K. – Du bist nicht O.K.

Die Entwicklung zum Erwachsenen-Ich stagniert, Verzweiflung und Resignation nehmen überhand

3. Ich bin O. K. – Du bist nicht O. K.

Typisch für mißhandelte Kinder, die sich in sich selbst zurückziehen

4. Ich bin O. K. – Du bist O. K.

Die Grundeinstellung des zufriedenen erwachsenen Menschen. Hier interagieren die Menschen auf gleicher Ebene von Erwachsenen zu Erwachsenen.

Zu 4.

Im Umgang mit Menschen haben wir gewisse stereotype Transaktionsmuster herausgebildet, die als **Spiele** (Games) bezeichnet werden können, wie etwa Verfolger, Retter oder Opfer sein, Schuldgefühle auslösen, demütigen (vgl. *Berne* 1964).

Diese Spiele oder ,Spielchen', die wir miteinander treiben, lassen sich mit Hilfe der Transaktionsanalye als solche entlarven.

Der große Erfolg der Transaktionsanalyse vor allem auch in der Wirtschaft besteht u. a. darin, daß sie im Gegensatz zu T-Gruppen und Encounter-Gruppen den Menschen weniger verunsichert und ihm keine ideale alternative Lebensform nahebringt, sondern das **Ideal der Normalität** predigt. Das rationalistische, nüchterne Erwachsenen-Ich muß von allem Irrationalen, Emotionalen, Selbstsüchtigen freigehalten werden. Wer mit sich selbst im Reinen ist, kann sich offen anderen mitteilen. Wer sich offen anderen mitteilen kann, kann positive, mit Leben erfüllte Beziehungen aufbauen. Und wer das kann, der kann auch führen. Das ist die Botschaft des US-amerikanischen Transaktionsanalyse-Beraters *Abe Wagner* (1987).

„Um ,O. K.' zu sein, braucht jeder von uns nur eines zu tun: wir müssen die ,erwachsene' Definition der Realität akzeptieren, d. h. wir müssen die etablierte Ordnung akzeptieren" (*Kovel* 1977, S. 193).

(4) Soziometrischer Test

Ein weiteres, äußerst verbreitetes Instrument zur Messung von Interaktionen, speziell affektiver Beziehungen (Sympathieverhältnisse) in Gruppen, bildet der soziometrische Test. Er wurde von *Moreno*[15] (1934) entwickelt und von ihm als wichtiges Diagnoseinstrument im Rahmen der von ihm begründeten Disziplin **Soziometrie** vielfältig verwandt. Die Soziometrie ist stark experimentell orientiert; sie versucht mit Hilfe von soziometrischen Tests psychosoziale Charaktere in Gruppen und der ganzen Gesellschaft zu identifizieren und soziale Strukturen durch Messung von Anziehungen und Abstoßungen (soziale Wahlen) quantitativ darzustellen (vgl. *Dollase* 1976).

Der soziometrische Test wird wie folgt durchgeführt:

Die Mitglieder einer Gruppe werden aufgefordert, in bezug auf ein bestimmtes Kriterium (z. B. Zusammenarbeit bei der Lösung einer Aufgabe,

---

[15] *Moreno, Jacob L.* (1889–1974) geb. in Bukarest, studierte in Wien, Arzt und Psychiater, ging 1925 in die USA, Begründer Soziometrie, Psychodrama, Soziodrama, Encounter Gruppen.

Zusammensitzen bei einem Betriebsausflug) eine vorgegebene Anzahl anderer Gruppenmitglieder zu wählen. Die Wahl kann im positiven Sinne (Anziehung) oder negativen Sinne (Abstoßung) erfolgen. *Moreno* unterscheidet zwischen einer **Tüchtigkeitsrangordnung** (Mit wem würden Sie am liebsten in einem Team zusammenarbeiten? → soziotele Struktur) und einer **Beliebtheitsrangordnung** (Neben wem möchten Sie am liebsten bei einem Betriebsausflug sitzen? → psychotele Struktur). Die Anzahl der Wahlen bzw. Ablehnungen (je nach der Fragestellung), die ein Gruppenmitglied auf sich vereinigt, gibt einen ersten Einblick in die soziale Struktur einer Gruppe (z. B. *Star* = große Anzahl an Wahlen, hoher Wahlstatus = soziometrischer Führer; *Abgelehnter* = große Anzahl an negativen Wahlen, Abstoßungen; *Paar* = zwei Gruppenmitglieder haben sich gegenseitig gewählt; *Clique* = drei und mehr Gruppenmitglieder haben sich gegenseitig gewählt). Neben dem sozialen Wahlstatus einer Person lassen sich noch eine ganze Reihe von soziometrischen Daten in Form von Kennzahlen ermitteln (vgl. Abb. 2.54).

Abb. 2.54: Beispiele von Indices zur Analyse soziometrischer Daten

$$\text{Wahlstatus einer Person} = \frac{\text{Zahl der erhaltenen Wahlen}}{(N-1)}$$

$$\text{Zurückweisungsstatus einer Person} = \frac{\text{Zahl der erhaltenen Zurückweisungen}}{(N-1)}$$

$$\text{Gruppenintegration} = \frac{1}{\text{Zahl der Isolierten}}$$

Quelle: *H.-D. Schneider* 1975, S. 198, siehe auch *Crott* 1979, S. 236

Neben dieser mehr quantitativen Auswertung können soziometrische Tests auch die Grundlage für eine mehr qualitative Analyse der Hintergründe der Wahlen (Motivforschung) bilden und Ausgangspunkte für sozialpädagogische und gruppentherapeutische Eingriffe bieten. Zur Darstellung der erhobenen Daten bieten sich das **Soziogramm** (Abb. 2.55 und 2.56) und die **soziometrische Matrix** (Abb. 2.57) an.

Die Darstellung in Matrixform eignet sich vor allem dann, wenn Großgruppen (z. B. ganze Organisationen) Gegenstand der Analyse sind, ein Fall, bei dem das Soziogramm als Darstellungsmittel völlig überfordert ist.

In der Praxis des Managements wird der soziometrische Test vor allem zur Identifikation und Sichtbarmachung von *informellen Führern* und *informellen Gruppenbeziehungen* herangezogen, und zwar häufig in der ungerechtfertigten Annahme (vgl. S. 245 der Arbeit), daß diese störend auf den Organisationsablauf wirken würden. Typisch für diese traditionelle Sichtweise ist der Katalog von vermeintlichen Vorteilen der Anwendung der Soziometrie im Betrieb, wie er beispielsweise bei *Helle/Schliemann* (1968, S. 81) nachzulesen ist:

Abb. 2.55: Nachweis einer Clique im Soziogramm

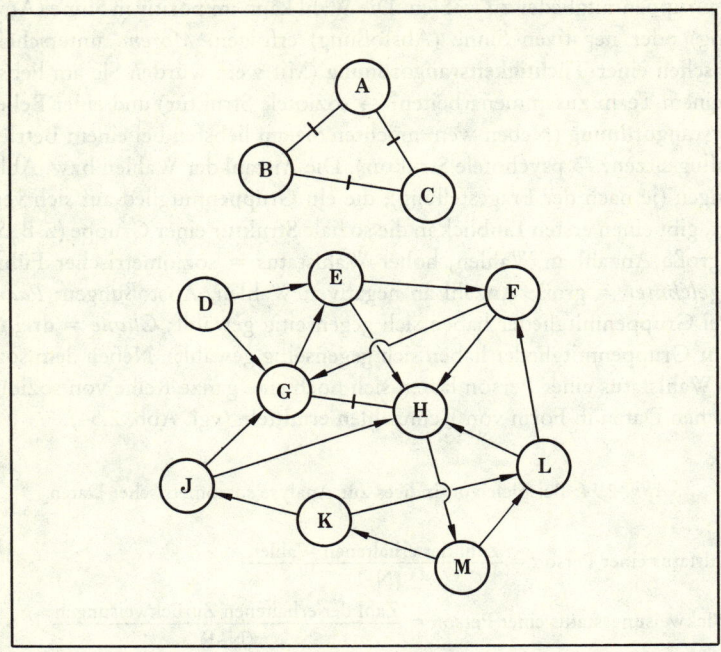

Jeder Teilnehmer hatte zwei gleichberechtigte Wahlen. A, B und C bilden eine Clique, die von der übrigen Gruppe isoliert ist. G und H haben einander gewählt. Sie haben als Paar die informelle Führung der Gruppe inne.

Quelle: Helle/Schliemann 1968, S. 74

„a) Informeller Führer

Um auf das Leistungsvermögen einer Gruppe einwirken zu können und um die Bereitschaft zur Anpassung an **organisatorische Neuerungen** zu steigern, sollte die Unternehmungsleitung den Weg über den informellen Führer wählen. Dieses kostensparende Verfahren setzt offensichtlich voraus, daß er bekannt ist.

b) Divergenz zwischen formaler und informeller Organisation

Die Feststellung, daß formale und informelle Struktur in einem Betrieb stark auseinanderklaffen, ist ein Hinweis auf eine **geringe Leistungsorientierung** der Mitarbeiter.

c) Divergenz zwischen geplanter und effektiver Kontaktstruktur

Bei der Planung einer Organisationsstruktur wird von bestimmten Kommunikationswegen ausgegangen. Wenn sich bei einer Erhebung der effektiven Kontaktstruktur eine erhebliche Abweichung von der Planungskonzeption ergibt, so ist das ein Hinweis auf die Notwendigkeit einer **Anpassung der Organisationsstruktur.**

d) Leistungssteigerung

Wie verschiedene Untersuchungen gezeigt haben, steigert eine bewußte **Berücksichtigung der Gruppenstruktur** die Leistung und senkt den Krankenstand, die Fluktuation sowie die Unfallfrequenz."

Annahmen b) und c) sind aufgrund neuerer Forschungsergebnisse als unzutreffend zu bezeichnen. Annahme d) beruht u.a. auf der viel zitierten Untersuchung von *van Zelst* (1952). *Zelst* berichtet von einer Studie, wonach 38 Zimmerleuten und 36 Maurern erlaubt wurde, sich ihre Arbeitskollegen selbst auszusuchen. Die soziometrisch zusammengesetzte Gruppe erzielte eine Verringerung der Kosten von 5% gegenüber der vom Management zusammengesetzten. Außerdem sank die Fluktuation, und die Zufriedenheit der Gruppe stieg.

Abb. 2.56: Stellung eines isolierten soziometrischen Führers

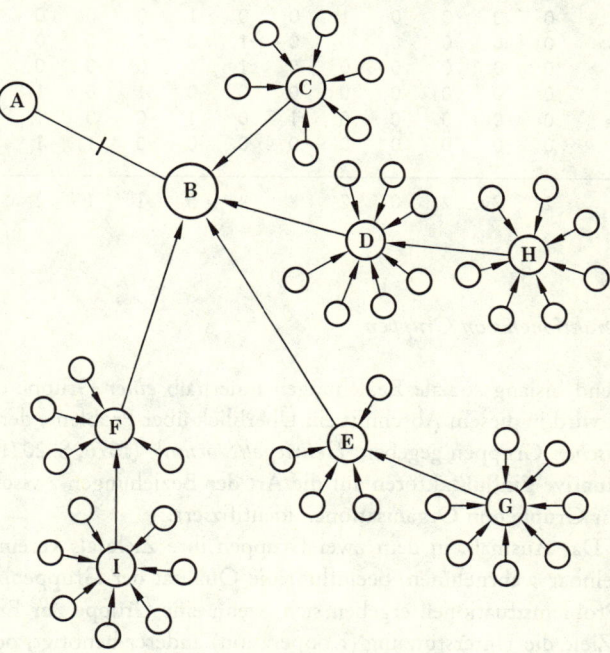

Jeder Teilnehmer hatte fünf Wahlen. Das Soziogramm stellt nur die jeweils ersten Wahlen dar. A und B haben einander gewählt. Dadurch wird A zu einem unsichtbaren Führer aller übrigen, ihm potentiell zuneigenden Individuen.

Legende zu den Abb. 2.55 und 2.56: D → E einseitige Wahl (D wählt E), G + H gegenseitige Wahl (G und H haben sich gegenseitig gewählt)

Quelle: Helle/Schliemann 1968, S. 72, nach *Moreno* 1974, S. 176

Soziometrische Tests werden in jüngerer Zeit auch verstärkt von Organisationsberatern und Spezialisten der Organisationsentwicklung angewandt (vgl. *Dollase* 1975). Der unsachgemäße Umgang mit diesem Instrument kann hier allerdings mehr Schaden als Nutzen zur Folge haben, dann etwa, wenn das Ergebnis allgemein publik gemacht wird und soziometrisch Isolierte oder Abgelehnte für lange Zeit als solche gebrandmarkt sind.

Abb. 2.57: Soziometrische Matrix (identisch mit Soziogramm in Abb. 2.55)

	A	B	C	D	E	F	G	H	J	K	L	M	Σ
A	0	1	1	0	0	0	0	0	0	0	0	0	2
B	1	0	1	0	0	0	0	0	0	0	0	0	2
C	1	1	0	0	0	0	0	0	0	0	0	0	2
D	0	0	0	0	1	0	1	0	0	0	0	0	2
E	0	0	0	0	0	1	0	1	0	0	0	0	2
F	0	0	0	0	0	0	1	1	0	0	0	0	2
G	0	0	0	0	1	0	0	1	0	0	0	0	2
H	0	0	0	0	0	0	1	0	0	0	0	1	2
J	0	0	0	0	0	0	1	1	0	0	0	0	2
K	0	0	0	0	0	0	0	0	1	0	1	0	2
L	0	0	0	0	0	1	0	1	0	0	0	0	2
M	0	0	0	0	0	0	0	0	0	1	1	0	2
Σ	2	2	2	0	2	2	4	5	1	1	2	1	24

c. Interaktionen von Gruppen

Während bislang soziale Beziehungen innerhalb *einer* Gruppe diskutiert wurden, wird in diesem Abschnitt ein Überblick über Probleme der Interaktion *zwischen* Gruppen gegeben. *Hellriegel/Slocum*[16] (1976, S. 202 ff.) haben sechs **situative Einflußfaktoren** auf die Art der Beziehungen zwischen zwei und mehr Gruppen in Organisationen identifiziert:
- **Ziele:** Das Ausmaß, in dem zwei Gruppen ihre Ziele als vereinbar oder unvereinbar wahrnehmen, beeinflußt die Qualität der Gruppenbeziehungen. Problemsituationen ergeben sich, wenn eine Gruppe zur Erreichung ihrer Ziele die Unterstützung (Kooperation) anderer benötigt, oder wenn die Zielerreichung der einen (z.B. Kostenminimierung in der Produktion) die Zielerreichung einer anderen Gruppe beeinträchtigt (z.B. hoher Qualitätsstandard des Verkaufs).

---

[16] *Hellriegel, Don,* Prof. Business Administration and Management, Texas A&M Uni. *Slocum, John W.* (geb. 1940) Prof. Organizational Behavior and Administration, Southern Methodist Uni, Dallas.

- **Unsicherheitsreduktion:** Wenn einzelne Gruppen für andere Unsicherheit und Komplexität reduzieren, d.h. für andere entscheiden, Normen setzen, so beeinflußt das die Qualität der Beziehungen, vor allem als Folge einer unterschiedlichen Machtposition.
- **Substitutionalität:** Das Ausmaß, in dem die Leistungen einer Gruppe durch die einer anderen (internen oder externen) substituiert werden können, beeinflußt die Qualität der Beziehungen zwischen Nachfrager und Anbieter (Beispiele: Muß der Verkauf die Dienste einer zentralen Werbeabteilung in Anspruch nehmen oder kann er eine externe Agentur beauftragen?; kann eine Division extern beschaffen oder ist sie gezwungen, von der Nachbardivision zu beziehen?).
- **Aufgabenbeziehungen:** Im Hinblick auf die Aufgabenstellungen können die Gruppen sein:
  - *unabhängig* (die Dienste einer internen Beratungsgruppe können, müssen aber nicht in Anspruch genommen werden)
  - *abhängig* (die Dienste, etwa des zentralen Einkaufs, müssen in Anspruch genommen werden)
  - *interdependent* (gemeinsame Verantwortung für die Erfüllung einer Aufgabe = Zusammenarbeit; Arbeitsergebnisse aller Gruppen addieren sich zu einem gemeinsamen Ergebnis = Koordination).[17]
- **Ressourcen-Pool:** Die Abhängigkeit von gemeinsamen Ressourcen, z.B. zentrales Schreibbüro, EDV-Rechenzeit, Reparaturkolonne, führt bei Knappheit zu Warteschlangen und Konflikten über Prioritäten.
- **Einstellungen:** Die Art und Weise, wie eine Gruppe die andere wahrnimmt, welches organisationsinterne Image sie hat, wie ihre Leistungsfähigkeit, Hilfsbereitschaft, Fortschrittlichkeit, Offenheit etc. eingeschätzt werden, beeinflußt die Qualität der Beziehungen. In aller Regel haben Gruppen von sich eine bessere Meinung als von anderen und begegnen deshalb Fremdgruppen mit Skepsis.

Eine der häufigsten Erscheinungen in Organisationen ist die Tatsache, daß aufgrund der unterschiedlichen Ausrichtung einer oder mehrerer der oben angeführten Situationsfaktoren Gruppen in Wettbewerb zueinander treten. In Anlehnung an die Arbeiten von *Sherif* (1966) diskutiert *Schein* (1969, S. 72ff., 1980) mögliche **Konsequenzen von Wettbewerbsbeziehungen** zwischen Gruppen:

- Was passiert in den konkurrierenden Gruppen?
  - Kohäsion, Konformität und Gruppenloyalität steigen
  - verstärkte Arbeits- und Aufgabenorientierung
  - zunehmend direktiver Führungsstil
  - höhere Strukturierung der Gruppe
- Was passiert zwischen den konkurrierenden Gruppen?

---

[17] Zu den drei möglichen Formen der Interdependenz (pooled, sequential, reciprocal) vgl. S. 447 der Arbeit.

- andere Gruppe wird negativ bewertet (Feindbild)
- selektive Wahrnehmung (eigene Gruppe ist gut, andere schlecht), Stereotypenbildung
- Interaktion und Kommunikation zwischen den Gruppen nehmen ab
- Äußerungen von Abgeordneten der jeweils anderen Gruppe werden negativ verzerrt wahrgenommen.

Unterstellt man eine Gewinn-Verlust-Situation, ergeben sich für die Gewinner und Verlierer sehr unterschiedliche Folgesituationen:

- Was passiert in der siegreichen Gruppe?
  - hohe Kohäsion bleibt erhalten, wird evtl. noch gesteigert
  - entspannte Atmosphäre, geringe Arbeitsmotivation
  - hohe Personenorientierung, geringe Aufgabenorientierung
  - hoher Selbstbestätigungseffekt, Vorurteile und Stereotype werden bekräftigt
- Was passiert in der unterlegenen Gruppe?
  - Verdrängung der Fakten, Projektion auf Dritte, Rationalisierung der Niederlage
  - latente Konflikte brechen auf, Suche nach dem Schuldigen
  - angespannte Atmosphäre, hohe Aufgabenorientierung
  - geringe Kooperation, geringe Personenorientierung
  - Wahrnehmungsprozesse werden überprüft, Selbstkritik leitet Lernprozesse ein.

Die in der Literatur (z.B. *Schein* 1980, *H.-D. Schneider* 1975) diskutierten Strategien zur Vermeidung bzw. Reduktion der Probleme zwischen Gruppen setzen konsequent an den Ursachen an.

Als wichtigste **Quellen von Intergruppen-Konflikten** werden konfligierende Ziele, Wahrnehmungsdifferenzen, Abhängigkeit zwischen Gruppen und Statusunterschiede genannt. Entsprechend wird gefordert, übergeordnete Ziele zu definieren, zu deren Erreichung alle betroffenen Gruppen gemeinsam beitragen können. Die Formulierung gemeinsamer Aufgaben mit dem Erfordernis gemeinsamer Aktivitäten ist ein beliebtes Instrument, Intergruppenkonflikten zu begegnen.

Aus der Tatsache, daß Gruppen umso feindseliger miteinander umgehen, desto unähnlicher (im Hinblick auf Intelligenz und Führung) sie sind, wird die Konsequenz gezogen, Differenzen zu reduzieren, oder wenn dies nicht möglich ist, Gemeinsamkeiten zu betonen (z.B. gemeinsamer Feind oder gemeinsame Interessen). Letztere Strategie begegnet uns alltäglich in Betrieben, wenn das Management nicht müde wird zu betonen, daß alle Gruppen in einem Boot sitzen würden und letztlich alle an einer Gewinnerzielung interessiert sein müßten.

Als wichtigstes Indiz für Intergruppen-Probleme kann der Rückgang von Interaktionen und gegenseitiger Kommunikation mit allen bekannten negativen Konsequenzen gelten. Ein Schwerpunkt der Bemühungen zur Verbesserung der Beziehungen muß folglich im Wiederaufbau der sozialen Kontakte liegen, und zwar eingedenk der These von *Homans* (1950), daß Personen, die häufig miteinander interagieren, dazu tendieren, sich zu mögen. Bei größeren Gruppen bietet es sich dabei an, zunächst kleine Verhandlungsdelegationen zu bilden, und zwar aus Mitgliedern mit hohem Status und entsprechend großem Rückhalt in ihrer jeweiligen Gruppe. Bei dieser Strategie ist jedoch das Phänomen zu berücksichtigen, daß i.d.R. die Loyalität der Verhandlungsführer ihrer eigenen Gruppe gegenüber so hoch ist, daß sie auch objektiv überlegene Lösungen der anderen nicht akzeptieren.

Etwas aufwendiger, was Zeit und Kosten anbetrifft, ist der Vorschlag, beide Gruppen (oder einzelne Mitglieder) zu gemeinsamen Fortbildungskursen oder gruppendynamischen Veranstaltungen zu schicken. (Vgl. hierzu die Intergruppentherapietechniken Konfrontationssitzung, Drittparteien-Intervention, Teamentwicklung und Intergruppen-Intervention auf S. 850ff. der Arbeit).

3. Führung

a. Konzeptionelle und methodische Ansätze

In diesem Abschnitt wird nur die direkte, persönliche Führung behandelt; Personalführung und andere Formen der sozialen Kontrolle in Unternehmungen (vgl. *Türk* 1981) werden ausführlich in Teil 3 diskutiert. Führung als ein Verhalten, welches das Verhalten anderer verändert (*Bowers/Seashore* 1966), setzt Kommunikation voraus und initiiert Interaktionen.

Unter **Führung** verstehe ich (*Staehle* 1973, S. 15) die Beeinflussung der Einstellungen und des Verhaltens von Einzelpersonen sowie der Interaktionen in und zwischen Gruppen, mit dem Zweck, bestimmte Ziele zu erreichen. Führung als Funktion ist eine Rolle, die von Gruppenmitgliedern in unterschiedlichem Umfang und Ausmaß wahrgenommen wird. Führung ist lediglich *eine* Form der Verhaltensbeeinflussung neben anderen und in ihren Wirkungen auf das Verhalten vielfach moderiert (vgl. z.B. *Staehle/Conrad* 1987).

Im Mittelpunkt gängiger Führungsdefinitionen steht der Prozeß der zielbezogenen, persönlichen und/oder unpersönlichen **Verhaltensbeeinflussung**. Der Prozeß der bewußten[1] Einflußnahme eines Organisationsmitglieds auf ein anderes im Hinblick auf ein bestimmtes Ziel wird von manchen Autoren primär unter dem Aspekt der Ausübung von Herrschaft (vgl. z.B. *Stöber/ Binding/Derschka* 1974, *Braverman* 1974, *Edwards* 1979), von anderen mehr unter dem Aspekt der Information und Motivation analysiert (vgl. z.B.

---

[1] ,bewußt' deshalb, um Führung von anderen Formen spontan entstehender Beeinflussung zwischen Gruppenmitgliedern abzugrenzen (emergent leadership, informelle Führung).

Koontz/O'Donnell/Weihrich 1984). Führung hat in arbeitsteiligen Organisationen primär einen auf **Koordination** gerichteten Aspekt, den es analytisch von dem Aspekt der Herrschaftssicherung abzugrenzen gilt. Diese wird u. a. ausgeübt, um einmal besetzte Positionen und Entscheidungsbefugnisse gegen Übernahme durch andere abzusichern (vgl. z. B. *Vilmar/Kißler* 1982, S. 158 ff.). Führung und Motivation sind beides Formen der sozialen Einflußnahme bzw. Kontrolle, die sich auf unterschiedliche **Machtgrundlagen** stützen (vgl. Abschnitt 2 C II 5). Entsprechend habe ich zwischen strukturellen Machtgrundlagen und personalen Machtgrundlagen unterschieden. Auf das Ergebnis von Führung hat neben der Wahl der Machtgrundlage und -mittel vor allem noch die Qualität der Interaktions- und Kommunikationsprozesse einen erheblichen Einfluß.

Ähnlich bedeutsam wie bei der Motivationsforschung sind in der Führungsforschung Probleme der Messung. **Meßprobleme** dominieren zu einem erheblichen Teil die gesamte Führungsliteratur. Plausible eindimensionale Dichotomisierungen von Führungsverhalten (z. B. autoritär – demokratisch) bis hin zu eingängigen Situationstheorien, wie die von *Fiedler*, sind nicht nur aufgrund theoretischer sondern auch aufgrund statistischer und meßtheoretischer Unzulänglichkeiten kritisiert bzw. verworfen worden. *Neuberger* (1977, S. 91 ff.) unterscheidet vier Methoden der Führungsforschung:

1. Fortlaufende Fremdbeobachtung
2. Stichprobenartige Fremdbeobachtung
3. Selbstbeobachtung
4. Verhaltensbeschreibung durch Mitarbeiter.

Zu 1.

Hier wird das Verhalten des Führers und der Geführten von Dritten über einen längeren Zeitraum fortlaufend aufgezeichnet, entweder durch einen anwesenden **Beobachter** oder unbemerkt durch Beobachter hinter einer Einwegscheibe. Diese Methode bietet sich vor allem zur Beobachtung von Gruppen in Laborsituationen an. Als beliebtes Instrument zur Beschreibung und Klassifikation des Gruppenverhaltens wird hier die IPA-Methode von *Bales* (1950) verwandt (vgl. S. 288 ff. der Arbeit).

Zu 2.

Bei Feldstudien ist aus vielerlei Gründen (Kosten, Vertraulichkeit, Störungen) eine Anwendung von Methode 1 ausgeschlossen. Hier kann auf kürzere **stichprobenartige Verhaltensbeobachtungen** des Führungsprozesses mit Hilfe eines einfachen Ratingverfahrens zurückgegriffen werden (vgl. z. B. das Leader Observation System von *Luthans/Lockwood* 1984; S. 802 der Arbeit).

Zu 3.

Selbstbeobachtung des Führungsverhaltens erfolgt einmal mit Hilfe von **Fragebogen.** Der bekannteste Fragebogen, dessen Ausfüllung Aufschluß über das eigene Führungsverhalten geben soll, ist der von *Fiedler* (1967) entwickelte LPC-Fragebogen (vgl. S. 323). Dieser fußt auf der Annahme, daß die

Auskunft des Führers über sein Verhalten gegenüber dem am wenigsten geschätzten Mitarbeiter (Least Preferred Coworker) seinen tatsächlichen Führungsstil offenlegt (vgl. auch *Fiedler/Chemers/Mahar* 1979).

Weniger objektiv und damit auch weniger zuverlässig ist die **Tagebuch-Methode,** bei der der Manager gebeten wird, über einen längeren Zeitraum nach einem vorgegebenen Kategoriensystem seinen Arbeitsalltag aufzuzeichnen. Richtungsweisend waren hier die Arbeiten von *Carlson* (1951), die an anderer Stelle ausführlicher besprochen werden.

Zu 4.

Weder außenstehende Beobachter noch der Führer selbst, sondern die Bezugspersonen, die unmittelbar mit dem Führer zusammenarbeiten, beschreiben hier dessen Verhalten, und zwar in aller Regel mit Hilfe eines umfassenden **Fragebogens.** Der nach dem 2. Weltkrieg an der Ohio State Universität entwickelte Leader Behavior Description Questionnaire (LBDQ) gilt hier als Pionierleistung. Das häufig aufgetretene Phänomen, daß derselbe Führer von verschiedenen Mitarbeitern ganz unterschiedlich beurteilt/beschrieben wird, veranlaßt *Neuberger* (1977) zu dem Schluß, daß *das* Führungsverhalten mit dieser Methode sicherlich nicht zu erfassen ist – da der Führer offenbar sein Verhalten situativ wandelt –, und er plädiert für eine verstärkte Hinwendung der Forschung zur Analyse von dyadischen Führer-Geführten-Beziehungen (vgl. Abschnitt d (4)). Den LBDQ gibt es auch in einer Variante (LBDQ-self), welche die Selbstbeschreibung des Führungsverhaltens durch den Führer ermöglicht. Bisweilen finden aus Gründen der Validierung beide Versionen Anwendung. Ein dem LBDQ entsprechender deutscher Fragebogen zur Vorgesetzten-Verhaltens-Beschreibung (FVVB) ist von *Fittkau-Garthe* und *Fittkau* (1971) entwickelt worden (vgl. kritisch hierzu *Nachreiner* 1978, *Neuberger* 1984).

b. Führereigenschaften

In der psychologischen Führungsforschung, die der betriebswirtschaftlichen die meisten Impulse gegeben hat, herrscht zunächst eine stark individualistisch orientierte Sicht des Führungsphänomens vor (**Eigenschaftstheorie der Führung** – trait approach). Diese geht davon aus, daß bestimmte Persönlichkeitsmerkmale den Führer vor den Geführten auszeichnen (vgl. auch die heute wieder aktuelle charismatische Führung, S. 799 ff.). Die Verherrlichung individueller Anstrengung (vgl. das Vorbild des Selfmademan) und die Verehrung erfolgreicher Manager, wie sie vor allem in den USA anzutreffen sind, gehen einmal auf die puritanische Ethik und zum andern auf sozialdarwinistische Ideen zurück, wonach nur die Fähigsten und Besten im Wettbewerb überleben. Der Sozialdarwinismus ist eine auf *Ch. Darwin* zurückgehende soziologische Richtung, die davon ausgeht, daß im Kampf ums Dasein sich nur solche Gesellschaftsmitglieder durchsetzen, die in der Lage sind, sich durch vererbbare Variationen ihrer Anlagen an die sich wandelnden Umweltverhältnisse anzupassen (survival of the fittest). Die so Überlebenden, hier auf Führer bezogen, werden als die biologisch Tauglichsten angesehen.

Sowohl dem Elitedenken des Geldadels als auch den militaristischen Idealen im Deutschland der zweiten Hälfte des 19. Jh. kommen solche **Elite-Konzepte** gelegen, um einsame Entscheidungen von militärischen und Wirtschaftsführern zu legitimieren.

Unter diesen Bedingungen ist es nur plausibel, daß die Vorstellung eines *großen Mannes,* der die Zügel einer Unternehmung souverän in den Händen hält, auch im Bereich der Managementlehre Anhänger findet. Diese geht davon aus, daß solche Männer (nicht Frauen!) bevorzugt eine Unternehmung mit entsprechenden Mitarbeitern führen können, die über eine bestimmte, in der Kombination möglicherweise wechselnde Menge von Haupteigenschaften verfügen. Es ist evident, daß ein solches Elitedenken die Funktion hat, Machtpositionen und die daran geknüpften Herrschaftsinteressen zu sichern. Die Behauptung, daß nur ein geringer Prozentsatz von Menschen über die notwendigen intellektuellen, psychischen und sozialen Kompetenzen verfügt, die zum Führungsanspruch berechtigen, ist für eine gewisse Zeitspanne eines der geeignetsten Mittel, sich gegen partizipatives Denken oder gar demokratische Forderungen zu immunisieren.

Dabei vertreten schon deutsche Management-Autoren um 1900 die Auffassung, Organisations- und Verwaltungsfähigkeiten seien lehr- und lernbar und keine angeborene oder durch Erfahrung erworbene Kunst (*Kocka* 1969 a). Einer Durchsetzung dieser Ideen steht aber schon zu jener Zeit eine Ideologie im Wege, die die unternehmerische, schöpferische Führungspersönlichkeit verherrlicht. „Solch ein Selbstverständnis, das kaum und immer weniger die unternehmerische Wirklichkeit des sich immer stärker organisierenden Hochkapitalismus des Wilhelminischen Reiches beschrieb, sondern als Ideologie der Rechtfertigung und Stabilisierung ökonomischer und sozialer Machtpositionen der Unternehmer diente, mußte sich letztlich gegen Versuche wehren, durch systematische Organisation ‚Persönlichkeit' zwar nicht überflüssig zu machen, jedoch in ihrer relativen Bedeutung für den Unternehmenserfolg zu reduzieren, sowie durch Erarbeitung und Verbreitung genereller Leitungsregeln die Willkür des Herrschers zu beschneiden und seine angeblich ganz persönliche Führerfähigkeit bis zu einem gewissen Grade als durch andere ersetzbar, wiederholbar, ja verbesserbar zu enthüllen" (*Kocka* 1969 a, S. 355).

Komplementär zur Selbstüberschätzung der Führer werden die Geführten entsprechend der Theorie X von *McGregor* (vgl. S. 173) unterschätzt, also als belohnungsorientiert und wenig inhaltsmotiviert angesehen. Mit dieser Einschätzung gut vereinbar wird das System der Arbeitsteilung von *Taylor* übernommen bzw. aufrechterhalten, währenddessen Bemühungen um eine Verwissenschaftlichung der Personalführung auf schärfste Ablehnung durch die Manager stößt.

Die Eigenschaftstheorie als historisch ältester Erklärungsansatz der Führung bezieht ihre Grundlagen also aus individualistischen Persönlichkeitstheorien, Unternehmerideologien und dem Sozialdarwinismus. Im Mittelpunkt des Forschungsinteresses steht die Frage: was unterscheidet einen erfolgreichen von einem erfolglosen Führer, oder was den Führer von den Geführten. Die Antwort lautet: Es gibt eine endliche Menge von meßbaren Persönlichkeitszügen (traits), die den Führer vor Nicht-Führern auszeichnet. Entwicklungsgeschichtlich waren dies zunächst *physische* Eigenschaften (wie Stärke, Größe, Gesundheit, Konstitution), später erbliche Faktoren (Adel), dann *psychische* und *Persönlichkeits*-Eigenschaften (wie Intelligenz, Willensstärke, Fleiß, Leistungsmotivation, hohe Frustrationstoleranz). Die Vielzahl an eigenschaftstheoretischen Forschungsarbeiten ist von einigen Autoren systematisch ausgewertet und zusammengefaßt worden (*Stogdill* 1948, 1974, *Bass* 1981).

Stogdill[2] (1948) z.B. hat über 100 Studien zur Identifizierung von Führereigenschaften ausgewertet und kommt zu dem Ergebnis, daß sich die im Zusammenhang mit Führung bedeutsamen Faktoren auf folgende Eigenschaften reduzieren lassen:
- **Fähigkeiten** (Intelligenz, Vigilanz, Ausdrucksfähigkeit, Originalität, Urteilskraft)
- **Leistungen** (Schulerfolg, Wissen, sportliche Erfolge)
- **Verantwortung** (Zuverlässigkeit, Initiative, Selbstsicherheit, Ausdauer)
- **Partizipation** (soziale Aktivität, Kooperation, Anpassungsfähigkeit, Humor)
- **Status** (sozio-ökonomische Position, Popularität)
- **Situation** (geistiges Niveau, Status, Fertigkeiten, Bedürfnisse und Interessen der Geführten, Aufgabenziele).

Direkte Zusammenhänge zwischen einzelnen Persönlichkeitszügen und Führungspositionen sind jedoch in den Studien nur selten in konsistenten Mustern auffindbar, und es zeigt sich immer wieder der nicht zu unterschätzende Einfluß der Situation. *Stogdill* resümiert (1974. S. 62):

„Die folgenden Schlußfolgerungen werden von 15 und mehr der ausgewerteten Studien durchgängig positiv bestätigt:
a. Die Durchschnittsperson, die eine Führungsposition inne hat, übertrifft das Durchschnittsmitglied ihrer Gruppe in folgender Hinsicht: 1. Intelligenz, 2. Schulerfolg, 3. Zuverlässigkeit bei der Übernahme von Verantwortung, 4. Aktivität und soziale Integration, 5. sozioökonomischer Status.
b. Die Qualitäten, Eigenschaften und Fertigkeiten, die von einem Führer verlangt werden, sind in einem hohen Ausmaß durch die Anforderungen der Situation bestimmt, in der er als Führer agieren soll."

---

[2] *Stogdill, Ralph M.* (1904–1973) Prof. Management Science and Psychology, Ohio State Uni.

Eigenschaftstheoretische Erklärungsversuche sagen nichts über die Eigenschaften der Geführten, die Aufgabe und die notwendigen Interaktionen aus. Sie sind *statisch*, insofern als sie nichts über die Entwicklung zum Führer und des Führers im Zeitablauf aussagen. Sie können höchstens Hinweise dafür geben, warum ein Individuum zu einem bestimmten Zeitpunkt eine Führungsposition inne hat, aber nicht darüber, warum er in dieser Position erfolgreich oder erfolglos wirkt. Die Praxis des Managements hat gezeigt, daß ein Führer mit sog. führungsrelevanten Eigenschaften, wie Intelligenz, Initiative, Gerechtigkeitssinn, Humor etc., keineswegs universell einsetzbar und in jedem Fall erfolgreich sein muß, denn erfolgreiche Führer im Sinne der Eigenschaftstheorie versagen häufig bei neuartigen Führungssituationen oder ungewohntem Gruppenverhalten (der Geführten).

Sowohl soziale wie politische und technologische Veränderungen Ende der 50er Jahre in den USA und in den 60er bis 70er Jahren im Europa des 20. Jh. erzwingen ein Umdenken im Bereich der Organisations- und Führungslehre. Streiks in den USA und in Europa, die nicht nur Lohnsteigerungen sondern auch menschlichere Arbeitsbedingungen zum Ziel haben, tragen zur Ablehnung alter Eliten in Politik und Wirtschaft bei und erzwingen auf breiter Ebene einen Demokratisierungsschub. Hinzu kommen gravierende ökonomische bzw. Marktveränderungen, Veränderungen im Ausbildungssystem (Bildungsökonomie-Debatte) mit der Folge von Erwartungsveränderungen u. a. in Richtung auf eine Höherbewertung befriedigender Sozialbeziehungen.

Die Führungsforschung ist inzwischen zu der Erkenntnis gekommen, daß der Erfolg von Führung nicht in dem Maße von den persönlichen Eigenschaften des Führers abhängt, wie das die Vertreter der **Eigenschaftstheorie der Führung,** die das Phänomen ‚Führung' allein aus der Sicht des Führers und seiner Persönlichkeit zu begreifen sucht, annehmen. „Sozialwissenschaftliche – insbesondere psychologische – Theorien beinhalten Elemente einer wissenschaftlichen Konzeption des Führungswissens, die in der Lage ist, das Problem der Führung aus den Bereichen der Intuition, des Atmosphärischen und des Charismas herauszulösen" (*Stöber/Bindig/Derschka* 1974, S. 75).

Auch *Hofstätter* (1973) weist auf den Ideologiegehalt einer individualistischen Führungstheorie hin, die u. a. an begnadete Führer oder geborene Verbrecher mit entsprechenden Eigenschaften glaubt; er favorisiert konsequenterweise eine situative Sicht des Führungsphänomens, wie sie heute in einer Situationstheorie der Führung ihren Niederschlag gefunden hat.

Trotz dieser Erkenntnis und der mangelnden empirischen Evidenz für die Gültigkeit einer Eigenschaftstheorie wird sie in der Praxis der Unternehmungsführung nach wie vor sehr geschätzt, vor allem von denjenigen, die Führungspositionen innehaben. Durch das Aufkommen von **Attributionstheorien** (vgl. Abschnitt d (5)) erleben die eigenschaftstheoretischen Ansätze heute wieder eine gewisse Renaissance.

c. Führungsstile

Während mit Führungsverhalten empirisch beobachtbare Beeinflussungs-versuche eines Führers bezeichnet werden, die situationsabhängig variieren können, versteht man unter **Führungsstil** ein langfristig relativ stabiles, situa-tionsinvariantes Verhaltensmuster des Führers (vgl. *Neuberger* 1977, *Steinle* 1978, *Lattmann* 1982). Aus der Sicht der Geführten wird Führungsverhalten in jedem Fall ganzheitlich, eben als Führungsstil erlebt.

Neuberger (1977, S. 97) versteht unter Führungsstil „ein in wechselnden Situationen relativ konstantes, sinnvoll strukturiertes Verhaltensmuster, das als Konkretisierung einer verhaltensorganisierenden Einstellung oder Grund-haltung aufzufassen ist." Diese Definition macht deutlich, daß der Führungs-stil ein situationsbeständiges Führungsverhalten beschreibt, das durch eine persönliche Grundeinstellung (Philosophie, Ideologie) gegenüber den Mitar-beitern geprägt wird.

Hinter dem Begriff Führungsstil verbirgt sich eine bestimmte Tradition der Führungsforschung, die auf der Grundlage letztlich eigenschaftsorientierter Typologien Gesetzesaussagen über die situationsinvariante Effizienzwirkung solcher Verhaltensmuster zu entwickeln sucht, m. a. W., die Formulierung von **Führungsstiltheorien** intendiert (vgl. *Staehle/Sydow* 1987). Je nachdem, ob die gewonnenen Führungsstile das Ergebnis idealtypischer Betrachtungen oder empirischer Erhebungen sind, spreche ich von idealtypischen bzw. re-altypischen Ansätzen der Führungsforschung.

(1) Idealtypische Ansätze

In der Tradition *Max Webers* (Bildung von Idealtypen) und seiner Typolo-gie der Herrschaftsansprüche (legale, traditionale, charismatische) werden in der deutschsprachigen Literatur in unterschiedlichen Variationen sog. tradi-tionale Führungsstile diskutiert (vgl. z. B. *Witte* 1969, *Lattmann* 1975, *Baum-garten* 1976, *Nieder/Naase* 1977). Die deutende Erfassung reiner Typen (**Ide-altypen**) – im Gegensatz zu empirisch gewonnenen bzw. überprüfbaren Re-altypen – erfolgt nach *Weber* durch die Analyse bestimmter Aspekte einer Handlungssituation und deren Einordnung in ein widerspruchsfreies Gedan-kenbild.

Mit diesen Idealtypen wird dann die Realität verglichen, um aufgrund von Abweichungsmessungen in die Vielfalt der Situationen eine Ordnung zu bringen. *Weber* macht deutlich, daß ein Idealtyp keine Hypothese ist, son-dern nur als Heuristik der Hypothesengenerierung betrachtet werden kann.

In aller Regel werden vier Führungsstile unterschieden:
* **Patriarchalischer Führungsstil**

  Die Autorität des Familienvaters (Patriarch) und dessen unbefragte Aner-kennung durch die Familienmitglieder ist das Vorbild für diesen heute noch in kleinen Familienbetrieben anzutreffenden Führungsstil. Der Patriarch ist zur Treue und Fürsorge gegenüber den Geführten (die z.T. wie Kinder behandelt werden) verpflichtet und erwartet als Gegenleistung dafür Dankbarkeit, Loyalität, Treue und Gehorsam. Die Organisationsstruktur sieht lediglich eine Führungsinstanz vor und keinerlei Delegation von Entscheidungsbefugnis.

● **Charismatischer Führungsstil**

Der charismatische Führer begründet seinen Herrschaftsanspruch auf besondere, einmalige Persönlichkeitszüge und kennt folglich keinen Vorgänger, Stellvertreter oder Nachfolger. Charismatische Führer sind besonders gefragt in Krisen- oder Notsituationen, in denen der Glaube an eine Rettung durch den Führer die Zuversicht zu rationalen Problemlösungsstrategien verdrängt hat. Charismatische Führer können auf eine Unterstützung durch strukturelle Maßnahmen verzichten, denn sie beziehen ihren Erfolg vor allem aus dem persönlichen Auftritt.

● **Autokratischer Führungsstil**

Autokratische Führung ist eher in großen Organisationen (Staat, Heer, Großunternehmung) anzutreffen als in kleinen, in denen patriarchalische Führung vorherrscht. Der Autokrat bedient sich zur Herrschaftsausübung eines umfänglichen Führungsapparates (Hierarchie), wobei nachgeordnete Linieninstanzen die Entscheidungen des Autokraten durchsetzen. Es besteht also kein unmittelbarer persönlicher Kontakt zwischen Führer und Geführten wie beim patriarchalischen und charismatischen Führungsstil.

● **Bürokratischer Führungsstil**

Im Zuge einer weiteren Entpersönlichung der Führung bildet der bürokratische Führungsstil die extreme Form der Strukturierung und Reglementierung organisatorischer Verhaltensweisen (Richtlinien, Stellenbeschreibungen, Dienstanordnungen). An die Stelle der Willkür des Autokraten tritt die Sachkompetenz des Bürokraten, die als Legitimation der Herrschaft von den Geführten akzeptiert wird. Über mögliche Dysfunktionen bürokratischer Führung (Überorganisation, Entfremdung, Verkehrung von Mitteln in Ziele) habe ich an anderer Stelle ausführlicher berichtet (vgl. Abschnitt 2 D I 5).

Ein jüngerer Beitrag zur Typologie von Führungsstilen findet sich bei *Lattmann*[3] (1975), der mit Hilfe von elf Gliederungsmerkmalen[4] sechs Führungsprofile bildet, und zwar als Kombinationen unterschiedlicher Ausprägungen (A → E) der elf Beschreibungsmerkmale:

---

[3] *Lattmann, Charles* (geb. 1913) schweiz. Prof. BWL, Hochschule St. Gallen.

[4] Wertung des Mitarbeiters, Stellenwert der Interessen des Mitarbeiters, Legitimation des Führungsanspruchs, Gewichtung von Arbeitsunzufriedenheit und Betriebsklima, Beteiligung der Mitarbeiter bei der Zielsetzung, Anspruchsniveau der Arbeitsziele, Aufgabenvollzug, Kontrolle, Durchsetzung der Ziele, Behandlung informeller Gruppen, Beteiligung der Mitarbeiter bei der Festlegung des Unternehmenszwecks.

autoritäre Grundhaltung

- **despotischer Führungsstil**
(Herr-im-Haus-Standpunkt, Eigentum an Produktionsmitteln legitimiert Ausbeutung der Mitarbeiter)
- **paternalistischer Führungsstil**
(Despot mit sozialem Verantwortungsgefühl gegenüber Mitarbeitern, deren Interessen er am besten zu kennen glaubt)
- **pädagogischer Führungsstil**
(Patriarch, der seine Mitarbeiter durch gezielte Förderung und Entwicklung zur größeren Selbständigkeit erziehen will)

demokratische Grundhaltung

- **partizipativer Führungsstil**
(Anerkennung des Mitarbeiters als ,Werte tragendes Subjekt', dessen Wissen, Können und Interessen im Entscheidungsprozeß mit einbezogen werden)
- **partnerschaftlicher Führungsstil**
(Selbstbestimmung bei der Aufgabenerfüllung und partnerschaftliche Beteiligung des Mitarbeiters an der Setzung der Unternehmensziele)
- **Selbstverwaltung**
(Arbeitnehmer(-räte) übernehmen die Rolle des Unternehmers, Kollektivinteressen prägen die Führungsrichtlinien).

In der amerikanischen Führungsliteratur hat unter den typologischen Ansätzen die sog. **Kontinuum-Theorie** von *Tannenbaum/Schmidt* (1958, 1973) besondere Verbreitung gefunden. *Tannenbaum* und *Schmidt* gehen von dem in der Realität zu beobachtenden Führungsverhalten aus und ordnen es nach dem Ausmaß der Anwendung von Autorität durch den Vorgesetzten und dem Ausmaß an Entscheidungsfreiheit der Mitarbeiter auf einem Kontinuum von extrem Vorgesetzten-zentrierten zu extrem Mitarbeiter-zentrierten Verhaltensmustern an (siehe Abb. 2.58 auf S. 312).

In einem normativ-analytischen Teil versuchen sie dann die wichtigsten Faktoren zu bestimmen, die bei der Wahl des *richtigen* Führungsverhaltens zu berücksichtigen sind. Das Ergebnis sind folgende **Determinanten eines situationsgerechten Führungsstils**:

1. **Charakteristika des Vorgesetzten**
   - sein Wertsystem
   - sein Vertrauen in die Mitarbeiter
   - seine Führungsqualitäten
   - das Ausmaß an Sicherheit, das er in der bestimmten Situation empfindet

2. **Charakteristika der Mitarbeiter**
   - Ausmaß an Erfahrung in der Entscheidungsfindung
   - ihre fachliche Kompetenz
   - ihr Engagement an dem Problem
   - ihre Ansprüche hinsichtlich beruflicher und persönlicher Entwicklung

Abb. 2.58: Autoritärer und kooperativer Führungsstil

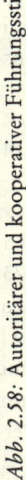

Autoritärer Führungsstil ← → Kooperativer Führungsstil

Entscheidungsspielraum des Vorgesetzten — Entscheidungsspielraum der Gruppe

autoritär	patriarchalisch	beratend	konsultativ	partizipativ	delegativ	
Vorgesetzter entscheidet und ordnet an	Vorgesetzter entscheidet; er ist aber bestrebt, die Untergebenen von seinen Entscheidungen zu überzeugen, bevor er sie anordnet	Vorgesetzter entscheidet; er gestattet jedoch Fragen zu seinen Entscheidungen, um durch deren Beantwortung deren Akzeptierung zu erreichen	Vorgesetzter informiert seine Untergebenen über seine beabsichtigten Entscheidungen; die Untergebenen haben die Möglichkeit, ihre Meinung zu äußern, bevor der Vorgesetzte die endgültige Entscheidung trifft	Die Gruppe entwickelt Vorschläge; aus der Zahl der gemeinsam gefundenen und akzeptierten möglichen Problemlösungen entscheidet sich der Vorgesetzte für die von ihm favorisierte	Die Gruppe entscheidet, nachdem der Vorgesetzte zuvor das Problem aufgezeigt und die Grenzen des Entscheidungsspielraumes festgelegt hat	Die Gruppe entscheidet; der Vorgesetzte fungiert als Koordinator nach innen und nach außen

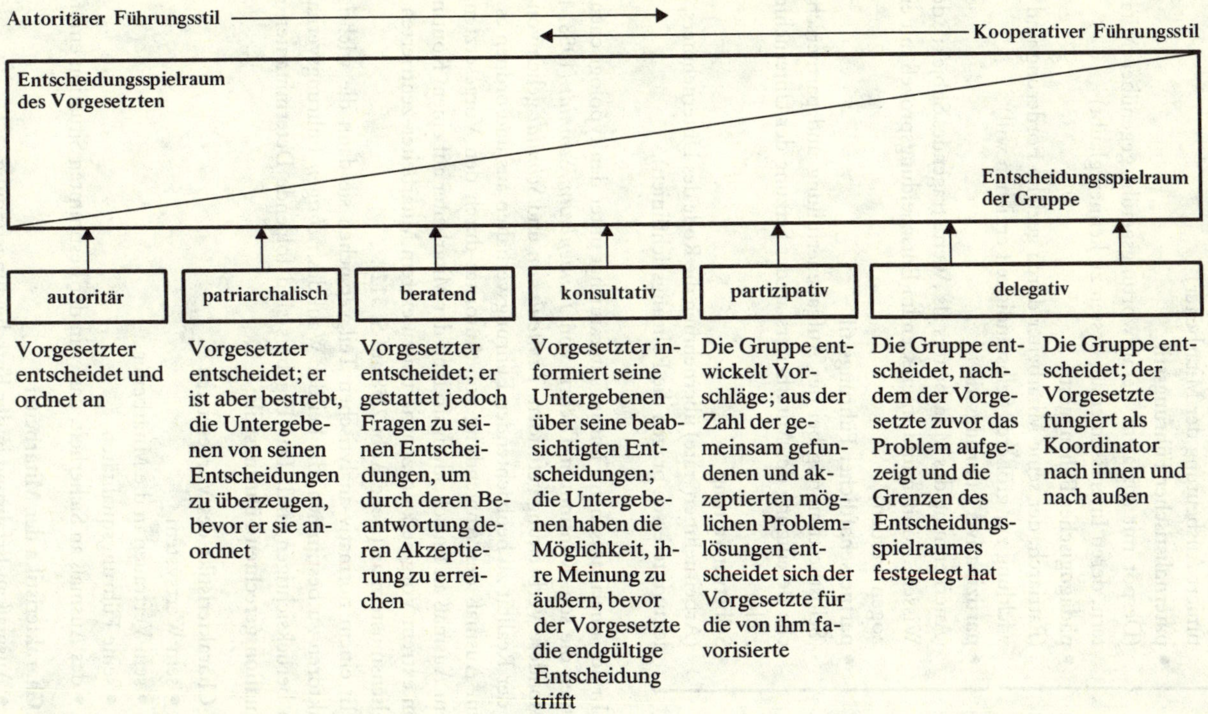

Quelle: Tannenbaum/Schmidt 1958, S. 96

3. **Charakteristika der Situation**
- Art der Organisation
- Eigenschaften der Gruppe
- Art des Problems
- zeitlicher Abstand zur Handlung

Jede unterschiedliche Konstellation der Charakteristika innerhalb 1, 2 und 3 erfordert einen unterschiedlichen Führungsstil. Es kann keinen einzig richtigen Führungsstil für alle Situationen geben. Einem erfolgreichen Manager gelingt es, die verschiedenen situativen Einflußfaktoren realistisch einzuschätzen und sich mit seinem Führungsverhalten entsprechend darauf einzustellen. Flexibilität des Führungsverhaltens ist der Schlüssel zum Erfolg.

(2) Realtypische Ansätze

Die Führungsforschung hat sich zumindest in den USA spätestens aber seit den 30er Jahren dieses Jh. nicht mehr damit zufriedengegeben, Führungsstiltypologien zu entwickeln; sie war vielmehr bestrebt, auf empirischer Grundlage Aussagen über die Effizienz bestimmter Führungsstile zu treffen.

Im Gegensatz zu der unter (1) beschriebenen, mehr ideographischen Vorgehensweise der Entwicklung einer Typologie von Führungsstilen konzentriert sich die Führungsforschung in den USA von Anfang an auf die empirische Untersuchung der Auswirkungen alternativen Führungsverhaltens.

- **Iowa Studien**

In den Jahren 1938–40 werden an der Child Welfare Research Station der Iowa University Elementary School von *Kurt Lewin* und Mitarbeitern eine Reihe von Experimenten mit zehn- bis elfjährigen Schülern durchgeführt mit dem Ziel, die Auswirkungen unterschiedlichen Führungsverhaltens auf individuelles und Gruppenverhalten zu beobachten (*Methode:* Fortlaufende Fremdbeobachtung) (vgl. *Lewin/Lippitt/White* 1939, *White/Lippitt*[5] 1960). Anlaß und Intention der Untersuchungen werden deutlicher, wenn man die Biographie *Lewins* kennt (vgl. *Marrow* 1977). *Lewin,* Sohn jüdischer Eltern aus Posen, forschte und lehrte längere Zeit in Berlin. Als er 1933 endgültig emigrieren mußte, fand er zunächst an der Cornell University und ab 1935 in Iowa eine neue Heimat. Es liegt nahe anzunehmen, daß *Lewin* davon ausging, daß nicht zuletzt ein *autoritäres* Erziehungssystem in Deutschland zur Hitler-Diktatur beigetragen hat, während eine *demokratische* Erziehung auch zu einer demokratischen Gesinnung führt, wie er sie im damaligen Amerika vorgefunden hat.

Im Zuge der Experimente treffen sich Schüler (in Gruppen zu je fünf) nach der Schule zur Freizeitgestaltung (Basteln von Theatermasken) und werden in einem bestimmten Rotationsverfahren einem autoritär oder einem demokratisch agierenden erwachsenen Gruppenleiter ausgesetzt. Im ursprünglichen

---

[5] *Lippitt, Ronald* (gest. 1986) ehem. Pfadfinder, Psychologe, Iowa Uni und Uni of Michigan.

Design war der ‚laissez faire' Führungsstil nicht vorgesehen, sondern entstand zufällig, da einer der demokratischen Führer die Kontrolle über seine Gruppe verlor und anschließend den Auftrag erhielt, die Gruppe einfach laufen zu lassen. Der ‚laissez faire' Führungsstil wird bei der späteren konzeptionellen Auswertung der Experimente nicht mehr berücksichtigt, da hier kein Beeinflussungsversuch im Sinne der Definition von Führung vorliegt.

Welches Führungsverhalten die Gruppenleiter im einzelnen zeigen sollten, wird in Abb. 2.59 beschrieben.

Abb. 2.59: Manipuliertes Führungsverhalten in den ersten Iowa-Studien

autoritär	demokratisch	laissez faire
1. Vorgabe der Ziele durch den Führer	1. Ziele sind das Ergebnis einer Gruppenentscheidung bei Unterstützung durch den Führer	1. Völlige Freiheit für Einzel- oder Gruppenentscheidungen, minimale Beteiligung des Führers
2. Aktionsschritte werden nacheinander vom Führer vorgegeben, so daß die jeweils folgenden Schritte unklar bleiben	2. Generelle Vorgehensweise in der Gruppe festgelegt. Wenn gewünscht, gibt der Führer Rat und schlägt alternative Aktionsschritte vor	2. Führer stellt Arbeitsmaterial zur Verfügung und liefert auf Wunsch Informationen
3. Führer verteilt die Arbeit und bildet Arbeitsgruppen	3. Arbeitsverteilung und Gruppenwahl durch Mitglieder selbst	3. Keine Intervention des Führers
4. Führer lobt und tadelt einzelne Mitglieder persönlich, nimmt nicht am Arbeitsprozeß teil	4. Führer sucht nach objektiven Maßstäben der Kritik, versucht am Gruppenprozeß teilzuhaben	4. Einzelne spontane Kommentare, keine Steuerung und Beurteilung der Gruppenarbeit

Quelle: In Anlehnung an *White/Lippitt* 1960, S. 26–27

Die **Verhaltensweisen** der Schüler und der gesamten Gruppe unterscheiden sich ganz auffällig in Abhängigkeit vom gewählten Führungsstil:

autoritär geführte Gruppe	demokratisch geführte Gruppe
hohe Spannung, Ausdruck von Feindseligkeiten	entspannte, freundschaftliche Atmosphäre
unterwürfiges, gehorsames Gruppenverhalten	höhere Kohäsion, geringere Austritte
	höheres Interesse an der Aufgabe
höhere Arbeitsintensität	hohe Originalität der Arbeitsergebnisse
Arbeitsunterbrechung bei Abwesenheit des Führers	Weiterarbeit auch bei Abwesenheit des Führers

Die mit dem ‚laissez faire' Führer arbeitende Gruppe zeigte, was Aufgabeninteresse, Gruppenkohäsion und Zufriedenheit anbetraf, die schlechtesten Resultate.

Bisweilen werden in der Literatur (z. B. *Campbell* et al. 1970, *Lattmann* 1975) die Iowa-Studien fälschlicherweise als Untersuchungen über den Zusammenhang zwischen Führungs- und Leistungsverhalten interpretiert und daraus Schlüsse über die Überlegenheit des demokratischen Stils auch in Wirtschaftsorganisationen abgeleitet. Die Intention der Forscher war aber eindeutig eine andere, nämlich jene, die Auswirkungen unterschiedlichen Führungsverhaltens auf aggressives und feindseliges Verhalten von Kindern zu studieren.

Stogdill (1974, S. 365–370) hat im Anschluß an die Experimente von *Lewin/Lippitt/White,* die man als historischen Ausgangspunkt der gesamten empirischen Führungsforschung bezeichnen kann, eine Vielzahl von Folgestudien über die Konsequenzen autokratischer und demokratischer Führung analysiert und die **Ergebnisse** wie folgt zusammengefaßt (s. auch *Bass* 1981, S. 398 f.): Sowohl demokratische als auch aufgabenorientierte (aber nicht autoritäre) Führung sind eher positiv als negativ mit Produktivität, Zufriedenheit und Gruppenkohäsion verbunden. Irgendeine Führungsaktivität ist i. d. R. besser als gar keine (laissez faire).

Neuberger (1972) hat insgesamt 30 experimentelle Führungsstil-Studien untersucht und kommt zu dem Ergebnis, daß in den Experimenten nicht nur die Entscheidungsmacht (autokratisch-demokratisch) variiert wird, sondern eine Vielzahl anderer **Dimensionen,** vor allem

- Partizipationsrate
  (Ausmaß der Beteiligung des Führers an Gruppenaktivitäten)
- Strukturierung
  (Ausmaß der Eingriffe des Führes in Gruppenaktivitäten)
- Kontrolle
  (Ausmaß der Kontrolle der Gruppenaktivitäten durch den Führer)
- Motivation
  (Art und Weise der Motivation der Gruppe durch den Führer).

Eine Auswertung der Studien nach den Kriterien

- Leistungsmaße (z. B. Produktivität/Qualität)
- Einstellungsmaße (z. B. Veränderung von Einstellungen)
- Verhaltensmaße (z. B. Veränderung von Verhaltensweisen)

bringt ähnliche Resultate wie die Auswertung von *Stogdill.* Kein Führungsstil ist aufgrund der Leistungsmaße vorzuziehen. Im Hinblick auf Einstellungsänderungen bringt dagegen der kooperative Führungsstil gewisse Vorteile.

Den optimalen Führungsstil gibt es also nicht, so die Erkenntnis nach Durchsicht der experimentellen Untersuchungen.

Im Gegensatz zu Laborexperimenten versuchen Feldstudien, eine Vielzahl von Daten über das Führungsverhalten von Managern in den unterschiedlichsten Organisationen zu gewinnen (*Methode:* Verhaltensbeschreibung durch

Mitarbeiter auf der Grundlage von Fragebogen), um anschließend mit Hilfe der Faktorenanalyse Dimensionen zu isolieren, mit denen sich Unterschiede im Führungsverhalten messen lassen.

• **Ohio State Studien**

Seit 1945 beschäftigt sich ein interdisziplinäres Forscherteam (Bureau of Business Research) der Ohio State University mit der Entwicklung eines Instrumentariums zur **Beschreibung des Führungsverhaltens** (vgl. *Stogdill/ Coons* 1957). Erstes Ergebnis einer intensiven internen Diskussion ist ein Katalog von neun Kategorien des Führungsverhaltens.[6] In jeder Kategorie wird eine Anzahl von Statements verfaßt (z.B. „Er verlangt mehr, als wir zu leisten imstande sind"; „Er ist jederzeit zu sprechen"), insgesamt 150, die damit die erste Fassung des Leader Behavior Description Questionnaire (LBDQ) bilden. *Hemphill/Coons* (1957) erreichen aufgrund von Faktorenanalysen eine Reduktion auf drei orthogonale Faktoren:

• Maintenance of membership character
  (sozial integratives Verhalten)
• Objective attainement behavior
  (Aufgabenorientierung)
• Group interaction facilitation behavior
  (Erleichterung von Kommunikation, Verbesserung der Gruppenatmosphäre).

Halpin/Winer (1957) ermitteln mit einem leicht veränderten Fragebogen (130 Items) nach Faktorenanalysen vier orthogonale Faktoren:

• Consideration
  (freundschaftliches, vertrauensvolles, respektvolles und warmherziges Verhalten)
• Initiating Structure
  (Organisation und Definition von Beziehungen/Rollen, Schaffen einer Organisations-, Kommunikations- und Aufgabenstruktur)
• Production Emphasis
  (Aufgabenorientierung, Leistungsmotivation)
• Sensitivity (social awareness)
  (Sensibilität gegenüber sozialen Beziehungen und Gruppenproblemen).

Da die letzten beiden Faktoren nur einen ganz geringen Anteil an Varianz erklären, verzichtet man auf sie und kommt somit zu den beiden Hauptfaktoren, die in einer Studie über Flugkapitäne immerhin 83% der Varianz erklären (*Halpin/Winer* 1957):

• **Consideration** (Beziehungsorientierung)
• **Initiation of Structure** (Aufgabenorientierung)

---

[6] Integration, Initiative, Mitgliedschaft, Repräsentation, Organisation, Domination, Kommunikation, Anerkennung, Leistungsbetonung.

Diese Beschränkung auf zwei angeblich voneinander unabhängige Dimensionen hat dazu geführt, das Produkt der Ohio State Studien als ‚two-dimensional theory' zu bezeichnen.

Erhoben wird das Führungsverhalten neben dem schon erwähnten LBDQ, der auch in deutscher Übersetzung vorliegt (*Tscheulin/Rausche* 1970, *Fittkau-Garthe/Fittkau* 1971), mit dem Leadership Opinion Questionnaire (LOQ), der im Gegensatz zum LBDQ vom Vorgesetzten selbst ausgefüllt wird. Aufgrund der Gefahr einer starken subjektiven Verzerrung der Realität durch die Selbstbeurteilung wird in aller Regel der LBDQ bevorzugt. Typische Items sind etwa

Consideration	Initiation of Structure
Er ist freundlich, und man hat leicht Zugang zu ihm.	Er legt Wert darauf, daß die Termine genau eingehalten werden.
Er zeigt Anerkennung, wenn einer gute Arbeit leistet.	Er weist seinen ihm unterstellten Mitarbeitern spezifische Arbeitsaufgaben zu.

Im Gegensatz zu der traditionellen *eindimensionalen* Kontinuum-Annahme, wonach sich **Beziehungsorientierung** und **Aufgabenorientierung** wie bei autoritärer und demokratischer Führung gegenseitig ausschließen,

Rücksichtnahme   Planungsinitiative
(Beziehungsorientierung)   (Aufgabenorientierung)

←——————————————————————————————→

behaupten die Vertreter der Ohio-Schule die *Unabhängigkeit* der beiden Dimensionen.

Beziehungsorientierung

Aufgabenorientierung

D.h. ein Führer kann sowohl hohe Rücksichtnahme als auch hohe Aufgabenorientierung und umgekehrt zeigen. Eine Zweiteilung der beiden Dimensionen in jeweils hohe und niedrige Ausprägungen der beiden Dimensionen ergibt dann die bekannten **Ohio State Leadership Quadranten** (s. Abb. 2.60).

Die Ohio-Schule behauptet nun, daß der erfolgreiche Führer hohe Ausprägungen in beiden Dimensionen aufweist (rechter oberer Quadrant, entspricht 9.9 Führungsstil bei *Blake/Mouton* 1968), und daß Beziehungsorientierung zu hoher Zufriedenheit führt.

Abb. 2.60: Die Ohio State Leadership Quadranten

	(niedrig) ⟶ Aufgabenorientierung ⟶ (hoch)
Hohe Beziehungsorientierung und niedrige Aufgabenorientierung	**Hohe Beziehungsorientierung** und hohe Aufgabenorientierung
Niedrige Beziehungsorientierung und niedrige Aufgabenorientierung	**Hohe Aufgabenorientierung** und niedrige Beziehungsorientierung

(niedrig) ⟶ Beziehungsorientierung ⟶ (hoch)

(niedrig) ⟶ Aufgabenorientierung ⟶ (hoch)

Quelle: Hersey/Blanchard 1977, S. 95

In Folgeuntersuchungen wurde deutlich, daß diese Aussagen in ihrer Allgemeinheit nicht aufrechterhalten werden können (siehe z.B. *Fleishman*[7]/ *Harris/Burtt* 1955, *House/Filley/Kerr* 1971). Führungserfolg hängt keineswegs linear zusammen mit Beziehungsorientierung und/oder Aufgabenorientierung und wird wahrscheinlich moderiert durch intervenierende Variablen, wie etwa das Organisationsklima. *Korman* (1966) und *Kerr/Schriesheim* (1974) kritisieren vor allem

● mangelnde Orthogonalität der zwei Dimensionen, d.h. sie sind nicht so unabhängig voneinander, wie von der Ohio-Schule behauptet

● nicht signifikante Korrelationen zwischen Führungsverhalten und Führungserfolg

● keine Aussagen über Kausalitäten

● Vernachlässigung von situativen Variablen und deren Einfluß auf das Führungsverhalten.

Diese letzte Kritik richtet sich insbesondere gegen die völlige Vernachlässigung des Einflusses der **Organisationsstruktur** auf Führungsprozesse, die historisch in der Orientierung der Ohio Studien (im Gegensatz zu den Michigan Studien) an der Kleingruppenforschung begründet ist.

Trotz dieser Kritik ist die Zwei-Dimensionen-Theorie der Ohio-Schule zur Grundlage einer Vielzahl praxisorientierter Führungskonzepte geworden, die im Abschnitt 3 C II 2 besprochen werden.

---

[7] *Fleishman, Edwin A.* (geb. 1927) Psychologe, Prof. Industrial Administration, Yale Uni.

● **Michigan Studien**

Seit 1947 beschäftigt sich eine Forschergruppe am Institute for Social Research (Survey Research Center) an der University of Michigan, Ann Arbor, mit der Analyse des Führungsverhaltens speziell unter Effizienzgesichtspunkten (Produktivität, Zufriedenheit, Fluktuation, Absentismus, Kosten, Ausschuß, Motivation). Bei der Suche nach Kategorien, die mit bestimmten Effizienzmaßen korrelieren, konnten zwei Stile auf einem eindimensionalen Kontinuum von

● **employee orientation** (Mitarbeiterorientierung)
● **production orientation** (Leistungsorientierung)

identifiziert werden, das sog. **Michigan Stilkontinuum**
(vgl. *Katz/Maccoby/Morse* 1950).

Mitarbeiterorientiert heißt ein Führungsverhalten, bei dem die zwischenmenschlichen Beziehungen bei der Aufgabenerfüllung besonders betont werden. Der Mitarbeiter wird als Individuum mit eigenen Bedürfnissen und Zielen ernst genommen, und seine persönliche Entwicklung wird gefördert.

Leistungsorientiert heißt ein Führungsverhalten, bei dem die technischen und Leistungsaspekte der Aufgabe besonders betont werden. Der Mitarbeiter wird lediglich als Mittel zum Erreichen der Organisationsziele gesehen.

Die Verwandtschaft dieses Konzepts mit dem der Ohio-Schule ist unverkennbar; es besteht jedoch ein gravierender Unterschied in der Konzeptualisierung insofern, als die Michigan-Schule zunächst davon ausgeht, daß Mitarbeiter- und Leistungsorientierung die Extrempunkte ein und derselben Dimension seien (Stilkontinuum). D.h. je höher die Mitarbeiterorientierung eines Führers, desto geringer die Leistungsorientierung. In späteren Arbeiten der Michigan-Schule ist jedoch eine Abkehr von dieser Position zu erkennen, d.h. Mitarbeiter- und Leistungsorientierung werden wie bei der Ohio-Schule als unabhängige Dimensionen angesehen.

Eine wesentliche Annahme der Michigan-Forscher war stets die humanistisch geprägte Erwartung, daß der mitarbeiterorientierte Führungsstil nicht nur zur höheren Zufriedenheit, sondern auch zu höherer Leistung führt (siehe vor allem *Likert*[8] 1961, 1967). Empirische Befunde sprechen jedoch dagegen, daß dieser Stil der ‚one best way‘ der Führung ist.

In späteren Studien wird wieder verstärkt die Auffassung vertreten, daß zweidimensionale Führungsstil-Konstrukte (consideration/initiation of structure; employee orientation/production orientation) die Komplexität des Führungsphänomens nicht adäquat abbilden können.

Likert (1961), damals einer der Direktoren des Institute for Social Research, beschreibt fünf Voraussetzungen für ein erfolgreiches Führungsverhalten:

---

[8] *Likert, Rensis* (1903–1981) Sozialpsychologe, gründet 1948 ISR an der Uni of Michigan, bis 1970 dessen Direktor, danach Unternehmensberater.

- Principle of Supportive Relationships (Prinzip der gegenseitigen Unterstützung)
- Group Methods of Supervision (Kontrolle durch Gruppen)
- High Performance Goals (hohe Leistungsziele)
- Technical Knowledge (technisches Wissen)
- Coordinating, Scheduling, Planning (Koordination, Terminierung, Planung).

Bowers/Seashore (1966) entwickeln ein **Vier-Faktoren-Führungsmodell**, dessen Elemente mit Hilfe von Fragebogen gemessen werden sollen:

- Support   (Unterstützung)
- Interaction Facilitation   (Erleichterung der Interaktionen)
- Goal Emphasis   (Zielorientierung)
- Work Facilitation   (Erleichterung der Arbeit)

Obwohl einige signifikante Korrelationen gefunden werden, kommen sie zu dem Ergebnis, daß Führungsverhalten *allein* nicht die Effizienz oder Ineffizienz einer Organisation zu erklären vermag (S. 263). Weitere wichtige Einflußfaktoren sehen sie in den Machtgrundlagen des Führers und deren Akzeptanz, in den Aufgabenanforderungen und in persönlichkeitsspezifischen Eigenheiten der Mitarbeiter.

Auch die Michigan Studien können über kausale Zusammenhänge zwischen den untersuchten Variablen keine Aussagen machen. Sind z.B. die Zufriedenheit und Leistung der Gruppe auf das mitarbeiterorientierte Führungsverhalten zurückzuführen oder erlaubt es die hohe Leistung der Gruppe dem Führer, sich mitarbeiterorientiert zu verhalten? Auch eine Identifikation intervenierender situativer Faktoren fehlt bei den Michigan-Arbeiten, obgleich ihre Bedeutung nicht verkannt wird (vgl. *Bowers/Seashore* 1966).

- **Group Dynamics Studien**

Auf der Basis einer Vielzahl von Forschungsarbeiten des Research Center for Group Dynamics analysieren *Cartwright/Zander*[9] (1968) zwei wesentliche Führungsfunktionen, die einzelne Gruppenmitglieder übernehmen müssen, nämlich Erreichung eines oder mehrerer Gruppenziele und Aufrechterhaltung und Stärkung der Gruppe selbst. Diese beiden Gruppenfunktionen erfordern unterschiedliche Verhaltensweisen:

Group Maintenance Functions	Goal Achievement Functions
Förderung guter zwischenmenschlicher Beziehungen	Handlungsanweisungen
Konfliktlösung	operative Planung
Unterstützung	Aufgabenstrukturierung
Schutz von Minoritäten	Beachtung der Zielerreichung
Förderung von Selbständigkeit und Kooperationsverhalten	

[9] *Cartwright, Dorwin Ph.* (geb. 1915) Prof. Psychologie, Uni of Michigan, Ann Arbor.

Das Group Dynamics-Konzept ist im deutschsprachigen Raum vor allem durch die eingängigen Begriffe

- **Lokomotionsfunktion** (Goal Achievement) und
- **Kohäsionsfunktion** (Group Maintenance)

populär geworden (vgl. *Lukasczyk* 1960).

Ein Vergleich der bislang besprochenen Ansätze der Führungsstilforschung zeigt, daß die Unterschiede insgesamt doch recht gering sind und mehr im Begrifflichen als im Konzeptionellen zu suchen sind. Letztlich zieht sich die Dichotomie *autokratisch-demokratisch* (direktiv-kooperativ), *Beziehungsorientierung – Aufgabenorientierung* und *Lokomotionsfunktion – Kohäsionsfunktion* durch die gesamte Führungsliteratur und dient auch als Basis einer Vielzahl von praxisorientierten Führungskonzepten.

Die in der empirischen Führungsstilforschung verwandten Operationalisierungen des Führungsstil-Konstrukts, seien sie ein- oder mehrdimensional, liefern wenig Informationen über den tatsächlich praktizierten Führungsstil, sondern informieren eher über Selbst- bzw. Fremdattributionen bestimmter Führerqualitäten. Die zur Beschreibung des Vorgesetztenverhaltens entwickelten Fragebogen sagen wahrscheinlich mehr über den beschreibenden Mitarbeiter, als über dessen Vorgesetzten aus (vgl. *Nachreiner* 1978).

Die Ergebnisse der Führungsstilforschung bleiben ex definitione auf zeit- und situationsinvariante Verhaltensmuster beschränkt, die zu global beschrieben werden, als daß sie von großem praktischen Wert wären. Generell kann man sagen, daß die empirische Führungsstilforschung die Bedeutung der *Persönlichkeit* des Führers zu wenig beachtet, obgleich der Führungsstil häufig unreflektiert als Persönlichkeitsdisposition gefaßt wird. Vernachlässigt wird auch die Relevanz der *Führungssituation*, insbesondere in ihrer dynamischen Interaktion mit Persönlichkeitsmerkmalen, die für die Herausbildung eines bestimmten Führungsstils verantwortlich zu machen ist (*Niederfeichtner* 1983). Die Führungsstilforschung blendet zudem die *Führungsbeziehungen zu den Geführten* aus, die keineswegs nur eine passiv-reaktive Rolle im Führungsprozeß übernehmen. Das Führungsstil-Konstrukt erschwert darüber hinaus die Wahrnehmung einer *kritischen Wissenschaftsfunktion*, d.h. die Aufklärung der von Führung betroffenen Personen über die Ursachen und Wirkungen eines bestimmten Führungsstils, wenn erstens nur globale Effizienzkriterien wie Leistung und Zufriedenheit verwendet werden und zweitens die personalen und strukturellen Entstehungsbedingungen eines bestimmten Führungsstils – und damit die Chancen seiner Beeinflussung durch die Geführten – ausgeklammert bleiben.

Mit *Gebert/Rosenstiel* (1981, S. 151) läßt sich folgendes Resümee ziehen: „Die Pauschalklassifizierungen des Führungsverhaltens in consideration und initiating structure stellen Sackgassen dar. Es wird unvermeidlich sein, zu den diesen Etiketten zugrunde liegenden Führungsverhaltensweisen zurückzukehren . . ." Dies ist Aufgabe der nachfolgend besprochenen Führungstheorien.

d. Führungstheorien

Anders als von Eigenschafts- und Führungsstilansätzen kann man von Führungstheorien, die diese Bezeichnung verdienen, Aussagen über die Zusammenhänge zwischen Führer, Geführten, organisatorischen Anforderungen und Führungserfolg erwarten. Ausführliche Darstellungen der wichtigsten Führungstheorien finden sich in *Stogdills* Handbook of Leadership (*Bass*[10] 1981) und im Handwörterbuch der Führung (*Kieser/Reber/Wunderer* 1987).

(1) Situationstheorien

Mangelnde empirische Evidenz eigenschaftstheoretischer Hypothesen sowie die Einbeziehung sozial-psychologischer Forschungsergebnisse führten zur Entwicklung von **Situationstheorien der Führung** (situational approach), wonach Führerwahl und Führungserfolg nicht eine Funktion bestimmter Führungseigenschaften sind, sondern nur in Abhängigkeit von einem situativen Kontext, in dem Führer und Geführte interagieren, zu sehen sind. „Der Gedanke, es gäbe einen idealen, in allen Situationen erfolgreichen Führungsstil, ist insbesondere nach den Mißerfolgen der wissenschaftlichen Betriebsführung und der Human-Relations-Programme aufgegeben worden ... Die Auswirkungen eines spezifischen Führungsverhaltens variieren von Situation zu Situation; es gibt keine idealen, immer und zu jeder Zeit erfolgreichen Führungspraktiken" (*Kunczik* 1972, S. 279).

Der heute weithin akzeptierte Situationsansatz der Führung analysiert das Führungsverhalten in Abhängigkeit von der Gruppe (Geführte), der Aufgabe und der Führungssituation und kommt folgerichtig zu der Annahme, daß unterschiedliche Gruppen- und Führungssituationen auch unterschiedliche Führungsstile erfordern. Es gibt keinen ‚one best way‘ in der Führung und auch keinen ‚great man‘, der in allen Situationen und zu jeder Zeit erfolgreich ist. Erfolgreich ist der Führer, der über analytische Fähigkeiten verfügt (Analyse der Aufgabe, der Situation, der Gruppe) und sein Führungsverhalten den Umständen entsprechend modifizieren kann.

Situative Ansätze haben in der Management-Praxis besonderes Interesse gefunden, da sie nicht nur wolkig verkünden, bei der Wahl des Führungsverhaltens käme es auf die jeweilige Situation an, sondern konkret angeben, unter welchen Bedingungen welches Führungsverhalten erfolgversprechend sei. Befragungen von Managern und deren Untergebenen in den USA und Europa haben ergeben, daß in der Praxis ohnehin situativ geführt wird, d.h., das Führungsverhalten wird flexibel in Abhängigkeit von der Situation gewählt (vgl. *Wilpert*[11] 1977).

---

[10] *Bass, Bernard M.* (geb. 1925) Industriepsychologe, Prof. Organizational Behavior, State Uni of New York, Binghamton.

[11] *Wilpert, Bernhard* (geb. 1936) Prof. Psychologie, TU Berlin.

Unter den Situationstheorien der Führung hat vor allem die **Kontingenztheorie** von *Fiedler* (1967) besondere Beachtung gefunden.

Zwischen 1950 und 1965 untersuchen *Fiedler*[12] und Mitarbeiter in einer Vielzahl von Organisationen den Zusammenhang zwischen Führungs- und effizientem Gruppenverhalten. Zur Messung unterschiedlichen Führungsverhaltens (Führungsstile) entwickeln sie ein **Wahrnehmungsmaß**, den LPC-Wert, der mit Hilfe eines Fragebogens mit (in der jüngsten Fassung) 18 achtstufigen, bipolaren Adjektivpaaren (nach der Methode des semantischen Differentials) erhoben wird.

Der **LPC-Wert** läßt erkennen, wie der Führer den von ihm am wenigsten geschätzten Mitarbeiter (Least-Preferred Coworker) beschreibt. Dabei besagt eine wohlwollende Beschreibung auch wenig geschätzter Mitarbeiter, daß der Führer rücksichtsvoll und beziehungsorientiert führt. Beschreibt ein Führer seinen unbeliebtesten Kollegen noch günstig, so wird in ihm ein personenorientierter, rücksichtsvoller, partizipativ eingestellter Führer vermutet. Im umgekehrten Fall (ungünstige Beurteilung) vermutet man einen aufgabenorientierten, autoritären Führer.

Fiedler (1967) geht in seiner Kontingenztheorie von der zentralen Hypothese aus, daß die Leistung einer Gruppe eine Funktion der Beziehung zwischen dem Führungsstil und dem Ausmaß sei, in dem die Gruppensituation es dem Führer erlaubt, Einfluß auszuüben. Die wichtigsten Variablen sind somit der Führungsstil, der Grad der Günstigkeit der Führungssituation und die Effektivität der Gruppe.

Fiedler unterscheidet zwei **Führungsstile:**
1. einen **aufgabenorientierten** (task-oriented leadership style), der das Bedürfnis nach Aufgabenlösung und Zielerreichung befriedigt (Leistungsorientierung), und
2. einen **personenorientierten** (relations-oriented leadership style), der das Bedürfnis nach guten menschlichen Beziehungen zwischen Führer und Geführten befriedigt (Interaktionsorientierung).

Zur Beschreibung der **Führungssituation,** der zweiten wichtigen Variablen, unterscheidet *Fiedler* folgende drei Dimensionen:
1. **Positionsmacht** (inwieweit die Position selbst es dem Führer ermöglicht, die Geführten in seinem Sinne zu führen)
2. **Strukturierung der Aufgabe** (inwieweit die zu lösende Aufgabe stark oder nur schwach strukturiert ist)
3. **Führer-Mitarbeiter-Beziehungen** (inwieweit diese Beziehungen zu Zufriedenheit oder Unzufriedenheit führen).

Während die Einflußgrößen 1 und 2 durch die Organisation festgelegt werden, ist die Größe 3 zum großen Teil von der Persönlichkeit des Führers abhängig. Durch die Kombination dieser drei Dimensionen, die jeweils nach zwei Ausprägungen dichotomisiert wurden (gut – schlecht, stark – schwach,

---

[12] *Fiedler, Fred E.* (geb. 1922 in Wien) Prof. Psychology and Management, Uni of Washington, Seattle (vorher Uni of Illinois).

strukturiert – unstrukturiert) ergeben sich acht unterschiedliche Führungssituationen (vgl. die Oktanten in Abb. 2.61).

Abb. 2.61: Die Klassifikation in acht Führungssituationen

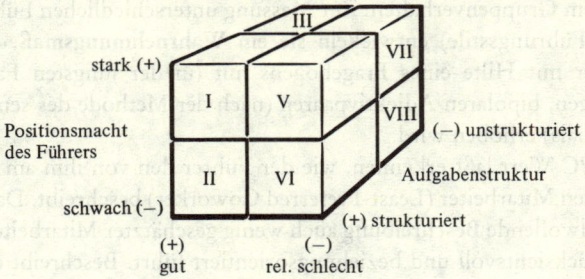

Quelle: Fiedler 1967, S. 185

Erfolg oder **Effektivität** eines Führers oder Führungsstils wird gemessen an:

1. der **Leistung** der Gruppe im Hinblick auf die Aufgabenstellung,
2. der **Zufriedenheit** der einzelnen Gruppenmitglieder.

Abb. 2.62: Median-Korrelationen zwischen dem LPC-Wert des Führers und der Gruppenleistung in bezug auf die acht Gruppen-Aufgaben-Situationen

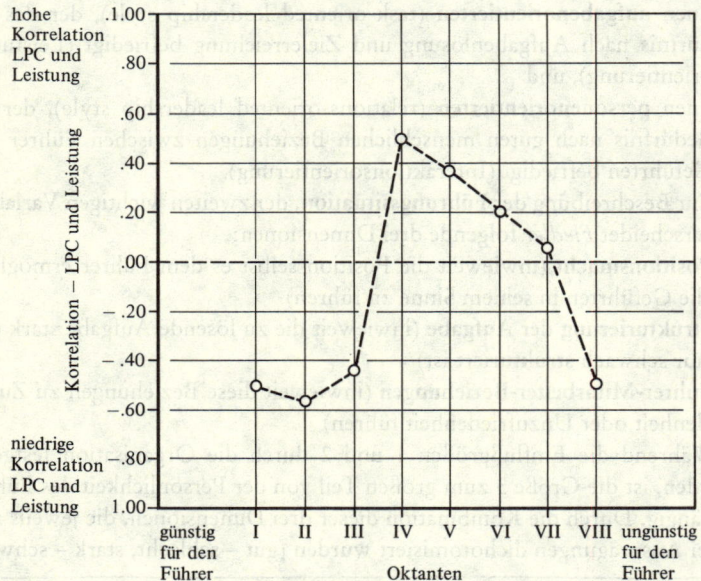

Quelle: Fiedler 1967, S. 146

Dabei liegt der Schwerpunkt auf Outputgrößen, wie Stückzahl, Fehlerquote, Zeitbedarf und weniger auf Zufriedenheitsäußerungen, die mehr den Charakter eines angenehmen Nebenproduktes haben.

Die ursprüngliche Hypothese von *Fiedler* lautet dahingehend, daß mit zunehmender Personenorientierung (hohe LPC-Werte) auch die Effektivität der Gruppe zunehmen würde. Die empirischen Ergebnisse bestätigen aber nicht einen so eindeutigen Zusammenhang. LPC-Werte und Leistungskriterien korrelieren von Situation zu Situation einmal positiv und einmal negativ.

Eine Einbeziehung der Variablen ‚situationale Günstigkeit' (Abszisse), die sich aus den Variablen Positionsmacht, Aufgabenstuktur und Führer-Mitarbeiter-Beziehungen zusammensetzt, und eine Zuordnung der aus den bislang durchgeführten Studien gefundenen Korrelationen zwischen Führungsstil und Effektivität (Ordinate) zu den Situations-Oktanten ergibt den Kurvenverlauf (in Abb. 2.62 auf S. 324).

Eine *positive* Korrelation zwischen den LPC-Werten und der Gruppenleistung bedeutet, daß der *personenorientierte* Führer am erfolgreichsten war (Oktanten IV, V, VI, VII); eine *negative* Korrelation zeigt, daß ein *aufgabenorientierter* Führer erfolgreicher war (Oktanten I, II, III, VIII). Obwohl Oktant VII noch knapp positive Beziehungen zwischen LPC und Leistung aufweist, stellt er eine ungünstige Situation für den Führer dar und *Fiedler* empfiehlt hier einen aufgabenorientierten Führungsstil. Ein allein aus empirischen Daten abgeleitetes Klassifikationssystem liefert also Prognosen darüber, inwieweit eine bestimmte Führungssituation es einem Führer leicht oder schwer macht, sich durchzusetzen, und welcher Typ von Führer in welchen Situationen am erfolgreichsten sein wird (vgl. Abb. 2.63).

Abb. 2.63: Klassifikationssystem für Führungssituationen

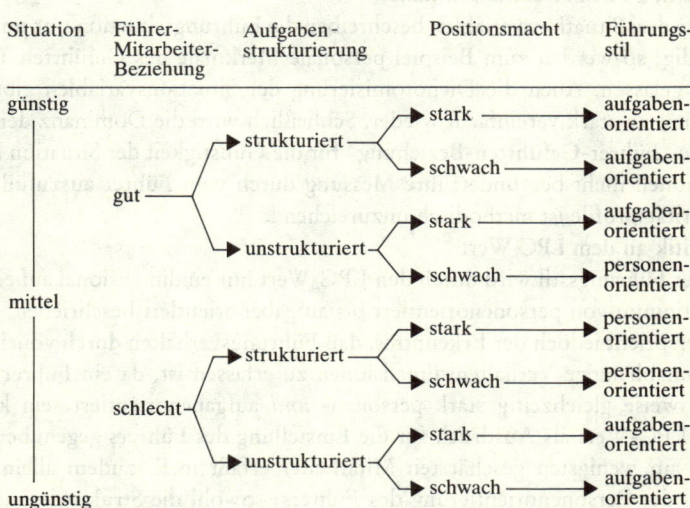

Z.B.: *wenn* Konstellation I auftritt, definiert durch eine gute Führer-Mitarbeiter-Beziehung, eine starke Strukturierung der Aufgabe und eine große Machtfülle der Führungsposition, *dann* soll ein aufgabenorientierter Führer (oder Führungsstil) am besten geeignet sein.

Fiedler (1969) ist im Gegensatz zur herrschenden Praxis nicht der Auffassung, man solle durch entsprechende Auslese und/oder Trainings den Führer an die Situation anpassen, sondern er schlägt den umgekehrten Weg vor, zunächst den Führungsstil eines Managers zu bestimmen und dann die Situation an den Manager anzupassen (engineer the job to fit the manager). Dies kann durch Manipulation der drei Dimensionen Positionsmacht, Aufgabenstruktur und Führer-Mitarbeiter-Beziehungen erfolgen. Nach *Fiedler* läßt sich nämlich Führungsverhalten, wenn überhaupt, nur sehr langfristig verändern, und deshalb erscheint es ihm sinnvoller, in Seminaren die diagnostischen Fähigkeiten der Manager zu schulen, damit sie besser in der Lage sind zu analysieren, inwieweit die Situation ihrem Führungsstil entgegenkommt oder nicht (zur Anwendung der Kontingenztheorie im Führungstraining vgl. Teil 3 C II 2).

Kritisch ist zum Kontingenzmodell zu sagen, daß die hohe Plausibilität der Annahmen in keiner Relation zu deren empirischer Bestätigung steht (vgl. z.B. *Graen* et al. 1971). Das Modell ist unter diesen Aspekten im deutschen Sprachraum vor allem von *Schreyögg* – ebenso *Baumgarten* (1976) und *Gebert/Rosenstiel* (1981) – kritisiert worden, der zu dem Ergebnis kommt, „daß weder die theoretische Fundierung noch die empirische Basis ... ausreichen, um gültige Voraussagen für Führungssituationen treffen zu können" (*Schreyögg* 1977, S. 139).

Die Kritik kann an der Erfassung sowohl der Situation als auch des Führungsstils festgemacht werden:

● **Kritik an den Situationsvariablen**

Die drei Situationsvariablen beschreiben die Führungssituation nur unvollständig; so werden zum Beispiel personale Merkmale des Geführten außer acht gelassen. Auch die Dichotomisierung der Situationsvariablen gibt die Realität zu stark vereinfacht wieder. Schließlich wird die Dominanz der Variable „Führer-Geführten-Beziehung" für die Günstigkeit der Situation konzeptionell nicht begründet; ihre Messung durch vom Führer auszufüllende Polaritätsprofile ist methodisch unzureichend.

● **Kritik an dem LPC-Wert**

Der Führungsstil wird durch den LPC-Wert nur eindimensional auf einem Kontinuum von personenorientiert bis aufgabenorientiert beschrieben. Dies widerspricht jedoch der Erkenntnis, daß Führungsverhalten durch voneinander unabhängige Verhaltensdimensionen zu erfassen ist, da ein Führer beispielsweise gleichzeitig stark personen- *und* aufgabenorientiert sein kann. Der LPC-Wert als Ausdruck für die Einstellung des Führers gegenüber seinem am wenigsten geschätzten Mitarbeiter erfaßt m.E. zudem allein den Grad der Personenorientierung des Führers; sowohl die Strukturierungsdimension als auch die Partizipationsdimension werden nicht erfaßt. Selbst in der Neuinterpretation des LPC-Wertes durch *Fiedler,* in welcher der LPC-Wert als ein je nach Situation variierendes Führungsverhalten gedeutet wird, bleibt sein Gehalt unklar. Der LPC scheint mehr eine Einstellungs- denn eine Verhaltensvariable abzubilden. Schon deshalb kann aus dem Kontingenzmodell keine Empfehlung für ein erfolgreiches Führungsverhalten abgeleitet werden.

Trotz aller vorgetragenen Kritik kommt *Fiedler* das Verdienst zu, zum ersten Mal situative Bedingungen in einem empirisch überprüfbaren Führungsmodell berücksichtigt zu haben.

Bedeutend weniger anspruchsvoll, was den empirischen Gehalt der Aussagen anbetrifft, ist das **Multiple-Linkage Model** von *Yukl* (1981). Das Modell multipler Variablenverknüpfungen weist aber trotz oder gerade wegen seiner Offenheit den Weg zur Erforschung der Interdependenz von zentralen Situationsvariablen als Voraussetzung für die Erklärung von Führungserfolg. Das Modell (vgl. Abb. 2.64) weist neben den für situative Ansätze üblichen intervenierenden Variablen noch drei weitere Gruppen von moderierenden **Situationsvariablen** auf:
- Situationsvariablen mit Einfluß auf das Führerverhalten
- Situationsvariablen mit direktem Einfluß auf intervenierende Variablen
- Situationsvariablen mit Einfluß auf die relative Bedeutung einzelner intervenierender Variablen.

Im Modell wird zwischen kurzfristigen und längerfristigen Maßnahmen zur Beeinflussung der Situationsvariablen unterschieden. *Kurzfristig* kann der Vorgesetzte versuchen, offensichtliche Defizite in den intervenierenden Variablen zu korrigieren, wie etwa Motivation, klare Zielvorgaben, Bereitstellung benötigter Ressourcen. *Längerfristig* kann er versuchen, den makrostrukturellen Rahmen, in dem sich Führung abspielt, zu verändern, wie etwa über strategische Planung, Organisationsentwicklung, Qualifikationsprogramme, Öffentlichkeitsarbeit. Dabei kann er über alle drei Gruppen von Situationsvariablen den Kontext des Führungsprozesses beeinflussen (vgl. die gestrichelten Linien in Abb. 2.64)

Das Modell von *Yukl*[13] ist bislang empirisch noch nicht überprüft, was bei dem Grad an Offenheit und Vagheit der Hypothesen auch gar nicht möglich ist. Es versteht sich auch eher als Bezugsrahmen zur Diskussion möglicher Einflußfaktoren auf den Führungsprozeß denn als praktisches Führungskonzept.

Lange Zeit haben Führungstheorien Führer und ihr Verhalten als Variablen konzipiert, die – sieht man von der pessimistischen Einschätzung *Fiedlers* ab – variiert und insbesondere durch Training auch grundsätzlich verändert werden können. Die Vernachlässigung makrostruktureller Bedingungen führt zu einer tendenziellen Überbewertung von Führung: Erfolge und Mißerfolge

---

[13] *Yukl, Gary A.,* Prof. Psychologie, State Uni of New York, Albany.

werden (auch in der Praxis) Führern auch dann zugeschrieben, wenn diese nicht dafür verantwortlich sind.

Abb. 2.64: Yukls Modell multipler Verknüpfungen

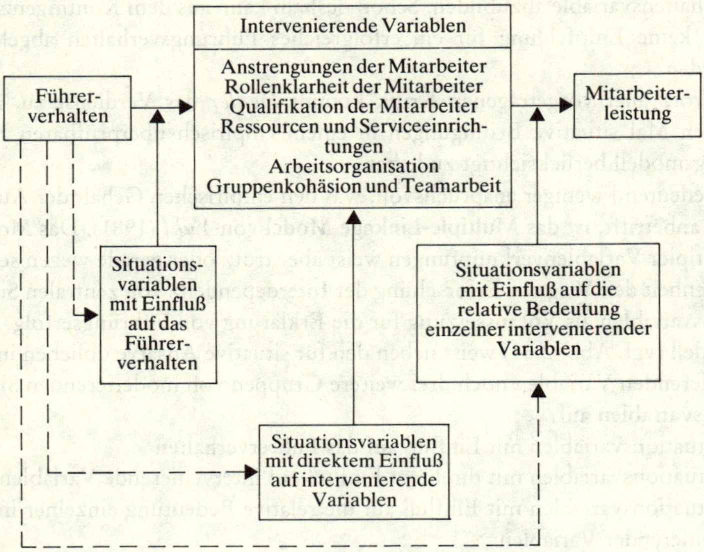

Quelle: Yukl 1981, S. 161

Neben dem Modell von *Yukl* versucht die **Theorie der Führungsdeterminanten** von *Osborn* und *Hunt*[14] (1975) dem Einfluß makrostruktureller Bedingungen explizit Rechnung zu tragen. Unter makrostrukturellen Bedingungen der Führung fassen *Osborn* und *Hunt* die Bedingungen, die für alle Geführten gleich sind:

● Organisationsumwelt
● Organisationsstruktur
● Technologie.

Osborn und *Hunt* stellen die Hypothese auf, daß diese Bedingungen Führungsverhalten mehr beeinflussen als mikrostrukturelle Variablen, die mit großer Wahrscheinlichkeit von Geführtem zu Geführtem verschieden sind (z.B. Aufgaben, personale Merkmale). *Hunt* und *Osborn* (1982) erweitern dieses Modell, indem sie Führer, denen aufgrund der makrostrukturellen Bedingungen ein großer Freiraum für eigenes Führungsverhalten verbleibt, von solchen unterscheiden, deren Verhalten durch die Makrostruktur determiniert wird. Der **Freiraum für Führungsverhalten** ist umso geringer, je

---

[14] *Osborn, Richard N.* (geb. 1942) Prof. Administrative Science, Wayne State Uni, Detroit.
Hunt, James G., Prof. Management, Texas Tech Uni.

- komplexer und instabiler die Umweltbedingungen sind, die den Führer dazu zwingen, sich auf diese zu konzentrieren;
- höher der Grad der Entscheidungszentralisation ist, die ihm wesentliche Beeinflussungsmöglichkeiten entzieht;
- größer die Abhängigkeit der Organisation von anderen Organisationen ist,
- größer die Anzahl der Geführten (Leitungsspanne) ist, die insbesondere die Möglichkeiten eines beziehungsorientierten Führungsverhaltens einschränkt.

Das Modell geht davon aus, daß der Freiraum für Führungsverhalten durch makrostrukturelle Variablen bestimmt wird und daß diese zusammen mit dem von ihnen beeinflußten Führungsverhalten die Leistung und Zufriedenheit der Geführten bestimmen. In einer ersten empirischen Untersuchung konnten *Hunt* und *Osborn* (1982) die Hypothese, daß Führer diesen Freiraum entsprechend den sich aus der Umwelt, der Größe, der Technologie und der Struktur der Organisation ergebenden Anforderungen nutzen, nur für die Anforderungen der **Organisationsstruktur** bestätigen. Eine nur teilweise Bestätigung erfährt auch ihre Hypothese, daß Umwelt und Organisationsstruktur unmittelbar die Leistung und Zufriedenheit der Geführten beeinflussen, während ihre Hypothese, daß Führungsverhalten diese Ergebnisvariablen beeinflußt, deutlich bestätigt werden konnte. Dasselbe gilt schließlich auch für die Hypothese, daß bei zunehmender Komplexität von Umwelt, Größe, Technologie und Struktur der Organisation die Ergebnisvariablen vor allem dann beeinflußt werden, wenn der Führer die ihm gegebenen Verhaltensmöglichkeiten voll ausschöpft. Insgesamt zeigt diese Untersuchung, daß die Theorie der Führungsdeterminanten von *Osborn/Hunt* einen erheblichen Varianzanteil erklären kann. Dies ist aufgrund der Komplexität des Modells und der Vielzahl der einbezogenen Variablen allerdings auch nicht anders zu erwarten gewesen. Situative Modelle, die demgegenüber eindeutige Handlungsempfehlungen für den Manager anbieten, werden im Anwendungsteil (S. 772 ff.) unter Führungskonzepten behandelt.

(2) Interaktionstheorien

Interaktionstheorien stellen auf eines der wichtigsten Definitionsmerkmale der Führung ab, eben die Interaktionen aller am Führungsprozeß Beteiligten. Interaktionen sind wechselseitige interpersonale Beziehungen. Entsprechend versteht *Gibb* (1969), auf den die interaktionistischen Führungstheorien zurückgehen, Führung als Funktion der Interaktionen zwischen Personen und Situationen. Bei dieser Sichtweise von Führung bietet es sich an, auf gruppendynamische und rollentheoretische Ansätze zurückzugreifen.

Im deutschen Sprachraum hat zunächst *Hofstätter* (1973) in deutlicher Distanzierung zur klassischen Eigenschaftstheorie auf die **Interdependenz** (nicht Interaktion) der Variablen von Führer und Geführten hingewiesen (vgl. Abb. 2.65).

Abb. 2.65: Die Interdependenz von Führer- und Geführteneigenschaften

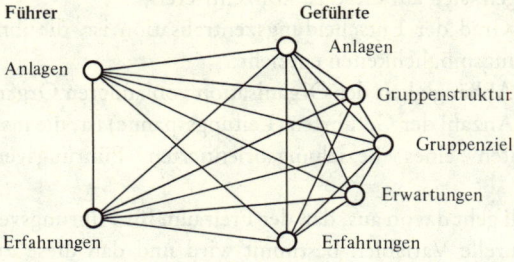

Quelle: Hofstätter 1973, S. 349

Er hat damit eine konzeptionelle Brücke von eigenschaftstheoretischen zu situationstheoretischen Ansätzen geschlagen.

Bedeutend komplexer ist das Beziehungsgeflecht, wenn alle relevanten Einflußfaktoren des Interaktionsprozesses herangezogen werden. Nach *Lukasczyk* (1960, S. 186) sind dies mindestens folgende vier Variablen:

„a) die Persönlichkeitsstruktur des Führers mit Einschluß ihrer angeborenen Begabungen und Fähigkeiten als auch ihrer individuellen Erfahrungen;

b) die Persönlichkeiten der Geführten (Gruppenmitglieder) einschließlich deren individuellen Einstellungen, Erwartungen und Bedürfnissen in bezug auf den Führer als auch auf die Situation;

c) die Struktur und Funktion der Gruppe als Ganzes, d.h. als ein differenziertes und integriertes System von Status-Rollen-Beziehungen und von gemeinsamen Normen;

d) die spezifische Situation, in der sich die Gruppe befindet; hierzu gehören die Art der zu bewältigenden Aufgabe, das Gruppenziel und sonstige äußere Bedingungen."

Einen Schritt weiter gehen Ansätze, die Führung nicht personalisieren, sondern als **Rollen** verstehen, die unterschiedlich geeignete Gruppenmitglieder je nach den situativen Anforderungen alternierend übernehmen können.

Entsprechend definiert *Macharzina* (1977, S. 13 f.): „Das Führungssystem kann somit als mehrseitiges pluralistisches Einflußsystem angesehen werden, in dem vielfältige und vielschichtige Beeinflussungsprozesse zwischen den beteiligten Personen stattfinden. Erst der erfolgreiche Beeinflussungsversuch führt zur Unterscheidung zwischen Führer- und Geführtenrollen." *Macharzina* (1977, S. 106), der sich unter den deutschen Betriebswirten am nachhaltigsten um die Entwicklung einer Interaktionstheorie der Führung bemüht hat, sieht den Führungserfolg (F_e) im **Interaktionsmodell** von folgenden Größen abhängig:

$$F_e = f\,(P;\,K;\,I_e)$$

Dabei steht P für die Eigenschaften und Fähigkeiten der beteiligten Personen, K für die Kontextbedingungen (Situation) und I_e für erfolgreiche führungsrelevante Interaktionsprozesse. Letztere sind eine Funktion der vorhandenen Interaktionspotentiale (Interaktionsfähigkeit und -bereitschaft) und der überwiegenden Richtung der Gesamteinstellung der Beteiligten (Einstellung zum Arbeitskontext und zum Aushandlungskontext).

Interaktionstheorien der Führung sind zwar theoretisch sehr anspruchsvoll, erweisen sich aber bei der empirischen Prüfung und pragmatischen Verwendung wegen der Komplexität des Variablensystems und der schwierigen forschungsstrategischen Beherrschbarkeit der Beziehungsvielfalt als äußerst sperrig.

Interaktionsmodelle, wie jene von *Lukasczyk* und *Macharzina* bieten bislang lediglich einen Bezugsrahmen zur Initiierung neuer Forschungsbemühungen im Bereich der Führung (zur Kritik vgl. *Türk* 1981, S. 7 f.). Diese Anstöße waren insofern notwendig und fruchtbar, als in den meisten Führungstheorien Interaktionsaspekte heute eine wichtige Rolle spielen; zu einer umfassenden Interaktionstheorie der Führung ist es jedoch noch nicht gekommen.

(3) Erwartungstheorien

Im Mittelpunkt der Erwartungstheorien der Führung steht die **Weg-Ziel Theorie** (Path-Goal Theory of Leadership), die den Führungserfolg aus Wahrnehmungen und Erwartungen der Geführten hinsichtlich der Unterstützung des Führers bei der Erreichung hoch bewerteter Ziele erklärt. Die Weg-Ziel Theorie geht auf Arbeiten von *Georgopoulos* et al. (1957) und *Vroom* (1964) zurück, wurde von *Evans* (1970) und *House*[15] (1971) unabhängig voneinander aufgegriffen und zu einer Führungstheorie weiterentwickelt (*House/Mitchell* 1974, *Evans* 1987). Die Weg-Ziel Theorie befaßt sich als erste an zentraler Stelle mit dem **Verhalten der Geführten** (followership), deren Vernachlässigung durch die meisten Führungstheorien beklagt wird; sie macht deutlich, daß die Effizienz des Führungsverhaltens (und damit unterschiedlicher Führungsstile) davon abhängt, ob es in der Lage ist, Mitarbeiter zu motivieren; d.h. in der Sprache der **Erwartungstheorie** (s. S. 212 f. der Arbeit), die Erwartungen über Instrumentalitäten, Wertigkeiten von Zielen und Wegen sowie subjektive Wahrscheinlichkeiten des Eintritts von Belohnungen positiv zu beeinflussen. Der Bezug zu *Vrooms* Erwartungstheorie ist deutlich: Menschen verfolgen Ziele, die unterschiedliche Valenzen haben. Zur Zielerreichung sind Anstrengungen (Tätigkeiten, Wege) notwendig, die mit unterschiedlichen Erfolgsaussichten ausgestattet sind.

Nach *Evans* (1970) soll der Führer die Mitarbeiter in Abhängigkeit von der Zielerreichung belohnen und ihnen Mittel und Wege eröffnen, die zur Zielerreichung und damit Belohnung führen können (path clarification). Dem **Ziel-**

---

[15] *House, Robert J.* Prof. Org. Behavior, Uni of Pennsylvania.
Evans, Martin G. Prof. Org. Behavior, Uni of Toronto, Kanada.

bildungsprozeß kommt damit unter Motivationsgesichtspunkten besondere Bedeutung zu. Der Vorgesetzte muß die Ziele klar und eindeutig formulieren, den dahinterliegenden Sinn und Zweck erläutern und laufend Feedback über die Fortschritte bei der Zielerreichung geben. In Übereinstimmung mit der Zieltheorie von *Locke* (vgl. S. 217f. der Arbeit) empfiehlt *Evans*, möglichst anspruchsvolle Ziele zu setzen.

House (1971) hat unter Bezug auf *Vrooms* Ansatz (1964) eine **Motivationsgleichung** entwickelt, in die wesentliche Variablen der Erwartungstheorie eingegangen sind:

$$M = IV_b + P_1 [IV_a + (P_{2i} \times EV_i)]$$

wobei:

M	= Arbeitsmotivation
IV_b	= intrinsische Valenz des zielorientierten Verhaltens (Tätigkeit)
IV_a	= intrinsische Valenz der Zielerreichung (Ergebnisse)
EV_i	= extrinsische Valenz der Zielerreichung (Ergebnisse)
P_1	= Weg-Instrumentalität des zielorientierten Verhaltens (Tätigkeit)
P_{2i}	= Weg-Instrumentalität des Ergebnisses für extrinsische Bedürfnisse.

Wenn z. B. die intrinsische Valenz der Tätigkeit (IV_b) und die wahrgenommene Instrumentalität der Tätigkeit (P_1) zur eigenen Bedürfnisbefriedigung gegen Null streben, strebt – nach dieser Gleichung – auch die Arbeitsmotivation der Geführten gegen Null.

Hiermit werden zugleich die Hauptansatzpunkte für ein **motivationsförderndes Führungsverhalten** deutlich:

- Wecken von Bedürfnissen nach positiven Ergebnissen (Belohnungen)
- Unterstützung des Mitarbeiters bei der Erwartungsbildung
- Gelegenheit für intrinsisch belohnende Tätigkeit schaffen
- Rollen-Mehrdeutigkeit (ambiguity) abbauen,
- Wege erleichtern durch Unterstützung, Hilfen, Anleitungen
- Hindernisse, Barrieren auf dem Weg beseitigen
- Zielerreichung belohnen.

Attems (1979) hat eine praxisnahe Checkliste mit Fragen zu den einzelnen Variablen der Gleichung zusammengestellt (vgl. Abb. 2.66).

In jüngeren Fassungen des Weg-Ziel-Ansatzes (*House/Mitchell* 1974 und *Evans* 1987) werden zusätzlich zum Verhalten der Geführten verstärkt Führungsverhalten und intervenierende **situative Faktoren** unterschieden.

Führungsverhalten kann in vier Ausprägungen auftreten, wobei derselbe Führer alle vier Verhaltensweisen, und zwar in unterschiedlichen Situationen zeigen kann:

- **directive (instrumental) leadership:**
  Planung, Organisation, Koordination und Kontrolle der Mitarbeitertätigkeiten.
  Hypothese: Stark strukturierende Eingriffe werden bei mehrdeutigen Aufgaben positiv, bei klar definierten Aufgaben negativ aufgenommen.

Abb. 2.66: Checkliste für Fragestellungen zu den einzelnen Variablen des Weg-Ziel Ansatzes

IV$_b$ +	P$_1$ ×	[IV$_a$ +	(P$_{2i}$ ×	EV$_i$)]
Intrinsischer Wert, den der Mitarbeiter in Verbindung mit zielorientiertem Verhalten erlebt	Instrumentalität des Verhaltens zur Erreichung des Arbeitszieles	Intrinsischer Wert, den der Mitarbeiter in Verbindung mit Erreichung des Arbeitszieles erlebt	Instrumentalität des erreichten Arbeitszieles in bezug auf extrinsische Werte	Extrinsischer Wert verbunden mit Erreichung des Arbeitszieles
Ist der Mitarbeiter seinen Fähigkeiten entsprechend eingesetzt? Wie groß ist das Ausmaß der von ihm subjektiv als unangenehm erlebten Aufgaben? Wie sicher ist er sich in seinen Fähigkeiten auf seinem Arbeitsplatz? Wo braucht er Ausbildung? Wo braucht er hierbei Unterstützung? Welche Hindernisse kann ich ihm als sein Vorgesetzter bei der Erreichung seiner Arbeitsziele aus dem Weg räumen helfen?	Habe ich überhaupt klare Ziele mit Mitarbeitern vereinbart? Wie klar sind ihm die Zusammenhänge zwischen seiner täglichen Arbeit und der Erreichung seiner Arbeitsziele? Wie gut kann er wesentliche Aufgaben erkennen? Braucht er hierbei Unterstützung? Welche Hindernisse kann ich ihm als sein Vorgesetzter bei der Erreichung seiner Arbeitsziele aus dem Weg räumen helfen?	Welche persönlichen Bedürfnisse will der Mitarbeiter durch seine Arbeit hier erreichen? (Erfolgserlebnis, Fähigkeiten einsetzen, soziale Anerkennung, Einfluß ausüben, in einer Gruppe Vertrauen genießen usw.) Inwieweit erlebt er subjektiv die Befriedigung solcher Bedürfnisse bei erfolgreicher Arbeit? Soll in bestimmten Arbeitsbereichen nach Erfolg die Art der Delegation, der Kontrolle der Selbständigkeit verändert werden?	Wie gut bin ich über seine Leistungen, seinen tatsächlichen Arbeitseinsatz informiert? Hat er das Gefühl, daß ich seine Leistung beobachte und daraus Konsequenzen zu ziehen bereit bin? Hat er das Gefühl daß ich hinter ihm stehe, um ihn vor Ungerechtigkeit zu schützen? Hat er das Gefühl, daß ich bereit bin, mich aufgrund seiner Leistungen für ihn einzusetzen?	Welche extrinsischen Belohnungen, die der Personal- und Gehaltspolitik entsprechen, erwartet er nach erfolgreicher Zielerreichung? Fühlt er sich als fair und gerecht gegenüber anderen Mitarbeitern extrinsisch belohnt? Hat er Klarheit über unsere Personal- und Gehaltspolitik?

Quelle: Attems 1979, S. 151

- **supportive leadership:**
Rücksichtnahme auf Bedürfnisse der Mitarbeiter, Schaffen einer angenehmen Arbeitsatmosphäre.
Hypothese: Unterstützendes Führungsverhalten wirkt sich positiv auf die Arbeitszufriedenheit aus bei Mitarbeitern mit Wachstumsbedürfnissen und bei streßerzeugenden, frustrierenden Aufgaben.
- **achievement-oriented leadership:**
Setzen anspruchsvoller Ziele, hohe Leistungsorientierung, Vertrauen.
Hypothese: Bei mehrdeutigen Aufgaben führt leistungsorientierte Führung zu hohen Instrumentalitäts-Erwartungen, bei Routineaufgaben zu geringen.
- **participative leadership:**
Gemeinsame Beratung und Entscheidungsfindung.
Hypothese: Partizipative Führung ist erfolgreich, wenn sie als instrumentell zur Reduzierung von Ambiguität wahrgenommen wird.

Bei Einsatz eines situationsgerechten Führungsverhaltens lassen sich beim Geführten folgende **Resultate** erzielen:

- Arbeitszufriedenheit
- Führerakzeptanz
- Motivation

Bei den **Kontingenzfaktoren** wird unterschieden zwischen

- Charakteristika der Untergebenen (Stärke des Wachstumsbedürfnisses, Ambiguitätstoleranz, Autonomiestreben, Selbstachtung, Ort der Kontrolle) und
- Charakteristika der Organisation (Arbeitsaufgabe, Arbeitsgruppe, Autoritätsstruktur, Organisationsstruktur, Bildungssystem).

Führungsverhalten und Kontingenzfaktoren beeinflussen die Wahrnehmung der Weg-Ziel-Struktur und der **Erwartungen** hinsichtlich der Wahrscheinlichkeit, daß

- Anstrengung zur Leistung führt
- Leistung zu Belohnungen führt
- Belohnungen zur Befriedigung persönlicher Bedürfnisse führen.

Unter den Kontingenzfaktoren scheint dabei der Aufgabenstruktur eine besondere Bedeutung zuzukommen.

Empirische Untersuchungen haben gezeigt, daß die Vorgabe klarer Weg-Ziel Bedingungen nicht in jeder Situation eine empfehlenswerte Strategie darstellt. So wird bei Routinetätigkeiten, wo eh klare Weg-Ziel Verhältnisse herrschen, eine weitere Weg-Klärung durch den Vorgesetzten als unnötiger Eingriff wahrgenommen, der zu sinkender Arbeitszufriedenheit führt. Das Ausmaß der **Aufgabenstrukturiertheit** stellt somit eine wichtige, zwischen Führungsverhalten und Arbeitszufriedenheit intervenierende Variable im Weg-Ziel Ansatz dar. Die vermuteten und teilweise empirisch bestätigten Zusammenhänge werden in Abb. 2.67 dargestellt.

Abb. 2.67: Der Einfluß der Aufgabenstrukturiertheit im Weg-Ziel-Ansatz

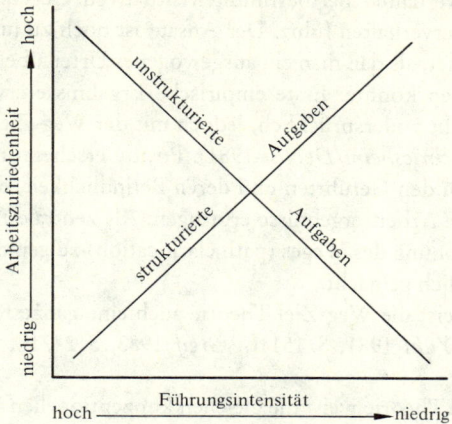

Quelle: Hellriegel/Slocum 1976, S. 312

Griffin (1979) bringt zwei situative Faktoren (Stärke des Wachstumsbedürfnisses der Geführten, Umfang der Aufgaben) in das Weg-Ziel Modell ein und ordnet jeder der vier Modellsituationen den vermutlich effizientesten Führungsstil zu (vgl. Abb. 2.68). Ein empirischer Test dieses durch die grundlegende Beziehung zwischen **Individuum** und **Aufgabe** situativ erweiterten Weg-Ziel Modells konnte die vermuteten Variablenzusammenhänge nur für die Zufriedenheit der Geführten und nicht für die Leistungsergebnisse bestätigen (*Griffin* 1980). Die Ergebnisse lassen vermuten, daß, wenn die Bedürfnisse des Individuums mit dem Aufgabenumfang kongruent sind (wie in Situationen 1 und 4), der Führer kaum zur Erhöhung der Zufriedenheit beitragen kann.

Abb. 2.68: Zusammenhang zwischen Wachstumsbedürfnissen der Geführten, Aufgabenumfang und Führungsverhalten

Situation 1: achievement- oriented leadership	Situation 2: directive leadership
Situation 3: supportive leadership	Situation 4: maintenance leadership

niedrig → Aufgabenumfang → hoch

hoch → Wachstumsbedürfnisse → niedrig

Quelle: Griffin 1979, S. 221

Die neuere Weg-Ziel Forschung sucht somit nach Antworten dafür, welches Führungsverhalten bei bestimmten situativen Gegebenheiten zu welchem Mitarbeiterverhalten führt. Der Ansatz ist noch zu jung und zu wenig empirisch getestet, als daß man ein ausgewogenes Urteil über seine Leistungsfähigkeit abgeben könnte. Erste empirische Ergebnisse erweisen sich zwar teilweise als recht widersprüchlich, jedoch mit der Weg-Ziel Theorie vereinbar (vgl. z.B. *Schriesheim/DeNisi* 1981). Positiv erscheint mir vor allem die Hinwendung zu den Geführten und deren Befindlichkeit, denn diese sind es letztlich, die die Arbeitsergebnisse erbringen. Als zentrale Aufgabe des Führers wird die Ebnung des Weges (path clarification) zu gemeinsam vereinbarten Zielen deutlich gemacht.

Allerdings weist die Weg-Ziel Theorie auch eine ganze Reihe von **Schwächen** auf (vgl. *Yukl* 1981, S. 151 ff., *Greif* 1983, S. 247 ff., *Neuberger* 1984, S. 172 ff.):

- Die Weg-Ziel Theorie weist die gleichen konzeptionellen Probleme auf wie die Erwartungstheorie (vgl. Abschnitt 2 B II 3 c), auf deren Grundlage sie entwickelt wurde (rationales, nutzenmaximierendes Verhalten).
- Die in der Weg-Ziel Theorie verwandten Konstrukte sind z.T. ambivalent.
- Die Interaktion der verschiedenen Situationsvariablen bleibt unklar.
- Grundlegende Hypothesen der Theorie können nur für einige spezielle Fälle Gültigkeit beanspruchen.
- Die Theorie beschränkt sich auf die motivationalen Aspekte der Führung.
- Der einzelne Geführte steht im Mittelpunkt und nicht die Gruppe.
- Der Führer als Diagnostiker bzw. Analytiker von nicht beobachtbaren Erwartungs- und Bewertungsprozessen bei all seinen Mitarbeitern ist völlig überfordert.

(4) Austauschtheorien

Die Interpretation von Führung als einem (sozialen) Austauschprozeß stellt einerseits eine Reduzierung der interaktions- und rollenorientierten Führungstheorien auf (ökonomische) Prozesse des Gebens und Nehmens dar (vgl. (2) Interaktionstheorien). Andererseits bedeutet sie einen Bruch mit solchen Führungsansätzen, die Führung als einen einseitig gerichteten Beeinflussungsprozeß eines Führers auf Geführte ansehen. Austauschtheorien gehen auf die grundlegenden Arbeiten von *Homans* (1958) und *Blau* (1964) zurück und analysieren, bezogen auf Führungsprozesse, Führungsverhalten als wechselseitige Beeinflussungsprozesse auf

- **Gruppenebene** (z.B. Transaktions-Modell von *Hollander*[16]) oder
- **Zwei-Personenebene** (z.B. Führungsdyaden-Modell von *Graen*[17]).

Das **transaktionale Führungsmodell von Hollander** (1978) geht davon aus, daß Führungsbeziehungen auf der Grundlage von Leistung und Gegenlei-

---

[16] *Hollander, Edwin P.*, Prof. Psychologie, State Uni of New York, Buffalo.
[17] *Graen, George B.*, Prof. Psychologie, Uni of Cincinnati.

stung (Transaktionen) beruhen. Der Führer bietet Kompetenz und Einsatz (Koordinationsaufwand) bei der Erfüllung der Aufgaben der Gruppe sowie Konformität mit den Gruppennormen und erhält von den Geführten Gehorsam, Unterstützung und Anerkennung (credits). Der dergestalt vom Führer erworbene **Idiosynkrasiekredit** erhöht seinen Status, seine (informelle) Machtposition und erlaubt es ihm, in Zeiten von Krisen oder des Wandels auch Nonkonformität mit den Gruppennormen zu zeigen (*Hollander* 1958, *Hollander/Julian* 1969).

Nicht konformes Verhalten kann sich jedoch der Führer nur erlauben, wenn er sich in frühen Phasen der Gruppenbildung besonders stark mit den Gruppennormen identifiziert hat. Dabei macht es einen Unterschied, ob der Führer der Gruppe vorgesetzt wurde oder von ihr selbst gewählt worden ist. Im letzteren Fall muß der Führer mit höheren Gruppenerwartungen hinsichtlich seines Einsatzes rechnen, was sich austauschtheoretisch damit erklären läßt, daß die Gruppe durch die Wahl Vorleistungen erbracht hat, die der Führer durch höhere Anstrengungen zurückzahlen muß. Das Transaktionsmodell der Führung ist ein dynamisches, d.h. die Austauschbeziehungen zwischen Führer und Geführten haben die Befriedigung sich im Zeitablauf wandelnder Bedürfnisse zum Ziel. Sind die Gruppenaufgaben erledigt, verändern sich die Bedürfnisse der Gruppenmitglieder; hat der Führer seinen Idiosynkrasiekredit überzogen, wird sich eine neue Konstellation von Austauschprozessen ergeben.

Transaktionale Führung hat in jüngster Zeit wieder hohe Aktualität gewonnen, und zwar als Ausgangs- bzw. Kontrapunkt zur Analyse eines besonderen Führungsverhaltens, der **transformativen Führung** (transformational leadership). Die Unterscheidung von transaktionaler und transformativer Führung geht auf den Politologen und Historiker *James M. Burns* (1978) zurück, der politische Führer (z.B. amerikanische Präsidenten) dann als transformative bezeichnet, wenn sie Veränderungen (Transformationen) ankündigen und herbeiführen, selbst auf die Gefahr hin, daß diese den aktuellen Bedürfnissen der Wähler entgegenstehen, sie also mit Stimmenverlusten rechnen müssen.

Diese Unterscheidung von Führungsverhalten ist inzwischen auf Unternehmungen übertragen worden. *Zaleznik* (1977) hat auf die zentralen Unterschiede zwischen dem Manager (transaktionales Handeln) und dem Leader (transformatives Handeln) hingewiesen; letzterer muß neue Werte vorgeben und durchsetzen können. *Peters/Austin* (1985) kritisieren an US-amerikanischen Unternehmungen sie seien *overmanaged* und *underled*.

Bass (1985) geht von einer austauschtheoretischen Beschreibung *transaktionaler* Führung aus, wonach Führer und Geführte Anerkennung und Belohnung gegen Leistung tauschen, und Geführte durch den Führer beeinflußt werden, genauso wie dies umgekehrt der Fall sein kann. Dem transaktionalen Führer stellt er den *transformativen* gegenüber, der nicht (allein) von den unmittelbar geäußerten Bedürfnissen und Erwartungen der Geführten ausgeht, sondern neue Bedürfnisse und Anspruchsniveaus, Selbstentwicklung und -bestimmung fördert, Tabus in Frage stellt und die Organisationskultur verändert (vgl. auch *Frese* 1987, S. 217 f., 278 ff., 292 ff.).

Im Gegensatz zu den bislang besprochenen austauschtheoretischen Führungsmodellen auf Gruppenebene bezieht sich das **Führungsdyaden-Modell** auf die dyadische Beziehung zwischen einem Führer und einem Geführten. *Graen* (1976) und Mitarbeiter (vgl. *Dansereau* et al. 1975, *Graen/Cashman* 1975, *Liden/Graen* 1980) erfassen Führungsverhalten nicht mit Hilfe eines dimensionalen Führungsstilkonzepts, sondern als Austauschbeziehung zwischen Vorgesetzten und Untergebenen.

Dabei wägen die **Austauschpartner** die potentiellen Aufwendungen und Erträge einer Beziehung ab, bevor sie in Interaktion treten. Bezüge werden sowohl zur Anreiz-Beitrags-Theorie (*Barnard* 1938, *March/Simon* 1958) als auch zur Rollentheorie und Sozialpsychologie des Organisierens (*Weick* 1979) hergestellt. In neueren Beiträgen interpretiert *Graen* sogar ganze Organisationen als Netzwerke horizontaler, vertikaler und diagonaler dyadischer Beziehungen.

Führer-Mitarbeiter Beziehungen entstehen als Folge einer Serie von dyadischen Interaktionen in einem Prozeß der gegenseitigen **Rollenzuweisung** (vgl. S. 248 ff.).

Dieser Prozeß verläuft in drei Phasen (*Graen/Scandura* 1987):
1. **Rollenübernahme** (role taking)
   In dieser Phase versucht der Vorgesetzte, alles über die Fähigkeiten, Fertigkeiten und Eigenschaften des Mitarbeiters herauszufinden.
2. **Rollenbildung** (role making)
   In dieser Phase verhandeln beide über gegenseitige Erwartungen und Anforderungen und kommen letztlich (implizit oder explizit) zu Vereinbarungen über die Gestaltung ihrer Arbeitsbeziehung.
3. **Rollenstabilisierung** (role routinization)
   Im Laufe der Beziehung bilden sich routinisierte Verhaltensweisen heraus, welche die in Phase 2 gebildeten Rollenmuster verfestigen.

Die zentrale Prozeßvariable im Modell ist die Größe des im Rollenzuweisungsprozeß erzielten Verhandlungsspielraums (negotiating latitude), der die Qualität der Beziehung beschreibt, und zwar gemessen am Ausmaß an Vertrauen, Delegation von Verantwortung, Entscheidungsteilhabe, Häufigkeit an Kommunikationen mit dem Vorgesetzten.

Das Führungsdyaden-Modell geht von den Annahmen aus, daß sich eine Austauschbeziehung über die Zeit entwickelt und dabei zwei dichotome Formen annehmen kann: Führung (**leadership**) im Sinne einer Interaktion mit den Geführten, die deren Bedürfnisse berücksichtigt, und Führung (**supervision**) im Sinne von Kontrolle und Überwachung, die auf formaler Autorität beruht. Je mehr **Verhandlungsspielraum** dem Geführten eingeräumt wird, desto größer ist die Wahrscheinlichkeit, daß der Vorgesetzte tatsächlich führt (i. S. von leadership) und nicht nur seine formale Autorität einsetzt.

Im Gegensatz zu den Führungskonzepten, die von einer dimensionalen Beschreibung des Führungsstils ausgehen, unterstellt *Graen* nicht, daß sich ein Führer gegenüber jedem seiner Untergebenen gleich bzw. ähnlich verhält. Deswegen hält es *Graen* für notwendig, jede Vorgesetzten-Untergebenen-Beziehung (**vertikale Dyade**) getrennt zu analysieren. Die Autoren sind der Ansicht, daß „die vertikale Dyade ... die geeignete Untersuchungseinheit (ist), um Führungsprozesse zu analysieren, weil die vertikale Dyade die Prozesse enthält, die Untergebene und Vorgesetzte miteinander verbinden" (*Dansereau*[18] et al. 1975, S. 4).

Das Führungsdyaden-Modell versucht, die Frage zu beantworten, unter welchen Bedingungen und in welcher Form es dazu kommt, daß der Führer sich in einigen Dyaden im Extremfall darauf beschränkt, die Einhaltung des Arbeitsvertrages zu überwachen (supervision), während in anderen Dyaden ein weit darüber hinausgehender intensiver sozialer Austausch stattfindet. Da zu erwarten ist, daß eine vertikale Dyade bereits unmittelbar nach ihrer Entstehung ausgeformt wird, untersuchen *Graen* und seine Mitarbeiter Dyaden kurz nach ihrer Entstehung, aber auch zu späteren Zeitpunkten, um etwaige Veränderungen und deren Folgen zu erfassen.

In einer ersten empirischen Untersuchung von 60 Führungsdyaden werden im Abstand von etwa drei Monaten jeweils die Größe des eingeräumten Verhandlungsspielraumes, der Beitrag des Führers und des Geführten zur Ausgestaltung der Austauschbeziehung und verschiedene Reaktionen der Geführten erhoben und miteinander in Beziehung gesetzt (vgl. *Dansereau* et al. 1975). Die Geführten, denen vom Vorgesetzten ein vergleichsweise großer Spielraum eingeräumt wird, haben nach eigenen Angaben weniger Probleme mit ihrem Vorgesetzten et vice versa. Diese Untergebenen, die *Graen* als **Mitglieder des Vertrauenskaders** (trusted cadre, oder auch in-group) bezeichnet, sehen ihren Vorgesetzten als jemanden, der ihnen Aufmerksamkeit widmet, sie unterstützt und ihnen gegenüber sensitiv ist. Die Geführten des Vertrauenskaders zeigen ihrerseits eine höhere Leistungsbereitschaft, die auch von den jeweiligen Vorgesetzten bestätigt wird. Die jeweiligen Vorgesetzten nehmen das Verhalten dieser Geführten als ihren Erwartungen entsprechend wahr und sind der Meinung, daß sie den ihnen eingeräumten Spielraum nicht mißbrauchen. Schließlich zeichnen sich die Mitglieder des Vertrauenskaders durch eine höhere Zufriedenheit aus und neigen weniger zu Kündigungen. Diese Ergebnisse wurden speziell auch für Führungsdyaden auf unteren Managementebenen bestätigt (vgl. *Vecchio/Gobdel* 1984). Untergebene der out-group haben häufiger Probleme mit ihrem Vorgesetzten, nehmen ihn als weniger sensitiv und unterstützend wahr und weisen auch eine geringere Zufriedenheit auf. Diese Geführten, die *Graen* als **Mitglieder der äußeren Gruppe** (out-group, oder auch ‚hired hands') bezeichnet, werden ihrerseits von den Vorgesetzten nicht ihren Erwartungen entsprechend wahrgenommen. Abb. 2.69 verdeutlicht die Aufteilung einer Gruppe von Mitar-

---

[18] *Dansereau, Fred*, Prof. Management, State Uni of New York, Buffalo.

beitern samt Vorgesetzen in den Vertrauenskader und die sonstigen Untergebenen.

Die Aufdeckung dieser unterschiedlichen Beziehungen zwischen Vorge-
setztem und Untergebenen setzt eine Analyse jeder einzelnen Führungsdyade
voraus.

Abb. 2.69: Herausbildung eines Vertrauenskaders

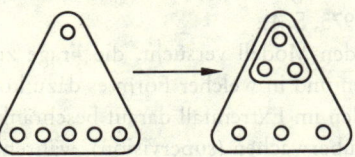

Quelle: Dansereau et al. 1975, S. 72

Die Differenzierung von Vertrauenskader und Nicht-Vertrauenskader erfolgt nach Meinung von *Graen* gleichsam zwangsläufig, da der Vorgesetzte
nicht über die Kapazität verfügt, alle seine Mitarbeiter zu Kadermitgliedern
zu entwickeln. Zur Leistungssteigerung ist es jedoch oft erforderlich, zusätzliche Mitarbeiter in den Kreis des Vertrauenskaders einzubeziehen. Dazu
kann es nützlich sein, daß die Vorgesetzten einem Training unterzogen werden. Eine an den Ergebnissen des Führungsdyaden-Modells ausgerichtete
Beförderungs- und Einstellungspolitik würde vor allem darauf abzielen,
Menschen für Führungsaufgaben zu rekrutieren, die in der Lage sind, zu
möglichst vielen Mitarbeitern intensive soziale Austauschbeziehungen zu
entwickeln, und auf der anderen Seite nur bei möglichst wenigen Mitarbeitern Austauschbeziehungen auf formale Autorität stützen.

Eine Replikationsstudie, in der 107 Führungsdyaden von *Graen/Cashman*
(1975) untersucht werden, bestätigt diese Ergebnisse. Statt zwischen Vertrauenskader und Nicht-Vertrauenskader wird jedoch zwischen drei Gruppen
von Geführten unterschieden. Zusätzlich wird eine Gruppe eingeführt, deren
Mitglieder eine Position zwischen diesen beiden Gruppen einnehmen, also
weder der einen noch der anderen zuverlässig zugeordnet werden können
(middle-status subgroup). Zwei weitere Validierungsstudien von *Graen/
Schiemann* (1978) und *Liden/Graen* (1980) können ebenfalls die wesentlichen
dem Führungsdyaden-Modell zugrunde liegenden Hypothesen bestätigen.

Die bisher umfangreichste Untersuchung von 433 Führungsdyaden, die
von *Rosse/Kraut* (1983) durchgeführt wurde, bestätigt zwar den positiven
Zusammenhang von anfänglich gewährtem Verhandlungsspielraum und Zufriedenheit sowie den negativen Zusammenhang mit den in den Dyaden
wahrgenommenen Problemen. Der Umfang des Verhandlungsspielraumes
und mit ihm die Zugehörigkeit der Geführten zu einer der unterschiedenen
Gruppen steht allerdings in keiner Beziehung zur Arbeitsmotivation der Geführten und der Beurteilung ihrer Leistung durch die Vorgesetzten. Dieses

für das Führungsdyaden-Modell wenig ermutigende Ergebnis führen *Rosse*
und *Kraut* auf den Einfluß situativer, nicht kontrollierter Bedingungen (bzw.
auf ein anderes Produktivitätsmaß) zurück.

Trotz vielfacher Modifikationen und Erweiterungen, so z. B. um den Vorgesetzten des Führers, weist das Führungsdyaden-Modell eine Reihe von
Mängeln auf. Die Konzentration auf Führungsdyaden hat nämlich zwangsläufig zur Folge, daß die Beziehung der Geführten untereinander – eine
zweifellos wichtige situative Bedingung – ausgeblendet bleibt. *Cummings*
(1975) äußert sich in folgenden Punkten **kritisch** gegenüber dem Führungsdyaden-Modell:

• Die Variablenbeziehungen des Modells sind nicht hinreichend definiert.
Insbesondere bleibt der Charakter der vertikalen Austauschbeziehung zwischen Führer und Geführten unklar.

• Die verwendeten Konstrukte überlappen einander teilweise (z. B. vertikale
Austauschbeziehung, eingeräumter Verhandlungsspielraum, Rollenwahrnehmung). Die Konstrukte werden durchweg als Wahrnehmungskonstrukte und nicht als Verhaltenskonstrukte operationalisiert.

• Die Aufteilung der Geführten in zwei bzw. drei Untergruppen bleibt unklar. Offen bleibt insbesondere, in welchem Verhältnis diese Differenzierung zu dem den Geführten eingeräumten Spielraum und zur Gestaltung
der vertikalen Austauschbeziehung steht.

Ein wesentlicher Beitrag des von *Graen* entwickelten Führungsmodells
liegt in der dynamischen Untersuchung der Entstehung und Aufrechterhaltung der Beziehungen zwischen Vorgesetzten und Untergebenen. Dieser Beitrag bleibt jedoch unvollständig, weil weder erklärt wird, warum bestimmten
Mitarbeitern größere Spielräume eingeräumt werden als anderen, noch wirklich untersucht wird, wie sich diese Beziehungen im Zeitablauf entwickeln.

(5) Attributionstheorien

Die ständig zunehmende Bedeutung der Attributionstheorien in der Sozialpsychologie hat auch zu einer **kognitiven Neuorientierung** der Führungsforschung geführt; so werden neuerdings attributionstheoretische Konzepte
zur Erklärung von **Führungsverhalten** in Organisationen herangezogen. Führer und Geführte sind demnach keine ‚objektiven‘ Gegebenheiten, zwischen
denen (meßbare) Interaktionen stattfinden, sondern Wirklichkeitskonstruk-
tionen der Beteiligten. Führung ist nicht ex ante definierbar oder ‚Eigentum‘
einer Person, sondern Inhalt und Objekt der Führung werden von Dritten
attribuiert.

Schon bei der Behandlung von Situationswahrnehmungen (Abschnitt 2 B
II 1 c) wurde festgestellt, daß Menschen versuchen, die Ursachen für Ereignisse in der Person oder in der Umwelt zu suchen. Bezogen auf Führungsprozesse in Organisationen gilt, daß Führer und Geführte nicht nur *Subjekte*
der Attribution sind, indem sie ihrem eigenen Verhalten bzw. dessen Ergeb-

nissen bestimmte Ursachen zuschreiben, sondern auch ihre *Objekte.* Der Führer ist Gegenstand der Attributionen des Geführten, der dessen Verhalten z.B. als Ausfluß bestimmter Eigenschaften sieht, denen er die Qualität von Führereigenschaften zuschreibt. Der Geführte seinerseits ist Objekt der Attributionen des Führers, der versucht, die Ursachen für das Verhalten seines Mitarbeiters zu ergründen, um daraus Schlußfolgerungen für sein eigenes Führungsverhalten abzuleiten. Insgesamt sind im Rahmen von Führungsprozessen demzufolge vier **Attributionsprozesse** relevant (vgl. Abb. 2.70).

Abb. 2.70: Attributionen in Führungsprozessen

Objekt der Attribution \ Subjekt der Attribution	Führer	Geführter
Führer	[1] Leistungsverhalten des Führers	[2] **Führung als attribuierte Eigenschaft**
Geführter	[3] **Führung als Attributionsreaktion**	[4] Leistungsverhalten des Geführten, Identitätsbildung

Der *erste Quadrant* (Führer als Subjekt und Objekt der Attribution) beschreibt Führung als besondere Form des Leistungsverhaltens in Organisationen. Erkenntnisse der Leistungsmotivationsforschung können herangezogen werden, um ein bestimmtes Führungsverhalten des Vorgesetzten auf der Grundlage der von ihm gemachten Attributionen zu erklären. So interessiert z.B., ob ein Führer, der dazu neigt, die Folgen seines Handelns intern zu attribuieren, einen weniger direktiven Umgang mit seinen Untergebenen pflegt, als einer, der eher extern zu attribuieren pflegt. Eine der m.W. wenigen empirischen Untersuchungen, die sich attributionstheoretischer Fragestellungen dieser Art angenommen hat, ist von *Mitchell* et al. (1975) bei ca. 170 Managern mit ihren 900 Mitarbeitern durchgeführt worden. *Mitchell* et al.[19] konnten folgende Hypothesen empirisch belegen:

- Ein intern kontrollierter Führer gründet seine Macht mehr auf Überzeugung und Belohnungen, wohingegen extern kontrollierte Führer mehr Zwangsmaßnahmen ergreifen.
- Intern kontrollierte Führer praktizieren einen eher beziehungsorientierten Führungsstil, extern kontrollierte hingegen einen mehr aufgabenbezogenen Führungsstil.

Mitchell et al. weisen jedoch darauf hin, daß das Persönlichkeitsmerkmal externe versus interne Kontrolle insgesamt nur wenig Einfluß auf das gewähl-

---

[19] *Mitchell, Terence R.* (geb. 1942) Prof. Management and Organization, Uni of Washington, Seattle.

te Führungsverhalten zu haben scheint, obwohl die Ergebnisse sehr konsistent sind.

Der *zweite Quadrant* (Geführter als Subjekt, Führer als Objekt der Attribution) beschreibt Führung als eine dem Führer vom Geführten attribuierte Eigenschaft; dies ist Gegenstand der **eigenschaftsorientierten Attributionstheorie.**

Der *dritte Quadrant* (Führer als Subjekt, Geführter als Objekt der Attribution) kennzeichnet Führungsverhalten als eine Reaktion auf Attributionen, die der Führer gegenüber dem Verhalten des Geführten vornimmt; dies ist Gegenstand der **verhaltensorientierten Attributionstheorie.**

Der *vierte Quadrant* (Geführter als Subjekt und Objekt der Attribution) stellt das Leistungsverhalten des Geführten in den Mittelpunkt der Analyse. Dahinter verbirgt sich die Annahme, daß es für den Führungsprozeß nicht gleichgültig ist, ob der Geführte beispielsweise dazu neigt, positive Ergebnisse seines Arbeitshandelns sich selbst oder der Situation (einschließlich des Führungsverhaltens) zuzuschreiben. In der erwähnten Studie von *Mitchell* et al. wird zum Beispiel die Hypothese bestätigt, daß ein intern kontrollierter Geführter mit einem partizipativen Führungsstil des Vorgesetzten zufriedener ist als ein extern kontrollierter.

In den vierten Quadranten läßt sich z. B. der Theorieentwurf *Müllers*[20] (1980) einordnen, der die **Identitätsbildung** von Individuen unter dem Einfluß von Führung zum Gegenstand hat und diese vor allem attributionstheoretisch untersucht. Ziel von Führung ist s. E. „die Emanzipation der Mitarbeiter, d. h. die Fähigkeit, informierte, freie und mit dem Selbstkonzept in Übereinstimmung stehende Entscheide zu fällen über das Eingehen (oder Auflösen) von Verpflichtungen und das Einlösen dieser Verpflichtungen durch qualifiziertes Handeln. Der Vorgesetzte ,erleidet' dabei das Schicksal jedes identitätsorientierten Führers, Erziehers oder Organisationsberaters: die Abhängigkeit des Geführten wird durch seine Führung abgebaut und die aktuelle Bedeutung des Führers in der Beziehung reduziert. Der Führer bewirkt seine eigene Überflüssigkeit, indem er zum Partner wird. Dieser Ablösungsprozeß erfolgt jedoch nicht aufgrund von Reaktanz, sondern über die Einsicht des Führers, es von Anfang an mit selbstverantwortlichen und aktiven Individuen zu tun zu haben, die als Menschen aufgerufen sind, *ihre* Welt zu gestalten" (S. 154). Führung muß demnach vor allem darauf ausgerichtet sein, die Geführten Wirkungen erfahren zu lassen, die sie sich selber attribuieren können.

Dieser Ansatz ist einseitig individualistisch ausgerichtet, vernachlässigt Organisations- und Machtstrukturen und stellt letztlich eine ideale Utopie dar. Die Frage nach der Notwendigkeit von Führung, die sich bei *Müller* in letzter Konsequenz stellt, ist nicht originell; sie wird seit langem im Zusammenhang mit arbeitsorganisatorischen Konzepten wie teilautonomen Gruppen disku-

---

[20] *Müller, Werner R.* (geb. 1941) schweiz. Prof. BWL, Uni Basel.

tiert (vgl. schon *Rice* 1958 und neuerdings wieder *Martin* 1983). Allerdings wird dort anders als bei *Müller* Führung stärker in ihre betrieblichen und gesellschaftlichen Zwänge eingebettet gesehen, wenn z. B. *Rice* die Notwendigkeit der Regulation der System-Umwelt-Beziehung betont, um den teilautonomen Gruppen die Aufgabenerfüllung zu ermöglichen.

Die Attributionstheorien, die zur Erklärung der in den Quadranten 2 und 3 bezeichneten Aspekte von Führung entwickelt wurden und hier als eigenschaftsorientierte bzw. als verhaltensorientierte Attributionstheorien der Führung bezeichnet werden, stehen im Mittelpunkt der folgenden Darstellung.

Die **eigenschaftsorientierte Attributionstheorie der Führung** von *Calder* (1977) geht von der phänomenologischen Vorstellung aus, daß Führung eine Persönlichkeitsdisposition darstellt, die nicht unabhängig von den Geführten existiert, sondern nur in deren **Wahrnehmung.** „Führung existiert nur als Wahrnehmung" (S. 202). Die Geführten beobachten das Verhalten ihres Vorgesetzten direkt oder erschließen es über die Wirkungen, die es gehabt hat. Auf der Grundlage dieser Informationen attribuieren sie anderen Personen Führereigenschaften.

Die **Eigenschaftstheorien der Führung** (vgl. Abschnitt 2 C II 3 b) versuchen, die Eigenschaften, die Führer vor Geführten auszeichnen, objektiv zu erfassen. Die eigenschaftsorientierte Attributionstheorie *Calders* versucht hingegen, die Frage zu beantworten, warum bestimmte Eigenschaften als Führereigenschaften wahrgenommen werden.

Die notwendigen Informationen, welche die Grundlage für Attributionsleistungen des Geführten bilden können, erhält dieser durch Verhaltensbeobachtung oder indem er von den Verhaltenswirkungen auf das Verhalten des Führers schließt. Im letzten Fall werden Attributionen mit größerer Unsicherheit belastet sein. Die gesammelten Informationen werden vom Geführten (naiv) umgangssprachlich beschrieben und abgespeichert. Wesentliche Grundlage der dann erfolgenden Attribution sind die Erwartungen des Geführten an Führer, also seine implizite Führungstheorie. Diese **implizite Führungstheorie** bildet sich im Rahmen vielschichtiger Sozialisationsprozesse heraus und ist nach Ansicht *Calders* insbesondere von der sozialen Klasse abhängig, der der Geführte angehört, und von den Beobachtungen des Führungsverhaltens anderer Vorgesetzter. Bei der Ermittlung führerrelevanter Eigenschaften bedient sich der Geführte der auf S. 187 dargestellten Analyse der Kovarianz nach *Kelley* (1967). Angewendet auf die eigenschaftsorientierte Fragestellung, die *Calder* mit Hilfe seiner Führungstheorie aufzugreifen sucht, besagt die Kovarianzanalyse, daß ein Geführter Annahmen über die inneren Qualitäten seines Vorgesetzten aus dem von ihm beobachteten Verhalten ableitet; dabei nimmt er an, daß dieses Verhalten mit den vermeintlichen inneren Qualitäten kovariiert. Der Geführte prüft, ob das beobachtete (oder erschlossene) Verhalten für den Beobachteten typisch ist, ob es zeitlich invariant ist, ob es über Führungssituationen variiert und ob auch von anderen auf dieselben inneren Qualitäten geschlossen wird. Ist dies der Fall, dann attribuiert der Geführte das beobachtete bzw. erschlossene Verhalten des Führers diesem als Führereigenschaft (interne Attribution).

Der eigenschaftsorientierte **Attributionsprozeß** verläuft über insgesamt vier Stufen. In der *ersten Stufe* beobachtet der Geführte das Verhalten seines Gegenüber oder schließt von den Verhaltenswirkungen auf dieses. In der *zweiten Stufe* prüft der Geführte das beobachtete oder erschlossene Verhalten auf Charakteristika, die es von anderem, beobachteten bzw. erschlossenen Verhalten unterscheiden. Es folgt der Vergleich dieser Wahrnehmungsdaten mit den eigenen Erwartungen (implizite Führungstheorie). Bei dem sich anschließenden Konsistenztest wird auch die Ansicht Dritter berücksichtigt und die Frage geprüft, ob das Verhalten in verschiedenen Situationen und zu verschiedenen Zeitpunkten wahrgenommen worden ist (vgl. *Kelley* 1967). Parallel dazu erfolgt die Prüfung, ob das Beobachtete außergewöhnlich genug ist, um als Führereigenschaft bezeichnet werden zu können. Ferner ist zu prüfen, ob es nicht externen Faktoren wie sozialer Erwünschtheit oder Gruppendruck attribuiert werden kann. In diesen Fällen sollte das Beobachtete nicht als Führereigenschaft bezeichnet werden. In der *dritten Stufe* wird geprüft, ob die wahrgenommenen Informationen über das Verhalten des (potentiell) als Führer zu bezeichnenden nicht nur als Führereigenschaft akzeptiert (Stufe 2), sondern auch so gewichtig und gehaltvoll sind, daß eindeutig von Führungsverhalten gesprochen werden kann. Dazu vergleicht der Geführte diese Informationen mit möglichen anderen Verhaltensalternativen des Beobachteten. In der *vierten Stufe* schließlich finden die möglichen Vorurteile des Geführten Eingang in das Modell. Hierfür ist insbesondere der Vergleich der eigenen mit den Zielen des Beobachteten relevant. *Calder* nimmt an, daß das wahrgenommene oder erschlossene Verhalten dem Beobachteten umso eher als Führereigenschaft attribuiert wird, desto weniger die eigenen Ziele von denen des potentiellen Führers divergieren. Der Attributionsprozeß schließt mit der Attribution oder Nicht-Attribution von Führereigenschaften.

Der Ansatz von *Calder* ist von *Lord* und Mitarbeitern (vgl. den Übersichtsaufsatz von *Lord/Foti/DeVader* 1984) dahingehend ergänzt worden, daß sie davon ausgehen, daß Geführte eine Person dann als Führer klassifizieren (Leadership Categorization Theory), wenn sie im Zuge eines Vergleichs mit einem ‚Führerprototyp‘ wesentliche Merkmale dieses Typs aufweist.

Die eigenschaftsorientierte Attributionstheorie der Führung von *Calder* bietet gegenüber früheren Eigenschaftstheorien der Führung zwei entscheidende **Vorteile**: *Erstens* werden Führereigenschaften nicht zu generalisieren versucht, sondern explizit mit Hilfe des Attributionsprozesses auf die spezifische Führungssituation bezogen, wie sie von dem Geführten wahrgenommen wird. *Zweitens* verharrt die Theorie Calders nicht bei der Konstatierung von Führereigenschaften, sondern versucht ihr Zustandekommen (zumindest in der Wahrnehmung des Geführten) zu erklären. Damit gelingt es diesem Ansatz im Gegensatz zu anderen Führungstheorien, das **Entstehen von Führung in Gruppen** (emergent leadership) zu erklären. Wir lernen, daß es nicht ausreicht, Führern spezielle Führungsfähigkeiten zu vermitteln. Da es entscheidend auf die Wahrnehmung des Führungsverhaltens durch die Geführten ankommt, muß der Führer die bei den Geführten ablaufenden Attributionsprozesse verstehen lernen und dazu insbesondere alltagsweltliche Theorien durchschauen können, die Geführte im allgemeinen ausgebildet haben und zur Prüfung des beobachteten Führungsverhaltens heranziehen. Die eigenschaftsorientierte Attributionstheorie *Calders* sagt allerdings nur etwas darüber aus, warum bestimmte Eigenschaften von Menschen als Führereigenschaften und warum deshalb diese Menschen als Führer wahrgenommen und akzeptiert werden. Die Theorie *Calders* trifft keine Aussagen darüber, wie sich ein Führer verhalten soll, wenn er seine Mitarbeiter wirksam beeinflussen will; sie stellt deshalb keine Alternative, sondern eine Ergänzung zu verhaltensorientierten Führungstheorien dar.

Die **verhaltensorientierte Attributionstheorie der Führung** von *Mitchell* geht davon aus, daß das Führungsverhalten als Reaktion des Führers auf das wahrgenommene Verhalten des Geführten zu analysieren ist. Die von *Mitchell* und Mitarbeitern (*Green/Mitchell* 1979, *Mitchell/Wood* 1980, *Mitchell/Green/Wood* 1981) auf der Grundlage der sozialpsychologischen Attributionsforschung abgeleiteten und auf das Erfahrungsobjekt „Führung in Organisationen" bezogenen Hypothesen lassen sich wie folgt entwickeln:

Attributionen repräsentieren Kognitionen, von denen angenommen wird, daß sie das Verhalten des Führers gegenüber seinen Mitarbeitern mitbestimmen. Attributionen sind also nur eine von mehreren Determinanten des Führungsverhaltens, wenngleich eine sehr bedeutungsvolle.

Attributionen setzen immer Wahrnehmungen voraus. Für die eigenschaftsorientierte Führungstheorie *Calders* kommt es auf die Wahrnehmung (bzw. Erschließung) des Verhaltens des **Vorgesetzten** an. Die verhaltensorientierte Attributionstheorie der Führung von *Mitchell* stellt die Wahrnehmung des Verhaltens des **Geführten** durch den Führer an den Ausgangspunkt ihrer Analyse. Der auf die Formation von Attributionen bezogene Wahrnehmungs- und Kognitionsprozeß wird als Attributionsprozeß bezeichnet. Die Formation von Attributionen allein stellt keine hinreichende Erklärung von Führungsverhalten dar; hinzutreten müssen theoretische Annahmen über die Wirkung von Attributionen auf das Führungsverhalten.

Der **Führungsprozeß** läuft zweistufig ab: In einer *ersten Phase* der **Diagnose** betätigt sich der Führer als Psychologe, der die Leistungsergebnisse des Mitarbeiters attributionstheoretisch deutet; in der *zweiten Phase* der **Entscheidung** zieht er Konsequenzen aus seiner Kausalattribution und wählt eine Verhaltensweise aus seinem Führungsrepertoire, etwa eine Belohnung oder Bestrafung (Sanktion). Beide Phasen sind von Informationsverarbeitungsprozessen überlagert.

Damit werden Aussagen zu folgenden Teilbereichen der Theorie für die Führungsforschung relevant:
a) **Attributionsprozeß**
b) **Verhaltenswirkung von Attributionen.**

zu a) *Attributionsprozeß*

Green/Mitchell (1979) unterscheiden unter Bezugnahme auf die Arbeiten *Kelleys* drei **Ursachen,** auf die der Führer das Verhalten des Geführten zurückführen kann:

1. Die Ursachen für ein bestimmtes Verhalten des Geführten, das der Führer zu beeinflussen gedenkt, können in der **Person** des Geführten selbst liegen.
2. Die Ursachen für das Verhalten des Geführten können in der **Aufgabe,** ihrer Art und Schwierigkeit, liegen.
3. Die Ursachen können in den **situativen Bedingungen** liegen, unter denen der Geführte die Aufgabe zu erfüllen sucht.

Die Prüfung, welche dieser Ursachen ein bestimmtes Verhalten des Geführten zu erklären vermag, erfolgt nach der ebenfalls auf *Kelley* zurückgehenden Analyse der Kovarianz. Im Rahmen einer Kovarianzanalyse neigt der Führer dazu, das (veränderte) Verhalten des Geführten mit *der* Variable ursächlich in Beziehung zu setzen, die sich *parallel* verändert hat. Relevante Informationen versucht der Führer aus der Beantwortung folgender Fragen zu erhalten:

• Ist das Verhalten des Geführten an die gestellte Aufgabe gebunden oder tritt es auch in anderen Aufgabenzusammenhängen auf?

• Ist das gezeigte Verhalten des Geführten zeit- und situationsunabhängig oder variiert es mit ihnen?

• Würden sich andere Mitarbeiter bei gleicher Aufgabenstellung und unter auch ansonsten vergleichbaren Bedingungen ähnlich oder anders verhalten?

Die Beantwortung dieser Fragen zur Kovariation läßt auf seiten des Führers erste Kausalvermutungen entstehen. Grundsätzlich hat der Führer die Möglichkeit, das Verhalten des Geführten dessen Person oder der Situation zu attribuieren.

Dabei erweisen sich in den von *Mitchell* et al. (allerdings überwiegend unter Laborbedingungen) durchgeführten empirischen Untersuchungen folgende **Deutungsmuster** als relativ stabil:

Führer neigen dazu, anders als bei sich selbst, Erfolge des Geführten extern (Aufgabe, Situation), Mißerfolge dagegen intern (der Person) zu attribuieren (vgl. Abb. 2.71).

Abb. 2.71: Unterschiedliche Kausalattributionen bei Führern und Geführten

Leistungsergebnis des Mitarbeiters	Wahrnehmung durch	wahrscheinliche Attribution
Erfolg	Geführter	intern (Person)
	Führer	extern (Situation)
Mißerfolg	Geführter	extern (Situation)
	Führer	intern (Person)

Diese grundsätzliche Tendenz liegt u. a. darin begründet, daß sich der Führer bei externen Attributionen eines Mißerfolges seiner Mitarbeiter eher eine Mitschuld an dem Fehlverhalten des Geführten geben müßte, was er verständlicherweise zu vermeiden sucht.

Die Gewißheit, mit der der Führer Attributionen über das Verhalten des Geführten bildet, hängt in hohem Maße von der Qualität der Informationen ab, die er über Person, Aufgabe und situative Bedingungen des Geführten aber auch über solche Mitarbeiter hat, die er zum Vergleich heranziehen kann. Unzulängliche Informationen über diese Faktoren können letztlich Unsicherheit des Führers über die Wahl des adäquaten Führungsverhaltens nach sich ziehen (*Green/Mitchell* 1979).

Da die Formation von Attributionen auf der Grundlage derart gesammelter Informationen sehr zeitaufwendig ist, benutzt auch der Führer häufig **kausale Schemata.** Neben der Übernahme sozialer Normen kommt hier insbesondere das zweidimensionale Schema der wahrgenommenen Ursachen von Verhalten zur Anwendung, wie es von *Weiner* entwickelt worden ist (vgl. Abb. 2.30 auf S. 223).

Green/Mitchell (1979) formulieren auf der Grundlage dieser Überlegungen und unter Einbeziehung einiger, die Formation von Attributionen moderierender Variablen (Erwartungen des Führers, Tendenz zur internen Attribution, psychologische Distanz zum Geführten, Komplexität des Ursachenzusammenhangs, Locus of Control des Führers und Geschlecht des Geführten) mehrere **Hypothesen,** die bisher zwar kaum in realen Führungssituationen empirisch überprüft worden sind, jedoch auf umfangreiche Evidenz aus der Attributionsforschung der Sozialpsychologie verweisen können:

- Zur Beantwortung der Frage, ob das vom Geführten gezeigte Verhalten personenspezifisch oder auch für andere Mitarbeiter charakteristisch ist, bezieht sich der Führer nicht so sehr auf reale Beobachtungen des Verhaltens anderer, sondern auf Erwartungen darüber, wie sich andere Geführte bei ähnlichen Aufgaben verhalten würden.
- Eine geringe psychologische Distanz des Führers zu seinem Mitarbeiter kann dazu beitragen, daß Attributionen realitätsnäher erfolgen. Dies gilt auch für den Fall, in dem die Unsicherheit des Führers über die Wahl eines angemessenen Führungsverhaltens daraus resultiert, daß in Wirklichkeit mehrere Ursachen für das (Fehl-)Verhalten des Geführten ursächlich verantwortlich sind, die u. U. sogar miteinander verkettet sind. Hat der Führer zuwenig Informationen über die Aufgabe bzw. die Situation der Aufgabenerfüllung, neigt er dazu, derartige kausale Verkettungen zu übersehen und das beobachtete Verhalten im Übermaß der Person des Geführten zu attribuieren.
- Attributionen werden nicht nur in bezug auf das Verhalten anderer angestellt, sondern auch über die Ursachen eigenen Verhaltens. Führer und Geführte zeichnen sich wie andere Menschen auch durch die Tendenz aus, zunächst unabhängig von ihrem Locus of Control Erfolge sich selbst, Miß-

erfolge jedoch eher der Aufgabe oder Situation zuzuschreiben. Diese Tendenz moderiert die Formation von Attributionen des Führers über das Verhalten des Geführten.

• Der moderierende Einfluß auf den Attributionsprozeß ist auch für andere personale Merkmale von Führer und Geführten anzunehmen. In der Sozialpsychologie gilt es beispielsweise als eine relativ gesicherte Erkenntnis, daß Menschen (Frauen und Männer) ein Fehlverhalten eher Frauen als Männern intern attribuieren.

• Es ist davon auszugehen, daß gleiches Verhalten des Geführten vom Vorgesetzten unterschiedlich bewertet wird, je nachdem ob externe oder interne Ursachen dafür verantwortlich gemacht werden.

Die Wirkung verschiedener Moderatoren, wie z. B. Erfahrung des Führers, bisheriges Arbeitsverhalten des Mitarbeiters, Geschlecht des Führers und der Geführten, Führer-Mitarbeiter-Beziehung, auf den Attributionsprozeß kompliziert die zunächst durch die Verwendung kausaler Schemata vereinfachte Formation von Attributionen und damit die Bildung von Vorstellungen über ein situationsadäquates Verhalten des Führers.

zu b) *Verhaltenswirkung von Attributionen*

Die folgenden theoretischen Überlegungen zur Wirkung von Attributionen auf das Verhalten des Führers können sich ebenfalls auf nur wenige empirische Untersuchungen stützen. Die bislang unzureichende empirische Fundierung der Verhaltenswirkung von Attributionen führen *Green, Mitchell* und *Wood* darauf zurück, daß in der sozialpsychologischen Forschung allzugern vom Kontext abstrahiert wird, dessen Einbeziehung zur Erklärung von Verhalten aber unumgänglich ist. Statt den Kontext in die Untersuchung der Verhaltenswirkung von Attributionen einzubeziehen, wird bisweilen (fälschlicherweise) angenommen, die Beziehung zwischen Attributionen und Verhalten sei relativ direkt und unvermittelt. Solche monokausalen Erklärungen von Führungsverhalten aus Attributionen heraus sind jedoch unzureichend. So können z. B. vom Führer angestellte Attributionen über das Verhalten des Geführten dann nicht in eigenes Führungsverhalten umgesetzt werden, wenn strukturelle Regelungen ihm ein bestimmtes Führungsverhalten verbindlich vorschreiben. Andererseits mag es erst gar nicht zu Attributionsprozessen kommen, weil der Führer ein bestimmtes Verhalten habitualisiert hat (Führungsstil) und sich deshalb auf bestimmte Stimuli hin ohne Zwischenschaltung umfänglicher kognitiver Prozesse verhält. Habitualisiertes Verhalten kann seinerseits allerdings auf früheren Attributionen beruhen. Diese Beispiele zeigen, daß der Erklärungswert einer rein kognitiven Theorie, wie es die Attributionstheorie ist, grundsätzlich beschränkt ist.

Wie für die Formation von Attributionen haben *Mitchell* et al. auch **Hypothesen** über die Verhaltenswirkung von Attributionen aufgestellt, die sie ebenfalls als durch eine Reihe von Faktoren (z. B. Schwere der Folgen des Geführten-Verhaltens, Verantwortlichkeit) moderiert betrachten:

Das Verhalten, das der Führer gegenüber dem Geführten wählt, hängt erstens davon ab, wie dessen Verhalten wahrgenommen und vom Führer beurteilt wird (positiv/negativ). Zweitens ist von Bedeutung, welche Ursachen der Führer für das Verhalten des Geführten verantwortlich macht (intern/extern). Damit ergeben sich in einem einfachen Modell acht Führungssituationen, die der Führer zu bewältigen hat (vgl. Abb. 2.72).

Abb. 2.72: Führungssituationen und Führungsverhalten

Ursachen-zuschreibung	Verhaltens-bewertung	positiv	negativ
intern	Fähigkeit	a) Belohnung b) relativ sicher	a) evtl. Bestrafung b) relativ sicher
intern	Anstrengung	a) stärkste Belohnung b) unsicher	a) stärkste Bestrafung, besonders bei vorhandener Fähigkeit b) unsicher
extern	Kontext	a) keine Belohnung b) relativ sicher	b) Sympathie, stärkere Unterstützung b) relativ sicher
extern	Glück	a) keine Belohnung b) sehr unsicher	a) Sympathie b) sehr unsicher

a) = Belohnung/Bestrafung,
b) = Erwartungen für die Zukunft

Einige der in Abb. 2.72 enthaltenen Hypothesen über das zu erwartende Führungsverhalten konnten in empirischen Untersuchungen, die explizit auf Führungssituationen Bezug nehmen, bestätigt werden (*Mitchell/Wood* 1980, *Mitchell/Green/Wood* 1981). So kann man davon ausgehen, daß der Führer auf interne Attributionen mit einer Variation seines direkten, interpersonalen Führungsverhaltens reagiert, während er bei externen Attributionen eher strukturelle Veränderungen (z.B. der Aufgabe oder der Arbeitsorganisation) anstrebt (indirekte Führung.) Führer sind offensichtlich der Ansicht, auf Gründe, die in der Person des Geführten liegen (insbesondere mangelnde Anstrengung) besser direkt Einfluß nehmen zu können. Gründe, die in der Aufgabe, der Situation oder dem Zufall gesehen werden, liegen hingegen außerhalb ihres Einflußbereiches.

Schließlich stellen *Mitchell* et al. die Hypothese auf, daß auch die Schwere der Folgen, die ein bestimmtes (Fehl-)Verhalten des Geführten nach sich zieht, bei gleicher Kausalattribution für die Form der Reaktion des Führers von Bedeutung ist. Diese Hypothese konnte im Rahmen der von *Mitchell* und *Wood* (1980) durchgeführten Untersuchungen mit Krankenschwestern zweier Hospitäler bestätigt werden. Je schlimmer die in den Fallstudien geschilderten Folgen des Versagens der jeweiligen Kollegin waren, desto mehr wurden von den zehn vorgegebenen Verhaltensalternativen diejenigen ausgewählt, die sich direkt an die Person der Krankenschwester richteten, und desto mehr wurden negative Verstärker eingesetzt. Die Autoren merken allerdings selbstkritisch an, daß in diesen Untersuchungen nicht reales Führungsverhalten, sondern nur intendiertes Verhalten erfaßt wurde, und reale Führungssituationen hinsichtlich der zu erbringenden Attributionsleistung zumeist ambivalenter sind. Für reale Führungssituationen erwarten sie deshalb, daß Führer unsicherer über die Wahl des adäquaten Verhaltens gegenüber ihrem Untergebenen sind und deshalb dazu neigen, weniger rigide Maßnahmen zu ergreifen.

In der unzureichenden Berücksichtigung von Gruppenphänomenen, in der (rein) kognitiven Ausrichtung und der Vernachlässigung betrieblicher und gesellschaftlicher Zwänge, denen Führungsprozesse unterworfen sind, liegen m. E. die wesentlichsten **Schwächen** der Attributionstheorie. *Mitchell* und Mitarbeiter weisen deshalb zu Recht darauf hin, daß Attributionen nur *eine* Ursache für Führungsverhalten sind. Neuerdings schränkt *Mitchell* (1987, Sp. 710 f.) diese Aussage noch mehr ein, indem er Attributionen nur eine untergeordnete Rolle im Führungsprozeß zuweist. Er betont zu Recht die große Bedeutung, die dem sozialen und organisatorischen Kontext und den **Substituten der Führung** zukommt (vgl. S. 358 ff. der Arbeit).

Die Attributionstheorien der Führung scheinen jedoch mit anderen Theorien der Führung durchaus kompatibel zu sein. Das Locus of Control-Konzept findet sich beispielsweise schon in der Weg-Ziel-Theorie von *Evans* und *House,* die überhaupt einer attributionstheoretischen Interpretation relativ gut zugänglich zu sein scheint (vgl. S. 331 ff.). Attributionstheorien vermögen des weiteren zu erklären, warum reales Führungsverhalten von den Empfehlungen normativer Führungskonzepte (z.B. des normativen Entscheidungsansatzes von *Vroom/Yetton*) abweicht und warum der Führer seinen Geführten anfänglich einen unterschiedlich großen Spielraum einräumt, wie das Führungsdyaden-Modell behauptet. Schließlich sind Attributionstheorien der Führung grundsätzlich dazu geeignet, auch das weitere Umfeld der Führung (z.B. Organisationsstrukturen, Technologie) als Attributionsobjekte einzubeziehen, und damit einige der von mir kritisierten Schwächen zu überwinden.

(6) Lerntheorien

Im Gegensatz zu den Attributionstheorien, in deren Mittelpunkt Wahrnehmungskonstrukte stehen, knüpfen Lerntheorien – zumindest in der behavioristischen Variante – ausschließlich an beobachtbarem Verhalten an[21].

---

[21] *Luthans/Lockwood* (1984) haben speziell für lerntheoretische Führungskonzepte ein Führungsbeobachtungsinstrument entwickelt (Leader Observation System, kurz: LOS), das die klassischen Fragebogenerhebungen ergänzen, wenn nicht ersetzen soll.

Der *ältere Ansatz* einer funktionalen Analyse des Führungsverhaltens (*Sims* 1977, *Mawhinney/Ford* 1977, *Podsakoff* 1982) baut auf der **Lerntheorie Skinners** (operantes Konditionieren, S. 193 der Arbeit) auf und untersucht, inwiefern Verhalten über die Verstärkung seiner Konsequenzen (Belohnung, Bestrafung) manipuliert werden kann. Für diese Richtung der Führungsforschung hat sich in der Managementliteratur der Begriff Verhaltensmodifikation (Organizational Behavior Modification, kurz: **O.B.Mod.**) durchgesetzt (vgl. hierzu vor allem *Luthans/Kreitner* 1985). O.B.Mod. greift auf das Stimulus-Response-Paradigma zurück und sieht Verhalten(sänderung) als Funktion seiner Konsequenzen. Entsprechend dem Prinzip des Lernens aus den Konsequenzen des Handelns (**Verstärkungsprinzip**) muß gezielte Verhaltensmodifikation an den Konsequenzen ansetzen *(consequence management)*. Hierzu stehen dem Führer/Vorgesetzten grundsätzlich vier Möglichkeiten zur Verfügung:

– zur **Verstärkung** erwünschten Verhaltens
  • positive Verstärkung (z.B. Lob, Anerkennung)
  • negative Verstärkung (z.B. Zurechtweisung, Tadel)
– zur **Reduzierung** unerwünschten Verhaltens
  • Extinktion/Löschung (z.B. Entzug von Belohnung)
  • Bestrafung (z.B. Lohnkürzung)

Beim Einsatz dieser Instrumente kommt es in hohem Maß darauf an, daß nicht nur der angemessene Verstärker gewählt, sondern auch das *Ausmaß* und *Timing* seines Einsatzes exakt dosiert werden. Hierzu werden überwiegend unter Laborbedingungen entstandene **Verstärkungspläne** (schedules of reinforcement) zur Entscheidungsunterstützung angeboten:

Verstärker	Beispiel
• kontinuierlich (jedes erwünschte Verhalten wird verstärkt)	Prämien für jedes fehlerlose Produkt
• intermittierend (erwünschtes Verhalten wird nur manchmal verstärkt)	
Timing:	
• fixe Intervalle	monatliche Gehaltszahlung
• variable Intervalle	Kontrollen der Sicherheitseinrichtungen in zeitlich unregelmäßigen Abständen
Auftretensrate:	
• fixe Quoten	Bonus für zehn abgeschlossene Versicherungsverträge
• variable Quoten	Bonus für außergewöhnliche Leistungen, wobei der Vorgesetzte definiert, was außergewöhnlich ist

An den genannten Beispielen wird deutlich, daß sich die Einsatzmöglichkeiten des operanten Konditionierens in der Führer-Mitarbeiter-Beziehung nur auf eng begrenzte, isolierbare Verhaltensäußerungen der Geführten beziehen können, für die es quantifizierbare Standards geben muß. Damit werden Arbeitssituationen beschrieben, die denjenigen in den Laborversuchen sehr nahe kommen. Dennoch, oder gerade deshalb, erfreuen sich die behavioristischen Ansätze des O.B.Mod. in der Praxis nach wie vor großer Beliebtheit. Sie machen darüber hinaus auf immer wieder zu beobachtende Führungsfehler aufmerksam, wie zu seltene Verstärkung (Lob, Anerkennung), unangemessene Wahl des Verstärkers oder verschwenderischer Umgang mit extrinsischen Belohnungen. Auf praktische Anwendungsbedingungen des O.B.Mod. wird im Teil 3 noch ausführlicher eingegangen.

Eine zweite, *jüngere Richtung* innerhalb der lerntheoretischen Führungsansätze stellt die **Soziale Lerntheorie der Führung** dar (*Luthans* 1979, *Davis/ Luthans* 1980, *Luthans/Kreitner* 1985). Sie wurde von *Luthans* und Mitarbeitern auf der Grundlage der *Skinner*schen operanten Konditionierung in der Erweiterung um *Banduras* (1977) soziale Lerntheorie entwickelt (vgl. S. 199 der Arbeit). Die Modifikation bzw. Überwindung der Theorie *Skinners* ist vor allem in folgenden Punkten zu sehen (vgl. *Luthans/Kreitner* 1985, S. 33 ff.): Verhalten wird nicht nur als Funktion seiner Konsequenzen gesehen, sondern auch als Funktion antizipierter Konsequenzen und situativer Bedingungen (Antezedentien). Folglich sprechen *Luthans/Kreitner* (1985, S. 113) von *antecedent management* im Gegensatz zu *consequence management*. Vorgesetzte und Mitarbeiter lernen nicht nur aus den Konsequenzen eigenen Handelns, sondern auch aus den Konsequenzen des Handelns Dritter (Modellernen).

Die **soziale Lerntheorie** des Führungsverhaltens geht dementsprechend davon aus, daß sich der **Führer** (mit seinen kognitiven Prozessen), dessen **Führungsverhalten** und die **Führungssituation** (einschließlich der Geführten und der Organisationsstruktur) gegenseitig beeinflussen (vgl. Abb. 2.73).

Abb. 2.73: Grundmodell der sozialen Lerntheorie der Führung

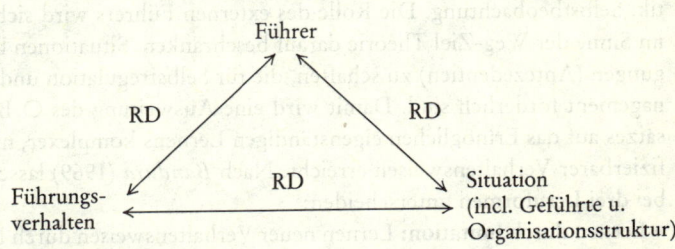

RD = Reziproke Determination

Quelle: Luthans 1979, S. 205

Beispielsweise bewirkt eine motivationale Orientierung des Vorgesetzten ein Führungsverhalten, das das Arbeitsverhalten eines Geführten verändert. Diese Verhaltensänderung ihrerseits hat Einfluß auf die motivationale Orientierung des Vorgesetzten, der bei nächster Gelegenheit die soeben beobachtete Reaktion des Geführten antizipativ berücksichtigen wird. D.h., Führer schaffen vor allem durch ihr eigenes Verhalten situative Bedingungen, die ihr Verhalten mitbeeinflussen (*Luthans* 1979). Das Verhalten des Geführten wird nicht direkt determiniert; der Führer variiert allein über sein Führungsverhalten die in der Arbeitssituation des Geführten präsenten Stimuli. Diese Stimuli werden vom Geführten aktiv selektiert, interpretiert, organisiert und u.U. sogar transformiert.

Ein weiterer Unterschied zu den behavioristischen Lerntheorien ist in der Einbeziehung kognitiver Prozesse zu sehen. *Luthans* und Mitarbeiter erweitern die Antezedenz-Verhalten-Konsequenzen-Beziehung um den menschlichen Organismus und die in ihm (nicht beobachtbar) ablaufenden Wahrnehmungs- und Informationsverarbeitungsprozesse.

Damit liegt ein theoretischer Bezugsrahmen vor, der es ermöglicht, einige der bislang besprochenen Motivations- und Führungstheorien in ihren wesentlichen Aussagen zu *integrieren:* Erwartungen darüber, daß ein bestimmtes Verhalten mit bestimmten (zu belohnenden oder bestrafenden) Konsequenzen verbunden ist (**Erwartungs-Valenz-Theorie**), der Effekt anspruchsvoller Ziele auf die Wahl bestimmter Verhaltensweisen (**Zieltheorie**), der Einfluß von Kausalattributionen auf die Interpretation der Antezedentien (**Attributionstheorie**), die Bedeutung der Führungssituation und der Interaktionen zwischen Führer und Geführten für den Führungsprozeß (**Situations- und Interaktionstheorie**).

Ein dritter wesentlicher Unterschied zur Theorie des operanten Konditionierens findet sich in der Anerkennung selbstregulierender (Lern-)Prozesse innerhalb von Personen und Gruppen als Ergänzung, und nicht als Substitute für externe Verstärker (vgl. *Luthans/Davis* 1979, *Manz/Sims* 1980, *Müller* 1980). Empirisch nachweisbare Phänomene der **Selbstkontrolle und -verstärkung** in Führer-Mitarbeiter-Beziehungen sind etwa: selbständige Zielsetzung, Ausprobieren neuer Verhaltensweisen (Problemlösungen), Selbstkritik, Selbstbeobachtung. Die Rolle des externen Führers wird sich dann ganz im Sinne der Weg-Ziel Theorie darauf beschränken, Situationen bzw. Bedingungen (Antezedentien) zu schaffen, die für Selbstregulation und Selbst-Management förderlich sind. Damit wird eine Ausweitung des O.B.Mod.-Ansatzes auf das Ermöglichen eigenständigen Lernens komplexer, nicht quantifizierbarer Verhaltensweisen erreicht. Nach *Bandura* (1969) lassen sich hierbei drei Lernformen unterscheiden:

• **Lernen durch Imitation:** Lernen neuer Verhaltensweisen durch Nachahmen beobachteten Verhaltens eines lebenden (z.B. Vorgesetzter) oder symbolischen Modells (z.B. Film, Tonband, graphische Darstellung)

• **Lernen aus Konsequenzen des Verhaltens anderer:** Lernen neuer Verhaltensweisen durch Beobachtung der positiven/negativen Verstärkung, welche das Verhalten anderer erfährt (z.B. Belobigung eines Mitarbeiters für gute Leistung in Anwesenheit Dritter)

• **Aktivierung vertrauter Verhaltensweisen:** Bereits bekannte und vertraute Verhaltensweisen werden durch das Vorbildverhalten ausgelöst (z.B. Vorgesetzter beginnt als erster die Bearbeitung einer Aufgabe).

In allen Formen des Modellernens laufen erfolgreiche Lernprozesse, d.h. solche, in denen das Verhalten von Imitator und Modell übereinstimmen, in **vier Phasen** ab (*Bandura* 1977):

• das Modell muß Aufmerksamkeit erregen

• der Beobachter muß das beobachtete Verhalten behalten (im Gedächtnis abbilden, speichern)

• der Beobachter muß hinreichend qualifiziert sein

• das Verhalten muß verstärkt werden.

Durch die Berücksichtigung von Lernprozessen ist die soziale Lerntheorie der Führung in besonderem Maße geeignet, als Grundlage für die Gestaltung von **Führungstrainings** zu dienen, vor allem wenn sie zu Selbstkontrolle und Selbst-Management anleiten sollen (vgl. *Latham/Saari* 1979).

e. Grenzen personaler Führung und Möglichkeiten der Führungssubstitution

In den vorangegangenen Ausführungen mag der (falsche) Eindruck entstanden sein, persönliche, direkte Führung sei die einzige Möglichkeit der Deckung des Führungsbedarfs in Gruppen bzw. Organisationen. Persönliche Führung in Organisationen ist sicherlich nur *eine* Form der sozialen Einflußnahme, die in vielen Fällen überflüssig und/oder ungeeignet ist und durch andere Einflußformen ersetzt werden kann (**Substitute der Führung**). Für *Türk*[22] (1981, S. 65) hat sie nur Lückenfüllerfunktion, indem sie als Residualfaktor lediglich den neben anderen Kontrollformen verbleibenden Restbedarf an Führung deckt.

Die oben besprochenen Führungstheorien vernachlässigen systematisch, daß *direkte Führung* als personenbezogene Komponente des Managements nur eines von mehreren Koordinations- und Kontrollinstrumenten der Organisation darstellt (vgl. insbesondere Abschnitt 2 D II 3). Sie vernachlässigen, daß Manager (im Wege *indirekter Führung*) auch über die sachbezogenen Komponenten des Managements, wie Organisationsstrukturierung und Technologieeinsatz, entscheiden. Die Befugnis zu derartigen Entscheidungen hängt zwar in erheblichem Maße von der hierarchischen Ebene, der ein Führer zuzurechnen ist, und seinen konkreten Funktionen ab; diese Tatsache darf jedoch nicht darüber hinwegtäuschen, daß Führer in hohem Maße ihr

---

[22] *Türk, Klaus* (geb. 1944) Prof. Soziologie, Uni Wuppertal.

aufgaben- und beziehungsorientiertes Führungsverhalten durch derartige Entscheidungen ergänzen, ersetzen oder neutralisieren können.

Mehrere Führungsforscher haben aus der Erkenntnis heraus, daß Führungsforschung i.d.R. den organisationalen Kontext vernachlässigt und sich dieses konzeptionelle Defizit in einem durchweg nur geringen Anteil an durch personale Führung erklärter Varianz von Effizienz niederschlägt, Zweifel an der Sinnfälligkeit des Führungskonstrukts geäußert und stattdessen für globalere Konzepte, wie soziale Kontrolle oder soziale Beeinflussung plädiert (z.B. *Hollander/Julian* 1969, *Miner*[23] 1975, 1982, *Türk* 1981). Die **Vernachlässigung von organisationalen Kontexten** in der Führungsforschung erklärt sich historisch aus der Verankerung dieser Forschungsrichtung in der Kleingruppenforschung. Da die empirische Organisationsforschung eher soziologische Wurzeln hat, kann nicht verwundern, daß **Führungstheorien** organisationsstrukturelle Aspekte, sieht man von einigen wenigen empirischen Untersuchungen ab (vgl. z.B. die Hinweise bei *Staehle/Conrad* 1987), weitgehend unberücksichtigt lassen und umgekehrt **Organisationstheorien** die Bedeutung von Führungsverhalten im großen und ganzen vernachlässigen. Die Tatsache, daß beide Theorien eng miteinander verbunden sind, zeigt sich an einer Vielzahl von Konstrukt-Überschneidungen in der empirischen Forschung, z.B.:

Dimensionen der Führung	Dimensionen der Organisationsstruktur
Aufgabenorientierung	Aufgabenstrukturierung
Partizipation	Grad der Entscheidungsdezentralisation

Situative Führungstheorien beschränken sich auf einige wenige mikrostrukturelle Aspekte des organisationalen Kontextes (z.B. Strukturierungsgrad der Aufgabe, Qualität der Führer-Geführten-Beziehung, Reife der Geführten). Ein erster Versuch, *makrostrukturelle* Merkmale der Führungssituation konzeptionell in die Führungsforschung zu integrieren, findet sich in der **Theorie der Führungsdeterminanten** von *Osborn/Hunt* (1975) sowie im Modell multipler Verknüpfungen von *Yukl* (1981), dargestellt im Punkt d (1), Situationstheorien.

Die Einordnung von Führung in den Zusammenhang anderer organisationaler Maßnahmen zur Sicherstellung der sachbezogenen Aufgaben des Managements (vgl. Abb. 2.74) zeigt, daß **direkte Führung** nur eine von vielen Möglichkeiten ist, dieses Ziel zu erreichen. Gleichzeitig stellt sich die Frage nach der **Gestaltbarkeit von Situationsmerkmalen** (z.B. *Niederfeichtner* 1983, S. 608f.), die von situativen Führungskonzepten zwar als einflußreich erachtet, aber zumeist als konstant unterstellt werden.

---

[23] *Miner, John B.*, Prof. Psychologie, State Uni of New York, Buffalo.

Abb. 2.74: Führung im organisationalen Kontext

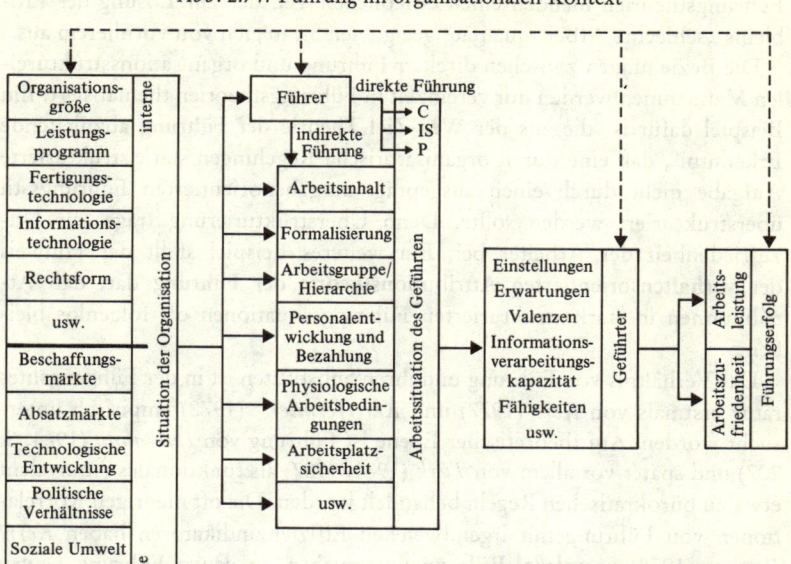

Quelle: *Opens/Sydow* 1980, S. 4

Ein **Beispiel** soll diesen Zusammenhang verdeutlichen. Ein Manager ist der Meinung, daß der Handlungsspielraum eines Arbeiters, den er als wenig qualifiziert einstuft, zu groß ist, mit der Folge, daß dessen Arbeitsqualität zu wünschen übrig läßt. Da der Arbeiter über keinen nennenswerten Entscheidungs- und Kontrollspielraum verfügt, beschließt der Manager, auch den Tätigkeitsspielraum des Arbeiters weiter einzuengen.[24] Diese Arbeitsstrukturierungsmaßnahme stellt nur eine von mehreren möglichen organisationalen Maßnahmen zur Bewältigung des aufgetretenen Problems (schlechte Arbeitsqualität) dar. Naheliegende alternative Maßnahmen sind zum Beispiel die Höherqualifizierung des Arbeiters im Rahmen von Weiterbildungsmaßnahmen oder der Ersatz des Arbeiters durch einen qualifizierteren. Diese Alternativen geraten einer Führungstheorie, die allein auf interpersonales Verhalten abstellt, aus dem Blick. Aber auch innerhalb der Maßnahme „Verringerung des Tätigkeitsspielraumes" bieten sich dem Manager verschiedene Handlungsalternativen. Er kann den Spezialisierungsgrad durch eine verstärkte Arbeitsteilung erhöhen oder den Strukturierungsgrad der Aufgabe durch den Einsatz einer neuen Technologie oder durch die Entwicklung detaillierterer Arbeitsprogramme vergrößern. Diese Möglichkeiten werden durch das herkömmliche Konstrukt „Führung" nur zum geringen Teil erfaßt.

---

[24] Zu den Begriffen vgl. S. 647f.

24*

Führungstheorien blenden einen erheblichen Teil der zur Lösung des Problems „schlechte Arbeitsqualität" geeigneten Strategien von vornherein aus.

Die Beziehungen zwischen direkter Führung und organisationsstrukturellen Maßnahmen werden nur vereinzelt in Führungstheorien thematisiert. Ein Beispiel dafür ist die aus der **Weg-Ziel-Theorie der Führung** abzuleitende Erkenntnis, daß eine durch organisatorische Regelungen stark strukturierte Aufgabe nicht durch einen ausgeprägt aufgabenorientierten Führungsstil überstrukturiert werden sollte. Denn Überstrukturierung trage zur Unzufriedenheit der Arbeiter bei. Ein weiteres Beispiel stellt der Hinweis der **verhaltensorientierten Attributionstheorie der Führung** dar, daß Attributionen in stark strukturierten Führungssituationen oft folgenlos bleiben.

Das Verhältnis von Führung und ihren Substituten ist in der Führungsliteratur erstmals von *Kerr* (1977) und *Kerr/Jermier*[25] (1978) empirisch untersucht worden. Auf theoretischer Ebene ist Führung von *Luhmann* (1964, S. 207) und später vor allem von *Türk* (1981, 1987) als funktionales Äquivalent etwa zu bürokratischen Regeln behandelt worden. Die oft niedrigen Korrelationen von Führung mit irgendwelchen Effizienzindikatoren haben *Kerr/Jermier* (1978) veranlaßt, Fälle zu untersuchen, in denen Führung *keinen* wesentlichen Beitrag zur Steigerung der Arbeitsleistung und/oder -zufriedenheit der Organisationsmitglieder leistet. Ihre Analyse zeigt, daß sowohl aufgaben- wie beziehungsorientiertes Führungsverhalten durch organisationsstrukturelle Regelungen, aber auch durch personale Merkmale der Geführten, neutralisiert oder substituiert werden können. Abb. 2.75 faßt die Ergebnisse ihrer Analyse zusammen.

Kerr und *Jermier* (1978) weisen darauf hin, daß einige der als **Substitute** (X in Abb. 2.75) bezeichneten Merkmale ein aufgaben- bzw. beziehungsorientiertes Führungsverhalten unmöglich machen bzw. neutralisieren, während andere es nicht nur unmöglich, sondern auch unnötig machen. So ist z. B. eine intrinsisch belohnende Aufgabe (8) ein Substitut für beziehungsorientierte Führung, und Formalisierung (9) ein Substitut für aufgabenorientierte Führung.

Als besonders **bedeutsame Substitute** sehen sie an:
- professionelle Orientierung (das Urteil von Fachkollegen gilt mehr als das des formellen Vorgesetzten)
- stark formalisierte/repetitive Aufgaben (die Aufgabe steuert das Verhalten und macht direkte Führung überflüssig)
- Aufgaben-Feedback (Informationen über Leistungsergebnisse durch die Art der Arbeit selbst ersetzt den Führer-Feedback)
- Arbeitsgruppen (kohäsive Gruppen steuern sich selbst)
- Organisations- und Personalentwicklung.

---

[25] *Kerr, Steven*, Prof. Psychologie, Uni of Southern Calif., LA.
Jermier, John M., Prof. Psychologie, Uni of South Florida, Tampa.

Abb. 2.75: Substitute der Führung

Charakteristika der...	führen zur Neutralisierung von	
	Beziehungs-orientierter Führung	Aufgaben-orientierter Führung
A. Geführten		
1. Erfahrung, Fähigkeit, Training, Wissen		X
2. Unabhängigkeitsstreben	X	X
3. Professionelle Orientierung	X	X
4. Gleichgültigkeit gegenüber Belohnungen	X	X
B. Aufgabe		
5. Eindeutig und routinemäßig		X
6. Vorgegebener Arbeitsrhythmus		X
7. Feedback ermöglichend		X
8. Intrinsisch belohnend	X	
C. Organisation		
9. Formalisierung		X
10. Regeln und Programme		X
11. Hohe Spezialisierung mit Stabsunterstützung		X
12. Kohäsive Arbeitsgruppen	X	X
13. Belohnungen außerhalb des Einflußbereichs des Führers	X	X
14. Räumliche Distanz zwischen Führer und Geführten	X	X

Quelle: Kerr/Jermier 1978, S. 378

In einer eigenen empirischen Untersuchung, deren Zweck es vor allem war, ein Erhebungsinstrument für Substitute der Führung zu entwickeln, ließen *Kerr* und *Jermier* (1978) Teilnehmer eines Management-Trainings einen Fragebogen ausfüllen, der die 14 potentiellen Substitute für Führungsverhalten (Abb. 2.75) in jeweils mehrere Items kleidete. Die Fragen wurden von den Trainingsteilnehmern aus ihrer imaginären Position als Geführte beantwortet. Die Antworten wurden dazu benutzt, die Unabhängigkeit der 14 Substitute und die interne Reliabilität des Fragebogens zu überprüfen. Der 55-Item-Fragebogen wurde im Anschluß an diese Überprüfung in zwei Felduntersuchungen eingesetzt, in denen u.a. auch das Engagement der Geführten und das Führungsverhalten der Vorgesetzten gemessen wurden. Wie in vielen anderen empirischen Untersuchungen erwies sich auch in dieser der durch Führungsverhalten erklärte Varianzanteil als gering. Von größerer Bedeutung waren folgende Substitute für Führung: der Feedback ermöglichende und intrinsisch belohnende Charakter der Aufgabe, der Routinecharakter der

Aufgabe und der Formalisierungsgrad. Im Extremfall wird personale Führung *überflüssig*.

In einer anderen empirischen Untersuchung zur Validierung des Substitut-Konzepts legen *Howell/Dorfman* (1981) 220 Beschäftigten eines Krankenhauses Fragebogen zur Messung folgender Variablen vor: aufgaben- und beziehungsorientiertes Führungsverhalten, potentielle Substitute für Führung, Rollenambiguität und -konflikte (Moderatorvariablen), Engagement und Arbeitszufriedenheit (Ergebnisvariablen). Ziel der Untersuchung war es, über die Studie von *Kerr* und *Jermier* hinausgehend auch den Grad der Substituierbarkeit der Führung durch Personen-, Aufgaben- und Organisationsmerkmale zu bestimmen. Das gemessene Führungsverhalten korrelierte in dieser Untersuchung relativ stark mit den Ergebnisvariablen, so daß in der untersuchten Organisation Substitute für Führung keine große Rolle spielen. Der Formalisierungsgrad schälte sich als einziges bedeutendes Substitut für aufgabenorientiertes Führungsverhalten heraus. Schwache Substitute waren: intrinsisch belohnende Arbeit und Gruppenkohäsion für beziehungsorientiertes Führungsverhalten, Routinecharakter der Aufgabe für aufgabenorientiertes Führungsverhalten in Hinblick auf das Engagement der Arbeitenden, und intrinsisch belohnende Arbeit, Feedback und Formalisierung in Hinblick auf die Zufriedenheit der Arbeitenden.

Sheridan et al. (1984) konnten im Gegensatz zu dieser Studie die Ergebnisse von *Kerr* und *Jermier* bestätigen. Zahlreiche Variablenzusammenhänge erwiesen sich jedoch als durch das Organisationsklima moderiert.

Die bislang vorliegenden empirischen Belege für die Existenz von Substituten für Führung sind in sich widersprüchlich. Eine Ursache könnte darin liegen, daß sich die empirischen Untersuchungen zumeist nur auf eine Organisation erstrecken; die Wirkung und Funktion von Substituten für Führung scheint aber in starkem Maße mit der Organisation zu variieren. Eine Verfeinerung des Modells wird von seinen Autoren ebenfalls für erforderlich gehalten (*Kerr/Jermier* 1978). Insbesondere erscheint es ihnen notwendig, zwischen wirklichen Substituten für Führung und solchen Variablen zu differenzieren, die die Wirkung personaler Führung nur neutralisieren.

Türk (1981, S. 131 ff.) formuliert auf dem Hintergrund einer **Theorie des Personalführungsbedarfs** folgende Hypothesen zur abnehmenden Bedeutung persönlicher, direkter sozialer Kontrolle:

Personalführungsbedarf *sinkt* mit

• zunehmendem (Dienst-)Alter
• höheren Managementebenen
• zunehmender vor-organisationalen Sozialisation
• zunehmenden indirekten, unpersönlichen Kontrollen
• steigender Unternehmungsgröße (da mit mehr indirekten Kontrollen verbunden).

Insgesamt konstatiert er in den vergangenen 200 Jahren einen ständigen Rückgang personaler Führung und einen entsprechenden Anstieg indirekter, entpersonalisierter Führung (*Türk* 1987), aber auch von innerer Selbststeuerung bzw. Kontrolle. Selbststeuerung bzw. Selbst-Management haben wir schon in Punkt d (6) Lerntheorien in Form selbstregulierender Lernprozesse kennengelernt. **Selbst-Management** bezeichnet ähnlich wie die Selbstabstimmung, die sich auf Gruppen bezieht, die Fähigkeit von Individuen, ihr Verhalten weitgehend unabhängig von externen Stimuli zu steuern bzw. ihre Arbeitssituation im wesentlichen selbst zu gestalten (*Manz/Sims* 1980, *Müller* 1980, *Mills* 1983). Selbst-Management, wie auch andere zunächst als echte Substitute erscheinende organisationale Variablen, ersetzt Führung jedoch nicht vollständig, sondern reduziert deren Funktion auf die der Unterstützung und der Verdeutlichung von Aufgabengrenzen. Selbst-Management ist insbesondere dann von Bedeutung, wenn Vorgesetzte wegen der Umweltunsicherheit weder im Wege direkter noch indirekter Führung genaue Aufträge erteilen können, der Geführte genügend qualifiziert ist und sich als intern kontrolliert begreift. Selbst-Management kann durch Arbeitsbereicherung, Partizipation und Delegation gefördert werden, wenn bestimmte Voraussetzungen (z.B. genügend Zeit, geringe Strukturiertheit der Aufgabe, Qualifikation) erfüllt sind (*Manz/Sims*[26] 1980). Die empirische Untersuchung von *Howell/Dorfman* (1981) bestätigt jedoch die Bedeutung von personaler Führung auch bei weitgehend selbstregulierten Mitarbeitern und kann damit die Annahme nicht bestätigen, es handle sich bei Selbst-Management um ein echtes Substitut der Führung.

Die heute allenthalben festzustellende **Re-Personalisierung** der Führung (z.B. Management by wandering around) läßt vermuten, daß der Prozeß der Substitution persönlicher durch unpersönliche Führung/Kontrolle vor allem in großen Unternehmungen zu weit getrieben worden ist. Der damit einhergegangene Motivations- und Sinnverlust muß jetzt wieder mühsam durch Kulturmanagement und symbolische Führung (*Hartfelder* 1984) hergestellt werden. Überhaupt seien, so wird argumentiert, die Unternehmungen heutzutage *overmanaged* und *underled* (*Peters/Waterman* 1982, *Peters/Austin* 1985). Sprachlich etwas anspruchsvoller, dem Sinn nach aber entsprechend, beklagt *Klaus Türk* Übersteuerung, Überkomplizierung und Überstabilisierung sozialer Systeme, und *Peter Ulrich* fordert mehr Kulturentwicklung statt Systemsteuerung (*P. Ulrich* 1984).

Selbst dort, wo ‚objektiv‘ kein Personalführungsbedarf besteht und aus Managementsicht auch nicht bestehen dürfte, existiert offensichtlich aus Mitarbeitersicht subjektiv ein Bedürfnis nach personaler Führung, was sich u.a. daran zeigt, daß Mitarbeiter potentiellen Führern (meist Managern) Führungseigenschaften attribuieren, und zwar unabhängig davon, ob diese es wollen oder nicht.

---

[26] *Manz, Charles C.*, Prof. Org. Behavior, Arizona State Uni.
Sims, Henry P. (geb. 1939) Prof. Org. Behavior, Uni of Maryland.

4. Konflikt

Interessen-Konflikte in Organisationen spiegeln zum großen Teil Herrschaftskonflikte in der Gesellschaft wider. Aus der unterschiedlichen Verteilung von Herrschaftsbefugnissen, Eigentumstiteln und Informationsmöglichkeiten ergeben sich im betrieblichen Bereich Konflikte mit z. T. gravierenden Folgen für den Systembestand wie Streiks, Aussperrungen, Entlassungen, Dienst nach Vorschrift, Materialverschwendung, Absentismus.

a. Ebenen und Arten von Konflikten

Mit *Kubicek* (1981, S. 462ff.) lassen sich zumindest drei Ebenen unterscheiden, auf denen Konflikte manifest werden:
1. Konflikte auf der **Ebene Organisation-Umwelt,**
   z. B. Konflikte zwischen Ökonomie und Ökologie, zwischen Gemeinwohl und Privatwohl.
2. Konflikte auf der **Organisationsebene,** z. B. Konflikte zwischen Arbeitgeber und Arbeitnehmer, zwischen Management und Eigentümern.
3. Konflikte auf der **Gruppenebene,**
   z. B. Konflikte zwischen Vorgesetzten und Untergebenen, zwischen Stab und Linie, zwischen informalen und formalen Gruppennormen.
Nach einer Studie der American Management Association haben die dort befragten Manager etwa 20% ihrer Arbeitszeit mit der Handhabung von Konflikten zugebracht (vgl. *Thomas/Schmidt* 1976). Neben den interpersonalen Konflikten interessieren hier vor allem Konflikte innerhalb (intra) und zwischen (inter) Gruppen bzw. Abteilungen. Aufgrund der Unterschiedlichkeit von Konfliktursachen, -parteien, -gegenständen und -verläufen erscheint es wenig sinnvoll, eine Definition von Konflikt zu versuchen, dagegen aber hilfreich, eine **Situation** zu beschreiben, die gemeinhin als konfliktär bezeichnet wird (vgl. *Filley* 1975, S. 25ff.):
• Zumindest zwei Personen oder Gruppen interagieren miteinander.
• Es existieren einander ausschließende Ziele oder Mittel.
• Interaktionen sind häufig darauf gerichtet, die jeweils andere Person/Gruppe zu beeinflussen, zu unterdrücken oder gar zu besiegen, um die eigenen Interessen besser durchsetzen zu können.
• Die von den Personen/Gruppen initiierten Aktionen (Reaktionen) stehen teilweise in Widerspruch zueinander.
Auf der Grundlage einer solchen Situationsbeschreibung lassen sich unter Hervorheben eines oder mehrerer Aspekte unterschiedliche Konfliktformen bzw. -arten bilden (vgl. z. B. *Krüger* 1972, *Rüttinger* 1977, *Dorow* 1978).[1]

---

[1] *Krüger, Wilfried* (geb. 1943) Prof. BWL, Uni Gießen.
Rüttinger, Bruno (geb. 1939) Prof. Psychologie, TH Darmstadt.
Dorow, Wolfgang (geb. 1943) Prof. BWL, EAP Berlin.

Auf der hier interessierenden Gruppenebene sind vor allem **Rollenkonflikte** Gegenstand der Untersuchung. *Katz/Kahn* (1966, S. 184f.) – ebenso *Kahn* et al. 1964 – unterscheiden vier Arten des Rollenkonflikts:

- **Intra-Sender-Konflikt:** Von ein und demselben Rollensender gehen konfligierende Erwartungen bzw. Anforderungen aus, z. B. der Meister erwartet vom Arbeiter hohe Schnelligkeit und hohe Sorgfalt (kein Ausschuß), oder er betraut ihn mit einer Aufgabe und kurze Zeit später mit einer anderen, die die rechtzeitige Erfüllung der ersten unmöglich macht.

- **Inter-Sender-Konflikt:** Von verschiedenen Rollensendern ausgehende Erwartungen sind nicht miteinander vereinbar, z. B. der Meister erwartet von einem Arbeiter eine bedeutend höhere Leistung als es der Gruppennorm (Erwartungen der Kollegen) entspricht; die Position des Meisters selbst gilt als Prototyp für einen Rollenkonflikt, denn er sieht sich einmal Erwartungen des Managements und zum anderen Erwartungen der Arbeiter und Vorarbeiter ausgesetzt, einer Gruppe, aus der er selbst in aller Regel stammt. Inter-Sender-Konflikte treten auch bei Matrix-Organisationen auf, wenn vom Funktions-Manager und vom Projekt-Manager *konfligierende* Anforderungen gestellt werden. Dies ist jedoch intendiert, denn der Matrix liegt die Annahme zugrunde, daß Konflikte nicht notwendigerweise dysfunktional sein müssen, sondern im Gegenteil einen fruchtbaren Problemlösungsprozeß einleiten können (vgl. *Cleland/King* 1983, S. 342ff.).

- **Inter-Rollen-Konflikt:** Das gleichzeitige Erfüllen verschiedener Rollen, die Mitgliedschaft in verschiedenen sozialen Systemen führt zu Konflikten; z. B. steht die Forderung des Meisters nach Überstunden im Konflikt mit den Erwartungen von Frau und Kindern nach gemeinsamer Freizeitgestaltung, oder aus der Tatsache, daß der Arbeitsdirektor gleichzeitig Vorstandsmitglied und Mitglied einer Gewerkschaft ist, können sich konfligierende Erwartungen ergeben.

- **Person-Rollen-Konflikt:** Die Rollensendung ist unvereinbar mit den Werten, Motiven, Einstellungen des Rollenträgers, z. B. wenn ein Personalleiter oder externer Berater beauftragt wird, ein Kostensenkungsprogramm durch Personalabbau zu realisieren, Entlassungen aber nicht mit den Wertvorstellungen des Beauftragten vereinbar sind. Person-Rollen-Konflikte tauchen typischerweise bei Wissenschaftlern im Dienst privatwirtschaftlicher Organisationen auf (vgl. den Ambivalenten bei *Presthus* 1966 – beschrieben auf S. 538 der Arbeit).

Neben Rollenkonflikten führen Rollenambiguität und Rollenüberlastung zu problemhaltigen Verhaltenserwartungen: **Mehrdeutigkeit** von Verhaltenserwartungen (role ambiguity) tritt bei unzureichenden Informationen, unklarer Aufgabenstellung und mehrdeutigen Organisationsregeln auf. **Rollenüberlastung** (role overload) heißt, daß die Erwartungen zwar untereinander und mit dem eigenen Wertsystem kompatibel, aber rein quantitativ überfordernd sind, wenn z. B. von einem Produkt-Manager erwartet wird, daß er in den Bereichen Entwicklung, Produktion, Marketing und Kostenrechnung in gleicher Weise Experte ist. Solche Rollenüberforderung (wie auch Rollenunterforderung) führt in aller Regel zu Streß (vgl. Abschnitt 2 B III 3), der u. a. dadurch vermieden werden kann, daß es dem Rollenträger gelingt, akzeptable Prioritäten zu setzen.

Streß, Unzufriedenheit und Verschlechterung des Organisationsklimas als Folgen von Rollenkonflikten haben eine Reihe von Handhabungsmechanismen auf seiten des Rollenempfängers zur Folge, wie Rückzug, Vermeidung weiterer Kontakte mit dem Sender, Rationalisierung, Projektion oder Aggression gegenüber dem Sender; Reaktionen, wie wir sie im Zusammenhang mit den Folgen von Frustration kennengelernt haben (vgl. S. 226 der Arbeit).

b. Ursachen und Folgen von Konflikten

Die Tatsache, daß die Unternehmung einen Herrschaftsverband darstellt, ist Ursache für eine Vielzahl von hierarchischen Konflikten und Verteilungskämpfen (vgl. z.B. *Dahrendorf* 1959a); die Tatsache, daß Unternehmungen auf Arbeitsteilung und Spezialisierung beruhen, ist Ursache für funktionale Konflikte (Kooperation und Koordination), und schließlich führt die Tatsache, daß in Unternehmungen Menschen mit eigenen Zielen und Bedürfnissen arbeiten, zu Konflikten zwischen sog. informellen und formalen Erscheinungsformen einer Organisation. Folgende Zusammenstellung gibt einen Eindruck von der Vielfalt möglicher **Konfliktursachen** (vgl. *DuBrin* 1974, *Duncan* 1975, *Dessler* 1976, *Dorow* 1978):

- zwei Gruppen hängen von den gleichen Ressourcen ab (z.B. Finanzen, Informationen, Wartungspersonal, EDV-Zeit)
- Ungleichgewicht zwischen Gruppen in bezug auf die gegenseitige Abhängigkeit (A hängt mehr von B ab als B von A)
- eine Gruppe dominiert (z.B. Verkauf)
- statusniedere Gruppe gibt statushöheren Anweisungen
- konkurrierende Ziele, Interessen, Einstellungen (z.B. Management – Betriebsrat)
- Unterschiede in der Wahrnehmung (z.B. Stab – Linie)
- geteilte Verantwortung (eine Gruppe ist nur für einen Aspekt eines Prozesses zuständig)
- benachbarte Gruppen arbeiten nach abweichenden Regeln (z.B. andere Arbeitszeit und Kontrolle in Forschung und Produktion)
- Anreizsystem fördert Gruppenegoismus anstatt Unternehmungsinteresse (z.B. ROI-Konzept)
- Organisation mit unklaren, mehrdeutigen Verantwortungen, Kompetenzen, Aufgabenbereichen (built-in conflict, z.B. Matrix-Organisation)
- Reorganisationsmaßnahmen (z.B. Fusion, Personalabbau, Organisationsentwicklung).

Es läßt sich also festhalten, daß Konflikte auf der Gruppenebene in der Organisationsstruktur und/oder dem personalen und interpersonalen Verhalten der Organisationsmitglieder ihre Ursache haben können.

In der Betriebswirtschaftslehre wird dem Konfliktphänomen – im Gegensatz zur Sozialpsychologie und Soziologie – erst in jüngerer Zeit Aufmerksamkeit geschenkt und auch dann überwiegend nur unter dem Aspekt der **Störung des Betriebsablaufs** (vgl. *Oechsler* 1979). Auch die klassischen Management- und Human Relations-Autoren sehen in der reibungslosen, gut koordinierten und geführten Organisation ihr Ideal von Harmonie, Konsensus und Kooperation verwirklicht. Konflikt wird als störend, als dysfunktional für den effizienten Organisationsablauf angesehen und soll folglich unterdrückt oder vermieden werden. Dabei ging man von der irrigen Annahme aus, Konflikte seien vermeidbar und primär in persönlichen Unzulänglichkeiten der Organisaionsmitglieder begründet (vgl. *Kelly* 1970, *Carlisle* 1976, *Hellriegel/Slocum* 1986). Vor allem *Coser* (1956) hat mit dieser ausschließlich negativen Sicht des Konfliktphänomens gebrochen und auf die für die Entwicklung von Personen, Organisationen und ganzen Gesellschaften **positiven Aspekte von Konflikten** aufmerksam gemacht. Konflikt ist eine Form der Sozialisation in Gruppen. Gruppen benötigen für ihre produktive Entwicklung sowohl Phasen der Harmonie als auch solche des Konflikts. Organisatorischer Wandel setzt geradezu Konflikte voraus. Auch *Dahrendorf* (1972) teilt diese Einschätzung, wenn er im Konflikt die treibende Kraft für positive gesellschaftliche Veränderungen und eine Chance für freiheitliche Problemlösungsprozesse sieht.

Sicherlich ist weder eine ausschließlich positive noch eine ausschließlich negative Sicht des Konfliktphänomens auf der Ebene der Organisation, speziell von Gruppen, die angemessene, sondern eine Vielzahl von Forschungsergebnissen weist darauf hin, daß mit Konflikt sowohl funktionale als auch dysfunktionale Konsequenzen für Organisation und Individuum verbunden sind (vgl. *Walton* 1987, *DuBrin* 1974, *Hellriegel/Slocum* 1986, *Robbins* 1974, *Carlisle* 1976, *Glasl* 1980, *Grunwald/Lilge* 1982).

Folgende **positive Folgen von Konflikten** lassen sich identifizieren: Konflikt

- führt zur Entwicklung neuer Energien und Aktivitäten (vor allem in Wettbewerbssituationen)
- stimuliert neue Ideen, weckt Interesse (als Voraussetzung für Kreativität und Innovation)
- erhöht Gruppenkohäsion (was allerdings keineswegs immer positiv beurteilt werden muß)
- führt zur besseren Selbstwahrnehmung von Individuen und Gruppen (Zwang zum Überdenken der eigenen Situation und Position)
- führt zum Abbau von Spannungen, schafft klare Verhältnisse (wenn latente Konflikte zu manifesten werden, evtl. Institutionalisierung von Konflikten)
- stellt Voraussetzung für organisatorischem Wandel dar (Unzufriedenheit mit status quo führt zu Konflikten mit den herrschenden Normen).

Diesen positiven Konsequenzen steht eine Reihe unbestreitbar **negativer Folgen** gegenüber. Die z. T. offensichtlichen Widersprüche zu den oben gemachten Angaben erklären sich aus der Vernachlässigung der Zeit-Dimension, der Abstraktion von konkreten betrieblichen Situationen und der z. T. unterschiedlichen Interessenlage (Was funktional für die Organisation ist, kann dysfunktional für das Individuum sein). So können Konflikte u. a. führen zu

- Instabilität und Verwirrung aus der Sicht der Organisation
- Streß und Unzufriedenheit beim Individuum
- Funktionsstörungen im Organisationsablauf, Störungen der Kommunikation und Kooperation, Vergeudung von Ressourcen
- Wahrnehmungsverzerrungen und Stereotypenbildungen als Folge rückläufiger Interaktionen
- Abnahme an Rationalität und Aufbau von Emotionalität.

Untersuchungen zum Zusammenhang zwischen Konfliktniveau und organisatorischer Effizienz (vgl. *Coser* 1956, *Kelly* 1970) lassen folgenden Kurvenverlauf plausibel erscheinen (vgl. Abb. 2.76):

Abb. 2.76: Konfliktniveau und organisatorische Effizienz

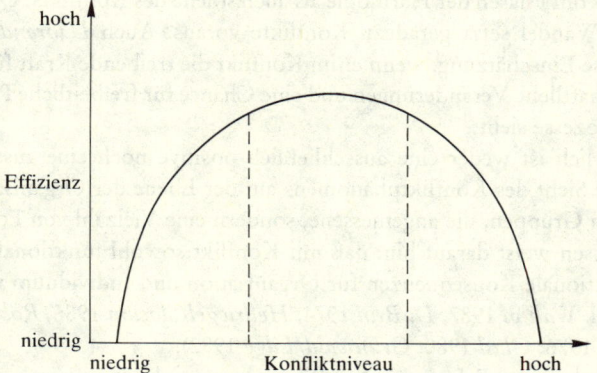

Quelle: Kast/Rosenzweig 1985, S. 344

Sowohl ein zu niedriges (fehlende Ideen, Kreativität, Innovationskraft) als auch ein zu hohes Konfliktniveau (Streß, Intrigen, fehlende Integrationskraft) sind demnach mit geringer Effizienz verbunden. Dagegen scheint sich ein mittleres Konfliktniveau (ähnlich wie ein mittleres Streßniveau) effizienzsteigernd auszuwirken.

c. Ziele und Formen der Konflikthandhabung

Bei so unterschiedlichen Folgen von Konflikten liegt es (vor allem unter ökonomischen Aspekten) nahe, nach einem ‚optimalen‘ Konfliktzustand zu suchen, der die positiven Konsequenzen fördert und die negativen zu vermeiden trachtet (vgl. z.B. *Krüger* 1972, *Oechsler* 1979, *Glasl* 1980). Dieses recht naiv anmutende Ansinnen unterschätzt die Komplexität und Eigendynamik sozialer und psychologischer Phänomene ganz erheblich und überschätzt andererseits die Möglichkeiten eines **Konfliktmanagements.** Nichtsdestoweniger findet sich auf dem Gebiet der Konflikthandhabung eine kaum noch zu überschauende Flut von Veröffentlichungen mit mehr oder weniger empirisch fundierten Gestaltungsempfehlungen.[2] Folgt man dem interaktionistischen Ansatz von *Robbins* (1974), umfaßt Konfliktmanagement eben nicht nur Konfliktlösung, sondern auch Konfliktstimulierung, d.h. die bewußte Anhebung des Konfliktniveaus in einer Gruppe oder ganzen Organisation. Bevor die in der Literatur gängigen Systematisierungskonzepte vorgestellt werden, möchte ich exemplarisch einige Empfehlungen zur Förderung sowie zur Handhabung von Konflikten referieren:

Konflikte schafft:
- Förderung von Wettbewerb
- Förderung eines offenen, angstfreien Klimas, das zu Meinungsäußerungen auffordert
- Spezialisierung, Differenzierung von Macht, Rollen, Status
- Ankündigung von Veränderungen
- Management, das selektiv informiert, Gruppen gegeneinander ausspielt, Unsicherheit verbreitet

Konflikte mindert:
- Konfliktursache beseitigen (z.B. Spezialisierung, Lohnsystem, Stellenbeschreibung ändern)
- Verniedlichung des Konfliks (smoothing over)
- gemeinsamer Feind
- gemeinsames Oberziel
- Kooptation (Aufnahme des Kritikers bis Fusion ganzer Gruppen)
- Verhandlungen (Bargaining)
- Konfrontation (Zwang zur Auseinandersetzung)
- Drittparteienurteil (Richter, Schiedsrichter, Schlichter, Ombudsmann, Berater, Vorgesetzter).

Schein (1980) empfiehlt, es erst gar nicht zu Konflikten kommen zu lassen, sondern **Präventivmaßnahmen** zu ergreifen, wie z.B.
- Belohnung für Handlungen, welche die gesamtorganisatorische Effizienz steigern und nicht nur die Gruppeneffizienz
- Förderung von Kommunikation und Interaktion zwischen Gruppen
- häufige Rotation der Mitglieder zwischen Gruppen
- Vermeiden von Gewinn-Verlust-Situationen.

---

[2] Vgl. z.B. *Kast/Rosenzweig* 1985, *DuBrin* 1974, *Hellriegel/Slocum* 1976, 1986, *Filley/House/Kerr* 1976, *Carlisle* 1976 sowie die Spezialzeitschrift ‚The Journal of Conflict Resolution'.

Whyte (1948) zeigt in der berühmten Restaurant-Studie, daß auch ganz einfache **technische Vorkehrungen** wie ein Spieker, auf den die schriftlichen Essensbestellungen gespießt werden müssen, als Puffer zwischen konfligierenden Gruppen dienen können. Zwischen der Gruppe der männlichen Köche mit hohem Status und der Gruppe der weiblichen Bedienungen mit niedrigem Status war es zuvor permanent zu Konflikten gekommen, da die Köche sich nicht von den Kellnerinnen Aufträge erteilen lassen wollten.

Vertrauter ist uns, daß **Personen** die Funktion des Puffers oder ‚go-between' übernehmen. Diese dürfen aber keine Bedrohung für eine der konfligierenden Parteien darstellen, sonst sind die Chancen für eine erfolgreiche Konflikthandhabung gering (vgl. S. 861).

Nachstehend finden sich die m. E. wichtigsten Beiträge zur **Klassifikation von Konflikthandhabungsformen**[3]:

(1) *March/Simon* (1958) ordnen spezifischen Konflikttypen bestimmte Konflikthandhabungsformen zu

Intrapersonaler Konflikt → Suchverhalten, Anspruchsanpassung
Interpersonaler Konflikt → Problemlösen, Überzeugen
Intergruppen-Konflikt → Verhandlung, politischer Prozeß

(2) *Dahrendorf* (1962) unterscheidet zwischen
 ● Unterdrückung von Konflikten
 ● Lösung von Konflikten
 ● Regelung von Konflikten durch
 ● Verhandlung
 ● Vermittlung
 ● Schlichtung
 ● Zwangsschlichtung

(3) Besondere Akzeptanz in der deutschsprachigen Konflikt-Forschung hat die Typologie von *Blake* et al. (1964) gefunden (Abb. 2.77):

Abb. 2.77: Klassifikation von Konflikthandhabungsformen

	Konflikt unumgehbar, Interessenausgleich unmöglich	Konflikt umgehbar, Interessenausgleich unmöglich	Konflikt unumgehbar, Interessenausgleich möglich	
Aktiv ↑	Gewinn-Verlust Machtkämpfe	Rückzug	Problemlösen	Hohe Einsätze ↑
	Drittparteienurteil	Isolation	Teilen des Streitwertes	Mittlere Einsätze
Passiv ↓	Zufallsurteil	Indifferenz bzw. Ignoranz	Friedliche Koexistenz	Niedrige Einsätze ↓

Quelle: Blake/Shepard/Mouton 1964, S. 13

---

[3] *Krüger* (1972, S. 92ff.) sowie *Dorow* (1978, S. 200f.) geben einen zusammenfassenden Überblick über die hier angesprochenen Konflikthandhabungsformen.

(4) Sieht man die oben angesprochenen Dimensionen als Kontinua (Wunsch nach Befriedigung eigener Interessen: hoch – niedrig; Wunsch nach Befriedigung fremder Interessen: hoch – niedrig) und kombiniert diese Verhaltensweisen miteinander, kommt man zu den von *Thomas* (1976) vorgeschlagenen Konflikthandhabungsstilen. Diese sind in Anlehnung an das Grid-Schema von *Blake/Mouton* (1964) in Abb. 2.78 angeordnet. *Kooperation* als Konflikthandhabungsform wird dann gewählt werden, wenn hohe Einsätze im Spiel sind und gemeinsame Interessen bestehen. Bei geringen Einsätzen und konfligierenden Interessen wird der *Rückzug* (Verzicht auf den Streit) wahrscheinlich sein, bei hohen Einsätzen dagegen *Wettbewerb*. Bei geringen Einsätzen und gemeinsamen Interessen ist *Anpassung* bzw. Nachgeben die wahrscheinliche Konflikthandhabungsform.

Abb. 2.78: Konflikthandhabungsstile nach *Thomas*

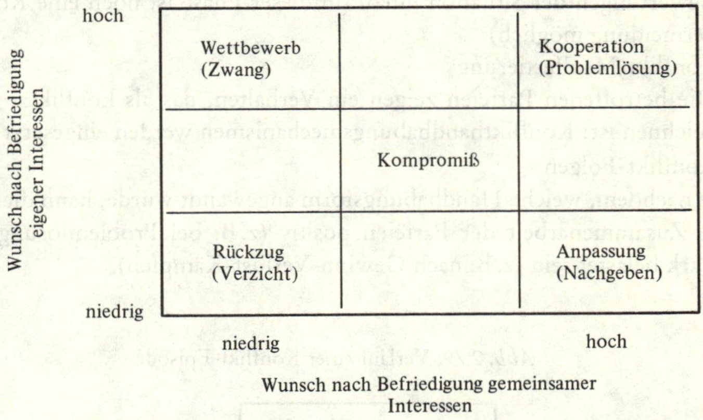

Quelle: *Thomas* 1976, S. 900

Ohne Kenntnis der spezifischen Konfliktsituation sind allerdings solche generalisierenden Aussagen wenig zuverlässig. Deshalb wird in jüngerer Zeit die Notwendigkeit eines situativen Konfliktmanagements betont, das davon ausgeht, daß unterschiedliche Konfliktursachen auch unterschiedliche Konflikthandhabungsformen erfordern (vgl. *Robbins* 1974).

Konflikte treten nicht plötzlich auf und verschwinden nicht ebenso schnell, sondern konfliktäre Situationen entwickeln sich allmählich, haben Hochs und Tiefs und können in unterschiedlichen Phasen ablaufen. *Rosenstiel* et al. (1986, S. 109 ff.) unterscheiden in Anlehnung an *Thomas* (1976) fünf **Phasen des Konfliktverlaufs:**

1. Wahrnehmung einer Frustration durch eine andere Partei
2. Bestimmung der frustrierenden Situation (z.B. Null-Summen-Situation, Gewinn-Verlust-Situation, unlösbare Situation)
3. Erleben und Verhalten als Reaktion auf die Situation (z.B. Nachgeben, Angreifen)
4. Interaktion mit der anderen Partei (z.B. Verhandeln, Problemlösen)
5. Interaktionsergebnis.

Ähnlich unterscheidet *Pondy* (1967) zwischen fünf Stufen einer **Konflikt-Episode** (vgl. Abb. 2.79):

1. Folgen vorangegangener Konflikt-Episoden
   und neue Konfliktursachen führen zu latentem Konflikt
2. Konflikt-Wahrnehmung
   Wahrnehmung des Konfliktzustandes und der möglichen Lösungsalternativen durch die Konfliktparteien
3. Konflikt-Empfindung
   Neben kognitiven Aspekten kommen in dieser Phase affektive, emotionale Bewertungen der Situation hinzu (in dieser Phase ist noch eine Konfliktvermeidung möglich)
4. Konflikt-Manifestierung
   Die betroffenen Parteien zeigen ein Verhalten, das als konfliktär zu bezeichnen ist: Konflikthandhabungsmechanismen werden eingesetzt
5. Konflikt-Folgen
   Je nachdem, welche Handhabungsform angewandt wurde, kann die weitere Zusammenarbeit der Parteien positiv (z.B. bei Problemlösung) oder stark belastet sein (z.B. nach Gewinn-Verlust-Kämpfen).

Abb. 2.79: Verlauf einer Konflikt-Episode

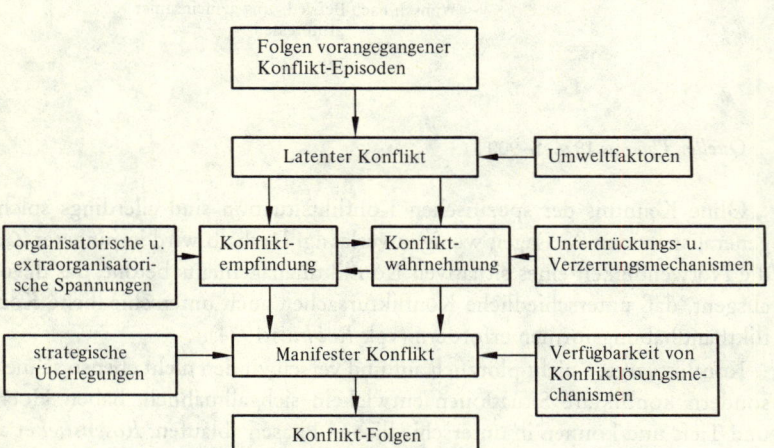

Quelle: Pondy 1967, S. 306

5. Macht

a. Autorität als legitime Macht

Macht ist *eine* Form des sozialen Einflusses bzw. der sozialen Kontrolle unter anderen. **Einfluß** ist das umfassendere sozialwissenschaftliche Konzept, das alle Versuche bzw. Möglichkeiten der externen Verhaltensänderung von Individuen oder Gruppen einschließt (vgl. *Katz/Kahn* 1978). **Macht** ist die Form des Einflusses, bei der eine Person, eine Position oder die Organisation über die Chance verfügt, die Verhaltensänderung auch gegen den Willen anderer durchzusetzen. Klassischerweise bedienen sich Unternehmungen einer Autoritätsstruktur, d.h. einer Hierarchie von Stellen mit formaler Autorität, um das Verhalten der Organisationsmitglieder in Richtung auf die Unternehmungsziele zu beeinflussen. Entsprechend werden solche Personen mit Macht ausgestattet, die aufgrund ihrer Sozialisation und Qualifikation am stärksten den Zielen der Eigentümer und ihrer Manager zuneigen; umgekehrt werden die mit ausführenden Aufgaben betrauten Mitarbeiter, die sich diesen Zielen gegenüber aus ihrer eigenen Interessenlage heraus distanziert verhalten, von der Entscheidungsteilhabe ausgeschlossen (außer über die gesetzlich vorgeschriebene Mitbestimmung).

Autorität wird als legitime Macht bezeichnet, als Macht, die sich rechtfertigt. Andere Formen der Macht müssen also keineswegs legitim sein. Im Gegensatz zu solchen Formen der Macht bedarf Autorität eines Mindestmaßes an Zustimmung von seiten der zu Beeinflussenden.

Barnard (1938, S. 163) hat erstmals auf diesen Umstand hingewiesen und die Grundlagen einer **Akzeptanztheorie der Autorität** formuliert. In formalen Organisationen hat demnach ein Auftrag erst dann Autorität, wenn er von dem Adressaten des Auftrags akzeptiert wird.

M. Weber (1972), der **Herrschaft** als Chance definiert, „für einen Befehl bestimmten Inhalts bei angebbaren Personen Gehorsam zu finden" (S. 28), hat sich generell mit der Frage befaßt, wie die Herrschenden ihren Anspruch auf Gehorsam rechtfertigen.

Hierzu hat er drei Typen von Herrschaft (oder Autorität) unterschieden (*Weber* 1972):

- **legale (rationale) Herrschaft;** beruft sich auf eine legal zustandegekommene Ordnung (z.B. Unternehmungsverfassung)
- **traditionale Herrschaft;** beruft sich auf die geltende Tradition (z.B. Monarchie)
- **charismatische Herrschaft;** beruft sich auf außergewöhnliche persönliche Qualitäten eines Führers.

In *Webers* Typologie von Herrschaft zählt die Autoritätsstruktur in Organisationen zweifellos zum Typ der **legalen Herrschaft.** In Unternehmungen legitimiert sich z.B. die Regelung von Machtbeziehungen durch die Unter-

nehmungsverfassung, das Gesellschafts- und Arbeitsrecht sowie das Betriebs-
verfassungs- und Mitbestimmungsgesetz. Es ist jedoch zu beachten, daß neben dieser legalen Amtsautorität stets auch persönliche Autorität existieren
kann, die traditionaler oder charismatischer Natur ist. Im Anschluß daran
wird in der Literatur (vgl. z.B. *Krüger* 1976) zwischen

- **formalen Machtgrundlagen** (position-based influence)

und

- **personalen Machtgrundlagen** (person-based influence) unterschieden.

Im *ersten* Fall ist die Befehlsgewalt an die **Position** und nicht an die Person
gebunden (Amtsautorität), d.h., wenn der Stelleninhaber die Organisation
verläßt, verliert er auch diese Machtgrundlage. Die Machtfülle einer Stelle ist
in Organisationen nicht nur von der Höhe der Position im hierarchischen
Gefüge abhängig, sondern auch von ihrer Bedeutung (Funktion) im Rahmen
der organisatorischen Aufgabenerfüllung (z.B. Verkauf > Einkauf).

Im *zweiten* Fall (personale Macht) geben bestimmte **persönliche Eigenschaften** (Fähigkeiten, Fertigkeiten, Charisma) die Chance, auf andere Einfluß auszuüben, und zwar unabhängig von der Position, die man inne hat.

Zusammenfassend lassen sich folgende generelle Merkmale von Macht
identifizieren: Eine Person A (Machthaber) hat aufgrund bestimmter Umstände (Machtgrundlage) Macht über eine Person B (Machtunterworfener) in
dem Umfang (Machtbereich), daß er B zu etwas veranlassen kann (Machtmittel), das B sonst nicht tun würde (vgl. *Dahl* 1957). Voraussetzung für die
erfolgreiche Machtausübung des A ist, daß dieser über etwas verfügt bzw.
etwas kontrolliert (z.B. Geld, Ansehen, Informationen), das z.Zt. von B
geschätzt wird.

A hat in dem Maße Macht über B, in dem B wahrnimmt, daß

1. A über folgende **Ressourcen** verfügt, die A auch einsetzen wird:
   - Belohnungen
   - Bestrafungen
   - Informationen
   - Legitimität
   - Expertentum
   - Attraktivität
2. B von A abhängig ist:
   - B die Ressourcen A's schätzt
   - B die Beziehung zu A hoch schätzt
   - B über wenig Gegenmacht verfügt

(vgl. *Scott/Mitchell/Birnbaum* 1981, S. 137).

b. Quellen der Macht

(1) Personale Machtgrundlagen

Die wohl bekannteste **Typologie personaler Machtgrundlagen** (Machtbasen) wurde im Zuge der Forschungsarbeiten von *Cartwright* am Institute for

Social Research (Ann Arbor) von zwei seiner Mitarbeiter, *French*[4] und *Raven* (1959) entwickelt (s. auch *Luthans* 1985, S. 449 ff., *Krüger* 1976, *Dorow* 1978, *Schanz* 1977):

- **Macht durch Bestrafung** (coercive power)
  A hat die Möglichkeit der Bestrafung von B
- **Macht durch Belohnung** (reward power)
  A hat die Möglichkeit der Belohnung von B
- **legitime Macht** (legitimate power)
  B akzeptiert die Machtquelle A als legitime
- **Vorbild-Macht** (referent power)
  B identifiziert sich mit A und gehorcht, weil er so sein will wie A
- **Expertenmacht** (expert power)
  B akzeptiert das überlegene Expertentum von A

Später haben *Raven/Kruglansky* (1970) noch eine sechste Machtgrundlage, die **Informationsmacht**, hinzugefügt, der im Zusammenhang mit Macht in Organisationen ganz besondere Bedeutung zukommt.

Gerade Experten- und Informationsmacht haben beträchtlich dazu beigetragen, daß Sanktions- und legitime Macht als Machtbasen immer mehr an Einfluß verlieren. *Irle*[5] (1971) hat sehr anschaulich dargelegt, wie die legitime Macht der Linieninstanz durch die informationelle Abhängigkeit von Stabsstellen geschmälert werden kann.

Die Klassifikation von *French/Raven* ist recht willkürlich und inkonsistent: einmal wird Macht aus der Sicht des Machthabers analysiert und zum anderen die Akzeptanz durch den Machtunterworfenen thematisiert. Außerdem bestehen beträchtliche Überschneidungen als Folge des Wechsels im Gliederungskriterium. Die Macht zu sanktionieren (coercive power, reward power) kann auf formalen Machtgrundlagen beruhen (legitimate power) oder auf personalen.

Empirische Untersuchungen hinsichtlich der Leistungs- und Zufriedenheitswirkung unterschiedlicher Machtbasen haben folgende Befunde erbracht (vgl. *Luthans* 1985, S. 456 f.):

Macht durch *Bestrafung* kann höchstens kurzfristig Gehorsam erzeugen; sie führt zu Frustration, Angst und Entfremdung und damit zu Unzufriedenheit und schlechter Leistung.

Macht durch *Belohnung* ist mit dem Lernen nach dem Verstärkungsprinzip identisch (vgl. Abschnitt 2 B II 2). Sie führt zu keiner eindeutigen Leistungssteigerung.

Legitime Macht in Verbindung mit *Expertenmacht* gilt als die Machtbasis, die am ehesten gehorsames Verhalten erklären kann. Expertenmacht ist am stärksten mit Zufriedenheit und Leistung korreliert.

---

[4] *French, John R. P.* (geb. 1913) Prof. Psychologie, Uni of Michigan und ISR.
[5] *Irle, Martin* (geb. 1927) Prof. Sozialpsychologie, Uni Mannheim.

Vorbild-Macht ist im Gegensatz zur Expertenmacht stärker emotional wirksam (Vertrauen, Loyalität bis hin zur Verehrung), damit schwerer steuerbar und in ihren Konsequenzen schlecht prognostizierbar.

Gerade die Diskussion der Wirksamkeit der Vorbild-Macht legt es nahe, Machtausübung als einen Interaktionsprozeß zu analysieren, bei dem neben den Machtgrundlagen des Machthabers auch die Charakteristika des Machtunterworfenen von Bedeutung sind. Empirische Befunde lassen folgende Zusammenhänge erkennen:

Der Gehorsam gegenüber Machtausübenden bzw. der Erfolg von Bemühungen der Einflußnahme steigt mit zunehmender Abhängigkeit, Unsicherheit, Ängstlichkeit sowie abnehmender Intelligenz, Ambiguitätstoleranz und Eigenwilligkeit des Machtunterworfenen (vgl. *Luthans* 1985, S. 458). Eine der eindrucksvollsten Studien über **Gehorsam gegenüber Autoritäten** (hier: Wissenschaftler/Experimentleiter) hat *Milgram*[6] (1963, 1974) durchgeführt.

Männliche Vpn im Alter zwischen 20 und 50 aus unterschiedlichen Berufen wurden gegen Bezahlung gewonnen, an einem Experiment über den Einfluß von Bestrafung auf die Lernleistung von Menschen mitzuwirken. Wenn der Lernende (ein instruierter Kollege des Versuchsleiters) eine Aufgabe des Lehrers (der nicht-instruierten, naiven Vp) falsch beantwortete, sollte letzterer den ‚Schüler‘ mit einem Elektroschock bestrafen. Die Vp konnte hierbei die Bestrafung mit Stromstößen von 15 (schwach) bis 450 Volt (äußerst stark/lebensgefährlich) durchführen. Zögerte die Vp, wurde sie vom Versuchsleiter eindringlich aufgefordert, höhere Dosen zu verabreichen (‚Sie haben keine andere Wahl; Sie müssen weitermachen!‘). Entgegen den Annahmen der Wissenschaftler überschritten fast zwei Drittel der Vpn die Schwelle ‚sehr stark‘ (über 300 Volt). Gehorsames Verhalten gegenüber der Autorität des Versuchsleiters nahm ab, wenn sich der Lehrer mit dem Schüler im selben Raum befand, wenn der Versuchsleiter sich entfernte, wenn dritte Vpn anwesend waren, die Kritik äußerten.

Neben der Art der Machtgrundlage, den Persönlichkeitsmerkmalen des Machtunterworfenen spielen also offensichtlich noch **situative Bedingungen** (z. B. Art der Aufgabe, Nähe zum Opfer, Anwesenheit Dritter[7], Anwesenheit von Autoritätspersonen) eine wichtige Rolle bei der Erklärung gehorsamen bzw. abweichenden Verhaltens.

Die *Milgram*-Experimente (bisweilen auch als *Eichmann*-Experimente bezeichnet) leisten auch einen Beitrag zum Verständnis außergewöhnlich grausamen Verhaltens, etwa des KZ-Personals während des Naziregimes (‚Judenvernichtung‘).

Der Zusammenhang zwischen Machtgrundlagen, Prozessen des Einstellungswandels und Verhaltenskonformität kann anhand der **Drei-Prozesse-**

---

[6] *Milgram, Stanley* (1933–1984) Prof. Psychologie, City Uni of New York.
[7] So konnte *Asch* (1952) zeigen, daß Gruppennormen ganz erheblich den individuellen Wahrnehmungsprozeß beeinflussen können (vgl. S. 183 der Arbeit).

Theorie von *Herbert Kelman* (1958) wie folgt dargestellt werden (vgl. auch S. 255 der Arbeit):

Machtgrundlage	Prozeß	Ursachen der Verhaltenskonformität
Belohnung/Bestrafung	Nachgeben	Streben nach Belohnung/ Vermeiden von Bestrafung
Vorbild/Attraktivität	Identifikation	Aufbau und Pflegen einer Beziehung zum Beeinflussenden
Expertentum/Legitimität/ Glaubwürdigkeit	Internalisation	Übereinstimmung mit den Werten des Beeinflussenden

Etzioni (1961, S. 66f.) hat den unterschiedlichen Einsatz von Machtgrundlagen zum Ausgangspunkt einer **Klassifikation von Organisationen** genommen. *Etzioni*[8] stellt sich zunächst die Frage, welchen Kontrollformen abhängige Organisationsmitglieder unterworfen sind und wie sie auf Autoritätsausübung reagieren (entfremdet, berechnend oder moralisch). Eine Kombination der drei Machtformen mit den drei Reaktionsformen (compliance) ergibt neun Felder, von denen er drei als *kongruent* bezeichnet und zum Ausgangspunkt seiner drei Organisationstypen macht:

Zwang → entfremdetes Verhalten (Zwangsorganisationen, z.B. Gefängnis)
Belohnung → berechnendes Verhalten (utilitaristische Organisationen, z.B. Unternehmung)
Normen → moralisches Verhalten (kulturelle Organisationen, z.B. Kirche)

Alle anderen Matrixfelder sind *inkongruent*, in der Praxis auch kaum besetzt und tendieren zu Kongruenz-Situationen.

Bei der Behandlung der personalen Machtgrundlagen kann der irrige Eindruck entstanden sein, daß Macht letztlich eine Eigenschaft von besonders privilegierten Personen sei. Ein Blick in die betriebliche Realität zeigt uns jedoch, daß nicht nur Manager aufgrund ihrer herausgehobenen Position in der Organisationshierarchie Macht erwerben, sondern auch Nichtmanager. Es muß also besondere strukturelle bzw. situative Bedingungen geben, unter denen bestimmte Stellen bzw. Abteilungen in Organisationen auch ungeplant und unautorisiert Macht erwerben.

(2) Strukturelle Machtgrundlagen

Crozier (1964) hat als einer der ersten darauf hingewiesen, daß die Kontrolle über Ressourcen (z.B. Belohnungen, Expertentum) allein noch nicht ausreicht, um Macht zu erwerben. Die Ressourcen müssen aus der Sicht der Organisation knapp und wichtig (kritisch für das Überleben) sein. Er berich-

[8] *Etzioni, Amitai W.* (geb. 1929 bei Köln) Prof. Soziologie, George Washington Uni, Washington.

tet in diesem Zusammenhang von einem französischen Betrieb, in dem das in der Hierarchie sehr niedrig angesiedelte Wartungspersonal unverhältnismäßig viel Macht erringen konnte, da diese Arbeiter die einzigen Fachleute waren, die mit der zentralen Unsicherheitsquelle in der Produktion, dem sporadischen Ausfall einzelner Anlagen, fertig wurden. In diesem Sinne definieren dann *Crozier/Friedberg*[9] (1979) Macht als die Kontrolle von Unsicherheit, d.h., als die Fähigkeit, eigenes Verhalten unvorhersehbar und das anderer möglichst vorhersehbar zu machen. Quellen so verstandener Macht sind dann Kompetenzen, deren Besitz selten ist und die in unmittelbarem Zusammenhang mit den für die Organisation wesentlichen Ungewißheitsquellen stehen, wie z.B. das Wahrnehmen von ‚boundary roles' oder die Fähigkeit der Uminterpretation bzw. Manipulation von Informationen.

Der Besitz von (seltenen) **Informationen** ist schon im Volksmund gleichbedeutend mit dem Besitz von Macht. Stellen, die selbst Informationen beschaffen und/oder know how generieren, gewinnen einen höheren Grad an Unabhängigkeit als solche, an die sie Informationen weitergeben; sie erwerben damit eine Machtposition gegenüber den nachfragenden Stellen. Die **Macht einer Stelle** bzw. Abteilung (und damit ihre Zentralität) ist abhängig von dem Ausmaß, in dem es ihr gelingt, diese Unabhängigkeit (und damit gleichzeitig Unersetzlichkeit) zu bewahren, d.h. andere Stellen/Abteilungen von sich abhängig zu halten. Je mehr Ressourcen eine Stelle kontrolliert und je weniger Alternativen andere Stellen haben, um an die gewünschten Ressourcen zu kommen, desto größer ist die Macht der Stelle und die Abhängigkeit der Nachfrager (vgl. *Miles*[10] 1980, *Pfeffer* 1981a, *Organ/Bateman* 1986).

Solche Machtverhältnisse entstehen nicht zufällig, sondern sind primär die Folge von ungleichartiger Aufgaben- und Informationsverteilung. Die für das Überleben einer Organisation besonders kritischen Funktionsbereiche sind die Quellen größter organisatorischer Unsicherheit. Die Abteilungen, die zur Bewältigung dieser Aufgaben gebildet worden sind und kompetent genug sind, diese Probleme zu lösen, werden zu den mächtigsten Stellen in Organisationen.

Diese Überlegungen sind Gegenstand der **strategischen Kontingenztheorie intra-organisatorischer Macht,** welche die Unterschiede in der Verteilung von Macht zwischen organisatorischen Stellen/Abteilungen nicht aus der formalen (hierarchischen) Autoritätsstruktur, sondern aus dem Vermögen einzelner Abteilungen erklärt, für die Gesamtorganisation strategisch bedeutsame Situationen/Probleme zu beherrschen (vgl. *Hickson* et al. 1971, *Hinings* et al. 1974, *Salancik/Pfeffer* 1977).

---

[9] *Crozier, Michel* (geb. 1922) franz. Soziologe, war Prof. in Stanford und Harvard, Direktor Centre de Sociologie des Organisations, Paris. *Friedberg, Erhard,* Dr. phil., österr. Soziologe, Centre de Sociologie des Organisations.
[10] *Miles, Robert H.,* Prof. Organization and Management, Emory Business School, Atlanta.

D.J. Hickson, C.R. Hinings und andere Mitarbeiter der Aston-Gruppe (vgl. S. 421 der Arbeit) konzeptualisieren Macht als eine abhängige Variable, und zwar als Macht von Subeinheiten der Organisation (nicht von Personen). Macht wird als Fähigkeit verstanden, mit Ungewißheit als Mangel an Informationen über zukünftige Ereignisse fertig zu werden. Abteilungen, die eine für die Organisation wichtige Unsicherheitsquelle beseitigen oder berechenbar machen, verfügen über die größte Macht.

Abb. 2.80 macht deutlich, auf welchen Machtquellen **Abteilungsmacht** im einzelnen beruhen kann.

Abb. 2.80: Strategischer Kontingenzansatz intra-organisatorischer Macht

Quellen von Abteilungsmacht		Dimensionen von Abteilungsmacht
Vorsorge, präventive Kontrolle, Information, Planung, Problembewältigung	Bewältigung von Unsicherheit	Stärke
Existenz von Alternativen, Ersetzbarkeit des Personals	Ersetzbarkeit	Umfang
Interdependenzen mit anderen Abteilungen / Bedeutsamkeit für das Überleben der Organisation	Zentralität im Arbeitsfluß	Reichweite

Quelle: Miles 1980, S. 171

In dem Maße, in dem es einer Abteilung gelingt, Unsicherheit kompetent zu bewältigen, die Unersetzbarkeit ihrer Leistung und ihre zentrale Position in der Ablauforganisation zu bewahren, wird sie Macht erringen bzw. erhalten.

Nun sieht die Organisationsspitze (Top Management) nicht tatenlos zu, wie bestimmte Abteilungen das zwecks Herrschaftssicherung hierarchische Machtgefüge destabilisieren. Die Bildung von Gegenmacht und der Entzug von Machtquellen wird stets das Ziel der Verlierer im Machtkampf sein. In diesem Lichte sind die Maßnahmen der Bürokratisierung, Routinisierung und Standardisierung als Strategien der Entmachtung von für das Management ,gefährlichen' Expertenpositionen zu interpretieren. So wird Fach- und Spezialwissen von Personen/Abteilungen über kurz oder lang durch exakte und detaillierte Arbeitsanalysen, Kapazitätsplanungen (Bildung von Slack und Extraressourcen) sowie durch (Teil-)Computerisierung ,entmystifiziert' und damit werden diese Personen/Abteilungen ihrer Unentbehrlichkeit beraubt.

Die Kontingenztheorie der Macht behandelt in diesem Stadium ihrer Entwicklung also lediglich einen Spezialfall von Macht, nämlich diejenige aufgrund bestimmter Arbeitsinhalte, Funktionen oder Qualifikationen. *Ursula*

Richter (1979) hat diesen Ansatz erweitert und einen Katalog möglicher Machtdeterminanten entwickelt (vgl. auch die Erweiterung durch *Segler* 1981, S. 234 ff.).

Pfeffer/Salancik (1978) betonen als Vertreter des **Resource Dependence Ansatzes,** daß die Umwelt von Organisationen deren interne Machtverteilung entscheidend beeinflußt. Wenn trotzdem in der organisatorischen Realität Stellen/Abteilungen mit Machtpositionen angetroffen werden, deren Ausmaß nicht durch Umweltnotwendigkeiten gerechtfertigt ist, kann dies auf eine verzerrte Wahrnehmung der aktuellen Umweltanforderungen und/oder eine verzögerte Anpassung der internen Machtverteilung an gewandelte Ansprüche zurückgeführt werden.

Pfeffer (1981 a) hat sich später ausführlicher mit dem Machtphänomen in Organisationen auseinandergesetzt und aufbauend auf der Kontingenztheorie intra-organisatorischer Macht folgende **Machtgrundlagen** unterschieden (S. 101 ff.): solche Personen/Abteilungen erlangen Macht, die

• kritische und am schwierigsten zu beschaffende Ressourcen beibringen,
• kompetent mit Unsicherheit umgehen können,
• unersetzbar sind (etwa durch Monopolisierung und Privatisierung von Informationen),
• Entscheidungsprozesse beeinflussen können (etwa durch Kontrolle der Annahmen, Nebenbedingungen, Alternativen),
• Konsens in Gruppen herstellen können (etwa durch Koalitionen, Kooperation, Kontrolle der Tagesordnung, externe Experten).

Mintzberg (1983 a) geht davon aus, daß das gesamte Verhalten in Organisationen ein Machtspiel sei, bei dem die Spieler, interne und externe *influencers,* versuchen, die Entscheidungen und Handlungen der Organisation in ihrem Sinn zu beeinflussen. *Mintzberg* (1983 a, S. 24 ff.) unterscheidet fünf **Machtquellen:**

1. Verfügen über Ressourcen
2. Verfügen über technische Fertigkeiten und Fähigkeiten
3. Verfügen über Wissen
4. Verfügen über Rechte und Privilegien
5. Zugang zu Personen, die über die Quellen 1 bis 4 verfügen.

Dabei müssen die Ressourcen 1 bis 3 knapp und für die Organisation wichtig sein. Wie schon beim Kontingenzansatz der Macht, so sieht auch *Mintzberg* die zentrale Quelle struktureller Macht im Besitz einer Ressource, die von anderen geschätzt und benötigt wird.

In verhaltenswissenschaftlich situativen Ansätzen (vgl. S. 53 ff.), die von der Existenz von **Handlungsspielräumen** ausgehen, besteht bei allen organisatorischen Entscheidungen zumindest eine begrenzte Wahl. Die Definition dessen, was eine Begrenzung ist und was nicht, setzt **Macht** voraus. In diesem Sinne läßt sich Macht als die Fähigkeit verstehen, für Dritte Handlungsspielräume zu definieren. Das betrifft sowohl die *Außenmacht* der Unternehmung (z. B. marktbeherrschende Position) als auch Erscheinungen der *Innenmacht*

(z.B. Abteilungsmacht, Expertenmacht). Zur Analyse von Machtbildungs-
und -anwendungsprozessen zwischen Person und Situation, zwischen Personen unterschiedlicher Machtpotentiale innerhalb und außerhalb der Organisation bieten sich interaktionstheoretische Ansätze an. Neben formellen
Machtinhabern (Linien-Manager) spielen bei der Definition von Begrenzungen auch Inhaber informeller Macht (Experten, Stäbe) eine bedeutende Rolle
(vgl. *Irle* 1971). Einmal definierte Handlungsspielräume bilden für den, dem
sie zur Verfügung stehen, eine Machtquelle. Deren Stärke korreliert mit der
Größe des Spielraums.

c. *Politik als Form der Machtausübung*

Die Anwendung von Macht in Organisationen wird als Politik, genauer als
Mikropolitik, bezeichnet (vgl. etwa *Burns* 1962, *Bosetzky* 1977, *Pfeffer* 1978,
Küpper/Ortmann 1988).

Entscheidungsprozesse in Organisationen verlaufen nicht rational geplant
und wertfrei, sondern spiegeln Machtkämpfe von Mikropolitikern wider.
Nord (1978, S. 675f.) beschreibt den *politischen* Charakter von Organisatio-
nen wie folgt:
- Organisationen setzen sich aus Koalitionen zusammen, die um Einfluß und
  Macht kämpfen.
- Koalitionen versuchen, ihre Interessen und Positionen durchzusetzen, in-
  dem sie Umweltanforderungen manipulieren.
- Machtausübung in Organisationen ist eine zentrale Form gesellschaftlicher
  Machtausübung.

Dabei spielt die ungleiche Machtverteilung in Organisationen eine besondere Rolle. *Nord*[11] behauptet, daß diese geradezu enthumanisierende Effekte
habe. Die Mächtigen entwickeln Instrumente zur Stabilisierung ihrer Position und halten die weniger Mächtigen in wenig humanen Abhängigkeitsverhältnissen. Nach *Nord* steigen die Chancen für eine organisationsweite Humanisierung erst, wenn relativ ausgeglichene Machtverhältnisse erreicht sind.

Zur Ausübung von Macht stehen den Machthabern eine Reihe von **Machtmitteln** zur Verfügung, wie
- physischer Zwang
- ökologischer Einfluß (Gestaltung der Umwelt, wie Trennwände, Zäune,
  Fließband)
- Überzeugung (Absichten des Einflußnehmenden liegen offen)
- Manipulation (Absichten des Einflußnehmenden bleiben verborgen)
- selektive Weitergabe von Informationen
- Kontrolle von Ressourcen (Gratifikationen).

Je nachdem, wie massiv und sichtbar Macht eingesetzt wird, lassen sich die
Machtmittel auf einem Kontinuum anordnen (vgl. Abb. 2.81).

---

[11] *Nord, Walter R.* (geb. 1939) Prof. Organizational Psychology, Uni of South Florida, Tampa.

Abb. 2.81: Machtmittel

Vorbild	Vorschlag	Überzeugung	Zwang

Quelle: *Kast/Rosenzweig* 1985, S. 361

Für Organisationen unterscheidet *Mintzberg* (1983a, S. 142ff.) zwischen *persönlichen* Machtmitteln (Anordnungen geben, Entscheidungsprämissen setzen, Letztentscheidungen vorbehalten, Ressourcen vergeben) und *bürokratischen* Machtmitteln (Standardisierung der Arbeitsinhalte, Standardisierung des outputs durch Planung und Kontrolle, Standardisierung der Anforderungen und Qualifikationen).

Für *Mintzberg* (1983a, S. 187ff.) ist Mikropolitik eine endlose Folge von **Machtspielen,** unter denen folgende vier besonders bedeutsam sind:

1. **Autoritätsspiele:** Wie widersetzt man sich Autorität, und wie wird dieser Widerstand gebrochen?
2. **Machtaufbauspiele:** Wie kann man in Organisationen Macht erringen, etwa über Sponsoren, Koalitionen, Budgets?
3. **Rivalitätsspiele:** Wie bekämpft man Rivalen um die Macht erfolgreich?
4. **Veränderungsspiele:** Wie initiiert und nutzt man organisatorische und personelle Veränderungen, um Macht zu erringen?

Bosetzky[12] (1976, S. 282f.) hat mikropolitische Strategien und karriereorientiertes Verhalten von Managern in Großorganisationen mit bürokratischer Grundstruktur untersucht und folgende individuelle **Strategien der Machtgewinnung** vorgefunden:[13]

- aufgabenbezogener Aktivismus
  (mehr tun als andere)
- innovatorische Expansion
  (neue Produkte, Stellen, Märkte vorschlagen und entwickeln)
- innovatorische Rezeption
  (modische Führungskonzepte, Managementtechniken übernehmen)
- Schaffen von Unklarheit, Verkomplizierung von Tatbeständen, selektive Information
- Aufbau einer Hausmacht (Seilschaft), Koalitionsbildung

---

[12] *Bosetzky, Horst* (geb. 1938) Prof. Soziologie, Hochschule für Verwaltung und Rechtspflege Berlin, Kriminalbuchautor (Pseudonym – ky –).

[13] Vgl. hierzu auch die vier Führertypen von *Maccoby* (1976): Craftsman, Jungle Fighter, Company Man, Gamesman. *Wiedemann* (1971, S. 141ff.) liefert anschauliche Beschreibungen des Konkurrenzkampfes zwischen Führungskräften.

Wiedemann, Willi-Herbert (geb. 1925) Dr. rer. pol., Betriebssoziologe, Führungstraining IBM.

Auf dem Weg nach oben, zu immer höheren Machtpositionen, versucht der Manager gemäß der **Machtdistanzreduktionstheorie** von *Mulder* (1977), den Abstand zu noch Mächtigeren zu verringern und den Abstand zu weniger Mächtigen zu vergrößern. Dabei geht *Mulder*[14] von der These aus, daß die Stärke des Distanzreduktionsstrebens mit zunehmender Nähe zu höchsten Machtpositionen zunimmt, niedere Hierarchieebenen demnach weniger ‚machthungrig‘ sind.

Machtbesitz ohne die Chance, sie ausüben zu können, bringt keine Befriedigung. Erfolgreiche Machtausübung setzt ein Mindestmaß an **Akzeptanz** bei den Machtunterworfenen voraus. Dies hängt u. a. davon ab

- wie angenehm/unangenehm für den Untergebenen das geforderte Verhalten (die Aufgabe) ist
- über welche Ressourcen der Vorgesetzte verfügt
- wie sehr diese vom Untergebenen geschätzt werden.

Fallen die Aufträge/Anordnungen des Vorgesetzten in den (implizit oder explizit) vereinbarten Toleranzbereich (die Akzeptanzzone)[15], wird Konformität zu erwarten sein. Im anderen Fall stehen dem Untergebenen grundsätzlich folgende **Verweigerungsstrategien** zur Verfügung:

- schlechte (fehlerhafte, unpünktliche) Aufgabenerfüllung
- Redefinition der Aufgabe im Sinne der eigenen Bedürfnisse
- Ablehnung der Aufgabenerfüllung
- Verlassen der Organisation.

Macht und Konflikt sind alltägliche Erscheinungen im Zusammenleben von Menschen und keineswegs nur auf der Ebene der Gruppe von Bedeutung. Sie werden uns folglich auch im nächsten Kapitel zwangsläufig beschäftigen.

---

[14] *Mulder, Mauk* (geb. 1926) holländ. Prof. Org. Behavior, Uni Rotterdam und Delft.

[15] Vgl. hierzu das Konzept der *zone of indifference* von *Barnard* (1938) und S. 536 f. der Arbeit.

D. Verhalten von Organisationen

I. Aspekte der Organisation

Gemäß der Auffassung, daß die Wahl theoretischer Beschreibungs- bzw. Erklärungskonzepte der jeweiligen Ebene der Analyse (Individuum, Gruppe, Organisation) angemessen sein sollte (vgl. S. 133 der Arbeit), werden in diesem Abschnitt primär Modelle der Organisationstheorie (OT) bzw. des Macro OB (z. B. soziologische Systemtheorie) zur Anwendung kommen. Da im Mittelpunkt der Überlegungen der Organisationstyp **Unternehmung** steht, ist es notwendig, neben verhaltenswissenschaftlichen auch *ökonomische* Theorien (z. B. Property-Rights-Ansatz, Transaktionskostenansatz, Principal-Agent-Ansatz) auf ihren Erklärungsgehalt zu überprüfen. Eines sei jedoch schon an dieser Stelle kritisch angemerkt: Die prinzipielle Schwäche all dieser Ansätze, wie generell der mikroökonomischen Theorie, ist ihre Verankerung im methodologischen Individualismus (vgl. S. 132 der Arbeit); es erscheint wenig erfolgversprechend, Entstehung und Veränderung von Institutionen allein aus dem Verhalten nutzenmaximierender Individuen erklären zu wollen. Historisch-politisch gewachsene Organisationen ex post als Ergebnis rationaler Entscheidungen von Individuen, die nach ex ante bekannten Nutzenmaximierungskalkülen handeln, zu interpretieren, muß vom Ansatz her scheitern. *Braun* (1987, S. 169) drückt sich noch sehr zurückhaltend aus, wenn er meint, „daß der ökonomischen Analyse die Organisation als ‚Sozialverbund', d. h. als ein Orientierungsrahmen, in dem die Koordination nicht nur nach Maßgabe ökonomisch-technischer Kriterien (Transaktionskosten), sondern auch auf Grundlage individuell-sozialer Interaktionen verläuft, nur schwer in den Blick gerät". Individuelle Bedürfnisse und soziale Interaktionen lassen sich sinnvollerweise nicht nur auf subjektive Nutzenmaximierung und finanzwirtschaftliche Transaktionen reduzieren. Dies sollte aus der Lektüre der vorangegangenen Abschnitte über die verhaltenswissenschaftlichen Grundlagen des Managements deutlich geworden sein. Wer primär an einer mikroökonomisch-entscheidungslogischen Analyse von Organisationen interessiert ist, sei auf das Werk von *Laux/Liermann* (1987) verwiesen.

Besondere Erwartungen richten sich auch auf die relativ junge Teildisziplin der Nationalökonomie, die **Industrieökonomik** (industrial economics), in deren Mittelpunkt die theoretische und vor allem empirische Erforschung der wirtschaftlichen Leistungsfähigkeit ganzer Industriezweige steht, und zwar unter dem forschungsleitenden *structure-conduct/behavior-performance* Paradigma. Damit ist das z. T. als deterministisch unterstellte Beziehungsgefüge zwischen *Marktstruktur* (Marktform, Konzentrationsgrad, Nachfrage-, Kostenstruktur, Markteintrittsbarrieren etc.), *unternehmerischem Verhalten* (Managementstrategien, Preispolitik, Werbeaufwand etc.) und *Marktergebnis* (Allokationseffizienz, Preisniveau, Fairneß etc.) gemeint. Während Industrieökonomik als Forschungsbereich bei uns erst Ende der 60er Jahre Beachtung gefunden hat, ist dieser Ansatz in den USA spätestens seit den ersten Kursen der Harvard-Professoren *Edward H. Chamberlin* und *Edward S. Mason* über **industrial organization** Ende der 30er Jahre bekannt. Initiiert wurde diese neue Forschungsrichtung durch das Interesse an der Ergründung der Ursachen der Weltwirtschaftskrise (1929–1933) und der zunehmenden Trennung von Eigentum und Verfügungsgewalt in US-amerikanischen Großunternehmungen (*Berle/Means* 1932).

In modernen Industriegesellschaften haben sich im Zuge technologischer, politischer und sozialer Veränderungen Organisationen herausgebildet, die gesellschaftliche, soziale und individuelle Bedürfnisse befriedigen und daraus zugleich ihre Existenzberechtigung ableiten. Eine Vielzahl von Leistungen kann unter ökonomischen Effizienzgesichtspunkten sinnvollerweise nicht von einzelnen Menschen allein erstellt werden, was zum Zusammenschluß mehrerer in **Organisationen** und zur Substitution von menschlicher Arbeit durch Maschinen führt.

Organisationen sind zielorientierte soziale Gebilde mit einem angebbaren Mitgliederkreis (vgl. z. B. *Mayntz* 1963). Der Anspruch der beteiligten Organisationsmitglieder, die gestellten Ziele möglichst rational zu erreichen und entsprechend effizient zusammenzuarbeiten, führt zur zielorientierten Institutionalisierung einer Reihe von Regeln. Das Handeln in Organisationen ist zumindest der Intention nach überwiegend bewußt geplant, geordnet und auf die Realisierung spezifischer Ziele gerichtet, wozu eine rational gestaltete Struktur funktional sein soll. Unter Institutionalisierung versteht man einen Prozeß, im Verlauf dessen Handlungen sowie die Handelnden selbst (in ihrem Verhalten) typisiert, normiert und damit auf längere Zeit festgeschrieben werden. Das Ergebnis einer solchen Typisierung und Normierung nennt man eine **Institution**.

Im Mittelpunkt unserer Überlegungen steht die Institution *Unternehmung* und hierbei die Analyse der Teilhandlungen *Management* einer bestimmten Gruppe von Handelnden, den *Managern*.

Porter/Lawler/Hackman (1975) kommen aufgrund einer Literaturanalyse zu folgenden **Charakteristika von Organisationen:**

- Organisationen sind aus Individuen und Gruppen zusammengesetzt,
- streben nach der Erreichung bestimmter Ziele oder Zwecke,
- und zwar mittels funktionaler Differenzierung und rationaler Koordination und Führung, und
- sind auf Dauer angelegt.

Diese formellen Aspekte von Struktur und Handeln sind jedoch nur eine

Seite des Lebens in Organisationen. Eine Vielzahl ungeplanter, unvorhergesehener Ereignisse und Verhaltensweisen (= **informelle Aspekte**) modifizieren die von der Intention her logisch und rational geplanten und gestalteten
Handlungsprogramme.

Im Vordergrund des Interesses bei der Analyse von Organisationen stehen:
● Teilnehmer der Organisation
● Ziele und Effizienz der Organisation
● Struktur der Organisation
● Kultur und Klima der Organisation.

1. Organisationen als offene soziotechnische Systeme

Organisationen werden systemtheoretisch als offene Systeme beschrieben,
die entsprechend der jeweiligen Umweltstruktur Subsysteme bilden, die u. a.
Inputs aus der Umwelt beziehen, die sie in Outputs transformieren, die
ihrerseits funktional für andere Subsysteme oder Umweltsysteme sind und
damit zu deren Zielerreichung beitragen.

Die Anwendung dieses Ansatzes auf Unternehmungen haben sich vor allem das Tavistock Institute of Human Relations (London) und die Hochschule St. Gallen (*Ulrich* 1968) zur Aufgabe gemacht. Im Mittelpunkt des
Tavistock-Konzeptes einer **soziotechnischen Systemanalyse** steht die primäre
Aufgabe, der primäre Organisationszweck (primary task), d. h. die Aufga-
be(n), die für das Überleben des Systems ausschlaggebend ist (sind) (*Rice*
1963, *Miller/Rice*[1] 1967, *Sydow* 1985 a). Diese *primäre Aufgabe* legt den für
das Überleben der Organisation dominanten und damit kritischen Transformationsprozeß (Input-Umwandlung-Output) fest. Die materielle Durchführung der primären Aufgabe obliegt den operativen Systemen (operating systems), von denen in der Regel eines für *import* (Input aus der Umwelt), eines
für *conversion* (throughput im Produktionsprozeß) und eines für *export*
(Output an die Umwelt) zuständig ist. Diese Differenzierung in Subsysteme
(operating systems) sowie die Interaktion zwischen System und Umwelt erfordern ein ‚managing system'. Das *managing system* hat die Aufgabe einmal
der Koordination, Kontrolle und Unterstützung (servicing) der ‚operating
systems' und zum anderen der Steuerung der Systemgrenzen überschreiten-
den Transaktionen (vgl. Abb. 2.82 auf S. 389).

Von zentraler Bedeutung im Tavistock-Modell sind die Interaktionen des
soziotechnischen Systems mit seinen Umweltsystemen. Hier wird richtig
erkannt, daß letztes Ziel einer Organisation (als Institution) die Aufrechter-

---

[1] *Rice, Albert Kenneth* (1908–1969) engl. Soziologe, seit 1947 Tavistock Institute.
Miller, Eric J. (geb. 1924) engl. Sozialwissenschaftler (Anthropologe), seit 1958 Tavistock Institute.

haltung systemerhaltender Transaktionen mit der unmittelbaren Systemumwelt und dem Supersystem Gesellschaft sein muß. Aufgabe des **Management-Systems** ist es, das soziotechnische System als Ganzes soweit wie möglich vor voraussehbaren Fluktuationen im Input- und Output-Bereich zu schützen, um so einen reibungslosen internen Umwandlungsprozeß (conversion) aufrechterhalten zu können. Diesem Ziel einer möglichst reibungslosen Erfüllung der primären Aufgabe (primary task) legt die Umwelt generelle (social, political, economic, legal) und spezielle (human, financial, scientific, physical und technological) Beschränkungen auf. Nach dem Tavistock-Modell läßt sich diesen Beschränkungen am besten durch eine aufgaben- und umweltgerechte interne Strukturierung begegnen.

Mit zunehmender **Differenzierung** steigt jedoch in der Regel auch der Koordinationsaufwand (**Integration**). Intra- und Intersystemsteuerung wird *dann* den geringsten Führungsaufwand erfordern, wenn Grenzziehungen zwischen Subsystemen an solchen Stellen vorgenommen werden, an denen eine beträchtliche Diskontinuität im Transformationsprozeß (input-through-put-output) auftritt, oder, mit anderen Worten, wo möglichst wenig Material- und Informationsströme unterbrochen werden. Muß aus gewissen Sachzwängen heraus eine Grenzziehung, d. h. Abteilungsbildung, dort vorgenommen werden, wo kontinuierliche Prozesse unterbrochen werden, steigen die Anforderungen an Quantität und Qualität der Führungsmaßnahmen beträchtlich, denn einmal muß die ‚künstliche‘ Differenzierung aufrechterhalten und zum andern die Koordination mit benachbarten Subsystemen gewährleistet werden.

Auch *Thompson*[2] (1967) sieht das Hauptproblem komplexer Organisationen in der **Bewältigung von Unsicherheit,** die ihren Ursprung vor allem in den Variablen ‚Umwelt‘ und ‚Technologie‘ findet. Soziotechnische Systeme begegnen nach seiner Auffassung dieser Unsicherheit, indem sie bestimmte Subsysteme schaffen, die primär mit diesen Problembereichen zu tun haben. Abgeschirmt durch die Unsicherheit absorbierenden peripheren Subsysteme sind dann andere Subsysteme in der Lage, unter Bedingungen der Sicherheit oder unter solchen geringen Risikos zu arbeiten.

Ausgangspunkt für eine sinnvolle Systemstrukturierung ist nach *Thompson* der primäre Systemzweck (major mission; im Tavistock-Modell: primary task), oder der Haupttätigkeitsbereich (organizational domain), mit dessen Wahl festgelegt wird (*Thompson* 1967, S. 40):
• die benutzte Technologie
• der Kunden- bzw. Abnehmerkreis
• das Leistungsangebot.

Entsprechend der *major mission* und der *organizational domain* müssen die drei Hauptaktivitäten eines soziotechnischen Systems strukturiert werden, nämlich die

---

[2] *Thompson, James David* (1920–1973) amerik. Soziologe.

- Input-Aktivitäten
- Technologischen Aktivitäten
- Output-Aktivitäten.

Diese Dreiteilung entspricht derjenigen des Tavistock-Modells in Import-, Transformations- und Export-Systeme. Die Input- und Output-Systeme haben nach *Thompson* eine wichtige Pufferfunktion, um das technologische Zentralsystem vor dysfunktionalen Umwelteinflüssen abzuschirmen:

Die **Pufferfunktion** besteht im einzelnen darin (S. 20 ff.):

- Schwankungen im Input und Output durch interne Maßnahmen aufzufangen (z. B. durch Lagerhaltung)
- Schwankungen im Input und Output durch Beeinflussung der entsprechenden Umweltsysteme zu vermindern (z. B. Preisdifferenzierung bei Strom, Telefon)
- Unvermeidliche Umweltveränderungen zu antizipieren und die Organisation in Teilen oder insgesamt den geänderten Bedingungen entsprechend anzupassen (z. B. Anpassung des Produktionsprogramms an veränderte Verbrauchergewohnheiten)
- Übernachfrage durch Rationierung zu beschränken (z. B. Warteliste in Krankenhäusern, Numerus clausus an Universitäten).

Ähnlich wie die Tavistock-Forscher untersuchen *Katz/Kahn* (1966, 1978) Organisationen mit dem Begriffsinstrumentarium der Allgemeinen Systemtheorie als offene Systeme. Nach *Katz/Kahn* (1978, S. 23 ff.) weisen diese folgende Charakteristika auf:

- *Umweltbezug:* Es gibt Interdependenzen zwischen System und Umwelt; dazu müssen Grenzen überwunden werden. Diese können physikalischer (z. B. Mauern) oder psychologischer Natur sein (z. B. Titel, Uniformen).
- *Feedback:* Das System erhält aus der Umwelt Informationen, die zu Kurskorrekturen im System verwandt werden.
- *Kreislauf:* Der Gegenwert der vom System abgegebenen Outputs erlaubt die Beschaffung neuer Inputs (vgl. Abb. 2.82 auf S. 389).
- *Negative Entropie:* Im Gegensatz zu geschlossenen Systemen können offene Prozesse innerer Zerstörung und Unordnung (Entropie) aufhalten, da sie u. a. durch Selbstorganisation mehr ‚Energie' schaffen können als sie abgeben.
- *Stabilität:* Offene Systeme können über entsprechende Steuerung der Inputs und Outputs einen stabilen Zustand erreichen (Fließgleichgewicht).
- *Wachstum:* Große, komplexe Systeme neigen darüber hinaus dazu, mehr Energie zu importieren als sie für den Output benötigen (Slack-Bildung).
- *Äquifinalität:* Ein System vermag einen gewünschten Zustand (Ziel) auf unterschiedliche Art und Weise zu erreichen; mit verschiedenen Inputs und verschiedenen Transformationsprozessen.
- *Erhaltung und Anpassung:* Beides sind überlebensnotwendige Systemaktivitäten; Erhaltung der Stabilität bei temporärer Anpassung an Umwelterfordernisse.

Die im Zusammenhang mit der Strukturierung von Unternehmungen interessierenden **Merkmale offener Systeme** sind:

Input: Aufnahme von Ressourcen aus der Umwelt

Throughput: Transformation des Inputs durch innerorganisatorische Aktivitäten

Output: Abgabe des Transformationsergebnisses (Produkt oder Dienstleistung) an die Umwelt

Differenzierung: Abteilungsbildung und Rollendifferenzierung zur arbeitsteiligen Erledigung der Systemaufgaben

Integration und Koordination: Überwindung der Desintegration durch gemeinsame Normen und Werte sowie durch formale Koordinationsmechanismen.

Im Bereich der Differenzierung unterscheiden *Katz/Kahn* (1978) folgende fünf **Subsysteme:**

1. production subsystem (Produktion)
2. supportive subsystem (Versorgung)
3. maintenance subsystem (Erhaltung)
4. adaptive subsystem (Anpassung)
5. managerial subsystem (Management).

Das **Produktionssystem** hat die Aufgabe der Transformation von Input in Output (Leistungserstellung). Das **Versorgungssystem** stellt die Verbindung der Organisation mit seiner Umwelt her (vor allem Beschaffung und Absatz). Das **Erhaltungssystem** kümmert sich um die Aufrechterhaltung des Systemgleichgewichts nach innen und außen. Das **Anpassungssystem** ist mit der Wahrnehmung von Umweltveränderungen und der rechtzeitigen organisatorischen Anpassung betraut. Das **Managementsystem** schließlich koordiniert und steuert die Subsysteme und bringt die Umweltanforderungen mit den Stärken und Schwächen der Organisation in Einklang.

Das Tavistock-Modell (mit der Erweiterung von *Thompson*) sowie das Systemmodell von *Katz/Kahn* sind in der Organisationsliteratur stark rezipiert worden.

In fast allen gängigen Definitionen von Organisation als Institution wird von einem offenen, soziotechnischen System mit angebbarem Mitgliederkreis gesprochen. Die Rede von System und Umwelt unterstellt dabei, daß man eine Grenze zwischen Organisation und Nicht-Organisation (= Umwelt) ziehen kann, was Voraussetzung ist für eine substantielle Konkretisierung der Konstrukte **System** und **Umwelt** und damit einer inhaltlichen Präzisierung des Begriffs ‚Organisationsmitglied‘. Da schon aufgrund erhebungstechnischer Gesichtspunkte mit Umwelt keineswegs ‚alles, was nicht System ist‘ gemeint sein kann, muß eine Einschränkung erfolgen auf die organisationsrelevante Umwelt. Unter relevanten Umweltsegmenten verstehe ich solche Subsysteme der Umwelt, die über die Fähigkeit verfügen, Handlungen und Verhalten der Organisation in ihrem Sinne zu beeinflussen.

Üblicherweise beschränkt man sich in der Literatur auf die sog. **Aufgaben-umwelt** (task environment). Dieses von *Dill*[3] (1958) geprägte Umweltkon-zept mit den vier großen Umweltsystemen

- Kunden (customers, clients)
- Lieferanten (suppliers)
- Konkurrenten (competitors)
- Verwaltung, Behörden (regulatory agencies)

findet sich mit mehr oder weniger starken Variationen in fast allen Umwelt-analysen.

Eine Schwäche der Formaldefinition von Organisation als System ist, daß die Beschreibung eines bestimmten Gebildes als System die Existenz eines Instrumentariums (Methodologie) der Systembeschreibung voraussetzt. Eine Methodologie der Systembeschreibung (und damit Abgrenzung) kann aber nur entwickelt werden, wenn man ein Gebilde als System bezeichnet.

Ein wichtiger Grund für die Abgrenzungsprobleme ist auch in der Tatsa-che zu sehen, daß letztlich Handlungen abgegrenzt werden müssen und nicht Menschen oder Sachen (*Weick* 1979). Wenn man, wie *Weick* (1979, S. 131f.), davon ausgeht, daß die Umwelten eines Systems eher Output (Ergebnis) des Organisierens als dessen Input sind, werden die Grenzen zwischen System und Umwelt völlig verschwommen. Sie verändern sich mit veränderten Wahrnehmungs- und Gestaltungsprozessen.

Pondy/Mitroff (1979) stellen die Leistung offener Systemmodelle generell in Frage. Sie plädieren für einen Paradigmawechsel in der Organisationsfor-schung hin zu einer stärker subjektivistischen, voluntaristischen Sichtweise von Organisationen als sozial konstruierte Realitäten (vgl. auch *Giddens* 1984 sowie den Abschnitt ‚Organisationskultur').

Trotz vielerlei Bedenken gegen systemorientierte Makromodelle ist die **Systemperspektive** für das Management in vielerlei Hinsicht von Nutzen. So wird der Umweltbezug ebenso hervorgehoben wie die Tatsachen, daß Mana-ger und ganze Abteilungen keine isolierten Elemente, sondern eher Knoten in einem Netzwerk von interdependenten Beziehungen darstellen.

2. Unternehmungen als privatwirtschaftliche Organisationen

In der **Theorie der Unternehmung** (theory of the firm) ist die Unterneh-mung eine Institution, in der Menschen unter Zuhilfenahme von weiteren Ressourcen (inputs) ein Gut oder eine Dienstleistung (output) erstellen. Un-abhängig von der Größe (Ein-Mann-Unternehmung oder multinationaler Konzern) geht es um die Umwandlung von Inputs in Outputs (production view of the firm). Inputs verursachen Kosten, Outputs schaffen Umsatzerlö-se (vgl. Abb. 2.82).

---

[3] *Dill, William R.* (geb. 1930) Prof. Business Administration, New York Uni.

Abb. 2.82: Die Unternehmung als offenes System und die an ihr partizipierenden

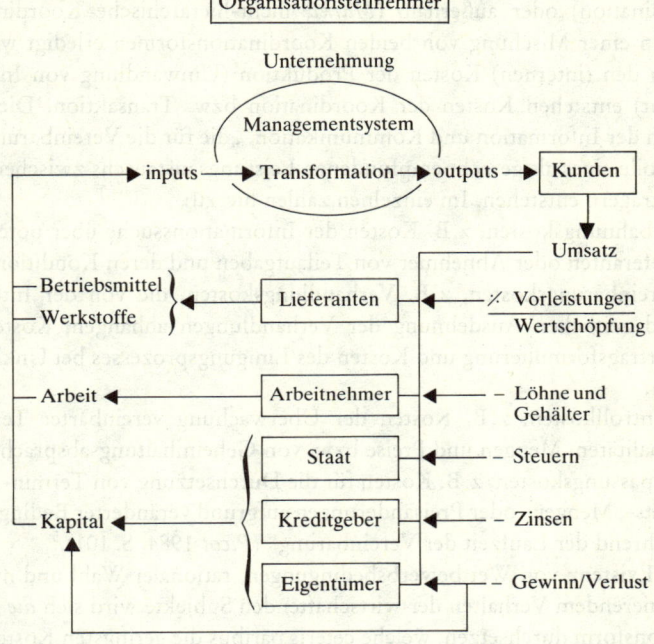

Befindet sich die Unternehmung in Privateigentum, verhält sie sich gewinnmaximierend, d.h. sie strebt nach einem maximalen Überschuß der Erlöse über die Kosten (managerial view of the firm). Nach neoklassischer Theorie wird bei dieser unternehmerischen Verhaltensweise eine optimale Allokation der Ressourcen und damit gesamtgesellschaftliche Wohlfahrt erreicht (vgl. etwa *Braun* 1987).

Es stellt sich nun die Frage, warum es auf Märkten neben privaten Ein-Mann-Unternehmungen Mehrpersonenunternehmungen unterschiedlichster Größe, Rechtsform und Eigentümerstruktur gibt. Hierauf versuchen der **Transaktionskostenansatz** und die **Theorie der Verfügungsrechte** (property rights) eine Antwort zu geben (vgl. *Coase* 1937, *Alchian/Demsetz* 1972, *Williamson* 1975, 1985).[4] Naheliegend ist zunächst die Erklärung, daß eine Mehrpersonenunternehmung immer dann entstehen und wachsen wird, solange der wertmäßige Output einer Personenmehrheit (Gruppe) größer ist als die Summe individuell erstellter Outputs (Synergie-Effekt). Im einzelnen läßt sich diese Behauptung wie folgt belegen: Die Erstellung eines Gutes oder

---

[4] *Coase, Ronald H.* (geb. 1910 in Middlesex, England) studierte an London School of Economics, ging 1951 in die USA, Prof. Economics, Uni of Chicago.
Williamson, Oliver E. (geb. 1932) Prof. Economics, Law and Organization, Uni of California, Berkeley.

einer Dienstleistung erfordert die Durchführung einer Vielzahl von Teilaufgaben. Diese können prinzipiell innerhalb (*Unternehmung*, hierarchische Koordination) oder außerhalb (*Markt*, nicht-hierarchische Koordination) bzw. in einer Mischung von beiden Koordinationsformen erledigt werden. Neben den (internen) Kosten der Produktion (Umwandlung von Input in Output) entstehen Kosten der Koordination bzw. Transaktion. Dies sind Kosten der Information und Kommunikation, „die für die Vereinbarung und Kontrolle eines als gerecht empfundenen Leistungsaustauschs zwischen Aufgabenträgern entstehen. Im einzelnen zählen hierzu:

(1) Anbahnungskosten, z.B. Kosten der Informationssuche über potentielle Lieferanten oder Abnehmer von Teilaufgaben und deren Konditionen;

(2) Vereinbarungskosten, z.B. Verhandlungskosten, die von der Intensität und zeitlichen Ausdehnung der Verhandlungen abhängen, Kosten der Vertragsformulierung und Kosten des Einigungsprozesses bei Unklarheiten;

(3) Kontrollkosten, z.B. Kosten der Überwachung vereinbarter Termine, Qualitäten, Mengen und Preise bzw. von Geheimhaltungsabsprachen;

(4) Anpassungskosten, z.B. Kosten für die Durchsetzung von Termin-, Qualitäts-, Mengen- oder Preisänderungen aufgrund veränderter Bedingungen während der Laufzeit der Vereinbarung" (*Picot* 1984, S. 101).[5]

Bei Existenz von Wettbewerbsbedingungen, rationaler Wahl und nutzenmaximierendem Verhalten der wirtschaftenden Subjekte wird sich *die* Koordinationsform durchsetzen, welche ceteris paribus die geringsten Kosten verursacht. So wird von den Anhängern dieser Theorietradition die Existenz von Unternehmungen, speziell von Großunternehmungen, mit *Marktversagen* erklärt, d.h. Koordination über den Markt ist zu teuer, Koordination in Unternehmungen kostengünstiger. Konsequent weitergedacht hieße dies, daß es letztlich – bei Abwesenheit staatlicher Eingriffe – landes- oder gar weltweit nur noch *eine* Unternehmung pro output-Art (Branche) geben dürfte. Daß dem nicht so ist, erklärt sich aus *Organisationsversagen*, d.h. marktliche Koordination ist in bestimmten Situationen kostengünstiger als hierarchische. So steigen bei wachsender Unternehmungsgröße vor allem die Kontrollkosten (z.B. Überwachung der nicht am Ergebnis beteiligten Lohnarbeiter, Kosten der Logistik einer Koordination räumlich dezentraler Produktionsstätten).

Rechtlich gesehen – und damit komme ich zu Erklärungsansätzen der **Theorie der Verfügungsrechte** – ist eine Unternehmung (Gesellschaft) eine Institution, in der ein Arbeitgeber (Eigentümer, Unternehmer) mindestens einen Arbeitnehmer beschäftigt. Der Eigentümerunternehmer bezieht für die Übernahme des Risikos des Ausbleibens zumindest kostendeckender Erlöse aus Erstellung und Verkauf eines Outputs bei vertraglich festgelegten Kosten des Inputs (z.B. Zinsen, Löhne) eine Risikoprämie, den Unternehmerlohn

---

[5] *Picot, Arnold* (geb. 1944) Prof. BWL, Uni München.

(vgl. schon *Knight* 1921). Wenn der Unternehmer den Arbeitnehmern feste Löhne (Kontrakteinkommen), den Gläubigern feste Zinsen usw. garantiert, als einziger somit Risiko eingeht, muß er auch allein über Einsatz und Verwertung des Inputs entscheiden dürfen. Ihm stehen folgende **Verfügungsrechte** zu (vgl. *Alchian/Demsetz* 1972):

- Nutzungsrecht an einem Gut
- Recht auf Veränderung von Form und Substanz eines Gutes
- Recht auf Aneignung des Erfolgs (Residualeinkommen)
- Recht auf Veräußerung des Gutes.

Bei Eigentümerunternehmungen mit monistischer Unternehmungsverfassung stehen alle vier Verfügungsrechte dem Eigentümer (Unternehmer) zu. Mit zunehmender Größe (Wachstum) der Unternehmungen hat sich jedoch empirisch nachweisbar eine Loslösung von Teilen der Verfügungsrechte (speziell der Kontrollrechte: Nutzung und Veränderung) vom Eigentümer eingestellt (sog. Verdünnung von Verfügungsrechten der Eigentümer). Als erste haben auf dieses als *managerial revolution* bezeichnete Phänomen *Berle* und *Means* (1932) in den USA hingewiesen. Im Zuge der Gründung von Aktiengesellschaften und der immer breiteren Streuung von Aktieneigentum emanzipierten sich die Manager von der vormals engen Überwachung und Kontrolle der Eigentümer, denen letztlich nur noch die Verfügungsrechte Aneignung und Veräußerung blieben. Diese Entwicklung einer **Trennung von Eigentum und Verfügungsmacht** hat sich seit dem ersten empirischen Nachweis in den 30er Jahren noch weiter fortgesetzt (für die USA: *Herman* 1981, für die Bundesrepublik: *Schreyögg/Steinmann* 1981, *Steinmann*[6] et al. 1983). Wenn in diesem Zusammenhang von **Managern** geredet wird, sind allerdings – im Gegensatz zu den Ausführungen in den anderen Teilen dieses Buches – ausschließlich Top Manager (Vorstandsmitglieder, Geschäftsführer) gemeint, die echte Unternehmerfunktionen im Auftrage der Eigentümer wahrnehmen. Die Anteilseigner als *principals* beauftragen bestimmte Manager als *agents*, die Geschäfte in ihrem Sinne zu führen (zur **Principal-Agent-Theorie** vgl. etwa *Furubotn/Pejovich* 1972). Ähnlich wie beim Transaktionskostenansatz entscheidet auch hier die Höhe der Kosten der Kontrolle (des Principals über den Agenten) über die Wahl der Kontrollform. Bei zu loser Kontrolle wird das Management in die Lage versetzt, von den Gewinnmaximierungsinteressen der Eigentümer abweichend Ziele durchzusetzen, wie beispielsweise Umsatzmaximierung, Ausweitung des Marktanteils, Aufbau von *organizational slack* (z. B. finanzielle Rücklagen, Horten von Personal).

Picot/Michaelis (1984, S. 258 ff.) diskutieren folgende Ansätze zur Begrenzung des Handlungsspielraums von Managern:

- Managerentlohnung im Eigentümerinteresse (Gewinnbeteiligung, Eigentumsteilung)

---

[6] *Steinmann, Horst* (geb. 1934) Prof. BWL, Uni Erlangen-Nürnberg.

- Managerkonkurrenz um Führungspositionen (Bevorzugung von Managern, die im Eigentümerinteresse handeln)
- Marktbewertung der Kapitalanteile (z. B. Abwanderung von Anteilseignern führt zu sinkenden Anteilskursen, was sich disziplinierend auf die Manager auswirkt; Angst vor takeover)
- Konkurrenz auf dem Gütermarkt (starker Wettbewerbsdruck verhindert Preiserhöhungen und zwingt zu Kostenreduktionen, was im Eigentümerinteresse ist).

Über diese Kontrollmechanismen glaubt der Principal-Agent-Ansatz die Kontrollkosten minimieren zu können; dies allerdings wiederum nur unter einer Reihe von Voraussetzungen, wie funktionsfähiger interner und externer Wettbewerb, nutzenmaximierendes Verhalten.

Die Leistungsfähigkeit der hier nur kurz skizzierten mikroökonomischen Ansätze ist äußerst umstritten.[7] Vor allem die **neoklassisch-liberalistische Annahme** von der prinzipiellen Wahlfreiheit wirtschaftender Akteure erweist sich als empirisch völlig unhaltbar. Ihrzufolge wäre jeder Konsument souverän, jeder Arbeiter potentiell auch Unternehmer, jeder Anteilseigner potentiell auch Manager. Wenn aufgrund von Machtstrukturen (deren Entstehung nicht hinreichend erklärt werden kann) diese Freiheiten eingeengt werden bzw. gänzlich verschwinden, der Arbeitnehmer in völlige Abhängigkeit vom Arbeitgeber gerät, der (Klein-)Aktionär faktisch weder Mitsprache[8] (voice) noch Kontrolle ausüben kann, dann geschieht dies alles freiwillig bzw. aus der ‚Einsicht‘, daß dies doch letztlich von Vorteil (kostenminimal, nutzenmaximal) für den Einzelnen sei. Der Arbeitnehmer unterwirft sich freiwillig dem Direktionsrecht des Unternehmers und einer strengen Autoritätsstruktur, weil ihm ein sicheres (?) Kontrakteinkommen lieber ist als ein unsicherer Unternehmerlohn, und der (Klein-)Aktionär delegiert freiwillig alle Mitspracherechte auf das Management, weil diese Experten besser die Führung der Geschäfte im Interesse der Eigentümer wahrnehmen können. Sowohl Arbeitnehmer als auch Aktionäre geben freiwillig Macht an Agenten (Manager) ab, und zwar durch implizite Zustimmung beim Abschluß des Arbeits- bzw. Kaufvertrags, können dies allerdings jederzeit durch Kündigung oder Verkauf (exit) wieder rückgängig machen. Abgesehen von der Unhaltbarkeit der Grundannahmen dieser mikroökonomischen Erklärungsansätze, die mit den hier ausgebreiteten verhaltenswissenschaftlichen Untersuchungsergebnissen zum größten Teil im Widerspruch stehen, liefern diese sicherlich interessante Instrumente zur Beurteilung von existierenden alternativen institutionellen

---

[7] Vgl. etwa den Disput zwischen *Picot/Michaelis* (1984) und *Steinmann/Schreyögg* (1984), die die jeweils andere Position unter Ideologieverdacht stellen. Kritische Beiträge finden sich auch bei *D. Schneider* (1987), *P. Ulrich* (1986) und *Budäus/Gerum/Zimmermann* (1988).

[8] Die Unterscheidung von *exit* und *voice* geht auf *Hirschman* (1970) zurück.
Hirschman, Albert O. (geb. 1915 in Berlin) Prof. Social Science, Princeton Uni; 1988 Dr. h. c. FU Berlin.

Regelungen; deren Entstehung und Veränderung vermögen sich jedoch m. E. aufgrund der ahistorischen, reduktionistischen, allein effizienzorientierten Perspektive nicht zu erklären.

Einer der populärsten Erklärungsversuche für die Entstehung von Großunternehmungen (Existenz mehrerer Funktionsbereiche und mehrerer Managementebenen), der auf dem Transaktionskostenansatz (vor allem von *Coase* 1937) aufbaut aber auch stark wirtschaftshistorische Belege verarbeitet, stammt von *Chandler*.[9] Nach *Chandler* (1977) tritt die moderne Unternehmung an die Stelle des Marktmechanismus zur Koordination der Wirtschaftseinheiten und Allokation von Ressourcen. Die sichtbare Hand des Managements löst die unsichtbaren Marktkräfte (*A. Smith*) ab. In dem Maße, in dem die Großunternehmung klassische Marktfunktionen übernahm, wurde sie die mächtigste Institution in der kapitalistischen Wirtschaft und die Manager die einflußreichste Gruppe in der Gesellschaft.

Chandler (1977, S. 6ff.) hat insgesamt acht Thesen zu **Entstehung und Wachstum von Unternehmungen** formuliert:

Wie sind sie entstanden?

1. Moderne Unternehmungen sind entstanden, als Managementkoordination höhere Produktivität, geringere Kosten und höheren Gewinn ermöglichte als Marktkoordination.

2. Die Integration vormals getrennter Betriebe wurde erst durch die Managementhierarchie möglich.

3. Moderne Unternehmungen sind entstanden, als das Niveau (Volumen) der wirtschaftlichen Betätigung ein Ausmaß erreichte, bei dem Managementkoordination effizienter und profitabler wurde als Marktkoordination.

Wie sind sie gewachsen?

4. Nachdem erst einmal eine Managementhierarchie entstanden war, wurde sie selbst zur Quelle der Stabilität, Macht und des ständigen Wachstums.

5. Managementaufgaben wurden professionalisiert, und Managementkarrieren in der Führungshierarchie wurden ermöglicht.

6. In dem Maße, in dem moderne Unternehmungen gewachsen sind und Management professioneller wurde, vollzog sich eine Trennung des Managements vom Eigentümer.

7. Manager bevorzugen langfristige Entscheidungen hinsichtlich Stabilität und Wachstum gegenüber kurzfristiger Gewinnmaximierung.

8. In dem Maße, in dem große Unternehmungen weiter gewachsen sind und ganze Sektoren der Wirtschaft dominieren, veränderten sich die Strukturen dieser Wirtschaftsbereiche sowie die der ganzen Wirtschaft.

Auch das Deutungsschema von *Chandler*, die moderne Unternehmung primär als Veranstaltung zur Senkung von Transaktionskosten zu interpretieren, greift viel zu kurz. Vor allem fehlen Hinweise auf die Rolle des technischen Fortschritts und der unternehmensinternen Produktions- und Kosten-

---

[9] *Chandler, Alfred D.* (geb. 1918) Prof. Business History, HBS.

strukturen (z. B. Fixkosten-Degression, economies of scale). An anderer Stelle (Unternehmungsstrategie und -struktur) wird noch auf einige weitere Aspekte dieses Ansatzes zurückgekommen.

3. Organisationsteilnehmer

Die Rede von Organisationsteilnehmern und deren Abgrenzung einerseits von Nicht-Teilnehmern und andererseits von internen Organisationsmitgliedern, setzt eine **Grenzziehung** zwischen Organisation und Nicht-Organisation (Umwelt) voraus (*Starbuck* 1976). Dies ist, wie wir in Abschnitt 1 (Organisationen als offene soziotechnische Systeme) gesehen haben, äußerst schwierig.

Die Frage, wer die **Mitglieder einer Organisation** sind, ist nicht verbindlich und ein für alle Mal zu beantworten. *Gebert* (1978, S. 13, ebenso *Kubicek/ Thom* 1976) trägt diesen Überlegungen Rechnung, wenn er sagt
• Mitgliedschaft ist graduell bestimmbar, die Grenzen sind fließend
• Mitgliedschaft konstituiert sich aus mehreren Kriterien.

Mayntz (1963, S. 46) nennt eine ganze Reihe von Kriterien, die zur **Abgrenzung von Mitglied- und Nichtmitgliedschaft** herangezogen werden können:
• formelle Mitgliedschaft
• subjektives Zugehörigkeitsgefühl
• Selbstidentifizierung als Mitglied
• Häufigkeit der Interaktionen mit anderen Mitgliedern
• Grad der Abhängigkeit von der Organisation
• Maß der persönlichen Bindung an die Organisation
• Umfang der Tätigkeit für die Organisation.

Auch *Kieser/Kubicek* (1983, S. 8 ff.) sind der Auffassung, man könne lediglich die Intensität der Mitgliedschaft benennen, die vor allem abhängig sei vom Umfang der von den Regeln der Organisation betroffenen Aktivitäten des Mitglieds sowie der Dauer seiner Verpflichtung. So ist beispielsweise der Mitarbeiter ein intensiveres Mitglied als der Lieferant.

a. Identifikation von Teilnehmern und ihres Einflusses

March/Simon (1958) haben schon frühzeitig dieses Problem erkannt und auf eine Definition von Organisation wegen der ungelösten Abgrenzungsprobleme verzichtet. Dieser formale Verzicht hat sie jedoch nicht daran gehindert, später von **Organisationsteilnehmern** (organizational participants) zu reden (S. 89), zu denen sie beim Organisationstyp ‚Unternehmung‘ Arbeitnehmer (einschließlich Management), Investoren, Lieferanten, Händler und Abnehmer zählen.

Cyert/March (1963) haben diese Liste beträchtlich erweitert, betonen aber erneut, daß eine exakte Grenzziehung unmöglich sei. Die Grenze zwischen Organisation und Umwelt sei im Zeitablauf Änderungen unterworfen und zeige auch in unterschiedlichen Entscheidungssituationen unterschiedliche Verläufe (ebenso *Hicks/Gullett* 1975). Aufbauend auf diesen Überlegungen wurde das Konzept des Organisationsteilnehmers immer mehr von seiner Beschränkung auf interne Teilnehmer (Manager, Arbeiter), die in der deutschsprachigen Literatur auch als Organisationsmitglieder bezeichnet werden (vgl. etwa *Hill/Fehlbaum/Ulrich* 1981), befreit und auf externe Teilnehmer und deren Ansprüche an die Organisation erweitert (vgl. z.B. *Cleland/King* 1972, *Hicks/Gullett* 1975, *Pfeffer/Salancik* 1978 sowie Abb. 2.83). Die angloamerikanische Literatur spricht hier auch von *Stakeholder* oder *Claimant*, d.h. solchen Individuen oder Gruppen, die ein legitimes Interesse an der Organisation haben.

Abb. 2.83: Interessengruppen an der Unternehmung

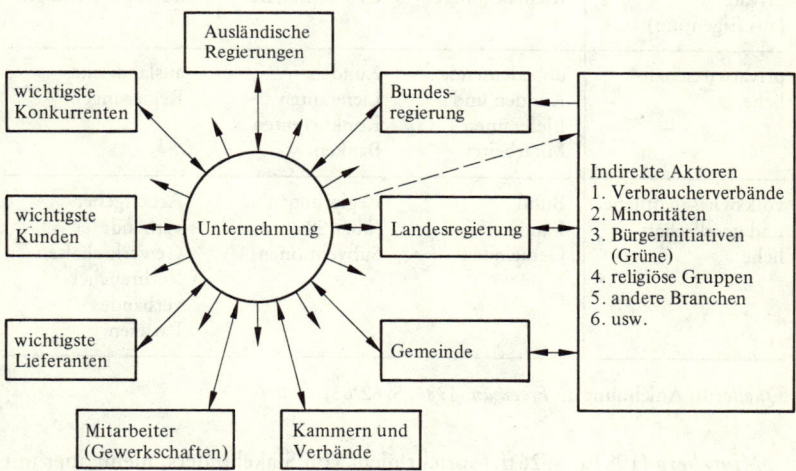

Quelle: *Hellriegel/Slocum* 1974, S. 29

Nach *Freeman* (1984, S. 31) ist das **Stakeholder-Konzept** 1963 am Stanford Research Institute (SRI) entwickelt worden, und zwar als Generalisierung des Begriffs *Stockholder* (Aktionär), um die Aufmerksamkeit des Managements auch auf andere Interessengruppen neben den Anteilseignern zu lenken. Er definiert *Stakeholder* als „Individuen oder Gruppen, welche die Ziele einer Organisation beeinflussen können oder welche von deren Zielerreichung betroffen sind" (*Freeman* 1984, S. 25). Geht man davon aus, daß Stakeholders unterschiedliche Interessen an einer Organisation (hier: Unternehmung) haben bzw. mit ihr verfolgen und über unterschiedliche Machtgrundlagen verfügen, um diese Interessen durchzusetzen, lassen sich denkbare Interessenten in einer Matrix positionieren (vgl. Abb. 2.84). Der Stakeholder-Ansatz hat neben seiner Verwendung in der Organisations- und Systemtheorie (z. B. *Rhenman* 1968, *Pfeffer/Salancik* 1978) vor allem in der Literatur über Strategische Planung (z. B. *Ansoff* 1965, *Lorange* 1980) und soziale Verantwortung der Unternehmung (z. B. *Sethi* 1971) Akzeptanz gefunden. So wurden im Rahmen einer in den 70er Jahren ebenfalls am SRI durchgeführten Studie über ‚Managing Business' Social Concerns' folgende Interessenträger analysiert: Eigentümer, Fremdkapitalgeber, Kunden, Mitarbeiter, Lieferanten und die öffentliche Hand (vgl. *Kreikebaum* 1987, S. 164).

Abb. 2.84: Stakeholder Grid

Interessen \ Macht	formale (aus Vertrag, Gesetz)	ökonomische	politische
private (aus Eigentum)	Kleinaktionäre	Großaktionäre	korrupte Politiker
privatwirtschaftliche	unbedeutende Kunden und Lieferanten Mitarbeiter	Kunden Lieferanten Konkurrenten Banken	ausländische Regierungen
volkswirtschaftliche und gesellschaftliche	Bund Länder Gemeinden	Regierungen (über Steuern, Subventionen)	Arbeitgeberverbände Gewerkschaften Verbraucherverbände Parteien

Quelle: In Anlehnung an *Freeman* (1984, S. 62/63)

Mintzberg (1983a, S. 26ff.) spricht nicht von Stakeholders, meint aber mit *Influencers* sinngemäß dasselbe. Er unterscheidet zwischen externen und internen Beeinflussern der Organisation. Zu den *externen* zählt er Eigentümer, Lieferanten, Kunden, Konkurrenten, Gewerkschaften, private und staatliche Vereinigungen, Regierungen auf allen Ebenen (Bund, Land, Gemeinde).[10]

Zu den *internen* zählen alle fest angestellten Mitarbeiter vom Top Management bis zum Arbeiter (einschließlich der Organisationskultur). An der Nahtstelle zwischen internen und externen Influencers sieht er die Mitglieder des Aufsichtsrats. Externe wie interne bilden **Koalitionen.** Nach dem Ausmaß ihres Einflusses (Macht) auf die Entscheidungen der Organisation haben *externe Koalitionen* (*EC*) folgende Ausprägungen (vgl. Abb. 2.85):

---

[10] Eine ausführliche Darstellung des *Mintzberg*-Modells findet sich bei *Frese* 1987, S. 81ff.

- Einer oder wenige dominieren die Koalition
  (Dominated EC: z. B. Einheitsgewerkschaft, Hauptaktionär)
- Wenige konkurrierende Gruppen teilen sich die Macht
  (Divided EC: z. B. oligopolistische Marktstruktur)
- Viele einzelne, unorganisierte Interessenten
  (Passive EC: z. B. Kleinaktionäre)

Externe Koalitionen sind teils das Ergebnis, teils prägen sie die Entstehung von *internen Koalitionen (IC)*. *Mintzberg* (1983 a, S. 306) formuliert über diese Zusammenhänge folgende Hypothesen:

- Eine Dominated EC begünstigt die Entstehung einer bürokratischen IC; die EC behandelt die Organisation als rein ausführendes Organ.
- Eine Divided EC begünstigt die Entstehung einer politisierten IC; es entstehen interne Machtkämpfe.
- Eine passive EC ist das Ergebnis einer
  - personalisierten IC (z. B. ein starker Top Manager)
  - ideologischen IC (z. B. ein starker Glaube, der missionarisch auch nach außen vertreten wird)
  - professionellen IC (z. B. ein fachlich hochkompetentes Spezialistenteam).

Abb. 2.85: Beziehungen zwischen externen und internen Koalitionen

Externe Koalition (EC)	Interne Koalition (IC)
Dominated EC ———————————▶	Bürokratisch
	Personalisiert
Passive EC	Ideologisch
	Professionalisiert
Divided EC ◀———————————▶	Politisiert

Quelle: Mintzberg 1983 a, S. 306

Ein besonderes Problem stellt die Kommunikation zwischen externen und internen Organisationsteilnehmern sowie die Organisation dieser Beziehungen dar.

Jede Organisation hat mit vielen anderen Organisationen gemeinsame Grenzen und muß **Probleme der Grenzüberschreitung** regeln. Moderne Organisationen zeichnen sich darüber hinaus dadurch aus, daß sie im Zuge der internen Spezialisierung als Antwort auf hohe Umweltkomplexität und -unsicherheit unterschiedliche organisationale Rollen herausgebildet haben; diejenigen mit der Aufgabe, die Interaktionen zwischen Organisationen zu regeln, werden als ‚organizational boundary roles' oder ‚boundary spanning roles' bezeichnet (vgl. *Adams* 1976, *Scott* 1987). Personen, die solche Rollen in einer Organisation übernehmen, zeichnen sich u. a. dadurch aus,

- daß sie relativ große Distanz zu den anderen Organisationsmitgliedern aufweisen, dagegen aber enge externe Beziehungen pflegen,
- daß sie die Organisation nach außen vertreten und in dieser Position auch die relevante Umwelt beeinflussen,
- daß sie Ansprüche von Interessengruppen identifizieren und an die Stellen der Organisation weiterleiten, die damit umgehen können.

Nach *Miles* (1975, S. 320) müssen diese Organisationsmitglieder folgende **Aufgaben** wahrnehmen: Repräsentation nach außen, Identifikation und Analyse von Umweltveränderungen, Schutz vor Umweltbedrohungen, Informationsweiterleitung und Gatekeeping, Verhandlungsführung mit anderen Organisationen, Koordination und Vernetzung zwischen Organisationen.

Die Bewältigung der Ansprüche von internen und externen Organisationsteilnehmern an das Management erfordert Strategien der organisatorischen Aktion und Reaktion. So unterscheidet z.B. *J. D. Thompson* (1967), dessen Konzept stark von produktionswirtschaftlichen Problemstellungen geprägt ist, die drei Strategien: Puffern, Schutz des Produktionssystems vor Umwelteinflüssen durch Subsysteme und Angleichen (Eingriffe in die Umwelt zur Minimierung von Schwankungen) (s. hierzu auch S. 386 der Arbeit).

Hellriegel/Slocum (1986, S. 85 ff.) unterscheiden sechs **Strategien der Begegnung von Umweltanforderungen:**

1. Kooptation

Aufnahme von neuen Organisationsmitgliedern aus Umweltbereichen, die für die Existenz der Organisation wichtig bzw. bedrohlich sind.
Zwei Formen sind denkbar:

- Beteiligung an der Verantwortung zur Machtausübung, z.B. Mitgliedschaft in Aufsichtsgremien
- Beteiligung an der Machtausübung, z.B. Übernahme von Führungspositionen

2. Bargaining

Verhandlungen zwischen zwei oder mehr Individuen, Gruppen oder Organisationen mit dem Ziel, eine Vereinbarung hinsichtlich des Austausches von Leistungen zu erzielen. Die Verhandlungspartner verfügen i.d.R. über Machtmittel (Belohnung und Bestrafung), mit denen sie das Verhalten der anderen Partei(en) beeinflussen können. Diese Strategie tritt häufig bei Konfliktsituationen zwischen Arbeitgebern und Gewerkschaften auf (z.B. Tarifverhandlungen).

3. Lobbyismus

Kontaktaufnahme mit Parlamentariern und Regierungsmitgliedern in Bund und Ländern mit dem Ziel der Beeinflussung der Gesetzgebung im Sinne der Organisationsziele.

4. Koalition
Zusammenschluß von zwei oder mehr Individuen oder Organisationen, um gemeinsame Ziele besser als allein zu erreichen.

5. Repräsentation
Organisationsmitglieder streben die Mitgliedschaft in anderen einflußreichen Organisationen (z.B. Verbände) an, um dort die Interessen der eigenen zu vertreten.

6. Öffentlichkeitsarbeit und Sozialisation
Vermittlung und Verbreitung von Meinungen, Wertungen und Normen (z.B. über Privateigentum, freie Marktwirtschaft, Kernenergie), die im Einklang mit den Interessen einer Organisation sind, damit diese in der Umwelt eine positive Aufnahme finden.

b. Motivation zur Teilnahme an einer Organisation

Eng verbunden mit der Definition der Organisation als Gesamtheit der an ihr teilnehmenden Personen oder Gruppen ist das Konzept der **Koalitionstheorie**. *Barnard* (1938) hat erstmals die Vorstellung von der Organisation (= soziales System) als einer Koalition aller an ihr partizipierenden Gruppen vertreten und mit seinen Überlegungen über die Beitritts- und Beitragsentscheidungen von Organisationsteilnehmern aufgrund der vom System angebotenen Anreize den Ausgangspunkt der **Anreiz-Beitrags-Theorie** geschaffen (vgl. Abb. 2.86). Diese betrachtet Organisationen als extrem offene Systeme, in die jederzeit neue Teilnehmer eintreten und aus denen alte ausscheiden können. Dies trifft in der Realität aber keineswegs auf alle soziale Systeme zu, wie am Beispiel von Zwangsorganisationen (Gefängnis, Konzentrationslager) deutlich wird.

Cyert/March (1963) greifen den Koalitionsgedanken auf und machen ihn zum Ausgangspunkt ihrer Überlegungen: „Laßt uns die Organisation als Koalition betrachten" (S. 27). Während *Barnard* in erster Linie die Teilnahmeentscheidung der Organisationsmitglieder (decision to participate) und die Gleichgewichtsbedingungen zwischen Anreizen und Beiträgen (inducement-contribution-balance) analysierte, stellen *March/Simon* (1958) die Entscheidung zur produktiven Beitragsleistung (decision to produce) in den Mittelpunkt einer erweiterten Anreiz-Beitrags-Theorie. Insgesamt werden drei **Entscheidungstypen von Organisationsteilnehmern** analysiert:
- Entscheidung zur Teilnahme an der Organisation,
- Entscheidung zur Leistung eines Beitrags zum Erreichen der Organisationsziele,
- Entscheidung zum Verlassen der Organisation.

Zwischen den Anreizen zur Beitritts- und Beitragsentscheidung und den Beiträgen der Teilnehmer soll nun nach Vorstellungen der Anreiz-Beitrags-Theorie ein **Gleichgewichtszustand** hergestellt und aufrechterhalten werden.

Anreize, Beiträge ↓

Interessen-gruppen	Kapitalgeber	Manager, Arbeiter	Lieferanten	Kunden	Staat
Anreize (Ansätze für Effizienzkriterien)	Sicherheiten, Verzinsung des eingesetzten Kapitals	materielle und immaterielle Anreize, wie Einkommen, Selbstverwirklichung, Sicherheit, Prestige	Verkaufserlös der gelieferten Waren, Sicherheit der Abnahme und Bezahlung	Nutzen der Produkte und Dienstleistungen	Steuereinnahmen, Unterstützung der Politik der Regierung
Beiträge (Ansätze für Sanktionsmöglichkeiten)	risikobehaftete Kapitalüberlassung	Überlassung der Arbeitskraft, Identifikation, Einsatz	Überlassung von Vorleistungen, Betriebsmittel, Roh-, Hilfs- und Betriebsstoffe	Überlassung des Kaufpreises, Weiterempfehlungen der Ware	Bereitstellung von Infrastruktur, Subventionen, Rechtssicherheit

Abb. 2.86: Beispiele für Anreize und Beiträge verschiedener Interessengruppen

Ein individueller (partieller) Gleichgewichtszustand ist dann erreicht, wenn die dem Organisationsteilnehmer gebotenen Anreize (materieller und immaterieller Art) größer oder mindestens gleich den von ihm dafür geleisteten Beiträgen zur Aufgabenerfüllung des Systems sind. Hierbei werden die gebotenen Anreize in Größen gemessen, die den subjektiven Nutzen zum Ausdruck bringen, den sie dem Individuum stiften, und die Beiträge in Größen, die das von ihm empfundene Opfer zum Ausdruck bringen, gemessen an dem subjektiven Wert, den ein Individuum den Alternativen beimißt, auf die es verzichtet, wenn es seine Leistung der Organisation A und nicht B zur Verfügung stellt.

Der Organisationsteilnehmer folgt hier dem Opportunitätskostenprinzip, indem er die Beteiligungsentscheidung (für A) einer anderen (für B) dann vorzieht, wenn der Verlust, der ihm aus der Nichtbeteiligung bei B entsteht, überkompensiert wird durch den Nutzen, den er durch die Beteiligung bei A zu erreichen glaubt.

Zusammenfassend läßt sich sagen, daß sich beim Organisationsteilnehmer dann ein Gefühl der Zufriedenheit einstellt, wenn der Nutzen der Anreize für ihn höher oder mindestens gleich dem Opfer der Beiträge ist. Sinkt seine Zufriedenheit unter einen kritischen Punkt (zero point on the satisfaction scale), dann nämlich, wenn die Opfer den Nutzen zu übersteigen beginnen, wird der Teilnehmer seine Beitrags- und Teilnahmeentscheidung in Frage stellen.

Die Tatsache, daß die Anreiz- und Beitragsleistungen in subjektiven Nutzengrößen und nicht an einem objektiven Maßstab gemessen werden, zeigt, wie abhängig die Zufriedenheitsskala von dem Anspruchsniveau des einzelnen Organisationsteilnehmers ist (vgl. hierzu S. 255 der Arbeit). Unter **Anspruchsniveau** (level of aspiration) versteht man die Gesamtheit der Erwartungen eines Menschen bezüglich seiner zukünftigen Leistungs- (hier: Beitrags-)fähigkeit und der Zielsetzungen bezüglich seiner zukünftig zu realisierenden Leistung (hier: effektiver Beitrag). Aus der Tatsache, daß das individuelle Anspruchsniveau die Eigenschaft hat – wie empirische Untersuchungen bestätigen (*Hoppe* 1965) –, sich mit fast jeder erbrachten Leistung des Handelnden zu verändern (i.d.R. wird der Handelnde nach Erfolgen sein Anspruchsniveau erhöhen, nach Mißerfolgen es senken), wird deutlich, wie schwierig es ist, zu einem totalen Systemgleichgewicht zu kommen. Das erscheint auch deshalb schwer realisierbar, weil sich das Anspruchsniveau sowie die Anreizerwartungen im sozialen Vergleichsprozeß insbesondere bei Mangel an objektiven Leistungsmaßstäben kognitiv stabilisieren. Das organisatorische Gesamtgleichgewicht ergibt sich dann aus der Summe aller individuellen Anreiz-Beitrags-Gleichgewichte.

Barnard (1938, S. 83) unterscheidet zwischen einem internen und einem externen Gesamtgleichgewicht. Internes Gleichgewicht besteht dann, wenn die Wahrnehmungen der Organisationsteilnehmer über ihre Beziehungen untereinander und zu ihren organisatorischen Hilfsmitteln sich im oben definierten Zufriedenheitsbereich befinden. Externes Gleichgewicht herrscht, wenn die Ziele und Leistungen der Organisation mit den Bedürfnissen und Forderungen ihrer Umwelt in Einklang stehen. Der Erfolg einer Organisation zeigt sich dann in dem Ausmaß, in dem es ihr gelungen ist, das kollektiv bestimmte Anspruchsniveau zu erreichen.

An **Kritik** läßt sich gegen die Anreiz-Beitrags-Theorie folgendes vorbringen (vgl. z.B. *Ortmann* 1976, *Dorow* 1982):

• Die Bestimmung des Organisationsgleichgewichts ist nicht möglich, da über den Inhalt von Anreizen und Beiträgen keine konkreten Angaben gemacht werden.

• Zentrale Begriffe, wie subjektiver Nutzen und individuelle Arbeitszufriedenheit, werden nicht operationalisiert.

• Das Teilnehmerverhalten wird rein adaptiv gegenüber den Anreizen der Organisation betrachtet.

• Die asymmetrische Verteilung von Anreizen und Beiträgen auf die Organisationsteilnehmer wird nicht problematisiert.

• Die Teilnehmergruppen werden formal gleich behandelt, d.h. es werden z.B. keine prinzipiellen Unterschiede zwischen Anbietern von Kapital und von Arbeit gesehen.

c. Berücksichtigung von Teilnehmerinteressen in der Organisationsverfassung

Unter Organisationsverfassung verstehe ich die legale innere Herrschaftsordnung einer Organisation (in Unternehmungen: **Unternehmensverfassung**). Folgt man den Gedanken der Koalitionstheorie, so müßten die subjektiven Vorstellungen der einzelnen Teilnehmer gleichermaßen bei der Zielsetzung und der laufenden Entscheidungsfindung Berücksichtigung finden. In der Literatur wird diese demokratische Form der Betrachtung von Organisationsteilnehmern als *symmetrische* bezeichnet (pluralistische Organisationsverfassung). Ihr kommt jedoch keine deskriptive, sondern allein präskriptive Bedeutung zu. Bei *asymmetrischer* Betrachtungsweise wird gesehen, daß in der Realität einzelnen Teilnehmern oder Teilnehmergruppen Privilegien bei der Entscheidungsfindung eingeräumt werden; in kapitalistischen Wirtschaftsordnungen sind dies in erster Linie die Kapitalgeber (monistische Unternehmensverfassung); aber auch andere Gruppen können bei Vorherrschen bestimmter, für sie günstiger Marktformen oder -situationen (z.B. Angebotsbzw. Nachfragemonopol, Vollbeschäftigung) eine dominierende Stellung gegenüber den restlichen Organisationsteilnehmern erringen. Vor allem die Gruppe der Mitarbeiter kämpft seit Menschengedenken mit wechselndem Erfolg um einen ihrem Beitrag zur Erreichung der Organisationsziele entsprechenden Anteil an der Entscheidungsfindung.

Nun erscheint es aber aufgrund der z.Z. herrschenden Machtverhältnisse nicht nur utopisch und unrealistisch, sondern auch unbillig, allen Organisationsteilnehmern das gleiche Mitentscheidungsrecht einzuräumen, wenn deren Beiträge und deren Bindungen an die Organisation sehr unterschiedlich sind. Folgende Kriterien können als Indikatoren für das Ausmaß der **Verbundenheit mit der Organisation** und damit auch für das Ausmaß der Beteiligung an der Entscheidungsfindung herangezogen werden (vgl. hierzu auch *March/Simon* 1958):

a) aus der Sicht des Organisationsteilnehmers:

- die Anzahl der alternativen Koalierungsmöglichkeiten, die dem Einzelnen offenstehen
- die Streuung des Engagements des Einzelnen auf mehrere Organisationen (Risikostreuung)

b) aus der Sicht der Organisation:

- die Höhe (quantitativ und qualitativ) der vom Organisationsteilnehmer geleisteten Beiträge

c) aus der Sicht beider:

- die Fristigkeit der Kontrakte zwischen Teilnehmer und Organisation sowie die Bedingungen der Vertragsauflösung.

Es ist leicht einzusehen, daß die Integration des Einzelnen in das System mit der **Fristigkeit der** mit ihm geschlossenen **Verträge** und der zunehmenden Schwierigkeit, diese zu lösen, steigt. Den festen Mitarbeitern muß folglich ein höheres Maß an Mitentscheidungsrecht zugebilligt werden als solchen Organisationsteilnehmern, die etwa lediglich einfache, formlose Kaufverträge mit einer Unternehmung oder deren Vertriebsorganisation schließen (z.B. Kunde kauft einmal im Monat ein geringwertiges Produkt). Bestehen jedoch zwischen einem Kunden, um bei dieser Gruppe von Teilnehmern zu bleiben, und der Organisation langfristige Abnahmeverpflichtungen, dann existieren auch eine enge Verbindung mit ihr und ein hohes Interesse an ihrem Schicksal, was eine verstärkte Mitentscheidung rechtfertigt.

Die Freiheit des Einzelnen, beliebig vielen Organisationen anzugehören und diese auf eigenen Wunsch verlassen zu können, mindert offensichtlich dessen Verbundenheit mit nur einer Organisation. Umgekehrt steigt die Abhängigkeit, wenn keine oder nur wenige Alternativen bestehen, z.B. bei hoher Arbeitslosigkeit. In dieser Lage befindet sich z.B. ein Mitarbeiter, der eine Organisation verlassen möchte, sich aber einer Situation gegenüber sieht, in der die Beiträge, die zu leisten er in der Lage ist, von anderen nicht nachgefragt werden (also für ihn keine Alternative zu dieser Organisation besteht).

Die Anzahl der Wahlmöglichkeiten (**Koalierungsmöglichkeiten**) eines Menschen werden u.a. von folgenden, von ihm nicht beeinflußbaren Umständen determiniert: Rechts- und Wirtschaftsordnung (z.B. freie Marktwirtschaft, freie Wahl des Berufes und des Arbeitsplatzes), Marktform (z.B. Monopol, Oligopol), Marktsituation (z.B. Arbeitslosigkeit, Kapitalmangel, Rohstoffknappheit).

Die Verbundenheit des Einzelnen mit einer Organisation und damit seine

Abhängigkeit von dieser steigen mit der Höhe desjenigen Anteils seines gesamten verfügbaren Leistungspotentials (Arbeitskraft, Finanzkraft usw.), den er auf eine Organisation konzentriert (**Ausmaß an Risikostreuung**). Der Kapitalgeber, der sein gesamtes Kapital lediglich in eine Unternehmung investiert hat, ist mit deren Schicksal aufs engste verbunden; derjenige, der sein Vermögen auf mehrere verteilt und somit sein Risiko gestreut hat, kann im Gegensatz zum ersteren auch nur mit einem geringeren Mitspracherecht rechnen. Parallelen zu dieser Gruppe von Organisationsteilnehmern lassen sich gut bei den Kunden und Lieferanten zeigen. Dem Kunden, der seinen Lieferantenkreis möglichst groß halten will, steht derjenige gegenüber, der sich durch Abnahmeverpflichtungen nur an einen oder wenige gebunden hat.

Neben all diesen Faktoren wird in der Realität die unterschiedliche **Höhe der Beiträge**, die die einzelnen Organisationsteilnehmer zur Zielerreichung leisten, eine entsprechende Berücksichtigung bei der Verteilung von Entscheidungsbefugnissen finden. Dabei ist zu beachten, daß das Zurechnungsproblem (individueller Beitrag → Grad an Zielerreichung) weitgehend ungelöst ist und daß Näherungsverfahren, wie etwa analytische Arbeitsbewertung oder produktivitätsorientierte Lohnfindung, lediglich grobe Orientierungsmittel sein können.

Wendet man die hier ausgearbeiteten Kriterien auf die Gruppe der Mitarbeiter an, so wird deutlich, daß es sich zumeist um diejenigen Teilnehmer handelt, die die engste Verbindung mit der jeweiligen Organisation eingehen und sich folglich auch in größter Abhängigkeit befinden, ohne jedoch ein dementsprechendes Mitentscheidungsrecht über die Organisation und deren Ziele zu besitzen.

Die Einengung der in der Bundesrepublik Deutschland bestehenden Unternehmensverfassung auf lediglich zwei Interessengruppen (Kapital und Arbeit im MitbestG 1976) bzw. auf drei (Kapital, Arbeit, öffentliches Interesse im Montan-MitbestG 1951) bei gleichzeitigem Interessenpluralismus in modernen Industriegesellschaften hat zu einer Vielzahl von **Reformvorschlägen** in Richtung auf eine pluralistische Verfassung geführt (vgl. z.B. *Steinmann* 1969, *Weitzig* 1979). Schon im Jahre 1953 wurde vom Deutschen Juristentag die Forderung nach einer interessenpluralistischen Unternehmensverfassung, die sich vom interessenmonistischen Gesellschaftsrecht lösen sollte, erhoben, vom Gesetzgeber aber bis heute nicht aufgenommen.

Im Jahre 1980 veröffentlicht die **Unternehmensrechtskommission** eine Fülle von Vorschlägen, wie das Gesellschaftsrecht in Richtung eines umfassenden Unternehmensrechts fortentwickelt werden kann, und nennt als Interessengruppen die
- Eigenkapitalgeber
- Arbeitnehmer
- Gläubiger
- Allgemeinheit bzw. Öffentlichkeit, und davon losgelöst, das
- Interesse des Unternehmens.

Aufgrund der heterogenen Zusammensetzung der Kommission kam es jedoch zu keiner einheitlichen Empfehlung an den Gesetzgeber, sondern nur zu einer Auflistung von Rechtspositionen.

Die hier diskutierten Ansätze und Konzepte zu einer interessenpluralistischen Unternehmensverfassung haben in absehbarer Zeit keine Chance, realisiert zu werden. Dies liegt abgesehen von der gegenwärtigen politischen Situation u. a. daran, daß es der Rechtswissenschaft noch nicht gelungen ist, das interessenmonistische Gesellschaftsrecht mit dem interessendualistischen Mitbestimmungsrecht zu verknüpfen bzw. das Gesellschaftsrecht durch ein Unternehmensrecht zu ersetzen.

4. Ziele und Effizienz der Organisation

a. Funktion und Arten von Zielen

Organisationen werden gegründet, um bestimmte Zwecke und Ziele zu erreichen. Da Ziele Struktur und Verhalten von Organisationen beeinflussen (vgl. z.B. *Mayntz* 1963, *Perrow* 1970), kommt ihnen in dieser Arbeit besondere Bedeutung zu.

So weisen nach *Mayntz* (1963) **Organisationen mit geselligen Zielen** (z.B. Freizeitvereine, Klubs) eine demokratische Struktur (Wahl) und freiwillige Zugehörigkeit der Mitglieder auf; **Organisationen mit Einwirkungszielen** (z.B. Gefängnis, Schule, Krankenhaus) verfügen über zwei Mitgliedergruppen, wobei die einwirkende Gruppe stark bürokratische Merkmale zeigt, während die Gruppe, auf die eingewirkt wird (Häftlinge, Schüler, Kranke), wenn überhaupt, dann eher demokratisch organisiert ist; **Organisationen mit Leistungszielen** (z.B. Unternehmungen, Betriebe, Verwaltung) tendieren zu hierarchischen Autoritätsstrukturen. Organisatorische Regelungen dienen also dazu, die Mitglieder so zu konditionieren, daß die Organisationsziele effizient erreicht werden.

Neben der Bedeutung von Zielen als Einflußfaktoren der Organisationsstruktur sehen *Porter/Lawler/Hackman* (1975, S. 78f.) noch folgende wichtige Funktionen von Zielen:
* Rechtfertigung von Handlungen gegenüber Dritten
* Information von Organisationsmitgliedern und Nichtmitgliedern über den Zweck der Organisation
* Handlungsanleitung, Motivation
* Maßstab der Leistungsbeurteilung.

Zunächst gilt es zu klären, was unter Zweck und was unter Zielen einer Organisation zu verstehen ist. Während z.B. *Mayntz* (1963, S. 58) für eine synonyme Verwendung beider Begriffe plädiert, nehmen viele betriebswirtschaftliche Autoren dahingehend eine Differenzierung vor, daß sie unter

Zweck die Leistung der Organisation für die Umwelt (Gesellschaft) verstehen, aus deren Erfüllung die Organisation ihre gesellschaftliche Existenzberechtigung ableitet, und unter **Zielen** die von der Organisation bzw. ihren Teilnehmern selbst formulierten Vorstellungen über erwünschte organisatorische Zustände oder Verhaltensweisen, wie z. B. Stabilität, Wachstum, Effizienz. Entsprechend tief gliedert *Perrow*[11] (1970, S. 135):

Zielart	Zielobjekt
• gesellschaftliche Ziele	Gesellschaft im Allgemeinen
• Outputziele	Abnehmergruppen von Leistungen der Organisation, z. B. Konsumgüter, Erziehung, Gesundheitspflege (Sachziele)
• Systemziele	Struktur und Verhalten der Organisation, z. B. Wachstum, Stabilität, Gewinn (Formalziele)
• Produktziele	Charakteristika der Produkte oder Dienstleistungen der Organisation, z. B. Quantität, Qualität, Design
• abgeleitete Ziele	Bereiche außerhalb des primären Organisationszwecks, z. B. politische Aktivitäten, Regionalentwicklung

Mit den Zwecken (oder auch Funktionen) von Organisationen in der Gesellschaft beschäftigen sich vor allem Soziologen (z. B. *Parsons* 1960), während Betriebswirte sich mehr auf Ziele und Zielsysteme von Organisationen, speziell Unternehmungen, konzentrieren (z. B. *Heinen* 1976).

In der Literatur werden die hier angesprochenen gegensätzlichen Ansätze als ,prescribed' und ,derived goal approach' diskutiert (*Yuchtman/Seashore* 1967). Unter *prescribed goal approach* versteht man einen Ansatz, der an Äußerungen der Organisation bzw. ihrer Repräsentanten anknüpft, und unter *derived goal approach* eine Vorgehensweise, die organisatorische Ziele aus einer externen funktionalen Analyse des Zwecks der Organisation ableitet. Logisch mag die Betrachtungsweise, Organisationsziele aus gesellschaftlichen Zwecken zu deduzieren (derived goal approach), durchaus plausibel sein, allein sie trägt nichts zum Verständnis von Zielbildungsprozessen in der Realität bei. Ziele werden von Individuen/Gruppen, ausgestattet mit bestimmten Interessen und mit unterschiedlichen Machtmitteln, formuliert und durchgesetzt. Diese Individuen bzw. Gruppen nehmen aktuelle gesellschaftliche Ziel- und Wertprioritäten unterschiedlich wahr, zumal diese ja offensichtlich seit neuerer Zeit einem beschleunigten Wandlungsprozeß folgen, der als solcher uneindeutig ist.

Bei der Analyse der Entstehung von Zielen in Organisationen, stellt sich zunächst die schwierige Frage, ob Organisationen (in Analogie zu Individuen) überhaupt Ziele haben können oder nur Organisationsteilnehmer (Reduktionismusproblem). Diesem Problem wird zunächst durch Dekomposi-

---

[11] *Perrow, Charles B.* (geb. 1925) Prof. Soziologie, Yale Uni.

tion zu begegnen versucht. So unterscheidet *Kirsch* (1969) (ähnlich *Kieser/ Kubicek* 1983 und *Türk* 1978):

• Individualziele der Organisationsteilnehmer
• Ziele der Organisationsteilnehmer für die Organisation
• Ziele der Organisation.

Simon (1945) schlägt zur Vermeidung von Unklarheiten zwischen ‚individual‘ und ‚organizational goals‘ vor, erstere als Motive zu bezeichnen.

Die **Individualziele** oder Motive eines Organisationsteilnehmers werden, wenn sie als Forderungen an die Organisationsleitung (Management) gerichtet sind, zu Zielen *für* die Organisation. Ziele für die Organisation werden zu Zielen *der* Organisation, wenn sie vom Management verbindlich festgelegt worden sind.

Untersuchen wir zunächst die klassische Annahme von der autonomen Formulierung von Zielen für die gesamte Organisation durch einen Organisationsteilnehmer. Die unzulässige Generalisierung der Beobachtung, daß in bestimmten Organisationstypen und bestimmten historischen Situationen die Ziele *eines* Organisationsteilnehmers (z. B. Eigentümer, Investor) so dominieren, daß er allein die Ziele der Organisation bestimmen kann, mag überhaupt erst zu dem theoretischen Konstrukt von den „Zielen der Organisation" geführt haben. In diesem Extremfall sind die Ziele eines Organisationsteilnehmers identisch mit den Zielen der Organisation. In der Regel wird aber ein Bargaining-Prozeß ablaufen, in dessen Verlauf Organisationsteilnehmer persönlich oder vertreten durch Repräsentanten (z. B. Betriebsräte, Gewerkschaften, Verbraucherverbände) Ansprüche formulieren (Ziele *für die* Organisation), die keineswegs mit ihren eigenen Zielen identisch sein müssen. Erst durch die formale Absegnung des im Verhandlungsprozeß erreichten Kompromisses durch dazu autorisierte Manager entstehen offizielle Ziele *der* Organisation.

Um Ziele *der* Organisation zu handlungsrelevanten operativen Zielen werden zu lassen, müssen sie als solche von den Handlungsträgern akzeptiert werden, denn diese bringen eigene persönliche Zielvorstellungen (Individualziele) ein, die sie über die Teilnahme an der Organisation erreichen wollen. Insofern müssen die Ziele der Organisation instrumental zur Erreichung der eigenen Ziele sein. Zur Identifikation mit den Zielen der Organisation vgl. *Conrad* 1988 sowie S. 534 f. der Arbeit.

Handelt es sich bei der untersuchten Organisation um eine Unternehmung in einem kapitalistischen Wirtschaftssystem, so ist die Annahme einer Unternehmungszielbildung aus den Individualzielen von Organisationsteilnehmern völlig realitätsfremd. Das **Formalziel Gewinnerzielung** steht überhaupt nicht zur Disposition. Die Unternehmung ist gezwungen, nachhaltig Gewinne zu erzielen. Nur innerhalb des institutionellen Rahmens (Marktwirtschaft, Privateigentum an den Produktionsmitteln, Mitbestimmung) eröffnet sich ein Spielraum für die Wahl von **Sachzielen** (vgl. das Konzept der begrenzten Wahlmöglichkeiten von *Kubicek*, S. 55 f. der Arbeit). „Gewinnerzielung stellt den Primäreffekt betrieblicher Betätigung dar, die Leistungserstellung dagegen den Sekundäreffekt, insofern Leistungserstellung Mittel zum Zweck maximaler Gewinnerzielung ist" (*Gutenberg* 1983, S. 465).

b. Verhaltenssteuerung durch Ziele

Ziele beschreiben ganz allgemein einen erwünschten zukünftigen Zustand, den die Organisation zu erreichen versucht, oder genauer, Ziele sind „Aussagen mit normativem Charakter, die einen von einem Entscheidungsträger gewünschten, von ihm oder anderen anzustrebenden, auf jeden Fall zukünftigen Zustand der Realität beschreiben" (*Hauschildt* 1977, S. 9). Um diesem Anspruch zu genügen, sollen Ziele folgende Elemente beinhalten (z.B. *Heinen* 1976):

- **Zielobjekt oder Zielinhalt** (Teilbereich der Realität, wie Gesamtorganisation oder Kapazität einer Anlage, über den normative Aussagen gemacht werden; sachliches Zielelement)
- **Zieleigenschaften** (Kriterien, wie nützlich, wirtschaftlich, technisch geeignet, zur Bewertung alternativer Realitätszustände; formales Zielelement)
- **Zielmaßstäbe** (Meßvorschriften, wie nominal, ordinal, kardinal, zur Quantifizierung der Zieleigenschaften)
- **Zielniveau oder Zielausmaß** (angestrebtes Ausmaß an Zielerfüllung, wie Optimallösung oder Anspruchsniveauerreichung)
- **Zeitlicher Bezug** (Zeitraum, innerhalb dessen das angestrebte Zielniveau erreicht werden soll)

In der Literatur zur normativen Entscheidungstheorie wird an wohlformulierte und -strukturierte Ziele bzw. Zielsysteme eine ganze Reihe von Forderungen gestellt, die aber – wie wir später sehen werden – in aller Regel in der Realität nicht erfüllt werden (können).

Dazu gehören u.a.

Quantifizierung
- setzt in numerische Werte faßbare Imperative, eine Maßeinheit, eine Meßvorschrift und eine Meßmethode voraus.

Operationalität
- setzt Meßbarkeit der Zielerfüllung, also Quantifizierung, und
- eine an den Handelnden angepaßte Zielformulierung voraus, d.h. das Ziel muß für den jeweils Entscheidenden oder Ausführenden verständlich sein, was durch Anpassen an dessen jeweilige Stellung in der Organisation erreicht werden kann.

Konsistenz und Kompatibilität
- setzen voraus, daß alle artikulierten und autorisierten Ziele berücksichtigt sind, in vertikaler Ausdehnung in Mittel-Zweck-Beziehung zueinander stehen und in horizontaler Ausdehnung in Komplementaritätsbeziehung, d.h. untereinander harmonieren.

Autorisierung, schriftliche **Formulierung** und organisationsweite **Bekanntmachung.**

Als besonders wichtig wird vor allem die Formulierung operationaler Handlungsziele angesehen, denn mit der zunehmenden Verständlichkeit und Plausibilität der Ziele steigen, so die Annahme, auch bei den Organisationsteilnehmern die Fähigkeit und der Wille zu deren Erfüllung. In der Managementliteratur werden ähnliche Anforderungen an Ziele und Zielsysteme gestellt, wobei die Hypothese zugrundegelegt wird, daß klar formulierte und operational vorgegebene Ziele die individuelle und Gruppenleistung positiv beeinflussen (vgl. z.B. die Zieltheorie von *Locke* 1968, 1976 auf S. 217f. der Arbeit). Auch die weitverbreitete ideale Vorstellung, daß Ziele in einer **Mittel-Zweck-Hierarchie** angeordnet werden können, die die Ableitung ebenenspezifischer Zielvorgaben erlaubt, findet bei Entscheidungstheoretikern Unterstützung.

In der Realität von Organisationen lassen sich solche Ordnungsmuster jedoch nur selten ausmachen. So konnte *Hauschildt* (1977, S. 171) aufgrund einer empirischen Untersuchung feststellen, daß Handlungsziele nicht konsequent aus einem übergeordneten Zielsystem der Unternehmung abgeleitet werden. „Charakteristisch ist vielmehr, daß die Entscheidungsträger die Zielsetzung in ständiger Dialektik mit der Alternativensuche und der Situationsbeurteilung entwickeln."

Spätestens seit der empirischen Erhebung von *Witte* (1968) wissen wir, daß Entscheidungsprozesse in Organisationen, wenn überhaupt, dann nur begrenzt durch a priori gesetzte Ziele gesteuert werden. Zielsysteme sind i.d.R. unvollständig und durch Ambiguität und Inkonsistenz der Ziele gekennzeichnet. *Kast/Rosenzweig* (1985, S. 484) sprechen bei unklaren Zielen sogar von einer Tugend der Vagheit (virtue of vagueness). *Kirsch* (1977, S. 161) hält es für gerechtfertigt, „das Zielsystem einer Organisation als eine höchst unscharf abgegrenzte, vage definierte und kaum geordnete Menge unvollständig formulierter Ziele zu charakterisieren", wobei diese Unbestimmtheit häufig sogar intendiert ist, um überhaupt konsensfähige Ziele aushandeln zu können.

Vor allem *Hauschildt*[12] (1977, 1981) hat sich intensiv mit diesem Problem beschäftigt. Eine Auswertung eigener und fremder Befunde der empirischen Zielforschung, wonach Entscheider in erheblichem Umfang unklare Zielartikulationen präferieren, führt ihn zu folgenden Erklärungsansätzen für **Zielunklarheit** (*Hauschildt* 1981, S. 313ff.):

- Unklare Ziele erlauben es, den Zielfindungsprozeß von Konflikten freizuhalten, die bei der Festlegung präziser Zielniveaus zwangsläufig auftreten. Damit wird der Weg zu Kompromissen geebnet.
- Unklare Ziele erlauben ein Einlenken ohne Prestigeverlust und engen den individuellen Aktionsspielraum nicht unnötig ein (Problem der Reaktanz).

---

[12] *Hauschildt, Jürgen* (geb. 1936) Prof. BWL, Uni Kiel.

Damit ist jedoch keineswegs ein Plädoyer für generelle Zielunklarheit im Management zu verbinden. Eine situative Relativierung erscheint angezeigt. Zielunklarheit bietet sich an
- bei komplexen innovativen Entscheidungsproblemen
- in frühen Phasen des Entscheidungsprozesses
- auf höheren Managementebenen.

Die Formulierung von Zielen ist nicht nur eine einmalige Aufgabe im Leben einer Organisation, sondern ein permanenter **Prozeß**. In dem Maße, in dem sich die externe und interne Situation der Organisation verändern, werden u. U. auch Zielveränderungen notwendig. Diese lassen sich in Zielkonkretisierung und Zielwandel einteilen (vgl. *Blau/Scott* 1962, *Etzioni* 1964):

Zielkonkretisierung wird erforderlich, wenn unklare und unpräzise Zielformulierungen vorliegen. Sie tritt auf als
- Zieldifferenzierung (Ableitung von Unterzielen in einer Zielhierarchie)
- Zielerweiterung (Aufnahme neuer Ziele zur Zielpräzisierung)
- Zielbegrenzung (Einschränkung der Ziele etwa in Engpaßsituationen).

Zielwandel liegt vor, wenn die jetzigen Ziele zwar keiner weiteren Konkretisierungen bedürfen, aber insgesamt in ihrer Orientierung verändert werden. Er tritt auf als
- Zielvermehrung (z. B. Diversifikation)
- Zielverschiebung (bisherige Mittel werden zum neuen Zweck)
- Zielnachfolge (Orientierung an völlig neuen Zielen nach Erreichung der alten).

Neben Zielklarheit und -eindeutigkeit fehlen in der betrieblichen Praxis häufig auch die in der Literatur postulierten, eindeutig formulierten und öffentlich gemachten Ziele; die Grenzziehung zwischen autorisierten und nicht autorisierten, aber tatsächlich verfolgten Zielen ist dabei nur schwer zu ziehen. *Perrow* (1961) trifft aufbauend auf diesen Erkenntnissen die Unterscheidung in offizielle (official organizational goals) und operative Ziele (operative organizational goals) (vgl. auch *Kast/Rosenzweig* 1985, *Porter/Lawler/ Hackman* 1975).

Offizielle Ziele sind die nach außen bekannt gemachten und in offiziellen Dokumenten (Statuten, Charta, Unternehmungsleitlinien) festgehaltenen Ziele. In der Regel sind sie abstrakt und unpräzise.

Operative Ziele sind dagegen die von den Organisationsmitgliedern zu einem bestimmten Zeitpunkt tatsächlich verfolgten und damit handlungsrelevanten Leitlinien des Handelns.

Leider werden in der klassischen empirischen Zielforschung lediglich die offiziellen Ziele erhoben, deren Erklärungskraft für organisatorisches Handeln aber als nur sehr beschränkt einzuschätzen ist (vgl. z. B. *Heinen* 1976 sowie demgegenüber den neueren Ansatz einer Inhaltsanalyse von Zielartikulationen bei *Hauschildt* 1977). Operative und offizielle Ziele entfernen sich in der Realität mehr oder weniger weit voneinander. Operative Ziele werden leichter und schneller an veränderte Situationen innerhalb und außerhalb von

Organisationen angepaßt, während offizielle diesen Veränderungen – wenn überhaupt – mit einem größeren time lag folgen.

Letztlich ergeben sich in der Praxis der Zielformulierung und -durchsetzung Probleme aus der Tatsache, daß meist mehrere Ziele von mehreren Personen gleichzeitig verfolgt werden. Folgende **Arten der Zielbeziehungen** sind denkbar (vgl. *Gäfgen* 1974, *Heinen* 1976):

• **Zielidentität** (problemlos, da keine Mehrfachziele vorliegen)
• **Zielkomplementarität** (problemlos, da Ziele sich gegenseitig fördern)
• **Zielindifferenz** (problemlos, da Ziele unabhängig voneinander erreicht werden können)
• **Zielkonflikt** (problemhaltig, da Ziele miteinander konkurrieren).

Zielkonflikte sind in der Organisationsrealität eher die Regel als die Ausnahme. Konfligierende Ziele können sogar durchaus funktional sein, wenn es darum geht, organisatorische Flexibilität, Innovation und Wandel sicherzustellen bzw. einzuleiten.

In aller Regel wird der Zielkonkurrenz durch sequentielle Problemlösung begegnet, d.h. der Zielkonflikt zu einem Zeitpunkt wird durch zeitliche Dekomposition scheinbar aufgelöst und durch ‚sequential attention' bewältigt. Weitere Formen der Konflikthandhabung sind die Zielgewichtung, die Zielrangordnung, die Zieldominanz und der Zielkompromiß.

Die ganze Mühe bei der Suche, Analyse und Formulierung von Zielen und Zielsystem wäre unbefriedigend, wenn nicht in einem weiteren Schritt das Erreichen der Ziele in irgendeiner Form festgestellt würde.

Damit ist das Konzept der organisatorischen Effizienz angeschnitten, das klassischerweise an organisatorischen Zielen anknüpft.

c. Erfolg von Organisationen (Effizienz)

Organisationen verfolgen bestimmte Zwecke und Ziele. Die Organisationsmitglieder und -teilnehmer sind verständlicherweise daran interessiert, daß diese auch erreicht werden, da damit indirekt ihre Ansprüche an die Organisation befriedigt werden. Daneben fragt der Manager und Organisator nach solchen Gestaltungsmaßnahmen, welche die Effizienz der Zielerreichung in und von Organisationen besonders fördern. Dabei hilft ihm nicht nur die Kenntnis solcher Gestaltungsempfehlungen, sondern er wünscht auch eine Auskunft über die Effizienz alternativer Maßnahmen. Auf welche Ansätze zur Messung der Effizienz könnte er zurückgreifen, und welche Entwicklungstendenzen zeichnen sich ab?

Auf der Ebene der Gesamtorganisation werden heute vor allem folgende **Effizienzansätze** diskutiert (vgl. *Robbins*[13] 1987, S. 25ff.):

• **Ziel-Ansatz**
• **System-Ansatz**

---

[13] *Robbins, Stephen P.*, Prof. Org. Behavior, San Diego State Uni.

- **Organisationsteilnehmer-Ansatz**
- **Interessen-Ansatz**

Daneben existiert noch ein stärker anwendungsorientierter Ansatz, das **Management Audit**.

Während sich die bislang erwähnten Ansätze auf die Bewertung von Organisationen bzw. ihrer Managementsysteme als Ganze beziehen, spezialisieren sich deutschsprachige Ansätze (*Gzuk* 1975, *Thom* 1976, *Knopf* et. al. 1976) vor allem auf die Bewertung von innerorganisatorisch ablaufenden *Prozessen*, wie Entscheidungsprozesse, Innovationsprozesse und Reorganisationsprozesse im Rahmen von Situations- oder Effizienzanalysen.

(1) Ziel-Ansatz

Notwendige Voraussetzung zur Bestimmung der Effizienz im Ziel-Ansatz ist die Existenz von explizit genannten, weitgehend operational formulierten Organisationszielen. Effizienz kann dann als Grad der Zielerreichung definiert werden (vgl. *Budäus/Dobler* 1977; *Grabatin* 1981; *Price* 1968). Die positive Differenz zwischen den angestrebten Zielen (Anspruchsniveau einer Organisation) und den in der Planperiode tatsächlich erreichten Zielen wird auch als **Organizational Slack** bezeichnet (vgl. *March/Simon* 1958, *Cyert/March* 1963, *Scharfenkamp* 1987).

Als Vorteile des Ziel-Ansatzes gelten
- Betonung der Zweckrationalität von Organisationen
- Einfachheit in der Anwendung.

Diesen vermeintlichen Vorteilen stehen jedoch schwerwiegende forschungsmethodische Probleme gegenüber.

Zunächst besteht die Schwierigkeit einer exakten, operationalen Zielidentifikation: Wessen Ziele sollen gemessen werden? Welche Ziele werden gemessen, offizielle oder operative?

Selbst wenn man die Möglichkeit der Operationalisierung solcher Ziele unterstellt, so scheitert der Ansatz doch an der fehlenden interorganisationalen Vergleichbarkeit, da operative Ziele von Organisation zu Organisation unterschiedlich definiert werden.

Ein weiteres schwerwiegendes Problem stellt die Tatsache dar, daß nicht *ein Ziel*, sondern ein ganzes *Zielbündel* innerhalb von Organisationen verfolgt wird. Aber nicht nur die Zielartikulation und -identifikation einzelner sowie die hierarchische Ordnung mehrerer Ziele, sondern auch die Änderungen von Zielen im Zeitablauf erschweren die Bestimmung von Zielrealisationsgraden. Die klassische Entscheidungstheorie unterstellt bekanntlich einen zu Prozeßbeginn punktuellen Akt der Zielsetzung, dem verschiedene Stufen des Problemlösungsprozesses folgen. Die empirischen Befunde von *Hauschildt* lassen jedoch organisationsinterne, parallel zu Entscheidungsprozessen verlaufende Zielbildungsprozesse erkennen, die eine statische Zielanalyse zum Zweck der Effizienzmessung mehr als zweifelhaft erscheinen lassen (vgl. *Hauschildt* 1977; *Hall* 1982).

(2) System-Ansatz

Während der Zielansatz allein auf das Ausmaß der Zielerreichung abhebt, öffnet der System-Ansatz eine erweiterte Betrachtungsweise, indem er zusätzliche Beziehungen zwischen der Organisation als System und der Umwelt berücksichtigt. Abb. 2.87 zeigt, daß daneben auch intern ablaufende Prozesse und Organisationsziele in die Betrachtung einbezogen werden, so daß sich drei mögliche **Untersuchungsbereiche innerhalb des System-Ansatzes** ergeben:
1. System-Umwelt-Beziehungen
2. Strukturen und Prozesse
3. Ziele.

Effizienz wird nicht mehr auf den dritten Bereich (Ziele) beschränkt, sie umfaßt eine Beurteilung der Fähigkeit, Ressourcen zu erwerben (input), interne Systemstabilität zu erhalten (Prozesse und Strukturen) und erfolgreich mit der Umwelt zu interagieren (System-Umwelt-Beziehungen). Damit entwickelt sich der Effizienzbegriff zu einem abstrakten, mehrdimensionalen Konstrukt und kann allenfalls mittelbar über ein System operational zu definierender Indikatoren gemessen werden.

Abb. 2.87: Elemente des Systemansatzes in der Effizienzmessung

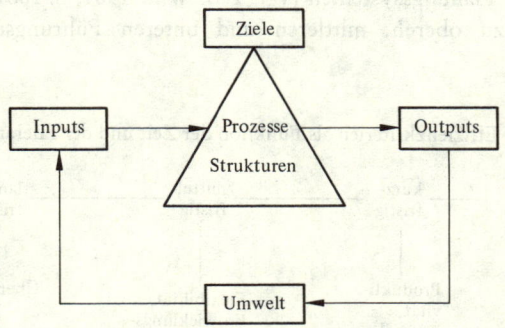

Quelle: In Anlehnung an *Gibson* et al. 1976, S. 62

Innerhalb der System-Ansätze hat der **system resource approach** von *Yuchtman/Seashore* (1967) in der Literatur besondere Beachtung gefunden, obwohl er sich nur auf die System-Umwelt-Beziehungen beschränkt. Die Autoren definieren Effizienz auf der Grundlage der Verhandlungsposition einer Organisation. Diese zeigt sich in der Fähigkeit der Organisation, ihre relevante Umwelt (Konkurrenten, Lieferanten, Kunden etc.) bei der Beschaffung knapper und lebensnotwendiger Ressourcen zu dominieren (S. 898), d.h. die Bedingungen/Konditionen der Transaktionen zu bestimmen. Effizienz bezieht sich dann auf die Stärke/Schwäche der Verhandlungsposition, die ein System gegenüber seiner Umwelt bzw. einem Umweltsegment erreicht.

Stehen einer Organisation in einer Planperiode mehr Ressourcen zur Verfügung als zur Zielerreichung erforderlich sind, spricht man von **Organizational Slack** (überschüssige Ressourcen), z. B. zu hohe Liquidität, zu hohe Läger, zu viele Mitarbeiter (zur zielbezogenen Slack-Definition vgl. S. 412 sowie *Scharfenkamp* 1987). Slack muß jedoch unter Effizienzgesichtspunkten keineswegs negativ sein, sondern kann eine wichtige Schutz- bzw. Pufferfunktion für die Organisation übernehmen.

Den wohl allgemeinsten System-Ansatz liefert zweifellos *Parsons* (1960, S. 164), der vier zur Erreichung von Effizienz funktionale **Universalaufgaben** organisatorischer Prozesse bzw. Aktivitäten analysiert (vgl. das AGIL-Schema auf S. 45):

• Umweltorientierung (adaptation).
• Zielerreichung (goal-attainment)
• Integration und Kontrolle von Handlungen (integration)
• Erhaltung der Sozialstruktur (latency bzw. pattern-maintenance)

Gibson/Ivancevich/Donnelly Jr. (1976) haben darüber hinaus die in den Ziel-Ansätzen vernachlässigte Zeitstruktur in die gesamtorganisatorische Effizienz-Bewertung eingebracht. Ihre Dreiteilung der Zeitstruktur und der Effizienzkriterien entspricht der zeitlichen und sachlichen Differenzierung in mehrstufigen Planungssystemen (vgl. z. B. *Wild* 1981, S. 166 ff.) und deren Zuordnung zu oberen, mittleren und unteren Führungsebenen (siehe Abb. 2.88).

Abb. 2.88: Effizienzkriterien als Funktion der Zeit und der Hierarchieebenen

Zeit	kurz-fristig	mittel-fristig	lang-fristig
Effizienz-kriterien	Produkti-vität, Zufrieden-heit	Flexibilität, Entwicklungs-fähigkeit	Überleben
Planungs-aktivität	operative Planung	taktische Planung	strate-gische Planung
Führungs-ebene	untere	mittlere	obere

Quelle: Staehle/Grabatin 1979, S. 91

Die Leistungsfähigkeit dieser integrativen System-Konzepte beschränkt sich gegenwärtig auf die Leistungsfähigkeit einzelner Teilkonzepte (vgl.

Abb. 2.87). Es bleibt offen, ob diese Ansätze jemals zu einer Lösung des Problems der Effizienzmessung auf Systemebene führen können, zumal sie wesentliche soziale Phänomene, wie Interessen, Macht, Konflikt, weitgehend ausklammern. Diese Beschränkung wird von den nachfolgend zu besprechenden Ansätzen aufzuheben versucht.

(3) Organisationsteilnehmer-Ansatz

Der Organisationsteilnehmer-Ansatz nimmt die Position des externen Interessenten an der Organisation ein (Stakeholder, Constituencies). Eine Organisation ist dann effizient, wenn sie die Ansprüche/Erwartungen solcher Organisationsteilnehmer (-gruppen) befriedigt/erfüllt, von denen sie lebensnotwendige Ressourcen benötigt. Dies ist die zentrale These des **strategic constituencies approach** (vgl. *Pfeffer/Salancik*[14] 1978).

Ausgangspunkt zur Spezifikation von Effizienzkriterien sind **Interessengruppen,** die als entscheidende und als positiv oder negativ sanktionierende Handlungsträger die Macht besitzen, auf den Fortbestand der Organisation einzuwirken, die also aufgrund von Austauschbeziehungen mit der betrachteten Organisation in Interaktion stehen.

Effizienzkriterien werden von den verschiedenen Interessengruppen, der Art und Höhe (= Anspruchsniveaus) nach, ausgehandelt und mehr oder weniger offen gegenüber der Organisation formuliert. Als Maßstab zur Beurteilung der Organisation angelegt, liefern sie schließlich den Grund dafür, die Organisation positiv oder negativ zu sanktionieren. Die Organisation kann spätestens bei der Registrierung negativer Sanktionen die Verletzung von Effizienzkriterien sowie die dahinterstehenden Interessengruppen lokalisieren.

Die Aufgabe des Managements einer Organisation liegt nun darin, Art und Höhe der Effizienzkriterien zu ermitteln, die ihrer Bewertung zugrunde gelegt werden. Eine Organisation wird solange als effizient definiert, wie sie, warum auch immer, von den Interessengruppen akzeptiert wird.

Sind die relevanten Interessengruppen identifiziert, muß das Ausmaß der Macht bestimmt werden, über die sie verfügen, um Handlungen und Verhalten der Organisation zu beeinflussen. Ansprüche der mächtigsten Gruppen sind mit höchster Priorität zu befriedigen.

Effizientes Verhalten der Organisation impliziert allerdings auch, solche Forderungen/Sanktionen, die den Fortbestand der Organisation bedrohen könnten, zu vermeiden. Dies erfordert erstens, die gestaltungsfähigen (= veränderbaren) Organisationsmerkmale (z. B. Produktionsverfahren, Technologie, Organisationsstruktur, Kapitalstruktur etc.) so anzupassen, daß sie die Effizienzkriterien erfüllen, und/oder zweitens, durch Interaktion eine Änderung der Effizienzkriterien zu bewirken, die es dann zulassen, die Organisation als effizient zu bewerten.

---

[14] *Pfeffer, Jeffrey,* Prof. Soziologie, Stanford Uni.
Salancik, Gerald R., Prof. Soziologie, Carnegie Mellon Uni.

Vor allem dieser letzte Aspekt, die Analyse von Verhandlungen zwischen Organisation und Interessengruppen, steht im Mittelpunkt des **interaktions-orientierten Effizienzansatzes** (vgl. *Staehle/Grabatin* 1979, *Grabatin* 1981, *Staehle* 1987). Die Festlegung von Effizienzkriterien erfolgt nach den Vorstellungen dieses Ansatzes nicht monologisch, sondern dialogisch, d.h. sie ist das **Ergebnis eines Interaktionsprozesses** zwischen dem Management einer Organisation und externen Gruppen, die ein nachweisliches Interesse an der Organisation haben. Eine solche Sichtweise der External Relations oder Public Affairs (vgl. *Weitzig* 1979, S. 22 ff.) entspricht den Vorstellungen von *P. Ulrich* (1983, S. 80 f.) von einem dialogischen **Konsensus-Management.**

Dieser Ansatz verlagert die unergiebige Diskussion über die Prioritätsverteilung zwischen ökonomischer und sozialer Effizienz aus der Organisation heraus auf das Feld der Interaktionsprozesse zwischen der Organisation und den relevanten Interessengruppen (= Analyse politischer Prozesse). Er geht davon aus, daß im Zuge von Verhandlungsprozessen Anspruchs- bzw. Zielerreichungsniveaus abhängig von der jeweiligen Machtposition ausgehandelt werden können. Potentielle Verhandlungsergebnisse liegen auf einem Kontinuum, das von zwei Extrema begrenzt wird. *Im einen Extrem* wird die Organisation mit ausschließlich passiver Anpassung an die Umwelterfordernisse – der Erfüllung aller Effizienzkriterien – reagieren, einer Strategie, die sicher nur zeitweise möglich sein wird, da nicht unterstellt werden kann, daß die Interessengruppen immer nur erfüllbare Effizienzkriterien formulieren.

Im anderen Extrem – Dominanz der Organisation über ihre Umwelt (etwa der klassische Monopolist) – besteht die Möglichkeit, aufgrund der Machtstellung eine Verschiebung der Anspruchsniveaus zu bewirken. Daneben können kombinierte Interaktions- und Anpassungsprozesse sowohl eine Verschiebung der Anspruchsniveaus als auch eine Veränderung der Organisation selbst induzieren.

(4) Interessen-Ansatz

Eng mit dem Organisationsteilnehmer- ist der Interessen-Ansatz verbunden. Er geht davon aus, daß bei identischem Bewertungsobjekt (z.B. Output einer Organisation) unterschiedliche Bewerter aufgrund ihrer je individuellen Werte- und Präferenzstruktur sowie ihrer Interessenlage zu z.T. völlig unterschiedlichen Effizienzbeurteilungen kommen können (z.B. Beurteilung von Teilstillegungen durch Anteilseigner und Arbeitnehmer). Der **competing values approach** (vgl. *Quinn/Rohrbaugh* 1981, *Quinn*[15] 1988) geht davon aus, daß diese unterschiedlichen Beurteilungskriterien auf drei Gruppen konkurrierender Werte/Interessen reduzierbar sind:
• Flexibilität vs. Kontrolle
• Individuum vs. Organisation
• Mittel vs. Zwecke

---

[15] *Quinn, Robert E.*, Prof. Org. Behavior, Uni of Michigan.

Eine Kombination der drei Werte-Sets ergibt acht Typen, die sich vier Sichtweisen (models) organisatorischer Effizienz zuordnen lassen:
- *human-relations model*
  (Individuum/Flexibilität/Mittel und Individuum/Flexibilität/Zwecke)
- *open-systems model*
  (Organisation/Flexibilität/Mittel und Organisation/Flexibilität/Zwecke)
- *rational-goal model*
  (Organisation/Kontrolle/Mittel und Organisation/Kontrolle/Zwecke)
- *internal-process model*
  (Individuum/Kontrolle/Mittel und Individuum/Kontrolle/Zwecke)

Ähnlich wie beim Organisationsteilnehmer-Ansatz muß das Management die relevanten Interessengruppen identifizieren und herausfinden, welchem **Effizienz-Modell** sie anhängen. *Quinn/Cameron* (1983) sind darüber hinaus der Auffassung, daß das Management, als eine zentrale Interessengruppe, in unterschiedlichen **Entwicklungsphasen der Organisation** (organizational life cycles) bestimmte Effizienz-Modelle favorisieren sollte:

Pionierphase → open-systems model
Wachstumsphase → human-relations model
Bürokratisierungsphase → rational-goal und internal-process model
Differenzierungsphase → open-systems model
Schrumpfungsphase → open-systems model

(5) Management Audit-Ansatz

Gegenüber den bisher diskutierten theoretischen Ansätzen zur Beurteilung organisatorischer Effizienz nimmt die Managementpraxis eine stärker anwendungsorientierte Position ein. Hier dominiert die Suche nach quantifizierbaren, meist *ökonomischen* Effizienzkriterien sowie deren Vorgabe und Kontrolle in Form von Soll-Ist Vergleichen. Dabei werden Kennzahlen und Kennzahlensysteme (einschließlich Budgets) nach wie vor als besonders hilfreich angesehen (vgl. *Staehle* 1969).

Neue Impulse hat die Diskussion um eine Überwachung der Unternehmensführung durch diverse Vorschläge zur Formalisierung (Grundsätze ordnungsmäßiger Überwachung) und Institutionalisierung (externes Management Auditing) einer Überwachung der Führung erwerbswirtschaftlicher Organisationen gebracht (vgl. *Potthoff* 1982, *Theisen* 1987).

Die Idee des **Management Audit** geht auf einen entsprechenden Vorschlag von *Jackson Martindell* (1962) vom American Institute of Management zurück.

Im Rahmen von innerbetrieblichen Zeitvergleichen (ex post und ex ante Betrachtung) werden mittels geeigneter Fragen Aktivitäten bzw. Funktionsbereiche einer Unternehmung analysiert, wie z.B. (vgl. *Terry/Franklin* 1982):
- Unternehmungspolitik
- Organisation und Management

• langfristige Analyse der Wettbewerbsfähigkeit
• wirtschaftliche Entwicklung auf Faktormärkten
• vorherrschende Branchen-Charakteristiken
• politische Einflüsse und Trends (Bund, Land, Gemeinden)

Diese Vorgehensweise entspricht den auch bei uns weitverbreiteten **betriebswirtschaftlichen Vergleichsrechnungen** mit Hilfe von Kennzahlensystemen (*Staehle* 1969, S. 60ff.).

Vergleiche können durchgeführt werden als
• Zeitvergleiche
  (Gegenüberstellung von Kennzahlen zu verschiedenen Zeitpunkten)
  oder als
• Soll-Ist-Vergleiche
  (Gegenüberstellung von Soll- und Istzahlen zu einem Zeitpunkt).

Der *intraorganisatorische* Zeit- und der Soll-Ist-Vergleich von Kennzahlen stellen für die Unternehmung beliebte Kontrollinstrumente der Betriebsgebarung dar. Sie geben einen konzentrierten Überblick über die wirtschaftliche Lage der Unternehmung und weisen zugleich auf gefährliche Fehlentwicklungen hin (vgl. die Früherkennungssysteme auf S. 593 f.).

Der *interorganisatorische* Vergleich von Kennzahlen erlaubt es der Unternehmung, ihre Stellung im Verhältnis zu anderen gleichartigen Betrieben derselben Branche zu erkennen. Als Vergleichsmaßstab dienen hier häufig Richtzahlen (industry standards), die als Branchendurchschnittszahlen von Wirtschaftsverbänden aufgestellt werden. Die Tatsache, daß sich solche Analysen nur auf objektiv meßbare, überwiegend ökonomische Faktoren konzentrieren und z.B. nur die Beziehung Management – Investor betreffen, macht die beschränkte Gültigkeit dieses Effizienz-Ansatzes deutlich. Deshalb kann auf die Erhebung umfassender subjektiver und qualitativer Daten nicht verzichtet werden.

Ein weiteres Problem des Management Audit liegt in der Methode der Bewertung. Ein „Enterprise-Self-Audit" hat nur für eine einzelne Organisation Bedeutung. Bemühungen, die Eigen-Bewertung zu objektivieren, vor allem reliabel zu gestalten, führten zu der Einrichtung möglichst **unabhängiger Auditors** und der Aufstellung „allgemeingültiger" Bewertungslisten (mit bis zu 300 Fragen mit vorgegebenen Gewichtungsfaktoren; vgl. *Koontz/O'Donnell* 1976, S. 726).

Das American Institute of Management (AIM) hat versucht, mit dieser Methode dem potentiellen und existenten Investor eine Managementbewertung zu liefern (vgl. *Koontz/O'Donnell* 1984). Trotz großer Bemühungen, das Verfahren transparent und objektiv zu gestalten, hat das Management Audit nicht die anfangs vermutete Bedeutung erreichen können, ganz zu schweigen von dem mißlungenen Versuch, Management Auditing gesetzlich zu verankern (vgl. auch *Theisen* 1987).

Die bislang entwickelten Konzepte der Effizienzmessung befinden sich noch überwiegend in der Phase der Definition und Deskription. Eine umfassende theoretische und konzeptionelle Einbindung von Effizienzuntersuchungen, Situationsanalysen und Generierung von Gestaltungsempfehlungen steht noch aus. Entsprechend der Vielgestaltigkeit und Widersprüchlichkeit organisatorischer Effizienz spricht *Hall*[16] (1982, S. 296 ff.) von einem **Contradiction Model,** das von folgenden Annahmen ausgeht:

* Organisationen sind mit vielfältigen, konfligierenden Rahmenbedingungen konfrontiert
* Organisationen haben vielfältige, konfligierende Ziele
* Organisationen haben es mit vielfältigen, konfligierenden Teilnehmergruppen zu tun
* Organisationen werden in vielfältigen, konfligierenden Zeitperspektiven gesehen.

Demnach gibt es nicht *die* erfolgreiche Organisation, sondern Organisationen können nur im Hinblick auf *einen* Aspekt effizient sein (z.B. hinsichtlich eines zeitlich fixierten Ziels einer bestimmten Interessengruppe in einem bestimmten Kontext).

5. Organisationsstruktur

Organisationsstrukturen dienen der Zweck- und Zielerreichung von Organisationen; sie sollen das Verhalten der Organisationsmitglieder primär auf die Zielerreichung der Organisation ausrichten, dabei aber auch die Befriedigung persönlicher Ziele ermöglichen. Unter (formaler) Organisationsstruktur wird hier das Ergebnis einer bewußten, zielgerechten Gestaltung von Regeln der Zusammenarbeit in sozialen Gebilden verstanden und nicht interaktiv, spontan und ungeplant entstandene Verhaltensregelmäßigkeiten (i.S. von Selbstorganisation).

a. Merkmale formaler Organisationstrukturen

Von Strukturanalysen verspricht sich der empirisch orientierte Organisationsforscher ein besseres Verständnis organisatorischen Handelns, das als primär durch bestimmte Merkmale der Organisationsstruktur beeinflußt angesehen wird. Ausprägungen der Organisationsstruktur werden in Abhängigkeit von organisatorischen Einflußfaktoren analysiert (vgl. Abschnitt b). Letztlich sollen aufgrund vergleichender empirischer Organisationsforschung Strukturveränderungen prognostiziert werden, und zwar als erwartete Folgen vorausgegangener Veränderungen im Kontext der Organisationen.

---

[16] *Hall, Richard H.* (geb. 1934) Prof. Soziologie, State Uni of New York, Albany.

Ihren Ausgangspunkt nimmt diese Art von Forschung in dem **Bürokratie-ansatz** *M. Webers* (vgl. S. 28). *Weber* (1921) sieht in der bürokratischen Organisationsform, die eine idealtypische Beschreibung und keine empirische darstellt, die reinste und zugleich effizienteste Form legaler Herrschaft. Legitime Organisationsherren bedienen sich eines bürokratischen Verwaltungsstabes (formale Organisationsstruktur), um eine geordnete, rationale Zielerreichung zu gewährleisten.

Die Bürokratieforschung im Anschluß an *Weber* versucht zunächst, die idealtypischen Merkmale des Bürokratiemodelles in operationale Variablen zu transformieren und empirisch zu überprüfen (*Gouldner* 1954, *Udy* 1959, *Hall* 1962, 1963). Hierfür stand anfangs nur ein wenig ausgearbeitetes Meßinstrumentarium zur Verfügung; jedoch zeigt sich, daß auch die wenigen operational gefaßten Dimensionen ähnliches leisten wie die umfangreichen verbalen Bürokratiebeschreibungen der Arbeitsteilung, Amtshierarchie, Aktenmäßigkeit und Amtsführung. Daneben wird erkannt, daß die *Weber*schen Strukturmerkmale in verschiedenen Organisationen unterschiedlich stark ausgeprägt vorhanden sind, was dazu führt, in der Folge vom **Bürokratisierungsgrad einer Organisation** zu reden. Die Frage muß jetzt lauten: In welchem Umfang/Ausmaß ist das Merkmal vorhanden, und nicht mehr nur, ist es vorhanden oder nicht vorhanden? Dies impliziert abstufbare Merkmalsausprägungen entlang eines Kontinuums und die Entwicklung entsprechender Skalen. Weiterhin interessiert, ob alle Merkmale einer Organisation einheitlich stark/schwach ausgeprägt sind, oder manche stark und manche schwach, und ob dies auf unterschiedliche kontextuelle Faktoren zurückzuführen sei. Diese Fragestellungen beflügeln die damals aufkommende Vergleichende Organisationsforschung und befruchten die situativen Ansätze, die konsequenterweise vermuten, daß sich strukturelle Unterschiede auf Unterschiede in der jeweiligen Situation zurückführen lassen.

Beispiele für einfache dimensionale Organisationsbeschreibungen finden sich etwa bei *Carlisle* (1973, S. 86; 1976, S. 353):

Dimension	Ausprägung	
Organisationszugang (Mitgliedschaft)	wenige Barrieren	viele Barrieren
Größe	wenige Mitarbeiter (1)	viele (25 000)
Hierarchie	wenige Ebenen (2)	viele (15)
Entscheidungsfindung	zentralisiert	dezentralisiert
Kontrollspanne	gering (1)	hoch (40)
Standort	einer (1)	viele (20)
Aufgabenbeschreibung	generell	detailliert
Formalisierung	wenig Regeln/ Anweisungen	viele Regeln/ Anweisungen

Besonders einflußreich für die Weiterentwicklung der Bürokratieforschung im obigen Sinn sind die Arbeiten einer amerikanischen Forschergruppe an der Universität von Chicago (*Blau* 1956, *Blau/Schoenherr* 1971, *Heydebrand* 1973) und einer englischen Forschergruppe an der Aston Universität in Birmingham (die sog. **Aston-Gruppe**). Letztere hat 1963 ein Programm zur empirischen Erfassung von Organisationsstrukturen vorgelegt und in anschließenden empirischen Erhebungen in 52 Betrieben mit über 250 Beschäftigten (in den Midlands) aus Interviews mit Führungskräften und allen zugänglichen Dokumenten Strukturdaten erhoben (*Pugh* et al. 1963, 1976, 1977). Dazu wurde ein sehr detailliertes, ausgefeiltes Meßinstrumentarium entwickelt und die so gewonnenen quantitativen Daten einer Korrelations- und Faktorenanalyse unterworfen. Abweichend von den fünf in Anlehnung an *Weber* (1921) hypothetisch aufgestellten Dimensionen (Spezialisierung, Standardisierung, Formalisierung, Entscheidungs-Zentralisation, Konfiguration) finden die Aston-Forscher aufgrund der Faktorenanalyse folgende vier empirisch nachweisbare **Strukturdimensionen:**

Faktor 1: Strukturierung der Tätigkeiten (z.B. Standardisierung, Formalisierung); erklärt 33% der Varianz

Faktor 2: Konzentration der Autorität (z.B. Zentralisation); erklärt 18% der Varianz

Faktor 3: Linienkontrolle des Fertigungsprozesses (z.B. Anzahl an Untergebenen); erklärt 13% der Varianz

Faktor 4: Relative Bedeutung der Hilfsfunktionen (z.B. Anzahl der Angestellten, die nicht direkt im Produktionsprozeß stehen); erklärt 8% der Varianz.

Daneben werden **Kontextvariablen,** wie z.B. Leistungsprogramm, Größe, Technologie, analysiert, von denen man auf Grund der empirischen Befunde annehmen kann, daß sie die Ausprägungen der Strukturdimensionen beeinflussen. In der Bürokratieforschung gilt *Größe* als der bedeutsamste Einflußfaktor der Struktur (vor allem der Spezialisierung, Standardisierung und Formalisierung); Größe scheint jedoch eher eine Folge, etwa von Strategien oder Zielen, als eine autonome Ursache der Struktur zu sein.

Eine Zusammenfassung der Forschungsergebnisse der Aston-Gruppe findet sich bei *Pugh/Hickson* (1976), *Pugh/Hinings* (1976) und *Pugh/Payne* (1977). Einen kurzen Überblick über das Konzept sowie die wichtigsten Variablen geben *Kubicek/Wollnik* (1975) (vgl. Abb. 2.89). Eine ausführliche Dokumentation von Instrumenten zur quantitativen Erfassung von Organisationsstrukturen findet sich bei *Kubicek/Welter* (1985).

Abb. 2.89: Graphische Darstellung des Aston-Konzepts

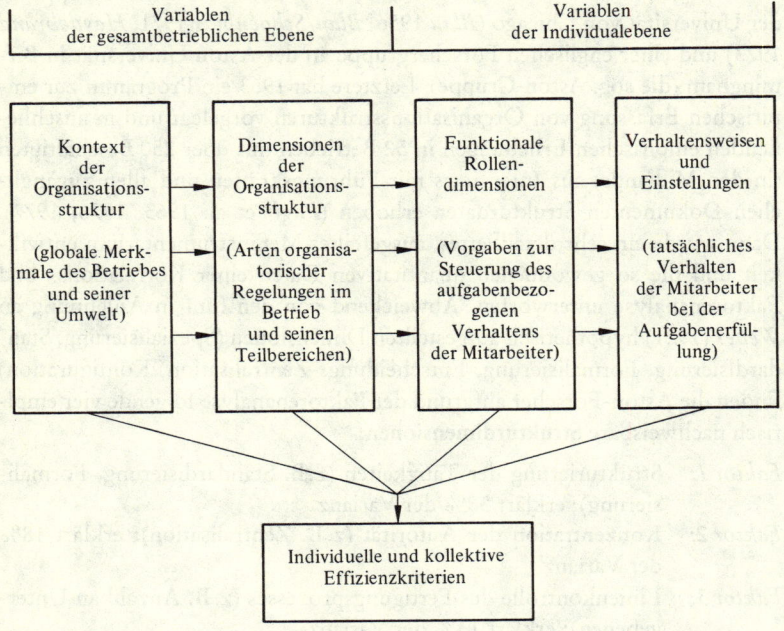

Quelle: Kubicek/Wollnik 1975, S. 310–11

Heute findet sich das Aston-Konzept mit der einen oder anderen Modifikation in fast jedem neueren Organisations-Lehrbuch (vgl. z. B. *Hoffmann* 1980, *Hill/Fehlbaum/Ulrich* 1981, *Kieser/Kubicek* 1983), wobei der Bezug auf *Webers* Bürokratiemodell unverkennbar ist.

Max Weber's Merkmale der Bürokratie	Dimensionen formaler Organisation	
Arbeitteilung ⟶	Differenzierung	horizontal: Spezialisierung
		vertikal: Konfiguration
Amtshierarchie ⟶	Koordination	Stratifikation Zentralisation
Aktenmäßigkeit ⟶	Standardisierung Formalisierung	
Amtsführung ⟶	Führungsverhalten Delegation	

Die Aston-Dimensionen lassen sich wie folgt operationalisieren (vgl. hierzu ausführlich *Kubicek/Welter* 1985):

Spezialisierung bezeichnet den Grad, zu dem Tätigkeiten in der Organisation in unterschiedlichen Stellen ausdifferenziert sind, z.B. Zahl der spezialisierten Stellen, Anzahl unterschiedlicher Stellenbezeichnungen.

Koordination bezeichnet den Grad, zu dem arbeitsteilige Stellen durch Integrationsmechanismen zusammengehalten werden, z.B. Anzahl der primär mit Koordination Beschäftigten am Gesamtmanagement.

Konfiguration bezeichnet den Grad, zu dem die Organisation hierarchisiert ist, z.B. Anzahl der Hierarchieebenen, Anzahl der einem Vorgesetzten unterstellten Mitarbeiter.

Standardisierung bezeichnet den Grad, zu dem Tätigkeiten von Routineverfahren bestimmt werden, z.B. Anzahl standardisierter und programmierter Verfahren.

Formalisierung bezeichnet den Grad, zu dem organisatorische Regeln schriftlich fixiert und Vorgänge schriftlich festgehalten werden, z.B. Anzahl an Schriftstücken pro Stelle, Umfang von Handbüchern, Ablagen, Karteien.

Delegation bezeichnet den Grad, zu dem Entscheidungsbefugnisse auf untere Hierarchieebenen verlagert sind, z.B. Anzahl und Bedeutsamkeit von Entscheidungen auf unteren Ebenen.

Die Bürokratieforschung ist, vor allem in ihrer stark empirisch orientierten Konzentration auf erhebbare Dimensionen der Organisationsstruktur, nicht ohne **Kritik** geblieben. Diese setzt einmal an formal-methodologischen Unzulänglichkeiten und zum anderen an praktisch-inhaltlichen Problemen an.

So stellen die sog. Merkmale der Bürokratie – auch im Sinne *Weber*s – lediglich Bedingungen dar, die eine starke Ausprägung der Strukturdimensionen zulassen, die aber keineswegs in allen Organisationen vorhanden sein müssen. Aus der Fülle möglicher Beschreibungsmerkmale einer Organisation wird aber – in enger Anlehnung an *Weber* – immer wieder eine bestimmte Anzahl ausgewählt, ohne daß diese Selektion theoretisch begründet wird. Auch *Gebert* (1978, S. 29) beklagt, daß die Wahl der strukturellen Merkmale einer Organisation i.d.R. nicht theoriegeleitet erfolge und immer noch an *Weber*s Bürokratie-Konzept orientiert sei, das aber von ihm entwickelt wurde, um Bedingungen der Herrschaftsstabilisierung – und nicht etwa der Innovationsförderung – zu identifizieren. Ein anderes Erkenntnisziel oder Erklärungsinteresse würde sicherlich auch andere Beschreibungsmerkmale hervorbringen.

Weitere Ansatzpunkte für Kritik bietet die starke Betonung von statistischen und Verfahrensproblemen gegenüber inhaltlichen und erkenntnistheoretischen (vgl. z.B. *Argyris* 1972, *Aldrich* 1972, *Schanz* 1977). So wird behauptet, in der quantitativen empirischen Organisationsstrukturforschung gehe das Unterschätzen der primär verhaltensbestimmenden sozialpsychologischen Einflußfaktoren einher mit einem Überschätzen objektiv meßbarer, aber nicht unbedingt verhaltensrelevanter Einflußfaktoren.

Neben erhebungs- und meßtechnischen Problemen, mit denen aber jegliche Art empirischer Forschung zu kämpfen hat, wird dem Bürokratiekonzept mangelnde Eignung zur Bewältigung gegenwärtiger Organisationsprobleme angelastet. Neben den mit bürokratischer Strukturierung intendierten Funktionen haben sich in der Praxis eine ganze Reihe *dysfunktionaler* Konsequenzen gezeigt, die tendenziell zur Ineffizienz der gesamten Organisation führen (vgl. Abb. 2.90). Dabei richtet sich das Unbehagen der Manager weniger gegen Defizite in der Herrschaftssicherungs- als in der Leistungssicherungsfunktion bürokratischer Strukturen. Populäre **Bürokratiekritiker,** wie *Parkinson* (1957) und *Peter* (1969), finden deren Zustimmung, wenn sie behaupten, in Bürokratien würde das Personal umgekehrt proportional zur anfallenden Arbeit wachsen, denn Manager wollen die Zahl ihrer Untergebenen vergrößern und nicht die ihrer Rivalen; oder in Bürokratien würde jeder Manager bis zur Stufe der Inkompetenz aufsteigen; die Arbeit machen diejenigen, die diese Stufe noch nicht erreicht haben. Ernsthaftere Kritik wird vor allem aus unternehmenspolitischen und humanistischen Positionen heraus formuliert (vgl. *Mayntz* 1968, *Bennis* 1969, *Bosetzky/Heinrich* 1985). Bürokratien sind inflexibel und kaum anpassungsfähig gegenüber Veränderungen in der Umwelt und geben dem Organisationsmitglied kaum Gelegenheit zu Persönlichkeitsentfaltung und -entwicklung. Bürokraten streben nach Machtpositionen, die ihnen die Herrschaft über Menschen in Organisationen erlaubt. Diese Entwicklung, ähnlich wie die **Tendenz zur Oligarchie** weniger Mächtiger (Machtakkumulation an der Spitze der Organisation; *Michels* 1925), steht diametral der von *Weber* geforderten Demokratisierung durch Bürokratie entgegen.

Abb. 2.90: Funktionale und dysfunktionale Folgen bürokratischer Strukturen

Merkmale der Bürokratie	funktional	dysfunktional
Arbeitsteilung	Spezialisierung, Expertentum	Entfremdung, Monotonie
Hierarchie	Kanalisierung von Informationen, Struktur, Koordination, Vermeidung von Machtkämpfen, Sicherheit und Stabilität	Konservierung des Bestehenden, Rigidität, mangelnde Flexibilität, Kommunikationsstörungen, Machteliten
Regeln, Handlungsprogramme	Rationalität, Objektivität, versachlichte Arbeitsbeziehungen	Verkehrung von Mitteln in Ziele, hoher Kontrollaufwand
Technisch-formale Kompetenz	Demokratisierung (Abbau persönlicher Willkür)	Unpersönlichkeit, Angst, Frustration
	↓	↓
	Effizienz	Ineffizienz

Das Organisationsmitglied wird in der Bürokratieforschung als ‚economic man' nur in seinen formellen Beziehungen innerhalb der Hierarchie berücksichtigt; es wird als ebenso logisch und rational organisierbar angesehen wie technische Arbeitsabläufe. Die zum Verständnis der Realität in Organisationen so wichtigen Phänomene wie Organisationsklima und -kultur, nichtmonetäre Anreize, Konfliktsituationen, Entscheidungsprozesse, werden vernachlässigt oder in ihrer Bedeutung unterschätzt. Dennoch warnt *Peter Blau*, einer der Hauptbefürworter von Bürokratien in der Zeit nach *Weber*, mit Recht davor, das Kind mit dem Bade auszuschütten. Um die Vorteile bürokratischer Strukturen nach wie vor nutzen zu können (vgl. die funktionalen Folgen in Abb. 2.90), müssen einerseits demokratische Kontrollen vorhanden sein und andererseits Korrekturmaßnahmen ergriffen werden, wie z. B. Delegation, Re-Personalisierung der Führung (vgl. *Blau/Meyer* 1971, *Perrow* 1986, *Robbins* 1987). Daneben bestätigt eine Analyse der gegenwärtigen Organisations- und Führungsformen großer Organisationen, daß die Vorherrschaft bürokratischer Modelle keineswegs gebrochen ist.

Generell ist jedoch an funktionalistischen Organisationstheorien, wie dem Bürokratieansatz, zu kritisieren, daß sie organisationales Verhalten nur aus der Perspektive ihrer Eignung (Funktion) oder ihres Versagens (Dysfunktion) hinsichtlich der Erreichung von übergeordneten Organisationszielen und -zwecken zu beurteilen vermögen. Empirisch nachweisbare Phänomene, die offenbar keinen *funktionalen* Beitrag zur Zielerreichung leisten, geraten einem solchen Forschungsprogramm nicht in den Blick. Hier setzen neuere Ansätze des Organizational Symbolism und der Organisationskulturforschung an (vgl. S. 482 ff.).

b. Erklärungsansätze für unterschiedliche Organisationsstrukturen

Auf die Frage, warum sich die Strukturen von Organisationen mit identischen Zielen (z. B. Gewinnstreben) und vergleichbarer Größe dennoch unterscheiden, vermag die klassische Bürokratieforschung keine befriedigende Antwort zu geben.

Die Dominanz des Organisationszwecks bzw. der daraus abgeleiteten Aufgaben bei der Erklärung von Strukturen ist vor allem im Zuge des Vordringens systemtheoretischer (Betonung der Umwelt), speziell sozio-technischer (Betonung der Technologie) Organisationsanalysen sowie der stärkeren Betonung der Bedürfnisse der Organisationsmitglieder relativiert worden. Organisationsstrukturen werden vom Management mehr und mehr unter Beachtung einer Reihe von **Kontextfaktoren der Organisation** geplant und realisiert (vgl. z. B. *Kieser/Kubicek* 1983, *Robbins* 1987, S. 85 ff.). Dabei herrschen zunächst **dualistische Ansätze** vor, d. h. zwei alternative Idealtypen der Organisationsstruktur werden in Abhängigkeit von einem Kontextfaktor (meist Umwelt oder Technologie) analysiert.

Gouldner (1959) hat als einer der ersten auf Möglichkeiten und Konsequenzen einer dualistischen Betrachtungsweise organisatorischer Probleme hingewiesen. Er unterscheidet zwei Hauptmethoden zur Analyse organisatorischen Verhaltens. Der einen liegt das **rational model** (rationales Modell der

Organisation), der anderen das **natural-system model** (Organisation als natürliches System) zugrunde. Die wichtigsten Merkmale der beiden Modelle sind in Abb. 2.91 zusammengefaßt.

Abb. 2.91: Zwei Modelle zur Analyse organisatorischen Verhaltens

rational model	natural-system model
Organisation = rational gestaltetes Instrument zur Erreichung der Systemziele	Organisation = natürliches System
Entscheidungen werden auf der Grundlage rationaler Analyse der Situation und unter Beachtung von Vorschriften und Prinzipien getroffen	die Zielerreichung ist nur eines von vielen Bedürfnissen einer Organisation
die formale Organisationsstruktur steht im Vordergrund (mechanistisches Modell)	die Organisation versucht als Institution zu überleben; sie wird Selbstzweck; sie entwickelt Eigengesetzlichkeiten, die der ursprünglichen Zielsetzung entgegenstehen können
die Elemente der Organisation sind im Hinblick auf die Ziele der Organisation beliebig plan- und manipulierbar	die informelle Organisation steht im Vordergrund (organisches Modell)
	Organisationsstrukturen sind das Ergebnis kumulativer, ungeplanter Anpassungsprozesse zur Abwehr von das Systemgleichgewicht bedrohenden Kräften

Quelle: Staehle 1973, S. 38

Für *Gouldner*[17] ist es selbstverständlich, daß diese beiden Modelle Idealtypen sind und daß jedes der Modelle einzelne Aspekte der organisatorischen Realität stärker, andere jedoch weniger betont. So lenkt z.B. das ‚rational model' die Aufmerksamkeit auf den Bürokratiecharakter moderner Organisationen und deren Streben nach Rationalität, während das ‚natural-system model' den spontanen, ungeplanten Interaktionen der Organisationsmitglieder besonderes Interesse widmet.

Im Folgenden gilt es zu untersuchen, in welchen Situationen Organisationen (speziell Unternehmungen) ein eher mechanistisches und wo eher ein organisches Modell bei der Organisationsstrukturierung zugrunde gelegt haben.

(1) Strategie, Aufgabe und Struktur

Chandler (1962) findet aufgrund umfangreicher Analysen der Entwicklung amerikanischer Industrieunternehmungen (zwischen 1909 und 1959; mit Intensivstudien von DuPont, General Motors, Standard Oil of New Jersey und Sears Roebuck) die Hypothese bestätigt, daß unterschiedliche Organisationsstrukturen das Ergebnis unterschiedlicher Wachstumsstrategien sind (**Struc-**

---

[17] *Gouldner, Alvin W.* (1920–1980) Soziologe, Prof. Social Theory, Washington Uni, St. Louis.

ture follows Strategy).[18] Die Komplexität der Organisationsstruktur stieg mit der Komplexität der Expansionsstrategie (von Umsatzsteigerung in einem Produkt bis zur Diversifikation).

Voraussetzung für eine Expansionsstrategie sind das Vorhandensein und das Erkennen von Marktchancen, „Strategisches Wachstum war das Ergebnis der Wahrnehmung von Chancen und Bedürfnissen – als Folge von Änderungen der Bevölkerung, der Einkommen und der Technologie –, vorhandene und neue Ressourcen erfolgreicher zu nutzen. Eine neue Strategie erfordert eine neue oder zumindest modernisierte Struktur, um das Unternehmen effizient führen zu können" (*Chandler* 1962, S. 15). Entsprechend sieht *Chandler* eine Hauptaufgabe der Organisationsstrukturierung darin, die Arbeit der einzelnen Abteilungen auf die Anforderungen und Bedürfnisse ihrer jeweiligen Umwelt abzustimmen.

Seit den Jahren nach dem zweiten Weltkrieg hat eine Fülle von Veränderungen *innerhalb* (beispielsweise wachsende Größe, verbesserte Planungs- und Kontrollsysteme, veränderte Produktstruktur, höheres Qualifikationsniveau) und *außerhalb* (beispielsweise technologische Veränderungen, vermehrte Konjunktur- und Marktschwankungen) von Organisationen stattgefunden, die wesentlichen Einfluß auf die Wahl neuer Organisationsstrukturen hatten.

Bruce R. Scott initiiert 1970 an der Harvard Business School ein Forschungsprogramm, das den Zusammenhang zwischen Strategie und Struktur auf der Basis großzahliger Erhebungen untersucht.

Scott (1971) (vgl. auch *Ansoff/Brandenburg* 1971) hat die Entwicklungslinien amerikanischer Unternehmungen (Stages of Corporate Development) in einem Modell mit drei typischen **Stufen organisatorischer Entwicklung** nachgezeichnet:

I. **Einprodukt-Unternehmung** mit keiner oder geringer funktionaler Spezialisierung

II. Nach dem **Verrichtungsmodell** in Abteilungen differenzierte Unternehmungen

III. Nach dem **Objektmodell** in weitgehend autonome Geschäftsbereiche differenzierte Unternehmungen.

Wrighley (1970) kann in einer empirischen Erhebung zeigen, daß 1967 von den 500 größten US-amerikanischen Unternehmungen schon 86% die Entwicklungsstufe III erreicht haben. In allen Fällen hat die Veränderung der Produktstruktur als Folge einer Strategie der Diversifikation eine ausschlaggebende Rolle gespielt. *Rumelt* (1974) hat in einer empirischen Erhebung die Veränderung der Produktstruktur der 500 größten amerikanischen Industriebetriebe zwischen 1949 und 1969 untersucht. Seine Ergebnisse (S. 51) zeigen

---

[18] Anfang der 70er Jahre, als Umstrukturierungen von Organisationen in Mode kamen, nicht zuletzt bedingt durch die Tätigkeit von Unternehmensberatern, wurde der Ausspruch populär, ‚Structure follows Fashion' (*Rumelt* 1974).

eine deutliche **Entwicklung von der Einprodukt- zur Multiprodukt-Unternehmung** (die Klassifikation stammt von *Wrighley* 1970):

- Der Anteil der Unternehmungen mit nur einer Produktgruppe *(single product)* sank im untersuchten Zeitraum von 35% auf 6%
- Der Anteil der Unternehmungen, in denen eine Produktgruppe dominiert *(dominant product:* Umsatzanteil 70–95%), sank von 35% auf 29%
- Der Anteil der Unternehmungen mit mehreren, miteinander verwandten Produktgruppen *(related product)* stieg beträchtlich, und zwar von 27% auf 45%
- Der Anteil der hoch diversifizierten Unternehmungen *(unrelated product)* stieg von 3% auf 19%.

Rumelt (1974) kann mit seinen Daten auch belegen, daß parallel zu den oben skizzierten Veränderungen der Produktstruktur Veränderungen der Organisationsstruktur auftraten. Dabei unterscheidet er folgende **Strukturmodelle:**

1. **Functional:** Gliederung nach Abteilungen, wie Entwicklung, Produktion, Vertrieb und Verwaltung *(Verrichtungsmodell)*
2. **Functional with subsidiaries:** wie 1., aber mit einigen produktbezogenen Abteilungen
3. **Product Division:** Gliederung nach produktbezogenen Geschäftsbereichen *(Objektmodell)*
4. **Geographic Division:** Gliederung nach geographisch abgrenzbaren Geschäftsbereichen *(Regionalmodell)*
5. **Holding Company:** Gliederung in unabhängige Geschäftsbereiche mit lediglich finanzieller Bindung an die Muttergesellschaft.

Organisationsform	1949	1959	1969
1. Functional	62,7 ⎫	36,3 ⎫	11,2 ⎫
2. Functional with	⎬ 76,1	⎬ 48,9	⎬ 20,6
Subsidiaries	13,4 ⎭	12,6 ⎭	9,4 ⎭
3. Product Division	19,8	47,6	75,5
4. Geographic Division	0,4	2.1	1,5
5. Holding Companies	3,7	1,4	2,4
Gesamt	100,0%	100,0%	100,0%

Die Ergebnisse (S. 65) zeigen einen außergewöhnlichen Zuwachs solcher Unternehmungen unter den 500 größten mit einer Organisationsstruktur nach dem Objektmodell (von 19,8%, 1941, auf 75,5%, 1969), der einhergeht mit dem Anstieg mittel und stark diversifizierter Unternehmungen; ein ebenso großer Rückgang bei den Unternehmungen mit einer Struktur nach dem Verrichtungsmodell wird von einer entsprechenden Abnahme der Einprodukt- und dominant product-Unternehmungen begleitet.

Ein Vergleich der in den USA festgestellten Entwicklungslinien mit Veränderungen in **Europa** (England, Frankreich, Deutschland, Italien) ergab im großen und ganzen eine Bestätigung der Hypothese von der wachsenden Bedeutung der Entwicklungsstufe III (nach *Scott;* zur Kritik dieser Studien vgl. *Frese* 1987, S. 103 ff.).

Mit Bezug auf *Chandler* (1962) behauptet auch *Williamson* (1975) einen Zusammenhang zwischen Strategie und Struktur: Multiprodukt-Unternehmungen würden effizienter in Form einer Geschäftsbereichs-Organisation als in Form einer Funktional-Organisation geführt. *Williamson* erklärt den Effizienzvorteil mit geringeren Transaktionskosten. Die Delegation von Entscheidungen auf teilautonome Divisions reduziert den Informations- und Koordinationsaufwand des Top Managements und behindert zugleich opportunistisches Handeln der Spartenleiter.

Die *Chandler*-Hypothese, die Strategie bestimme die Struktur, und darauf aufbauende Forschungsprogramme sind in dieser Einseitigkeit sicherlich nicht aufrechtzuerhalten (vgl. *Gabele* 1981, *Gaitanides* 1985). Weder die Struktur noch die Strategie können unabhängig voneinander optimiert werden; Strategie und Struktur sind *interaktiv* verkoppelt.

Miles/Snow (1978) sprechen realistischerweise von einem **Anpassungskreislauf:** Die Wahl eines neuen Produkt-/Markt-Bereiches (das unternehmerische Problem) führt zu veränderten Verfahren für Produktion und Vertrieb (das technische Problem) und zu einer Veränderung von Strukturen und Prozessen (das administrative Problem), was letztlich die Chancen für zukünftige Innovationen eröffnet. Dabei muß der Anpassungskreislauf keineswegs immer mit einer strategischen Maßnahme beginnen, sondern kann auch im technischen oder administrativen Bereich ausgelöst werden. Aufgrund der Auswertung von intensiven Fall- und Literaturstudien kommen *Miles/Snow* zu dem Ergebnis, daß unternehmerisches Anpassungsverhalten auf vier Typen reduzierbar ist:

1. **Verteidiger** (Defender) betätigen sich auf einem engen Produkt-/Markt-Bereich, für dessen Bearbeitung das Management bestens qualifiziert ist. Neue Produkte für neue Märkte (Produktinnovation) werden nicht entwickelt; das Hauptinteresse gilt der Verbesserung der Effizienz der vertrauten Aktivitäten (Verfahrensinnovation).

2. **Prospektoren** sind permanent auf der Suche nach neuen Produkt-/Markt-Bereichen (first-to-market). Hierdurch produzieren sie Veränderungen und Unsicherheiten, auf die ihre Konkurrenten reagieren müssen. Die interne Prozeßeffizienz (Verfahrensinnovation) wird vernachlässigt.

3. **Analysierer** betätigen sich auf zwei sehr unterschiedlichen Produkt-/Markt-Bereichen, einem relativ stabilen und einem mehr dynamischen. Während im ersten Bereich mit relativ rigiden formalen Strukturen hohe Prozeßeffizienz erreicht wird, reagiert das Management im zweiten flexi-

bel und schnell auf erfolgversprechende Veränderungen im Markt (se-
cond-to-market).

4. **Reagierer** bilden eine Restgruppe von Unternehmungen, deren Verhalten
keine konsistente Strategie-Struktur-Beziehung erkennen läßt. Veränderungen werden erst dann eingeleitet, wenn der externe Druck der Umwelt
zu stark geworden ist. Von einem geplanten, effizienten Anpassungsverhalten kann jedoch nicht gesprochen werden.

Nachstehende Übersicht zeigt den Zusammenhang zwischen Strategietyp
und Merkmalen der Organisationsstruktur nach den Vorstellungen von
Miles/Snow (1978):

Strategietyp	Ziele	Umwelt-wahrnehmung	Struktur
Verteidiger	Stabilität	stabil/sicher	z.B. funktionale Organisations-struktur, starke Arbeitsteilung, hohe Formalisierung, Entschei-dungszentralisation
Analysierer	Stabilität/ Flexibilität	situativ	z.B. Matrixorganisation, mittlere Entscheidungszentralisation, straffe Kontrolle über das laufende Geschäft, lockere bei Innovationen
Prospektor	Flexibilität	dynamisch/ unsicher	z.B. produktorientierte Struktur, geringe Spezialisierung und Formalisierung, Entscheidungs-dezentralisation

Kirsch/Trux (1981, S. 299ff.) haben die Typologie von *Miles/Snow* aufgegriffen und den Typ des Analysierers in drei **Subtypen** aufgespalten (Innovator, Architekt, Risiko-Streuer), so daß sie zu insgesamt sechs Typen kommen. Die Typen Verteidiger, Prospektor und Reagierer verwenden sie im
Sinne von *Miles/Snow*. Der **Innovator** verhilft einer eigenen oder auch fremden Idee in einem selbstbestimmten Geschäftsfeld zum Durchbruch. Der
Architekt hat keine ausgeprägte Vorliebe für eine bestimmte Strategie-Struktur-Beziehung oder ein bestimmtes Verfahren. Er ist mit Wandel vertraut
und nimmt vorurteilsfrei die sich ihm bietenden Gelegenheiten wahr. Der
Risiko-Streuer hat dagegen ausgeprägte Präferenzen für eine angestammte
Strategie-Struktur-Beziehung, betätigt sich aber auf neuen Geschäftsfeldern,
um auf mehreren Beinen zu stehen.

Wenn man die oben beschriebenen Typen einmal nach ihrer Grundhaltung
gegenüber Veränderungen in progressive und konservative und zum anderen
nach ihrer Grundhaltung zur Spezialisierung in Spezialisten und Generalisten
in einer Matrix positioniert, kommt man zu folgender Abbildung:

Abb. 2.92: Typen strategischer Grundhaltungen

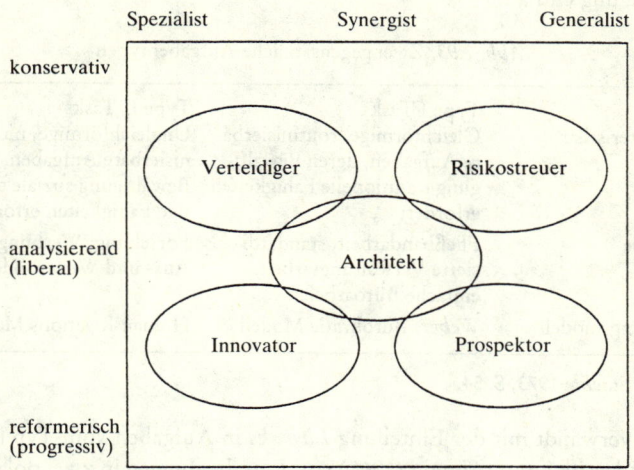

Quelle: Kirsch/Trux 1981, S. 300

Auch *Kirsch/Trux* sind der Auffassung, daß unterschiedliche strategische Grundhaltungen ganz unterschiedliche Anforderungen an die Organisations- und Führungsform stellen.

Im administrativen Bereich werden aus veränderten Strategien, Prozessen und Strukturen veränderte **Aufgaben** abgeleitet.

Nach *Litwak* (1961) unterscheiden sich die einzelnen Abteilungen einer Organisation vor allem im Hinblick auf die Aufgabe (task), die sie zu erfüllen haben. Er nimmt dabei Bezug auf die klassische Zweiteilung von Aufgaben in routinisierbare und nicht routinisierbare und bildet dementsprechend zwei Gruppen von Subsystemen. Die erste Gruppe umfaßt solche Subsysteme, die es mit gleichförmigen, routinisierbaren Aufgaben *(type I tasks)* zu tun haben, und die zweite Gruppe solche, die ungleichförmige, nicht routinisierbare Aufgaben *(type II tasks)* zu bewältigen haben. Abb. 2.93 stellt die beiden gegensätzlichen Aufgabentypen gegenüber.

Litwak[19] ist der Auffassung, daß zur Erklärung und Steuerung des Verhaltens der Menschen, die mit dem einen oder anderen Aufgabentyp konfrontiert sind, auch unterschiedliche Organisations- und Führungsmodelle herangezogen bzw. entwickelt werden müssen. Für Subsysteme mit Aufgaben vom *Typ I* sieht er als geeignetes Erklärungsmodell das **Webersche Bürokratiemodell** und für Subsysteme mit Aufgaben vom *Typ II* das **Human Relations Modell**. Für Subsysteme, die in gleicher Weise Aufgaben vom *Typ I* und *II* zu bewältigen haben, schlägt er ein drittes Modell, das **Professional Model**,

---

[19] *Litwak, Eugene* (geb. 1925) Prof. Soziologie, Columbia Uni, New York.

vor, das Elemente der beiden ersten Modelle in mehr oder weniger starker Ausprägung enthält.

Abb. 2.93: Zwei gegensätzliche Aufgabentypen

	Type I Tasks	Type II Tasks
Charakteristika	Gleichförmige, routinisierbare Aufgaben, deren Bewältigung traditionelle Fähigkeiten erfordert	Ungleichförmige, nicht routinisierbare Aufgaben, deren Bewältigung soziale und kreative Fähigkeiten erfordert
Beispiele	Fließbandarbeit, standardisierte Verwaltungsarbeit, einfache Büroarbeit	Forschung, Werbung, Design, Aus- und Weiterbildung
Erklärungsmodell	*Webers* Bürokratie Modell	Human Relations Modell

Quelle: Staehle 1973, S. 54.

Sehr verwandt mit der Einteilung *Litwaks* in Aufgaben vom Typ I und II ist die Klassifizierung *Simons* (1960) von Entscheidungen in zwei polare Entscheidungstypen, **programmierte** und **nicht programmierte.** Nach dem Grad der Programmierbarkeit unterscheidet *Gore* (1964) zwischen **routinemäßigen** (Ausführungsprogramm direkt zuordbar), **adaptiven** (Ausführungsprogramm mit Hilfe eines Algorithmus auffindbar) und **innovativen** Entscheidungen (weder Ausführungsprogramm noch Such-Algorithmus bekannt).

Abb. 2.94: Organisatorische Anpassung an unterschiedliche Entscheidungssituationen

Entscheidungssituation	Organisationsstruktur	wesentliche Merkmale
Erreichen eines klar definierten, allgemein akzeptierten Ziels (Routineaufgabe), Entscheidung unter Zeitdruck	Formale Organisationsstruktur	klassische Organisationsprinzipien; mechanistisches Modell
Nicht-Routineangelegenheiten, verfügbare Zeit reicht nicht, um alle Beteiligten einzubeziehen	Modifiziert formale Organisationsstruktur	straffe Hierarchie wird durch ein Netz vermaschter Arbeitsgruppen abgelöst; *Likert*-Modell
komplexe, langfristige Entscheidungen, die über die Grenzen einer Abteilung oder eines Wissensbereiches hinausgehen	Flexible Organisation auf der Basis funktionaler Machtverteilung	Projekt- und Planungsgruppen; Machtausübung auf der Basis des funktionalen Beitrags zur Zielerreichung
Entscheidungen, die primär die soziale und wirtschaftliche Stellung des Einzelnen in der Organisation betreffen (Einstellung, Gehalt, Führungsstil, Ziele)	Flexible Organisation auf der Basis symmetrischer Machtverteilung	jedes Organisationsmitglied hat gleiche Macht und Verantwortung

Quelle: in Anlehnung an *Argyris* 1964, S. 197 ff.

Differenzierter ist der Ansatz von *Argyris* (1962, 1964). *Argyris* versteht unter Organisationsstruktur ein Mittel zur Erreichung bestimmter Ziele, wobei die Güte einer Strategie daran abzulesen ist, inwieweit es ihr gelingt, die organisatorischen Kernfunktionen (Zielerreichung, Selbsterhaltung, Umweltanpassung) zu erreichen. *Argyris* entwickelt vier idealtpyische Organisationsstrukturen und beschreibt die Bedingungen ihrer Anwendbarkeit (vgl. Abb. 2.94). *Argyris* ist der Meinung, daß in ein und derselben Organisation alle vier Organisationsstrukturen Verwendung finden (oder finden sollten), und zwar jeweils in Abhängigkeit von dem anstehenden Entscheidungsproblem. Allerdings schränkt seiner Meinung nach die formale Organisationsstruktur die Möglichkeiten zur Erreichung von Zufriedenheit und persönlicher Entfaltung unnötig ein.

(2) Umwelt und Struktur

Neben Strategie und Aufgabe gilt die Organisationsumwelt als eine zentrale Einflußgröße der Struktur. *Burns/Stalker* (1961) haben aufgrund langjähriger empirischer Untersuchungen in zwanzig britischen Industriebetrieben (überwiegend electronics industry) die generelle Hypothese formuliert: „Sobald Neuartigkeit und Unvertrautheit sowohl im Markt als auch in der Technologie zur Regel geworden sind, wird ein anderes Managementsystem erforderlich, das sich völlig von dem unterscheidet, das bei einer relativ stabilen ökonomischen und technologischen Umwelt paßt" (S. VII).

Burns[20] und *Stalker* sehen das **Managementsystem** (abhängige Variable) in Abhängigkeit von der Rate der Umweltveränderung (unabhängige Variable). Unter **Umwelt** verstehen sie dabei vor allem die Marktsituation und die technologischen Grundlagen der Produktion. Wandel in diesen beiden Haupteinflußgrößen macht Veränderungen im System der Organisation und Führung notwendig. *Burns* und *Stalker* haben für die Endpunkte des Kontinuums möglicher Struktur- und Managementsysteme die Begriffe **mechanistic systems** und **organic systems** gewählt.

Merkmale	mechanistische Systeme	organische Systeme
Spezialisierung	stark	schwach
Formalisierung	stark	schwach
Führungsebenen	viele	wenige
Führungsstil	autoritär	partizipativ
Kommunikation	vertikal	lateral
Kontrolle	Vorgesetzte	Selbstkontrolle

[20] *Burns, Tom R.*, engl. Prof. Soziologie, Uni Edinburgh.

Der mechanistische Systemtyp zeigt in seiner Starrheit und mangelnden Anpassungsfähigkeit an Umweltveränderungen viel Ähnlichkeit mit dem Bürokratiemodell *Webers*, während die flexible, anpassungsfähige Form des organischen Systemtyps deutliche Verwandtschaft mit Modellen hierarchiearmer Teamorganisation aufweist.

Burns und *Stalker* fanden aufgrund ihres empirischen Materials die Hypothese bestätigt, daß ‚mechanistic systems' in einer relativ stabilen Umwelt mit entsprechend geringen Innovationsraten und ‚organic systems' bei dynamischen Umweltbedingungen mit entsprechend hohen Innovationsraten das angemessene Organisations- und Führungssystem darstellen.

Die Dichotomie mechanistisch/organisch findet sich nicht nur in der auf *Burns/Stalker* folgenden englischsprachigen Organisations- und Managementliteratur, sondern auch in der deutschsprachigen. So unterscheidet z.B. *Bosetzky* (1970) zwischen einer **bürokratischen** und einer **assoziativen Organisation** und nennt Bedingungen (z.B. Aufgabe, Technologie, Umwelt), unter denen eine eher bürokratische Organisationsform zweckmäßiger wäre als eine eher assoziative und umgekehrt. *Hill/Fehlbaum/Ulrich* (1976) sprechen von **Typ A-** (mechanistisch) und **Typ B-Organisationen** (organisch).

Im Gegensatz zu den Untersuchungen von *Chandler* und *Burns/Stalker*, die sich auf organisatorische Unterschiede zwischen *Organisationen* insgesamt konzentrieren, interessiert sich *Hall* (1962) für strukturelle Unterschiede zwischen *Abteilungen* ein und derselben Organisation (interdepartmental differentiation). In zehn Organisationen konnte er seine folgenden Hypothesen weitgehend bestätigt finden:

- Abteilungen, die gleichförmige Aufgaben mit traditionellen Fertigkeiten bewältigen, zeigen eine stärkere bürokratische Strukturierung als solche, die zur Lösung stark wechselnder Aufgaben besondere soziale und kreative Fähigkeiten benötigen.
- Hierarchische Ebenen mit Aufgabenbereichen nichtroutinemäßiger Natur zeigen einen signifikant schwächeren Bürokratisierungsgrad als solche hierarchische Ebenen, auf denen Routineaufgaben erledigt werden.

Auch *James Thompson* (1967, S. 72) stellt eine Reihe von Prognosen über die **Strukturierung von Organisationen bei unterschiedlichen Umweltbedingungen** auf:

- Bei einer homogenen, stabilen Umwelt prognostiziert er eine einfache funktionale Abteilungsgliederung und standardisierte Vorschriften und generelle Regeln
- Bei einer heterogenen, stabilen Umwelt prognostiziert er eine Vielfalt funktionaler Untergliederungen mit individuellen Anpassungsregeln
- Bei einer homogenen, dynamischen Umwelt prognostiziert er eine regionale Dezentralisation mit individuellem Planungsverfahren
- Bei einer heterogenen, dynamischen Umwelt prognostiziert er eine funktionale, stark dezentralisierte Organisationsstruktur mit dezentralen Informations- und Planungsstellen.

Bedeutend differenzierter, was die Analyse der Umwelt anbetrifft, ist der Versuch einer Umwelttypologie von *Emery/Trist* (1965).

Emery[21] und *Trist* sind der Auffassung, daß ein umfassendes Verständnis organisatorischen Verhaltens die Kenntnis der Elemente folgender Beziehungsmuster voraussetzt:

L_{11}, L_{12}

L_{21}, L_{22}

L = vermuteter Beziehungszusammenhang (potentially lawful connection)

1 = Organisation (als Institution)

2 = Umwelt

L_{11} = Prozesse innerhalb der Organisation

L_{12}, L_{21} = Interaktionen zwischen Organisation und Umwelt

L_{22} = Interaktionen zwischen einzelnen Umweltsystemen.

Eine Analyse von Organisationen mit Hilfe von open-system-Modellen führt zu der Erkenntnis, daß L_{12} und L_{21} eine Funktion von L_{22} sind und wiederum weitgehend L_{11} determinieren. *Emery* und *Trist* isolieren vier idealtypische Umweltkonstellationen (ideal types of causal textures), die von I bis IV immer komplexere Umweltsituationen mit steigender Interdependenz der Umweltsysteme beschreiben (vgl. Abb. 2.95).

Abb. 2.95: Organisatorische Anpassung an unterschiedliche Umweltsituationen

Umweltsituation (L_{22})	Merkmale	organisatorische Anpassung (L_{11})
I. placid, randomized environment	statisch, stabil, kaum Wandel, Vor- und Nachteile gleichmäßig verteilt, vollkommene Konkurrenz	keine Unterscheidung zwischen Taktik und Strategie notwendig, Organisationen können als kleine, unabhängige, anpassungsfähige Einheiten überleben
II. placid, clustered environment	statisch, Vor- und Nachteile sind ungleichmäßig verteilt, unvollkommene Konkurrenz	Strategie wird von Taktik unterschieden, Organisationen wachsen, werden hierarchisch gegliedert, zentrale Kontrolle und Koordination
III. disturbed-reactive environment	dynamisch, oligopolistisch, es bestehen mehrere gleichartige Organisationen mit gleichen Zielen, die sich untereinander bekämpfen	Strategie – Kampagne – Taktik, Dezentralisierung von Entscheidungen und Kontrolle, Notwendigkeit von Absprachen mit Konkurrenten

[21] *Emery, Fred* (geb. 1925) austral. Psychologe, Uni of Melbourne, Unternehmensberater.

Umweltsituation (L$_{22}$)	Merkmale	organisatorische Anpassung (L$_{11}$)
IV. turbulent fields	dynamisch, hohe Komplexität und Unsicherheit hinsichtlich zukünftiger Entwicklungen, hohe Interdependenz zwischen einzelnen Subumwelten induziert neue, eigengesetzliche Entwicklungen	Entwicklung von gemeinsamen Werten und Normen als informeller Kontrollmechanismus, Theory Y, wachsende Bedeutung von Forschung, Entwicklung und Planung, Matrix-Organisation

Quelle: Staehle 1973, S. 80

Die **Entwicklung zu turbulent fields** (Typ IV) sehen die Autoren vor allem durch folgende Umstände gefördert:
- Zunehmende Größe der Unternehmungen (internes Wachstum, Fusionen, Beteiligungen) führt dazu, daß diese selbst wiederum eigenständige Prozesse in der Umwelt induzieren
- Zunehmende Interdependenz zwischen ökonomischen und allen anderen Bereichen der Gesellschaft führt dazu, daß die Unternehmung immer stärker von anderen Umweltbereichen (Gesetzgebung, Kultur, Politik etc.) betroffen wird
- Zunehmende Investitionen in Forschung und Entwicklung führen dazu, daß die Umwelt durch immer neue Impulse aus diesen Bereichen in ständigem Wandel gehalten wird. Eine solche dynamische Umwelt erfordert neue Formen der organisatorischen Strukturierung und Führung.

Turbulente Umweltbedingungen erfordern ihrer Meinung nach eine von den bekannten hierarchischen Strukturen völlig abweichende Organisationsform. Da die einzelnen organisatorischen Subsysteme infolge der Heterogenität der Umwelt äußerst unterschiedliche technologische, soziale und strukturelle Merkmale aufweisen, muß die Gesamtorganisation ein Höchstmaß an Kooperationsbereitschaft gewährleisten.

Victor Thompson (1965) meint, daß eine bürokratische Organisation bei Umweltbedingungen, wie sie bei ‚turbulent fields' auftreten, denkbar unzweckmäßig sei. Solch **dynamische Umweltbedingungen** erfordern seiner Auffassung nach Kreativität und Innovation von seiten der Organisation. *Thompson* schlägt unter anderem folgende Änderungen der bürokratischen Organisation im Hinblick auf eine bessere Bewältigung der Umweltkomplexität und Umweltdynamik vor: Stärkere Professionalisierung, schwächere Formalisierung und Strukturierung, Dezentralisierung, freiere Kommunikation, wenn möglich Projektorganisation, job rotation, Betonung von Gruppenprozessen, Änderung des Anreizsystems.

Aufbauend auf den Ideen vor allem von *Burns/Stalker* und *Hall* haben *Lawrence/Lorsch*[22] (1967) von der Harvard Business School eine Reihe empirischer Untersuchungen gestartet, deren Ergebnisse zur Formulierung einer **contingency theory of organization** geführt haben.[23] Mit dem Begriff *contingency* (Bedingtheit; Abhängigkeit von bestimmten Faktoren oder Situationen) wollen die Autoren zum Ausdruck bringen, daß die Unterschiede, die zwischen verschiedenen Arten von Organisationen bestehen, vor allem die Folge unterschiedlicher Umweltbedingungen seien (vgl. hierzu ausführlich Abschnitt 1 B II 3).

In zehn Unternehmungen (sechs aus der Kunststoff-, zwei aus der Nahrungsmittel- und zwei aus der Verpackungsindustrie) wurden jeweils 30 bis 50 Mitglieder des oberen und mittleren Managements mit Hilfe von Fragebogen und in Interviews befragt. Der ganzen Untersuchung lag folgende **organisationstheoretische Modellbetrachtung** zugrunde (*Lawrence/Lorsch* 1969):

Organisation ist die Koordination der zur Durchführung geplanter Transaktionen mit der Umwelt erforderlichen arbeitsteiligen Aktivitäten individueller Mitarbeiter. Die Organisation als Institution muß den Anforderungen der Umwelt und den Bedürfnissen der Mitarbeiter in gleicher Weise Rechnung tragen. Um die geplanten Transaktionen mit der Umwelt erfolgreich durchführen zu können, benötigt jede Organisation rechtzeitig möglichst exakte Informationen über ihre Umwelt und vor allem über Umweltveränderungen. Die Organisation dieser Informationsströme ist zweifellos von der Beschaffenheit der relevanten Umweltsysteme abhängig. Die Umwelt einer bestimmten Unternehmung läßt sich mit folgenden Gegensatzpaaren charakterisieren:

sicher – unsicher
gleichartig – verschiedenartig.

Die **Sicherheit** oder **Unsicherheit** einer Umwelt kann anhand dreier Kriterien gemessen werden:

• Bestimmtheit und Verläßlichkeit der Information (Umweltstabilität)
• Häufigkeit der Informationsänderung (Umweltveränderung)
• Dauer der Feedback-Zyklen (zwischen System und Umwelt).

Komplexe sozio-technische Systeme haben ihre Umwelt in einzelne, für sie besser überschaubare Subumwelten aufgespalten und entsprechende Subsysteme mit der Aufgabe gebildet, einen bestimmten Teilaspekt der Umwelt im Hinblick auf die Systemziele zu bearbeiten. Beispiele für eine Abgrenzung solcher **System-Umweltbeziehungen** sind etwa:

---

[22] *Lawrence, Paul R.* (geb. 1922);
Lorsch, Jay W. (geb. 1932) beide Prof. Organizational Behavior, HBS.
[23] Vgl. die ausführliche Darstellung und Kritik bei *Schreyögg* 1978.

Subumwelt		zuständiges Subsystem
Wissenschaft und Technik	⟵⟶	Forschung
Technologie	⟵⟶	Produktion
Lieferanten	⟵⟶	Einkauf
Kunden und Konkurrenz	⟵⟶	Verkauf
Arbeitsmarkt	⟵⟶	Personal
Geld- und Kapitalmarkt	⟵⟶	Finanzierung
Presse, Verbände etc.	⟵⟶	Public Relations

Werden die einzelnen Subumwelten nach Maßgabe obiger Kriterien in der Mehrzahl als sicher oder als unsicher beurteilt, sprechen *Lawrence* und *Lorsch* von einer für das sozio-technische System **gleichartigen Umwelt**. Unterscheiden sich die einzelnen Subumwelten nach den Sicherheitskriterien erheblich, ist also beispielsweise eine Subumwelt sehr sicher und eine andere sehr unsicher, sprechen sie von einer **ungleichartigen Umwelt**.

In der Verpackungsindustrie erwiesen sich die einzelnen Subumwelten alle als überwiegend sicher, so daß die Gesamtumwelt als gleichartig angesehen werden kann. In der Kunststoffindustrie varriierten dagegen die Subumwelten zwischen sehr sicher (Produktion) und sehr unsicher (Grundlagenforschung), so daß die Gesamtumwelt sehr ungleichartig ist. Die Nahrungsmittelindustrie nahm eine mittlere Position (verschiedenartig) ein.

Gleichartige Umweltverhältnisse erfordern weitgehend gleichartige Organisationsstrukturen und gleichartige Orientierung der Organisationsmitglieder. Ungleichartige Umweltbedingungen erfordern entsprechend unterschiedliche Strukturen und Orientierungen. Um diese Hypothesen anhand des empirischen Untersuchungsmaterials überprüfen zu können, haben *Lawrence* und *Lorsch* (1969, S. 9 f.) folgende **meßbare Merkmale** (abhängige Variablen) **einer Organisation** herausgearbeitet:

● Ausmaß und Intensität formaler Regelungen (stark formalisiert – völlig unstrukturiert)
● Arbeitsstil (aufgabenorientiert – personenorientiert)
● Zeitorientierung (kurz-mittel-lang)
● Zielorientierung (weitgestreut – straff ausgerichtet).

Die **Auswertung der empirischen Daten** ergab, daß Subsysteme, die es mit sehr unsicheren Subumwelten zu tun haben (z.B. Grundlagenforschung), einen äußerst niedrigen Grad an Strukturierung und Formalisierung und stark partizipative Elemente aufwiesen (und umgekehrt, z.B. Produktion). Die Zeitorientierung variierte in nahezu linearer Beziehung zur Sicherheit der Subumwelt (sehr unsichere Umwelt → langfristiger Zeithorizont, und umgekehrt). Unsichere Umweltbedingungen führten zu einer breiten Streuung möglicher Unterziele, sichere zu einer klaren Begrenzung. Bei sehr sicherer Umwelt (Produktion) und bei sehr unsicherer (Forschung) sind die Organisationsmitglieder überwiegend aufgabenorientiert, bei einer mittleren Umweltsicherheit (Verkauf) überwiegend personenorientiert (vgl. Abb. 2.96).

Abb. 2.96: Organisatorische Anpassung an unterschiedliche Umweltbedingungen

Subsystem	Umweltbedingungen	organisatorische und manageriale Ausrichtung			
		Strukturierung und Formalisierung	Zeit	Ziele	Arbeitsstil
Produktion	sicher	stark	kurz/mittel	Kosten	stark aufgabenorientiert
Verkauf	unsicher	mittel	kurz	Kunden	stark personenorientiert
angew. Forschung	ziemlich sicher	schwach	mittel/lang	Technik	personenorientiert
Grundlagenforschung	ziemlich unsicher	kaum	lang	Wissenschaft	aufgabenorientiert

Quelle: Staehle 1973, S. 76

Abb. 2.97: Unterschiedliche Formen der Differenzierung und Integration unterschiedlicher Umweltbedingungen

Industriezweig	Umweltbedingungen	Differenzierung	Integration primär durch	Anteil der mit Koordination Beschäftigten am Management	Verteilung von Macht und Autorität	Haupteinflußzentren
Kunststoff	sehr verschiedenartig	stark	Koordinationsabt. Teams, Komitees	22%	gleichmäßig	Koordinationsabteilung Verkauf und Forschung
Nahrungsmittel	verschiedenartig	mäßig	Koordinationsabt. Teams	17%	ziemlich gleichmäßig	Verkauf
Verpackung	ziemlich gleichartig	schwach	Hierarchie Pläne und Vorschriften	0%	Spitze: stark Basis: schwach	Verkauf

Quelle: Staehle 1973, S. 76

Das zur Entscheidungsfindung notwendige Wissen findet sich, wie die Untersuchung ergab, in verschiedenartigen Subsystemen auf unterschiedlichen Ebenen (in der Forschung auf der unteren, im Verkauf auf der mittleren und in der Produktion auf der oberen Managementebene). Die Hypothese, daß mit wachsender Unsicherheit der Umwelt niedrigere Managementebenen an Bedeutung gewinnen, wurde bestätigt. Bei erfolgreichen Unternehmungen[24] stimmte die Ebene des Entscheidungsträgers bzw. Koordinators mit derjenigen des Wissensträgers überein. Die Macht zur Einflußnahme auf Entscheidungen war an den Stellen innerhalb der Organisation konzentriert, an denen das für die Entscheidung notwendige Wissen vorhanden war.

Zusammenfassend läßt sich festhalten, daß Subsysteme in erfolgreichen Unternehmungen eine bedeutend bessere Übereinstimmung (fit) mit den respektiven Umwelterfordernissen aufweisen als weniger erfolgreiche. In Abb. 2.97 sind die unterschiedlichen Formen der Differenzierung und Integration als Folge unterschiedlicher Umweltbedingungen zusammengestellt.

Was von den Kontingenztheoretikern als organische Organisationsstruktur bezeichnet wird, haben *Hedberg/Nystrom/Starbuck*[25] (1976) sehr anschaulich als Zeltorganisationen beschrieben. **Zeltorganisationen** verfügen über mehrdeutige Autoritätsstrukturen, unklare Ziele und Aufgaben, unscharfe Rollenerwartungen und Kommunikationsbeziehungen. Zeltorganisationen sind flexibel, reaktionsschnell und innovativ und bewähren sich bei dynamischen, turbulenten, feindlichen Umweltsituationen. Ihnen stehen **Palastorganisationen** gegenüber, die sich bei stabilen, wohlwollenden Umweltsituationen herausgebildet haben. Sie weisen mechanistisch-bürokratische Strukturen auf (hohe Spezialisierung, klare Ziele und Aufgaben, eindeutige Autoritäts- und Kommunikationsbeziehungen). Paläste verlieren mit der Zeit die Fähigkeit, Umweltveränderungen wahrzunehmen und angemessen zu reagieren; sie werden träge und selbstgefällig. Zelte lassen sich dagegen rasch abbrechen und an günstigeren Standorten neu aufschlagen (s. a. *Starbuck* 1976).

Duncan (1979) hat die vorliegenden empirischen Ergebnisse der Umwelt-Struktur-Untersuchungen zu **Gestaltungsempfehlungen** umgeformt und dem Manager und Organisator in Form eines Entscheidungsbaums ein Hilfsmittel zur Wahl einer geeigneten Organisationsstruktur an die Hand gegeben (vgl. Abb. 2.98).

---

[24] Gemessen wurde der wirtschaftliche Erfolg anhand folgender Größen: Gewinnentwicklung in den letzten fünf Jahren, Umsatzentwicklung in den letzten fünf Jahren, Anteil der in den letzten fünf Jahren eingeführten Produkte am Gesamtumsatz des letzten Jahres.

[25] *Hedberg, Bo L. T.* (geb. 1944) Dipl. Ökonom, Prof. Swedish Center for Working Life, Stockholm.
Nystrom, Paul C., Prof. Organizational Behavior, Uni of Wisconsin, Milwaukee.
Starbuck, William H., Prof. Soziologie, New York Uni.

Abb. 2.98: Strukturentscheidung mittels Entscheidungsbaum

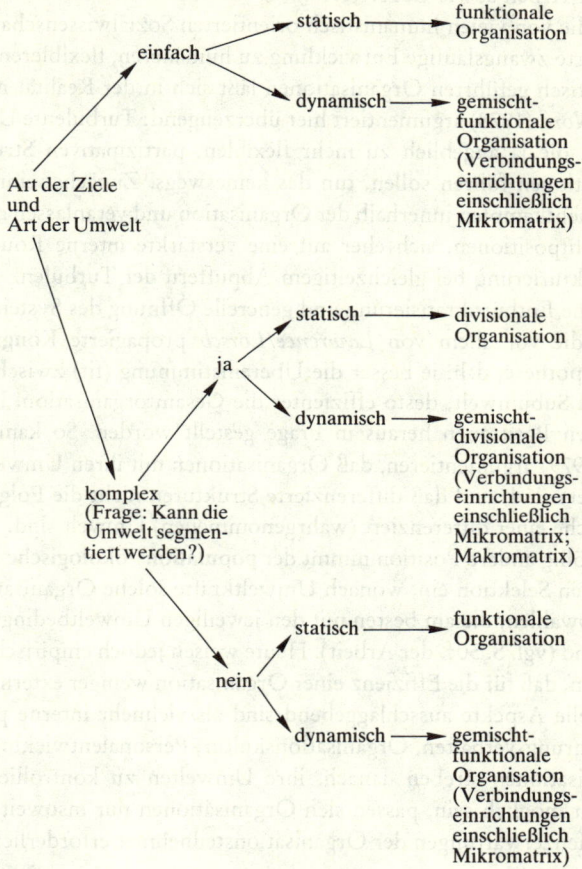

Quelle: *Duncan* 1979, S. 72, in der deutschen Übertragung von *Schanz* 1982, S. 309

Die praktisch in allen Umwelt-Struktur-Untersuchungen vertretene Ansicht, daß Unternehmungen in dynamischen Umwelten eine flexible nichtbürokratisch orientierte Organisationsstruktur bevorzugen würden, ist äußerst umstritten. Eine Reihe von empirischen Erhebungen belegt, trotz z. T. widersprüchlicher Befunde, daß Organisationen auch in dynamischen Umwelten eher **mechanistisch-bürokratische Strukturen** aufweisen als organische (vgl. auch *Kieser/Kubicek* 1983, S. 341). Strukturelle Anpassungen werden offenbar, wenn überhaupt, nur in umweltnahen Abteilungen (boundary spanning subunits) vorgenommen, während in anderen (z. B. Rechnungswesen) ein Umwelteinfluß kaum zu spüren ist. Dieses Festhalten an bürokratischen Organisationsformen ist umso überraschender, als solche Strukturen auch bei stabiler Organisationsumwelt, die es heute übrigens überhaupt nicht mehr gibt[26], die gleichen Dysfunktionen zeigen wie bei dynamischen (vgl. S. 424 der Arbeit sowie *Gebert* 1979).

Auch die von vielen humanistisch orientierten Sozialwissenschaftlern prognostizierte zwangsläufige Entwicklung zu humaneren, flexibleren und mehr demokratisch geführten Organisationen läßt sich in der Realität nicht nachweisen. *Nord* (1978) argumentiert hier überzeugend: Turbulente Umweltverhältnisse, die ja angeblich zu mehr flexiblen, partizipativen Strukturen in Organisationen führen sollen, tun das keineswegs. Zunächst einmal führen sie zu Machtkämpfen innerhalb der Organisation und veranlassen die Inhaber von Machtpositionen, sich eher auf eine verstärkte interne Routinisierung und Strukturierung bei gleichzeitigem Abpuffern der Turbulenz zu stützen als auf eine Entbürokratisierung und generelle Öffnung des Systems.

Auch die vor allem von *Lawrence/Lorsch* propagierte **Kongruenz-Effizienz-Hypothese**, d. h. je besser die Übereinstimmung (fit) zwischen Subsystem und Subumwelt, desto effizienter die Gesamtorganisation, ist aus verschiedenen Positionen heraus in Frage gestellt worden. So kann man mit *Weick* (1979) argumentieren, daß Organisationen mit ihren Umwelten sozial konstruiert sind, und daß differenzierte Strukturen nicht die Folge, sondern die Ursache einer differenziert (wahrgenommenen) Umwelt sind.

Eine völlig andere Position nimmt der **populations-ökologische Ansatz** der natürlichen Selektion ein, wonach Umweltkräfte solche Organisationsstrukturen auswählen, die am besten mit den jeweiligen Umweltbedingungen vereinbar sind (vgl. S. 50 f. der Arbeit). Heute weisen jedoch empirische Befunde darauf hin, daß für die Effizienz einer Organisation weniger extern induzierte strukturelle Aspekte ausschlaggebend sind als vielmehr interne prozessuale (z. B. Führungsverhalten, Organisationskultur, Personalentwicklung).

Organisationen streben danach, ihre Umwelten zu kontrollieren. Sollte dies nicht möglich sein, passen sich Organisationen nur insoweit an, wie es die Effizienzerwartungen der Organisationsteilnehmer erforderlich machen.

(3) Technologie und Struktur

Neben der Umwelt, der Strategie und der Aufgabe wird der **Technologie** ein erheblicher Einfluß auf die Arbeits- und Organisationsstruktur zugeschrieben.[27] Die empirische Untersuchung dieser Einflußbeziehung nahm ihren Ausgang von den im englischen Kohlebergbau durchgeführten Studien des Tavistock Instituts (vgl. *Trist/Bamforth* 1951, *Trist* et al. 1963). Seitdem haben sich zwei Richtungen entwickelt, von denen die eine den Zusammenhang von Technologie und Struktur auf der **Makroebene** der Organisation, die andere diesen Zusammenhang auf der **Mikroebene** einzelner Subsysteme erforscht (Arbeitsorganisation).

---

[26] Vgl. die gegenteilige Auffassung bei *Perrow* 1986.
[27] Allgemein zum Einfluß der Technologie auf die Struktur vgl. *Scott* 1987.

Als Pionierarbeit auf dem Gebiet des Zusammenhangs von Technologie und Organisationsstruktur gilt die Untersuchung von *Woodward* (1958, 1965).[28] *Woodward* hat in einer breit angelegten empirischen Erhebung in ca. 100 Industrieunternehmungen mit über 100 Mitarbeitern in Südengland die Fragen untersucht, welche Faktoren für die Unterschiedlichkeit der Organisationsstruktur verantwortlich sind und ob es einen bestimmten Organisationstyp gibt, der effizienter ist als alle anderen. *Woodward* fand unterschiedliche Organisations- und Führungsmethoden nicht etwa bei Unternehmungen unterschiedlicher Industriezweige oder solchen mit unterschiedlichen Führungspersönlichkeiten, sondern lediglich bei Unternehmungen, die technologische Unterschiede im Produktionsprozeß aufwiesen. „Unterschiedliche Technologien stellten unterschiedliche Anforderungen an Individuen und Organisationen, und diesen Anforderungen mußte durch eine angemessene Struktur begegnet werden" (*Woodward* 1965, S. VI). *Woodward* hat daraufhin die untersuchten Organisationen nach den primär verwandten **Fertigungsverfahren** eingeteilt in Unternehmungen mit:

- **Einzel- und Kleinserienfertigung** mit 24 Betrieben
- **Großserien- und Massenfertigung** mit 31 Betrieben
- **Kontinuierlicher oder Prozeßfertigung** mit 25 Betrieben.

Diese drei Hauptklassen stellen die Zusammenfassung einer 11-stufigen Technologieklassifikation dar.

Um Aufschluß über die Frage nach der Effizienz alternativer Organisationsformen zu bekommen, hat sie drei **Erfolgskategorien** gebildet:

- unterdurchschnittlich
- durchschnittlich
- überdurchschnittlich,

und zwar unter Verwendung von ökonomischen Maßen wie

- Entwicklung des Marktanteils
- Gewinnentwicklung in den letzten fünf Jahren
- Entwicklung der Erweiterungsinvestitionen
- Entwicklung des Börsenkurses.

Abb. 2.99 zeigt anhand von vier meßbaren organisatorischen Strukturmerkmalen, daß sich Unternehmungen mit unterschiedlichen Fertigungsverfahren in bezug auf die Organisationsstruktur erheblich unterscheiden. Auf den wirtschaftlichen Erfolg hin untersucht zeigt sich, daß die erfolgreichen Unternehmungen einer jeden Fertigungskategorie gruppenspezifische Organisations- und Managementverfahren verwandten, die sich innerhalb einer Kategorie verblüffend ähnelten, bei unterschiedlichen Fertigungsverfahren aber erhebliche Unterschiede aufwiesen. Interessant ist hier vor allem, daß die

---

[28] Vgl. die ausführliche Darstellung und Kritik bei *Schreyögg* 1978. Ein relativ umfassender Überblick über Studien zum Einfluß der Technologie auf die Organisationsstruktur findet sich bei *Kieser/Kubicek* 1983, S. 273 ff.

Woodward, Joan (1916–1971) engl. Prof. Industrial Sociology am Imperial College of Science and Technology, Uni of London.

erfolgreichen Unternehmungen einer jeden Kategorie jeweils Strukturmerkmale aufwiesen, die weitgehend mit den in Abb. 2.99 angegebenen Mittelwerten zusammenfielen. Daraus könnte man die Hypothese ableiten, daß eine Unternehmung nur dann langfristig erfolgreich sein kann, wenn sich ihre Organisationsstruktur in der Mitte zwischen den in ihrer Branche möglichen Extremwerten einpendelt.

Abb. 2.99: Organisatorische Anpassung an unterschiedliche Fertigungsverfahren
(Die angegebenen Zahlen stellen Medianwerte dar)

organisatorische Strukturmerkmale	Einzel- und Klein-serienfertigung	Großserien- und Massenfertigung	Prozeßfertigung
Managementebenen	3	4	6
Relation Manager/ Ausführende	1:23	1:16	1:8
Relation indirekte/ direkte Arbeit	1:9	1:4	1:1
Kontrollspanne eines Werkmeisters	23	49	13
kritischer Funktionsbereich	Forschung und Entwicklung	Produktion	Marketing
Managementsystem	organisch, flexibel Delegation schwach partizipativ	mechanistisch, klare Aufgabenbeschreibung, autoritär	organisch, flexibel stark partizipativ

Quelle: Staehle 1973, S. 90

Woodwards Arbeiten haben eine Fülle von **Folgeuntersuchungen** initiiert, von denen aber nur ganz wenige als echte Replikationen anzusprechen sind, da i. d. R. veränderte Technologiemaße verwandt wurden, die eine Vergleichbarkeit der Ergebnisse unmöglich machen. Abgesehen von der Replikation durch *Zwerman* (1970), der aufgrund seiner Untersuchung in 55 US-amerikanischen Unternehmungen zu Ergebnissen kam, die weitgehend mit den *Woodward*schen übereinstimmen, ist an der These vom technologischen Imperativ sowohl ideologische als auch empirisch begründete Kritik geübt worden. Vor allem im eigenen Land wurde eine Fülle von Folgeuntersuchungen gestartet (z. B. Aston-Gruppe), unter denen diejenige von *Hickson* et al. (1969) eine bemerkenswerte Korrektur der *Woodward*-Hypothesen brachte. Diese Forscher fanden in ihrer Erhebung (46 Industriebetriebe in Birmingham) die These von der überragenden strukturbestimmenden Bedeutung der Fertigungsverfahren *nicht* bestätigt. Sie analysierten als entscheidende Variablen den Grad an Integration im Arbeitsfluß[29] und die Unternehmensgröße.

---

[29] Work-flow integration = das Ausmaß an automatisierter, kontinuierlicher, abgetakteter Fertigung.

Sie kamen zu dem Ergebnis, daß mit zunehmender **Organisationsgröße** der Einfluß von Technologie auf die Organisationsstrukturen abnimmt und lediglich auf die unmittelbar mit dem Arbeitsfluß verbundenen Aktivitäten beschränkt bleibt. Weiter vom Fertigungsbereich entfernte administrative Bereiche bleiben völlig von der Technologie unbeeinflußt.

Da *Woodward* in ihrer Untersuchung überwiegend mittlere und kleine Unternehmungen analysiert hat, in denen der Produktionsprozeß der strukturbestimmende Faktor ist, verwundert es nicht, daß sie zu deutlichen Aussagen über einen engen Zusammenhang von Fertigungsverfahren und Organisationsstruktur kommen konnte. In großen Unternehmungen wird dagegen der Einfluß der Technologie auf solche Strukturmerkmale beschränkt bleiben, die in direktem Zusammenhang mit dem Transformationsprozeß stehen.

Im Gegensatz zu den bislang besprochenen eng an der industriellen Fertigung orientierten Studien hat *Perrow* (1967, 1970) mit der **Knowledge Technology** ein allgemeines Konzept zur Beschreibung von Transformationsprozessen mit oder ohne maschinelle(r) Unterstützung vorgelegt. Knowledge Technologien lassen sich anhand zweier Dimensionen klassifizieren:

- *Aufgabenänderung* (task variability): Anzahl der Ausnahmefälle, Routinisierungsgrad
- *Problemlösung* (problem analyzability): Aufwand bei der Suche nach Lösungen für die Ausnahmen, Programmierungsgrad

Bei einer dichotomen Skalierung der Dimensionen ergeben sich vier Felder, in die typische Knowledge Technologien eingeordnet werden können (vgl. Abb. 2.100).

Abb. 2.100: Technologie-Klassifikation von *Perrow*

schlecht definiert	Handwerks-Technologie z.B. Schuhmacher, Künstler	Nichtroutine-Technologie z.B. Strategische Planung Forschung und Entwicklung
Problem-lösung	Routine-Technologie z.B. Massenfertigung von PKW, Rechnungswesen	Ingenieur-Technologie z.B. Hochbau, Programmierung
wohl-definiert	wenige Ausnahmen	viele Ausnahmen
	Aufgabenänderung	

Quelle: Robbins 1987, S. 132

Zwischen den beiden Dimensionen besteht folgender Zusammenhang: Mit zunehmender Variabilität der Aufgaben nimmt deren Analysierbarkeit ab, d.h. Routine-Technologien müssen durch Nichtroutine-Technologien abgelöst werden.

Was die strukturellen **Gestaltungsempfehlungen** anbetrifft, sieht *Perrow* folgende Zusammenhänge zwischen Technologie und Struktur (vgl. auch *Picot* 1984, S. 138 ff.):

Struktur / Technologie	Formalisierung	Zentralisation	Kontrollspanne	Koordination/ Kontrolle
Routine	hoch	hoch	groß	formale Planung, Regeln und Programme
Ingenieur	niedrig	hoch	mittel	lose Überwachung,
Handwerk	mittel	niedrig	groß/mittel	Selbstabstimmung
Nichtroutine	niedrig	niedrig	klein/mittel	Gruppennormen, Gruppensitzungen

Empirische Unterstützung finden die Annahmen von *Perrow* in den Studien von *Hage/Aiken* (1969), *Van de Ven/Delbecq* (1974), *Van den Ven/ Delbecq/Koenig* (1976) und *Tushman/Nadler* (1978).

Ähnlich wie *Perrow* hat *J. Thompson* (1967) eine Technologieklassifikation entwickelt, die alle Arten von Organisationen umfaßt. Er unterscheidet drei idealtypische Erscheinungsformen von Technologie, die auch unterschiedliche Organisations- und Führungsmaßnahmen erforderlich machen (S. 15 ff.):

1. **long-linked technology**
2. **mediating technology**
3. **intensive technology.**

Zu 1.:

Long-linked technology ist dadurch charakterisiert, daß der Produktionsprozeß aus einer Vielzahl hochspezialisierter Arbeitsgänge besteht, die optimal aufeinander abgestimmt sind. *Beispiele* hierfür sind die Verfahren der Serien- und Massenfertigung zur Erstellung standardisierter Erzeugnisse. Diese Technologie war in erster Linie Forschungsgegenstand der ‚Scientific Management Bewegung'. Die Organisation folgt hier der Logik des Produktionsprozesses.

Zu 2.:

Mediating technology ist eine Technologie, der sich Organisationen bedienen, wenn sie ihre Aufgabe in der Vermittlung von Geschäftsbeziehungen zwischen Interessenten sehen. *Beispiele* hierfür sind Banken, Versicherungen, Post etc. Das Streben nach Standardisierung der Leistung führt zur Anwendung bürokratischer Modelle. Die Organisation folgt hier den Bedürfnissen der Kunden bzw. Klienten.

Zu 3.:

Intensive technology wird dann angewandt, wenn es gilt, an einem bestimmten Objekt oder in einer bestimmten Person eine Veränderung zu erreichen. *Beispiel* hierfür sind Krankenhäuser, Hoch- und Tiefbau, Unternehmensberatung, Schulen und Universitäten. Diese Technologie ist Gegenstand der Team- und Kleingruppenforschung. Die Organisation folgt hier dem Erfordernis des individuellen Falles.

Die primär benutzte Technologie legt nach *Thompson* in der Regel auch die Richtung fest, in der eine Organisation ihre **organizational domain** auszudehnen versucht. Bei der ‚long-linked technology' ist es die vertikale Integration, bei der ‚mediating technology' die Ausweitung des Kundenkreises und bei der ‚intensive technology' die Integration des Arbeitsobjektes in die Organisation.

Abb. 2.101 gibt einen Überblick über vermutete Beziehungen zwischen Technologie und Aufgabeninterdependenz einerseits sowie Management- und Strukturerfordernissen andererseits.

Abb. 2.101: Technologie-Klassifikation von *Thompson*

Technologietyp	Aufgaben-interdependenz	Management- und Strukturerfordernisse			Beispiel
		Anforderungen an Entscheidungsfindung und Kommunikation	strukturelle Komplexität	Art der Koordination	
Mediating	gepooled (O → X, Y, Z)	niedrig	niedrig	standardisierte Entscheidungsregeln	Bank
Long-linked	sequentiell (X → Y → Z)	mittel	mittel	Pläne und Programme	Fließfertigung
Intensive	reziprok (X ⇄ Y ⇄ Z)	hoch	hoch	Interaktion und Anpassung	Krankenhaus

Quelle: Miles 1980, S. 68

In der Bundesrepublik Deutschland ist der Einfluß der Technologie auf Arbeitsstrukturen seit über drei Jahrzehnten eines der zentralen Untersuchungsfelder der **Industriesoziologie.** In ähnlicher Form wie in der angelsächsischen Management- und Organisationstheorie ist auch die industriesoziologische Forschung zunächst von deterministischen Konzeptionen dieser Einflußbeziehungen ausgegangen (z.B. *Bahrdt* 1958, *Popitz* et al. 1957). Der *technologische* Determinismus dieser ersten Studien ist später einem *ökonomischen* Determinismus gewichen, der die Zwangsläufigkeit bestimmter Arbeitsstrukturen nicht auf die angewandte Technologie zurückführt, sondern

von der ökonomischen Notwendigkeit ausgeht, unter den gegebenen arbeitsorganisatorischen Alternativen diejenige auswählen zu müssen, die sich als
die effizienteste erweist (vgl. *Kern/Schumann* 1970, *Mickler* et al. 1976). Jüngere Ansätze hingegen gehen von der Existenz eines auch ökonomisch be-
gründbaren **Spielraums bei der Arbeitsstrukturierung** aus und konzipieren
sowohl die ‚Organisierung‘ als auch die ‚Technisierung‘ als strategische Variablen (*Altmann/Bechtle* 1971, *Bechtle* 1980, *Kern/Schumann* 1984), die dem
Zugriff des Managements unterliegen, jedoch nur in dem durch die gesell-
schaftlich-ökonomischen Bedingungen des kapitalistischen Wirtschaftssystems abgesteckten Rahmen. Im Gegensatz zu den Ergebnissen der empirischen Organisationsforschung haben diese Überlegungen bisher kaum Eingang in die Managementliteratur gefunden (vgl. z. B. *Herkommer/Bierbaum*
1979). Die Möglichkeiten und Grenzen einer strategischen Wahl sowohl
beim Einsatz von Technologien als auch bei der Gestaltung der Organisa-
tions- und Arbeitsstrukturen werden jedoch auch in der **Managementlehre**
im Anschluß an die Studie von *Child* (1972) in zunehmendem Maße diskutiert.

Vor einer unmittelbaren Ableitung von Gestaltungsempfehlungen für das
Management ist jedoch zu warnen. *Schreyögg* (1978) stellt m. E. zu Recht fest,
daß sich die empirischen Forschungsergebnisse zum Einfluß der Technologie
auf die Organisationsstruktur zum Teil fundamental widersprechen, und daß
nicht einmal ein annähernder Konsens über die grundsätzliche Bedeutung der
Technologie als Einflußfaktor der Organisationsstruktur erzielt wurde. Diese
Feststellung trifft, wenn auch nicht im gleichen Umfang, auch auf die empirische Untersuchung des Einflusses der Produktionstechnologie auf die Arbeitsstrukturen zu. Insgesamt scheinen mir jedoch diese Studien von ihrer
Anlage auf der **Mikroebene** her erfolgversprechender, da die einzelnen Subsysteme einer Organisation unterschiedliche Technologien anwenden oder
die Anwendung von Technologien i. e. S. weitestgehend auf Produktionsab-
teilungen (und zunehmend Abteilungen mit routinisierbaren Verwaltungsaufgaben) beschränkt ist. Im ersten Fall ist zu erwarten, daß sich die Wirkungen der Technologien auf die Organisationsstruktur möglicherweise gegenseitig aufheben, im zweiten Fall ist ein solcher Einfluß nur auf die Arbeitsstrukturen der entsprechenden Abteilung zu erwarten.

Die Tatsache, daß Produktionstechnologien in zunehmendem Maße An-
wendungsformen **mikroelektronischer Basistechnologien** darstellen (CNC-
Maschinen, CAD/CAM-Systeme, bzw. computergestützte Textverarbei-
tungs- und Telekommunikationstechnologien im Verwaltungsbereich), stellt
die Gültigkeit der empirisch ermittelten Zusammenhänge zwischen Technik
und Strukturvariablen einmal mehr in Frage. Die Erkenntnisse über den
Einfluß dieser modernen Technologien auf die Arbeits- und Organisationsstrukturen sind noch als sehr vorläufig zu bezeichnen.[30] Die technologische

---

[30] Vgl. z. B. *Shaiken* 1980, *Mickler* 1981, *Buchanan/Boddy* 1982, *Sydow* 1985 b.

Entwicklung bringt es zudem mit sich, daß eine empirische Erfassung dieses Zusammenhangs methodisch immer fragwürdiger erscheint. Zeichnen sich schon die oben referierten empirischen Studien durch sehr heterogene und zum Teil unzweckmäßige Operationalisierungen des Technologiekonstrukts aus, erscheint eine methodische Differenzierung von technischen und organisatorischen Aspekten immer problematischer. Technologieanwendungen auf der Grundlage von Mikroelektronik zeichnen sich dadurch aus, daß sie programmgesteuert sind. Die **Programmierung** (hier: Software) gilt ihrerseits als wichtiges Koordinationsinstrument und damit als Dimension der Organisationsstruktur. Aus diesem Grund scheint eine gemeinsame Erfassung von Technik- und Strukturvariablen mit Hilfe integrativer Konzepte angezeigt. Ein solches integratives Konzept ist zum Beispiel in dem Modell der Dualen Arbeitssituation zu sehen,[31] mit dessen Hilfe die unterschiedliche Wahrnehmung verschiedener, vorgegebener Arbeitssituationen (z.B. Bildschirmarbeitsplätze) durch die betroffenen Arbeitnehmer nachgewiesen werden konnte (*Elias* et al. 1985). Das Konzept basiert auf der Annahme, daß erstens neben der vorgegebenen Arbeitssituation die subjektiv wahrgenommene Arbeitssituation eine ebenso wichtige Untersuchungsvariable darstellt, und daß zweitens sowohl die Technik als auch die Arbeitsstrukturen als gestaltbar begriffen werden.

c. Entwicklung von Strukturtypen

Eine stark differenzierende Analyse von Dimensionen und Merkmalen der Organisationsstruktur und der Versuch der Bestimmung von Merkmalsausprägungen in Abhängigkeit von Einflußfaktoren entsprechen zwar den klassisch situativen Ansprüchen an empirische Organisationsforschung, werden aber den in der Realität vorfindlichen Strukturtypen nur unzureichend gerecht. Es gibt zwar etwa zwei Millionen Unternehmungen in der Bundesrepublik aber keine zwei Millionen Konfigurationen von Strukturelementen. Diesem Tatbestand versucht die ganzheitliche, gestaltorientierte Vorgehensweise der **Konsistenz-Ansätze** Rechnung zu tragen (vgl. S. 58 ff. der Arbeit). Einer der Hauptvertreter dieser Forschungsrichtung, *Henry Mintzberg* (1979, 1983 b)[32] behauptet sogar, daß eine relativ kleine Zahl von **Struktur-Konfigurations-Bausteinen** (bei ihm sind es fünf) die Masse der in der Realität vorkommenden Organisationsformen zu erklären vermag. Damit lehnt er konsequenterweise sowohl den *one best way* Ansatz (*eine* Struktur ist optimal) als auch klassisch deterministische Ansätze (Strukturdimensionen und ihre Ausprägungen werden kontextabhängig zusammengewürfelt) der Orga-

---

[31] Vgl. S. 639 f. sowie *Slocum/Sims* (1980), die Technologie und Strukturvariablen in ein Modell integrieren.
[32] *Mintzberg* (1983 b) stellt eine knappe, für den Manager aufbereitete Zusammenfassung von *Mintzberg* (1979) dar.

nisationsgestaltung ab. Allerdings verzichtet er nicht gänzlich auf eine situative Anpassung. Die Strukturelemente sollen nicht nur interne Konsistenz und Harmonie aufweisen, sondern auch externe Konsistenz mit Umweltfaktoren (*Mintzberg* 1983 b, S. 2 f.).

Große Organisationen weisen zumindest fünf Grundbausteine (basic parts) auf, die in ihrer Zusammensetzung, Größe und Bedeutung von Organisation zu Organisation zwar variieren können, dies aber nur im Rahmen eines konsistenten Musters. Kleinere Organisationen decken mehrere Grundbausteine in Personalunion ab (vgl. Abb. 2.102).[33]

Abb. 2.102: Die fünf Grundbausteine einer Organisation

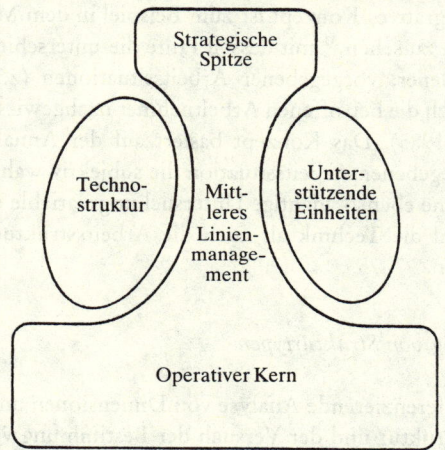

Quelle: Mintzberg 1979, S. 20

1. **Der operative Kern** (operating core) befaßt sich mit der Transformation von input in output sowie allen damit unmittelbar zusammenhängenden Vorgängen (z. B. Einkauf, Verkauf, Wartungsarbeiten). *Typische Mitarbeiter* sind: Facharbeiter, Monteure, Einkäufer, Vertreter, Kraftfahrer.
2. **Die strategische Spitze** (strategic apex) befaßt sich mit der Gestaltung der Innen- und Außenbeziehungen (z. B. strategische Planung, Investitionsentscheidungen, Organisationsstrukturveränderungen, Fusionen). *Typische Mitarbeiter* sind: Geschäftsführer, Vorstandsmitglieder, Direktoren.
3. **Das mittlere Linienmanagement** (middle line) befaßt sich mit der Abstimmung zwischen Top Management und operativem Kern (z. B. Durchsetzung von Entscheidungen des Top Managements und dessen Information über Ergebnisse, Koordination und Kontrolle der Arbeiten im operativen Kern). *Typische Mitarbeiter* sind: Mittlere und untere Manager mit Personalführungsverantwortung.

[33] Eine ausführliche deutschsprachige Darstellung des *Mintzberg*-Modells findet sich bei *Schanz* 1982, S. 21 ff.

4. **Die Technostruktur** (technostructure) befaßt sich damit, die Arbeit in den bislang beschriebenen Bereichen effektiver zu gestalten (z.B. durch Standardisierung, Programmierung, Arbeitsvorbereitung, Qualitätskontrollen, Weiterbildung). *Typische Mitarbeiter* sind: Operations Researcher, Refa-Ingenieure, Trainer.

5. **Die unterstützenden Einheiten** (support staff) befassen sich nur indirekt mit dem Transformationsprozeß. Sie helfen allen anderen Bereichen durch das Angebot bestimmter Dienste (z.B. Cafeteria, Rechtsberatung, Öffentlichkeitsarbeit, Grundlagenforschung). *Typische Mitarbeiter* sind: Forscher, Steuerberater, Juristen.

Die Bereiche 1 bis 3 werden durch die Hierarchie (Einliniensystem) verbunden und die Bereiche 4 und 5 als Stäbe angehängt (Stab-Liniensystem). Manager finden sich in den Bereichen 2 bis 5; Top Manager nur in 2, mittlere Manager in 3, 4 und 5. In 2 finden sich lediglich Linienmanager, in 4 und 5 Stabsmitarbeiter mit Managerfunktionen.

Je nachdem, welcher der fünf Bereiche in der Gesamtorganisation dominiert, wird sich eine bestimmte Konfiguration von Strukturvariablen herausbilden (vgl. Abb. 2.103 auf S. 452).

Mintzberg (1979, 1983 b) unterscheidet hier (ebenfalls) fünf **Strukturtypen:**

1. **Die einfache Struktur** (simple structure) ist typisch für Kleinunternehmungen (z.B. Handwerksbetriebe) mit einem oder wenigen Eigentümer(n). Hier dominiert die *strategische Spitze*.

2. **Die outputorientierte Bürokratie** (machine bureaucracy) ist typisch für Großbetriebe der Massenproduktion (z.B. Automobilwerke, Banken). Hier dominiert die *Technostruktur*.

3. **Die professionelle Bürokratie** (professional bureaucracy) ist typisch für große Dienstleistungsbetriebe (z.B. Krankenhäuser, Hochschulen, Museen). Hier dominiert der *operative Kern*.

4. **Die divisionalisierte Struktur** (divisionalized form) ist typisch für die auf mehreren Produkt/Markt-Feldern international tätige Unternehmung (z.B. Elektro- oder Chemiekonzern). Hier dominiert das *mittlere Linienmanagement* auf Geschäftsbereichsebene.

5. **Die Adhocratie**[34] (adhocracy) ist typisch für kleine bis mittlere Servicebetriebe (z.B. Softwarehäuser, Unternehmensberater, Forschungsinstitute). Hier dominiert die *Unterstützungseinheit*.

Neben diesen fünf reinen Typen sind jedoch noch eine ganze Reihe von Mischformen denkbar, dann nämlich, wenn nicht ein Bereich dominiert, sondern zwei oder mehr Bereiche nebeneinander von großer Bedeutung sind. Löst ein neuer Bereich einen bislang dominierenden ab, befindet sich die Organisation in einem Übergangsstadium von einem Strukturtyp zu einem anderen. Letztlich möchte *Mintzberg* (1983 b, S. 296) seine Typologie nicht

---

[34] Dieser Begriff stammt von *Toffler* 1970.

Abb. 2.103: Entwicklung von Strukturtypen

	Strukturtypen				
	einfache Struktur	Outputorientierte Bürokratie	Professionelle Bürokratie	Divisionalisierte Struktur	Adhocratie
Wichtigster Bereich der Organisation	strategische Spitze	Technostruktur	operativer Kern	mittleres Linienmanagement	unterstützende Einheiten
Kontingenzfaktoren					
Alter	jung	alt	unterschiedlich	alt	jung
Größe	klein	groß	unterschiedlich	sehr groß	unterschiedlich
Technologie	einfach	mechanisiert	einfach	spezialisiert	komplex
Umwelt	einfach/dynamisch	einfach/stabil	komplex/stabil	relativ einfach u. stabil	komplex/dynamisch
Macht/Kontrolle	Eigentümer-Unternehmer	Technokraten u. Externe	Professionals	Divisions-Manager	Experten
Strukturvariablen					
Spezialisierung	gering	stark	stark	etwas	stark
Training	wenig	wenig	viel	etwas	viel
Formalisierung	gering/organisch	stark/bürokrat.	wenig/bürokrat.	stark/bürokratisch	wenig/organisch
Abteilungsbildung	Funktion	Funktion	Funktion/Markt	Markt	Funktion/Markt
Abteilungsgröße	groß	Basis: groß	Basis: groß	Spitze: groß	klein
Planungs- und Kontrollsystem	kaum vorhanden	operative Planung	kaum vorhanden	sehr ausgefeilt	geringe operative Planung
Koord.mechanismen	Anordnung	Standardisierung der Arbeit	Standardisierung der Qualifikation	Standardisierung des outputs	Selbstabstimmung
Zentralisation	Zentralisation	wenig horizont. Dezentralisation	horizontale u. vertikale Dezentralisation	geringe vertikale Dezentralisation	Dezentralisation

Quelle: Mintzberg 1979, S. 466f. und 1983b, S. 280f.

unbedingt auf fünf beschränkt wissen und rät dem Organisationsgestalter zu Mut und Kreativität bei der Entwicklung neuer Konfigurationen (creation hypothesis); wichtig ist nur, daß die Variablen untereinander konsistent und mit den Kontingenzfaktoren vereinbar sind.

6. Organisationsklima

Im vorangegangenen Abschnitt wurde behauptet, daß das Verhalten von Organisationsmitgliedern überwiegend durch formale Strukturcharakteristika gesteuert und kontrolliert werde. Diese Aussage gilt es im folgenden zu relativieren. Nicht alle der bislang beschriebenen Organisationsmerkmale sind verhaltensrelevant. Bestimmte Ausprägungen werden überhaupt nicht wahrgenommen, andere stärker oder schwächer, als es ihrem objektiven, intendierten Stellenwert in der Organisation entspricht. Nicht (nur) die ‚objektive‘ Situation (Merkmale der Organisation), sondern vor allem die Art und Weise, wie die Organisation durch ihre Mitglieder wahrgenommen wird, beeinflußt deren Motivation, Leistung und Zufriedenheit.

a. Konzeptionelle und methodische Ansätze

Seit den 30er Jahren läßt sich in den USA eine *psychologisch* orientierte Organisationsklima-Forschung und in Deutschland eine *soziologisch* orientierte Betriebsklima-Forschung nachweisen.

In Deutschland beschäftigt sich als erster G. *Briefs* (1934) unter dem Stichwort ‚Betriebsatmosphäre‘ mit dem **Betriebsklima.** Nach dem 2. Weltkrieg wendet sich die Industriesoziologie unter dem Einfluß der Human Relations Bewegung wieder verstärkt den sozialen Beziehungen im Betrieb zu. Am Frankfurter Institut für Sozialforschung führt v. *Friedeburg* (1963) die wohl bedeutendste deutsche Untersuchung über Betriebsklima durch. In der betrieblichen Praxis wurde das Betriebsklima-Konzept eher als harmoniestiftende Human Relations Technik angesehen denn als Ausgangspunkt von Organisationsentwicklungsmaßnahmen wie in den USA. Folglich sollten die Konzepte ‚Betriebsklima‘ und ‚Organisationsklima‘ strikt voneinander abgegrenzt werden.

Zwischen die objektiven, rational planbaren Aspekte der Organisation (Strukturvariablen) und das Verhalten von Organisationsmitgliedern (Verhaltenskonsequenzen) schiebt sich quasi als *Filter* das Konzept des **Organisationsklimas.** Darunter ist die gesamthafte Wahrnehmung und kognitive Verarbeitung organisationaler Stimuli (Situation) durch das Individuum zu verstehen. Wie die Organisationsmitglieder ihre Organisation, Vorgesetzten und Kollegen wahrnehmen und beschreiben, ist demzufolge eine Funktion *situa-*

tiver und *personaler* Faktoren, die sich zu einem „persönlichen Bild" von der Organisation und ihren inneren und äußeren Gegebenheiten formen. Damit werden die Wahrnehmungs- und Kognitionsprozesse von Organisationsmitgliedern zum zentralen Teil des Organisationsklima-Konzeptes.

Drei **Entwicklungsabschnitte** kennzeichnen den bisherigen Verlauf der Organisationsklima-Forschung (vgl. *Weinert* 1987, S. 166 f., *Conrad/Sydow* 1984, *Staehle/Conrad* 1987):

- Organisationsbezogene Eigenschaftsansätze (Klima als Funktion der Situation)
- Personenbezogene Eigenschaftsansätze (Klima als Funktion der Person)
- Interaktionistische Ansätze (Klima als Funktion der Interaktion zwischen Person und Situation).

Die **organisationsbezogenen Eigenschaftsansätze** fassen als früheste Definitionsversuche des Organisationsklimas dieses Konzept als „... jene Menge von Charakteristika, die eine Organisation beschreiben und die a) die Organisation von anderen Organisationen unterscheiden, b) im Zeitablauf relativ überdauernd sind und c) das Verhalten der Menschen in der Organisation beeinflussen" (*Forehand/Gilmer* 1964, S. 362). Mittels einer solchen begrifflichen Fassung geht aber der subjektive Wahrnehmungscharakter des Konzeptes völlig verloren, und es unterscheidet sich demnach nur unwesentlich vom Konzept der Organisationsbeschreibung, wie es der empirischen Organisationsforschung mit dem Aston-Konzept zur Verfügung steht. *Tagiuri/Litwin* (1968) kritisieren demzufolge zu Recht, daß hier der Eindruck erweckt wird, als sei Organisationsklima ein objektiv existierendes Phänomen und nicht ein gedankliches Konstrukt in den Köpfen der Organisationsmitglieder (oder Forscher). Die Studie von *Litwin* und *Stringer* (1968) und die Bezugnahme auf Konzeptualisierungen des Person-Umwelt-Bezuges im Sinne *Lewins* führen zur Ablösung des organisationsbezogenen Ansatzes.

Der **personenbezogene Eigenschaftsansatz** kommt besonders deutlich in der Definition von *Tagiuri* und *Litwin* zum Ausdruck: „Organisationsklima ist die relativ überdauernde Qualität der internen Umwelt einer Organisation, die a) durch ihre Mitglieder erlebt wird, b) ihr Verhalten beeinflußt und c) durch die Werte einer bestimmten Menge von Charakteristika (oder Attributen) der Organisation beschrieben werden kann" (*Tagiuri/Litwin* 1968, S. 27). In Verfeinerung des personenbezogenen Eigenschaftsansatzes führen *James* und *Jones* (1974) eine Aufspaltung des summarischen Konzeptes Organisationsklima ein, und zwar in

- ein *auf die Organisation* bezogenes Organisationsklima und
- ein *auf die Person* bezogenes psychologisches Klima.

Das **psychologische Klima** stellt dabei explizit auf entscheidende, im Kopf des Organisationsmitgliedes befindliche und ablaufende psychische Elemente und Verarbeitungsprozesse ab, die eine befriedigende theoretische Verknüpfung organisationaler Variablen (Situation) mit Verhaltensvariablen (Reaktion) überhaupt erst ermöglichen (vgl. *Conrad/Sydow* 1984).

Neuere organisationstheoretische Diskussionen und empirische Untersuchungen beziehen sich explizit auf die Interaktion personaler und situativer Aspekte bei der Entstehung, Aufrechterhaltung und Veränderung von Organisationsklimata (**Interaktionistische Ansätze,** etwa *Joyce/Slocum* 1984, *Schneider* 1983). Aufgrund der Vielzahl zu berücksichtigender Variablen wird dabei auf übergreifende theoretische Bezugsrahmen zurückgegriffen, um die vielfältigen möglichen Einflußfaktoren mit dem bereits vorhandenen empirischen Wissen in Beziehung zu setzen und so Anregungen für weitere Untersuchungen zu liefern.

Ein zentrales methodisches Problem der Forschung stellt die **Aggregation** der psychologischen Klimata zum Organisationsklima dar (vgl. z.B. *Joyce/Slocum* 1984). Organisationsklima konstituiert sich über die (relative) Ähnlichkeit psychologischer Klimata der einzelnen Organisationsmitglieder. Anders als im Wahrnehmungs- und Kognitionsprozeß auf individueller Ebene, an dessen Anfang die Arbeitssituation und an dessen Ende das psychologische Klima steht, liegt in einem Prozeß, der von letzterem seinen Ausgang nimmt und in eine Bestimmung des Organisationsklimas einmünden soll, ein Wechsel der Untersuchungseinheit vor, der bis heute eine der zentralen methodischen Schwierigkeiten der Organisationsklima-Forschung darstellt. Es wird die Ebene des einzelnen Organisationsmitgliedes verlassen und die Gesamtheit der erhobenen psychologischen Klimata betrachtet. Situative und personale Charakteristika bedingen dabei unterschiedliche Grade an gemeinsam geteilter Wahrnehmung. Ähnlichkeiten psychologischer Klimata sind als weitgehend gleiche Ausprägungen auf vorhandenen Beschreibungsvariablen oder faktoriell gewonnenen Beschreibungsdimensionen empirisch zu ermitteln. Dabei ist zumeist zu vermuten, daß strukturelle Ähnlichkeiten von Situationen, Personen und auch des Wahrnehmungs- und Kognitionsprozesses prinzipiell auf gesellschaftlich-ökonomische Bedingungen beziehbar sind, in denen sich Organisationen konstituieren, ihre Handlungsspielräume definieren und Handlungsträger sich sozialisieren. Weitere Erklärungsansätze für die in empirischen Untersuchungen vielfach belegte **Ähnlichkeit von Klimawahrnehmungen** sind

• das **Selbst-Selektions-Theorem,** das eine gegenseitige Auswahl von Person und Organisation behauptet mit der Folge, daß sich die Mitglieder einer Organisation prinzipiell ähnlicher sind als diejenigen verschiedener Organisationen,

• der **symbolische Interaktions-Ansatz,** der die Bedeutung personaler Interaktion für die Herausbildung gemeinsamer Klima-Wahrnehmungen betont (vgl. *Schneider/Reichers* 1983).

Differenzen herrschen in der Frage der **Forschungsmethoden,** die zur Erfassung des Organisationsklima-Konzeptes angewendet werden sollen. **Organisationsbezogene Eigenschaftsansätze** (z.B. *Forehand/Gilmer* 1964) versuchen eine objektive Beschreibung mittels Strukturvariablen und nutzen dabei eine Anzahl von Variablen, wie sie teilweise im differenzierten Aston-Konzept auftauchen. **Personenbezogene Eigenschaftsansätze** erfassen subjektiv wahrgenommene Klimamerkmale (wie Wärme, Offenheit, individuelle Autonomie, Unterstützung, Vertrauen, Rücksichtnahme) und orientieren sich dabei, auch inhaltlich, an der Messung von Attitüden (Einstellungen). **Interaktionistische Modelle** erfassen sowohl personale als auch situative Aspekte und lösen das Problem der Interaktion der Variablen mittels statistischer Verfahren der Varianzanalyse. Eindeutig ist für alle drei Ansatzgruppen dabei die Dominanz standardisierter und strukturierter Erfassungstechniken. Erst in neuerer Zeit (*Schneider/Reichers* 1983) deutet sich auch der Einsatz sog. qualitativer Verfahren zur Datenerfassung an (vgl. hierzu auch S. 53 der Arbeit).

Wie eingangs angedeutet, eignet sich das Konstrukt ‚Organisationsklima' vor allem als **intervenierende Variable** zwischen objektiven Merkmalen der Organisation und Verhaltensausprägungen von Organisationsmitgliedern (vgl. *Conrad/Sydow* 1988). In diesem Sinne benutzen etwa *Likert* (1961) und die Autoren einiger Folgestudien die vier idealtypischen Management- bzw. Organisationssysteme[1] als Input-Variablen, die über ein entsprechend animiertes Organisationsklima bestimmte Output-Variablen (wie Produktivität, Kosten, Zufriedenheit) beeinflussen. *System 1* (ausbeutend; Organisationsklima: fehlendes Vertrauen, Angst vor Bestrafung, straffe Hierarchie) und *System 4* (kooperativ; Organisationsklima: hohes Vertrauen, Delegation und Partizipation, Eigeninitiativen) stellen dabei die Extrema auf einem Kontinuum möglicher Managementsysteme dar. Die Einordnung der eigenen Organisation erfolgt durch die Organisationsmitglieder selbst, und zwar durch Ausfüllen eines umfangreichen **Fragebogens** (mit *Likert*-Skalen) (vgl. Abb. 2.104). Die Tatsache, daß die Art der Fragestellung weniger objektive Ausprägungen der Organisationsstruktur als deren subjektive Wahrnehmung zum Ergebnis hat, veranlaßt viele Forscher, den *Likert*-Fragebogen unmittelbar als Klima-Fragebogen zu verwenden.

W. Forster (1978) schlägt auf der Basis einer kritischen Analyse der wichtigsten konzeptuellen und empirischen Arbeiten auf dem Gebiet der Organisationsklimaforschung vor, das Konstrukt ‚Klima' in sinnvolle Teilbereiche aufzugliedern, vor allem auch deshalb, um bei der empirischen Erhebung zu abfragbaren Dimensionen des Klimas zu kommen (vgl. Abb. 2.105 auf S. 458f.). Ein Test des auf der Grundlage dieser Dimensionen gebildeten Fragebogens in vier Organisationen (insg. 234 auswertbare Antworten) veranlaßt *Forster*, seine Dimensions-Struktur als besonders geeignet für eine erste **Schwachstellenanalyse** in Organisationen anzusehen.

---

[1] System 1: ausbeutend } autoritäre Systeme
System 2: wohlwollend

System 3: unterstützend } partizipative Systeme vgl. Abb. 3.75 auf S. 783.
System 4: kooperativ

Abb. 2.104: Profil einer Unternehmung (nach *Likert* 1967). – Das hier abgebildete Profil ist der Durchschnittswert des Ist-Zustandes einer deutschen metallverarbeitenden Unternehmung mit 4000 Beschäftigten. – Die Fragebogen wurden von 120 Führungskräften ausgefüllt – einschließlich Geschäftsleitung, Hauptabteilungs- und Abteilungsleitern

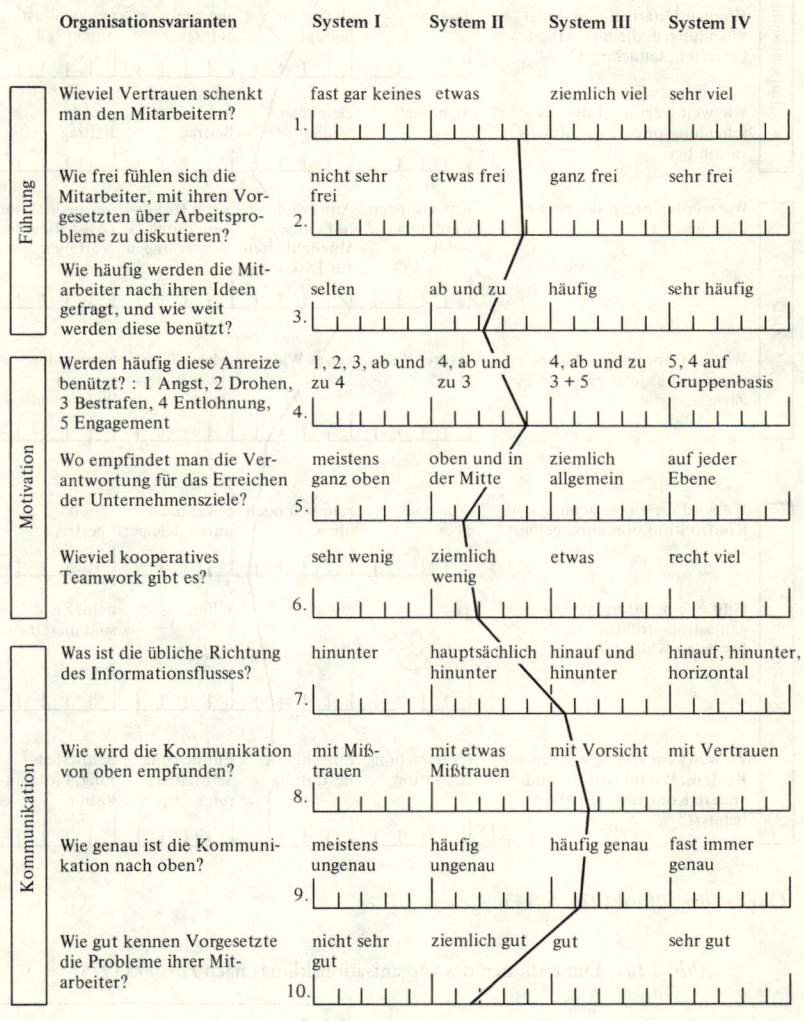

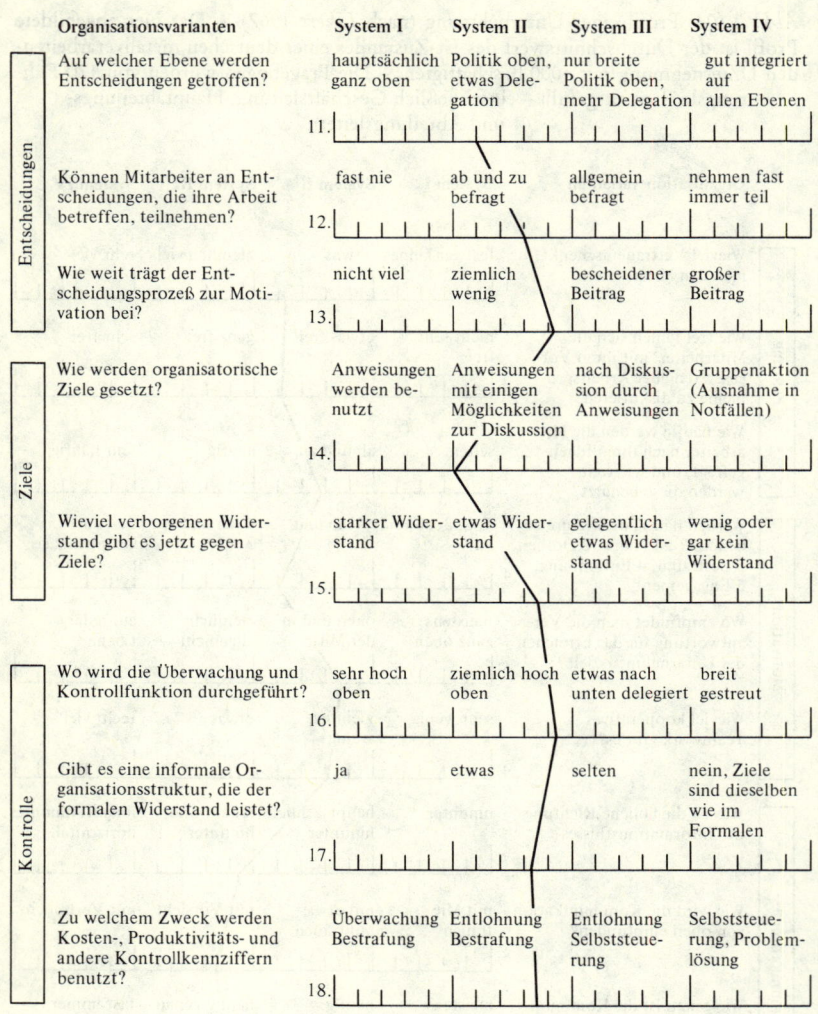

Organisationsvarianten	System I	System II	System III	System IV
Entscheidungen				
Auf welcher Ebene werden Entscheidungen getroffen?	hauptsächlich ganz oben	Politik oben, etwas Delegation	nur breite Politik oben, mehr Delegation	gut integriert auf allen Ebenen
11.				
Können Mitarbeiter an Entscheidungen, die ihre Arbeit betreffen, teilnehmen?	fast nie	ab und zu befragt	allgemein befragt	nehmen fast immer teil
12.				
Wie weit trägt der Entscheidungsprozeß zur Motivation bei?	nicht viel	ziemlich wenig	bescheidener Beitrag	großer Beitrag
13.				
Ziele				
Wie werden organisatorische Ziele gesetzt?	Anweisungen werden benutzt	Anweisungen mit einigen Möglichkeiten zur Diskussion	nach Diskussion durch Anweisungen	Gruppenaktion (Ausnahme in Notfällen)
14.				
Wieviel verborgenen Widerstand gibt es jetzt gegen Ziele?	starker Widerstand	etwas Widerstand	gelegentlich etwas Widerstand	wenig oder gar kein Widerstand
15.				
Kontrolle				
Wo wird die Überwachung und Kontrollfunktion durchgeführt?	sehr hoch oben	ziemlich hoch oben	etwas nach unten delegiert	breit gestreut
16.				
Gibt es eine informale Organisationsstruktur, die der formalen Widerstand leistet?	ja	etwas	selten	nein, Ziele sind dieselben wie im Formalen
17.				
Zu welchem Zweck werden Kosten-, Produktivitäts- und andere Kontrollkennziffern benutzt?	Überwachung Bestrafung	Entlohnung Bestrafung	Entlohnung Selbststeuerung	Selbststeuerung, Problemlösung
18.				

Quelle: *Brightford* 1974, S. 145

Abb. 2.105: Dimensionen des Organisationsklimas nach *Forster* (1978)

theoretisch abgeleitete Dimensionen	empirisch nach Faktorenanalyse gebildete Faktoren
1. Ebene des Managements	
– Formalismus	– Bürokratie
– Innovations- und Risikobereitschaft	– Flexibilität im Kommunikationsfluß
– Zentralisierung	– Sachliche Partizipation
– Turbulenz	– Turbulenz

theoretisch abgeleitete Dimensionen	empirisch nach Faktorenanalyse gebildete Faktoren
2. Ebene der Vorgesetzten-Mitarbeiter-Beziehungen	
– Kontrolle	– Gewährung von Gestaltungsspielraum
– Partizipation	– Defensive Kommunikation
– Unterstützung	– Emotionale Distanz
– Kommunikationsstil	– Sachbezogen-distanzierter Umgang
– Psychologische Distanz	
3. Ebene der Arbeitsgruppe	
– Konkurrenz vs. Kooperation	– Konkurrenz
– Kommunikationsstil	– Kooperation
– Kohäsion	– Kohäsion
4. Ebene der individuellen Reaktionen	
– Adäquater Einsatz	– Autonomie
– Veränderungswünsche	– Veränderungswünsche
– Resignationssymptome	– Distanzmangel
– Leistungsdruck	– Leistungsdruck
– Rollensicherheit	– Unsicherheit
– Zielübereinstimmung	– Identifikation
– Integration	– Integrationsschwierigkeit

b. Ursachen und Folgen unterschiedlicher Klimata

Die wohl umfangreichste Klima-Studie stammt von *Litwin/Stringer* (1968). Angeregt von den Untersuchungen von *Lawrence* und *Lorsch* (1967) versuchen *Litwin* und *Stringer* (ebenfalls von der Harvard Business School) mit ihrem Konzept des ‚organizational climate‘ eine Brücke zu schlagen zwischen Theorien der individuellen **Motivation** einerseits und Management- und Organisationstheorien andererseits; konkret entwickeln sie mit dem Organisationsklima eine intervenierende Variable, die zwischen den Anforderungen der Organisation und den Bedürfnissen und Motivationen der Mitarbeiter vermittelt. Die einzelnen Dimensionen des Organisationsklimas werden von *Litwin* und *Stringer* methodisch ähnlich wie bei *Likert* mit Hilfe von Fragebogen gemessen, die eine Skalierung der Einstellungen und Wahrnehmungen der Befragten hinsichtlich einzelner Einflußgrößen erlauben.

Bei der Einteilung in unterschiedliche **Grundbedürfnisse** übernehmen sie die von *McClelland* und *Atkinson* entwickelte Dreiteilung in (vgl. S. 208 f. der Arbeit):

- **Leistungsstreben** (need for achievement)
- **soziales Streben** (need for affiliation)
- **Machtstreben** (need for power).

Existenz und Stärke eines Motivs werden mit dem von *Murray* entwickelten projektiven thematischen Apperzeptionstest (TAT = thematic apperception test) gemessen (vgl. S. 201 der Arbeit).

Litwin und *Stringer* gehen bei ihren Untersuchungen von folgender **Kausalkette** aus: Organisatorische Einflußfaktoren (organizational system inputs) schaffen ein bestimmtes Organisationsklima (induced organizational climate), was seinerseits bestimmte motivationale Tendenzen stimuliert (aroused or suppressed motivation), die in einem bestimmten Verhalten mit einem meßbaren Ergebnis (output) resultieren.

Hypothesen über den Einfluß (positiv, negativ, neutral) einzelner Dimensionen des Organisationsklimas auf die Weckung oder Unterdrückung der drei Grundmotive wurden von den Autoren durch Befragung von über 300 Mitgliedern aus äußerst unterschiedlichen wirtschaftlichen Organisationen getestet und, vorsichtig formuliert, vorläufig bestätigt. So vermuten sie, daß unterschiedliche Organisationsklimata unterschiedliche Motivationen stimulieren, die wiederum zu verschiedenartigem Verhalten mit unterschiedlichen Ergebnissen (Leistung, Zufriedenheit etc.) führen.

Litwin und *Stringer* fanden im Verlauf ihrer empirischen Untersuchungen unterschiedliche Organisationsklimata in verschiedenen Unternehmungen desselben Industriezweiges und in verschiedenen Abteilungen derselben Unternehmung.[2] Grund für die Unterschiedlichkeit war die Verschiedenartigkeit der organisatorischen Einflußfaktoren, unter denen der **Führungsstil** interessanterweise der entscheidende war; und zwar stärker noch als Art und Struktur der Aufgaben.

Zur weiteren Erforschung dieser Variablen haben sie drei unterschiedliche Organisationsklimata künstlich geschaffen, indem sie in drei Spiel-Unternehmungen bei sonst gleichen Bedingungen unterschiedliche Führungsstile praktizieren ließen. Unter Laborbedingungen wurden drei Unternehmungen mit je 15 Mitarbeitern (Studenten) plus jeweils einem Präsidenten gebildet. Die Arbeit bestand darin, aus 30–50 Einzelteilen Miniatur-Modelle von Radar-Türmen u.ä. zu bauen. Die organisatorische Differenzierung unterhalb des Präsidenten erfolgte in die Abteilungen Produktentwicklung, Produktion und Controlling. Es wurde täglich sechs Stunden über einen Zeitraum von zwei Wochen gearbeitet.

Organisation	Führungsstil	Organisationsklima
A	straff-autoritär	machtorientiert
B	locker-informell	interaktionsorientiert
C	partizipativ-delegierend	leistungsorientiert

---

[2] Es gilt also zu beachten, daß es in großen Organisationen aufgrund der hohen Differenzierung meist nicht nur *ein* Organisationsklima gibt, sondern eine ganze Reihe unterschiedlicher Klimata.

Das Experiment ergab, daß die **Motivationsstruktur** von Mitarbeitern durch die Situation (hier vor allem: Führungsstil), in der sie arbeiten, entscheidend beeinflußt wird. Nach Abschluß des Experiments fielen die Teilnehmer wieder in ihre ursprüngliche Motivationsstruktur zurück. Zu weiteren Studien über den Einfluß des Führungsverhaltens auf das Organisationsklima vgl. *Staehle/Conrad* (1987).

Ein Hauptgrund für die Unzufriedenheit vieler Organisationsmitglieder ist ganz sicherlich in einer Diskrepanz (person/environment mismatch) zwischen der Bedürfnisstruktur eines Menschen und dem Organisationsklima, in dem er tätig ist, zu suchen. An diesem Punkt setzen die Arbeiten von *Morse* (1975) und *Lorsch/Morse* (1974) an. Sie postulieren einen *fit* zwischen externer Umwelt, Aufgabe, Organisationsstruktur und Organisationsklima, um die Organisationseffizienz zu steigern.

Um ihre These empirisch zu belegen, haben sie vier Abteilungen untersucht, und zwar zwei Abteilungen in stabiler Umwelt mit Routineaufgaben (Fertigung standardisierter Container nach Fließprinzip) und zwei Abteilungen in unsicherer Umwelt mit kreativen Aufgaben (F+E-Labors), wovon jeweils eine erfolgreich (A, B) und eine weniger erfolgreich arbeitete (insgesamt wurden 40 Manager befragt).

	Aufgabe →	Struktur →	Organisationsklima →	Ergebnis
Abteilung A	Routine, programmierbar	Hierarchie, autoritär	wahrgenommene hohe Strukturierung, strenge Kontrolle	positiv
Abteilung B	kreativ, nicht programmierbar	Team, partizipativ	wahrgenommene schwache Strukturierung, Selbstkontrolle	positiv

Entscheidend für den Erfolg arbeitsorganisatorischer Gestaltungsmaßnahmen ist demnach, ob sie den Individuen ein **subjektives Kompetenzerlebnis** vermitteln, d.h. das Gefühl, bestimmte Aufgaben in einer bestimmten Umwelt kompetent bewältigt zu haben. Ganz abgesehen von den grundsätzlichen Bedenken gegen diese Kongruenz-Effizienz-Hypothesen (vgl. S. 58f. der Arbeit) ist am Konzept von *Lorsch* und *Morse* zu kritisieren, daß es die Persönlichkeitsmerkmale und Prädispositionen der Organisationsmitglieder, deren jeweilige Ausprägung die Chance, Kompetenz-Gefühle zu erleben, bestimmt, als konstant und unabhängig von der Arbeitssituation annimmt. Ein solch positivistisches Konzept, das Persönlichkeitsentwicklung negiert, erlaubt es dann, auch inhumane Arbeitssituationen zur Einführung zu empfehlen, da sie bei entsprechenden Prädispositionen der Arbeiter von diesen akzeptiert werden und somit einen effizienzsteigernden *fit* erlauben (siehe dagegen *Morse* 1975).

Lutz von Rosenstiel et al. (1982) entwickelten für den deutschsprachigen Raum ein Instrument zur Erfassung des Organisationsklimas[3], das auf einer klaren, theoretisch begründeten Abgrenzung zu verwandten Konzepten beruht und vor allem an den Hauptgütekriterien sozialwissenschaftlicher Tests, wie Objektivität, Reliabilität und Validität orientiert ist. Inhaltlich wird auf folgende vier **Fragenbereiche** besonderer Wert gelegt:

- Fragen zur betrieblichen Interessenvertretung
- Bedingungen innerbetrieblicher Information und Mitsprachemöglichkeiten der Beschäftigten
- Vorgesetztenverhalten als Interaktion zwischen Vorgesetzten und Mitarbeitern
- Eignung des Erhebungsinstrumentariums als integraler Bestandteil von Organisationsentwicklungsprozessen.

In den 16 an der Untersuchung teilnehmenden Organisationen wurden 2569 Fragebogen ausgefüllt, was einer Rücklaufquote von rund 35% entspricht.

Die Organisationsklima-Fragen werden analysiert in bezug auf (S. 328ff.):

- **betriebsexterne Charakteristika**
  Betriebsnormen (über alle Betriebe)
  Branchenzugehörigkeit
  Betriebsgröße
  Standort (Stadt, Land)

- **betriebsinterne Charakteristika**
  Tätigkeitsbereich
  Raumgruppengröße
  Position

- **personenbezogene Charakteristika**
  Geschlecht
  Alter
  Schulausbildung
  Berufsausbildung

Insgesamt ergeben sich folgende **Befunde:**

- eine deutlich negative Wahrnehmung der Bereiche ‚Organisation' und ‚betriebliche Leistungen' im Vergleich zu ‚Kollegenbeziehungen' oder ‚Interessenvertretung'
- ein besseres Organisationsklima in Kleinbetrieben
- ein besseres Organisationsklima in Betrieben städtischer Ballungsgebiete
- ein besonders schlechtes Klima im Bereich Fertigung, ein besonders gutes im Bereich Verkauf
- eine Verschlechterung des Klimas mit zunehmender Zahl der Kollegen

---

[3] Auch wenn der Forschungsbericht mit ‚Betriebsklima heute' überschrieben ist, so handelt es sich doch um Organisationsklima-Forschung im Sinne der hier vorgetragenen Auffassung von Organisationsklima.

- eine Verbesserung des Klimas mit der hierarchischen Position
- keine geschlechtsspezifischen Klima-Wahrnehmungen
- eine positivere Wahrnehmung des Klimas durch jüngere und ältere Arbeitnehmer verglichen mit Arbeitnehmern mittlerer Jahrgänge.

Neben diesen gesamthaften Erhebungsinstrumenten des Organisationsklimas zielen neuere Konzeptualisierungen auf spezielle Teilbereiche bzw. -aspekte der Organisation, wie z.B. Planungsklima, Aufstiegsklima, Kommunikationsklima (vgl. *Conrad/Sydow* 1984, S. 137ff.).

Zusammenfassend ist festzuhalten, daß trotz der Gefahr einer (im negativen Sinne) normativen Technologisierung das Konzept des Organisationsklimas ein äußerst wertvolles **Konstrukt** zum Verständnis des Verhaltens von Menschen in Organisationen ist. Beschreibungen von Klimawahrnehmungen durch die Organisationsmitglieder selbst erlauben einen Zugang zur Erklärung der Wirkungsweise unterschiedlicher organisatorischer Strukturierungsmaßnahmen und darauf aufbauender Organisationsentwicklungsmaßnahmen.

Neben dem Organisations- und Betriebsklima finden sich noch zwei dem Klimakonzept verwandte Konstrukte, Arbeitszufriedenheit und Organisationskultur, die sich auf den ersten Blick wie folgt voneinander unterscheiden. Während die **Arbeitszufriedenheit** (vgl. S. 235ff. der Arbeit) die individuelle Bewertung von Merkmalen des Arbeitsplatzes bzw. der Arbeitssituation durch den einzelnen Arbeitnehmer zu erfassen sucht, meint **Organisationskultur** die von den Organisationsmitgliedern gemeinsam geteilten Wert- und Glaubensvorstellungen einer Organisation.

Payne et al. (1976) betrachten Organisationsklima und Arbeitszufriedenheit als Endpunkte eines bipolaren Kontinuums. Dabei wird eine Unterscheidung von Arbeitszufriedenheit, wahrgenommener Arbeitssituation, Zufriedenheit mit der Organisation, wahrgenommener Organisation, Rollenmoral, Rollenklima, Organisationsmoral und Organisationsklima anhand der Differenzierungsmerkmale Erhebungseinheit, Untersuchungseinheit und Eigenschaft des Maßes vorgenommen (vgl. Abb. 2.106).

Bezüglich des Verhältnisses von Organisationsklima und -kultur herrscht die Auffassung vor, daß das Klima ein kulturelles Artefakt und damit *eine* Erscheinungsform der herrschenden Kultur ist (vgl. *Schein* 1985). Obwohl von den in der organisationalen Vergangenheit liegenden Ereignissen mitbestimmt, ist das Organisationsklima leichter wandelbar und im Sinne eines Klima-Managements leichter gestaltbar als die Kultur. Eine präzisere konzeptionelle Bestimmung des Verhältnisses beider Konzepte zueinander setzt allerdings eine differenzierte Betrachtung der Organisationskultur voraus (vgl. den nächsten Abschnitt sowie *Conrad/Sydow* 1988).

Abb. 2.106: Organisationsklima und Arbeitszufriedenheit als Endpunkte eines bipolaren Kontinuums

Konzept	A	B	C	D	E	F	G	H
Erhebungseinheit	Individuum	Individuum	Individuum	Individuum	Soziales Kollektiv (aggregiert)	Soziales Kollektiv (aggregiert)	Soziales Kollektiv (aggregiert)	Soziales Kollektiv (aggregiert)
Untersuchungseinheit	Arbeitsplatz	Arbeitsplatz	Organisation (o. Subsystem)	Organisation (o. Subsystem)	Arbeitsplatz	Arbeitsplatz	Organisation (o. Subsystem)	Organisation (o. Subsystem)
Eigenschaft des Maßes	Affektiv	Deskriptiv	Affektiv	Deskriptiv	Affektiv	Deskriptiv	Affektiv	Deskriptiv
	Arbeitszufriedenheit	Wahrgenommene Arbeitssituation (perceived job characteristics)	Zufriedenheit mit der Organisation	Wahrgenommene Organisation (perceived organizational characteristics)	Rollenmoral (role moral)	Rollenklima (role climate)	Organisationsmoral (organizational morale)	Organisationsklima

Quelle: Payne et al. 1976, S. 55

7. Organisationskultur

Das Konzept der Organisationskultur hat vor allem durch jüngere populärwissenschaftliche Veröffentlichungen (z. B. Business Week vom 27. Okt. 1980, *Ouchi* 1981, *Peters/Waterman* 1982) über dessen angeblich ausschlaggebende Bedeutung bei der Erklärung von Erfolg oder Mißerfolg einer Organisation erhebliche Aufmerksamkeit errungen. Aber auch unter Organisationstheoretikern zeigt sich zunehmendes Interesse an diesem Konzept (vgl. das ASQ-Sonderheft, hrsg. von *Jelinek/Smircich/Hirsch* 1983, sowie etwa *Schein* 1985, *Heinen* 1987, *Dülfer* 1988). Der aus der Anthropologie stammende Kultur-Begriff ist den Betriebswirten vor allem aus der international vergleichenden Organisationsforschung *(cross-cultural management)* bekannt. Dieser umfassende Kultur-Begriff, der für die Denk- und Verhaltensmuster eines ganzen Volkes bzw. Kulturkreises steht, wird nun auch auf die **Mikro-Ebene** einer Organisation angewandt.

a. Konzeptionelle und methodische Ansätze

Kultur ist ein theoretisches Konstrukt, das sowohl in Anthropologie und Ethnologie als auch in jüngerer Zeit verstärkt in der Soziologie, Psychologie und Betriebswirtschaftslehre eine bedeutsame Rolle spielt. Entsprechend vielgestaltig sind die angebotenen Definitionen von **Kultur** (vgl. *Kroeber/ Kluckhohn*[1] 1952). Die Brücke zwischen Anthropologie und Psychologie schlägt *Hofstede* (1980, S. 25), wenn er die Kultur eines Kollektivs (Volk, Kulturkreis) mit der Persönlichkeit eines Individuums vergleicht. Während Kultur die Identität einer Gruppe (Organisation, Stamm, Volk) determiniert, prägt die Persönlichkeit die Identität eines einzelnen Menschen. Allen Definitionen von Kultur ist gemeinsam, daß es sich bei ihr um ein System gemeinsam geteilter Werte, Normen, Einstellungen, Überzeugungen und Ideale handelt. Eine erste Systematisierung der unterschiedlichen **Kulturansätze** bietet die in Anlehnung an *Keesing* (1974) eingeführte Zweiteilung in (*Allaire/ Firsirotu* 1984):

- Kultur als integrativen Bestandteil jeglicher Sozialsysteme (empirisch beobachtbare Phänomene eines Sozialgebildes)
- Kultur als Ideensystem (System von Bedeutungen in den Köpfen der Kulturträger).

Die Klammerausdrücke deuten schon an, daß sich hinter der konzeptionellen Differenzierung gravierende forschungsmethodische und erhebungstech

---

[1] *Kroeber, Alfred* (1876–1961) amerik. Prof. Anthropologie (Kulturanthropologe). *Kluckhohn, Clyde* (1905–1960) amerik. Prof. Anthropologie, Harvard Uni.

nische Probleme verbergen. Begreift man, wie im ersten Fall, Kultur in systemtheoretisch-funktionalistischer Tradition als ein *objektivistisches, deskriptives Konstrukt* neben anderen, wie etwa Struktur oder Technologie, so werden die herkömmlichen Methoden der quantitativen empirischen Sozialforschung zum Einsatz gelangen (nomothetischer Forschungsansatz). Begreift man aber Kultur als ein *individualistisches, ideelles Konstrukt,* das konkret nicht faßbar, nicht beobachtbar ist, werden verstehende, interpretative Verfahren der Ethnomethodologie herangezogen (ideographischer Forschungsansatz)[2].

In der ersten Sichtweise leben Organisationen *in einer* Kultur bzw. *haben* Organisationen eine Kultur; in der zweiten *sind* Organisationen Kultur. Vertreter der zweiten Richtung gehen sogar einen Schritt weiter und sehen im zweiten Kultur-Konzept eine *root metaphor,* ein neues erkenntnisleitendes Paradigma der Organisationsforschung (vgl. z. B. *Pondy/Mitroff* 1979, *Smircich* 1983; zur Kritik: *Ebers* 1985, *Dill* 1986, *Heinen* 1987). Entsprechend wird dieser Ansatz der Kulturforschung häufig auch als paradigmatisch im Gegensatz zum funktionalistischen Ansatz bezeichnet.

Was die Beobachtbarkeit und Meßbarkeit von Kultur anbetrifft, nimmt *Schein* (1985) eine differenziertere Position ein. Er unterscheidet zwischen drei Ebenen, auf denen **Kulturanalyse** erfolgen kann (Abb. 2.107). Während

Abb. 2.107: Kulturebenen nach *Schein*

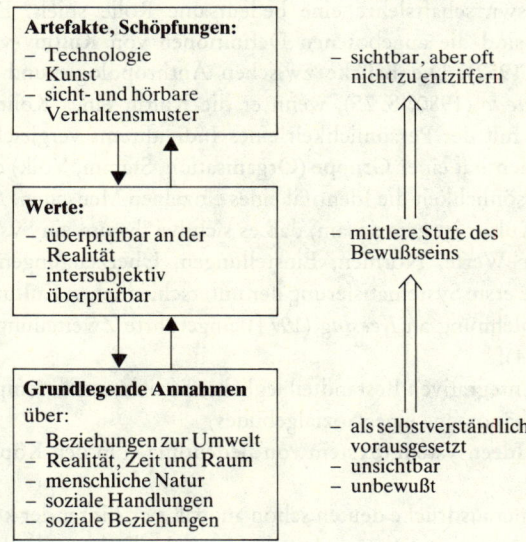

Quelle: Schein 1985, S. 14

---

[2] Zu Methodenproblemen der Organisationskulturforschung vgl. *Osterloh* 1988.

auf der Ebene des Sichtbaren herkömmliche empirische Sozialforschung erfolgreich sein kann, muß sie auf der Ebene des Unsichtbaren zwangsläufig scheitern. Ein besonderer Mangel einer Kulturforschung, die lediglich an den Oberflächenerscheinungen (Ebene des Sichtbaren) ansetzt, besteht darin, daß sie die tieferliegenden Normen, Werte und grundlegenden Annahmen der Kulturträger unbefragt läßt und sich somit zweierlei Gefahren aussetzt: Einmal Symptome mit den Ursachen zu verwechseln, d.h. Kulturen falsch zu interpretieren, und zum andern eine Veränderbarkeit und Manipulierbarkeit von Kultur zu unterstellen (Kulturmanagement), und zwar allein über Veränderungen auf der ersten Ebene. Kulturveränderung kann, wenn überhaupt, nur bei einem tieferen Verständnis der zweiten und dritten Ebene erfolgen und sollte m.E. bezogen auf Organisationskulturen allenfalls die Form eines kulturbewußten Managements annehmen.

Kulturforschung, ganz gleich auf welcher Ebene, ist immer **Vergleichsforschung.** Dabei nahm der Kulturforscher (sei er nun Anthropologe oder Betriebswirt) anfangs i.d.R. eine ethnozentristische Position ein, d.h., Vergleichsmaßstab war die eigene, positiv eingeschätzte Kultur (abendländische Kultur, exzellente US-Firmen), an der sich Vergleichskulturen zu messen hatten (primitive, unterentwickelte Kulturen). Erst in jüngerer Zeit ist nicht zuletzt aufgrund des (ökonomischen) Erfolgs ,fremder' Kulturen ein Perspektivenwandel hin zu einer offeneren, vorurteilsfreieren Herangehensweise anderen Kulturen gegenüber festzustellen. Diese Entwicklung spiegelt sich schon in der Klassifikation der Einstellungen des Top Managements internationaler Unternehmungen gegenüber ausländischen Töchtern durch *Perlmutter* (1969) wider:

- *ethnozentristische* Einstellung (Orientierung am Denken des Stammlandes bzw. der Zentrale, heimische Manager werden entsandt)
- *polyzentristische* Einstellung (Orientierung am Denken des Gastlandes, Manager aus dem Gastland)
- *geozentristische* Einstellung (weltweite, globale Orientierung; die besten Manager werden ausgewählt; multinationale Unternehmungen konkurrieren weltweit).

Im folgenden interessieren primär die Ergebnisse auf dem Gebiet der kulturvergleichenden Managementforschung (**Comparative Management**). Dabei beschränkt sich Comparative Management nicht nur auf das Identifizieren, Messen und Interpretieren von Ähnlichkeiten und Unterschieden des Managements in verschiedenen Ländern, sondern kann auch Vergleiche zwischen einzelnen Organisationen ein und desselben Landes oder sogar einzelner Abteilungen (Subkulturen) ein und derselben Organisation umfassen (wie z.B. bei *Kast/Rosenzweig* 1985, S. 542ff.).

Abb. 2.108: Objektbereich des Comparative Management

Comparative Management

intraorganisatorisch   interorganisatorisch

zwischen Organisationen   zwischen Kulturen
(cross-institutional)   (cross-cultural)

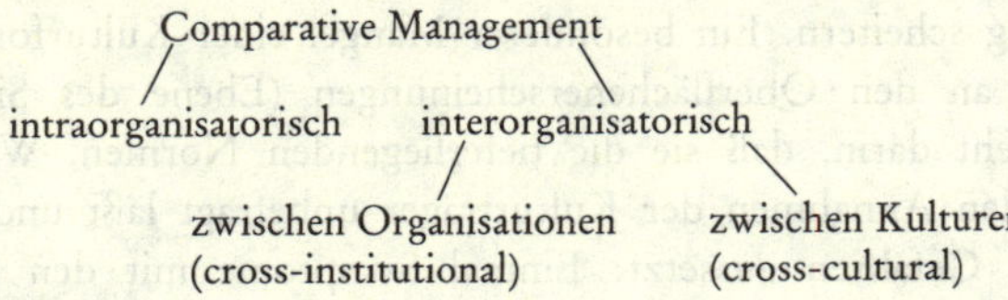

In den folgenden Abschnitten wird Kultur als
• *externe Variable* (Organisationen leben in einer Kultur – interorganisatorische Vergleiche), als
• *interne Variable* (Organisationen haben eine Kultur – inter- und intraorganisatorische Vergleiche), und im Sinne der ideellen Sichtweise werden
• Organisationen als *Mikrokulturen* untersucht.

b. Kultur als externe Variable

Im Zuge der stärkeren internationalen Verflechtung der Weltwirtschaft nach dem 2. Weltkrieg, mit dem Entstehen internationaler Unternehmungen und multinationaler Konzerne tauchen auch neue Managementprobleme auf. Während die bis Mitte der 60er Jahre übliche internationale Betätigung von Unternehmungen – internationaler Handel (Export-Import), internationale Finanzierung, Beteiligung – lediglich einzelne hierfür spezialisierte Abteilungen betrifft, führt die immer stärker zunehmende **Internationalisierung der Weltwirtschaft** und der Unternehmungen zu grundsätzlich neuen Herausforderungen an das Management. Universalität und Übertragbarkeit des nationalen Managementwissens werden zum Problem, das zunächst (ab 1960) an amerikanischen Hochschulen und inzwischen weltweit an zahlreichen wirtschaftswissenschaftlichen Fakultäten bearbeitet wird und damit zu ganz neuen Lehr- und Forschungsgebieten geführt hat (International Business mit International/Comparative Management[3]).

---

[3] **Internationales Management** befaßt sich mit den länderübergreifenden ökonomischen Austauschbeziehungen von internationalen und multinationalen Unternehmungen (vgl. z.B. *Perridon* 1967, *Vernon/Wells* 1986, *Fayerweather* 1982, *Brooke/Remmers* 1978, *Fröbel/Heinrichs/Kreye* 1977, 1986). Aufgrund der außergewöhnlich starken Exportabhängigkeit bzw. internationalen Verflechtung der deutschen Wirtschaft gewinnt die international vergleichende Management-Forschung in der Bundesrepublik immer mehr an Bedeutung. Diese Entwicklung führte konsequenterweise dazu, daß als weitere wissenschaftliche Kommission im Rahmen des Verbandes der Hochschullehrer für Betriebswirtschaft 1975 eine Kommission ‚Internationale Beziehungen der Unternehmungen' (heute: Internationales Management) gegründet wurde.
Das wachsende Interesse, das in der Fachwelt dieser Forschungsrichtung beigemessen wird, zeigt sich auch daran, daß 1982 die Jahrestagung des Verbandes der Hoch-

(1) Interkulturelle Vergleichsforschung

Während die Universalisten unter den Managementtheoretikern behaupten, es gäbe kaum nennenswerte Unterschiede in den Managementprinzipien, die das Handeln der Manager in den einzelnen Ländern (Kulturen) leiten (*culture free* These), betonen die Vergleichsforscher – gestützt auf eine Fülle empirischer Untersuchungen – die Bedeutung unterschiedlicher Umwelten bei der Erklärung unterschiedlichen Managementverhaltens (vgl. z.B. *v. Keller* 1982, *Ronan* 1986). Typisch für diese Phase der Vergleichsforschung ist die großzahlige empirische Erhebung (Befragung von 3641 Managern aus 14 Ländern) von *Haire/Ghiselli*[4]*/Porter* (1966). Sie kommen zu dem Ergebnis, daß die Wertorientierungen der Manager weltweit zwar ziemlich ähnlich sind (Ausnahmen: Saudi-Arabien, Südvietnam), daß aber hinsichtlich Motivation und Führungsverhalten kulturspezifische Unterschiede existieren. Dabei unterscheiden sie folgende in sich relativ homogene Kulturkreise: Nordeuropa, romanische Länder, anglo-amerikanische Länder und Japan.

Während es den US-Wissenschaftlern anfangs primär um die Erforschung von kulturbedingten Widerständen gegen den Export nordamerikanischer Managementtechniken in managementmäßig unterentwickelte Regionen geht (vgl. z.B. die Gründung von Business Schools in allen Teilen der Welt als Multiplikatoren für US-Managementkultur), lehren die Erfahrungen schon bald, daß man auch von fremden Völkern noch manches lernen kann. So etwa die soziotechnische Systemanalyse von den Briten, neue Formen der Arbeitsorganisation von den Skandinaviern, Modelle der Mitbestimmung von den Deutschen und Qualitätszirkel von den Japanern. Die Forschungs-Einbahnstraße entwickelt sich zum Gegenverkehr (vgl. *Kast/Rosenzweig* 1985, S. 589). Neben Japan, dessen Einfluß noch ausführlich analysiert wird, gewinnt Europa international immer mehr an Bedeutung; vgl. etwa

- European Contributions to Organization Theory
  (*Hofstede/Kassem* 1976)
- European Approaches to International Management
  (*Macharzina/Staehle* 1986).

Die Comparative Management-Forschung, vor allem in der Form des interkulturellen Vergleichs (cross-cultural management research), hat schon eine beachtliche Entwicklung hinter sich, was unter anderem *Greenwood* (1974) auf einer Tagung der Academy of Management 1972 zu der Prognose

---

schullehrer für Betriebswirtschaft in Berlin unter dem Thema ‚Internationalisierung der Unternehmung‘ stand (vgl. *Lück/Trommsdorf* 1982 sowie *Albach* 1981).

Albach, Horst (geb. 1931) Prof. BWL, FU Berlin, Präsident der Akademie der Wissenschaften, Berlin.

Fayerweather, John (geb. 1922) Prof. International Business, New York Uni.

Vernon, Raymond (geb. 1913) Prof. International Affairs, Harvard Uni.

[4] *Ghiselli, Edwin Ernest* (1907–1980) Prof. Psychologie, Uni Berkeley.

veranlaßt, die **Vergleichende Managementforschung** werde der dominierende Managementansatz der 70er Jahre, eine Prognose, die sich übrigens nicht bewahrheiten sollte. Dabei sind die ersten Ergebnisse dieser neuen Forschungsrichtung, die als Gegenbewegung zu den universalistischen *principles of management* und *one best way* -Ansätzen zu verstehen ist, zumindest was die Quantität anbetrifft, vielversprechend. So kann *Schöllhammer* (1969) schon nach zehn Jahren Forschungsarbeit – in Analogie zur Situationsbeschreibung von *Koontz* (1961) hinsichtlich des Standes der Managementlehre (Management Theory Jungle) – von einem ‚Comparative Management Theory Jungle‘ sprechen.

Gerade die kaum noch zu überschauende Anzahl von zum Teil äußerst widersprüchlichen Forschungsergebnissen, deren mangelnde theoretische Fundierung und unübersehbaren methodischen Schwächen mögen dafür verantwortlich sein, daß Comparative Management die ursprünglich sehr hoch gesteckten Erwartungen nicht erfüllen konnte (*Schöllhammer* 1975).

Auch *Negandhi* (1974, 1975),[5] der vor allem in den 70er Jahren auf diesem Gebiet forscht und publiziert, beklagt den Mangel an umfassenden konzeptionellen (theoretischen) Erklärungsansätzen. Vor allem kritisiert *Negandhi* die unklare und mißverständliche Verwendung des Konstrukts *Kultur* als unabhängige Variable, die in vielen empirischen Untersuchungen aber nicht ex ante als solche konzeptualisiert, sondern ex post als Sammelbegriff (Residualgröße) für die unerklärte Varianz der Managementunterschiede herangezogen wird. Er selbst schlägt ein umfassendes Variablenmodell vor, das Kultur nur als einen von vielen Einflußfaktoren beinhaltet. Da weder Vorschläge zur Operationalisierung und empirischen Erhebung der Variablen noch testbare Hypothesen formuliert werden, bleibt auch dieser Vorschlag ein zwar plausibler, aber forschungspraktisch konsequenzloser Diskussionsbeitrag (vgl. hierzu das weitergehende Modell von *Torre/Toyne* 1978).

Eine Neuorientierung Vergleichender Organisationsforschung zeichnet sich in der von *Lammers* und *Hickson* (1979) herausgegebenen Sammlung und Kommentierung von Aufsätzen zur Vergleichenden Organisationssoziologie ab. Die Herausgeber plädieren dafür, den Begriff *comparative* nur für solche Forschungsarbeiten zu verwenden, die inter-institutionelle und interkulturelle Unterschiede in der Entwicklung, Struktur und Arbeitsweise von Organisationen aufzudecken versuchen, und die speziell die Wechselwirkungen zwischen institutionellen und gesellschaftlichen Gegebenheiten einerseits und Struktur und Verhalten von Organisationen andererseits zu analysieren beabsichtigen (S. 5, 429). Dabei werden von den Autoren vor allem solche

---

[5] Vgl. das von *Negandhi* herausgegebene Sonderheft des Journal of International Business Studies über ‚Cross-Cultural Management‘ (Herbst 1983).

Negandhi, Anant R. (geb. 1933 in Bombay), Prof. International Business, Uni of Illinois, Urbana-Champaign.

empirische Studien favorisiert, die Organisationen zu mehreren Zeitpunkten, in verschiedenen Gesellschaften (Kulturen) und mit verschiedenen gesellschaftlichen Aufgabenstellungen (wie Sozialisation, Produktion, Distribution, Krankenpflege etc.) zum Gegenstand haben.

Die Forderung nach interkulturellem Vergleich zu mehreren Zeitpunkten ist in der großangelegten **kulturvergleichenden Managementstudie** von *Hofstede* (1980) beispielhaft realisiert worden. Er konnte seine Auswertung auf 116 000 Fragebogen aus 40 Ländern stützen, welche den Managern einer multinationalen Unternehmung (IBM) zu zwei verschiedenen Zeitpunkten (1968 und 1972) vorgelegt wurden. *Hofstede*[6] geht davon aus, daß umweltspezifische (Kindheit, Schule, Organisation) mentale Programme das je spezifische Managementverhalten prägen. Kultur ist dann ein kollektives mentales Programm (das Ergebnis von ‚collective mental programming‘), das von Personenmehrheiten (Organisation, Volk, Kulturkreis) geteilt wird. Nationale Kulturen werden mit Hilfe von vier Dimensionen beschrieben (*Hofstede* 1980):

- *Power Distance* (das Ausmaß, in dem eine Gesellschaft die Tatsache akzeptiert, daß Macht in Institutionen ungleich verteilt ist)
- *Uncertainty Avoidance* (das Ausmaß, in dem eine Gesellschaft sich durch unsichere, mehrdeutige Situationen bedroht fühlt, und wie sie versucht, solche Situationen durch formale Regeln und Programme zu vermeiden)
- *Individualismus vs. Kollektivismus* (das Ausmaß, in dem in einer Gesellschaft Eigeninitiative und Selbstversorgung oder staatliche Fürsorge betont wird)
- *Männlichkeit vs. Weiblichkeit* (das Ausmaß, in dem in einer Gesellschaft maskuline, materielle Werte gegenüber femininen, wie Zuneigung, humane Arbeit, dominieren).

Unterschiedliche Ausprägungen der vier Dimensionen (vor allem der ersten beiden) erlauben eine Clusterbildung nach folgenden Ländergruppen: höher entwickelte lateinamerikanische Länder, weniger entwickelte lateinamerikanische Länder, höher entwickelte asiatische Länder, weniger entwickelte asiatische Länder, Naher Osten, germanische, nordische und angelsächsische Länder.

Besonders eng (positiv) scheinen die Ausprägungen des Power Distance Index mit dem Uncertainty Avoidance Index korreliert zu sein. Westliche Industrienationen zeigen auf beiden Maßen schwache Ausprägungen; geringe Toleranz für Machtunterschiede und geringe Bedrohung durch Unsicherheit hängen wiederum eng mit den dort dominierenden Religionen und Wissenschaftsauffassungen zusammen.

Hofstedes Untersuchung setzt an der zweiten Kulturebene nach *Schein* an; es fragt sich, ob eine hoch standardisierte Fragebogenerhebung auf dieser

---

[6] *Hofstede, Geert* (geb. 1928) holländ. Prof. Org. Behavior (INSEAD), Direktor Institute for Research on Intercultural Cooperation, Holland.

Ebene tiefere Einsichten in die kulturelle Verankerung von Managerhandeln zu vermitteln vermag. Leider werden Länder abgegrenzt und nicht Kulturkreise; Kulturen folgen nicht nationalen Grenzen, sondern sind einmal enger dann wieder weiter zu ziehen. So kann *Hofstede* die mehrsprachigen Länder Belgien und Schweiz nicht in seine Ländercluster einordnen. Letztlich bleibt das Manko, daß nur *eine* Unternehmung Gegenstand der Analyse war. Hier liegt die Annahme nahe, daß IBM weltweit ähnlich ‚mental programmierte‘ Manager rekrutiert. Umso überraschender ist das Ergebnis, daß selbst ein multinationaler Konzern mit ausgeprägter Organisationskultur, wie IBM, nicht die externen kulturellen Wertunterschiede zu nivellieren vermag.

(2) Kulturvergleichende Managementforschung: Japan – USA

Ende der 70er Jahre, als der weltweite Erfolg einiger japanischer Unternehmungen nicht mehr zu übersehen ist und sich vor allem für die selbstbewußten US-Amerikaner zu einer zentralen Herausforderung entwickelt, reduziert sich die kulturvergleichende Managementforschung von Mehrländerstudien mehr und mehr auf **Zweiländervergleiche**; und zwar sucht man als Vergleichsobjekt solche Länder (Kulturen), von denen man sich die größte Bedrohung bzw. die meisten Anregungen verspricht.

Der Erfolg der Japaner auf dem Weltmarkt hat vor allem US-amerikanische Wissenschaftler und Praktiker angeregt, sich intensiver mit den Ursachen dieses Phänomens auseinanderzusetzen. Japan-Kenner sind sich darin einig, daß für diesen Erfolg zu einem beträchtlichen Teil die besondere Kultur japanischer Unternehmungen verantwortlich zu machen ist. Andererseits müssen japanische Manager lernen, sich auf außerjapanische Kulturen einzustellen, um dort auf Dauer wettbewerbsfähig zu sein.

Eine der einflußreichsten Arbeiten auf dem Gebiet des Kulturvergleichs ist die Entwicklung der **Theorie Z** von *Ouchi* (1981), und zwar in Weiterführung der Arbeiten von *McGregor* (1960) über Theorie X und Y (vgl. S. 173 der Arbeit).

Die Theorie Z stellt ein normatives Führungsmodell dar, das von *Ouchi* auf der Grundlage intensiver vergleichender Studien US-amerikanischer und japanischer Managementmethoden entwickelt wurde. *Ouchi*[7] geht von der Annahme aus, daß sich die nordamerikanische und japanische Gesellschaft und ihre Organisationen signifikant unterscheiden, obwohl sie im wesentlichen vergleichbare Aufgaben erfüllen. Die kulturelle Umwelt US-amerikanischer Organisationen beschreibt *Ouchi* als heterogen, mobil und individualistisch orientiert, die japanische Gesellschaft hingegen als eher homogen, stabil und kollektivistisch. Die signifikanten Merkmalsunterschiede nordamerikanischer, bürokratischer Organisationen (Typ A) und japanischer Organisationen (Typ J) sind für *Ouchi* (1981, S. 58):

---

[7] *Ouchi, William G.*, Prof. Organizational Behavior, UCLA.

Typ A	Typ J
kurzfristige Beschäftigung	lebenslange Beschäftigung
häufige Leistungsbewertung und schnelle Beförderung	seltene Leistungsbewertung und langsame Beförderung
spezialisierte Karrierewege, Professionalismus	breite Karrierewege, ,wandering around'
explizite Kontrollmechanismen	implizite Kontrollmechanismen
individuelle Entscheidungsfindung und Verantwortung	kollektive Entscheidungsfindung und Verantwortung
segmentierte Mitarbeiterorientierung	ganzhafte Mitarbeiterorientierung

Diese Merkmale ergänzen einander; z. B. setzt ein Verzicht auf Professionalisierung, der eine verstärkte persönliche Abhängigkeit von der Organisation zur Folge hat, die Garantie einer lebenslangen Beschäftigung voraus, wenn eine Identifikation mit den Organisationszielen nicht gefährdet werden soll. *Ouchi* legte amerikanischen Managern eine auf den Merkmalen des Typs J basierende Liste vor, ohne ihnen Informationen über die Herkunft dieser Merkmale zu geben. Die befragten Manager erkannten in dem ihnen vorgelegten Merkmalsprofil die weitaus erfolgreichsten US-amerikanischen Unternehmungen,[8] wie IBM, Procter & Gamble, Hewlett-Packard und Kodak, aber auch die US-Armee wieder. Gleichzeitig bezeichneten die Manager Organisationen, die ein derartiges Profil aufweisen, als karrierepolitisch günstigen Berufseinstieg für Jung-Manager. Diesen Typ amerikanischer Organisationen mit japanischem Profil bezeichnet Ouchi als **Typ Z**. Z-Organisationen sind originär amerikanisch und haben niemals versucht, japanische Organisationen zu kopieren. Tatsächlich unterscheiden sich Organisationen vom Typ Z in einigen Merkmalen von Organisationen des Typs J:

- eine i. d. R. zwar faktische, aber nicht formal geregelte lebenslange Beschäftigung
- eine wegen der Bedingungen auf dem nordamerikanischen Arbeitsmarkt zwar häufige Leistungsbewertung und schnelle Beförderung, die sich jedoch vergleichsweise seltener bzw. langsamer vollzieht als in Organisationen vom Typ A
- Einsatz traditioneller Management-Techniken wie MbO, formale Planungs- und Informationssysteme, die aber als Hilfe begriffen werden und nicht menschliche Entscheidungen dominieren
- eine Balance von impliziten und expliziten Kontrollmechanismen
- eine geringere Homogenität der Belegschaft als in Organisationen des Typs

---

[8] Diese Unternehmungen sind weitgehend identisch mit den ,excellent companies' von *Peters/Waterman* (1982) und den Unternehmungen mit starken Kulturen von *Deal/Kennedy* (1982).

J, in denen z. B. auf die Beschäftigung von Minoritäten teils ganz verzichtet wird.

Insgesamt zeichnen sich Organisationen vom Typ Z durch eine stark ausgeprägte, homogene Organisationskultur (company culture) aus. *Ouchi* (1980, 1981) vergleicht die Form der sozialen Struktur von Z-Organisationen mit denen von industriellen Clans *(Durkheim)* und begreift sie als Alternative zu den traditionellen Formen sozialer Kontrolle durch Markt und Hierarchie (s. a. *Williamson* 1975). Die Beeinflussung und Steuerung des Verhaltens von Organisationsmitgliedern erfolgt in diesen Organisationen nicht durch Ziele und formale Kontrollen, sondern durch eine Veränderung der gesamten Organisationskultur.

Ouchi schlägt ein 13-Stufen-Entwicklungsmodell vor, nach dem A-Organisationen in erfolgreichere Z-Organisationen umgewandelt werden sollen. Bemerkenswert ist, daß *Ouchi* in der 7. Stufe die Einbeziehung einer Gewerkschaft und die Bildung von Betriebsräten empfiehlt. Wesentlicher Bestandteil dieses Entwicklungsmodells ist die Implementation einer partizipativ-kooperativen Management-Philosophie als Voraussetzung der Entwicklung.

Insgesamt fällt es zunächst schwer, einerseits das Entwicklungsmodell *Ouchis* von vergleichbaren Programmen der Organisationsentwicklung (vgl. Teil 3) abzugrenzen, andererseits Typ Z-Unternehmungen von Organisationen zu unterscheiden, die nach der Theorie *McGregors* gestaltet werden (vgl. S. 173). Die Affinität der Theorie Z mit der Theorie Y wird deutlich, wenn *Ouchi* fordert: „Was Theorie Z verlangt, ist eine Umorientierung der Aufmerksamkeit auf die menschlichen Beziehungen (human relations) in der Unternehmung" (S. 196), oder wenn er die Kultur von Organisationen des Typs Z u. a. mit „Vertrauen, Freundschaft und Zusammenarbeit" beschreibt. Damit stellt sich die Frage, ob mit der Theorie Z nicht nur ein altes Konzept in neuen Buchstaben präsentiert wird, und von *McGregor* nicht nur die Alphabetisierung von Menschenbildern übernommen worden ist, sondern auch wesentliche, normative Inhalte seiner Theorie. Ein Unterschied besteht zumindest darin, daß nicht mehr die Kleingruppe als Hauptquelle für Leistungssteigerung angesehen wird, sondern der industrielle Clan, eine Art ‚Betriebsgemeinschaft' mit gemeinsamem Wertsystem (vgl. *Krell* 1988). Theorie Y *(McGregor)* ist eher individuum- und gruppenorientiert, Theorie Z eher institutionsorientiert und organisationsweit ausgerichtet.

Aus einer vergleichenden Analyse des amerikanischen und japanischen Managements, deren empirischen Ergebnisse in seinem Buch nur unzureichend dokumentiert werden, entwickelt *Ouchi* mit der Theorie Z ohne explizite Einführung von Werten ein normatives Führungsmodell, das zwar situative Bedingungen (insbes. die kulturelle Umwelt) mitreflektiert, aber im Ergebnis eine generelle Ablösung bürokratischer Kontrollen durch eine soziale Kontrolle über gemeinsame Clan-Werte fordert (vgl. zu dieser Kritik auch *Schein* 1985).

Ebenso wie *Ouchi* verbinden auch *Pascale/Athos* (1981) eine langjährige (ab 1975) kulturvergleichende Managementforschung (Japan – USA) mit einer massiven Kritik an Ausbildung (Business Schools) und Praxis des amerikanischen Managements. Als konzeptionelle Grundlage dient das **7-S Modell,** das gemeinsam mit Mitarbeitern der Unternehmungsberatungsgesellschaft **McKinsey** entwickelt wurde (*Pascale/Athos* 1981, *Peters/Waterman* 1982[9]). Dieses Modell ist aus einer Auseinandersetzung mit japanischen Führungstechniken entstanden, und zwar mit dem Ziel, zur Bewältigung der vermeintlichen Krise des (nordamerikanischen) Managements beizutragen. Die sieben S werden in Form eines **managerial molecule** angeordnet (vgl. Abb. 2.109).

Abb. 2.109: Das 7-S Modell

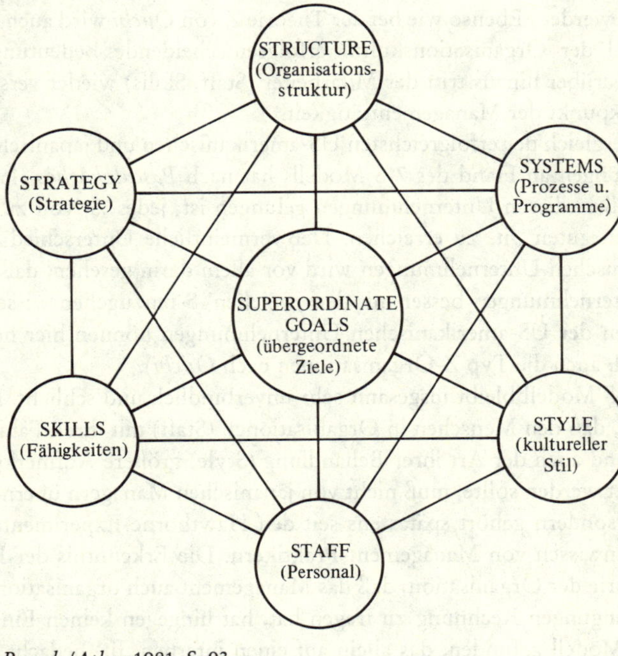

Quelle: *Pascale/Athos* 1981, S. 93

Style meint dabei weniger den individuellen Führungsstil eines Vorgesetzten als den kulturellen Stil einer ganzen Unternehmung, eben die Organisationskultur. Die *Superordinate Goals* nehmen im 7-S Modell insofern eine

---

[9] Zur Zeit der Modellentwicklung (business-effectiveness-study) war *Pascale, Richard T.* Prof. an der Stanford Uni, *Athos, Anthony G.* (geb. 1934) Prof. Organizational Behavior an der HBS, *Peters, Thomas J.* und *Waterman, Robert H.* waren Berater bei McKinsey & Co. Alle sind inzwischen selbständige Unternehmensberater.

zentrale Position ein, als sie das *managerial molecule* im Innersten zusammenhalten.

Das 7-S Modell weist vor allem auf die Notwendigkeit hin, erstens alle ‚S‘ zur Erreichung der Unternehmungsziele optimal zu nutzen und zweitens alle ‚S‘ aufeinander abzustimmen (‚fit‘).[10] Das Modell geht dabei jedoch *nicht* von der Annahme aus, daß es eine für alle Organisationen optimale Lösung gibt. „Jedes Unternehmen hat seinen eigenen Weg herauszufinden, um in jedem ‚S‘ gut zu sein und sie zu einem ‚fit‘ zu bringen. ... Die Aufgabe ist dabei nicht, kosmetische Operationen vorzunehmen und andere zu imitieren, sondern sich selbst organisch zu entwickeln. Und jedes Unternehmen hat, wie jedes Individuum, seinen eigenen Lösungsweg zu entwickeln" (*Pascale/Athos* 1981, S. 206). Sieht man von den obersten Unternehmungszielen ab, so können drei *harte* ‚S‘ (Hardware der Organisation: Structure, Strategy, Systems) und drei *weiche* ‚S‘ (Software der Organisation: Staff, Style, Skills) unterschieden werden. Ebenso wie bei der Theorie Z von *Ouchi* wird auch beim 7-S Modell der Organisationskultur erfolgsentscheidende Bedeutung zuerkannt. Darüber hinaus tritt der Mitarbeiter (Staff, Skills) wieder verstärkt in den Blickpunkt der Managementtätigkeit.

Ein Vergleich der erfolgreichsten US-amerikanischen und japanischen Unternehmungen an Hand des 7-S Modells hat nach *Pascale/Athos* (1981) gezeigt, daß es diesen Unternehmungen gelungen ist, jedes ‚S‘ voll zu nutzen und einen guten ‚fit‘ zu erreichen. Der vermeintliche Unterschied zu US-amerikanischen Unternehmungen wird vor allem darin gesehen, daß japanische Unternehmungen besser mit den ‚weichen‘ S umzugehen wissen. Nur die besten der US-amerikanischen Unternehmungen können hier heranreichen (vgl. auch die Typ Z-Organisationen nach *Ouchi*).

Das 7-S Modell bleibt insgesamt sehr unverbindlich und schlicht. Die Erkenntnis, daß den Menschen in Organisationen (Staff) mit ihren Fähigkeiten (Skills) und auch der Art ihrer Behandlung (Style) größere Aufmerksamkeit geschenkt werden sollte, muß nicht von japanischen Managern übernommen werden, sondern gehört spätestens seit den Hawthorne-Experimenten zum Allgemeinwissen von Management-Praktikern. Die Erkenntnis der Kontingenztheorie der Organisation, daß das Management auch organisationsexternen Bedingungen Rechnung zu tragen hat, hat hingegen keinen Eingang in das 7-S Modell gefunden, das allein auf einen internen ‚fit‘ bedacht zu sein scheint (Konsistenztheorie). Die vermeintlichen Erfolge des 7-S Modells in der Praxis, so ist zu vermuten, liegen wohl denn auch eher darin begründet, daß anhand der 7 S systematisch die Schwachstellen einer Unternehmung aufgedeckt werden. Die Schwachstellenanalyse ist allerdings ebenfalls seit langem als Führungstechnik bekannt.

---

[10] Vgl. die neueren Konsistenz-Ansätze (auf S. 58 ff. der Arbeit), wonach interne organisatorische Konsistenz mindestens ebenso wichtig ist wie ein fit mit externen Kontextfaktoren (Kontingenz). Letzteres wird beim 7-S Modell vernachlässigt.

Mit der Arbeit von *Pascale/Athos* und der Herausarbeitung eines Kulturbegriffs, der sich auf die Mikroebene der Unternehmung bezieht, ist der Übergang von Kultur als externer Variablen (Kulturkreis) zur **Kultur als interner Variablen** (Kultur als ein ‚S‘ unter anderen) eingeleitet worden. *Pennings/Gresov* (1986) schlagen einen konzeptionellen Bezugsrahmen zur Integration beider Betrachtungsweisen vor (vgl. Abb. 2.110).

Abb. 2.110: Beziehungen zwischen Umwelt und Organisation

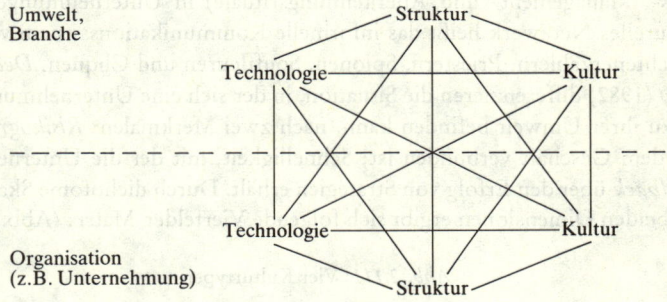

Umwelt, Branche

Struktur

Technologie — Kultur

Technologie — Kultur

Organisation (z.B. Unternehmung)

Struktur

Quelle: Pennings/Gresov 1986, S. 324

Danach bestehen vielfältige Beziehungen zwischen Technologie, Struktur und Kultur auf der Ebene einer Volkswirtschaft (Umwelt), auf der Ebene einer Unternehmung und zwischen beiden. *Konsistenz* zwischen den drei Subsystemen Technologie, Struktur und Kultur ist keineswegs in allen Situationen wünschenswert, sondern die Autoren plädieren für eine Berücksichtigung der *multiple contingencies* zwischen Umwelt- und Organisationsvariablen. Es gilt demnach abzuwägen, ob eine ausgeprägt homogene Organisationskultur *(Konsistenz)* den Verzicht auf eine differenzierte, abteilungskonforme Anpassung an Umwelterfordernisse *(Kontingenz)* überzukompensieren vermag.

c. Kultur als interne Variable

(1) Unternehmenskultur als Erfolgsfaktor

Die Arbeit von *Deal/Kennedy*[11] (1982) über Corporate Cultures (Unternehmenskultur) ist explizit der Kultur als interner Variablen und mitbestimmendem Faktor zur Erklärung des Unternehmenserfolgs gewidmet. Implizit gehen die Autoren von einem kontingenztheoretischen Modell des Unter-

---

[11] Zur Zeit des ‚informal survey‘ bei Beraterfirmen war *Allen Kennedy* Berater bei McKinsey & Co. und *Terence Deal* Prof. an der Harvard Graduate School of Education.

nehmenserfolgs durch -kultur aus (vgl. zu dieser Interpretation *Holleis* 1987, S. 235). Demnach beeinflußt die Unternehmensumwelt die Kulturelemente: Werte, Helden, Riten und Rituale sowie kulturelles Netzwerk. **Ökonomischer Erfolg** hängt dann von den Fähigkeiten des Managements ab, diese Unternehmenskulturelemente an die Unternehmensumwelt anzupassen. Werte stellen die grundlegenden Konzepte und Glaubenssätze einer Organisation dar; Helden verkörpern als Symbolfiguren und Vorbilder diese Grundwerte; Riten und Rituale meinen die symbolischen Handlungen (Arbeits-, Management- und Anerkennungsrituale) in Unternehmungen, und kulturelles Netzwerk heißt das informelle Kommunikationssystem von Geschichtenerzählern, Priestern, Spionen, Souffleuren und Cliquen. *Deal/Kennedy* (1982) differenzieren die Situation, in der sich eine Unternehmung relativ zu ihrer Umwelt befinden kann, nach zwei Merkmalen: *Risikograd,* der mit dem Geschäft verbunden ist; Schnelligkeit, mit der die Unternehmung *Feedback* über den Erfolg von Strategien erhält. Durch dichotome Skalierung der beiden Dimensionen ergibt sich folgende Vierfelder-Matrix (Abb. 2.111).

Abb. 2.111: Vier Kulturtypen

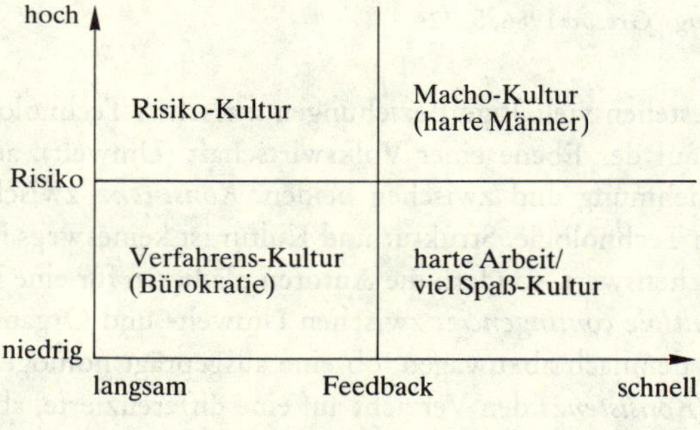

Quelle: in Anlehnung an *Deal/Kennedy* 1982, S. 107

Deal/Kennedy sehen in diesen vier Typen zwar einen Ansatz zur Grobklassifikation ganzer Unternehmungen, erkennen aber die Existenz abteilungstypischer Subkulturen, die durchaus im Gegensatz zueinander stehen können. Ein Überblick über weitere Typologisierungsversuche von Organisationskulturen findet sich bei *Kasper* 1987, S. 86 ff.

Im normativen Teil des Ansatzes fordern die Autoren eine Abkehr vom Macho-Manager hin zum kulturbewußten Symbol-Manager. Der *symbolic manager* hat ein tiefes Verständnis für die bestehende Kultur, anerkennt ihre Bedeutung für den langfristigen Erfolg und betreibt (bei Bedarf) eine vorsichtige Anpassung der Kultur an Umweltveränderungen (*Deal/Kennedy* 1982, S. 141 ff.).

Einen völligen Bruch mit der kulturvergleichenden Managementforschung stellt schließlich die Studie von *Peters/Waterman* (1982) dar. Hier geht es nicht mehr um interkulturelle Anpassungs- oder Transferprobleme von Managementwissen, sondern um die vermeintlichen Ursachen des Erfolgs sog. **exzellenter US-Unternehmungen.** Als Bezugsrahmen zur Durchführung von strukturierten Interviews mit Managern aus 62 US-Unternehmungen (später nur noch 43 erfolgreiche) diente das **7-S Modell** (vgl. Abb. 2.109 auf S. 475).

Als *erfolgreich* wurden Unternehmungen bezeichnet, welche nach Meinung von Experten besonders innovativ waren und in einer Reihe finanzwirtschaftlicher Kennzahlen zwischen 1961 und 1980 über dem Branchendurchschnitt gelegen haben. Erfolgreich in diesem Sinne sind solche Unternehmungen, die den Menschen (als Kunden oder Mitarbeiter) in den Mittelpunkt des Managementhandelns stellen.

Peters/Waterman (1982, S. 235 ff.) kennzeichnen diesen Trend mit dem aus der Human Relations Bewegung bekannten Schlagwort ,productivity through people'. Insgesamt führen sie acht **Grundtugenden erfolgreicher Unternehmungen** an:

1. Primat des Handelns
2. Nähe zum Kunden
3. Freiraum für Unternehmertum
4. Produktivität durch Menschen
5. Sichtbar gelebtes Wertsystem
6. Bindung an das angestammte Geschäft
7. Einfacher, flexibler Aufbau
8. Straff-lockere Führung

Als Rat haben sie ihren Kunden zu bieten:
– sei einfach![12]
– verstärke Verhalten positiv, nicht negativ!
– schaffe Sinn (durch Unternehmenskultur)!

Peters/Waterman (1982) sind implizit Anhänger des **Konsistenz-Ansatzes.** Erfolg stellt sich bei einer konsistenten Ausrichtung der 7 S ein. Umwelteinflüsse und weitere situative Faktoren spielen keine Rolle; dies beklagt vor allem *Carroll* (1983). Eine Modifikation bzw. Erweiterung des 7-S Modells um Umwelteinflüsse findet sich bei *Lippitt* et al. (1985, S. 79).

Die Arbeiten von *Deal/Kennedy* und *Peters/Waterman* lassen sich als der Beginn einer funktionalistischen oder **Variablen-Sichtweise** (*Heinen* 1987, S. 15 ff.) der Organisationskultur charakterisieren. Organisationen sind zwar in eine Kultur (als externe Variable) eingebettet, schaffen aber ihrerseits selbst Kultur (als interne Variable). Unternehmungen produzieren zwar primär Güter und Dienstleistungen (output), aber als Nebenprodukt auch eine unternehmensspezifische Kultur, die quasi als sozialer Klebstoff (glue) die Organisation zusammenhält (vgl. *Smircich*[13] 1983, S. 344).

---

[12] Diesen Rat hat *Peters* selbst befolgt, denn in seinem neuen Werk (*Peters/Austin* 1985) gibt es nur noch drei Grundtugenden: Kundenorientierung, Mitarbeiterorientierung, Innovation.

[13] *Smircich, Linda*, Prof. Org. Behavior, Uni of Massachusetts, Amherst.

Als zentrale Funktionen einer so verstandenen Organisationskultur werden genannt (vgl. z.B. *P. Ulrich* 1984, S. 312f.; *Heinen* 1987, S. 146ff.):

- **Integrationsfunktion** (Kultur wirkt sozial integrativ, insofern als sie allen Organisationsmitgliedern als Basiskonsens über Grundfragen dient und damit die Konsensfindung auch in konfliktären Situationen erleichtert).

- **Koordinationsfunktion** (Kultur wirkt handlungskoordinierend über gemeinsam geteilte Werte und Normen. Sie entlastet von fallweisen Handlungsanleitungen und stellt somit ein Substitut für strukturelle und personale Führung dar).

- **Motivationsfunktion** (Kultur vermag zentrale Bedürfnisse der Organisationsmitglieder, etwa nach Sinnvermittlung, zu befriedigen. Sie wirkt motivationsfördernd nach innen und handlungslegitimierend nach außen).

- **Identifikationsfunktion** (Kultur stiftet Identifikationsmöglichkeiten mit der Organisation, schafft ein Wir-Gefühl und stärkt das Selbstbewußtsein).

Vor allem *Schein* (1985, S. 52, 66) betont neben der Funktion der internen Integration von Kultur auch deren Rolle im Zusammenhang mit der externen Anpassung und dem Überleben der Organisation. Gerade in der Auseinandersetzung und Bewältigung externer Anforderungen entwickeln Organisationen Werte, Normen und Einstellungen, die sich allmählich verfestigen und in Form von Mythen, Sagen, Legenden, etwa über die erfolgreiche Abwehr von externen ‚Angriffen‘, tradiert werden.

(2) Ausprägungen der Unternehmenskultur

Folgt man dem Drei-Ebenen-Modell von *Schein* (vgl. Abb. 2.107 auf S. 466), dann eröffnet sich ein erster Zugang zum Verständnis der internen Kultur auf der Ebene der Artefakte und Symbole. *Sathe* (1985, S. 17ff.) unterscheidet vier Formen der **Manifestation von Kultur**[14]:

- *Objekte* (shared things, z.B. Standort: Siemensstadt, Farbwerke Hoechst; einheitliche Kleidung, Logo, Gebäude)

- *Sprache* (shared sayings, z.B. Geschichten, Anekdoten, Legenden, Witze, Sprüche)

- *Verhalten* (shared doings, z.B. Routinen, Bräuche, Riten, Feiern, Zeremonien)

- *Gefühle* (shared feelings, z.B. Sicherheit, Gleichbehandlung, Überschaubarkeit, Sachlichkeit, Stolz)

Bei der Suche nach dem Ursprung einer Organisationskultur wird man zunächst bei dem Gründer, dem **Kulturstifter**, beginnen müssen (z.B. *Thomas Watson* bei IBM, *Henry Ford, David Packard* bei Hewlett-Packard, *Max Grundig, Heinz Nixdorf*). Diese dienen mit ihren Ideen, Visionen und Eigenheiten als Vorbilder für nachfolgende Manager-Generationen, die in ihrem

---

[14] Bei *Neuberger/Kompa* (1987) findet sich eine Zusammenstellung von praktischen Beispielen für solche Kulturmanifestationen.

Sinne denken, handeln und entsprechend Mitarbeiter rekrutieren. Kulturprägend wirken aber auch schwere Krisen im Leben einer Organisation und die Art und Weise, wie sie gemeistert wurden, und/oder einschneidende Veränderungen in den Eigentumsverhältnissen und in der Führungsmannschaft.

Abgesehen von kleinen Organisationen mit einem einzigen Standort weisen soziale Systeme nicht (nur) eine Einheitskultur auf, sondern mehrere **Subkulturen,** bzw. bei divisionalisierten, dezentral organisierten Unternehmungen auch **Subsystemkulturen** (vgl. *Martin/Siehl* 1983). Dies setzt voraus, daß eine ausreichend große Zahl von Organisationsmitgliedern von der allgemeinen Kultur abweichende Normen und Werte vertritt. Eine solche Abweichung ist z.B. bei Menschen gleicher Abstammung, Religion, Berufsausbildung, Tätigkeit (z.B. EDV-Abteilung, FuE-Abteilung) zu erwarten. Existieren solche Subkulturen, so können sie sich, analog zu den Arten von Zielbeziehungen (S. 411), in Relation zu der vorherrschenden Kultur komplementär, indifferent oder konfliktär verhalten.

Subkulturen verhindern die Entwicklung einer starken homogenen **Einheitskultur,** die von vielen Beratern (*Deal/Kennedy* 1982, *Peters/Waterman* 1982) als Voraussetzung für exzellente Leistungen angesehen wird. Genauso wenig wie hochkohäsive Gruppen zwangsläufig zu hoher Produktivität führen (vgl. S. 258 f.), weisen Organisationen mit starken Kulturen zwangsläufig eine hohe Rentabilität auf. Dies ist bei Gruppen wie auch ganzen Organisationen nur dann wahrscheinlich, wenn die Gruppennormen/Organisationskulturen mit den Managementnormen/Werten weitgehend deckungsgleich sind. Es bietet sich also an, Kulturen in ihren Verhaltenswirkungen sehr differenziert zu beurteilen. *Heinens* Vorschlag zur **Typologisierung von Unternehmenskulturen** ist ein möglicher Weg in dieser Richtung (*Heinen* 1987, S. 26 ff.). Danach werden Kulturen entlang dreier Dimensionen typisiert:

- *Verankerungsgrad* (Ausmaß der Übereinstimmung zwischen individuellen und unternehmensbezogenen Werten und Normen; Ablehnung vs. Internalisation)
- *Übereinstimmungsausmaß* (Ausmaß der Übereinstimmung der übernommenen Werte und Normen zwischen den Organisationsmitgliedern; Subkultur vs. Einheitskultur)
- *Systemvereinbarkeit* (Ausmaß der Übereinstimmung zwischen unternehmensbezogener Kultur und den formalen Instrumenten der Mitarbeiter- und Unternehmensführung; Unvereinbarkeit vs. Vereinbarkeit).

Bei jeweils zwei Ausprägungen pro Dimension ergeben sich 16 idealtypische Unternehmenskulturen, und zwar jeweils acht für Unternehmenskulturen mit wirksamen formalen Steuerungsinstrumenten (gut-strukturierte Probleme) und acht für solche mit ungeeigneten formalen Steuerungsinstrumenten (schlecht-strukturierte Probleme). Ein empirischer Nachweis des Auftretens solcher Typen bzw. ihrer Verhaltenswirkungen steht jedoch noch aus.

Der **entscheidungsorientierte Unternehmenskulturansatz** von *Heinen* (1987) steht an der Nahtstelle zwischen funktionaler Variablen-Sichtweise und interpretativer, paradigmatischer Sichtweise des Kulturkonzepts (vgl. Abb. 2.112).

Abb. 2.112: Systemvereinbarkeit in der „Variablensichtweise" der Unternehmenskultur (1.) und im entscheidungsorientierten Unternehmenskulturbegriff (2.)

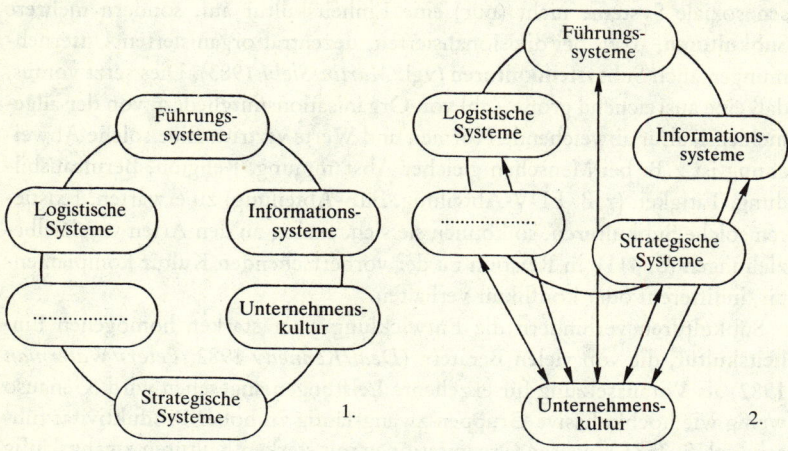

Quelle: Heinen 1987, S. 43

Mit letzterer verbindet sie die Auffassung, daß eine Beschreibung der Unternehmenskultur nicht an den Oberflächenerscheinungen (vgl. das Drei-Ebenen-Modell von *Schein*) enden kann, sondern durch eine Erfassung der gesamten ideellen Sphäre ergänzt werden muß. Überdies wird Kultur nicht als eine Variable neben anderen (z. B. Führungssystem, Strategien, Strukturen, wie im 7-S Modell) gesehen, sondern als ein Phänomen völlig anderer Qualität, das ganzheitlich auf die übrigen Systemelemente und -strukturen wirkt. Letztere Sichtweise ist Gegenstand des nächsten Abschnitts.

d. *Organisation als Kultur*

Im Gegensatz zur Variablen-Sichtweise von Kultur (die Organisation hat eine Kultur) stellt Kultur in interpretativer Sichtweise ein Ideensystem dar (die Organisation ist eine Kultur), das in den Köpfen der Organisationsmitglieder existiert und als Ergebnis gemeinsam konstruierter Wirklichkeit erscheint (*Pondy/Mitroff* 1979, *Smircich* 1983, *Allaire/Firsirotu*[15] 1984). In interpretativer, kognitiver Sichtweise bilden sich die Organisationsmitglieder innere Modelle, sog. kognitive Schemata der organisatorischen Realität. Diese entstehen in Interaktionen der Mitglieder untereinander; Kultur ist dann jener Teil der selektiven Ansichten der Wirklichkeit, der von einer Mehrheit

---

[15] *Allaire, Yvan; Firsirotu, Mihaela,* beide Prof. of Strategy, Uni of Quebec, Montreal.

geteilt und als grundlegend für die Zusammenarbeit erachtet wird (Kultur als kollektiv geteilte Wahrnehmungen und Interpretationen). Kultur wird zur alltäglichen Lebenswelt der Mitarbeiter (vgl. zum Begriff **Lebenswelt** auch *Habermas* 1981). „Unter alltäglicher Lebenswelt soll jener Wirklichkeitsbereich verstanden werden, den der wache und normale Erwachsene in der Einstellung des gesunden Menschenverstandes als schlicht gegeben vorfindet" (*Schütz/Luckmann* 1975, S. 23). Diese Lebenswelt ist jedoch nicht nur Ergebnis von Wahrnehmungen oder sozialer Konstruktion (*Berger/Luckmann* 1980) sondern nach Auffassung von *Weick* (1979, S. 164ff.) gestaltete Umwelt (enacted environment), d.h. Organisationsmitglieder produzieren im Wege wechselseitiger Beeinflussung ihre Umwelt(en) selbst. Sie setzen Dinge in die Welt, die sie anschließend wahrnehmen können[16].

Was *wirklich* ist in Organisationen, ist also nicht etwa vom Management vorgegeben, sondern das Ergebnis von Deutungs-, Interpretations-, Gestaltungs- und Aushandlungsprozessen. Diese verlaufen jedoch nicht in einem Machtvakuum, sondern Deutungen von mächtigen bzw. in der Hierarchie hochstehenden Mitarbeitern haben eher eine Chance, Realität zu werden, als die von Rangniederen[17].

Eine solche Sichtweise von Organisationskultur hat zwangsläufig andere Erhebungsmethoden anzuwenden als die Variablen-Sichtweise, da sie eine andere Gegenstandskonstitution beinhaltet. Der **symbolische Interaktionismus** und die **Ethnomethodologie** können hier weiterhelfen (vgl. 466).

Wie man sich dem Konstrukt Organisationskultur empirisch nähern könnte, darüber bestehen bei den Vertretern des interpretativen Ansatzes allerdings recht unterschiedliche Auffassungen. Folgende Alternativen werden diskutiert (vgl. *Ebers* 1985, S. 116ff.):

- Beobachtung der Akteure
- Befragung der Handelnden
- Analyse von Kultur-Manifestationen
  (z.B. Symbole, Mythen, Rituale)
- Partizipation am organisatorischen Prozeß

Bei allen vier Vorgehensweisen ergibt sich das Problem, daß allenfalls eine Beschreibung von **Kulturäußerungen,** aber nicht deren Erklärung zu erreichen ist. Zirkuläre Deutungen sind naheliegend: Erklären die organisatorischen Handlungen das Sinnsystem oder erklärt das Sinnsystem die organisatorischen Handlungen? Alle beobachteten und erfragten Kultur-Symbole sind interpretationsbedürftig; die Kulturforscher bedürfen hierzu einer Theorie; diese ist jedoch erst das Ergebnis der Analyse des Alltagswissens der Organisationsmitglieder. Selbst wenn man dieses Dilemma gemeistert hat, verfügen wir damit erst über eine Organisationskulturtheorie der Organisa-

---

[16] Zum hinter diesen Überlegungen stehenden **Institutionalismus** vgl. auch *Meyer/Rowan* (1977) und *Burrell/Morgan* (1979).
[17] Zur ideologischen Funktion von Organisationskultur vgl. *Alvesson* 1987, S. 187ff.

tion X; von allgemeingültigen Aussagen und daraus ableitbaren Gestaltungsempfehlungen kann nicht die Rede sein.

Eine Wissenschaft vom Management kann im Gegensatz zur Variablen-
Sichtweise vom Sinnsystem-Ansatz unmittelbar wenig profitieren. Unternehmungen produzieren nach Auffassung des Managements primär Güter und
Dienstleistungen und nicht Kultur, und Manager sehen auch die Realität in
Unternehmungen primär durch ihr Handeln und nicht so sehr
organisationskulturell bedingt. Solange aber in Beraterkreisen einerseits der
Glaube an den positiven Einfluß einer (starken) Unternehmenskultur auf den
-erfolg und an die Möglichkeit eines Kulturmanagements vorherrscht und
andererseits das Nicht-Systemische, Kulturspezifische an Unternehmungen
noch wenig erforscht ist, wird dieser Mythos Bestand haben.

II. Prozesse in Organisationen

1. Entscheidung

Prozesse der Entscheidungsfindung innerhalb von Organisationen stehen
seit den 60er Jahren im Zentrum des Forschungsinteresses der Organisationstheorie und Managementwissenschaft. Die große Bedeutung, die Entscheidungsprozessen von Organisationstheoretikern zugemessen wird, geht u. a.
aus der Auffassung von *Cyert/March* (1963) hervor, wonach Organisationen
,systems for making decisions' sind, sowie aus der synonymen Verwendung
von ,decision making' und ,managing' durch *Simon* (1960, S. 1). Auch in der
neueren betriebswirtschaftlichen Literatur wird den Entscheidungen in Organisationen zentrale Bedeutung zuerkannt. Vor allem *Heinen* (1969, 1971,
1978) hat mit seiner in praktisch-normativer Absicht konzipierten **entscheidungsorientierten Betriebswirtschaftslehre** den Trend aufgegriffen und
möchte gemäß deren Gestaltungsaufgabe der betrieblichen Praxis (dem Management) Handlungsanweisungen über die bestmögliche Erreichung vorgegebener Ziele liefern. Eine zielwirksame Gestaltung von betrieblichen Prozessen setzt aber eine Beschreibung und Erklärung menschlichen Verhaltens
in Organisationen voraus, womit eine Integration sozialwissenschaftlicher
Erkenntnisse in die Betriebswirtschaftslehre zu einer zwingenden Notwendigkeit wird.

Die verstärkte Beschäftigung mit Entscheidungen und die Formulierung
von Entscheidungstheorien führt bei manchen Autoren zweifellos zu einer
Überbewertung dieser an sich keineswegs neuen Denkrichtung. So stellt die
Suche nach einer optimalen Entscheidung keineswegs Neuland dar, sondern
gehört zu den ältesten Problemen der Wirtschaftswissenschaft. „Neu und für

die Zukunft richtungsweisend ist nicht die Tatsache, daß sich die Betriebswirtschaftslehre mit Entscheidungen befaßt, sondern die Art und Weise, die
Methodik, wie sie die Entscheidungen untersucht. Neu sind die Instrumente,
die zur systematischen Erforschung und optimalen Gestaltung der Entscheidungsprozesse verwendet werden" (*Heinen* 1966, S. 4). Die Entwicklung einer betriebswirtschaftlichen Entscheidungstheorie führt vor allem zu einer
neuen Sicht traditioneller Probleme und einer neuen Systematisierung großer
Gebiete der Wirtschaftstheorie (vgl. *Gäfgen* 1974).

a. Entscheidungstheorien

Unter **Entscheidung** wird einmal die Wahl einer Handlung aus einer Menge
möglicher Alternativen verstanden *(Entschluß)* und zum anderen ein *Prozeß*
von Entscheidungsakten, der sich über einen längeren Zeitabschnitt erstreckt.
Unter **Entscheidungstheorie** wird klassischerweise eine formale, interdisziplinäre Theorie über die rationale Entscheidung eines Individuums oder einer
sozialen Institution verstanden; ein Aussagensystem über die Wahl einer
Möglichkeit, wenn mehrere Möglichkeiten denkbar sind (vgl. *Heinen* 1962,
Laux 1982).

Neben dieser *präskriptiven*, normativen Entscheidungstheorie hat sich seit
den 60er Jahren eine mehr verhaltenswissenschaftliche, *deskriptive* Entscheidungstheorie herausgebildet (vgl. z.B. *Kirsch* 1971).

(1) Theorien der rationalen Wahl

Die klassische Entscheidungstheorie der Mikroökonomie unterstellt einen
rational handelnden Entscheider, der nach Nutzenmaximierung strebt (vgl.
Simon 1945). Folgende Annahmen werden gemacht:

- Ziele sind bekannt, klar und eindeutig formuliert. Es existiert ein vollständiges, in sich konsistentes System von Entscheidungspräferenzen, was eine
  rationale, d.h. hier nutzenmaximierende Wahl ermöglicht.
- Das Entscheidungsproblem ist bekannt und klar formuliert.
- Alle möglichen Alternativen sind bekannt und werden vom Entscheider
  erwogen.
- Alle Konsequenzen der einzelnen Alternativen sind bekannt und werden
  vom Entscheider erwogen.
- Informationen über den Wert der einzelnen Konsequenzen sind bekannt
  oder können problemlos beschafft werden.
- Es bestehen keine Beschränkungen hinsichtlich der Komplexität der Berechnungen, die zur Feststellung der nutzenmaximalen Entscheidung angestellt werden müssen.
- Der Entscheider handelt als Einzelperson, unbeeinflußt von persönlichen
  Werten und Gruppennormen.

Der Entscheider hat, wenn er sich rational verhalten will, einen Prozeß von einzelnen **Phasen** zu durchlaufen, die logisch und systematisch aufeinander bezogen sind (vgl. z. B. *Arnold/Feldman* 1986, S. 396 ff.):

Problemerkenntnis
↓
Zielsetzung
↓
Alternativensuche
↓
Alternativenbewertung
↓
Wahl der besten Alternative
↓
Implementation der Entscheidung

Diese und ähnlich aufgebaute Phaseneinteilungen gehen auf die Analyse von kognitiven Prozessen entscheidender Individuen zurück (vgl. *Dewey* 1910) und werden erstmals von *Barnard* (1938) und *Simon* (1960) in die Business Administration eingeführt.

Von letzterem und weiteren Kollegen von der Carnegie Mellon University (Pittsburgh), *James March* und *Richard Cyert*, werden aber schon bald die realitätsfernen Annahmen der Theorie der rationalen Wahl kritisiert. Einschränkungen hinsichtlich der Annahmen werden auf folgenden Bereichen vorgeschlagen (vgl. *March/Simon* 1958, *Simon* 1976, 1978, *Organ/Bateman* 1986, S. 144):

- begrenzte Rationalität *(bounded rationality)*: Aufgrund begrenzter Informationen, Zeit und sonstiger Ressourcen ist der Entscheider nicht in der Lage und gewillt, alle möglichen Alternativen zu suchen und zu bewerten. Er neigt dazu, die erste Alternative, welche sein Anspruchsniveau befriedigt, zu wählen (satisficing vs. maximizing).
- kontextuelle Rationalität *(contextual rationality)*: Umweltbedingungen und -anforderungen begrenzen den Entscheidungsspielraum; darüber hinaus müssen vielschichtige, z. T. konfligierende Ziele berücksichtigt werden.
- prozedurale Rationalität *(procedural rationality)*: Wenngleich es auch unmöglich ist, optimale Entscheidungen zu treffen, so kann der Entscheider doch versuchen, solche Verfahren und Techniken der Entscheidungsfindung einzusetzen, die eine möglichst gute Entscheidung erlauben.
- retrospektive Rationalität *(retrospective rationality)*: Entscheidungen werden häufig erst *nach* dem Entschluß ausreichend begründet, d. h. ex post rationalisiert. Wesentliche Phasen des Entscheidungsprozesses laufen demnach erst nach und nicht vor dem Wahlakt ab.

(2) Theorien der begrenzt-rationalen Wahl

Die oben geschilderten Modifizierungen der Modelle rationaler Wahl lassen sich als schrittweise Annäherung an empirisch vorfindbares Entscheidungsverhalten in Organisationen interpretieren.

Mintzberg (1983 a, S. 8 ff.) schildert die Entwicklungsstufen der Entscheidungstheorie sehr verkürzt, aber deshalb um so anschaulicher:

ein Entscheider – ein Ziel
ein Entscheider – viele Ziele
viele Entscheider – viele Ziele
viele Entscheider – keine Ziele

Theorien der begrenzt-rationalen Wahl (vgl. *Cyert/March* 1963, *Simon* 1976, 1978) gehen von folgenden Annahmen aus:

• Entscheider verfügen über unvollständige Informationen und lediglich über ein unvollständiges Bild der Problemsituation.

• Entscheider werden niemals alle möglichen Alternativen und deren Konsequenzen kennen.

• Handlungsalternativen werden nur unzureichend bewertet, da es ausgeschlossen ist, Ergebnisse und Eintrittswahrscheinlichkeiten exakt zuzuordnen.

• Ex ante läßt sich niemals *die* optimale Lösung bestimmen. Als Ersatzkriterium bietet sich die Suche nach zufriedenstellenden Ergebnissen an.

Von begrenzt-rationalem Verhalten wird dann gesprochen, wenn *befriedigende* Lösungen aufgrund subjektiv wahrgenommener Informationen und unter Berücksichtigung auch individueller Ziele und kollektiver Normen gewählt werden. Hierbei finden Ergebnisse der empirischen Entscheidungsforschung und der Denkpsychologie Berücksichtigung. Die Entscheidung wird als multipersonaler, multitemporaler Prozeß konzeptualisiert, wobei zwischen einzelnen Phasen **Rückkopplungsschleifen** vorgesehen sind:

Formulierung konsensualer Ziele als Ergebnis von Bargaining Prozessen ←
↓
Analyse und Definition des Problems   ←
↓
Sequentielle Suche nach Alternativen   ←
↓
Entscheidung für die erste Alternative,
welche zufriedenstellende Zielerreichung gewährleistet   ←
↓
Implementation der Entscheidung   ←

Witte (1968) konnte auf der Basis umfangreicher empirischer Erhebungen zeigen, daß die Befolgung solcher *Phasenschemata* keineswegs eine effiziente Problemlösung verspricht (vgl. auch die Kritik von *Irle* 1971).

Als bewährt aufgrund seiner empirischen Befunde gelten folgende Aussagen (*Witte* 1968, S. 644):

• Ein komplexer Entscheidungsprozeß läuft multioperativ, -temporal und -personal ab.

• Er führt nicht nur am Ende zu einem Entscheidungsakt, sondern besteht aus einer Menge von Vor- und Teilentscheidungen, die ihr Maximum temporal zum Ende des Prozesses haben.

• Operationen der Informationsgewinnung, Alternativensuche und -bewertung treten unregelmäßig während des ganzen Entscheidungsprozesses auf und kumulieren nicht temporal in abgrenzbaren Phasen.

Eine zentrale Erkenntnis von Theorien der begrenzt-rationalen Wahl, nämlich daß Entscheider nur so lange Alternativen generieren und bewerten, bis eine das jeweilige Anspruchsniveau befriedigende Lösung gefunden ist, knüpft an individualpsychologischen Überlegungen zur **Anspruchsniveaufixierung** an. Dieses Konzept ist von den Vertretern der Koalitions- und Anreiz-Beitrags-Theorie (vgl. *Cyert/March* 1963, *March/Simon* 1958, *Simon* 1976 und S. 399 ff. dieser Arbeit) auf organisatorisches Verhalten übertragen worden. Organisationsziele werden dort realitätsnäher nicht mehr als Maximalforderungen verstanden (z. B. Gewinnmaximierung), sondern als eine ein bestimmtes Anspruchsniveau (level of aspiration) der Organisationsteilnehmer befriedigende Verhaltenserwartung. Eine Interessenverfolgung findet dort ihre Grenze, wo das weitere Anwachsen der Bedürfnisbefriedigung eines Organisationsmitglieds nur auf Kosten derjenigen eines anderen möglich ist.

Die Höhe des Anspruchsniveaus und die Intensität der Anstrengungen, dieses zu erreichen, hängen in entscheidendem Maße von **Erwartungen** ab. Erwartungen geben an, mit welcher subjektiven Wahrscheinlichkeit ein Individuum

1. den Eintritt bestimmter Ergebnisse als Folge eigener Handlungen/Verhaltensweisen *(Handlungs-Ergebnis-Erwartung)* und
2. den Eintritt bestimmter Konsequenzen (z. B. Belohnung/Bestrafung) von Handlungsergebnissen *(Ergebnis-Folge-Erwartung)*

prognostiziert. So stellt sich z. B. ein Entscheider vor der endgültigen Festlegung des Anspruchsniveaus mehr oder weniger bewußt die Frage, ob er mit einem bestimmen Aufwand eine Lösung erreichen kann und welche Folgen damit verbunden sind.

(3) Modell des Inkrementalismus

Ähnlich wie bei Theorien der begrenzt-rationalen Wahl geht der **Inkrementalismus,** das sich nur schrittweise Fortbewegen von vertrauten Problemlösungen, von einem begrenzten Suchverhalten der Entscheider nach lediglich befriedigenden Lösungen aus. Der Inkrementalismus ist eine Form prozeduraler Rationalität (*Simon* 1978), die von *Lindblom* (1959, 1968) aufbauend auf *Poppers* (1971) Kritik an langfristigen, holistischen Systemplanungen zur Beschreibung von Entscheidungsprozessen in Regierungs- und Verwaltungsstellen entwickelt wurde. *Lindblom*[1] spricht von der Methode sukzessiv beschränkter Vergleiche (successive limited comparisons) oder anschaulicher von der **Methode des Durchwurstelns** (muddling through), d. h. der Entscheider vergleicht nacheinander alternative Handlungsweisen, bis er eine

---

[1] *Lindblom, Charles E.* (geb. 1917) Prof. Economics and Political Science, Yale Uni.

zufriedenstellende gefunden hat; Zielbestimmung sowie umfassende Analysen von Alternativen und Konsequenzen sind überflüssig. *Lindblom* hält das in der Praxis beobachtete Durchwursteln keineswegs für ineffizient, im Gegenteil, er behauptet eine prinzipielle Überlegenheit der inkrementalen, schrittweisen gegenüber einer synoptischen (rational-comprehensive) Vorgehensweise in Entscheidungsprozessen. Während *synoptische* Planung – analog der Theorie rationaler Wahl – von explizit formulierten Zielen ausgeht, werden beim *inkrementalen* Vorgehen aktuelle Problembereiche identifiziert und schrittweise einer Lösung zugeführt.

Bei der *synoptischen* Vorgehensweise verläuft der politische Entscheidungsprozeß in folgenden Phasen:

1. Wahl der Ziele und Werte, die die Planer bei der Strategieformulierung zugrunde legen
2. Suche nach alternativen Strategien zur Erreichung der Ziele
3. Bewertung der alternativen Strategien im Hinblick auf ihren Beitrag zur Zielerreichung
4. Wahl der optimalen Strategie.

Für die *inkrementale* Vorgehensweise sind dagegen folgende Verhaltensweisen typisch (vgl. auch *Quinn* 1980):

1. Der Planer sucht nur solche Ziele und Mittel, die in der Nähe des Vertrauten liegen
2. Die Modifikation des Bestehenden erfolgt in kleinen Schritten (Stückwerktechnologie)
3. Es gibt keine endgültige Problemlösung, sondern nur immer neue Korrekturen.

Bei dieser Vorgehensweise sind nicht übergeordnete Ziele Beurteilungsmaßstab, sondern Planungs- und Entscheidungsverhalten gleichen einem Durchwursteln, und Bewertungsprozesse sind politische **Verhandlungsprozesse.** Nach *Lindblom* läßt sich in der Realität zwischen mächtigen Entscheidergruppen nur schwer Konsens über die zu verfolgenden Ziele erreichen, und es ist kaum möglich, Handlungsalternativen eindeutige Konsequenzen zuzuordnen. Folglich finden nur geringfügige Verbesserungen und Modifikationen der bestehenden Situation die Zustimmung der Entscheider, was zur Folge hat, daß innovative, umfassende Politikänderungen – auch wenn sie angezeigt und erforderlich erscheinen – außerhalb der Betrachtung bleiben.

Der Inkrementalismus weist viel Ähnlichkeit mit der **Versuch-Irrtum-Methode,** der Methode des Piecemeal Engineering (Stückwerktechnologie, vgl. *Popper* 1971) oder der evolutionären Methode auf. *Malik* (1986, S. 253 ff.) hat einen interessanten Vorschlag zur Kombination der Methode der rationalen Wahl, oder konstruktivistischen Methode, wie er sie nennt, und der evolutionären Methode unterbreitet (Abb. 2.113).

Abb. 2.113: Problemlösungs-Matrix

evolutionäre Dimensionen

	Tentatives Problem P_1	Versuchsweise Lösung VL	Elimination von Fehlern und Schwächen EF	Vorläufige Lösung oder neues Problem P_2 (L)
Problem-erfassung				
Bestimmung der Ziele				
Bestimmung des Istzustandes				
Bestimmung der Einflußfaktoren				
Suche nach Alternativen				
Bewertung + Auswahl				

(linke Achse: konstruktivistische Dimensionen)

Quelle: Malik 1986, S. 371

Der evolutionäre oder **Versuch-Irrtum-Problemlösungsprozeß** weist dabei folgende Strukturkomponenten auf (*Malik* 1986, S. 265):
• Probleme als Ausgangspunkt
• Versuchsweise Problemlösungen
• Elimination von Fehlern und Schwächen
• neue Problemstellungen

Die *evolutionären* Dimensionen überlagern das eher konstruktivistisch ausgerichtete Phasenschema, das damit seinen zwangsläufig linearen Schritt-folgencharakter verliert. Abb. 2.113 macht deutlich, daß in allen Phasen itera-tive Versuch-Irrtum-Prozesse ablaufen, welche die prinzipielle Offenheit des Modells für Revisionen und Rückkoppelungen andeuten.

(4) Konflikt-Modell der Entscheidung

Während die bislang besprochenen Entscheidungstheorien den kognitiven Charakter des Entscheidens beleuchten und dessen *affektive* Seite vernachlässigen, betonen *Janis/Mann* (1977) vor allem letztere (ebenso *Maier* 1970).[2] Entscheidungen sind mit Gefühlen, wie Haß, Angst, Eifersucht, Ärger und vor allem Streß verbunden. Gerade wichtige Entscheidungen, die eine Wahl zwischen konkurrierenden Handlungsalternativen mit äußerst unsicheren Konsequenzen erfordern und die Entscheider in massive Konflikte verwikkeln, sind angstbesetzt und streßerzeugend. Konsequenterweise versuchen die Betroffenen, solche Situationen zu vermeiden, sie entwickeln Abwehrmechanismen und Entscheidungsscheu. *Argyris* (1985) spricht sehr anschaulich von defensiven Routinen, die Manager zur Abwehr von Bedrohungen entwickeln. Entscheider versuchen, die Entscheidungssituation in ihrem Sinne zu kontrollieren, Rationalität und persönlichen Nutzen zu maximieren und Verluste und negative Gefühle zu minimieren. Das Ergebnis sind fehlerhafte Kommunikation, Mißtrauen, Mauern, sich selbst verstärkende Fehler, selffulfilling prophecies (S. 82).

Ebenso wie der Inkrementalismus stellt auch das **conflict model of decision making** von *Janis/Mann* (1977) einen Vorschlag zur prozeduralen Rationalität von Entscheidungen dar. Die zentrale These besagt, daß die Qualität einer Entscheidung unmittelbar abhängig ist von dem Ausmaß, in dem sich Entscheider *vor* dem Entschluß einer sorgfältigen Informationssuche widmen (vigilant information processing). Dieses Ausmaß ist wiederum abhängig vom wahrgenommenen Konflikt- und Streßniveau. Das Konflikt-Modell behauptet, daß ein *mittleres Streßniveau* ideal ist für ein optimales Informationsverhalten des Entscheiders (vgl. auch S. 234 und 366 der Arbeit).[3] Bei zu geringem Streß vernachlässigt er die Informationssuche, und bei zu viel Streß resigniert er vor dem Aufwand, trifft eine rein emotionale oder gar keine Entscheidung. Sorgfältige Informationssuche und -verarbeitung im Sinne von *Janis/Mann* liegt vor, wenn der Entscheider

- ein weites Feld von Handlungsalternativen einbezieht
- das Feld der angestrebten Ziele und möglichen Handlungsfolgen überblickt
- sorgfältig abwägt, was an Kosten und Risiken mit den negativen und positiven Handlungsfolgen verbunden ist
- intensiv nach neuen Informationen sucht, die auch noch im Laufe des Prozesses zu neuen Einsichten führen können
- auch solche neuen Informationen berücksichtigt, die seinen ursprünglichen Präferenzen widersprechen
- vor dem endgültigen Entschluß nochmals alle Alternativen abwägt (auch die ursprünglich verworfenen)
- detaillierte Vorbereitungen zur Durchführung (Implementation) der Entscheidung trifft und auch Pläne für unvorhergesehene Datenänderungen entwirft.

---

[2] *Maier, Norman R.F.* (1900–1977) Industriepsychologe, Uni of Michigan.
[3] „The underlying assumption of information science is that truth is a good idea. The underlying assumption of human beings is that truth is a good idea when it is not threatening." (*Argyris* 1985, S. 354).

Das Konflikt-Modell versucht nun zu erklären, warum und unter welchen Voraussetzungen ein Entscheider sich auf obiges Suchverhalten einläßt. Bei Auftauchen eines Problems stellen sich dem Entscheider bewußt oder unbewußt folgende Fragen, deren Beantwortung ein spezifisches Entscheidungsverhalten zur Folge hat:

1. Entstehen ernsthafte Risiken, wenn ich nichts tue? wenn ‚nein' → *unconflicted adherence* (konfliktfreies Nichtstun)
2. Entstehen ernsthafte Risiken, wenn ich etwas ändere? wenn ‚nein' → *unconflicted change* (konfliktfreie marginale Veränderung)
3. Ist es realistisch zu glauben, eine bessere Lösung zu finden? wenn ‚nein' → *defensive avoidance* (Verlagerung der Entscheidungsverantwortung auf andere oder unreflektierte Wahl einer Alternative)
4. Ist ausreichend Zeit vorhanden, um Informationen zu suchen und nachzudenken? wenn ‚nein' → *hypervigilance* (extreme Streßsituation führt zur Wahl der erstbesten Lösung)

Werden alle Fragen mit ‚ja' beantwortet → *vigilance* (Idealzustand eines mittleren Streßniveaus; der Entscheider ist motiviert, sorgfältige Informationssuche und -verarbeitung zu betreiben).

Janis (1982) hat an einer Reihe von Fallstudien überzeugend belegen können, wie sich bei Entscheidungsprozessen in Gruppen das Phänomen des **Groupthink** noch negativ verstärkend auf die oben beschriebenen suboptimalen individuellen Verhaltensweisen 1–4 auswirkt.

Vor allem in hochkohäsiven Gruppen besteht die Gefahr, daß das Groupthink-Syndrom zu mangelhaften Entscheidungen führt (*Janis* 1982, S. 245 sowie S. 265f. der Arbeit).

Tjosvold/Wedley/Field (1986) sehen dagegen in konstruktiven Auseinandersetzungen in Gruppen *(constructive controversy)* äußerst positive Einflüsse auf die Qualität von Entscheidungsprozessen.

(5) Politik-Modell der Entscheidung

Existieren in Organisationen unterschiedliche Interessengruppen mit unterschiedlichen Zielen, wird nach Vorstellungen des Politik-Modells ein Bargaining-Prozeß ablaufen, in dessen Verlauf Organisationsteilnehmer persönlich oder vertreten durch Repräsentanten (z.B. Betriebsräte, Gewerkschaften, Verbraucherverbände) Ansprüche formulieren, die keineswegs mit ihren eigenen Zielen identisch sein müssen. Durch die formale Absegnung des im Verhandlungsprozeß erreichten Kompromisses durch die dazu autorisierte Kerngruppe entstehen die offiziellen Ziele einer Organisation. Diese Auffassung liegt dem **Modell eines politischen Systems** (*Easton* 1965) zugrunde, in dem der Entscheidungsprozeß als politischer Prozeß analysiert wird (vgl. hierzu *Kirsch* 1971, *Dlugos* 1974, *Dorow* 1982). Mitglieder des politischen Systems sind alle Aktoren, die am Zielsetzungsprozeß beteiligt sind. Diese haben jedoch i.d.R. aufgrund unterschiedlicher Interessen auch unterschiedliche Zielerwartungen, d.h. sie stellen unterschiedliche Forderungen an die Organisation, was zwangsläufig zu Konflikten führt. Im Modell werden zwei Arten von Aktoren unterschieden:

Kerngruppe: Gruppe, die durch Gesetz oder Vertrag legitimiert ist, die Ziele der Organisation verbindlich festzulegen (z.B. Vorstand einer AG)

Satellitengruppen: Gruppen, die auf den politischen Prozeß der Zielsetzung Einfluß nehmen (z.B. Betriebsrat).

Ziele der Organisation werden von den zur Zielformulierung autorisierten Individuen und Gruppen aufgestellt und von dem hierzu legitimierten Kernorgan beschlossen. Sie sind idealtypisch das Ergebnis von Interaktionen zwischen allen am Zielbildungsprozeß partizipierenden Organisationsteilnehmern. *Witte* (1968) hat diese Vorstellungen an *einem* Entscheidungstyp empirisch überprüfen können. Danach laufen Zielbildungsprozesse multipersonal ab, d.h. arbeitsteilig und interaktiv. Darüber hinaus sind Problemlösungen und Zielbildung als untrennbare, interdependente Aktivitäten aufzufassen (*Hauschildt* 1977).

Zentrale Annahme des Politik-Modells ist, daß die Ziele einer Organisation in **Verhandlungsprozessen** (**Bargaining**) zwischen den Organisationsteilnehmern bzw. -mitgliedern entwickelt werden. Dem Bargaining-Prozeß folgt ein Control-Prozeß zur Herausarbeitung der spezifischen Ziele und ein Lernprozeß, im Zuge dessen Ziele aufgrund von Umweltveränderungen angepaßt werden (*Cyert/March* 1963). In diesen Prozessen besteht keine symmetrische Berücksichtigung aller Teilnehmer (-gruppen), sondern bestimmte Gruppen (i.d.R. nur eine) sind zur Zielbildung formell legitimiert (Kerngruppe). Deren Entscheidungen können aber in Abhängigkeit von den bestehenden Machtverhältnissen von anderen Anspruchsgruppen beeinflußt werden. Um überhaupt zu einem Konsens über Ziele zu kommen, werden den benachteiligten Koalitionsteilnehmern ‚side payments‘ angeboten, deren Höhe und Ausgestaltung einen Großteil des Bargaining-Prozesses in Anspruch nehmen.

Eine gewisse Erweiterung erfährt dieses Konzept durch die Interpretation von Zielen als Beschränkungen (constraints), die organisatorische Handlungsspielräume abstecken. In der Tat haben viele Ziele den Charakter von Restriktionen; an dem Prozeß der Bildung von Zielen bzw. Beschränkungen ändert sich jedoch nichts.

(6) Modell der organisierten Anarchie

Während Entscheidungsprozesse nach der Koalitionstheorie oder dem Kerngruppenkonzept einem rational ablaufenden Zielsetzungsprozeß in bürokratisch strukturierten Organisationen gleichen, haben *Cohen/March/Olsen*[4] (1972) und *March/Olsen* (1979) anhand empirischer Erhebungen in ame-

---

[4] *Olsen, Johan P.*, Prof. Organizational Behavior, Uni Bergen, Norwegen.

rikanischen und norwegischen Hochschulen ein **Entscheidungsmodell der organisierten Anarchie** entwickelt. Zusätzlich haben *Cohen/March* (1986) 42 amerikanische College-Präsidenten befragt, in der Annahme, daß eine Hochschule ein typischer Repräsentant von organisierten Anarchien sei. Das dort gefundene Entscheidungsverhalten erscheint ihnen typisch für Organisationen mit

- inkonsistenten und schlecht-definierten Zielen
- unklaren Problemursachen, Technologien, Umweltbedingungen und Handlungskonsequenzen
- unzureichender Interpretation der Vergangenheitsentwicklung
- unklaren Kompetenzen und fehlender Kontinuität von Entscheidern, wechselnden Interessen der Organisationsmitglieder an anstehenden Entscheidungen.

Organisierte Anarchien, wie sie nicht nur im Organisationstyp Universität oder Schule festzustellen sind sondern auch in manchen Unternehmungen, weisen keinen wohlstrukturierten Entscheidungsprozeß auf, sondern handeln nach dem **Mülleimermodell** (garbage can model). Folgende Ströme fließen in den Mülleimer:

- Probleme: Interessen, Forderungen oder Ansprüche organisationsexterner und -interner Gruppen
- Lösungen: Ein Potential an Lösungsmöglichkeiten (Ideen, Technologien, Produkten), die z. T. unabhängig von den realen Problemen entwickelt werden
- Entscheidungsgelegenheiten: Situationen, in denen etwas entschieden werden muß
- Teilnehmer: Aktoren, die Problemdefinitionen und -lösungen zu den Entscheidungsgelegenheiten beitragen.

Der Entscheidungsprozeß wird im Mülleimermodell typischerweise in folgenden Phasen ablaufen:

1. *Problem-Phase:* Identifizierung der vier Mülleimerströme
2. *Verhandlungs-Phase:* Suche nach Koalitionen und Aushandeln von Kompromißlösungen
3. *Überzeugungs-Phase:* ‚Verkaufen‘ der Kompromißlösung an die weniger aktiven Teilnehmer
4. *Bürokratie-Phase:* Konkretisierung der Beschlüsse (Operationalisierung) und Ergänzung um Durchführungsanweisungen.

Entscheidungen kommen nach *Cohen/March/Olsen* auf dreierlei Weise zustande:

- **Übersehen** der Probleme, die mit der Entscheidung verbunden sind, und sofortige Entscheidungsfindung
- **Flucht** vor den Problemen und Aufschieben der Entscheidung bis sich das Problem ‚von selbst‘ löst oder bis sich eine bessere Entscheidungsgelegenheit bietet

Abb. 2.114: Charakteristika der wichtigsten Entscheidungstheorien

Merkmal	Rationale Wahl	Begrenzt-rationale Wahl	Inkrementalismus	Konflikt-Modell	Politik-Modell	Organisierte Anarchie
Entscheider und Ziele	ein Entscheider/ein Ziel oder widerspruchsfreies Zielsystem	mehrere Entscheider/konfliktäre Ziele	mehrere Entscheider/keine Ziele	Individuum oder Gruppen/unklare Ziele	mehrere Entscheider/sehr unterschiedliche Ziele	mehrere Entscheider/sehr unterschiedliche Ziele
Macht und Kontrolle	zentralisiert	weitgehend zentralisiert	weitgehend zentralisiert	weitgehend zentralisiert	dezentral, wechselnde Koalitionen	weitgehend dezentral in Kommissionen, bei Individuen
Entscheidungsgrundlagen	‚Nutzenmaximierung'	‚Satisficing', zufriedenstellende Lösung	‚Inkrementalismus', marginale Veränderung	‚Vigilanz', sorgfältige Informationsverarbeitung	‚Bargaining' Machtkämpfe	‚Mülleimer', Konvergenz der Probleme und Lösungen
Entscheidungsprozeß	sehr geordnet, rational	geordnet, verfahrensrational	verfahrensrational	konfliktär, streßerzeugend	konfliktär, politisch	völlig ungeordnet, zufallsgesteuert

Quelle: In Anlehnung an und Erweiterung von *Pfeffer* 1981 a, S. 31

● **Lösung** des Problems durch intensive Problembearbeitung mit anschließender Entscheidung.

Das Mülleimermodell stellt eine wesentliche Relativierung der Allgemeingültigkeit rationaler Entscheidungsprozesse in Organisationen dar und trägt zum besseren Verständnis komplexer Mehrpersonenzielsetzungsprozesse in organisierten Anarchien bei.

Zusammenfassend lassen sich die besprochenen Entscheidungstheorien in ihren wichtigsten Merkmalen gegenüberstellen (Abb. 2.114 auf S. 495).

b. Entscheidungen im Management

(1) Struktur von Managemententscheidungen

In der Management- und Betriebswirtschaftslehre wird Entscheiden nicht im engeren Sinne als Wahl zwischen mehreren Möglichkeiten, sondern umfassend als Prozeß der Willensbildung und -durchsetzung in Unternehmungen definiert. Von den zuvor genannten Entscheidungstheorien hat das Modell der begrenzt-rationalen Wahl die höchste Akzeptanz gefunden. Demnach gilt für Entscheidungen des Managements:

● Wahlhandlungen werden auf der Grundlage eines vereinfachten Modells der Realität getroffen (bounded rationality)
● Entscheidungen werden im Rahmen des individuellen Wahrnehmungshorizonts des Entscheiders getroffen
● Suchverhalten ist lediglich auf die Identifikation befriedigender Alternativen gerichtet; nur in Ausnahmefällen gilt es dem Auffinden eines Optimums
● Wiederholte Mißerfolge, befriedigende Lösungen zu erzielen, führen zur Senkung des Anspruchsniveaus, und umgekehrt Erfolge zu einer Heraufsetzung.

Hat man Entscheidungsprozesse in größeren Unternehmungen vor Augen, ist es realistisch, an eine Gemeinschaftsleistung (composite decision making) zu denken. Diese Prozesse laufen multipersonal ab, und zwar unter intensiver Beteiligung von Gruppen. Der Grund hierfür ist nicht nur in der bei uns gültigen Unternehmens- und Betriebsverfassung (Mitbestimmung) zu suchen, sondern vor allem in der Komplexität der Entscheidungen, welche die Problemlösungsfähigkeiten eines Einzelnen völlig überfordern.

Die Vielzahl möglicher **Entscheidungsgegenstände** hat zu einer fast ebensogroßen Anzahl von Klassifikationsvorschlägen geführt. So unterscheidet z.B. *Gutenberg* (1951, 1962) zwischen dispositiven und sachbezogenen Entscheidungen. *Dispositive* Entscheidungen beziehen sich auf die einzelnen Phasen des Managementprozesses, wie Planen, Organisieren, Kontrollieren etc.; *sachbezogene* Entscheidungen betreffen die operative Präzisierung der auf der Grundlage und im Rahmen der dispositiven Entscheidungen beschlossenen Maßnahmen. Dies können sowohl Ziel- als auch Mittelentscheidungen, wohl-strukturierte oder schlecht-strukturierte Entscheidungsprobleme sein, was wiederum Konsequenzen für die Wahl der Problemlösungs- bzw. Entscheidungsmethoden hat (z.B. Operations Research, heuristische Methoden).

Geht man davon aus, daß auch der Einsatz von **Entscheidungsmethoden** Wirtschaftlichkeitsüberlegungen unterliegt, so bieten sich bei stabilen und damit prognostizierbaren Umweltverhältnissen und einfachen Aufgabenstellungen generelle Handlungsvorschriften in Form von Entscheidungsregeln und -programmen an. Deren Anwendung setzt eine Standardisierung, Formalisierung und Typisierung von Entscheidungs- und Koordinationsproblemen voraus, so daß Handlungsanweisungen nach dem Wenn-Dann-Schema (**Konditionalprogramme;** *Luhmann* 1964) möglich werden. Die Klassifikation von *Simon* (1960; siehe auch *March/Simon* 1958) in wohl-definierte und schlecht-definierte Aufgaben und daran anschließend diejenige in *programmierte* und *nicht programmierte* Entscheidungen liefert hier erste Ansatzpunkte. *Simon* (1960, S. 6) versteht unter einem **Programm** eine detaillierte Vorschrift, die die Reihenfolge der Schritte festlegt, mit denen ein System auf eine komplexe Aufgabenumwelt reagiert.

Programmierte Entscheidung: repetitive, routinemäßige Entscheidung, zu deren Unterstützung spezielle Verfahren existieren.

Nicht programmierte Entscheidung: seltene, komplizierte und/oder neuartige Entscheidung, zu deren Unterstützung generelle Problemlösungsverfahren existieren.

Die Unterscheidung von zwei polaren Entscheidungsarten findet ihre Rechtfertigung in der Hypothese von *Simon,* daß unterschiedliche Entscheidungsarten auch unterschiedliche Entscheidungstechniken erfordern, z.B.: *Wenn* programmierte Entscheidungen, *dann* (bei modernen Entscheidungstechniken) OR-Methoden als Entscheidungstechniken. *Wenn* nicht programmierte Entscheidungen, *dann* heuristische Problemlösungsverfahren als Entscheidungstechniken. *Simon* ist sich durchaus des idealtypischen Dichotomiecharakters seiner Einteilung bewußt und betont ausdrücklich, daß es sich um Extrema auf einem Kontinuum handelt.

Nun ist die Klassifikation von Entscheidungssituationen in wohl- und schlecht-definierte nicht aufgrund objektiver Tatbestände möglich, sondern selbst ein Entscheidungsproblem. Die Substitution der objektiven Situation durch eine subjektive stellt eine weitverbreitete Strategie der **Reduktion von Umweltkomplexität** dar. Diese führt noch nicht zu einer Problemlösung, sondern stellt eine Umdefinition des Problems dar, die erst die Anwendung systeminterner Techniken und Programme ermöglicht (vgl. *Luhmann* 1968). Je nachdem, ob die subjektive Definition der Situation vollständig oder unvollständig ist, spricht man von *wohl-definierten* (well-defined) oder *schlecht-definierten* (ill-defined) Entscheidungssituationen. *Kirsch* hat in Anlehnung an *Gore* (1964) unterschiedlichen Problemdefinitionen unterschiedliche Ausführungsprogramme zugeordnet (vgl. Abb. 2.115).

Abb. 2.115: Definition der Situation und Arten von Entscheidungen

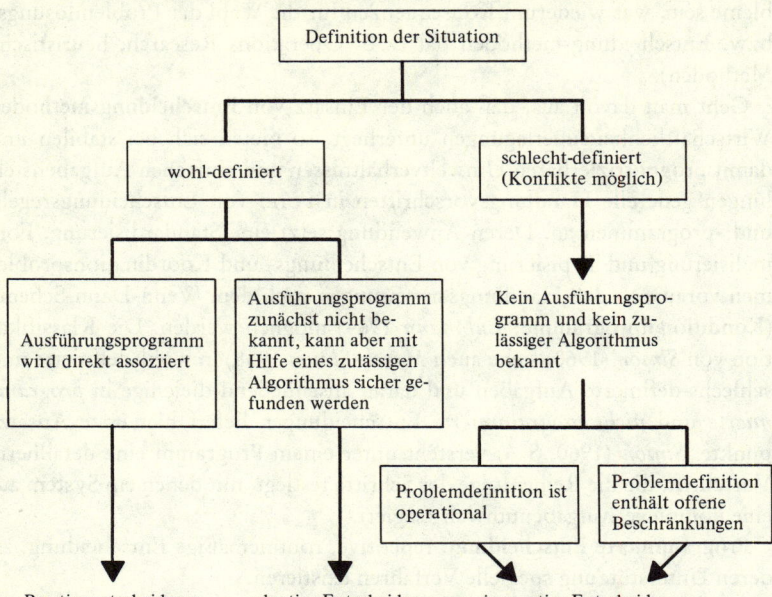

Quelle: Kirsch II/1971, S. 142

Um der großen Bedeutung des Faktors Arbeit im Managementprozeß gerecht zu werden, wird noch zwischen Personal- und Sachentscheidungen unterschieden. Dabei betreffen Personalentscheidungen solche hinsichtlich Einstellung, Beförderung, Versetzung, Entlassung von Mitarbeitern und Sachentscheidungen alle materiellen und finanziellen Dispositionen des Managements, wobei diese letztlich auch personale Konsequenzen haben.

Weitere Einteilungskriterien stellen den Umfang und die Bedeutung der Entscheidung im Hinblick auf die gesamte Unternehmung dar. *Gutenberg* (1962) spricht in diesem Zusammenhang von Führungsentscheidung und Ressortentscheidung. **Führungsentscheidungen** sind durch folgende drei Merkmale gekennzeichnet:

• Sie sind von besonderer Bedeutung für die Vermögens- und Ertragslage der Unternehmung

• Sie können nur aus dem Ganzen der Unternehmung heraus getroffen werden

• Sie sind nicht delegierbar.

Diese drei Merkmale erfüllen nach *Gutenberg* (1962, S. 61, sowie 1969) folgende fünf Entscheidungen, die damit zu echten Führungsentscheidungen werden:

1. „Festlegung der Unternehmenspolitik auf weite Sicht,

2. Koordinierung der großen betrieblichen Teilbereiche,

3. Beseitigung von Störungen im laufenden Betriebsprozeß,
4. Geschäftliche Maßnahmen von außergewöhnlicher betrieblicher Bedeutsamkeit,
5. Besetzung der Führungsstellen im Unternehmen."

Vergleicht man diese Idealtypologie mit der von *Hauschildt* et al. (1983) aus der Empirie entwickelten Realtypologie (Auswertung der Protokolle der Geschäftsleitungssitzungen einer großen Familienunternehmung), so ergeben sich große Ähnlichkeiten. Die so gewonnene **Typologie von Führungsentscheidungen** umfaßt (S. 101):

1. Unternehmenspolitische Richtlinien-Entscheidungen
2. Entscheidungen im außergewöhnlichen Fall (fallweise Entscheidungen – Präzedenz-Entscheidungen)
3. Entscheidungen unter Streß (Entscheidungen über eilige Plankorrekturen – Entscheidungen über Störungen oder Okkasionen)
4. Entscheidungen zur laufenden Betriebsabstimmung.

Eines der am häufigsten anzutreffenden Einteilungskriterien ist der **Grad der Sicherheit,** mit dem die Konsequenzen von alternativen Entscheidungen vom Entscheidungssubjekt vorausgesehen werden können (vgl. schon *Knight* 1921).

Entsprechend wird unterschieden zwischen
• Entscheidung unter Sicherheit
• Entscheidung unter Risiko
• Entscheidung unter Unsicherheit.

Von **Entscheidung unter Sicherheit** spricht man, wenn das Ergebnis der Entscheidung eindeutig und dem Entscheidungssubjekt auch bekannt ist, was dessen vollkommene Information voraussetzt.

Entscheidungen unter Risiko liegen dann vor, wenn der Entscheidung mehrere Ergebnisse zugeordnet werden können, über deren Eintritt *objektive* (mathematische) oder *subjektive* (aus Intuition und Erfahrung) Wahrscheinlichkeiten vorliegen.

Liegen über den Eintritt eines Ergebnisses weder statistische noch auf Erfahrungen beruhende Informationen vor, muß die **Entscheidung unter Unsicherheit** getroffen werden.

In der Realität vorkommende Entscheidungen lassen sich auf einem Kontinuum zwischen den Extrempunkten ‚vollständige Sicherheit' und ‚völlige Unsicherheit' einordnen.

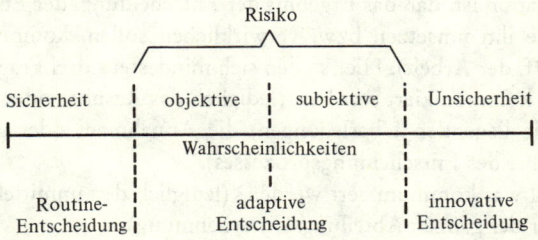

Die Entscheidung wird auch in der Managementlehre nicht als eine Handlung zu einem Zeitpunkt, sondern als **Prozeß** im Zeitraum behandelt. In der Literatur (vgl. z.B. *Heinen* 1976, *Hauschildt* 1977) wird eine Vielzahl von unterschiedlichen **Phasenschemata** diskutiert, die alle mehr oder weniger den weiter vorn beschriebenen Phasen eines Problemlösungsprozesses gleichen. Abb. 2.116 stellt ein Beispiel für ein solches Phasenschema dar.

Abb. 2.116: Phasenschema des Entscheidungsprozesses

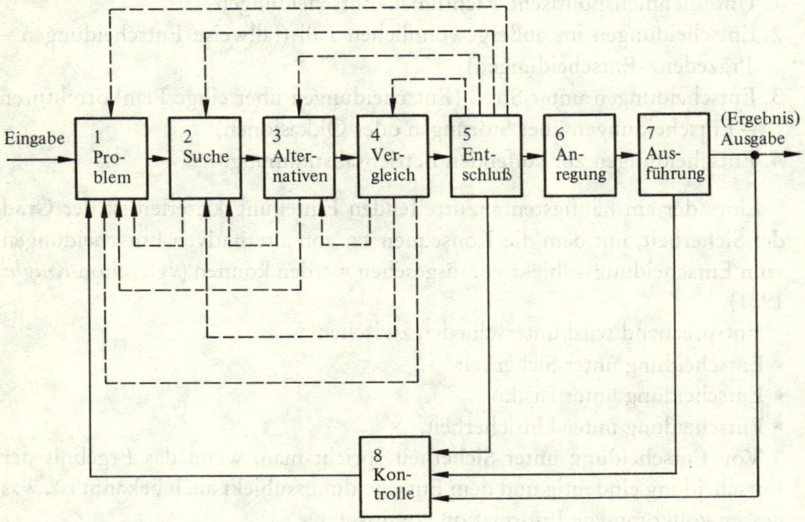

Quelle: Irle 1971, S. 48

(2) Partizipation an Managemententscheidungen

In den vorangegangenen Abschnitten wurden Phasenschemata des Entscheidungsprozesses vorgestellt, die alle mit einer Phase Implementation, Realisation oder Durchführung enden. So einfach und logisch dies erscheinen mag, in der Praxis des Managements ergeben sich zwischen Entschluß und dessen erfolgreicher Umsetzung meist die schwerwiegendsten Probleme. Eine notwendige aber keineswegs hinreichende Bedingung für die erfolgreiche Implementation ist, daß das Ergebnis der Entscheidung, der Entschluß, denjenigen, die ihn umsetzen bzw. verwirklichen sollen, kommuniziert wird (vgl. S. 539f. der Arbeit). Hier stellen sich mindestens drei Fragen:

• Was soll kommuniziert werden? (lediglich das Resultat oder auch die ihm zugrunde liegenden Überlegungen, die Annahmen, oder gar die ganze Geschichte des Entscheidungsprozesses).

• Wem soll was kommuniziert werden? (lediglich den unmittelbar Betroffenen oder der ganzen Abteilung/Unternehmung).

• Wann soll was, wem kommuniziert werden? (am Ende des Entscheidungsprozesses oder schon zu dessen Beginn).

Neben der notwendigen Bedingung der **Kommunikation** gilt die **Partizipation** der Betroffenen an einzelnen (oder allen) Phasen des Entscheidungsprozesses als mindestens ebenso wichtige Voraussetzung für den Erfolg (Akzeptanz) einer Entscheidung *(Partizipation-Effizienz-Hypothese)* wie für die Zufriedenheit der Mitarbeiter *(Partizipation-Zufriedenheits-Hypothese)*. Dabei sind die Gründe für die Einführung partizipativer Strukturen (z.B. Mitbestimmungsorgane) und Prozesse (z.B. kooperative Führung) äußerst vielschichtig (vgl. die einschlägigen Beiträge in *Grunwald/Lilge* 1980 und *Dorow* 1987; für die USA die Überblicksartikel von *Locke/Schweiger* 1979 und *Cotton* et al. 1988):

• Demokratisierung der Wirtschaft, z.B. gesetzliche Mitbestimmung
• Humanisierung der Arbeit, z.B. Mitbestimmung am Arbeitsplatz, teilautonome Gruppen
• Persönlichkeitsentwicklung, z.B. Neue Formen der Arbeitsorganisation, partizipative Zielvereinbarung
• Effizienzsteigerung, z.B. Erfolgsbeteiligung, Vorschlagswesen, Qualitätszirkel.

Kirsch et al. (1978, S. 395ff.) unterscheiden vier idealtypische **Formen der Partizipation,** je nachdem, ob die Partizipation an Entscheidungen auf die Integration des Wissens und Könnens der Beteiligten und/oder ihrer Werte abzielt:

Art der Partizipation	Einbeziehung von Werten	Einbeziehung von Wissen u. Können
Pseudo-Partizipation	nein	nein
Human-Resources-Strategie	nein	ja
Social-Values-Strategie	ja	nein
Authentische Partizipation	ja	ja

Generell versteht man unter Partizipation die Beteiligung von Organisationsmitgliedern an Entscheidungsprozessen des Managements. Diese Beteiligung kann *formaler* (z.B. Mitbestimmung qua Gesetz, Tarifvertrag oder Betriebsvereinbarung) oder *informaler* Art sein (z.B. persönlicher Führungsstil, Delegation). Aus naheliegenden Gründen (Unverbindlichkeit, Widerrufbarkeit) präferiert das Management informale Partizipationsangebote. So äußert *Kubicek* (1984) den Verdacht, daß durch die in unverbindlichen Führungsgrundsätzen propagierte Partizipation ein Substitut für echte Mitbestimmung bzw. Mitwirkung, als formal-rechtlich abgesicherter Teilhabe an Entscheidungsprozessen, entwickelt werden soll.

Neben der gesetzlichen Mitbestimmung sieht *Reber* (1987, S. 166ff.) allerdings noch vier weitere Strukturtypen, welche formal das Potential für **partizipative Entscheidungsprozesse** in sich bergen:

• humane Organisationsstrukturen (z.B. teilautonome, selbststeuernde Arbeitsgruppen)
• mehrdimensionale Organisationsstrukturen (z.B. Matrix-Organisationen)
• inexakte Organisationsstrukturen (z.B. organisierte Anarchien)
• organische Organisationsstrukturen (z.B. lose Verkopplung von kleinen, überschaubaren Subsystemen).

Die Beteiligung kann darüber hinaus direkter (unmittelbare, persönliche Mitarbeit an Entscheidungen) oder indirekter Natur sein (mittelbare Teilhabe durch Repräsentanten, z.B. Betriebsrat).

Gegenstand der Beteiligung ist der Entscheidungsprozeß. Eine, mehrere oder alle Phase(n) des Prozesses können Objekte von Mitsprache, -wirkung oder -bestimmung werden. Dabei kann die Intensität der Partizipation entsprechend der **Kontinuum-Theorie** von *Tannenbaum/Schmidt* (vgl. Abb. 2.58 auf S. 312 der Arbeit) Ausprägungen zwischen keiner und voller Mitwirkung an Entscheidungen des Managements annehmen.

Die Tatsache, daß in der Managementliteratur (vgl. etwa *Newman* et al.[5] 1961, 1982, *Arnold/Feldman* 1986) empfohlen wird, die Intensität der Partizipation in Abhängigkeit von situativen Bedingungen zu variieren, macht deutlich, daß es sich bei Partizipation (zumindest aus der Sicht des Managements) nicht um einen Wert an sich, sondern um ein Mittel zum Zweck (Effizienzsteigerung) handelt. Dies wird am normativen Entscheidungsmodell von *Vroom/Yetton* (1973) und *Vroom/Jago* (1988) gut erkennbar, denn hier variiert der empfohlene Partizipationsgrad (zwischen ‚Vorgesetzter entscheidet allein‘ und ‚gleichberechtigte Beteiligung aller Mitarbeiter‘) mit der Entscheidungssituation.

Partizipation wird nur dann empfohlen, wenn
• der Vorgesetzte selbst nicht über genügend Informationen (Sachkenntnis) verfügt
• Art und Struktur des Problems unklar sind
• kein großer Zeitdruck besteht
• die Mitarbeiter die Ziele des Vorgesetzten teilen
• die Mitarbeiter über eigene Urteilsfähigkeit und ein hohes Bedürfnis an Selbstbestimmung verfügen
• die Akzeptanz der Entscheidung durch die Mitarbeiter wichtig ist
• die Entscheidung die Interessen der Mitarbeiter nachhaltig berührt.

Vor allem die mit der Mißachtung des letzten Punktes zusammenhängenden Reibungsverluste und Widerstände als Folge autoritärer Entscheidungen haben zu einem Sinneswandel beim Management geführt.

Die meisten Organisationsmitglieder reagieren auf Veränderungen einer vertrauten Umgebung als Folge von Entscheidungen mit Desorientierung und werden dadurch teilweise stark verunsichert. Die Konfrontation mit neuen Anforderungen oder Bedingungen setzt selbst bei optimistischer Ab-

---

[5] *Newman, William H.* (geb. 1909) Prof. Business Administration, Columbia Uni.

schätzung individueller Innovationsbereitschaft Abwehrmechanismen in Gang. Diese bestehen zumeist darin, an dem Bestehenden festzuhalten, obgleich vorangegangene Kritik am Istzustand Veränderungswünsche deutlich gemacht hat.

Hinzu kommt, daß innerhalb von Organisationen gegeneinander wirkende Kräfte oder Interessen bestehen. Die Praxis zeigt, daß gravierende Führungsentscheidungen solche **Interessengegensätze** aktualisieren. Es werden Machtverlust, Benachteiligung oder Ungerechtigkeiten befürchtet; es kommt zu Konflikten und somit zu sog. Reibungsverlusten. Diese Konflikte sind um so stärker, je weniger die unterschiedlichen Interessengruppen an der Planung der Veränderungsmaßnahmen beteiligt werden; oder anders ausgedrückt: je stärker sie befürchten (müssen), daß ihre Interessen nicht berücksichtigt werden. Um eine bessere Identifikation der Beteiligten mit den Veränderungszielen und eine bessere Akzeptanz der Entscheidungen zu erreichen, bietet sich eine partizipative Vorgehensweise unmittelbar an. Da die **Partizipation** aber weniger bei der Zielsetzung als bei der Implementation von Maßnahmen vorgesehen ist, bietet sie keineswegs eine Garantie für eine effiziente Entscheidungsdurchführung.

Basis für die Formulierung der weitverbreiteten Partizipation-Effizienz-Hypothese ist die Studie von *Coch/French* (1948) in der **Harwood Manufacturing Corp** (vgl. auch *Marrow* et al. 1967).[6] In diesem Textilbetrieb machten Modetrends eine häufige Veränderung von Arbeitsabläufen und -methoden notwendig. Die Forscher, vom Management beauftragt, eine Minimierung der Reibungsverluste bei Umstellungen zu erzielen, experimentierten mit drei Konzepten: traditionell *autoritäre* Veränderung, *konsultative* Veränderung durch Einbeziehung von Arbeitnehmervertretern, *partizipative* Veränderung durch unmittelbare Beteiligung der betroffenen Arbeitsgruppen. Dabei wies die letzte Methode in allen Effizienzkriterien (Akzeptanz, Lerneffekt, Fluktuation, Produktivität) überlegene Resultate auf.

Vergleichbare Studien, wie die von *Lewin/Lippitt/White* (1939), *Morse/Reimer* (1956) und *Likert* (1961), konnten positive Effekte der Partizipation an für die Gruppe relevanten Entscheidungen auf das Leistungsniveau und die Zufriedenheit feststellen. Insgesamt sind jedoch die empirischen Belege dieser experimentellen Studien und auch die von Korrelationsstudien zur Partizipation-Effizienz- und Zufriedenheits-Hypothese eher dürftig (vgl. *Grunwald*[7]/*Lilge* 1980 sowie *Cotton* et al. 1988).

Trotz Inkonsistenzen in den Befunden hat sich die Überzeugung von der Überlegenheit partizipativer Führung weithin in der Praxis verfestigt, wenngleich ohne ausreichende empirische, dafür aber mit eindeutiger normativer Basis. So lautet auch das Resümee von *Neuberger* (1972, S. 216): „Kooperati-

---

[6] Die Harwood-Experimente liefen über mehrere Jahre (1940–1947) und gelten als Ausgangspunkt der **Aktionsforschung** (vgl. S. 549f. der Arbeit).

[7] *Grunwald, Wolfgang* (geb. 1944) Betriebswirt, Prof. Psychologie, Hochschule Lüneburg.

ve Führung – ja, weil sie bestimmten Vorstellungen vom arbeitenden Menschen entgegenkommt und nicht, weil sie sich als besonders ‚effizient' erwiesen hätte".

Seidel[8] (1978, S. 555) kommt dagegen auf der Grundlage einer Auswertung von 131 Untersuchungen über Führungsformen aus den Jahren 1927 bis 1969 in zehn Ländern zu dem Ergebnis, man dürfe der „These von der Effizienzüberlegenheit kooperativer betrieblicher Führungsform über direkte betriebliche Führungsform aufgrund des vorgelegten Materials einige Bestätigung zusprechen."

Mir scheinen in diesem Zusammenhang drei Hinweise notwendig. Der erste betrifft die **Verbreitung partizipativer oder kooperativer Führung** in der Praxis, die gemeinhin überschätzt wird. Zwar ist festzustellen, daß immer mehr Organisationen partizipativ-kooperative Führungsformen in ihren Führungsgrundsätzen festschreiben; die Proklamation der Grundsätze scheint jedoch ihrer Umsetzung in reales Führungsverhalten weit vorauszueilen. Dies wird beispielsweise deutlich, wenn man ein völlig unzureichendes Informationsverhalten von Führungskräften bei bzw. vor der Einführung neuer Technologien und/oder neuer Arbeitsstrukturen feststellt (vgl. z.B. *Hattke/Sydow* 1982, *Elias/Gottschalk/Staehle* 1985). Information ist jedoch die unabdingbare Voraussetzung wirksamer Partizipation.

Der zweite Hinweis betrifft die **Qualität partizipativer Führung.** Führung verliert nicht allein dadurch, daß sie partizipativ gestaltet wird, ihren Herrschaftscharakter. Partizipation wird vielfach instrumentalisiert, um Managementinteressen gegenüber den Geführten leichter durchsetzen zu können. Partizipative Führung stellt also keineswegs eine Alternative zur gesetzlich geregelten Mitbestimmung dar. Partizipative Führung sollte deshalb auch nicht als demokratische Führung ausgegeben werden, die sich insbesondere dadurch auszeichnet, daß der Führer von den Geführten gewählt wird und folglich auch abgewählt werden kann. Darüber hinaus ist „demokratische Führung .. Führung im Interesse der Sache und im Auftrag der Betroffenen" (*Vilmar/Kißler* 1982, S. 236) und damit rechenschaftspflichtig.

Als dritter Hinweis sei aus forschungsmethodischer Sicht hier noch daran erinnert, daß in der experimentellen Führungsforschung Änderungen des Führungsverhaltens in all seinen Stil-Varianten (unabhängige Variable) *in allen Fällen* zu Leistungssteigerungen (abhängige Variable) geführt haben, was u. a. mit dem Hawthorne-Effekt zu erklären ist.

2. Planung und Kontrolle

Begreift man Entscheiden als eine Phase im Managementprozeß, so bilden Zielsetzung und Planen die vorgelagerten und Realisieren und Kontrollieren die nachgelagerten Phasen (vgl. Abb. 2.116 auf S. 500). Bei dieser prozeßhaf-

---

[8] *Seidel, Eberhard* (geb. 1936) Prof. BWL, Uni Siegen.

ten Sichtweise des Managements (vgl. z. B. *Terry/Franklin* 1982, *Koontz/ O'Donnell/Weihrich* 1984) wird Kontrolle als *Feedback*-Kontrolle, als Phase eines kybernetischen Regelkreismodells gesehen. Festgestellte Abweichungen am Ende des Prozesses werden an den Anfang (Planung) rückgekoppelt. Ein hierzu alternatives Konzept der kompensierenden *(strategischen)* Kontrolle versteht unter Kontrolle ein den gesamten Planungs- und Realisierungsprozeß von Anfang an begleitendes Überwachungssystem (*Schreyögg/Steinmann* 1985). Ganz gleich, welche Position man präferiert, Planung und Kontrolle werden in der Managementliteratur (vgl. z. B. *Hahn*[1] 1985) gemeinsam behandelt, da die eine ohne die andere keinen Sinn macht.

a. Funktionen von Planung und Kontrolle

(1) Prognose- und Unsicherheitsreduktionsfunktion

Planung stellt eine Vorwegnahme von Handlungen unter Unsicherheit bei unvollkommener Information dar. Sie beruht auf Prognosen über den zukünftigen Eintritt von Ereignissen und dient der Zielausrichtung aller Aktivitäten einer Organisation (vgl. *Wild* 1981, S. 12 ff.). Zielbildung und -vorgabe werden ausführlich in Abschnitt D I 4 behandelt.

In Form konkreter Sollvorgaben liefert die Planung gleichzeitig die Basis für die Feedback-Kontrolle. Diese Sichtweise impliziert, daß Unternehmungen durch Pläne/Ziele gesteuert werden. Empirisch relevante Fälle von Planung ohne Ziele und – mehr noch – Führung ohne Planung (vgl. S. 513) werden vernachlässigt bzw. ausgeschlossen.

Planung in und von Organisationen ist ein noch relativ junges Forschungsgebiet der Management- und Betriebswirtschaftslehre.

In Europa kann die **Kameralistik** mit ihrem Denken in Etats und Sollanweisungen mit anschließender Kontrolle als Vorläufer einer betriebswirtschaftlichen Planung angesehen werden (*Schneider* 1987, *Klausmann* 1983). In der frühen betriebswirtschaftlichen (zu jener Zeit: handelswissenschaftlichen) Literatur wird der Planung keinerlei Bedeutung beigemessen. Erst mit dem Entstehen einer ,neueren' Betriebswirtschaftslehre ab 1918 entwickelt sich im Zuge einer Renaissance kameralistischen Etatdenkens und einer Zunahme wirtschaftspolitischer Dirigismen das Planungsdenken in Deutschland, und zwar in den Bereichen (*Klausmann* 1983, S. 53):
- Kostenrechnung
- Rechnungslegung
- zielorientierte Unternehmenspolitik.

Mit zunehmender Instabilität der Märkte erfolgt eine Abkehr von der Vergangenheitsanalyse und die Hinwendung zu (extrapolierten) Zukunftsentwicklungen, dem eigentlichen Kern der Planung.

---

[1] *Hahn, Dietger* (geb. 1935) Prof. BWL, Uni Gießen.

Aufgrund vielfältiger negativer Assoziationen, welche mit staatlicher bzw. bürokratischer Planung verbunden werden, wird Planung (vor allem staatliche Planung) häufig noch als Schreckgespenst inkompetenter, (unternehmerische) Freiheit einschränkender, bürokratischer Wirtschaftssteuerung kariert. Diese Vorurteile prägen auch z.T. noch die Einstellungen von Managern gegenüber einzelwirtschaftlicher Planung, vor allem langfristiger Art. Zwar wird die Rigidität klassischer Planung heute durch neuere Planungstechniken, wie ‚contingency planning‘ und Plänen mit ‚built-in flexibility‘, überwunden; die Ungewißheit zukünftiger Entwicklungen kann in einer Reihe alternativer Szenarios eingefangen und mit Frühaufklärungssystemen laufend beobachtet werden, jedoch besteht immer noch die Gefahr, daß Pläne zu sehr Handlungsspielräume einengen und mehr als enges Korsett denn als Entscheidungshilfe aufgefaßt werden (vgl. hierzu Teil 3).

Da Planung vor allem aufgrund des aufwendigen Prozesses der Planerstellung und -revision ein sehr teures, zeitaufwendiges Managementinstrument ist, wird es in privatwirtschaftlichen Organisationen unter Wirtschaftlichkeitsgesichtspunkten lediglich bei komplexer Aufgabenumwelt und erst ab einer bestimmten Größe Anwendung finden.

Nicht zuletzt aus Geld- und Qualifikationsmangel verzichten deshalb die meisten Klein- und Mittelbetriebe in der Bundesrepublik Deutschland auf Planung, während Großbetriebe (über 1000 Beschäftigte) zu über 90% Pläne mit einer Laufzeit von mindestens einem Jahr aufstellen; langfristige Pläne (ab 5 Jahren) werden dagegen nur von etwas über ⅓ der Unternehmungen formuliert (vgl. *Töpfer* 1976, *Kirsch* et al. 1975).

Weiter oben wurde schon angedeutet, daß planerisches Handeln stets unter **Unsicherheit und unvollkommener Information** erfolgt. Um Handeln in Organisationen auch unter diesen erschwerten Bedingungen zu ermöglichen, ist eine Reduktion von Komplexität und damit auch Unsicherheit erforderlich (vgl. *Luhmann* 1968).

Hohe Umwelt- und Aufgabenkomplexität und -dynamik führen zu Unsicherheit und Ambiguität, die es durch Planung zu reduzieren gilt. *Khandwalla* (1975) hat in Anlehnung an *Lawrence/Lorsch* (1969) ein Modell der Unsicherheitsreduktion entwickelt und mit Daten aus 79 amerikanischen Fertigungsbetrieben getestet (Abb. 2.117).

Umweltunsicherheit führt zu Planungsschwierigkeiten und erfordert den Einsatz spezieller Mechanismen zur Reduktion von Unsicherheit. Strukturierte und segmentierte Umwelten legen eine entsprechende organisatorische Differenzierung nahe. Je größer die organisatorische Differenzierung, desto mehr Integrationsmechanismen werden eingesetzt. Im folgenden unterscheidet *Khandwalla* auf allen drei Stufen (Reduktion von Unsicherheit, Differenzierung, Integration) jeweils zwischen *personenorientierten, strukturellen* und *technokratischen* Mechanismen (Abb. 2.117). *Khandwallas* empirische Befunde ergaben, daß die Planungs- und Organisationsmaßnahmen der erfolgreichen Unternehmungen in der Stichprobe in einem höheren Maße mit den Annahmen des Modells in Einklang standen als diejenigen der weniger erfolgreichen.

Abb. 2.117: Modell der Unsicherheitsreduktion von *Khandwalla*

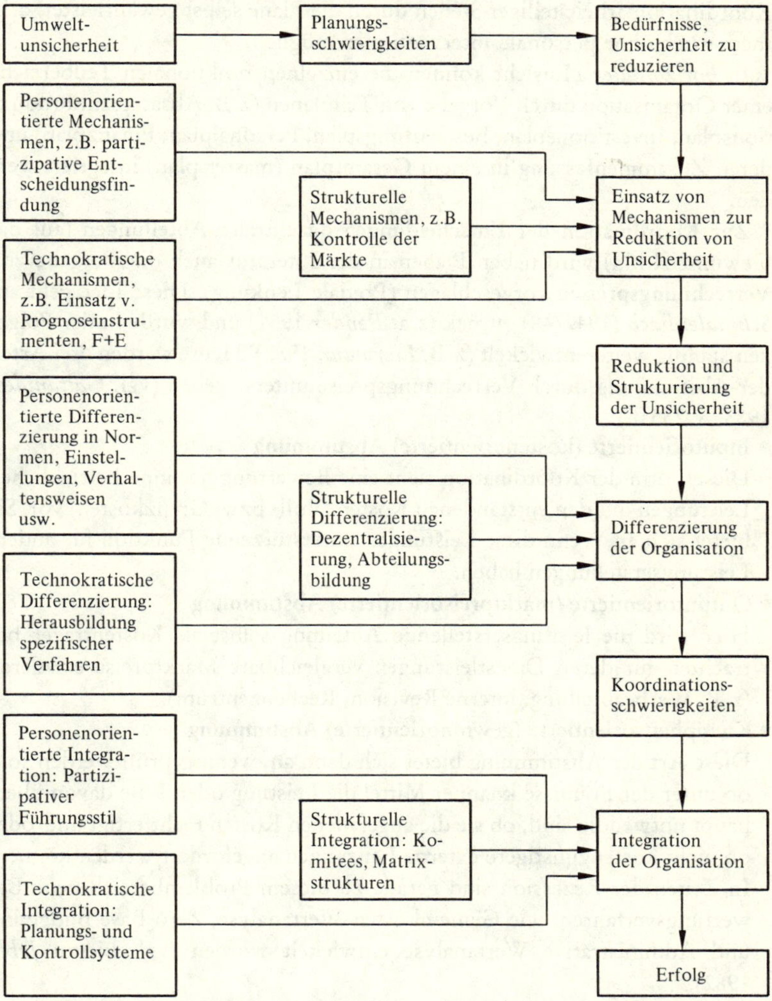

Umwelt-unsicherheit		Planungs-schwierigkeiten		Bedürfnisse, Unsicherheit zu reduzieren

Personenorien-tierte Mechanis-men, z.B. parti-zipative Ent-scheidungsfin-dung

Technokratische Mechanismen, z.B. Einsatz v. Prognoseinstru-menten, F+E

Strukturelle Mechanismen, z.B. Kontrolle der Märkte

Einsatz von Mechanismen zur Reduktion von Unsicherheit

Reduktion und Strukturierung der Unsicherheit

Personenorien-tierte Differen-zierung in Nor-men, Einstel-lungen, Verhal-tensweisen usw.

Technokratische Differenzierung: Herausbildung spezifischer Verfahren

Strukturelle Differenzierung: Dezentralisie-rung, Abteilungs-bildung

Differenzierung der Organisation

Koordinations-schwierigkeiten

Personenorien-tierte Integra-tion: Partizi-pativer Führungsstil

Technokratische Integration: Planungs- und Kontrollsysteme

Strukturelle Integration: Ko-mitees, Matrix-strukturen

Integration der Organisation

Erfolg

Quelle: Khandwalla 1975, S. 144.

(2) Koordinationsfunktion

Neben der Funktion der Reduzierung von Unsicherheit (Prognosefunktion) wird Planung vor allem die Aufgabe der Lenkung, Steuerung und Abstimmung organisatorischen Handelns (Koordinationsfunktion) zugewiesen (vgl. *Horváth* 1986, S. 124 ff., *Rühli* 1978).

Gegenstände der **Koordination** innerhalb der Planung sind einmal der Planungsinhalt (einschließlich Ziele) und zum anderen plankonformes Handeln. Während die ‚Planung der Pläne' hohen Kommunikationsaufwand zwischen Planentwerfern, Planträgern und Planausführenden erfordert, ist die Koordination arbeitsteiliger Stellen durch die Pläne selbst gewährleistet, d. h. theoretisch ohne personale Interventionen möglich.

In *horizontaler* Hinsicht können die einzelnen funktionalen Teilbereiche einer Organisation durch Vorgabe von Teilplänen (z. B. Absatzplan, Produktionsplan, Investitionsplan, Beschaffungsplan, Personalplan, Finanzplan) und deren Zusammenfassung in einem Gesamtplan (master plan) integriert werden.

Zur Koordination der Entscheidungen dezentraler Abteilungen (auf das Gewinnziel hin) wird neben Plänen in der Literatur auch die Vorgabe von **Verrechnungspreisen** vorgeschlagen (Pretiale Lenkung). Diese Idee geht auf *Schmalenbach* (1947/48) zurück (s. a. *Bender* 1951) und wurde in der Folgezeit ständig weiterentwickelt (z. B. *Liermann* 1982). Heute werden drei Arten der Abstimmung durch Verrechnungspreise unterschieden (vgl. *Gaitanides*[2] 1983, S. 235 ff.):

- **Inputorientierte (kostenorientierte) Abstimmung**
  Diese Form der Koordination sieht eine Bewertung der innerbetrieblichen Leistungen mit den entstandenen Kosten (Voll- bzw. Grenzkosten) vor. Sie bietet sich an, wenn diese Leistungen unterstützende Funktion für andere Leistungserstellungen haben.
- **Outputorientierte (marktpreisorientierte) Abstimmung**
  Hier wird die leistungserstellende Abteilung selbst als Kostenträger betrachtet, für deren Dienstleistungen vergleichbare Marktpreise existieren (z. B. Werbeabteilung, interne Revision, Rechenzentrum).
- **Knappheitsorientierte (gewinnorientierte) Abstimmung**
  Diese Art der Abstimmung bietet sich dann an, wenn geprüft werden soll, ob unter der Prämisse knapper Mittel die Leistung oder Teile davon überhaupt notwendig sind, ob sie die angefallenen Kosten rechtfertigt und/oder ob nicht kostengünstigere externe Leistungen angefordert werden können. In Zeiten der Rezession sind gerade zu diesem Problembereich neue Bewertungsverfahren, wie Gemeinkosten-Wertanalyse, Zero Base Budgeting und Administrative Wertanalyse entwickelt worden (vgl. hierzu *Jehle* 1982).

In *vertikaler* Hinsicht gilt es, bei hierarchisch strukturierten Organisationen die einzelnen Managementebenen koordinativ zu verbinden. Zur vertikalen Abstimmung von Plänen werden in der Literatur (z. B. *Kreikebaum* 1987, S. 121 ff., *Pfohl* 1981, S. 139 ff.) folgende drei Verfahren diskutiert:

- **Top-Down (retrograde) Planung**
  Hier verläuft der Planungsprozeß von oben nach unten, d. h. aus den strate-

---

[2] *Gaitanides, Michael* (geb. 1942) Prof. BWL, Uni der Bundeswehr Hamburg.

gischen Absichten der Unternehmungsleitung werden Ziele sukzessive in konkrete Maßnahmen für die untergeordneten Managementebenen abgeleitet. Dem Vorteil eines einheitlichen, in sich widerspruchsfreien Planungswerkes mit hohem Konkretisierungsgrad (Planung aus einem Guß) stehen schwerwiegende Nachteile gegenüber. So führt die fehlende Beteiligung nachgeordneter Stellen an der Planung zu Informationszurückhaltung, unrealistischen Planvorgaben und Demotivation der Verplanten.

- **Bottom-Up (progressive) Planung**
Hier verläuft der Planungsprozeß von unten nach oben, d.h. die Planerstellung beginnt auf der untersten Planungsebene und verdichtet sich nach oben zu letzten strategischen Zielen. Zweifellos wird hierdurch eine hohe Identifikation der am Planungsprozeß Beteiligten mit den dann auch als realistisch erachteten Plänen zu erzielen sein; allerdings verleitet diese Vorgehensweise zur Formulierung konservativer Pläne (Extrapolation von Vergangenheitswerten) und vernachlässigt das Problem der Divergenzen und Konflikte zwischen Teilplänen auf den einzelnen Planungsebenen als Folge fehlender Rahmenrichtlinien.

- **Down-Up Planung (Gegenstromverfahren)**
Hierbei handelt es sich um eine Synthese beider Verfahren, wobei die einzelnen Schritte des Top-Down Vorlaufs und des Bottom-Up Rücklaufs von einem Planungsstab koordiniert werden.

Bei der Planaufstellung (vor allem Zielplanung) hat sich in der Praxis überwiegend das iterative Gegenstromverfahren durchgesetzt, d.h. Ziele und Pläne werden nicht von oben nach unten entwickelt oder umgekehrt, sondern in mindestens einem Vor- und Rücklauf durch die Hierarchie werden ausgehend von globalen Rahmenplänen, durch schrittweise Präzisierung und Modifikation, die endgültigen Soll-Vorgaben entwickelt (vgl. z.B. das System der Zielvereinbarung der **Siemens AG**; *Peisl/Lüttge* 1975).

In *zeitlicher* Hinsicht muß eine Koordination von Plänen unterschiedlicher Fristigkeit erfolgen, d.h. die Integration kurz-, mittel- und langfristiger Planung. Eine solche Koordination von Plänen kann erfolgen durch

- **Reihung:** Aneinanderfügen von isolierten zeitlichen Stufen
- **Staffelung:** Zeitliche Überlappung der Stufen
- **Schachtelung:** Integration der Stufen in einen Langfristplan

Neben der Verkettung besteht auch die Möglichkeit einer systematischen Fortschreibung bzw. Konkretisierung eines an sich starren Jahresplans durch eine monatliche Aktualisierung der Planvorgaben für die jeweils nächsten 12 Monate (rollende oder gleitende Planung). Pläne und vor allem präzise Sollvorgaben werden erst dann handlungsrelevant, wenn sie von der Organisationsspitze autorisiert und von den Handelnden als solche akzeptiert worden sind. Letzteres wird vor allem durch eine breite Beteiligung der Planbetroffenen an der Planaufstellung zu erreichen versucht.

(3) Kontrollfunktion

Die in der neueren Managementliteratur (etwa *Horváth* 1986) als **Controlling** bezeichneten Steuerungs- und Kontrollfunktionen des Managements bestehen in der laufenden Überwachung und Anpassung aller organisatorischer Aktivitäten im Hinblick auf vorgegebene Pläne und Standards. Insofern handelt es sich um einen kontinuierlichen Prozeß, der den Charakter eines Lernprozesses hat (vgl. *Wolff* 1982 sowie Abb. 2.118).

Abb. 2.118: Feedback-Kontrolle

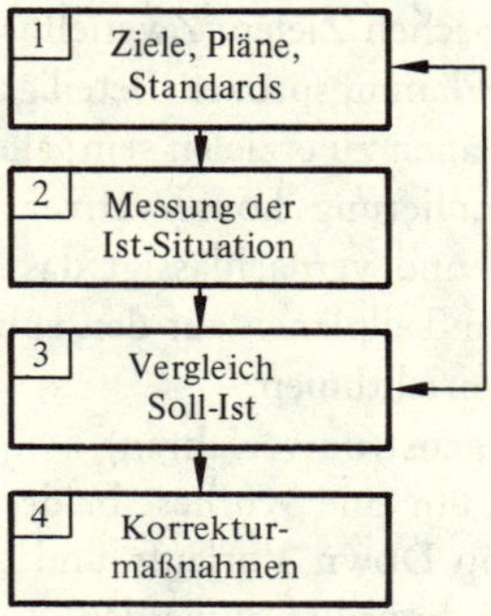

Wird, wie in Abb. 2.118 Kontrolle in Übereinstimmung mit kybernetischen Modellvorstellungen als eine der Planung zeitlich nachgeordnete Aktivität gesehen, ergeben sich im einzelnen folgende Planungs- und Kontrollaktivitäten:

Zu 1) **Zielformulierung**

Voraussetzung einer Kontrolle ist hier das Vorhandensein von Zielen und Plänen, die darüber Auskunft geben, wie und in welchem Ausmaß diese Ziele erreicht werden sollen. Aufgabe der Planung ist es u. a., Maßstäbe zu setzen, an denen das Kontrollergebnis gemessen werden kann. In den Standards schlagen sich die Unternehmungsziele nieder; Standards können hinsichtlich der Quantität, der Qualität, des Zeitaufwandes, der Kosten und des Ertrags betrieblicher Aktivitäten aufgestellt werden.

Zu 2) **Ist-Daten-Erfassung**

Hier sind Entscheidungen zu treffen hinsichtlich der Kontrollmethode (Total-Kontrolle, Stichprobe oder Schwachstellenanalyse), Kontrollzeitpunkt (laufend – sporadisch), Kontrollträger (Fremd- oder Selbstkontrolle) und Kontrollobjekt (Ziel- oder Prozeßkontrolle).

Zu 3) **Abweichungsanalyse**

Den wichtigsten Teil der Feedback-Kontrolle stellt die Abweichungsanalyse dar. Nachdem festgestellt worden ist, wo Abweichungen aufgetreten sind und ob diese negativ oder positiv im Hinblick auf die Vorgabewerte sind, muß nach den möglichen Ursachen der Abweichungen geforscht werden. Diese sind grundsätzlich in einer falschen Sollvorgabe und/oder einer ungenügenden Leistung zu suchen. Die Ursachen können darüber hinaus in innerbetriebliche und außerbetriebliche, beeinflußbare und nichtbeeinflußbare gegliedert werden.

Wichtig ist, daß die Kontrollergebnisse mit den Verantwortlichen durchgesprochen werden und mit ihnen Möglichkeiten der Abhilfe oder Verbesserung erörtert werden. Der Erfolg dieser Bemühungen hängt in erheblichem Maße von dem in der Unternehmung herrschenden **Kontrollklima** ab (vgl. auch das Planungsklima, S. 574, sowie *Höller* 1978, *Siegwart/Menzl* 1978, *Pfohl* 1981). Die Art der Einstellung gegenüber dem Kontrollsystem (positiv/ negativ) hängt u. a. von folgenden Faktoren ab:

- Richtigkeit und Rechtzeitigkeit der Kontrollinformationen
- Legitimation der Kontrolleure
- Art der Kommentierung von Abweichungen
- wahrgenommene Enge des Zusammenhangs zwischen dem Verhalten des Kontrollierten und der Kontrollinformation.

Zu 4) **Korrekturmaßnahmen**

Sind die Ursachen der Abweichungen bekannt, so müssen Entscheidungen zur Verbesserung getroffen werden. Durch das System der Rückkopplung (Feedback), d.h. der auf Grund der Abweichungsanalyse notwendigen Korrekturmaßnahmen an der Ausgangssituation, wird somit sofort wieder eine Beziehung zum Beginn des Managementprozesses, zur Planung, hergestellt. In diesem Sinne wird die formale Organisation als ein ,feedback control system' bezeichnet.

In der Praxis ist es nicht erforderlich, jegliche, also auch die geringste Abweichung des Soll vom Ist dem Entscheidungszentrum zu melden. Man spricht hier in der amerikanischen Literatur von *Reporting by Exception*. Dieser Ansatz geht davon aus, daß nur außergewöhnliche Ereignisse (gute oder schlechte) die Aufmerksamkeit des Managers in Anspruch nehmen sollten, um ihn von Routineinformationen über ,normale', d.h. statistisch im Durchschnittsbereich liegende, Ergebnisse zu entlasten (vgl. *Richards/Greenlaw* 1972, S. 384). Dieses nur ausnahmsweise Eingreifen von übergeordneten Führungskräften bei außergewöhnlichen Abweichungen der Ist-Daten von den vorgegebenen Standards ist auch in der europäischen Literatur unter dem Ausdruck *Management by Exception* bekanntgeworden.

Die hier dargestellte klassische **Feedback-Kontrolle** leidet darunter, daß Fehlentwicklungen immer erst ex post erkannt werden können. Aus diesem Grund wird in jüngerer Zeit verstärkt auf ex ante oder **Feedforward-Kontrollen** Wert gelegt (vgl. *Luthans/Kreitner* 1985, S. 94 ff. sowie Abb. 2.119).

Abb. 2.119: Ansatzpunkte für Feedforward- und Feedback-Kontrolle

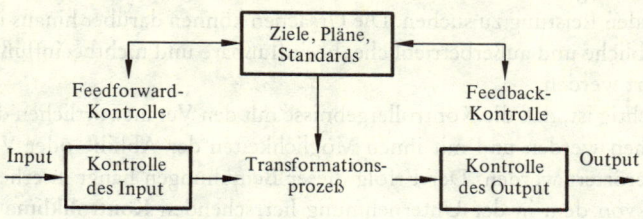

Beispiele für solche präventive Kontrollverfahren sind etwa im Bereich der Materialwirtschaft Eingangskontrollen, optimale Bestellmengen, Investitionsrechnungen, präventive Wartungs- und Instandhaltungsarbeiten, und im Personalbereich Einstellungstests und Weiterbildungsmaßnahmen.

Ein völlig anderes Anliegen verfolgt das auf der *Luhmann*schen Systemtheorie (vgl. S. 45 f.) basierende Konzept der **strategischen Kontrolle** von *Schreyögg/Steinmann* (1985). Planung reduziert Komplexität, schafft Ordnung; Kontrolle hat demgegenüber die kompensierende Funktion des permanenten Infragestellens der Richtigkeit und Gültigkeit dieser Ordnung. *Schreyögg/Steinmann* kritisieren an der Feedback-Kontrolle, daß die Korrekturmaßnahmen für eine notwendige Planrevision i. d. R. zu spät kommen und nicht die Richtigkeit der Ziele und Standards sondern nur die der Mittel in Frage gestellt wird. Demgegenüber fordern sie in ihrem Konzept der (die Planung insgesamt) kompensierenden Kontrolle drei Kontrollaktivitäten:
1. **Prämissenkontrolle** (fortlaufende Überwachung der Gültigkeit der gemachten Prämissen)
2. **Durchführungskontrolle** (fortlaufende Überwachung der (Neben-) Wirkungen der realisierten Planungsschritte, i. S. einer Planfortschrittskontrolle)
3. **Strategische Überwachung** (fortlaufendes, ungerichtetes Absuchen der Umwelt nach Gefährdungen bzw. Bestandsbedrohungen).

Zentraler Unterschied zur Feedback-Kontrolle ist, daß im Strategie-Konzept Planung und Kontrolle als zwei gleichzeitig beginnende, gleichlaufende, komplementäre Prozesse der Unternehmungssteuerung verstanden werden.

b. Ergebnisse empirischer Forschung zur Organisation von Planung und Kontrolle

Nach einer Zeit mehr kasuistisch-induktiver Auseinandersetzung mit praktischen Fragen der Unternehmungsplanung, die in der Entwicklung des Konzepts der Unternehmungsstrategie (Corporate Strategy) durch *Ansoff* (1965) zunächst einmal ihren Höhepunkt findet, fehlt lange Zeit eine systematisch angelegte, theoriegeleitete empirische Planungsforschung. Zwar haben

McCaskey (1974) und *Hofer* (1975) in vielbeachteten Artikeln explizit auf die Situationsabhängigkeit der Planung hingewiesen und auch konzeptionelle Vorschläge unterbreitet, diese selbst aber nicht empirisch getestet.

Aufgrund einer Analyse von Theorie und Praxis der Unternehmungsplanung kommt *McCaskey* (1974) zu der Überzeugung, daß es Situationen gibt, in denen Planung *ohne* Ziele bedeutend angemessener ist als diejenige *mit* Zielen, und daß erstere bisweilen sogar die einzig mögliche sei. Während Planung mit Zielen davon ausgeht, daß Ziele formuliert, operationalisiert und gemessen werden können, beschränkt sich Planung ohne Ziele (Directional Planning) auf die Angabe einer generellen Richtung des Handelns. Nach *McCaskey* stellen die beiden Verfahren jedoch keine sich ausschließenden Alternativen dar, sondern Endpunkte auf einem Kontinuum möglicher Vorgehensweisen. Im folgenden beschreibt er Situationen, in denen eine Planung mit und solche, in denen eine Planung ohne Ziele angemessen erscheint.

Planung mit Zielen eignet sich für Situationen,
• in denen Menschen wohldefinierte Aufgaben vorziehen
• mit relativ stabilen Aufgaben und Umweltzuständen
• mit mechanistischen Organisationsstrukturen
• und in späten Phasen eines Projekts.

Planung ohne Ziele eignet sich für Situationen,
• in denen Menschen Abwechslung und Vielseitigkeit vorziehen
• mit dynamischen Aufgaben und Umweltzuständen
• mit organischen Organisationsstrukturen
• und in frühen Phasen eines Projektes.

Hofer (1975) hält es aufgrund der zur damaligen Zeit vorliegenden Forschungsergebnisse für selbstverständlich, daß jegliche Theorie über strategische Planung eine Kontingenztheorie der Planung sein müsse. Er sieht geradezu in der Tatsache, daß die Strategieformulierung zwangsläufig von sehr vielen Situationsfaktoren abhängt, eine Ursache für den geringen Entwicklungsstand einer allgemeinen Planungstheorie. Auf der Grundlage einer Auswertung der bislang vorliegenden Untersuchungen zur strategischen Planung formuliert er selbst einen Katalog von Arbeitshypothesen, wobei er einen zentralen Einflußfaktor auf die Unternehmungsstrategie in der jeweiligen Phase des Produktlebenszyklus sieht. Wie weiter oben angedeutet, haben aber *McCaskey* und *Hofer* keine eigenen empirischen Erhebungen zur Überprüfung der behaupteten Situationsabhängigkeit der Planung durchgeführt.

Ein erster experimenteller Test eines etwas anspruchsvolleren Kontingenzansatzes der Planung, der mehr als nur ein einfaches Beziehungsmuster, wie Zusammenhang zwischen Umweltdynamik und Planungshorizont, unterstellt, findet sich in der Studie von *Wheelwright* (1973). Die zentrale Frage, die er sich hierbei stellt, lautet: Welche Unterschiede ergeben sich in den strategischen Plänen, wenn unterschiedliche Planungsverfahren angewandt werden? Diese Fragestellung erklärt sich aus der damaligen Diskussion um die behauptete prinzipielle Überlegenheit einer *inkrementalen,* schrittweisen gegenüber einer *synoptischen,* holistischen Vorgehensweise in Entscheidungsprozessen.

In der von *Wheelwright* gestalteten Laborsituation (Datenbasis: 55 Studenten der Stanford Graduate School of Business) entwickelten Vpn anhand von drei Fallstudien Strategien nach den beiden Methoden: inkrementale oder synoptische Entscheidungsfindung (nach *Lindblom,* S. 489 der Arbeit). Die Auswertung brachte folgende **Ergebnisse:**

- inkrementale Planung ist der synoptischen generell überlegen
- inkrementale Planung führt zu höherer Übereinstimmung unter den Planern über Ziele und Strategien
- synoptische Planung führt zu einer größeren Anzahl von Alternativen und zu kreativeren Lösungen.

Picot/Lange (1979) haben eine leicht modifizierte Replikation der Studie von *Wheelwright* durchgeführt und dabei ähnliche Ergebnisse gefunden.

Miller/Friesen (1978), ähnlich schon *Paine/Anderson* (1977), favorisieren einen Kontingenzansatz, wonach Stimuli aus der **Umwelt** vermittelt über eine bestimmte **Organisationsstruktur** bestimmte **Strategien** als Reaktionen zur Folge haben. Dabei soll die Struktur eine Harmonisierung von Umwelt und Strategie ermöglichen. Die zentrale Annahme lautet, daß unterschiedliche Verknüpfungsketten von Umwelt-Struktur-Strategie auch mit unterschiedlichem Erfolg verbunden sind (gemessen an selbstgesetzten Zielen = Zielerreichungsgrad). (Datenbasis: 81 bereits veröffentlichte Längsschnitt-Fallstudien).

Als wichtigstes Ergebnis dieser Untersuchung läßt sich festhalten, daß die Umwelt keineswegs das strategische Verhalten diktiert, wie ein naiver situativer Determinismus dies vermuten lassen würde. Es zeigte sich hingegen, daß selbst bei weitgehend identischen Umwelten (was Umwelt-Dynamik, -Heterogenität und -Feindlichkeit anbetrifft), unterschiedliche Strukturen und Strategien erfolgreich waren. Diese Befunde stützen die Hypothese, daß auch in sehr ähnlichen Situationen funktional äquivalente Handlungsalternativen existieren, die in gleicher Weise erfolgreich sind.

Zur Abrundung des Überblicks über nord-amerikanische Studien zur Kontingenztheorie der Planung sei noch eine Felduntersuchung vorgestellt, die sich speziell mit dem Zusammenhang zwischen der **Organisationsumwelt** und dem **Planungsausmaß** (completeness of the long-range planning process) auseinandersetzt. (Datenbasis: 198 verwertbare Fragebögen von US-amerikanischen und kanadischen Unternehmungen verschiedener Branchen und Größen).

Lindsay/Rue (1980) unterteilen die Umwelt in eine *externe* (Aufgabenumwelt nach *Dill* 1958: Kunden, Lieferanten, Konkurrenten, Verwaltungen/ Behörden) und eine *interne* (organisatorischer Kontext, in dem die Planung abläuft), die jeweils nach zwei Dimensionen (einfach-komplex Kontinuum; stabil-instabil Kontinuum) skaliert werden.

Die zentrale Hypothese, wonach mit zunehmender Komplexität und Dynamik der externen Umwelt das Planungsausmaß zunimmt, wurde bestätigt;

die Manager vor allem von großen Unternehmungen versuchen den Prozeß ihrer Langfristplanung an die wahrgenommenen Umweltbedingungen anzupassen.

Die interne Planungsumwelt hat dagegen keinen Einfluß auf das Planungsausmaß. Zwei Gründe mögen hierfür verantwortlich sein:
1. interne Zustände werden bei der Langfristplanung eher ignoriert,
2. Zugang und Verfügbarkeit von Informationen über die interne Umwelt gelten als leicht und werden deshalb in ihrer Bedeutung für die Strategie unterschätzt.

Ausgangspunkt der empirischen Planungsforschung im deutschen Sprachraum stellen die Arbeiten von *Keppler* (1975) sowie *Keppler/Bamberger/Gabele* (1975) dar. Im Rahmen eines größeren Projektes zur empirischen Entscheidungsforschung entwickeln *Keppler* et al. (1975) einen ersten einfachen Bezugsrahmen für eine situative **Theorie der Planungsorganisation** (vgl. Abb. 2.120).

Abb. 2.120: Forschungsprobleme einer Theorie der Planungsorganisation

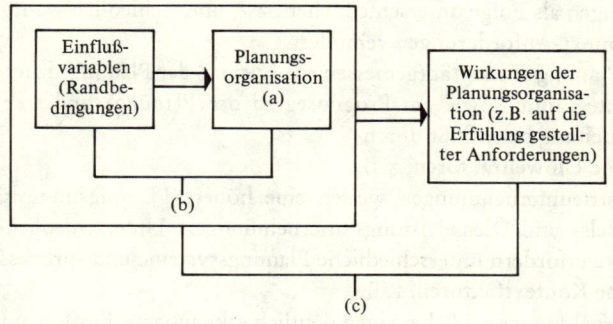

Quelle: Keppler et al. 1975, S. 4

Als Aufgaben einer solchen Theorie sehen sie ähnlich wie *Wild* (1981, S. 29) folgende Bereiche:
„(a) die Beschreibung realer Planungsorganisationen,
 (b) die Erklärung und Prognose von Planungsorganisationen anhand von Randbedingungen, und
 (c) die Erklärung und Prognose der Wirkungen von Planungsorganisationen, wobei die jeweiligen Randbedingungen mit zu berücksichtigen wären." (*Keppler* et al. 1975, S. 4)

Die Autoren erkennen zu Recht, daß den Praktiker Punkt (c) vorrangig interessiert; er erwartet eine Antwort auf die Frage, welche **Planungsorganisation** er in welcher Situation zur Lösung seiner Probleme einsetzen soll. In diesem Punkt vermag jedoch die von *Keppler* et al. vorgelegte, erklärtermaßen explorative Studie nichts beizutragen. Dies ist im damaligen Stadium unseres Wissens über die Zusammenhänge zwischen Situation, Struktur, Verhalten und Wirkung auch nicht zu erwarten gewesen.

Im Zusammenhang mit einer zu entwickelnden Kontingenztheorie der Planung interessieren hier vor allem Aussagen zu Punkt (b) über mögliche Einflußfaktoren auf institutionelle Merkmale des Planungssystems (Planungsorganisation). (Datenbasis: 181 auswertbare Fragebögen aus Unternehmungen mit 1000 und mehr Beschäftigten).

Die Auswertung ergab, daß bei Existenz einer Geschäftsbereichsorganisation eher langfristig geplant wird und eher zentrale Planungsabteilungen gebildet werden als bei Vorliegen einer anderen Organisationsform. Zunehmende Unternehmungsgröße und Kapitalintensität wirken sich positiv darauf aus, daß langfristig geplant wird; die Unvorhersehbarkeit von Umweltveränderungen wirkt sich dagegen negativ aus (S. 83).

Hadaschik (1979, 1982) knüpft mit einer eigenen empirischen Untersuchung am Ansatz von *Keppler* an, kritisiert aber dessen ausschließlich quantitative Erfassung der zentralen Variable ‚Planungsausmaß‘. (Datenbasis: Interviews in 28 Unternehmungen verschiedener Branchen und Größen).

Ihn interessiert vor allem, inwiefern sich die Planungsintensität der Unternehmungen als Folge unterschiedlicher bzw. unterschiedlich wahrgenommener Kontext-Anforderungen verändert.

Die **Planungsintensität** (gemessen am Ausmaß der Planungsdifferenzierung und -integration sowie am Prognosegrad der Planung) findet er in seiner Untersuchung beeinflußt durch

● **externe Umweltfaktoren**, z. B.

Industrieunternehmungen weisen eine höhere Planungsintensität auf als Handels- und Dienstleistungsunternehmungen. Unterschiedliche Absatzmärkte erfordern unterschiedliche Planungssysteme und -prozesse.

● **interne Kontextfaktoren**, z. B.

Unternehmungsgröße hat einen deutlich erkennbaren Einfluß auf die Planungsintensität, ebenso die Organisationsstruktur: divisionalisierte Unternehmungen weisen höhere Planungsintensität auf als funktional organisierte.

Der vergleichsweise hohe Standard, den die Forschung auf dem Gebiet der Kontingenztheorie der Planung inzwischen bei uns erreicht hat, läßt sich gut mit den Arbeiten von *Poensgen/Hort* (1981) und *Köhler/Uebele* (1981) dokumentieren.

Poensgen/Hort (1981) nehmen explizit auf den situativen Ansatz in der Organisationsforschung Bezug, den sie auch für die Planungswissenschaft fruchtbar machen wollen. Ausgangspunkt ihres Forschungsprojektes sind die beiden Fragen:

● Wie weit ist Planung situationsabhängig?

● Welcher Preis wird für ein Abweichen vom Optimum bezahlt?

Ergebnisse werden nur zur ersten Frage vorgelegt, da eine Abhängigkeit des Erfolgs (Rendite) der Unternehmung vom gewählten Planungsverfahren nicht festgestellt werden konnte. (Datenbasis: Interviews mit Managern aus 88 Unternehmungen unterschiedlicher Branchen sowie in anderem Zusammenhang angelegte Bilanz-, Kapitalbesitzverhältnis- und Vorstandsdateien).

- Als wichtigster Einflußfaktor auf die Planung (vor allem Detaillierung und Formalisierung) stellte sich die Unternehmungsgröße heraus.
- Ein bedeutender positiver Einfluß auf das Planungsausmaß ist auch der Komplexität der Technik sowie der Absatzmärkte zuzuschreiben.
- Variabilität, Dynamik, Marktstruktur und absatzpolitisches Instrumentarium beeinflussen vor allem die Breite und Tiefe der kurzfristigen Planung (Budgetierung), während technische Variablen vor allem die mittelfristige Planung tangieren.
- Finanzielle Engpässe zwingen zu verstärkter Planung.

Köhler (1981) hat sich ausführlich mit den Grundlagen des kontingenztheoretischen Ansatzes auseinandergesetzt und darauf aufbauend einen eigenen situativen Bezugsrahmen entwickelt (vgl. zum folgenden auch *Köhler/ Uebele* 1981). (Datenbasis: 334 auswertbare Fragebogen von Industriebetrieben in der BRD mit mehr als 1000 Beschäftigten).

Im Forschungsprogramm der Autoren wird davon ausgegangen, daß **Umweltmerkmale** (Dynamik, Komplexität, Abhängigkeit) sowie **unternehmensinterne Merkmale** (z.B. Unternehmungsgröße) Merkmale der allgemeinen **Organisationsgestaltung** beeinflussen (Wahl einer Funktions- oder Spartenorganisation; Ausmaß an Aufgabenformalisierung); diese beeinflussen ihrerseits das **Planungsverhalten** (Verwendung von Prognoseverfahren, mathematische Entscheidungshilfen, Marktforschungsinformationen; Zeithorizont und Formalisierung der Planung) und dieses wiederum die Zufriedenheit mit der Informationsversorgung.

Der eindeutige Nachweis einer verbesserten **Effizienz** (Umsatzzuwachs in einem Dreijahreszeitraum) für bestimmte ‚Kontext-Organisation-Planungsverhalten'-Muster ist nicht gelungen; auch über die Zufriedenheit der Organisationsmitglieder konnte man keine signifikanten Unterschiede ermitteln.

Im Rahmen eines Forschungsprojektes über Voraussetzungen und Prozeßverlauf der Einführung einer **strategischen Unternehmungsplanung** haben sich *Kreikebaum/Grimm* (1986) auch mit den Einflußfaktoren auf den Reifegrad des Planungssystems befaßt (Datenbasis: 223 auswertbare Fragebögen von Unternehmungen in der BRD mit mehr als 1000 Beschäftigten). Von den abgefragten *externen* Umweltfaktoren wiesen lediglich technologieorientierte Außeneinflüsse einen signifikanten Zusammenhang mit dem Reifegrad des Planungssystems auf. Bei den *internen* Einflußfaktoren erbrachten immerhin folgende Variablen eine positive Korrelation: Innovationsfreudigkeit, progressiver, liberaler Führungsstil, verkaufsorientierte Organisationsgestaltung, Partizipation durch Teambildung.

Im Gegensatz zur empirischen Planungsforschung liegen zum Bereich **Kontrolle** nur vereinzelt Studien zur Entwicklung einer Kontingenztheorie vor (vgl. *Welge* 1988, S. 54 ff.).

Nach situativer Sichtweise gibt es nicht *das* Kontrollsystem, sondern unterschiedliche Organisationen werden sich auch unterschiedlicher Kontrollsysteme bedienen. *Amigoni* (1978) sieht die Ursache für die Wahl unterschiedlicher Kontrollsysteme in der Existenz verschiedenartiger **Kontextfaktoren** (unabhängige Variablen). Als solche analysiert er (vgl. Abb. 2.121):

Abb. 2.121: Die Wahl des Kontrollsystems in Abhängigkeit von der Situation

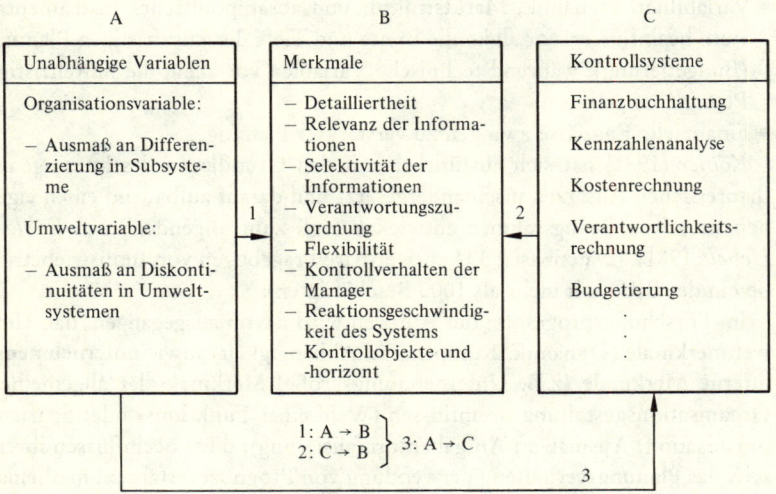

Quelle: Amigoni 1978, S. 280

- das **Ausmaß an Differenzierung in Subsysteme** (Structural Complexity), gemessen an
  - Anzahl an und Grad der Interdependenz zwischen Geschäftsbereichen einer Organisation
  - Anzahl und Art der Abteilungen
- das **Ausmaß an Diskontinuitäten in Umweltsystemen** (Turbulence), gemessen an
  - Änderungsrate der Umwelt
  - Prognostizierbarkeit der Umweltentwicklung.

Sathe (1978) (Datenbasis: 129 US-Großunternehmungen mit divisionaler Struktur) analysiert folgende **Kontextfaktoren,** die einen Einfluß auf die Rollenanforderungen des Controllers haben:
Einflüsse der Konzernspitze (Corporate Considerations)
- Top-Managementphilosophie (straffe oder lockere Überwachung der Geschäftsbereiche)
- Führungsstil
- Organisationsstruktur
- Geschäftslage

Einflüsse des speziellen Geschäftsbereichs (Divisional Considerations)
● Autonomie des Geschäftsbereichs
● Produktionsprogramm
● Marktsituation.

Eine erfolgreiche Wahrnehmung der Controller-Funktion ist nach *Sathe* dann zu erwarten, wenn eine möglichst weitgehende Übereinstimmung (fit) zwischen Rollenanforderung und Aufgabenerfüllung gegeben ist. Als Erfolgsmaßstäbe dienen dabei die wenig operationalen Kriterien
● Qualität der Informationen für das Management
● Qualität der Interaktionen mit dem Management
● Ausmaß an Unterstützung des Managements.

Im deutschen Sprachraum liegen vor allem von *Horváth* (1986), *Horváth/Gaydoul* (1978) und *Gaydoul* (1980) Versuche zu einer situativen Analyse der Controlling-Funktion vor. Die Autoren sehen einen deterministischen Zusammenhang zwischen Kontextfaktoren, Strukturmerkmalen und Gestaltungsdimensionen der Controlling-Funktion. Als Controlling-relevante **Kontextfaktoren** werden von *Gaydoul* (1980) angesehen
● Umweltdynamik- und -komplexität
● Unternehmensgröße
● Rechtsform
● Fertigungstechnologie
● Branche
● Konzernabhängigkeit.

Die Arbeiten haben vor allem wegen ihrer deterministischen Interpretation des situativen Ansatzes keine grundsätzlich neuen Erkenntnisse gebracht (zur Kritik vgl. *Buchner* 1981, S. 149 ff.).

Ein zentraler Anspruch kontingenztheoretischer Arbeiten, die Erklärung und Prognose der Wirkungen (Effizienz) unterschiedlicher Planungs- und Kontrollverfahren, konnte bislang, abgesehen von einigen bescheidenen Ansätzen, nicht eingelöst werden. (Zu einer Zusammenfassung der Ergebnisse vgl. auch *Bresser/Bishop* 1983 und *Welge* 1988; zu einer Kritik der kontingenztheoretischen Perspektive vgl. *Schreyögg* 1984, S. 230 ff.).

Über die **Einsatzbedingungen** bzw. -voraussetzungen für bestimmte Verfahren liegen lediglich wenige hinreichend empirisch bestätigte Erkenntnisse vor:

1. Zum Zusammenhang zwischen **Umwelt** sowie Planung und Kontrolle:
   ● Mit zunehmender Komplexität und Dynamik der ökonomischen Umwelt nimmt das Planungsausmaß zu.
   ● Mit zunehmender Komplexität und Dynamik der benutzten Technik bzw. Technologie nimmt das Planungsausmaß zu.
   ● Mit zunehmender Umweltkomplexität und -dynamik steigt die Bedeutung des Controlling.

2. Zum Zusammenhang zwischen **Organisation** sowie Planung und Kontrolle:

- Mit zunehmendem Planungsausmaß werden verstärkt zentrale Planungsstellen gebildet, die Geschäftsleitung beteiligt sich verstärkt an Planung.
- Mit zunehmender Unternehmungsgröße nimmt das Planungsausmaß zu,
  und desto eher wird ein Controller beschäftigt.
- Divisionalisierte Unternehmungen (mit Geschäftsbereichsorganisation)
  weisen ein höheres Planungsausmaß auf als solche mit Funktionalorganisation.

Einen weiteren für den Praktiker interessanten Anwendungsbereich der
Forschung liefert die **typologische Methode.** Die Suche nach einer Klassifikation von vergleichbarem Planungsverhalten ist einmal ein praktisches Erfordernis der Planungstechnologie, zum anderen eine logische Konsequenz aus
der Ablehnung allgemeingültiger Gestaltungsaussagen zur Planung. In diese
Richtung weisen vor allem die Arbeiten von *Szyperski* und *Müller-Böling*
(1980). Ausgehend vom situativen Ansatz in der Organisationstheorie entwickeln sie einen Bezugsrahmen zur Planungsorganisation (PLORGA). (Datenbasis: empirische Erfassung von 360 Planungsorganisationen von Unternehmungen verschiedener Branchen und Größe). Mit Hilfe einer Clusteranalyse werden acht Typen der Planungsorganisation gebildet, und zwar als
Ergebnis von typischen Ausprägungskombinationen der Planungsorganisation.

Aufgrund der untersuchten Praxis-Fälle können nun Angaben darüber gemacht werden, in welcher Situation welche Strukturalternativen häufiger/
seltener anzutreffen sind. Auch wenn keine direkten Effizienzaussagen gemacht werden können, so liegt doch die Vermutung nahe, daß Unternehmungen in bestimmten Situationen nicht ohne Grund überdurchschnittlich
oft eine bestimmte Planungsorganisation wählen, was wiederum die Autoren
ermutigt, situative Gestaltungsempfehlungen für die Wahl bestimmter Planungsorganisationen abzugeben.

Schreyögg (1984, S. 231) hält dagegen situative Fit-Modelle wegen ihres
statischen Charakters grundsätzlich für ungeeignet, einen Beitrag zur Lösung
des Problems strategischer Unternehmungsführung zu leisten.

3. Koordination

Koordination gilt seit *Fayol* (1916) als eine zentrale Managementfunktion
und ist nach *K. Marx* neben der Herrschaftssicherung *die* Funktion des Managements überhaupt. *Barnard* (1938, S. 72) definiert (formale) Organisationen als Systeme absichtsvoll koordinierter Handlungen.

Unter **Koordination** in Organisationen versteht man die Abstimmung und
Harmonisierung von Handlungen der Organisationsmitglieder sowie die
Ausrichtung arbeitsteilig gebildeter Stellen, beides in Hinblick und Richtung

auf die Ziele und Zwecke der Organisation (vgl. zu unterschiedlichen Definitionen *Hoffmann* 1980, S. 301). *Türk* (1981, S. 44f.; s.a. *Merchant* 1984) hat für das Problem der Konformitätssicherung in Organisationen, d.h. Ist-Handeln der Organisationsmitglieder mit Soll-Handeln in Übereinstimmung zu bringen, den treffenden Begriff *soziale Kontrolle* vorgeschlagen, den ich hier mit Koordination gleichsetze.

a. Ursachen des Koordinationsbedarfs in Organisationen

Entscheidungsprozesse laufen in großen Organisationen multipersonal ab, d.h. eine Vielzahl von Personen ist direkt und indirekt an der Willensbildung und -durchsetzung beteiligt (Partizipation). Geht man realistischerweise von **Ziel- und Interessendivergenzen** der Beteiligten und Betroffenen aus, wird Koordination zu einem überlebensnotwendigen Systemerfordernis. Aber selbst bei Interessenkonformität macht die (z.T. hohe) arbeitsteilige Stellen-/ Abteilungsbildung (Differenzierung) zwangsläufig Koordinationsmaßnahmen notwendig (vgl. Abschnitt D I 5 Organisationsstruktur).

Differenzierung und Abteilungsbildung unterbrechen Zusammenhänge, schaffen Grenzen und Diskontinuitäten. Starke Differenzierung und hohe Interdependenz zwischen den Stellen/Abteilungen verlangen eine entsprechend starke Koordination der arbeitsteiligen Prozesse und deren Ausrichtung auf die Ziele der Organisation. Wir begegnen hier dem Dilemma, daß mit wachsender Differenzierung die Integration immer schwieriger, aber auch immer notwendiger wird und entsprechende Koordinationsmechanismen erfordert. Wie wir schon bei der Diskussion der Informations- und Machtverteilung gesehen haben, wird in Organisationen mit Leistungszielen, wie z.B. Unternehmungen, primär von einer Koordination durch die Hierarchie ausgegangen, d.h. stellen- bzw. abteilungsübergreifende Probleme werden der nächst höheren Hierarchieebene zur Lösung vorgelegt. Ein Blick in Literatur und Empirie belehrt uns jedoch, daß die Koordination über die Leitungshierarchie nur einen von mehreren möglichen Koordinationsmechanismen darstellt. Auch entspricht es nicht der Realität, wenn angenommen wird, Differenzierung führe ausschließlich zur Desintegration und nur durch massive Integrationsbemühungen sei ein Auseinanderfallen der Organisation zu verhindern.

Katz und *Kahn* (1966, S. 38) sehen z.B. die Integration sozialer Systeme vor allem durch drei auf Koordination drängende Kräfte gefördert:
1. Funktionale Interdependenz der arbeitsteiligen Rollen
2. Gemeinsames Normensystem hinsichtlich der Arbeitsaufgabe
3. Gemeinsames Wertsystem hinsichtlich der Systemziele.

Je nachdem, um welchen Typ von sozialem System es sich handelt, werden einzelne Integrationskräfte stärker oder schwächer zur Wirkung kommen; so z.B. im Industriebetrieb primär die Rolleninterdependenz, im Forschungsinstitut das gemeinsame Normensystem und in einer politischen Partei das gemeinsame Wertsystem.

Dennoch bleibt unumstritten, daß in Organisationen, in denen den Stelleninhabern lediglich Teilaufgaben zur Erfüllung übertragen werden, zur Erreichung der Gesamtaufgabe eine Zusammenfassung von Teilaufgaben nach personellen, zeitlichen und räumlichen Kriterien erfolgen muß.

Dieser Integrations- bzw. Koordinationsaufwand ist je nach Situation unterschiedlich hoch (vgl. Abb. 2.122).

Abb. 2.122: Einflußfaktoren auf das notwendige Ausmaß an Koordination

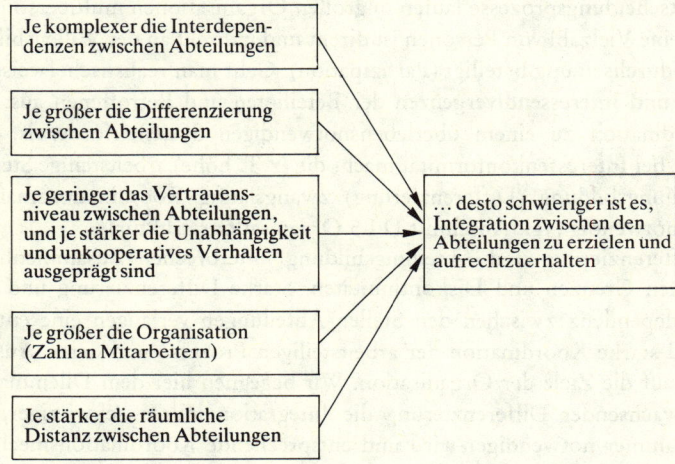

Quelle: *Kotter/Schlesinger/Sathe* 1979, S. 123

b. Maßnahmen und Instrumente zur Deckung des Koordinationsbedarfs

(1) Koordination durch Kontrolle

Die historisch ältesten Erklärungsansätze für Entstehung und Deckung von Koordinationsbedarf beruhen auf marxistischen Überlegungen, wonach für das Kapital die Notwendigkeit besteht, Instrumente systematischer Kontrolle (i.S. von Koordination des Arbeitsprozesses) zu entwickeln, um die vorhandene Arbeitskraft (das Arbeitsvermögen) in gewinnbringende Produktion (verausgabte Arbeit) umzuwandeln. Diese Denktradition wird von der **Labour Process Theory** fortgeführt und hat zur Entwicklung von idealtypischen Koordinationskonzepten geführt, die sich an der jeweils vorfindlichen Entwicklungsphase kapitalistischer Produktion orientieren (vgl. etwa *Hildebrandt/Seltz* 1987).

Braverman (1974) sieht im Zuge der industriellen Revolution einen Übergang von handwerklicher Eigenkontrolle zur Kapitalistenkontrolle des Arbeitsprozesses.

Auch *Friedman* (1977) unterscheidet zwischen zwei Koordinationskonzepten:

• *verantwortliche Autonomie* (Übertragung von Verantwortung auf Arbeiter, Förderung von deren Loyalität mit der Unternehmung → Stammbelegschaft)

• *direkte Kontrolle* (strenge Überwachung, detaillierte Aufgabenzuweisung → Randbelegschaft).

Edwards (1979)[1] differenziert tiefer in

• *einfache, direkte* Kontrolle (persönliche Herrschaft des Unternehmers, Meisters)

• *technische* Kontrolle (Herrschaft der Produktionstechnologie, z.B. Taktzwang)

• *bürokratische* Kontrolle (Herrschaft der Regeln und Programme).

Mit Koordination durch Technologie bzw. technischer Kontrolle wird der Tatbestand gemeint, daß maschinelle Einrichtungen (wie Fließband, DV-gestützte Fertigungssteuerung) ohne personale Eingriffe das Verhalten der Mitarbeiter steuern. Hier handelt es sich zwar ebenso wie bei bürokratischer Kontrolle um einen unpersönlichen Koordinationsmechanismus, aber keineswegs um einen ‚technologischen Sachzwang'. Die Vorgabe von Arbeitsablauf und Arbeitstempo durch Maschinen oder Programme ist das Ergebnis arbeitsorganisatorischer Planung. Der Koordinations- und Kontrollaufwand der Hierarchie (vor allem Meister) wird ersetzt durch denjenigen der programmierten Maschine (vgl. Fordismus auf S. 25f.).

Was bei *Friedman* schon angedeutet wird, nämlich die Zuordnung von Koordinationskonzepten zu Belegschaftssegmenten, ist bei *Edwards* (1981, S. 177ff.) zentrales Thema: Die **Schaffung segmentierter Arbeitsmärkte**, die Spaltung der Betriebsbelegschaft als Mittel der Disziplinierung und Kontrolle. Das Prinzip *einfache Kontrolle* betrifft dann den Sekundärmarkt (z.B. Kleinbetriebe, einfache Bürotätigkeiten, Aushilfskräfte im Handel); *technische Kontrolle* betrifft den untergeordneten Primärmarkt (z.B. Massenproduktion, Fließbandfertigung, maschinenbestimmte Büroarbeit); *bürokratische Kontrolle* betrifft den unabhängigen Primärmarkt (z.B. Facharbeiter, Akademiker, qualifizierte Manager).

Die Arbeiten der **Labour Process Schule** stellen die industrielle Produktion in den Mittelpunkt ihrer Analyse der kapitalistischen Wirtschaft und leiten daraus recht grobe, allzu verallgemeinernde Erklärungsansätze ab; sie vernachlässigen dabei nicht nur neuere empirische Befunde aus dem Produktionsbereich (z.B. *Kern/Schumann* 1984), sondern vor allem die Marktseite des Kapitalverwertungsprozesses (Leistungsverwertung).

In der Managementliteratur finden sich dagegen bedeutend differenziertere Kataloge von Koordinationsinstrumenten. Dabei wird zwischen Fremdkoor-

---

[1] *Edwards, Richard C.* (geb. 1944) Prof. Economics, Uni of Massachusetts, Amherst.

dination (Managementkontrolle) und Selbstkoordination (Selbstabstimmung) unterschieden.

(2) Fremdkoordination

In dem Maße, in dem arbeitsteilig organisierte Unternehmungen gewachsen und damit die Tendenzen der Desintegration gestiegen sind, hat das Management die Notwendigkeit der Suche nach immer neuen Koordinationsinstrumenten verspürt. In der Literatur finden sich entsprechend vielfältige Zusammenstellungen solcher Formen der Fremdkoordination, wie z.B. bei *Kotter/Schlesinger/Sathe* (1979, S. 132): Hierarchie, Stäbe, Regeln und Programme, Pläne und Ziele, Komitees, Ausschüsse, Teams, Koordinatoren, formale Autorität, Beurteilungssysteme, Personalselektion und -entwicklung, Architektur (z.B. Großraumbüro), Abteilungsbildung. *Mintzberg* (1983a, S. 142ff. und 1983b, S. 4ff.) unterscheidet

- **persönliche Kontrollsysteme**
  - direkte Anweisung (Befehl)
  - Setzen von Entscheidungsprämissen
  - Delegation mit Vorbehalt der Letztentscheidung
  - Zuweisung von Ressourcen
  - Selbstabstimmung, informelle Kommunikation
- **bürokratische Kontrollsysteme**
  - Standardisierung der Arbeitsinhalte (entspricht der technischen Kontrolle nach *Edwards*)
  - Standardisierung des Outputs (Zielvorgabe, Planung und Kontrolle der Arbeitsergebnisse)
  - Standardisierung der erforderlichen Qualifikationen (Definition von Berufseingangsvoraussetzungen, Professionalisierung)

Türk (1981) macht zu Recht darauf aufmerksam, daß der organisationale Koordinationsaufwand erheblich reduziert werden kann, wenn potentielle Organisationsmitglieder durch *vor-organisationale* Maßnahmen wirtschaftsdienlich sozialisiert und nur solche Bewerber rekrutiert worden sind, die einen geringen Koordinationsaufwand verursachen. Entsprechend unterscheidet er folgende Mechanismen sozialer Kontrolle (*Türk* 1981, S. 46 und 127):

- **Vor-organisationale soziale Kontrolle**
  - gesellschaftliche Sozialisation (in Familie, Kirche, Militär, Vereinen)
  - Allgemein- und Berufsbildung (in Schulen und Universitäten)
- **Organisationale Potentialkontrolle**
  - Selektion von Personal (Personalanwerbung und -auswahl)
  - Allokation von Personal (Personalzuordnung und -einsatz)
  - betriebliche Sozialisation (Einführung und Anpassung neuer Mitarbeiter)
  - betriebliche Aus- und Weiterbildung

● **Organisationale Handlungskontrolle**
- unpersönliche Kontrolle
  - durch Technik/Technologie
  - durch Bürokratie
  - durch Differenzierung und Segmentation
- persönliche Kontrolle
  - durch Untergebene
  - durch Kollegen/Gruppen
  - durch Vorgesetzte

Koordination ist kosten- und zeitaufwendig[2], und folglich ist es aus Wirtschaftlichkeitsüberlegungen zwingend geboten, nach einer Reduktion des Kontrollaufwands bzw. einer Substitution teurer durch billige Koordinationsinstrumente (bei gleicher Koordinationsleistung, d.h. funktionaler Äquivalenz) zu suchen[3]. *Hoffmann* (1980)[4] hat in Anlehnung an *Khandwallas* Klassifikation (personale, strukturelle, technokratische Koordinationsmaßnahmen, vgl. S. 507 der Arbeit) Maßnahmen zur Reduktion und zur Deckung des Koordinationsbedarfs zusammengestellt (Abb. 2.123 auf S. 526).

Aus Managementsicht interessieren allerdings weniger solche Kataloge als wissenschaftlich fundierte Empfehlungen darüber, in welcher Situation welche Koordinationsmaßnahmen effizient sind.

Von den Autoren des klassischen ‚Contingency-Model' hat sich vor allem *Lorsch* (1965, S. 150ff.) mit dem Problem der **Integration arbeitsteiliger Subsysteme** auseinandergesetzt. Zwei seiner Hypothesen konnten in einer von ihm durchgeführten Untersuchung bestätigt werden:

● Je größer die Differenzierung zwischen zwei Subsystemen einer Organisation im Verhältnis zur notwendigen Integration, desto größer die Schwierigkeiten zur Erreichung effizienter Integration zwischen beiden.

● Solche Integrationsmechanismen sind besonders effizient, die in ihrem Strukturierungsgrad ein Mittelmaß hinsichtlich der Struktur und Aufgabenorientierung der zu koordinierenden Subsysteme treffen.

Lorsch (1965, S. 7ff.) wählte zwei Unternehmungen der Kunststoffindustrie mit ungefähr gleicher Größe und gleichen Umweltbedingungen, aber unterschiedlicher Organisationsstruktur und Managementorientierung. Der Grad der Differenzierung zwischen einzelnen Subsystemen wurde mit Hilfe von Fragebogen und Interviews anhand von vier Kriterien gemessen:

1. Grad an Strukturierung und Formalisierung
2. Aufgabenorientierung
3. Zeitorientierung
4. Personenorientierung.

---

[2] Vgl. den Transaktionskosten-Ansatz; zu den Kosten der Koordination vgl. *Berg* 1981, S. 84ff.

[3] Zu Substituten der Führung vgl. S. 355ff. der Arbeit.

[4] *Hoffmann, Friedrich* (geb. 1925), Prof. BWL, Uni Augsburg.

Abb. 2.123: Maßnahmen zur Reduktion und Deckung des Koordinationsbedarfs

	Maßnahmen zur Reduktion des Koordinations-Bedarfs	**Maßnahmen zur Deckung des Koordinations-Bedarfs**
personale Maßnahmen	Rekrutierung Aus- und Weiterbildung Versetzung	Führung
strukturelle Maßnahmen	Bildung realtiv autonomer Abteilungen Vernachlässigung von Interdependenzen	Hierarchie Stäbe Produkt-, Projektleiter Integratoren Komitees, Teams, Ausschüsse, Kommissionen
technokratische Maßnahmen	Bildung von organisatorischem Überschuß (slack) Aufbau eines Informationssystems Anpassung der Input/Output-Beziehungen	Planung Regeln und Programme

Quelle: In Anlehnung an *Hoffmann* 1980, S. 330 ff.

Die **Wirksamkeit der Integration** (effectiveness of integration) wurde aufgrund von Befragungen der Organisationsmitglieder von jeweils zwei interagierenden Subsystemen ermittelt (perceived integration score). *Lorsch* fand, wie in den Hypothesen vermutet, daß mit steigender Differenzierung zwischen zwei Subsystemen das bestehende Integrationsbedürfnis immer schwieriger zu befriedigen ist, und daß die Wirksamkeit einer Integrationsstelle davon abhängt, inwieweit es gelingt, in ihrer Struktur, Aufgaben-, Zeit- und Personenorientierung ein Mittelmaß zwischen den beiden zu integrierenden Subsystemen zu finden.

Die von *Lorsch* entwickelten Hypothesen bezüglich der Integration zweier Subsysteme lassen sich analog auch auf den zwischenbetrieblichen Bereich, etwa auf das Problem der Fusion zweier Unternehmungen, übertragen. Die Fusionspraxis zeigt, daß Unternehmungszusammenschlüsse um so reibungsloser durchgeführt werden, je ähnlicher die Struktur, Aufgaben-, Zeit- und Personenorientierung der von dem Zusammenschluß betroffener Teilsysteme ist.

Auch *J. Thompson* (1967) ist der Auffassung, daß die Organisation eines soziotechnischen Systems nicht nur die technologie- und umweltgerechte Differenzierung in relativ homogene Subsysteme mit einem abgegrenzten Aufgabenbereich gewährleisten soll, sondern daß sie auch koordinierte Aktivitäten zusammengehöriger Abteilungen erleichtern muß.

Thompson unterscheidet drei Formen der Interdependenz in Organisationen (vgl. S. 447 der Arbeit):

a) **pooled interdependence** (jedes Subsystem leistet einen Beitrag zum Gesamtsystem und wird von ihm unterstützt, z.B. Geschäftsbereich)

b) **sequential interdependence** (die Leistung von Subsystem 1 ist Voraussetzung für das Tätigwerden von Subsystem 2 etc., z.B. Fließband)

c) **reciprocal interdependence** (der Output eines jeden Subsystems wird zum Input der anderen und umgekehrt, z.B. Teamarbeit).

Unterschiedliche Formen der Interdependenz erfordern auch unterschiedliche Techniken der Koordination: ,pooled interdependence' eine Koordination durch standardisierte Entscheidungsregeln, ,sequential' eine Koordination durch Pläne und Programme und ,reciprocal' eine Koordination durch ständige Interaktion und Anpassung der beteiligten Subsysteme.

March und *Simon* (1958, S. 159 f.) sind der Auffassung, daß die Wahl der geeigneten Koordinationstechnik von dem Ausmaß bestimmt wird, in dem die bestehende Situation standardisiert ist. Entsprechend unterscheiden sie zwei nach der Komplexität der Situation abgestufte Koordinationstechniken:

• **Coordination by plan** (Vorgabe von Plänen und Programmen)

• **Coordination by feedback** (ständige Interaktion zwischen Vertretern der betroffenen Subsysteme).

Coordination by plan stellt bezogen auf den Koordinationszeitpunkt eine **ex ante-Koordination** und coordination by feedback eine **ex post-Koordination** dar.

Nach den Kriterien Komplexität, Aufwand und Informationsverarbeitung lassen sich die wichtigsten **Koordinationsmechanismen** wie folgt einteilen:[5]

Koordinations-mechanismen	Komplexitäts-erfassung	Informations-verarbeitung	Aufwand der Anwendung	Aufwand der Erstellung
• Regeln und Programme	gering	niedrig	gering	hoch
• Hierarchie				
• Planung	↓	↓	↓	↓
• Selbst-abstimmung	hoch	hoch	hoch	gering

[5] Vgl. *Aiken/Hage* 1968, *Lawrence/Lorsch* 1969, *Galbraith* 1973, *Khandwalla* 1975, *Van de Ven/Delbecq/Koenig* 1976, *Tushman/Nadler* 1978, *Mintzberg* 1979 und für die deutsche Literatur z.B. *H. Hax* 1965, *Gaitanides* 1983, *Liermann* 1982.

(3) Selbstkoordination

In jüngerer Zeit wird die in Theorie und Praxis vorherrschende Fremdkoordination, oder genereller Fremdorganisation, sowohl aus theoretischen als auch pragmatischen Überlegungen heraus zunehmend in Frage gestellt. Neuere systemtheoretische und institutionalistische Ansätze bestreiten grundsätzlich, daß die bestehende Ordnung z.B. einer Unternehmung, wie sie in der offiziellen Unternehmungsstruktur zum Ausdruck kommt, das Ergebnis planvoller, absichtsgeleiteter Gestaltung, i.S. von Fremdorganisation sei (vgl. z.B. *Hedberg* et al. 1976, *Meyer/Rowan* 1977, *Weick* 1979 und die Literaturhinweise bei *Probst* 1987). Jedes Handeln, nicht nur das von Organisatoren oder Managern, ist strukturbildend, und somit ist die Ordnung in und von sozialen Gebilden immer auch das Resultat von **Selbstorganisation** aller Organisationsteilnehmer. Fremdorganisation kann in dieser Sichtweise nur ein Mythos, ein Wunschtraum von Gestaltern sein. Der Organisator kann innerhalb des Systems lediglich Selbstorganisation als Prozeß auslösen, fördern oder auf eine bestimmte Richtung hin verstärken oder hemmen (vgl. *Probst* 1987, S. 88). Selbst wenn man diese theoretische Position nicht teilt, sprechen doch schwerwiegende pragmatische Argumente für eine Unterstützung des Selbstkoordinationspotentials von Personen und Abteilungen. Für *Jung* (1985, S. 46ff.) sind dies:

- *quantitative Probleme* (Mengenprobleme); nicht alle betrieblichen Sachverhalte und Handlungsbedingungen lassen sich durch organisatorische Regelungen erfassen (vgl. auch das Substitutionsgesetz der Organisation und die negativen Folgen der Überorganisation, *Gutenberg* 1983).
- *qualitative Probleme* (Artenprobleme); die Komplexität und Vielgestaltigkeit der auf allen Ebenen der Organisation zu koordinierenden Sachverhalte und Handlungsbedingungen überfordert den Organisator oder Manager auch in qualitativer Hinsicht.
- *Zugangsprobleme;* auch die ausgefeiltesten Instrumente der Fremdkoordination können am Eigensinn, an einer Verweigerungshaltung des Mitarbeiters scheitern. Darüber hinaus frustriert Fremdorganisation das Autonomie-, Selbstverantwortungs- und Selbstgestaltungsbedürfnis der Mitarbeiter.

Nur wenn letzteres in ausreichendem Maße vorhanden ist, kann Selbstkoordination erfolgreich praktiziert werden. Insofern setzt Selbstorganisation, bei *Jung* (1985) realitätsnah als beschränkt-rationales, inkrementales Gestaltungshandeln begriffen, permanentes individuelles und organisationales **Lernen** voraus (vgl. *Wolff* 1982). Vermehrte Selbstorganisation erfordert eine Erhöhung organisatorischer Redundanz, von *organizational slack,* in dem Sinne, daß viele selbstkoordinierende Personen oder Gruppen (z.B. teilautonome Arbeitsgruppen) geschaffen werden, die alle dasselbe parallel tun können, und zwar an Stelle einer Zentralinstanz. „Die Teile werden mit zusätzlichen ‚überflüssigen' Funktionen ausgestattet und dazu angehalten, daß sie möglichst viele Funktionen wahrnehmen (können). Diese Forderung ist bereits in autonomen Arbeitsgruppen, Qualitätszirkeln, Job-rotation, Job-enlargement usw. aufgekommen" (*Probst* 1987, S. 137). *Weick* (1979, S. 110 ff.) empfiehlt, diese relativ kleinen Einheiten als fest gekoppelte, stabile Kollektive zu konzipieren (Dyaden, Kleingruppen), in denen kurze, aber häufige Interaktionen stattfinden, und sie nur relativ locker *(lose Kopplung)* mit anderen organisatorischen Subsystemen zu verbinden. Lange, aber seltene Interaktionen sind kennzeichnend für Koordinationsmaßnahmen zwischen diesen kleinen Einheiten. Der Vorteil loser Kopplung wird vor allem darin gesehen, daß Störungen in kleinen Organisationseinheiten (Gruppen, Abteilungen) zunächst auf diese begrenzt bleiben und nicht – wie bei enger Kopplung – sofort auf das Gesamtsystem übergreifen. Lose Kopplung erleichtert auch die lokale Anpassung von Subsystemen an je typische Umweltkonstellationen.

Neben teil-autonomen, lose vernetzten Gruppen (vgl. etwa die Beispiele bei *Kanter* 1983) finden sich in der Managementliteratur und -praxis vielfältige Ansätze zur **Selbstkoordination**: Partizipation, Delegation, kooperative Führung, Organisations- und Personalentwicklung, Selbst-Management, Intrapreneurship.

Eine besondere Form individueller Selbstkoordination stellen *innere Kontrollen* der Organisationsteilnehmer dar, die zu einer Minimierung von Konformitäts- oder Herrschaftskosten führen (vgl. die jüngere Involvement- und Commitment-Forschung, *Conrad* 1988). „Innere Kontrolle heißt, daß sich eine Person durch internalisierte Normen und Werte, durch Aneignung geltender Deutungsmuster oder Paradigmen und Entwicklung systemseitig geforderter Qualifikationen oder Kompetenzen selbständig steuert, also externer Beeinflussungsmaßnahmen nicht (mehr) bedarf" (*Türk* 1981, S. 133). Vor allem über starke Organisationskulturen wird in jüngerer Zeit versucht, diese inneren Kontrollen zu intensivieren (vgl. Abschnitt D I 7).

c. Koordination von Individuum und Organisation

Spätestens seit den Arbeiten von *Argyris* (1957, 1964) ist das Problem der (wechselseitigen) Anpassung von Individuum und Organisation ein zentrales Thema der Organisationstheorie. Es verbindet Forschungsansätze des Micro und Macro Organizational Behavior.

(1) Sozialisation

Die Prozesse, die wir in Abschnitt B II 2 über **Lerntheorien** aus der Sicht des Lernenden behandelt haben, stellen sich aus der Sicht des Lehrenden als Sozialisation dar.

Heute werden sozialisationstheoretische Ansätze nicht nur zur Beschreibung und Erklärung der Prozesse der Einstellungsübernahme und des Erwerbs von Handlungsmustern bei Kindern herangezogen, sondern umfassender für alle Prozesse des Aufbaus und der Veränderung von Einstellungen, Wertorientierungen und Verhaltensweisen, die von der Gesellschaft oder einer ihrer Institutionen (Familie, Schule, Unternehmung) initiiert und gesteuert werden. Dies gilt in einer lebenslangen Perspektive. Bei dieser *Vergesellschaftung* des Individuums kommt dem Verhältnis familialer und beruflicher Sozialisation erhebliche Bedeutung zu (vgl. *Heinz* 1982; *Windolf* 1981). Im Grundsatz versteht man unter Sozialisation die Prozesse, in denen „ein Mensch in seiner sozialen Umwelt lernt, vorwiegend solche Verhaltensweisen zu zeigen, sowie die Einstellungen, Werte, Bedürfnisse usw. zu übernehmen, die den in dieser sozialen Umwelt anerkannten Wertvorstellungen und Normen entsprechen, bzw. solche Verhaltensweisen, Einstellungen usw. abzubauen, die damit im Widerspruch stehen" (*Brandstätter* et al.[6] 1974, S. 128).

Die in der frühen Phase der Persönlichkeitsentwicklung des Kindes (**primäre Sozialisation**) dominierenden Einflüsse des Familienverbandes und der Kernfamilie werden ab etwa dem vierten Lebensjahr zunehmend durch Außenkontakte mit Gleichaltrigen, durch Beziehungen außerhalb des unmittelbaren Familienverbandes und später durch die Schule abgelöst (**sekundäre Sozialisation**). Die Prozesse und Ergebnisse der primären und sekundären Sozialisation bilden nun eine wesentliche Funktionsbasis für das Handeln Jugendlicher (Lehre und Ausbildung) und Erwachsener im Berufsleben (*Brede* 1986). In den vorberuflichen Phasen werden für das spätere berufliche Handeln funktionale und extra-funktionale Handlungsbereitschaften und -orientierungen aufgebaut (z.B. Fähigkeiten, Kenntnisse, Motive, Orientierungen und Weltinterpretationen), auf die Organisationen dann im Zuge der Leistungserstellung zurückgreifen können. Im beruflichen Handeln fließen so die vor-organisational erworbenen Orientierungen, Erwartungen und Bedürfnisse mit den Handlungschancen und -restriktionen zusammen (vgl. *Türk* 1981). Die dabei auftretenden Erfahrungen und Konflikte können bewußtseinsbildende, persönlichkeitsfördernde und persönlichkeitsdeformierende Konsequenzen haben (vgl. *Heinz* 1982).

In westlichen Industrienationen haben Organisationen einen ganz erheblichen direkten (Sozialisation durch Training, betriebliche Aus- und Weiterbildung) und indirekten (Selektion, Personalwerbung, Konsum-Leitbilder) Einfluß auf die Arbeitnehmer (vgl. *Baethge*[7] 1970).

Grundsätzlich können die Einflußprozesse drei Modellen zugeordnet werden (vgl. *Weinert*[8] 1983, S. 228 ff.).

Im **Austauschmodell** bietet die Organisation *Anreize*, die in Beziehung zu

---

[6] *Brandstätter, Hermann* (geb. 1930), Prof. Psychologie, Uni Linz.
Schuler, Heinz (geb. 1945 in Wien), Prof. Psychologie, Uni Hohenheim.
[7] *Baethge, Martin* (geb. 1939) Prof. Soziologie, Uni Göttingen, Direktor SOFI.
[8] *Weinert, Ansfried B.* (geb. 1941), Prof. Psychologie, Uni der Bundeswehr Hamburg.

den individuellen Zielvorstellungen stehen; das Individuum stellt Zeit und (psychische) Energie zur Verfügung, die wiederum als *Beiträge* zur organisationalen Zielerreichung dienen. Der Umfang an gemeinsam geteilten Zielen (zwischen Individuum und Organisation) ist das revidierbare Ergebnis eines

Abb. 2.124: Austauschmodell

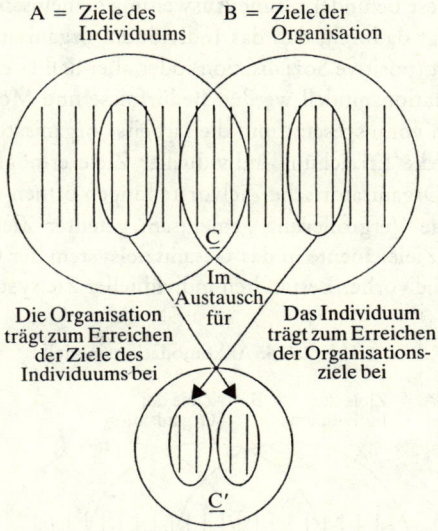

A = Ziele des   B = Ziele der
    Individuums   Organisation

Die Organisation trägt zum Erreichen der Ziele des Individuums bei

Im Austausch für

Das Individuum trägt zum Erreichen der Organisationsziele bei

Quelle: Weinert 1983, S. 229 nach *Barrett* 1970

Abb. 2.125: Sozialisationsmodell

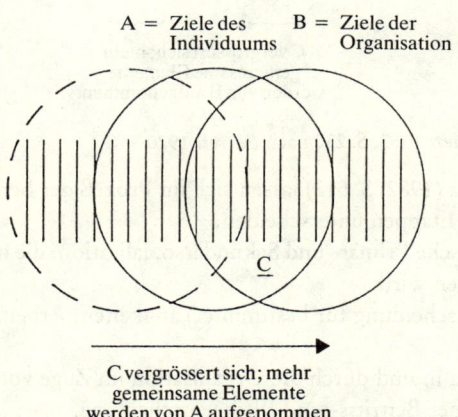

A = Ziele des   B = Ziele der
    Individuums   Organisation

C vergrössert sich; mehr gemeinsame Elemente werden von A aufgenommen

Quelle: Weinert 1983, S. 230 nach *Barrett* 1970

35 Staehle, Management, 6. A.

Aushandlungsprozesses. Der Umfang an Zielintegration aus gemeinsam geteilten Vorstellungen ist im Austauschmodell relativ klein (vgl. *Barrett* 1970).

Im **Sozialisationsmodell** wird die Zielintegration dadurch erreicht, daß unter Zuhilfenahme von (sozialen) Beeinflussungsprozessen, Individuen zu einer positiven Bewertung von solchen Verhaltensweisen/Handlungen bewegt werden, die der organisationalen Zielerreichung dienen, und zu einer negativen, wenn sie diese behindern. Eine Ausweitung gemeinsam geteilter Zielvorstellungen erfolgt dadurch, daß das Individuum organisationale Zielsetzungen inkorporiert (positive Sozialisation) oder aber daß es eigene aufgibt.

Im **Akkomodationsmodell** werden Bedürfnisse und Motive des Individuums als gegeben vorausgesetzt und die (arbeits-)organisatorische Gestaltung erfolgt so, daß die Erreichung individueller Ziele ermöglicht und/oder erleichtert wird. Organisatorische Zielvorstellungen öffnen sich gegenüber individuellen. Eine Vergrößerung gemeinsam geteilter Zielvorstellungen geschieht so, daß Zielelemente in das Gesamtzielsystem der Organisation integriert werden, die vorher Bestandteil individueller Zielsysteme waren.

Abb. 2.126: Akkomodationsmodell

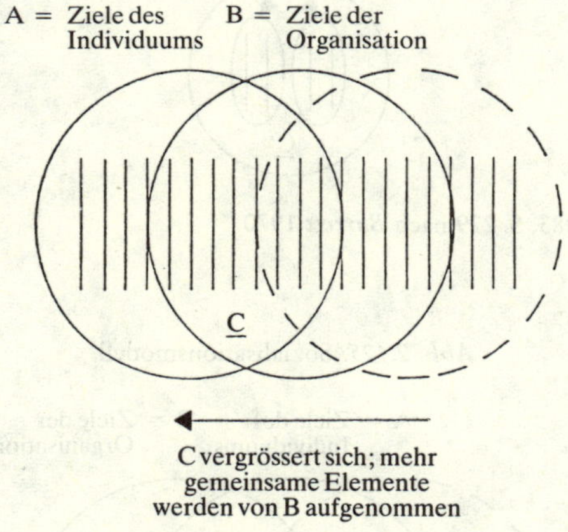

A = Ziele des   B = Ziele der
      Individuums   Organisation

C

◄――――――――
C vergrössert sich; mehr
gemeinsame Elemente
werden von B aufgenommen

Quelle: Weinert 1983, S. 230 nach *Barrett* 1970

Nach *Heinz* (1982, S. 512) lassen sich im Prozeß der beruflichen Sozialisation folgende Etappen unterscheiden:
- antizipatorische Primär- und Sekundärsozialisation, die mit der Berufswahl abgeschlossen wird
- Auswahlentscheidung für bestimmte Tätigkeiten, Arbeitsplätze und Organisationen
- Sozialisation in und durch die Organisation im Zuge von Arbeitserfahrungen nach einer Beitritts- und Bleibeentscheidung.

Bei dieser Sichtweise beginnt die berufliche Sozialisation bereits *vor* der eigentlichen Phase der **Berufsfindung**. Restriktivität bzw. Auswahlmöglichkeiten und Handlungsspielräume im Arbeitshandeln werden durch die Sozialisationsprinzipien der Eltern mit beeinflußt und fließen dadurch in die individuelle Erwartungs- und Präferenzbildung des Individuums ein (vgl. *Kohn* 1981). Berufliche Sozialisation setzt sich in der Phase der Berufsfindung fort. Dabei können die Berufszugangsvoraussetzungen die Berufswahl determinieren, wenn sich z. B. Bewerber mit niedrigen formalen Qualifikationen antizipativ auf die Anforderungen der mit geringen Karrieremöglichkeiten ausgestatteten Jobs einstellen.

In der Phase der **Berufsausbildung** als Teil der beruflichen Sozialisation werden dann zentrale, für das jeweilige zukünftige Aufgabenfeld relevante Qualifikationen und (extrafunktionale) Fähigkeiten vermittelt, die eng mit den Anforderungen des betrieblichen Arbeitslebens korrespondieren. Die alltäglichen beruflichen Erfahrungen am Arbeitsplatz bilden die weiteren Episoden für eine **Sozialisation durch Arbeit** (vgl. *Lempert/Hoff/Lappe* 1980). *Baethge* (1970, S. 24 f.) und *Heinz* (1982, S. 514 f.) befürchten, daß in vielen Fällen die Gesellschaft lediglich zu einem Appendix des Betriebes wird. Von der **Schule** wurde aus der Sicht der Wirtschaft lange Zeit lediglich erwartet, daß sie die zukünftigen Mitarbeiter auf die dort überwiegend vorfindlichen restriktiven Arbeitssituationen mit minimalen Handlungsspielräumen vorbereiten solle, wozu u. a. ein gehorsames Reagieren auf Anordnungen der Vorgesetzten gehört. In dieser Form der Sozialisation (Zurichtung) wurde die Schule noch von der militärischen Ausbildung unterstützt bzw. übertroffen (Schule der Nation). Im Zuge der allmählichen Demokratisierung aller Lebensbereiche (unter weitgehender Ausklammerung der Privatwirtschaft) haben sich auch neue Sozialisationskonzepte durchgesetzt. In der Schule werden heute mehr demokratische Kooperationsformen eingeübt, und neben der Vermittlung technischer Kompetenz wird verstärkt Wert auf soziale Kompetenz, Kritikfähigkeit und Fähigkeit zur Selbst- und Mitbestimmung gelegt.

Daß eine solche Umorientierung dringend notwendig ist, zeigt sich gerade darin, daß die Veränderungen im Arbeitsprozeß im Zuge technologischen Wandels eine Ausbildung von übergreifenden **Schlüsselqualifikationen** erforderlich machen, und eine allein kurzfristige Orientierung auf einzelne Tätigkeiten unterbleibt. Nur eine auf die genannten Fähigkeiten gerichtete Sozialisation kann in und durch berufliche(r) Erstausbildung sicherstellen, daß Arbeitnehmer flexible Handlungsorientierungen erwerben, die für eine erfolgreiche Integration von Anforderungen aus neuen Produktionskonzepten und Fertigungsstrukturen mit den Qualifikationen der Mitarbeiter notwendig sind (vgl. *Kern/Schumann* 1984).

Die in diesem Sinn positiven Ansätze einer Neuorientierung der beruflichen Erstausbildung (vgl. z. B. die neuen Ausbildungsordnungen im Metallbereich) und entsprechende Organisations- und Personalentwicklungsbemühungen in fortschrittlichen Unternehmungen dürfen jedoch nicht darüber hinwegtäuschen, daß durch die Verschlechterung der Wirtschaftslage sich der

Konkurrenzkampf um immer weniger Arbeitsplätze (Jugendarbeitslosigkeit) und Studienplätze in den Schulen und Hochschulen (numerus clausus) verschärft hat und kooperativ-solidarisches Handeln immer seltener anzutreffen ist. Hier zeigt sich deutlich, wie die allgemeine konjunkturelle Lage (Funktionsbereich Wirtschaft) unmittelbar den Funktionsbereich Bildung beeinflußt.

Unabhängig von diesen zyklischen Veränderungen der Wirtschaft läßt sich dennoch in den letzten 30 Jahren eine Entwicklung zu mehr Demokratie im Ausbildungsbereich erkennen. Tendenziell läßt sich feststellen, daß Arbeit anspruchsvoller und abwechslungsreicher wird und eher Chancen zu sozialen Kontakten, zur Partizipation und generell zum permanenten Lernen ermöglicht.

Bei der Untersuchung der Prozesse der beruflichen und organisationalen Sozialisation spielen die Aspekte der Identifikation und Internalisierung eine besondere Rolle.

(2) Identifikation und Internalisierung

Die Konzepte Identifikation und Internalisierung bezeichnen einmal ein individuelles Verhalten bzw. eine Verhaltensübernahme (*Ergebnisbetrachtung*) und zum andern einen grundlegenden intrapersonalen Funktionsmechanismus (*Prozeßbetrachtung*), mit dem die Übernahme von Einstellungen und Verhaltensweisen unterschiedlicher Individuen beschrieben und erklärt werden. Insgesamt lassen sich vier Perspektiven der Identifikationsforschung unterscheiden (vgl. *Conrad* 1988):

- In **psychoanalytischer Perspektive** werden Identifikations- und Internalisierungsprozesse herangezogen, um die Entstehung des Gewissens (Über-Ich) als handlungsleitende, person-interne Instanz zu beschreiben und zu erklären (vgl. z. B. *Heckhausen* 1980).
- In **lerntheoretischen Ansätzen** werden die Entstehung und Veränderung von Verhaltensähnlichkeiten unterschiedlicher Individuen und die Herausbildung von Neugierverhalten und Handlungskompetenz zum Gegenstand der Identifikationsforschung (vgl. z. B. *Kagan* 1958).
- Im **sozial-kognitiven Ansatz**, wie er vor allem von *Bandura* (1986) entwickelt wurde, wird Identifikationslernen zum Synonym von Modell-Lernen, d. h. der Übernahme komplexer Verhaltensweisen eines Individuums (Modell) durch ein anderes (Beobachter). Durch den Beobachter werden in aller Regel Verhaltenselemente verschiedener Modelle auf individuell charakteristische Weise zu neuen Verhaltensweisen integriert.
- In **anreiz-beitragstheoretischen Ansätzen** (vgl. vor allem *March/Simon* 1958) stehen die Prozesse der Identifikation der Organisationsmitglieder mit den Zielen der Organisation im Mittelpunkt. Es interessieren die Übernahmeprozesse und die Möglichkeiten ihrer Beeinflussung durch die Anreizgestaltung der Organisation (vgl. auch *Kirsch* 1971).

In der *angewandten* Identifikationsforschung werden vorwiegend folgende Bereiche und Prozesse des Identifikationsgeschehens betrachtet (vgl. *Kanungo* 1982, *Mowday/Porter/Steers* 1982, *Morrow* 1983, *Conrad* 1988):
Identifikation mit

• Aufgaben, Aufgabenelementen, Arbeit, Arbeitsrollen und Beruf
• Personen und Gruppen
• Organisationen und deren Zielen.

Für jeden dieser Bereiche und die jeweiligen darauf bezogenen Identifikationsprozesse und -reaktionen wird heute eine Mehrzahl von Ansätzen und Untersuchungsverfahren angeboten. Die Bemühungen um konzeptionelle Klarheit und methodische Güte in diesem von der verhaltenswissenschaftlichen Organisationsforschung erst ansatzweise untersuchten Feld stehen allerdings noch am Anfang (vgl. *Morrow* 1983, *Wunderer/Mittmann* 1987). Das Spektrum der bisherigen Forschungsarbeiten läßt sich wie folgt zusammenfassen:

• In der **Involvement-** oder **Einbindungsforschung** werden soziodemographische und personale Voraussetzungen individueller Identifikationsprozesse untersucht und im Hinblick auf Verhaltens- und Leistungswirkungen in Organisationen erforscht und gestaltet (vgl. z.B. *Lodahl/Kejner* 1965).
• In der **Commitment-Forschung** stehen personale und organisationale Voraussetzungen und Handlungsfolgen der Bindung eines Mitarbeiters an die gesamte Organisation, ihre Kultur und ihre Ziele im Zentrum des Interesses (vgl. z.B. *Buchanan* 1974, *Mowday* et al. 1982).
• In der eher soziologisch orientierten **Compliance-Forschung** wird Einstellungs- und Verhaltenskonformität von Organisationsmitgliedern als Voraussetzung für die Funktionsfähigkeit von Organisationen untersucht (vgl. z.B. *Etzioni* 1975, *Kelman* 1958).

Zwischen der Identifikationsforschung und Untersuchungen zur **Wertorientierung** gegenüber Aufgaben, Arbeit und Karriere ist eine enge Überlappung festzustellen. Hier werden zum einen die Arbeit als mehr oder weniger zentrales **Lebensinteresse** (vgl. *Dubin* et al. 1975), zum andern aber auch Karriereerwartungen und -orientierungen der Organisationsmitglieder betrachtet (vgl. *v. Rosenstiel/Stengel* 1987).

In der managementrelevanten Identifikationsforschung werden Anpassungsvoraussetzungen, -leistungen und -konflikte von organisationalen Zielen und Erwartungen einerseits und individuellen Bedürfnissen und Aspirationen der Mitarbeiter andererseits untersucht. Zur Unterstützung dieser Anpassungsprozesse wird vom Management **soziale Kontrolle** ausgeübt. Je mehr soziale Kontrolle durch verinnerlichte Normen und Werte ersetzt werden kann, desto eher werden personale, durch äußere Führung induzierte Kontroll- und Führungsstrategien obsolet (vgl. *Windolf* 1981, *Türk* 1981, *Merchant* 1984). Deshalb bilden die Ergebnisse der Identifikationsforschung eine wichtige Informationsgrundlage bei der Bestimmung von Handlungsalternativen des Managements, wenn über den Einsatz alternativer Steuerungs- und

Kontrollstrategien im Rahmen der Personalführung entschieden wird. Die Schaffung von Handlungsspielräumen bei der Entscheidungsfindung und -durchführung ist eine Voraussetzung für den Aufbau individueller **Selbstkontrolle** (Selbstmanagement); diese wiederum kann bei Zielkongruenz personale Führung und Fremdkontrolle ersetzen (vgl. Abschnitt C II 3 e über Führungssubstitute). Insofern bildet die Steuerung von Identifikationsprozessen in Organisationen eine personalwirtschaftliche Daueraufgabe (vgl. *Wunderer/Mittmann* 1987).

(3) Formen der Anpassung zwischen Individuum und Organisation

Beim Eintritt eines neuen Mitgliedes in eine Organisation wird neben dem Arbeitsvertrag, der die rechtliche Seite des Arbeitsverhältnisses regelt, implizit ein sog. **psychologischer Vertrag** zwischen Individuum und Organisation geschlossen (vgl. *Schein* 1980).

Im psychologischen Vertrag werden die gegenseitigen Erwartungen und Ansprüche der Mitglieder und der Organisation geregelt. Als Gegenleistung für finanzielle und psychologische Sicherheit erfüllt das Organisationsmitglied die Erwartungen der Organisation (Abgabe einer Leistung, Gehorsam, Einhaltung von Normen). Der psychologische Vertrag ist nun keineswegs statisch, sondern unterliegt im Zuge der organisatorischen Sozialisationsbemühungen und der individuellen Persönlichkeitsentwicklung vielseitigen Veränderungen. Das zu Beginn des Vertrags ausgeglichene Anreiz-Beitrags-Gleichgewicht kann gestört werden. Übersteigen z. B. die Beiträge des Individuums längerfristig die gebotenen Anreize, so wird das Organisationsmitglied seine Beitragsentscheidung in Frage stellen (vgl. hierzu S. 401 der Arbeit).

Eine besondere Problematik ergibt sich an den **Vertragsgrenzen** zwischen dem Bereich akzeptabler Verhaltensanforderungen und den subjektiv als unzumutbar definierten Erwartungen der Organisation. *Barnard* (1938) nennt den akzeptablen Bereich zutreffend ‚zone of indifference‘ und *Simon* (1945) ‚zone of acceptance‘ (vgl. Abb. 2.127).

Im *Fall A* übersteigen die Beiträge (B) des Mitarbeiters die Anreize (A) der Organisation[9]. Die inakzeptablen Verhaltensanforderungen überwiegen bei weitem; der Mitarbeiter wird bei der ersten sich ihm bietenden Gelegenheit die Organisation verlassen.

Im *Fall B* besteht Anreiz/Beitrags-Gleichgewicht. Der Anteil inakzeptabler aber auch derjenige akzeptabler Weisungen ist gering. Der Mitarbeiter tut (halbherzig) nur das, was unbedingt erforderlich ist.

Im *Fall C* übersteigen die Anreize die Beiträge. Der Mitarbeiter weist hohe Konformität mit den Normen und Zielen der Organisation auf und akzeptiert die an ihn gerichteten Erwartungen.

---

[9] Es handelt sich hierbei um wahrgenommene Anreize und Beiträge und keinesfalls um ‚objektiv‘ meßbare.

Abb. 2.127: Unterschiedliche Situationen bei der Akzeptanz von Weisungen

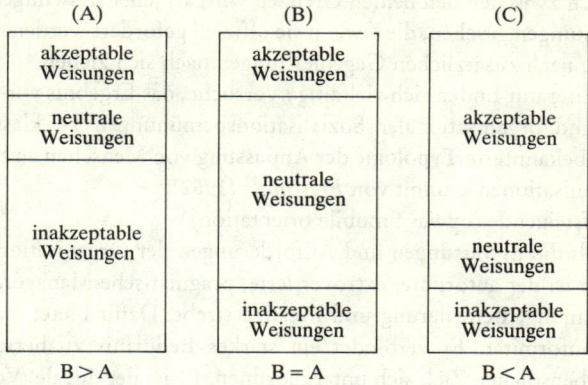

Quelle: In Anlehnung an *Scott/Mitchell/Birnbaum* 1981, S. 181

Abb. 2.128: Hypothetischer psychologischer Vertrag eines Verkäufers

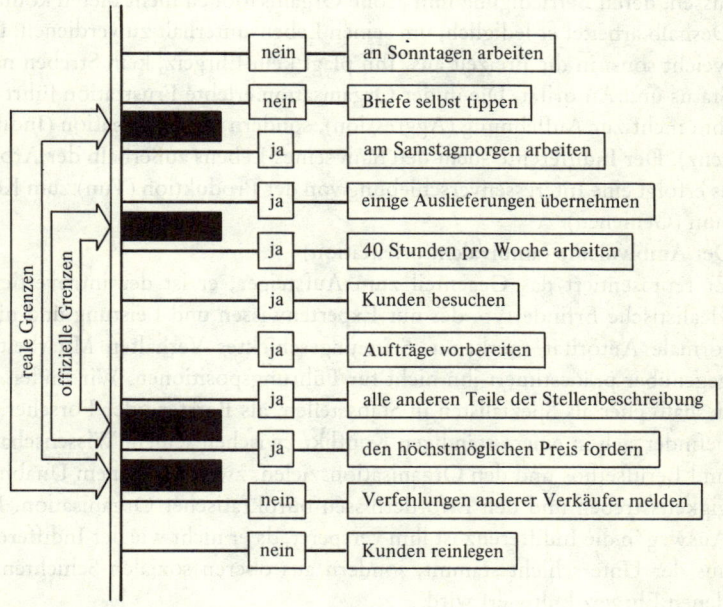

Quelle: Tosi/Carroll 1976, S. 210

Tosi/Carroll[10] (1976, S. 210) unterscheiden im Hinblick auf den psychologischen Vertrag zwischen Individuum und Organisation zwischen zwei Grenzen, der *offiziellen* und der *realen.* Abb. 2.128 zeigt den Fall, in dem die

---

[10] *Tosi, Henry L.* (geb. 1936) Prof. Management, Michigan State Uni, Lansing; *Carroll, Stephen J.* (geb. 1930) Prof. Business Administration, Uni of Maryland.

reale Grenze vom Individuum weitergehend gezogen wird als die offizielle. Der Bereich zwischen den beiden Grenzen wird als jener freiwilliger, zusätzlicher Leistungen gesehen, die – wenn sie offiziell gefordert werden – auch die Forderung nach zusätzlichen Gegenleistungen nach sich ziehen.

In der Literatur finden sich vielfältige Versuche, das Ergebnis vor-organisationaler und organisationaler Sozialisationsbemühungen zu klassifizieren. Die wohl bekannteste **Typologie der Anpassung** von Menschen an bürokratische Organisationen stammt von *Presthus*[11] (1962).

- **Der Aufsteigende** (upward mobile orientation)

  Er erfüllt die Erwartungen und Anforderungen der Organisation voll und ganz. Er ist der autoritäre, extrovertierte, pragmatische Manager, der nach Anerkennung, Beförderung und Prestige strebt. Dafür bietet er Loyalität und Konformität. Er verbindet ein starkes Bedürfnis zu herrschen mit einem ebensolchen Ziel, sich unterzuordnen. Er ist der ‚ideale‘ Vorgesetzte mit großem Geschick im Manipulieren menschlicher Beziehungen.

- **Der Indifferente** (indifferent orientation)

  Er ist im Gegensatz zum Aufsteiger nicht angepaßt. Er strebt nach Bedürfnissen, deren Befriedigung ihm große Organisationen nicht bieten können. Deshalb arbeitet er lediglich, um seinen Lebensunterhalt zu verdienen, und weicht sonst in die Freizeit aus. Ihn plagt kein Ehrgeiz, kein Streben nach Status und Autorität. Die in der Organisation erlebte Frustration führt bei ihm nicht zur Auflehnung (Aggression), sondern zur Resignation (Indifferenz). Der Indifferente sucht den Sinn seines Lebens außerhalb der Arbeit; es erfolgt eine Interessenverschiebung von der Produktion (Tun) zum Konsum (Genießen).

- **Der Ambivalente** (ambivalent orientation)

  Er repräsentiert das Gegenteil zum Aufsteiger; er ist der introvertierte, idealistische Erfindertyp, der nur Expertenwissen und Leistung und nicht formale Autorität anerkennt. Sein ungeschicktes Verhalten Mitarbeitern gegenüber prädestiniert ihn nicht für Führungspositionen. Wir finden ihn deshalb eher als Spezialisten in Stabsstellen, als Berater oder Forscher. Er befindet sich in einem ständigen Konflikt zwischen seinem Wissenschafts- und Berufsethos und den Organisationszielen, zwischen seinem Unabhängigkeitsstreben und den Erfordernissen bürokratischer Organisation. Der Ausweg in die Indifferenz ist ihm versperrt, da er nicht wie der Indifferente aus der Unterschicht stammt, sondern aus oberen sozialen Schichten, in denen Ehrgeiz kultiviert wird.

Die Typologie von *Presthus* ist vielfach kritisiert worden. Zum einen sei sie unvollständig (*Mayntz* 1966) – z.B. fehle der in Deutschland typische ‚brave Beamte‘ als Gegenpol zum geschickten Manipulator – zum anderen stelle sie zu sehr auf Persönlichkeitseigenschaften und zu wenig auf situative Erfordernisse ab.

---

[11] *Presthus, Robert G.* (geb. 1917) Soziologe, Prof. Political Science, Cornell Uni.

Große Beachtung hat auch die sehr einfache aber treffende Klassifikation von *Gouldner* (1957) in *Cosmopolitans* und *Locals* gefunden. Während erstere geringe Loyalität mit der Organisation, hohe Professionalität und eine Orientierung an externen Referenzgruppen aufweist, zeigen Locals hohe Loyalität aber geringe Professionalität und eine Orientierung an internen Referenzgruppen.

d. Kommunikation

Die Erfüllung der Managementfunktionen (Entscheidung, Planung und Kontrolle) ist ohne zweckorientiertes Wissen *(Information)* unmöglich. Vor allem die arbeitsteilige Bildung von Stellen/Abteilungen sowie deren Koordination erfordern eine ständige Versorgung der dezentralen Einheiten mit Nachrichten/Informationen. Die Qualität der Aufgabenerfüllung ist maßgeblich von der Qualität und Aktualität der verarbeiteten Informationen abhängig. Es wird demnach in allen Unternehmungen, Abteilungen und Gruppen ein **Kommunikationssystem** benötigt, um Informationen zur rechten Zeit am rechten Ort und in der notwendigen und nachgefragten Quantität und Qualität zur Verfügung zu stellen. Dabei wird die Relation zwischen den an einer Stelle tatsächlich vorhandenen Informationen und den aufgrund der Aufgabenstellung notwendigen Informationen als **Informationsgrad** bezeichnet. Dessen Maximierung findet eine Begrenzung im Wirtschaftlichkeitsprinzip, dem auch die Informationsgewinnung unterliegt, d. h. der durch die Gewinnung einer weiteren Information zusätzlich erzielte Ertrag muß die Kosten der Informationsgewinnung übersteigen. Das Ziel einer Verbesserung des Informationsgrades kann zum einen durch eine möglichst wirtschaftliche Informationsgewinnung und zum anderen durch eine schnelle, möglichst störungsfreie Kommunikation zwischen Informationsquelle und -benutzer erreicht werden (vgl. *Redding* 1972).

Die bei der Bestimmung des Informationsgrades unterstellte Prämisse von der Existenz einer *objektiv notwendigen* Informationsmenge ist unrealistisch. Der Begriff der Objektivität führt in diesem Zusammenhang zu falschen Annahmen. Die Vorstellung, daß die zur Lösung eines komplexen Problems in Abstraktion von den beteiligten Personen benötigte Gesamtheit *aller* denkbaren Informationen auch nur annähernd erreicht wird, ist rein theoretischer Natur und bleibt daher gerade im praktisch-betrieblichen Zusammenhang Fiktion. Sie reduziert sich letztlich auf den vagen Begriff der *sachlich notwendigen* Informationen.

In einem geschlossenen Kommunikationssystem gilt der Informationsfluß durch folgende vier Kriterien als hinreichend definiert:

1. **Kommunikationsrichtung**
   (z. B. A soll B informieren)
2. **Kommunikationsinhalt**
   (z. B. A soll B über die Umsätze in Produkt X informieren)

3. Kommunikationszeitpunkt

(z. B. A soll B an jedem 1. eines Monats über die Umsätze in Produkt X informieren)

4. Kommunikationsform

(z. B. A soll B an jedem 1. eines Monats schriftlich über die Umsätze in Produkt X informieren).

Bei den Ausführungen über die Kommunikationsrichtung wird in der betriebswirtschaftlichen Literatur (vgl. z. B. *Grochla* 1972, S. 89) von einer quasi-natürlichen und damit zwangsläufigen Ordnung des Kommunikationssystems in Analogie zum ebenso unproblematisiert unterstellten **hierarchischen Aufbau** der organisatorischen Stellen ausgegangen. Hier wird eine unzulässige Vermengung von Aufgaben-, Informations- und Machtverteilung vorgenommen. Weder Aufgaben- noch Informationsverteilung führen *zwangsläufig* zu einem hierarchischen Aufbau der Organisation. Erst eine bestimmte Form der Machtverteilung läßt die bekannte pyramidenförmige Organisationsstruktur entstehen. Wir können allenthalben feststellen, daß die Kommunikationswege keineswegs nur den Befehlswegen der Hierarchie der Entscheider folgen (vgl. Abb. 2.129). Für das Kommunikationssystem ist deshalb eine Darstellung in Form einer Pyramide verfehlt. Realitätsnäher ist die Vorstellung von einer Vielzahl von interdependenten kommunikativen Bezie-

Abb. 2.129: Kommunikationsrichtungen

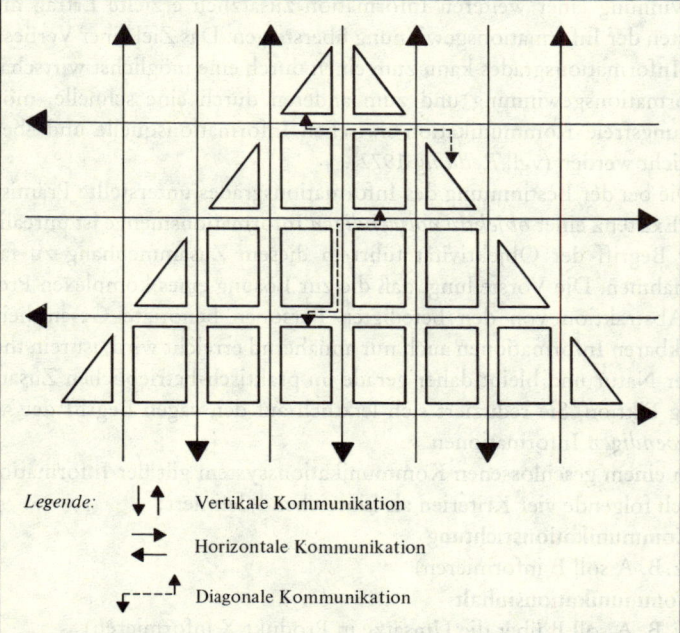

Legende: ↓ ↑   Vertikale Kommunikation

→   Horizontal Kommunikation
←

⌐----↑   Diagonale Kommunikation
↓

hungen zwischen allen Systemelementen. Hier ist nicht von einer Pyramide auszugehen, sondern von einem **Netzwerk** (vgl. *Vester* 1984). Da die formalisierten, überwiegend vertikalen Kommunikationswege der Hierarchie mit ihren rigiden Selektionsmechanismen operatives Routinehandeln bevorzugen, kreatives Innovationshandeln dagegen behindern, schlägt *E. Schnelle* von der Metaplan GmbH ein **Netzwerkmanagement** vor. Darunter versteht er moderierte Problemlösungsprozesse außerhalb der Hierarchie, die im Gegensatz zu geschlossenen Kommunikationssystemen freie Verknüpfungen, Assoziationsketten und Vernetzungen benötigen. *Kanter* (1983) berichtet aus den USA unter dem Stichwort **Parallel-Organisation** von Problemlösungsgruppen neben der Hierarchie, die sich mit komplexen, innovativen Problemen befassen und hierfür besondere Kommunikationsformen entwickelt haben (vgl. S. 714 ff. der Arbeit).

4. Wandel in Organisationen

Kurt Lewin soll einmal gesagt haben, „One of the best ways to understand the world is to try to change it" (*Argyris* et al. 1985, S. XII). Übertragen wir diesen Gedanken auf Organisationen, wird die große Bedeutung der Analyse organisatorischen Wandels für deren Verständnis unmittelbar einsichtig.

a. Entwicklungsphasen im Leben einer Organisation

In Theorie und Praxis der Organisationsanalyse ist die Auffassung weit verbreitet, daß Organisationen in Analogie zu biologischen und anthropologischen, z.T. auch anthroposophischen (wie im Falle des NPI) Vorbildern gewisse **Lebensphasen** durchlaufen, in denen typische organisationsinterne Probleme bzw. Krisen auftreten. Diese Annahmen werden durch eine ganze Reihe historischer Analysen über Aufstieg und Untergang von Organisationen bestätigt.

Lievegoed (1974), einer der Gründer des Niederländischen Pädagogischen Instituts (NPI), eines führenden europäischen Instituts für OE, unterscheidet drei typische Entwicklungsphasen im Leben einer Unternehmung:
a) **Pionierphase**
b) **Phase der Differenzierung**
c) **Phase der Integration.**

Zu a)
Der **Pionierbetrieb** ist eng mit der Persönlichkeit des Gründers, des Pioniers, verbunden. Er läßt sich durch folgende Charakteristika beschreiben (S. 44 ff.):

- die Führung ist autoritär (ohne professionelles Management)
- die Kommunikation ist direkt
- der Organisationsstil ist personenbezogen
- der Arbeitsstil ist durch Improvisation gekennzeichnet
- die Mitarbeiter bilden „eine große Familie"
- zu den Kunden bestehen enge Beziehungen (Auftragsfertigung).

Probleme am Ende der Pionierphase, wie
- Größenwachstum (Umsatz, Mitarbeiter)
- wachsende Komplexität der Technik
- wachsende Anonymität der Märkte
- Überforderung des Pioniers

leiten den Übergang zur nächsten Phase ein.

Zu b)
Kennzeichen dieser zweiten Entwicklungsphase ist das Phänomen der **Differenzierung.** Der Betrieb weist in der Phase der Aufgaben-, Funktions- und Rollendifferenzierung folgende Tendenzen auf:
- Mechanisierung: Substitution menschlicher Arbeit durch Maschinen
- Standardisierung: Vereinheitlichung von Produkten, Verfahren und Prozessen erleichtert Serien- und Massenfertigung
- Spezialisierung nach Funktionen: Einkauf, Produktion, Verkauf
              nach Führungsebenen: obere, mittlere, untere
              nach Phasen: Planung, Ausführung, Kontrolle
- Koordination: horizontale und vertikale Kommunikation, Stab-Linien-Organisation.

Probleme am Ende der Differenzierungsphase, wie
- Erstarrung (Formalisierung und Bürokratisierung)
- Kommunikationsbarrieren (interne und externe)
- Konflikte zwischen Stab und Linie
- mangelnde Motivation
- mangelnde Koordination von Aktionen
- Mißtrauen der Konsumenten

leiten den Übergang zur letzten Phase ein.

Zu c)
Nachdem in den ersten beiden Phasen der Entwicklung der Schwerpunkt der Organisationsbemühungen auf wirtschaftlichen und technischen Aspekten gelegen hat, wird nun das soziale Subsystem in den Mittelpunkt gerückt. Hierzu bedarf es einer neuen Organisationsform, der **Kleeblatt-Organisation** mit den vier ,Blättern':
- Beziehungspflege nach außen: Marketing, Öffentlichkeitsarbeit
              nach innen: Mitarbeiterbeziehungen verbessern durch
              entsprechenden Führungsstil, Personalentwicklung
- Prozeßsteuerung: Zentrale Überwachung aller materiellen, finanziellen und

informationellen Ströme, Entwicklung von integrierten sozio-technischen Systemen, Betonung auf horizontaler Kooperation

• Mittelverwaltung: Bereitstellung von materiellen und immateriellen Werten zur effizienten Beziehungspflege und Prozeßsteuerung

• Informationsverarbeitung: externe und interne Sammlung, Aufbereitung und Versorgung der Organisation mit allen benötigten Informationen.

Im Zentrum des Kleeblatts befindet sich die **Unternehmungsführung** (Management als Team), mit den Hauptaufgaben der langfristigen strategischen Planung und der Steuerung von Erneuerungs- und Entwicklungsprozessen. Die Führung von Einheiten unterhalb des Top Managements erfolgt in Managementgruppen, die sich aus jeweils drei Managern zusammensetzen (Beziehungs-, Prozeß- und Mittel-Manager).

Zusammenfassend läßt sich die 3. Phase wie folgt charakterisieren:

• Kollegiale Unternehmungsführung
• Konsequente Marketingorientierung (Kundenprobleme lösen)
• Beziehungspflege
  • nach innen: Entwicklung der Mitarbeiter
    flexible Organisation
  • nach außen: zu Konsumenten
    zu Behörden
    zu Gewerkschaften
    zu Aktionären
    zur Öffentlichkeit
• Assoziation mit anderen Unternehmungen
  als Zulieferer
  als Marktpartner
  als gemeinsame Abnehmer von Informationen.

Die dritte **Phase der Integration** kann auf dem Weg über organisatorische Veränderungsprozesse erreicht werden. Das OE-Modell des NPI zeigt hierzu einen konkreten Ansatz (vgl. S. 854 sowie das Gegenstrommodell von *Rehn* 1979, S. 188 ff.).

In Anlehnung an *Lievegoed* und *Glasl/de la Houssaye* (1975) unterscheidet *Goerke* (1981) vier Evolutionsstufen, die seiner Meinung nach unabhängig von der individuellen Ausprägung einer Organisation in allen Sozialgebilden zu beobachten sind:

• Gründungsphase
• Differenzierungsphase
• Spannungsphase
• Integrationsphase

Die gegenüber dem ursprünglichen Modell hinzugekommene **Spannungsphase** ist dadurch gekennzeichnet, daß aufgrund der starken Arbeitsteilung, Formalisierung und Bürokratisierung am Ende der Differenzierungsphase Konflikte zwischen den Abteilungen und ganz allgemein zwischen Individuum und Organisation auftreten.

Filley et al. (1976) unterscheiden drei Typen von Organisationen, und zwar nach der Art und Weise, wie sie auf ihre Umwelt einwirken bzw. auf diese reagieren.

I. Organisation vom Typ **Handwerksbetrieb** (Craft Organization)

II. Organisation vom Typ **dynamischer Unternehmer** (Promotion Organization)

III. Organisation vom Typ **bürokratische Verwaltung** (Administrative Organization).

Nach *Filley/House/Kerr* (1976, S. 524 ff.) gibt es zwar keine zwangsläufige Reihenfolge, in der die genannten Idealtypen auftreten, jedoch läßt sich generell festhalten, daß

• *Typ* II-Organisationen lediglich in Übergangsphasen anzutreffen sind, d. h. dieser Typ entwickelt sich über kurz oder lang in einen stabilen *Typ* I oder III,

• Organisationen vom *Typ* I und II bei Größenwachstum zu *Typ* III-Organisationen tendieren.

Mintzberg (1979) hat diese Klassifikation modifiziert und erweitert und kommt zu folgenden Entwicklungsstufen (S. 242 ff.):

Stufe 1 a: **Handwerks-Struktur**

Stufe 1 b: **Unternehmer-Struktur**

Stufe 2: **Bürokratische Struktur**

Stufe 3: **Divisionalisierte Struktur**

Stufe 4: **Matrix-Struktur**

Mintzberg ist der Auffassung, daß Organisationen mit zunehmender Größe und zunehmendem Alter sich von Stufe 1 a in Richtung Stufe 4 entwickeln.

Scott (1971) hat in seinem viel zitierten Modell (Stages of Corporate Development) drei typische Stufen organisatorischer Entwicklung abgebildet:

Stufe I: **Einprodukt-Unternehmung** mit keiner oder geringer funktionaler Spezialisierung.

Stufe II: Nach dem **Verrichtungsmodell** in Abteilungen differenzierte Unternehmung.

Stufe III: Nach dem **Objektmodell** in weitgehend autonome Geschäftsbereiche differenzierte Unternehmung.

Wrighley (1970) konnte in einer empirischen Erhebung zeigen, daß 1967 von den 500 größten US-amerikanischen Unternehmungen schon 86% die Entwicklungsstufe III erreicht hatten. In allen Fällen hat die Veränderung der Produktstruktur als Folge einer Strategie der Diversifikation eine ausschlaggebende Rolle gespielt.

Child (1984) hat die Typologie von *Scott* aktualisiert und um eine Stufe IV ergänzt, die inzwischen von den meisten **multinationalen Unternehmungen** erreicht worden ist. Diese Stufe ist gegenüber Stufe III gekennzeichnet durch eine breite geographische Streuung der Märkte, Matrix-Organisation, nicht integrierte Produkt- und Markt-Transaktionen, neben Rendite und Marktanteil Beachtung sozialer und gesellschaftlicher Effizienzanforderungen.

Greiner (1972) geht im Gegensatz zu *Scott* davon aus, daß die Entwicklung einer Organisation weniger aus externen als aus internen Anlässen zu erklären sei. Jede Unternehmung durchläuft mehr oder weniger deutlich zu identifizierende **Phasen der Evolution und Revolution,** wobei evolutionäre Perioden (alle 4–8 Jahre) durch das jeweilig dominierende *Management-Konzept* charakterisiert sind, während die relativ kurzen revolutionären Perioden durch das jeweils typische *Management-Problem* gekennzeichnet werden. *Greiner*[1] unterscheidet insgesamt fünf Phasen, wobei jede Phase Folge der vorausgegangenen und Ursache für die nachfolgende ist. So ist z.B. Delegation die *Folge* der Forderung nach mehr Autonomie und *Ursache* für eine Kontroll-Krise, die aufgrund der Vernachlässigung von Koordinationsaspekten bei der Delegation entstehen kann.

Abb. 2.130 zeigt die Abfolge der einzelnen Wachstumsphasen in Abhängigkeit von Alter und Größe der Organisation.

Abb. 2.130: Revolutionäre und evolutionäre Perioden im Leben einer Organisation

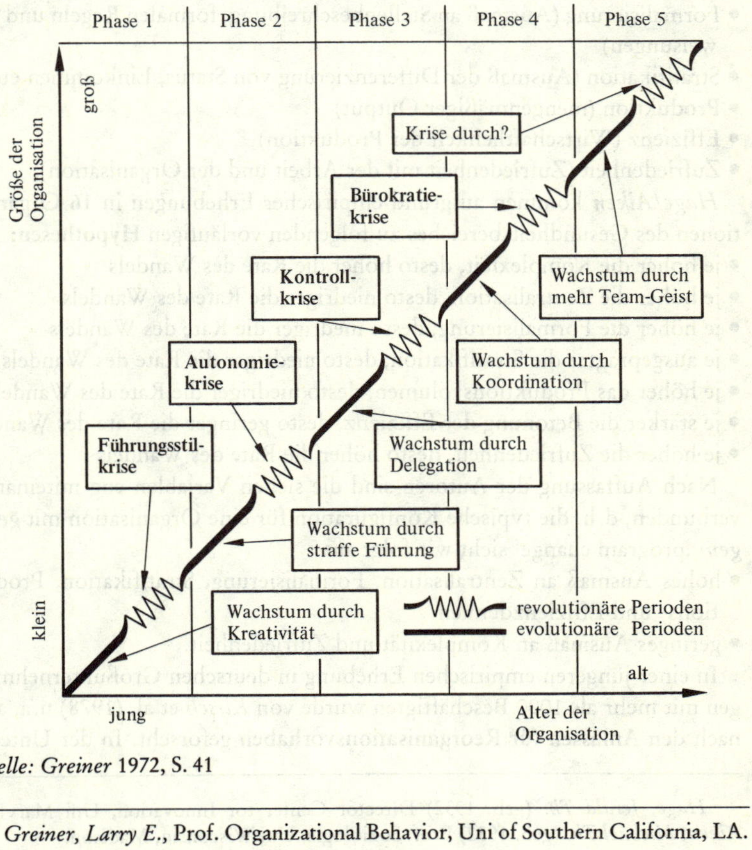

Quelle: Greiner 1972, S. 41

---

[1] *Greiner, Larry E.,* Prof. Organizational Behavior, Uni of Southern California, LA.

Greiner ist entschieden der Auffassung, daß der verantwortliche Manager selbst bei Kenntnis des Standes seiner Organisation in der Entwicklungslinie keineswegs versuchen sollte, eine Phase zu überspringen oder auch nur die revolutionären Perioden zu vermeiden. Denn in jeder Phase werden bestimmte Lernprozesse ablaufen, und in Krisen werden notwendige Entwicklungsschübe vorbereitet, was beides für die zukünftige ‚gesunde' Entwicklung einer Organisation unentbehrlich sei.

Während die bislang vorgestellten Typologien das Ergebnis von Analysen von Firmengeschichten, Fallstudien und historischen Entwicklungstrends darstellen, seien abschließend noch zwei empirische Arbeiten erwähnt.

Hage/Aiken[2] (1970) analysieren folgende Determinanten des organisatorischen Wandels, operationalisiert als **Einflußfaktoren** auf **program change,** worunter sie die Hinzunahme neuer Produkte oder Dienstleistungen verstehen:

- Komplexität (Anzahl an unterschiedlichen Qualifikationen, die in einer Organisation benötigt werden)
- Zentralisation (Verteilung von Macht und Mitbestimmungsmöglichkeiten)
- Formalisierung (Ausmaß an Stellenbeschreibung, formalen Regeln und Anweisungen)
- Stratifikation (Ausmaß der Differenzierung von Status, Einkommen etc.)
- Produktion (mengenmäßiger Output)
- Effizienz (Wirtschaftlichkeit der Produktion)
- Zufriedenheit (Zufriedenheit mit der Arbeit und der Organisation).

Hage/Aiken kommen aufgrund empirischer Erhebungen in 16 Organisationen des Gesundheitsbereiches zu folgenden vorläufigen **Hypothesen:**
- je höher die Komplexität, desto höher die Rate des Wandels
- je höher die Zentralisation, desto niedriger die Rate des Wandels
- je höher die Formalisierung, desto niedriger die Rate des Wandels
- je ausgeprägter die Stratifikation, desto niedriger die Rate des Wandels
- je höher das Produktionsvolumen, desto niedriger die Rate des Wandels
- je stärker die Betonung der Effizienz, desto geringer die Rate des Wandels
- je höher die Zufriedenheit, desto höher die Rate des Wandels

Nach Auffassung der Autoren sind die sieben Variablen eng miteinander verbunden, d.h. die typische Konfiguration für eine Organisation mit *geringem* ‚program change' sieht wie folgt aus:
- hohes Ausmaß an Zentralisation, Formalisierung, Stratifikation, Produktions- und Effizienzdenken
- geringes Ausmaß an Komplexität und Zufriedenheit.

In einer jüngeren empirischen Erhebung in deutschen Großunternehmungen mit mehr als 1000 Beschäftigten wurde von *Kirsch* et al. (1978) u.a. auch nach den **Anlässen für Reorganisationsvorhaben** geforscht. In der Untersu-

---

[2] *Hage, Jerald Th.* (geb. 1932) Director Center for Innovation, Uni Maryland; *Aiken, Michael Th.* (geb. 1932) Prof. Soziologie, Uni Wisconsin, Madison.

chung wurde nach der Bedeutung von 32 externen und internen Anlässen für die Einleitung wichtiger Reorganisationsvorhaben (Einführung von Divisionalisierung, Planungssystemen, Informationssystemen) gefragt. Aufgrund faktorenanalytischer Reduktionen kommen *Kirsch* et al. letztlich zu den vier voneinander unabhängigen Initiierungsfaktoren **Struktur, Umwelt, Wachstum, Führung,** die mit den in der Literatur gefundenen internen und externen Anlässen weitgehend identisch sind.

b. Geplanter organisatorischer Wandel

Organisationen verändern sich permanent. Viele Wandlungsprozesse sind nicht intendiert, zufällig und bleiben lange Zeit unbemerkt. Demgegenüber steht der **geplante Wandel,** der intendiert, mit mehr oder weniger intensiver Vorbereitung eingeleitet wird (vgl. *Bennis*[3]/*Benne*/*Chin* 1985). Dabei werden unter geplantem organisatorischem Wandel alle Bemühungen verstanden, die Funktionsweise einer Gesamtorganisation oder wesentlicher Teile davon mit dem Ziel der Effizienzverbesserung zu ändern.

(1) Formen des geplanten Wandels

Der relativ seltene Fall einer erstmaligen Strukturierung einer Organisation (Neugründung, vgl. hierzu *Rieckmann* 1982) wird hier vernachlässigt, und zwar zugunsten des Regelfalles einer strukturellen Veränderung und Anpassung, d.h. Reorganisation. In Wirklichkeit sind fast alle Organisationsmaßnahmen solche der **Reorganisation,** denn die Annahme einer organisatorischen tabula rasa ist irreal. Selbst bei der Gründung z.B. einer Unternehmung bestehen in der Regel schon strukturkonstituierende informelle Beziehungsmuster.

Der Planungs- und Entscheidungsspielraum, der dem mit der Organisationsaufgabe betrauten Personenkreis offensteht, wird als **Organisationsspielraum** bezeichnet. Nach *Szyperski* (1969, Sp. 1230) umfaßt er
1. die alternativ zulässigen Strukturen und
2. die alternativ zulässigen organisatorischen Verfahren.
Den strukturellen Spielraum sieht er begrenzt durch
a) den schon strukturierten Bereich
b) den nicht zu strukturierenden Bereich
c) die Freiheitsgrade der verbleibenden zu strukturierenden Beziehungen.

Welche Faktoren konkret den Organisationsspielraum begrenzen, hat u.a. *Khandwalla* (1977) zusammengestellt (Abb. 2.131). (Vgl. hierzu auch das Konzept der begrenzten Wahl von Begrenzungen von *Kubicek* auf S. 55f.).

---

[3] *Bennis, Warren G.* (geb. 1925) ehemals President Uni of Cincinnati, Prof. Management, Uni of Southern California, LA.

Der Erfolg organisatorischer Maßnahmen hängt weitgehend davon ab, inwieweit es den Organisatoren gelingt, die Grenzen zwischen den in a) und b)
für die Reorganisation tabuisierten Bereichen aufzulockern und in c) einen
möglichst großen Aktionsspielraum zu erlangen. Damit sind Fragen sozialer
Macht angesprochen: Welcher Einfluß steht hinter den innovativen, auf
Neuerung und Wandel dringenden Kräften, und welcher hinter den stabilisierenden, den organisatorischen status quo konservierenden Kräften?

Abb. 2.131: Grenzen des Organisationsspielraums

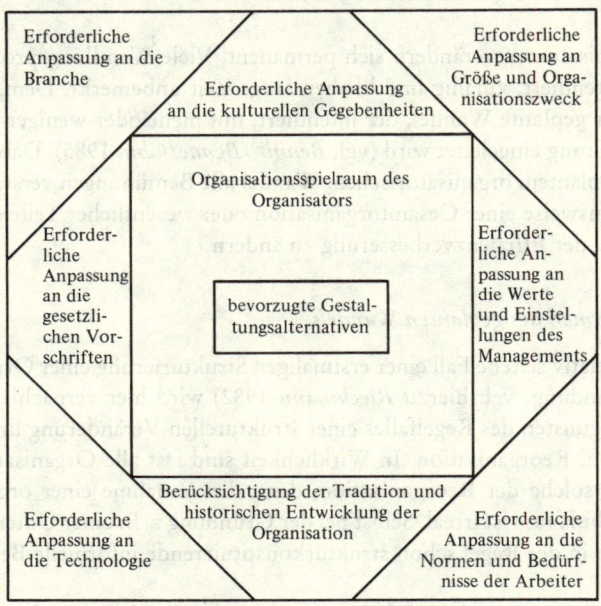

Quelle: Khandwalla 1977, S. 266

Von der (rational) geplanten Reorganisation zu einem Zeitpunkt ist der
bedeutend offenere, langfristige Prozeß der Organisationsentwicklung zu unterscheiden.

Organisationsentwicklung (OE) ist eine Form des geplanten Wandels, bei
der unter Verwendung verhaltenswissenschaftlicher Erkenntnisse ein organisationsweiter Entwicklungs- und Veränderungsprozeß initiiert und gefördert
wird (vgl. *Cummings*[4]/*Huse* 1989). Als angewandte Verhaltenswissenschaft
steht OE im Konfliktfeld zwischen praktischen Anwendungs- und theoretischen Wissenschaftszielen. Das primäre Erkenntnisinteresse der OE ist aller-

---

[4] *Cummings, Thomas G.* (geb. 1944), Prof. Organizational Behavior, Uni of Southern California, LA. *Cummings* betreut das Standardwerk von *Edgar F. Huse* (1975)
über OE nach dessen Tod weiter.

dings nicht auf die Beschreibung und Erklärung tatsächlich beobachtbaren Verhaltens gerichtet, sondern auf die **Veränderung** von Verhalten im Hinblick auf (meist vom Management) vorgegebene Ziele. Deshalb wird dieser Ansatz auch im 3. Teil (angewandtes Managementwissen) behandelt. Die Managementorientierung hat OE bisweilen den Vorwurf eingetragen, es sei lediglich eine einseitig interessenbezogene, präskriptive Sozialtechnologie. Erschwerend aus der Sicht der Wissenschaft kommt hinzu, daß im Falle der OE die Praxis einen beträchtlichen Vorlauf vor der wissenschaftlichen Aufarbeitung hat. Empirische Forschung und Theoriebildung bleiben weit hinter den Erfahrungen der OE-Praxis zurück. *Kubicek/Leuck/Wächter* (1979) kritisieren an OE das Fehlen sowohl einer **Theorie des Veränderns** als auch einer Theorie der Veränderung. Erstere hätte Aussagen über die Wirksamkeit von OE-Maßnahmen unter verschiedenen Bedingungen zu machen. Solche Maßnahmen dürften sich jedoch nicht nur auf verhaltenswissenschaftliche Interventionstechniken beschränken, sondern müßten auch organisations- und planungstechnische sowie informations- und fertigungstechnologische Maßnahmen einbeziehen. Eine **Theorie der Veränderung** hätte dagegen eine Beschreibung der Zustände von Organisationen im Zeitablauf und eine Erklärung ihrer Veränderungen zum Gegenstand. Dabei müßte eine Beschreibung und historische Analyse von Organisationszuständen aus unterschiedlichen Interessenlagen erfolgen (und nicht nur aus der des Managements), und die Existenz von Veränderungsspielräumen bzw. von Restriktionen bei der Suche nach Alternativen müßte erforscht werden.

Bei der Diskussion des **Theoriebezugs von OE** muß man sich allerdings in Erinnerung rufen, daß es OE als *angewandter* Wissenschaft weniger um Theoriebildung als um die Lösung praktischer Gestaltungsprobleme geht. Das letztere ist aber auf Dauer ohne Theorie nicht möglich.

Hier hat der häufig zitierte Ausspruch von *Kurt Lewin* (*Marrow* 1977, S. 145), daß nichts so praktisch sei wie eine gute Theorie, wirklich seine Berechtigung.

Unterstützt durch das Fehlen einer Theorie des Wandels oder der Veränderung werden vorliegende wissenschaftliche Erkenntnisse aus unterschiedlichen Disziplinen nur sehr selektiv rezipiert. Unmittelbare praktische Relevanz und Eignung bilden die Auswahlprinzipien für OE-Techniken. Gerade diese einfachen, plausiblen Techniken führen dazu, daß von OE fälschlicherweise angenommen wird, sie biete schnelle, schmerzlose Lösungen für alle Arten von Organisationsproblemen. Diese Art des OE-Marketing kommt der Mentalität vieler Praktiker entgegen, die weniger nach umfassenden Problemanalysen suchen als nach Rezepten, mit deren Befolgung sie ihre Interessen wahren.

Vom Konzept der OE ist die **Aktionsforschung** zu unterscheiden. Action Research geht wie OE auf *Kurt Lewin* zurück, berücksichtigt aber stärker die Forschungsinteressen des Wissenschaftlers als die Veränderungsinteressen des Klienten. Allerdings werden hier die Grenzen zwischen Forscher und

Klient sowie zwischen Forschung und Veränderung weitgehend aufgehoben; die klassische Trennung von Subjekt und Objekt der Forschung wird hinfällig.

Vor allem in Deutschland ist mit diesem Konzept ein Anspruch auf Demokratisierung der Veränderungsprozesse, auf Mitbestimmung der von der Änderung Betroffenen sowie insgesamt auf mehr Transparenz von Forschungsprozessen verbunden worden (vgl. hierzu *Moser* 1978 und *Kappler*[5] 1980). Konsequenterweise lehnen die Vertreter einer so verstandenen Aktionsforschung OE ab, die sie als einseitige Interventionstechnologie im Interesse des Managements bezeichnen. In den USA hingegen gilt die Aktionsforschung neben der Gruppendynamik als historische Wurzel und wesentlicher methodischer Ansatz von OE. *French*[6] und *Bell* (1982, S. 123) definieren den OE-Prozeß als „ein Aktionsforschungs-Programm in einer Organisation zur Verbesserung des Funktionierens dieser Organisation". Auch hieran wird das in den USA vorherrschende pragmatische Wissenschaftsverständnis deutlich.

Während OE den Schwerpunkt auf Problemlösung und Beratung der Praxis und weniger auf Theoriebildung legt, strebt die **Aktionswissenschaft** (Action Science) eine Integration theoretischer, empirischer und normativer Ansätze an. Das von *Argyris* et al. (1985) entwickelte Konzept verbindet interpretative, ethnomethodologische Ansätze mit der Diskurs-Idee der Frankfurter Schule (vor allem *Habermas* 1981 sowie *Pieper* 1988) und versucht damit, die Trennung von Beschreibung, Erklärung und Veränderung aufzuheben. Die normative Position, aufgrund derer Alternativen zum status quo vorgeschlagen werden, soll in offenen Diskursen mit und in dem Klientensystem begründet werden. *Argyris* et al. (1985, S. 79 f.) versuchen, ihre Aktionswissenschaft deutlich gegenüber der Mainstream-Wissenschaft abzugrenzen (wertfreie Forschung um ihrer selbst willen; klare Trennung zwischen Hypothesenformulierung und -test). Die Abgrenzung gegenüber der Aktionsforschung deutscher Prägung bleibt dagegen unscharf.

Aus der Kritik an statischen Kontingenzansätzen und an quantitativen Methoden der empirischen Sozialforschung einerseits und aufgrund empirisch feststellbarer verstärkter Wandlungstendenzen in den Unternehmungen als Antwort auf externe Bedrohungen (ökonomische und politische Krisen, technologischer und sozialer Wandel, Wertewandel) andererseits wurde das Konzept der **organisatorischen Transformation** (Organizational Transformations) entwickelt. Dieses versucht mittels historischer Analysen und Längsschnitterhebungen die Art und Weise des Wandels (radikal oder inkremental), die betroffenen Organisationselemente, Veränderungsmuster und -sequenzen zu identifizieren (vgl. das Schwerpunktheft des Journal of Management Studies, Nov. 1987 über Organizational Transformations sowie

---

[5] *Kappler, Ekkehard* (geb. 1940), Prof. BWL, Uni Witten-Herdecke.
[6] *French, Wendell L.* (geb. 1923) Prof. Management and Organization, Uni of Washington.

Hinings/Greenwood 1988). Der Ansatz ist stark von neueren Konsistenz-(etwa *Miller/Friesen* 1984) und Organisationskulturansätzen geprägt. Im Mittelpunkt steht die Mustererkennung oder Spurensuche des Wandels (concept of tracks). Exemplarisch für diese Art von Forschung ist die Studie von *Mintzberg/Waters* (1982), in der die 60jährige Geschichte der kanadischen Supermarktkette **Steinberg, Inc.** im Hinblick auf Änderungen von Strategie und Struktur nachgezeichnet wird.

(2) Phasenmodelle des Wandels

Die Feldtheorie *Kurt Lewins* (vgl. S. 137 f. der Arbeit), die als Grundlage der meisten Veränderungsmodelle[7] gelten kann, basiert stark auf naturwissenschaftlichen Analogien speziell aus dem Bereich der Physik. *Lewin* (1963) versucht geradezu eine **physikalische Psychologie** zu begründen, die menschliches Verhalten im Rahmen von psychologischen Kräftefeldern analysiert. Das psychologische Kräftefeld umfaßt alle Kräfte, die das Verhalten eines Menschen beeinflussen bzw. verändern können.

Übertragen auf Gruppen und soziale Organisationen hilft diese Sichtweise dabei, die Stabilität einer gegebenen sozialen Situation gegenüber Änderungsbemühungen zu analysieren. In der US-amerikanischen Literatur (vgl. z. B. *Kast/Rosenzweig* 1985, *Hellriegel/Slocum/Woodman* 1986) findet dieser Ansatz *Lewins* unter dem Begriff **Force Field Analysis** (Kräftefeld-Analyse) als Diagnose- und Problemlösungstechnik weite Anwendung.

Nach *Lewin* (1947, 1958) existieren in jeder Situation Kräfte, die auf Wandel drängen (**driving forces**), und Kräfte, die Wandel behindern (**restraining forces**). Wenn die Summe der *akzelerierenden* Kräfte gleich der Summe der *retardierenden* ist, besteht ein **Gleichgewicht,** das den status quo beschreibt.

akzelerierende Kräfte	Gleichgewicht	retardierende Kräfte
Wandel in der Umwelt (externe Anlässe), z. B. neue Technologie	→ ←	Widerstände bei Individuen, z. B. Gewohnheit, Angst, Sicherheitsstreben, Abhängigkeit
Wunsch nach Wandel in der Organisation (interne Anlässe), z. B. Humanisierung der Arbeit	→ ←	Widerstände auf Organisationsebene, z. B. Kurzzeitorientierung, fehlende Ressourcen, Angst vor Unruhe

Jede Organisation muß, wenn sie auf Dauer überleben will, für ein Gleichgewicht zwischen den die bestehende Struktur stabilisierenden und den progressiven, akzelerierenden Kräften sorgen. Sind die retardierenden Kräfte im Übergewicht, so ist der Widerstand gegenüber Wandlungsprozessen zu

---

[7] Zum Problembereich ‚Organisation und Wandel' vgl. die umfassende Monographie von *Steinle* 1985; *Steinle, Claus* (geb. 1946), Prof. BWL, Uni Hannover.

stark; notwendige Veränderungen der Organisation erfolgen nicht oder zu spät. Überwiegen dagegen die progressiven Kräfte und führen zu einem permanenten Prozeß des Wandels, so kommt die Organisation nicht zur Ruhe, die innere Unsicherheit verhindert eine notwendige Systemstabilität.

Soll ein gegebener Gleichgewichtszustand zugunsten eines neuen verändert werden, müssen die im status quo herrschenden Kräfte modifiziert werden, der gegebene Gleichgewichtszustand muß *aufgefroren* werden. Hierfür stehen grundsätzlich drei Strategien zur Verfügung:

1. **Verstärken der akzelerierenden Kräfte**
2. **Vermindern der retardierenden Kräfte**
3. **Umkehr der Richtung einer Kraft.**

Zu 1.:
Diese Strategie ist nur mit äußerster Vorsicht zu gebrauchen, da die Gefahr besteht, daß schwerwiegende retardierende Interessen übergangen werden und ein fruchtbarer Problemlösungsprozeß unmöglich wird.

Zu 2.:
Dies ist der Hauptansatzpunkt für Wandlungsstrategien (vgl. S. 837ff. der Arbeit).

Zu 3.:
Diese Vorgehensweise ist dadurch gekennzeichnet, daß aufgrund einer intensiven Analyse der retardierenden Kräfte versucht wird, Abwehrreaktionen als solche zu entlarven und das Engagement positiv in akzelerierende Kräfte zu wenden.

Abb. 2.132: Der Einfluß des Wandlungsprozesses auf das Leistungsverhalten einer Abteilung

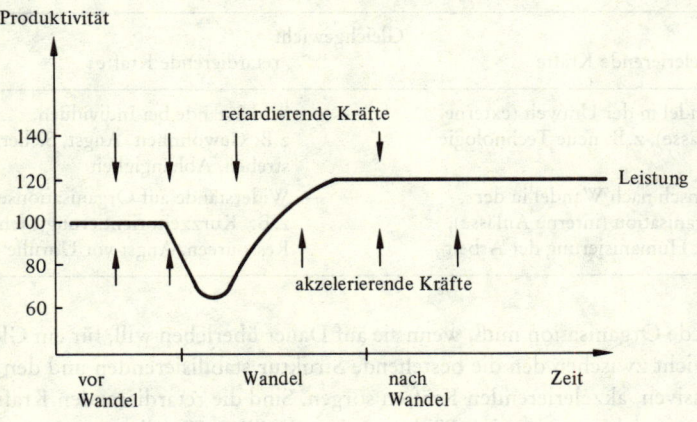

Abb. 2.132 zeigt beispielhaft den **Verlauf eines Wandlungsprozesses** als Übergang von einer Gleichgewichtssituation (Produktivität 100, vor Wandel)

zu einer neuen (Produktivität 120, nach Wandel). In aller Regel wird nach dem Auftauen der alten Gleichgewichtssituation aufgrund der Unruhe ein Leistungsabfall festzustellen sein. Erst wenn die akzelerierenden Kräfte sich positiv auswirken und der Wandel abgeschlossen ist, wird sich das System auf einem höheren Gleichgewichtszustand einpendeln, der dann auf diesem Niveau *eingefroren* werden soll.

Diese von *Lewin* entwickelte **Force Field-Analyse** wurde meines Wissens erstmals im Rahmen eines Aktionsforschungsprojektes in dem Hauptwerk der **Harwood Manufacturing Corp.** in Virginia angewandt. *Coch/French* (1948) berichten hier von Kräftefeld-Analysen zum besseren Verständnis von Widerständen gegen Wandel, speziell Versetzungen an neue Arbeitsplätze. Retardierende Kräfte konnten – so zeigten die Experimente – am besten durch rechtzeitige Information über Ursachen und Ziele des Wandels und durch eine Beteiligung der Betroffenen an der Planung des Wandels überwunden werden.

Nach Auffassung von *Lewin* (1947, S. 34) umfaßt ein erfolgreicher Wandlungsprozeß drei Aspekte:

1. **Auftauen** des gegenwärtigen Gleichgewichts (unfreezing)
2. **Bewegung** zum neuen Gleichgewicht (moving)
3. **Einfrieren** des neuen Gleichgewichts (freezing)

Schein (1975, S. 129) hat *Lewins* Modell aufgegriffen und die drei Aspekte als Phasen in einem Beeinflussungsprozeß interpretiert:

Phase 1: **Auftauen:** Motivation für Änderung wecken
Mechanismen: a) Unterlassen von Bestätigung bzw. Nicht-Bestätigung
             b) Induzierung von Schuld/Angst
             c) ‚Psychologische‘ Sicherheit schaffen durch Minderung von Gefahr und Abbau von Hindernissen
Phase 2: **Ändern:** Auf der Grundlage neuer Informationen neue Reaktionsweisen ausbilden
Mechanismen: a) Identifikation: Information aus einer einzigen Quelle
             b) Suche: Information aus mehreren Quellen
Phase 3: **Wiedereinfrieren:** Stabilisierung und Integration der Änderung
Mechanismen: a) Neue Reaktionsweisen in die Persönlichkeit integrieren
             b) Neue Reaktionsweisen in wichtige fortdauernde Beziehungen durch Bestätigung integrieren

Bedeutend differenzierter sind neuere, z. T. auf der Aktionsforschung basierende Phasenmodelle (vgl. Abb. 2.133).

Interpretiert man organisatorischen Wandel als den Übergang von einem gegenwärtigen Zustand (A) zu einem zukünftigen Zustand (B), dann kommt der Übergangsperiode von A nach B (Transition State) eine ganz zentrale Stellung zu (vgl. *Beckhard*[8]/*Harris* 1987). Übergangsphasen sind durch hohe

---

[8] *Beckhard, Richard,* ehem. Prof. Management MIT (1959–1984), Direktor Richard Beckhard Ass., New York.

Abb. 2.133: Phasen des geplanten Wandels (Action Research Model)

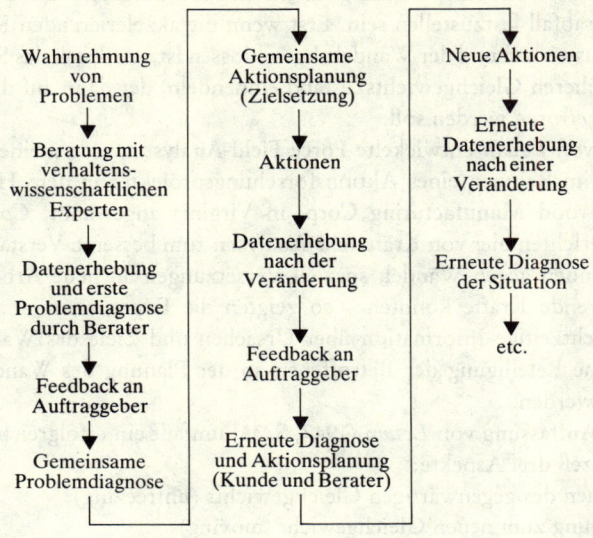

Quelle: French/Bell 1984, S. 109

Unsicherheit, Konflikte und Desorientierung gekennzeichnet. Dem **Transition Management** kommen hier vor allem vier Aufgaben zu (vgl. *Nadler* 1987, S. 365 ff.):

1. Konzeption und Kommunikation eines klaren Bildes des zukünftigen Zustands (Unsicherheitsreduktion)
2. Einbeziehung aller Ansatzpunkte für Verhaltensänderung (Aufgaben, Mitarbeiter, formale und informale Organisation)
3. Einsatz spezieller Management-Techniken des Übergangs (Transition Manager, Projekt-Gruppe, parallele Transition-Organisationsstruktur, Transition-Plan – vgl. hierzu vor allem *Beckhard/Harris* 1987)
4. Evaluation und Feedback über Fortschritt in Richtung auf die zukünftige Organisation (laufende Fortschrittsberichte, Reduzierung der Abhängigkeit vom Transition Management).

Teil 3

**Anwendung verhaltenswissenschaftlicher Erkenntnisse
im Management**

Im 3. und letzten Teil der Arbeit werden die im 2. Teil gewonnenen verhaltenswissenschaftlichen Erkenntnisse auf das Management von und in Unternehmungen angewandt (vgl. Abb. 3.1). Dabei geht es im einzelnen um das

- **Management der System-Umweltbeziehungen**
  (Unternehmungsstrategie) → Kapitel A
- **Management der Strukturen**
  (Unternehmungsorganisation) → Kapitel B
- **Management des Humanpotentials**
  (Personalmanagement) → Kapitel C
- **Management des Wandels**
  (Entwicklung und Veränderung von Organisationen) → Kapitel D

Die ersten beiden Gegenstandsbereiche zählen als *hardware* des Managements inzwischen schon zum traditionellen Lehrbuchwissen; die letzten beiden finden als *software* des Managements in jüngerer Zeit verstärkte Aufmerksamkeit in Forschung, Lehre und Praxis.

Abb. 3.1: Verhaltenswissenschaftliche Grundlagen der Praxis des Managements

Verhaltenswiss. Grundlagen des Managements (Teil 2) — B. Verhalten von Individuen

Anwendung verhaltenswiss. Erkenntnisse (Teil 3)	I. Aspekte der Person		II. Person und Situation			III. Diskrepanzen zwischen Person und Situation
	– Bedürfnisse, Werte, Einstellungen	– Persönlichkeit/ Menschenbilder	– Wahrnehmung	– Lernen	– Motivation	
A. Strategie						
I. Strategische Unternehmungsführung						
II. Strategische Analyse u. Diagnose	X		X			
III. Strategische Wahl		X				
IV. Strategieimplementation			X	X	X	
B. Organisation						
I. Differenzierung und Integration						
II. Arbeitsorganisation	X		X	X	X	X
III. Unternehmungsorganisation					X	X
C. Personalmanagement						
I. Human Resource Management	X	X	X	X		
II. Politikfelder des Personalmanagements						
– Personalmotivation	X	X	X		X	X
– Personalführung	X	X	X		X	X
– Personalentwicklung	X	X	X	X	X	
D. Organisationsentwicklung und -veränderung						
I. Arten und Modelle	X		X	X		X
II. Ansätze	X	X	X		X	X
III. Strategien und Technik		X	X			
IV. Akteure des Wandels						
V. Widerstände gegen Wandel	X	X	X	X	X	X

C. Verhalten von Gruppen
I. Aspekte der Gruppe
– Rollen, Normen, Kohäsion
– Problemlösen

II. Prozesse in Gruppen
– Kommunikation
– Interaktion
– Führung
– Konflikt
– Macht

D. Verhalten von Organisationen
I. Aspekte der Organisation
– Organisationsteilnehmer
– Ziele und Effizienz
– Organisationsstruktur
– Organisationsklima
– Organisationskultur

II. Prozesse in Organisationen
– Entscheidung
– Planung und Kontrolle
– Koordination
– Wandel

Während das Management von Strukturen, Prozessen und Personen sowie deren Entwicklung klassischerweise lediglich als Mittel zur Realisierung der Unternehmungsstrategie (Ziele und Zwecke) verstanden wird (vgl. die Kapitelfolge A → B → C), gehe ich von einer *Vernetzung der Managementbereiche* aus (vgl. die doppelt gerichteten Pfeile in Abb. 3.2); d.h. bestimmte strukturelle wie auch personelle Situationen beeinflussen (ermöglichen/verhindern) bestimmte Strategien. **Organisation** und **Personal** folgen einerseits der Strategie, andererseits folgt die Strategie den organisatorischen und personellen Möglichkeiten. Organisation ist auch für das Personalmanagement kein Datum, woran es sich anzupassen hätte (Stellenbesetzung), sondern es bestehen auch umgekehrte Einflußbeziehungen (Arbeitssystemgestaltung).

Abb. 3.2: Vernetzung der Managementbereiche

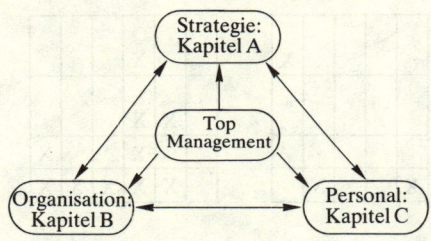

A. Management der System-Umweltbeziehungen: Unternehmungsstrategie

I. Strategische Unternehmungsführung

1. Zum Strategiebegriff in Militär und Wirtschaft

Strategien entwickeln, sich strategisch verhalten gehört heute zu den am häufigsten zu hörenden Redewendungen in der Managementpraxis. Da inzwischen alles *strategisch* gesehen wird, vom strategischen Marketing bis hin zum strategischen Personalmanagement, droht die ursprüngliche Bedeutung dieses Begriffs verlorenzugehen.

Etymologisch gesehen stammt das Wort **Strategie** aus dem Griechischen (*strategos* = Heerführer) und meint die Kunst der Heerführung. Der Begriff wird im 19. Jh. von *Carl v. Clausewitz* für die Militärwissenschaft neu interpretiert. Für ihn ist die Strategie „der Gebrauch des Gefechts zum Zwecke des Krieges" (*Clausewitz* 1980, S. 178). Elemente der Strategie sind seiner Auffassung nach moralische, physische, mathematische, geographische und statistische, die er weiter in Kühnheit, Beharrlichkeit, Überlegenheit der Zahl, Überraschung, List, Sammlung der Kräfte im Raum, Vereinigung der Kräfte in der Zeit, strategische Reserve sowie Spannung und Ruhe präzisiert (S. 191–209). *Clausewitz* kritisiert das bislang vorherrschende mechanisch-geometrische Denken der Strategen (Kriegsführung mit Logarithmentafel) und betont stärker den politischen Charakter der Kriegsführung (Militärstrategie als Teil der Politik). Wir finden hier erste Parallelen zu der heute festzustellenden stärkeren Wertorientierung in den Unternehmungsstrategien großer Konzerne. *Clausewitz* hat des öfteren Vergleiche zwischen **Militär** und **Wirtschaft** gezogen und den Krieg mit einem Handelsgeschäft verglichen (Investition in Soldaten bzw. in Aktien). Der Vergleich der Verhaltensweisen von Militär und Wirtschaft, Armee und Unternehmung hat also Tradition[1]. Es ist leider alltäglich geworden, Begriffe des Krieges und der Kriegsführung in die betriebliche und betriebswirtschaftliche Sprache, in das Denken und Handeln des Managements zu übernehmen (z.B. Eroberung von Marktanteilen, Brechen des Marktwiderstandes)[2]. Die Frage ist nun, ob diese Begriffs-

---

[1] Vgl. in jüngerer Zeit das Buch von *Peter Linnert* ‚Clausewitz für Manager' (1971) sowie *Gälweiler* 1987, S. 59ff.

[2] Vgl. z.B. das von *Diebold* und der Wirtschaftswoche 1987 veranstaltete Internationale Management-Symposium über ‚Strategische Waffe Informationstechnik'.

verwendung unreflektiert, dem Gegenstand nicht angemessen, oder bewußt, als Ausfluß der Isomorphie von Vorgängen in Wirtschaft und Militär erfolgt. Armee und Unternehmung stehen gleichermaßen vor dem Problem, knappe Ressourcen gezielt einsetzen zu müssen, um sich mit offensiven und defensiven Zügen gegenüber einem Gegner im Kampf durchsetzen zu können (mindestens um konkurrenzfähig zu bleiben). Während eine Armee im Idealfall allerdings nur Manöver und sonstige Übungen abhält und nur selten mit dem Ernstfall konfrontiert ist, steht die Unternehmung im permanenten Konkurrenzkampf. Daraus ergibt sich eine größere Übung, Kompetenz und eine Verfeinerung der Techniken der Strategieentwicklung und -implementation im wirtschaftlichen Bereich. Darüber hinaus übersteigt die Zahl der Handlungsalternativen des Managements einer Unternehmung i. d. R. die militärischen Aktionsmöglichkeiten bei weitem. Ein Vergleich ist daher lediglich auf relativ hohem Abstraktionsniveau zulässig. Je niedriger die Abstraktionsebene, desto eher fallen die konkreten Verhaltensweisen von Armee und Unternehmung auseinander. Dennoch halte ich die These für vertretbar, daß das Verhalten der Unternehmung im Wettbewerb militärischen Grundmustern folgt, und zwar als Ergebnis einer systematischen **Rezeption militärstrategischer Erkenntnisse** (vgl. neben der strategischen Planung auch die Bereiche Personalführung, Stabsorganisation, Spieltheorie in der Entscheidungsfindung).

Der umgekehrte Zusammenhang ist jedoch auch deutlich. Spätestens in den 60er Jahren, als der ehemalige Ford-Manager *McNamara* die Leitung des Pentagon übernimmt, ist in den USA ein auf moderne Methoden der Planung, Organisation und Führung zurückgreifendes Armee-Management festzustellen. In der Bundesrepublik Deutschland setzt sich vor allem der Professor für Betriebswirtschaftslehre *Oswald Hahn* für eine **Militärökonomik** ein; der Professor für öffentliche Unternehmen in Konstanz/St. Gallen *Manfred Timmermann* ist sogar einige Jahre Staatssekretär im Verteidigungsministerium gewesen. Nicht nur auf dieser Ebene bestehen enge personelle (Austausch-)-Beziehungen, sondern der Berufsstand des Offiziers bildet generell ein Reservoir für potentielle Manager (bei uns vor allem unmittelbar nach dem 2. Weltkrieg) und Nachwuchsführungskräfte (etwa Absolventen von Militär-Akademien und Universitäten der Bundeswehr).

Eng mit militärwissenschaftlichen und betriebswirtschaftlichen Strategieproblemen ist auch der aus der **mathematischen Spieltheorie** stammende Strategiebegriff von *John v. Neumann* und *Oskar Morgenstern* (1947) zu verbinden. Die schon Ende der 20er Jahre entwickelte Spieltheorie zählt heute zum Methodeninventar des **Operations Research** (Management Science), das seinen Ursprung in militärischen Problemstellungen hat (vgl. S. 39 der Arbeit). Die Spieltheorie beschreibt Zustandekommen und strategische Bewältigung von Konfliktsituationen, im Extremfall Nullsummen-Spiele. Die Spieltheorie behandelt Entscheidungssituationen, in denen die Wahl der Handlungsalternativen eines Entscheidungssubjektes (Strategie) von denen anderer *Spieler* mit eigenen Zielen und Interessen abhängt. Übertragen auf ökonomische Fragestellungen heißt dies, die Entscheidungsfindung des Managements einer Unternehmung hat die potentiellen (Re-)Aktionen anderer Marktteilnehmer (Konkurrenten, Tarifparteien, Staat etc.) zu berücksichtigen bzw. zu antizipieren. Der Stratege handelt nicht autonom.

Damit sind schon zwei zentrale Begriffsmerkmale des aktuellen Strategiebegriffs herausgearbeitet: Berücksichtigung von Handlungen anderer (relevanter) *Aktoren* im Umfeld der Unternehmung (die allerdings ihrerseits wiederum ihr Handeln von dem der Unternehmung abhängig machen) und *Proaktivität*, d.h. Planung. Als letztes Merkmal wird noch die *Langfristigkeit* strategischen Handelns betont (im Gegensatz zum operativen, eher kurzfristigen Agieren).

2. Das Konzept der Unternehmungsstrategie

Der Strategiebegriff wird in den 50er Jahren von Professoren der Harvard Business School in den Business Policy-Kurs eingeführt (vgl. *Christensen* et al. 1987, *Uyterhoeven* et al. 1977) und gilt seit jener Zeit als wichtiger Bestandteil der Aus- und Weiterbildung von Managern. Das **Business Policy Konzept** (etwa vergleichbar mit unserem Ansatz der Unternehmungspolitik, vgl. S. 119 der Arbeit) ist seinerseits 1911 an der HBS als Kurs im Senior Management Training aufgenommen worden. **Unternehmungsstrategie** (corporate strategy) umfaßt danach die Festlegung der langfristigen Ziele einer Unternehmung, der Politiken und Richtlinien sowie die Mittel und Wege zur Erreichung der Ziele. Innerhalb der *corporate strategy* werden Bereichsstrategien (*business strategies*) verfolgt; diese sind weniger umfassend und legen die einzelnen Produkt/Markt-Kombinationen pro Geschäftsbereich fest (*Andrews* 1987, S. 13). Damit erfährt der ursprünglich aus dem militärischen Bereich stammende Strategiebegriff – Mittelwahl zur Erreichung vorgegebener Ziele – eine erhebliche Ausweitung. Strategie in diesem weiten Sinn umfaßt eben auch die Zielplanung und die Festlegung der Politik. *Christensen* et al. (1987, S. 125 ff.) unterscheiden zwischen

- *Formulierung* der corporate strategy
  (Verknüpfung von externen Chancen und internen Ressourcen und Werten)
- *Implementierung* der corporate strategy
  (Gestaltung von Strukturen und Prozessen zur Durchführung der Strategie).

Im einzelnen sieht das **Harvard-Konzept** folgende Schritte vor (vgl. *Uyterhoeven* et al. 1977, S. 13 ff.):

1. Identifikation des ‚Strategischen Profils'
   a. Wie ist das Tätigkeitsfeld definiert?
   b. Wie ist die Wettbewerbsposition?
   c. Wie ist das Selbstbild (Mentalität, Wertsystem)?
2. Identifikation relevanter Umweltausschnitte
   a. Internationale und nationale Wirtschaftspolitik
   b. Rechtliche Bestimmungen
   c. Jüngste politische und soziale Entwicklungen
   d. Ökonomische Entwicklungen
   e. Absatzmarkt (Nachfrage, Bedürfnisse)
   f. Rohstoffe, Produkte, Technologie
   g. Konkurrenz
3. Strategische Prognosen
   Aussagen über die wahrscheinliche Entwicklung der unter 2. analysierten Umweltzustände
4. Analyse der Ressourcen (Identifikation der Stärken und Schwächen der Unternehmung)
   a. Operativer Bereich
   b. Finanzbereich
   c. Management
5. Entwicklung strategischer Alternativen
   a. Nichts tun
   b. Liquidation
   c. Spezialisierung
   d. Vertikale Integration (z. B. Übernahme von Vorlieferanten)
   e. Diversifikation
   f. Internationalisierung
6. Konsistenztest
   Erlaubt die Strategie eine optimale Verbindung der Stärken und Schwächen der Unternehmung mit den sich in der Umwelt bietenden Chancen und Risiken?
7. Strategische Wahl
   a. Abwägen zwischen Maximierung der Chancen und Minimierung der Risiken
   b. Exaktes Timing der strategischen Schritte in Abstimmung mit den erwarteten Entwicklungen
   c. Antizipation der denkbaren Gegenmaßnahmen der Konkurrenten
   d. Offenlegen der persönlichen Präferenzen der Entscheider
   e. Beachtung der gesellschaftlichen Verantwortung der Unternehmung.
   Abb. 3.3 gibt einen schematischen Überblick über den Prozeß der Strategieentwicklung.

Das hier geschilderte Strategiekonzept ist im Laufe der Jahre des öfteren variiert und modifiziert worden, in der Grundstruktur jedoch gleichgeblieben.

Abb. 3.3: Harvard-Konzept der Strategieentwicklung

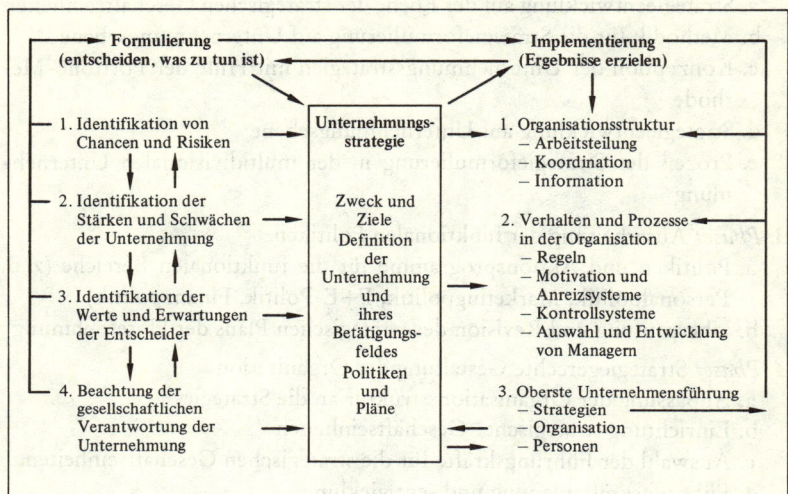

Quelle: Andrews 1987, S. 21

Im deutschen Sprachraum haben vor allem *Bircher* (1976) und *Hinterhuber* (1984) das Harvard-Konzept aufgegriffen. *Hinterhuber*[3] hat ein **Fünf-Phasen Modell** entwickelt, das den neuen Ansatz des Portfolio-Managements in das klassische Konzept der Unternehmungsstrategie integriert (S. 34 ff.):

1. Phase: Analyse der Ausgangsposition und des Ausblicks

a. Ausgangsposition (gegenwärtige Produkt/Marktkombinationen, eingesetzte Mittel und Verfahren der Produktion, Finanzierung, Organisation etc.)

b. Umweltanalyse und -prognose (politische, gesellschaftliche, wirtschaftliche und technische Entwicklung, Branchenanalyse, Stellung der Unternehmung innerhalb der Branche)

c. Unternehmungsanalyse und -prognose (Analyse der Stärken und Schwächen der Unternehmung)

d. Kulturelle Maßstäbe und Ideale der Unternehmungsleitung (persönliche Motive, Ideale und Werte der Manager)

e. Verpflichtungen der Unternehmung gegenüber der Gesellschaft (z.B. Umweltschutz, Recycling, Humanisierung der Arbeit, Weiterbildung, Übernahme sozialer Aufgaben)

f. Bestimmung des strategischen Ausblicks (Bestimmung von Produkt/ Markt-Kombinationen, Auswahl von Mitteln und Verfahren, Zuteilung von Ressourcen, Festlegung der Hauptschritte und Kriterien und Standards der Erfolgsmessung)

---

[3] *Hinterhuber, Hans H.* (geb. 1938) Prof. BWL, Uni Innsbruck.

2. Phase: Formulierung der Strategien

   a. Strategieentwicklung auf der Ebene der strategischen Geschäftseinheiten

   b. Methodik für die Strategieformulierung auf Unternehmungsebene

   c. Konzeption der Unternehmungsstrategien mit Hilfe der Portfolio-Methode

   d. Strategieentwicklung auf Unternehmungsebene

   e. Prozeß der Strategieformulierung in der multidivisionalen Unternehmung

3. Phase: Ausarbeitung der funktionalen Politiken

   a. Politiken und Aktionsprogramme für die funktionalen Bereiche (z.B. Personalpolitik, Marketingpolitik, F+E-Politik, Finanzpolitik)

   b. Überprüfung und Revision des strategischen Plans der Unternehmung

4. Phase: Strategiegerechte Gestaltung der Organisation

   a. Anpassung der Organisationsstruktur an die Strategie

   b. Einrichtung strategischer Geschäftseinheiten

   c. Auswahl der Führungskräfte für die strategischen Geschäftseinheiten

   d. Führungskräfteplanung und -entwicklung

   e. Strategie- und mitarbeiterorientierte Personal- und Organisationsentwicklung

5. Phase: Durchführung der Strategien

   a. Kurz-, mittel- und langfristige Durchführungsplanung

   b. Motivation

   c. Überwachung und Revision

   d. Unterstützung durch die Unternehmungsleitung.

Das Harvard-Konzept ist eindeutig *extern*, marktorientiert. Dies macht es schwer, wenn nicht unmöglich, *interne Ressourcen* als strategische Erfolgspotentiale zu identifizieren (z.B. Human Resource Management). Insofern ist die Definition von *Hofer/Schendel* (1978, S. 25) offener, wenn sie Strategie als „grundlegendes Muster der gegenwärtigen und geplanten Ressourcenentfaltung und der Interaktionen mit der Umwelt als Mittel der Zielerreichung" definieren. Daneben sehen diese Autoren in der Festlegung der langfristigen Unternehmungsziele (Mission, Philosophie, generelle Absichten) einen von der Strategieformulierung abzugrenzenden Vorgang, während dieser im Harvard-Konzept ein integraler Bestandteil ist; Ziele sind dort ein Output des strategischen Prozesses.

Letztere Auffassung (Trennung von Ziel- und Strategiebildung) hat sich auch der Arbeitskreis *Langfristige Unternehmungsplanung* der Schmalenbach-Gesellschaft (Arbeitskreis 1977) zu eigen gemacht. Der Arbeitskreis (S. 2) unterscheidet vier **Planungskomplexe in Unternehmungen** (siehe auch *Hahn* 1986, S. 5):

1. **Generelle Zielplanung** (Festlegung von Unternehmungskonzeption, Unternehmungszweck, Leitlinien)

2. **Strategische Planung** (Geschäftsfeldplanung als langfristige Produkt- und

Produktprogrammplanung, Potentialstrukturplanung der Organisation, Informationssysteme, Führungskräfte)
3. **Operative Planung** (kurzfristige Programmplanung, Ziel- und Maßnahmenplanung in den Funktionsbereichen)
4. **Ergebnis- und Finanzplanung** (als monetäres Abbild der ersten drei Planungskomplexe und Integration des künftigen Geschehens).

Diese konzeptionelle Fassung der Strategischen Planung ist bis heute unverändert geblieben (vgl. die Beiträge in *Hahn/Taylor* 1986).

Alle bislang diskutierten präskriptiven Strategiekonzepte mit ihren Phaseneinteilungen von der Zielformulierung bis zur Strategieimplementation folgen dem **Entscheidungsmodell rationaler Wahl** bzw. dem synoptischen Planungsansatz (vgl. S. 448 f. der Arbeit), obwohl empirische Untersuchungen eher ein beschränkt-rationales, inkrementales Verhalten belegen. So konnte *Quinn* (1980) zeigen, daß in der Realität, wenn überhaupt, selten klare Zielsetzungen bestehen und strategische Entscheidungen außerhalb der formalen Planungssysteme und eher zufällig und inkremental zustandekommen.

Handelt der Manager nun falsch, wenn er sich entsprechend dieser Beschreibung verhält, oder handelt er falsch, wenn er nach den Lehrbuchempfehlungen einem präskriptiv-synoptischen Ansatz folgt? Für beide Positionen gibt es gute Argumente: *Schreyögg* (1984) sieht im Konzept des Inkrementalismus keine akzeptable Alternative. „Es beschneidet nicht nur vorzeitig und künstlich die Handlungsalternativen, sondern es legt auch in unbegründbarer und, im Hinblick auf Unternehmensstrategien, gefährlicher Weise auf die Strukturen der Gegenwart und den Planer auf bloßes Reagieren fest" (S. 234). Gegenteiliger Auffassung ist *Malik* (1986, S. 344): „Ich meine hingegen, daß diese Manager die wahre Natur der Systeme, die sie unter Kontrolle zu halten haben, wirklich verstehen oder jedenfalls besser verstehen als diejenigen Wissenschaftler, die ihnen aus der Einfachheit und Überschaubarkeit ihrer Studierstuben Empfehlungen für rationales Verhalten erteilen, nicht selten ohne jemals ein komplexes Problem wirklich in der Realität behandelt zu haben. Was aus der Perspektive des einfachen Systems rational sein mag, ist wahrscheinlich im Kontext des komplexen Systems gerade irrational, und deshalb tun aller Vermutung nach die guten Führungskräfte in der Praxis zwar etwas völlig anderes, aber richtigeres, als sie gemäß Lehrbuch tun sollten."

In der Interpretation der Unternehmung als eines selbstorganisierenden, überlebensfähigen Systems kann der Planer nur günstige Bedingungen für strategische Entscheidungen der Manager schaffen, aber niemals Strategie selbst ‚machen' (vgl. zur Selbstorganisation S. 528 f.).

3. Die Entwicklung zum strategischen Management

Die vielfältigen Entwicklungen in den Umwelten der Unternehmungen (vgl. hierzu Abschnitt II 2b dieses Teils) haben diese dazu veranlaßt bzw. gezwungen, ihr strategisches Verhalten entsprechend zu modifizieren. Vor allem in den Arbeiten von *Ansoff*[4] (1965, 1979, 1984) finden wir ausführliche Beschreibungen der historischen Veränderungen in den Interdependenzen zwischen Umweltentwicklungen und dem strukturellen und personalen Wandel in Organisationen. Abb. 3.4 gibt einen Überblick über diese Entwicklungen. *Ansoff* (1984, S. 14ff.) teilt die Entwicklung in vier Phasen ein:

a. Management by Control

Bei relativ stabilen internen und externen Verhältnissen liegt die Betonung auf der Vergangenheit und auf Kontrolle. Die bevorzugten Management-Systeme sind:

- **Richtlinien und Vorschriften** (Routinisierung und Standardisierung der Anpassung an stabile Verhältnisse; hier kann noch nicht von Planung gesprochen werden, sondern allenfalls von Richtlinienformulierung)
- **Finanzkontrolle** (Ex post-Analyse der Ursachen von Veränderungen in ökonomischen Größen und Einleiten von Korrekturmaßnahmen).

b. Management by Extrapolation

Mit zunehmender Instabilität der Märkte erfolgt eine Abkehr von der Vergangenheitsanalyse und die Hinwendung zu extrapolierenden Vorwegnahmen von Zukunftsentwicklungen. Die bevorzugten Management-Systeme sind:

- **Budgetierung** (Vorgabe von Soll-Werten für eine Planungsperiode)
- **Management by Objectives** (Vereinbarung von Zielen auf der Grundlage von Extrapolationen aus der Vergangenheit)
- **Langfristplanung** (Ausgehend von langfristig extrapolierten Zielen werden Aktionsprogramme und Budgets entwickelt)

c. Management by Anticipation

Erste Diskontinuitäten treten auf, aber Veränderungen können rechtzeitig antizipiert und organisatorisch bewältigt werden. Die bevorzugten Management-Systeme sind:

- **Strategische Planung** (hier erfolgt erstmals eine Abkehr von der internen Analyse und der Extrapolation hin zu einer Umweltanalyse, der Identifikation von Chancen und Risiken in der Umwelt. Umweltinformationen über

---

[4] *Ansoff, Harry Igor* (geb. 1918 in Wladivostok) Mathematiker und Ökonom, Prof. US International Uni, San Diego.

Abb. 3.4: Entwicklung von Management-Systemen

Zukunft	1900	1930	1950	1970	1990
	←vertraut →←	extrapolierfähig →←	vertraute Diskontinuitäten →←	neuartige Diskontinuitäten →	
stabil	• Regeln/Vorschriften • Finanzkontrolle			**management by control**	
planbar		• Budgetierung • MbO • Langfristplanung			**management by extrapolation**
vorhersehbare Chancen und Risiken	**management by anticipation**		• strategische Planung • strategisches Management		
z. T. vorhersehbare schwache Signale unvorhersehbare Überraschungen	**management by flexible/rapid response**			• strategisches Issue Management • schwache Signale Management • Surprise Management	
Turbulenz-Niveau	1 stabil	2 reaktiv	3 antizipativ	4 forschend	5 kreativ

Quelle: Ansoff 1984, S. 14

Chancen/Risiken werden in interne Pläne, Programme und Budgets umgewandelt)
- **Strategisches Management** (Die externe Orientierung der strategischen Planung wird ergänzt durch eine interne Anpassungsbereitschaft von Organisation und Management).

d. Management by Flexible/Rapid Response

In dieser Phase treten nur noch schwache Signale oder völlig unvorhersehbare Überraschungen auf, die eine rechtzeitige Antizipation unmöglich machen. Die neuen Managementsysteme heißen:
- **Strategisches Issue Management** (Das Management reagiert real time auf Veränderungen. Hierzu ist eine permanente strategische Überwachung der Umwelt erforderlich, und auftretende Probleme werden sofort von einer Task Force bearbeitet)
- **Schwache Signale Management** (Handelt es sich um Entwicklungen, die mit den klassischen *scanning*-Techniken, welche die Umwelt und interne Organisation nach starken Signalen absuchen, nicht rechtzeitig auszumachen sind, muß frühzeitig nach *schwachen Signalen*[5] (weak signals) geforscht werden, um Probleme bereits im Entstehungsstadium aufgreifen zu können. *Ansoff* unterscheidet dabei fünf Stufen der Unsicherheit:
  1. Gefühl der Bedrohung/Chance vorhanden
  2. Quelle für Bedrohung/Chance bekannt
  3. konkrete Angaben über Bedrohung/Chance bekannt
  4. Reaktionsmöglichkeiten bekannt
  5. Konsequenzen von Reaktionen bekannt,
  denen er unterschiedliche Reaktionsstrategien zuordnet: direkte Aktion, interne Bereitschaft, Herstellung von Flexibilität – intern und extern, Herstellung von Wachsamkeit – intern und extern).
- **Überraschungs-Management** (Wenn die Zeit, die verbleibt, um strategisch zu antworten, kürzer ist, als diejenige, die das Management zur Reaktion benötigt, und wenn das Problem unerwartet und neuartig ist, wird Krisen-Management erforderlich).

Ab 1970 lassen sich kaum noch extrapolierfähige Trends erkennen, sondern *Diskontinuitäten*[6] sind typisch für fast alle Umweltentwicklungen (z.B. neuartige Regierungs-, Gewerkschafts-, Konsumentenaktionen). Von stabilen Umwelten kann nicht mehr die Rede sein. Marktsättigung, politische und gesellschaftliche Veränderungen erschweren die Unternehmungsplanung. Schwer vorhersehbare Ereignisse, plötzlich auftauchende Bedrohungen, aber

---

[5] Die Antizipation von Problemen/Chancen aufgrund schwacher Signale wird in der deutschsprachigen Literatur unter dem Begriff *Früherkennungssysteme* diskutiert (vgl. S. 593 f. und die dort angegebene Literatur).

[6] Der Begriff *discontinuity* i.S. von Unstetigkeit, Zusammenhangslosigkeit stammt von *P. Drucker* (1969).

auch Chancen, sorgen für ständige Überraschungen in den Organisationen (vgl. z. B. Ölkrise, Mikroprozessoren, ökologische Probleme).

Es fragt sich, ob unter solchen Bedingungen überhaupt noch sinnvoll (strategisch) geplant werden kann, oder ob man nicht besser völlig darauf verzichten und eher versuchen sollte, durch *organisatorische* (flexible, organische Teams) oder *personelle* Maßnahmen (Aus- und Weiterbildung, Selektion flexibler, kreativer Mitarbeiter) eine permanente Lern- und Änderungsbereitschaft der Unternehmung zu erzielen.

Auf dieses Problem haben erstmals *Ansoff/Declerck/Hayes* (1976) mit aller Deutlichkeit hingewiesen, indem sie eine Schwerpunktverlagerung von der strategischen Planung zum strategischen Management konstatierten.

Die neue Konzeption des **strategischen Managements** basiert auf dem Grundgedanken der geplanten Evolution, wonach sich Veränderungen in einer Folge überschaubarer, kleiner Schritte vollziehen (vgl. auch das Konzept der fortschrittsfähigen Organisation in *Kirsch/Esser/Gabele* 1978, *Kirsch* 1979 sowie *Malik* 1986). Genauso wie Marketing nicht einen Funktionsbereich in der Unternehmung darstellt, wie z. B. Finanzierung und Produktion, sondern ein die gesamte Organisation durchdringendes unternehmungspolitisches Konzept, ist strategisches Management eben nicht eine neue Variante der Unternehmungsplanung, sondern ein Konzept, das externe strategische Planung und interne Organisationskompetenz (Organisations- und Kulturentwicklung) als gleichberechtigte und interdependente Bereiche integriert. *Kirsch* (1979) bezeichnet eine Organisation als fortschrittsfähig, wenn sie über ein Führungssystem verfügt, das drei Fähigkeiten aufweist: Handlungsfähigkeit, Empfänglichkeit und Fähigkeit zum Erkenntnisfortschritt. Strategisches Management wird dann zum **Management der Evolution** (s. a. *Jantsch* 1975).

Dieser Paradigmawechsel signalisiert auch eine Abkehr von der einseitigen Auffassung von *Chandler* (1962) – Struktur folgt der Strategie –, und läßt auch den umgekehrten Zusammenhang – Strategie folgt der Struktur – sinnvoll erscheinen (vgl. S. 429 der Arbeit). *Ansoff* (1976) belegt diese neue Entwicklung mit Beispielen (**General Electric, Sears**) und sieht darin eine Bestätigung der Eigenständigkeit der internen Struktur gegenüber extern orientierter Planung. Die Sequenz

strategische Planung → interne Anpassung → Handlung
läßt sich auch umkehren

interne Bereitschaft → strategische Planung → Handlung
(siehe auch *Gabele*[7] 1979, 1981 und *Gaitanides* 1985).

Damit rückt nach einer Zeit der Überbetonung externer Umweltorientierung wieder die interne Kompetenz der Unternehmung sowie das dialektische Spannungsverhältnis von externer Orientierung und interner Kompetenz aus evolutionstheoretischer Sicht in den Mittelpunkt der Analyse

---

[7] *Gabele, Eduard* (geb. 1941) Prof. BWL, Uni Bamberg.

(Jantsch 1975, *Sprüngli* 1981). *Ansoff* (1984) hat für letztere ein *corporate capability*-Konzept entwickelt, das dazu dienen soll, die Leistungsfähigkeit der internen Struktur zu analysieren bzw. zu verbessern, um die nach außen gerichteten strategischen Aktionen zu unterstützen.

Den zentralen Mangel der strategischen Planung sieht *Ansoff* in dem *zeitlichen* Auseinanderfallen von Strategien und interner Kompetenz. Was in der Vergangenheit eine Stärke war, kann in der Zukunft eine Schwäche sein oder umgekehrt; d.h. eine Strategie auf historischen Stärken aufzubauen, ist äußerst gefährlich. Abb. 3.5 verdeutlicht diese Zusammenhänge.

Abb. 3.5: Dynamisches Konzept des Strategischen Managements

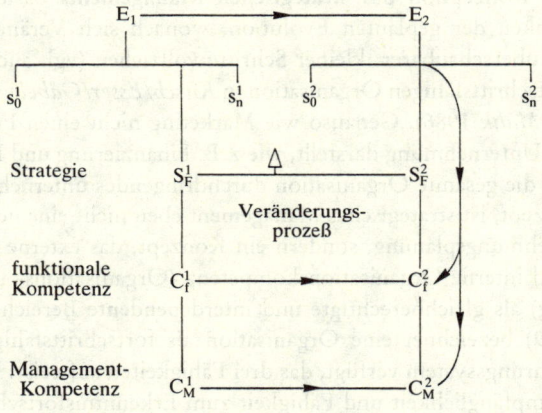

Quelle: Ansoff 1984, S. 19

In einer Umweltsituation E_1 mögen funktional äquivalente Strategien s_0^1 bis s_n^1 bestehen. Die Unternehmung wählt aufgrund umfänglicher Analysen Strategie S_F^1. Der Erfolg dieser Strategie hängt nun entscheidend von der internen Kompetenz der Unternehmung ab: der funktionalen Kompetenz C_f^1 (z.B. F&E, Marketing, Produktion) und der Management-Kompetenz C_M^1.[8]

Erfolgreiche Unternehmungsführung in E_1 erfordert somit eine Strategie S_F^1 und interne Kompetenzen C_f^1 und C_M^1. Verändert sich die Umwelt von E_1 nach E_2, wird eine neue Strategie, etwa S_F^2 innerhalb des Spielraums s_0^2 bis s_n^2 notwendig. Diese kann jedoch nur erfolgreich sein, wenn sich auch die internen Kompetenzen nach C_f^2 und C_M^2 entwickelt haben. Strategische Veränderungen erfordern also notwendigerweise veränderte interne Kompetenzen.

---

[8] *Management Capability* läßt sich an der Nutzung folgender Ressourcen festmachen: fachliche Qualifikation, Problemlösungs- und Führungsfähigkeiten, Organisationsstruktur, Organisationskultur, Informationssystem, Machtstruktur. Diese Zusammenstellung dient dazu, die situative Eignung (preparedness) des Managements zur Bewältigung strategischer Anforderungen zu testen.

Strategisches Management unterscheidet sich von strategischer Planung durch die Hinzufügung mindestens dreier Aspekte:

- Die gleichzeitige Beachtung auch von anderen System-Umweltbeziehungen neben der Produkt-Markt-Strategie (all economic and social linkages with the environment)
- Die gleichgewichtige Beachtung der internen Kompetenz (capability planning zusätzlich zum strategy planning)
- Das Management der notwendigen internen Veränderungsprozesse (management of [resistance to] change).

Damit ist die Verbindung von strategischer Planung zur **Organisationsentwicklung** hergestellt (vgl. Kapitel D).

II. Strategische Analyse und Diagnose

Ausgangspunkt jeglicher strategischer Überlegungen, sei es zum Zwecke der strategischen Planung oder des strategischen Managements, ist die Existenz genereller Ziele, Absichten und Wertorientierungen. Erst daran schließt sich die Analyse der Umwelt (Chancen und Risiken) und der internen Ressourcen (Stärken und Schwächen) der Unternehmung an. Wenn man nicht weiß, wo man hin will, was man erreichen will und wozu, fehlt die Voraussetzung für *strategisches* Handeln. Was bleibt, ist Improvisation oder ad hoc Management.

1. Analyse der generellen Ziele und Werte

Jedes Management sollte *implizit* (Philosophie, Vision, Mission) oder *explizit* (Grundsätze, Satzung, Charta, Statuten) über ideale Vorstellungen von den gegenwärtigen und zukünftigen Verhaltensweisen seiner Unternehmung verfügen. In der Literatur finden sich hierfür Begriffe wie Unternehmungskonzeption, -politik, -philosophie oder -leitlinien, die etwas darüber aussagen (sollen), warum eine Unternehmung gegründet und betrieben wird, sowie die Art und Weise, wie sie organisiert und geführt wird. In ihnen spiegeln sich sowohl die Werte und Grundeinstellungen der Gründer und Manager wider als auch die Forderungen und Ansprüche der Organisationsteilnehmer bzw. Stakeholder (vgl. S. 394 ff.). **Werte** und generelle **Ziele** üben hinsichtlich der externen und internen Umwelt eine Filter-, Bewertungs- und Auswahlfunktion aus. „Die Wahrnehmung von umweltbezogenen Chancen und Risiken ebenso wie das Bewußtsein über die eigenen Stärken und Schwächen werden durch sie vordeterminiert. Informationen werden nach den Interessen und Werten wahrgenommen, verdichtet und verarbeitet. Strategische Neuorientierungen im Unternehmen hängen somit auch mit einem Wertewandel zusammen. Dieser kann durch gesellschaftliche Entwicklungen hervorgerufen sein oder durch einen Wechsel in der Unternehmensleitung zustande kommen" (*Bühner* 1985, S. 92).

Neben dem angestrebten *fit* zwischen externen Chancen und Risiken und den internen Stärken und Schwächen soll die zu entwickelnde Strategie mit den **Motiven** und **Werten** des Top Managements vereinbar sein. Hier sind Fragen der Managementphilosophie im allgemeinen und des Planungsklimas im besonderen angesprochen. Das Planungsklima, die Summe aller Wahrnehmungen, Werte, Motive und Einstellungen der am Planungsprozeß Beteiligten hinsichtlich des Planungssystems, wird in der neueren Literatur verstärkt problematisiert (z.B. *Nurmi* 1976, *Zahn* 1981). Beklagt wird u.a. ein dem strategischen Denken entgegengesetztes kurzfristiges Profitdenken, was sich gerade in Krisenzeiten im „Geschäftemachen" und einem fehlenden Unternehmertum offenbart. Gewarnt wird auch vor einem Überschätzen formaler Systeme: „Ohne ein angemessenes Planungsklima produzieren selbst die ausgefeiltesten Planungsmethoden nur Berge von Papier, die keinerlei Einfluß darauf haben, wie die Verhältnisse sein werden oder sein sollten" (*Nurmi* 1976, S. 48); „Effektive strategische Planung setzt eine planungsfreundliche Atmosphäre voraus, und diese ist sogar höher einzuschätzen als ein formales Planungssystem" (*Zahn* 1981, S. 163).

Generelle Zwecke und Wertvorstellungen sind zwangsläufig vage, nicht quantifizierbar und selten explizit formuliert. Sie prägen aber das Denken und Handeln der Manager und, über deren Vorbildfunktion, das ihrer Mitarbeiter. Neben dem in privatwirtschaftlichen Unternehmungen unstreitig dominierenden **Gewinnstreben** werden als Nebenbedingung des Gewinnziels soziale und ökologische Verantwortung des Managements und eine spezifische **Unternehmensethik** gefordert (vgl. hierzu die Literaturanalyse von *Wächter*[1] 1987a).

a. Externe Ansprüche und Forderungen

In der klassisch liberalen und neoliberalen Staats- und Wirtschaftsordnung konnte sich der Privatunternehmer lange Zeit als relativ autonom handelndes Wirtschaftssubjekt begreifen. Auch der von ihm angestellte Manager sah seine einzige Verantwortung dem Eigentümer (Aktionär) gegenüber, und das bedeutete, nachhaltige Gewinne zu erwirtschaften. Diese Haltung spiegelt sich in häufig zitierten Aussagen wider, wie „the business of business is profits", oder dem klassischen Ausspruch des ehemaligen Präsidenten von **General Motors,** *Wilson:* „What is good for General Motors is good for the

---

[1] *Wächter, Hartmut* (geb. 1938) Prof. BWL, Uni Trier.

Country". Sie wird heute noch von *Friedman* (1971)[2] als Antwort auf die Forderung nach **gesellschaftlicher Verantwortung** der Geschäftswelt vertreten. Er ist der Auffassung, daß die Ausübung sozialer Verantwortung des Managements zu einer Vernachlässigung seiner eigentlichen markt- und gewinnbezogenen Aufgaben verleiten könnte. Für *Eells* (1960) stellt diese Auffassung (**Traditional Corporation**) das eine Ende eines Kontinuums möglicher Haltungen gegenüber der sozialen Verantwortung (social responsibility) dar. Das andere Ende bildet die **Metro Corporation**, eine sozial verantwortungsvolle Unternehmung, deren Manager die legitimen Ansprüche der verschiedenen Interessengruppen zum Ausgleich bringen. Das klassische Konzept von *Eells* ist u. a. von *Walton* (1967) weiter ausdifferenziert worden und gilt zusammen mit dieser Arbeit auch heute noch als Standardwerk über Corporate Social Responsibility.

In den letzten Jahrzehnten hat sich das gesellschaftliche Umfeld, in dem die moderne Großunternehmung agiert, erheblich gewandelt. Die Tatsache, daß die großen Wirtschaftsorganisationen für die meisten (wenn nicht alle) Fehlentwicklungen und Probleme in den westlichen Industrienationen verantwortlich gemacht werden, führt dazu, daß im Sinne des Verursacherprinzips eine Fülle von Auflagen, neuen Anforderungen und Ansprüchen an sie herangetragen werden (vgl. z. B. *Steiner* 1971, *Jehle* 1979, *Schröder* 1978, *Picot* 1977, *Böhm* 1979). Diese sind neben der ‚klassischen' Verantwortung gegenüber Eigentümern und Gläubigern u. a.:

- **Verantwortung gegenüber dem Verbraucher**
  (bessere Aufklärung und Beratung; verbesserte Garantieleistungen; keine schädlichen Produktauswirkungen)
- **Verantwortung gegenüber den Arbeitnehmern**
  (Ausbildung, Umschulung, Beschäftigung von Arbeitslosen, Jugendlichen, Behinderten, keine Benachteiligung von ausländischen Arbeitnehmern, Vorbestraften)
- **Verantwortung gegenüber der Region**
  (Bereitstellung von Transportmöglichkeiten; Neubau und Sanierung von Stadtteilen; Bereitstellung von Erholungsgebieten)
- **Verantwortung gegenüber der Gesellschaft**
  (umweltfreundliche Beschaffungs-, Produktions- und Vertriebssysteme, Vermeidung von Luft-, Boden- und Wasserverschmutzung sowie von Lärmbelästigung, Recycling von Abfallprodukten, Verantwortung für neue Technologien und deren Folgen, bessere und rechtzeitige Information der Öffentlichkeit über die Unternehmung).

Der Einsatz von Kapital und Arbeit in Unternehmungen zum Zwecke der Leistungserstellung und -verwertung wird nicht mehr als die Privatangelegenheit einiger weniger Kapitaleigner und Manager angesehen, sondern auf-

---

[2] *Friedman, Milton* (geb. 1912) Ökonom, Senior Research Fellow, Hoover Institute, Nobelpreis 1976.

grund der dabei ausgeübten wirtschaftlichen, sozialen und politischen Macht als ein quasiöffentlicher Vorgang (vgl. z.B. *Steinmann* 1969, *Weihe* 1976, *P. Ulrich* 1977, *Schröder* 1978, *Weitzig* 1979). Da unternehmerische Macht primär eine Funktion der Unternehmungsgröße ist, konzentrieren sich die Vorschläge zur Institutionalisierung gesellschaftlicher Verantwortung primär auf die **Großunternehmung,** die über die Macht verfügt, weitgehend autonom zu handeln.

Obwohl in amerikanischen Business Schools (vor allem Harvard Business School) schon frühzeitig auf diese Entwicklungen hingewiesen wurde, und in Business Policy-Kursen die Studenten und Manager zur Berücksichtigung gesellschaftlicher Ansprüche bei der Formulierung der Unternehmungsstrategie angehalten werden, zeigt sich die **Management-Praxis** externen Ansprüchen gegenüber ablehnend, vor allem dann, wenn sie das Gewinnziel beeinträchtigen. Daher wird verständlich, daß alle von den Unternehmungen selbst entwickelten Konzepte der gesellschaftlichen Verantwortung *reaktiv* aus einer Verteidigungsposition heraus entstanden sind, einmal um externe Kritik abzuwehren und zum anderen, um weitergehenden staatlichen Eingriffen in den unternehmerischen Entscheidungsspielraum zuvorzukommen. Das verstärkte gesellschaftspolitische Engagement der Großunternehmungen läßt sich auch mit Hilfe des **iron law of responsibility** erklären, das in seiner allgemeinen Fassung behauptet, daß jede Institution im Laufe der Zeit diejenige Macht verliert, die sie nicht verantwortungsvoll einsetzt (vgl. *Davis/ Blomstrom* 1971, S. 95). Auf die hier diskutierte Problematik bezogen heißt das: Wenn die Unternehmungen nicht die von ihr erwartete soziale und ökologische Verantwortung übernehmen, wird es eine andere Institution (hier: der Staat) tun.

Auf welchen Ebenen Unternehmungen Verantwortung zeigen können, ist dem mehrstufigen Konzept von *P. Ulrich* (1977, S. 224) zu entnehmen:

1. Stufe: Externe Verantwortlichkeit gegenüber dem Staat (Einhaltung von Gesetzen, Geboten, Vorschriften)

2. Stufe: Externe Verantwortlichkeit gegenüber den Mitbestimmungsgruppen (Kapitalvertreter, Arbeitnehmervertreter, Öffentlichkeitsvertreter)

3. Stufe: Interne Verantwortlichkeit gegenüber dem Mitbestimmungsorgan (= Verwaltungsrat bzw. Aufsichtsrat, Betriebsrat)

4. Stufe: Moralische Verantwortung der Unternehmensleitung gegenüber Öffentlichkeit und Staat (einschließlich Berufsethos).

b. Berücksichtigung externer und interner Normen und Werte bei der Strategieformulierung

Unter dem Einfluß veränderter ethischer, religiöser, rechtlicher und sozialer Normen und Werte sowie unter dem Druck externer Interessengruppen, wie Gewerkschaften, Verbraucher, Staat, haben sich auch die Wertsysteme der verantwortlichen Entscheidungsträger in Unternehmungen geändert und zu einer verstärkten Anerkennung sozialer und gesellschaftlicher Verantwortung bei der Strategieformulierung geführt.

Die in Theorie und Praxis diskutierten Konzepte zur Berücksichtigung gesellschaftlicher und unternehmerischer Wertvorstellungen bei der Strategieformulierung lassen sich in zwei große Gruppen gliedern:

a) Formulierung von Verhaltensnormen und freiwillige **Selbstkontrolle** der Unternehmungen (Selbstverpflichtung)

b) Institutionalisierung der Interessenberücksichtigung und **Fremdkontrolle** (Rechtsnormen und Staatsaufsicht).

Im *ersten Fall* ist die Formulierung rechtlich unverbindlicher ethischer und moralischer Standards gesellschaftlich-sozialen Wohlverhaltens gemeint, deren Beachtung zu einer Selbstbeschränkung des Managements bei der Ausübung wirtschaftlicher Macht führt. Typisch für einen solchen Verhaltenskodex ist das **Davoser Manifest,** das am Schlußtag des Dritten Europäischen Management-Symposiums in Davos verabschiedet wurde (Februar 1973) (vgl. S. 578 sowie zur Kritik *Steinmann* 1973).

Als Richtschnur für eine umweltorientierte Unternehmungsführung hat 1985 der Bundesverband Junger Unternehmer (BJU) eine Checkliste für Umweltschutz als Teil der Unternehmensstrategie erarbeitet. Für ein verstärktes Umweltbewußtsein setzt sich auch der 1984 gegründete Bundesdeutsche Arbeitskreis für umweltbewußtes Management (BAUM) ein (vgl. *Winter* 1987). Auf der Ebene der einzelnen Unternehmung unterscheidet *Kline* (1985, S. 99 ff.) drei Arten von **Verhaltenskodizes:**

• *Employee Guidance Codes* (Führungsrichtlinien)

• *Public Relations Codes* (Richtlinien für Öffentlichkeitsarbeit)

• *Corporate Identity Codes* (CI-Richtlinien).

Zur Einschränkung bzw. Kontrolle der wirtschaftlichen Macht speziell internationaler Unternehmungen sind von drei überstaatlichen Organisationen Verhaltenskodizes aufgestellt worden (vgl. z.B. *Kline* 1985):

• **OECD-Leitsätze**

Der Ministerrat der Organisation für wirtschaftliche Zusammenarbeit und Entwicklung hat 1976 recht vage Verhaltensregeln für multinationale Unternehmungen formuliert. Fehlverhalten und Verstöße gegen die Leitsätze können (rechtlich konsequenzlos) von den Gewerkschaften und Mitgliedsstaaten der OECD gemeldet werden.

• **Dreier-Erklärung der ILO**

Der Verwaltungsrat der Internationalen Arbeitsorganisation hat 1977 eine dreigliedrige Grundsatzerklärung (Arbeitgeber, Arbeitnehmer, Staat) über multinationale Unternehmungen und Sozialpolitik angenommen. Regierungen, welche die Grundsatzerklärung ratifiziert haben, verpflichten sich, alle zwei Jahre nach Konsultation mit den nationalen Arbeitgeberverbänden und Gewerkschaften einen Bericht über die Einhaltung der Erklärung abzugeben.

- **Verhaltenskodex der UN**

Der Wirtschafts- und Sozialrat der Vereinten Nationen (ECOSOC) hat 1977 eine Kommission für transnationale Unternehmungen eingesetzt, die einen Verhaltenskodex für internationale Unternehmungen entwickeln soll. Dieser ist bis heute noch nicht verabschiedet.

Das Davoser Manifest

A. Berufliche Aufgabe der Unternehmensführung ist es, Kunden, Mitarbeitern, Geldgebern und der Gesellschaft zu dienen und deren widerstreitende Interessen zum Ausgleich zu bringen.

B. 1. Die Unternehmensführung muß den Kunden dienen. Sie muß die Bedürfnisse der Kunden bestmöglich befriedigen. Fairer Wettbewerb zwischen den Unternehmen, der größte Preiswürdigkeit, Qualität und Vielfalt der Produkte sichert, ist anzustreben.

Die Unternehmensführung muß versuchen, neue Ideen und technologischen Fortschritt in marktfähige Produkte und Dienstleistungen umzusetzen.

2. Die Unternehmensführung muß den Mitarbeitern dienen, denn Führung wird von den Mitarbeitern in einer freien Gesellschaft nur dann akzeptiert, wenn gleichzeitig ihre Interessen wahrgenommen werden. Die Unternehmensführung muß darauf abzielen, die Arbeitsplätze zu sichern, das Realeinkommen zu steigern und zu einer Humanisierung der Arbeit beizutragen.

3. Die Unternehmensführung muß den Geldgebern dienen. Sie muß ihnen eine Verzinsung des eingesetzten Kapitals sichern, die höher ist als der Zinssatz auf Staatsanleihen. Diese höhere Verzinsung ist notwendig, weil eine Prämie für das höhere Risiko eingeschlossen werden muß. Die Unternehmensführung ist Treuhänder der Geldgeber.

4. Die Unternehmensführung muß der Gesellschaft dienen.

Die Unternehmensführung muß für die zukünftigen Generationen eine lebenswerte Umwelt sichern.

Die Unternehmensführung muß das Wissen und die Mittel, die ihr anvertraut sind, zum Besten der Gesellschaft ausnutzen.

Sie muß der wissenschaftlichen Unternehmensführung neue Erkenntnisse erschließen und den technischen Fortschritt fördern. Sie muß sicherstellen, daß das Unternehmen durch seine Steuerkraft dem Gemeinwesen ermöglicht, seine Aufgabe zu erfüllen. Das Management soll sein Wissen und seine Erfahrungen in den Dienst der Gesellschaft stellen.

C. Die Dienstleistung der Unternehmensführung gegenüber Kunden, Mitarbeitern, Geldgebern und der Gesellschaft ist nur möglich, wenn die Existenz des Unternehmens langfristig gesichert ist. Hierzu sind ausreichende Unternehmensgewinne erforderlich. Der Unternehmensgewinn ist daher notwendiges Mittel, nicht aber Endziel der Unternehmensführung.

Quelle: European Management Forum 1973, S. 9f.

Die Befolgung hoher ethischer Standards durch die Unternehmungsführung ist zwar eine notwendige, aber keine hinreichende Bedingung zur Ordnung der Machtausübung in der Wirtschaft. Ohne sanktionsfähige Normen droht die Idee der gesellschaftlichen Verantwortung, die *Steinmann* (1973) als eine ‚pseudo-normative Leerformel' qualifiziert, zur Ideologie (Rechtfertigung, Verschleierung) oder PR-Maßnahme zu verkommen. Die oben vorgestellten Verhaltenskodizes haben mangels einer Rechtsverbindlichkeit lediglich den **Charakter ethischer und moralischer Appelle** an ein Wohlverhalten, das sich in einer Selbstbeschränkung des Managements bei der Ausübung wirtschaftlicher Macht niederschlagen soll. Eine Einhaltung der Verhaltensregeln steht nur solange zu erwarten, solange deren Beachtung nicht elementare Interessen externer Stakeholder (vor allem der Kapitalgeber) gefährdet.

Zum Aufbau ethischer Einstellungen, Werte und Verhaltensweisen beim Management ist eine entsprechende Neuorientierung der Schul-, Hochschul- und Weiterbildungscurricula erforderlich. All diese neuen Sozialisationsversuche werden jedoch nicht verhaltensrelevant, wenn entsprechende Verstärker ausbleiben. Konkret heißt das, wenn die traditionellen Selektions- und Belohnungskriterien für Manager unverändert bleiben, sind diese nicht motiviert, ein gesellschaftlich verantwortungsbewußtes Verhalten zu zeigen.

Folglich erscheint eine institutionelle Absicherung bzw. Unterstützung dieser Verhaltensweisen erforderlich.

Verantwortung im institutionellen Sinn, und damit komme ich zum *zweiten Fall* (Fremdkontrolle), erfordert die Einhaltung rechtlicher oder (sozial-)-vertraglicher Normen; diese werden von den Betroffenen bzw. von neutralen Dritten kontrolliert und ihre Nichtbefolgung sanktioniert. Ansätze zur Institutionalisierung gesellschaftlicher Verantwortung greifen unterschiedlich tief in den Handlungsspielraum der Unternehmung ein. Ihren konkreten Niederschlag finden sie in der herrschenden **Unternehmensverfassung,** die alle rechtlichen bzw. vertraglichen Regelungen der internen (z. B. Betriebsverfassung) und externen (z. B. Wettbewerbsrecht, Umweltschutz) Interaktionsbeziehungen umfaßt.

Historisch gesehen brachte die Weiterentwicklung des Allgemeinen Deutschen Handelsgesetzbuches, das noch stark im französischen Code de Commerce verwurzelt war, zum Handelsgesetzbuch (HGB) in den Jahren 1897 bis 1900 die Trennung des Begriffs des Unternehmens von dem des Kaufmanns und löste das Unternehmen aus dem Freiheitsbereich des Kaufmanns. *Rathenau*[3] (1918, S. 147ff.) entwickelt den Begriff des **Unternehmens an sich,** dessen Binnenverfassung sich nicht mehr ausschließlich an den Interessen der Eigentümer orientiert. Im Zuge der Managerialismus-Debatte (Trennung von Eigentum und Verfügungsmacht, vgl. S. 391f. der Arbeit) wird behauptet, daß angestellte Manager als Agenten der Eigentümer andere Interessen verfolgen als Eigentümer-Unternehmer; dies vor allem hinsichtlich Gewinnverwendung, Risikoneigung, Führungsstil und Mitbestimmung.

---

[3] *Rathenau, Walter* (1867–1922) Generaldirektor der AEG, später Reichsaußenminister. 1922 von Rechtsradikalen in Berlin ermordet.

Eine die Arbeitnehmerinteressen explizit berücksichtigende interessendualistische Auffassung des Unternehmens findet ihren Niederschlag im Betriebsrätegesetz von 1920, das den Betriebsräten ein Informationsrecht im Aufsichtsrat und Mitwirkungsrechte auf Betriebsebene zuspricht. Das **Interesse der Öffentlichkeit** fließt erstmals mit der Novellierung des Aktiengesetzes im Jahre 1937 in die Unternehmensverfassung ein. Der § 70 AktG 1937 fordert, daß der Vorstand die Gesellschaft so zu leiten habe, „wie das Wohl des Betriebes und seiner Gefolgschaft und der gemeine Nutzen von Volk und Reich es fordern." Dieser Passus wird nicht in die Neufassung des AktG 1965 übernommen, und seine Fortgeltung ist umstritten. Unumstritten ist jedoch, daß das Unternehmen als juristische Person der verfassungsrechtlichen Gemeinwohlbindung der Art. 2, 12, 14 und 20 GG unterliegt.

Während Fragen der *internen* Verantwortlichkeit gegenüber den Mitbestimmungsträgern und der *externen* Verantwortlichkeit gegenüber Eigentümern und Gläubigern seit Jahrzehnten Gegenstand betriebswirtschaftlicher Forschung und unternehmerischer Kalküle sind (vgl. den Abschnitt über die Berücksichtigung von Teilnehmerinteressen in der Organisationsverfassung, S. 402 ff. der Arbeit), finden Forderungen nach einer **ökologischen Verantwortlichkeit** erst in jüngerer Zeit die Aufmerksamkeit von Forschung und Praxis (vgl. *Strebel* 1980, *Wicke* 1989 sowie den Überblick bei *Freimann* 1987). Allenthalben wird eine ökologische Unternehmenspolitik (*Pfriem* 1986) oder umweltorientierte Unternehmensführung (*Winter*[4] 1987) gefordert und in ersten Ansätzen praktiziert. 1972 hat das Pionierunternehmen auf diesem Gebiet, die Firma **Winter**, die Schonung der Umwelt zu einem offiziellen Unternehmensziel erklärt *(Winter-Modell)*. Das integrierte System umweltorientierter Unternehmensführung bezieht alle Unternehmensbereiche in das Konzept ein: Einsatz von Rohstoffen und Energie, Materialwirtschaft, Fertigungstechnik, Produktentwicklung, Entsorgung und Recycling, Aus- und Weiterbildung bis hin zur Umweltberatung in Mitarbeiterhaushalten.

Auch bei *Kreikebaum*[5] (1987, S. 172 ff.) äußert sich gesellschaftlich verantwortliches Managementhandeln vor allem in der **Beachtung ökologischer Anforderungen** hinsichtlich einer

- sparsamen Verwendung begrenzter Ressourcen und
- Vermeidung von Umweltverschmutzung.

Folgt man diesen Forderungen, so wird zwangsläufig ein Übergang von der bislang vorherrschenden Ausrichtung am quantitativen hin zu einem solchen am qualitativen Wachstum notwendig. Eine derartige Neuorientierung muß auch Konsequenzen für die **Inhalte strategischer Planung** haben. Diese sieht *Kreikebaum* (S. 179 ff.) in

---

[4] *Winter, Georg*, Mitgesellschafter der Ernst Winter & Sohn GmbH & Co., Hersteller von Diamantwerkzeugen.
[5] *Kreikebaum, Hartmut* (geb. 1934) Prof. BWL, Uni Frankfurt.

- der Reduzierung des Ressourcenverbrauchs (z. B. Einsatz energiesparender neuer Technologien, Erschließung neuer Energiequellen)
- der Strategie des Recycling (Wiedergewinnung bzw. Weiterverwertung von Rohstoffen)
- dem Ersatz umweltschädigender durch -freundliche Technologien
- dem passiven Umweltschutz durch umweltfreundliche Produktpolitik (z. B. Langzeitauto, Verzicht auf Kunststoffverpackung)
- dem aktiven Umweltschutz durch Verhinderung, Beseitigung und Verminderung von Umweltschäden (z. B. Luft- und Wasserreinhaltung).

Leider bleibt bei *Kreikebaum* – außer dem Hinweis auf eine notwendige Umweltethik – die Frage unbeantwortet, was das Management einer Unternehmung in einer kapitalistischen Wirtschaftsordnung veranlassen könnte, ökologische Forderungen bei der Formulierung der Unternehmungsstrategie zu berücksichtigen. Die höchsten Realisierungschancen weisen sicherlich solche ökologischen Maßnahmen auf, die auch eine Verbesserung der ökonomischen Zielerreichung erwarten lassen (z. B. umweltfreundliche Produkte, PR-Wirkung, Vermeidung kostenintensiver staatlicher Auflagen). Für die Masse der Unternehmungen wird sich jedoch nach wie vor eine Verbesserung der ökonomischen Situation dadurch ergeben, daß auf teure Umweltschutzmaßnahmen verzichtet wird. Gibt man die Hoffnung auf die Selbstheilungskräfte des Marktes, die freiwillige Selbstbeschränkung des Managements und auf Gegenmachtbildung mächtiger Interessengruppen auf, bleibt nur noch die Änderung des bestehenden Rechts.

Die Unternehmensleitungen stehen heute sicherlich nicht mehr auf der untersten Stufe moralischer Urteilsfähigkeit, auf der ein Vorrang des Gewinninteresses vor allen konkurrierenden Ansprüchen besteht, sondern sie pflegen ein strategisches Denken insofern, als sie konkurrierende Interessen ernst nehmen und solange auch berücksichtigen, so lange dies Vorteile für die Unternehmung verspricht. Von der höchsten Stufe moralischen Handelns, auf der ethische Grundsätze, wie Freiheit, Gleichheit und Gerechtigkeit uneigennützig verfolgt werden, sind wir allerdings noch weit entfernt. Ein solches Handeln ist auch ohne eine Änderung des rechtlichen und sittlichen Umfeldes, in dem Unternehmer und Manager agieren, nicht zu erwarten (vgl. hierzu das System moralischer Ebenen und Stufen von *L. E. Kohlberg* 1976).

2. Analyse der Umwelt

Die Betrachtung von Unternehmungen als offene soziotechnische Systeme (Abschnitt 2 D I 1), für die Austauschprozesse mit der natürlichen und sozialen Umwelt überlebensnotwendig sind, weist unmittelbar auf die zentrale Bedeutung einer Umweltanalyse für die Strategieformulierung hin. Die **Umwelt** ist mindestens in dreierlei Hinsicht für die Unternehmung von Interesse: Einmal bietet sie die Möglichkeit, Produkte und Dienstleistungen abzusetzen; zweitens wendet sie sich mit Anforderungen/Ansprüchen an die Unternehmung und letztlich setzt sie die (rechtlichen) Rahmenbedingungen für unternehmerisches Handeln.

Bei der Analyse der Umwelt empfiehlt es sich, zwischen generellen und speziellen Umwelteinflüssen auf die Unternehmung zu unterscheiden. Während die *generelle* Umwelt für alle Unternehmungen einer Volkswirtschaft weitgehend gleich ist, stellt sich die *spezielle* Umwelt (task environment) für jede Unternehmung unterschiedlich dar (vgl. *Dill* 1958, *Duncan* 1972, *Kast/ Rosenzweig* 1985, S. 136 ff.)

a. Umweltfaktoren

Neben den generellen Umweltfaktoren, auf deren Wandel die einzelne Unternehmung höchstens einen mittelbaren Einfluß nehmen kann, und die sie folglich überwiegend als Determinanten in ihr Kalkül einbeziehen muß, gibt es eine Klasse von Umweltfaktoren, auf welche die Unternehmung mehr oder weniger stark einwirken kann (vgl. Abb. 3.6). Diese Umweltfaktoren lassen sich sinnvoll nach den für die Existenz der Unternehmung wichtigsten vier unmittelbaren Umweltsystemen einteilen, und zwar in Faktoren ihres

Abb. 3.6: Umweltsysteme der Unternehmung

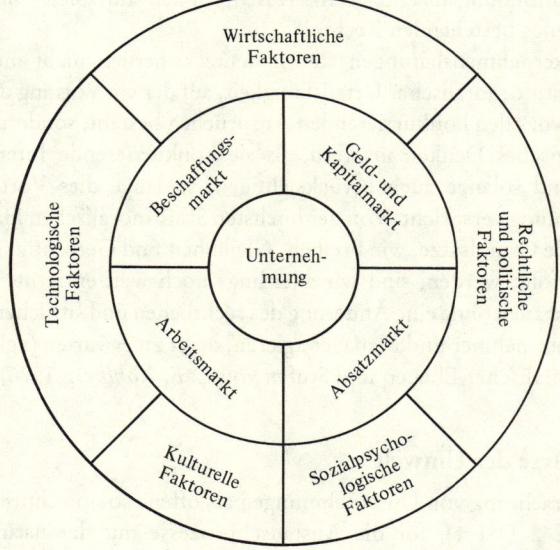

- **Beschaffungsmarktes**
- **Arbeitsmarktes**
- **Geld- und Kapitalmarktes**
- **Absatzmarktes.**

Diese Einteilung entspricht weitgehend dem Konzept der **Aufgabenumwelt** (task environment). Dieses von *Dill* (1958) geprägte Umweltkonzept umfaßt vier große Umweltsysteme:

- **Kunden** (Absatzmarkt)
- **Lieferanten** (Geld- und Kapitalmarkt, Beschaffungsmarkt, Arbeitsmarkt)
- **Konkurrenten**
- **Verwaltung, Behörden.**

Im Mittelpunkt der Erforschung der *speziellen* Umwelt steht die Analyse der Branche und wichtigsten Konkurrenten. *Porter* (1983, S. 25 ff.) hat zur Bestimmung der **Wettbewerbsintensität einer Branche** fünf strukturelle Determinanten analysiert:

- Rivalität unter den bestehenden Wettbewerbern
- Bedrohung durch neue Konkurrenten
- Bedrohung durch Ersatzprodukte und -dienste (Substitution)
- Verhandlungsstärke der Lieferanten
- Verhandlungsstärke der Abnehmer.

Die jeweilige Ausprägung dieser Wettbewerbskräfte bestimmt die Wettbewerbsintensität und Rentabilität einer Branche. Sie erfordert je unterschiedliche strategische Antworten.

Umfang und Intensität der Einflußnahme auf einzelne dieser Faktoren hängen von der vorherrschenden **Marktform,** der temporären **Marktsituation** und der **relativen Stellung** der Unternehmung in dem entsprechenden Markt ab. Die Bildung von Koalitionen zwischen einzelnen Marktteilnehmern (Verbände, Vereine, Gewerkschaften, Genossenschaften, Bürgerinitiativen etc.) kann hier zu einer erheblichen Stärkung der Marktposition führen und damit bessere Voraussetzungen für eine aktive Anpassungspolitik schaffen.

Während klassischerweise nur die Interaktionen zwischen der Unternehmung und den sie unmittelbar umgebenden Märkten Gegenstand von Umweltanalysen waren, sind im Zuge der zunehmenden Verflechtung der nationalen und internationalen Märkte sowie mit unternehmungsrelevanten gesamtgesellschaftlichen Entwicklungen auch die Umwelten der Märkte in die Situations- und Entwicklungsanalyse mit einbezogen worden (vgl. Abb. 3.6).

R. Farmer und *B. Richman* haben als erste die Bedeutung *genereller* Umweltfaktoren für Managemententscheidungen analysiert.

In Anlehnung an *Farmer* und *Richman* (1965) können vier große Gruppen von Umweltfaktoren unterschieden werden:

a) **kulturelle Faktoren**
b) **sozialpsychologische Faktoren**
c) **rechtliche und politische Faktoren**
d) **wirtschaftliche und wirtschaftspolitische Faktoren.**

Zu a) zählen:

Die allgemeine Schulbildung; der Prozentsatz der Gesamtbevölkerung, der lesen, schreiben und rechnen kann; die durchschnittliche Anzahl der Schuljahre pro Kopf. Die spezielle Berufsausbildung und die allgemeine höhere Schulbildung; Umfang, Art und Qualität der Ausbildung. Die Ausbildung an Universitäten und Technischen Hochschulen. Umfang und Qualität der innerbetrieblichen Weiterbildung.

Die allgemeine Einstellung der Bevölkerung gegenüber einer Schul- oder Hochschulausbildung sowie gegenüber speziellen Disziplinen (z.B. Naturwissenschaften, Soziologie).

Demographische Entwicklung (Quantität und Qualität der Human Resources eines Landes).

Zu b) zählen:

Die allgemeine oder dominierende Einstellung der Arbeitnehmer gegenüber dem Management; Bedeutung von Klassenkampf und Gewerkschaften.

Die Ausprägung und Bedeutung des Über- und Unterordnungsverhältnisses und des allgemeinen Autoritätsbewußtseins; vorherrschende Führungsstile.

Die Arbeitsauffassung und das Pflichtbewußtsein.

Das Ausmaß der vertikalen und horizontalen Mobilität innerhalb der Sozialstruktur eines Landes.

Die Haltung der Allgemeinheit gegenüber dem Besitz oder Erwerb materieller Güter (evtl. als Folge der Religion).

Die Einstellung gegenüber der Anwendung wissenschaftlicher Methoden bei der Lösung technischer, wirtschaftlicher und sozialer Probleme.

Der Grad und das Ausmaß der Bereitschaft zur Risikoübernahme.

Das Ausmaß der Bereitschaft zur Zusammenarbeit zwischen Individuen, Unternehmungen und Wirtschaftsorganisationen.

Zu c) zählen:

Die Ausgestaltung und Wirksamkeit der Rechtsstruktur, insbesondere des Handels- und Gesellschaftsrechts, des Arbeitsrechts, des Steuerrechts (vor allem Einkommens-, Körperschafts-, Umsatz- und Erbschaftssteuer) und weiterer für die Wirtschaft wesentlicher Gesetze.

Der Einfluß der Verteidigungspolitik auf die Wirtschaft eines Landes hinsichtlich der Handelsmöglichkeit mit potentiellen Feinden sowie der Entwicklung und Förderung strategisch wichtiger Industrien.

Der Einfluß der Außenpolitik auf die Unternehmung; Handelsrestriktionen, Kontingente, Zölle, Wechselkurse, Auslandshilfe etc.

Die innenpolitische Struktur und die allgemeine politische Stabilität.

Zu d) zählen:

Das vorherrschende Wirtschaftssystem (meist Mischform zwischen freier Marktwirtschaft und zentraler Planwirtschaft).

Die Ausgestaltung und die Arbeitsweise des Zentralbanksystems sowie deren Kontrollmöglichkeiten über die Geschäftsbanken; Geld- und Kapitalmarktpolitik. Die Fiscal Policy des Staates (fiskalische und monetäre Maßnahmen des Staates im Dienst der Konjunktur- und Beschäftigungspolitik).

Die wirtschaftliche Stabilität (Wachstum, Geldwertstabilität). Die Ausgestaltung und Leistungsfähigkeit des Geld- und Kapitalmarktes.

Die Größe der nationalen Absatzmärkte und das Ausmaß der wirtschaftlichen Integration mit Nachbarmärkten.

Die Infrastruktur; Verfügbarkeit und Qualität von Energieversorgung, Transport, Nachrichtenübermittlung etc.

Als fünfte Faktorengruppe ist die **Technik** (Entwicklung neuer Techniken, Technologien, Materialien und damit zusammenhängender Produkte) anzuführen. Vor allem durch Entwicklungen in der Mikroelektronik und Biotechnik unterliegt dieser Bereich im Vergleich zu den vier anderen Gruppen einem besonders starken Wandel. Die Reichweite des gesellschaftlichen Entwicklungsprozesses hin zu einer Informationsgesellschaft wird sogar vielfach mit jener der Industriellen Revolution verglichen (z. B. *Toffler* 1980; *Friedrichs/Schaff* 1984). Insofern ist die technische Entwicklung zum wichtigsten Umweltfaktor avanciert, der seinerseits Auswirkungen auf die anderen Faktoren hat.

b. Umweltveränderungen

Alle fünf Umweltfaktoren sind, so die Auffassung der Wissenschaftler und Manager, in den letzten Jahrzehnten komplexer, dynamischer und in ihren Entwicklungen und Auswirkungen schwerer prognostizierbar geworden. Schon 1965 hatten *F. Emery* und *E. Trist* eine Entwicklung zu dynamischen Umweltbedingungen (turbulent fields) feststellen können (vgl. S. 436 der Arbeit). Danach haben sich immer wieder Autoren mit mehr oder weniger wissenschaftlich fundierten Prognosen zur Veränderung westlicher Industrienationen geäußert (vgl. z. B. *Toffler* 1970, 1980, *Naisbitt* 1984). Besondere Beachtung haben die zehn Megatrends von *John Naisbitt* gefunden. *Naisbitt* (1984) hat über eine Zehn-Jahres-Periode eine große Anzahl lokaler, überregionaler und nationaler Zeitungen in den USA ausgewertet und folgende **Trends** identifiziert:

1. Von der Industriegesellschaft zur Informationsgesellschaft
2. Von klassischer Technologie zu high-tech/high-touch[6]
3. Von einer nationalen zu einer internationalen Wirtschaft
4. Von einer kurzfristigen zu einer längerfristigen Zukunftsvorsorge
5. Von Zentralisation zu Dezentralisation
6. Von staatlicher Hilfe zur Selbsthilfe
7. Von repräsentativer zu partizipativer (direkter) Demokratie
8. Von Hierarchien zu Netzwerken
9. Von Nord nach Süd (gemeint ist das Wirtschaftsgefälle in den USA)
10. Von einem Denken in ja/nein-Entscheidungen zu einem Denken in Handlungsspielräumen.

---

[6] *high-touch* meint intensive soziale Kommunikation (face to face).

Gefördert, mitverursacht und überlagert werden diese Trends in einem gewissen Ausmaß von einem Wandel grundlegender persönlicher Einstellungen, Normen und Werte.

Seit Ende der 60er Jahre glauben einige Sozialwissenschaftler, in westlichen Industrienationen einen **Wertwandel** feststellen zu können; ausgelöst nicht zuletzt durch die Studentenunruhen und die spontanen Arbeitsniederlegungen in der damaligen Zeit (vgl. z. B. *England* 1988).

Ein damit angedeuteter Umbruch des durch die ,protestantische Ethik' *(M. Weber)* begründeten ,bürgerlichen' Wertsystems, das als dominierendes neuzeitliches Wertmuster für die industriell-kapitalistische Kultur charakteristisch ist, würde zunächst insbesondere für die Angehörigen der gesellschaftlich tragenden Mittelschichten bedeuten, daß Arbeit als Garant der Sinnerfüllung des Lebens erheblich an Bedeutung einbüßt. Weitgehend gelockert wäre auch die traditionelle Verpflichtung des einzelnen auf Selbstkontrolle im Sinne ökonomisch-rationaler Lebensführung bei unermüdlichem Arbeitseinsatz und asketischer Haltung gegenüber dem Lebensgenuß. Auch hinsichtlich des sozial positiven Gehaltes dieses religiös fundierten Wertmusters, z. B. im Sinne der Orientierung am Gemeinwohl, wären ganz erhebliche Veränderungen zu erwarten. Es ist kaum verwunderlich, daß sich vor dem Hintergrund derartiger noch sehr globaler doch konsequenzenreicher Annahmen (vgl. z. B. den von *Bell* 1975 konstatierten Untergang der ,bourgeoise culture') ein immer stärker werdendes Forschungsinteresse auf Fragen des Wertwandels bzw. Wertzerfalls konzentriert. Eine Reihe sehr unterschiedlicher Studien versucht den Wertwandel in bezug auf verschiedene Lebensbereiche und aufgrund unterschiedlicher Beobachtungen sowie Wert-Operationalisierungen als umfassende Wandlungsbewegung zu belegen.

Folgende **Trends** werden gesehen:

- von materialistischen zu postmaterialistischen **Werthaltungen** (*Inglehart* 1977, sowie S. 156 der Arbeit)
- von Berufs- und Leistungsorientierung zu privatistisch-hedonistischen Werthaltungen (*Kmieciak* 1976)
- von Opferethik (Arbeitsorientierung) zur Gleichgewichtsethik (zwischen Arbeit und Freizeit) (*Noelle-Neumann/Strümpel*[7] 1984)
- Von Pflicht- und Akzeptanzwerten zu Selbstentfaltungswerten (*Klages*[8] 1984)
- von puritanischen zu kommunikativen Tugenden (*Schmidtchen*[9] 1984).

Sehr kontrovers sind allerdings die Schlußfolgerungen, die aus diesen Befunden gezogen werden: Einige Autoren interpretieren diesen fundamentalen Bewußtseinswandel, mit dem sich auch die Menschen-, Wirtschafts- und

---

[7] *Noelle-Neumann, Elisabeth* (geb. 1916) Prof. Uni Mainz, Gründerin und Leiterin Institut für Demoskopie Allensbach;
Strümpel, Burkhard (1935–1990) Volkswirt, Prof. BWL, FU Berlin.
[8] *Klages, Helmut* (geb. 1930) Prof. Soziologie, Hochschule Speyer.
[9] *Schmidtchen, Gerhard* (geb. 1925) Prof. Sozialpsychologie, Uni Zürich.

Gesellschaftsbilder verändern, als fortschrittshaltiges Werttransformationsphänomen, mit dem sich meta-ökonomische, post-materialistische Auffassungen im Zuge eines notwendigen Anpassungsprozesses an veränderte Lebensbedingungen ankündigen, dagegen sehen andere Autoren darin vor allem eine bedrohliche Entwicklung des Zerfalls tragender Kulturelemente mit der Perspektive der Entwurzelung des Menschen und der gesellschaftlichen Entstabilisierung. Man wird diese Fragen beim gegenwärtigen Forschungsstand sicherlich noch nicht endgültig klären können. Sicher erscheint jedoch, daß wir uns gegenwärtig in einer konfliktreichen gesellschaftlichen Übergangsphase befinden, die für viele einzelne Menschen und einzelne Bevölkerungsgruppen ganz erhebliche Dissonanzen heraufbeschwört, ihre Lebensqualität aufgrund sehr starker persönlicher Verunsicherung reduziert. Das wird aufgrund theoretischer Einsichten deutlich, bedenkt man, wie massiv Wertveränderungen die psychische Stabilität des Individuums beeinträchtigen; denn nach *Rokeach* (1973, S. 25) liegen Werte als internalisierte Standards und Handlungsmaßstäbe dem Verhalten ebenso zugrunde wie den Einstellungen, Ideologien, den Selbstdarstellungen, Urteilen, Rechtfertigungen und schließlich auch den sozialen Vergleichen und den Beeinflussungsversuchen anderer gegenüber. Die zentrale Verunsicherung der Menschen heute, erbitterte soziale Konfrontation, sehr starke Isolationstendenzen usw. haben hier wahrscheinlich eine wesentliche Ursache. Im Zuge beschleunigter Veränderungen äußerer (ökonomischer, sozial-struktureller, technologischer) Lebensbedingungen kann diese Entwicklung nicht überraschen, denn Orientierungswerte stehen dazu in Wechselwirkung.

Im Bereich der Erwerbstätigkeit lassen sich ebenfalls Identifikationsänderungen zugunsten anderer Werte feststellen, wie der Bedeutungsverlust traditioneller Berufs- und Leistungsorientierung, das Vordringen partnerschaftlicher und egalitärer Haltungen auch im Zusammenhang mit der Veränderung der Geschlechtsrollenbilder (z. B. Quotenregelungen für Frauen), die Bedeutungserhöhung der Umweltorientierung im Zusammenhang mit der hohen Gewichtung von Gesundheit, die Veränderung von Erziehungsmaximen und -zielen etc. *Von Rosenstiel* (1983) führte eine Untersuchung über „ausgewählte Werthaltungen" bei Führungskräften der Wirtschaft sowie Studenten, die als potentieller Nachwuchs dieser Führungskräfte in Frage kommen, durch. Es zeigte sich, daß von dem Führungsnachwuchs lediglich 21% als karriereorientiert klassifiziert werden konnten, für 31% war eine freizeitorientierte Schonhaltung charakteristisch und für 46% sogar eine skeptische Haltung. Die letzte Gruppe, die als alternativ Engagierte bezeichnet wurde, distanziert sich innerlich vom Leistungsprinzip, dem ökonomischen Wachstum und der Technik und stellt in bezug auf ihr Arbeitsengagement die Frage nach den übergeordneten Zielen. Daß sich ein erheblicher Teil der jungen Generation systemdistanziert verhält, in einer passiven privatistisch orientierten Freizeit- und Konsumhaltung befangen ist, Motivationsverlust, Sinn- und Orientierungslosigkeit erleidet, läßt sich auch als allgemeines Generations- bzw. Adoleszenzproblem deuten. Einmal in die Unternehmung integriert, steigt auch in aller Regel die Karriereorientierung (75% der Führungskräfte), und freizeitorientierte Schonhaltung (7%) sowie alternatives Engagement (17%) lassen nach (vgl. auch *v. Rosenstiel/Stengel* 1987).

Neben dem gesellschaftlichen Wertwandel haben vor allem **technologische Veränderungen** die Arbeitswelt beeinflußt. Die Entwicklung der Mikroelektronik hat zu einer Vielzahl von Produkt- und Prozeßinnovationen geführt, die in fast allen Unternehmungsbereichen zu einer strategischen Neuorientierung Anlaß gegeben haben. Rechnerunterstützung und Rechnerintegration in der Fertigung (z.B. CNC-Maschinen, CAD, CAM, CIM) und im Bürobereich (z.B. Computer-Aided Office, flächendeckender PC-Einsatz, Expertensysteme mit künstlicher Intelligenz) sollen Produktivität und Flexibilität erhöhen. Die Vernetzung der Computer und Datensichtgeräte innerhalb und, verstärkt auch über landes- und weltweite Netze, außerhalb der Unternehmungen eröffnet immer neue Möglichkeiten der Kommunikation (vgl. hierzu S. 684ff.).

Der hier nur kurz skizzierte technologische Wandel begleitet bzw. beeinflußt gravierende **ökonomische Veränderungen.** Neben der zunehmenden Internationalisierung der Wirtschaft (global competition) läßt sich auf nationaler Ebene eine Veränderung der Arbeitsmarktstrukturen (Segmentierung), der Qualifikationsanforderungen und Arbeitsbedingungen konstatieren. Das System der Arbeitsbeziehungen insgesamt ist in den meisten Industrienationen einem tiefgreifenden Wandel unterworfen (z.B. Deregulierung). Was die Bedeutung der vielfältigen empirischen Phänomene im Hinblick auf Unternehmungsstrategien anbetrifft, bestehen noch uneinheitliche Einschätzungen. Eines scheint jedoch, zumindest in den industriellen Kernbereichen (Automobilindustrie, Chemische Industrie, Maschinenbau), weltweit bevorzustehen bzw. schon eingetreten zu sein: Das Ende der Massenproduktion (*Piore/Sabel* 1984). *Kern/Schumann* (1984) fragen sich, ob das Ende der Arbeitsteilung bevorsteht, und für *Abernathy*[10]*/Clark/Kantrow* (1983) ist das Stadium der Industrial Maturity überschritten; sie fordern für die USA eine industrielle Erneuerung über ein Industrial De-Maturing Program (vgl. auch *Hayes/Wheelwright* 1984). All diese Studien gehen der Frage nach, in welche Richtung der gegenwärtige Umbruch des Industriesystems bzw. der Industriekultur strebt. Flexible Spezialisierung und andere sog. **Neue Produktionskonzepte** (wie Kleinserienproduktion in Gruppenfertigung) sollen zu einer Überwindung fordistisch-tayloristischer Rationalisierungskonzepte führen. Galt bisher die tayloristische Arbeitsteilung als Grundkonzept kapitalistischer Rationalisierung, in der sich die lebendige Arbeit als Schranke weiterer Produktivitäts- und Qualitätssteigerung erwies, die durch die Mechanisierung und Automatisierung des Produktionsprozesses zu überwinden ist, so setzt sich jetzt im Management immer mehr die Einsicht durch, daß durch den restrik-

---

[10] *Abernathy, William* (1933–1983) Prof. Management of Technology, HBS.

tiven Zugriff auf die Arbeitskraft wichtige Produktivitätspotentiale verschenkt werden. Ausgehend von der veränderten Sichtweise des Managements hinsichtlich der neuen Produktionskonzepte, die gekennzeichnet sind durch Reprofessionalisierung der Produktionsarbeit, ganzheitlichen Aufgabenzuschnitt und eine breitere Verwendung der Qualifikation der Arbeiter, ist eine höhere Produktivität nur durch eine wachsende Wertschätzung der Human Resources zu erreichen. Nach *Kern/Schumann* (1984, S. 20f.) besteht die Möglichkeit eines Modernisierungspaktes (Produktivitäts- und Sozialpakt) zwischen Teilen des Managements, den betrieblichen und gewerkschaftlichen Interessenvertretungen und Teilen der Arbeiterschaft; im Zuge der betrieblich notwendigen Rationalisierungsmaßnahmen aufgrund veränderter Marktbedingungen besteht nun die Chance, durch eine größere Wertschätzung der lebendigen Arbeit restriktive Arbeitsbedingungen abzubauen und neue personale Rationalisierungspotentiale zu erschließen (vgl. kritisch hierzu *Osterloh* 1986). Ähnlich wie beim Wertwandel lassen sich die **Trends** auf folgende Schlagworte verkürzen:

• vom technischen Modell der Produktivität zum sozialen Modell der Produktivität (*Naschold* 1987)
• vom technozentrischen Ansatz zum anthropozentrischen Ansatz (*Brödner* 1985)
• vom Traditionalisten (technokratisch-bornierte Produktionskonzepte) zum Modernisten (empirisch-unideologische Produktionskonzepte) im Management (*Kern/Schumann* 1984).

Im Zuge weltweiter **ökologischer Veränderungen** in Form zunehmender
• Luftverschmutzung
• Gewässerverschmutzung
• Bodenzerstörung
• Klimaveränderung
und einer wachsenden Sensibilisierung der Bevölkerung für Schädigungen der Gesundheit von Menschen, Tieren und Pflanzen – nicht zuletzt als Folge von Umweltkatastrophen – haben sich auch die Anforderungen an die Unternehmungen in ihrer Eigenschaft als Umweltverschmutzer drastisch erhöht. Neben einer sozialen Verantwortung gegenüber Mitarbeitern und Kommune wird daher vom Management verstärkt eine Übernahme ökologischer Verantwortung gefordert (vgl. ausführlich S. 580f. der Arbeit).

3. Analyse der Unternehmung

Während die Analyse der generellen und speziellen Umwelt einer Unternehmung Aufschluß über die sich dort abzeichnenden Chancen und Risiken geben soll, zielt die Analyse der Unternehmung (auch **Ressourcenanalyse** genannt) auf eine Identifikation der Stärken und Schwächen der Unternehmung hinsichtlich der externen Chancen und Risiken. *Hofer/Schendel* (1978, S. 144f.) schlagen hierfür folgende Vorgehensweise vor:

- Erstellung eines Ressourcenprofils (finanzielle, physische, humane, organisatorische, technologische Ressourcen)
- Ermittlung der Stärken/Schwächen (jede der oben genannten Ressourcen kann eine Stärke oder Schwäche darstellen und zwar in Abhängigkeit von den zentralen Anforderungen des jeweiligen Marktes bzw. Marktsegments)
- Ermittlung spezifischer Kompetenzen (hier erfolgt ein Vergleich der Stärken/Schwächen der Unternehmung mit denen der stärksten Konkurrenten, um spezifische Wettbewerbsvorteile zu identifizieren).

Abb. 3.7 zeigt beispielhaft, wie die Ergebnisse einer **Stärken/Schwächen-Analyse** graphisch dargestellt werden können.

Abb. 3.7: Stärken/Schwächen-Profil einer Geschäftseinheit

Ressourcen (Leistungspotentiale)	Beurteilung			Bemerkungen
	Schlecht 10 9 8 7 6 5 4	Mittel 3 2 1 0 1 2 3	Gut 4 5 6 7 8 9 10	
Produktlinie X				
Absatzmärkte (Marktanteile)				
Marketingkonzept				
Finanzsituation				
Forschung und Entwicklung				
Produktion				
Versorgung mit Rohstoffen und Energie				
Standort				
Kostensituation				
Qualität der Führungskräfte				
Führungssysteme				
Steigerungspotential der Produktivität				

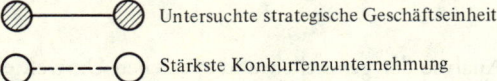

Untersuchte strategische Geschäftseinheit

Stärkste Konkurrenzunternehmung

Quelle: Hinterhuber 1984, S. 55

Bei der internen Analyse der Stärken und Schwächen einer Unternehmung hat sich der Einsatz von Check-Listen bewährt (vgl. *Bircher* 1976, *Hinterhuber* 1984); dabei finden folgende Punkte Beachtung:

* historische Entwicklung der Unternehmung
  (internes Wachstum, Fusionen, Produkte, Führungskräfte)
* Struktur der Gesamtunternehmung
  juristische Struktur (Rechtsform)
  geographische Struktur (Standort)
  Finanzstruktur (Verschuldungsgrad, Liquiditätslage)
  Organisationsstruktur (funktional, divisional)
  Personalstruktur (Altersaufbau, Qualifikation)
* Ressourcen der Geschäftsbereiche
  Forschung und Entwicklung (Patente, Neuentwicklungen)
  Produktion (Verfahren, Mechanisierungsgrad, Lohnformen)
  Materialwirtschaft (Einkauf, Lagerhaltung, Transport)
  Absatz (Sortiment, Marketing-Instrumente)
  Controlling (Planungs- und Kontrollsysteme)
  Finanzen (Kapitalumschlag, Liquidität)
  Informationssysteme (PC-Vernetzung, Datenverarbeitung)
  Personal (Qualifikation, Motivation)
  Organisation und Management (Projektteams, Führungsstil).

Zur Beurteilung dieser Faktoren als Stärken oder Schwächen ist ein Beurteilungs- bzw. **Vergleichsmaßstab** erforderlich. Dieser kann entweder innerhalb der Unternehmung über

* *Zeitvergleiche* (Ressourcensituation zu verschiedenen Zeitpunkten) oder
* *Soll-Ist-Vergleiche* (Soll- und Ist-Ressourcen zu einem Zeitpunkt)

oder besser noch über *externe Vergleiche* mit der **Ressourcenausstattung** und -nutzung der wichtigsten Konkurrenten gefunden werden (vgl. hierzu den Abschnitt über **Management Audit** auf S. 417f.). Letzte und wichtigste Instanz, welche über Stärken und Schwächen einer Unternehmung entscheidet, ist deren generelle und spezielle Umwelt. Veränderungen in den Umweltsegmenten können aus historischen Stärken der Unternehmung Schwächen werden lassen und umgekehrt; dies selbst dann, wenn interne Zeit- und Soll-Ist-Vergleiche eine Ressourcenverstärkung nachgewiesen haben. Dies macht einmal mehr deutlich, daß eine Unternehmungsanalyse ohne Umweltanalyse zumindest in unserem Wirtschaftssystem sinn- und zwecklos ist.

Letztlich ist die Eignung der gegenwärtigen Unternehmungsstrategie zur Begegnung der gegenwärtigen und zukünftigen Chancen und Risiken, welche in der Umwelt erkennbar sind, Gegenstand von Unternehmungsanalysen. Der als **Konsistenztest** bezeichnete Analyseschritt hat die Frage zum Gegenstand, ob die gegenwärtige Strategie eine optimale Verknüpfung sowohl der externen mit der internen Situation der Unternehmung als auch mit den Zielen und Werten des Managements darstellt. Im einzelnen sind folgende Fragen zu beantworten (*Andrews* 1987, S. 27ff. sowie *Porter* 1983, S. 19f.):

- Ist eine Strategie erkennbar, und ist deren Existenz verbal oder durch Handlungen bewußt gemacht worden?
- Berücksichtigt die Strategie alle Möglichkeiten, die der inländische und der internationale Markt heute und in der Zukunft bieten?
- Ist die Strategie konsistent mit den gegenwärtigen und zukünftigen Ressourcen der Unternehmung?
- Sind die einzelnen Teilstrategien und Politiken untereinander konsistent?
- Ist der gewählte Risikograd vereinbar mit den ökonomischen und personellen Gegebenheiten?
- Entspricht die Strategie dem Wertsystem der Top Manager?
- Entspricht die Strategie dem Grad an Verantwortung, den man der Gesellschaft gegenüber empfindet?
- Stellt die Strategie einen deutlich erkennbaren Anreiz zur engagierten Mitarbeit aller dar?
- Gibt es Frühindikatoren aus der Umwelt über den Erfolg der Strategie?

Nachdem der Konsistenztest abgeschlossen ist, gilt es zu prüfen, ob und inwieweit eine neue Strategie zu entwickeln ist und ob diese mit den bereits bestehenden Strategien sowie der historischen Entwicklung der Organisation kompatibel ist.

4. Methoden der Analyse

Bei der nachfolgenden Diskussion der Methoden zur Analyse und Diagnose der Chancen/Risiken und Stärken/Schwächen ist stets zu beachten, daß es sich hierbei keineswegs um die ‚wertfreie‘ Erhebung von ‚objektiven‘ Faktoren handeln kann, sondern um die subjektive Interpretation von Wahrnehmungs- und Bewertungsergebnissen. Nur so ist verstehbar, daß identische generelle oder spezielle Umweltentwicklungen von *einer* Unternehmung als Chance, von der *anderen* dagegen als Bedrohung wahrgenommen werden. Die Fehleinschätzung des einen ist die Chance des anderen.

a. Informationsgewinnung

Analog zur Einteilung der Analysefelder in Umwelt und Unternehmung bietet es sich an, die Quellen strategischer Informationen in externe und interne **Beobachtungsfelder** zu untergliedern (vgl. Abb. 3.8).

Zur Früherkennung von Entwicklungen in der Umwelt und der Unternehmung werden neben den klassischen *scanning*-Techniken (vgl. vor allem *Aguilar* 1967) seit den 70er Jahren verstärkt sogenannte Frühwarnsysteme eingesetzt (vgl. *Rieser* 1978, *Albach* et al. 1979, *Hahn/Krystek* 1979, *Müller* 1981, *Hahn/Klausmann* 1986). Da hier nicht nur negative, sondern vor allem

Abb. 3.8: Quellen strategischer Informationen

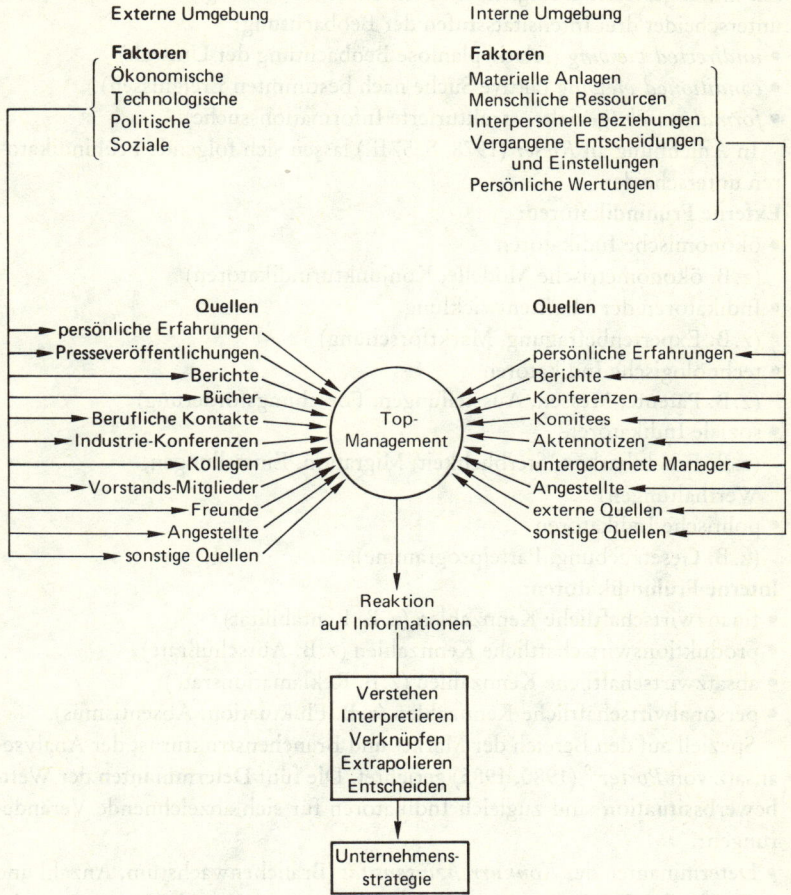

Externe Umgebung

Interne Umgebung

Faktoren
Ökonomische
Technologische
Politische
Soziale

Faktoren
Materielle Anlagen
Menschliche Ressourcen
Interpersonelle Beziehungen
Vergangene Entscheidungen
und Einstellungen
Persönliche Wertungen

Quellen
persönliche Erfahrungen
Presseveröffentlichungen
Berichte
Bücher
Berufliche Kontakte
Industrie-Konferenzen
Kollegen
Vorstands-Mitglieder
Freunde
Angestellte
sonstige Quellen

Quellen
persönliche Erfahrungen
Berichte
Konferenzen
Komitees
Aktennotizen
untergeordnete Manager
Angestellte
externe Quellen
sonstige Quellen

Top-Management

Reaktion
auf Informationen

Verstehen
Interpretieren
Verknüpfen
Extrapolieren
Entscheiden

Unternehmens-
strategie

Quelle: Aguilar 1967, S. 11

auch für die Unternehmung positive Signale (Chancen) aufgenommen werden sollen, ist der Begriff irreführend und sollte durch **Früherkennungssysteme** ersetzt werden.

Früherkennungssysteme sind zu einer Zeit bedeutsam geworden, als sich immer weniger aus der Vergangenheit extrapolierfähige Trends ermitteln ließen. Anfangs bestanden Frühwarnsysteme lediglich in einem permanenten Vergleich zwischen Plandaten und hochgerechneten Istdaten (vgl. *Hahn/Klausmann* 1986, S. 266ff.); als dies aufgrund fehlender harter Daten nicht mehr möglich war, wurden strategische Frühaufklärungs- bzw. Radarsysteme notwendig, um den Empfang auch schwacher Signale (*Ansoff* 1976) zu erlauben.

In jedem Fall müssen für die gewählten Beobachtungsfelder **Frühindikatoren** mit abgestufter Dringlichkeit formuliert werden. *Aguilar* (1967, S. 32 ff.) unterscheidet drei Intensitätsstufen der Beobachtung:

* *undirected viewing* (relativ planlose Beobachtung der Umwelt)
* *conditioned viewing* (aktive Suche nach bestimmten Ereignissen)
* *formal search* (gezielte, strukturierte Informationssuche).

In Anlehnung an *Rieser* (1978, S. 57 ff.) lassen sich folgende Frühindikatoren unterscheiden.

Externe Frühindikatoren:
* ökonomische Indikatoren
  (z. B. ökonometrische Modelle, Konjunkturindikatoren)
* Indikatoren der Marktentwicklung
  (z. B. Expertenbefragung, Marktforschung)
* technologische Indikatoren
  (z. B. Patente, Messen, Ausstellungen, Forschungsförderung)
* soziale Indikatoren
  (z. B. Fruchtbarkeit, Sterblichkeit, Migration, Einstellungen, Werthaltungen)
* politische Indikatoren
  (z. B. Gesetzgebung, Parteiprogramme).

Interne Frühindikatoren:
* finanzwirtschaftliche Kennzahlen (z. B. Rentabilität)
* produktionswirtschaftliche Kennzahlen (z. B. Ausschußrate)
* absatzwirtschaftliche Kennzahlen (z. B. Reklamationsrate)
* personalwirtschaftliche Kennzahlen (z. B. Fluktuation, Absentismus).

Speziell auf den Bereich der Markt- und Branchenstruktur ist der Analyseansatz von *Porter*[10] (1980, 1985) gerichtet. Die fünf **Determinanten der Wettbewerbssituation** sind zugleich Indikatoren für sich abzeichnende Veränderungen:

* Determinanten der *Konkurrenzintensität* (Branchenwachstum, Anzahl und Größe der Konkurrenten, Produktdifferenzierung und Marktsegmentierung, Preispolitik, Austrittsbarrieren)
* Determinanten des *Markteintritts* (Economies of Scale, Produktdifferenzierung und Marktsegmentierung, Kapitalbedarf, Zugang zum Groß- und Einzelhandel, staatliche Zugangsbeschränkungen, mögliche Vergeltungsmaßnahmen)
* Determinanten der *Substitutionsgefahr* (Preis/Leistungsverhältnis der Ersatzprodukte bzw. -dienste, Umstellungskosten, Substitutionsneigung der Abnehmer)
* Determinanten der *Lieferantenmacht* (Lieferantenkonzentration, Auftragsvolumen, Gefahr der Vorwärtsintegration, Input-Substitute)
* Determinanten der *Abnehmermacht* (Abnehmerkonzentration, Abneh-

---

[10] *Porter, Michael E.* (geb. 1947), Prof. Business Administration, HBS.

mervolumen, Gefahr der Rückwärtsintegration, Ersatzprodukte, Preis-
empfindlichkeit).

Während herkömmliche Frühwarnsysteme, wenn überhaupt, von einer
einfachen kausalen Verknüpfung der Indikatoren in Ursache-Wirkungs-Ketten ausgehen, streben jüngere systemorientierte Ansätze eine Darstellung der
vielfältigen Interdependenzen in **Netzwerken** oder Feedback-Diagrammen an
(vgl. Abb. 3.9).

Abb. 3.9: Feedback-Diagramm für einen Zeitschriftenverleg

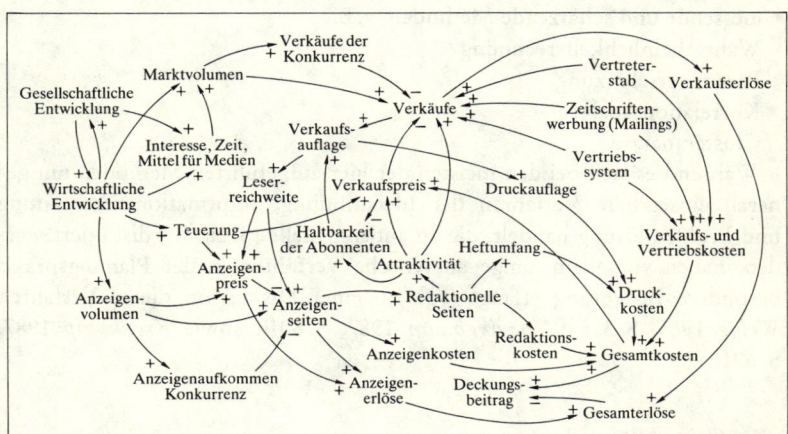

Quelle: Gomez 1985, S. 241

b. Analyse und Prognose

Zum Zwecke der Generierung von Plandaten stehen dem Manager zahllose
Methoden und Techniken zur Verfügung. So hat *Bechmann* (1981, S. 132 ff.)
110 Instrumente typologisiert (in Methoden und Verfahren), ihre Basiseigen-
schaften benannt (z. B. Prognose, Zielformulierung, Optimierung) sowie sie
unterschiedlichen Problembereichen zugeordnet (z. B. Informationsbeschaf-
fung, Bewertung, Entscheidung). In fast jedem Lehrbuch zu diesem Gebiet
(vgl. z. B. *Kreikebaum* 1987, *Pfohl* 1981, *Serfling* 1983) finden sich unterschiedlich lange Kataloge von **Techniken der Planung und/oder Kontrolle.** So
werden unterschieden:

- **analytische Methoden**, z. B.
  Stärken/Schwächen Analyse
  Früherkennungssysteme
  Potential- und Lückenanalyse
  Kennzahlensysteme und Budgetierung
- **prognostische Methoden**, z. B.
  Trendextrapolation

Indikatorprognosen
Lage- und Wirkungsprognosen
- **heuristische Methoden,** z.B.
Brainstorming
Synektik
Morphologischer Kasten
- **bewertende Methoden,** z.B.
Verfahren der Investitionsrechnung
Nutzwertanalyse
- **messende und schätzende Methoden,** z.B.
Wahrscheinlichkeitsrechnung
Parameterschätzung
Korrelationsanalyse
Clusteranalyse.

Während es sich bei den meisten der hier aufgeführten Methoden um generell einsetzbare Verfahren der Ideenfindung, Informationsverarbeitung und Problemlösung handelt, die an anderer Stelle (S. 269 ff.) diskutiert werden, haben vor allem einige **analytische Verfahren** in der Planungspraxis besondere Bedeutung erlangt (vgl. zu einer Diskussion dieser Verfahren *Welge* 1985, S. 315 ff., *Kreikebaum* 1987, S. 60 ff. sowie *Kreilkamp* 1987, S. 69 ff.).

(1) Cross-Impact-Analyse

Mit den oben genannten prognostischen Methoden lassen sich mehr oder weniger exakte Aussagen (Trends, Diskontinuitäten) über mögliche Entwicklungen in einzelnen Umweltsegmenten der Unternehmung machen. Was hier fehlt, ist eine Abschätzung der Auswirkungen einer prognostizierten Entwicklung in einem Beobachtungsfeld auf diejenige in einem anderen. Eine Cross-Impact-Analyse soll diese Interdependenzen bzw. Interaktionen aufdecken. Mit Hilfe von **Expertenschätzungen** soll die

- *Richtung* der Beziehungen zwischen den Ereignissen (Eintrittswahrscheinlichkeit eines Ereignisses als Folge eines anderen)
- *Stärke* des Einflusses
- *Diffusionszeit* (Zeitspanne zwischen dem Eintritt eines Ereignisses und seiner Wirkung auf das andere)

aufgedeckt werden (vgl. *Welters* 1989). Die Ergebnisse dieser qualitativen Analyse werden als Cross-Impact-Matrix dargestellt (vgl. Abb. 3.10).

„Unter der Prämisse, daß ein ‚späteres‘ Ereignis keinen Einfluß auf ein ‚früheres‘ nehmen kann, ist die Matrix wie folgt zu lesen: in den Feldern oberhalb der Diagonalen sind die Konsequenzen abgebildet, die sich ergeben, wenn das vorgelagerte ‚Zeilenereignis‘ eintritt; in den unteren Feldern sind die Folgen notiert, die sich ergeben, wenn das früher liegende ‚Spaltenereignis‘ nicht eintritt" (*Schreyögg* 1984, S. 105).

Abb. 3.10: Beispiel einer Cross-Impact-Matrix

Wahrscheinliche unternehmensrelevante Ereignisse (1) – (3)	(1) Rückgang des Ölverbrauchs	(2) Lockerung des OPEC-Kartells	(3) Die wirtschaftliche Nutzbarkeit von Windkraftwerken
(1) Rückgang des Ölverbrauchs		+ b	– v
(2) Lockerung des OPEC-Kartells	– v		– v
(3) Die wirtschaftliche Nutzbarkeit von Windkraftwerken	+ b	+ b	

Eintrittswahrscheinlichkeit:
+ = verstärkend; – = abschwächend; 0 = neutral

Eintrittszeitpunkt:
b = beschleunigend; v = verzögernd; n = neutral

Quelle: Schreyögg 1984, S. 104

(2) Szenario-Technik

Das Zusammenfügen aller erreichbaren Informationen (z. B. aus Trendprognosen und Cross-Impact-Analysen) über mögliche Zukunftsentwicklungen eines Prognosegegenstandes wird als Szenario bezeichnet. Vorläufer der heute in der strategischen Planung verwandten Szenario-Technik sind die Arbeiten von *Herman Kahn* am **Hudson-Institut** (*Kahn/Wiener* 1968) und die Club of Rome Studie. Szenarien werden aus der Gegenwart heraus entwikkelt, und zwar aufgrund der Annahme, daß die Zukunft letztlich doch weitgehend durch Entscheidungen der Vergangenheit vorgezeichnet ist (vgl. Abb. 3.11).

Szenario A ist das Ergebnis einer trendmäßigen Entwicklung (gestrichelte Linie in Abb. 3.11). Geht man von Störungen dieses Szenario-Pfades aus (z. B. Ölkrise), ergibt sich ein alternatives Szenario A_1. Für die Zwecke der strategischen Unternehmungsplanung empfehlen *Geschka/Hammer* (1986, S. 245 ff.) ein Vorgehen in acht Schritten:

1. Schritt: Strukturierung und Definition des Untersuchungsfeldes

2. Schritt: Identifizierung und Strukturierung der wichtigsten Einflußbereiche auf das Untersuchungsfeld (Umfelder)

3. Schritt: Ermittlung von Entwicklungstendenzen und kritischer Deskriptoren für die Umfelder

4. Schritt: Bildung und Auswahl alternativer konsistenter Annahmebündel

5. Schritt: Interpretation der ausgewählten Umfeldszenarien

Abb. 3.11: Entwicklung alternativer Zukunftsszenarien

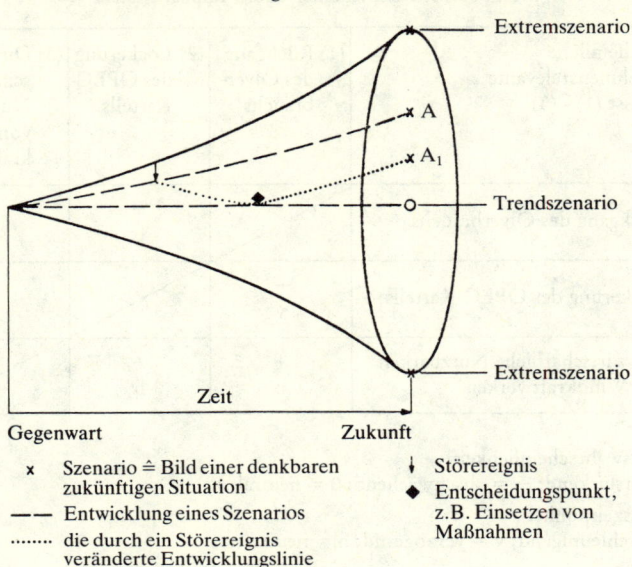

Quelle: *Geschka/Hammer* 1986, S. 242

6. Schritt: Einführung und Auswirkungsanalyse signifikanter Störereignisse

7. Schritt: Ausarbeiten der Szenarien bzw. Ableitung von Konsequenzen für das Untersuchungsfeld

8. Schritt: Konzipieren von Maßnahmen.

Ergebnisse der Szenarienauswertung lassen sich u. a. bei der Formulierung von Unternehmungsleitbildern, der Strategieentwicklung und dem strategischen Controlling einsetzen.

Die nachfolgend vorgestellten Verfahren streben eine Verbindung von externen Umwelt- und internen Ressourcenanalysen an.

(3) Planungslücke

Die Potential- und Lückenanalyse (Gap-Analyse) stellt ein rudimentäres Verfahren zur Darstellung und Interpretation von Abweichungen dar, und zwar zwischen der prognostizierten Entwicklung des Basisgeschäfts und der potentiellen Entwicklungslinie bei Ausnutzung der Chancen der Umwelt und aller Stärken (Potentiale) der Unternehmung (vgl. Abb. 3.12).

Der Abstand zwischen beiden Linien ist umso geringer, je intensiver das Management die gebotenen Chancen wahrgenommen und die eigenen Stärken genutzt hat. Aufgabe der Unternehmungsplanung ist es, Vorschläge zur Schließung der Lücke zu entwickeln. Hierbei kann zwischen einer *operativen* und einer *strategischen* Lücke unterschieden werden (*Kreikebaum* 1987,

S. 42 ff.). Während sich bei operativen Lücken eine weitere Marktdurchdringung (in bestehenden Produkt/Markt-Feldern) anbietet, müssen zur Schließung der strategischen Lücke weitergehende Produkt/Markt-Strategien entwickelt werden (Marktentwicklung, Produktentwicklung, Diversifikation) (vgl. Abb. 3.16 auf S. 612).

Abb. 3.12: Planungslücke

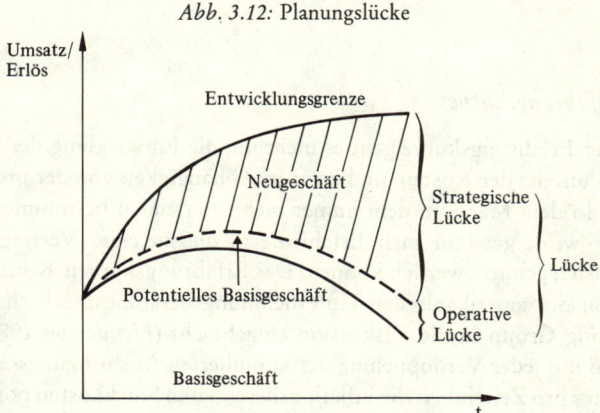

Quelle: Kreikebaum 1987, S. 41

(4) Produktlebenszyklus

Eine wesentliche Voraussetzung für die Schließung von Planungslücken ist die Kenntnis der Umsatzentwicklung eines jeden Produktes über die Zeit (vgl. den oberen Teil der Abb. 3.14 auf S. 604 sowie *Welge* 1985, S. 325 ff.). Das Produktlebenszyklus-Konzept geht von der Annahme aus, daß sich der Absatz eines Produktes über die Zeit in mind. vier abgrenzbaren **Lebensphasen** entwickelt: *Einführung, Wachstum, Reife, Sättigung* (Degeneration). Der in Abb. 3.14 skizzierte Verlauf der Umsatzentwicklung ist zwar für einzelne Produkte empirisch nachweisbar, folgt aber keiner Gesetzmäßigkeit; ebenso willkürlich ist die Einteilung in vier, fünf oder noch mehr Phasen. Der Kurvenverlauf ist zu einem großen Teil das Ergebnis des Einsatzes absatzpolitischer Instrumente und somit abhängige Variable und nicht Datum für das Management. Zur Prognose eignet sich das Lebenszyklus-Konzept kaum, da man ex ante nie genau weiß, in welcher Phase der Umsatzentwicklung sich das Produkt befindet und wie lange es noch vermarktbar ist. Die Phasenerkennung stellt sogar einen zentralen Risikofaktor dar, da Fehlinterpretationen hier zu einer falschen Produktpolitik führen können (vgl. *Chrubasik/ Zimmermann* 1987, S. 429).

Dennoch ist das Instrument nicht völlig nutzlos. Sein Wert besteht m. E. darin, daß es den Manager anleitet, in unterschiedlichen Entwicklungsphasen eines Produktes bzw. Marktes auch einen unterschiedlichen Mix an Marketinginstrumenten (Produkt-, Distributions-, Kommunikations- und Konditionspolitik) einzusetzen. Weiterhin macht das Lebenszyklus-Konzept dem Management sehr anschaulich klar, daß bei unverändertem Produktionsprogramm der Gesamtumsatz der Unternehmung langfristig gegen Null tendiert, und folglich neue Produkt/Markt-Felder entwickelt bzw. erschlossen werden müssen, sofern die Unternehmung ihr Umsatzniveau halten oder ausbauen möchte.

(5) Erfahrungskurve

Bei der Erfahrungskurve geht es nicht um die Entwicklung des Umsatzes, sondern um die der Kosten, und zwar in Abhängigkeit von der produzierten Menge. In dem Maße, in dem immer mehr von einem bestimmten Produkt gefertigt wird, gewinnt man Erfahrungen, die zu einer Verringerung der Stückkosten genutzt werden können. Das Erfahrungskurven-Konzept wurde 1966 von der amerikanischen Unternehmungsberatungsgesellschaft **Boston Consulting Group** in die Diskussion eingebracht (*Henderson* 1984). Es besagt, daß mit jeder Verdoppelung der kumulierten Ausbringungsmenge eines Produktes pro Zeiteinheit die inflationsbereinigten Stückkosten potentiell um 20 bis 30% zurückgehen (vgl. Abb. 3.13).

Der hier beschriebene Effekt ist keineswegs neu. Schon 1925 wurden von *Wright* (1936) bei der Fertigung von Flugzeugen sinkende Montagekosten pro Flugzeug bei steigendem Produktionsvolumen festgestellt. Dieses Phänomen einer steigenden Ausbringung pro Zeiteinheit bei rückläufiger Fehlerquote wurde vor allem auf das Lernen der Arbeiter durch häufige Übung zurückgeführt und wird heute unter dem Begriff *Lernkurve* diskutiert (*Baetge* 1979). Wichtig ist, daß diese empirisch beobachtbaren **Kostendegressionseffekte** keiner Gesetzmäßigkeit folgen, sondern zum großen Teil das Ergebnis von Managementmaßnahmen sind, die durch das größere Produktvolumen technisch möglich und ökonomisch sinnvoll werden. Hierzu gehören etwa folgende Maßnahmen:

- Auslastung der bestehenden und Aufbau neuer Kapazitäten (Größen- bzw. Kostendegression, economies of scale)
- Ausnutzung des Lernkurveneffektes (Fertigungszeiten nehmen aufgrund von Übungsgewinnen ab)
- Technischer Fortschritt und Rationalisierung (Substitution von Arbeit durch Automaten, EDV-gestützte Fertigungssteuerung, Verbesserung der Arbeitsorganisation, Erhöhung der Arbeitsteilung)
- Materialverbesserung (Verringerung der Toleranzen, Reduzierung von Ausschuß, Qualitätssteigerung).

Ebenso wie bei der Produktlebenszykluskurve liegt der Wert der Erfahrungskurve vor allem in ihrer Signalwirkung für den Manager. Sie weist auf das Kostensenkungspotential bei hohen Stückzahlen hin, das meist nur in der Massen- und Serienfertigung erreicht werden kann, und macht deutlich, war-

Abb. 3.13: Erfahrungskurveneffekt

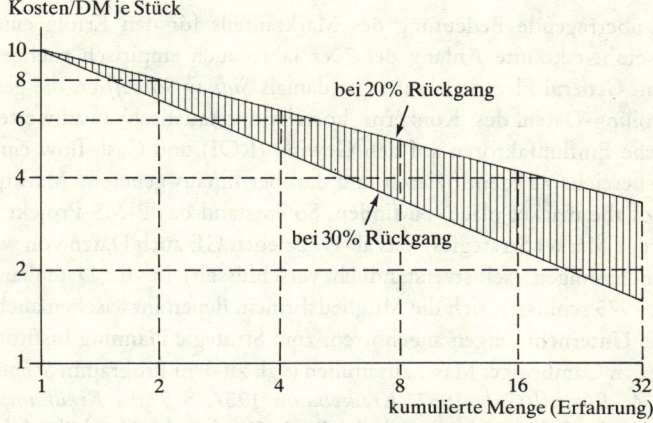

Die Kosten-Erfahrungskurve bei logarithmisch eingeteilten Koordinaten

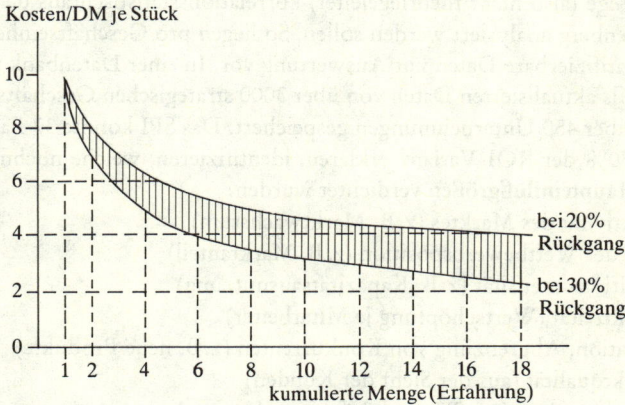

Die Kosten-Erfahrungskurve bei linear eingeteilten Koordinaten

Quelle: In Anlehnung an *Henderson* 1974, S. 21

um das Streben nach einem hohen Marktanteil mit entsprechend großem Umsatzvolumen eine ökonomisch sinnvolle Strategie sein kann. Vernachlässigt wird der Umstand, daß der technische Fortschritt eher diskontinuierlich verläuft, daß Marktführerschaft auch mit Risiken verbunden ist (Angriffe von Konkurrenten) und daß Marktanteilswachstum keineswegs zwangsläufig zu höheren Renditen führen muß (vgl. die U-förmige *Porter*-Kurve). Eine fundierte Kritik der beiden Grundmodelle zur Bestimmung strategischer Schlüsselfaktoren (Produktlebenszyklus und Erfahrungskurve) findet sich bei *Chubrasik/Zimmermann* (1987).

(6) PIMS-Programm

Die überragende Bedeutung des Marktanteils für den Erfolg einer Geschäftseinheit konnte Anfang der 70er Jahre auch empirisch nachgewiesen werden. **General Electric** beauftragte damals *Sidney Schoeffler,* die gesamten Controlling-Daten des Konzerns korrelationsstatistisch auszuwerten, um mögliche Einflußfaktoren auf den Gewinn (ROI) und Cash flow eines Geschäftsbereichs zu identifizieren und darüber hinaus generelle Marktgesetze (laws of the market place) zu finden. So entstand das PIMS-Projekt (Profit Impact of Market Strategies), das ab 1972 neben GE auch Daten von weiteren Unternehmungen (selbstverständlich verschlüsselt) in die Datenbank aufnahm. 1975 schlossen sich die Mitgliedsfirmen, denen inzwischen auch europäische Unternehmungen angehörten, zum **Strategic Planning Institute (SPI)** mit Sitz in Cambridge, Mass. zusammen (vgl. zu dem Programm *Schoeffler* et al. 1974, *Buzzell/Gale* 1987, *Kreikebaum* 1987, S. 97 ff., *Kreilkamp* 1987, S. 369 ff.). Im PIMS-Modell stellt der ROI (Gewinn der Geschäftseinheit vor Steuern zu durchschnittlich investiertem Kapital) die abhängige Variable dar, deren Bestimmungsfaktoren (unabhängige Variablen) eher zufällig auf induktivem Wege (also nicht theoriegeleitet) korrelationsstatistisch aus dem riesigen Datenberg analysiert werden sollen. So liegen pro Geschäftseinheit über 200 quantifizierbare Daten zur Auswertung vor. In einer Datenbank werden die jeweils aktualisierten Daten von über 3000 strategischen Geschäftseinheiten aus über 450 Unternehmungen gespeichert. Das SPI konnte 37 Faktoren, die rd. 70% der ROI-Varianz erklären, identifizieren, welche nochmals auf sieben **Haupteinflußgrößen** verdichtet wurden:
- Attraktivität des Marktes (z.B. Marktwachstum)
- Stärke der Wettbewerbsposition (z.B. Marktanteil)
- Investitionsintensität (z.B. Kapazitätsausnutzung)
- Produktivität (Wertschöpfung je Mitarbeiter)
- Innovation, Abgrenzung von Konkurrenten (z.B. neue Produkte)
- Produktqualität (aus der Sicht der Kunden)
- Vertikale Integration (Wertschöpfung zu Umsatz).

Nach den Befunden des SPI sind der relative Marktanteil, das Marktwachstum, die Produktqualität und die Produktivität positiv korreliert mit dem ROI. Aus diesen zu einem bestimmten Zeitpunkt (Querschnittsanalyse) gewonnenen Befunden und der Annahme einer generell gültigen Linearitätsbeziehung etwa die strategische Empfehlung abzuleiten, steigere den Marktanteil, dann steigt auch dein ROI, wäre völlig verfehlt. Gerade kleinere Unternehmungen haben ihren ROI dadurch steigern können, daß sie sich auf einen kleinen Marktausschnitt (Nische) spezialisiert haben. Entsprechend behauptet *Porter* (1980) einen eher U-förmigen Zusammenhang zwischen Marktanteil und Rentabilität, d.h. kleinere und große Unternehmungen übertreffen den ROI mittlerer Unternehmungen. Aber auch diese Aussage gilt nicht für alle Branchen gleichermaßen (vgl. etwa den Werkzeugmaschinenbau oder die

Brauereiindustrie, wo mittlere Marktanteile häufig mit einem hohen ROI verbunden sind).

Den PIMS-Mitgliedsfirmen werden als Gegenleistung für die Datenüberlassung und die Mitgliedsgebühr folgende **Berichte** geliefert:

- Par-ROI/Cash flow Report
  Welcher ROI/Cash flow ist normal (par) für eine bestimmte Art von Geschäftseinheit, definiert als der Mittelwert aller über diesen Typ gespeicherter Daten? Der Teilnehmer kann hier erkennen, welcher ROI für diese Geschäftseinheit realistischerweise erwartet werden kann.
- Strategy Analysis Report
  Welche Konsequenzen haben alternative, mit dem Computer simulierte Strategien für den ROI einer bestimmten Geschäftseinheit?
- Optimum Strategy Report
  Welche Kombination von strategischen Maßnahmen ist optimal hinsichtlich eines angestrebten ROI-Ziels?
- Report on Look-Alikes
  Welche strategische Maßnahmen verfolgen vergleichbare Geschäftseinheiten?

Abgesehen von den methodologischen (Theorielosigkeit, keine Erklärung der gefundenen Korrelation) und methodischen Schwächen des Ansatzes (die unabhängigen Variablen korrelieren hoch untereinander; es werden nur Durchschnittswerte gebildet) ist am PIMS-Programm vor allem die einseitige Ausrichtung am Gewinn bzw. Cash flow zu kritisieren. Dennoch sind zentrale Variablen des Modells (Marktwachstum, Marktanteil) in das Portfoliokonzept übernommen worden.

(7) Portfolio-Methode

Die neuere Entwicklung in der Praxis der strategischen Unternehmungsführung wird zweifellos von dem Konzept des Portfolio-Management geprägt (vgl. vor allem *Roventa* 1979, *Hinterhuber* 1984, *Dunst* 1983). Entwickelt von der **Boston Consulting Group,** einer der Harvard Business School nahestehenden Beratungsgesellschaft, hat es sich schnell in den USA ausgebreitet[11] und wird auch in Deutschland von Unternehmungsberatern stark propagiert. Der Ansatz geht auf *Markowitz*[12] (1959), den Begründer der Portfolio Selection Theory, zurück, der sich mit der optimalen Zusammensetzung eines Wertpapier-Portefeuilles für individuelle Investoren oder Investmentgesellschaften beschäftigte. Aber erst die Untersuchungen von *Henderson* (1974) über Erfahrungskurven und die Integration des Produktlebenszyklus-Konzepts erbrachten die Übertragung auf Probleme der strategi-

---

[11] Als erster Großkonzern hat 1972 die **General Electric Comp.** das neue System eingeführt.

[12] *Markowitz, Harry M.* (geb. 1927) Prof. Economics and Finance, City Uni of New York, 1990 Nobelpreisträger Wirtschaftswissenschaften.

schen Planung in Multiprodukt-Unternehmungen, konkret die Zusammenstellung eines Produkt-Markt-Portfolios.

Die meisten Portfolio-Darstellungen beruhen auf einer Kombination der beiden strategischen Erfolgsfaktoren
- **relativer Marktanteil** (in Bezug auf den stärksten Konkurrenten)
- **zukünftiges Marktwachstum.**

Der Marktanteil spielt insofern eine große Rolle, als nach den Aussagen der Erfahrungskurve mit jeder Verdoppelung der kumulierten Produktionsmenge eines Produkts pro Zeiteinheit dessen Stückkosten (inflationsbereinigt) potentiell um 20% bis 30% zurückgehen. Das Wort ‚potentiell' weist darauf hin, daß hier keineswegs ein ‚Naturgesetz' vorliegt, sondern daß sich aufgrund von Degressionseffekten in Produktion, F+E, Vertrieb, Verwaltung, aufgrund von Rationalisierungschancen und technischer Innovation Kostensenkungspotentiale in der genannten Größenordnung ergeben.

Durch die Kombination der beiden dichotom skalierten Dimensionen **Marktwachstum** (MW) und **relativer Marktanteil** (RMA) ergeben sich vier Felder mit folgenden Besetzungen (vgl. Abb. 3.14):

Kombination	Bezeichnung	Normstrategie
MW und RMA hoch	Star-Produkte	MA halten, leicht ausbauen
MW und RMA niedrig	Problem-Produkte	MA stark senken, verkaufen
MW niedrig, RMA hoch	Cash-Kühe	MA halten, leicht senken
MW hoch, RMA niedrig	Nachwuchs-Produkte	MA deutlich steigern

Abb. 3.14: Ableitung der Marktanteils-Wachstums-Matrix

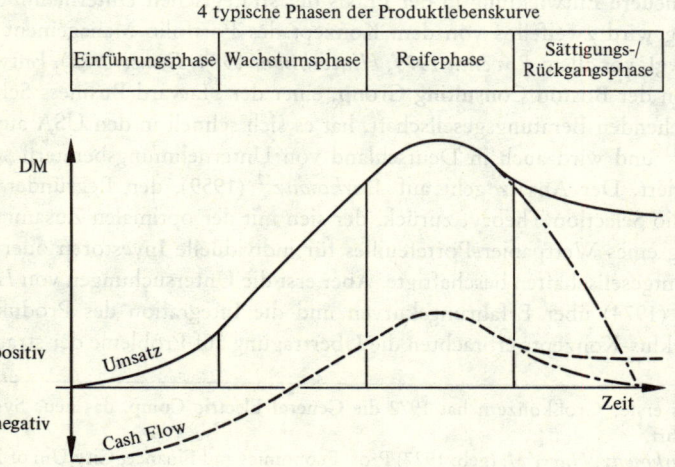

4 typische Phasen der Produktlebenskurve

| Einführungsphase | Wachstumsphase | Reifephase | Sättigungs-/ Rückgangsphase |

Marktwachstum

	Hoch	Niedrig
H **o** **c** **h**	**Stars** Einnahmen : + + Ausgaben : − − Cash Flow : 0	**Cash-Kühe** Einnahmen : + + + Ausgaben : − Cash Flow : + +
N **i** **e** **d** **r** **i** **g**	**Nachwuchs** Einnahmen : + Ausgaben : − − Cash Flow : −	**Probleme** Einnahmen : + Ausgaben : − Cash Flow : 0

RMA (links an der Matrix)

Quelle: Dunst 1979, S. 96

Ziel der strategischen Bemühungen ist es, ein ausgewogenes Portfolio pro strategische Geschäftseinheit aufzustellen. Ausgewogen heißt, daß ausreichend Cash-Kühe vorhanden sind, um die Nachwuchs-Produkte mitzufinanzieren, daß Star-Produkte – die sich selbst finanzieren – zur Marktanteilsausweitung aufgebaut werden, und daß Problem-Produkte, solange sie im Produktprogramm erforderlich sind und/oder von anderen Geschäftseinheiten nachgefragt werden, erhalten bleiben. Damit ist aber noch nicht das Problem gelöst, wie zwischen den strategischen Geschäftseinheiten eine strategische Abstimmung erzielt werden soll.

In der Praxis spielt neben der hier beschriebenen Vier-Felder-Matrix noch eine von dem Unternehmensberater **McKinsey** entwickelte **Neun-Felder-Matrix** eine Rolle. Hier werden die beiden Dimensionen ‚Branchenattraktivität' und ‚Geschäftsfeldstärke' in einzelne Bewertungskriterien aufgeschlüsselt und mit einem Gewichtungsfaktor versehen. So kommt im Rahmen der Branchenattraktivität dem Kriterium ‚Marktwachstum' mit einem Faktor 2,5 (von 11) das höchste Gewicht zu. Andere Kriterien sind etwa Marktgröße, Konkurrenzsituation und Investitionsattraktivität. Im Rahmen der Geschäftsfeldstärke erhält das Kriterium ‚relativer Marktanteil' mit dem Faktor 2,5 (von 8) das höchste Gewicht. Weitere Kriterien sind hier Produktqualität, Fertigung und Marketing.

Durch eine Dreiteilung der Dimensionen in niedrig, mittel und hoch ergeben sich neun Felder. Bei niedrigen und mittleren Ausprägungen der Dimensionen lautet die Empfehlung *Ernten* (Liquidationsstrategie) oder *Selektieren* (weitere Analysen abwarten), bei hoher Ausprägung lautet sie *Wachsen* (Investitionsstrategie).

Eine Voraussetzung zur Anwendung dieser Methoden ist die Bildung und Abgrenzung von Marktsegmenten, d.h. die Aufteilung eines heterogenen Marktes in relativ homogene Untergruppen (z.B. nach Kunden, Produkten, Produktgruppen). Kriterien für eine **Marktsegmentierung** sind z.B.

- geographische (Stadt, Landkreis, Klima, Bevölkerungsdichte)
- psychologische und soziologische (Lebensstil, Selbständigkeit, Einstellungen, Verhaltensweisen)
- sozio-demographische (Alter, Geschlecht, Einkommen, Beruf).

Ziel der Marktsegmentierung ist u. a., eine Kombination der Segmente mit Produkten (Produktgruppen) zu erreichen, also eine Produkt/Markt-Kombination. Hieran schließt sich dann die Erstellung des Ist-Portfolios an.

Die Einführung einer Portfolio-Management-Strategie erfordert auch strukturelle Veränderungen in der Organisation. So sind im Zuge der Abgrenzung von Produkt/Markt-Kombinationen relativ autonome **strategische Geschäftseinheiten** (Strategic Business Units) zu bilden, die sich zwar mit den schon bestehenden Geschäftsbereichen decken können, dies i. d. R. aber nicht tun. D. h., es entsteht eine Sekundärorganisation unter strategischen Gesichtspunkten (vgl. S. 708 f.).

Wie schon bei PIMS, so wird auch von den Portfoliokonzepten unzulässigerweise ein (linearer) Zusammenhang zwischen Marktanteil und Rentabilität unterstellt. Darüber hinaus überbetonen die Konzepte die Selbständigkeit der strategischen Geschäftseinheiten und vernachlässigen Horizontalstrategien zur besseren Nutzung von **Synergieeffekten** zwischen den Geschäftseinheiten (vgl. *Porter* 1986, S. 405 ff. *Ropella* 1989).

(8) Kosten- und Wertschöpfungsanalysen

Während die bislang besprochenen Analyseinstrumente eine starke Marktorientierung (Produkt/Markt-Kombinationen) aufweisen und zu Zeiten wachsender Märkte und Marktanteile Hochkonjunktur hatten, wird in Zeiten der Rezession, des Null-Wachstums und der Überkapazitäten verstärkt der **Innenbereich** der Unternehmungen nach strategischen Wettbewerbsvorteilen durchkämmt. Bei knappen finanziellen Ressourcen und steigenden Faktorkosten (wie Energie, Löhne, Umweltschutz) stellt sich zunächst die Frage, ob die bisherige **Wertschöpfung** der Unternehmung oder Teile davon überhaupt notwendig sind, ob die Erträge die angefallenen Kosten rechtfertigen und/oder ob nicht kostengünstigere externe Leistungen angefordert werden können. In Zeiten der ökonomischen Krise sind gerade zu diesem Problembereich neue Analyseverfahren, wie Gemeinkosten-Wertanalyse, Zero Base Budgeting und Administrative Wertanalyse entwickelt worden (vgl. hierzu *Jehle* 1982, *Horváth* 1986, S. 281 ff.).

Einen differenzierteren Ansatz stellt die Analyse von **Wertschöpfungsketten** als Voraussetzung für ein strategisches Ressourcen-Management dar (vgl. *Porter* 1985, *Borrmann* 1986, *Kreilkamp* 1987, S. 191 ff.). Die strategische Ressourcen-Analyse ist von der Beratungsgesellschaft **A. T. Kearney** entwickelt worden und zielt auf das Aufdecken von Rationalisierungsmöglichkeiten in allen Funktionsbereichen und allen Ressourcen (Mitarbeiter, Maschinen, Anlagen, Werkstoffe, Systeme). Anstatt weiter von Marktwachstum und

Marktanteilsausweitung zu träumen, soll die Kosten- und Wertschöpfungs-
struktur der Unternehmung (einschließlich der Lieferanten und Abnehmer)
nach (potentiellen) Stärken und Schwächen durchleuchtet werden. Dabei umfaßt eine solche Wertschöpfungskette (pro Produkt) sämtliche Fertigungs-
und Absatzstufen von der Rohstoffgewinnung über die Produktion bis hin
zum Kundenservice (vgl. Abb. 3.15).

Abb. 3.15: Wertschöpfungskette

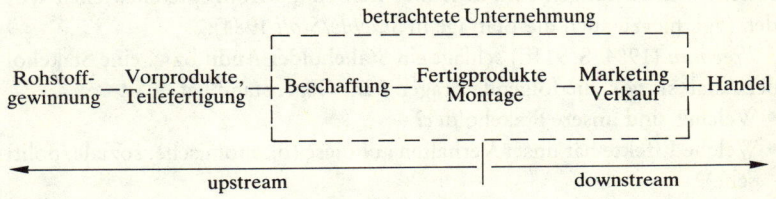

Quelle: In Anlehnung an *Galbraith* 1987, S. 347

Entlang der Kette müssen hierzu sämtliche Wertschöpfungsaktivitäten innerhalb der Funktionsbereiche FuE, Beschaffung, Fertigung, Absatz etc. in
ihrer Kostenstruktur analysiert werden, um nach strategischen Erfolgspotentialen zu forschen. Wettbewerbsvorteile gegenüber den Konkurrenten mit
gleicher **Fertigungstiefe** bestehen dann, wenn Wertschöpfungsaktivitäten von
der eigenen Unternehmung besser und/oder billiger durchgeführt werden.
Unabhängig davon ist jede Aktivität daraufhin zu überprüfen, ob sie nicht
(noch) kostengünstiger in einem anderen eigenen (ausländischen) (Eigenfertigung) oder fremden Betrieb (Fremdfertigung) erbracht werden kann. Weiterhin ist zu prüfen, ob nicht eine Angliederung/Ausgliederung vorgelagerter
(upstream) oder nachgelagerter *(downstream)* Produktionsstufen (neue)
Wettbewerbsvorteile bringt (vgl. zu diesen Strategien vertikaler Integration
etwa *Bühner* 1985). Eine Ausdehnung der Fertigungstiefe kann (auch) dann
angezeigt sein, wenn damit Arbeitsplätze (allerdings auf Kosten der Vorlieferanten) gerettet werden können. Diese in Abstimmung mit dem Betriebsrat
zu treffende Maßnahme ist dann auch ökonomisch vorteilhaft, wenn die
damit vermiedenen Sozialplankosten die höheren (Eigen-)Fertigungskosten
übersteigen.

c. Strategiefolgenabschätzung

Die mit Unterstützung von Analyse- und Prognoseverfahren identifizier-
ten Erfolgspotentiale bleiben für die Unternehmung solange ‚Theorie‘, solange sie sich nicht in konkretem ökonomischem Erfolg niedergeschlagen haben.
Die Abschätzung der möglichen Auswirkungen strategischer Optionen auf
Rentabilität und Liquidität, etwa mit Hilfe einer Plan-Bilanz oder – GuV ist

seit langem Allgemeingut der Praxis (vgl. hierzu *Horváth* 1986, S. 470 ff. sowie Abschnitt IV). Eine rein an ökonomischen Erfolgskriterien orientierte Unternehmungsstrategie läuft aber nicht nur Gefahr, letztlich *auch* erfolgsrelevante gesellschaftliche, soziale und ökologische Nebenbedingungen zu mißachten, sondern auch die Erfolgspotentiale selbst zu schädigen. Es gilt deshalb rechtzeitig abzuschätzen, welche Interessengruppen (Stakeholder) neben den externen und internen Kapitalgebern in welcher Art und Weise von den strategischen Maßnahmen betroffen sein könnten. Zu einer Analyse solcher Auswirkungen sind in letzter Zeit einige Konzepte entwickelt worden (vgl. hierzu auch die Beiträge in *Staehle/Stoll* 1984).

Freeman (1984, S. 91 ff.) schlägt ein **Stakeholder Audit** bzw. eine Stakeholder Analysis vor, die folgende Fragen zum Gegenstand hat:

- Welches sind unsere Stakeholder?
- Welche Effekte hat unser Verhalten auf diese (ökonomische, soziale, politische)?
- Wie nehmen die Stakeholder diese Effekte wahr, und wie werden sie wahrscheinlich reagieren?

Bei der Durchführung solcher Analysen können folgende Methoden Anwendung finden:

(1) Technology Assessment

Technology Assessment beinhaltet die Analyse sekundärer und tertiärer Effekte (also nicht nur technischer und ökonomischer) von neuen Technologien und technologischen Entwicklungen auf alle Bereiche der Gesellschaft. Damit soll zur Umwelt- und Gesellschaftsfreundlichkeit von Verfahren und Produkten beigetragen und zu einer kritischen Einstellung gegenüber technischem ‚Fortschritt' überhaupt aufgerufen werden. Nicht jede Neuentwicklung ist ein ‚Fortschritt' unter dem Aspekt der Lebensqualität einer Bevölkerung. Eine Institutionalisierung dieser Forderungen nach verstärkter Berücksichtigung gesellschaftlicher Aspekte bei einzelwirtschaftlichen F+E- sowie Investitionsentscheidungen kann etwa durch das Erfordernis einer zwingend vorgeschriebenen Umweltverträglichkeitsprüfung (wie etwa in einigen Bundesstaaten der USA) erreicht werden (vgl. *Weihe* 1976, *Hinterhuber/Kritzler* 1979, *Kreikebaum* 1987).

(2) Gesellschaftsbezogene Rechnungslegung

Die Forderung, neben ökonomischen Entscheidungskriterien auch nichtökonomische Daten (gewonnen aus Ansprüchen der relevanten Interessengruppen der Organisation) zur Entscheidungsfindung und anschließenden Rechnungslegung heranzuziehen, hat in den USA zum Konzept des ‚corporate social accounting' und darauf aufbauend bei uns zur Erstellung von **Sozialbilanzen** geführt. Eine Sozialbilanz wurde bei uns erstmals von der

STEAG 1973 aufgestellt. Hierbei handelt es sich um ein ,social audit', das in Analogie zum ,financial audit' Daten über gesellschaftliche Auswirkungen der Geschäftstätigkeit einer Unternehmung erhebt, aufbereitet und nach innen und außen kommuniziert (vgl. *Dierkes* 1974, *v. Wysocki* 1981, *Schmidt* 1982).

Massive gewerkschaftliche Kritik an dieser Art der Rechnungslegung entzündete sich vor allem an der **BASF-Sozialbilanz** (1978), die zu den sozialen Folgen der im Berichtsjahr erfolgten Rationalisierungsmaßnahmen, Umgruppierungen und Entlassungen überhaupt nicht Stellung nahm. Entsprechend wurde sie vom BASF-Betriebsrat und der IG Chemie als Propagandaschrift abgetan. Aber auch die meisten anderen Sozialbilanzen haben primär den Charakter von PR-Maßnahmen, indem sie beabsichtigen, die Unternehmung gegenüber einer kritisch eingestellten Öffentlichkeit positiv darzustellen.

Ein Blick über die Grenzen der Bundesrepublik zeigt jedoch, daß bei Existenz einer eindeutigen rechtlichen Regelung eine Sozialbilanz wertvolle Informationen für Außenstehende geben kann. Seit 1978 besteht in Frankreich eine gesetzliche Verpflichtung für alle Unternehmungen ab einer bestimmten Größe, eine Sozialbilanz aufzustellen. Die französische Sozialbilanz richtet sich allerdings ausschließlich an die Arbeitnehmer und ihre betrieblichen Repräsentanten.

(3) Ökobilanzen

Zur Abschätzung der Umweltwirksamkeit unternehmenspolitischer Entscheidungen hat *Strebel* (1980, S. 129 ff.) einen Katalog von Entscheidungshilfen zusammengestellt, unter denen die **ökologische Buchhaltung** von *Müller-Wenk* (1978) besondere Beachtung gefunden hat. Mit Hilfe von Äquivalenzziffern werden die ökologischen Folgen zunächst technisch-physikalisch erfaßter Umweltbelastungen auf einheitliche ökologische Rechnungseinheiten als Gradmesser der ökologischen Knappheit umgerechnet. Die ökologische Buchhaltung ist dem System der Finanzbuchhaltung nachgebildet, d.h. es werden für unterschiedliche Arten der Umwelteinwirkung (z.B. Materialverbrauch, Energieverbrauch, Abwasser, Abwärme, Abfälle) Kontenklassen gebildet.

Eine jüngere Entwicklung ist in der Ausweitung der Sozialbilanz auf eine **Umweltbilanz** zu sehen, in der verstärkt über Umweltschutzaktivitäten (weniger aber über Umweltschädigungen) berichtet wird. Eine ,echte' Bilanzierung von Aktiva und Passiva umweltbezogener Aktivitäten sieht dagegen die Ökobilanz von *Pfriem* (1986) vor.

III. Strategische Wahl

An die Phase der strategischen Analyse und Diagnose schließen sich logisch die Phase der strategischen Wahl (Entscheidung) und die der Strategieimplementation an.

Im Rahmen der Strategie im engeren Sinn (Mittelwahl zur Erreichung vorgegebener Ziele) sind die konkreten, zeitlich abgestimmten **Aktionen** zu planen und Entscheidungen über den Einsatz von Ressourcen (Kapital, Material, Informationen, Menschen) hinsichtlich Quantität, Qualität, Zeit, Ort und Intensität zu treffen, um die Unternehmungsziele unter Beachtung der externen und internen Situation zu erreichen.

Im einzelnen geht es um folgende Entscheidungen:
1. Bestimmung der Produkt/Markt-Kombinationen
2. Auswahl der Mittel und Verfahren (z.B. F+E-Methoden, Produktions- und Vertriebsstruktur)
3. Zuteilung von Ressourcen
4. Festlegung der Hauptaktionsschritte (operative Planung)
5. Festlegung von Kriterien und Standards zur Bewertung der Schritte.

1. Arten von Strategien

Je nach der Ebene, für die die Strategie Gültigkeit haben soll, unterscheidet man (vgl. *Hofer/Schendel* 1978, *Bühner* 1985, *Kreikebaum* 1987)
- **Unternehmungsstrategien** (integrierte Gesamtstrategien), wie z.B.
  - Wachstumsstrategien
  - Stabilisierungsstrategien
  - Schrumpfungsstrategien
- **Geschäftsbereichsstrategien**, wie z.B.
  - Marktdurchdringungsstrategien
  - Marktentwicklungsstrategien
  - Produktentwicklungsstrategien
- **Funktionsbereichsstrategien**, wie z.B.
  - Marketingstrategien
  - Finanzstrategien
  - Personalstrategien.

Eine Analyse einzelner Funktionsbereichsstrategien würde hier zu weit führen. Ich verweise in diesem Zusammenhang auf die einschlägige Literatur zu den Funktionsbereichslehren der Betriebswirtschaftslehre. Globale Pläne für die gesamte Unternehmung haben nach wie vor zentrale Bedeutung in

Unternehmungen, die nach dem Verrichtungsprinzip (Funktionalorganisation) gegliedert sind. In den heutigen mehr oder weniger stark diversifizierten Unternehmungen finden wir eine Geschäftsbereichs- oder Spartenorganisation vor (vgl. zu diesen Organisationsformen Abschnitt B III), die es aufgrund der unterschiedlichen Produkt/Markt-Felder, auf denen diese Unternehmungen agieren, erforderlich macht, daß Strategien auf Geschäftsbereichsebene entwickelt werden. Strategiekonzepte, wie der Portfolio-Ansatz (vgl. S. 603 ff.), machen es geradezu zwingend erforderlich, **strategische Geschäftseinheiten** zu bilden, die sich jeweils auf ein spezifisches Geschäftsfeld spezialisieren. Die Schaffung solcher Geschäftseinheiten erweist sich als vorteilhaft, wenn folgende Voraussetzungen gegeben sind:

- eigenständige Marktaufgabe
- ausreichendes Marktpotential
- identifizierbare(r) Konkurrent(en)
- relative Autonomie der organisatorischen Einheit (kaum Überschneidungen mit anderen Geschäftsbereichen)
- effizientes Management, das eigenverantwortlich eine Geschäftsbereichsstrategie formulieren und realisieren kann.

Die folgenden Ausführungen beziehen sich auf Unternehmungsstrategien, bei Vorliegen einer Funktionalorganisation, und auf Geschäftsbereichsstrategien, bei Vorliegen einer Spartenorganisation.

Während bis Ende der 70er Jahre Wachstumsstrategien eindeutig im Vordergrund standen, gewinnen in einer wirtschaftlichen Situation, die gekennzeichnet ist durch

- sinkende Wachstumsraten, Marktsättigung, Unterauslastung der Kapazitäten
- Strukturprobleme (z. B. Kohle, Stahl, Werften)
- Massenarbeitslosigkeit
- Unternehmenszusammenbrüche,

Überlebensstrategien immer mehr an Bedeutung. *Scholz* (1984) spricht in diesem Zusammenhang von strategischem Rezessionsmanagement. D. h. jedoch nicht, daß etwa in Wachstumsbranchen (z. B. Mikroelektronik) Wachstumsstrategien nicht nach wie vor aktuell wären.

Für die Situation einer **schrumpfenden Branche** empfiehlt *Porter* (1983, S. 334 ff.) folgende strategische Alternativen:

- Marktbeherrschung (Schaffen bzw. Verteidigen einer marktbeherrschenden Position mit dem Ziel, letztlich als einziger Anbieter im Restmarkt zu verbleiben)
- Nische (Schaffen bzw. Verteidigen einer dominierenden Position zumindest in einem Marktsegment)
- Abschöpfung (systematische Desinvestition in Form eines geordneten Rückzugs aus dem Markt)
- Schnelle Liquidation (sofortiger Verkauf in der Frühphase des Niedergangs).

Zur Darstellung der strategischen Alternativen bei (potentiell) **wachsenden Branchen** hat sich folgende Matrix bewährt (Abb. 3.16).

Abb. 3.16: Produkt/Markt-Strategien

Produkt \ Markt	gegenwärtig	neu
gegenwärtig	Konservation, Marktdurchdringung	Expansion, Marktentwicklung
neu	Innovation, Produktentwicklung	Diversifikation

Quelle: In Anlehnung an *Ansoff* 1966, S. 132.

Bei der **Marktdurchdringung** geht es um eine intensivere Bearbeitung des bestehenden Marktes, und zwar sowohl durch eine Steigerung der Absatzmenge je Abnehmer als auch eine Erhöhung der Abnehmerzahl. Ansatzpunkt für eine bessere Marktdurchdringung können sein:
- Steigerung der Produktverwendung beim Kunden
  (z.B. Konsumsteigerung, geplante Produktveralterung, größere Verpackungseinheiten)
- Gewinnung neuer Kunden
  (z.B. Produktmodifikation, neue Absatzkanäle)

Die **Marktentwicklung** zielt auf eine Erschließung neuer (über)regionaler Märkte (z.B. Exportmärkte) und/oder neuer Branchen etwa durch Entwicklung neuer Anwendungsmöglichkeiten für die bestehenden Produkte. Ansatzpunkte für eine weitere Marktentwicklung können sein:
- Erschließung zusätzlicher geographischer Märkte (nationale und internationale Ausweitung)
- Erschließung zusätzlicher Märkte durch Erweiterung der Anwendungsmöglichkeiten
- Erschließung neuer Teilmärkte (z.B. Produktvariation).

Die ersten beiden Strategien zielen vor allem auf die Ausnutzung des Erfahrungskurveneffektes (vgl. 600f.), wonach die Stückkosten bei steigenden Produktionsmengen abnehmen. Daneben kann durch Produktdifferenzierung und Konzentration auf Marktnischen versucht werden, so etwas wie Einzigartigkeit des Produktes zu erreichen, wodurch die Markteintrittsbarrieren für neue Anbieter erhöht werden.

Unter **Produktentwicklung** versteht man das Angebot von neuen Produkten auf bereits vorhandenen, dem Anbieter vertrauten Märkten. Ansatzpunkte für die Entwicklung neuer Produkte können sein:

- Produktorientierung: von vorhandenen Produkten ausgehen
- Rohstofforientierung: von bekannten Rohstoffen (z.B. Glas, Holz) ausgehen
- Technologieorientierung: von bekannten Verfahren (z.B. Gießen, Kleben) ausgehen
- Problemorientierung: von verwandten Problemstellungen (z.B. alles, was man verpacken kann) ausgehen
- Kundenorientierung: von bekannten Kunden und deren (neuen) Bedürfnissen ausgehen.

Als anspruchsvollste Wachstumsstrategie gilt nach wie vor die **Diversifikation,** da die Unternehmung sich hier am weitesten von ihr vertrauten Produkt/Markt-Kombinationen entfernt. Je nach dem Grad der gewählten Ferne zum bestehenden Produkt/Markt-Feld unterscheidet man zwischen horizontaler, vertikaler und lateraler Diversifikation.

- *Horizontale* Diversifikation heißt die Entwicklung neuer Produkte für neue Märkte, wobei die Produkte noch im sachlichen Zusammenhang zu den bisher verwandten Rohstoffen, Produktionsverfahren oder Vertriebswegen stehen (z.B. Milch und Wein).
- *Vertikale* Diversifikation heißt die Aufnahme der Herstellung von Vorprodukten (input) für den eigentlichen Produktionsprozeß (Rückwärtsintegration) und/oder die Übernahme nachgelagerter (output) Produktions- oder Handelsstufen (Vorwärtsintegration), z.B. Kohle-Stahl-Draht-Nägel (vgl. Abb. 3.15 auf S. 607).
- *Laterale* Diversifikation bedeutet idealtypisch die Aufgabe jeglichen Bezugs zu den vertrauten Produkten und Märkten. Hier spielt vor allem das Argument der Risikostreuung eine Rolle, d.h. das gesamte investierte Kapital soll sich auf möglichst voneinander unabhängige Produkt/Markt-Felder verteilen (z.B. Fernsehapparate und Autovermietung).

Bühner (1985, S. 140ff.) diskutiert vier Diversifikationsstrategien:
1. Produktdiversifikation (in produktionstechnologisch, wissens- oder anwendungstechnologisch, markt- oder kundenverwandte und nicht-verwandte Produkte)
2. Vertikale Integration (rückwärts in der Wertschöpfungskette, d.h. upstream, oder vorwärts in Richtung auf den Endverbraucher, d.h. downstream)
3. Auslandsdiversifikation (über Export, Lizenzvergabe, Joint Ventures, Management Contracts bis hin zu Tochtergesellschaften)
4. Diversifikation durch Unternehmenskauf (Verbundene Unternehmen, Eingliederung bis hin zur Verschmelzung).

Bühner stellt hier keineswegs alternative Strategien vor, sondern liefert ein Gliederungsschema von Strategien, und zwar nach unterschiedlichen Betrachtungsebenen; so kann eine Produktdiversifikation durch vertikale Integration über den Kauf eines ausländischen Vorlieferanten erfolgen.

Zur **Realisierung neuer Produkt/Markt-Strategien** bieten sich generell folgende Möglichkeiten an (vgl. z.B. *Zahn* 1979, *Küting* 1980):

- Eigenentwicklung (eigene Entwicklung, Herstellung und Vertrieb neuer Produkte)
- Lizenznahme (eigene Herstellung und Vertrieb, keine Entwicklung)
- Entwicklungsauftrag an Dritte (fremde Entwicklung, eigene Herstellung und eigener Vertrieb)
- Aufnahme von Handelsware (Vertrieb über eigene Absatzorganisation)
- Kooperation mit anderen Unternehmungen (Arbeitsteilung in Entwicklung und Produktion)
- Beteiligungserwerb (Kauf von Teilen oder ganzen Unternehmungen mit entsprechendem know how).

Die vor allem in den USA der 60er Jahre anzutreffende Euphorie hinsichtlich der Stärken einer lateralen Diversifikation, die zur Bildung von großen internationalen Mischkonzernen (conglomerates) geführt hat, ist inzwischen einer nüchternen, realistischeren Einschätzung dieser Strategie (vor allem ihrer Schwächen) gewichen. Es hat sich nämlich herausgestellt, daß der **Synergieeffekt**[1] hier, wenn überhaupt, nur im Managementbereich zu erzielen ist. Man geht davon aus, daß ein hochqualifiziertes General Management zusammen mit einem Stab von Spezialisten im Bereich Finanzen, Kostenrechnung und Marketing jedem Produkt auf jedem Markt zum Erfolg verhelfen könne.

Kostenrelevante **Synergieeffekte** ergeben sich aber erfahrungsgemäß vor allem im

- **Produktionsbereich** (bessere Auslastung bestehender Fertigungskapazitäten, Kostendegression)
- **Absatzbereich** (bessere Auslastung des bestehenden Vertriebssystems, gemeinsame Lagerhaltung und Werbung)
- **Beschaffungsbereich** (bessere Auslastung der bestehenden Einkaufsorganisation; große Einkaufsmengen stärken die Verhandlungsposition, was zu günstigeren Preisen und Konditionen führt).

Die Notwendigkeit der Betonung der Synergie auch nach außen ergibt sich vor allem im Zuge von Diversifikationsstrategien, die zu einer Vielzahl von Produkten/Dienstleistungen und Produktionsstätten im In- und Ausland führen. Aufgrund der Unübersichtlichkeit des Leistungsangebots und des Fehlens einer unmißverständlichen Unternehmensidentität ergibt sich für solche Unternehmungen die strategische Notwendigkeit, eine **Corporate Identity** (CI) aufzubauen und zu pflegen (vgl. *Margulies* 1977, *Birkigt/Stadler* 1980). Während die ersten CI-Programme noch stark von der marketingorientierten Imageforschung beeinflußt sind (Corporate Design eines einheitlichen visuellen Erscheinungsbildes), zielen neuere Konzepte sowohl auf die Schaffung eines einheitlichen Images der Öffentlichkeit gegenüber als auch auf den Aufbau von *Identifikationsmöglichkeiten* mit den Unternehmungs-

---

[1] Synergie: Die Addition verschiedener Ertragspotentiale ergibt einen die Summe übersteigenden Gesamtertrag, 2 + 2 = 5 − Effekt; vgl. hierzu vor allem *Ropella* 1989.

zielen für die Mitarbeiter (vgl. das Konzept der Unternehmungskultur, S. 477ff.). Eine klare und eindeutige Profilierung der Unternehmung nach innen und außen fördert die rasche (Wieder-)Erkennbarkeit des Leistungsangebots, stärkt das Wir-Bewußtsein und den Firmenstolz und unterstützt sämtliche Synergieeffekte. Dies vor allem im Absatzbereich, wenn die Einführung neuer Produkte von vorgängigen CI-Investitionen profitiert. CI-Strategien können sich jedoch nicht nur darauf beschränken, ein hohes Maß an Klarheit, Eindeutigkeit und Konsistenz der Unternehmensidentität zu erreichen, sondern es sind zuvor vielfältige Analyse- und Korrekturphasen zu durchlaufen. *Wiedmann* (1988, S. 241) unterscheidet folgende strategische Stoßrichtungen:

- Korrektur des Selbstbildes
- Korrektur des Fremdbildes
  - Identitätsvermittlung gegenüber der internen und externen Öffentlichkeit
  - Korrektur der Fremdvermittlung
- Korrektur der Identitätserwartungen
  - Beeinflussung der Identitätserwartungen nach innen und außen
  - Beeinflussung der Meinungsbildung
- Korrektur der Unternehmensidentität
  - einzelne Verhaltenskorrekturen
  - neuer Identitätsentwurf (Wandel der Organisationskultur).

All diese CI-Bemühungen sind jedoch nur dann erfolgreich, wenn sie eine Stimmigkeit (Konsistenz) zwischen den strategischen Komponenten einer Unternehmung nicht nur vortäuschen sondern glaubwürdig herstellen.

2. Strategisches Verhalten

Seit der Typologie von *Miles/Snow* (1978) in Defenders, Prospectors, Analyzers und Reactors (vgl. S. 429f. der Arbeit) ist es in der Strategieliteratur üblich, komplexes strategisches Verhalten von Unternehmungen auf wenige dominante Merkmalsausprägungen (Typen) zu reduzieren. Nach *Mintzberg* (1973b) erfolgt **strategische Planung** in der Praxis auf drei unterschiedliche Weisen:

- *entrepreneurial mode* (ein dominierender Unternehmertyp, etwa *Henry Ford* oder *Alfred P. Sloan,* steuert die Geschicke der Unternehmung weitgehend allein)
- *adaptive mode* (ein Managementteam ohne klare Ziele trifft kleine inkrementale Anpassungsentscheidungen)
- *planning mode* (ein professionelles Management formuliert und implementiert mit Hilfe wissenschaftlich fundierter Planungstechniken Strategien).

Ansoff/Stewart (1981) unterscheiden, was die marktliche Verwertung technologischer Innovationen anbetrifft, vier auf empirisch-induktive Weise gewonnene Typen von **Markteintrittsstrategien:**

- Pionier
- Nachahmer
- Marktnischeneroberer
- billiger Massenproduzent.

Die wohl umfänglichste Typologie strategischen Verhaltens stammt von *Miller/Friesen* (1984). Aufgrund von Fallstudien entwickeln sie eine Taxonomie erfolgreicher und erfolgloser **Strategietypen:**

Erfolglose Unternehmungen (S. 103 ff.):

Typ	Bezug zur Umwelt	Strategie	Struktur
impulsive Unternehmung	selektiv, Firmenübernahme	impulsiv, rasche Expansion	kopflastig, divisionalisiert
stagnierender Bürokrat	ignoriert Umwelt	ultra-konservativ, Produkte von gestern effizient gefertigt	rigide, bürokratisch, funktional
kopfloser Gigant	je nach Geschäftsbereich unterschiedlich	Durchwursteln, fixiert auf Tagesgeschäft	führerlos, divisionalisiert, unkoordiniert
Neubeginner	teilweise Anpassung	impulsiv, ungeplant, schwankt zwischen Innovation und Bewahrung	funktional, zentralisiert, im Wandel

Erfolgreiche Unternehmungen:

Typ	Bezug zur Umwelt	Strategie	Struktur
Anpasser 1	Anpassung bei mäßigem Druck	intuitiv, analytisch, Anpassung	vigilant, funktional
Anpasser 2	Anpassung an massive Herausforderungen	analytisch, planvoll, innovativ, neue Technologien	organisch, funktional
Marktführer	manipuliert Umwelt, dominiert den Markt	extrapoliert Trends, up-to-date Produkte, guter Service	hierarchisch, funktional
Gigant unter Druck	Anpassung, folgt Wettbewerbern	inkremental, analytisch, Imitation, Diversifikation	dezentral, divisionalisiert
Conglomerate	selektiv, Firmenübernahmen	analytisch, intuitiv Expansion	charismatisch, zentral, divisionalisiert
Innovator	schafft neue Umweltsegmente	schafft Nischen, Innovation	funktional, zentralisiert

Neben den hier wiedergegebenen Variablen Umweltbezug, Strategie und Struktur haben *Miller/Friesen* (1984) noch die Informationssysteme, Machtstrukturen, Entscheidungsfindung und den jeweils wichtigsten Funktionsbereich in den Fallstudien erhoben, so daß eine Fülle von Daten pro Fall vorliegt, was die Bildung von reich definierten Typen (Cluster) erlaubt. Diese weisen, wie im Fall der erfolgreichen Unternehmungen, sowohl interne Konsistenz als auch Kongruenz mit Umweltanforderungen auf (vgl. hierzu S. 59 der Arbeit).

Typenbildungen finden sich nicht nur in Bezug auf Unternehmungsstrategien oder Geschäftsbereichsstrategien, sondern werden auch auf **strategische Gruppen** ausgedehnt, d.h. Cluster von Unternehmungen, die in einer Branche gleiche oder ähnliche Strategien verfolgen. So hat *Porter* (1983, S. 177ff.) den Entwurf von Karten strategischer Gruppen vorgeschlagen (Abb. 3.17), in

Abb. 3.17: Karte strategischer Gruppen

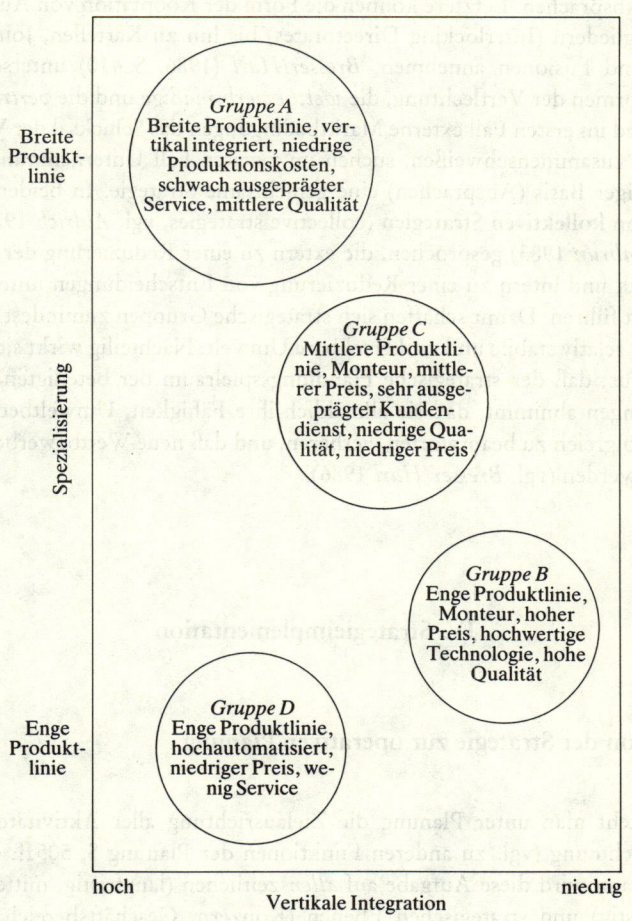

Quelle: Porter 1983, S. 179

denen zu analytischen Zwecken nach den Merkmalen Spezialisierung und vertikale Integration strategische Gruppen gebildet werden; die Größe der Kreise symbolisiert die Größe des aggregierten Marktanteils einer strategischen Gruppe.

Mit dem Konzept der strategischen Gruppe wird der Übergang von betriebswirtschaftlichen zu industrieökonomischen Analysen ermöglicht. Nach Erkenntnissen der Industrieökonomie beeinflußt die **Marktstruktur** (einer Branche, Industrie) das strategische Verhalten der Marktteilnehmer nachhaltig; eine Einsicht, die allzu voluntaristische Auffassungen von strategischer Wahlfreiheit erheblich relativiert.

Das Ausmaß der **Verflechtung** (interconnectedness) der Unternehmungen untereinander, etwa in strategischen Gruppen, ist das Ergebnis staatlicher Regelungen (etwa Marktzugangsbedingungen) oder informaler oder vertraglicher Absprachen. Letztere können die Form der Kooptation von Aufsichtsratsmitgliedern (Interlocking Directorates) bis hin zu Kartellen, Joint Ventures und Fusionen annehmen. *Bresser/Harl* (1986, S. 410) unterscheiden zwei Formen der Verflechtung, die *wettbewerbsmäßige* und die *vertragliche*. Während im ersten Fall externe Marktbedingungen das Schicksal der Wettbewerber zusammenschweißen, suchen im zweiten Fall Unternehmungen auf freiwilliger Basis (Absprachen) eine gemeinsame Strategie. In beiden Fällen wird von **kollektiven Strategien** (collective strategies, vgl. *Aldrich* 1979, *Astley/Fombrun* 1983) gesprochen, die extern zu einer Reduzierung der Marktdynamik und intern zu einer Reduzierung von Entscheidungen unter Unsicherheit führen. Damit schaffen sich strategische Gruppen zumindest temporär eine relativ stabile und vorhersehbare Umwelt. Nachteilig wirkt sich allerdings aus, daß der strategische Handlungsspielraum der beteiligten Unternehmungen abnimmt, daß sie allmählich ihre Fähigkeit, Umweltbedrohungen erfolgreich zu beantworten, verlieren, und daß neue Wettbewerber angezogen werden (vgl. *Bresser/Harl* 1986).

IV. Strategieimplementation

1. Von der Strategie zur operativen Planung

Versteht man unter Planung die Zielausrichtung aller Aktivitäten einer Unternehmung (vgl. zu anderen Funktionen der Planung S. 505 ff. der Arbeit), dann wird diese Aufgabe auf *allen* zeitlichen (langfristig, mittelfristig, kurzfristig) und strategischen Ebenen (Konzern, Geschäftsbereich, Funktionsbereich) einer Unternehmung notwendig. Konkrete Inhalte sind die

- *Zielplanung*
- *Ressourcenplanung*
- *Maßnahmenplanung.*

Odiorne (1979, S. 121) sieht folgende Teilaufgaben im Prozeß der Umwandlung von strategischen in operative Ziele:

1. Benennen eines Verantwortlichen für
2. eine bestimmte Zeit und ein bestimmtes Ergebnis
3. Festlegen von Indikatoren, welche die Zielerreichung messen
4. Auswahl von Schlüsselindikatoren
5. Festlegung von einzuhaltenden Nebenbedingungen
6. Operationalisierung von 4. und 5. hinsichtlich Menge und Zeit
7. Implementation des vereinbarten Programms.

In der Literatur zur Strategischen Planung wird i. d. R. von einer schrittweisen Konkretisierung genereller, abstrakter strategischer Ziele hin zu konkreten, operativen Vorgaben ausgegangen. Dabei gilt dieser Übersetzungsprozeß als zentrale Schwachstelle der Strategieimplementation (vgl. *Galbraith/Nathanson* 1978). Insofern überrascht nicht, wenn hier mangels formaler Planungstechniken z. B. von *Odiorne* (1965, 1979) mit der partizipativen Zielvereinbarung (MbO) ein *prozessuales* Vorgehen vorgeschlagen wird.

Einer der wenigen überzeugenden konzeptionellen Ansätze zur Integration strategischer und operativer Steuerungsgrößen in einem System stammt von *Gälweiler* (1987). *Gälweiler*[1] geht nicht von einer Einbahnstraße von strategischen zu operativen Größen hin aus, sondern von einer Wechselbeziehung zwischen der strategischen und der operativen Führungsaufgabe (vgl. Abb. 3.18).

Ausgangspunkt der Betrachtung ist, daß die **Liquidität** für Unternehmungen das zentrale Überlebenskriterium darstellt. Sie ist damit eine der wichtigsten, aber leider nur kurzfristigen Steuerungsgrößen. Eine lediglich extrapolierende Planung der Orientierungsgrößen Einnahmen und Ausgaben (Finanzplanung) würde zu einer völlig unzureichenden Zukunftsorientierung der Unternehmung führen. Die Liquiditätsvorsteuerung erfordert den Einbezug von **Erfolgsgrößen** (Aufwand und Ertrag). Auch eine Plan-Bilanz bzw. Plan-GuV, in der die direkt den Erfolg bestimmenden Größen abgebildet werden, würde zu kurz greifen; die nächst höhere Schicht von Wirkungszusammenhängen, die gleichzeitig den Übergang von operativer zur strategischen Führung markiert, sieht (beispielhaft) in der Marktposition und dem Erfahrungskurveneffekt Orientierungsgrößen für **bestehende Erfolgspotentiale**. In Zeiten dynamischer Umweltveränderungen birgt jedoch auch eine Erfolgsvorsteuerung über bestehende Erfolgspotentiale erhebliche Risiken. Die permanente Gefahr einer Substitutionskonkurrenz (etwa auf der

---

[1] *Gälweiler, Aloys* (1922–1984) Dipl.-Volkswirt, Honorarprof. Uni Köln, Direktor Zentrale Unternehmensplanung BBC, Mannheim.

Abb. 3.18: Aufgabenbereiche der Unternehmungsführung mit ihren Steuerungsgrößen

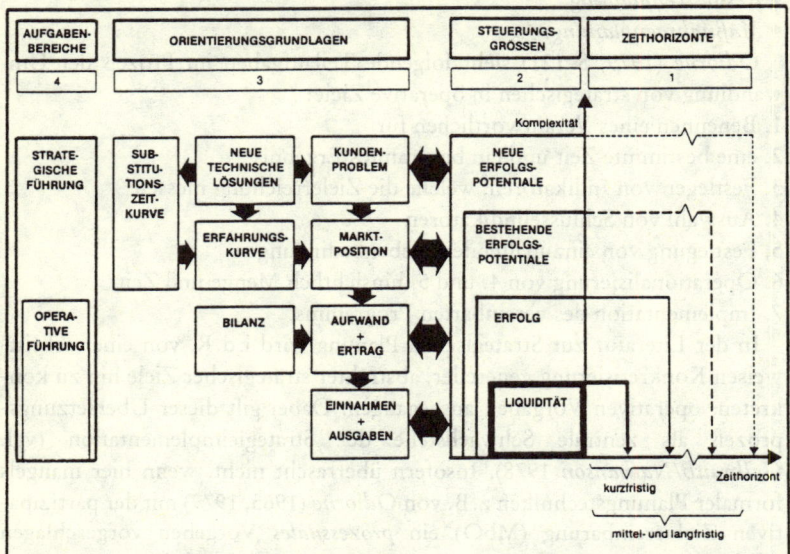

Quelle: Gälweiler 1987, S. 34

Grundlage neuer Produkte und Verfahren) und der Entstehung neuer/veränderter Kundenprobleme läßt eine Suche nach **neuen Erfolgspotentialen** geraten erscheinen.

Das Modell von *Gälweiler* leistet eine systematische Verknüpfung von vagen strategischen Potentialprognosen mit harten betriebswirtschaftlichen Erfolgsfaktoren und stellt damit eine beachtenswerte Ausnahme in der sonst sehr wolkigen Strategieliteratur dar.

2. Controlling als Verbindung von Planung und Kontrolle

In der einschlägigen Literatur (z. B. *Siegwart/Menzl* 1978, *Pfohl* 1981, *Serfling* 1983, *Hahn* 1985, *Horváth* 1986) wird der Planungsprozeß systematisch mit dem Kontrollprozeß verknüpft:

1. Aufstellen von Teilplänen (pro Produktbereich, Funktionsbereich, Region)
2. Abstimmen der Teilpläne
3. Umwandlung der Plandaten in numerische Ausdrücke und deren Bewertung (Marktpreise, innerbetriebliche Verrechnungspreise)
4. Vorgabe von wertmäßigen Plandaten (Budget)

Kontrolle
{
5. Bereitstellen von Vergleichsmaßstäben (Daten aus früheren Planpe-
rioden, Daten aus vergleichbaren Organisationen)
6. laufende Ist-Daten Erfassung
7. Abweichungsanalyse
8. Information und Einleiten von Korrekturmaßnahmen.

Kontrolle besteht in dieser *prozessualen* Sichtweise in der laufenden Überwachung (Ist-Daten-Erfassung) und Anpassung von Aktivitäten an vorgegebene Pläne und Standards sowie der Planrevision. Dabei wird in der Praxis
nicht jede Abweichung zu (sofortigen) Eingriffen des Managements führen,
sondern nur außergewöhnliche (Management by Exception).

Ein System des **Management bei Exception** hat mit vier zentralen Problem-
kreisen zu tun (vgl. *Bittel* 1964, S. 99 ff.).

(1) Es müssen Standardkennzahlen vorgegeben und die jeweiligen noch tole-
rierten positiven und negativen Abweichungen festgelegt werden (degree
of variation). Kennzahlen, die außerhalb dieser Bandbreite liegen, werden
zu ‚exception indicators‘.

(2) Es muß festgelegt werden, ob eine solche außergewöhnliche Abweichung
sofort gemeldet werden soll oder erst wenn die Abweichung wiederholt
in einem bestimmten Zeitraum auftritt (duration of variation).

(3) Es muß geklärt werden, welche verantwortliche Stelle bei welcher Art von
Abweichungen informiert werden muß. Je stärker und länger die Abweichung ist, desto höher muß die Ebene sein, auf der Korrekturentschei-
dungen getroffen werden.

(4) Soweit wie möglich muß im voraus festgelegt werden, welche alternativen
Entscheidungen zur Abhilfe getroffen werden müssen, wenn ein ‚exception indicator‘ auftaucht.

Nun ist das Prinzip des Management by Exception keineswegs eine amerikanische Erfindung. So fordert z.B. auch *Bender* (1951) im Rahmen seines
dezentralen Führungssystems, der **Pretialen Betriebslenkung**, daß bedeutsame Soll-Über- oder -Unterschreitungen der Unternehmungsleitung zu melden seien, während unbedeutende Planabweichungen bei schnell notwendi-
gem Handeln in den Bereich der Abteilungsleiter fallen würden. Diese Führungsmethode wird bei all jenen Unternehmungen zur unabdingbaren Notwendigkeit, die weitgehend dezentralisiert sind und sich somit zu einer weitgehenden Delegation von Führungsaufgaben entschlossen haben.

Für die Aufgabe der Abstimmung von interner Planung und Kontrolle hat
sich auch im deutschen Sprachraum der Begriff **Controlling** durchgesetzt.

Das Controlling, als innerbetriebliches Planungs-, Informations- und Kontrollsystem, bildet die Nahtstelle zwischen der extern orientierten strategischen Planung und der intern orientierten operativen Planung und Kontrolle.
Horváth (1986, S. 154)[2] definiert Controlling als „ein Subsystem der Füh-

---

[2] *Horváth, Péter* (geb. 1937 in Ungarn) Prof. BWL, Uni Stuttgart.

rung, das Planung und Kontrolle sowie Informationsversorgung systembildend und systemkoppelnd koordiniert und auf diese Weise die Adaption und Koordination des Gesamtsystems unterstützt."

Dabei kommt der **Koordinationsaufgabe** seiner Meinung nach eine überragende Bedeutung zu. Es gilt nämlich das

• Planungs- und Kontrollsystem
• Informationsversorgungssystem und
• Datenverarbeitungssystem

einer Unternehmung zu koordinieren. Der internen **Revision** fällt in diesem Zusammenhang die Aufgabe zu, die Erfüllung dieser Aufgaben zu überwachen, jedoch nicht im Sinne einer lückenlosen Prüfung, sondern nach dem Prinzip des Management by Exception.

Nach dieser kurzen Funktionsbeschreibung des Controlling stellt sich die Frage, was das US-amerikanische Controlling von in deutschen Unternehmungen verwandten Planungs- und Kontrollrechnungen unterscheidet. Der Controllinggedanke geht auf die Zeit der industriellen Revolution in den USA zurück, als im Zuge zunehmender Kapitalkonzentration und Fixkostenbelastung (ab 1880) einem ‚Comptroller' die finanzwirtschaftliche Überwachung der Unternehmung übertragen wurde (zur geschichtlichen Entwicklung vgl. *Serfling* 1983, S. 18 ff.). Die Kennzahlenanalyse (ratio analysis), als auch heute noch zentrales Instrument des Controlling, wurde ab der Jahrhundertwende in den USA zur Investitions- und Finanzanalyse und später zur Kontrolle des Betriebsgeschehens entwickelt (*Staehle* 1969, S. 44 ff.). Im Zuge des Unternehmungswachstums wurde die Finanzwirtschaft der Unternehmung (Financial Management) in die Bereiche **Treasurership** (Finanzierung, Investition) und **Controllership** (Planungs- und Rechnungswesen) aufgeteilt. Die zunehmende Professionalisierung dieses neuen Berufsstandes fand 1931 in der Gründung des ‚Controller's Institute of America' (1962 in ‚Financial Executive Institute' umbenannt) ihren Niederschlag. Nach der letzten offiziellen Definition dieses Instituts (1962) umfaßt das Controllership folgenden **Aufgabenkatalog:**

• Planung
• Berichterstattung über Soll-Ist-Abweichungen
• Beratung aller von der Planung betroffenen Stellen
• Steuerangelegenheiten
• Berichterstattung an staatliche Stellen
• Interne Kontrolle und Revision, Versicherungsangelegenheiten
• Analyse der wirtschaftlichen, sozialen und gesellschaftlichen Entwicklung.

Horváth/Gaydoul (1978) haben aufbauend auf diesem Katalog sog. Controlling-Bausteine formuliert (Organisation, Rechnungswesen, Planung, Berichtwesen, EDV, Interne Revision, Steuerangelegenheiten, Existenz einer Abteilung für Controlling) und nach deren Verbreitung in deutschen Unternehmungen geforscht. Dabei ergab sich, daß die zentralen Bausteine, Rechnungswesen, Planung und Berichtwesen, in über 80% der befragten Unternehmungen angetroffen wurden.

Dies zeigt, daß nicht die genannten Aufgaben neu für deutsche Manager sind, sondern ihre konzeptionelle Zusammenfassung unter dem Begriff *Controllership* und ihre organisatorische Zentralisation in einer Abteilung *Controlling* (vgl. *Gaulhofer* 1988).

Neu ist allerdings die Konzeption eines **strategischen Controlling** zur Unterstützung der strategischen Führung, in Abgrenzung zum herkömmlichen operativen Controlling (im Sinne einer Abweichungsanalyse oder Planfortschrittskontrolle). Die Auffassungen darüber, was unter strategischem Controlling zu verstehen ist, gehen allerdings weit auseinander: Von einer Ausweitung auf strategische Planung und strategisches Management (*Mann* 1978) bis hin zur Verbindung mit Organisationsentwicklung (*Lorange/Scott Morton/Ghoshal* 1986). *Lorange* et al. unterscheiden dabei noch zwischen strategischer Kontrolle bei relativ stabilen Umweltverhältnissen *(strategic momentum control)* und einer solchen in Zeiten hoher Diskontinuitäten *(strategic leap control)*. Während im ersten Fall eher klassische Kontrollinstrumente zum Einsatz kommen, wie Profit Center Kontrolle, Methode der kritischen Erfolgsfaktoren, erfordert die zweite Situation einen offenen Anpassungs- bzw. Neuplanungsprozeß, der durch Strategic Issue Management oder Szenario Techniken unterstützt werden kann.

Abb. 3.19: Strategische Kontrolle

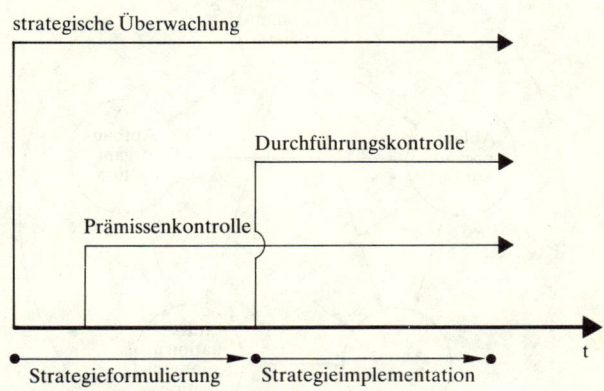

Quelle: Schreyögg/Steinmann 1985, S. 404

In dem Maße, in dem die Umwelt dynamischer und turbulenter wird, nimmt die Bedeutung strategischer Planung zugunsten strategischer Kontrolle einschließlich organisatorischer Anpassungs- und Lernprozesse ab. *Schreyögg/Steinmann* (1985) sprechen hier von **strategischer Überwachung**, die ungerichtet und ohne Kontrollmaßstäbe mögliche interne (Ressourcen) und externe (Marktveränderungen) Gefährdungen in bezug auf die gewählte Basisstrategie zu erkennen versucht (vgl. Abb. 3.19). Hiervon abzugrenzen sind die **Prämissenkontrolle** (fortlaufende Überwachung der Gültigkeit strategischer Schlüsselannahmen) und die **Durchführungskontrolle** (fortlaufende Überwachung des Planfortschritts in der Implementationsphase).

3. Organisatorische und personelle Unterstützung der Strategieimplementation

Bei der Darstellung der Grundidee der Unternehmungsstrategie (S. 563), speziell des Harvard-Konzepts, wurde klar zwischen Strategieformulierung und Strategieimplementation unterschieden. Vor allem das Organisationsund Führungssystem einer Unternehmung soll nach diesem Konzept die Strategieimplementation unterstützen. Im Sinne von *Chandlers* (1962) Erkenntnis, Struktur folgt der Strategie, soll ein *fit* zwischen der gewählen Produkt/Markt-Strategie und dem Organisations- und Führungssystem geschaffen werden (vgl. Abb. 3.20).

Abb. 3.20: Organisation als Mittel der Strategieimplementation

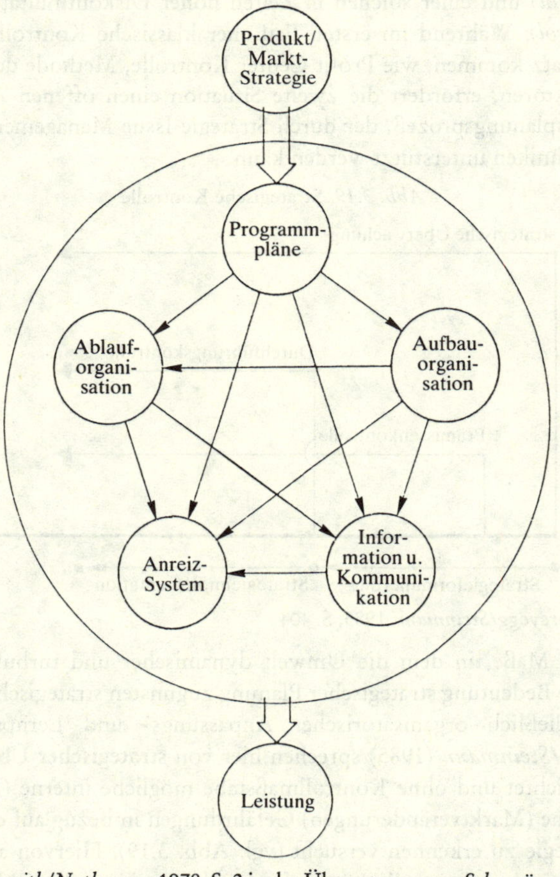

Quelle: Galbraith/Nathanson 1978, S. 2 in der Übersetzung von *Schreyögg* 1984, S. 129

In den Kreis der Mittel (in Abb. 3.20) könnten auch weitere Variablen aufgenommen werden, etwa die 7 S von **McKinsey** (Abb. 2.109 auf S. 475); im Prinzip bleibt es bei einer gedanklichen Kette von der Strategieformulierung über die Strukturgestaltung, Implementation bis hin zur Kontrolle der Ergebnisse.

Diese Betrachtung der Zusammenhänge ist in vielerlei Hinsicht einseitig und defizitär. Einmal wissen wir, daß eine bestimmte Organisationsstruktur und -kultur ein bestimmtes strategisches Verhalten fördern und ein anderes, vielleicht situationsangemesseneres, verhindern kann; andererseits sind die Beziehungen zwischen Strategieformulierung und -implementation wechselseitig, eher vernetzt (wie im *Gälweiler*-Modell und dem Konzept der strategischen Überwachung) als linear-deterministisch zu sehen. Insgesamt scheint den **Verhaltenskonsequenzen** strategischer Planungs- und Kontrollsysteme, dem Planungs- und Kontrollklima, noch viel zu wenig Aufmerksamkeit geschenkt zu werden. Dies, obwohl seit der bahnbrechenden Arbeit von *Hofstede* (1967) bekannt ist, daß strategiekonform entwickelte Planungs- und Kontrollsysteme z.T. erhebliche dysfunktionale Wirkungen mit sich bringen und bisweilen das in bezug auf die strategischen Intentionen gegenteilige Verhalten bei den Organisationsmitgliedern auslösen (s.a. *Höller* 1978, *Schanz* 1982, S. 179ff., *Welge* 1988, S. 196ff., *Becker* 1985). *Dessler* (1985, S. 350ff.) hat die wichtigsten unbeabsichtigten Folgen zusammengestellt:

• Budgets empfindet das mittlere Management als Zwangsjacke, als Druckmittel des Top Managements, und nicht als Orientierungsrahmen
• Planvorgaben und laufende Abweichungsanalysen führen zu engstirnigem Abteilungs- oder Kostenstellendenken
• Planungs- und Kontrollsysteme überbetonen kurzfristige Maßnahmen
• Planungs- und Kontrollsysteme überbetonen leicht quantifizierbare und meßbare Faktoren
• Kontrollen verleiten zu taktischen Verhaltensweisen der Planer und Manager, die nicht im Unternehmungsinteresse liegen
• Planungs- und Kontrollsysteme sind die Quelle vielfältiger Konflikte innerhalb und zwischen Abteilungen.

Die von Planungs- und Kontrollmaßnahmen **Betroffenen** sind i.d.R. sehr erfinderisch, die für sie unangenehmen Auswirkungen zu vermeiden, etwa durch

• bürokratisches Verhalten (Dienst nach Vorschrift); führt jedes Planungs- und Kontrollsystem ad absurdum
• politisches Verhalten (Taktieren, Koalieren, Kompensationsgeschäfte); führt zu (für die Unternehmung) suboptimalen Verhaltensweisen
• manipulatives Verhalten (geschönte Soll- und/oder Ist-Werte); führt zu falschen Planungsgrundlagen.

Mit diesen wenigen Hinweisen soll exemplarisch angedeutet werden, wie wichtig die Analyse (potentieller) Verhaltenswirkungen von Planungs- und Kontrollsystemen ist.

Mit der organisatorischen und personalen Unterstützung von Strategieformulierung und -implementation befassen sich die nächsten beiden Kapitel des 3. Teils der Arbeit:

- Management der Strukturen (Organisation)
- Management des Humanpotentials (Personalmanagement).

Hier soll deutlich werden, daß Organisation und Personalmanagement kein Selbstzweck sind, sondern Mittel zur Verwirklichung strategischer Ziele.

B. Management der Strukturen: Unternehmungsorganisation

In diesem Teil wird unter **Organisation** nicht ein soziales Gebilde, ein soziotechnisches System (vgl. Teil 2 der Arbeit), sondern ein Instrument, ein Mittel zur Umsetzung von Strategien und zur Erreichung von Unternehmungszielen, verstanden. Wissenschaftler sprechen in diesem Zusammenhang von der zielgerichteten Institutionalisierung von generellen, formalisierten Verhaltenserwartungen. Praktiker sind der Auffassung, daß zielorientiertes Verhalten überwiegend durch formale Strukturcharakteristika wie Stellenbeschreibungen, Dienstwege, Unterstellungsverhältnisse, Arbeitsanweisungen, Titel, Statussymbole gesteuert und kontrolliert wird. Diese und ähnliche Vorschriften und Regeln sind mit **Organisationsstruktur** im weitesten Sinne gemeint.

I. Differenzierung und Integration als Grundfunktionen der Organisation

Organisieren heißt, innerhalb eines institutionellen Rahmens die Strukturträger zu bestimmen und deren Beziehungen untereinander dauerhaft (z.B. Linieninstanzen) oder auf Zeit (z.B. Projekt-Teams) zu regeln.[1]

Die zentrale Aufgabe eines Managements von Strukturen besteht darin, die Organisationselemente **Aufgaben, Informationen** und **Macht** gedanklich, in einem Organisationsplan, auf die Strukturträger Mensch und Arbeitsmittel (Maschine) zu verteilen (**Differenzierung**) und deren zielentsprechende Koordination sicherzustellen (**Integration**).

Im Zuge der Differenzierung sind folgende Probleme zu lösen:
- die Verteilung von Aufgaben → **Aufgabenstruktur**
- die Verteilung von Informationen → **Kommunikationsstruktur**
- die Verteilung von Macht → **Autoritätsstruktur**

Die von mir gewählten Begriffe Differenzierung und Integration, entsprechen in etwa dem *Kosiol*schen Begriffspaar **Analyse** und **Synthese** (vgl. *Lawrence/Lorsch* 1969, *Kosiol* 1976).[2] Analyse- und Syntheseprobleme ergeben

---

[1] Der relativ seltene Fall einer erstmaligen Strukturierung einer Unternehmung (z.B. bei Neugründung) wird im folgenden vernachlässigt zugunsten des Regelfalls einer Reorganisation.

[2] Ausführungen zur Organisation des Organisationsprozesses finden sich in Kapitel D (Organisationsentwicklung).

sich sowohl bei der Gestaltung[3] von Strukturen (**Aufbauorganisation**) als auch von Prozessen (**Ablauforganisation**) (vgl. Abb. 3.21). „Der Aufbau stellt den statischen Teil der Organisation dar, wogegen bei der Ablauforganisation Raum und insbesondere die Zeit eine Rolle spielen, so daß sich diese als dynamischer Anteil bezeichnen läßt" (*Gaitanides* 1983, S. 2).

Abb. 3.21: Der Ansatz der klassischen Organisationslehre

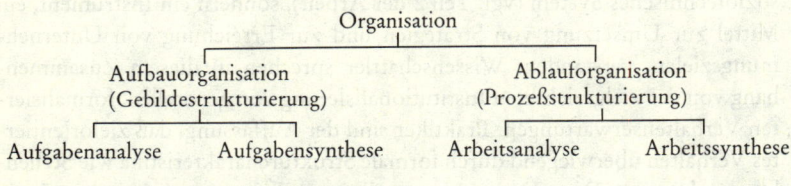

Quelle: In Anlehnung an *Kosiol* 1962, S. 240.

Die klassische Trennung in Aufbau- und Ablauforganisation ist dahingehend kritisiert worden, daß sie lediglich gedanklich zu leisten und somit für die praktische Organisationsarbeit wenig nützlich sei (vgl. auch *Krüger* 1984, S. 111 f.). Eine entsprechende Kritik findet sich schon bei *Luhmann* (1968, S. 43). „Unvermeidlich kommt es zu Widersprüchen, wenn man nach wie vor Aufbau- und Ablaufgestaltung je für sich aus dem Betriebszweck ableitet und erst nachträglich einen Kompromiß erstrebt. Das Dominieren des Aufgabenbegriffs führt zusammen mit der Trennung von Aufbau und Ablauf notwendig in dieses Dilemma. Deshalb gewinnt in Theorie und Praxis und nicht zuletzt unter dem Einfluß der zunehmenden Automation ein Organisationsdenken an Raum, das nicht von einem durch Zweckzerlegung gewonnenen Abteilungsschema ausgeht, sondern vom Arbeitsfluß, und das die Systemstruktur nur noch als einen Komplex von ‚Entscheidungsprämissen' behandelt, die den Arbeitsfluß ‚programmieren.'"

Berg (1981, S. 68 ff.) schlägt als neuen Ansatz der Organisationsgestaltung das Konzept der **Aufgabendekomposition** vor. Danach wird beim Dekompositionsprozeß immer schon die notwendige Integration mitbedacht, d.h. die Aufspaltung von Aufgaben in Teilaufgaben erfolgt nach aufgabensynthetischen Überlegungen.

Obwohl Entscheidungen zur Differenzierung und Integration idealerweise simultan getroffen werden sollten, dominiert in der Praxis eine sukzessive Problemlösung, wobei die Integration allerdings schon bei der Analyse mitgedacht wird. Wie die Darstellung bei *Carlisle* (1976, S. 334) exemplarisch veranschaulicht, wird üblicherweise von einem top down Ansatz ausgegangen, d.h. zunächst werden aus übergeordneten Unternehmungszielen/Strategien Aufgaben abgeleitet, Abteilungen gebildet, diese in einer Hierarchie von

---

[3] *Kosiol, Erich* (1899–1990) Prof. BWL, FU Berlin.

oben, unten und neben positioniert und erst zum Schluß wird der einzelne Mitarbeiter in die so geschaffene Organisationsstruktur ‚eingepaßt‘:

* **Horizontale Differenzierung** (Spezialisierung)
  Aufgabengliederung
  Abteilungsbildung
* **Vertikale Differenzierung** (Hierarchisierung)
  Kontrollspanne, Breite und Tiefe der Hierarchie,
  Einheit der Auftragserteilung, Dienstweg
* **Horizontale Integration** (Koordination)
  Komitees, Budgets, Pläne, Organisationsregeln
* **Integration des Personals in die Organisation**
  Personalzuordnung, Arbeitseinsatzplan,
  Arbeitsablaufplan.

Das Interesse der Organisations- und Managementlehre hat sich nicht immer gleichmäßig auf diese beiden zentralen Problembereiche (Differenzierung und Integration) verteilt. **Ingenieurmäßige Ansätze** befassen sich schwerpunktartig mit Fragen der Arbeitszerlegung und plädieren dabei für eine möglichst weitgehende horizontale und vor allem vertikale Differenzierung, machen aber zur Integration abgesehen von dem Hinweis auf einige formale Mechanismen kaum Aussagen. Umgekehrt konzentrieren sich **sozialpsychologische Ansätze** auf Fragen der personalen Integration, während den Problemen der Differenzierung kaum Beachtung geschenkt wird, wenn man von dem globalen Rat absieht, diese möglichst gering zu halten. Erst im Zuge der **modernen Ansätze** (vor allem System- und verhaltenswissenschaftlich-situative Ansätze) werden beide Aspekte des Organisationsproblems als zusammengehöriger Komplex gesehen, der integrativ und simultan gelöst werden soll.

Abb. 3.22: Differenzierung und Integration von Individuum und Organisation

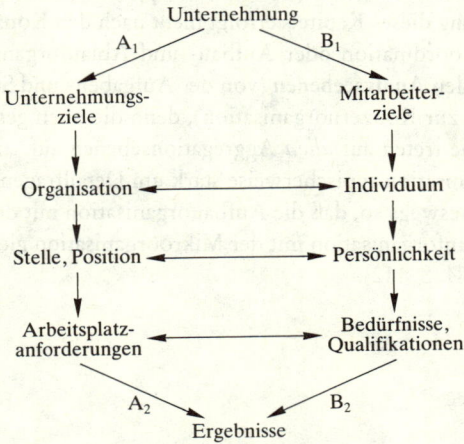

Quelle: In Anlehnung an *Lippitt* 1982, S. 172

41*

In Abb. 3.22 wird in der *Vertikalen* die **Differenzierung** der Aufgaben als Mittel zur Zielerreichung ($A_1 \rightarrow A_2$) und die des Individuums ($B_1 \rightarrow B_2$) als Voraussetzung zu dessen Anpassung an die Organisation dargestellt. Weder die alleinige Optimierung des Strangs A noch die von B bringt optimale Ergebnisse im Sinne der Unternehmung. In der *Horizontalen* wird das Erfordernis der **Integration** auf allen drei Ebenen gezeigt, wobei die doppelt gerichteten Pfeile andeuten, daß es hier nicht bloß um eine Anpassung von B nach A, sondern auch um eine frühzeitige Berücksichtigung von B bei der Aufbau- und Ablauforganisation geht (vgl. Kapitel C).

Während klassischerweise die Unternehmung das Individuum lediglich als Personal und nicht als Persönlichkeit benötigte, zeichnet sich in den letzten Jahren ein Wandel hin zu einer stärkeren Berücksichtigung der Bedürfnisse und Werte der Mitarbeiter ab (vgl. z.B. die Debatte um die Organisationskultur).

Probleme der Differenzierung (Arbeitsteilung/Stellenbildung) werden schwerpunktartig in Abschnitt II. *Arbeitsorganisation,* Probleme der Koordination verstärkt in Abschnitt III. *Unternehmungsorganisation* behandelt.

Abteilungen bilden die Nahtstelle zwischen den grundlegenden Konzepten *Differenzierung* und *Koordination*. Einerseits sind Abteilungen das Ergebnis von Innendifferenzierung, andererseits wird durch die Art ihrer Bildung eine Vorentscheidung für das zu verwendende Koordinationsinstrument getroffen. So bietet sich z.B. bei einer nach verschiedenen Verrichtungen (wie Einkaufen, Produzieren, Verkaufen) gegliederten Unternehmung die Hierarchie unmittelbar als Koordinationsinstrument an.

Während bei der hierarchischen Koordination einzelne Stellen/Personen mit Entscheidungsbefugnis ausgestattet sind (Singularinstanz), werden bei Organisationskonzepten, die auf Koordination durch Selbstabstimmung beruhen, bestimmte Aufgaben (meist innovative und koordinierende) und entsprechende Entscheidungsbefugnisse auf *Gruppen* oder *Teams* übertragen.

Die **Gliederung** dieses Kapitels erfolgt nicht nach den Konzepten Differenzierung und Koordination oder Aufbau- und Ablauforganisation, sondern nach ansteigenden **Analyseebenen** (von der Aufgaben- und Stellenbildung im Betrieb bis hin zur Konzernorganisation), denn die oben genannten Organisationsprobleme treten auf *allen* Aggregationsebenen auf. „Auch wenn sich die Ablauforganisation typischerweise stark um Detailfragen kümmern muß, ist es doch keineswegs so, daß die Aufbauorganisation mit der Makroorganisation, die Ablauforganisation mit der Mikroorganisation gleichzusetzen wäre" (*Krüger* 1984, S. 112).

II. Arbeitsorganisation (Mikro-Struktur)

1. Aufgabenanalyse und -synthese

Aufgaben sind nach *Kosiol* (1962, S. 43) „Zielsetzungen für zweckbezogene menschliche Handlungen". Ein vorgegebenes oder selbstgesetztes Soll gilt es durch zweckbezogene Aktivitäten zu verwirklichen. *Berg* (1981, S. 27) geht davon aus, daß Aufgaben sowohl durch das Soll als auch durch die Aktivitäten zu dessen Verwirklichung beschrieben werden können. Entsprechend unterscheidet er zwischen einer *intentionalen* Aufgabendefinition (nicht näher spezifiziertes Soll, z. B. Herstellung von Schuhen) und einer *extensionalen* Aufgabendefinition (Beschreibung der Aktivitäten zur Verwirklichung des Solls, z. B. exakte Angabe der Einzelschritte des Prozesses der Schuhfabrikation).[1] Folgt man dieser definitorischen Abgrenzung, dann entsteht für den Aufgabenträger immer dann ein **Problem,** wenn er der intentionalen Aufgabendefinition keine extensionale zuordnen bzw. aus ihr ableiten kann (vgl. zum Problemlösen S. 268ff.).

a. Kriterien der Aufgabengliederung

Logisch nimmt der Prozeß der Aufgabengliederung seinen Ausgang von organisatorischen Zwecken und strategischen Zielen; diese zunächst global formulierte Gesamtaufgabe (etwa: Gewinnerzielung durch Herstellung von Schuhen) wird anschließend in Teilaufgaben zerlegt, die bestimmten, hierzu qualifizierten Mitarbeitern unter Hinzuziehung von Arbeitsmitteln (Werkzeuge, Maschinen) zur Ausführung übertragen werden.

Vorrangig finden bei der Gliederung der Gesamtaufgabe in Teilaufgaben folgende Kriterien Verwendung (*Kosiol* 1962, *Grochla* 1972, *Hill/Fehlbaum/ Ulrich* 1976):

- **Verrichtung** (z. B. Input, Transformation, Output; Schweißen, Beschaffen, Verkaufen)
- **Objekt** (z. B. Produkt, Kreditarten)
- **Arbeits- oder Hilfsmittel** (z. B. manuell, maschinell, automatisch)

---

[1] Vgl. hierzu die Unterscheidung von *H. Hax* (1965, S. 74) in implizite und explizite Verhaltensnormen und die von *Luhmann* (1968) in Zweck- und Konditionalprogramm sowie die Kritik von *Osterloh* (1983, S. 225ff.) an diesen dualistischen Aufgabenklassifikationen.

- **Rang** (z. B. Entscheidungsaufgaben, Ausführungsaufgaben)
- **Phase/Zeit** (z. B. Planung, Realisation, Kontrolle)
- **Ort** (z. B. Deutschland, Europa, USA)

Neben diesen Aufgabenanalysekriterien werden in der jüngeren Literatur Klassifikationen präferiert, die auf unterschiedliche organisationsstrukturelle Anforderungen unterschiedlicher Aufgaben an den (potentiellen) Aufgabenträger abstellen. So unterscheiden *Van de Ven/Delbecq* (1974), *Tushman/Nadler* (1978) und *Tushman* (1979)[2] u. a. zwischen

- **Aufgabenschwierigkeit** (ist die Aufgabe in Komponenten zerlegbar und sind Verfahren zur Lösung einzelner Aufgabenbestandteile bekannt?)
- **Aufgabenvariabilität** (wie groß ist die Anzahl der Ausnahmefälle, für die unterschiedliche Verfahren und Methoden erforderlich sind?)
- **Aufgabeninterdependenz** (wie groß ist die Abhängigkeit der ausführenden Stelle von vor- und nachgelagerten?)
- **Aufgabenkomplexität** (wie groß sind die Anzahl und die Verknüpfungen der einzelnen Aufgabenmerkmale?)
- **Aufgabenneuigkeit** (wie stark und vorhersehbar sind Abweichungen gegenüber Erfahrungen mit vertrauten Aufgaben?)
- **Aufgabenstrukturiertheit** (wie genau läßt sich die Aufgabenerledigung sachlich und zeitlich planen?).

Die Auflösung der Gesamtaufgabe in Teilaufgaben kann einmal unter *quantitativen* und zum anderen unter *qualitativen* Aspekten gesehen werden. Entsprechend spricht man von **Mengenteilung** (segmentierende Differenzierung), wenn jedem Mitarbeiter/Subsystem die Ausführung aller Teilaufgaben der Gesamtaufgabe übertragen wird (jeder Mitarbeiter fertigt einen ganzen Schuh), und von **Artenteilung** (funktionale Differenzierung), wenn Teilaufgaben so gebildet werden, daß Aufgaben unterschiedlicher Art (Schwierigkeit, Zeitdauer etc.) entstehen, die jeweils darauf spezialisierten Mitarbeitern zur Ausführung zugewiesen werden. Diese zweite Form der Arbeitsteilung wird üblicherweise als **Spezialisierung** bezeichnet.

Auf die Spezialisierung haben sich die Bemühungen der Organisationfachleute seit eh und je konzentriert, denn sie versprach Produktivitäts- und Wirtschaftlichkeitsgewinne (vgl. S. 24 der Arbeit). Solche **ökonomischen Vorteile** ergeben sich vor allem aus den mit Spezialisierung verbundenen

- geringen Qualifikationserfordernissen (d. h. billige Arbeitskräfte)
- geringen Einarbeitungs- und Anlernzeiten
- geringen Aufgabeninhalten und Handlungsspielräumen
- hohen Lern- und Trainingseffekten (d. h. Übungsgewinne)
- leichten Überwachungs- und Kontrollaufgaben.

---

[2] *Tushman, Michael L.* (geb. 1947) Prof. Management, Columbia Uni, New York. Vicepresident Delta Consulting Group.
Nadler, David A., ehem. Prof. Organizational Behavior, Columbia Uni, President Delta Consulting Group.

In der einschlägigen Organisationsliteratur werden aber diese Konsequenzen extremer Artenteilung nicht nur unter dem Aspekt der Vorteilhaftigkeit für den Unternehmer und Manager diskutiert, sondern häufig wird eine Rechtfertigung dieser Praxis der Arbeitsteilung dergestalt versucht, daß auf bestimmte, den Managemententscheidungen entzogene Zwänge, sog. **Verursachungsgesetze der Artenteilung,** verwiesen wird (z. B. *Böhrs* 1963). Artenteilung sei, so wird argumentiert, deshalb vorzunehmen, weil der Mensch über unterschiedliche Veranlagungsschwerpunkte verfüge (Spezialisierung), unterschiedliche Neigungen verfolge (z. B. Frauenarbeit) und ganz allgemein durch eine recht begrenzte Aufnahmefähigkeit des Gedächtnisses gekennzeichnet sei (deshalb nur kurzzyklische Arbeitsgänge). Diese ideologische Interpretation verkennt die historische Entwicklung der Arbeitsteilung, die sich primär unter *ökonomischen* Einflüssen vollzog. So ist in der vorindustriellen Zeit der umfassend ausgebildete Handwerker (craftsmanship) durchaus in der Lage gewesen, ganzheitliche Arbeitsaufgaben zu erfüllen; eine Produktionsweise, die aber im Zuge wachsender Mengennachfrage immer ineffizienter wurde. Dagegen behauptet *Mills* (1978, S. 150), daß die Ursache für die extreme Arbeitsteilung in den USA in dem schlecht ausgebildeten Einwanderer zu suchen sei, für den ganzheitliche, anspruchsvolle Tätigkeiten in kleine, einfache, monotone Arbeitsschritte zerlegt werden mußten.

Nun heißt die Alternative zur Artenteilung (Spezialisierung) nicht Mengenteilung, sondern Spezialisierung ist ein Merkmal aller Organisationen, das jedoch (auf einem Kontinuum) unterschiedlich ausgeprägt ist. Gemessen wird Spezialisierung mit Maßen, wie etwa

• Anzahl der spezialisierten Stellen
• Anzahl unterschiedlicher Stellenbezeichnungen
• Anzahl der von einer Organisation zur Ausführung ein und derselben Aufgabe gebildeten Stellen
• Länge der Bearbeitungszeit pro Stelle
• Anzahl unterschiedlicher Verrichtungen pro Stelle.

b. Verhaltenswirkungen von Aufgaben

Daß die während der industriellen Revolution immer stärker vorangetriebene Arbeitsteilung nicht dem ‚Wesen‘ des Menschen entspricht, läßt sich aus dessen Reaktionen (z. B. Fluktuation, Absentismus, Krankheiten, Unzufriedenheitsäußerungen) erkennen, die – wie empirische Untersuchungen belegen – auf mangelnde Akzeptanz enger Aufgabendefinition, einseitiger Belastungen (von Muskeln und Psyche), von Unterforderung und Dequalifizierung (Verlernen von Fähigkeiten und Fertigkeiten) zurückzuführen sind. Diese Verhaltensweisen lassen sich stark vereinfacht anhand folgender vermuteter Zusammenhänge erklären (vgl. *Hulin/Blood* 1968):

Stimulusbedingungen	Wahrnehmung	affektive Reaktion	Verhalten
einfache Aufgaben mit geringen Anforderungen, → kurze Taktzeiten	Monotonie →	Langeweile, Unzufriedenheit → mit der Arbeit	Absentismus, Fluktuation, Leistungs- restriktion

Eine der ersten Untersuchungen, die zum Ziel hat, den Einfluß der angewandten Technologie auf die (Einstellung zur) Arbeitsstruktur zu ermitteln, ist von *Walker/Guest* (1952) durchgeführt worden. *Walker/Guest* untersuchten 1949 die Einstellungen von Fließbandarbeitern in einem amerikanischen Karosseriemontagewerk und ermittelten eine hohe Unzufriedenheit der befragten Arbeiter. Ihre Gestaltungsempfehlung, zur Reduzierung der Entfremdung das Arbeitsfeld zu erweitern (**Job Enlargement**), hat in der Folgezeit großen Zuspruch von Wissenschaftlern wie Praktikern erfahren (z. B. *Seeman* 1967, *Zwerdling* 1984).

Die Studie von *Blauner* (1964) wird aufgrund ihrer plausiblen Ergebnisse ebenfalls häufig referiert. *Blauner* hat den Einfluß unterschiedlicher Technologien (Handwerkliche Techniken, Mechanisierung, Fließbandproduktion und Prozeßautomation) auf die **Entfremdung von Arbeitern** untersucht und die Beziehung mit einer U-Kurve dargestellt: Arbeit unter handwerklichen Produktionsbedingungen und Bedingungen der Prozeßtechnologie wurde als weit weniger entfremdet empfunden als die bei einem mittleren Mechanisierungsgrad.

Die mit Entfremdung verbundenen hohen **Folgekosten** veranlaßten das Management (vor allem in Nordamerika und Skandinavien) Anfang der 70er Jahre, sich intensiver mit Neuen Formen der Arbeitsorganisation zu beschäftigen (vgl. hierzu ausführlich Abschnitt B II 2). Entsprechend wurden solche arbeitsorganisatorischen Lösungen favorisiert, die einmal abwesenheitsbedingte Störungen der Ablauforganisation beseitigen sowie eine kurzfristige Anpassung an schwankende Auftragslagen erlauben und andererseits zu einer Erhöhung der Arbeitsbereitschaft und -zufriedenheit führen.

Deutschsprachige Veröffentlichungen zu Problemen der Arbeitsorganisation sind überwiegend von einem produktionstheoretischen Ansatz und einem ingenieurhaften ergonomischen Denken in Arbeitssystemen und -strukturen (Mensch-Maschine-System) geprägt. Verhaltenswissenschaftliche, handlungsorientierte Ansätze zur Beschreibung, Erklärung und Gestaltung von Arbeitssituationen sind zwar zunehmend Gegenstand wissenschaftlicher Auseinandersetzung, finden aber im Gegensatz zur ersteren Denkrichtung in der Praxis noch kaum Anwendung.

Im ersten Fall wird menschliche Arbeit als Produktionsfaktor betrachtet, wobei Arbeit die zielkonforme, erfolgskontrollierte Arbeitsleistung meint, die unter Bedingungen optimaler Ergiebigkeit erbracht wird. Dabei finden im Bereich der BWL meist die Erkenntnisse relevanter Nachbardisziplinen (z. B.

Verhaltenswissenschaften) nur insoweit Verwendung, als sie, zu Techniken umformuliert, der ökonomischen Zielformulierung und Zielerreichung nützen (vgl. etwa *Gutenberg* 1983).

Die formellen Aspekte von Struktur und Handeln sind nur die eine Seite des Lebens in Organisationen. Eine Vielzahl ungeplanter, unvorhergesehener Ereignisse und Verhaltensweisen (= informelle Aspekte) modifizieren die logisch und rational geplanten und gestalteten Handlungsprogramme.

Es gilt also die Rede von der Dominanz der Struktur und der objektiven Aufgabe zu relativieren. Nicht alle strukturellen Organisationsmerkmale sind verhaltensrelevant. Bestimmte Ausprägungen werden überhaupt nicht wahrgenommen, andere stärker oder schwächer als es ihrem objektiven, intendierten Stellenwert entspricht. Nicht die strukturellen Gegebenheiten allein, sondern vor allem die Art und Weise, wie die Organisation durch die Mitglieder wahrgenommen wird, beeinflussen deren Motivation, Leistung und Zufriedenheit. Die zentrale These lautet dann: Menschen handeln auf der Grundlage dessen, was und wie sie etwas wahrnehmen und nicht auf der Grundlage dessen, was ist. Insofern ist nicht die objektive sondern die *subjektiv wahrgenommene* Aufgabe unmittelbar handlungsrelevant.

Einen Ansatzpunkt zur Analyse von Verhaltenswirkungen vorgegebener Aufgaben bieten jüngere **arbeitspsychologische** Arbeiten zur Beschreibung von Aufgaben sowie deren Wahrnehmung durch den Ausführenden. Demzufolge sind schon bei der Aufgabenbildung deren möglichen Verhaltenswirkungen mitzubedenken. *Hackman* (1969)[3] betrachtet die Aufgabe nicht nur unter dem Gesichtspunkt der Eignungsvoraussetzung (Definition der Aufgabe nach erforderlichen Eignungsmerkmalen) bzw. Verhaltensbeschreibung (Beschreibung des tatsächlichen Verhaltens bei der Bearbeitung einer Aufgabe), sondern geht von der Aufgabe als einer **Verhaltensanforderung** aus. Unter Verwendung des S-O-R-Paradigmas kommt er zu der Auffassung, daß eine Aufgabe aus einem Reiz-Komplex und einer Reihe von Anweisungen besteht, die spezifizieren, was gegenüber den Reizen zu tun ist. Anweisungen über Verfahren und Ziele geben an, welche Operationen durch den (oder die) Handelnden im Hinblick auf die Reize durchgeführt werden müssen und/ oder welche Ziele zu erreichen sind.

Mit **Reizmaterial** wird das materielle oder soziale Objekt verstanden, mit dem eine oder mehrere Personen konfrontiert werden (Maschine, Problem, Konflikt usw.). Dimensionen dieses Reizmaterials sind beispielsweise (vgl. *Hackman* 1969, S. 115):

- Bekanntheitsgrad des Aufgabenobjektes
- Art/Klarheit/Deutlichkeit/Intensität der Reize
- Komplexität, zeitliche Dauer und Überraschungseffekt der Reize.

Die Aufforderung *Denke* oder die Konfrontation mit einer Maschine ist noch keine Aufgabe, da nicht gesagt wird, worüber nachgedacht bzw. was

---

[3] *Hackman, John Richard* (geb. 1940) Prof. Psychologie, HBS.

mit der Maschine getan (bedient, zerlegt, gesäubert etc.) werden soll. Erst die **Anweisungen** über Verfahren präzisieren den Aufgabeninhalt. Dimensionen dieser Handlungsanweisungen sind beispielsweise (vgl. *Hackman* 1969, S. 116ff.):

* Regeln der Bearbeitung
* Kooperationshinweise
* Entscheidungsfindungs- oder kreative Aufgabe
* Arten der Informationsverarbeitung.

Darüber hinaus müssen die **Aufgabenziele** bekannt sein. Dimensionen sind beispielsweise:

* Zielart
* Anzahl der Lösungsmöglichkeiten
* Zielklarheit
* Leistungsvorgaben.

Jede Aufgabenstellung löst ein bestimmtes Verhalten bei den Aufgabenträgern aus; es gilt dann zu untersuchen, ob die Aufgabeneigenschaften und/oder die Persönlichkeits- bzw. Gruppenfaktoren dafür ursächlich sind. Man nimmt an, daß die objektiv gestellte Aufgabe in irgendeiner Weise vom Individuum oder der Gruppe entsprechend den Werten, Einstellungen, Bedürfnissen, Erfahrungen, Fähigkeiten, Gruppennormen etc. umformuliert bzw. *redefiniert* wird. Für *Hackman* (1969) und *Hackman/Lawler* (1971) ist dieser Redefinitionsprozeß der erste Schritt des Bearbeitungsprozesses einer Aufgabe. Die wahrgenommene Aufgabe als ein Element der Arbeitssituation kann sich also (und das ist die Regel) von der objektiven Aufgabenstellung unterscheiden, sofern nicht durch Androhung erheblicher Sanktionen, durch eine extrem detaillierte Arbeitsanweisung oder technologisch bedingte Zwänge den Individuen keine Handlungsspielräume ermöglicht werden.

Der **Wahrnehmungsprozeß** wird nach *Hackman* (1969, S. 119) von vier Faktoren beeinflußt:

* dem Verständnis der Aufgabe durch den Bearbeiter,
* dem Ausmaß der Akzeptanz der Aufgabe und der Bereitschaft, sich ihren Anforderungen zu stellen,
* den Bedürfnissen und Werten, die von dem Bearbeiter in die Arbeitssituation eingebracht werden, und
* der Bedeutung früherer Erfahrungen mit ähnlichen Aufgaben.

c. Methoden der Analyse und Veränderung

Voraussetzung für die Beschreibung, Beurteilung und gegebenenfalls Veränderung eines Arbeitssystems ist dessen umfassende Analyse, genannt Arbeitsanalyse (vgl. *Frieling* 1975).[4] **Arbeitsanalyse** meint eine systematische

---

[4] *Frieling, Ekkehart* (geb. 1942) Prof. Arbeitspsychologie, Uni Kassel.

Beschreibung eines Arbeitssystems, einer Arbeitssituation, des Arbeitsablaufes sowie der spezifischen Anforderungen an den arbeitenden Menschen. Ziel von Arbeitsanalysen ist es, Informationen über den Ist-Zustand des betreffenden Systems und/oder über die im System Arbeitenden zu erhalten.

Die hierzu entwickelten **Verfahren** lassen sich in zwei große Gruppen einteilen:

- *Arbeitsplatzanalysen* (nicht aufgabenspezifisch), z.B. Arbeitsbedingungen, Arbeitsumwelt,
- *Tätigkeitsanalysen* (aufgaben- und ablaufspezifisch), z.B. Arbeitsinhalt, Arbeitsablauf, Arbeitsmittel, Arbeitsobjekt, Arbeitsanforderungen.

Je nach intendiertem Ziel und Objekt der Arbeitsanalyse bieten sich unterschiedliche Verfahren und Techniken der Erhebung an (vgl. *Hoyos* 1974, *Neuberger* 1974, *Frieling* 1975, *Karg/Staehle* 1982):

- Unstandardisierte Verfahren
  - vorliegende Arbeitsplatzbeschreibungen
  - freie Berichte von Stelleninhabern
  - frei formulierte Berichte von Arbeitsanalytikern und Vorgesetzten
  - Arbeitsdurchführung durch den Arbeitsanalytiker
  - Dokumentenanalyse
- Halbstandardisierte Verfahren
  - Critical incident technique (Methode der kritischen Ereignisse)
  - Arbeitstagebuch
  - Beobachtung
  - Interview
- Standardisierte Verfahren
  - Fragebogen
  - Beobachtungsinterview
  - Checklisten.

In jüngerer Zeit hat sich darüber hinaus eine Zweiteilung der Verfahren in objektive und subjektive durchgesetzt (*Ohl/Reuter* 1987, S. 88):

„Subjektive Verfahren erfragen vom Arbeitenden, wie er die durch Arbeitsumgebung, Tätigkeit und Aufgaben geprägten Anforderungen empfindet und beurteilt. Wie er also die definierten objektiven Inputbedingungen seines Arbeitssystems wahrnimmt und somit redefiniert.

Objektive Verfahren versuchen, die von außen auf den Arbeitenden einwirkenden Anforderungen zu erfassen. Hierbei können die interessierenden Inputbedingungen gemessen und/oder durch Experten beurteilt werden. Die so gewonnenen Daten sind objektivierte Daten, die durch den Stand der Technologie (z.B. bei Meßgeräten) bzw. durch den Grad der Objektivität (im Sinne von mathematisch-statistischen Gütekriterien) determiniert sind."

Exemplarisch für ein *objektives Verfahren* der Arbeitsanalyse ist der am S-O-R-Paradigma orientierte **Position Analysis Questionnaire (PAQ)** von *McCormick/Jeanneret/Mecham* (1973). Mit nahezu 200 Items werden Tätigkeitsmerkmale der Arbeit (Informationsaufnahme, -verarbeitung, -output,

Arbeitsumgebung) mit Hilfe von Beobachtungen und Befragungen (objektiv) ermittelt. Über statistische Auswertungsprogramme werden Arbeitstätigkeiten und arbeitsrelevante Beziehungen und Bedingungen zu homogenen Klassen zusammengefaßt.[5] *Frieling/Hoyos* (1978) haben den PAQ ins Deutsche übertragen und leicht modifiziert als Fragebogen zur Arbeitsanalyse (**FAA**) veröffentlicht. *K. Landau* hat ebenfalls aufbauend auf dem PAQ das heute im Bereich ergonomischer Arbeitsanalysen dominierende Arbeitswissenschaftliche Erhebungsverfahren zur Tätigkeitsanalyse (**AET**) entwickelt (*Rohmert/ Landau* 1978).[6]

Exemplarisch für ein *subjektives Verfahren* ist die an kognitiven psychologischen Ansätzen (vor allem *Hackman* 1969 und *Leontjew* 1977) orientierte subjektive Tätigkeitsanalyse (**STA**) von *Ulich*[7] (1981). Im Konzept der STA führt die betroffene Arbeitsgruppe den Analyseprozeß selbst durch und greift nur bei Bedarf auf die Unterstützung bzw. Beratung eines externen Experten (change agent) zurück. Der Prozeß vollzieht sich in vier Schritten:

1. Schritt: Sekundäre Redefinition

Die gegebene Arbeitssituation soll von den Arbeitern als eine problemhaltige, prinzipiell veränderbare begriffen werden. Hierzu werden alle in der Gruppe vorkommenden Tätigkeiten von allen Gruppenmitgliedern gemeinsam bewertet. Aus Soll-Ist-Differenzen ergibt sich eine Motivation, den Ist-Zustand zu verändern.

2. Schritt: Differentielle Arbeitsgestaltung

Die Mitglieder der Arbeitsgruppe werden aufgefordert, Pläne zur Umstrukturierung der einzelnen Tätigkeiten zu entwickeln und zwar dergestalt, daß die so geschaffene neue Situation den jeweils unterschiedlichen Bedürfnissen der Gruppenmitglieder Rechnung trägt.

3. Schritt: Ermittlung von Qualifikationsdefiziten

Die Gruppenmitglieder ermitteln die Divergenz zwischen den in Zukunft erforderlichen Qualifikationen und den vorhandenen Qualifikationen.

4. Schritt: Vermittlung von Qualifikationen

Hier wird ein gruppeninternes Trainingsprogramm entwickelt mit dem Ziel, die fehlenden Kenntnisse und Fertigkeiten untereinander zu vermitteln und zwar nach dem Prinzip der Gegenseitigkeit.

Beide Verfahren, objektive wie subjektive, leiden unter einer gewissen Einseitigkeit. Entweder interessiert eine personenunspezifische Analyse des Mensch-Maschine-Systems einschließlich der physischen Arbeitsbedingungen oder aber eine Erfassung der subjektiven Erlebnis-Reaktionen. Eine Abkehr von dieser entweder-oder-Denkhaltung hin zu einer sowohl-als-auch-Sichtweise findet sich in den Arbeiten von *Gaitanides* (1975) und *Euler* (1977).

---

[5] Vgl. auch die auf der Handlungsregulationstheorie beruhenden Verfahren **VERA** und **RHIA,** beschrieben auf S. 739 f. der Arbeit.

[6] *Rohmert, Walter* (geb. 1929) Prof. Arbeitswissenschaft, TH Darmstadt.
Landau, Kurt (geb. 1947) Prof. Arbeitswissenschaft, Uni Hohenheim.

[7] *Ulich, Eberhard* (geb. 1929) Prof. Arbeits- und Betriebspsychologie, ETH Zürich.

Gaitanides (1975) unterscheidet zwischen einer objektiven Arbeitssituation und einer subjektiven Erfahrung dieser Situation:

Objektive (reale) Arbeitssituation: Inbegriff gesellschaftlicher Verhältnisse in ihrer jeweiligen historischen Ausprägung und ihrer konkreten betrieblichen Verfaßtheit.

Subjektive Erfahrung: Subjektive Reaktionen des arbeitenden Menschen auf Bedingungen der objektiven Arbeitssituation.

Euler (1977) nimmt eine ähnliche Differenzierung vor in:

Objektive Arbeitssphäre: Technisch-organisatorische Gegebenheiten der Arbeitssituation.

Subjektive Bewußtseins- und Handlungssphäre: Subjektive Reaktionen der Belegschaftsmitglieder auf die objektiven Arbeitsgegebenheiten.

M. E. kann jedoch nicht von einer objektiven Arbeitssituation gesprochen werden, sondern höchstens von interessengeleiteten Objektivitätsbestimmungen, denn ‚Objektivität‘ ist in diesem Zusammenhang abgesehen von einigen wenigen physikalisch meßbaren Daten (wie Temperatur, Lautstärke) subjektiv vermittelt und höchstens intersubjektiv normierbar. Ich schlage deshalb vor, von einer vom Management *vorgegebenen* Arbeitssituation zu sprechen, die unabhängig von der subjektiven Wahrnehmung durch die unmittelbar Betroffenen erhoben werden kann.

Aufbauend auf diesen Überlegungen haben *Elias/Gottschalk/Staehle* (1982, 1985) eine **Duale Arbeitssituationsanalyse** entwickelt (vgl. auch *Karg/Staehle* 1982).[8]

Die Dualität der Erhebung der vorgegebenen und der subjektiv wahrgenommenen Arbeitssituation soll den Mangel personenunspezifischer Analysekonzepte beheben und die Verbindung mit Konzepten der psychologischen Arbeitsanalyse, die am arbeitenden Menschen orientiert sind, herstellen.

Die Duale Arbeitssituationsanalyse umfaßt somit zwei Ebenen, auf denen jeweils getrennt Erhebungen durchgeführt werden:

1. die vorgegebene Arbeitssituation
2. die subjektiv wahrgenommene Arbeitssituation.

Zu 1: *Vorgegebene Arbeitssituation* meint die konkrete betriebliche Ausprägung der Arbeitssituation, die technisch-organisatorische Ausgestaltung des Arbeitssystems, so wie sie vom Management geplant und dem Ausführenden ‚vorgegeben‘ ist.

Zu 2: Unter der *subjektiv wahrgenommenen Arbeitssituation* wird die Gesamtheit der von den Ausführenden wahrgenommenen und erlebten Arbeitsbedingungen verstanden.

Dabei stellen das subjektive Wahrnehmen und Handeln in der Arbeitssituation nicht bloß unmittelbare Reflexe der Individuen auf die vorgefundene Bedingungskonstellation dar; vielmehr wird der Einfluß dieser Faktoren auf

---

[8] Die Broschüre ‚Duale Arbeitssituationsanalyse‘ ist beim RKW, Postfach 5867, 6236 Eschborn erschienen.

das Bewußtsein und Verhalten durch die subjektiven Wahrnehmungs-, Verarbeitungs- und Bewertungsmuster der betroffenen Arbeitnehmer vermittelt, d.h. gefiltert, verstärkt und gebrochen.

Die subjektiv wahrgenommene Arbeitssituation ist somit das Ergebnis der Auseinandersetzung des Arbeitnehmers, seiner physischen und psychischen Qualifikationen, d.h. seiner Handlungskompetenz, mit den gegebenen Strukturen der vorgegebenen Arbeitssituation.

Arbeitssituationsanalysen sollen Schwachstellen bestehender Organisationsstrukturen und -prozesse auf der Mikro-Ebene aufdecken sowie deren Veränderung vorbereiten.

Das Ziel von Gestaltungsmaßnahmen besteht darin, bestehende Strukturen auf ein bestimmtes Ziel hin zu verändern. Jedoch müssen die Gestaltungsempfehlungen, sollen sie einen Wert für die Praxis besitzen, der Realität angemessen sein. Verfahren, die lediglich *einen* Aspekt (z.B. Wirtschaftlichkeit) berücksichtigen, können die Vielschichtigkeit solcher Situationen nicht hinreichend erfassen.

Ökonomisches Handeln soll an *optimalen* Lösungen ausgerichtet werden. Diese können zwar theoretisch ermittelt und unter labormäßigen Bedingungen auch praktisch erprobt werden; jedoch im Bereich der Arbeitsorganisation fehlen solche Theorien, und optimale Lösungen sind empirisch höchstens ex post bestimmbar. Im Rahmen des Gestaltungsprozesses treten in den einzelnen, z.T. zeitverschobenen Schritten häufig neue Bedingungen ein, die eine Revision der Planung erfordern.

Darüber hinaus orientiert sich menschliches Entscheidungshandeln nicht an maximalen Zielvorstellungen oder an einer einzig richtigen Problemlösung, sondern an realistischerweise erreichbaren Leistungs- oder Anspruchsniveaus, die sich im Zeitablauf verändern. Insofern erscheint es naheliegend, Gestaltungshandeln als **iterativen Prozeß** der schrittweisen Realitätsveränderung zu begreifen. Dieser Prozeß kann idealtypisch an drei Gestaltungsvariablen ansetzen (vgl. *Karg/Staehle* 1982, S. 25):

1. *technisches System*
2. *soziales System*
3. *sozio-technisches System.*

Zu 1) Beim top down **Management-Ansatz** wird zunächst das *technische System* unter ausschließlichem Renditeinteresse verändert (z.B. weitere Mechanisierung zur technischen Rationalisierung), und anschließend werden die Arbeitsorganisation, die Aufgaben und die Anforderungen festgelegt, an die sich die arbeitenden Menschen anpassen müssen.

Zu 2) Beim bottom up **Human Relations-Ansatz** wird zunächst das existierende *soziale System* analysiert; bestehende Bedürfnisse, Qualifikationen und Einstellungen sowie mögliche Anpassungswiderstände werden erhoben. Der sich daran anschließende organisatorische Wandel (soziale Rationalisierung) erfolgt zwar unter Berücksichtigung von Mitarbeiterinteressen, die Ziele des Wandels sind jedoch ökonomischer Natur.

Zu 3) Beim integrativen **sozio-technischen Systemansatz** wird eine *gemeinsame Optimierung* der Erfordernisse des technischen *und* sozialen Systems angestrebt. Ausgangspunkt des Wandels ist der Entwurf einer Arbeitsorganisation mit Aufgabeninhalten und Anforderungen, die *sowohl* den Arbeits- und Entwicklungsinteressen der Mitarbeiter *als auch* den ökonomischen Interessen des Managements entsprechen. Erst dann wird das technische System konzipiert (vgl. hierzu S. 857 ff. der Arbeit).

Ich bin der Meinung, daß nur ein pluralistischer, interdisziplinärer, situativer Ansatz der Komplexität und Mehrdimensionalität industrieller Arbeitsorganisationen gerecht werden kann. Veränderungen der objektiven Aufgabe haben Konsequenzen u. a. für die Lohnfindung, Arbeitszeitregelung, Arbeitsbewertung, Führung, Weiterbildung, Mitbestimmung, Beurteilung, Kontrolle, Entscheidungsfindung. Solange von den Anforderungen der Maschine und technischen Sachzwängen gesprochen wird, anstatt den prinzipiell variablen Charakter von Technik und Technologie zu akzeptieren, müssen neue Formen der Arbeitsorganisation zwangsläufig Stückwerk bleiben.

Eine Sichtweise, die von einer *ganzheitlichen* Analyse der Arbeitsorganisation (work organization) ausgeht, findet sich weniger in den USA und der Bundesrepublik als vielmehr in Großbritannien und Skandinavien, wo vor allem die Forschungsarbeiten des Tavistock-Instituts (sozio-technische Systemanalyse) sowie der Industrial Democracy-Bewegung eine der Komplexität industrieller Arbeitsstrukturen angemessene situationsbezogene, integrative Betrachtungsweise von technisch-organisatorischen, menschlich-sozialen und gesamtgesellschaftlichen Bezügen gefördert haben.

Organisatoren sollten sich von der Vorgehensweise lösen, zunächst das technische Subsystem zu optimieren und anschließend das soziale Subsystem durch Anwendung entsprechender Sozialtechniken daran anzupassen; vielmehr gilt es, von der Arbeitsorganisation als ökonomisch, sozial und technisch determiniertem System auszugehen (**sozio-technischer Systemansatz**). Arbeitsmittel haben dem Menschen gegenüber dienenden Charakter und werden im situativen Modell als Variablen und nicht als Daten konzeptualisiert. Neue arbeitsorganisatorische Formen sollten geradezu neue technische Entwicklungen induzieren. Entsprechend interessiert dann nicht mehr, wie Menschen an technisch-organisatorisch determinierte Aufgabeninhalte anzupassen sind, sondern vielmehr, welche Handlungs- und Verhaltenskonsequenzen bestimmte Aufgaben haben und daraus abgeleitet, mit welchen Stimuli Aufgaben ausgestattet werden müssen, um eine günstige Arbeitssituation zu schaffen (vgl. die Abschnitte über Verhaltenswirkungen von Aufgaben und Arbeitssystemen).

2. Arbeitssystemgestaltung

a. Elemente des Arbeitssystems

Die Zusammenfassung (Synthese) von Arbeitsaufgabe, Arbeitsmittel und Aufgabenträger wird als Arbeitssystem bezeichnet. Nach DIN 33 400 (1975) ist ein **Arbeitssystem** wie folgt definiert:

„Ein Arbeitssystem dient der Erfüllung einer Arbeitsaufgabe; hierbei wirken Mensch und Arbeitsmittel im Arbeitsablauf am Arbeitsplatz in einer Arbeitsumgebung unter den Bedingungen dieses Arbeitssystems zusammen".

Abb. 3.23: Elemente und Beziehungen eines Arbeitssystems

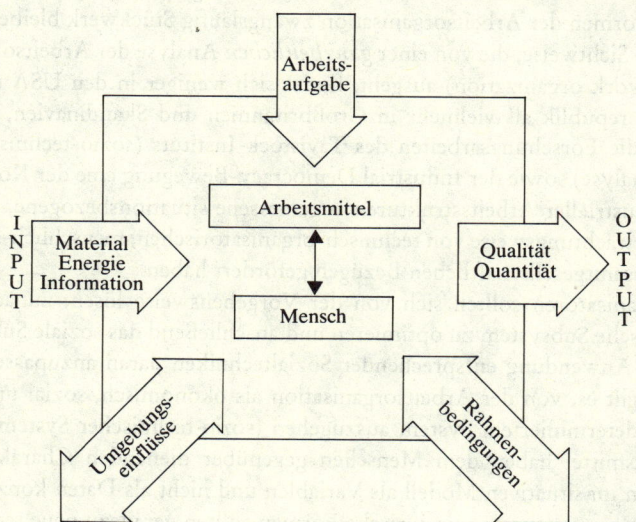

Quelle: Karg/Staehle 1982, S. 18

1. Das Sachziel legt die **Arbeitsaufgabe** fest und bestimmt damit Input und Output des Arbeitssystems.
2. Als **Input** werden Informationen, Material und Energie in das System eingegeben. Der Input soll im Sinne der Arbeitsaufgabe verändert werden.
3. **Menschen** und **Arbeitsmittel** verändern als Systemelemente den Input gemäß der Arbeitsaufgabe in den Output. Der Ort des Arbeitsvollzugs heißt Arbeitsplatz.
4. Der **Output** als Ergebnis des Arbeitsprozesses wird nach Qualität und Quantität festgelegt.

5. Die Arbeitsumwelt beinhaltet einmal die unmittelbaren **Umgebungsein-flüsse** am Arbeitsplatz (physikalische, chemische, biologische) sowie die **Rahmenbedingungen,** unter denen die Arbeit geleistet werden muß. Diese ergeben sich aus den Einflüssen der Makro- und Mikrostruktur.

b. Modelle der Arbeitsgestaltung

In der US-amerikanischen Literatur werden die Probleme der (humanen) Arbeitsgestaltung vor allem unter dem Aspekt des *job/task design* und *job structuring* bzw. *redesign* und *restructuring* behandelt, d.h. man bevorzugt eine enge, auf den einzelnen isolierten Arbeitsplatz oder die Arbeitsgruppe bezogene Analyse, die allerdings in letzter Zeit durch die Einbeziehung situativer Einflußfaktoren erweitert wird (*McCormick/Ilgen* 1985, *Van de Ven/ Delbecq* 1974, *Hackman/Oldham* 1980).

Zur theoretischen Begründung einer Neugestaltung von Arbeitssystemen wird in jüngerer Zeit vor allem auf das **Job Characteristics Model** von *Hackman* (1977) zurückgegriffen. Mit Bezug auf das Konzept der Redefinition von Aufgaben (vgl. S. 635f.) unterstellt das Modell folgende Wirkungskette (Abb. 3.24):

Abb. 3.24: Job Characteristics Model

Dimensionen der Arbeit	Psychologischer Zustand	Folgen für die Arbeit und den Arbeitenden
Tätigkeitsvielfalt, Ganzheitlichkeit der Aufgabe, Wichtigkeit/Bedeutung der Aufgabe	erlebte Sinnhaftigkeit der Arbeit	hohe intrinsische Arbeitsmotivation, hohe Arbeitsqualität, hohe Arbeitszufriedenheit, niedrige Fluktations- und Absentismusrate
Autonomie	wahrgenommene Verantwortung für das Arbeitsergebnis	
Rückkopplung über Arbeitsergebnisse	Kenntnis der konkreten Arbeitsergebnisse	

Stärke des Wachstumsbedürfnisses des Mitarbeiters

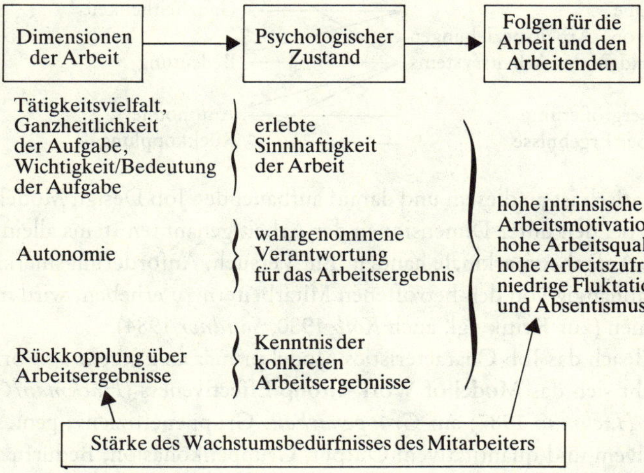

Quelle: Hackman 1977, S. 129.

Das Modell geht davon aus, daß eine bestimmte Ausprägung der fünf Dimensionen der Arbeit einen psychologischen Zustand hervorruft, der seinerseits vier Ergebnisvariablen beeinflußt. *Hackman* behauptet, daß es möglich sei, die fünf Dimensionen der Arbeit in einem einzigen Index, dem Motivating Potential Score (mit Werten von 0 bis 343, wobei jedes Element des MPS Werte zwischen 0 und 7 annehmen kann), zusammenzufassen, der dann als Ausdruck für das Potential eines Jobs dienen kann, einen Mitarbeiter zu motivieren.

Motivationspotential (MPS)

$$= \left[\frac{\text{Vielfalt} + \text{Ganzheitlichkeit} + \text{Bedeutung}}{3} \times \text{Autonomie} \times \text{Rückkopplung} \right]$$

Mit Hilfe des Motivating Potential Score (MPS) und des Job Diagnostic Survey (JDS), von *Hackman/Oldham* (1975) zur Erfassung des wahrgenommenen Arbeitsinhalts entwickelt,[9] können bestehende Arbeitsplätze vor einer Umstrukturierung untersucht und mögliche Wirkungen von Arbeitsstrukturierungsmaßnahmen abgeschätzt werden.

Beim Entwurf neuer Arbeitssysteme sind nach Auffassung der Autoren folgenden **Gestaltungsprinzipien** bezüglich der Aufgabenmerkmale (Core Job Characteristics) zu beachten (*Hackman/Oldham* 1980, S. 135):

Gestaltungsprinzipien	Aufgabenmerkmale (Dimensionen der Arbeit)
quantitative Arbeitsfeldvergrößerung	Vielfalt
Bildung natürlicher, ganzheitlicher Arbeitssysteme	Ganzheitlichkeit
Schaffung von Arbeitsbeziehungen mit den ‚Kunden' des Arbeitssystems	Bedeutung
qualitative Arbeitsfeldvergrößerung	Autonomie
Feedback über Ergebnisse	Rückkopplung

Problematisch ist an diesem und darauf aufbauenden Job Design Modellen, daß es sich bei den unter Dimensionen der Arbeit genannten Items allein um perzipierte Aufgabenmerkmale handelt. Ein Versuch, Anforderungsmerkmale auch unabhängig von den betroffen Mitarbeitern zu erheben, wird nicht unternommen (zur Kritik vgl. auch *Kolb* 1980, *Sandner* 1984).

Während sich das Job Characteristics Model primär an *Einzelarbeit* orientiert, bezieht sich das **Model of Work-Group Effectiveness** (*Hackman/Oldham* 1980, *Hackman* 1987) auf *Gruppenarbeit*. Gruppeneffizienz, gemessen an qualitativem und quantitativem Output, Gruppenkohäsion, Bedürfnisbefriedigung der Gruppenmitglieder, wird als Ergebnis gesehen von

- *Organisationskontext,*
- *Gruppendesign,*
- *Gruppensynergie* und
- *Gruppenprozessen*

---

[9] Eine Beschreibung dieses Analyseinstruments findet sich bei *Karg/Staehle* 1982, S. 106 f.

bei Vorhandensein ausreichender *Arbeitsmittel* und *Werkstoffe* (vgl. Abb. 3.25).

Abb. 3.25: Model of Work-Group Effectiveness

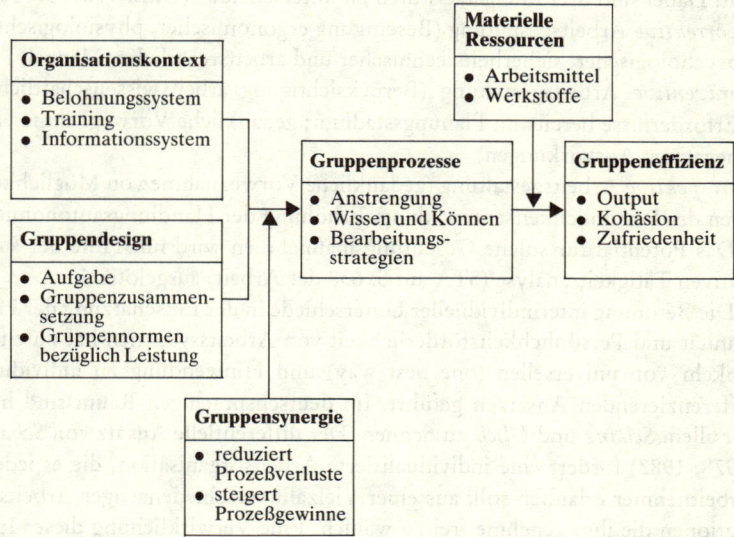

Quelle: Hackman 1987, S. 331

Sandner (1984) kritisiert sowohl am Individual- als auch Gruppenmodell die individualistisch/reduktionistische Konzeption, den präskriptiven Modellcharakter, die Annahme von Harmonie zwischen Produktivität und Arbeitszufriedenheit sowie von Stabilität individueller Bedürfnisse und Aufgabenmerkmalen. Vor allem die Erkenntnis, daß Arbeitsmerkmale und deren Ausprägung *sozial* vermittelte Konstrukte sind, und daß die Einschätzung der Güte eines Arbeitssystems stark von der Meinung von Arbeitskollegen abhängt, hat zur Formulierung eines **Social Information Processing Approach (SIPA)** geführt (vgl. *Salancik/Pfeffer* 1978). Demnach werden Wahrnehmung, Einstellung und Verhalten eines Aufgabenträgers von folgenden Faktoren beeinflußt:

• eigene kognitive Bewertung der Arbeitssituation
• bisherige Erfahrungen mit der Arbeit (Berufserfahrung, Belohnungen, Lernchancen)
• Informationen aus dem sozialen Umfeld.

SIPA geht davon aus, daß der letzten Einflußgröße zentrale Bedeutung zukommt. Positive/negative Kommentare der Kollegen scheinen wichtiger für die Einstellungsbildung des Aufgabenträgers als ‚objektiv‘ humane Aufgaben.

Mit einer weiteren Annahme des *Hackman*-Modells, der relativen Stabilität von Bedürfnissen (Lernunfähigkeit), räumt das **Konzept autonomieorientierter Arbeitsgestaltung** auf (vgl. *Ulich* 1981). Arbeitssysteme werden hier primär nach ihrer qualitativen Wirkung und Persönlichkeitsförderlichkeit beurteilt. Dabei sind drei Intensitätsstufen zu unterscheiden (*Ulich* 1981, S. 330):

- *korrektive* Arbeitsgestaltung (Beseitigung ergonomischer, physiologischer, psychologischer, sicherheitstechnischer und arbeitsrechtlicher Mängel)
- *präventive* Arbeitsgestaltung (Berücksichtigung arbeitswissenschaftlicher Erfordernisse bereits im Planungsstadium; gedankliche Vorwegnahme von negativen Auswirkungen)
- *prospektive* Arbeitsgestaltung (gedankliche Vorwegnahme von Möglichkeiten der Persönlichkeitsentwicklung, Erhöhung der Handlungsautonomie).

Das Potential für solche Gestaltungsmaßnahmen wird mit Hilfe der subjektiven Tätigkeitsanalyse (STA auf S. 638 der Arbeit) ausgelotet.

Die Betonung interindividueller Unterschiede in der Einschätzung der Humanität und Persönlichkeitsförderlichkeit von Arbeitssystemen hat zu einer Abkehr von universellen (one best way) und Hinwendung zu individuell differenzierenden Ansätzen geführt. Im deutschsprachigen Raum sind hier vor allem *Schanz* und *Ulich* zu nennen. Der **differentielle Ansatz** von *Schanz* (1978, 1982) fordert eine individualisierte Arbeitsorganisation, die es jedem Arbeitnehmer erlauben soll, aus einer Vielzahl verschiedenartiger Arbeitssituationen die ihm genehme frei zu wählen. Eine Verwirklichung dieser Idee ist unter dem herrschenden Wirtschaftssystem unrealistisch und zeugt von einem subjektivistischen Verständnis von Humanisierung, wonach ein Arbeitsplatz schon dann als ‚human‘ gilt, wenn er in seiner Ausstattung den individuellen Bedürfnissen des Inhabers nicht zuwiderläuft (vgl. zur Kritik *Steinmann/Schreyögg* 1980).

Mit der Frage der Individualisierung von Arbeitstätigkeiten hat sich vor allem *Ulich* auseinandergesetzt (vgl. seine Beiträge in *Hacker/Raum* 1980, und *Frei/Ulich* 1981). Im Zusammenhang mit der von ihm favorisierten persönlichkeitsförderlichen Arbeitsgestaltung werden drei Prinzipien unterschieden:

- **Prinzip der flexiblen Arbeitsgestaltung**
  Danach soll ein Arbeitssystem so flexibel gestaltet sein, daß interindividuell unterschiedliche Arbeitsweisen von den Arbeitenden realisiert werden können.
- **Prinzip der differentiellen Arbeitsgestaltung**
  Danach sollen verschiedene Arbeitssysteme angeboten werden, aus denen sich die Arbeitenden das ihnen genehme wählen können. Diesem Prinzip entsprechen die Vorstellungen von *Schanz*.
- **Prinzip der dynamischen Arbeitsgestaltung**
  Im Gegensatz zu den ersten beiden Prinzipien, die mehr oder weniger von gegebenen Qualifikationen ausgehen, also statisch sind, trägt die dynamische Arbeitsgestaltung der Forderung nach Persönlichkeitsentwicklung

Rechnung. Dynamisch ist die Arbeitsgestaltung dann, wenn bestehende Arbeitssysteme den gewachsenen Ansprüchen der Arbeitenden entsprechend verändert oder ganz neue Arbeitssysteme geschaffen werden.

c. Formen der Arbeitsgestaltung

Im Mittelpunkt der Arbeitssystemgestaltung bzw. -veränderung steht der **Arbeitsinhalt**. Bei der **Arbeitsstrukturierung** geht es darum, den Arbeitsinhalt einer Stelle sowohl nach ökonomischen als auch nach humanen Kriterien zu gestalten. Während bei der *Arbeitsinhaltsverkleinerung* in der Tradition *Taylors* überwiegend ökonomische Überlegungen dominieren (vgl. die Ausführungen über Arbeitsteilung und Spezialisierung auf S. 632), zielen *Arbeitsinhaltsvergrößerungen* zugleich auch auf die Schaffung von Arbeitssystemen, die auf die Bedürfnisse des arbeitenden Menschen zugeschnitten sind.

Jeder Arbeitsinhalt ist mit einem mehr oder weniger umfangreichen **Handlungsspielraum** verbunden (Abb. 3.26 und 3.27). Nach *Ulich* (1972; vgl. auch *Ulich/Groskurth/Bruggemann* 1973, *Osterloh* 1983) setzt sich der Handlungsspielraum aus der

- *horizontalen* Dimension des **Tätigkeitsspielraums** (quantitative Arbeitsinhaltsvergrößerung, wie Arbeitserweiterung und -wechsel) und der
- *vertikalen* Dimension des **Entscheidungs- und Kontrollspielraums** zusammen (qualitative Arbeitsinhaltsvergrößerung, zum Beispiel Arbeitsbereicherung).

Abb. 3.26: Der Handlungsspielraum als Resultante von Tätigkeitsspielraum sowie Entscheidungs- und Kontrollspielraum

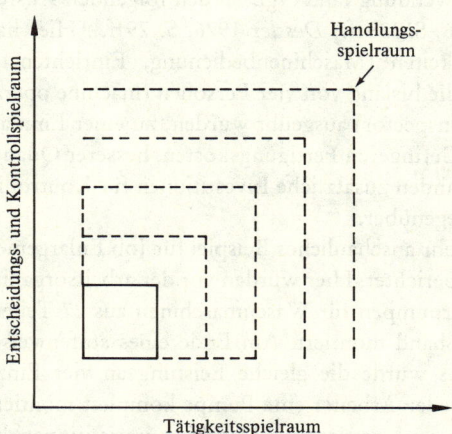

Quelle: Ulich 1972, S. 266.

An der Darstellung des Handlungsspielraums von *Ulich* ist kritisiert worden, daß das Konzept offen lasse,

- ob objektive oder subjektiv wahrgenommene Handlungsspielräume damit erfaßt werden sollen,
- wie die Dimensionen des Handlungsspielraums gemessen werden sollen,
- ob Tätigkeitsspielraum einerseits und Entscheidungs- und Kontrollspielraum andererseits überhaupt voneinander unabhängige Dimensionen darstellen.

Abb. 3.27: Möglichkeiten der Erweiterung des Handlungsspielraumes

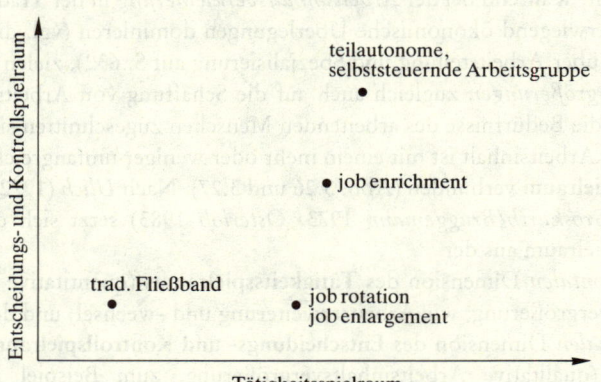

Erste Ansätze zur quantitativen, horizontalen Arbeitsinhaltsvergrößerung finden sich im Konzept des **Job Enlargement,** das in der Praxis erstmals (1944) bei der Reorganisation der Teilefertigung im Endicott Werk der **IBM** (New York) Anwendung fand (vgl. zu den folgenden Ausführungen *Filley/ House/Kerr* 1976, S. 339 ff.; *Dessler* 1976, S. 79 ff.). Hier hat man vier verschiedene Tätigkeiten (Maschinenbedienung, Einrichten, Instandhaltung, Kontrollieren), die bislang von vier Personen (machine operator, setup man, tool sharpener, inspector) ausgeübt wurden, zu einer Einmann-Aufgabe zusammengefaßt. Geringeren Fertigungskosten, besserer Qualität und größerer Zufriedenheit standen zusätzliche Investitionen für Kontrollinstrumente und höhere Löhne gegenüber.

Ein weiteres sehr anschauliches Beispiel für Job Enlargement wird von der **Maytag Comp.** berichtet. Hier wurden vor der arbeitsorganisatorischen Veränderung Wasserpumpen für Waschmaschinen aus 27 Teilen von sechs Arbeitern am Fließband montiert. Am Ende eines stufenweisen Job Enlargement Programms wurde die gleiche Leistung an vier Einzelarbeitsplätzen erledigt, wobei jeder Arbeiter eine Pumpe komplett montierte. Trotz höheren Platzbedarfs und gestiegener Maschineninvestitionen konnten jährlich Einsparungen von $ 2000 erzielt werden.

Job Rotation gilt ebenfalls als eine horizontale Form der Reorganisation von Arbeit. Sie beinhaltet ein geplantes Rotieren zwischen Arbeitsplätzen mit unterschiedlichen Arbeitsinhalten. Die Häufigkeit des Wechsels und die Verweildauer auf einem Arbeitsplatz können je nach den Bedürfnissen der Arbeiter und des Managements unterschiedlich geregelt werden. Mit diesem Konzept sollen ein Abbau einseitiger Belastungen und mehr Abwechslung gefördert und damit die Arbeitszufriedenheit gesteigert werden. Es soll über eine (bescheidene) Weiterqualifikation die Einsatzmöglichkeiten der Mitarbeiter und damit deren Flexibilität erhöhen. Werden die als monoton empfundenen Arbeitsplätze aber beibehalten, bedeutet dies für den Arbeiter lediglich einen Wechsel von einer langweiligen Arbeit zur anderen. Hinzu kommt, daß mit dem häufigen Arbeitsplatzwechsel das Bedürfnis nach stabilen sozialen Kontakten während der Arbeit nicht befriedigt werden kann. Insofern überrascht es nicht, daß in der Praxis dieses Arbeitsstrukturierungskonzept bei den Betroffenen auf wenig Gegenliebe stößt.

Einen Schritt weiter gehen die Ansätze zur qualitativen, vertikalen Arbeitsinhaltsvergrößerung (**Job Enrichment**), bei denen neben der Addition von Arbeiten vergleichbarer Schwierigkeiten Managementaufgaben wie Planung und Kontrolle reintegriert werden. Theoretische Basis dieses Konzepts ist *Herzbergs* Zwei-Faktoren Theorie (vgl. S. 206 der Arbeit), wonach Arbeitszufriedenheit u.a. durch die Arbeit selbst erreicht werden kann, und zwar unter der Voraussetzung, daß sie stimulierend und sinnhaft ist und Gelegenheit zur Entwicklung, Anerkennung und Höherqualifikation bietet. Die weite Verbreitung dieses Konzeptes in der Praxis ist aber vor allem auf die Arbeit von zwei Praktikern zurückzuführen, *M. Scott Myers* (1964) und *Robert N. Ford* (1969). *Myers* hat während seiner Tätigkeit bei **Texas Instruments** versucht, *Herzbergs* Theorie dort empirisch zu testen und nach positiven Ergebnissen unternehmensweit einzuführen. Der Geschäftsbericht von 1968 berichtet von 10000 angereicherten Tätigkeiten; diese betrafen zu jener Zeit 16% der gesamten Belegschaft (*Luthans* 1985, S. 231). *Ford* (1969) hat innerhalb der **American Telephone and Telegraph Comp.** (speziell Bell System) 19 Job Enrichment Studien durchgeführt, von denen neun als außergewöhnlich erfolgreich, neun als erfolgreich und eine als Fehlschlag bezeichnet wurden. Abb. 3.28 auf S. 650 gibt einen zusammenfassenden Überblick über mögliche Ansatzpunkte einer Arbeitsinhaltsvergrößerung.

d. Verhaltenswirkungen unterschiedlicher Arbeitssysteme

Trotz positiver Berichte über Job Enrichment Programme konnte die generelle Hypothese, daß Arbeitsinhaltsvergrößerung Zufriedenheit und Leistung erhöht und daß starke Arbeitsteilung zu Langeweile und Unzufriedenheit führt, des öfteren falsifiziert werden. So finden sich in empirischen Untersuchungen immer wieder Hinweise darauf, daß bestimmte Arbeiter repetitive, monotone Tätigkeiten vorziehen. Intervenierende Variablen wie Alter, Geschlecht, Betriebszugehörigkeit, soziale Herkunft scheinen eine entscheidende Rolle bei der Erklärung von Unzufriedenheitsäußerungen zu spielen (vgl. z.B. *Smith* 1959, *Hulin/Blood* 1968, *Turner/Lawrence* 1965, *Niederfeichtner* 1982).

Abb. 3.28: Ansatzpunkte der Arbeitsinhaltsvergrößerung

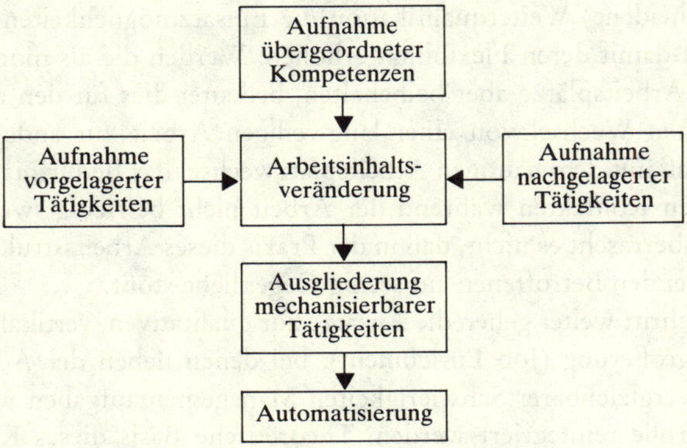

Quelle: Lippitt 1982, S. 181

So vermuten *Hulin/Blood* (1968), daß bei hoher Entfremdung von den Arbeitsnormen der Mittelschicht (Middle-Class Work Norms),[10] wie sie für Arbeiter in großstädtischen Regionen typisch ist, Job Enrichment mit *abnehmender* Arbeitszufriedenheit verbunden ist. Bei geringer Entfremdung (Arbeiter aus ländlichen Bezirken) führe Job Enrichment dagegen zu *zunehmender* Arbeitszufriedenheit. Folgende Deutung der Ergebnisse ist plausibel: In ländlichen Bezirken herrscht noch ein Arbeitsethos, das durch Loyalität gegenüber dem Arbeitgeber, Interesse an der Arbeit selbst und ein Gefühl von Verantwortung für ein gutes Arbeitsergebnis gekennzeichnet ist. Maßnahmen, die den Arbeitsinhalt anreichern und somit interessanter gestalten, führen bei solchen Arbeitern zu erhöhter Zufriedenheit. Der Arbeiter aus großen Industriebezirken sieht in seiner Arbeit dagegen nur ein Mittel zum Zweck des Gelderwerbs; Befriedigung seiner Bedürfnisse sucht er außerhalb der Arbeitswelt. Für diese Arbeiter besteht eben das zentrale Lebensinteresse (central life interest) nicht in der Arbeitswelt, sondern in anderen Lebensbereichen (vgl. *Conrad* 1988, S. 196 ff.). Arbeit ist instrumentell für die Befriedigung dieser Bedürfnisse. Enrichment-Programme, die erhöhte Aufmerksamkeit und Verantwortung erfordern, werden als Belastung erfahren und, vor

---

[10] *Middle-Class Work Norm* wird definiert als „eine positive Einstellung zur beruflichen Leistung, ein Glaube an den intrinsischen Wert harter Arbeit, ein Streben nach verantwortungsvollen Positionen und ein Glaube an solche Normen der calvinistischen und protestantischen Ethik, die sich mit der Welt der Arbeit befassen" (*Hulin/Blood* 1968, S. 48).

allem dann, wenn keine Lohnerhöhung damit verbunden ist, als Verschlechterung der Arbeitssituation empfunden.

Zu ähnlichen Ergebnissen kommen *Turner/Lawrence* (1965), die zunächst annehmen, folgende sechs Eigenschaften der Arbeit (zusammengefaßt im ‚requisite task attribute index‘) seien positiv mit Arbeitszufriedenheit korreliert:

1. Abwechslungsreichtum
2. Autonomie
3. Arbeitsbedingte soziale Kontakte
4. Informale soziale Kontakte
5. Erforderliche Fähigkeiten und Fertigkeiten
6. Verantwortung.

Im Rahmen ihrer Untersuchung (470 Arbeiter aus 47 Berufen und 11 Organisatonen) finden sie positive Korrelationen allerdings nur bei Arbeitern aus *kleinstädtischen* Betrieben. Der im Anschluß an diese Studie häufig geäußerten Meinung, nur Arbeiter aus kleinstädtischem Milieu mit konservativem Arbeitsethos würden positiv auf komplexere Aufgabeninhalte reagieren, ist dennoch mit Skepsis zu begegnen. *Wanous* (1974) untersucht z.B. den Einfluß folgender Variablen auf die Zufriedenheit mit bestimmten Arbeitsstrukturen:

a) städtische oder ländliche Herkunft
b) Ausmaß der Anerkennung des protestantischen Arbeitsethos
c) hohe Arbeitsmotivation (Wachstumsbedürfnisse)
und findet, daß c. im Zusammenhang mit b. die höchste Erklärungskraft beizumessen sei. Da aber alle drei Variablen stark interkorrelieren, ist auch dieser Befund strittig.

Aufgrund dieser Ergebnisse wird deutlich, daß zu einer sinnvollen Arbeitssystemgestaltung nicht nur Kenntnisse über die Art der Arbeit und der Stelle notwendig sind, sondern vor allem auch über die **Eigenschaften der potentiellen Stelleninhaber** (vgl. *Porter/Lawler/Hackman* 1975, S. 274–311).

In Abb. 3.29 werden denkbare Konsequenzen von alternativen Arbeitsstrukturierungen auf Arbeitnehmer mit unterschiedlichen Bedürfnissen und deren Leistung dargestellt.

Dabei werden drei Dimensionen miteinander kombiniert:

Organisation (organizational design): organisch – mechanistisch
Arbeitsstruktur (job design): einfach – bereichert
Arbeitnehmerbedürfnisse (growth need satisfaction): hohes – niedriges Wachstumsbedürfnis.

Kombinationen ② und ⑦ gelten nach klassischen situationstheoretischen Annahmen als ideal passend (fit), was hohe Zufriedenheit und Leistung erwarten läßt. Kombinationen ① und ⑧ stellen extreme Situationen dar, in denen die Bedürfnisse der Mitarbeiter den organisatorischen Möglichkeiten diametral entgegenstehen. Kombinationen ③ bis ⑥ sind durch konfligierende Stimuli bzw. Erwartungen gekennzeichnet und sind potentiell konfliktträchtig.

Abb. 3.29: Erwartete Reaktionen auf unterschiedliche Arbeitssituationen

	Einfache Routinearbeiten	Bereicherte Tätigkeiten

Mechanistische Gestaltung der Organisation

(1) Arbeitnehmer mit hohem Wachstumsbedürfnis

Der einzelne fühlt, daß er sich nicht entfalten kann und zu sehr kontrolliert wird. Zu erwarten sind hohe Frustration, Unbefriedigtsein, Abwesenheit u. Personalwechsel.

Übereinstimmung im hergebrachten Sinn. Zu erwarten sind hohe Leistung u. genügende Befriedigung und Anwesenheit, wenn das extrinsische Belohnungssystem wirksam ist.

Arbeitnehmer mit niedrigem Wachstumsbedürfnis **(2)**

(3) Arbeitnehmer mit hohem Wachstumsbedürfnis

Es ist zu erwarten, daß der einzelne positiv auf seine Arbeit reagiert, daß er aber die Kontrolle von seiten der Organisation als übertrieben und lästig empfindet.

Anzeichen des Konflikts

Zu erwarten ist, daß der einzelne auf die Anzeichen der Organisation reagiert und daß er seine Arbeit nicht gut ausführt.

Arbeitnehmer mit niedrigem Wachstumsbedürfnis **(4)**

Organische Gestaltung der Organisation

(5) Arbeitnehmer mit hohem Wachstumsbedürfnis

Zu erwarten ist, daß der einzelne auf die Anzeichen der Organisation reagiert und daß er die Enge seiner Arbeit als lästig empfindet. Ferner ist zu erwarten, daß er seine

Anzeichen des Konflikts

Arbeit zu ändern sucht oder kündigt.

Zu erwarten ist, daß der einzelne auf die Anzeichen in seiner Arbeit reagiert und daß er ganz gut arbeitet, wenn extrinsisch motiviert, daß er jedoch stets unter dem „unberechenbaren" Management leidet.

Arbeitnehmer mit niedrigem Wachstumsbedürfnis **(6)**

(7) Arbeitnehmer mit hohem Wachstumsbedürfnis

Übereinstimmung im Sinne der Arbeitsbereicherung. Zu erwarten ist eine Leistung sehr hoher Qualität, hohe Befriedigung und Anwesenheit und kaum Personalwechsel.

Der einzelne ist überwältigt von den organisatorischen und arbeitsmäßigen Herausforderungen. Zu erwarten ist ein Rückzug von der Arbeit oder offensichtliche Feindseligkeit und schlechte Leistung.

Arbeitnehmer mit niedrigem Wachstumsbedürfnis **(8)**

Quelle: Porter/Lawler/Hackman 1975, S. 309, deutsche Übersetzung in *Lawler* 1977, S. 230

In einer jüngeren Untersuchung haben *Pierce* et al. (1979) die Annahmen von *Porter* et al. (1975) über den Zusammenhang zwischen Organisation, Arbeitsstruktur, Arbeitnehmerbedürfnissen einerseits und Leistung und Zufriedenheit andererseits empirisch überprüft (398 Angestellte einer Versicherungsgesellschaft) und eine eigene Rangreihe aufgestellt (vgl. Abb. 3.30).

Abb. 3.30: Zuordnung von erwartetem Zufriedenheits- und Leistungsniveau zu unterschiedlichen Arbeitssituationen

Bezeichnung der Kombinationen nach *Porter* et al. 1975	Organisations-struktur	Arbeits-struktur	Wachs-tumsbe-dürfnis	Prognostiziertes Zufriedenheits- und Leistungs-niveau	Prognosti-zierte Rangreihe von *Porter* et al.	Pro-gnosti-zierte Rang-reihe von *Pierce* et al.
7	organisch	bereichert	hoch	am höchsten	1	1
2	mechanistisch	einfach	niedrig	hoch	2	7
5	organisch	einfach	hoch	mittel	4.5	5
3	mechanistisch	bereichert	hoch	mittel	4.5	2
6	organisch	einfach	niedrig	mittel	4.5	6
4	mechanistisch	bereichert	niedrig	mittel	4.5	4
8	organisch	bereichert	niedrig	am niedrigsten	7	3
1	mechanistisch	einfach	hoch	am niedrigsten	8	8

Quelle: Pierce et al. 1979, S. 224

Die Ergebnisse erbrachten einen höheren Bestätigungsgrad für diese Rangreihe[11] gegenüber der von *Porter* et al. vermuteten. Die Ursache hierfür liegt vor allem darin, daß abweichend von den Annahmen von *Porter* et al. der unabhängigen Variablen ‚Arbeitsstruktur' eine bedeutend höhere Bedeutung aus der Sicht des Mitarbeiters zukommt als der Variablen ‚Organisation', d.h. z.B., daß anspruchsvolle Tätigkeiten in einer mechanistischen Organisation eindeutig einfachen Tätigkeiten in einer organischen Organisation vorgezogen werden.

Aufgrund eines umfänglichen Literaturstudiums konnte *Niederfeichtner* (1982) folgende drei Gruppen von Einflußfaktoren auf die Arbeitsorientierung analysieren:

- **Personale Faktoren,** z.B. Geschlecht, Alter, Religion, Schulbildung
- **Außerorganisationale Lebensumstände,** z.B. Urbanisierung, soziale Schicht

---

[11] Die Rangreihe ordnet die Kombinationen ① bis ⑧ nach dem erwarteten Zufriedenheits- und Leistungsniveau in eine Reihe von dem höchsten (1) bis zum niedrigsten (8) Niveau an.

• **Berufliche und organisationale Faktoren,** z.B. Position in der Hierarchie, Betriebszugehörigkeitsdauer.

Eine Auswertung der vorliegenden empirischen Untersuchungen zum Zusammenhang zwischen Kontext-Faktoren und Arbeitsorientierung veranlaßt *Niederfeichtner* (1982, S. 158ff.) zu dem Schluß, daß den Variablen Schulbildung, soziale Schicht und Position in der beruflichen und organisationalen Hierarchie die größte Bedeutung zukommt. Diese Befunde legen es nahe, der Entwicklung von Arbeitsorientierungen durch Sozialisation (vor allem durch Arbeit, Kollegen und Vorgesetzte) besonderes Augenmerk zu schenken. Die Betonung personaler Faktoren in den Studien zu Folgewirkungen von Arbeitsstrukturierungsmaßnahmen hat zu einer Abkehr von universellen und Hinwendung zu individuell differenzierenden Ansätzen geführt (vgl. S. 646).

3. Stellen- und Abteilungsbildung

Ist die Gesamtaufgabe einer Organisation nach einem Kriterium oder in aller Regel einer Kombination von Kriterien aufgegliedert worden, werden die so gewonnenen Teilaufgaben bestimmten Stellen zugeordnet. Eine **Stelle** ist ein versachlichter Komplex von Aufgaben, der zunächst unabhängig vom Stelleninhaber (Ausführenden) gebildet wird. Eine Zusammenfassung mehrerer Stellen unter einheitlicher Leitung wird als **Abteilung** bezeichnet.

a. Horizontale Stellenbildung

Die Bildung von Stellen und Abteilungen kann einmal *auf Dauer* oder lediglich *auf Zeit* erfolgen. Organisationsformen auf Dauer lassen sich weiter in *segmentierende* (z.B. Linieninstanz) und *traversierende* (z.B. Zentralabteilung) unterteilen (*Bleicher* 1981, S. 38ff.). Im ersten Fall wird eine betriebliche Hauptfunktion nach abteilungsbezogenen Zielen erfüllt (z.B Produktion); im zweiten Fall wird eine betriebliche Haupt- oder Nebenfunktion (z.B. Revision) nach abteilungsübergreifenden Zielen erledigt.

Bei der Bildung von Stellen bzw. Abteilungen, d.h. bei der Zuordnung von Teilaufgaben auf Aufgabenträger kann nach den alternativen Strukturierungsprinzipien Zentralisation oder Dezentralisation vorgegangen werden.

Zentralisation heißt Zusammenfassung von Teilaufgaben, die hinsichtlich eines bestimmten Merkmals gleich sind, in einer Stelle/Abteilung.

Dezentralisation heißt umgekehrt die Trennung gleichartiger Aufgaben und Zuordnung auf mehrere Stellen/Abteilungen in der Organisation.

Als Aufgaben-Merkmale dienen die bereits weiter oben genannten Kriterien der Aufgabengliederung, was zu folgenden **Zentralisationsarten** führt:

- **Verrichtungszentralisation:** gleichartige Verrichtungen (z. B. Drehen, Stanzen, Verkaufen) werden in Stellen/Abteilungen zusammengefaßt (z. B. Dreherei, Verkaufsabteilung)
- **Objektzentralisation:** unterschiedliche Verrichtungen (z. B. Schweißen, Lackieren, Transportieren) werden um ein gleiches Objekt herum (z. B. Produkt) zusammengefaßt.

Verrichtungszentralisation entspricht somit der Objektdezentralisation und Objektzentralisation der Verrichtungsdezentralisation.

- **Entscheidungszentralisation:** alle Entscheidungsaufgaben werden in einer Stelle/Abteilung zusammengefaßt (z. B. Unternehmungsleitung).

Diese Situation ist in der Realität kaum gegeben, sondern in aller Regel werden unterschiedliche Grade der Entscheidungsdezentralisation angetroffen. Entscheidungsdezentralisation, d. h. die Zuordnung von Entscheidungskompetenz auf eine/mehrere Stellen/Abteilungen wird auch als **Delegation** bezeichnet. Auch die Frage ‚Delegation: ja oder nein‘ ist in der heutigen Unternehmungsrealität eine unsinnige; sie kann sich nur mit Blick auf deren situative Ausgestaltung hinsichtlich Delegationsbereich, -umfang und -dauer stellen.

- **lokale Zentralisation:** Verrichtungen, Objekte, Entscheidungen werden an einem Ort konzentriert.

Dem Entscheidungsproblem Zentralisation/Dezentralisation wird in der deutsch- und englischsprachigen Organisations- und Managementliteratur breiter Raum geschenkt. Dabei überwiegen noch globale Gegenüberstellungen von Vor- und Nachteilen alternativer Strukturentscheidungen, z. B. Vorteile/Nachteile der Entscheidungsdezentralisation (Delegation):

Vorteile	Nachteile
entlastet obere Führungskräfte	gefährdet Konformität/Koordination
motiviert mittlere Führungskräfte	gefährdet einheitliche Willensbildung
fördert Managemententwicklung	führt zur Suboptimierung
fördert Wettbewerb zwischen Parallel-	führt zu Doppelarbeit
abteilungen	erschwert Kontrolle
aktionsnahe Informationen	

Daneben finden sich generelle Hypothesen wie

- **Zentralisation** ist empfehlenwert, wenn einheitliche (z. B. Werbung), oder neutrale (z. B. Innenrevision), oder ökonomisch vorteilhafte (z. B. Einkauf) Wahrnehmungen von Aufgaben erwünscht ist.
- **Dezentralisation** ist empfehlenswert, wenn Aufgaben nach Inhalt und/oder Verfahren derart komplex sind, daß eine Stelle/Abteilung überfordert wäre, und wenn die zur Aufgabenausführung notwendigen Informationen dezentral leichter zugänglich sind.

Die Diskussion über das rechte Maß an Zentralisation bzw. Dezentralisation von Entscheidungen erhielt im Zuge der Human Relations Bewegung (vgl. S. 33 f. der Arbeit) eine weitere, ideologische Komponente (vgl. z. B. *Luthans* 1985, S. 540 ff.). Zentralisation wurde als traditionell, autoritär und undemokratisch qualifiziert, während man von Konzepten der Dezentralisation (Delegation) die Verwirklichung humaner, demokratischer Zustände in Großorganisationen erhoffte. Nach vielen – für den nüchternen Beobachter der Praxis in industriellen Großorganisationen gar nicht überraschenden – Enttäuschungen begann in den 70er Jahren ein **Prozeß der Rezentralisation.** Auch bei **General Motors,** das nach *Sloans* Reorganisation als Musterbeispiel der Dezentralisation galt, setzte ab 1971 eine Phase der Rezentralisation ein.

Strukturentscheidungen werden heute immer weniger aufgrund von Glaubensbekenntnissen und Hoffnungen als aufgrund intensiver *Situationsanalysen* getroffen. *Newman/Warren/Schnee* (1982) weisen auf die Situationsabhängigkeit von Dezentralisationsentscheidungen hin, wenn sie u. a. auf die Beantwortung folgender Fragen dringen:

• wo finden sich die entscheidungsrelevanten Informationen?
• wo finden sich die hierzu befähigten Entscheider?
• sind Entscheidungen unter Zeitdruck zu fällen?
• wie bedeutend sind die Entscheidungen für die Gesamtorganisation?

Dezentralisierungsentscheidungen erfolgen im Anschluß an umfassende Situationsanalysen und unter Berücksichtigung von Führungsrichtlinien. Einer völligen *Gleichverteilung* von Entscheidungsbefugnissen über alle arbeitsteilig gebildeten Stellen und der Wahl von Entscheidungsregeln nach dem Motto, alle können über alles entscheiden, stehen die Ziele einer zweckrationalen Organisation und einer Sicherung und Stabilisierung von Herrschaft der Eigentümer und ihrer Manager entgegen. Folglich werden Entscheidungsbefugnisse in erwerbswirtschaftlichen Organisationen *ungleich* verteilt. Entscheidungskriterien sind hier einmal die Bedeutung der Aufgabe (z. B. Planung) bzw. des Funktionsbereichs (z. B. Marketing) für die Erreichung der Unternehmungsziele.

Zudem werden solche Personen mit Entscheidungsbefugnissen ausgestattet, die aufgrund ihrer Sozialisation und Qualifikation am stärksten den Zielen der Eigentümer und ihrer Manager zuneigen; umgekehrt werden die mit ausführenden Aufgaben betrauten Mitarbeiter, die sich diesen Zielen gegenüber aus ihrer eigenen Interessenlage heraus distanziert verhalten, von der Entscheidungsteilhabe ausgeschlossen (außer über die gesetzlich vorgeschriebene Mitbestimmung).

b. Vertikale Stellenbildung (Hierarchie)

Das Ergebnis asymmetrischer Machtverteilung ist eine **Hierarchie von Stellen,** die in ein System der Über-, Unter- und Nebenordnung gebracht werden. Die rangmäßige Position einer Stelle in der Pyramide ergibt sich primär aus der Art der Aufgabe, wobei solche mit überwiegend Entscheidungsaufgaben mit Anweisungsrecht ausgestattet werden (Linieninstanz) und eine Position im oberen und mittleren Bereich der Pyramide erhalten und solche mit überwiegend Ausführungsaufgaben (ausführende Stellen) an der Basis angesiedelt werden.

Stellen sind also mit unterschiedlichen **Kompetenzen** ausgestattet; das sind Rechte bzw. Befugnisse, die zu einer sinnvollen Aufgabenerfüllung notwendig sind, wie Informations- und Mitspracherechte, Entscheidungs- und Anordnungsbefugnisse. Letztere unterscheiden sich je nachdem ob es sich um eine Leitungsstelle (Linie) oder eine Stabsstelle handelt. Entsprechend unterschiedlich sind die Anordnungsbefugnisse:

- **Linienautorität** = direkte Befehlsgewalt des Vorgesetzten gegenüber dem Untergebenen (positionale Autorität)
- **Stabsautorität** = fachliche Unterstützung der Linie und anderer Stellen (funktionale Autorität).

Ein wichtiges klassisches Management-Prinzip, das Kongruenzprinzip, besagt (z.B. *Terry/Franklin* 1982), daß Kompetenz sich mit Aufgabe(n) und Verantwortung decken müsse und umgekehrt. Aufgabenzuweisung und Ausstattung mit Kompetenzen begründen die **Verantwortung** des Stelleninhabers für die

- Aufgabenerfüllung (Handlungsverantwortung)
- Mitarbeiter (Führungsverantwortung)
- Zielerreichung (Ergebnisverantwortung)[12].

Voraussetzung für die Delegation von Kompetenz und Verantwortung ist die gedankliche Konstruktion, daß beides, obwohl rechtlich (Eigentum an Produktionsmitteln) in einer Hand konzentriert (etwa in der Person des Eigentümers), dennoch teilbar ist (Delegation).

Eine wesentliche Funktion der Hierarchisierung von Stellen nach Handlungsspielräumen, Einkommen und Statussymbolen besteht auch darin, die Belegschaft insgesamt zu differenzieren, um sie besser steuern und manipulieren zu können und um Solidarität zu behindern. Dies erfolgt analog der Idee der **Segmentierung des Arbeitsmarktes** in einzelne Gruppen, wie Primärmarkt (Arbeitsplätze mit guten Aufstiegschancen, hoher Arbeitsplatzsicherheit, langfristigen Verträgen) und Sekundärmarkt (Arbeitsplätze mit geringen Qualifikationsvoraussetzungen und geringer Arbeitsplatzsicherheit), die selbstverständlich noch tiefer untergliedert werden können (vgl. *Sengenberger* 1978).

Die äußere Gestalt des organisatorischen Stellengefüges wird in der Organisationstheorie als *Konfiguration* oder Leitungsgliederung bezeichnet (vgl. *Pugh* et al. 1976). Dabei wird die **Breite der Leitungsgliederung** mit der Kennzahl **Kontrollspanne** oder Leitungsspanne gemessen, die angibt, wieviel

---

[12] Vgl. hierzu *Bleicher* (1981, S. 229 ff.), der die Gestaltungsmöglichkeiten der Ergebnisverantwortung bei einzelnen Organisationsformen diskutiert.

Untergebene einem Vorgesetzten direkt unterstellt sind. Die Vorschläge der Organisationsberater schwanken hier zwischen 3 und 30. Diese formale Analyse des Problems geht auf *Graicunas* (1937) zurück, der als erster deutlich machte, daß jeder zusätzliche Untergebene die Vorgesetztentätigkeiten überproportional erschwert, da die (zu kontrollierenden) Vorgesetzten- und Mitarbeiterbeziehungen auch um ein Vielfaches zunehmen. *Graicunas*[13] berechnet die Summe maximal möglicher Beziehungen (C) mit folgender Formel:

$$C = N\,(2^{N-1} + N - 1)$$

N bedeutet die Zahl der Untergebenen, die einem Vorgesetzten unterstellt sind. Bei z.B. N = 5 Untergebenen errechnet sich danach eine Gesamtzahl an Beziehungen von C = 100, und wenn nur ein weiterer Untergebener hinzukommt, steigt zwar das Delegationspotential des Vorgesetzten um 20%, die Zahl der Beziehungen erhöht sich jedoch auf C = 222 (+ 122%).

Am Beispiel der ‚optimalen‘ Kontrollspanne wird besonders einsichtig, wie unbrauchbar generelle Organisationsprinzipien sind und wie notwendig deren situative Relativierung ist. So ist die Größe der Kontrollspanne u.a. abhängig von

• der Qualifikation der Vorgesetzten
• der Qualifikation der Untergebenen
• der Komplexität, Interdependenz und Gleichartigkeit der Aufgaben der Untergebenen
• der Technologie (Mechanisierung, Automatisierung)
• dem Kommunikationssystem
• dem Führungssystem (vgl. *House/Miner* 1969, sowie *Hill/Fehlbaum/Ulrich* 1974, S. 221 ff.).

Die **Tiefe der Leitungsgliederung** wird meist an der Zahl der Leitungsebenen (Managementebenen, vertikalen Spanne) gemessen. Dabei ist die Tiefe der Leitungsgliederung bei formaler Betrachtung eine Funktion der Breite und umgekehrt, denn bei unveränderter Mitarbeiterzahl führt eine Reduzierung der Kontrollspanne zu einer Vertiefung der Pyramide und umgekehrt.

Wie schon weiter oben ausgeführt, ist gegenüber dieser klassischen Leitungsgliederung, als Verteilung von Autorität von der Spitze der Pyramide über Delegation in immer kleinere Portionen auf tiefer liegende Stellen, eine Zuordnung von Autorität nach der **Bedeutsamkeit der Aufgabe** für das Überleben der Unternehmung eher zu rechtfertigen. Entsprechend möchte *Owen* (1978) Macht nicht Personen, sondern Aufgaben zugeordnet wissen, wobei die wichtigsten Aufgaben (primary task) mit der höchsten Macht ausgestattet werden. Er kommt somit zu einer Neudefinition der Aufgaben des Managers[14] und einer Legitimaton von Herrschaft in Organisationen durch Fachwissen (funktionale Autorität).

---

[13] *Graicunas, Vytautas Andrius* (1898–1947), franz. Mathematiker.
[14] Vgl. auch die mehr journalistische Abhandlung ‚Vor dem Ende der Hierarchie‘ von *Lauterburg* (1978).

Während der klassische Manager in der Leitungshierarchie formal für die Umsetzung von Macht an der Spitze in Aktionen an der Basis verantwortlich ist, muß der ‚neue' Manager die Fähigkeiten und Stärken der Organisation mit den Anforderungen der Umwelt und den Ansprüchen der Organisationsteilnehmer in Einklang bringen.

Als Quelle der Macht allein das Eigentum an Produktionsmitteln anzusehen, ist realitätsfern. Unabhängig davon macht schon *Burnham* (1941) deutlich, daß es nicht so sehr auf das *Eigentum an*, sondern auf die *Kontrolle über* den Zugang zu den Produktionsmitteln ankommt, und über die verfügt das Top Management. Macht ist auch kein Besitz, auf den man durch einseitige Willenserklärung (Delegation) partiell verzichten kann, sondern ist wirklichkeitsnäher als Interaktionsprozeß zwischen mehreren Personen aufzufassen (Austauschtheorie, **Akzeptanztheorie**). In diesem Fall entsteht Autorität erst dann, wenn die Untergebenen die Autorität anerkennen; wenn sie das nicht tun, besteht keine Autorität.

Auf der Basis dieser letzten ‚Theorie' sind in der Praxis eine Reihe von Modellen der Legitimation von Vorgesetzten durch die Untergebenen entstanden, von denen das **Hauni-Modell** und das **PSI-Modell** in der Bundesrepublik Deutschland besonders bekannt geworden sind. Bei den Hauni-Werken Körber & Co KG, Hamburg-Bergedorf, Hersteller von tabakverarbeitenden Maschinen, werden seit 1969 die von der Geschäftsleitung vorgeschlagenen Vorgesetzten nach Ablauf der Probezeit durch die direkt unterstellten Mitarbeiter in geheimer Wahl abgelehnt oder bestätigt. An jeder Wahl nehmen der Betriebsratsvorsitzende und sein Stellvertreter mitwählend teil, so daß von vornherein der Betriebsrat mit zwei Stimmen einbezogen ist. Es handelt sich hier um ein Modell der Stufenselektion, d.h. jede hierarchische Ebene wählt die Mitglieder der nächst höheren. Dabei ist der Begriff *Wahl* etwas mißverständlich, denn es geht letztlich nur darum, einen von der Geschäftsleitung vorgeschlagenen Kandidaten zu bestätigen. Insgesamt fielen bisher auch nur 6% bei diesen ‚Wahlen' durch (vgl. *Tepper* 1983). Die Tatsache, daß die Vorgesetzten auf die Zustimmung (Akzeptanz) der Untergebenen angewiesen sind, hat nach Aussagen der Geschäftsleitung u.a. die positive Konsequenz, daß sich die Vorgesetzten mehr Gedanken über ihr Führungsverhalten und die Einbeziehung der Mitarbeiter in den Entscheidungsprozeß machen. Auch bei der Gesellschaft für Prozeßsteuerungs- und Informationssysteme mbH in Berlin (**PSI**) sind die Mitarbeiter aufgerufen, die vorgeschlagenen Vorgesetzten nach 18 Monaten zu bestätigen oder abzulehnen.

c. Stellenverbindung

Arbeitsteilig gebildete Stellen lassen sich durch **Linien** miteinander verbinden, wobei die in einer Hierarchie von oben nach unten laufenden Linien als Befehlslinien bezeichnet werden (Instanzenweg) und die von unten nach oben laufenden Linien für Meldungen, Mitteilungen oder Beschwerden vorgesehen sind (Dienstweg). Ist eine hierarchisch niedrigere Stelle nur durch *eine* Linie mit jeweils einer hierarchisch höheren Stelle verbunden, spricht man von einem Einliniensystem.

(1) Einliniensystem

Das Einliniensystem folgt dem klassischen Prinzip der **Einheit der Auftragserteilung** (*Fayol* 1916), d.h. jeder Untergebene hat nur einen einzigen Vorgesetzten, ein Vorgesetzter hat jedoch mehrere Untergebene (vgl. Abb. 3.31).

Die Kommunikationswege verlaufen mit Ausnahme der von *Fayol* in Sonderfällen zugelassenen direkten horizontalen Kommunikation (*Fayol*sche Brücke) *vertikal.* Das führt zu einer ständigen Überlastung der Instanzen mit Kommunikations- und Kontrollaufgaben. Von oben werden Ziele und Aufgaben vorgegeben, von unten wird Vollzug gemeldet. So entsteht das klassische Bild der **Pyramide** mit einem kleinen Entscheidungszentrum an der Spitze und einer breiten Basis untergeordneter Mitarbeiter. Damit das Einliniensystem funktionieren kann, muß die Gesamtaufgabe in so kleine Teilaufgaben aufgespalten werden, daß diese dann von einzelnen Organisationsmitgliedern erledigt werden können. Die Koordination der einzelnen Arbeitsprozesse erfolgt durch die **Hierarchie,** d.h. ein Heer von Vorgesetzten auf unterschiedlichen Rängen, denen gerade soviel Autorität delegiert wird, daß sie eine überschaubare Anzahl von Untergebenen kontrollieren können (möglichst kleine Kontrollspanne). Dem Ausmaß an delegierter Autorität, dessen Festlegung nur dem Top Management zusteht, entspricht die Bürde der Verantwortung für eine erfolgreiche Ausführung der Teilaufgabe.

Abb. 3.31: Einliniensystem

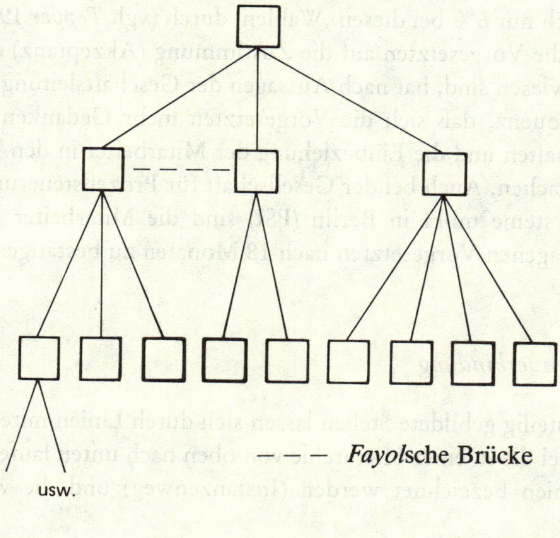

— — — *Fayol*sche Brücke

usw.

Eine wichtige Annahme hierarchischer Koordination besteht nun darin, daß einer hohen Position in der Hierarchie mit umfassender formeller Autorität auch ein hohes Maß an entscheidungsrelevantem Wissen und Führungsqualität entspricht. Mit zunehmender Entfernung von der Spitze der Pyramide nimmt definitionsgemäß das Ausmaß an Autorität, an Verantwortung und an Wissen ab. Heutzutage sind jedoch entscheidungsrelevante Informationen und Kenntnisse auch auf niederen Hierarchieebenen zu finden. Den höheren Instanzen fehlt häufig das für die Entscheidungsfindung notwendige Fachwissen, was zeitaufwendige Rückfragen bei hierarchisch niederen Stellen erforderlich macht. **Konflikte** können bei diesem Modell, zumindest nach Ansicht seiner Befürworter, kaum auftreten; sollte dies dennoch der Fall sein, wird das Problem innerhalb der Pyramide bis zu der hierarchischen Ebene weitergereicht, auf der sich der gemeinsame Vorgesetzte der betroffenen Parteien befindet. Dieser muß ex definitione über mehr Autorität und überlegenes Wissen verfügen, so daß er den Konflikt durch entsprechende Anweisungen ‚lösen‘ kann.

(2) Mehrliniensystem

Im Mehrliniensystem ist eine hierarchisch niedrigere Stelle durch *mehrere* Linien mit mehreren hierarchisch höheren Stellen verbunden (Mehrfachunterstellung) (Abb. 3.32). Dies bedeutet eine Abkehr vom Prinzip der Einheit der Auftragserteilung und eine Koordination von Mitarbeitern nach dem **Funktionsprinzip,** d.h. der auf eine bestimme Funktion spezialisierte Vorgesetzte erteilt nur für diese Weisungen. Wenn die Aufgabenerfüllung mehrere Funktionsbereiche tangiert, erhält der Ausführende auch von mehreren Vorgesetzten Anweisungen.

Abb. 3.32: Mehrliniensystem

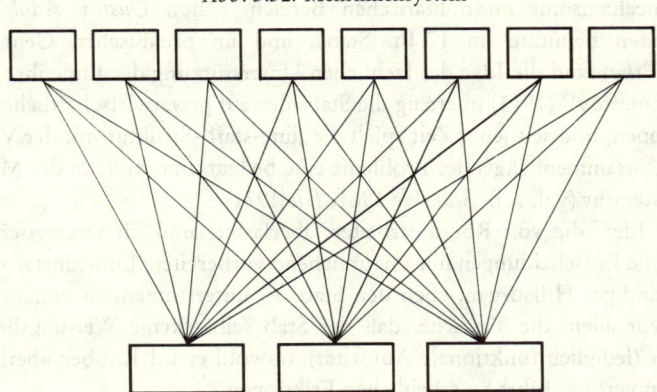

Dieses Mehrliniensystem geht auf das **Funktionsmeistersystem** von *Taylor* (1911) zurück, der als Folge der Entmischung der Funktionen des klassischen Universalmeisters zu acht Funktionsmeisterstellen kam, und zwar zu vier Meistern des Arbeitsbüros:

- Arbeitsverteiler
- Unterweisungsbeamter
- Zeit- und Kostenbeamter
- Aufsichtsbeamter

vier Ausführungsmeistern:

- Verrichtungsmeister
- Geschwindigkeitsmeister
- Prüfmeister
- Instandhaltungsmeister

Die am Funktionsmeistersystem geübte **Kritik,** ein Arbeiter könne nicht zugleich acht Vorgesetzten gehorchen, ist zwar aufgrund der Angst der Kritiker vor einer Aushöhlung von Disziplin und Ordnung verständlich, mißversteht aber das Anliegen *Taylors,* der seine für die damalige Zeit richtungsweisenden Vorstellungen von einer sachgerechten, kompetenten Führung wie folgt präzisiert: Einer kann zwar nicht acht Herren *dienen,* aber acht können einem *helfen. Taylors* Funktionsmeistersystem konnte sich zwar auf der Ausführungsebene nicht durchsetzen, aber auf den oberen Führungsebenen wird seinem Vorschlag der funktionalen Spezialisierung weitgehend gefolgt; allerdings ohne sein Prinzip der Mehrfachunterstellung mitzuübernehmen. Aus disziplinarischen Überlegungen heraus wird weiterhin die Überzeugung vertreten: Je höher die Position, desto überlegener das Wissen. Vor allem diese letzte Annahme konnte empirischen Untersuchungen nicht standhalten und mußte als unrealistisch fallengelassen werden. Um dem Mangel an Wissen in der Linieninstanz abzuhelfen, ohne jedoch das gesamte klassische Modell in Frage stellen oder sogar aufgeben zu müssen, wurde der Stab als Wissensträger ohne formelle Autorität in das Modell eingeführt.

(3) Stab-Linien-Organisation

Die Stab-Linien-Organisation stellt einen Versuch dar, die Vorteile des Einliniensystems (nach *Fayol*) mit den Vorteilen der funktionalen Spezialisierung (nach *Taylor*) zu kombinieren. Seinen Ursprung hat dieser Koordinationsmechanismus im militärischen Bereich. Schon *Gustav Adolph* von Schweden benutzte im 17. Jh. Stäbe, und im preußischen Generalstab (*v. Moltke*) fand die Idee der fachlichen Unterstützung der Linie ihre Blütezeit. *Emerson*[15] (1913) übertrug die Stabsidee auf privatwirtschaftliche Organisationen, und seit jener Zeit spielt die ‚line-staff'-Struktur mit der Vielzahl damit zusammenhängender Probleme eine bedeutsame Rolle in der Managementliteratur (vgl. z.B. *Staerkle* 1961, *Irle* 1971).

Die Idee, die von Routinearbeiten überlastete und für strategische und taktische Entscheidungen nur unzureichend vorbereitete Linieninstanz durch ein ständiges Hilfsorgan, eben den Stab, zu unterstützen, ist einleuchtend; aber vor allem die Tatsache, daß der Stab selbst **keine Weisungsbefugnis** besitzt (lediglich funktionale Autorität), obwohl er i.d.R. über überlegenes Wissen verfügt, führt zu erheblichen Friktionen.

---

[15] *Emerson, Harrington* (1853–1931) amerik. Ingenieur, studierte Maschinenbau am Polytechnikum in München, Organisationsberater für Eisenbahngesellschaften in USA, propagierte Stab-Linien System.

Um das klassische Prinzip der Einheit der Auftragserteilung zu retten, wurde die Stabsstelle nicht mit Weisungsbefugnis ausgestattet, und zwar u. a. mit der unsinnigen Begründung, eine Stabsstelle sei eine Hilfsstelle ohne eigene (originäre) Aufgabe und könne folglich auch keine eigene Weisungsbefugnis gegenüber Linienstellen besitzen. Allein bei Sonderaufträgen könne der Stabsstelle ein zeitlich begrenztes Weisungsrecht (**funktionales Weisungsrecht**) eingeräumt werden. Die organisatorische Trennung zwischen Stab und Linie wird i. d. R. aufgrund folgender Aufgabenteilung für notwendig erachtet:

Linie	Stab
Verantwortung für die Realisierung der Unternehmungsziele	Unterstützung der Linie bei der Zielerreichung
Routineaufgaben	Spezialaufgaben
Kompetenz der Anordnung	Kompetenz der Ideen
Entscheiden	Beraten
Realisieren	Planen
Initiative ergreifen	Analysieren

Konkret produziert ein Stab folgenden Output (vgl. *Odiorne* 1984, S. 286 f.):
• Beratung
• Dienstleistungen
• Informationen
• Forschungsergebnisse
• strategische Pläne.

Die **Eingliederung** von Stäben in die Hierarchie kann einmal nach dem **Prinzip der Delegation,** d. h. zum Zweck der Entlastung der Instanz (Bilder 1 und 2) und zum anderen nach dem **Prinzip der Zentralisation** erfolgen, d. h. zum Zweck der Zusammenfassung gleichartiger Stabsaufgaben aus mehreren Instanzen (Bild 3) (Abb. 3.33).

Abb. 3.33: Formen der Eingliederung von Stäben in die Hierarchie

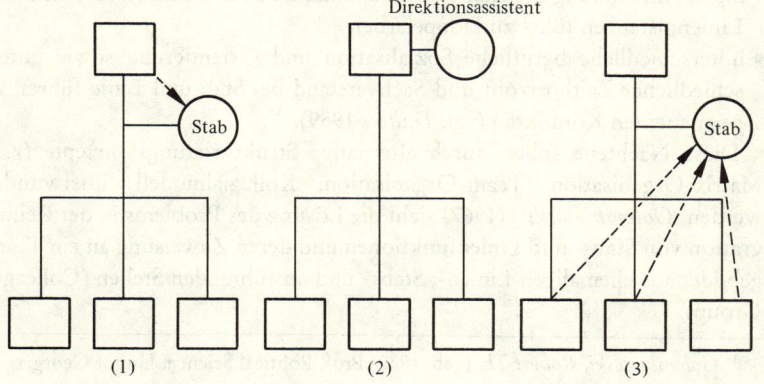

Während die Kompetenzabgrenzung zwischen Linieninstanz und ausführenden Stellen eindeutig ist, ergeben sich in der Praxis zwischen Stabsstelle und Linieninstanz laufend **Konflikte**.

Stabsstelle	Linieninstanz	ausführende Stelle
Entscheidungsvorbereitung (funktionale Autorität)	Entscheidung (Amtsautorität)	Ausführung

informelle Machtbeziehungen   formelle Machtbeziehungen

Empirische Untersuchungen haben gezeigt, daß die in der Theorie geforderte klare Trennung der Aufgaben von Stab und Linie in der Realität fast nie anzutreffen ist (höchstens in Stellenbeschreibungen). In vielen Fällen beraten die Stabsmitglieder (Zentralabteilungen) nicht nur, sondern sie üben beträchtlichen informellen Einfluß auf die Entscheidung aus; meistens liegt dann bei ihnen ‚de facto' die Entscheidungsmacht (vgl. *Irle* 1971). Andererseits gibt es Fälle, wo umgekehrt die Stabsstelle überhaupt keine Einflußmöglichkeiten sieht und von der Linie nur als Alibi für ‚wissenschaftlich fundierte' Entscheidungen mißbraucht wird.

Daraus ergeben sich folgende **Nachteile** dieses Koordinationsinstruments:

- die dem Stab-Linien-System zugrundeliegende Aufgabenteilung ist künstlich und führt zu einer *Trennung* von Arbeits*zusammenhängen*. Kontinuierliche Arbeitsprozesse werden durch Zuweisung an unterschiedliche Stellen und Personen zerrissen
- unklare Abgrenzung der Kompetenzen zwischen Stab und Linie führt zu Kompetenzstreitigkeiten
- der Stabsstelle fehlen i.d.R. die Machtmittel, um eine wirksame Einflußnahme auf die Linie zu erreichen
- die Wirksamkeit der Stabsstelle hängt i.d.R. vom guten Willen der Linie zur Zusammenarbeit ab und weniger von der Qualität der Stabsarbeit oder sachlichen Notwendigkeiten (Führungsstil)
- die Wahrnehmung gleicher Aufgabeninhalte in zentralen Stabsstellen und Linieninstanzen führt zu Doppelarbeit
- unterschiedliche berufliche Sozialisation und Orientierung sowie unterschiedlicher Zeithorizont und Sachverstand bei Stab und Linie führen zu permanenten Konflikten (vgl. *Dalton* 1959).

Diese Nachteile sollen durch alternative Strukturierungskonzepte (z.B. Matrix-Organisation, Team-Organisation, Kollegialmodell) überwunden werden. *Golembiewski*[16] (1967) sieht die Lösung des Problems in der **Reintegration von Stabs- und Linienfunktionen** und deren Zuweisung an ein Team, gebildet aus ehemaligen Linien-, Stabs- und ausführenden Stellen (Colleague Group).

---

[16] *Golembiewski, Robert Th.* (geb. 1932) Prof. Political Science, Uni of Georgia.

Inhaltlich zusammengehörige Aufgabenkomplexe werden einer Gruppe zur Ausführung übertragen, wobei alle zur Aufgabenlösung notwendigen Spezialisten integriert werden. *Golembiewski* unterscheidet zwischen **program units** (Leitungseinheit → Ausrichtung auf die Organisationsziele) und **sustaining units** (Unterstützungseinheit → Bereitstellung aller Ressourcen zur Aufgabenerfüllung). Gegenstand von Gruppenentscheidungen sind ‚substantive matters‘, d.h. Probleme, für die es keine generelle Lösung gibt und die von Fall zu Fall aus der Problemsicht der ganzen Gruppe gelöst werden müssen. Dagegen sollen im Kollegialmodell ‚functional‘ oder ‚technical matters‘ von dem Gruppenmitglied, das Mitglied des nächsthöheren Managementteams ist, in alleiniger Verantwortung entschieden werden.

(4) Matrix-Organisation

Linien- und Stab-Linien-Organisation sind Koordinationskonzepte, die das Problem der Integration *stufenweise* lösen, d.h. auf verschiedenen hierarchischen Ebenen werden Probleme mit unterschiedlichem Komplexitätsgrad einerseits und unterschiedlicher Bedeutsamkeit für die Gesamtorganisation andererseits behandelt. So wird z.B. der schwierigste Teil eines Problembereiches an der Spitze der Hierarchie bearbeitet und der (vermeintlich) einfachste an der Basis. Die Koordination erfolgt über das Einliniensystem. In der Matrix-Organisatoin wird in Anknüpfung an *Taylors* Mehrliniensystem

Abb. 3.34: Die Stellung der zweidimensionalen Matrix-Organisation zwischen eindimensionaler Produkt- und eindimensionaler Verrichtungsorganisation

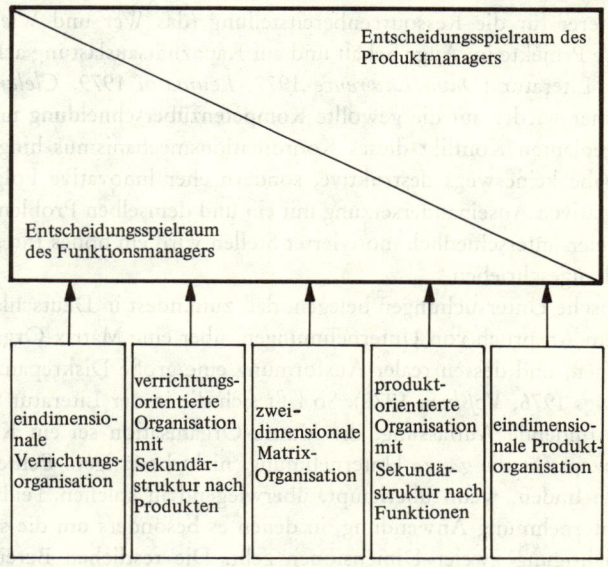

Quelle: In Anlehnung an *Galbraith* 1973, S. 114 und *Mintzberg* 1979, S. 176.

simultan zwei Aspekten eines Problembereiches Aufmerksamkeit geschenkt (z.B. Verrichtung und Objekt) und bei der Tensor-Organisation sogar drei Aspekten (Verrichtung, Objekt, Region) (vgl. Abb. 3.34).

Mintzberg (1979, S. 171f.) unterscheidet zwischen *ständigen* Matrix-Strukturen (permanent form) und *rotierenden* (shifting form). Erstere zeichnen sich durch eine längerfristige Stabilität der Strukturen, Stellen und Personen aus, wie sie in Markenartikel-Unternehmungen typischerweise Verwendung finden (Produkt-Matrix-Organisation). Rotierende Matrix-Strukturen sind überwiegend bei Unternehmungen zu finden, die befristete Projekte abwikkeln und folglich einen häufigen Wechsel von Stellen und Personen bewältigen müssen (Projekt-Matrix-Organisation) (zu Produkt- und Projekt-Management vgl. auch Abschnitt B III 3).

Ihre erste Anwendung fand die Matrix-Organisation bei Auftragnehmern der Weltraumforschung und im Industrieanlagenbau; hier wurde die traditionelle, nach Funktionen gegliederte Organisationsstruktur (vertikale Linien) von einer projekt- oder produktorientierten Struktur (horizontale Linien) überlagert (vgl. Abb. 3.35). Damit kreuzen sich auch zwei Kompetenzsysteme, so daß man von einem kombinierten Zweiliniensystem sprechen kann. Im Schnittpunkt beider Linien befinden sich Matrixfelder, die von einem ,part time' Mitarbeiter bis hin zu einer Gruppe mehrerer Mitarbeiter besetzt werden können (sog. Schnitt-Stellen). Zwischen dem Produkt- bzw. Projekt-Manager und dem Funktions-Manager als den Instanzen (sog. Matrix-Stellen) werden Weisungskompetenz und Verantwortung so geteilt, daß der erstere für Planung, Koordination und Kontrolle der Projektarbeit (das *Was* und *Wann*) zuständig ist, wobei er höchste Priorität für *sein* Projekt anstrebt, und letzterer für die Ressourcenbereitstellung (das *Wer* und *Wie*), wobei dieser *alle* Projekte im Auge behält und auf Kapazitätsauslastung achtet.

In der Literatur (*Davis/Lawrence* 1977, *Leumann* 1979, *Cleland* 1984) wird immer wieder auf die gewollte **Kompetenzüberschneidung** und damit den eingeplanten Konflikt dieses Koordinationsmechanismus hingewiesen. Dieser habe keineswegs destruktive, sondern eher innovative Folgen. Der argumentativen Auseinandersetzung mit ein und demselben Problem aus der Sicht zweier unterschiedlich motivierter Stellen wird ein hohes Integrationspotential zugeschrieben.

Empirische Untersuchungen belegen, daß zumindest in Deutschland zwischen dem Anspruch von Unternehmungen, über eine Matrix-Organisation zu verfügen, und dessen realer Ausformung eine große Diskrepanz besteht (vgl. *Brings* 1976, *Voßbein* 1978). So läßt sich die in der Literatur überwiegend zu findende Auffassung, die Matrix-Organisation sei ein Koordinationskonzept für die *ganze* Unternehmung, nicht bestätigen. Echte Matrix-Konzepte finden, wenn überhaupt, überwiegend in solchen Teilbereichen einer Unternehmung Anwendung, in denen es besonders um die simultane Berücksichtigung zweier Dimensionen geht. Die restlichen Bereiche sind nach klassischen Stab-Linien Modellen strukturiert. Nach *Davis/Lawrence*

(1977, S. 136) waren in den 70er Jahren je nach Unternehmensgröße selbst in einer als Matrix bezeichneten Organisation nach wie vor 90–95% der Mitarbeiter in Linien- oder Stabsstellen beschäftigt. Es gilt also festzuhalten, daß zwischen der literarischen Behandlung der Matrix-Organisation und ihrer realen Anwendung eine große Lücke klafft.

Abb. 3.35: Matrix-Organisation

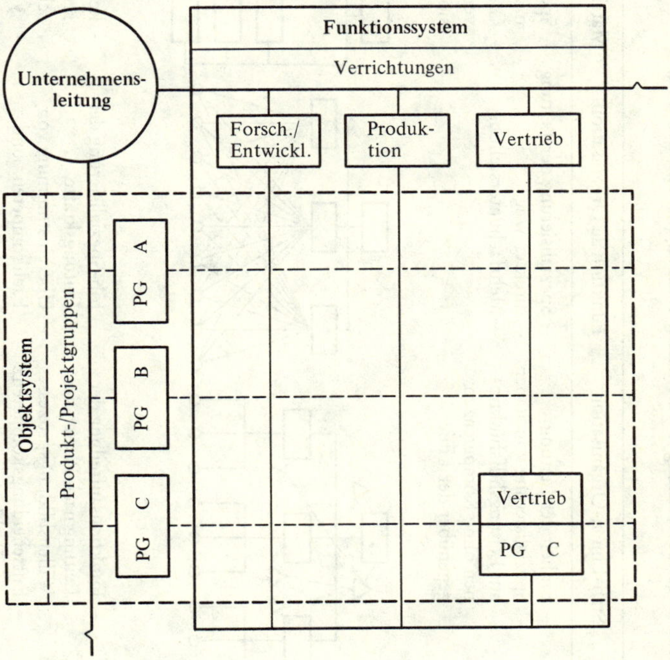

Quelle: Brings 1976, S. 73

Eine knappe, übersichtliche Zusammenstellung der Vor- und Nachteile hierarchischer Koordinationsmechanismen findet sich bei *Hill/Fehlbaum/Ulrich* 1976 (siehe auch *Ansoff/Brandenburg* 1971) (vgl. Abb. 3.36).

Abb. 3.36: Vergleichende Gegenüberstellung hierarchischer Koordinationsmechanismen

	Linienorganisation	Stab-Linien-Organisation	Funktionale Organisation	Matrix-Organisation
Grundsätze	– Einheit der Leitung – Einheit des Auftragsempfangs	– Einheit der Leitung – Spezialisierung von Stäben auf Leitungshilfsfunktionen ohne Kompetenzen gegenüber der Linie	– Spezialisierung der Leitung – direkter Weg – Mehrfachunterstellung	– Spezialisierung der Leitung nach Dimensionen – Gleichberechtigung der verschiedenen Dimensionen
Eigenarten	– Linie = Dienstweg für Anordnung, Anrufung, Beschwerde, Information – Linie = Delegationsweg – hierarchisches Denken – keine Spezialisierung bei der Leitungsfunktion	– Funktionsaufteilung der Leitung nach Phasen des Willensbildungsprozesses – Entscheidungskompetenz von Fachkompetenz getrennt	– Job-Spezialisierung der Leitungskräfte – Übereinstimmung von Fachkompetenz und Entscheidungskompetenz	– keine hierarchische Differenzierung zwischen verschiedenen Dimensionen – systematische Regelung der Kompetenzkreuzungen – Teamarbeit der Dimensionsleiter

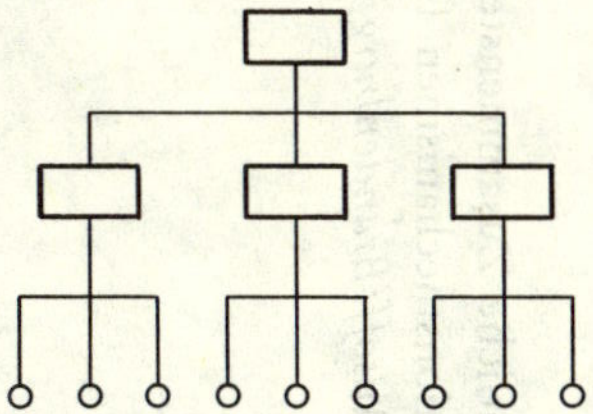

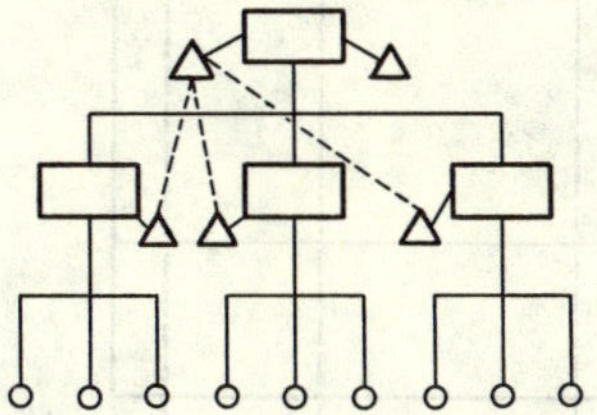

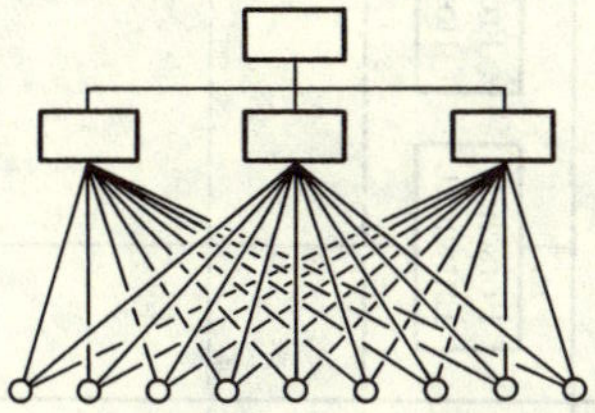

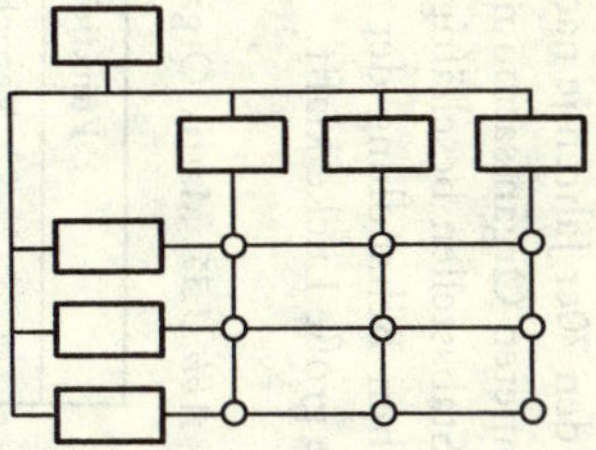

In der Praxis: – Tendenz zur Bildung von „Passarellen" (Querverbindungen) – Tendenz zur Angliederung von Stäben – Tendenz zur Angliederung von Komitees	**In der Praxis:** – Tendenz zur Bildung einer eigenen funktionalen Stabshierarchie – Tendenz zur Erweiterung der Stäbe zu zentralen Dienststellen (unechte Funktionalisierung) – Tendenz zur Angliederung von Komitees	**In der Praxis:** – Tendenz zur unechten Funktionalisierung – fließender Übergang zur Matrix-Organisation	**In der Praxis:** – Tendenz zur Gewichtung einer der Dimensionsleiter als „Primus inter pares" – Tendenz zur Unterordnung der Matrix unter eine „klassische" Leitungsspitze mit Stab-Linien-Struktur

Kapazitätsaspekt

Vorteile: – Einheit der Auftragserteilung reduziert Kommunikations- und Entscheidungsprozesse	Vorteile: – Entlastung der Linieninstanzen – erhöhte Kapazität für sorgfältige Entscheidungsvorbereitung	Vorteile: – Entlastung der Leitungsspitze – Verkürzung der Kommunikationswege – keine Belastung von Zwischeninstanzen	Vorteile: – Entlastung der Leitungsspitze – direkte Wege – keine Belastung von Zwischeninstanzen
Nachteile: – Überlastung der Leitungsspitze – unterdimensioniertes Kommunikationssystem – lange Kommunikationswege, Zeitverlust – unnötige Belastung von Zwischeninstanzen	Nachteile: – Gefahr der Entwicklung einer überdimensionierten „wasserkopfartigen" Stabsstruktur – Gefahr der Vernachlässigung der Leitungsorganisation (Stab als Vorwand für mangelhafte Delegation)	Nachteile: – großer Bedarf an Leitungskräften – großer Kommunikationsbedarf	Nachteile: – großer Bedarf an Leitungskräften – großer Kommunikationsbedarf

Koordinationsaspekt

Vorteile: – klare Kompetenzabgrenzung	Vorteile: – erhöhte Koordinationsfähigkeit gegenüber Linien-	Vorteile: – potentiell große Koordinationsfähigkeit	Vorteile: – mehrdimensionale Koordination

Linienorganisation	Stab-Linien-Organisation	Funktionale Organisation	Matrix-Organisation
– klare Anordnungen – klare Kommunikationswege – leichte Kontrolle Nachteile: – keine direkte Koordination zwischen hierarchisch gleichrangigen Instanzen und Stellen – Gefahr der Überorganisation (Verbürokratisierung)	organisation Nachteile: – Fülle von Konfliktmöglichkeiten zwischen Linie und Stab – Transparenz der Entscheidungsprozesse geht verloren	– direkte, schnelle Kommunikation Nachteile: – Kompetenzkonflikte kaum vermeidbar – keine klaren Kriterien der Kompetenzabgrenzung – in großen Systemen Koordination kaum zu bewältigen, da zu komplizierte Struktur	– übersichtliche, klare Leitungsorganisation – Möglichkeit, Projekte als eigene Dimension zu integrieren Nachteile: – Zwang zur Regelung sämtlicher Kompetenzkreuzungen zwischen den Dimensionen – lückenlose Mitsprache schafft anspruchsvolle und kaum nachvollziehbare Entscheidungsprozesse – Konfliktmöglichkeiten wegen unterschiedlicher Denkweise der Dimensionsleiter

Aspekt der Entscheidungsqualität

Vorteile:
- Alleinentscheid ergibt einheitliche, zielorientierte Entscheide, kein Kompromißdenken (Einheit der Leitung)
- Alleinverantwortung bedeutet eindeutige Anerkennung persönlicher Beiträge, was die Einsatzbereitschaft fördert

Nachteile:
- Unvereinbarkeit mit dem Grundsatz der Spezialisierung
- Gefahr der Vernachlässigung einer systematischen Entscheidungsvorbereitung
- Gefahr der Informationsfilterung durch Zwischeninstanzen
- starre, langsame Willensbildung

Vorteile:
- sinnvoller Ausgleich zwischen Spezialistendenken des Stabes und Überblick der Linie (Teamarbeit)
- fachkundige Entscheidungsvorbereitung unter Einsatz moderner Methoden möglich

Nachteile:
- Gefahr, daß Stabsarbeit von Linieninstanz nicht ausgewertet wird
- Stab als „Graue Eminenz": Gefahr, daß Stabsmitarbeiter den Linienvorgesetzten dank seiner fachlichen Überlegenheit manipulieren kann (Entscheidung ohne Verantwortung)

Vorteile:
- Job-Spezialisierung des Vorgesetzten
- Berücksichtigung spezifischer Eignungen
- rascher Erwerb von Wissen und Erfahrung
- Fachkompetenz wichtiger als hierarchische Stellung

Nachteile:
- keine Einheit der Leitung
- fehlender Blick für das Ganze (Ressort-Denken)
- Gefahr eines Konkurrenzverhältnisses zwischen den Fachbereichen anstatt Kooperation
- Gefahr zu vieler Kompromisse
- Gefahr großer Zeitverluste bis ein Gesamtentscheid zustande kommt

Vorteile:
- Spezialisierung der Leitung nach Problemdimensionen
- gleichwertige Berücksichtigung mehrerer Dimensionen
- permanente Teamarbeit der Leitung

Nachteile:
- keine Einheit der Leitung
- Gefahr zu vieler Kompromisse
- Gefahr des Zeitverlustes bis Gesamtentscheid zustande kommt

	Linienorganisation	Stab-Linien-Organisation	Funktionale Organisation	Matrix-Organisation
Personenbezogener Aspekt	Vorteile: – Tüchtige Linienchefs werden als solche erkannt und gefördert – einfache Kommunikations- und Kompetenzstruktur fördern das Sicherheitsgefühl – großer Entfaltungsraum der oberen Linienvorgesetzten Nachteile: – Betonung der vertikalen Beziehungen unvereinbar mit den heutigen menschlichen Anforderungen: Überbetonung der positionsspezifischen Autorität	Vorteile: – Stabsstelle und Linienstelle sprechen unterschiedliche Individuen an und erlauben geeignetere Auswahl Nachteile: – Betonung der vertikalen Beziehungen unvereinbar mit den heutigen menschlichen Anforderungen – psychologischer Nachteil der Stabsstelle, daß ihre Entscheidungskompetenz und ihr Status nicht der meist hohen Fachkompetenz des Inhabers entsprechen	Vorteile: – geringere Willkürgefahr als bei Linienorganisation – psychologischer Vorteil der funktionalen Autorität: geringere hierarchische Distanz, Vorgesetzte mehr als Berater empfunden Nachteile: – Unsicherheit von Vorgesetzten und Untergebenen bei lückenhaften oder widersprüchlichen Anweisungen	Vorteile: – kein hierarchisches „Pyramiden-Denken", funktionale Autorität – Ausgleich zwischen unterschiedlichen Dimensionsleitern, keine Willkürgefahr – Teamentscheidung gibt Sicherheit und fördert die persönliche Entfaltung Nachteile: – ev. Gefühl der zu geringen Alleinverantwortung beim einzelnen Dimensionsleiter

Quelle: Hill/Fehlbaum/Ulrich 1974, S. 213–217

4. Arbeitsorganisation in Produktion und Verwaltung

In den meisten Unternehmungen, vor allem aber in Industriebetrieben, finden sich mindestens zwei funktionsbereichstypische Organisationsformen, die sich auf einer relativ hohen Abstraktionsebene in solche der *Produktions-* und *Büroarbeit* einteilen lassen.

a. Organisation der Produktionsarbeit

(1) Organisationsformen der Fertigung

Die Organisationsformen der Fertigung unterscheiden sich je nachdem, ob sie dem Verrichtungs- oder Objektprinzip folgen.

Bei der **Werkstattfertigung** sind die Arbeitsmittel (Betriebsmittel) und Arbeitskräfte nach dem Verrichtungsprinzip in Werkstätten räumlich zentralisiert; bei der Baustellenfertigung, einem Sonderfall der Werkstattfertigung, ist der Standort flexibel. Das zentrale Entscheidungsproblem dieser Organisationsform besteht in der Minimierung der Durchlaufzeiten der Aufträge bei möglichst hoher Kapazitätsauslastung. Trotz erheblicher Nachteile dieser Organisationsform (*Bühner*[17] 1987, S. 182),

- „Durchlaufzeiten sind bei Werkstattfertigung relativ hoch;
- zwischen Arbeitsplätzen entstehen Transportkosten;
- an Bearbeitungsplätzen fallen Wartezeiten an, so daß Zins- und Lagerkosten verursacht werden;
- eine gleichmäßige Auslastung aller Bearbeitungsplätze ist nicht gewährleistet, da die Fertigungsabläufe unterschiedlicher Aufträge oft erheblich voneinander abweichen,"

gilt die Werkstattfertigung in Zeiten kürzerer Produktlebenszyklen, kleinerer Losgrößen, größerer Marktsegmentierung und vielfältigerer Kundenwünsche als Ideal einer flexiblen Gruppenfertigung; vor allem dann, wenn die technologische Flexibilisierung durch ein Gruppenkonzept (etwa teilautonome Arbeitsgruppen) unterstützt wird (s. etwa Fertigungsinseln, die Teilefamilien komplett fertigen).

Bei der **Fließfertigung** sind die Arbeits- und Betriebsmittel sowie die bedienenden Arbeitskräfte nach dem Objektprinzip angeordnet, d. h. entlang dem Produktionsablauf in Form von Fertigungslinien. Je nach dem Grad der Leistungsabstimmung bzw. Verkoppelung zwischen den Bearbeitungsstationen spricht man von Reihenfertigung (nur lose Verkopplung mit Pufferlägern) und Fließbandfertigung (Zwangslauffertigung in bestimmten Taktzeiten). Fließfertigung gleicht zwar die Nachteile der Werkstattfertigung aus, schafft

---

[17] *Bühner, Rolf* (geb. 1944) Prof. BWL, Uni Passau.

aber durch die mangelnde Flexibilität und die einseitigen Arbeitsanforderungen Probleme ganz anderer Art (z. B. hohe Fixkosten, Monotonie, Entfremdung).

Bei der **Fertigungsinsel** werden Arbeits- und Betriebsmittel ähnlich wie bei der Werkstattfertigung räumlich konzentriert, aber nicht nach dem Verrichtungsprinzip (alle Drehbänke oder Schleifmaschinen), sondern dem Objektprinzip. Fertigungsinseln stellen entweder ganze Produkte oder Produktteile (Teilefamilien) in kleinen Losgrößen her. Die Arbeitskräfte einer Fertigungsinsel (etwa acht bis zehn) verfügen über unterschiedliche Qualifikationen (z. B. Maschinenbediener, Einrichter, Qualitätsfachmann) und bilden eine teilautonome Arbeitsgruppe (vgl. S. 678).

Bei **flexiblen Fertigungssystemen (FFS)** werden im Gegensatz zu Fertigungsinseln, wo höchstens CNC-Maschinen[18] zum Einsatz kommen, vollautomatisierte Einzelmaschinen untereinander verkettet (DNC-Maschinen)[19].

Eine EDV-Anlage steuert die Bearbeitungsmaschinen, den Werkzeugrücktransport und den Materialfluß, und zwar so, daß unterschiedliche Teile gleichzeitig bearbeitet und die Maschinen je nach Auftragsanfall und Auslastungsgrad unterschiedlich beansprucht werden können. Je nachdem, ob die Planung, Steuerung und Kontrolle der FFS weitgehend zentralisiert (wenig qualifizierte Arbeitskräfte im FFS) oder dezentralisiert sind (qualifizierte Facharbeiter und Ingenieure im FFS), bietet diese Organisationsform unterschiedliche Entwicklungsmöglichkeiten (vgl. *Bühner* 1987, S. 212).

Im Einsatz rechnergestützter Produktionsmittel sehen die Unternehmungen die Chance, bei sich international verschärfenden Wettbewerbsbedingungen und dem Trend zu größerer Variantenvielfalt und kürzeren Produktionszyklen das alte **Rationalisierungsdilemma** von Automation und Elastizität zu lösen. Dieses besteht darin, daß mit zunehmender Mechanisierung und Automatisierung herkömmlicherweise eine Typenbeschränkung einhergeht und der Fertigungsprozeß zeitlich und quantitativ starr wird. Die neuen Technologien ermöglichen dagegen eine *flexible Automation*. Dabei werden nicht nur der Produktionsprozeß selbst, sondern auch die der Produktion vorgelagerten, die Produktion begleitenden und der Produktion nachgelagerten Funktionen computergestützt durchgeführt. Orientiert am Ablauf des Produktionsprozesses lassen sich folgende **Konzepte automatisierter Fertigung** unterscheiden:

- *Computer Aided Design* (CAD), d. h. rechnergestützte Konstruktion mit Konzeption/Entwurf, Berechnungen, Zeichnungserstellung (Stücklistenerstellung), NC-Programmierung
- *Comptuer Aided Planning* (CAP), d. h. rechnergestützte Arbeitsplanung und Arbeitsplanerstellung, abgeleitet aus dem betriebswirtschaftlichen Pro-

---

[18] *Computerized Numerical Control,* numerisch gesteuerte Werkzeugmaschine mit eigenem Mikrocomputer.
[19] *Direct Numerical Control,* rechnergesteuerter NC-Maschinenverbund.

duktionsplanungs- und Steuerungssystem (PPS), NC-Programmierung und Stücklistenerstellung

- *Computer Aided Manufacturing* (CAM), d. h. rechnergestützte Fertigungssteuerung mit Auftragsveranlassung und -überwachung mittels automatischer Betriebsdatenerfassung (BDE) als wichtigstem Instrument
- *Comptuer Aided Quality Control* (CAQ), d. h. rechnergestützte Überprüfung der Fertigungsqualität
- *Computer Integrated Manufacturing* (CIM) umschreibt schließlich die Vernetzung und Integration der o. a. Funktionen mit dem betriebswirtschaftlichen PPS. Erst durch sie – so wird allgemein angenommen – lassen sich die Rationalisierungspotentiale der neuen Technologien voll realisieren. Die Anwendung von *Expertensystemen* (XPS) und anderen wissensbasierten Systemen (z. B. sprach- und bildverstehenden Systemen) läßt eine weitere Ausdehnung der Automation auf bisher nicht oder nur schwer automatisierbare Funktionen erwarten. Im Bereich der Produktion erfüllen sie schon heute die Funktion der Diagnose von Fehlern sowie der Konfiguration komplexer Systeme.

Bisher sind die oben beschriebenen Elemente in der überwiegenden Mehrzahl lediglich partiell und als **Insellösungen** in der Praxis anzutreffen, d. h. für den Rechnereinsatz in den zentralen Funktionsbereichen der Produktion (Konstruktion, Arbeitsplanung, Fertigungssteuerung, Teilefertigung und Montage) werden hard- und softwareseitig isolierte Lösungen realisiert. Die breiteste Anwendung der neuen Technologien in dieser Form findet sich in den Branchen der elektronischen, der Flugzeugbau- und der Automobilindustrie, und hier vornehmlich in größeren Unternehmungen.

Aus den *isolierten* Anwendungen ergeben sich u. a. Defizite, wie die Mehrfachspeicherung gleicher Datenbestände, die manuelle Mehrfacheingabe gleicher Daten an Schnittstellen, die aufwendige und ungleichzeitige Aktualisierung und damit ungleiche Datenbestände, manuelle Erfassung und Rückmeldung der Daten auf der operativen Ebene, lange Durchlaufzeiten und fehlende Transparenz bei der Auftragsbearbeitung.

Ausgehend vom CAD-System mit seiner für die Produktion überragenden Bedeutung von Werkstückgeometrie und -struktur werden derzeit erste Schritte einer Technologievernetzung in Richtung CIM vollzogen, um die in den o. a. Defiziten schlummernden Rationalisierungspotentiale auszuschöpfen. Fernziel ist die **Vernetzung** der einzelnen Programmodule auf der integrierenden Basis einer gemeinsamen Datenbank mit zentraler Datenbankverwaltung.

Die Diffusion von CIM-Systemen ist in der Praxis bei weitem noch nicht so fortgeschritten, wie es die Diskussion in Fachpublikationen und Aussagen der CIM-Anbieter vermuten lassen. Von Ausnahmen abgesehen, sind bisher lediglich CAD/NC-Kopplungen in geringer Anzahl in der Praxis realisiert. Ähnlich wie schon bei der NC-Technik kommt dem Flugzeugbau hier eine gewisse Vorreiterrolle zu. Die Integrationsbemühungen sind hier am weitesten fortgeschritten.

Die Wahl einer der diskutierten Produktionstechnologien bzw. Organisationsformen der Fertigung sollte jedoch nicht nach dem Motto, was ist technologisch möglich, sondern, was ist unternehmungsstrategisch sinnvoll, erfolgen. *Bühner* (1985, S. 266 f.) betont in Anlehnung an *Hayes/Wheelwright* (1984) die Notwendigkeit einer **strategischen Wahl der Technologie** in Abhängigkeit vom (erwarteten) Produktlebenszyklus. Die Diagonale in Abb. 3.37 nennt Normstrategien für bestimmte Kombinationen von Produktlebenszyklen (Zeilen der Matrix) und Fertigungsprozeß-Lebenszyklen (Spalten der Matrix), wobei sich im Zuge kürzer werdender Produktlebenszyklen in der Praxis eine immer stärkere Besetzung der mittleren Felder (II/II und III/III) abzeichnet.

Abb. 3.37: Produkt-Prozeß-Lebenszyklus Matrix nach *Hayes/Wheelwright*

Produkt-Lebens-Zyklen / Prozeß-Lebens-Zyklen	I kleine Mengen niedrige Standardisierung	II	III	IV große Mengen hohe Standardisierung
I Einzelfertigung	NC-Maschine			
II Kleinserienfertigung		Flexible Fertigungssysteme		
III Großserienfertigung			Fertigungs-Zelle	
IV Kontinuierliche Fertigung				Transferstraße

Quelle: Bühner 1985, S. 267

Diese Entwicklung zu kleineren überschaubaren Fertigungseinheiten entspricht der, allerdings aus einer eher humanistischen Position (Subsidiarität, Dezentralisierung, Identifikation mit und intrinsische Motivation durch die Arbeit) vorgetragenen Devise von *Schumacher*[20] (1973): *Small is beautiful.* *Schumacher* empfiehlt (vor allem für Entwicklungsländer) *technologies of giantism* durch *intermediate technologies* zu ersetzen. Die ideale arbeitsorga-

---

[20] *Schumacher, Ernst Friedrich* (1911–1977) geb. in Deutschland, studierte Ökonomie in Oxford und lehrte an Columbia Uni.

nisatorische Form des Umgangs mit ‚mittleren‘ Technologien ist die Arbeitsgruppe.

(2) Arbeitsgruppen in der Produktion

Die Forderung nach einer verstärkten Einrichtung von Gruppenarbeits-
plätzen als Substitut für isolierte Einzelarbeitsplätze ist auf breiter Ebene
Anfang der 70er Jahre im Zuge der HdA[21]-Bewegung erhoben worden; Vorläufer finden sich jedoch schon Anfang der 20er Jahre, als *Hellpach/Lang*
(1922) bei **Daimler Benz** die Auflösung der Reihenfertigung in kleine Fabrikationsgruppen vorschlugen. Seit den bahnbrechenden Studien der Tavistock-Forscher (*Trist* et al. 1963) im englischen Kohlebergbau Anfang der
50er Jahre gilt als gesichert, daß (teilautonome) Arbeitsgruppen unter bestimmten Bedingungen nicht nur zu höherer Zufriedenheit der Gruppenmitglieder führen, sondern auch erhebliche Leistungsvorteile gegenüber klassischen Arbeitssystemen aufweisen.

Dabei unterscheiden sich **Gruppen** nach dem vom Management gewährten
Autonomiegrad ganz erheblich. *Hackman* (1987, S. 333 f.) unterscheidet entsprechend (s. Abb. 3.38):

• *Manager-led work teams* (MLWT)
• *Self-managing work teams* (SMWT)
• *Self-designing work teams* (SDWT).

Dabei zählen die im folgenden schwerpunktartig behandelten teilautonomen Arbeitsgruppen zu den SMWTs.

Abb. 3.38: Verantwortungsspielraum von Arbeitsgruppen

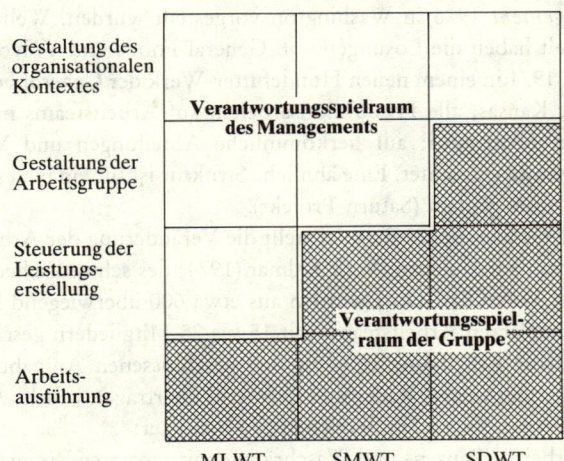

Quelle: Hackman 1987, S. 334

---

[21] Zum Regierungsprogramm *Humanisierung der Arbeit* (HdA) vgl. S. 760 f.

Teilautonomen Arbeitsgruppen *(Davis/Taylor* 1972, *Susman* 1976, *Fotilas* 1980) wird in der Praxis übertragen

- die selbständige Vorbereitung, Einteilung und Verteilung der Arbeitsaufgaben
- die selbständige Einrichtung, Wartung, teilweise Reparatur der Maschinen
- die selbständige Kontrolle des Arbeitsergebnisses.

Koordination durch Selbstabstimmung in (teil-)autonomen Arbeitsgruppen entlastet den klassischen Linienvorgesetzten von Anweisungs- und Kontrollaufgaben und den Stab von Informations- und Planungsaufgaben. Alle zur Aufgabenerfüllung notwendigen Ressourcen (Raum, Zeit, Geld, Mitarbeiter) werden der Arbeitsgruppe zur eigenen Verwaltung übertragen.

Rieckmann (1982, S. 70ff.) hat folgende **Funktionsvorteile teilautonomer Gruppen** zusammengestellt:

- Steigerung von Produktivität durch Selbstregulation und von Flexibilität durch Gruppenarbeit
- Senkung von Personalkosten durch Senkung der Abwesenheits- und Fluktuationsrate sowie durch Einsparung von Stabs- und Vorgesetztenstellen
- Leistungswirksame Motivationseffekte als Folge von neuen Formen der Arbeitsorganisation (z.B. Job Enrichment)
- Befriedigung psycho-sozialer und basisdemokratischer Beteiligungsbedürfnisse.

Trotz der in der Literatur behaupteten Vorteile ist es in der Praxis weniger zu Reorganisationsprozessen in bestehenden Fertigungsstätten als zu arbeitsorganisatorischen Experimenten bei Neubauten auf der grünen Wiese gekommen. *Zwerdling* (1984) hat die wichtigsten Projekte mit neuen Arbeitsformen dokumentiert, die größtenteils auf der *International Conference on Self-Management* 1976 in Washington vorgestellt wurden. Weltweite Aufmerksamkeit haben die Lösungen von General Foods und Volvo gefunden. So wurden 1971 in einem neuen Hundefutter-Werk der **General Foods Corp.** in Topeka, Kansas, alle Produktionsarbeiten auf Arbeitsteams mit 7 bis 14 Mitgliedern übertragen; auf herkömmliche Abteilungen und Vorgesetzte (Meister) wurde verzichtet. Eine ähnliche Struktur ist für ein neues Werk von **General Motors** geplant (Saturn-Projekt).

Ein weiteres klassisches Beispiel stellt die Veränderung der Arbeitsorganisaton in dem damals neuen Werk Kalmar (1974) des schwedischen Automobilkonzerns **Volvo** dar. Dort wurden aus etwa 600 überwiegend klassischen Einzelarbeitsplätzen Arbeitsteams mit 15 bis 25 Mitgliedern geschaffen, denen jeweils die Erledigung eines in sich geschlossenen Aufgabenbereiches (z.B. elektrische Anlage, Räder und Bremsen) übertragen wurde. Autonomie wird vor allem in folgenden Bereichen gewährleistet:

- eigene Arbeits-, Pausen- und Waschräume mit separatem Eingang
- Entkoppelung vom Taktzwang durch bewegte Lager, d.h. die Karosserien sind auf Elektrokarren montiert, und die Zwischenräume zwischen den Teams werden als Lager (Puffer) benutzt

• eigene Arbeits- und Aufgabenverteilung innerhalb der Gruppe mit der Möglichkeit der job rotation.

Weitere Verbreitung haben Arbeitsgruppen jedoch erst im Zuge der oben beschriebenen technologischen und marktbedingten Veränderungen (Produktvielfalt, kurze Produktlebenszyklen, kleine Losgrößen, flexible Technologien) erfahren. Die **neuen Produktionskonzepte** (vgl. S. 588 f.) erfordern eine Abkehr von Massenproduktion in Fließfertigung hin zu Gruppenfertigung in Werkstätten und Fertigungsinseln.

Neben unbestreitbaren positiven Effekten dieser neuen Konzepte (höhere Qualität, geringere Fluktuation und Absentismus, höhere Gruppenkohäsion und Zufriedenheit) tauchen verstärkt *negative* auf, die sich überwiegend aus dem Abbau hierarchischer Koordinations- und Kontrollmechanismen ergeben. Selbstkontrolle und selbstgesetzte Gruppennormen können anspruchsvoller sein als die des Managements und zur Diskriminierung von leistungsschwächeren und weniger beliebten Mitarbeitern führen. Zu diesem Ergebnis kommen auch *Altmann* et al. (1982, S. 144), wenn sie feststellen, daß mit ,Selbststeuerung' der Gruppen eine ,Selbstreinigung' erreicht werden soll. Dieser Hinweis auf unterschiedliche Folgen von Konzepten der Selbstabstimmung in der Arbeitsorganisation macht deutlich, daß eine Deutung dieser Folgen ohne vorgängige Analyse der Arbeitssituation unmöglich ist.

Aufgrund des Fehlens eines solchen situativen Ansatzes sind eine Reihe von *Legenden* entstanden, wie „zum Beispiel, daß die Lösung immer eine autonome oder halb-autonome Gruppe sein muß; daß irgendeine Gruppe besser ist als gar keine; daß Arbeitsgruppen durch das Zusammenbringen von Mitarbeitern gebildet werden, ohne ihre Arbeitsrollen und Interdependenzen zu berücksichtigen; daß autonome Gruppen klein sein müssen usw." (*Klein* 1975, S. 75). Inzwischen setzt sich jedoch die Überzeugung durch, daß die Analyse der Arbeitssituation eine notwendige Voraussetzung für Gestaltungsempfehlungen hinsichtlich geeigneter Integrationsmechanismen darstellt.

Während die bislang besprochenen Arbeitsgruppen eine *Alternative* zu traditionellen Formen der Arbeitsorganisation (z.B. Fließfertigung) darstellen, finden in jüngerer Zeit verstärkt Arbeitsgruppen als *Komplement* zur regulären Arbeit Verwendung, d.h. zusätzlich zur normalen Arbeit werden Gruppen zur Bearbeitung von Spezialaufgaben oder -problemen eingesetzt; dies sind vor allem Lernstatt und Qualitätszirkel (zur Lernstatt vgl. S. 864).

Während die *dauerhaft* installierten Arbeitsgruppen in der Produktion die Flexibilisierung von Strukturen und Prozessen und damit letztlich eine Steigerung der Produktivität und Wirtschaftlichkeit zum Ziel haben, sollen *sporadisch* zusammenkommende Arbeitsgruppen in der Qualitätssicherung (sog. **Qualitätszirkel**) primär den heute geforderten hohen Standard an Produktqualität sicherstellen. Während man im deutsch/angelsächsischen Modell der Qualitätskontrolle die Ziele der Produktionseffizienz und Qualitätssicherung bislang getrennt zu optimieren versuchte (Fremdkontrolle durch Inspekteure und Nacharbeit), streben die Japaner eine gemeinsame, simultane Optimierung von Produktivität und Qualität an (Null-Fehler-Prinzip in jedem Fertigungsschritt, Selbstkontrolle durch Produktionsarbeiter und Teams) (vgl. *Naschold* 1987, S. 194). Das **Japan-Modell** der Qualitätssicherung gilt heute als Vorbild für westliche Produktionskonzepte (vgl. zum folgenden *Hutchins* 1985).

Für einen Exporterfolg der japanischen Wirtschaft nach dem zweiten Weltkrieg war ein hoher Qualitätsstandard unverzichtbar. 1946 wurde die Union of Japanese Scientists and Engineers (JUSE) gegründet, die sich seitdem intensiv mit der Erforschung moderner Methoden der Qualitätssicherung befaßt. 1950 wurde der amerikanische Experte für statistische Qualitätskontrolle, W. *Edwards Deming*, später auch sein Kollege, *Joseph M. Juran*, zu Vorträgen nach Japan eingeladen. Obwohl die Idee einer Company-wide Quality Control oder *Total Quality Control* westlichen Ursprungs ist, versagte deren Anwendung in hoch arbeitsteiligen Fertigungsstrukturen. In Japan waren die Voraussetzungen hierfür besser. *Kaoru Ishikawa*, JUSE-Direktor und Präsident des Musashi Institute of Technology in Tokio, der in der Literatur als der Vater der Qualitätskontrollzirkel (Quality Control Circles = QCC) gilt, sah in der Höherqualifikation der Fabrikarbeiter und der Reintegration ausgegliederter Funktionen (wie etwa Qualitätsprüfung) den Schlüssel zum Erfolg ganzheitlicher Qualitätssicherung. 1962 wurde bei der **Nippon Telephone und Telegraph Corp.** der erste QC durchgeführt. Heute rechnet man weltweit mit nahezu 2 Mio. QCs, wobei weit über die Hälfte davon in Japan arbeiten (vgl. *Beriger* 1986).

Seit 1982 werden jährlich in der Bundesrepublik Quality Circle Kongresse zum Erfahrungsaustausch veranstaltet und seit 1986 existiert – wie nicht anders zu erwarten – eine *Deutsche Quality Circle Ges. e. V.* (DQCG).

QCs setzen sich i.d.R. aus 6 bis 10 Mitarbeitern zusammen (die Mitgliedschaft ist freiwillig), treffen sich regelmäßig für ein bis zwei Stunden, ein- bis zweimal pro Monat während der Arbeitszeit (auf Initiative der Gruppe auch außerhalb). Die ‚Leitung‘ obliegt einem **Moderator,** der den Problemsuch- und -lösungsprozeß unterstützt und vorantreibt sowie die Verbindung zum Koordinator aufrecht erhält (vgl. Abb. 3.39).

Der **Koordinator** stellt das Bindeglied sowohl zwischen den einzelnen QCs eines Betriebes als auch zu dem Steuerungskomitee her. Als haupt- oder nebenamtlicher Middle Manager sorgt er auch für die Ressourcen aller QCs. Bei Bedarf bedient er sich der Unterstützung externer und interner **Experten,** so etwa beim (Verhaltens-)Training der Moderatoren oder bei der Beschaffung von fachlichem Know how (Methoden der statistischen Qualitätskontrolle).

Das **Steuerungskomitee** initiiert, unterstützt und fördert das gesamte QC-System. Es entscheidet auch letztlich über die Realisierung von Verbesserungsvorschlägen. Deshalb sollten in ihm Mitglieder des Top Managements sowie des Betriebsrates vertreten sein. Gegenstand der Beratungen in den

Abb. 3.39: Struktur eines QC-Systems

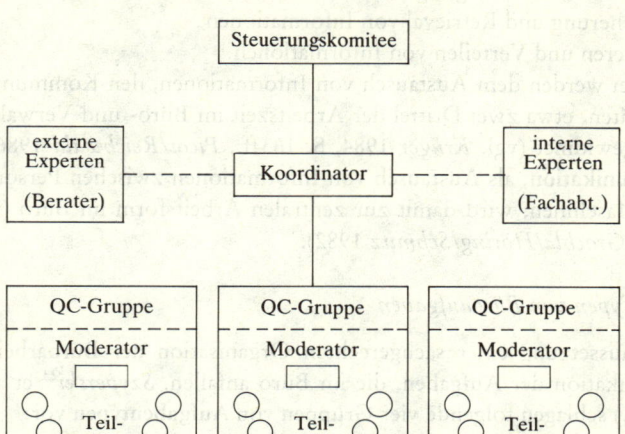

QCs ist Qualität im weitesten Sinne, d. h. neben Produktqualität die Qualität der Sach- und Betriebsmittel, der Arbeit und der Arbeitsbedingungen (inkl. Arbeitssicherheit), der Verfahren und Prozesse und letztlich der Mitarbeiter selbst (Kenntnisse, Fertigkeiten, Motivation, Führungsverhalten). Steht vor allem die Verbesserung der Mitarbeiterqualifikation im Mittelpunkt der Arbeitsgruppen, kann auch das dem QC ähnliche Konzept der Lernstatt Anwendung finden (vgl. S. 864).

Versteht man unter dem QC-System ein Reparatursystem für unzureichendes Qualitätsbewußtsein der Mitarbeiter bei unverändert beibehaltener Fertigungsorganisation und -philosophie (Trennungsmodell von Produktion und Qualitätskontrolle, s. o.), so ist dessen Erfolg von Anfang an fraglich. Versteht man darunter aber eine **Investition** in Qualifikation und in ein innovationsförderliches soziales System, wird man bedeutend mehr als nur ein neues Vorschlagswesen erwarten können (s. a. *Staudt/Rehbein* 1988).[22]

b. Organisation der Büroarbeit

Eine einheitliche und allseits akzeptierte Definition des Büros hat sich zwar bis heute nicht durchgesetzt, jedoch gilt als gemeinsames Merkmal von **Bürotätigkeiten** in den unterschiedlichen Funktionsbereichen einer Unternehmung die Verarbeitung von Informationen sowie deren Kommunikation. Darunter fallen die Teilfunktionen

- Informationserzeugung
- Informationsbearbeitung

---

[22] *Staudt, Erich Erwin* (geb. 1941) Prof. Arbeitsökonomie, Uni Bochum, Vorstand Institut für angew. Innovationsforschung.

- Informationsübertragung (Kommunikation)
- Speicherung und Retrieval von Informationen
- Kopieren und Verteilen von Informationen.

Dabei werden dem Austausch von Informationen, den Kommunikationsaktivitäten, etwa zwei Drittel der Arbeitszeit im Büro- und Verwaltungsbereich gewidmet (vgl. *Krüger* 1984, S. 163ff., *Picot/Reichwald* 1986). **Büro-
kommunikation,** als Austausch von Informationen zwischen Personen und/
oder Maschinen, wird damit zur zentralen Arbeitsform im Büro (vgl. *Szy-
perski/Grochla/Höring/Schmitz* 1982).

(1) Typen von Büroaufgaben

Voraussetzung einer sachgerechten Organisation der Büroarbeit ist die
Klassifikation der Aufgaben, die im Büro anfallen. *Szyperski*[23] et al. (1982,
S. 21ff.) schlagen folgende vier Gruppen von **Aufgabentypen** vor:

Aufgabentyp	Aufgabenmerkmale
Führungsaufgaben Leitung, Mitarbeitermotivation, Repräsentation, Aufbau von Kommunikation, Aufnahme und Verbreitung von Informationen	Problemlösung und Entscheidung bei hoher Unsicherheit, Konsensbildung
Fachaufgaben Expertisen, Gutachten, qualifizierter Einkauf, Verkauf, Stabsaufgaben, F & E u.ä.	weitgehende Selbstorganisation der wenig strukturierten Aufgaben, an Aufgaben/Problemen orientiert
Sachbearbeitungsaufgaben laufende Bearbeitung wiederkehrenden Sachverhalts, mit begrenztem Fachwissen lösbar	gut strukturierte und formalisierbare Aufgaben, an Ereignissen/Vorgängen orientiert
Unterstützungsaufgaben Schreiben, Vervielfältigen und Transport von Informationen	ausführende Tätigkeiten, an Aufträgen orientiert

Nach dem Grad der Formalisier- und Routinisierbarkeit der Büroaufgaben
unterscheiden *Beckurtz/Reichwald*[24] (1984, S. 25) drei Typen von Aufgaben
der **Informationsverarbeitung:**

---

[23] *Szyperski, Norbert* (geb. 1931) Prof. BWL, Uni zu Köln.
[24] *Reichwald, Ralf* (geb. 1943) Prof. BWL, TU München.

Merkmale der Aufgabenerfüllung / Aufgabentyp	Problemstellung (Komplexität, Planbarkeit)	Informationsbedarf	Kooperationspartner	Assistenzbedarf
Büroarbeit vom Typ 1: Einzelfall (nicht formalisierbar)	hohe Komplexität niedrige Planbarkeit	unbestimmt	wechselnd, nicht festgelegt	sehr hoch
Büroarbeit vom Typ 2: sachbezogener Fall (teilweise formalisierbar)	mittlere Komplexität mittlere Planbarkeit	problemabhängig (un)bestimmt	wechselnd, festgelegt	hoch
Büroarbeit vom Typ 3: Routinefall (vollständig formalisierbar)	niedrige Komplexität hohe Planbarkeit	bestimmt	gleichbleibend, festgelegt	niedrig

Aufgabentyp 1 ist repräsentativ für Führungs- und weite Teile der Fachaufgaben, *Typ 2* für Teile der Fach- und Sachbearbeitungsaufgaben und *Typ 3* für Teile der Sachbearbeitungs- und Unterstützungsaufgaben. Diese und andere Aufgabenanalysen bilden den Ausgangspunkt für Entscheidungen hinsichtlich der funktionalen und räumlichen (**De-**)**Zentralisation** von Aufgaben und deren Substitution bzw. Unterstützung durch Bürotechnologien.

Trotz des unterschiedlichen Charakters der Büroarbeit im Vergleich zur Produktionsarbeit wird schon bald nach Erscheinen von *Taylors* Scientific Management (1911) die wissenschaftliche Betriebsführung auf die Büroorganisation angewendet (vgl. *Leffingwell*[25] 1917). Entsprechend finden die Prinzipien der Arbeitsteilung, Spezialisierung und Aufgabenentmischung auch im Büro Anwendung. Teilbare Aufgabenelemente, wie etwa Texte schreiben oder Daten verarbeiten, werden funktional und räumlich *zentralisiert* (zentrales Schreibbüro, Rechenzentrum). Führungsaufgaben und außergewöhnliche Fachaufgaben werden in Einpersonenbüros erledigt, Sachbearbeitungsaufgaben in Mehrpersonenbüros zusammengelegt. Diese können je nach (büro-)architektonischer und arbeitsorganisatorischer Konzeption die Form von Bürosälen (analog den Fabrikhallen), von Großraumbüros, von Büro-

---

[25] *Leffingwell, William* (1876–1934) amerik. Organisationswissenschaftler.
Zur historischen Analyse von Entwicklungslinien der Büroorganisation vgl. *Staehle/ Sydow* 1986.

landschaften oder Kombi-Büros annehmen[26]. Die Zentralisierung der Büro-
arbeiten folgt in dieser Phase der Bürorationalisierung primär Wirtschaftlichkeitsüberlegungen (Büroausstattung, Raumbedarf, Energiekosten) und erleichtert die Kontrolle und Überwachung des Büropersonals. Die **konventionelle Büro-Technologie**, repräsentiert durch

- Systeme der Sprachkommunikation (Telefon; Telefonnebenstellenanlagen)
- Geräte zur Schriftguterstellung und -verteilung (Schreibmaschinen, Dik-
  tiergeräte, Rohrpostdienste, Telex-Dienst, Frankier- und Kuvertiermaschi-
  nen)
- Geräte zur Vervielfältigung (Kopierer, Druckmaschinen)
- Ablage- und Retrievalsysteme (Registratur, Mikroverfilmung)
- Taschenrechner und Addiermaschinen,

zeigt noch keine gravierenden Auswirkungen auf die Arbeitsorganisation und
die Qualifikation des Personals. Dies ändert sich mit dem Einsatz von EDV
und Telekommunikation gravierend. „Bereits in ihrer ursprünglichen Form
weist die elektronische Datenverarbeitung eine grundsätzlich andere Qualität
auf als die übrigen, zu dieser Zeit verbreiteten Bürotechnologien. Durch
ihren Einsatz sind nicht nur die Voraussetzungen für eine Mechanisierung
zahlreicher Schreib- und Rechenarbeiten geschaffen, sondern es wird auch
die Möglichkeit eröffnet, Texte und numerische Daten zu systematisieren, zu
vergleichen und zu kombinieren, ohne daß es des Eingriffs durch den Menschen bedarf. Durch die Verbreitung elektronischer Datenverarbeitungsanla-
gen, die in der Bundesrepublik Ende der 50er Jahre einsetzt, werden organi-
sations-strukturelle Veränderungen der Unternehmungen allgemein und arbeitsorganisatorische Entwicklungen der Büroarbeit im besonderen eingeleitet" ... (*Staehle/Sydow* 1986, S. 191).

(2) Büroautomatisierung und Büroorganisation

Im Vergleich zum Produktionsbereich ist der Bürobereich in den letzten
Jahrzehnten stets durch eine wesentlich geringere Kapitalintensität und Nutzung von Technik gekennzeichnet; die Steigerung der Ergiebigkeit der Arbeitsprozesse im Bereich der technischen und administrativen Büros wird
durch die Einführung neuer Informations- und Kommunikationstechnolo-
gien konkret möglich. Dabei lassen sich drei Anwendungsmöglichkeiten der
Büroautomatisierung unterscheiden:

- Bei der **Mechanisierung** werden solche Technologien eingesetzt, welche die
  menschliche Übersetzungsleistung substituieren können (z.B. Fotokopier-
  geräte); eine Veränderung der Integration von (Teil-)Aufgaben findet nicht
  statt. Arten und Methoden der Kommunikation zwischen Bürosystemen
  und angrenzenden Abteilungen bleiben im wesentlichen unverändert.

---

[26] Vgl. hierzu das Schwerpunktheft ‚Organisatorische Bauplanung: Das Kombi-
Büro', Congena texte 1/2, 1988.

- Der Einsatz von **Büroinformationssystemen** strebt eine Umsetzung von vormals zentraler Daten- und/oder Informationsverarbeitung in dezentraler arbeitsplatznaher Form an; dabei können Arbeitsvorgänge via Bildschirm an einen Zentralcomputer gekoppelt sein; möglich ist auch die dezentrale, arbeitsplatzbezogene Informationsverarbeitung mit oder ohne Vernetzung von PCs.
- Die **Computerunterstützung** umfaßt eine Vielzahl unterschiedlicher Anwendungen neuer Technologien, und zwar nicht nur zur Unterstützung routinisierbarer Arbeitsabläufe, sondern auch von hochspezialisierten Einzelaufgaben etwa bei Simulations- und Planungsfunktionen (z. B. ausgereifte Textverarbeitungssysteme, Expertensysteme).

Beim gegenwärtigen Stand der technologischen Entwicklung (Hardware, Software) lassen sich routinisierbare Funktionen (*Aufgabentyp 3*) am leichtesten *automatisieren;* manuelles Handeln und schematisches Denken sind demnach weitestgehend von Automatisierungstendenzen betroffen. Für die beiden anderen *Aufgabentypen (1 und 2)* haben neue Technologien weniger substituierenden als mehr *unterstützenden* Charakter bei der Aufgabenerledigung. Da alle Aufgabentypen auf allen Managementebenen, allerdings in unterschiedlichem Ausmaß, anzutreffen sind, wird es möglich, daß Aufgabentypen auf unterschiedlichen organisatorischen Ebenen in ihrer Verknüpfung mit Bürofunktionen durch den Einsatz neuer Technologien in unterschiedlich starkem Umfang verändert werden. In der Literatur (vgl. den Überblick bei *Schirmer* 1987) wird neben dem ausführenden Büropersonal vor allem das mittlere Management als die Gruppe gesehen, die am stärksten von neuen Büroinformations- und Kommunikationstechniken betroffen ist. Zwei unterschiedliche **Trends** werden prognostiziert:

- Funktionsverlust und quantitativer Rückgang der mittleren Manager
- Funktionsverlagerungen (Wegfall von Routinetätigkeiten, größere Bedeutung strategischer und Personalführungsaufgaben).

Während die traditionellerweise im Bürobereich verwendeten Technologien (z. B. Telefon, Schreibmaschine, Druckmaschine, Mikrofilm) nur im beschränkten Maße Sachbearbeiterfunktionen übernehmen konnten, teilweise verbunden mit deren organisatorischer Ausgliederung (z. B. zentrale Druckerei oder Fotokopierstelle), findet bei der **Verwendung neuer Technologien** im Grundsatz eine Verlagerung auf elektronische Systeme mit wesentlich höherer Leistungsfähigkeit und/oder eine umfassende Integration vormals ausgegliederter Teilfunktionen statt.

Dabei kann zwischen einer **horizontalen** Integration (Zusammenfassung bislang getrennter Informationen: Text, Bild, Sprache, Daten) und einer **vertikalen** Integration (Zusammenfassung von Phasen der Informationsverarbeitung: Empfang, Speicherung, Bearbeitung, Kommunikation) unterschieden werden (vgl. *Picot/Reichwald* 1986, S. 86).

Aufgabenintegration (evtl. in Form von Mischarbeitsplätzen) und Dezentralisation sind mögliche Folgen eines verstärkten Technologieeinsatzes. In der Literatur (vgl. *Beckurts/Reichwald* 1984, *Picot/Reichwald* 1986) werden dabei zwei Modelle der Aufgabenverteilung unterschieden (Abb. 3.40).

Abb. 3.40: Zwei Modelle der Aufgabenverteilung

Auswirkungs-bereich	Organisations-Modell:	
	AUTARKIE-MODELL	KOOPERATIONS-MODELL
Aufgabenstrukturen	Zusammenführung von Aufgaben	Zusammenführung von Aufgabenschwerpunkten
Arbeitsbeziehungen	Verringerung von Kooperation und Arbeitsteilung	Intensivierung von Kooperation und Arbeitsteilung
Qualifikation	steigende Qualifikationsanforderungen auf der Ebene der Aufgabenträger	steigende Qualifikationsanforderungen auf allen Ebenen
Produktivitätseffekte (Kosten-/Leistungsverhältnis)	Produktivitätswirkung offen, abhängig von den Überwälzungseffekten der Assistenzaufgaben auf verbleibende Aufgabenträger	Produktivitätssteigerung, bedingt durch zeitliche und qualitative Effekte auf der Leistungsseite
Beschäftigungseffekte (Freisetzung und Zusatzbedarf)	Freisetzung im Assistenzbereich bei möglichem Zusatzbedarf im Bereich der Aufgabenträger	Bei erweiterter Leistungskapazität und Leistungsnachfrage: beschäftigungsneutral

Quelle: Reichwald et al. 1984, S. 142

Die Modelle sind aus der Analyse der bürotechnologiegestützten Zusammenarbeit zwischen Management und Sekretariat entstanden. Während im einen Fall an den *autarken Aufgabenträger* (Manager, Sachbearbeiter) gedacht ist, der selbständig mit multifunktionaler Bürotechnik arbeitet, geht das andere Modell von einer grundsätzlichen Beibehaltung der klassischen Arbeitsteilung zwischen Manager und Assistenzkräften aus, fordert aber deren *Kooperation* in einem Team.

Was die **räumliche Dezentralisierung** als Folge der Nutzung neuer (Tele-) Kommunikationstechniken anbetrifft, so sind folgende organisatorische Lösungen denkbar:

• dezentrale Schreibdienste
• Telearbeitsplätze in Außen- oder Zweigstellen
• Nachbarschaftsbüros (räumliche Zusammenfassung von zwei bis vier Telearbeitsplätzen)
• Tele-Heimarbeit (Einzelarbeit zu Hause).

Räumlich dezentrale Stellen/Standorte können über synchrone (gleichzeitige Teilnahme von Sender und Empfänger am Kommunikationsprozeß) oder asynchrone **Telekommunikationstechniken** miteinander verbunden werden:

- *synchrone Systeme* (z.B. Telefon, Bildtelefon, Telefonkonferenz, Video-Konferenz)
- *asynchrone Systeme* (z.B. Telex, Teletex, BTX, Electronic Mail).

Die Einführung neuer Technologien wird auch zum Anlaß genommen, grundlegend über neue Formen der Arbeitsorganisation im Bürobereich nachzudenken; von daher kann die Einführung neuer Technologien mit grundlegenden **Reorganisationsprozessen** verkoppelt sein. Dabei fällt auf, daß der Aufbau von Bürokommunikationssystemen bisher weitgehend ohne dramatische Rückwirkungen auf die Arbeitsorganisation und die Qualität des Arbeitslebens verläuft. Dies ist u.a. auf die organisatorische Trägheit der Unternehmungen zurückzuführen, d.h. zumeist bestimmt nicht der neueste Stand der technologischen Entwicklung die konkreten arbeitsorganisatorischen Strukturen, sondern die Arbeitsorganisation wird auch nach Einführung der neuen Technologien maßgeblich von den bereits vorher existierenden Aufbau- und Ablaufstrukturen geprägt. Die Praxis weist im allgemeinen eine im Vergleich zur technologischen Entwicklung *konservative* Arbeitsplatzstrukturierung auf (vgl. *Conrad/Jaekel/Staehle* 1986, *Child/Ganter/Kieser* 1987). In Abweichung von der hier skizzierten, generell gültigen Entwicklungslinie, kann es dennoch in Teilbereichen zu erheblichen arbeitsorganisatorischen Änderungen kommen, die von der Schaffung anspruchsvoller multifunktionaler Arbeitsplätze bis zum Wegfall von einzelnen Funktionen reichen und mit Arbeitsplatzverlusten einhergehen können.

Die **Ambivalenz der Technologiefolgewirkungen** macht deutlich, daß die Auswirkungen keiner technik-immanenten Logik entspringen. Die neuen Technologien bieten in bezug auf die Arbeitsorganisation und die daraus resultierende Qualität des Arbeitslebens Chancen und Risiken, die im Rahmen der betrieblichen Entscheidungsprozesse je nach der zugrundeliegenden Gestaltungsstrategie ausgefüllt werden können. Sie beinhalten Optionen, die *auch* zur Reintegration vormals arbeitsteiliger Arbeitsprozesse sowie zur Reprofessionalisierung bestimmter Tätigkeitsfelder genutzt werden können.

Lebendige Arbeit wird damit erstmals im Rationalisierungskonzept erwerbswirtschaftlich orientierter Unternehmungen nicht mehr nur als zu überwindende Schranke auf dem Wege zu höherer Effizienz verstanden. Die neuen Technologien erfordern zumindest für bestimmte Tätigkeitsfelder – gerade auch unter Effizienzgesichtspunkten – eine Abkehr von traditionellen, in tayloristischen Organisationskonzepten verwurzelten Gestaltungsmustern (vgl. S. 588f. der Arbeit).

5. Organisationstechniken

Aus der Fülle der in der Praxis gebräuchlichen Techniken des Organisierens können hier nur einige wenige Analyse-, Planungs- und Darstellungstechniken näher vorgestellt werden. Auch die Zuordnung der Techniken zu

den drei Kategorien folgt nur einem analytischen Raster, d. h. eine Planungs-
oder Analysetechnik kann auch der Darstellung dienen und jeder Darstellung
liegt eine Analyse zugrunde.

a. Analyse- und Planungstechniken

Hierunter fallen etwa Schwachstellen- und Prüffragenkataloge sowie Prüf-
matrizen (vgl. *Acker* 1977, S. 74 f., *Grochla*[27] 1982, S. 339 f.). **Prüffragenkataloge** wollen in Form von Checklisten bereits bekannte typische Schwachstellen der Organisation aufdecken. Da die Fragen immer nur ganz spezielle
Problemfelder behandeln, muß für jeden Organisationsbereich ein neuer
Prüffragenkatalog aufgestellt werden.

Die **Prüfmatrix** dient der gezielten, systematischen Analyse von organisatorischen Mängeln und deren Ursachen (vgl. *Schmidt* 1989). Mängel zeigen
sich im Output (Aufgabenerledigung, Wirtschaftlichkeit, unerwünschte Auswirkungen); Mängelursachen im Bereich der Transformation und im Input
(vgl. Abb. 3.41).

Abb. 3.41: Prüfmatrix

Mögliche Mängel (Output)	Mögliche Mängelursachen					
	Transformation und Kombination			Input		
	Kombination der Stellenaufgaben (Stellenbildung)	Kombination der Stellen (Hierarchie und allgemeine Kommunikation)	Raum-/zeitliche Strukturierung (Ablauforganisation)	Information	Aufgabenträger	Sachmittel
Aufgabenerledigung						
Wirtschaftlichkeit						
Unerwünschte Auswirkungen						

Quelle: In Anlehnung an *Schmidt* 1989, S. 229

---

[27] *Grochla, Erwin* (1921–1986) Prof. BWL, Uni zu Köln.

Neuerdings werden – vor allem bei der Arbeit in Qualitätszirkeln – Fischgrät- oder Tannenbaum-Diagramme eingesetzt (nach seinem Erfinder auch *Ishikawa*-Diagramm genannt). In Brainstorming-Sitzungen werden mit Hilfe von **Fischgrät-Diagrammen** für ein Problem (Wirkung) alle denkbaren Ursachen und Lösungen gesucht.

Abb. 3.42: Fischgrät-Diagramm

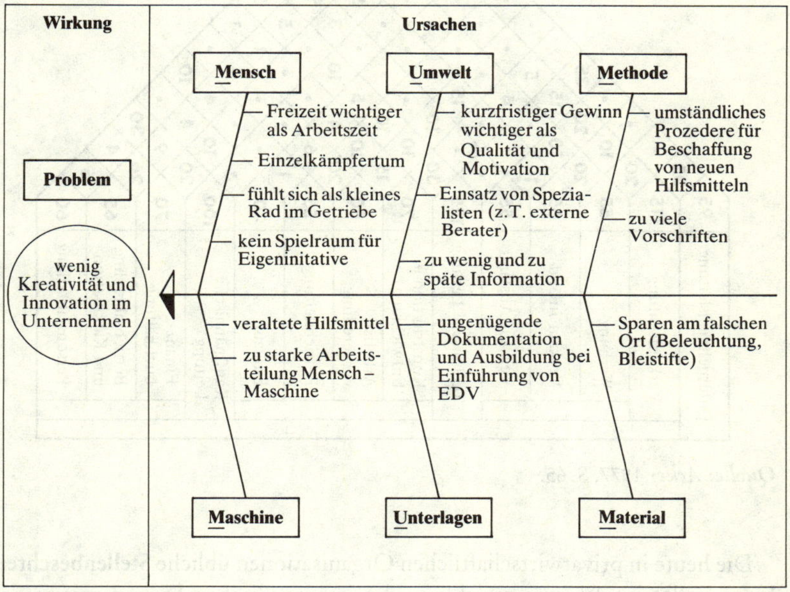

Quelle: Beriger 1986, S. 102

b. Darstellungstechniken

Diese Techniken sollen in verbaler oder tabellarisch/grafischer Form Aspekte der Gebildestruktur (Aufbauorganisation) bzw. der Prozeßstruktur (Ablauforganisation) visualisieren. Sie dienen damit gleichzeitig der Analyse und Strukturierung komplexer organisatorischer Zusammenhänge. Zu aufbauorganisatorischen Darstellungen zählen z.B. **Stellenbeschreibungen, Kommunikationsdiagramme** (vgl. Abb. 3.43), **Soziogramme** (vgl. S. 289 f.), **Organisationsschaubilder/Organigramme** (vgl. S. 668) oder **Funktionendiagramme** (vgl. Abb. 3.44 auf S. 691).

Abb. 3.43: Kommunikations-Diagramm (Dreieck-Form): Kommunikations-Zeit (einschl. Konferenzen) in h/Monat

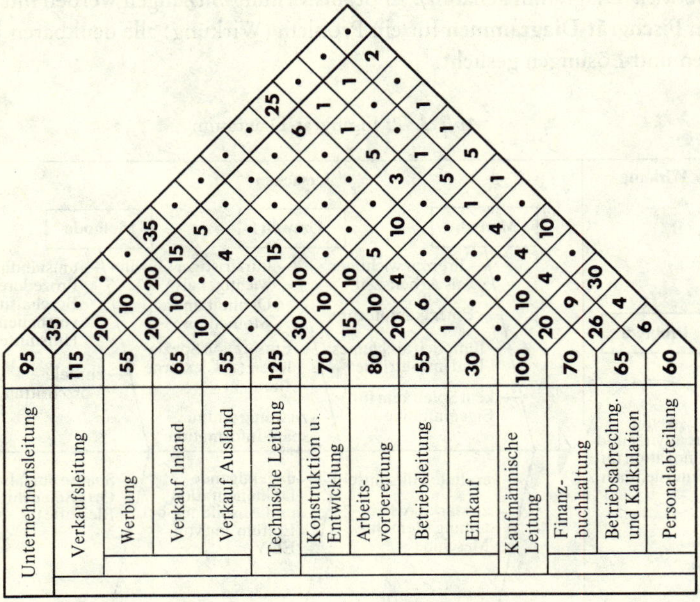

Kommunikations-Zeit (h/Monat) je Stelle:

Stelle	h/Monat
Unternehmensleitung	95
Verkaufsleitung	115
Werbung	55
Verkauf Inland	65
Verkauf Ausland	55
Technische Leitung	125
Konstruktion u. Entwicklung	70
Arbeitsvorbereitung	80
Betriebsleitung	55
Einkauf	30
Kaufmännische Leitung	100
Finanzbuchhaltung	70
Betriebsabrechng. und Kalkulation	65
Personalabteilung	60

Quelle: Acker 1977, S. 65.

Die heute in privatwirtschaftlichen Organisationen übliche **Stellenbeschreibung** stellt eine Weiterentwicklung der im preußischen Staatsdienst eingeführten Dienstanweisung dar. Sie präzisiert unabhängig von der Person des Stelleninhabers

- die Aufgaben und Ziele der Stelle
- die Beurteilungsmaßstäbe für die Leistung des Stelleninhabers
- die hierarchische Einordnung der Stelle (Unterstellung, Überstellung)
- die Einbindung der Stelle in das Informations- und Kommunikationssystem (vgl. *Schwarz* 1983, S. 227ff.).

Da an der Erfüllung einer komplexen Aufgabe in aller Regel mehrere Stellen beteiligt sind, die einen mehr oder weniger großen Beitrag zur Aufgabenerledigung leisten (die Funktion der Stelle), bietet sich die Ordnung der Funktionen in Form einer Matrix an (**Funktionendiagramm**). In Abb. 3.44 werden in den Zeilen die Sachaufgaben, in den Spalten die Stellen und in den Matrixfeldern die Funktionen der Stelle zur Erfüllung der Sachaufgaben eingetragen.

Zu ablauforganisatorischen Darstellungen zählen etwa Arbeitsablaufdiagramme, Blockdiagramme, Datenflußpläne, Harmonogramme, Entscheidungstabellen (vgl. *Schwarz* 1983, S. 218ff., *Krüger* 1984, S. 66ff.). **Blockdia-**

Abb. 3.44: Beispiel eines Funktionendiagramms – Verkaufsabteilung einer Textilunternehmung

Rangstufen

1 Unternehmungsleitung
2 Abteilungschefs
3 Departementschefs
4 Bürochefs und -angestellte

Sachaufgaben	Geschäftsleitung	Verkaufsdirektor	Inland Verkaufschef	Inland Verkaufsbüro	Inland Vertreter	Export Verkaufschef	Export Verkaufsbüro	Export Vertreter	Dessinateur	Mustererste	Orderbüro	Fertiglager	Spedition
1 Verkaufspolitik	E_G	E_M	B		B	B		B	B				
2 Verkaufsprogramm	$E_{G/w}$	E_N	E_M		B	E_M		B	B				
3 Marktforschung	E_G	E_M	E_N	A	A	E_N	A	A					
4 Musterdessins	E_w	E_N	E_M		B	E_M		B	B/A	B			
5 Verkaufsmusterung	E_w	E_N	E_M		B	E_M		B	B	B/A			
6 Preiskalkulation	$E_{G/w}$	E_w	E_N	A		E_N	A						
7 Werbung	E_G	E_w	E_N	A	B/A	E_N	A	B/A					
8 Kundenbesuche	E_w/Aw	E_w/Aw	E_N/Aw		A	E_N/Aw		A	Aw				
9 Kundenempfänge	E_w/Aw	E_w/Aw	E_N/Aw	A	Aw	E_N/Aw	A	Aw	Aw				
10 Verkaufskorrespondenz	E_w	E_w	E_N	A		E_N	A						
11 Verkaufsstatistik	E_w	E	K	A		K	A						
12 Auftragsabwicklung		E_w	E_M			E_M					E_N/A		
13 Fertiglager		E_w	E_M			E_M						E_N/A	
14 Spedition		E_w	E_M			E_M							E_N/A
15 Fakturierung		E_A	E_N	A		E_N	A						
16 Kundenreklamationen	E_w	E_w	E_N	A		E_N	A						

E_G = Entscheidung in Grundsatzfragen
E_N = Entscheidungsbefugnis im Normalfall
E_W = Entscheidungsvorbehalt für wichtige Fälle
E_M = Mitentscheidungsrecht

B = Beratungs- oder Vorschlagsrecht
A = Ausführung oder Sachbearbeitung
A_W = Ausführungsvorbehalt für wichtige Fälle
K = Ergebniskontrolle und -auswertung

Quelle: *Ulrich/Staerkle* 1962, S. 42

gramme (Datenfluß- und Programmablaufpläne) sind genormte Darstellungen (DIN 66001), die vorwiegend im Bereich der EDV Anwendung finden. **Datenflußpläne** beschreiben dabei die Datenträger, die Datenein- und -ausgabegeräte und den Weg durch das System. **Programmablaufpläne** informieren über die logische Struktur eines Programmes. Sie finden sich jedoch nicht nur im EDV-Bereich, sondern können auch zur Darstellung konventioneller Abläufe verwandt werden.

45 Staehle, Management, 6. A.

Ähnliches gilt für **Entscheidungstabellen,** mit deren Hilfe komplexe Informationsverarbeitungsprozesse vollständig, zugleich aber auch in knapper, übersichtlicher Form dargestellt werden sollen (vgl. *Grochla* 1982, S. 334 f.). Im Bedingungsteil (B) soll die Gesamtzahl theoretisch möglicher Bedingungskombinationen erfaßt werden, so daß im Aktionsteil (A) die situationsadäquaten Entscheidungen getroffen werden können (vgl. Abb. 3.45).

Abb. 3.45: Entscheidungstabelle (Antragsprüfung in der Lebensversicherung)

	R_1	R_2	R_3	R_4	R_5	R_6
B_1: Antragsteller ist älter als 65 Jahre	J	J	N	N	N	N
B_2: Antragsteller ist schwer krank	J	N	J	J	N	N
B_3: Antragsteller führt gefährlichen Beruf aus	–	–	J	N	J	N
A_1: Antrag annehmen	–	–	–	–	–	x
A_2: Antrag mit Erschwerung annehmen	–	x	–	x	x	–
A_3: Antrag ablehnen	x	–	x	–	–	–

J = ja, N = nein

Quelle: Wittlage 1986, S. 182

Für diesen einfachen Sachverhalt erscheint der Einsatz einer Entscheidungstabelle übertrieben. Für komplexere Entscheidungsprozesse sind die verschiedenen Bedingungen und die daraus zu ziehenden Konsequenzen jedoch nicht mehr so leicht aufzulisten. Dies gilt vor allem für den Fall, daß mehrere Entscheidungstabellen miteinander verknüpft und mit einem Flußdiagramm kombiniert werden.

III. Unternehmungsorganisation (Makro-Struktur)

Während die Arbeitsorganisation als **Mikro-Struktur** einer Unternehmung zumindest in Teilbereichen relativ häufig Modifikationen bzw. Veränderungen unterworfen ist, stellt die **Makro-Struktur** eine der Konstanten (etwa 15 bis 20 Jahre Geltungsdauer) im Leben einer Unternehmung dar. Aufgrund der erheblichen, nur schwer abschätzbaren ökonomischen und sozialen Konsequenzen einer umfassenden Reorganisation, scheut das Top Management solch schwerwiegende Eingriffe und begnügt sich häufig mit Hilfskonstrukten (etwa Parallelorganisation). Die besonderen Probleme des Managements von organisatorischem Wandel werden in Kapitel D. behandelt.

1. Primärorganisation der Unternehmung

Unter **Primärorganisation** verstehe ich das aufbauorganisatorische Grundgerüst einer Unternehmung. Dieses kann von sekundären Strukturierungskonzepten ergänzt bzw. überlagert werden.

Die gängigen Strukturbezeichnungen richten sich nach dem Kriterium *Aufgabenverteilung*, so daß auf entsprechende Gliederungskriterien zurückgegriffen werden kann; dies führt zur Unterscheidung folgender **Grundmodelle:**

a) *Verrichtungsmodell* (Funktionalorganisation)

b) *Objektmodell* (Geschäftsbereich- oder Spartenorganisation nach Produkten, Projekten, Kunden).

Ausschlaggebend für die Qualifizierung einer Unternehmung etwa als nach dem Verrichtungsmodell organisiert ist dasjenige Kriterium, nach dem Abteilungen auf der zweiten hierarchischen Ebene (also auf der Ebene unmittelbar unter dem obersten Führungsorgan, etwa Vorstand) gebildet worden sind (Zwei-Ebenen Modell).

a. Funktionalorganisation

Im Verrichtungsmodell werden Stellen nach dem Prinzip der **Verrichtungszentralisation** gebildet. Typischerweise werden Abteilungen auf der zweiten Ebene nach betrieblichen Funktionen, wie Beschaffung, Produktion, Absatz, Rechnungswesen, geschaffen, und auf der dritten Ebene nach Produkten (vgl. Abb. 3.46).

Abb. 3.46: Verrichtungsmodell

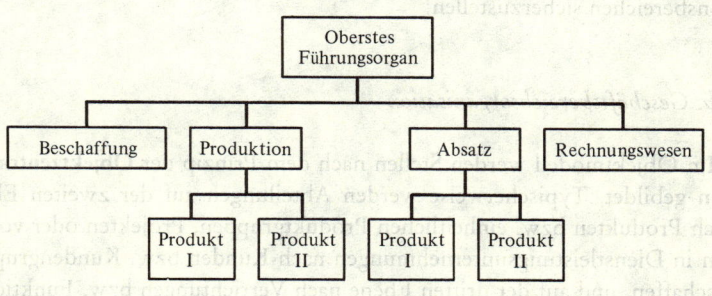

Das Verrichtungsmodell findet typischerweise in mittleren und kleinen Unternehmungen mit einem homogenen Produktionsprogramm und relativ stabiler Umwelt Anwendung, wo durch funktionale Spezialisierung hohe Wirtschaftlichkeit der Leistungserstellung und -verwertung angestrebt wird.

So kann z. B. im Funktionsbereich Beschaffung kostengünstig für die ganze Unternehmung eingekauft werden; in der Produktion können mit Spezialmaschinen und bei Fließfertigung große Losgrößen kostengünstig gefertigt werden (economies of scale).

Das Top Management der Unternehmung ist ebenfalls nach entsprechenden **Ressorts** (Funktionen) gegliedert; Ressortleiter führen ihre Funktionsbereiche (Cost Center) kostenorientiert (Vorgabe von Budgets). Ressortdenken bis hin zu Ressortegoismus sind die Folge; es mangelt an horizontaler Abstimmung und bereichsübergreifender Koordination. Konfliktträchtig sind dabei vor allem die Beziehungen zwischen den Abteilungen, die vom Prozeßablauf her zur Kooperation gezwungen sind, dazu aber nicht motiviert werden. So sind die **Funktionsmanager** (z. B. für Produktion) lediglich auf die Erreichung der eigenen Abteilungsziele (z. B. Kostenminimierung, optimale Losgrößen) orientiert und haben nicht das Gesamtinteresse der Unternehmung im Auge. Mit wachsender Unternehmungsgröße, Produktdifferenzierung und regionaler Expansion werden die Koordinationsprobleme immer deutlicher. Ein erster Lösungsansatz ist in der Etablierung von Koordinationsmechanismen zu sehen, die sich am Prinzip der *Traversierung* (S. 654) orientieren. Durch die Einrichtung traversierend wirkender **Zentralabteilungen** oder Dauerkollegien kann den im Verrichtungsmodell angelegten Verselbständigungstendenzen von Funktionsbereichen entgegengewirkt werden.

Die Einrichtung von zentralen Stabsstellen nach dem Stab-Linien-Prinzip entlastet einerseits die funktionalen Linieninstanzen von entscheidungsvorbereitenden Aufgaben (z. B. Informationssuche, Planung) und unterstützt andererseits über deren Richtlinienkompetenz (z. B. Grundsätze der Führung, Entlohnung, Beförderung) die Integrationsbemühungen. Komitees und Koordinationssitzungen sind andere beliebte organisatorische Hilfsmittel, um eine horizontale Abstimmung bzw. Koordination zwischen den Funktionsbereichen sicherzustellen.

b. Geschäftsbereichsorganisation

Im Objektmodell werden Stellen nach dem Prinzip der **Objektzentralisation** gebildet. Typischerweise werden Abteilungen auf der zweiten Ebene nach Produkten bzw. einheitlichen Produktgruppen, Projekten oder vor allem in Dienstleistungsunternehmungen nach Kunden bzw. Kundengruppen geschaffen, und auf der dritten Ebene nach Verrichtungen bzw. Funktionen gebildet (vgl. Abb. 3.47).

Im Regionalmodell werden Stellen nach dem Prinzip der **lokalen Dezentralisation** gebildet. Typischerweise werden Abteilungen auf der zweiten Ebene nach Absatzgebieten und auf der dritten Ebene nach Produktgruppen (Produktionsstätten) geschaffen (vgl. Abb. 3.48).

Abb. 3.47: Objektmodell

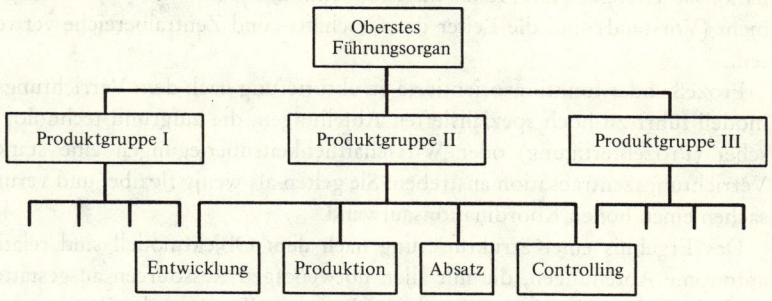

Das Regionalmodell findet sich in großen internationalen Unternehmungen, die als Folge einer Strategie der räumlichen Expansion auf dem Weltmarkt tätig sind. In einer solchen Situation erleichtert das Regionalmodell eine gebietsspezifische Anpassung an die jeweiligen Kundenwünsche sowie die Entwicklung länderspezifischer Produktstrategien (Produkt-, Preisdifferenzierung, unterschiedliche Lebenszyklen).

Abb. 3.48: Regionalmodell

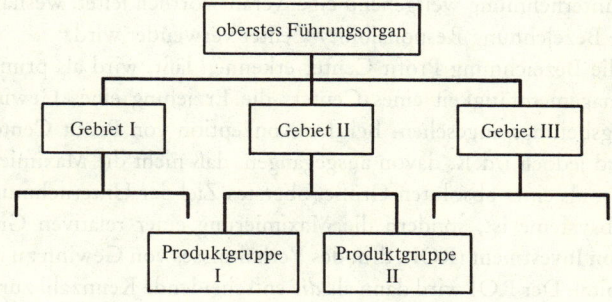

Eine nach dem Objekt- oder Regionalmodell strukturierte Unternehmung verfügt dann über eine Geschäftsbereichs- oder Spartenorganisation.

Beide Organisationspläne (Abb. 3.47 und 3.48), ergänzt durch funktional gegliederte **Zentralbereiche,** sind typisch für große Unternehmungen mit heterogenem Produktionsprogramm, und zwar als Folge einer Strategie der Diversifikation (z.B. **Siemens, Hoechst**). Die Abteilungen werden als quasi-autonome **Geschäftsbereiche** (Divisionen/Sparten) gebildet, die produktspezifisch administrative und auch strategische Aufgaben übernehmen und damit das oberste Führungsorgan entlasten. Diese Subunternehmungen verfügen über alle zur unmittelbaren Aufgabenerfüllung notwendigen Funktionen. *Zentral* werden in der Regel nur noch die Funktionen Einkauf (aus Wirtschaftlichkeitsüberlegungen), Finanzierung (aus rechtlichen Gründen) und Grundlagenforschung ausgeübt. Daneben existieren einige Koordinationsabteilungen mit Rahmenrichtlinienkompetenz. Im Top Management (Vorstand) sind die Leiter der Geschäfts- und Zentralbereiche vertreten.

Prozeß- oder funktionsorientierte Strukturierung nach dem Verrichtungsmodell führt zu hoch spezialisierten Abteilungen, die aufgrund technologischer (Prozeßfertigung) oder Wirtschaftlichkeitsüberlegungen eine starke Verrichtungszentralisation anstreben. Sie gelten als wenig flexibel und verursachen einen hohen Koordinationsaufwand.

Das Ergebnis einer Strukturierung nach dem Objektmodell sind relativ autonome Abteilungen, die mit allen notwendigen Ressourcen ausgestattet sind, um sich auf bestimmte Produkte, Projekte, Kunden oder Regionen zu konzentrieren. Sie gelten als anpassungsfähige Einheiten, die keinen hohen Koordinationsaufwand erfordern.

Die stärkste Ausprägung der Verrichtungsdezentralisation findet sich im System der **föderativen Dezentralisation** (federal decentralization), in dem die einzelnen Abteilungen (Divisionen) autonome Einheiten mit einer bestimmten Produktgruppe, eigenem Ein- und Verkaufsmarkt sowie eigener Erfolgsrechnung darstellen. Diese selbständigen Subsysteme der Unternehmung werden dann treffend als **Profit Center** bezeichnet. An der Spitze eines jeden Profit Center steht ein Manager oder ein Team von Managern, der bzw. das die Subunternehmung weitgehend eigenverantwortlich leitet, weshalb häufig auch die Bezeichnung Responsibility Center verwendet wird.

Wie die Bezeichnung Profit Center erkennen läßt, wird als primäres Ziel der Managementtätigkeit eines Centers die Erzielung eines Gewinns oder Deckungsbeitrags angesehen. Bei der Konzeption von Profit Center Systemen wird jedoch i. d. R. davon ausgegangen, daß nicht die Maximierung des Gewinns, als einer absoluten Größe, oberstes Ziel der Unternehmung sowie aller Subsysteme ist, sondern die Maximierung einer relativen Größe, des **Return on Investment (ROI)**, d. h. des Verhältnisses von Gewinn zu investiertem Kapital. Der ROI wird dann als *die* entscheidende Kennzahl zur Beurteilung der gesamten Unternehmung sowie ihrer dezentralisierten Teilbereiche angesehen.

Der Manager einer Division kann aber nur dann für die Rentabilität seines Profit Centers verantwortlich gemacht werden, wenn er fremde Leistungen von anderen Abteilungen bzw. Unternehmungen beziehen und eigene Erzeugnisse an andere verkaufen darf, und zwar zu Preisen, die das Ergebnis einer selbständigen Kalkulation seiner Subunternehmung sind und somit auch seine eigene Leistung als Manager widerspiegeln. Der Manager kann darüber hinaus – vor allem was den Nenner der ROI-Kennzahl (total investment) betrifft – nur für die von ihm beeinflußbaren Faktoren verantwortlich gemacht werden (vgl. *Staehle* 1969, *Welge*[1] 1975).

---

[1] *Welge, Martin K.* (geb. 1943) Prof. BWL, Uni Dortmund.

Das System der förderativen Dezentralisation fand in den **USA**[2] und seit Ende der 60er Jahre auch in Europa in fast allen Großunternehmungen in mehr oder weniger extensiver Form Anwendung. *Dearden* (1962, S. 140 ff.) nennt u. a. folgende Gründe für den Siegeszug dieser Organisationsform in den USA:

• Die Delegation von Entscheidungen und Verantwortung entlastet die Führungsspitze und gibt den Abteilungsleitern die Position von weitgehend selbständigen Managern, was deren Arbeitseifer beflügelt.

• Die einzelnen Subunternehmungen können alle Vorteile von kleinen, überschaubaren Organisationseinheiten (Anpassungsfähigkeit, Schlagkraft etc.) genießen.

Nach *Bühner* (1987, S. 118 f.) bietet eine Geschäftsbereichsorganisation folgende *Vorteile* für eine nach Produkten und/oder Märkten diversifizierte Unternehmung:

• Die Entscheidungsverantwortung für das operative Geschäft trägt die Bereichsleitung; diejenige für die Unternehmungsstrategie trägt die Unternehmungsleitung.

• Die Geschäftsbereichsleitung ist im Sinne eines Unternehmens in der Unternehmung für einen Produkt/Markt-Bereich eigenverantwortlich tätig.

• Ohne (große) Reorganisationsmaßnahmen ist die An- bzw. Ausgliederung von Geschäftsbereichen möglich.

Die Geschäftsbereichsorganisation mit den nach Produkt/Markt-Beziehungen organisierten autonomen Divisionen in Verbindung mit dem Profit Center Konzept galt lange Zeit als ideale Lösung der Managementprobleme industrieller Großunternehmungen. Im Laufe der Anwendung zeigte sich jedoch eine ganze Reihe gravierender *Mängel*, wie

• unzureichende organisationsweite Koordination (unerwünschte Suboptimierung)

• kurzfristige Gewinnorientierung (verhindert anfänglich konstenintensive Produkt- und Verfahrensinnovationen)

• einseitige Ausrichtung auf eine Steuerungsgröße (Gewinn bzw. ROI).

Mit der Entwicklung neuer strategischer und struktureller Ansätze, wie etwa der **Portfolio Management-Konzeption** in Verbindung mit strategischen Geschäftseinheiten, sollen diese Nachteile überwunden werden, ohne auf die Vorteile der dezentralen Unternehmungsorganisation verzichten zu müssen (vgl. S. 708 f. der Arbeit).

---

[2] In den USA war **DuPont** die erste Unternehmung, die ein solch dezentrales Organisationssystem mit großem Erfolg eingeführt hat. Die weitere Entwicklung hat *Chandler* (1962) an Hand von Fallstudien nachgezeichnet.

2. Koordination innerhalb der Primärorganisation

Von den im 2. Teil (Abschnitt 3: Koordination) diskutierten Formen der Koordination interessieren hier nur die strukturellen; die personalen (z.B. Personalführung) werden im nächsten Kapitel C. behandelt.

a. Koordination durch Richtlinien und Pläne

Sowohl die Funktional- wie auch die Geschäftsbereichsorganisation bedient sich der **Hierarchie** als des zentralen Koordinationsinstrumentes, und zwar primär in der Form der Stab-Linien-Organisation. Diese wurde ausführlich in Abschnitt 3 (Stellen- und Abteilungsbildung) behandelt. Vor allem **Stabsstellen** (Zentralbereiche) versuchen über organisationsweit gültige Regeln und Programme eine einheitliche Aufgabenerfüllung sicherzustellen und gleichzeitig die Linieninstanzen von personalem Koordinationsaufwand zu entlasten.

Es ist unmittelbar einsichtig, daß eine Koordination durch Regeln und Programme nur bei wohl-definierten Entscheidungssituationen sinnvoll anwendbar ist. Konditionalprogramme nach dem Wenn-Dann-Schema erfordern eine möglichst operationale Beschreibung der Ausgangssituation, definiert durch die Konstellation bestimmter Situationsvariablen, so daß der Stelleninhaber in die Lage versetzt wird, den zur Entscheidung anstehenden Fall (das Problem) als eine bestimmte Wenn-Komponente zu identifizieren. Dies ist die eigentliche Leistung des Handelnden, denn die in dieser Situation einzuschlagende Aktion oder anzuwendende Regel (Dann-Komponente) ergibt sich zwangsläufig aus dem Programm. Es besteht also kein Handlungsspielraum. **Regeln** als generelle Verfahrensrichtlinien werden somit in Programmen auf Situationen bezogen und entsprechend nach Subklassen von Entscheidungsproblemen relativiert.

Regeln und Programme sind *auf Dauer* angelegt; die Managementliteratur spricht entsprechend von ,standing plans' (*Duncan* 1975, *Dessler* 1976, *Carlisle* 1976); sie werden unabhängig von dem Stelleninhaber schriftlich fixiert und erfordern keinerlei persönliche Kommunikation.

Die amerikanische Managementliteratur differenziert weiter nach dem **Ausmaß des Handlungsspielraums**, den eine generelle Vorschrift noch offenläßt, in:

- **Policies** (Grundsätze, Richtlinien), wie
  Produktpolitik (Häufigkeit des Design-Wechsels)
  Einkaufspolitik (Eigenfertigung oder Fremdbezug)
  Personalpolitik (Beförderung oder Einstellung von außen)
  Finanzpolitik (Finanzstruktur)

- **Procedures** (für einen Teilbereich präzisierte Richtlinien)
Procedures geben detailliert nach chronologischen Schritten an, in welcher Weise und Reihenfolge eine bestimmte Handlung erfolgen soll, z. B. Auftragsabwicklung, Lohnermittlung, Arbeitsvorbereitung, einfache Bestellvorgänge
- **Rules** (einfachste Handlungsanweisungen in Form von ‚erlaubt – nicht erlaubt‘), wie z. B. Pfennigbeträge werden zu vollen Zehnerbeträgen aufgerundet; nach Bankenschluß eingehende Bargeldbeträge werden im eigenen Safe verschlossen.

Unter den genannten generellen Handlungsanweisungen kommt im Zusammenhang mit der Koordination den **organizational procedures** zentrale Bedeutung zu. Darunter sind alle zur formalen Organisation gehörigen, auf Dauer angelegten schriftlich fixierten organisatorischen Regelungen zu verstehen, die häufig in sog. Organisationshandbüchern zusammengefaßt werden und damit ein weitgehend formalisiertes System der organisatorischen Integration bilden.

Den beabsichtigten **Vorteilen** solch formalisierter Regelungen:
- Stabilisierung der Verhaltenserwartungen durch formalisierte Rollenvorgaben
- Objektivierung von Handlungen und Reduzierung des individuellen Handlungsrisikos
- Reduzierung der direkten persönlichen Eingriffe des Vorgesetzten auf Ausnahmesituationen (exception principle); damit größere Autonomie des Stelleninhabers und Abbau der Willkür personaler Anweisungen
- Erleichterung der Einstellung, Versetzung, Nachfolge, Aus- und Weiterbildung, Personalbeurteilung,

stehen schwerwiegende **Mängel** gegenüber:
- Rückzug auf formale Handlungsanweisungen und Monotonieerlebnisse führen zu Desinteresse und mangelnder Eigeninitiative
- Unpersönlichkeit der Steuerung und Fremdkontrolle der Handlungsergebnisse werden als Machtlosigkeit erlebt
- Behinderung der personalen und organisatorischen Entwicklung (vor allem Wachstum)
- Tendenz zur Schwerfälligkeit und mangelnde Anpassungsfähigkeit an neue Aufgabenstellungen.

Im Zusammenhang mit dem technokratischen Integrationsmechanismus ‚Regeln und Programme‘ besteht vor allem die Gefahr, daß diese formalen Verfahrensvorschriften ihren Mittelcharakter verlieren und zum Selbstzweck werden, und daß die Entscheidungsfindung zu einem unreflektierten Prozeß der Anwendung starrer Regeln wird. Daneben gewinnt das *Gresham*sche Gesetz der Planung an Bedeutung, wonach ein Stelleninhaber bei Konfrontation mit programmierten und nicht-programmierten Entscheidungsproblemen ersteren den Vorzug gibt (vgl. z. B. *Gouldner* 1954, *Merton* 1957).

Fragwürdig ist auch die Behauptung, daß Regeln und Programme bei stabilen Umweltbedingungen das geeignetste Integrationsinstrument seien (*March/Simon* 1958, *Thompson* 1967, *Perrow* 1970); sicher ist nur, daß sie das billigste sind, sofern sie erst einmal formuliert und institutionalisiert sind. Billig vor allem auch deshalb, weil bei dieser Form der Koordination Mitarbeiter mit geringer Qualifikation eingesetzt werden können. Teuer wird das Instrument, wenn ein hoher Änderungsdienst erforderlich wird, und dies ist bei stabilen Umweltverhältnissen eben ex definitione nicht der Fall.

Während ‚Regeln und Programme‘ und ‚Hierarchie‘ darauf angelegt sind, personales sowie organisatorisches Verhalten auf längere Zeit festzulegen, sind **Pläne** als Koordiationsmechanismen bedeutend flexibler, da sie nur für einen bestimmten Zeitraum gelten. Eine Verwandtschaft mit ‚Regeln und Programmen‘ besteht insofern, als es sich auch bei der Planung um ein formalisiertes System der Vorgabe von Aktionszielen an Stelleninhaber/Abteilungen handelt, bei dem im Gegensatz zur Hierarchie persönliche Kommunikation überflüssig ist; dies gilt nicht für die Planerstellung, die sich in aller Regel kooperativ vollzieht. Die Wahl der Mittel erfolgt jedoch innerhalb bestimmter Grenzen durch den Handelnden selbst, was – im Gegensatz zu Konditionalprogrammen – bedeutend höhere Anforderungen und damit eine höhere Qualifikation beim Stelleninhaber erfordert.

Funktionen und Folgen der Planung wurden an anderen Stellen (S. 505 ff.) ausführlich dargestellt.

b. Koordination in Gruppen

Während bei der hierarchischen Koordination einzelne Stellen/Personen mit Entscheidungsbefugnis ausgestattet sind (Singularinstanz), werden bei Organisationskonzepten, die auf Koordination in Gruppen beruhen, bestimmte Aufgaben (meist innovative und koordinierende) und entsprechende Entscheidungsbefugnisse auf *Gruppen* oder *Teams* übertragen. Dabei verstehe ich unter **Team** eine kleine Arbeitsgruppe, die sich u. a. durch ihre Arbeitsform (teamwork) und eine hohe Gruppenkohäsion auszeichnet (vgl. S. 246). Eine völlig freie, ungebundene Aufgabenverteilung und Kommunikation zwischen den Teams (free-form organization) ist in der Realität nicht anzutreffen; insofern wird ab einer bestimmten Organisationsgröße auch Koordination in Gruppen ohne formale Strukturierungshilfen nicht auskommen (= teamorientierte Struktur).

Die in der Literatur für diese Form der Koordination übliche Bezeichnung *Selbstabstimmung* (self-coordination, *Simon* 1976, S. 104 f., self-management, *Manz/Sims* 1980) ist mißverständlich. Sie suggeriert eine Autonomie der sich selbst Koordinierenden und eine Beliebigkeit der Koordinationsziele, die in der Realität nicht gegeben ist. Der Einsatz dieses relativ herrschaftsfrei erscheinenden Koordinationsmechanismus setzt voraus, daß die Beteiligten die

Unternehmungsziele und -werte (Organisationskultur) voll internalisiert haben, so daß formale Zwänge über Regeln, Programme oder Hierarchie überflüssig sind; diese würden lediglich die notwendige Kreaktivität und Eigeninitiative behindern. Daneben erfordert dieser Koordinationsmechanismus aber die Fähigkeit und Bereitschaft zur Kooperation (soziale Kompetenz), was bei einem durch Hierarchie, Regeln und Programmen sozialisierten Mitarbeiter nicht als selbstverständlich vorausgesetzt werden kann.

Gemeinsam ist allen nachfolgend besprochenen Koordinationskonzepten, daß sie von einer Überlegenheit der Gruppenintegration (Teamarbeit) gegenüber Linienverknüpfungen zwischen einzelnen Stellen ausgehen. *Toffler* (1970, S. 101–122) sieht in der Entwicklung sog. Wegwerf-Teams für zeitlich begrenzte Aufgaben und ganz generell in dem Aufkommen temporärer Organisationen ein der Bürokratie entgegengesetztes Organisationskonzept, nämlich die **Adhocratie.** In der Adhocratie bleiben zwar die klassisch strukturierten Funktions- und Geschäftsbereiche bestehen, werden aber durch temporäre Projektgruppen, Ausschüsse und andere Teams überlagert, was einen bislang noch nicht gekannten hohen Wechsel der Arbeitsplätze und -bereiche zur Folge hat.

Die Idee der strukturellen **Integration durch Gruppen** ist nicht neu. Schon *Fayol* (1916) schlug eine wöchentliche Konferenz der Abteilungsleiter zur Koordination vor. *Barnard* (1938) war der Auffassung, Arbeitsgruppen sollten nicht mehr als zehn Mitglieder haben und die Gruppenleiter sollten in einem Koordinationsgremium (executive unit) alle gruppenübergreifenden Aktivitäten koordinieren (vgl. Abb. 3.49). Damit ist der Gruppenleiter zu-

Abb. 3.49: Intergruppenabstimmung durch Koordinationsgremium

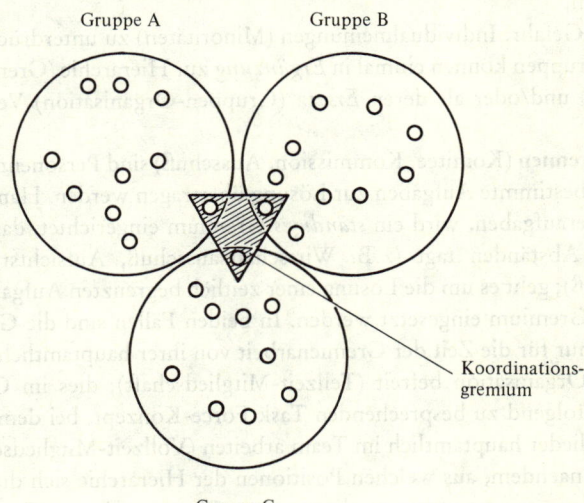

Gruppe A   Gruppe B

Koordinations-
gremium

Gruppe C

Quelle: In Anlehnung an *Barnard* 1938

gleich Mitglied zweier Teams, der Arbeitsgruppe und der ‚executive unit'. *Likert* (1961) hat diesen Ansatz zu einem System überlappender Gruppen weiterentwickelt (vgl. S. 704). Auch die Praxis schätzt die hohe integrative Kraft von Gruppen. So ist man z.B. bei der **Siemens AG** der Meinung: „Die Zusammensetzung des Vorstands, in dem 12 von 19 Mitgliedern Vertreter der Unternehmensbereiche sind, ist die wirksamste Koordinationsmethode" (*Peisl/Lüttge* 1975, S. 362).

Neben der unbestritten hohen integrativen Kraft von Gruppen, in denen Organisationsmitglieder aus verschiedenen Bereichen arbeiten, wird generell behauptet (*Luthans* 1985, S. 367 ff., *Koontz/O'Donnell/Weihrich* 1984, S. 337 ff., *Forster* 1978), durch Teamarbeit könne die Qualität der Willensbildung und Effizienz der Willensdurchsetzung erhöht werden; dies vor allem durch

- die bessere Nutzung des vereinten Expertentums (Spezialwissen)
- die bessere Nutzung der breiteren Informations- und Erfahrungsgrundlage und Pluralität der Willensbildung
- die Minimierung von Konflikten durch unmittelbare persönliche Kommunikation (Verkürzung der Informationswege)
- die hohe Motivation (und Zufriedenheit) durch Partizipation
- Verhinderung übereilter Handlungen
- die Flexibilität und Anpassungsfähigkeit bei Umwelt- und Aufgabenveränderungen.

Dem wird entgegengehalten, Gruppen seien

- teuer und zeitaufwendig
- durch geteilte Verantwortung nur schwer zur Rechenschaft zu ziehen
- bereit, Kompromisse nach dem kleinsten gemeinsamen Nenner zu schließen,
- in Gefahr, Individualmeinungen (Minoritäten) zu unterdrücken.

Gruppen können einmal in *Ergänzung* zur Hierarchie (Gremien-Organisation) und/oder als deren *Ersatz* (Gruppen-Organisation) Verwendung finden.

Gremien (Komitee, Kommission, Ausschuß) sind Personenmehrheiten, denen bestimmte Aufgaben zur Lösung übertragen werden. Handelt es sich um Daueraufgaben, wird ein *ständiges* Gremium eingerichtet, das in regelmäßigen Abständen tagt (z.B. Wirtschaftsausschuß, Aufsichtsrat, Finanzausschuß); geht es um die Lösung einer zeitlich begrenzten Aufgabe, kann ein *ad hoc* Gremium eingesetzt werden. In beiden Fällen sind die Gremienmitglieder nur für die Zeit der Gremienarbeit von ihrer hauptamtlichen Tätigkeit in der Organisation befreit (Teilzeit-Mitgliedschaft); dies im Gegensatz zum nachfolgend zu besprechenden Task Force-Konzept, bei dem die Gruppenmitglieder hauptamtlich im Team arbeiten (Vollzeit-Mitgliedschaft).

Je nachdem, aus welchen Positionen der Hierarchie sich die Gremienmitglieder zusammensetzen, kann man Pluralinstanzen (Zusammenfassung gleichrangiger Instanzen) und Gremien aus hierarchisch verbundenen (Mitglieder einer Abteilung) oder unverbundenen Stellen (Mitglieder aus unterschiedlichen Abteilungen) unterscheiden. Fällt die vom Gremium zu leistende Arbeit schwerpunktartig in eine bestimmte Phase des Entscheidungsprozesses einer Abteilung/Organisation, wird das Gremium entsprechend bezeichnet als

- **Informationsgremium:** Gewinnung und Austausch von Informationen zur Entscheidungsvorbereitung
- **Beratungsgremium:** Entscheidungsreife Bearbeitung eines Problems
- **Entscheidungsgremium:** Alternativendiskussion und Entscheidung
- **Ausführungsgremium:** Einleitung und Überwachung der Durchführung beschlossener Maßnahmen.

In Entscheidungs- oder Leitungsgremien erfolgt die Kompetenzverteilung nach dem Prinzip der **Gesamtkollegialität** (gemeinschaftliche Aufgabenerfüllung und Entscheidung) oder der **Ressortkollegialität** (Gremienmitglieder sind für bestimmte Aufgabenbereiche allein entscheidungsbefugt; das Gremium segnet diese Entscheidungen nur noch formal ab).

Beschlüsse werden entweder nach dem **Direktorialprinzip** (der Vorsitzende kann auch gegen die Stimmen der restlichen Mitglieder entscheiden) oder dem **Kollegialprinzip** (Mehrheitsentscheidungen bis hin zum Erfordernis der Einstimmigkeit) getroffen.

Während Gremien die bestehende Hierarchie lediglich ergänzen, versteht sich das **Modell überlappender Gruppen** (linking pin model) von *Likert* (1961) als Alternative zur Linienorganisation. Dabei geht er aus von *Mc Gregors* (1960, S. 49) **Prinzip der Integration,** das die aktive, verantwortliche Partizipation des Einzelnen am Entscheidungsprozeß fordert, damit sowohl die Ziele der Unternehmung als auch die individuellen Bedürfnisse der Mitarbeiter in gleicher Weise Berücksichtigung finden.

Die Interaktionen zwischen den Organisationsmitgliedern werden bei *Likert* vom **Prinzip der supportive relationships** beherrscht. Dieses besagt, daß fruchtbare zwischenmenschliche Beziehungen auf gegenseitigem Vertrauen und gegenseitiger Unterstützung und Hilfe beruhen und in den Organisationsmitgliedern stets das Gefühl für den Wert des einzelnen Menschen wachhalten. Diese Interaktionen finden im partizipativen Modell nicht in einer straffen Hierarchie statt, sondern in einem Netz vermaschter Arbeitsgruppen, die das Rückgrat der Organisation bilden (vgl. Abb. 3.50). Sowohl die horizontale als auch die vertikale Stellenstruktur wird von überlappenden Arbeitsgruppen abgelöst.

Den Arbeitsgruppen, die nach Fachwissen zusammengesetzt sind und idealerweise einen hohen Grad an Gruppenkohäsion aufweisen, wird die Lösung jeweils einer aufgrund von Arbeitsteilung und Spezialisierung gewonnenen Teilaufgabe zugewiesen. Die Koordination der einzelnen Gruppen erfolgt über einen Gruppenkoordinator (**linking pin**), der als Mitglied zweier Arbeitsgruppen für den notwendigen Informationsaustausch sorgt. Diese Koordinatoren lösen den traditionellen Vorgesetzten ab und bilden damit die

Abb. 3.50: Organisationsstruktur im partizipativen Modell

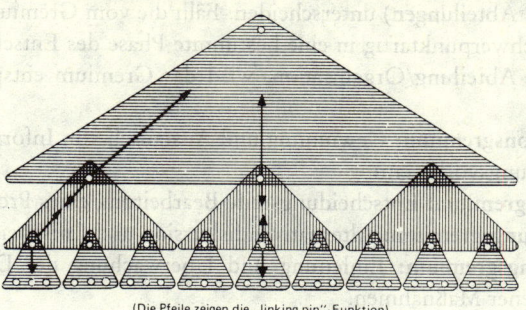

(Die Pfeile zeigen die „linking pin"-Funktion)

Quelle: Likert 1967, S. 50

Schlüsselfiguren des neuen Systems; mit ihnen steht und fällt die gesamte Organisationsstruktur nach dem partizipativen Modell. Während die Koordination in der Hierarchie primär abwärts gerichtet ist, soll das Linking Pin Modell auch eine Aufwärts-Integration gewährleisten. In einer späteren Arbeit hat *Likert* (1967) noch horizontale (laterale) Kommunikationswege zusätzlich in sein Modell aufgenommen.

Entscheidungen werden nach diesem Modell in der Gruppe gefällt (**Prinzip des group decision making**); der Führungsstil ist partizipativ und nicht autoritär. Dennoch kann der Gruppenleiter nach der Gruppendiskussion auch gegen die Gruppenmeinung entscheiden; dafür ist er auch der allein Verantwortliche. Durch die Teilnahme möglichst vieler Mitarbeiter am Entscheidungsprozeß wird primär darauf abgestellt, daß diese sich auch für eine erfolgreiche Implementation der gemeinsam getroffenen Entscheidung einsetzen.

Alle eventuell auftauchenden Konflikte sollen innerhalb der eigenen Gruppe und nicht durch die ranghöhere gelöst werden. Voraussetzung für ein erfolgreiches Praktizieren dieses Modells ist es jedoch, daß die Mitarbeiter – vor allem die Koordinatoren – zum Kooperieren und nicht zum Konkurrieren motiviert sind.

Kritisch wird zum partizipativen Modell der überlappenden Gruppe ausgeführt, daß es in formeller Hinsicht lediglich die Auflösung der straffen klassischen Hierarchie in ein Geflecht untereinander vermaschter Teams, die jedoch nach wie vor in hierarchischen Beziehungen zueinander stehen, anbietet. Der aus der Sicht der Organisationspraxis wohl anfälligste Punkt im gesamten partizipativen Modell ist der Gruppenkoordinator (linking pin). Stellt man sich an diesen entscheidenden strategischen Punkten autoritäre Vorgesetzte im klassischen Stil vor, die den Informationsaustausch zwischen den beiden Gruppen, in denen sie jeweils Mitglied sind, zu ihrem Vorteil filtern, färben oder gar stoppen, um dadurch eigene Machtpositionen auf- und auszubauen, so ist kaum noch ein Unterschied zu herkömmlichen Linienmodellen festzustellen. Diese Gefahr hat auch *Likert* gesehen und als Korrektiv vorgeschlagen, daß jede Basisgruppe ein gewähltes Mitglied als Beobachter in die nächst höhere Gruppe delegiert. Durch diesen zusätzlichen Kommunikationsweg soll gewährleistet werden, daß der Gruppenkoordinator seine hervorgehobene Position nicht zum Nachteil der Gruppe mißbraucht.

In reiner Form ist die Gruppen-Organisation vor allem in größeren Unternehmungen kaum anzutreffen. Eine viel zitierte Ausnahme stellt die **Donnelly Mirrors, Inc.** dar, der größte Hersteller von Autospiegeln in den USA, der *Likerts* Gruppenmodell erfolgreich praktiziert (vgl. *Donnelly*[3] 1977).

Die Diskussion unterschiedlicher Koordinationsmechanismen hat deutlich werden lassen, daß sich Unternehmungen in der Realität keinesfalls nur auf eines dieser Instrumente allein verlassen, sondern eine für ihre Situation angemessene Kombination wählen, wobei Schwerpunkte gesetzt werden. Als Rückgrat der Koordination wird trotz aller Mängel nach wie vor der **Hierarchie** der Vorzug gegeben. Regeln und Programme finden Anwendung, wenn es gelingt, Routinetätigkeiten zu identifizieren und/oder generelle Richtlinien zu entwerfen und längerfristig festzuschreiben; Planung gewinnt dann an Bedeutung, wenn ersteres nicht gelingt. Koordination in Gruppen wird einmal als notwendige *Ergänzung* (Komplement) der hierarchischen Mechanismen benutzt, zum anderen als *Alternative* (Substitut) zur Hierarchie (vgl. *Herbst* 1976). *Lawler* (1988) diskutiert u.a. folgende **Substitute der Hierarchie:** Informationstechnologie, Anreizsysteme, Training, Werte; er betont aber, daß diese Substitute nur bestimmte Funktionen der Hierarchie ersetzen können und keineswegs die gesamte Hierarchie.

3. Formen der Sekundärorganisation

Fallen in einer Unternehmung lediglich Aufgaben eines bestimmten Typs an, reicht theoretisch auch *eine* Organisationsstruktur – eben die Primärorganisation. Tauchen neue und/oder zeitlich befristete Aufgaben oder Probleme auf, bietet es sich an, die Primärorganisation um sekundäre Strukturierungskonzepte zu ergänzen. Wenn die historisch gewachsene Primärorganisation immer stärker von einer Sekundärorganisation überformt wird, entwickelt sich allmählich eine **duale Organisation** (vgl. zu diesem Begriff *Szyperski/Winand* 1979, *Grün* 1989). Von dualer Organisation kann gesprochen werden, wenn zwei Strukturierungskonzepte nebeneinander Anwendung finden.

---

[3] *Donnelly, John F.* (1932–1982), President Donnelly Mirrors, Inc.

Sekundärorganisationen ergänzen die primäre Ausrichtung der Organisation um weitere, für die Wettbewerbsfähigkeit der Unternehmung zentrale Aspekte, wie
- *Produktorientierung* → Produktmanagement-Organisation
- *Kundenorientierung* → Kundenmanagement-Organisation
- *Projektorientierung* → Projektmanagement-Organisation
- *Strategische Orientierung* → SGE-Organisation
- *Karriereorientierung* → Parallel-Hierarchie
- *Problemorientierung* → Projekt-Team

a. Produktmanagement-Organisation

Ist die Primärorganisation nach Verrichtungen oder Funktionen gebildet, besteht aber eine starke Marketing- bzw. Marktorientierung der Unternehmung bei breitem Produktsortiment, bietet sich eine traversierende Querschnittskoordination durch Produkt-Manager oder Produktmanagement-Abteilungen an. Dies trifft vor allem auf Herstellung und Vertrieb von Konsumgütern zu.

Im **Konsumgüterbereich,** vor allem in der Markenartikelindustrie, hat sich, in Weiterentwicklung des 1928 von **Procter & Gamble** in den USA eingeführten Brand-Manager-Systems, weitgehend die Produktmanagement-Organisation durchgesetzt (vgl. *Wild* 1972, *Grüneberg* 1973, *Diller* 1975, *Frese* 1984, S. 544 ff.). In Europa wurde das Konzept im Zuge der Gründung amerikanischer Tochtergesellschaften bekannt und nach und nach auch von der einheimischen Industrie übernommen. So hat z.B. **Henkel** 1969 im Zuge einer umfassenden Reorganisation Divisionen (Sparten) mit Produkt-Managern gebildet (z.B. Vollwaschmittel, Spezialwaschmittel, Reinigungsmittel), wobei diese begrenzte Entscheidungs- und Anordnungsbefugnis für alle produktbezogenen Aufgaben, wie Entwicklung, Produktion, Marketing, erhielten.

Die hierarchische Einordnung von Produkt-Managern erfolgt überwiegend durch Bildung einer Stabsstelle oder einer Linieninstanz unter dem Marketingleiter. Die sich unmittelbar anbietende Konzeption als Matrix-Organisation ist noch äußerst selten verwirklicht.

b. Kundenmanagement-Organisation

Ein besonderes Problem bei der Objektzentralisation ergibt sich dann, wenn die dabei gebildeten Produktgruppen nicht oder nur sehr unvollkommen mit den entsprechenden Kundengruppen harmonieren. Das verstärkte Eindringen von Marketingüberlegungen in die strategischen Überlegungen der Unternehmungen sowie die aufgrund der verstärkten Konzentration und Kooperation im Handel gestiegene Nachfragemacht haben ihren Niederschlag in der Gliederung der Sekundärorganisation nach **Kundengruppen** gefunden. Nähe zum Kunden gilt als zentrales Merkmal erfolgreicher Unternehmungen. Heute stellt die Primärorganisation oft noch eine schwere Hürde für eine Kundenorientierung dar. Die Zahl der hierarchischen Stufen zwischen dem Mann vor Ort und den zentralen Entscheidungsträgern behindert einen raschen Informationsfluß und sachgerechte Entscheidungen.

Ist die Primärorganisation nach Produktgruppen gebildet, bestehen aber Marktsegmente bzw. Kundengruppen, die Produkte aus unterschiedlichen Geschäftsbereichen beziehen, bietet sich eine Querschnittskoordination durch Kunden-Manager oder Kunden- bzw. Marktmanagement-Abteilungen an (vgl. *Frese* 1984, S. 580ff.).

Während bei der Produktmanagement-Organisation die Angebotsleistung im Vordergrund steht, bildet bei der **Kundenmanagement-Organisation** der Abnehmer bzw. Handel den Mittelpunkt. Hierzu wird der gesamte Abnehmerkreis einer Unternehmung in verschiedene, in sich homogene Kundengruppen (unter besonderer Berücksichtigung von Großkunden) oder Abnehmergruppen (z.B. Groß-, Einzel- und Versandhandel) aufgeteilt, und es werden hierfür eigenständige Verantwortungsbereiche gebildet. Das bringt den Vorteil mit sich, daß das jeweilige Kundenmanagement das gesamte relevante Leistungsprogramm der Unternehmung anbieten kann und durch ein einheitliches Auftreten seine Verhandlungsposition nach außen und die kundenspezifische Koordination der Leistungserstellung nach innen stärken kann. Bei der kundenorientierten Sekundärorganisation ist der Kunden-Manager für alle seine Kunden-/Abnehmergruppen betreffenden Entscheidungen je nach Wahl des Einflußsystems (Linie, Stab, Matrix) unterschiedlich stark verantwortlich.

Will man nicht so weit gehen, bieten sich als Kompromiß zwischen reiner Produkt- und reiner Kundenorientierung Koordinationsstellen an der Grenze Unternehmung/Absatzmarkt an (vgl. Abb. 3.51), die bisweilen als Verkaufskontor oder Zweigniederlassung bezeichnet werden.

Abb. 3.51: Das formalisierte Modell einer integrierten absatzorientierten Unternehmungsorganisation

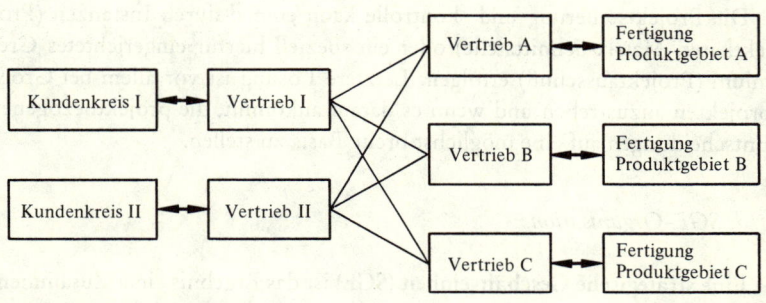

Quelle: Bendixen 1970, S. 38

c. Projektmanagement-Organisation

Während die bislang besprochene Gestaltung der Sekundärorganisation nach Objekten (z. B. *Produkte*) erfolgte, die eine längerfristige, kontinuierliche Daueraufgabe der Unternehmung darstellen (Produktlebenszyklus von mehreren Jahren), bieten sich für kurzlebige Objekte (z. B. *Projekte*) andere Organisationsformen an (**Projektorganisation**). Daß sich bestimmte Unternehmungen auf die Erledigung mehr oder weniger kurzfristiger Projekte konzentrieren, ist nicht neu (z. B. Architektur- oder Ingenieurbüros); besondere objektspezifische organisatorische Gestaltungsüberlegungen wurden jedoch erst im Zuge des Wachstums der US-amerikanischen Luft- und Raumfahrtindustrie angestellt, eben einer Industrie, die es überwiegend mit terminlich exakt fixierten, zeitlich begrenzten Aufgabenstellungen (= Projekte) zu tun hat. Da in einem Projekt unterschiedliches Spezialwissen zur Erfüllung terminierter Aufgaben zusammengeführt werden muß, stellt sich das Problem, in einer i. d. R. nach dem Verrichtungsmodell organisierten Unternehmung den spezifischen Projektbelangen (Projektziele: Termin-Einhaltung, Budget-Einhaltung) organisatorisch Rechnung zu tragen. Wie beim Produkt-Manager bieten sich auch hier drei Alternative an, je nachdem welchen Einfluß man dem Projekt-Manager übertragen möchte (vgl. *Schröder* 1970, *Cleland/King* 1983, *Frese* 1984, S. 462 ff.):

1. **Einfluß-Projektmanagement** (Stab)
2. **Matrix-Projektmanagement** (Matrix)
3. **Reines Projektmanagement** (Linie).

organisatorische Einbindung	Projekt-Manager	Funktions-Manager
Stab	Information/Beratung	Entscheidung
Matrix	Projektverantwortung	disziplinarische Weisungsbefugnis
Linie	Entscheidung	Information/Beratung

Die Projektsteuerung und -kontrolle kann einmal durch Instanzen (Projektleiter, Matrix-Schnittstelle) oder ein speziell hierfür eingerichtetes Gremium (Projektausschuß) erfolgen. Letztere Lösung ist vor allem bei Großprojekten anzustreben und wenn es darauf ankommt, die projektbezogenen Entscheidungen auf eine möglichst breite Basis zu stellen.

d. SGE-Organisation

Eine **strategische Geschäftseinheit** (SGE) ist das Ergebnis einer Zusammenfassung homogener Produkt/Markt-Kombinationen, die sich in Konkurrenz zu anderen Anbietern an eine klar abgrenzbare Kundengruppe richtet. SGEs werden im Zuge der Einrichtung eines **Portfolio-Management** (vgl. S. 603 ff.) gebildet und weichen i. d. R. von der Primärorganisation ab. Kriterium zur Bildung von SGEs sind (vgl. *Szyperski/Winand* 1979, S. 197 f.):

- eigenständige Marktaufgabe (unabhängig von anderen SGEs)
- eindeutig identifizierbare Konkurrenten
- Potential zur Erreichung eines relativen Wettbewerbsvorteils
- eigenverantwortliche Entscheidung über Ressourceneinsatz
- Existenz ausreichender Managementkompetenz.

Wenn man davon ausgeht, daß die Primärorganisation zur Erfüllung der operativen Aufgaben besonders geeignet ist, bietet sich zur Bewältigung der strategischen Aufgaben eine Sekundärorganisation nach SGEs an. *Henzler*[4] (1978, S. 917) unterscheidet vier Alternativen zur **organisatorischen Eingliederung** von SGEs:

1. SGE in der Verantwortung eines Gremiums mit der Aufgabe der Ziel- und Strategievereinbarung sowie des Informationsaustauschs
2. SGE in der Verantwortung eines Managers, der von einer Task Force unterstützt wird
3. SGE als Matrix-Organisation
4. SGE als Linien-Organisation.

Szyperski/Winand (1979) schlagen die Bildung einer **Dualen Organisationsstruktur** vor (Abb. 3.52), wobei die Primärorganisation (durchgezogene Linien) die operativen Aufgaben und die Sekundärorganisation (durchbrochene Linien) die strategischen Aufgaben wahrnimmt. Die Unternehmungsleitung hat, wie in einer Matrix-Organisation, die operative und strategische Gesamtkoordination zu übernehmen.

Grün (1989, Sp. 306) betont demgegenüber den Grundsatz der Doppel-Funktionalität für alle betroffenen Stellen, was die Einrichtung zusätzlicher Stellen überflüssig macht: „Das Konzept der Dualen Organisation verzichtet weitgehend auf diese Stellenvermehrung und Spezialisierung. Sie weist denselben Organisationseinheiten sowohl operative als auch strategische Funktionen zu (deshalb *Duale* Organisation)."

e. Parallel-Hierarchie

Primärorganisationen sind i. d. R. streng hierarchisch gegliedert, und eine Einkommens- und Statusverbesserung ist nur über den Aufstieg zur nächsthöheren Managementebene möglich. Aufstieg ist zwangsläufig mit einer Ausweitung der Personalverantwortung verbunden. Für alle Träger von nicht-operativen Linienaufgaben, die (außer einer Sekretärin) keine Führung und Kontrolle von Mitarbeitern erfordern, wie etwa Forschungs- und Spezialistentätigkeit, ergibt sich das Problem einer von der Zahl der Untergebenen

---

[4] *Henzler, Herbert* A. Dr. (geb. 1942) Chairman McKinsey & Co. Deutschland.

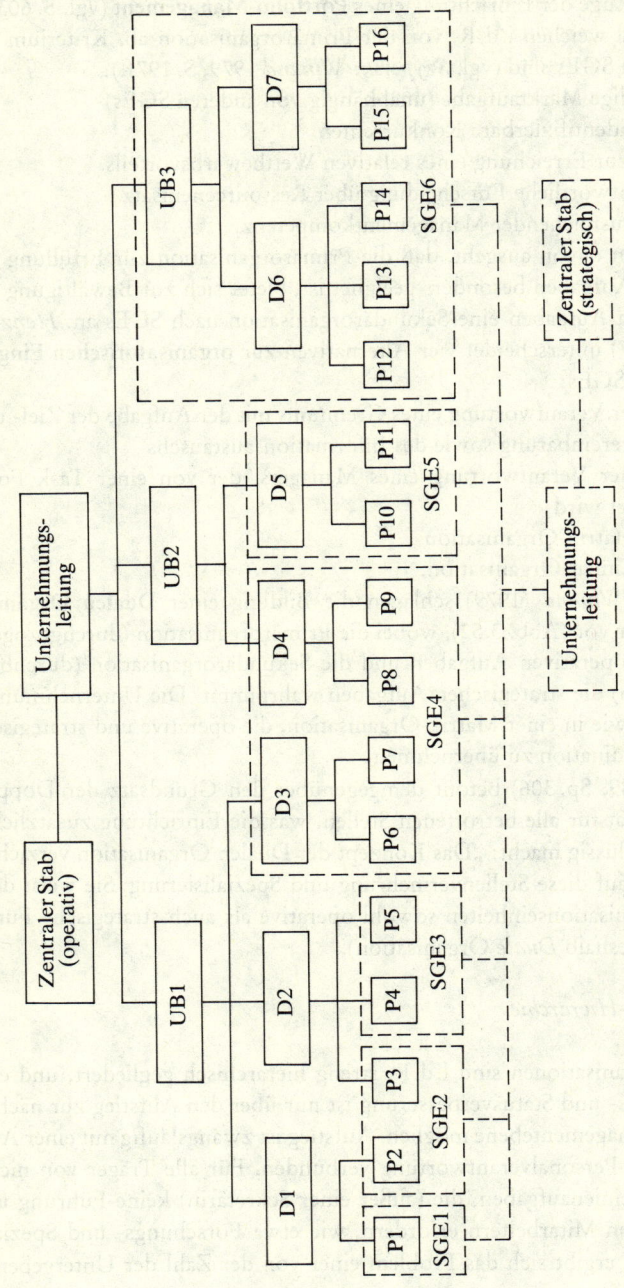

Abb. 3.52: Duale Organisation einer divisionalisierten Unternehmung

Legende: „UB" steht für Unternehmungsbereich, „D" für Division und „P" für Produktlinie. Die durchbrochenen Linien markieren die Grenzen der SGE, die durchgezogenen die der operativen Einheiten.

Quelle: Szyperski/Winand 1979, S. 203

losgelösten **Karriere.** Ein wesentlicher Nachteil klassischer hierarchischer Positionierung von Mitarbeitern besteht also darin, daß den mehr wissenschaftlich tätigen Mitarbeitern keine mit den Linienmanagern vergleichbaren Aufstiegsmöglichkeiten offenstehen. Wer sich finanziell entscheidend verbessern will, muß in eine Linienposition mit entsprechender Personalführungsverantwortung überwechseln. Da dies nur in wenigen Fällen der Mentalität von Wissenschaftlern entspricht (vgl. den ‚Ambivalenten' bei *Presthus* 1966), führt diese Situation zu Unzufriedenheit, Frustration und hohen Fluktuationsraten. Zur Vermeidung solcher Konflikte haben in neuerer Zeit große, forschungsintensive Unternehmungen eine Parallel-Hierarchie (Dual Hierarchy, Dual Ladder) eingeführt, die den Aufstieg nicht an der Zahl der unterstellten Mitarbeiter mißt, sondern ein abgestuftes System von Titeln vorsieht, die mit unterschiedlichen Gehalts- und Autonomiestufen korrelieren (vgl. *Filley/House/Kerr* 1976, S. 402 f., *Mintzberg* 1979, S. 360, *Gerpott* 1988).

Diese **professionelle Hierarchie** stellt jedoch, wie die Erfahrungen in der Praxis belegen, in den Augen der Betroffenen keine echte Alternative zu der klassischen Hierarchie dar. Unterschiede ergeben sich vor allem aus folgenden Umständen:

● Mangel an Macht: Wissenschaftler verfügen nicht über die gleichen Machtbasen (vor allem Kontrolle des Zugangs zu Ressourcen) wie Linien-Manager

● Indiz für Mißerfolg: Das Verbleiben in der professionellen Hierarchie kann als Eingeständnis des Mangels an Führungsfähigkeiten ausgelegt werden

● Disproportionen zwischen den beiden Hierarchien: Die klassische Leitungshierarchie ist differenzierter in ihren Abstufungen und bietet auf vergleichbaren Stufen bedeutend höhere finanzielle Anreize

● Unzureichende Erfolgskriterien: Die Leistungsbeurteilung im wissenschaftlichen Bereich ist bedeutend schwieriger, weniger operationalisierbar und damit weniger transparent.

Neben dem Aufstieg in einer Parallel-Hierarchie bieten große Unternehmungen noch weitere Anreize für ihr wissenschaftliches Personal, so etwa das *IBM Fellows Program* (als Fellow kann man in einem Projekt eigener Wahl bis zu fünf Jahren arbeiten) oder den *Carlton Award* bei 3M, eine Art interner Nobel-Preis.

f. Projekt-Team

Ebenso wie bei anderen Sekundärorganisationen geht man bei der Einrichtung von Projekt-Teams oder Task Forces von einer bestehenden Hierarchie aus, von der man annimmt, daß sie zur Lösung von repetitiven Routineaufgaben gut geeignet sei. Dagegen erfordere die Lösung innovativer, komplexer, zeitlich terminierter Aufgaben eine andere Koordinationsform. Hierfür werden Projekt-Teams vorgeschlagen, die sich großer Beliebtheit erfreuen, da sie das traditionelle Hierarchiekonzept nicht in Frage stellen, seine Mängel aber partiell beheben.

Projekt-Teams sind temporäre Arbeitsgruppen mit begrenzter Weisungsbefugnis zur Lösung zeitlich begrenzter Aufgaben. Die Teammitglieder rekrutieren sich aus allen für das Problem bedeutsamen Bereichen der Unternehmung, arbeiten hauptamtlich im Team und kehren nach Erfüllung der Aufgaben in ihre ursprüngliche (oder eine neue) Position in der Hierarchie zurück. Somit repräsentieren die Teammitglieder unterschiedliche hierarchische Ebenen, unterschiedliches Wissen (von der Ausbildung und der Erfahrung her) und unterschiedliche Abteilungen (vgl. *Cleland/King* 1983, S. 187, *Redel* 1982, S. 233 ff.).

Von ad hoc Gremien unterscheidet sich das Projekt-Team in zweierlei Hinsicht: Einmal arbeiten die Teammitglieder im Gegensatz zu den Gremienmitgliedern ‚full time‘ und zum anderen verfügt ein Projekt-Team in aller Regel über mehr Macht, die auf den Grundlagen ‚Information‘ und ‚Expertentum‘ beruht. Darüber hinaus profitiert es davon, daß es i.d.R. von der höchsten hierarchischen Ebene eingesetzt wird.

Vor allem **Unternehmensberater** haben das Konzept des Projekt-Teams aufgegriffen. So wird z.B. unter der Bezeichnung Planungsteam pro Auftrag ein Team aus Unternehmensberatern und Mitarbeitern aus der Organisation des Auftraggebers gebildet. Wenn man die Vorteile des internen mit denen des externen Beraters in vorteilhafter Weise verknüpfen möchte, bietet sich ein Team aus Betriebsangehörigen und erfahrenen Outsidern (Unternehmensberater) als besonders geeignete Organisationsform für Planungsaufgaben an. *Lippitt*[5] et al. (1985, S. 58 f.) nennen einige charakteristische **Eigenschaften** eines solchen **Teams** (task force):

- Aufgaben- und problemorientiert
  Das Team kommt zu einer eigenen Problemdiagnose; keine fest umrissene Aufgabenbeschreibung
- Zeitlich begrenzt
  Zusammenarbeit nur so lange, bis das Team die Aufgabe für gelöst hält
- Interdisziplinär und heterogen
  Die einzelnen Teammitglieder – sechs bis zehn Personen – sollten über möglichst unterschiedliches Fachwissen und Können verfügen und sowohl Generalisten als auch Spezialisten einschließen; unterschiedliche Hierarchieebenen sollten vertreten sein
- Flexibel und innovativ
  Das Team muß in der Wahl seiner Arbeitsmethode frei sein; das Team sollte kreativ und risikofreudig sein und jede denkbare Möglichkeit durchspielen

---

[5] *Lippitt, Gordon L.* (geb. 1920) Sozialpsychologe, Prof. Behavioral Science, George Washington Uni.

- Prozeß- und ergebnisorientiert
  Das Team berichtet in bestimmten Abständen über Zwischenergebnisse; es
  muß ein Ausgleich angestrebt werden zwischen Flexibilität und Freiheit
  einerseits und Planung und Kontrolle andererseits.

In Deutschland haben vor allem die Gebrüder *Schnelle* (Gesellschafter des
Quickborner Teams, heute Metaplan) das **Konzept miteinander vermaschter
Planungsteams** bekannt gemacht (*Schnelle* 1966). Das Planungs- und Koordi-
nierungskonzept von *Schnelle*[6] stellt eine Kombination von Projekt-Team
und Gremien-Organisation dar. Neben dem eigentlichen **Projekt-Team** (tagt
täglich, 2–6 Mitglieder) – im Sinne obiger Beschreibung – sieht *Schnelle* noch
ein Entscheidungsgremium, einen Planungsausschuß (Beratungsausschuß)
und mehrere Informationsgruppen vor (vgl. die Abb. 3.53 von *Bendixen/
Kemmler* 1971, zwei ehemaligen Mitarbeitern des Quickborner Teams).

Abb. 3.53: Schema der Beziehungen bei integrierter Projektträgerschaft

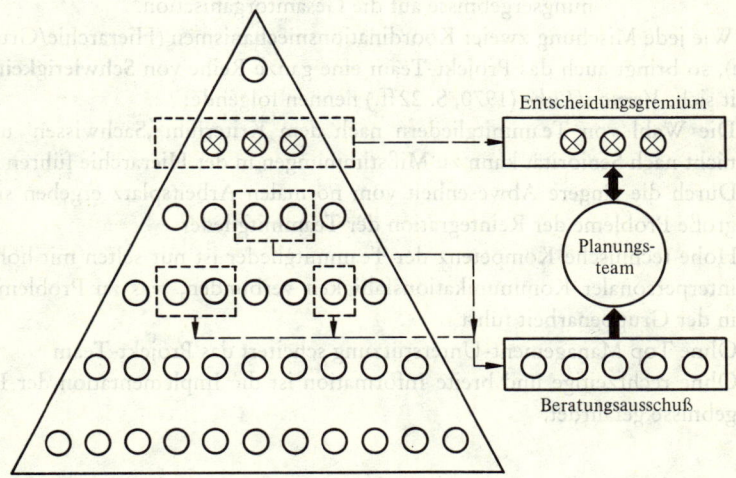

Quelle: Bendixen/Kemmler 1971, S. 78

Das **Entscheidungsgremium** setzt sich aus zwei bis drei Personen aus dem
obersten Management (z. B. Vorstand) zusammen, tagt etwa zweimal pro
Jahr und sichert als Auftraggeber der Planungsgruppe den Planungsspielraum
des Teams.

Hauptaufgabe: Organisatorisches Abschirmen der aus bislang klar abgegrenzten Arbeitsgebieten herausgenommenen und jetzt im
hierarchiefreien Team arbeitenden Teammitglieder gegenüber der Hierarchie.

---

[6] *Schnelle, Eberhard* (geb. 1921) Mitbegründer der Metaplan GmbH, Quickborn b.
Hamburg.

Der **Planungsausschuß** setzt sich aus zwei bis sieben Managern aus den von der Planung (Projekt) betroffenen Organisationsbereichen zusammen, tagt etwa einmal pro Monat, liefert zusätzliches Fachwissen sowie Problembewußtsein und schätzt zugleich die Realisationschancen der bislang erarbeiteten Lösungsansätze ab.

Hauptaufgabe: Vermittlung von Aspekten und Impulsen aus der Sicht des Managements; Wegbereitung für einzelne Planungsschritte; Herstellung von Kontakten zu wichtigen internen Wissensträgern.

Informationsgruppen (jeweils 6–12 meinungsbildende Mitarbeiter (opinion leader) aus betroffenen Organisationsbereichen) werden vom Planungsteam laufend über den Fortgang der Arbeiten unterrichtet, um eine frühzeitige Akzeptanz der sich anbahnenden Veränderungen zu erreichen.

Hauptaufgabe: Information der Betroffenen über den Fortschritt der Planungsarbeit und Überwachung der Auswirkungen der Planungsergebnisse auf die Gesamtorganisation.

Wie jede Mischung zweier Koordinationsmechanismen (Hierarchie/Gruppe), so bringt auch das Projekt-Team eine ganze Reihe von **Schwierigkeiten** mit sich. *Vernon/Luke* (1970, S. 22ff.) nennen folgende:

- Die Wahl von Teammitgliedern nach dem Kriterium ‚Sachwissen' und nicht nach Seniorität kann zu Mißstimmungen in der Hierarchie führen
- Durch die längere Abwesenheit vom normalen Arbeitsplatz ergeben sich große Probleme der Reintegration der Teammitglieder
- Hohe technische Kompetenz der Teammitglieder ist nur selten mit hoher interpersonaler Kommunikationsfähigkeit verbunden, was zu Problemen in der Gruppenarbeit führt
- Ohne Top Management-Unterstützung scheitert das Projekt-Team
- Ohne rechtzeitige und breite Information ist die Implementation der Ergebnisse gefährdet.

4. Innovation durch Sekundärorganisation

Ein zentraler Mangel hierarchischer Primärorganisationen ist ihre Unfähigkeit, Innovationen (Produkt- und Verfahrensinnovationen) zu ermöglichen bzw. ein Klima zu schaffen, in dem neue Ideen und Projekte geboren und gefördert werden. Da die Primärorganisation jedoch unbestreitbare Vorteile bei der Abwicklung von Routineaufgaben aufweist, bietet es sich an, eine innovationsförderliche Parallelorganisation einzuführen. In der (Beratungs-)-Praxis haben sich hierfür unterschiedliche Konzepte und Begriffe eingebürgert:

Kanter (1983, S. 406f.) spricht in Anlehnung an den Sprachgebrauch bei General Motors von **Parallel Organization;** *Hellriegel/Slocum/Woodman*

(1986, S. 623 ff.) sprechen von **Collateral Organization;** *Galbraith* (1982)[7] von **Innovating Organization** und *Schnelle* (1982) von **Netzwerk-Management.** Vgl. auch das Konzept der **Paläste** (Primärorganisation) und **Zelte** (Sekundärorganisation) von *Hedberg* et al. 1976.

Kanter (1983, S. 407; s. a. *Galbraith* 1982, S. 10) hat die Charakteristika der beiden Organisationstypen anschaulich gegenübergestellt:

Primärorganisation (Maintenance Organization)	Sekundärorganisation (Parallel Organization)
Routine, geringe Unsicherheit	Problemlösung, hohe Unsicherheit
Ziel ist ‚Produktion'	Ziel ist ‚Organisation'
feste Stellenbeschreibung	flexible, rotierende Aufgabenzuweisung
Qualifikation vor der Aufgabenübernahme	Qualifikation während der Aufgabenbearbeitung
langer Dienstweg	kurzer Dienstweg
Zielbildung top-down	Zielbildung auch bottom-up
Anreize: Bezahlung	Anreize: Lernchancen soziale Kontakte Anerkennung
funktionale Spezialisierung	diagonale Verknüpfungen
Amtsautorität	personale Autorität

Paralellorganisationen werden vor allem zur Lösung schlecht-definierter, komplexer Probleme, zur Steigerung der Flexibilität und Anpassungsfähigkeit der Unternehmung sowie zur Einleitung von OE-Prozessen mit dem Ziel einer Veränderung der Primärorganisation eingesetzt.[8] *Kanter* (1983) berichtet von Beispielen aus der Praxis, in denen es gelungen ist, eine *mechanistische* Primärorganisation und eine *organische* Sekundärorganisation nebeneinander bestehen zu lassen. Wichtigste Organe der letzteren sind ein Lenkungsausschuß (steering committee) auf Top Management-Ebene und eine Vielzahl fluktuierender temporärer Task Forces. *Galbraith* (1982) schlägt für die innovative Organisation die Bildung von **Reservaten** auf allen Ebenen der Unternehmung vor: „Reservate sind organisatorische Einheiten, wie etwa FuE-Gruppen, die ausschließlich an der Entwicklung neuer Ideen für das zukünftige Geschäft arbeiten" (S. 14). Reservate arbeiten in einer *garage-like* Atmosphäre und bieten optimale Voraussetzungen für Experimentieren und Lernen. Reservate können einmal unternehmensintern konzipiert werden; bei fehlendem internen Know How, aber auch in Kooperation mit Externen, z. B. Universitätsinstituten, Forschungszentren, Unternehmensberatern.

---

[7] *Galbraith, Jay R.,* Prof. Management, Uni of Southern California, Center For Effective Organizations, LA.

[8] *Bühner* (1987, S. 147 ff.) schlägt zur *Produktinnovation* Kollegienorganisation, Produktmanagement und SGEs vor und zur *Prozeßinnovation* Projekt- und Teamworkmanagement.

Aus den Projektideen der Reservate können neue interne Organisations-einheiten, Mini-Unternehmen im Sinne des **Intrapreneurship** (vgl. *Pinchot* 1985), oder Ausgründungen im Sinne von **Spin-offs** entstehen. Paßt die neue Idee nicht in das Produktprogramm der Unternehmung oder lehnt sie dessen Realisierung aus anderen Gründen ab, besteht heute die Möglichkeit, daß sich das Entwicklungsteam häufig mit Unterstützung einer Venture Capital Ges. selbständig macht (so geschehen z.B. bei **Nixdorf, BMW, Siemens**). Das unternehmerische Engagement der Manager kann sogar soweit gehen, daß sie Tochtergesellschaften und/oder (mehrheitlich) Anteile an der Mutter über-nehmen (**Management-Buy-out**).

Während innovative Organisationen, wie auch Reservate, ex definitione eine Struktur voraussetzen, zielt die Idee des **Netzwerk-Managements** auf die davorliegende Phase vager Denkansätze. Unternehmerisches Handeln in der Frühphase einer Idee besteht darin, Verknüpfungen, Vernetzungen und As-soziationen zu ermöglichen und zu organisieren. Netzwerk-Management nennt *E. Schnelle* von der **Metaplan GmbH** diese Art des Managens im vor-hierarchischen Raum. Im Zentrum stehen hier moderierte Problemlösungs-prozesse unter Verzicht auf hierarchische Machtausübung und Informations-selektion durch die Primärorganisation; denn vor allem die tradierten Selek-tionsmechanismen der Hierarchie und die bevorzugte Zuweisung von Bud-gets an ,erfolgreiche' Abteilungen erschweren Innovationen.

Innovative Organisationen im allgemeinen und Netzwerk-Management im speziellen erfordern besondere **räumliche Voraussetzungen.** Bei dem Wup-pertaler Lackhersteller **Herberts** sind diese mit Unterstützung der **Metaplan GmbH** erstmals in vorbildlicher Weise geschaffen worden (vgl. *Gottschall* 1988). Aus einer ehemaligen Fabrikhalle mit 750 qm Grundfläche ist ein Kommunikations-Forum entstanden, in dem zehn Arbeitsgruppen parallel arbeiten können. Zur Initiierung und Unterstützung von neuen Projekten stehen 60 geschulte Moderatoren zur Verfügung. Hier entstehen spontan oder durch einen Lenkungsausschuß angestoßen neue Netzwerke zwischen bislang räumlich und fachlich getrennt arbeitenden Organisationsmitglie-dern.

Sind innovative Organisationseinheiten neben der Primärorganisation in-stalliert worden, besteht stets das Problem der gegenseitigen Abstimmung und **Koordination.** Diese Aufgabe allein an Personen zu delegieren, reicht ganz offensichtlich nicht aus. In entsprechend konzipierten Integrationskon-zepten stellt die Person des Koordinators einen neuralgischen Punkt dar. In der Literatur (vgl. *Mintzberg* 1979, S. 162 ff.) werden für ihn Bezeichnungen wie Integrator, Koordinator, Kommunikationsingenieur, linking pin ge-wählt. *Litwak* (1961) spricht sehr plastisch von *transferral occupations*, denn es geht in der Tat darum, eine Übersetzer- oder Mittlerrolle zwischen unter-schiedlichen Abteilungen (Fach- und Berufsorientierung), unterschiedlichen Organisationsformen (Hierarchie/Teams) und unterschiedlichen Hand-lungsorientierungen (Planung/Entscheidung) zu spielen.

Neben die sicherlich wichtigen personalen Integrationskonzepte müssen strukturelle Vorkehrungen treten. *Galbraith* (1982) und *Bühner* (1987, S. 173) diskutieren einige Ansätze zur **Transformation von Lösungen** aus der innovativen in die Primärorganisation, wie etwa die Bildung von temporären Realisierungsorganisationen.

Was das Verhältnis von Primär- zu Sekundärorganisation anbetrifft, hat es im Laufe der letzten Jahrzehnte beachtliche Auffassungsunterschiede gegeben. Während in den 60er und 70er Jahren im Zuge einer massiven **Bürokratiekritik** und einer aufkommenden HdA-Bewegung noch die Ablösung der hierarchisch strukturierten Primärorganisation gefordert bzw. prognostiziert wurde (vgl. *Likerts* Gruppen-Organisation 1961, oder *Tofflers* Adhocratie 1970), hat man sich inzwischen auf die unbestreitbaren Vorzüge dieser Organisationsform zur Lösung operativer und Routineaufgaben besonnen. Genausowenig, wie wir heute vor dem Ende der Arbeitsteilung stehen (*Kern/ Schumann* 1984), haben wir jemals vor dem Ende der Hierarchie gestanden (*Lauterburg* 1978). Das zentrale Problem der heutigen Organisationspraxis ist, wie Primär- und Sekundärorganisation sinnvoll nebeneinander und miteinander arbeiten können. *Weicks* (1979) bislang noch recht abstraktes Konzept der losen bzw. festen Kopplung zwischen Subsystemen kann hier vielleicht einen Lösungsansatz bieten.

C. Management des Humanpotentials: Personalmanagement

I. Human Resource Management

1. Von der Personalverwaltung zum Human Resource Management (HRM)

Seitdem sich Ende des 19. Jh. in (großen) Unternehmungen ein eigenständiger Funktionsbereich **Personalwesen** herausgebildet hat, ist die betriebliche Personalfunktion sowie deren wissenschaftliche Bearbeitung im Rahmen der Betriebswirtschaftslehre vielfältigen Entwicklungen unterworfen gewesen (vgl. hierzu *Staehle* 1975, 1988a, *Staehle/Karg* 1981). Dabei ist auffällig, daß anders als etwa in der Investitions- oder Produktionstheorie die Praxis in der **Personalwirtschaftslehre** einen erheblichen Vorlauf vor der Theorie hat (sofern man überhaupt von einer solchen im Personalbereich sprechen kann). Die Personalpraxis hatte schon eine Vielzahl praktikabler Instrumente entwickelt, bevor sich die Personalwirtschaftslehre wissenschaftlich damit auseinandersetzte. Dies hat sich bis heute kaum geändert. Klassischerweise kommt dem Personalwesen in der Unternehmung die Aufgabe zu, den Faktor ,Arbeit' an die zuvor personenunabhängig entworfenen Arbeitsstrukturen, die Organisation (Kapitel B), anzupassen. Die einzelnen Unternehmensbereiche melden einen Personalbedarf, die Personalabteilung hat die personellen Ressourcen in der gewünschten Quantität und Qualität, zur rechten Zeit und am rechten Ort bereitzustellen. Das benötigte Personal wird beschafft, ausgelesen, nach der Einstellung verwaltet und betreut; nicht (mehr) benötigtes Personal wird entlassen, verrentet, abgefunden. Diese Objektstellung und Instrumentalfunktion des **Personals** wird in der Definition von *Türk* (1981, S. 27) besonders deutlich, der hierunter fremdbestimmte, (lohn-)abhängige Beschäftigte versteht.

Die Tatsache, daß heute von Mitarbeitern, leitenden Angestellten und Humanpotential geredet wird, sollte nicht darüber hinwegtäuschen, daß sich an den Abhängigkeitsverhältnissen nichts geändert hat; lediglich die Wertschätzung des Personals ist gestiegen und hat zu dessen Anerkennung als strategischem Erfolgsfaktor der Unternehmung geführt. Der Erfolg einer Unternehmung hängt heute – so wird gesagt – in besonderem Maße von der richtigen Auswahl, Entwicklung und Entlohnung sowie dem richtigen Einsatz und Training der menschlichen Ressourcen ab.

Eine Durchsicht der jüngeren Literatur über Personalwesen, Personalführung und Arbeitsbeziehungen läßt einen drastischen Wechsel der Perspektive erkennen. Während bis zu Beginn der 80er Jahre der Funktionsbereich **Personal** als ein betriebliches Aufgabengebiet neben anderen, wie Beschaffung, Produktion, Absatz behandelt wurde, hat seitdem eine Neuorientierung hin zu einer integrativen, proaktiven und strategischen Sichtweise des Faktors Arbeit in der Unternehmung stattgefunden. Personalarbeit reduziert sich nicht auf die bloße Anwendung von Personaltechniken, wie Personalplanung, -einsatz, -entwicklung oder -entlassung, deren kompetenter Einsatz hochspezialisierten Mitarbeitern in der Personalabteilung zugewiesen wird, sondern sie ist eine genuine Managementaufgabe. Alle mit dem Faktor Arbeit in Verbindung stehenden Handlungen/Entscheidungen werden als *Human Resources Activities* integrativ geplant und mit der Unternehmensstrategie abgestimmt. So lautet zumindest der Anspruch.

Klassischerweise haben das Top Management und nachgeordnete Linienmanager Personalfragen an die **Personalabteilung** delegiert. Dieser wurden immer neue Aufgaben zugewiesen, und zwar in dem Maße, in dem neue Probleme auftauchten (wie Training, Karriereplanung, Personal- und Organisationsentwicklung). Personalabteilungen sind so relativ unkoordiniert, additiv gewachsen und haben eine integrative, proaktive und vor allem strategische Orientierung vermissen lassen.

In der Bundesrepublik hat *Remer*[1] (1978, S. 16 ff.) als einer der ersten Betriebswirte die Unterordnung der Personalpolitik unter die Unternehmenspolitik und die Anpasserrolle des Personalwesens (Stellenbesetzung statt Stellenbildung und Auffangen von negativen Folgen vorgegebener Strukturen) kritisiert. Unter dem Begriff **Personalmanagement** fordert er eine Gleichstellung der Personalpolitik mit der Unternehmenspolitik und eine vorrangige Stellung der Personalpolitik vor der Gestaltung der Unternehmensstruktur (Organisation). Personalmanagement im Sinne von Festlegung oberster Ziele, Planung von Strukturen und Aktionsprogrammen, als den operativen Personalaufgaben, ist dann nicht mehr (allein) eine Angelegenheit der Personalabteilung. Zehn Jahre später sieht *Wächter* (1987b) eine Entwicklung weg von der Zentralisierung und Professionalisierung des Personalbereichs und hin zu einer Reintegration formals ausgegliederter Personalfunktionen (wie Lohnfindung, Arbeitsvorbereitung, Beurteilungsverfahren) zurück in die Linie. Die Zentralisierung war in der Bundesrepublik seit den 70er Jahren vor allem durch die neue Betriebs- und Unternehmungsverfassung gefördert worden. Als eine Folge des Mitbestimmungsgesetzes von 1976 findet sich in großen deutschen Unternehmungen ein für Personal verantwortliches Vorstandsmitglied (Arbeitsdirektor). Nach *Posth* (1983, S. 4) wird damit anerkannt, daß die Personalpolitik ein gleichrangiger Bestandteil der Unternehmungspolitik ist.

---

[1] *Remer, Andreas* (geb. 1944), Prof. BWL, Uni Bayreuth.

Der **Funktionswandel** von der Personalbeschaffung hin zum HRM läßt sich auch in den USA an der Entwicklung der Positionsbezeichnungen ablesen, und zwar vom *Employment Manager* über den *Personnel Manager* zum *Vice President Human Resources* (zur neuen Rolle des Human Resource Development Managers vgl. *Tracey* 1981, S. 32 ff.).

Die Ursachen, die in der Literatur für den Wandel in den Auffassungen vom Wert des Personals angegeben werden, sind vielfältig (vgl. *Staehle* 1988 b):

- Wettbewerbsverschärfung (vor allem die Japanische Herausforderung)
- Neue Technologien und Produktionskonzepte (mit neuen Anforderungsprofilen)
- Probleme mit Produktivität und Qualität
- Demographische Veränderungen (Altersaufbau, Frauenerwerbstätigkeit)
- Wertewandel, neue Lebensstile, veränderte Erwartungen an die Arbeitswelt.

Für die heutige Aktualität der **Personalentwicklung,** als einem zentralen Bereich des HRM, werden folgende Gründe genannt (vgl. z. B. *Kossbiel* 1982, S. 5 f.):

1. Die immer schneller fortschreitende technisch-wissenschaftliche Entwicklung führt zu einer Erweiterung, Erhöhung oder Verschiebung der Arbeitsanforderungen. Dies erfolgt jedoch wegen des unterschiedlichen Nutzungsgrades Neuer Technologien in einer höchst betriebsspezifischen Weise. Betriebliche Aus- und Weiterbildung werden zu einer zwingenden Notwendigkeit, da die passenden Qualifikationen vom externen Arbeitsmarkt ad hoc nicht zu bekommen sind.

2. Gegenüber dem Faktor Arbeit ist von seiten des Managements ein Einstellungswandel erkennbar. Nicht zuletzt aufgrund der chronischen Knappheit hochqualifizierter Fachleute und der zentralen Bedeutung einer hochmotivierten Stammbelegschaft für den Unternehmungserfolg wird heute das Personal (mit Ausnahme einer beliebig disponierbaren Randbelegschaft, die in aller Regel kein Adressat *betrieblicher* Weiterbildung ist) als Pool von Ressourcen angesehen, den es gezielt aufzubauen, pfleglich zu erhalten und anforderungsgerecht weiterzubilden gilt.

3. Bund und Länder sowie die Bundesanstalt für Arbeit greifen immer stärker in den Bereich des HRM ein. Seit Ende der 60er Jahre hat sich z. B. die rechtliche Verfassung der beruflichen Weiterbildung gravierend verändert. Einschlägige Vorschriften finden sich u. a. im Berufsbildungsgesetz, Arbeitsförderungsgesetz, Betriebsverfassungsgesetz, Bildungsurlaubsgesetz und in der Ausbildereignungsverordnung. Die staatlich initiierte *Qualifizierungsoffensive* wendet sich, im Gegensatz zur betrieblichen Weiterbildung, überwiegend an Arbeitslose und/oder wenig Qualifizierte (1986 waren 68% der Teilnehmer an solchen Bildungsmaßnahmen ohne Arbeit).

Diese und weitere häufig genannte Gründe für die Notwendigkeit eines HRM, wie etwa die personenorientierten Merkmale erfolgreicher Unternehmungen nach *Peters/Waterman* (1982) oder die weichen S (Staff, Style, Skills) nach *McKinsey* (vgl. S. 476), sind auf den ersten Blick plausibel, bieten aber nur eine ahistorische Sicht und keinen Einblick in die Hintergründe. Plausibel ist auch die Deutung, daß im Zuge der Ölkrise 1973 dem Management in westlichen Industrienationen drastisch vor Augen geführt worden sei, was Abhängigkeit von fremden Ressourcen heißt. Die Ölkrise hat sicherlich zu einer verstärkten Auseinandersetzung des Managements mit der Bedeutung materieller, finanzieller und verstärkt auch menschlicher Ressourcen geführt. Die Ursprünge des HRM liegen jedoch noch bedeutend früher.

2. Isolierte HRM-Ansätze

Ende der 50er Jahre erscheinen die ersten Arbeiten von (normativen) Managementforschern, die ein humanistisches Bild vom Mitarbeiter propagieren (*Maslow* 1954, *Argyris* 1957, *McGregor* 1960).

a. Human Resources Führungsmodell

1965 führt *R. E. Miles* die Unterscheidung zwischen *Human Relations* und *Human Resources* ein, und in ‚Theories of Management' (*Miles* 1975) beschreibt er drei **Managementmodelle**: *Traditional, Human Relations* und *Human Resources* (vgl. Abb. 3.54 auf S. 722).

b. Humanvermögensrechnung

Likert (1967) äußert im Zuge seiner empirischen Untersuchungen die Vermutung, daß Veränderungen im Management von System 4 (kooperativ) in Richtung auf System 1 (ausbeutend) zu einer schlechteren Nutzung der Human Resources führen würden. *Likert* wollte in Analogie zur Rechnungslegung mit Hilfe eines *human resource accounting* diese Veränderungen rechnerisch belegen. In Zusammenarbeit mit einigen Kollegen aus dem Bereich des Rechnungswesens entwickelt er 1968 das erste **Human Resource Accounting System** (vgl. *Lippitt* 1982, S. 280ff., *Terry/Franklin* 1982, S. 280ff.). In der Folgezeit ist eine umfängliche Literatur zu diesem Themengebiet entstanden (vgl. z.B. *Flamholtz*[2] 1974 oder *Aschoff* 1978), allein es fehlen bis heute überzeugende Lösungen für die gravierenden Bewertungsprobleme. In der Literatur wird dabei zwischen inputorientierten Modellen (*cost approach:* Kosten der Human Resources) und outputorientierten Modellen (*value approach:*

---

[2] *Flamholtz, Eric G.* (geb. 1943) Prof. Management, UCLA.

Abb. 3.54: Das Bild vom Mitarbeiter in drei Managementmodellen

Traditionelles Modell	Human Relations Modell	Human Resources Modell
Annahmen		
1. Die meisten Menschen empfinden Abscheu vor der Arbeit	Menschen wollen sich als bedeutend und nützlich empfinden	Menschen wollen zu sinnvollen Zielen beitragen, bei deren Formulierung sie mitgewirkt haben
2. Lohn ist wichtiger als die Arbeit selbst	Menschen benötigen Zuneigung und Anerkennung. Dies ist im Rahmen der Arbeitsmotivation wichtiger als Geld	Die meisten Menschen könnten viel kreativere und verantwortungsvollere Aufgaben übernehmen, als es die gegenwärtige Arbeit verlangt.
3. Nur wenige können oder wollen Aufgaben übernehmen, die Kreativität, Selbstbestimmung und Selbstkontrolle erfordern		
Empfehlungen		
1. Der Manager hat seine Untergebenen eng zu überwachen und zu kontrollieren	Der Manager sollte jedem Arbeiter ein Gefühl der Nützlichkeit und Wichtigkeit geben	Der Manager sollte verborgene Anlagen und Qualitäten der Mitarbeiter nutzen
2. Er soll Aufgaben in einfache, repetitive, einfach zu lernende Schritte aufteilen	Er soll seine Mitarbeiter gut informieren, auf ihre Einwände hören	Er soll eine Atmosphäre schaffen, in der die Mitarbeiter sich voll entfalten können
3. Es soll detaillierte Arbeitsanweisungen entwickeln und durchsetzen	Er soll den Mitarbeitern Gelegenheit zur Selbstkontrolle bieten	Er soll Mitbestimmung praktizieren und dabei die Fähigkeit zur Selbstbestimmung und Selbstkontrolle entwickeln
Erwartungen		
1. Menschen ertragen die Arbeit, wenn der Lohn stimmt und der Vorgesetzte fair ist	Informationen und Mitsprache befriedigen die Bedürfnisse nach Anerkennung und Wertschätzung	Mitbestimmung, Selbstbestimmung und Selbstkontrolle führen zu Produktivitätssteigerungen
2. Wenn die Aufgaben einfach genug sind und die Arbeiter eng kontrolliert werden, erreichen sie das Soll	Die Befriedigung dieser Bedürfnisse führt zur Zufriedenheit und baut Widerstände gegen die formale Autorität ab	Als Nebenprodukt kann auch die Zufriedenheit steigen, da die Mitarbeiter all ihre Fähigkeiten nutzen können

Quelle: Miles 1975, S. 35

Leistung bzw. Wert der Human Resources) unterschieden. Für beide Methoden gilt: Der Wert eines Mitarbeiters läßt sich eben nur schwer in Mark und Pfennig ausdrücken. Darüber hinaus ist das Personal im Gegensatz zu in der Bilanz aktivierten Vermögensgegenständen nicht Eigentum der Unternehmung, und Investitionen sind deshalb mit größerem Risiko behaftet. Trotz dieser Mängel hat die Debatte über ein Human Resource Accounting insofern einen positiven Effekt erzielt, als das Management sich über den Wert eines qualifizierten Mitarbeiterstammes mindestens genauso viel Gedanken macht wie über andere Ressourcen. Nach *Likert* (1967) schätzten die von ihm befragten Manager die Wiederbeschaffungskosten des gesamten Personals auf das Dreifache der jährlichen Lohn- und Gehaltssumme.

Killian (1976) schlägt aufbauend auf *Likerts* HR Accounting vor, das aus dem Finanzcontrolling stammende **ROI-Konzept** auch auf das HRM anzuwenden. Hierzu müssen mit Hilfe eines computergestützten Personalinformationssystems alle HR-Inputs und Outputs quantifiziert und einem unternehmensweiten Human Resource Plan unterworfen werden.

Auch in der Bundesrepublik der 70er Jahre hat die **Humanvermögensrechnung** große Beachtung gefunden. Der Stand der Diskussion ist in dem von *H. Schmidt* 1982 herausgegebenen Buch ‚Humanvermögensrechnung‘ gut zusammengefaßt.

Die Beiträge in diesem Sammelband basieren zum großen Teil auf einem 1974 von *Schmidt*[3] initiierten Erfahrungsaustausch zwischen Forschern und Praktikern auf dem Gebiet der Humanvermögensrechnung, und zwar aus den USA und Europa. Auf der Grundlage des US-amerikanischen Human Resource Accounting wurden neuere Ansätze zur Erfassung und Bewertung des Humanvermögens diskutiert. Vor allem in der Bundesrepublik Deutschland hatten in den 70er Jahren hohe Lohn- und vor allem Lohnnebenkosten, gestiegene Fluktuations-, Arbeitsschutz- und Arbeitsunfallkosten sowie gestiegene Qualifikationsanforderungen (im Zuge neuer Technologien) das Bewußtsein für den Wert des Personals beständig geschärft. Von staatlicher Seite steuerte das Aktionsprogramm für die Forschung zur Humanisierung des Arbeitslebens (BMA/BMFT 1974), das novellierte Betriebsverfassungsgesetz 1972 sowie das Mitbestimmungsgesetz 1976 zu dieser Entwicklung bei. Von seiten der Großunternehmungen wurde als Antwort auf die verstärkt in der Öffentlichkeit diskutierte gesellschaftliche Verantwortung unternehmerischen Handelns ab 1973 eine erweiterte gesellschaftsbezogene Rechnungslegung (**Sozialbilanz**) erwogen und z. T. praktiziert (vgl. S. 608 f.). Inzwischen haben Humanvermögensrechnungen und Sozialbilanzen zumindest im deutschen Sprachraum das Interesse von Wissenschaft und Praxis verloren; es ist gut möglich, daß die aktuelle Diskussion des HRM in den USA und bei uns zu einer Renaissance dieser Entwicklung führt.

---

[3] *Schmidt, Herbert* Dr., Ministerialrat im Bundesministerium für Arbeit und Sozialordnung.

c. Humankapital-Theorie

Aus einer gesamtgesellschaftlichen/volkswirtschaftlichen Perspektive haben Ende der 50er Jahre als Reaktion auf den Sputnik-Schock *Gary Becker* (1964) und *Theodore Schultz*[4] (1978) die Grundlagen zu einer **Humankapital-Theorie** gelegt. Nach dieser Theorie ist jeder Mitarbeiter ein Vermögensteil, ein Aktivposten, der wie andere Vermögensgüter bewertet werden kann: Ausgaben für Aus- und Weiterbildung stellen demzufolge Investitionen in *Human Capital* dar (richtig muß es heißen Humanvermögen).

In der Bundesrepublik hatte *Witte* (1962) schon frühzeitig gefordert, Ausgaben für die Aus- und Weiterbildung der Belegschaft als **Investition** zu begreifen. Das mangelhafte Investitionsbewußtsein gegenüber dieser Art von Ausgaben führt er auf ihren kontinuierlichen Anfall und die Schwierigkeit, einen Investitionserfolg zu messen, zurück. Derjenige, der kurzfristige Erwartungen an Ausgaben knüpft, „die ihrem Wesen nach Investitionen sind, der wird zur Fehlentscheidung verleitet" (S. 238).

Klassischerweise wird *Arbeit als Kostenfaktor* erfaßt, der in der GuV erscheint, und den es durch personalwirtschaftliche Maßnahmen zu minimieren gilt. Nach der Humankapital-Theorie wird *Arbeit als Aktivum* erfaßt, das in der Bilanz erscheint, und dessen Wert es durch HRM zu erhalten bzw. zu steigern gilt.

Für die makroökonomische Betrachtung heißt dies, daß, sofern eine Volkswirtschaft in den Human Resources die wichtigste Quelle ihres Reichtums erblickt, es Ziel einer jeden Wirtschafts- und Sozialpolitik sein muß, HR zu entwicklen, zu erhalten und optimal einzusetzen. *Harbison* und *Myers* (1964) haben dies in den 60er Jahren für die USA erstmals mit aller Deutlichkeit beschrieben. *Parnes* (1984, S. 16 ff.) sieht heute folgende **Politikbereiche staatlichen HRM's:**

• *HR Entwicklung* (z. B. schulische und berufliche Aus- und Weiterbildung)
• *HR Allokation* (z. B. Vermittlung von Arbeitssuchenden an Arbeitgeber)
• *HR Erhaltung* (z. B. Arbeitslosenunterstützung, Arbeitsbeschaffungsmaßnahmen)
• *HR Nutzung* (z. B. produktiver Einsatz, Minimierung von Absentismus, Krankenstand, Unfällen).

Mit der Humankapital-Theorie läßt sich u. a. erklären, warum hochqualifizierte Arbeitnehmer eine bedeutend niedrigere Arbeitslosigkeit aufweisen als weniger qualifizierte – erstere stellen für die Arbeitgeber eine höhere Investition in HR dar, von der man sich nicht so schnell trennt –, oder warum Hochqualifizierte im Laufe der Berufsausübung ein viel schnelleres Einkommenswachstum erwarten können als weniger Qualifizierte – hier amortisieren sich höhere Kapitalinvestitionen in die Berufsausbildung schneller.

---

[4] *Schultz, Theodore W.* (geb. 1902) Agrarwissenschaftler (Entwicklungsländer), Prof. Economics, Uni of Chicago, Nobelpreis 1979.

Sowohl mikro- als auch makroökonomische Erkenntnisse der Humankapital-Theorie haben (implizit) Eingang in die HRM-Literatur gefunden.

d. Human Resources Index

Schuster (1986) hält die Bewertungsprobleme beim Human Resource Accounting nach wie vor für ungelöst und schlägt anstelle von Finanzdaten
Daten aus (Organisations-)*Klimaerhebungen* zur Bewertung des Humanvermögens einer Organisation vor. *Schuster* hat 1977 in Weiterentwicklung des
*Likert*schen Klimafragebogens einen **Human Resources Index (HRI)** entwikkelt, für den es überbetriebliche Normwerte gibt, so daß ein Vergleich mit
dem Branchendurchschnitt möglich ist. Der Index umfaßt 64 Statements zur
Charakterisierung der Unternehmung, zu denen sich alle Mitarbeiter anonym
auf einer 5-Punkte Skala (fast immer – fast nie) äußern sollen.

Die 64 Items werden dann auf die folgenden 15 Faktoren reduziert:
- Belohnungssystem
- Kommunikation
- Effizienz der Organisation
- Mitarbeiterorientierung
- Ziele der Organisation
- Kooperation
- intrinsische Motivation
- Organisationsstruktur
- Gruppenarbeit
- Intergruppen-Beziehungen
- Kompetenz des unteren Managements
- Kompetenz des mittleren und oberen Managements
- zwischenmenschliche Beziehungen
- Organisationsklima
- Partizipation

Der HRI läßt erkennen, wie in der Wahrnehmung der Mitarbeiter das
Management mit den HR ihrer Organisation umgeht: demoralisierend, unterdurchschnittlich nutzend, durchschnittlich, überdurchschnittlich effektiv
oder optimal nutzend.

Schuster (1986) beklagt, daß in den USA Innovationen im HRM-Bereich
nicht annähernd Schritt halten konnten mit denjenigen im technologischen
Bereich. Seiner Auffassung nach haben sich die HRM-Praktiken seit den
1930er Jahren kaum verändert. Das mangelnde Interesse der meisten Unternehmungen führt er u. a. darauf zurück, daß keine überzeugenden empirischen Belege für die ökonomische Vorteilhaftigkeit solcher Praktiken existieren. Auch die vielbeachtete Studie von *Peters/Waterman* (1982) liefert seiner
Meinung nach lediglich ein anekdotenhaftes, unwissenschaftliches Plädoyer
für eine stärkere Mitarbeiterorientierung (vgl. die Kritik von *Carroll* 1983).

Der **Schuster-Report** bietet dagegen eine großzahlige empirische Untersuchung in den 1000 größten US-Industrieunternehmen sowie den größten Nicht-Industrieunternehmen (Rücklaufquote 46,1%) über die Verbreitung von sechs nach *Peters/Waterman* für Mitarbeiterorientierung (attention to employees) typischen HRM-Praktiken (Assessment center, flexible Entlohnungssysteme, Produktivitäts-Bonuspläne, zielorientierte Leistungsbewertung, flexible Arbeitszeitsysteme, Organisationsentwicklung). Die zentrale *Hypothese* lautete: Je mehr solcher HRM-Praktiken in befragten Unternehmungen im Einsatz sind, desto mitarbeiterorientierter ist die Managementphilosophie und desto erfolgreicher (gemessen an der Eigenkapitalrentabilität) ist die Unternehmung. Obwohl nur auf einem 5%-Niveau signifikant, konnte *Schuster* einen statistischen Zusammenhang zwischen der Nutzung von HRM-Praktiken und finanziellem Erfolg nachweisen. Die durchschnittliche Eigenkapitalrentabilität dieser Unternehmungen war um 11% höher als diejenige von Firmen, die keine HRM-Praktiken benutzten. *Schuster* betont jedoch, daß aus diesen Befunden keineswegs eine Kausalität abzuleiten sei. Es könnte auch möglich sein, daß eine überdurchschnittliche Eigenkapitalrentabilität zu einer erhöhten Mitarbeiterorientierung des Managements führt. Intensive Fallstudien (z. B. **IBM, Donnelly Mirrors Inc.**) lassen jedoch den erstgenannten Zusammenhang (Einsatz von intensiven HR-Praktiken führt u. a. auch zu finanziellem Erfolg) wahrscheinlicher erscheinen.

Aufgrund der Befunde rät *Schuster* (1986, S. 15 ff.) den US-amerikanischen Unternehmungen dringend eine Strategie (er nennt sie *Strategy A for America*) der Produktivitätssteigerung durch intensives HRM. Diese umfaßt sieben Stufen:

1. Durchführung einer standardisierten Klimaerhebung (HRI)
2. Identifikation und Bearbeitung der Schwachstellen
3. Änderung des Belohnungssystems für Manager: Belohnung von erfolgreichem HRM
4. Abbau von Barrieren (z. B. getrennte Kantinen, Statussymbole) für effiziente Kommunikation, Kooperation und Partizipation
5. Information und Partizipation der Belegschaft über bzw. an neuen HRM-Maßnahmen
6. Erneute Durchführung der standardisierten Klimaerhebung
7. Analyse des Zusammenhangs zwischen Klimaverbesserung und Produktivitätsverbesserung.

Im Idealfall ermöglicht Strategie A, daß die Mitarbeiter 100% und nicht nur 40 oder 50% ihres Potentials für die Unternehmung einsetzen (*Schuster* 1986, S. 20).

Zusammenfassend lassen sich zumindest zwei Wurzeln der heutigen HRM-Debatte identifizieren: (1) eine *verhaltenswissenschaftliche* (Mitarbeiter werden hier als Reservoir einer Vielzahl potentieller Fertigkeiten angesehen, und es ist Aufgabe und Verantwortung des Managers, herauszufinden, wie diese Anlagen am besten zu aktualisieren, zu fördern und weiterzuentwickeln sind) und (2) eine *ökonomische* (das Personal wird nicht mehr nur als Kostenfaktor betrachtet, sondern vor allem als Vermögensanlage, die es einzel- und gesamtwirtschaftlich zu erhalten und zu mehren gilt).

Das spezifisch Neue an der heutigen HR-Debatte sehe ich (3) in der systematischen Zusammenfassung (Integration) bislang getrennt gehandhabter Personalbeschaffungs- und -entwicklungsmaßnahmen, (4) deren Einbindung in Strategie- und Strukturentscheidungen und (5) in der Sicht der HR aus einer General Management-Perspektive und nicht aus einer Funktionsbereichsperspektive (wie Personalwesen) sowie in der Einbindung des Managements in die HR-Verantwortung.

3. Integrative HRM-Konzepte

a. Michigan-Konzept

Anfang der 80er Jahre hat eine Forschergruppe um *Tichy*[5] (*Tichy* et al. 1982, *Devanna* et al. 1981, *Fombrun* et al. 1984) an der University of Michigan das Konzept eines **strategischen HRM** entwickelt, womit die integrative Verknüpfung von Unternehmungsstrategie, Organisationsstruktur und HRM gemeint ist. Dabei wird jedoch der Unternehmungsstrategie (Mission and Strategy) zeitliche und inhaltliche Priorität zuerkannt. Struktur und HRM folgen der Strategie; zwischen allen drei Politikfeldern, einschließlich der Umweltbereiche (Wirtschaft, Politik, Kultur) soll ein *best fit* angestrebt werden. Der Personalbeschaffungsplan, die Leistungsbeurteilungs- und Anreizsysteme sowie die Personalentwicklungsprogramme werden aus der Unternehmungsstrategie abgeleitet. Folgt man der Einteilung (vgl. Kapitel A) in Strategieformulierung und -implementation, dann sehen *Tichy* et al. im HRM eindeutig einen Beitrag zur Implementation und nicht zum Strategieentwurf.

Diese Sichtweise hat *Remer* (1978, S. 17) an anderer Stelle (S. 719) als Anpasserfunktion kritisiert. Auch *Schreyögg* (1987, S. 152) äußert Bedenken: „Der Problempunkt ist, daß mit dieser Sichtweise – ganz im Sinne der linearen Planungsphilosophie – nur die Planumsetzung zum Thema wird, der Planentstehungszusammenhang aber außer Betracht bleibt. Strategische Personalführung erscheint als lediglich abgeleitetes Planungsproblem, als ein durch den strategischen Plan mehr oder weniger determiniertes Handlungsprogramm ..."

---

[5] *Tichy, Noel M.*, Prof. Organizational Behavior, gibt für die Graduate School of Business der Uni of Michigan die wichtigste Zeitschrift auf diesem Gebiet mit dem Titel *Human Resource Management* heraus.

HRM umfaßt im Michigan-Ansatz vier Teilfunktionen
- *Personalauswahl*
- *Leistungsbeurteilung*
- *Belohnung/Anreize*
- *Personalentwicklung,*

die durch einen HR-Zyklus miteinander verbunden sind (Abb. 3.55):

Abb. 3.55: Human Resource Cycle

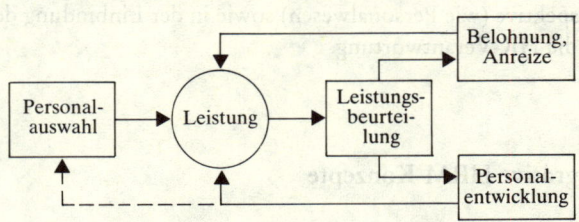

Quelle: Tichy et al. 1982, S. 50

Die vier Teilfunktionen des HRM werden auf allen drei **Entscheidungsebenen** (strategisch, taktisch, operativ) relevant, wobei im Michigan-Ansatz dem strategischen HRM Priorität zukommt:
- strategische Personalauswahl (strategiegerechte Planung des Personalbedarfs und Steuerung der Personalbewegungen)
- strategische Leistungsbeurteilung (Orientierung der Beurteilungskriterien an strategischen Prioritäten)
- strategische Anreize (Motivation und Belohnung der Mitarbeiter für die Erreichung langfristiger strategischer Ziele und deren Realisierung)
- strategische Personalentwicklung (Konzeption von zukunftsweisenden Aus- und Weiterbildungsprogrammen und strategiegerechte Karriereplanung).

Insgesamt bleibt der Michigan-Ansatz dem klassischen Implementations- und Anpassungsdenken des Personalmanagements verhaftet und unterschätzt bzw. übersieht den Einfluß (vergangener) personalpolitischer Maßnahmen auf die (zukünftige) Strategieformulierung.

b. Harvard-Konzept

Während der Michigan-Ansatz sich vor allem mit der Strategieimplementation befaßt, betont der Harvard-Ansatz gemäß der Tradition der Harvard Business School primär die General Management-Perspektive des HRM.

Schon 1979 hatten die Harvard Professoren *Kotter/Schlesinger/Sathe* die Gestaltung der HR als eine zentrale Managementaufgabe definiert, wobei es darum geht sicherzustellen, „daß die richtigen Leute an den richtigen Problemen arbeiten, daß sie über die hierzu notwendigen Informationen, Hilfsmittel, Anreize und Kontrollen verfügen und daß ihre Aufgaben entsprechend den Organisationszielen koordiniert werden" (1979, S. 1). 1981 wird ein neuer MBA-Pflichtkurs *HRM* eingeführt, der auf folgendem theoretischen Bezugsrahmen aufbaut (vgl. Abb. 3.56).

Die für diesen Kurs verantwortlichen Harvard Professoren (*Beer*[6] et al. 1985) identifizieren vier zentrale HRM *Politikfelder:*

• *Mitarbeiterbeteiligung* (Partizipationsphilosophie)
• *Human Resources Bewegungen* (Personalbeschaffung, -einsatz, -entlassung)
• *Belohnungssystem* (Anreiz-, Entgelt- und Beteiligungssysteme)
• *Arbeitsorganisation* (Arbeitsstrukturierung).

Abb. 3.56: HRM-Konzeption im Harvard-Ansatz

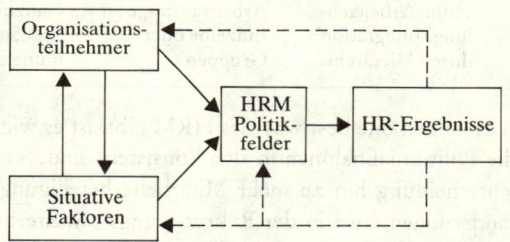

Quelle: Beer et al. 1985, S. 17

Diese Politikfelder werden durch die Interessen der *Organisationsteilnehmer* (stakeholders): Anteilseigner, Management, Mitarbeiter, Gewerkschaften, Staat, Kommune, sowie durch *situative Faktoren,* wie Beschäftigungsstruktur, Unternehmungsstrategie, Managementphilosophie, Arbeitsmarktbedingungen, Gewerkschaftsforderungen, Technologie, Gesetze, gesellschaftliche Werte, beeinflußt. HRM-Entscheidungen haben sowohl unmittelbare (Kompetenz, Engagement und Kooperation der Mitarbeiter sowie Wirtschaftlichkeit der Leistungserstellung) als auch mittelbare *Ergebnisse* (individuelle Zufriedenheit, organisatorische Effizienz und gesellschaftlicher Wohlstand). Die Rückkopplungsschleifen weisen auf Feedback-Prozesse hin, die zu den Kontextfaktoren bestehen; so kann z.B. eine nachhaltige Vernachlässigung der Arbeitnehmerinteressen durch das HRM zu korrigierenden gesetzlichen Auflagen führen, oder eine Verschlechterung der Ertragslage kann die Eigentümer veranlassen, eine Änderung der HR-Politik (Löhne, Gehälter, Training) zu verlangen. Eine zentrale Aufgabe des HRM besteht in der integrativen Abstimmung der vier Politikfelder sowohl untereinander als auch mit der Unternehmungsstrategie. *Beer* et al. (1985, S. 669) sehen hierzu drei mögliche Ansätze: *Bürokratie, Markt* oder *Clan.*

---

[6] *Beer, Michael* (geb. 1935 in Tel Aviv) Psychologe, Prof. Business Administration, HBS.

	Art der Arbeitsbeziehungen		
HRM Politikfelder	Bürokratie (Personal = Untergebene)	Markt (Personal = Arbeitnehmer)	Clan (Personal = Organisationsmitglieder)
Mitarbeiter-beteiligung	Dienstweg	Verträge	Beratung/Konsens (z. B. Qualitätszirkel)
Personal-bewegungen	Aufstieg innerhalb eines Funktionsbereichs (Ochsentour)	Einstellungen und Entlassungen nach Bedarf	Lebenslange Beschäftigung, vertikale und laterale Bewegungen
Belohnungs-system	Anforderungsge-rechte Bezahlung	Leistungsgerechte Bezahlung	Bezahlung nach Seniorität und Fähigkeiten, Erfolgsbeteiligung
Arbeits-organisation	Hohe Arbeitstei-lung, Integration durch Hierarchie	Arbeitsaufträge an Einzelne oder Gruppen	Ganzheitliche Aufgaben, Selbstabstimmung in Gruppen

Auch wenn es keinen one best way des HRM gibt, ist es wichtig darauf zu achten, daß die Politikmaßnahmen in sich konsistent sind. So erfordert eine Managemententscheidung hin zu mehr Mitarbeiterbeteiligung und -verantwortung Veränderungen etwa in der Rekrutierungs-, Weiterbildungs-, Entlohnungs- und Arbeitsstrukturierungspolitik.

Im Harvard-Ansatz stellt die Unternehmungsstrategie nur einen von mehreren situativen Faktoren dar, und personalpolitische Maßnahmen werden als Folge *und* als Ursache von strategischen Entscheidungen gesehen.

4. Strategisches Personalmanagement

Ab Mitte der 80er Jahre werden die in den USA entwickelten Ansätze eines *Strategic HRM* unter der Bezeichnung strategisches Personalmanagement auch in der Bundesrepublik intensiv diskutiert (vgl. die Aufsätze in *Lattmann* 1987). Hier treffen zwei in Theorie und Praxis bislang getrennt behandelte Problembereiche aufeinander: die marktorientierte, strategische **Unternehmungsplanung** und die ressourcenorientierte **Personalplanung**. Die schwergewichtige Umweltorientierung der strategischen Planung und die Fokussierung auf Produkt/Markt-Kombinationen als alleinige Erfolgspotentiale (strategisches Marketing) verhinderten lange Zeit, interne Ressourcen, wie das Humanpotential, ebenfalls als strategische Erfolgspotentiale zu identifizieren (vgl. *Miner* 1969). Erst die Hinwendung von der strategischen Planung zum strategischen Management (vgl. S. 568ff.) ermöglichte eine Betrachtungsweise, wie sie im strategischen Personalmanagement verfolgt wird. Da es sich hier noch um eine sehr junge, umstrittene Forschungsrichtung handelt, überrascht es nicht, wenn heute unterschiedliche Konzeptionen der Verbindung von Unternehmungsstrategie und Personalstrategie nebeneinander existieren.

a. Planungskonzepte

(1) Personalstrategie folgt Unternehmungsstrategie

Analog der *Chandler*-These, wonach die Struktur der Strategie folgt, gilt auch für die meisten Personalplaner, daß das Personal der Strategie zu folgen hat. Der strategiegerechte Einsatz der Human Resources ist dann ein Mittel zur Erreichung der Unternehmungsziele. Die Gestaltung der Personalstrategie erfolgt auf der Basis von Geschäftsbereichsstrategien oder – sofern vorhanden – auf SGE-Ebene (vgl. S. 708). Die Anforderungen an das Personal können sich nämlich von Geschäftsbereich zu Geschäftsbereich ganz erheblich unterscheiden (vgl. *Laukamm* 1985, S. 252 ff., *Becker* 1985). Personalstrategien sind typische **Funktionsbereichsstrategien,** die sich nach *Ackermann* (1985, 1987) in funktionale Sub-Strategien, wie Personalbeschaffungs-, Personalentwicklungs- oder Personalbeurteilungsstrategien, untergliedern lassen. *Miner* (1969) hat sich als einer der ersten Autoren explizit mit Personalstrategien befaßt. Er unterscheidet analog dem Input-Transformation-Output-Prozeß drei Personalstrategien: *Input-Strategien* (Personalwerbung, -auswahl, -entwicklung), *Mediator-Strategien* (Personalplanung, Informationspolitik, Entlohnungspolitik), *Output-Strategien* (Personalbeurteilung, Leistungskontrollen). In der Literatur ist es üblich, einen Zusammenhang zwischen der Wahl der Unternehmungs- bzw. Geschäftsbereichsstrategie und der Wahl der Personalstrategie zu unterstellen. Darüber hinaus wird angenommen, daß für unterschiedliche Entwicklungsstufen (Lebensphasen) einer Unternehmung unterschiedliche Personalstrategien angemessen seien.

Ackermann[7] (1987) ließ von 80 Großunternehmungen eine Selbsteinschätzung hinsichtlich ihrer verfolgten Strategie vornehmen.[8] Als Typologie wurde diejenige von *Miles/Snow* (1978) in Verteidiger, Prospektoren, Risikostreuer und Reagierer vorgegeben (vgl. S. 429 f. der Arbeit). Mittels einer Faktoranalyse konnte er aus 25 personalwirtschaftlichen Entscheidungsvariablen (wie Personalplanung, Personalbeschaffung, Personalentwicklung) vier typische Personalstrategien ermitteln: *Personalentwickler, Personalverwalter, Personalforscher, Personalbeurteiler.* Zwischen Unternehmungsstrategie und Personalstrategie ergaben sich folgende Zusammenhänge (*Ackermann* 1987, S. 64 sowie Abb. 3.57):

---

[7] *Ackermann, Karl-Friedrich* (geb. 1938) Prof. BWL, Uni Stuttgart.
[8] Vgl. hierzu ausführlich *Wührer* 1985.

- Verteidiger präferieren die Personalverwaltungsstrategie
- Prospektoren präferieren die Personalbeurteilungsstrategie
- Risikostreuer präferieren die Personalentwicklungsstrategie
- Mischtypen präferieren die Personalforschungsstrategie.

Abb. 3.57: Personalorientierung bei unterschiedlichen Strategien

	Verteidiger	Angreifer	Analytiker	Reaktor
Strategisches Verhalten	Positionierung in einer Marktnische bei bestmöglicher Kundenbefriedigung	Entwicklung neuer Produkte und rasche Markteinführung	Aufbau stabiler Produkt-Markt-Beziehungen und wohlüberlegter Zweiter im Markt	Passive Produkt-Markt-Politik und vergleichsweise geringe Risikobereitschaft
Personalorientierung	• kurzfristige Personalplanung	• Betonung von Personalmarketing	• langfristige Personalplanung	• sporadische Personalplanung
	• externe Personalbeschaffung	• formale Personalauswahl und -bewertung zur Personalentwicklung	• hohe Personalentwicklung durch Schulung und Weiterbildung	• informale Personalauswahl, -beurteilung und -entwicklung
	• geringe Personalentwicklung	• monetäre Anreize	• interne Personalbeförderung	• monetäre Anreize

Quelle: Bühner 1987b, S. 251

Baird/Meshoulam (1988) haben den Zusammenhang zwischen Entwicklungsstufen einer Unternehmung und Human Resource Strategien untersucht; dabei haben sie folgende **Entwicklungsphasen** unterschieden: Gründung, funktionales Wachstum, kontrolliertes Wachstum, funktionale Integration und strategische Integration. In jeder Phase findet sich empirisch nachweisbar eine unterschiedliche HRM-Orientierung und ein unterschiedliches Führungsverhalten der Manager (vgl. auch *Galbraith/Nathanson* 1978, *Wissema* et al. 1980, *Laukamm* 1986, *Riekhof* 1986).

Das Personalplanungskonzept ‚Personal folgt Strategie' geht von der Annahme aus, daß das zur erfolgreichen Strategieimplementation erforderliche Humanpotential (kurzfristig) beschaffbar sei. Diese Annahme erweist sich in der Praxis als wenig realistisch – gerade die Ressource *Personal* erfordert eine langfristige Betrachtung – und ist mit eine Ursache für das Scheitern anspruchsvoller Strategien. Insofern ist es naheliegend, den umgekehrten Weg einer Strategieentwicklung aus den vorhandenen Ressourcen heraus zu prüfen (vgl. *Hayes* 1985).

(2) Unternehmungsstrategie folgt Personalentscheidungen

Aus der Erkenntnis heraus, daß viele Unternehmungsstrategien an fehlenden oder ungeeigneten Personalressourcen scheitern, bietet sich ein ressourcenorientiertes, inkremental angelegtes Planungskonzept an. Die Logik des Ressourcenansatzes lautet nach *Bühner* (1987b, S. 253): „Entwickle keine Pläne, für die die Fähigkeiten und Ressourcen erst zu finden sind, sondern bilde die Fähigkeiten aus und stelle die Ressourcen bereit, um daran orientiert die Planerstellung zur Ausschöpfung der im Markt vorhandenen Chancen und Gelegenheiten voranzutreiben!"

Auch *Schreyögg* (1987, S. 155) sieht in den personalwirtschaftlichen Instrumenten wesentliche Aktionsparameter der strategischen Führung und nicht nur Mittel zur technischen Strategieumsetzung. Bestimmte Beurteilungs- und Anreizsysteme machen erst bestimmte strategische Entscheidungen möglich. Eine Stärken- und Schwächenanalyse des Personals sowie der zur Zeit gültigen personalpolitischen Instrumente ist also Voraussetzung für eine strategische Planung im Sinne des Ressourcenkonzeptes. Das Ergebnis werden weniger anspruchsvolle, da inkrementalistisch, stückwerkhaft entwickelte (vgl. S. 489), dafür aber bedeutend realistischere Strategien sein.

(3) Interaktive Strategieentwicklung

Ähnlich wie das Gegenstromverfahren der Planung eine Synthese der Top-Down und Bottom-Up Verfahren beinhaltet (vgl. S. 509), strebt die interaktive Strategieentwicklung eine Synthese der Konzepte (1) und (2) an. Die von *Bühner* (1987b) als investitionsorientiertes und wertorientiertes Personalkonzept bezeichneten Ansätze sind Beispiele hierfür. Erste strategische Vorüberlegungen werden unmittelbar mit den vorhandenen (personellen) Ressourcen konfrontiert bzw. auf ihre personellen Konsequenzen hin untersucht. *Posth*[9] hat bei der Firma **AUDI** Anfang der 80er Jahre ein Konzept der **Investitionsanalyse** eingeführt, mit dem Ziel einer Synchronisation von Investitionsplanung und Personalplanung. Jede Investition wird schon in einem möglichst frühen Planungsstadium auf ihre Auswirkungen auf Arbeitssysteme, Arbeitsplätze und deren Anforderungen hin analysiert, damit bereits in diesem Stadium entsprechende personalpolitische Maßnahmen (qualitative, quantitative und strukturelle) ergriffen werden können.

Nach *Posth* (1983, S. 10) soll mit Hilfe der Investitionsanalyse erreicht werden,

- „daß rechtzeitig geeignete flankierende Maßnahmen (z.B. Umschulung, Qualifizierungsprogramme etc.) eingeleitet werden und die betroffenen Mitarbeiter bei der Errichtung neuer technischer Anlagen ihre Vorstellungen einbringen können (*Planungsfunktion*);

---

[9] *Posth, Martin* (geb. 1944) Dr. jur., ab 1980 Arbeitsdirektor bei AUDI; ab 1988 Arbeitsdirektor bei VW.

- daß sich im Unternehmen ein positives, emotionsfreies Verhältnis zu neuen Technologien entwickeln kann, weil alle Beteiligten (Mitarbeiter, Fachbereiche, Arbeitnehmervertretungen) über personelle Auswirkungen und über die vom Unternehmen eingeleiteten Anpassungsaktivitäten informiert sind *(Informationsfunktion)*;
- daß die technischen und betrieblichen Fachbereiche frühzeitiger und intensiver über die personellen Auswirkungen ihrer Planungen nachdenken und sie soweit wie möglich berücksichtigen *(Sensibilisierungsfunktion)*."

Der Investitionsanalyse ist zeitlich eine **Auswirkungsanalyse** vorgelagert, die sich auf mittel- bis langfristige Tendenzabschätzungen von Plänen und prognostizierten Entwicklungen bezieht, um rechtzeitig personalpolitische Maßnahmen einleiten zu können.

Im Geschäftsbericht der **Daimler-Benz AG** (1987, S. 22) lesen wir: „Das Personalwesen wirkt verstärkt bereits bei der Planung von Investitionen begleitend mit und bringt schon in diesem frühen Stadium mitarbeiterbezogene und arbeitswissenschaftliche Gesichtspunkte in die Konzeption von Arbeitssystemen und Arbeitsplätzen ein."

Bei **BMW** versucht man, den (gewandelten) Wertvorstellungen der Mitarbeiter durch eine **wertorientierte Personalpolitik,** die wiederum integraler Bestandteil der Unternehmungstrategie ist, gerecht zu werden (vgl. *Wollert*[10]/ *Bihl* 1983).

Vom Top Management wird den Führungskräften ein „Orientierungsrahmen" vorgegeben, der von den Abteilungen Personalwesen, Bildungswesen und Organisation erarbeitet wurde. Dieser soll die Manager in ihrer Vorbildfunktion unterstützen. Der Orientierungsrahmen manifestiert sich in der wertorientierten Personalpolitik, der Führungskultur, den Handlungsmaximen und in einem intensiven Trainingsprogramm.

Die wertorientierte Personalpolitik basiert auf dem Grundgedanken, daß sich eine Unternehmung in einer Welt wandelnder Werte mit der Wertfrage auseinandersetzen muß. Ziel der wertorientierten Personalpolitik ist es, dem Wertespektrum der Mitarbeiter so weit wie möglich zu entsprechen. Dadurch soll eine stärkere Indentifikation der Mitarbeiter mit der Unternehmung, eine bessere Motivation sowie höhere Leistungsbereitschaft erzielt werden.

Ihren formalen Niederschlag findet die Führungskultur in Handlungsmaximen, die als verbindliche Richtschnur für alle Führungskräfte dienen.

Zur Umsetzung der Handlungsmaximen werden intensive Trainingsprogramme durchgeführt. Diese Führungstrainings sollen das in den Handlungsmaximen geforderte Führungsverhalten vermitteln. Leitbild ist dabei die in Mitverantwortung handelnde Führungskraft.

---

[10] *Wollert, Artur* (geb. 1934) Dr. rer. pol., ab 1974 Personalwesen BMW, ab 1988 Arbeitsdirektor bei Hertie.

Staffelbach (1986, S. 100) hat die Entwicklung von der Strategieorientierung des Personalmanagements hin zu einer Personalorientierung des strategischen Denkens in drei **Entwicklungsstufen** eingeteilt:

1. Stufe: Konventionelle, am Produkt-Markt-Konzept orientierte Unternehmungsstrategie, aus der sich das Personalmanagement ableitet.

2. Stufe: Unternehmungsstrategie unter Berücksichtigung des Personals; Produkt-Markt-Strategien werden an personelle Möglichkeiten angepaßt.

3. Stufe: Personalmanagement als integrativer Bestandteil der Unternehmungsstrategie; Personalmanagement wirkt gestaltend auf Produkt-Markt-Strategien.

b. Planungsmethoden

(1) Erhebungs- und Beurteilungsmethoden

Im Mittelpunkt der klassischen Verfahren der Personalbedarfsermittlung stehen Methoden der **quantitativen Personalplanung,** d.h. die Bestimmung der zukünftig benötigten Anzahl an Mitarbeitern (vgl. *Mag* 1986, *Drumm/ Scholz* 1988). Bei der quantitativen Personalbedarfsplanung sind drei **Bedarfsarten** zu unterscheiden:

• *Ersatzbedarf,* wenn bei gleichbleibender Stellenzahl durch Abgänge freiwerdende Stellen wieder zu besetzen sind,

• *Neubedarf,* wenn die Personenzahl/Stellenzahl erweitert wird,

• *Freistellungsbedarf,* wenn die Stellenzahl vermindert wird.

Die klassische Personalplanung wird, abgesehen von Engpaßsituationen, als abhängig von Planungen in anderen Unternehmungsbereichen gesehen *(derivative Planung).* Ausgangspunkt ist hierbei in erster Linie der Produktionsbereich, danach die verschiedenen Verwaltungsbereiche, die spezifizieren, welchen mengenmäßigen Bedarf an Mitarbeitern bestimmter Qualifikation sie für die nächsten Planungsperioden haben. Ein Vergleich des so ermittelten Soll-Bestands mit dem Ist-Bestand (nach Berücksichtigung sicherer und erwarteter Abgänge und zuzüglich fester Zugänge) ergibt eine Unter- oder Überdeckung. Ein Ausgleich kann zunächst in anderen Unternehmungsbereichen versucht werden und/oder durch verstärkte Marketingaktivitäten, Variation der Lieferfristen und Lagerbestände sowie des Fremdfertigungsvolumens, oder durch direkte Personalmaßnahmen angestrebt werden.

Staudt/Rehbein (1988, S. 28) kritisieren die **chronische Verspätung** der derivativen Personalanpassungsplanung im Hinblick auf technisch-organisatorische Neuerungen. Unterteilt man den Prozeß des technologischen Wandels in eine Beobachtungs-, FuE-, Produktions- und Verkaufsvorbereitungsphase, dann ist es völlig unzureichend, Personaldispositionen reaktiv, jeweils am Ende der Phasen, zu treffen. „Es wird vielmehr erforderlich, zur Bewältigung des jeweils anstehenden Wandels mit der Personaldisposition in Vorlauf zu der jeweiligen Phase zu kommen, wenn man nicht, wie heute üblich, in jeder Phase erst auf personelle Engpässe stoßen und zu kurzfristigen krisenhaften Anpassungsmaßnahmen gezwungen sein will" (*Staudt/Rehbein* 1988, S. 25).

Ansatzweise wird dieser Forderung in Methoden der simulanen Planung von Strategie und Humanressourcen Rechnung getragen (vgl. Abb. 3.58).

Abb. 3.58: Personalbedarfsplanung

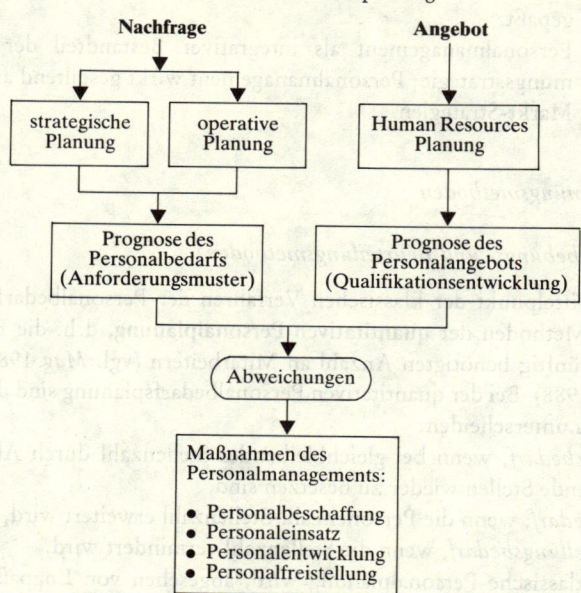

Quelle: In Anlehnung an *Manzini/Gridley* 1986, S. 18

Remer (1978) hat den Bereich der Maßnahmen noch weiter ausdifferenziert (Abb. 3.59).

Beschränkt sich die Bedarfsplanung, wie im Falle der quantitativen Personalplanung, lediglich auf *Mengen* (Personen, Stellen, Arbeitsstunden), ermöglicht dies den Einsatz von Verfahren des **Operations Research.**

Zum Einsatz im Bereich der Personalbedarfsplanung, -einsatzplanung, -entwicklung und -freisetzung werden unterschiedliche quantitative Modelle und Methoden empfohlen (vgl. *Kossbiel* 1976, sowie den Überblick bei *Oechsler* 1988, S. 53 ff.)[11]. Die in der Praxis meistbenutzten Verfahren sind:

Markoff-Modelle, als Prognosemodelle des zukünftigen Personalbestandes einer Abteilung/Unternehmung. Das Verfahren geht aus von einem gegebenen Personalbestand, dessen Struktur man kennt, sowie von bestimmten

---

[11] *Kossbiel, Hugo* (geb. 1939) Prof. BWL, Uni Frankfurt.
Oechsler, Walter (geb. 1947) Prof. BWL, Uni Bamberg.

Übergangswahrscheinlichkeiten, d. h. wahrscheinlichen Personalbewegungen innerhalb einer Unternehmung (z. B. Versetzungen) und über deren Grenzen hinaus (z. B. Pensionierung), und führt nach verschiedenen Rechenoperationen zur Beschreibung eines zukünftigen Personalbestandes.

Abb. 3.59: Ansätze zur Gestaltung der Personalstruktur

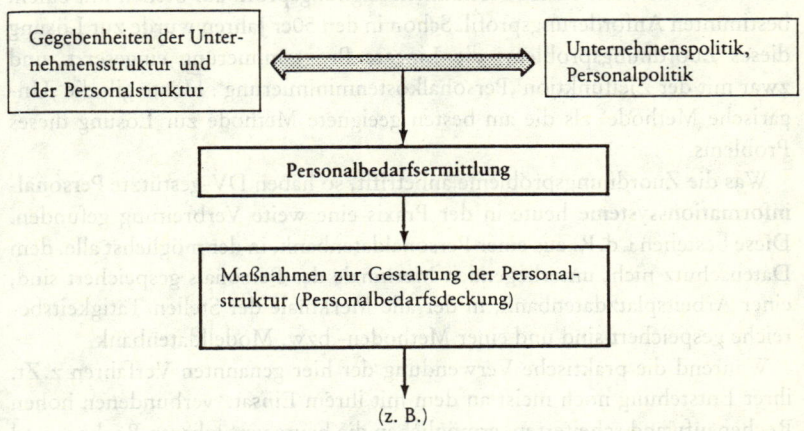

Gegebenheiten der Unternehmensstruktur und der Personalstruktur ⟺ Unternehmenspolitik, Personalpolitik

Personalbedarfsermittlung

Maßnahmen zur Gestaltung der Personalstruktur (Personalbedarfsdeckung)

(z. B.)

	interne Gestaltung	externe Gestaltung
qualitative Gestaltung	unternehmensinterne Personalentwicklung; Führung durch Motivation; Betreuung	Abschluß bzw. Kündigung von Arbeitsverträgen für gleich qualifiziertes Personal
quantitative Gestaltung	Veränderung bestehender Arbeitsverträge; Überstunden; Leistungsanreize	Austausch durch besser qualifiziertes Personal
zeitliche Gestaltung	Schichtwechselpläne; Vertretungen	bestimmte Einstellungsbedingungen (z. B. Feiertagsarbeit); Leiharbeit
räumliche Gestaltung	Maßnahmen auf die einzelnen Einsatzorte (z. B. Abteilungen, Ebenen) bezogen	Maßnahmen auf das Gesamtunternehmen bezogen

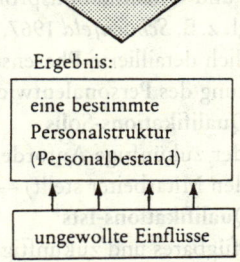

Ergebnis:

eine bestimmte Personalstruktur (Personalbestand)

ungewollte Einflüsse

Quelle: Remer 1978, S. 245

Ökonometrische Modelle, als Verfahren zur Planung des langfristigen Personalbedarfs. Hier wird ein funktionaler Zusammenhang zwischen der Entwicklung einer ökonomischen Zeitreihe (z. B. preisbereinigter Umsatz) und der Entwicklung des Personalbedarfs konstruiert.

Personnel Assignment-Modelle, als Verfahren der Zuordnung von Personen (Bewerber) mit einem bestimmten Eignungsprofil auf Stellen mit einem bestimmten Anforderungsprofil. Schon in den 50er Jahren wurde zur Lösung dieses Zuordnungsproblems die Lineare Programmierung eingesetzt, und zwar mit der Zielfunktion ‚Personalkostenminimierung‘. Heute gilt die ‚Ungarische Methode‘ als die am besten geeignete Methode zur Lösung dieses Problems.

Was die Zuordnungsprobleme anbetrifft, so haben DV-gestützte **Personalinformationssysteme** heute in der Praxis eine weite Verbreitung gefunden. Diese bestehen i. d. R. aus einer Personaldatenbank, in der möglichst alle, dem Datenschutz nicht unterliegenden Merkmale des Personals gespeichert sind, einer Arbeitsplatzdatenbank, in der alle Merkmale der Stellen/Tätigkeitsbereiche gespeichert sind und einer Methoden- bzw. Modelldatenbank.

Während die praktische Verwendung der hier genannten Verfahren z. Zt. ihrer Entstehung noch meist an dem mit ihrem Einsatz verbundenen hohen Rechenaufwand scheiterten, ermöglichen die heute verfügbaren Rechner und Programme einen problemlosen Einsatz. Es fragt sich nur, ob die den Verfahren zugrunde liegenden restriktiven Modellprämissen eine Anwendung geraten erscheinen lassen.

Die obigen Ausführungen zum Stellenwert der Humanressourcen lassen eher einen drastischen Bedeutungszuwachs der *qualitativen* gegenüber den quantitativen Verfahren erwarten. Nach *Drumm* (1987, S. 959) kann unter **qualitativer Personalplanung,** „die Bestimmung derjenigen Kenntnisse, Fähigkeiten und Verhaltensweisen verstanden werden, über die das Personal in der Zukunft bis hin zu einem festzulegenden Planungshorizont verfügen muß". Dies erfordert einerseits eine Prognose zukünftiger Aufgabeninhalte und Tätigkeitsfelder und andererseits zukünftiger Leistungs- und Fähigkeitspotentiale.

Ähnlich wie bei der Bestimmung des quantitativen Bedarfs soll der **Qualifikationsbedarf** aufgrund einer Analyse von Diskrepanzen zwischen veränderten Anforderungs- und Qualifikationsprofilen ermittelt werden.

Die Literatur (vgl. z. B. *Schoenfeld* 1967, S. 161 ff., *Leiter* et al. 1982) schlägt hierzu unterschiedlich detaillierte Phasenschemata vor, die den Weg zur Ermittlung und Deckung des **Personalentwicklungsbedarfs** beschreiben:

1. **Ermittlung des Qualifikations-Solls**
   (gegenwärtige oder zukünftige Anforderungen, die der Arbeitsplatz [Stelle, Position] an den Mitarbeiter stellt) → *Anforderungsprofil*
2. **Ermittlung des Qualifikations-Ists**
   (gegenwärtig verfügbares und zukünftig realisierbares Mitarbeiterpotential und dessen Eignung für bestimmte Aufgaben) → *Eignungsprofil*

3. **Ermittlung des Entwicklungsbedarfs durch Soll-Ist-Vergleich**
(Analyse individueller Qualifikationsdefizite und deren Aggregation zu einem Gesamtpersonalentwicklungsbedarf pro Abteilung oder Betrieb)
4. **Wahl der geeigneten Personalentwicklungsmaßnahmen**
(Planung, Durchführung und Kontrolle der Entwicklungsprogramme).

Zentrales Problem der Berufs- und Qualifikationsforschung ist, wie die (zukünftigen) Ansprüche an das Arbeitsvermögen theoretisch und empirisch zu ermitteln sind. Die Literatur unterscheidet hier zwischen objektiven und subjektiven Arbeitsanalyseverfahren (und Kombinationen davon), die mehr oder weniger der Tatsache Rechnung tragen, daß objektive Verhaltensanforderungen vom Aufgabenträger subjektiv *wahrgenommen* bzw. redefiniert werden.

Nachfolgend werden zwei **Arbeitsanalyseverfahren** beschrieben, die sich aus unterschiedlichen Positionen (theoretisch/empirisch) diesem Problem nähern:

1. **Verfahren zur Ermittlung kognitiver Regulationserfordernisse in der Arbeitstätigkeit (VERA)** (vgl. *Volpert*[12] et al. 1983).

Der Ansatz steht in der Tradition der Handlungsregulationstheorie (vgl. S. 196 f. d. Arbeit) und geht von einem idealtypischen voll eingearbeiteten Arbeitenden aus, der über bestimmte Mindestqualifikationen verfügt und keinen Einfluß auf die Arbeitsaufgabe hat. *Lernen* äußert sich in Superierung, d. h. Teile von Arbeitsprozessen auf einer anfänglich hohen kognitiven Regulationsebene werden durch ständige Wiederholung automatisiert, in einen größeren Handlungszusammenhang gestellt und auf tiefere Ebenen, die weniger Aufmerksamkeit und Vigilanz erfordern, delegiert. Der Arbeitende schafft sich Freiräume für Aufgaben auf höheren Regulationsebenen. *Volpert* et al. (1983, S. 42 ff.) unterscheiden fünf Ebenen, die durch Bildung jeweils zweier Stufen zu einem 10-Stufenmodell ausdifferenziert werden:

Ebene 1: **Sensumotorische Regulation**

Das Resultat der Arbeitsaufgabe ist festgelegt und durch schon oft durchgeführte Abfolgen von Arbeitsbewegungen herzustellen.

Ebene 2: **Handlungsplanung**

Das Resultat der Arbeitsaufgabe ist nicht durch ein Bewegungsprogramm allein herzustellen; es ist durch neuartige Kombinationen von Bewegungsprogrammen zu erreichen.

Ebene 3: **Teilzielplanung**

Das Resultat der Arbeitsaufgabe ist nicht in allen Einzelheiten festgelegt; es kann erst über eine Abfolge von Teilzielen, die auf dem Weg zum Arbeitsresultat liegen, erreicht werden.

---

[12] *Volpert, Walter* (geb. 1942) Prof. Arbeitspsychologie, TU Berlin.

Ebene 4: **Koordination mehrerer Handlungsbereiche**

Das Resultat der Arbeitsaufgabe ist nicht in allen Einzelheiten festgelegt; es besteht in der Aufrechterhaltung oder Initiierung eines mehrere Bereiche umfassenden Arbeitsprozesses.

Ebene 5: **Schaffung neuer Handlungsbereiche**

Das Resultat der Arbeitsaufgabe ist nicht festgelegt und nur durch Schaffung neuer Möglichkeiten der Produktion zu erreichen, wobei noch offen ist, was genau produziert werden soll.

Während VERA die Arbeit unter dem Aspekt bewertet, ob sie Bedingungen bietet, die es dem Arbeitenden ermöglichen, seine Kenntnisse, Fähigkeiten und Fertigkeiten in die Arbeit einzubringen und zu erweitern, untersucht das neuere **RHIA-Verfahren (Verfahren zur Ermittlung von Regulationshindernissen in der Arbeitstätigkeit)** Behinderungen der Handlungsregulation, wie Erschwerungen oder Unterbrechungen der Arbeit, sowie Regulationsüberforderungen, wie monotone Bedingungen oder Zeitdruck (vgl. *Leitner* et al. 1987).

Die kurz skizzierten handlungstheoretischen Verfahren haben der Berufs- und Qualifikationsforschung wichtige Anstöße gegeben, die zu einer ‚kognitiven Wende' dieser Disziplinen beigetragen haben. Fraglich bleibt allerdings der Anspruch, mit Hilfe der Handlungstheorie eine objektive Analyse kognitiver Potentiale von Arbeitstätigkeiten zu leisten (*Oesterreich* 1981), und zwar unabhängig von den subjektiven Perzeptionen der Arbeitenden, weil die jeweiligen Regulationsniveaus der individuellen Handlungsprogramme nicht durch die objektiven Bedingungen der Aufgabe determiniert sind, sondern beeinflußt sind von den verfügbaren Fähigkeiten und Fertigkeiten (vgl. *Hoff/Lappe/Lempert* 1983, *Osterloh* 1983).

2. SOFI-Verfahren (vgl. *Mickler* et al. 1977).

Im Gegensatz zu dem mehr theoretisch fundierten VERA ist das am Soziologischen Forschungsinstitut Göttingen (SOFI) entwickelte Analyseverfahren eher aus der Praxis der empirischen Sozialforschung hervorgegangen. Ausgangspunkt waren die drei *Hacker*schen Regulationsebenen: sensumotorische, perzeptiv-begriffliche und intellektuelle Ebene (vgl. S. 197 d. Arbeit). *Mickler* et al. (1977, S. 25 ff) haben vor allem die dritte Ebene weiter ausdifferenziert, so daß sie zu einem 4-Stufenmodell kommen:

Ebene 1: **Anforderungen an sensumotorisches Verhalten** werden als verfestigte und psychisch automatisierte Tätigkeitselemente ohne ständige Steuerung und Kontrolle durch das Bewußtsein ausgeführt.

Ebene 2: **Anforderungen an perzeptiv-routinisiertes Verhalten** entstehen in weitgehend bekannten Arbeitssituationen, in denen auf wechselnde Arbeitsfolgen durch sensorische Aufnahme informationshaltiger Signale und deren kognitive Verarbeitung anhand von Kenntnissen und Beurteilungsmustern sowie durch flexiblen Einsatz passender, weitgehend festgelegter Aktionsprogramme reagiert wird. Die Art der Aufgaben läßt dabei eine psychologische Automatisierung im Sinne der sensumotorischen Fertigkeiten nicht zu, sondern verlangt ständig die Mitwirkung des Bewußtseins bei der Arbeitsausführung.

Ebene 3: **Anforderungen an diagnostisch-planendes Verhalten** (Denkanforderungen) werden notwendig, wenn neuartige Bedingungen des Arbeitsvollzugs, wie veränderte Aufgabenstellung, unbekannte Störungen und Fehler im Arbeitsablauf, noch nicht bekannte *Problemlösungen* erfordern. Charakteristisch für diese Art von praktisch gegenständlichem Denken ist die Verbindung von abstrakt-begrifflichen mit praktisch-anschaulichen Denkoperationen.

Eine weitergehende Differenzierung der Denkanforderungen in drei Ebenen wird vorgenommen, um dem Anspruch einer systematischen Erfassung von komplexen geistigen Tätigkeiten genügen zu können.

a. **Empirisch-adaptive** Denkanforderungen werden notwendig, wenn sich neuartige Konstellationen im Arbeitsprozeß durch ein überwiegend empirisches, unsystematisches Vorgehen aufklären und durch bloße Modifikation und Anpassung schon bekannter Verfahren und Aktionsprogramme lösen lassen.

b. **Systematisch-optimierend** werden Denkanforderungen genannt, die eine auf konkrete Erfahrung fußende systematische Analyse der neuartigen Problemlage und eine umfassende Kombination und Abstimmung verschiedener bekannter Verfahren und Aktionsprogramme zur rationellen Lösung des Problems voraussetzen.

c. **Strategisch-innovative** Denkanforderungen treten auf, wenn sich schwierige, neuartige Problemlagen nur durch die Entwicklung und Anwendung von Suchstrategien richtig beurteilen lassen und ihre Bewältigung die Entwicklung neuer Verfahren und Aktionsprogramme oder das Aufstellen von Plänen vor Beginn des Arbeitsablaufs (Vorplanen) erfordert.

Ebene 4: **Anforderungen an Arbeitsmotivationen** sind die in jedem Betrieb erforderlichen arbeitsrelevanten Antriebskräfte, die selbständiges Handeln im Rahmen von über den Arbeitsprozeß vermittelten betrieblichen Normen bedingen.

Diese recht differenzierte Art der Analyse von Qualifikationsanforderungen hat noch keinen Eingang in die Personalplanungspraxis gefunden, wo nach wie vor Anforderungs-Klassifikationen nach dem **Genfer Schema** von 1950 (in Weiterentwicklung durch REFA) zugrunde gelegt werden, wie etwa

• Wissen/Können (Kenntnisse, Fähigkeiten)
• Verantwortung
• Belastung (geistig, muskelmäßig)
• Umgebungseinflüsse

Bei Managern kommen dann noch besondere Führungsanforderungen hinsichtlich Führungsverhalten, Motivation und Einstellungen hinzu (vgl. S. 84f.).

48*

Im Mittelpunkt der Praxis qualitativer Personalplanung stehen folgende Verfahren[13] der **Anforderungs- und Qualifikationsanalyse:**

Anforderungsanalysen (job analysis)

- **Dokumentenanalyse:** Hier werden schriftliche Unterlagen, wie Arbeitsplatz- und Stellenbeschreibungen, ausgewertet. Diese sind in aller Regel veraltet und sagen über die zukünftigen Arbeitsplatzanforderungen nichts aus. Sinnvoller ist die systematische Auswertung von Forschungsberichten, etwa über die veränderten Anforderungen neuer Informations- und Fertigungstechnologien.

- **Beobachtung:** Hier verfolgt ein Analytiker die Arbeitsvollzüge vor Ort und zeichnet diese an Hand vorgegebener Beobachtungskategorien auf. Abgesehen von Wahrnehmungsfehlern und dem fehlenden Zukunftsbezug ist dieses sehr aufwendige Verfahren vergleichsweise valide.

- **Interview:** Die Befragung des Stelleninhabers ist nach wie vor die verbreitetste Methode der Informationsgewinnung. Besonders aufschlußreich ist die Frage nach *critical incidents* für Erfolg oder Mißerfolg an diesem Arbeitsplatz. Die Methode der kritischen Ereignisse geht auf *Flanagan* (1954) zurück. Eine typische Frage an den Vorgesetzten lautet etwa: Denken Sie an einen Mitarbeiter, der an dieser Aufgabe (an einem bestimmten Arbeitsplatz) scheiterte, und nennen Sie mir die Gründe hierfür. Der Zukunftsbezug kann hergestellt werden, wenn Delphi-Expertenbefragungen zusätzlich durchgeführt werden.

Randell (1983) macht deutlich, daß eine **Job Capacity Analysis** (der Qualifikationsanforderungen) nicht ausreicht, sondern um eine **Job Inclination Analysis** ergänzt werden muß. Diese überprüft, ob die Ausgestaltung der Stelle mit den Bedürfnissen des potentiellen Stelleninhabers harmoniert, ob sie seinen Neigungen (inclinations) entspricht. Drei potentielle Störfaktoren sind zu beachten:

- Entfremdungspotential (Unterforderung, unzureichender Lohn und Status)
- Konfliktpotential (unklare Aufgaben- und Verantwortungsabgrenzung, keine Entwicklungsmöglichkeiten)
- Motivationspotential (Arbeitsinhalt, Anerkennung, Macht und Verantwortung).

Der qualitative Personalbedarf ergibt sich aus der Bündelung künftig erwarteter Aufgaben und Anforderungen zu neuen Stellen und Berufsbildern.

Qualifikationsanalysen

- **Dokumentenanalyse:** Auswertung von Zeugnissen, biographischen Fragebögen, Leistungsbeurteilungen, Tests etc. Erfolgt die Beurteilung/Auswer-

---

[13] Zu Methoden und Instrumenten der Personalforschung vgl. *Seiwert* 1983.
Zur Prognose zukünftiger Tätigkeitsfelder vgl. *Drumm* 1987.
Drumm, Hans Jürgen (geb. 1937), Prof. BWL, Uni Regensburg.

tung allein durch den Vorgesetzten oder einen Personalsachbearbeiter, besteht die Gefahr, daß solche Beurteilungen zu einem erheblichen Teil die *eigenen* subjektiven Qualifikationsanforderungen reproduzieren.

• **Beobachtung** und **Interview** lassen sich ebenfalls als Instrumente der Fähigkeits- und Eignungsanalyse benutzen. Von beobachteten oder erfragten Verhaltensweisen auf Qualifikationen zu schließen, erscheint jedoch wegen der Gefahr falscher Wahrnehmungen und Attributionen äußerst problematisch.

Dennoch weisen *verhaltensorientierte Beurteilungsverfahren* gegenüber herkömmlichen Einstufungsverfahren (nach Eigenschaften oder Arbeitsmenge und -güte) vielfältige Vorteile auf (vgl. *Arnold/Feldman* 1986, S. 305 ff.; *Domsch/Gerpott* 1985; *Liebel/Oechsler* 1987). Die auf *Smith/Kendall* (1963) zurückgehenden verhaltensverankerten Beurteilungsskalen (**BARS** = behaviorally anchored rating scales) messen beobachtbares Mitarbeiterverhalten in stellentypischen Arbeitssituationen. Das erwartete Verhalten wird in Kurzbeschreibungen gegossen (Richtbeispiele) und erleichtert somit die Beurteilung. (Beispiel eines Verhaltensankers für einen Verkäufer: Man könnte von ihm erwarten, daß er den Wunsch eines Kunden nach Umtausch eines defekten Gerätes freundlich und entgegenkommend erfüllt).

Latham/Wexley (1981) schlagen die Beurteilung anhand von Verhaltensbeobachtungsskalen (**BOS** = behavioral observation scales) vor; hier wird das Verhalten des Mitarbeiters in für den Arbeitserfolg kritischen Ereignissen auf einer Skala von 1 (fast nie) bis 5 (fast immer) beurteilt. *Domsch/Gerpott* (1985, S. 677) sehen die besonderen Vorteile verhaltensorientierter Beurteilungsskalen in der

• Durchführung systematischer Arbeitsanalysen
• Gewinnung von Daten für Trainingsprogramme
• Gewinnung von Daten zur Organisationsdiagnose und -entwicklung
• Formulierung spezifischer Verhaltenserwartungen (BARS und BOS lassen sich gut mit MbO verknüpfen, *Odiorne* 1979, S. 280 ff.)

Als **Beurteiler** kommen bei all diesen Verfahren in Frage (*Duncan* 1981, S. 363 f.):

• Vorgesetzte
• Kollegen (peers)
• Untergebene
• Externe
• der zu beurteilende selbst (Selbstbeurteilung).

Um **Beurteilungsfehler** zu vermeiden, die bei der Beurteilung durch einen einzigen Beurteiler leicht auftreten, haben in jüngerer Zeit Gruppenbeurteilungsverfahren, wie etwa im Assessment Center praktiziert, an Bedeutung gewonnen (zu Beurteilungsfehlern und deren Reduktion vgl. *Liebel/Oechsler* 1987).

Das **Assessment Center** wird nicht nur als Auswahlinstrument (Beurteilung und Selektion von externen Bewerbern), sondern auch als PE-Instrument eingesetzt. Das Assessment Center wurde in den 30er Jahren für den militärischen Bereich entwickelt (Auslese von Offiziersanwärtern) und von **AT&T** Mitte der 50er Jahre auf den Bereich der Wirtschaft übertragen.

Unterschiede zu den bislang besprochenen Verfahren liegen vor allem darin, daß

- mehrere Beurteilungsverfahren (Methoden-Mix) zum Einsatz kommen, wie Interviews, Tests, biographische Fragebogen, Fallstudien, Postkorb-Übung, führerlose Gruppendiskussion
- mehrere Kandidaten über mehrere Tage beobachtet werden
- mehrere Beurteiler die Kandidaten bewerten, was zu einer größeren Objektivität führt
- mehrere Bewertungskriterien bzw. -dimensionen festgelegt werden, wobei auch das Umgehen mit Anforderungen aus künftigen Tätigkeiten getestet werden kann
- Rückkopplung der Beurteilungen an die Teilnehmer in Einzelgesprächen; Einleiten von auf die spezifischen Bedürfnisse und Defizite des Teilnehmers zugeschnittenen PE-Maßnahmen (vgl. *Jeserich* 1981, *Staude* 1985).

Zentrale Aufgabe des HRM ist es, die Ergebnisse der Anforderungs- und der Qualifikationsanalyse in entsprechende personalpolitische Maßnahmen einfließen zu lassen. Dabei wird nach *Heneman*[14] et al. (1986) die Qualität der HR Leistungen (outcomes) durch die Qualität der Übereinstimmung *(fit)* zwischen individuellen Fähigkeiten und Bedürfnissen und den organisatorischen Anforderungen und Anreizen bestimmt. Unterstützende HR-Aktivitäten, wie Arbeitsplatzanalysen, Mitarbeiterbeurteilungen, Personalplanung, beeinflussen dabei das Ergebnis indirekt, funktionale HR-Aktivitäten, wie Personalbeschaffung, Entlohnung, Arbeitsplatzgestaltung direkt (einen ähnlichen Ansatz vertreten *Milkovich/Glueck* 1985).

(2) Darstellungsmethoden

Die Ergebnisse einer Erhebung und Beurteilung des gegenwärtigen und zukünftigen Humanpotentials werden herkömmlicherweise in Personalakten festgehalten bzw. in Personalinformationssystemen gespeichert. Im Zuge der Einführung von Karriereplänen (vgl. Abschnitt II 3 c) steigt der Bedarf an transparenten Übersichtsdarstellungen (vgl. Abb. 3.60).

---

[14] *Heneman, Herbert G.* (geb. 1916) Prof. Economics and Industrial Relations, Uni of Wisconsin, Madison.

Abb. 3.60: Potentialbeurteilung von Stelleninhabern

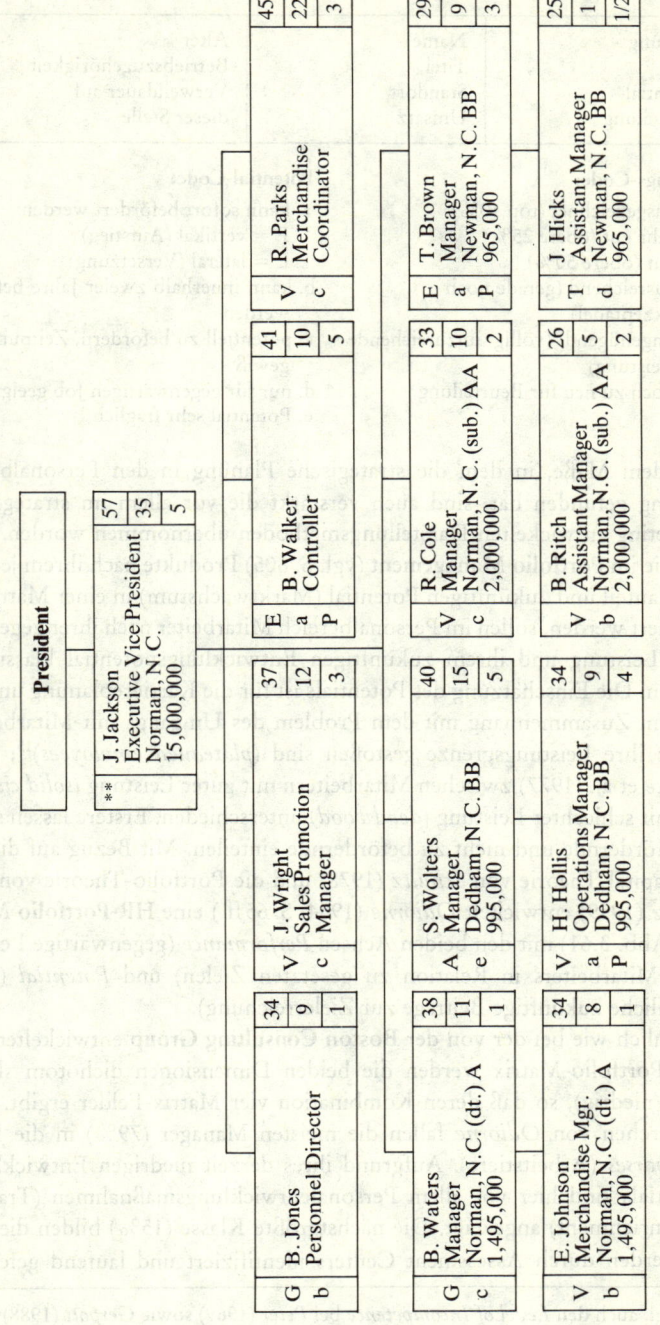

President		

| ** | J. Jackson Executive Vice President Norman, N.C. 15,000,000 | 57 / 35 / 5 |

V / c	J. Wright Sales Promotion Manager	37 / 12 / 3
E / a / P	B. Walker Controller	41 / 10 / 5
V / c	R. Parks Merchandise Coordinator	45 / 22 / 3

G / b	B. Jones Personnel Director	34 / 9 / 1
A / e	S. Wolters Manager Dedham, N.C. BB 995,000	40 / 15 / 5
V / c	R. Cole Manager Norman, N.C. (sub.) AA 2,000,000	33 / 10 / 2
E / a / P	T. Brown Manager Newman, N.C. BB 965,000	29 / 9 / 3

G / c	B. Waters Manager Norman, N.C. (dt.) A 1,495,000	38 / 11 / 1
V / a / P	H. Hollis Operations Manager Dedham, N.C. BB 995,000	34 / 9 / 4
V / b	B. Ritch Assistant Manager Norman, N.C. (sub.) AA 2,000,000	26 / 5 / 2
T / d	J. Hicks Assistant Manager Newman, N.C. BB 965,000	25 / 1 / 1/2

| V / b | E. Johnson Merchandise Mgr. Norman, N.C. (dt.) A 1,495,000 | 34 / 8 / 1 |

Quelle: Killian 1976, S. 80f.

Legende:

Leistungs- und Potential- beurteilung	Name Titel Standort Umsatz	Alter Betriebszugehörigkeit Verweildauer auf dieser Stelle

Leistungs-Code:

E = ausgezeichnet (top 10%)
V = sehr gut (obere 25%)
G = gut (obere 50%)
A = ausreichend (gerade noch akzeptabel)
U = ungenügend (völlig unzureichende Leistung)
T = noch zu neu für Beurteilung

Potential-Code:

a. kann sofort befördert werden
   P = vertikal (Aufstieg)
   L = lateral (Versetzung)
b. kann innerhalb zweier Jahre befördert werden
c. potentiell zu befördern, Zeitpunkt ungewiß
d. nur für gegenwärtigen Job geeignet
e. Potential sehr fraglich

In dem Maße, in dem die strategische Planung in den Personalbereich Eingang gefunden hat, sind auch verstärkt die vor allem im strategischen Marketing entwickelten Darstellungsmethoden übernommen worden. Ähnlich wie im **Portfolio Management** (vgl. S. 605) Produkte nach ihrem jetzigen Marktanteil und zukünftigen Potential (Marktwachstum) in einer Matrix positioniert werden, sollen im Personalbereich Mitarbeiter nach ihrer gegenwärtigen Leistung und ihrem zukünftigen Entwicklungspotential klassifiziert werden. Die Einschätzung des Potentials ist für die Karriereplanung unerläßlich. Im Zusammenhang mit dem Problem des Umgangs mit Mitarbeitern, die an ihre Leistungsgrenze gestoßen sind (*plateaued employees*)[15], haben *Ference* et al. (1977) zwischen Mitarbeitern mit guter Leistung (*solid citizens*) und mit schlechter Leistung (*deadwood*) unterschieden. Erstere lassen sich in zu befördernde und nicht zu befördernde einteilen. Mit Bezug auf die Humankapital-Theorie von *Schultz* (1978) und die Portfolio-Theorie von *Markowitz* (1959) entwickelt *Odiorne* (1984, S. 65ff.) eine **HR-Portfolio Matrix** (vgl. Abb. 3.61) mit den beiden Achsen *Performance* (gegenwärtige Leistung eines Mitarbeiters in Relation zu gesetzten Zielen) und *Potential* (wahrscheinliche zukünftige Beiträge zur Zielerreichung).

Ähnlich wie bei der von der **Boston Consulting Group** entwickelten Produkt-Portfolio-Matrix werden die beiden Dimensionen dichotom skaliert (hoch/niedrig), so daß deren Kombination vier Matrix-Felder ergibt. Nach Recherchen von *Odiorne* fallen die meisten Manager (79%) in die Klasse *workhorses* (Arbeitstiere). Aufgrund ihres derzeit niedrigen Entwicklungspotentials sind hier vor allem Personalentwicklungsmaßnahmen (Training, Job Enrichment) angezeigt. Die nächstgrößte Klasse (15%) bilden die *stars*. Sie werden durch Assessment Centers identifiziert und laufend gefördert.

---

[15] Vgl. auch den *Level of Incompetence* bei *Peter* (1969) sowie *Gerpott* (1988) und S. 824 der Arbeit.

Abb. 3.61: Human Resources Portfolio

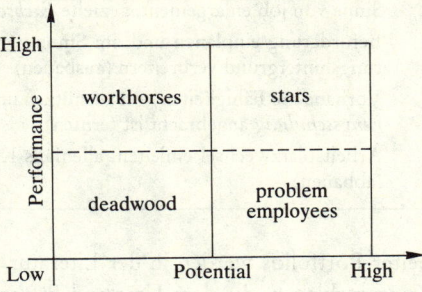

Quelle: Odiorne 1984, S. 66

Sowohl *deadwood* (Leistungsschwache) als auch *problem employees* (Problemfälle) weisen niedrige Leistungen auf. Während erstere aufgrund ihres fehlenden Potentials zur Entlassung anstehen, erfordern die Problemfälle die besondere Aufmerksamkeit des HRM. Besserung ist zu erwarten durch gezieltes Training, klare Leistungsstandards, Beseitigung von Leistungshindernissen und rasches Feedback. *Odiorne* hält es keineswegs für inhuman, Mitarbeiter als Aktiva zu sehen; sie können bewertet werden und sind wie ein Portfeuille zu managen (Investitions- und Desinvestitionsentscheidungen), um ihren Wert zu steigern.

Abb. 3.62: Mitarbeiter-Portfolio

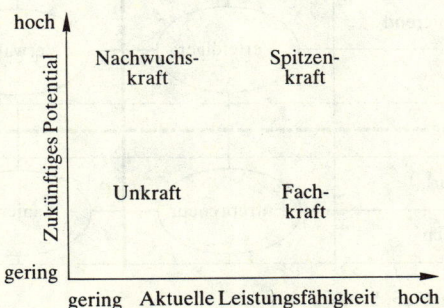

Quelle: Fopp 1982, S. 334

In der Bundesrepublik Deutschland hat als erster *Fopp* (1982) die Aufstellung von **Mitarbeiter-Portfolios** vorgeschlagen (Abb. 3.62) und für einzelne Mitarbeiterkategorien[16] analog dem Vorgehen bei Produkt-Markt-Portfolios **Normstrategien** entwickelt (*Fopp* 1982, S. 335):

---

[16] Bei den Begriffen ‚deadwood‘ und ‚Unkraft‘ handelt es sich um besonders krasse sprachliche Entgleisungen, die dem Anspruch einer ‚neuen‘ Wertschätzung des Personals diametral entgegenstehen.

Nachwuchskraft	Systematische Einführung in die Unternehmungspraxis und, im Sinne von job enlargement, gezielte *Fachschulung* (aufbauen)
Spitzenkraft	Beförderung einplanen und, im Sinne von job rotation, Erfahrungshintergrund verbreitern (ausbauen)
Fachkraft	Vorhandene Fähigkeiten voll ausnützen und überlegen, ob *Führungsschulung* angebracht ist (ernten)
Unkraft	Arbeitsplatzwechsel einleiten, allenfalls Kündigung veranlassen (abbauen)

Neben Mitarbeiter-Portfolios werden in der Literatur auch spezielle **Manager-Portfolios** vorgeschlagen, die dem Umstand Rechnung tragen, daß in unterschiedlichen Lebenszyklusphasen und Wettbewerbspositionen einer strategischen Geschäftseinheit auch unterschiedliche Managertypen verlangt werden (Abb. 3.63). *Wissema* et al. (1980) haben für unterschiedliche Produkt-Markt-Kombinationen ‚passende‘ Managerpersönlichkeiten (Idealtypen, wie z. B. pioneer, conqueror, administrator) entwickelt, die den besonderen Anforderungen der SGEs gewachsen sein sollen.

Abb. 3.63: Die strategische Positionierung von Managertypen

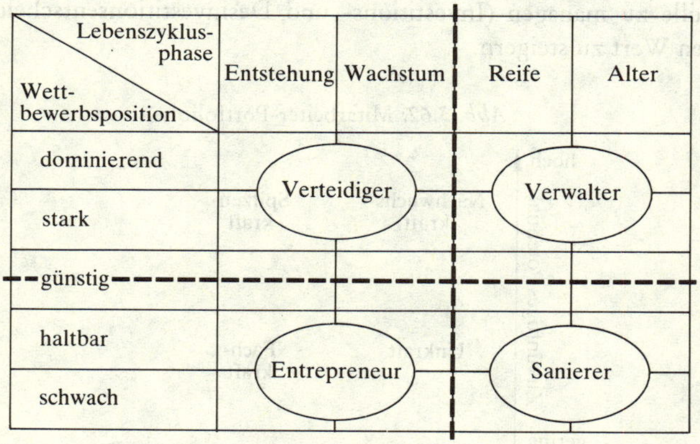

Quelle: Laukamm 1985, S. 274

Laukamm[17] (1985, S. 273 ff. sowie 1986) unterscheidet, wohl in Anlehnung an *Miles/Snow* (1978), vier **Managertypen:** Verteidiger, Verwalter, Entrepreneur und Sanierer, die den veränderten Anforderungen eines sich wandelnden Geschäfts durch spezifische Qualifikationen gerecht werden sollen. Große divisionalisierte Unternehmungen mit einer Vielzahl von strategischen Geschäftseinheiten können bei Bedarf einen Führungskräftetransfer vornehmen oder sogar ganze Führungsmannschaften austauschen.

---

[17] *Laukamm, Thomas* Dr., Unternehmensberater.

Auch die von *Jacobs/Thiess/Söhnholz* (1987) vorgeschlagenen **Human-Res-sourcen-Portfolios** beinhalten eine Verknüpfung der Humanressourcen eines strategischen Geschäftsbereiches mit dessen angestrebter strategischer Bedeutung. Neu ist, daß einem *Ist-Portfolio* (derzeitige Übereinstimmung der Personal-Qualität mit den zukünftigen Anforderungen) ein Soll- oder *Ziel-Portfolio* (erwartete Übereinstimmung) gegenübergestellt wird. Bei Abweichungen kann entweder die Strategie an die (unzureichenden) Humanressourcen angepaßt werden oder die Humanressourcen werden an die unveränderten strategischen Absichten angepaßt. *Jacobs* et al. (1987, S. 212) entwickeln für die letztere Vorgehensweise vier **Normstrategien:**

- *Wachstumsstrategie* (Erhöhung der Personalqualität/-quantität in angestammten Tätigkeitsfeldern)
- *Diversifikationsstrategie* (Aufbau eines Personalstammes in neuen Tätigkeitsfeldern)
- *Konsolidierungsstrategie* (Halten der Personalqualität bei gleichzeitiger Suche nach Rationalisierungspotentialen)
- *Eliminierungsstrategie* (Abbau großer Teile des Personals oder im Extremfall des gesamten Personals).

Die Anwendung der Portfolio-Technik zur Strukturierung personalwirtschaftlicher Entscheidungen ist von *Marr*[18] (1986, S. 19) als wissenschaftlich unfruchtbar und für die Weiterentwicklung des Personalwesens eher hinderlich eingeschätzt worden. Positiv wird lediglich die Erhöhung des Problembewußtseins beim Management gesehen. Diese wird jedoch erkauft durch eine als überwunden geglaubte Gleichsetzung von Personal mit anderen Ressourcen.

Die Tatsache, daß sich der Mensch fundamental von anderen Inputfaktoren unterscheidet, macht gerade den besonderen Stellenwert des Unternehmungsbereichs Personalwirtschaft aus. Im Gegensatz zum Objektcharakter von Werkstoffen, Betriebsmitteln, Finanzen oder Informationen, die als Mittel zum Erreichen unternehmerischer Ziele eingesetzt werden, hat der Mensch vor allem *Subjektcharakter,* d. h. daß Menschen einen Selbstwert aufweisen (eigene Ziele, Wünsche, Bedürfnisse) und folglich nicht von anderen Menschen oder Organisationen lediglich als Mittel oder Instrument ‚benutzt' oder als ‚Unkraft' abgebaut werden sollten.

---

[18] *Marr, Rainer* (geb. 1942) Prof. BWL, Uni der Bundeswehr München.

II. Politikfelder des Personalmanagements

Unter Politikfeldern des Personalmanagements verstehe ich diejenigen Aktivitätsbereiche, auf denen das HRM tätig wird und auf die es gestaltend Einfluß nimmt, um das Humanpotential einer Unternehmung möglichst effizient zu entfalten. Im ersten Abschnitt dieses Kapitels ist deutlich geworden, wie sich im Laufe der Zeit die Politikfelder des HRM (ausgehend von der Personalverwaltung) ausgeweitet haben. Die Auffassungen darüber, was heute diesen Politikfeldern zuzuordnen ist, gehen in der Literatur auseinander (vgl. z. B. *v. Eckardstein/Schnellinger* 1978, *Remer* 1978, *Berthel* 1979, *Flippo*[1] 1984, *Kupsch/Marr* 1985, *Oechsler* 1988). *Marr/Stitzel* (1979) sprechen gemäß ihres konfliktorientierten Ansatzes (gemeint ist die grundsätzlich konfliktäre Interessenlage zwischen Organisation und Mitarbeitern) von personalwirtschaftlichen **Konfliktfeldern.** Als solche sehen sie:

- **Stellenbesetzung,** mit den Entscheidungstatbeständen
  - Personalbedarfsermittlung
  - Personalbeschaffung
  - Personaleinsatz
  - Personalentwicklung
  - Personalfreistellung
- **Arbeitsstrukturierung,** mit den Entscheidungstatbeständen
  - Gestaltung des Arbeitsinhaltes
  - Gestaltung der technischen Arbeitsbedingungen
  - Gestaltung der Arbeitsumgebung
  - Gestaltung der Arbeitszeit
- **Wertschöpfungsverteilung,** mit den Entscheidungstatbeständen
  - Entscheidung über den Grundlohn
  - Entscheidung über den Leistungslohn
  - Entscheidung über den Soziallohn
  - Entscheidung über den Erfolgsanteil
  - Entscheidung über die freie Lohnzulage
- **Sozio-funktionale Beziehungen,** mit den Entscheidungstatbeständen
  - Gestaltung der Beziehungen zwischen Vorgesetzten und Mitarbeitern
  - Gestaltung der Beziehungen innerhalb von Arbeitsgruppen
  - Konflikthandhabung
- **Koordination,** mit den Entscheidungstatbeständen
  - Koordination durch strukturelle Gestaltung
  - Koordination durch Information

---

[1] *Flippo, Edwin B.* (geb. 1925) Prof. Management, Uni of Arizona, Tucson.

Im folgenden gehe ich von einem gegebenen Personalbestand aus und diskutiere die wichtigsten der o. g. Politikfelder aus der Sicht des HRM:

- *Personalmotivation*
- *Personalführung*
- *Personalentwicklung*

1. Personalmotivation

Unter Personalmotivation wird hier nicht das *Ergebnis,* ein motivierter Mitarbeiter, sondern der *Prozeß* der Motivaktivierung beim Mitarbeiter verstanden. Hierzu setzt das Management **Arbeitsanzreize** ein, von denen heute folgenden drei besondere Motivkraft zukommt:

- *Arbeitsentgelt*
- *Arbeitsinhalt*
- *Arbeitszeit*

Bei der Suche nach motivationspolitischen Ansatzpunkten haben für das Management einer Unternehmung zwei Fragen zentrale Bedeutung (vgl. *March/Simon* 1958):

- Was motiviert einen Menschen, in eine bestimmte Unternehmung einzutreten und dort zu bleiben *(Teilnahmeentscheidung)?*
- Was motiviert den Mitarbeiter, einen produktiven Beitrag zur Erreichung der Unternehmungsziele zu leisten *(Leistungsentscheidung)?*

Bei der Beantwortung dieser Fragen (was motiviert?) kann auf zwei unterschiedliche Erklärungsansätze zurückgegriffen werden (vgl. *Luthans/Kreitner* 1985, S. 3):

- *interne Ansätze* erklären Verhalten aus individuellen Bedürfnislagen und Motivstrukturen der (potentiellen) Mitarbeiter
- *externe Ansätze* erklären Verhalten eher lerntheoretisch aus Anreizen und Belohnungen der Umwelt.

Im Rahmen der *internen Ansätze* ziehen Manager verstärkt Aussagen der **Inhaltstheorien** heran. Sie haben erkannt, wie wichtig es ist, mehr sowohl über die gegenwärtige Bedürfnis- und Motivationsstruktur von Mitarbeitern als auch über deren Entwicklung in den letzten Jahren zu wissen. Kenntnisse hierüber stellen ihrer Meinung nach die Voraussetzung dar für eine gezielte, d. h. der individuellen Situation des Mitarbeiters angepaßte **Leistungsmotivation.**

Hierbei wird i. d. R. auf die Bedürfnishierarchie von *Maslow* zurückgegriffen (vgl. *Remer* 1978, S. 123 in Anlehnung an *v. Rosenstiel*):

Bedürfnisse	Anreize
a) Grundbedürfnisse	z. B. Entgelt, Gestaltung des Arbeitsplatzes, Abschirmung von Belästigungen und Störungen, verbilligte Einkaufs- und Wohnmöglichkeiten, Kantine, ärztliche Betreuung
b) Sicherheitsbedürfnisse	z. B. Vertrauen in die Zukunft des Unternehmens, Versicherung gegen Krankheit, Unfall, Invalidität und Alter, Sicherheit des Arbeitsplatzes
c) Kontaktbedürfnisse	z. B. Möglichkeiten der Kommunikation am Arbeitsplatz, angenehme Kollegen, mitarbeiterorientierte Vorgesetzte, Problemlösungsgespräche
d) Anerkennungsbedürfnisse	z. B. Aufstiegsmöglichkeiten, übertragene Kompetenzen, Ehrentitel, Gehaltshöhe, Dienstwagen
e) Selbstentfaltungsbedürfnisse	z. B. Delegation, Mitbestimmung bei der Arbeit, partizipative Führung, gleitende Arbeitszeit, abwechslungsreiche Tätigkeit, Fortbildungsprogramme

Externe Ansätze vernachlässigen dagegen die je spezifische Bedürfnislage und setzen auf externe Stimuli, vor allem auf die Verstärkung der Konsequenzen des Verhaltens (Belohnung, Bestrafung). Diese auf behavioristischen Lerntheorien (vgl. Lerntheorien der Führung, S. 351 ff.) basierenden Motivationsansätze dominieren nach wie vor in der betrieblichen Praxis.

Einer an die individuelle Prädisposition angepaßten Motivaktivierung steht auch die **traditionelle Personalpolitik** entgegen, die sich herkömmlicherweise auf generelle, meist für die gesamte Unternehmung gültige Instrumente verläßt, vor allem also (vgl. *Lawler* 1977, *v. Eckardstein/Schnellinger* 1978):

• Entgeltpolitik (Lohn, Erfolgsbeteiligung)
• Sozialleistungspolitik
• Politik der Aufgabenverteilung (Stellenbeschreibung, Arbeitsstrukturierung)
• Gestaltung der Arbeitsbedingungen
• Informationspolitik
• Führungsverhalten (Anerkennung und Kritik)
• Bildungspolitik (Personalentwicklung).

Aus diesem Katalog sind die beiden ersten Positionen eher als Belohnung (Abgeltungsfunktion) für die Teilnahme an der Unternehmung zu interpretieren denn als Motive für Leistungsverhalten. Dieses ist durch Motivation allein nicht zu steigern. Die Praxis geht hier von einer einfachen multiplikativen Verknüpfung der Variablen *Fähigkeit* und *Motivation* (siehe auch *Vroom* 1964, S. 203 ff., *Schanz* 1978, S. 82 ff.) aus:

$$\text{Leistung} = f \,(\text{Fähigkeit} \times \text{Motivation})$$

Vorausgesetzt, die Variablen ließen sich quantifizieren, ergibt sich das Leistungsniveau als Fläche der Rechtecke in Abb. 3.64.

Abb. 3.64: Leistung in Abhängigkeit von Motivation und Fähigkeiten

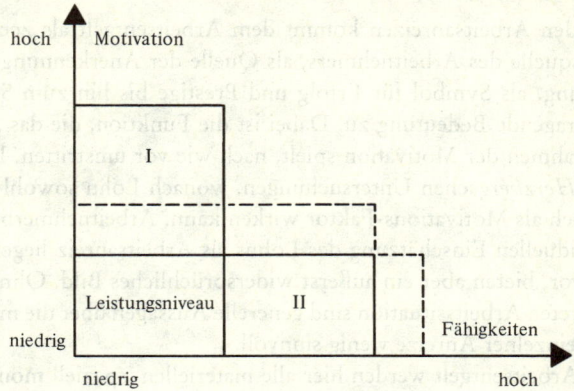

Das gleiche Leistungsniveau wird bei *Person I* durch eine sehr hohe Motivation bei mittleren Fähigkeiten und bei *Person II* durch sehr hohe Fähigkeiten bei mittlerer Motivation erreicht.

Die für das Management daraus abzuleitenden Gestaltungsempfehlungen liegen auf der Hand. Bei *Person II* bringt eine weitere Verbesserung der Fähigkeiten (etwa durch eine Schulungsmaßnahme) nur marginale Leistungszuwächse, während eine verstärkte Motivation (etwa durch job enrichment) bedeutend höheren Leistungsgewinn verspricht (vgl. gestrichelte Linien in Abb. 3.64). Bei *Person I* bietet sich eine umgekehrte Strategie an.

Erinnern wir uns an die fundamentale **Verhaltensgleichung** von *Lewin* (S. 138 der Arbeit)

$$\text{Verhalten} = f\ (\text{Person, Umwelt})$$

und nehmen einige attributionstheoretische Präzisierungen der Variablen vor (vgl. *Heider* 1958 sowie S. 222f. der Arbeit)

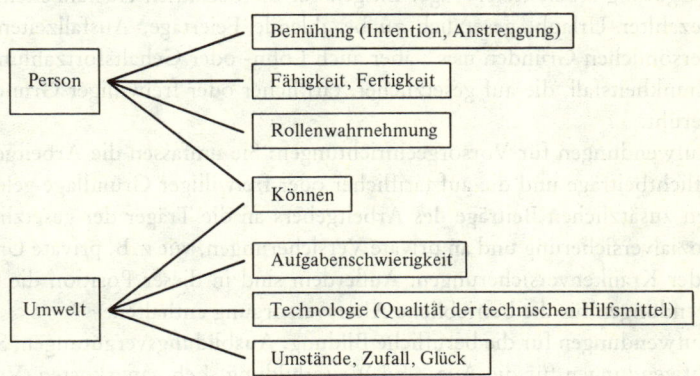

ergeben sich weitere wichtige Ansatzpunkte für die Beeinflussung des Leistungsverhaltens.

a. Arbeitsentgelt

Unter den Arbeitsanreizen kommt dem Arbeitsentgelt als zentraler Einkommensquelle des Arbeitnehmers, als Quelle der Anerkennung seiner Arbeitsleistung, als Symbol für Erfolg und Prestige bis hin zum Selbstzweck eine überragende Bedeutung zu. Dabei ist die Funktion, die das **Arbeitsentgelt** im Rahmen der Motivation spielt, nach wie vor umstritten. Dies zeigen auch die *Herzberg*schen Untersuchungen, wonach Lohn sowohl als Hygiene- als auch als Motivations-Faktor wirken kann. Arbeitnehmerbefragungen zur individuellen Einschätzung des Lohns als Arbeitsanreiz liegen zwar zur Genüge vor, bieten aber ein äußerst widersprüchliches Bild. Ohne Kenntnis der konkreten Arbeitssituation sind generelle Aussagen über die motivationale Stärke einzelner Anreize wenig sinnvoll.

Unter Arbeitsentgelt werden hier alle materiellen, speziell **monetären Anreize/Belohnungen** verstanden, die aus der Sicht der Unternehmung Arbeitskosten darstellen. *Kupsch/Marr* (1985) unterscheiden neben monetären Anreizen (Entgeltpolitik) noch soziale Anreize (Führung, s. Abschnitt 2) und Ausbildungs- und Aufstiegsanreize (Personalentwicklung, s. Abschnitt 3).

Das Statistische Bundesamt der Bundesrepublik Deutschland unterscheidet zwischen dem *Entgelt für geleistete Arbeit* (Lohn- und Gehaltssumme für Arbeiter und Angestellte [ohne Auszubildende], vermindert um alle Zahlungen, die nicht unmittelbar laufender Verdienst für tatsächlich geleistete Arbeitszeit sind, insbesondere um Sonderzahlungen und die Vergütung arbeitsfreier Tage) und den *Personalnebenkosten* (kostenmäßige Erfassung der betrieblichen Sozialleistungen). Die Personalnebenkosten werden weiter aufgeschlüsselt in:

- Sonderzahlungen: Hierzu zählen alle nicht laufend gezahlten Lohn- und Gehaltsbestandteile, wie Gratifikationen, 13. Monatsgehalt, Urlaubsgeld usw. sowie die vermögenswirksamen Leistungen der Arbeitgeber.
- Vergütung arbeitsfreier Tage: Entgelt für die bezahlten Ausfallzeiten, wie bezahlter Urlaub, gesetzlich zu bezahlende Feiertage, Ausfallzeiten aus persönlichen Gründen usw., aber auch Lohn- oder Gehaltsfortzahlung im Krankheitsfall, die auf gesetzlicher, tariflicher oder freiwilliger Grundlage beruht.
- Aufwendungen für Vorsorgeeinrichtungen: Sie umfassen die Arbeitgeberpflichtbeiträge und die auf tariflicher oder freiwilliger Grundlage geleisteten zusätzlichen Beiträge des Arbeitgebers an die Träger der gesetzlichen Sozialversicherung und an private Versicherungen, wie z.B. private Unfall- oder Krankenversicherungen. Außerdem sind in dieser Position die Aufwendungen für die betriebliche Altersversorgung enthalten.
- Aufwendungen für die berufliche Bildung: Ausbildungsvergütungen, Sachaufwendungen für die Aus- und Weiterbildung. Lehrgangskosten, Vergütungen für firmenfremdes Ausbildungspersonal (dagegen nicht Personalkosten für firmeneigenes Ausbildungspersonal).

- Sonstige Personalnebenkosten: Alle sonstigen Aufwendungen der Arbeitgeber für ihre Arbeitnehmer, wie Familienunterstützungen, Wohnungsfürsorge, Verpflegungszuschüsse und Auslösungen, Naturalleistungen, Aufwendungen für Belegschaftseinrichtungen, Aufwendungen nach dem Mutterschutz- und Schwerbehindertengesetz.

Motivationstheoretisch interpretiert stellt das Arbeitsentgelt einen Anreiz materieller Art dar, für den das Management einen Beitrag von seiten des Mitarbeiters und eine Bewerbung neuer Mitarbeiter erwartet. **Erwartungen, die herkömmlicherweise von Seiten des Managements an materielle Leistungen geknüpft werden, sind etwa**

- Leistungssteigerung als Folge höherer Arbeitsmotivation und verbesserten Organisationsklimas
- Identifikation des Mitarbeiters mit den Unternehmungszielen
- Bindung der Mitarbeiter an die Unternehmung (Aufbau einer Stammbelegschaft, „goldene Fesseln")
- Verringerung von Fluktuation und Absentismus
- Verhinderung sozialer Konflikte, gewerkschaftlicher Betätigung, Streikverhütung
- Anwerbung neuer Mitarbeiter bei engem Arbeitsmarkt

Flippo/Munsinger (1982, S. 322) differenzieren die Erwartungen in Abhängigkeit von der Entgeltart:

Entgeltart	erwartete Verhaltensergebnisse
Basisaufwand • fixer Bestandteil • variabler Bestandteil – Seniorität – Erfolg – Leistung ⟨ individuell / Gruppe	• Teilnahmeentscheidung, Zufriedenheit bei Erfüllung des Gleichbehandlungsgebots • lange Betriebszugehörigkeit • höhere Qualität der Arbeit • höhere Quantität der Arbeit • höhere Kooperation, höhere Quantität und Qualität
Zusatzaufwand • Sonderzahlungen • arbeitsfreie Tage • Altersversorgung etc.	• Teilnahmeentscheidung, Zufriedenheit, gutes Organisationsklima

Aus der nachfolgenden Darstellung wird ersichtlich, daß eine variable, situativ angepaßte Motivaktivierung gegenüber einer solchen aufgrund von generellen Anreizen, wie sie fixe Lohnbestandteile darstellen, in aller Regel erfolgreicher ist (vgl. Abb. 3.65).

Abb. 3.65: **Allgemeine Entlohnungs- und Anreiz-Philosophie**
in Unternehmen, die bei Innovationen ...

Kriterium	... weniger erfolgreich sind	... erfolgreich sind
Gegenstand der Bezahlung	• Seniorität • Betriebszugehörigkeit	• Leistung
Bandbreite des Kompensationsinstrumentariums	• eng • fix • meist auf geldliche Vergütungen beschränkt	• breit • variabel • sowohl monetäre als auch nichtmonetäre Komponenten • individuell gestaltet
Einheitlichkeit	• sehr stark • unternehmensweit	• gering • auf strategische Geschäftseinheiten zugeschnitten
Verantwortung für Kompensationspolitik	• Stabsfunktion	• Linienmanagement
Arbeiter/Angestellte	• klare Unterscheidung Arbeiter/Angestellte	• Trend zu Angestelltenverhältnissen
Höchstbezahlter Mitarbeiter	• Vorstandsvorsitzender • Geschäftsführer	• kann untergeordneter Mitarbeiter sein • basierend auf Leistung und Marktgegebenheiten
Stabilität der Einkommen	• hoch • fix • Einkommenssicherung im Vordergrund	• geringer • flexibel • Leistungsbezug im Vordergrund
Transparenz der Kompensationsstruktur	• gering • begrenzt auf das Nötigste, auf kleinen Kreis	• hoch • individuelle Entlohnung vertraulich • aber Philosophie und System bewußt kommuniziert

Quelle: Laukamm 1986, S. 107

Die in der Praxis festzustellende mangelnde Differenziertheit monetärer Anreize ist jedoch nicht (nur) eine Folge der Ignoranz des Managements gegenüber motivations- und lerntheoretischen Erkenntnissen oder der Verhandlungsmacht der Arbeitnehmervertreter geschuldet, die sich verständlicherweise gegen eine weitere Ausdifferenzierung und Segmentierung der Belegschaft wenden, sondern u. a. das Ergebnis einer Befolgung des Gleichbehandlungsgebots. Gemäß dem **Gleichheitsgrundsatz** sind homogene Gruppen von Mitarbeitern gleich zu behandeln. Differenzierungsmöglichkeiten bestehen hinsichtlich Alter, Betriebszugehörigkeit, Familienstand und Qualifikation. Damit werden fixe, regelmäßige Leistungen als etwas Selbstverständliches hingenommen und von den Arbeitnehmern eher als Entgelt für die Mitgliedschaft denn als Leistungsanreiz gesehen. Subjektive Lohnzufriedenheit wird jedoch nicht nur durch Befolgung des Gleichbehandlungs- sondern vor allem auch durch die Befolgung des **Differenzierungspostulats** erzielt. Diesem wird in der Praxis durch Lohnformdifferenzierung und Lohnsatzdifferenzierung Rechnung getragen (vgl. Abb. 3.66).

Abb. 3.66: Die entgeltpolitische Entscheidungssituation

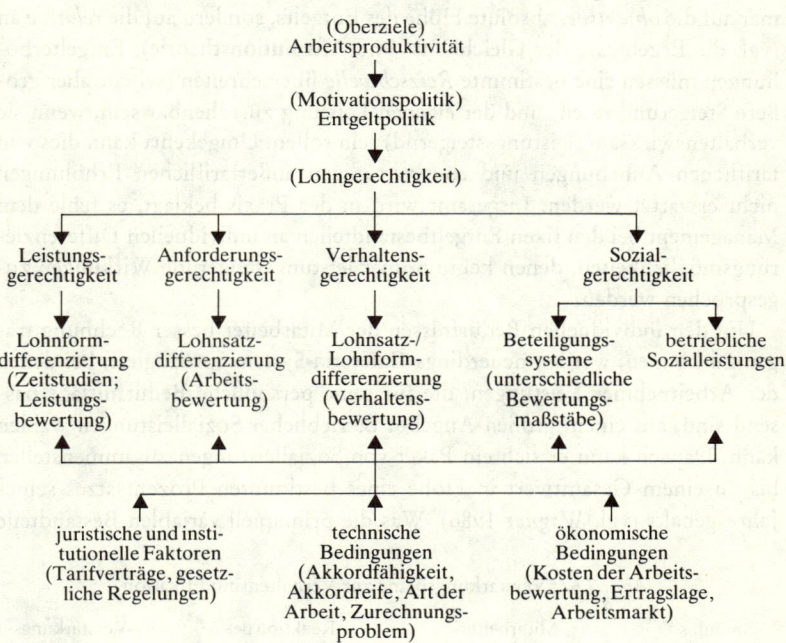

Quelle: Kupsch/Marr 1985, S. 709

- **Leistungsgerechtigkeit** soll mit Hilfe der Wahl der geeigneten Lohnform und über Erfolgsbeteiligungssysteme erzielt werden:
  - Zeitlohn
  - Akkordlohn
  - Prämienlohn
  - Erfolgsbeteiligung (Leistung, Ertrag, Gewinn)
- **Anforderungsgerechtigkeit** soll mit Hilfe der Bestimmung eines anforderungsgerechten Arbeitswertes erzielt werden:
  - summarische Verfahren (Rangfolgeverfahren, Lohngruppenverfahren)
  - analytische Verfahren (Rangreihenverfahren, Stufenwertzahlverfahren)

• **Verhaltensgerechtigkeit** soll mit Hilfe einer Verhaltensbewertung erzielt werden
  – Leistungs-Einstufungsverfahren
  – verhaltensorientierte Beurteilungsverfahren (vgl. S. 743)
• **Sozialgerechtigkeit** soll mit Hilfe von betrieblichen Sozialleistungen und Kapitalbeteiligungssystemen (Belegschaftsaktien, betriebliche Investitionsfonds, Arbeitnehmerstiftung, Mitarbeiterunternehmungen) erzielt werden.

Ob die hier vorgestellten entgeltpolitischen Maßnahmen vom Mitarbeiter letztlich als gerecht empfunden werden, hängt von dessen subjektiver Wahrnehmung, der empfundenen Gerechtigkeit, ab. So kommt es auch nicht primär auf die *objektive,* absolute Höhe des Entgelts, sondern auf die *relative* an (vgl. die Ergebnisse der **Gleichheits-** und **Attributionstheorie**). Entgelterhöhungen müssen eine bestimmte *Reizschwelle* überschreiten (seltene aber größere Steigerungsraten) und der eigenen Leistung zurechenbar sein, wenn sie verhaltenswirksam (leistungssteigernd) sein sollen. Umgekehrt kann dies von tariflichen Anhebungen und routinemäßigen außertariflichen Erhöhungen nicht erwartet werden. Insgesamt wird in der Praxis beklagt, es fehle dem Management bei den fixen Entgeltbestandteilen an individuellen Differenzierungsmöglichkeiten, denen heute primär leistungssteigernde Wirkungen zugesprochen werden.

Um den individuellen Bedürfnissen der Mitarbeiter besser Rechnung tragen zu können, werden neuerdings **Cafeteria-Systeme** propagiert, bei denen der Arbeitnehmer Leistungen, die für seine persönliche Bedürfnislage passend sind, aus einem großen Angebot betrieblicher Sozialleistungen wählen kann. Danach kann er sich ein Paket von Sozialleistungen zusammenstellen bis zu einem Gesamtwert in Höhe eines bestimmten Prozentsatzes seines Jahresgehalts (vgl. *Wagner* 1986). Was die prinzipiell variablen Bestandteile

Abb. 3.67: Verstärkungspläne zur Verhaltensmodifikation

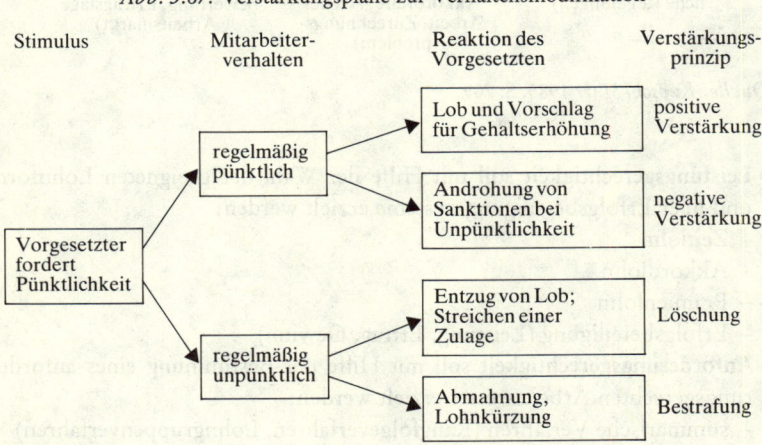

Quelle: Dessler 1985, S. 286

anbetrifft, soll die Entscheidung über Differenzierungen wieder verstärkt aus der Personalabteilung in die Linie, auf die unmittelbaren Vorgesetzten, verlagert werden; denn diese sind es, die das (Leistungs-)Verhalten am besten beurteilen können. Bei einer erforderlichen **Verhaltensmodifikation** können sie sich der im Zuge behavioristischer Lerntheorien entwickelten **Verstärkungspläne** bedienen (vgl. Abb. 3.67 sowie S. 194 der Arbeit).

Ganz gleich, zu welcher Reaktion sich der Vorgesetzte entschlossen hat, sie muß nach *lerntheoretischen* Erkenntnissen möglichst rasch auf das beobachtete Mitarbeiterverhalten erfolgen.

b. Arbeitsinhalt

Spätestens seit den Arbeiten von *Maslow* und *Herzberg* gilt der Arbeitsinhalt als wesentlicher (intrinsischer) Motivator und als Quelle der Arbeitszufriedenheit. Bevor diese Erkenntnis das Personalmanagement erreichte, war jedoch ein langwieriger Aufklärungsprozeß erforderlich.

Eine der ersten Untersuchungen über den Einfluß des Arbeitsinhalts auf die (Einstellung zur) Arbeit ist von *Walker/Guest* (1952) durchgeführt worden. *Blauner* (1964) hat den Einfluß unterschiedlicher Technologien auf die **Entfremdung von Arbeitern** in einer U-Kurve dargestellt: Arbeit bei sehr niedrigem und sehr hohem Mechanisierungsgrad wird als weit weniger entfremdet empfunden als bei einem mittleren Mechanisierungsgrad. Heute wird überwiegend die These vertreten, daß die U-Kurve die Entwicklung der Arbeitsstrukturen in Abhängigkeit von der technologischen Entwicklung nur für einen kleinen Teil der Beschäftigten zutreffend beschreibt, während der überwiegende Teil auch im Falle einer weitgehenden Automation restriktive Arbeitsbedingungen zu ertragen hat (Polarisierungsthese von *Kern/Schumann* 1970).

Die primär von Industriesoziologen geführte **Entfremdungsdebatte** ist in den 60er und 70er Jahren in sozialdemokratisch regierten westlichen Ländern auch von Politikern aufgegriffen worden. Neben dem Abbau von Entfremdungsursachen, die u. a. in unbefriedigenden Arbeitsinhalten vermutet wurden, standen Fragen der **Mitbestimmung** im Vordergrund.

Die **Industrial Democracy** Bewegung nimmt 1961 ihren Ausgang in Norwegen (vgl. *Emery/Thorsrud*[2] 1982). Zu jener Zeit begannen dort der Gewerkschaftsbund und die Nationale Arbeitgebervereinigung, sich intensiver mit Fragen der industriellen Demokratie zu beschäftigen. Beide beauftragten das Institut für Industrielle Sozialforschung in Trondheim, das sich seinerseits der wissenschaftlichen Mitarbeit des Tavistock Institute in London ver-

---

[2] *Thorsrud, Einar* (1923-1985) norweg. Prof. Psychologie, 1962–1972 Direktor Industrial Democracy Progamme in Norwegen; Gründer und Direktor Work Research Institute, Oslo.

sicherte, in Feldversuchen die Leistungsfähigkeit alternativer Organisationsformen der Arbeit zu untersuchen (vgl. zur Darstellung der Ergebnisse *Emery/Thorsrud* 1982). Entsprechende Programme bzw. Arbeitsstrukturierungsprojekte finden sich ab 1970 in Schweden und ab 1974 in der Bundesrepulik Deutschland. Während ‚Industrial Democracy' sich auf die Veränderung einer ganzen Industriegesellschaft richtet, zielen **Work Democracy** Ansätze auf der Basis soziotechnischer Systemforschung (Tavistock Institute) zunächst auf eine Humanisierung von Arbeitsplätzen bzw. Arbeitsorganisationen. Hierbei wird zwischen einem direkten *(participatory)* und einem indirekten *(representative)* Ansatz unterschieden. Ersterer geht davon aus, daß politisch mündiges Verhalten in einer Gesellschaft u.a. die Folge von Arbeitsbedingungen und -strukturen ist, die ein ebensolches Verhalten (z.B. Mitbestimmung, Selbstbestimmung) am Arbeitsplatz ermöglichen. Dieser Ansatz prägt vor allem die HdA-Bemühungen in Norwegen.

In den USA und der Bundesrepublik Deutschland wird dagegen ein mehr pragmatischer, auf den einzelnen isolierten Arbeitsplatz bezogener Humanisierungsansatz bevorzugt.

Unter den Begriffen *Humanisierung der Arbeit* (HdA) und *Quality of Working Life* (QWL) werden in den letzten fünfzehn Jahren im Bereich der Wirtschafts-, Sozial- und Arbeitswissenschaften verstärkt sog. **Neue Formen der Arbeitsorganisation** diskutiert, an die die Erwartung geknüpft wird, daß sie die im Zuge extremer Arbeitsfeldverkleinerung festgestellten Dysfunktionen korrigieren sollen (vgl. z.B. *Ulich/Groskurth/Bruggemann* 1973, *Fotilas* 1980, sowie die ausführliche Diskussion in Abschnitt B II 2: Arbeitssystemgestaltung).

Diese Richtung gewinnt besondere Aktualität durch die 1973 erschienene Studie *Work in America*. Dieser Regierungsbericht stellt das Ergebnis einer Gemeinschaftsarbeit von Wissenschaftlern dar, die im Auftrag des amerikanischen Gesundheits- und Erziehungsministers über die Qualität der Arbeit in den USA berichten (U.S. Dept. of Health, Education and Welfare 1973). Nach Einschätzung von *Neff* (1985, S. 64) war die Studie in den USA in akademischen Kreisen (Industriesoziologen) bedeutend einflußreicher als in der industriellen Praxis; hier hat sich nach seiner Einschätzung kaum etwas geändert.

1974 wird von der Deutschen Bundesregierung ein Programm **Humanisierung des Arbeitslebens** vorgelegt, im Rahmen dessen vor allem das BMFT für die hier diskutierten Fragen Forschungsmittel vergab. Im einzelnen handelte es sich um folgende Aktionsrichtungen:

* Verbesserung der Arbeitsinhalte und Arbeitsbeziehungen
* Abbau von Über- und Unterbeanspruchungen
* Erhöhung der Arbeitssicherheit
* Verminderung negativer Wechselbeziehungen zwischen Arbeitswelt und anderen Lebensbereichen
* Entwicklung übergreifender Strategien der Humanisierung.

Dabei sollten verstärkt solche Maßnahmen gefördert werden, welche die Erweiterung von Handlungs- und Dispositionsspielräumen u. a. mit dem Ziel der Höherqualifikation zum Gegenstand haben. Gefordert wurde vor allem die Bereitstellung von Umsetzungshilfen für die Praxis, damit die Forschungsergebnisse nicht nur in akademischen Kreisen diskutiert werden, sondern auch zu einer realen Verbesserung der Situation der Beschäftigten führen. Nach dem Regierungswechsel in Bonn 1981 ist das HdA-Programm weitgehend bedeutungslos und 1988 eingestellt worden.

Konkret zielen **HdA-Maßnahmen** auf folgende Aspekte des Arbeitsvollzugs oder Kombinationen davon:

• Erweiterung des Tätigkeits- und Entscheidungsspielraums (Handlungsspielraum)
• Integration von Service- und Stabstätigkeiten
• Verlängerung der Zykluszeiten
• Schaffung von Zwischenlagern (Puffer)
• Mitbestimmung am Arbeitsplatz
• räumliche Anordnung, die soziale Kontakte erlaubt
• Anlern- und Umschulungsprogramme, Mobilität
• gleitende Arbeitszeit.

In der HdA-Literatur wird zur theoretischen Begründung von neuen Formen der Arbeitsorganisation vor allem auf die Motivationstheorien von *Maslow* und *Herzberg* zurückgegriffen.

Nach *Maslow/McGregor* befriedigen inhaltsreiche, abwechslungsreiche Tätigkeiten die Selbstentfaltungsbedürfnisse und die Arbeit in Gruppen die sozialen (Kontakt-)Bedürfnisse. Nach *Herzberg* zählt die Arbeit selbst zu einem wichtigen Motivationsfaktor, der zu Arbeitszufriedenheit führt. Die praktische Anwendung seiner **Zwei-Faktoren-Theorie** (S. 205 der Arbeit) findet sich im Konzept des **Orthodox Job Enrichment** (OJE). OJE ist eine urheberrechtlich geschützte Managementtechnik (*Herzberg* and Associates), die im Gegensatz zu anderen Job Enrichment-Techniken keine direkte Beteiligung von Arbeitern, keine Veränderung des Organisationsklimas oder anderer extrinsischer Job-Faktoren anstrebt, sondern auf eine Verbesserung der Motivation, Produktion und Zufriedenheit durch Bereicherung der Arbeitsinhalte selbst zielt (*Herzberg* 1982)[3]. *Herzberg* (1982, S. 106) sieht Motivation als Funktion der Fähigkeiten und des Potentials des Mitarbeiters sowie der Art der Arbeit und der Belohnung. Das **Motivationspotential** steigt umso mehr

• je größer das Entwicklungspotential in Relation zu den jetzigen Fähigkeiten ist (beeinflußbar durch Trainings)

---

[3] In dieser Auflage verzichtet *Herzberg* auf das in der 1. Aufl. (1976) vorhandene Kapitel über ‚Antworten auf Kritik an der Zwei-Faktoren Theorie‘, da, so *Herzberg*, die meiste Kritik verstummt sei oder auf Mißverständnissen beruht hätte. So einfach ist das!

- je größer die Gelegenheit zur Entfaltung des Potentials am Arbeitsplatz in Relation zu den jetzigen Fähigkeiten ist (beeinflußbar durch Arbeitsgestaltung)
- je angemessener die Art der Belohnung ist (beeinflußbar durch Anreizsystem).

Werden diese Arbeitsgestaltungsprinzipien mit den oben erwähnten Humanisierungsmaßnahmen in Zusammenhang gebracht, meinen viele Praktiker, durch solche Einzelmaßnahmen könne die Arbeitswelt insgesamt humaner werden. Humanisierung der Arbeit kann m. E. nicht allein durch isolierte, punktuelle Eingriffe in die Arbeitsorganisation, wie z. B. Erhöhung der Arbeitssicherheit, Realisierung arbeitshygienischer Normen, Erweiterung des Handlungsspielraums, verwirklicht werden, sondern alle Bemühungen in diese Richtung sollten aus einem sozialpolitischen Programm entwickelt werden, welches das gesamte gesellschaftliche Umfeld von Mensch und Arbeit mit einbezieht.

Humanisierung versteht sich dann nicht technisch-funktional als ‚soziale' Rationalisierung, sondern sozial-emanzipatorisch als Bemühungen, „die der Realisierung beruflicher Autonomie im Arbeitsprozeß, der autonomen Gestaltung der Arbeit, der Wiedergewinnung der Kontrolle (und Selbstbestimmung) der Arbeitenden über den Arbeitsprozeß dienen" (*Fricke* 1975, S. 219) – kurz als **Autonomie und Partizipation.** Setzt man sich für eine so verstandene Humanisierung ein, führt das dazu, daß weit umfangreichere und weitreichendere organisatorische und politische Veränderungen vorgesehen werden müssen, als dies bei der partiellen Veränderung von Arbeitsinhalten und -rollen (job design) der Fall ist.

Dies liegt jedoch keineswegs im Interesse des Managements; insofern überrascht nicht, daß HdA- und QWL-Maßnahmen nach einer euphorischen Phase in den 70er Jahren zumindest in der betrieblichen Praxis rasch an Beachtung verloren.

Durch den verstärkten **Einsatz neuer Technologien** in Produktion und Verwaltung und das Erfordernis nach Reintegration arbeitsteiliger Aufgaben/ Prozesse und Höherqualifikation der Mitarbeiter erleben Job Enrichment-Maßnahmen heute wieder eine Renaissance. *Cummings/Huse* (1989, S. 256) sprechen von einer zweiten Phase von QWL-Aktivitäten. Trotz der Notwendigkeit einer arbeitsorganisatorischen Anpassung an neue Technologien ist die Praxis jedoch durch einen beachtlichen Konservativismus in diesem Bereich gekennzeichnet. Dies mag damit zusammenhängen, daß die mit HdA-Maßnahmen angestrebten Leistungs- und Zufriedenheitssteigerungen in der Vergangenheit nicht im erwarteten Umfang eingetreten sind (vgl. *Child/Ganter/Kieser* 1987).

Dies kann darauf zurückzuführen sein, daß zum einen die Arbeitssituationen, wie sie von den Betroffenen wahrgenommen wurden, völlig verschiedenartig waren, zum anderen Situationsanalyse (Problemstellung), Zielsetzung und Interventionstechniken der Reorganisation nicht aufeinander abgestimmt waren. Eine verstärkte Beschäftigung mit der Analyse der Einflußfaktoren industrieller Arbeitssituationen als Voraussetzung für eine situations- und zieladäquate Veränderung bestehender Arbeitsorganisationen erscheint dringend erforderlich.

Ein solcher umfassender Ansatz, der von der Analyse der Arbeitsorganisation ausgeht, findet sich weniger in den USA als vielmehr in Großbritannien und Skandinavien, wo vor allem die Forschungsarbeiten des Tavistock Instituts (socio-technical approach) eine der Komplexität industrieller Arbeitsstrukturen angemessene situationsbezogene, integrative Betrachtungsweise von Technologie, Organisation und Personal gefördert haben (vgl. *Sydow* 1985a). Die konzeptionelle Grundlage für die **Berücksichtigung von Gestaltungsspielräumen** bei der Reorganisation liefern erweiterte situative Ansätze; diese gehen davon aus, daß sich organisatorische Umwelt und Organisationsstruktur (Makro-Ebene) auf der Grundlage von Strategien und Entscheidungen über interne und externe Organisationspolitiken in Austausch- und Anpassungsprozessen vermitteln. Einflußfaktoren der organisatorischen Umwelt (wie z.B. neue Technologien) erzwingen demnach nicht einseitig organisationsstrukturelle und arbeitsorganisatorische Konsequenzen. Im Grundsatz bieten sich bei zu berücksichtigenden ökonomischen, gesellschaftlichen und rechtlichen Rahmenbedingungen Gestaltungsspielräume an, die durch die an den Entscheidungsprozessen beteiligten Teilnehmer oder Teilnehmergruppen sach- und interessenbezogen konkretisiert werden. Spielräume beim Technikeinsatz bezüglich neuer Informations-, Kommunikations- und Produktionstechnologien ergeben sich demnach zum einen bei der Einführung solcher Verfahren überhaupt (strategische Ebene), wie bei der Umsetzung und Integration solcher Verfahren in organisatorische und arbeitsorganisatorische Gegebenheiten (Mikro-Ebene); dabei ist allerdings eine zunehmende Eingrenzung der noch verbleibenden Spielräume in nachgelagerten Entscheidungsprozessen festzustellen, d.h. eine Abnahme des Gestaltungsspielraumes und damit der Zahl der diskutierten Alternativen (vgl. *Sydow* 1985b, *Conrad* et al. 1986).

c. Arbeitszeit

Arbeitszeit umfaßt formal die Zeit, die ein Mitarbeiter vertraglich gegen Entgelt einer Unternehmung zur Verfügung stellt. Gerade von Managern wird erwartet, daß sie über diese formale Regelung hinaus für die Unternehmung ‚Zeit' haben (vgl. den psychologischen Vertrag in Ergänzung zum rechtlichen, S. 536f.).

Der Einfluß der Arbeitszeit (deren Länge und Lage) auf die Arbeitsleistung und -zufriedenheit ist spätestens seit den ersten psychotechnischen Untersuchungen und seit der Einführung des 8-Stunden-Tages durch *Ernst Abbé* in den **Zeiss-Werken** dem Management bekannt. Interessanterweise führte dort die Verkürzung des Arbeitstages zu einem Produktivitätsanstieg.

Innerhalb des Arbeitstages stellen z.B. die Länge und Lage der Pausen weitere Gestaltungsparameter dar. Die Theorie der lohnenden Pause (vgl. *Graf* 1960) besagt, daß durch den Erholungswert einer richtig terminierten Pause der Arbeitsausfall während der Pause durch die Leistungssteigerung nach der Pause überkompensiert wird. Andere Formen der **Arbeitszeitgestaltung,** wie Mehrarbeit, Kurzarbeit, Schichtarbeit, Vor- und Nacharbeit, sind bis in die 80er Jahre eher Ausnahmen von der rechtlich oder tariflich genormten Arbeitszeit (8 Stunden täglich, 5 Tage die Woche) geblieben denn die Regel. So legt die **Arbeitszeitordnung (AZO)** die regelmäßige Arbeitszeit auf werktäglich acht Stunden und maximal zwei Überstunden fest. In Verbindung mit einer tarifvertraglichen Vereinbarung, daß samstags nicht gearbeitet wird, ergibt sich eine Wochenarbeitszeit von 40 Stunden, die bei dringenden betrieblichen Erfordernissen auf maximal 50 Stunden ausgeweitet werden kann.

Tarifverträge haben bisher explizit die Länge der Arbeitszeit geregelt und Ausnahmen nur im Falle dringlicher betrieblicher Erfordernisse zugelassen. Die Arbeitszeit ist somit bisher ein Tatbestand gewesen, der in Tarifverträgen üblicherweise geregelt ist. Über ihn waren nach § 77 (3) BetrVG keine Betriebsvereinbarungen möglich, es sei denn, der Tarifvertrag bestimmte ausdrücklich etwas anderes. Die Betriebsparteien hatten bisher keine Möglichkeit, über die Länge der regelmäßigen wöchentlichen Arbeitszeit zu verhandeln. Arbeitszeit als personalpolitische Gestaltungsvariable rückte erstmals in Zeiten der Rezession in den Mittelpunkt des Personalmanagements und zwar in der Form der **Arbeitszeitverkürzung** (Verkürzung der Normalarbeitszeit: Tages AZ, Wochen AZ, Jahres AZ, Lebens AZ). Arbeitgeber, Gewerkschaften und Gesetzgeber waren in der jüngeren Vergangenheit äußerst erfinderisch in der Entwicklung von Maßnahmen und Instrumenten, um das Arbeitszeitvolumen insgesamt zu verringern. Beispiele hierfür sind: 38,5 Stunden-Woche, Teilzeitarbeit, 59-er Regelung, Vorruhestandsgesetz, Beschäftigungsförderungsgesetz, Sozialplanregelungen (vgl. *Offe* et al. 1983, *Bielenski/Hegner* 1985). Von der Arbeitszeitverkürzung sind jedoch die Maßnahmen der **Arbeitszeitflexibilisierung** klar abzugrenzen (Variation der Lage der Arbeitszeit). „Arbeitszeitflexibilisierung ist statt dessen eine betriebsindividuelle auf die technisch-organisatorischen Erfordernisse einzelner Betriebsabteilungen sowie sozialen Anforderungen angepaßte Arbeitszeitgestaltung, die durch Betriebsleitung und Betriebsrat im Rahmen rechtlicher und tarifvertraglicher Möglichkeiten vereinbart wird" (*Schusser*[4] 1986, S. 302).

Eine bahnbrechende Innovation auf diesem Gebiet war die Konzeption und Einführung der *gleitenden* Arbeitszeit bei **Messerschmitt-Bölkow-Blohm (MBB)** in München/Ottobrunn Anfang der 70er Jahre. Anlaß der

---

[4] *Schusser, Walter H.* (geb. 1943) Dr. rer. pol., Direktor im Zentralbereich Personal der Siemens AG, München.

Einführung waren die Verkehrsprobleme (Überlastung der Zufahrtsstraßen zum Werk) zu Arbeitsbeginn und -ende. Eine Entzerrung der Anfangs- und Endzeiten führte neben einer Verkehrsberuhigung u. a. zu Streßreduktion, erhöhter Anwesenheitszeit und Arbeitszufriedenheit. Mit Ausnahme einer Kern- bzw. Kommunikationszeit, in der alle Mitarbeiter anwesend sein müssen, steht in einer Bandbreite von i. d. R. drei Stunden vor und nach der Kernarbeitszeit die Wahl von Arbeitsbeginn und -ende im Belieben des Mitarbeiters. Zeitguthaben bzw. -defizite können je nach Modell über unterschiedlich lange Zeiträume übertragen werden. Gleitende Arbeitszeit ist schon bald nach ersten Publikationen im westlichen Ausland als Flexitime bekannt geworden und übernommen worden (vgl. *Ronen* 1984). Der eigentliche Durchbruch zu einer umfassenden Strategie der Arbeitszeitflexibilisierung erfolgte jedoch erst im Zuge der Umsetzung der 1984 abgeschlossenen Tarifverträge in der Metall- und Druckindustrie (38,5 Stunden-Woche).

Der Forderung der Gewerkschaften nach Einstieg in die 35-Stunden-Woche bei vollem Lohnausgleich stand die Forderung der Arbeitgeber entgegen, betriebsindividuelle Erfordernisse stärker bei der Festlegung der Arbeitszeiten zu berücksichtigen. Dies hat zu einer Verlagerung der Aushandlungsprozesse auf die **Betriebsebene** geführt. Die neuen Manteltarife der Metall- und der Druckindustrie legen nur einen Arbeitszeitrahmen fest, der entsprechend den betrieblichen Belangen auszufüllen ist. Für den Betriebsrat entsteht hieraus eine neue Aufgabe, die ein hohes Konfliktpotential besitzt: Die betriebliche Ausfüllung der Arbeitszeitregelungen in Auseinandersetzung mit dem Management. Für den Einstieg in die Arbeitszeitflexiblisierung sind vor allem zwei Regelungen verantwortlich, die

• Zweimonatsfrist zum Ausgleich von Mehr- und Wenigerarbeit, um auf eine individuelle regelmäßige wöchentliche Arbeitszeit *(IRWAZ)* von 38,5 Stunden zu kommen, und

• das Fehlen der Klausel in den neuen Manteltarifverträgen, daß samstags nicht zu arbeiten ist.

Die Arbeitszeitverkürzung im Zusammenhang mit der Möglichkeit, samstags zu arbeiten, erleichtert die **Entkoppelung** von individueller **Arbeitszeit** und **Betriebszeit** (Produktionszeit, Maschinenlaufzeit). Der wirtschaftliche Anreiz, diese Entkoppelung zu nutzen, wächst mit steigender Kapitalintensität der Produktion (vgl. *Schusser* 1986). Das Interesse an längeren Maschinenlaufzeiten steht in Zusammenhang mit der zunehmenden Kapitalbindung je Arbeitsplatz. Es bietet den Unternehmungen die Möglichkeit, unter bestimmten Bedingungen eine Ausnahmeregelung zu erhalten, um auch an Sonn- und Feiertagen produzieren zu können (§ 105 c Gewerbeordnung). So werden beispielsweise die Firmen **Siemens** und **IBM** die Fertigung der Megachips auch an Sonn- und Feiertagen nicht unterbrechen (sog. *Konti-Schicht*).

Die Auflösung der Regelarbeitszeit führt dazu, daß die *Zeit* ihren Charakter als vorgegebenes Datum verliert und zu einer Gestaltungsvariablen in den

Händen des Managements (und Betriebsrats) wird; **Arbeitszeitmanagement** entwickelt sich zu einem Politikbereich des HRM. *Marr* (1987, S. 23) sieht die Grundfunktion des Arbeitszeitmanagements darin, „Arbeitszeitmodelle zu entwickeln und zu implementieren, die eine möglichst effiziente Anpassung des Arbeitszeitsystems an sich verändernden Arbeitszeitbedarf bzw. individuelle Arbeitszeitinteressen ermöglichen". Als solche **Arbeitszeitmodelle** stehen zur Verfügung (Abb. 3.68 sowie *Bielenski/Hegner* 1985, *Beyer* 1986):

Abb. 3.68: Die wichtigsten Formen flexibler Arbeitszeitgestaltung

Modellbezeichnung	Kurzbeschreibung	Besonderheiten
1. Schichtarbeit	Gegenüber der normalen Tagesarbeitszeit versetzte Arbeitszeit, um die Betriebszeiten über 8 Stunden hinaus zu erhöhen, zum Teil auf 24 Stunden täglich. Häufig als 8-Stunden-Schicht, zum Teil mit verlängerter Arbeitszeitdauer, so z.B. als 12-Stunden-Schicht, wie in der chemischen Industrie teilweise praktiziert.	Wird aufgrund technischer und wirtschaftlicher Notwendigkeit praktiziert. Zur generellen Flexibilisierung der Arbeitszeit nicht einsetzbar.
2. Gleitende Arbeitszeit	Freie Wahl von Beginn und Ende der täglichen Arbeitszeit im Rahmen bestimmter Bandbreiten (Gleitzeit: z.B. zwischen 7.00 und 9.00 Uhr Arbeitsbeginn, zwischen 15.30 und 18.30 Uhr Arbeitsende).	Inzwischen in den Verwaltungsbereichen weit verbreitet, in der Produktion nicht ohne weiteres realisierbar.
3. Arbeitszeit à la carte	Von der Normalarbeitszeit abweichende Verteilung der täglichen Arbeitszeit; z.B. 4 × 10 Stunden pro Woche oder 4 × 9 Stunden + 1 × 4 Stunden pro Woche.	Nur für Arbeitsplätze geeignet, die nicht immer zu den üblichen Arbeitszeiten besetzt sein müssen.
4. Gleitender Übergang in den Ruhestand	Verringerte Arbeitszeit für ältere Mitarbeiter.	
5. Job-sharing	Zwei oder mehr Mitarbeiter teilen sich innerhalb einer vorgegebenen Gesamtarbeitszeit ihre Arbeitszeit selbst ein.	Nicht für alle Arbeitsplätze geeignet; Kooperationsbereitschaft der beteiligten Arbeitnehmer erforderlich.
6. KAPOVAZ Kapazitätsorientierte variable Arbeitszeit	Die monatliche Normalarbeitszeit ist nach Arbeitsanfall variabel einteilbar. Kurzfristige Verteilung der Arbeitszeit normalerweise durch den Arbeitgeber.	Umstritten, insbesondere wegen des vorher nicht exakt festgelegten Arbeitseinsatzes.

Modellbezeichnung	Kurzbeschreibung	Besonderheiten
7. Sabbatical (Langzeiturlaub)	Sonderurlaub für mehrere Monate, z.B. zur Weiterbildung.	Wegen der Organisationsprobleme durch die lange Abwesenheit vom Arbeitsplatz nur in Einzelfällen praktizierbar.
8. Saisonarbeit	Fixierung der jährlichen Arbeitszeit auf bestimmte Monate (Jahreszeiten).	Nur für Arbeitnehmer realisierbar, die nicht auf eine ständige Beschäftigung angewiesen sind.
9. Teilzeitarbeit	Geringere als die tariflich festgelegte Arbeitszeit; hinsichtlich Lage und Dauer der Arbeitszeit sind verschiedene Varianten denkbar.	Durch die Vielfalt der möglichen Varianten in vielen Bereichen und für viele Arbeitnehmer realisierbar.

Quelle: Bundesarbeitgeberverband Chemie e.V.: Flexible Teilzeitarbeit. Möglichkeiten einer Flexibilisierung der Arbeitszeit. Wiesbaden 1983

Dem Arbeitszeitmanagement stehen folgende **Gestaltungsparameter** zur Verfügung:

• Variation des *Bezugszeitraums:* Stunden, Tage, Wochen, Monate, Jahre, Lebensarbeitszeit

• Variation der Länge bzw. Dauer der Arbeitszeit (*chronometrische Variation*): Verkürzung bzw. Verlängerung der Standardarbeitszeit

• Variation der Lage der Arbeitszeit (*chronologische Variation*): Entkoppelung von Arbeitszeit und Betriebszeit, gleitende Arbeitszeit etc.

Durch unterschiedliche Kombination der Flexibilisierungsparameter ergeben sich die Modelle in Abb. 3.69 auf S. 768.

Der Modellentwicklung liegen je nach Interessenlage unterschiedliche Zielvorstellungen zugrunde: Während das **Management** eine höhere Kapazitätsauslastung und eine bessere Anpassung an den Arbeitsanfall anstrebt (Beispiele: Kontinuierlich rollierendes Schichtsystem – *Konti-Schicht;* kapazitätsorientierte variable Arbeitszeit – *Kapovaz*), wünschen die **Mitarbeiter** mehr Zeitsouveränität bei sicheren Arbeitsverhältnissen (Beispiele: Gleitende Arbeitszeit, gleitender Übergang in den Ruhestand) und die **Arbeitsmarktpolitiker** primär einen Abbau der Arbeitslosigkeit (Beispiele: Vorruhestandsgesetz, Beschäftigungsförderungsgesetz).

Erst in jüngerer Zeit sind mögliche Auswirkungen der Arbeitszeitflexibilisierung auf das **Humanpotential** untersucht worden. So werden ihr u.a. eine positive Anreizfunktion und – abhängig von der Art der Einführung und Handhabung – ein positiver Einfluß auf das Organisationsklima zugeschrieben (vgl. *Sydow/Conrad* 1987). Neben positiven Anreizwirkungen wird die Gefahr einer Desintegration gesehen, der u.a. durch erhöhten Personalführungsaufwand und eine starke Organisationskultur begegnet werden muß.

Abb. 3.69: Dimensionen und Modelle der Arbeitszeitflexibilisierung

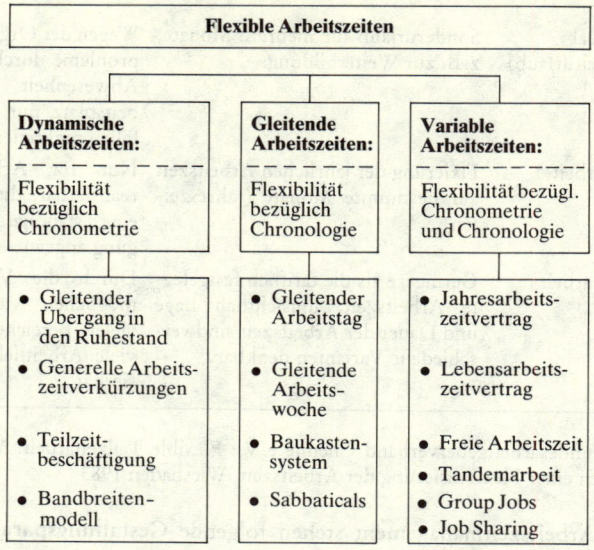

Quelle: Heymann et al. 1982, S. 76

Bei der Kombination der personalpolitischen Ziele Flexibilisierung und Personalabbau haben in der Vergangenheit vor allem die **älteren Mitarbeiter** im Mittelpunkt des Personalmanagements gestanden.

In der betrieblichen Praxis haben sich gewisse Altersgrenzen herausgebildet, ab denen Einstellungen nicht mehr oder nur noch bedingt vorgenommen, Personalentwicklungs- und Weiterbildungsmaßnahmen – von Führungskräften abgesehen – kaum mehr in Erwägung gezogen werden und sich die Karrierechancen rapide verschlechtern. Diese informellen Grenzen liegen heute zwischen dem 35. und 50. Lebensjahr, werden aber neben der Branche bzw. Berufsgruppe sehr stark vom Ausbildungsniveau, vom fachlichen und hierarchischen Niveau, von der Arbeitsmarktsituation und nicht zuletzt auch von den bestehenden Verrentungsregelungen beeinflußt (vgl. *Lehr* 1987).

Aufgrund der demographischen Entwicklung in der Bundesrepublik und der Knappheit von Arbeitskräften in einzelnen Teilarbeitsmärkten (Führungskräfte, Spezialisten, Facharbeiter) ist ein Umdenken hinsichtlich der **Flexibilisierung der Lebensarbeitszeit** von einer Verkürzung hin zur Verlängerung festzustellen. Überlegungen von seiten des Managements, das Austrittsalter aus den Unternehmungen zu erhöhen und damit die Verrentungsgrenze nach oben zu verschieben, liegen in folgenden Überlegungen begründet: Einerseits haben sich die Frühverrentungsmöglichkeiten (59er Regelung, Sozialpläne, Vorruhestand) aufgrund ihrer hohen Inanspruchnahme durch die berechtigten älteren Mitarbeiter als sehr teuer erwiesen und andererseits ist mit den älteren Mitarbeitern ein wichtiger Teil dringend benötigten Know hows, vor allem Erfahrung, Integrationskraft und Fachwissen, von den Unternehmungen abgeflossen. Mit dem radikalen Abbau ganzer Gruppen älterer Mitarbeiter (in vielen Unternehmungen gibt es praktisch keine über 58jährigen Arbeitnehmer/innen mehr) haben manche Unternehmungen zudem einen Personalpuffer aufgegeben, d.h. ein Reservoir, aus dem in betrieblichen Krisenzeiten relativ leicht und ‚sozialadäquat' Personal abgebaut werden könnte.

Hinzu kommt, daß eine Weiterbeschäftigung älterer Mitarbeiter über die bestehenden Austrittsgrenzen hinaus eine Weiternutzung der den Älteren zugeschriebenen positiven Eigenschaften, insbesondere der extrafunktionalen Qualifikationen, wie Zuverlässigkeit, Verantwortungsbewußtsein, Loyalität, Arbeitsdisziplin, Sorgfalt, Stabilität, Sicherheitsbewußtsein, Ausgeglichenheit und Ausgleichsvermögen, Integrationskraft etc. erlaubt; diese können zudem über Sozialisationsprozesse während der Arbeit an jüngere Arbeitnehmer weitervermittelt werden und somit ihren stabilisierenden Effekt auch künftig entfalten.

In Antizipation der demographischen Entwicklung wird vom Management zudem betont, daß über die Einführung von **gleitenden Ruhestandsmodellen** als Möglichkeit einer temporär begrenzten Alters-Teilzeitarbeit und einer damit erwarteten Verlängerung der durchschnittlichen Lebensarbeitszeit schon frühzeitig Engpässen auf dem Arbeitsmarkt und steigenden Personalrekrutierungskosten entgegenwirkt werden kann.

Außerdem dienen die Alters-Teilzeitarbeitsmodelle als Experimentierfeld für **Teilzeitarbeit** generell. Damit wird ein Fundament für einen flexiblen und kostengünstigen Personaleinsatz geschaffen.

Hier wird deutlich, daß Arbeitszeitmanagement ohne Arbeitsinhaltsgestaltung kaum möglich ist. I.d.R. erfordert Arbeitszeitflexibilisierung auch eine **Flexibilisierung der Arbeitsorganisation,** d.h. Schaffung von Teilzeitarbeitsplätzen und eine Abkehr von der klassischen Vorstellung: eine Stelle, ein Stelleninhaber.

Alternativen hierzu sind etwa: Job-Sharing, Job-Rotation, stellenfreie Experten, Personen ohne Planstelle (zur Teilbarkeit von Arbeit und Arbeitsplätzen vgl. z.B. *Hoff* 1983).

Trotz aller Flexibilisierungsanstrengungen bleibt unverkennbar, wie wichtig es für das Management ist, daß alle Arbeitszeitregelungen in hohem Maße den Kriterien der **Steuerbarkeit** durch den Betrieb (Einzelfallregelung und Abhängigkeit der Arbeitszeitwünsche von der betrieblichen Zustimmung) und der **Reversibilität** (Wiederherstellung der ursprünglichen Situation) genügen müssen.

Generelle Arbeitszeitmodelle, die undifferenziert für alle Gruppen von Mitarbeitern gelten und auf die alle Berechtigten einen Anspruch haben, sind jedoch als relativ irreversibel anzusehen und verringern das betriebliche Flexibilisierungspotential.

d. Flexibilisierung als Personalstrategie

Unter **Flexibilisierung** verstehe ich die variable Anpassung arbeitsorganisatorischer Regelungen an die Vielfalt der Interessen von Arbeitgebern und Arbeitnehmern; eine Vielfalt, die z.T. schon immer bestanden hat und nur durch rigide Strukturen wegstandardisiert worden ist und/oder die aufgrund veränderter Werte, Märkte, Technologien etc. neu entstanden ist.

In allen drei Bereichen (Arbeitsentgelt, Arbeitsinhalt, Arbeitszeit) haben die Unternehmungen ein großes Interesse an einer Flexibilisierung der Personalpolitik.

Dieser Trend zur Flexibilisierung zeigt sich bei uns vor allem in neuen Formen der Arbeitsorganisation und des Arbeitszeitmanagements (vgl. *Marr* 1987, *Offe* et al. 1983). In Anlehnung an *Atkinson* (1985) unterscheide ich drei **Flexibilitätsentwicklungen**:

Einmal ist dies eine *quantitative* Flexibilisierung, d.h. Arbeitgeber werden immer mehr versuchen, die Zahl der Arbeitnehmer, oder genauer die Zahl der Arbeitsstunden, an die Schwankungen der Nachfrage anzupassen (z.B. Entkopplung von Arbeits- und Betriebszeit).

Den zweiten Trend sehe ich in einer *funktionalen* Flexibilisierung, einer Zunahme von Mehrfachqualifikationen. Arbeitnehmer müssen heute mehrere Qualifikationen aufweisen, um eine Anpassung an Veränderungen der Aufgaben reibungslos bewältigen zu können; also die Spezialisten, obwohl sie heute noch stark nachgefragt werden, gehen zurück. Ohne Mehrfachqualifikation, gerade im Managementbereich, gibt es keine großen Chancen, sich auch karrieremäßig weiterzuentwickeln. Diese Mehrfachqualifikation gilt auch im Bereich des Facharbeiters (Hybrid-Facharbeiter); hier muß, wenn diese nicht gegeben ist, gezielte Weiterqualifikation angeboten werden.

Den dritten Trend sehe ich in der *finanziellen* Flexibilisierung, einer Hinwendung zu einer Individualisierung von Lohn- und Lohnnebenkosten und weg vom Nivellierungstrend der Vergangenheit. Obwohl aufgrund der technologischen Veränderungen die Entlohnung im Leistungslohn (Akkord) zurückgeht, werden Arbeiten nach dem Zeitlohn in irgendeiner Form an die Leistung gebunden, die im Lohn oder Gehalt individuell berücksichtigt wird.

Diese Flexibilisierungstendenzen haben gravierende **Konsequenzen:** sie führen nämlich zu einer verstärkten Segmentierung der Erwerbstätigen auf externen und internen Arbeitsmärkten (vgl. *Sengenberger* 1978). Diese **Segmentierung** erfolgt in eine Art *Kerngruppe* und mehrere Randgruppen. Erstere führt Kernaktivitäten aus, die für das Überleben der Unternehmung zwingend notwendig sind. Hochbezahlte Angestellte mit einer hohen Arbeitsplatzsicherheit, Facharbeiter und Manager werden die Kerngruppe bilden, während um diese herum sich eine oder mehrere *Randgruppen* scharen werden, die sehr stark fluktuieren (können). Arbeitnehmer mit niedrigen Löhnen, mit Teilzeitverträgen, in unsicheren Arbeitsverhältnissen bilden die flexible Manövriermasse in den Unternehmungen.

Es ist vorstellbar, daß die Arbeitgeber durchaus bereit sind, auf eine Arbeitszeit von 35 Stunden und darunter zu gehen, wenn nur entsprechend flexibilisiert wird. Also zunehmend Schichtarbeit, Samstags- und Sonntagsarbeit, Altersteilzeitarbeit, Übergang von Wochenarbeitszeit auf Jahresarbeitszeit (da werden Jahresarbeitszeitpakete eingekauft, die dann nach saisonalem Arbeitsanfall über das Jahr verteilt werden). Um aus diesem Teufelskreis herauszukommen und dem Wunsch der Arbeitgeber nach qualifizierten Arbeitskräften und dem Wunsch der Arbeitnehmer nach sicheren, qualifizierten Arbeitsplätzen nachzukommen, hat *Erich Staudt* den interessanten Vorschlag unterbreitet, statt über eine Verkürzung der Wochenarbeitszeit auf 35 Stunden zugunsten von Freizeit über eine Verkürzung der Arbeitszeit zugunsten von beruflicher **Weiterbildung** zu verhandeln (vgl. *Staudt/Rehbein* 1988, S. 151). Denn es ist durchaus naheliegend, den durch Arbeitszeitverkürzung gewonnenen Spielraum nicht (nur) für Freizeit-, sondern verstärkt für Weiterbildungsaktivitäten zu nutzen, oder den temporären Übergang von Vollzeit- zu Teilzeitbeschäftigung auch deshalb anzustreben, um Qualifikationsdefizite zu beseitigen und/oder notwendige Bildungsabschlüsse nachzuholen.

Diesen Bestrebungen steht jedoch entgegen, daß Abweichungen von Normarbeitszeiten (nach unten) bislang noch überwiegend für An- und Ungelernte vorgesehen sind (Handarbeitsplätze, technisches Hilfspersonal, einfache Bürotätigkeiten) und anspruchsvollere Spezialisten- und Managementtätigkeiten auf höheren Hierarchieebenen ausgeklammert bleiben; dies mit dem (Schein-)Argument der mangelnden Teilbarkeit dieser Arbeit. Dagegen ist eher zu vermuten, daß die Inhaber hochqualifizierter Arbeitsplätze nur deshalb nicht freiwillig ihre Vollzeitbeschäftigung aufgeben, weil sie zu Recht Nachteile für ihre Karriere und Verlust sozialer Anerkennung befürchten und deshalb eher mehr und länger als weniger oder kürzer arbeiten. Solange eine Umschichtung von Arbeitszeit in Weiterbildungszeit vom Arbeitgeber eher negativ als positiv sanktioniert wird, ist hier mit keiner Verhaltensänderung zu rechnen.

2. Personalführung

Während im vorangegangenen Kapitel unpersönliche materielle und immaterielle Anreize (Geld, Aufgabe, Zeit) behandelt wurden, geht es bei der Personalführung um die direkte, personale Beeinflussung des Verhaltens der Mitarbeiter. Hierzu kann sich der Vorgesetzte obiger Anreize bedienen, wie z.B. Gewähren von Gehaltszulagen oder Zusatzurlaub, Delegation von Aufgaben.

a. Führungskonzepte

Ein **Führungskonzept** stellt ein (normatives) System von Handlungsemp-fehlungen für den Manager mit Personalverantwortung dar und zwar bezüg-lich seiner Personalführungsaufgaben. Führungskonzepte basieren explizit oder implizit auf einer oder mehreren **Führungstheorien** (vgl. Teil 2, C II 3: Führung). Mit Blick auf die im 2. Teil diskutierten Führungstheorien läßt sich zweifelsfrei feststellen, daß die *Ohio State Studien* den stärksten Einfluß auf die Entwicklung praxisnaher und damit erfolgreich vermarktbarer Führungs-konzepte gehabt haben. Ein eindeutiger Bezug auf diese Arbeiten findet sich bei den folgenden drei Konzepten:

- **Verhaltensgitter** (Managerial Grid, *Blake/Mouton* 1964, 1985)
- **3-D Programm** (3-D Management Style Theory, *Reddin* 1970)
- **Situative Führungstheorie** (Tri-Dimensional Leader Effectiveness Model, *Hersey/Blanchard* 1969, 1982).

Auf der Grundlage der *Michigan Studien* basiert

- **System 1 – System 4** (Systems of Management Leadership, *Likert* 1967).

Auf *motivationstheoretischer* Grundlage basiert die

- **Führung durch Zielvereinbarung** (Management by Objectives, *Odiorne* 1965, 1979).

Auf *entscheidungstheoretischer* Grundlage basiert das

- **Normative Entscheidungsmodell** (Normative Leadership Model, *Vroom/Yetton* 1973, *Vroom/Jago* 1988).

Auf *kontingenztheoretischer* Grundlage basiert das

- **Leader-Match-Konzept** (*Fiedler/Chemers/Mahar* 1976, 1979).

Auf der Grundlage des *Bürokratiemodells* basiert das

- **Harzburger Modell** (*Höhn* 1983).

Auf *systemtheoretischer* Grundlage basiert das

- **St. Galler Management-Modell** (*Ulrich/Krieg* 1972).

Da die letzten beiden Führungskonzepte im deutschen Sprachraum hinrei-chend bekannt sind, wird an dieser Stelle auf ihre Darstellung verzichtet.

(1) Verhaltensgitter von Blake/Mouton

Das Verhaltensgitter (Managerial Grid) wurde 1960 im Rahmen eines Füh-rungstrainings für **Exxon** entwickelt.

Blake/Mouton[5] (1964) beziehen sich auf die beiden Hauptfaktoren der Ohio-Schule, **Consideration** (Beziehungsorientierung) und **Initiating Struc-ture** (Aufgabenorientierung), und übernehmen ebenfalls die Annahme von der Unabhängigkeit der beiden Dimensionen. Ihrer Meinung nach beherrscht die Dichotomie, entweder personen- oder aufgabenorientiert, fälschlicher-

---

[5] *Blake, Robert R.* (geb. 1918) Prof. Psychologie, Chairman Scientific Methods, Inc., Austin.

Mouton, Jane S. (1930–1987) Dr. Psychologie, President Scientific Methods, Inc.

weise das Denken der Manager und sollte abgelöst werden von einer integrativen Betrachtungsweise der beiden Dimensionen (Mensch und Arbeit). Zu diesem Zweck haben sie auf der Basis der ‚Ohio State Leadership' Quadranten ein ebenfalls zweidimensionales Verhaltensgitter (Managerial Grid) entwickelt und auf der Waagerechten in einer 9stufigen Skala den Grad der **Betonung der Produktion** (concern for production) und auf der Senkrechten ebenfalls in einer 9stufigen Skala den Grad der **Betonung des Menschen** (concern for people) eingetragen (s. Abb. 3.70).

Abb. 3.70: The Managerial Grid (Verhaltensgitter)

Betonung des Menschen									
hoch	9	**1.9 Führungsstil** Sorgfältige Beachtung der zwischenmenschlichen Beziehungen führt zu einer bequemen und freundlichen Atmosphäre und zu einem entsprechenden Arbeitstempo						**9.9 Führungsstil** Hohe Arbeitsleistung von begeisterten Mitarbeitern. Verfolgung des gemeinsamen Zieles führt zu gutem Verhalten	
	8								
	7								
	6			**5.5 Führungsstil** Genügende Arbeitsleistung möglich durch das Ausbalancieren der Notwendigkeit zur Arbeitsleistung und zur Aufrechterhaltung der zu erfüllenden Arbeitsleitung					
	5								
	4								
	3								
	2	**1.1 Führungsstil** Geringstmögliche Einwirkung auf Arbeitsleistung und auf die Menschen					**9.1 Führungsstil** Wirksame Arbeitsleistung wird erzielt, ohne daß viel Rücksicht auf zwischenmenschliche Beziehungen genommen wird	
niedrig	1								
		1 niedrig	2	3	4	5 Betonung der Produktion	6	7	8	9 hoch

Quelle: *Blake/Mouton* 1968, S. 33

Theoretisch sind damit 81 unterschiedliche Kombinationen von Personen- und Leistungsorientierung und somit 81 unterschiedliche Führungsstile denkbar. *Blake* und *Mouton* füllen jedoch nur fünf Felder mit Inhalt. „Jede dieser fünf Theorien definiert ein genaues, aber differenziertes Bündel von Annahmen, wie sich Individuen tatsächlich in Situationen verhalten, bei denen es darauf ankommt, Produktionen durch Menschen zu erreichen" (1968, S. 23). Neben dieser deskriptiven Komponente enthält das Konzept jedoch einen dezidiert *normativen* Charakter. Darüber, was unter diesen fünf Alternativen die „beste Theorie" sei, lassen *Blake* und *Mouton* den Leser nicht im Zweifel. Nachdem die Führungsstile 9.1 als pessimistisch, 5.5 als unpraktisch, 1.9 als zu idealistisch und 1.1 als unmöglich abqualifiziert wurden, bleibt allein „Theorie" 9.9 als erstrebenswert übrig.

In ihrem jüngsten Buch (*Blake/Mouton* 1986) beschreiben sie (auf der Grundlage von intensiven Interviews mit den jeweiligen Mitarbeitern der Manager), wie zwei erfolgreiche Führer mit dem 9,9 Stil umgehen und wie

und warum sechs weniger erfolgreiche Manager ein suboptimales Führungsverhalten zeigen (9,1; 1,9; 5,5; 1,1; paternalistisch; opportunistisch).

In **Managerial Grid III** betonen *Blake* und *Mouton* (1985, S. 210), daß die
beiden Dimensionen des Verhaltensgitters bisweilen fälschlicherweise für unabhängig voneinander gehalten, von ihnen aber als *interdependent* angesehen
werden. Die Ausprägungen auf den beiden Dimensionen lassen sich also
nicht einfach addieren, sondern auf jeder Ebene gewinnt die interaktive Verknüpfung der Dimensionen eine neue Qualität. Ihres Erachtens repräsentiert
beispielsweise die 9 im 1.9 Stil etwas völlig anderes als die zweite 9 im erstre-
benswerten 9.9 Stil. Im 9.9 Stil steht die zweite 9 für das Erreichen einer
Leistung durch MbO und Teamarbeit (interaktiv und problemlösend).

Aufgrund der wachsenden Akzeptanz situativer Führungstheorien sahen
sich *Blake/Mouton* (1982, 1985) genötigt, ihr Modell eindeutig von dieser
neuen Konkurrenz abzugrenzen. Die Reinterpretation des 9,9 Stils im **Managerial Grid III** erfolgte also vor dem Hintergrund einer zunehmenden Akzeptanz situativer Führungstheorien im allgemeinen und der Situationstheorie
von *Hersey/Blanchard* im besonderen. Um diese Neuinterpretation auch äußerlich zu dokumentieren, trennen sie die Skalenwerte nicht mehr durch
einen Punkt sondern ein Komma (9,9 Stil). Das Komma (,) soll andeuten, daß
die Betonung des Menschen und die der Produktion im Grid *interaktiv*
verknüpft sind.

In Grid-Seminaren, die heute nahezu weltweit angeboten werden, bieten
die Grid-Vertreter Anleitungen dazu an, wie ein Führer sich den 9,9-Füh-
rungsstil aneignen kann. Da diese Verhaltensänderungen nicht ohne begleitenden organisatorischen Wandel sinnvoll möglich sind, wird das Führungskonzept heute auch als Ansatz der Organisationsentwicklung verstanden
(vgl. *Blake/Mouton* 1969, sowie Abschnitt 3 D IV 2 d der Arbeit).

Die eindeutige Bevorzugung einer Führungsalternative ist um so unver-
ständlicher, als *Blake* und *Mouton* zu Beginn ihrer Untersuchung begrüßens-
werte Ansätze zu einer differenzierteren Behandlung des Führungsproblems
in unterschiedlichen Situationen machen. Mit Recht wird darauf hingewiesen,
daß die Wahl des „richtigen" Führungsstils in einer gegebenen Situation für
eine bestimmte Person die Funktion mehrerer Einflußfaktoren ist. Als solche
Einflußfaktoren analysieren *Blake* und *Mouton* (1968, S. 26):

• Organisationsstruktur
• Führungssituation
• Wertvorstellungen des Führers und der Geführten
• Persönlichkeitsmerkmale des Führers
• Wissen über alternative Führungsstile.

Die fünf Führungsstile sind dann als Bündel von Annahmen über mögli-
ches Führungsverhalten zu verstehen, und sinnvolle Prognosen und Gestaltungsempfehlungen sind nur dann möglich, wenn die Annahmen mit der
tatsächlichen Situation übereinstimmen. „Es wäre falsch, einen ‚ideologischen' Weg zu gehen, ohne die tatsächlichen Umstände zu berücksichtigen"

(1968, S. 24). Genau dieser Versuchung unterliegen aber *Blake* und *Mouton,* wenn sie *einen* Führungsstil (in diesem Falle 9.9) für allgemeingültig deklarieren und als universell höchste Effizienz gewährleistend empfehlen. Allerdings machen sie auch hier neuerdings Kompromisse. Sie unterscheiden nämlich zwischen Führungsstrategie und -taktik sowie einem dominanten und einem unterstützenden Stil (backup style). 9,9 ist eine *Führungsstrategie,* die sich in konkreten Situationen *taktisch* (Art der Aufgabe und des Mitarbeiters) variieren läßt. Entsprechend sollte der Manager zwar über eine dominante, situationsübergreifende 9,9 Strategie verfügen, die er aber situationsabhängig taktisch variieren kann. Damit öffnen sich *Blake/Mouton* (1985) eindeutig gegenüber situativen Führungsansätzen und reservieren ihren 9,9 Stil nur noch für die strategisch übergreifende Führungsphilosophie.

(2) 3-D Programm von Reddin

Ebenso wie *Blake/Mouton* geht *Reddin*[6] (1970) von den vier Ohio State Leadership Quadranten aus, benennt aber die Achsen etwas anders
- für ‚Consideration' → ‚Relationships Orientation'
  (**Beziehungsorientierung** = BO)
- für ‚Initiating Structure' → ‚Task Orientation'
  (**Aufgabenorientierung** = AO)
und fügt – und das ist der entscheidende Unterschied – als *dritte* Dimension die **Effektivität** des jeweiligen Führungsverhaltens hinzu (deshalb 3-D). Die vier Quadranten bilden dann folgende vier Grundstilformen ab (vgl. Abb. 3.71 auf S. 776):
- **Verfahrensstil** (Separated – entspricht 3.3 im Grid)
- **Beziehungsstil** (Relationships – entspricht 3.7 im Grid)
- **Aufgabenstil** (Task – entspricht 7.3 im Grid)
- **Integrationsstil** (Integrated – entspricht 7.7 im Grid).

Im Gegensatz zu *McGregor* (Theory Y) und *Blake/Mouton* (Theorie 9,9) vertritt *Reddin* die nicht normative Auffassung, daß *alle* vier Stilarten effektiv oder ineffektiv sein können, und zwar in Abhängigkeit von der spezifischen Situation, in der sie angewandt werden. Die **Situation** wird beschrieben durch den Einfluß von
- Arbeitsweise, Aufgabenanforderungen
- Mitarbeitern
- Kollegen
- Vorgesetzten
- Organisationsstruktur und Organisationsklima

Zur Analyse der fünf Situationselemente gibt *Reddin* pro Element bis zu 20 Indikatoren an (je fünf Indikatoren pro Grundstil), die es dem Vorgesetzten erlauben sollen, die Situation angemessen einzuschätzen und anschließend

---

[6] *Reddin, William J.,* kanad. Prof. Psychologie, Uni of New Brunswick, und Unternehmensberater.

den situationsangemessenen Führungsstil zu praktizieren. *Beispiel:* Wenn 1. die Mitarbeiter physische Anstrengungen unternehmen müssen, 2. die Führungskraft mehr über die Aufgabe weiß als die Mitarbeiter, 3. die Wahrscheinlichkeit unvorhergesehener Ereignisse, bei denen die Führungskraft eingreifen muß, groß ist, 4. Anweisungen häufig erforderlich sind und 5. die Leistung der Mitarbeiter meßbar ist, dann verlangt diese Situation einen Aufgabenstil (vgl. *Reddin* 1977, S. 100).

Abb. 3.71: Die drei Dimensionen des *Reddin*-Modells

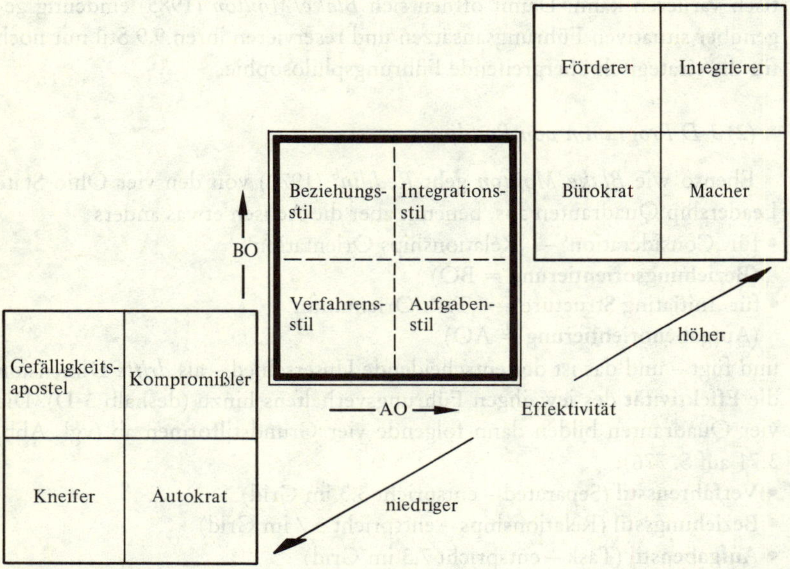

		Förderer	Integrierer
Beziehungs-stil	Integrations-stil	Bürokrat	Macher
Verfahrens-stil	Aufgaben-stil		

BO

AO ⟶ Effektivität

höher

niedriger

Gefälligkeits-apostel	Kompromißler
Kneifer	Autokrat

Quelle: Reddin 1977, S. 28

Es gibt also nicht einen einzig richtigen Führungsstil, sondern in verschiedenartigen Situationen wird auch unterschiedliches Führungsverhalten erforderlich.

Die latent vorhandenen vier **Grundstilformen** erweisen sich nun als *effektiv* oder *ineffektiv*, je nachdem, ob sie situationsentsprechend praktiziert werden oder nicht.

Der latent **verfahrensorientiert** führende Manager verläßt sich primär auf Verfahren, Methoden, Systeme und bevorzugt stabile Umweltsituationen. Als *Bürokrat* (Bureaucrat) beherrscht er Routineprozesse durch straffe Organisation und Regelbeachtung. Als *Kneifer* (Deserter) beharrt er auf Regeln und Vorschriften, wo die Situation flexible Anpassung erfordert.

Der latent **beziehungsorientiert** führende Manager betont gute zwischenmenschliche Beziehungen und berücksichtigt Mitarbeiterbedürfnisse. Als *Förderer* (Developer) delegiert er soviel und soweit es die Situation erlaubt und sieht in der Mitarbeiterentwicklung keinen Selbstzweck, sondern erwartet langfristig bessere Aufgabenerfüllung. Als *Gefälligkeitsapostel* (Missionary) glaubt er, daß zufriedene Mitarbeiter auch mehr leisten werden, und vernachlässigt die Aufgabenerreichung.

Der latent **aufgabenorientiert** führende Manager betont Leistungsergebnisse und denkt produktivitätsorientiert. Als *Macher* (Benevolent Autocrat) setzt er realistische, aber anspruchsvolle Ziele und überzeugt durch Expertenwissen. Als *Autokrat* (Autocrat) überfordert er die Mitarbeiter und pocht auf Amtsautorität.

Der latent **integrationsorientiert** führende Manager strebt nach gleichgewichtiger Beachtung von Mensch und Aufgabe. Als *Integrierer* (Executive) entscheidet und führt er kooperativ, motiviert und fördert seine Mitarbeiter zielorientiert. Als *Kompromißler* (Compromiser) meidet er Konfrontationen, zeigt Entscheidungsscheu und versucht, es allen recht zu machen.

Grundstilformen (latent vorhanden)	effektiv genutzt	ineffektiv genutzt
Verfahrensstil	Bürokrat	Kneifer
Beziehungsstil	Förderer	Gefälligkeitsapostel
Aufgabenstil	Macher	Autokrat
Integrationsstil	Integrierer	Kompromißler

Aus diesen Kurzbeschreibungen geht hervor, daß *Reddin* keinen einzelnen Führungsstil favorisiert, sondern die Effektivität in Abhängigkeit von der jeweiligen Situation sieht. Entsprechend sind seine Seminare primär darauf ausgerichtet, die Führungssituation zu analysieren und richtig einzuschätzen und nicht so sehr, wie bei *Blake/Mouton*, den richtigen Führungsstil einzuüben.

In der Bundesrepublik führt die **Siemens AG** seit den 70er Jahren auf der Grundlage des 3-D Programms Sechs-Tage-Seminare über ‚Steigerung der Effektivität im Management' für den oberen Führungskreis durch.

Der Ansatz von *Reddin* ist insofern verdienstvoll, als er wesentliche Einflußfaktoren auf die Führungssituation analysiert hat, wenngleich auch theorielos und unsystematisch – so fehlt u.a. der Einfluß von Gruppenbeziehungen. Da Analyse, Ableitung und Anwendung von Führungssituation bzw. Führungsstil bei der Führungskraft selbst liegen, wird diese *den* Führungsstil als situationsangemessen identifizieren, den sie eh schon praktiziert.

(3) Situative Führungstheorie von Hersey/Blanchard

Hersey[7]*/Blanchard* (1977, 1982) knüpfen unmittelbar am Konzept von *Reddin* an. Die Ohio State Leadership Quadranten werden ebenfalls um eine

---

[7] *Hersey, Paul* (geb. 1926) amerik. Unternehmensberater.

dritte Dimension (Effectiveness Dimension/Environment) erweitert, deshalb die Bezeichnung Tri-Dimensional Effectiveness Model, so daß effektives und ineffektives Führungsverhalten unterschieden werden können. *Hersey/Blanchard* (1977, S. 169) untersuchen im folgenden nur *effektive* Ausprägungen des Führungsverhaltens und bezeichnen die einzelnen Quadranten auch anders als *Reddin*, und zwar unterscheiden sie vier erfolgreiche Führungsstile:

S 1: Unterweisung („telling')
Vorgesetzter definiert die Rollen seiner Untergebenen und sagt ihnen, was, wie, wann und wo zu tun ist (Ein-Weg-Kommunikation).

S 2: Verkaufen („selling')
Vorgesetzter versucht über Zwei-Weg-Kommunikation, rationale Argumentation und sozio-emotionale Unterstützung, Untergebene zur Akzeptanz der Aufgabenstellung zu bringen.

S 3: Beteiligung („participating')
Führer und Geführte entscheiden gemeinsam; nur noch sozio-emotionale Unterstützung nötig.

S 4: Delegation („delegating')
Vorgesetzter delegiert und beschränkt sich auf gelegentliche Kontrolle.

Darüber, welchen Stil Manager in welcher Situation bevorzugen, gibt der von *Hersey/Blanchard* entwickelte ‚Leader Effectiveness and Adaptibility Description (LEAD)' Fragebogen Auskunft. Er kann entweder vom Manager selbst (LEAD-Self) oder seinen unmittelbaren Untergebenen (LEAD-Other) ausgefüllt werden (vgl. hierzu die Ohio-Fragebogen LBDQ und LOQ).

Effektivität des Führungsverhaltens hängt davon ab, ob der Führer den situationsadäquaten Führungsstil gewählt hat. Die **Situation** wird durch die gleichen fünf Variablen beschrieben wie bei *Reddin*. Das Interesse der Autoren konzentriert sich jedoch primär auf *eine* Situationsvariable, den Reifegrad der Untergebenen bzw. der Gruppe. **Reifegrad** wird dabei nicht absolut gesehen, sondern stets in Relation zur gestellten Aufgabe. Ein und dieselbe Person kann also zum gleichen Zeitpunkt geringe Reife im Hinblick auf eine Aufgabe und hohe Reife im Hinblick auf eine andere Aufgabe zeigen. Die Autoren (1977, S. 162f.) unterscheiden drei **Komponenten** des aufgaben-relevanten Reifegrades:

• die Fähigkeit, hohe, aber erreichbare Ziele zu setzen
• die Fähigkeit und Bereitschaft, Verantwortung zu übernehmen
• die notwendige Ausbildung und Erfahrung.

Neben der ‚job maturity' wird noch eine ‚psychological maturity' unterschieden, worunter Selbstsicherheit und Zutrauen verstanden wird, und zwar primär als Folge der ‚job maturity'.

Der Reifegrad der Gruppe (maturity score) kann mit Hilfe eines Tests bestimmt werden, dessen Ergebnis eine Zuordnung in vier **Reife-Stadien** erlaubt:

M 1 = geringe Reife (Motivation, Wissen und Fähigkeiten fehlen)

M 2 = geringe bis mäßige Reife (Motivation, aber fehlende Fähigkeiten)
M 3 = mäßige bis hohe Reife (Fähigkeiten, aber fehlende Motivation)
M 4 = hohe Reife (Motivation, Wissen und Fähigkeiten vorhanden).

Im normativen Teil des Modells behaupten die Autoren nun einen Zusammenhang zwischen aufgaben-relevantem Reifegrad der Untergebenen, der Gruppe, dem Führungsverhalten des Vorgesetzten und der Effektivität (vgl. Abb. 3.72).

Abb. 3.72: Die situative Führungstheorie von *Hersey/Blanchard*

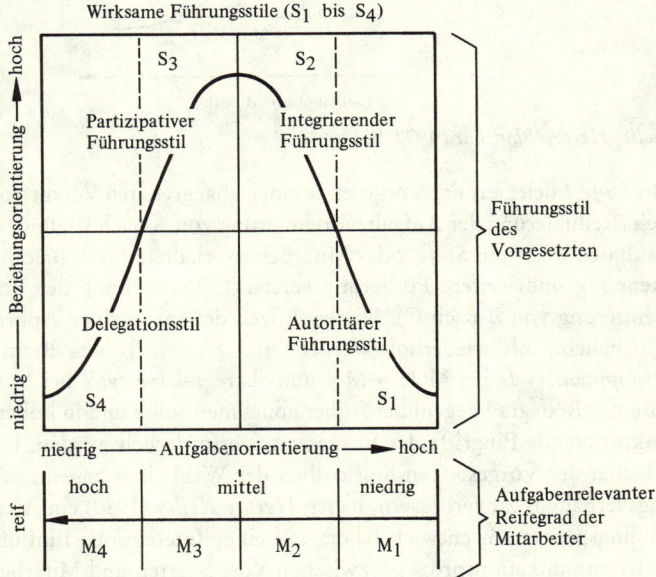

Quelle: *Hersey/Blanchard* 1977, S. 194

Mit steigendem Reifegrad soll der Vorgesetzte seine Aufgabenorientierung reduzieren und seine Beziehungsorientierung verstärken. Hierbei kann er sich auf unterschiedliche Machtgrundlagen stützen: bei **M 1** Macht durch Bestrafung, **M 2** Macht durch Belohnung, **M 3** Vorbild-Macht, **M 4** Expertenmacht (*Hersey/Blanchard* 1982, S. 182ff.). Wenn der Reifegrad Werte über dem Druchschnitt annimmt, sollen sowohl Aufgaben- als auch Beziehungsorientierung zurückgenommen werden. Graphisch dargestellt ergibt sich eine Glockenkurve, die durch die jeweils effektiven Bereiche der Stil-Quadranten läuft.

Nach Vorstellungen dieser ‚situativen Führungstheorie' soll sich der Manager jedoch keineswegs auf eine passive Anpassung seines Führungsverhaltens an die Entwicklung des Reifegrades seiner Mitarbeiter beschränken. Im Gegenteil, er soll aktiv an deren **Entwicklung und Förderung** mitwirken (z.B. von A nach C). Hierzu wird ein Zwei-Stufen-Prozeß vorgeschlagen (vgl. Abb. 3.73).

Abb. 3.73: Zwei-Stufen-Prozeß der Mitarbeiterentwicklung

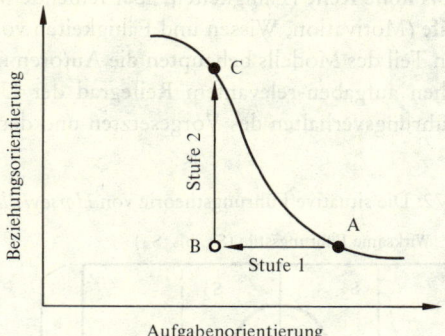

Quelle: Hersey/Blanchard 1977, S. 196

In *Stufe 1* delegiert der Vorgesetzte einen abgegrenzten Verantwortungsbereich (Reduzierung der Aufgabenorientierung von A nach B), und – bei guten
Resultaten – wird in *Stufe 2* das Mitarbeiterverhalten durch Belohnung, Anerkennung und weitere Förderung verstärkt (Verstärkung der Beziehungsorientierung von B nach C). Dieser Prozeß der sukzessiven Approximation
kann beliebig oft wiederholt werden, und zwar in beiden Richtungen als
development cycle bei M 1 → M 4 und als *regressive cycle* bei M 4 → M 1,
wenn der Reifegrad gegenüber früher abnehmen sollte und in höherem Maße
strukturierende Eingriffe des Vorgesetzten erforderlich werden. Um die Fähigkeiten der Vorgesetzten hinsichtlich der Wahl eines angemessenen Führungsverhaltens zu verbessern, haben *Hersey/Keilty* (1980) ein Analyse- und
Trainingsprogramm entwickelt, das auf einer Interaktions-Einfluß-Analyse
der Kommunikationsprozesse zwischen Vorgesetzten und Mitarbeitern aufbaut.

In einer jüngeren Veröffentlichung (*Blanchard* et al. 1985) ist nicht mehr
von *maturity level* sondern von *development level* die Rede. Die Einordnung
der Mitarbeiter in Entwicklungsstufen erfolgt anhand ihrer Kompetenz (Wissen, Können, Fähigkeiten) und ihres Commitment (Selbstvertrauen, Motivation, Einbindung) (S. 56):

Entwicklungsebene	angemessener Führungsstil
D 1: geringe Kompetenz, hohes Commitment	S 1: Directing
D 2: etwas Kompetenz, geringes Commitment	S 2: Coaching
D 3: hohe Kompetenz, veränderliches Commitment	S 3: Supporting
D 4: hohe Kompetenz, hohes Commitment	S 4: Delegating

Zwischen den Vertretern des Verhaltensgitters und der situativen Führungstheorie ist es Anfang der 80er Jahre zu einer erheblichen Kontroverse gekommen. *Blake* und *Mouton,* die dem 9,9 Stil besondere, von den einzelnen Dimensionen der Aufgaben- und Beziehungsorientierung losgelöste Eigenschaften zuschreiben, sind der Ansicht, daß *Hersey* und *Blanchard* ihren integrierenden Führungsstil (S 2) als 9 + 9 Stil konzeptualisieren. Das ‚plus‘ (+) soll im Gegensatz zum Komma (,) andeuten, daß *Hersey/Blanchard* von einem *additiven* Konzept ausgehen, d.h. hohe Aufgaben- und Beziehungsorientierung einfach miteinander kombinieren, ohne neue synergetische Effekte wie im 9,9 Stil zu beachten.

Die Unterschiede in den Auffassungen werden in Abb. 3.74 deutlich. Abb. 3.74 a) zeigt die Position von *Blake/Mouton,* wonach 9,9 eine Führungsstrategie ist, die je nach Reifegrad taktisch variiert werden kann. Abb. 3.74 b) zeigt die Position von *Hersey/Blanchard,* wonach je nach Reifegrad vier unterschiedliche Führungsstrategien eingesetzt werden. 9 + 9 ist eine der vier, nämlich S 2.

Abb. 3.74: Unterschiede zwischen 9,9 und 9 + 9 Führungsstil

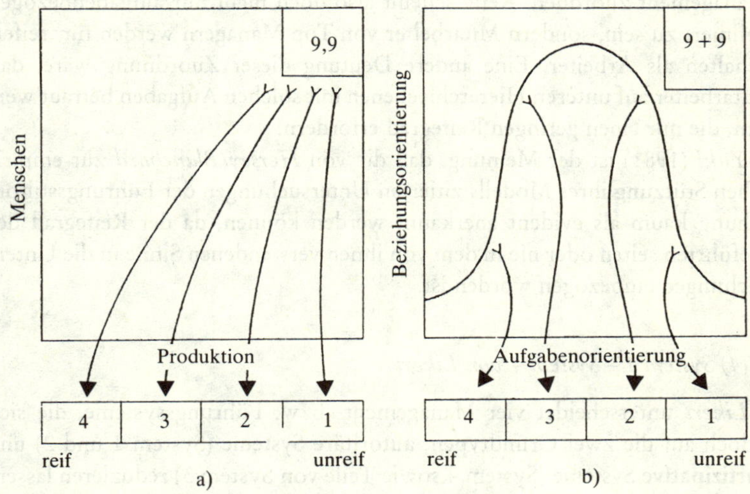

Quelle: Blake/Mouton 1982, S. 45

Um die Verschiedenartigkeit ihres 9,9 Stils von anderen Führungsstilen zu belegen, wurden 100 Manager gebeten, die vier Führungsstile der Situationstheorie (S 1 bis S 4) und den 9,9 Stil hinsichtlich ihrer Adäquanz für 12 Führungssituationen zu bewerten, die jeweils einem der vier Reifegrade (M 1 bis M 4) entsprachen. Die Tatsache, daß der 9,9 Stil in allen Situationen als der effizienteste bewertet wurde, sehen *Blake/Mouton* als Beleg für die Überlegenheit ihrer universalistischen Führungstheorie über die Situationstheorie von *Hersey/Blanchard* und als Beleg für die Eigenständigkeit des 9,9 Stils an.

Dieses Ergebnis ist nicht überraschend, wenn Manager nach wie vor an die Überlegenheit *eines* Führungsstils glauben. Die Bevorzugung des 9,9 Stils ist aufgrund seiner hohen sozialen Erwünschtheit kaum verwunderlich.

Auch *Graeff* (1983) zieht eine interaktive Verknüpfung einer additiven vor, allerdings nicht für die Dimensionen des Führungsverhaltens, sondern für die Situationsdimensionen Fähigkeit und Motivation zur Bestimmung des Reifegrades der Geführten. Des weiteren weist *Graeff* auf einige konzeptionelle Inkonsistenzen der Situationstheorie und einige Schwächen des LEAD-Fragebogens hin und sieht insgesamt in dem Modell von *Hersey/Blanchard* nur einen bescheidenen Beitrag zur Führungsforschung.

In der Tat haben *Hersey/Blanchard* zwar mit der Betonung des Reifegrades/Entwicklungsgrades fraglos einen wesentlichen Einflußfaktor des Führungserfolges beschrieben, andererseits aber alle anderen Situationsvariablen vernachlässigt. Auch wird der recht positive Eindruck, den man aus den normativen Aussagen zum Führungsverhalten (Betonung der Förderung, Entwicklung und des Wachstums der Mitarbeiter) gewinnen könnte, dadurch getrübt, daß die Autoren die Führungsstile mit der Hierarchieebene in Verbindung bringen und Stile S 1 und S 2 der Basis und S 3 und S 4 dem Top Management zuordnen. Reife scheint also doch nicht nur aufgabenbezogen definiert zu sein, sondern Mitarbeiter von Top Managern werden für ‚reifer‘ gehalten als Arbeiter. Eine andere Deutung dieser Zuordnung wäre, daß Mitarbeiter auf unteren Hierarchieebenen mit solchen Aufgaben betraut werden, die nur einen geringen Reifegrad erfordern.

Yukl (1981) ist der Meinung, daß die von *Hersey/Blanchard* zur empirischen Stützung ihres Modells zitierten Untersuchungen der Führungsstilforschung kaum als evident anerkannt werden können, da der Reifegrad der Geführten selten oder nie in dem von ihnen verstandenen Sinne in die Untersuchungen einbezogen worden ist.

(4) System 1 – System 4 von Likert

Likert unterscheidet vier Management- bzw. Führungssysteme, die sich jedoch auf die zwei Grundtypen, **autoritäre Systeme** (System 1 und 2) und **partizipative Systeme** (System 4 sowie Teile von System 3) reduzieren lassen. System 1 (entspricht etwa Theorie X) und System 4 (entspricht etwa Theorie Y) stellen im Sinne der Michigan Studien (S. 319 der Arbeit) die Extrema auf einem Kontinuum möglicher Managementsysteme dar, wobei Systeme 2 und 3 nach *Likert* lediglich als Übergangslösungen auf dem Wege zum Idealtyp 4 zu verstehen sind. Die wichtigsten Merkmale der vier Managementsysteme sind in Abb. 3.75 zusammengestellt.

Das Führungssystem einer Unternehmung wird mit Hilfe eines Fragebogens bestimmt, in dem die Organisationsmitglieder zu 43 Items ihre Einschätzung der Ausprägung jedes der Merkmale geben sollen (vgl. eine verkürzte Version des Fragebogens auf S. 457 der Arbeit). Die Antworten werden

Abb. 3.75: Merkmale und Erfolg der vier Managementsysteme von *Likert*

	autoritäre Systeme		partizipative Systeme	
	ausbeutend System 1	wohlwollend System 2	unterstützend System 3	kooperativ System 4
Motivation	wirtsch. Sicherheit	physiologische und ichbezogene Bedürfnisse	physiologische, ichbezogene u. a. Bedürfnisse	gesamte Skala menschlicher Bedürfnisse
Kommuni- kation	vertikal, abwärts	vertikal, über- wiegend abwärts	vertikal	lateral
Interaktion	gering	gering	mäßig	intensiv
Entschei- dungsfin- dung	Spitze der Hierarchie	Strategische Entscheidung an der Spitze, mä- ßige Delegation	Strategische Entscheidung an der Spitze, star- ke Delegation	auf allen Ebenen in überlappenden Teams
Zielvorgabe	Befehle	Befehle mit Möglichkeit der Diskussion	Zielvorgabe nach Diskussion mit Unterge- benen	Zielvorgabe als Ergebnis von Gruppendiskus- sion
Kontrolle	zentralisiert an der Spit- ze, Wider- stand d. in- form. Orga- nisation	überwiegend an der Spitze kon- zentriert, in- form. Organisa- tion z. T. im Ge- gensatz zur for- malen	überwiegend an der Spitze kon- zentriert, in- form. Organisa- tion für oder ge- gen formale	dezentral, infor- male und formale Organisation identisch
Erfolg: Produktivität	mittelmäßig	ziemlich hoch	hoch	sehr hoch
Kosten	hoch	ziemlich hoch	mäßig	niedrig
Abwesenheit/ Fluktuation	hoch	ziemlich hoch	mäßig	niedrig
Ausschuß/ Fehler	hoch	ziemlich hoch	mäßig	niedrig

Quelle: Staehle 1973, S. 46

addiert, und es wird ohne Gewichtung ein Mittelwert gebildet. Je höher der Mittelwert, desto mehr tendiert die Organisation zu System 4. Die umfang- reichen Fragenkataloge verlangen vom Ausfüllenden eine notwendigerweise subjektive Wertung bzw. Skalierung zwischen vier idealtypischen Manage- mentsystemen aufgrund eigener Wahrnehmung und Erfahrung. Aus diesem Grund wird der *Likert*-Fragebogen heute eher zur Erhebung des Organisa- tionsklimas denn zur objektiven Erfassung von Führungsverhalten herange- zogen.

Likert versucht in seinen beiden Hauptwerken ‚New Patterns of Management' (1961) und ‚The Human Organization' (1967), die Hypothesen, die er später unter System 4 zusammengefaßt hat, zu einer allgemeinen Theorie zu entwickeln, und bezeichnet sein Idealsystem entsprechend auch als ‚science-based system of management' oder gar als ‚science-based theory of organization'.

Im **System 4** werden die Interaktionen zwischen den Organisationsmitgliedern vom Prinzip der ‚supportive relationships' beherrscht, das in der Tendenz dem Prinzip der Integration von *McGregor* verwandt ist. *Likerts* Prinzip fordert, daß fruchtbare zwischenmenschliche Beziehungen auf gegenseitigem Vertrauen und gegenseitiger Unterstützung und Hilfe beruhen und in den Organisationsmitgliedern stets das Gefühl für den Wert des einzelnen Menschen wachhalten. In struktureller Hinsicht postuliert System 4 die Auflösung der straffen klassischen Hierarchie in ein Geflecht untereinander vermaschter Teams (vgl. Abschnitt 3 B III 2b der Arbeit), die jedoch nach wie vor in hierarchischen Beziehungen zueinander stehen; im menschlichen Bereich bricht es jedoch völlig mit den z.T. wirklichkeitsfremden Annahmen des klassischen Modells. In der Welt des ‚self-actualizing man' spielen monetäre Anreize nur eine untergeordnete Rolle; der Mensch, ein soziales, kooperatives Wesen, steht im Mittelpunkt des Modells. Überspitzt könnte man sogar behaupten, daß im System 4 die Unternehmung nur ein Mittel zum Zweck ist, nämlich dem Individuum als Betätigungsfeld für die Erringung von Selbstachtung und Selbstverwirklichung zu dienen.

Likert und seine Mitarbeiter haben sich viele Jahre darum bemüht, die in System 4 aufgestellten Hypothesen durch empirische Untersuchungen zu bestätigen. Vor allem versuchen sie auch, die **Effizienz alternativer Managementsysteme** zu messen.

Sie gehen dabei von unabhängigen Variablen (causal variables), wie Organisationsstruktur, Management-Politik, Führungsstil, aus, die vom Management variiert werden können, und wählen als Erfolgsmaßstab sog. ‚end-result variables', die bei *Likert* ausschließlich wirtschaftliche Output-Größen, wie Produktivität, Kosten, Gewinn, Abwesenheit, Fluktuation, Ausschuß, umfassen; eine Tatsache, die bei einem Wissenschaftler, der sich vor allem für die menschlichen und sozialen Aspekte des Produktionsprozesses engagiert, doch sehr verwundert.

Zunächst war *Likert* (1961, S. 7ff.) bemüht herauszufinden, was den Führer einer hochproduktiven Abteilung von dem einer wenig produktiven Abteilung unterscheidet. Er fand, daß die Vorgesetzten in produktiven Gruppen stärker mitarbeiterorientiert (employee-centered) führten, und diejenigen in wenig produktiven Gruppen stark aufgabenorientiert (job-centered).

Als weiteres Charakteristikum des Vorgesetzten in hochproduktiven Abteilungen fand er deren Neigung, klare Ziele und Anforderungen zu formulieren, dann aber den Mitarbeitern viel Freiheit zur Ausführung der Aufgabe zu gewähren (generelle Überwachung vs. enge Überwachung).

Likert propagiert u. a. aufgrund dieser Forschungsergebnisse mitarbeiterorientierte Führung bei genereller Überwachung der Mitarbeiter als den idealen Führungsstil, da dieser mit den höchsten Produktivitätsergebnissen verbunden sei.

Innerbetriebliche Längsschnittanalysen haben jedoch gezeigt, daß eine Änderung des Managementsystems in Richtung auf System 4 hin sich keineswegs sofort in einer Verbesserung ökonomischer Output-Größen niederschlägt, sondern mit einem mehr oder minder großen time lag. *Likert* führt zur Erklärung dieses Ergebnisses eine dritte Gruppe von Variablen ein, die ‚intervening variables‘, wie Gruppenloyalität, Leistungsmotivation, Einstellungen zum Management, Kommunikationsverhalten etc. Diese intervenierenden Variabeln zeigten anfangs eine negative und später eine positive Entwicklung, was nach *Likert* langfristig auch zu einer entsprechenden Tendenz in den ‚end-result variables‘ führen muß.

Likert ist trotz mangelnder empirischer Bestätigung davon überzeugt, daß System 4 ähnlich wie *McGregors* ‚Theory Y‘ die allein richtige Art der Organisation und Führung darstellt. Weiterhin ist er überzeugt, daß eine Unternehmung nur ein einheitliches Managementsystem haben dürfe, und daß organisatorischer Wandel ein Übergang von einem in sich völlig konsistenten Managementsystem zu einem anderen gleichermaßen in sich geschlossenen Managementsystem sein müsse. Mögen die Aufgabenbereiche und Umweltbedingungen einzelner Abteilungen noch so unterschiedlich sein, *Likert* postuliert, daß die *gesamte* Unternehmung ein System überlappender Gruppen und Gruppenentscheidungsprozesse einführen solle.

Auch die von *Likert* und seinen Mitarbeitern durchgeführten aufwendigen **empirischen Erhebungen** mit umfangreichen Fragebogen und Interviewaktionen können nicht die Fragwürdigkeit der Behauptung einer universell erfolgreichen Anwendbarkeit von System 4 beseitigen. Bedauerlicherweise wird bei den Untersuchungsberichten nie konkret angegeben, um wen es sich bei den Befragten handelt und unter welchen Umständen die Befragung durchgeführt wurde, so daß unter anderem keinerlei Aussagen über die Repräsentanz der Forschungsergebnisse möglich ist.

(5) Führung durch Zielvereinbarung (MbO)

Das Führungskonzept MbO[8] wurde erstmals von *Peter Drucker* (1954) vorgestellt und danach vor allem von *Odiorne* (1965)[9] und *Humble* (1967)

---

[8] MbO wird mit unterschiedlichen Zielen eingesetzt. Im folgendenAbschnitt verstehe ich darunter ein motivationstheoretisch fundiertes Führungskonzept, das auch Personalentwicklung mit einbezieht. Wenn dagegen im MbO ein Verfahren zur Generierung operationaler, akzeptabler Ziele gesehen wird, stellt es lediglich eine Management-Technik dar. In Abschnitt 3 D IV 2 g schließlich wird mit MbO eine Technik der Organisationsentwicklung beschrieben.

[9] *Odiorne, George S.* (geb. 1920) Prof. Management, Eckerd College, St. Petersburg, Florida.

popularisiert (siehe vor allem auch *Carroll/Tosi* 1973). In den Ausführungen zum MbO wird nur implizit auf die Führungsforschung Bezug genommen, insofern als gefordert wird, Aufgaben- und Beziehungsorientierung integrativ zu sehen und sowohl betriebliche als auch individuelle Ziele gemeinsam zu optimieren.

MbO ist ein Führungskonzept, bei dem Vorgesetzte und nachgeordnete Manager gemeinsam Ziele festlegen, ihren jeweiligen Verantwortungsbereich für bestimmte Ergebnisse abstecken und auf dieser Grundlage ihre Abteilung führen und die Leistungsbeiträge der einzelnen Mitarbeiter bewerten (*Odiorne* 1965). 15 Jahre nach Erscheinen der 1. Auflage behauptet *Odiorne* (1979), daß 1980 MbO *die* zentrale Führungskonzeption in großen privaten und öffentlichen Unternehmungen sei.

Der **Prozeß der Zielvereinbarung** erfolgt in einem Prozeß, bei dem Oberziele bis hin zu operationalen Abteilungszielen konkretisiert und akzeptiert werden (vgl. Abb. 3.76).

Abb. 3.76: Management by Objectives als Kreislaufschema

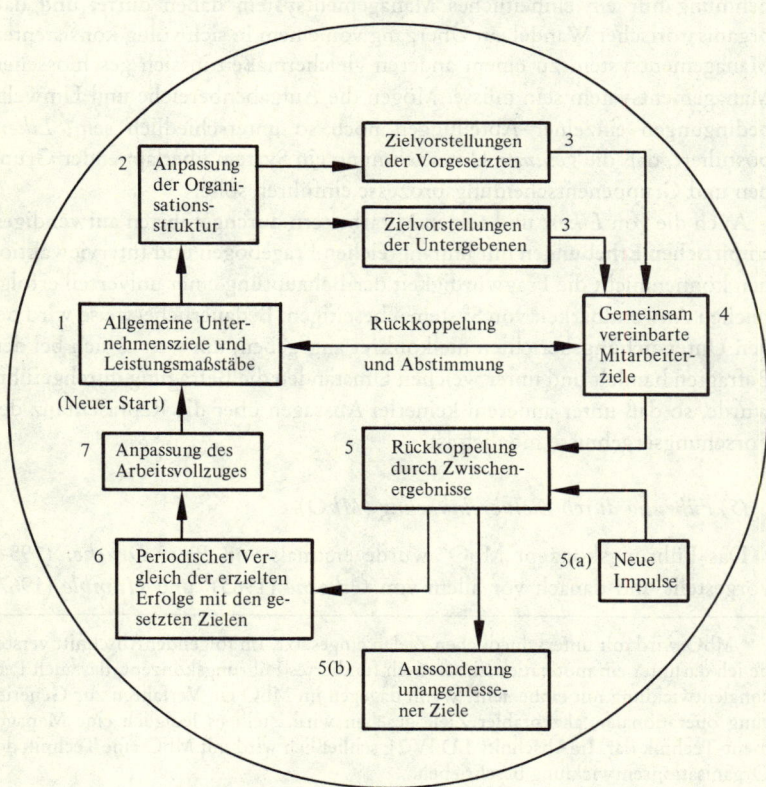

Quelle: Odiorne 1967, S. 102

Der hier abgebildete Prozeß wiederholt sich auf jeder Hierarchieebene und in jeder neuen Führungsperiode. Während einer Periode werden in regelmäßigen Abständen Ist-Ergebnisse mit Soll-Vorgaben verglichen, um rechtzeitig Fehlentwicklungen entdecken und korrigieren zu können.

MbO erfordert zwei Bündel von Aktivitäten zu zwei unterschiedlichen Zeitpunkten (*Odiorne* 1979, S. 67ff.):

1. Zu *Beginn* einer jeden Budgetperiode (i. d. R. ein Jahr) einigen sich Vorgesetzte und Untergebene auf Leistungsziele für diese Planperiode.

2. Am *Ende* der Periode treffen sich Vorgesetzte und Untergebene, um Abweichungen der Ergebnisse von den Zielen zu diskutieren.

MbO ist primär ein individualistisches Führungskonzept, obwohl auch ganze Gruppen bei Zielvereinbarungen mitwirken können (vgl. *French/Hollman* 1975). Das zugrundeliegende Menschenbild ähnelt dem der Theorie Y von *McGregor* (1960) und beruht auf Annahmen des Human Resources Modells (*Miles* 1975). Mitarbeiter verfügen über nicht ausgenutzte, aber (durch Motivation) aktivierungsfähige Potentiale. Wenn Aufgabenziele an die individuellen Fähigkeiten und Anspruchsniveaus angepaßt werden, ist ein hohes motivationales Potential aktivierbar.

Damit wird unmittelbar an die **Bedürfnistheorie** von *Maslow* und die Theorie der **Leistungsmotivation** von *McClelland/Atkinson* angeknüpft. Sicherheitsbedürfnisse werden durch realistische Zielvereinbarungen und prozeßbegleitende Ergebniskontrollen befriedigt, Wertschätzungsbedürfnisse (Anerkennung/Status) werden durch individuell zurechenbare Leistungsergebnisse und Selbstverwirklichungsbedürfnisse (Wachstum/Entwicklung) durch die Einbeziehung persönlicher Entwicklungsziele in den Zielvereinbarungsprozeß berücksichtigt. Diese Erweiterung des MbO um die Selbstentfaltungsziele der Mitarbeiter ist jedoch erst im Zuge der Kritik durch *Levinson* (1970) festzustellen.

Hier liegen deutliche Parallelen zum Führungsprozeß von *Hersey/Blanchard* vor, wenn dort vom Führer erwartet wird, daß er den ‚Reifegrad' seiner Mitarbeiter fördern und weiterentwickeln soll.

Die Leistungsmotivation wird vor allem durch die Vereinbarung realistischer (also nicht überhöhter), aber anspruchsvoller Ziele, die Vorgabe mittelschwerer Aufgaben und häufigen Feedback gefördert, wobei ein ausgewogenes Verhältnis zwischen externer (Managementkontrolle) und interner Überwachung (Selbstkontrolle) angestrebt wird.

Das MbO-Konzept berücksichtigt darüber hinaus Forschungsergebnisse, wonach die **Partizipation** der von Entscheidungen des Managements Betroffenen an der Entscheidungsfindung zu einer bedeutend höheren Akzeptanz der Ziele führt als deren autoritäre Vorgabe ohne Diskussion (vgl. auch S. 501ff. der Arbeit).

MbO favorisiert keinen spezifischen Führungsstil, sondern empfiehlt lediglich ein prozedurales Vorgehen zur Generierung operationaler, akzeptabler Ziele, weshalb MbO bisweilen auch als Führungstechnik bezeichnet wird. Mit *Baumgarten* (1976, S. 206 ff.) bin ich der Auffassung, daß von allen Management-by-Formen allein MbO als geschlossenes, partizipatives Führungskonzept angesehen werden kann, das auch andere Führungstechniken wie

• **Management by Exception** (Führung durch Ausnahmeregelung)
• **Management by Delegation** (Führung durch Delegation)

einbezieht.

(6) Normatives Entscheidungsmodell von Vroom/Yetton

Ausgehend von der Erkenntnis, daß es keinen Führungsstil gibt, der in allen Situationen erfolgreich ist, entwickeln *Vroom/Yetton*[10] (1973) ein normatives Modell, das dem Manager vorschreibt, für welchen Führungsstil er sich in welcher Situation entscheiden muß, wenn er erfolgreich sein will. Der Gesamterfolg seiner Entscheidung wird dabei von drei Ergebnisklassen beeinflußt (siehe auch *Maier* 1970):

1. Qualität/Rationalität der Entscheidung (Entscheidungsqualität)
2. Akzeptanz der Entscheidung durch die Mitarbeiter und deren Engagement, diese effizient auszuführen (Mitarbeiterakzeptanz)
3. Zeitaufwand für die Entscheidungsfindung (Entscheidungszeit).

Besondere Beachtung wird jeweils den Möglichkeiten einer Beteiligung der Mitarbeiter an der Entscheidungsfindung geschenkt.

Zur Operationalisierung des Modells bilden die Autoren zunächst eine **Taxonomie von Entscheidungsmethoden,** und zwar differenziert nach Methoden, die bei Gruppenproblemen und solchen, die bei Problemen mit einem einzelnen Mitarbeiter auftreten (*Vroom/Yetton* 1973, S. 13):

A = autokratisch (autocratic)
C = beratend (consultative)
G = gruppenzentriert (group process)
D = delegierend (delegative).

Weiterhin muß die Situation so differenziert beschrieben werden, daß deren eindeutige Identifikation zum Zwecke der anschließenden Zuordnung einer Entscheidungsmethode möglich wird. Als Eigenschaften der Situation (des Problems) werden genannt (S. 21 ff.):[11]

A. Bedeutung der Entscheidungsqualität
   Frage: Wenn die Entscheidung akzeptiert ist, wäre es von Bedeutung, welche Handlungsstrategie gewählt wird?
B. Ausmaß an Informationen/Sachkenntnis des Führers, um eine hochwertige Entscheidung allein treffen zu können.

---

[10] *Yetton, Philip,* Prof. Psychologie, Uni of New South Wales, Australien; war z.Zt. der Modellentwicklung Student von *Victor Vroom.*
[11] Dies stellt eine Weiterentwicklung der Klassifikation von *Maier* (1970) in vier Problemklassen dar.

Frage: Habe ich genügend Informationen, um eine qualitativ hochwertige Entscheidung zu treffen?

C. Ausmaß an Informationen der Mitarbeiter, um eine hochwertige Entscheidung zu treffen.

Frage: Haben die Mitarbeiter genügend zusätzliche Informationen, um eine qualitativ hochwertige Entscheidung zu treffen?

D. Ausmaß an Problemstrukturierung.

Frage: Weiß ich genau, welche Informationen benötigt werden, wer sie hat, und wie ich an sie herankomme?

Abb. 3.77: Entscheidungsmethoden bei Gruppen- und Individualproblemen

Gruppenprobleme		Individualprobleme
A I:	Sie lösen das Problem selbst oder treffen selbst die Entscheidung; dabei nutzen Sie die Informationen, die Ihnen zur Zeit zur Verfügung stehen.	
A II:	Sie holen die notwendigen Informationen von Ihren Mitarbeitern (Ihrem Mitarbeiter) ein und entscheiden dann selbst über die Lösung des Problems. Bei der Einholung der Informationen können Sie den Mitarbeitern (dem Mitarbeiter) sagen oder auch nicht sagen, worum es geht. Seine (ihre) Rolle bei der Entscheidung ist, Ihnen notwendige Informationen zu geben, aber nicht, alternative Lösungen zu entwickeln oder zu bewerten.	
C I:	Sie diskutieren das Problem mit einzelnen Mitarbeitern, holen Vorschläge und Ideen ein, ohne sie aber als Gruppe zusammenzuholen. Dann treffen sie die Entscheidung, die von den Mitarbeitern beeinflußt sein kann oder nicht.	**C I:** Sie diskutieren das Problem mit dem Mitarbeiter, holen individuell seine Vorschläge und Ideen ein. Dann treffen Sie die Entscheidung, die von dem Mitarbeiter beeinflußt sein kann oder auch nicht.
C II:	Sie diskutieren das Problem mit den Mitarbeitern als Gruppe und holen ihre gemeinsamen Ideen und Vorschläge ein. Dann treffen Sie die Entscheidung, die vom Einfluß Ihrer Mitarbeiter geprägt sein kann oder auch nicht.	**G I:** Sie diskutieren das Problem mit Ihrem Mitarbeiter und analysieren es zusammen mit ihm und gelangen zu einer Lösung, der Sie beide zustimmen können.
G II:	Sie diskutieren das Problem mit den Mitarbeitern als Gruppe. Zusammen entwickeln und bewerten sie Alternativen und versuchen, Konsens für eine Lösung zu erreichen. Ihre Rolle ähnelt der eines Diskussionsleiters. Sie versuchen nicht, die Gruppe zur Annahme „Ihrer" Lösung zu beeinflussen und sind bereit, jede Lösung zu akzeptieren und auszuführen, die die Zustimmung der gesamten Gruppe findet.	**D I:** Sie delegieren das Problem Ihrem Mitarbeiter, geben ihm alle relevanten Informationen, die Sie besitzen und übertragen ihm die Verantwortung, das Problem selbst zu lösen. Sie können von ihm verlangen oder auch nicht, daß er Ihnen mitteilt, zu welcher Lösung er gekommen ist.

Quelle: Vroom/Yetton 1973, S. 13

E. Ausmaß an Akzeptanz und Engagement auf seiten der Mitarbeiter, um eine effiziente Entscheidungsdurchführung zu gewährleisten.
Frage: Ist die Akzeptanz der Entscheidung durch die Mitarbeiter ausschlaggebend für deren effektive Implementation?

F. Wahrscheinlichkeit, daß eine autokratische Entscheidung des Führers von den Mitarbeitern akzeptiert wird.
Frage: Wenn ich die Entscheidung selbst treffen würde, würde sie dann mit großer Wahrscheinlichkeit von den Mitarbeitern akzeptiert?

G. Ausmaß an Motivation auf seiten der Mitarbeiter, die in der Problemstellung angesprochenen Organisationsziele zu erreichen.
Frage: Kann man sich darauf verlassen, daß die Mitarbeiter Problemlösungen an den Organisationszielen ausrichten?

H. Ausmaß an Konflikt über Lösungsalternativen.
Frage: Ist es wahrscheinlich, daß die gewählten Lösungen zu Konflikten unter den Mitarbeitern führen?

Bei einem gegebenen Problem könnten a priori alle fünf Entscheidungsmethoden Anwendung finden (vgl. Abb. 3.77 auf S. 789).

Bei Beachtung der Effizienzkriterien müssen jedoch folgende **Entscheidungsregeln** angewendet werden:

1. Informationsregel
Wenn die Qualität der Entscheidung wichtig ist und der Führer nicht über genug Informationen (oder Sachkenntnis) zur Problemlösung verfügt, scheidet Führungsmethode **AI** aus.

2. Vertrauensregel
Wenn die Qualität der Entscheidung wichtig ist und den Mitarbeitern die Lösung nicht zugetraut werden kann, scheidet Führungsmethode **GII** aus.

3. Strukturregel
Wenn die Qualität der Entscheidung wichtig ist, der Führer nicht über genug Informationen (oder Sachkenntnis) verfügt und das Problem unstrukturiert ist, scheiden die Führungsmethoden **AI, AII, CI** aus.

4. Akzeptanzregel
Wenn die Akzeptanz der Entscheidung durch die Mitarbeiter für eine effektive Verwirklichung von Bedeutung ist und zweifelhaft ist, ob eine autoritäre Führungs-Entscheidung akzeptiert wird, scheiden die Methoden **AI** und **AII** aus.

5. Konfliktregel
Wenn die Akzeptanz der Entscheidung wichtig ist, eine autoritäre Entscheidung voraussichtlich nicht akzeptiert wird und ein Konflikt zwischen den Mitarbeitern über bevorzugte Lösungen entstehen könnte, scheiden die Führungsmethoden **AI, AII, CI** aus.

6. Fairneß-Regel

Wenn die Qualität der Entscheidung unwichtig, die Akzeptanz der Entscheidung wichtig ist und eine autoritäre Entscheidung voraussichtlich nicht akzeptiert wird, scheiden die Führungsmethoden **AI, AII, CI, CII** aus.

7. Priorität der Akzeptanz-Regel

Wenn die Akzeptanz der Entscheidung wichtig ist, eine autoritäre Entscheidung voraussichtlich nicht akzeptiert wird und den Mitarbeitern vertraut werden kann, scheiden die Führungsmethoden **AI, AII, CI, CII** aus.

Zur Erleichterung der Situationsanalyse haben *Vroom/Yetton* einen **Entscheidungsbaum** konstruiert, der bei Beantwortung der acht Fragen zu den Problemeigenschaften (**A–H**) die exakte Zuordnung zu einem von 14 Problemtypen erlaubt (vgl. Abb. 3.78)[12]. In einer neueren, revidierten Fassung des Modells (*Vroom/Jago* 1988) wird neben der Entscheidungsbaumtechnik ein Computerprogramm angeboten, das eine rechnergestützte Wahl der ‚richtigen‘ Führungsmethode erlauben soll.

Abb. 3.78: Entscheidungsbaum zum Auffinden der ‚richtigen‘ Führungsmethode

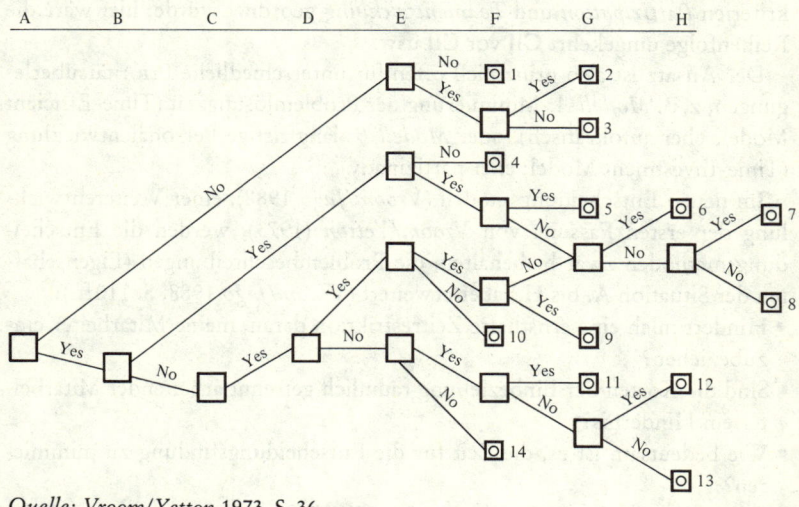

Quelle: Vroom/Yetton 1973, S. 36

In der nachstehenden Tabelle werden den Problemtypen unter Beachtung der Entscheidungsregeln zulässige Führungsmethoden zugeordnet. Sind mehrere Führungsmethoden zulässig, wie z.B. bei Problemtyp 1 und 2, sind sie nach dem Entscheidungskriterium *Zeitaufwand* (Zahl von Mann-Stunden für Problemlösung) angeordnet, d.h. **AI** benötigt weniger Zeit als **AII** usw.

---

[12] Eine deutsche Fassung findet sich in *Vroom* 1981 und *Jago* 1987.
Jago, Arthur G., Prof. Psychologie, Uni of Houston, Texas.

Problemtyp	Zulässige Methoden
1	AI, AII, CI, CII, GII
2	AI, AII, CI, CII, GII
3	GII
4	AI, AII, CI, CII, GII*
5	AI, AII, CI, CII, GII*
6	GII
7	CII
8	CI, CII
9	AII, CI, CII, GII*
10	AII, CI, CII, GII*
11	CII, GII*
12	GII
13	CII
14	CII, GII*

*zulässig nur, wenn G mit ja beantwortet wird.

Eine andere Reihenfolge ergäbe sich dann, wenn nach den Entscheidungs-kriterien *Partizipation* und *Teamentwicklung* geordnet würde; hier wäre die Reihenfolge umgekehrt GII vor CII usw.

Der Ansatz ist also prinzipiell offen für unterschiedliche Prioritätsüberle-gungen, z. B. *Modell A:* Minimierung der Problemlösungzeit (Time-Efficient Model; eher autokratisch), oder *Modell B:* langfristige Personalentwicklung (Time-Investment Model; eher partizipativ).

Im neuen Entscheidungsmodell (*Vroom/Jago* 1988), einer Weiterentwick-lung der ersten Fassung von *Vroom/Yetton* (1973), werden die Entschei-dungsmethoden zwar beibehalten, die Problembeschreibungen (Eigenschaf-ten der Situation A. bis H.) aber erweitert (*Vroom/Jago* 1988, S. 110ff.):

- Hindert mich eine ernsthafte Zeitrestriktion daran, meine Mitarbeiter ein-zubeziehen?
- Sind die Kosten der Einbeziehung räumlich getrennt arbeitender Mitarbei-ter ein Hindernis?
- Wie bedeutsam ist es, die Zeit für die Entscheidungsfindung zu minimie-ren?
- Wie bedeutsam ist es, die Chancen für Mitarbeiterentwicklung zu maximie-ren?

Die (jetzt) 12 Problembeschreibungen sind vom Vorgesetzten auf je einer 5-Punkte-Skala pro Frage (von 1: nein, unwichtig; bis 5: ja, sehr wichtig) durchzuführen, und mit Hilfe des Entscheidungsbaums oder neuerdings mit Hilfe eines Software-Programms (für alle IBM kompatiblen PC's) kann er ‚mathematisch genau' die richtige Führungsmethode identifizieren.

Vroom/Yetton (1973) haben ihr Modell in verschiedenen Studien (s. auch *Vroom/Jago* 1988, *Vroom* 1981, *Jago* 1987) mit unterschiedlichen Zielsetzun-gen durch Befragung von Managern (Selbstauskunft) über ihr Führungsverhalten in bestimmten Entscheidungssituationen überprüft. Folgende **Hypothesen** fanden sie bestätigt:

- wenn Manager über ausreichende Informationen zur selbständigen Problemlösung verfügen, dann neigen sie zu mehr autoritäten Entscheidungsmethoden
- wenn Manager ihren Mitarbeitern eigene Lösungen zutrauen, dann neigen sie zu mehr partizipativen Entscheidungsmethoden
- wenn Manager die Informationen und Ideen ihrer Mitarbeiter für wichtig erachten, dann neigen sie zu mehr partizipativen Entscheidungsmethoden.

Problematisch an den empirischen Daten von *Vroom/Yetton* ist, daß sie nicht objektiv von unabhängigen Dritten erhoben wurden, sondern auf der subjektiven Schilderung der Manager beruhen, und zwar, wie sie in vergangenen Situationen handelten und wie sie in hypothetischen Situationen handeln würden (zur Kritik vgl. vor allem *Field* 1979). Die auch empirisch bestätigte Vermutung liegt nahe, daß sich Manager in ihrem Verhalten rationaler und partizipativer einschätzen, als sie es in der Wirklichkeit sind (wie etwa aus Beschreibungen der Untergebenen hervorgeht). *Field* (1979) hält den Validierungsstudien des weiteren entgegen, daß die von *Vroom* und *Yetton* benutzten 30 Standard-Fallstudien weder repräsentativ sind noch alle im Rahmen des Modells denkbaren Situationskonstellationen abdecken.

In einer neueren Untersuchung findet *Field* (1982) die zentrale Hypothese des normativen Entscheidungsmodells, daß Führungsverhalten dann effizienter ist, wenn es den Modellempfehlungen folgt, auch bei Verwendung von Maßen bestätigt, die von der Selbstauskunft der Manager unabhängig sind.

Das Entscheidungsmodell endet allerdings mit der Wahl einer ‚richtigen‘ Führungsmethode und sagt nichts über deren erfolgreiche Anwendung aus. Hier setzen die Untersuchungen von *Tjosvold/Wedley/Field* (1986) an, die anders als *Janis* (1982) in Gruppendiskussionen, sofern sie konstruktiv verlaufen (*constructive controversy*), sehr positive Einflüsse auf erfolgreiche Entscheidungsprozesse sehen. Konstruktive Problemlösung muß jedoch auch erst im Training geübt werden.

In der Bundesrepublik Deutschland ist das *Vroom/Yetton*-Modell als Grundlage zur Untersuchung von 184 mittleren Managern der Deutschen Bundespost herangezogen worden (*Piel* 1986), allerdings unter Einbeziehung von Wahrnehmungs- und motivationalen Prozessen zur Erklärung der keineswegs rationalen Wahl von Entscheidungsmethoden. Wichtige Ergebnisse sind, daß solche Vorgesetzte Alleinentscheidungen präferieren, die eine starke bürokratische Orientierung, starke Aufgabenorientierung und geringe Mitarbeiterorientierung aufweisen. Alleinentscheidungen werden auch gewählt, wenn das zu lösende Problem als sachlich-fachliches angesehen wird (überzogene Einschätzung der eigenen Sachkompetenz). Darüber hinaus verhindern **implizite Theorien** über die Unvereinbarkeit von kooperativem Verhalten (Gruppenentscheidung) und hoher Leistung die Wahl von gruppenzentrierten oder delegierenden Methoden. Die Bereitschaft zu Gruppenentscheidungen fand sich bei starker Mitarbeiterorientierung des Vorgesetzten. Allerdings neigen Vorgesetzte insgesamt dazu, ihr Verhalten kooperativer einzuschätzen als es der Wirklichkeit entspricht. Auch in Österreich (Universität Linz) wird von *G. Reber* und *W. Böhnisch* (*Böhnisch* et al. 1988) an einer Validierung des *Vroom/Yetton*-Modells gearbeitet und zwar im Zusammenhang mit der Durchführung von Management-Trainings.

Sydow (1981) faßt die konzeptionelle **Kritik** an dem normativen Entscheidungsansatz in fünf Punkten zusammen:

- Das *Vroom/Yetton*-Modell abstrahiert vom realen Beziehungsgeflecht von Situationen der Organisation, Organisationsstruktur und Führung. Im Modell werden nur direkt führungsbezogene Situationsmerkmale, wie Bedeutung und Strukturierungsgrad der zu treffenden Entscheidung, berücksichtigt; andere Faktoren, die den Handlungs- und Verhaltensspielraum des Vorgesetzten erheblich begrenzen können, bleiben außer acht.

- Der normative Entscheidungsansatz isoliert das (direkte) Führungsverhalten von anderen – komplementären und substitutiven – Möglichkeiten der Verhaltenssteuerung (vgl. Führungssubstitute, S. 355 ff.).

- Der Ansatz beschränkt sich innerhalb des Bereichs direkter Führung auf die Frage der Partizipation, obwohl Führungsverhalten nach herrschender Meinung vollständig nur unter (zusätzlicher) Hinzuziehung der Dimensionen ‚Beziehungsorientierung‘ und ‚Aufgabenorientierung‘ beschrieben werden kann. Das Modell von *Vroom* und *Yetton* stellt in der Tat eher einen Entscheidungsansatz denn eine Führungstheorie dar.

- Obwohl *Vroom* und *Yetton* neben der an kurzfristiger Führungseffizienz orientierten Modellvariante weitere Entscheidungskriterien bereit halten (Partizipation, Entwicklung und Qualifizierung der Geführten), propagieren sie eindeutig die erstgenannte Fassung.

- Führungserfolg wird von *Vroom* und *Yetton* ausschließlich als Qualität und Akzeptanz der getroffenen Entscheidung operationalisiert. Humankriterien finden in diesem Ansatz, der vorgibt, einem partizipativen Führungsstil zum (situativen) Durchbruch in der Führungspraxis zu verhelfen, weniger Beachtung.

Neben seinem Anspruch als *normatives* Führungskonzept hat der *Vroom/Yetton*-Ansatz auch als *deskriptives* Modell des Führungsverhaltens Anwendung gefunden (vgl. *Jago* 1987, Sp. 942 ff.). Das in Fallstudien simulierte Entscheidungsverhalten entspricht weitgehend dem normativen Modell. Auffallend ist, daß Frauen partizipativer entscheiden als Männer, hierarchisch Höherstehende partizipativer als Tieferstehende, Personalleiter partizipativer als Leiter anderer Funktionsbereiche.

Entsprechend dem ursprünglich normativen Anspruch scheint das Modell jedoch eher als **Ausbildungsmethode,** denn als Erklärungsmethode, geeignet. Richtig, d. h. situationsgerecht entscheiden können Manager erst nach dem Besuch eines Trainingsprogramms, in dem die Diagnose des eigenen Führungsstils und der Situation sowie der Umgang mit dem normativen Entscheidungsmodell geübt werden.

Mit dem eingeschränkten Anspruch, eine Hilfe zur Ausbildung von Managern im situativen Denken und Führen zu sein, ist das Modell als äußerst brauchbar zu bezeichnen. Es berücksichtigt bedeutend mehr Situationsvariablen als das Kontingenzmodell von *Fiedler* (S. 323 der Arbeit) und lehnt auch dessen pessimistische Position im Hinblick auf die Verhaltensflexibilität von Führungskräften ab. „Vergegenwärtigen sich Manager, Trainer und Theoretiker die Probleme des normativen Entscheidungsansatzes, bietet er eine interessante Alternative zu den mehr explikativ orientierten Weg-Ziel-Modellen; seine Verwendung für praktisches Führungstraining schärft zumindest das Bewußtsein für die Notwendigkeit, Führung im situativen Zusammenhang analysieren zu lernen, sowie für die Bedeutung von Partizipation als Dimension des Führungsverhaltens" (*Sydow* 1981, S. 14).

Trotz der Schwierigkeit, das soziale Phänomen ‚Führung‘ theoretisch angemessen zu erfassen, muß dem normativen Entscheidungsansatz dessen primär technologisches Interesse vorgehalten werden, das einer Entwicklung ‚besserer‘ Führungstheorien entgegensteht (*Türk* 1981, *Niederfeichtner* 1983).

(7) Leader-Match-Konzept von Fiedler/Chemers/Mahar

Im Gegensatz zu den bislang besprochenen Führungskonzepten geht das **Leader-Match-Konzept** von *Fiedler* et al. (1976) von einer langfristig stabilen Motivationsstruktur und einem dominanten Führungsstil des Managers aus, die eine Verhaltensmodifikation durch Führungstraining wenig erfolgreich erscheinen lassen. Ein *Match* (Übereinstimmen) zwischen Führungsstil und -situation kann demzufolge nur durch Veränderung der Situation oder durch Austausch des Führers (Positionswechsel) erreicht werden. Der Prozeß des Matching wird als *Social Engineering* bezeichnet, d. h. der Führer wird nicht in seinem Führungsverhalten zu beeinflussen versucht, sondern zum Sozial-Ingenieur ausgebildet, der die Führungssituation zu diagnostizieren und zu seinen Gunsten zu manipulieren versteht (*Fiedler* 1969). Hierzu ist das Kontingenzmodell der Führung (S. 323 der Arbeit) zu einem Selbsthilfeprogramm für Führungskräfte (*Fiedler* et al. 1979) ausgearbeitet worden, dessen Studium den ‚Weg zum Führungserfolg‘ weisen soll (vgl. auch *Wunderer* 1979, *Fiedler/Mai-Dalton* 1980).

Das **Selbsthilfeprogramm** liegt in Form eines programmierten Arbeitsbuches vor, das in sechs bis acht Stunden Selbststudium erarbeitet werden kann. Damit ist es ungleich kürzer und billiger als alle anderen Führungstrainings.

Das Programm gliedert sich in drei Teile:

1. **Feststellung des eigenen Führungsstils**
   Hierzu dient der von *Fiedler* (1967) entwickelte **LPC-Wert** (Least-Preferred Coworker), der das Ausmaß mißt, in dem der Führer den von ihm am wenigsten geschätzten Mitarbeiter noch relativ wohlwollend beschreibt.

Hierzu dienen 18 bipolare Beurteilungsmerkmale, die auf einer acht-stufigen Skala zu bewerten sind, z. B.

angenehm 8 7 6 5 4 3 2 1 unangenehm
abweisend 1 2 3 4 5 6 7 8 entgegenkommend

Führer mit einem hohen LPC-Wert ($\varnothing$ über 3,55) werden als personen- oder *beziehungsorientiert* klassifiziert; Führer mit einem niedrigen LPC-Wert ($\varnothing$ unter 3,16) werden als *aufgabenorientiert* klassifiziert und Führer mit einem mittleren LPC-Wert werden *sozial unabhängige* Führer genannt (im Leader-Match-Konzept aber vernachlässigt).

2. Ermittlung der situativen Günstigkeit der Situation

Zur Beschreibung der Führungssituation dienen die Konstrukte
• Führer-Mitarbeiter-Beziehungen
• Aufgabenstruktur
• Positionsmacht des Führers

In der programmierten Unterweisung sind auch hierzu Skalen vorgegeben, mit Hilfe derer der Leser die Günstigkeit seiner Führungssituation ermitteln kann. Eine *günstige Situation* wäre etwa gekennzeichnet durch
• gute Führer-Mitarbeiter-Beziehungen
• gut definierte, hochstrukturierte und leicht kontrollierbare Aufgaben
• hohe Positionsmacht

3. Wege zur Modifikation der Führungssituation (Social Engineering)

Hier werden in Form von Checklisten konkrete Gestaltungsempfehlungen zur *Veränderung* der drei Situationsvariablen gegeben:
• Modifikation der *Führer-Mitarbeiter-Beziehungen*
  (z. B. mehr Zeit mit Mitarbeitern verbringen, Mitarbeiter versetzen, bessere Information)
• Modifikation der *Aufgabenstruktur*
  (z. B. klare Zielvorgaben, Training der Mitarbeiter)
• Modifikation der *Positionsmacht*
  (z. B. zeigen, wer der Boss ist; mehr Informationen aufnehmen und Fachwissen erweitern).

Dabei kann die situative Günstigkeit sowohl erhöht als auch gesenkt werden, denn nach dem Kontingenzmodell sind bestimmte Führungsstile gerade (auch) in ungünstigen Situationen erfolgreich.

Das Leader-Match-Konzept ist zumindest im deutschsprachigen Raum durchweg auf Ablehnung gestoßen (vgl. für viele *Wunderer*[13] 1979 b). Die von *Fiedler* aus der angenommenen Stabilität des LPC-Wertes des Führers gezogene Konsequenz, daß bei einer dem Führungserfolg entgegenstehenden Inkongruenz (Mismatch) von gegebener Führungssituation und LPC-Wert die Situation an den Führer anzupassen ist, läuft z. B. emanzipatorischen Werthaltungen zuwider. Dies ist dann der Fall, wenn die Führer-Geführten-

---

[13] *Wunderer, Rolf* (geb. 1937) Prof. BWL, Hochschule St. Gallen.

Beziehung bewußt verschlechtert wird, um die für den Führungserfolg notwendige Übereinstimmung der Günstigkeit der Situation mit der Höhe des LPC-Wertes herbeizuführen.

b. *Führungsgrundsätze und Führungstechniken*

Führungsgrundsätze sind schriftlich formulierte Richtlinien, die Führungskräfte bei ihrer Führungstätigkeit zugrundelegen (sollen). Sie sind bewußt **situationsunabhängig** gefaßt und stellen deshalb i.d.R. lediglich abstrakte, generelle Statements dar (vgl. z.B. *Lattmann* 1975; *Töpfer/Zander* 1982, *Wunderer* 1983, vgl. kritisch dazu *Kubicek* 1984). In den weitaus meisten Führungsgrundsätzen wird eine Form partizipativen bzw. kooperativen Führungsverhaltens proklamiert. Die Forderung nach einem **kooperativen Führungsstil** hat ihre historischen Wurzeln in der Human Relations-Bewegung. In Wissenschaft und Praxis findet sie seit 1970 steigende Beachtung (*Wunderer/Grunwald* 1980). Wie in den 30er Jahren, so fokussiert dieser Stil auch heute noch vor allem auf eine verstärkte *Beziehungsorientierung*. Intendiert ist damit vom Management allerdings weniger eine Demokratisierung als eine Förderung der Akzeptanz von Entscheidungen durch Einholen der Meinungen der Geführten und deren mögliche Berücksichtigung bei der Entscheidungsfindung. Der kooperative Führungsstil wird heute in Führungsgrundsätzen formell verankert und durch Trainingsmaßnahmen in faktische Verhaltensänderungen umzusetzen gesucht. Ein Blick in die praxisorientierte Fachliteratur läßt den Eindruck entstehen, es werde oder solle nur noch kooperativ geführt werden. Die an Führungsstiltheorien (vgl. *Staehle/Sydow* 1987) geäußerte Kritik, insbesondere die Nicht-Beachtung der Führungssituation bei der Ableitung von Führungsstil-Empfehlungen, wird nur vereinzelt aufgenommen. Neu, und auf den ersten Blick überraschend, ist die vermehrt zu findende Forderung nach einem kooperativen Führungsstil bei *gleichzeitig* situativer Führung. So berichtet *Meyer-Dohm* (1984) stolz von der erfolgreichen Einführung des kooperativen Führungsstils im **Volkswagen Konzern,** und zwar mit Hilfe von Führungsgrundsätzen und unterstützenden Trainings, fordert aber gleichzeitig ein situationsgerechtes Führungsverhalten.

Überraschend sind solche Forderungen deshalb, weil sie vor dem Hintergrund der heutigen Führungsforschung, die vom situativen Ansatz beherrscht ist, als miteinander unvereinbar erscheinen. Gemeinhin wird ein kooperativer Führungsstil als einer von mehreren möglichen Führungsstilen begriffen, der immer dann und nur dann einen Beitrag zur Steigerung von Leistung und/oder Zufriedenheit verspricht, wenn die Führungssituation ihm angemessen ist. Die defizitäre Begriffsbildung und -verwendung im Bereich der Führung läßt jedoch auch die Interpretation zu, daß lediglich die *Grundausrichtung* des Führungsstils kooperativ sein soll, ähnlich wie der 9,9 Stil nur strategisch gemeint ist. Im Einzelfall darf und soll jedoch sehr wohl von dieser Grundausrichtung taktisch abgewichen werden.

In diesem Fall wird ein breites Spektrum mehr oder weniger kooperativen Führungsverhaltens mit dem Etikett *kooperativ* versehen, auch wenn einzelne Ausprägungen *diese* Bezeichnung nicht verdienen (geschweige denn die Bezeichnung ‚partizipativ‘ oder ‚demokratisch‘). Es besteht der Verdacht, daß die Führungspraxis in Unternehmungen, die unter den herrschenden Bedingungen notwendig situativ zu sein hat, mit diesem Etikett verschleiert, daß häufig autoritär geführt werden muß.

Eine Realisation kooperativen Führungsverhaltens setzt die Entwicklung der Führenden und Geführten, aber auch den Abbau struktureller Hemmnisse voraus. Keine dieser Voraussetzungen wird mit der Proklamation von Führungsgrundsätzen geschaffen; sie stellen eher eine Maßnahme des Personalmarketing dar.

Darüber hinaus besteht der Verdacht, daß durch die in unverbindlichen Grundsätzen propagierte **Partizipation** an einzelnen Führungsaufgaben ein Substitut für echte **Mitbestimmung** bzw. Mitwirkung, als formal-rechtlich abgesicherte Teilhabe an Entscheidungsprozessen, entwickelt werden soll.

Wesentlich konkreter, aber ebensowenig in ihren Anwendungsbedingungen spezifiziert sind die sog. **Führungstechniken,** die im deutschen Sprachraum als Management by-Techniken weite Verbreitung und große Popularität gefunden haben. Dabei soll die Verwendung von Amerikanismen, wie Management by ..., positive Assoziationen mit effizientem amerikanischen Management wecken. In der US-amerikanischen Literatur wird jedoch allenfalls das Management by Objectives behandelt (vgl. z.B. *Duncan* 1975, *Hicks/Gullett* 1975, *Tosi/Carroll* 1976). Der Begriff ‚Management Techniques‘ ist völlig ungebräuchlich. Geläufig ist lediglich der Begriff ‚Planning Techniques‘, worunter Verfahren wie LP, Netzplantechnik, PERT, PPBS verstanden werden. Von **Management by-Techniken** ist mit Ausnahme des MbO und teilweise MbE an keiner Stelle in der amerikanischen Managementliteratur die Rede.

Führungstechniken stellen Führungshilfen für den Manager dar, die ihn bei der Ausübung seiner Führungstätigkeit unterstützen sollen. Nach *Häusler* (1977, S. 70) gehen solche Techniken davon aus, daß ihre Anwendung zu einer Produktivitätssteigerung führt. Ruft man sich die Ausführungen über die Situationsabhängigkeit von Führung in Erinnerung, wird deutlich, wie unsinnig diese Annahme ist, und wie gefährlich es ist, dem Praktiker solche schlagwortartigen Rezepte zur erfolgreichen Führung zu empfehlen.

In der deutschsprachigen Literatur werden u.a. folgende Führungstechniken diskutiert:

Management by Objectives
Management by Exception
Management by Systems
Management by Motivation

Management by Results
Management by Delegation
Management by Wandering Around.
Einen Überblick über die gängigen Management-Techniken bieten z.B. *Häusler* 1977, S. 59 ff. sowie *Scharfenkamp* 1983.

c. Führertypen

Während in den vorangegangenen Abschnitten **Führungsverhalten** normiert und den Führungskräften zur Praktizierung in unterschiedlichen Situationen anempfohlen wurde, fordern jüngere Beiträge verstärkt eine ganzheitliche Erfassung der **Führerpersönlichkeit.** Hierzu liegen einmal idealtypische Ansätze und zum anderen empirisch erhobene Realtypen vor.

Während Eigenschaftstheorien der Führung noch vom *great man* mit angeborenen Führereigenschaften ausgehen, ist im Zuge der Verwissenschaftlichung der Unternehmungsführung und der Führungsausbildung der Glaube an die Lehr- und Lernbarkeit von Führung gestiegen. Durch die Überbetonung rationaler, kognitiver Elemente der Personalführung sind jedoch eher Manager denn Führer ausgebildet worden. *Zaleznik* (1977) hat als einer der ersten auf die fundamentalen Unterschiede zwischen beiden (managers and leaders) hingewiesen. Der **Manager** hat seiner Auffassung nach eine eher unpersönliche, distanzierte Einstellung gegenüber den Unternehmungszielen, bevorzugt bekannte Problemlösungen (inkrementales Vorgehen), sieht in Kollegen und Mitarbeitern lediglich Funktionsträger. **Führer** sind dagegen von neuen Ideen zu begeistern, arbeiten mit Visionen, sind risikofreudig, haben emphatische Einstellung zu ihren Mitarbeitern, treiben Veränderungen voran. *Bennis/Nanus* (1985) haben den Unterschied auf die einfache Formel gebracht: Managers do things right, leaders do the right things. Sie favorisieren den *transformativen* Führer gegenüber dem *transaktionalen* (vgl. zu dieser Unterscheidung auch *Burns* 1978, *Bass* 1985 sowie S. 337 der Arbeit). Der transformative Führer sei in einer Zeit, in der große Unternehmungen *overmanaged* und *underled* sind, besonders gefragt, um neue Visionen zu entwickeln, motivierend und sinnvermittelnd (kulturbewußt) zu führen.

Weinert 1987 (S. 429, 454) spricht in diesem Zusammenhang von charismatischer Führung, von einer Wiederentdeckung interindividueller Unterschiede bei Führern und generell von einer Wiederentdeckung der Persönlichkeit für die Organsationspsychologie. Charismatische, transformative Führer agieren als sinnvermittelnde soziale Architekten, verpflichten Mitarbeiter zum Handeln, verwandeln Geführte in Führer und Führer in Change Agents (*Bennis/Nanus* 1985, S. 3). Hierzu benötigt der Führer Macht; dies ist Voraussetzung für transformative Führung. Auf der Basis von unstrukturierten Interviews mit 90 Führern kommen *Bennis/Nanus* zu vier **Anforderungen an transformative Führer:**

- mit Visionen Aufmerksamkeit wecken
- durch Kommunikation Sinn vermitteln
- einen Standpunkt einnehmen und Position beziehen
- Entfaltung der Persönlichkeit durch
  - positives Selbstwertgefühl
  - Lernen aus Fehlern
  - Erkennen von Stärken und Kompensation von Schwächen
  - Entwickeln von Talenten
  - Übereinstimmung von Qualifikationen und Anforderungen.

Fast deckungsgleich mit diesen ‚Lebenshilfen für die erfolgreiche Führungskraft' sind die Ergebnisse einer Auswertung von 12 Intensivinterviews mit **Transformational Leaders** durch *Tichy/Devanna* (1986), die zu sieben Chrakteristika eines transformativen Führers kommen (S. 271 ff.):

1. Sie verstehen sich als Change Agents
2. Sie sind couragiert
3. Sie vertrauen anderen Menschen
4. Sie handeln wertorientiert
5. Sie sind lebenslange Lerner
6. Sie können mit Komplexität, Ambiguität und Unsicherheit umgehen
7. Sie haben Visionen.

Die letzten beiden Untersuchungen von *Bennis/Nanus* und *Tichy/Devanna* haben allerdings kaum noch etwas mit wissenschaftlichen Ansätzen der Führung gemein und sind eher dem Bereich der Management-Folklore zuzuordnen; insbesondere auch deshalb, weil die organisatorischen Bedingungen, unter denen ein transformativer Führer möglich und erfolgreich sein kann, nicht spezifiziert werden.

Differenzierter ist die Klassifikation von *Kakabadse*[14] (1984), der unterschiedliche **Führertypen** auf unterschiedliche Persönlichkeitsstrukturen zurückführt. Ausschlaggebend für das Führungsverhalten sind die kognitiven Strukturen (mental maps), welche die Wahrnehmungs- und Handlungsprozesse der Menschen steuern. Dichotomisiert man das Wahrnehmungskontinuum in *außengeleitet* (abhängig von Meinungen anderer) und *innengeleitet* (selbstgerichtet) und das Handlungskontinuum in *komplex/kohärent* und *einfach/konsistent*, erhält man vier Ausprägungen, die *Kakabadse* (1984) wie folgt benennt (vgl. Abb. 3.79):

- **Traditionalists:** Bewahren das Bestehende, z.B. die Art und Weise, wie Ressourcen verteilt werden; jede Veränderung wird als Bedrohung gesehen; sie bevorzugen Details, Spezialkenntnisse, sind genau, penibel und unflexibel; sie garantieren Stabilität, sind der Organisation und anderen gegenüber loyal.

---

[14] *Kakabadse, Andrew P.*, Prof. Management, Cranfield Institute of Technology, England.

- **Team coaches:** Benötigen die Nähe Gleichgesinnter; in Gruppen agieren sie als Missionare für Neues, sie sind flexibel, informell, persönlich; Loyalität empfinden sie primär der Gruppe gegenüber.
- **Company barons:** Denken ganzheitlich in großen Dimensionen; Generalisten ohne Detailkenntnisse; entwerfen strategische Pläne, bevorzugen lediglich evolutionäre Veränderungen; sind opportunistisch und statusbewußt.
- **Visionaries:** Sehen die Organisation ganzheitlich und wollen sie entsprechend ihrer Vision verändern; bevorzugen dramatische Veränderungen; sind wenig loyal und arbeiten isoliert.

Abb. 3.79: Wahrnehmungs-/Handlungsmodell der Führung

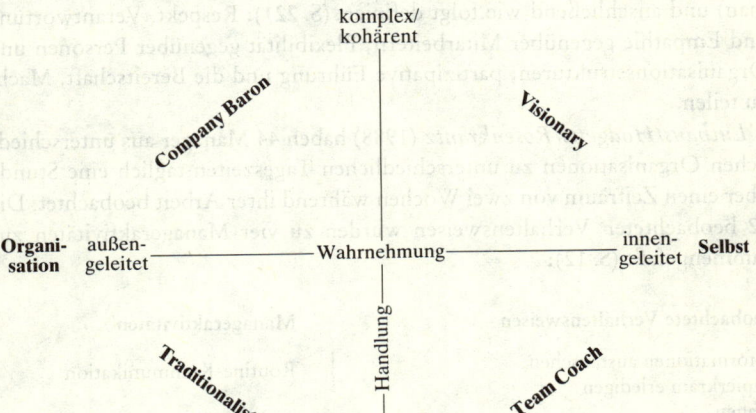

Quelle: Kakabadse 1984, S. 19

Während die Typologie von *Kakabadse,* obwohl vor dem Hintergrund eigener Beratertätigkeit entwickelt, noch stark idealtypische Züge aufweist, ist die **Typologie** von *Maccoby*[15] (1976, 1981) aufgrund offener Interviews und projektiver Tests (*Rorschach*-Test)[16] mit Führungskräften entstanden. In seiner ersten Untersuchung (1976) unterscheidet *Maccoby* vier Typen, die – ähnlich wie bei *Reddin* – positive und negative Züge aufweisen können:

- **Craftsman:** qualitätsorientiert, konservativ, inflexibel, unkooperativ, perfektionistisch, selbstgenügsam

---

[15] *Maccoby, Michael* (geb. 1933) Psychoanalytiker, Washington.
[16] *Rorschach, Hermann* (1884–1922) schweiz. Psychiater, entwickelt psychodiagnostischen Test auf der Basis von zehn Tintenklecksen.

- **Jungle Fighter:** machtorientiert, dominant, rastlos, aufrecht, beschützend gegenüber Freunden
- **Company Man:** leistungsorientiert, loyal, vorsichtig, fürsorglich, servil, ängstlich
- **Gamesman:** wettbewerbsorientiert, kalkuliertes Risiko eingehend, flexibel, manipulativ, neuerungsorientiert.

Fünf Jahre nach dem **Gamesman,** den er damals noch präferierte, kommt *Maccoby* (1981, S. 21) zu der Erkenntnis, daß ein kompetenter Führer an der Spitze der Unternehmung nicht ausreicht. Teams auf *allen* Ebenen der Organisation benötigen ‚gute‘ Führer, die über einen *social character (Erich Fromm)*[17] verfügen müssen. Wie dieser *social character* erfolgreich sein kann, hat er exemplarisch an sechs Führungskräften gezeigt (Foreman, Union Leader, Plant Manager, Chief Executive Officer, Assistant Secretary, Congressman) und anschließend wie folgt definiert (S. 221): Respekt, Verantwortung und Empathie gegenüber Mitarbeitern; Flexibilität gegenüber Personen und Organisationsstrukturen; partizipative Führung und die Bereitschaft, Macht zu teilen.

Luthans/Hodgetts/Rosenkrantz (1988) haben 44 Manager aus unterschiedlichen Organisationen zu unterschiedlichen Tageszeiten täglich eine Stunde über einen Zeitraum von zwei Wochen während ihrer Arbeit beobachtet. Die 12 beobachteten Verhaltensweisen wurden zu vier Manageraktivitäten zusammengefaßt (S. 12):

beobachtete Verhaltensweisen	Manageraktivitäten
Informationen austauschen Papierkram erledigen	Routine-Kommunikation
Planen Entscheiden Kontrollieren	traditionelle Managementfunktionen
Interagieren mit Externen Soziale Kontakte pflegen/Politik machen	Beziehungspflege
Motivieren Disziplinieren Konflikte handhaben Personal beschaffen Personal entwickeln	Human Resource Management

Zentrales Ergebnis einer systematischen Beobachtung weiterer 248 Manager ergab, daß *Erfolgs-Typen* (successful managers), gemessen an der von ihnen bislang erreichten Hierarchieebene dividiert durch die Jahre der Betriebszugehörigkeit, bei den Manageraktivitäten ganz anders Prioritäten setzen als *Leistung-Typen* (effective managers), gemessen am Erfolg ihrer Abteilung, der Zufriedenheit und dem Engagement ihrer Mitarbeiter.

---

[17] *Fromm, Erich* (1900–1980) studierte Psychologie und Soziologie in Frankfurt/M und Heidelberg, emigrierte 1934 in die USA, Synthese *Marx*scher und *Freud*scher Konzepte.

Relative Häufigkeit der beobachteten Manageraktivitäten

	Alle Manager (N = 248)	Erfolgs-Manager (N = 52)	Leistungs-Manager (N = 178)	Erfolgs- und Leistungs-Manager (N = 15)
Routine-Kommunikation	29	28	44	31
trad. Managementfunktionen	32	13	19	34
Beziehungspflege	19	48	11	20
Human Resource Management	20	11	26	15
	100	100	100	100

Die Ergebnisse zeigen, daß Erfolgs-Typen, die primär an ihre eigene Karriere denken, überwiegend *Beziehungspflege* (Mikropolitik) betreiben und das aufwendige HRM vernachlässigen; Leistungs-Typen engagieren sich dagegen in den weniger karriereförderlichen, dafür aber langfristig den Abteilungserfolg steigernden Aktivitäten: Routine-Kommunikation und HRM. Auffallend ist, daß bei beiden Typen die traditionellen Managementfunktionen Planen, Entscheiden und Kontrollieren eine nur untergeordnete Rolle in ihrem Manageralltag spielen. *Luthans* et al. (1988) sehen die Gefahr, daß in US-amerikanischen Unternehmungen Leistungs-Typen zu wenig gefördert und Erfolgs-Typen bevorzugt werden.

Die Autoren fanden nur wenige (N = 15) Manager, die ihrem Ideal einer Kombination beider Typen zu einem Erfolgs- und Leistungs-Manager entsprechen. Diese verteilen, ähnlich wie die Grundgesamtheit der Beobachteten, ihre Aktivitäten etwa gleich auf alle Manageraktivitäten, denn diese sind eben auch alle sowohl für den betrieblichen als auch den individuellen Erfolg bedeutsam.

Auffallend ist, daß in neueren Veröffentlichungen zur Personalführung die Rolle des Führers bei der Vermittlung der Organisationskultur (**Sinnvermittlung**), die den kompetenten Umgang mit Symbolen erfordert (**symbolische Führung**), besonders betont wird (vgl. z.B. *Pfeffer* 1981 b).

Insgesamt ist nach einer Zeit der Überbetonung kognitiv-rationaler, sachorientierter Personalführung eine Re-Personalisierung der Führung festzustellen (vgl. S. 361 der Arbeit). *Kasper* (1987, S. 163) diagnostiziert u.a. mit Bezug auf die Organisationskulturdebatte einen Rückschritt zur Eigenschaftstheorie der Führung: „Kaum bemerkt, scheint die Eigenschaftstheorie der Führung durch die ‚Hintertür Organisationskultur' wieder an Relevanz zu gewinnen."

3. Personalentwicklung (PE)

Theoretisch lassen sich PE-Maßnahmen in Ansätze zur beruflichen *Sozialisation* in der und durch die *Arbeit* einordnen (vgl. *Lempert* et al. 1980, *Kohn* 1981). **Sozialisation** haben wir an anderer Stelle (S. 530) als Prozeß des Aufbaus und der Veränderung von Verhalten bezeichnet, der durch eine bestimmte Institution (hier: die Unternehmung) initiiert und gesteuert wird. Unter **Qualifizierung** versteht man den Prozeß der Vermittlung von Qualifikationen (zur Qualifikation vgl. S. 161 ff.).

Qualifikationsanforderungen stellen Ansprüche an das Arbeitsvermögen des Menschen dar; sie beschreiben die Leistungsvoraussetzungen zur Erfüllung von Aufgaben. Zur Erfüllung dieser Ansprüche und zur Schaffung der Leistungsvoraussetzungen sind Qualifikationen notwendig. Die PE verfügt über eine Reihe von Instrumenten zur Mitarbeiter-Qualifizierung, die in unterschiedlicher Weise (direkt/indirekt) auf das Qualifikationspotential einwirken. Unter **Qualifikationspotential** verstehe ich das potentiell realisierbare Arbeitsvermögen eines Menschen, das aufgrund unterschiedlicher Lebens- und Arbeitsbiographien sehr unterschiedlich ausgeprägt ist und entsprechend eine individuelle Aktivierung erfordert. Da das Qualifikationspotential den Kern des **Humanpotentials** ausmacht, stehen Maßnahmen der PE im Mittelpunkt des HRM. Wir werden uns deshalb ausführlicher mit Ideen, Anlässen und Instrumenten der PE befassen.

a. Gegenstand und Ziele der Personalentwicklung

Die klassische Personalwirtschaftslehre setzt PE mit betrieblicher Bildung gleich. Eine erste Entwicklungsstufe hin zu PE in einem umfassenderen Sinn stellt die systematische Koordination aller bereits in der Unternehmung praktizierten PE-Maßnahmen sowie deren organisatorische Zusammenfassung in einer speziellen Abteilung des Personalwesens dar.

PE ist eine Form der zielgerichteten Beeinflussung menschlichen Verhaltens (wie Motivation und Führung), und zwar über die Erweiterung und/oder Vertiefung bestehender und/oder Vermittlung neuer Qualifikationen. Die *geplante* betriebliche Fort- bzw. Weiterbildung wird dabei als der Kern der PE (im engeren Sinne) verstanden. Alle Formen der Selbst-Qualifikation und -Entwicklung sowie des ungeplanten, nicht organisierten Lernens werden dabei allerdings ausgeklammert (vgl. hierzu *Flohr/Niederfeichtner* 1982. Zur Selbstentwicklung von Managern vgl. *Pedler* 1983).

Ebenso wie sich Organisationen permanent verändern, aber nur der geplante organisatorische Wandel als Organisationsentwicklung (OE) bezeichnet wird, verstehe ich unter PE nur die *geplante* Entwicklung des Personals. Hierzu zählen aber neben der betrieblichen Bildungsarbeit Maßnahmen der Laufbahnentwicklung, Karriereplanung, Versetzung und Beförderung, Sinnvermittlung, Organisationskulturgestaltung, Einführung von Teamarbeit und Aufgabenbereicherung sowie generell die Schaffung von persönlichkeitsförderlichen Arbeitsstrukturen und -prozessen. Maßnahmen der OE und PE sind in vielfacher Weise verknüpft und aufeinander bezogen. OE ohne flankierende PE-Maßnahmen ist ebenso wenig erfolgreich wie PE ohne die Einbeziehung von das Verhalten stabilisierenden oder verändernden strukturellen Maßnahmen.

Im Gegensatz zur Management- bzw. Führungskräfte-Entwicklung (Management Development), als umfassender Weiterbildung und Förderung von Managern, wendet sich PE an Mitarbeiter sämtlicher Hierarchieebenen (allerdings mit sehr unterschiedlicher Intensität). Entsprechend definieren *Heymann/Müller* (1982, S. 151 f.): „Unter der Personalentwicklung eines Unternehmens sind alle Maßnahmen zu verstehen, die der individuellen beruflichen Entwicklung der Mitarbeiter aller Hierarchieebenen dienen und ihnen unter Beachtung ihrer persönlichen Interessen die zur Wahrnehmung ihrer aktuellen und auch zukünftigen Aufgaben notwendigen Qualifikationen vermitteln".

Bei HRM-Konzepten wird zwischen Zielen der Unternehmung bzw. Organisation und den Zielen der Mitarbeiter differenziert. Bei der PE kommen jedoch noch bildungs- und beschäftigungspolitische Ziele hinzu. Qualifizierte Aus- und Weiterbildung sind eine volkswirtschaftliche Notwendigkeit zur Erhaltung der internationalen Wettbewerbsfähigkeit. Durch eine Vielzahl von Gesetzen und Vorschriften nimmt der Staat Einfluß auf die Weiterbildung. Ziele sind hier u. a. die Erhöhung der Sicherheit am Arbeitsplatz (Unfallverhütung), die Reintegration von Arbeitslosen, die Resozialisation von Straffälligen, die Umschulung von Berufstätigen. Ein Ausgleich der z. T. unterschiedlichen Interessen wird dabei als problemlos unterstellt; insofern gehen PE-Konzepte von einem Harmoniemodell aus (vgl. den Ansatz einer partizipativen PE von *Domsch* 1983). Diese Sichtweise deckt sich nur unzureichend mit der Praxis. Mitarbeiterziele werden in aller Regel nur insofern und insoweit berücksichtigt, als sie nicht der Erreichung der Unternehmungsziele entgegenstehen. Bei einer Interessenabwägung dominieren eindeutig die Ziele des Managements. Die Gegenüberstellung von Zielen der Unternehmung und der Mitarbeiter suggeriert eine Gleichwertigkeit, die so nicht besteht; insofern ist es sinnvoller, von faktisch verfolgten Zielen auszugehen. Diese sind u. a. (vgl. *Gabele* 1983, S. 113 f., *Conradi* 1983, S. 4 ff., *Weber* 1985):

1. **Erhöhung der Wettbewerbsfähigkeit**
(Senkung der Mitarbeiterfluktuation, Konkurrenzvorteile auf dem Arbeitsmarkt, Anpassung an neue/veränderte Anforderungen)

2. **Erhöhung der Flexibilität**
(flexible Organisationseinheiten, Teamarbeit, Förderung der Innovationsfähigkeit der Mitarbeiter, erweiterte Einsatzmöglichkeiten der Mitarbeiter durch Mehrfachqualifikation)

3. **Erhöhung der Motivation und Integration**
(Verbesserung der Arbeitsmotivation, der Zufriedenheit und des Organisationsklimas, Förderung der Identifikation mit den Unternehmungszielen und der Integration der Mitarbeiter in die Unternehmung)

4. **Sicherung eines qualifizierten Mitarbeiterstammes**
(Anhebung des Eingangsqualifikationsniveaus, Nachwuchssicherung, Verbesserung der Qualifikation zur kompetenteren Aufgabenerfüllung, Erhöhung des Qualifikationspotentials)

5. **Berücksichtigung individueller und bildungspolitischer Ansprüche**
(bessere Bezahlung, Vermeidung von Überforderung, Erhöhung der sozialen Sicherheit, Realisierung von Chancengleichheit, Erhöhung der Durchlässigkeit und Mobilität).

Nachfolgende Übersicht stellt Kataloge von PE-Zielen zusammen:

Ziele der Personalentwicklung

Ziele aus der Sicht der Unternehmung[1, 2]

- Sicherung des notwendigen Bestands an Führungskräften und Spezialisten,
- Entwicklung von Nachwuchsführungskräften und jüngeren Fachexperten,
- Erzielung einer größeren Unabhängigkeit von den externen Arbeitsmärkten,
- Entdeckung von Fehlbesetzungen innerhalb des Unternehmens,

- Verbesserung des Leistungsverhaltens bei den Beschäftigten,
- Steigerung der bei den Mitarbeitern vorhandenen Sozialfähigkeiten,
- Erhöhung der innerbetrieblichen Kooperation und Kommunikation.

- Erhaltung und Verbesserung der Wettbewerbsfähigkeit,
- Erhöhung der fachlichen Qualifikation,

- Anpassung an die Erfordernisse der Technologie und der Marktverhältnisse,
- Verminderung der Kosten durch Schulung des Kostenbewußtseins und -verständnisses,
- Verbesserung der innerbetrieblichen Kooperation,
- Erhöhung der Arbeitszufriedenheit und ggf. auch die
- Senkung der Fluktuation.

Ziele aus der Sicht des Mitarbeiters[1, 2]

- Aktivierung bisher nicht genutzter persönlicher Kenntnisse und Fähigkeiten,
- Verbesserung der Selbstverwirklichungschancen durch Übernahme qualifizierterer Aufgaben,
- Schaffung karrierebezogener Voraussetzungen für den beruflichen Aufstieg,
- Minderung wirtschaftlicher Risiken/ Erhöhung des Einkommens,
- Steigerung der individuellen Mobilität auf den Arbeitsmärkten.

- verbesserte Verwendungs- und Laufbahnmöglichkeiten,
- Übertragung neuer, erweiterter Aufgaben,

- Aufrechterhaltung und Verbesserung der fachlichen Qualifikation,

- Einkommensverbesserung,

- Erhöhung des persönlichen Prestiges.

---

[1] *Thom/Winkelmann* 1984, S. 363.
[2] *Heymann/Müller* 1982, S. 152.

b. Anlässe für Maßnahmen der Personalentwicklung

Über die Ursachen von PE-Aktivitäten geben einschlägige empirische Untersuchungen Auskunft. So hat *Gabele* (1983, S. 123 ff.) bei der Auswertung empirischer Daten zur Veränderung betrieblicher Bildungsaktivitäten feststellen können, daß **Impulse für neue Bildungsinhalte** vor allem von folgenden zwei Einflußgrößen ausgehen:

1. **institutionell-unternehmerische Faktoren**
   - technologische Veränderungen
     (Neue Technologien und Produktionsverfahren)
   - Änderungen der Marktverhältnisse
     (Absatzmarkt, gesamtwirtschaftliche Lage, Konkurrenzdruck)
   - Veränderungen im Managementbereich
     (Änderung der Unternehmungsgröße, der Unternehmungsziele, personelle Veränderungen in der Geschäftsleitung)
2. **personell-politische Faktoren**
   - Veränderung im Betriebsklima
     (Mitarbeiterfluktuation, Arbeitszufriedenheit, Arbeitsklima)
   - bildungspolitische Entwicklungen
     (Vorschriften und Verbandsrichtlinien, Angebot an außer- und überbetrieblichen Bildungseinrichtungen, Planungen im schulischen Bereich).

Das Ausmaß der Umsetzung solcher Impulse in PE-Maßnahmen ist jedoch von Unternehmung zu Unternehmung sehr verschieden. Es fragt sich: welche situativen Faktoren fördern bzw. behindern innerbetriebliche PE-Aktivitäten?

Weber (1985) hat, gestützt auf das Datenmaterial mehrerer empirischer Erhebungen, folgende Haupteinflußfaktoren der betrieblichen **Weiterbildungsaktivitäten** analysiert. Weiterbildungsaktivität, als abhängige Variable, wird gemessen am Anteil der Belegschaftsmitglieder, die in betrieblich veranlaßten Weiterbildungsmaßnahmen einbezogen sind. Dieser Prozentsatz schwankt von Betrieb zu Betrieb erheblich. *Weber* (1985, S. 128 ff.) konnte folgende **Einflußfaktoren,** als unabhängige Variablen, identifizieren (s. a. *Thom* 1987, S. 343 ff.):

- Wirtschaftsbereich
- Beschäftigtenzahl
- Betreuungsintensität der Produkte
- Forschungsintensität
- Anteil von Hochschulabsolventen
- Umfang betrieblicher Weiterbildungsziele
- Existenz entscheidungsunterstützender Instrumente (Weiterbildungspläne, PE-Pläne, Weiterbildungsgrundsätze)
- Unternehmungsphilosophien
- Aktivität des Betriebsrats.

Die Weiterbildungsaktivitäten nahmen – so Weber[3] – in dem Maße zu, in dem

• die Beschäftigtenzahl zunahm
• die Betreuungsintensität der Produkte zunahm
• der Anteil des Forschungspersonals zunahm
• der Anteil der Hochschulabsolventen zunahm
• die Institutionalisierung personalpolitischer Instrumente zunahm.

Vor allem in den Einflußfaktoren Betreuungsintensität, Forschungsintensität und Hochschulabsolventen schlägt sich der **technische Wandel** (Entwicklung neuer Produkte und Verfahren) nieder.

In der Qualifikationsforschung wurde lange Zeit ein direkter kausaler Zusammenhang zwischen einzelnen Stufen der Mechanisierung und Automatisierung der Arbeit und der Veränderung von Arbeitsqualifikationen unterstellt (*Kern/Schumann* 1970). Empirische Untersuchungen belegen (z. B. *Mickler* et al. 1977, zusammenfassend *Gaitanides* 1975 sowie *Sydow* 1985 b), daß ein solcher *technologischer Determinismus* die Realität nicht adäquat beschreibt, sondern daß vielmehr *Organisationsspielräume* bestehen, die den Einfluß der Technologie relativieren:

Neue Technologien → Veränderte Arbeitsorganisation ⇔

Anforderungserhöhung	→ Höherqualifizierung
Anforderungskonstanz	→ Status-quo
Anforderungssenkung	→ Dequalifizierung

In der *Qualifikationsforschung* (vgl. zusammenfassend *Hegelheimer* 1986) werden folgende Thesen zur längerfristigen Qualifikationsentwicklung diskutiert:

1. Höherqualifizierungs-These

Langfristige Analysen der Berufsstrukturen in westlichen Industrieländern belegen einen kontinuierlichen Trend zur Höherqualifikation. Vor allem *Blauner* (1964) prognostiziert eine Höherqualifizierung von Arbeit bei zunehmender Mechanisierung bzw. Automatisierung (z. B. Automatenführung, Meßwartentätigkeit). Diese Tendenz zur Höherqualifizierung läßt sich heute für die Gruppen der schon Hochqualifizierten (Fachhochschul- und Hochschulabsolventen, Facharbeiter) sicherlich belegen; sie geht jedoch einher mit einer tendenziellen Dequalifizierung der nicht oder falsch Qualifizierten.

2. Dequalifizierungs-These

Nach dieser, vor allem von *Bright* (1958) vertretenen These steigen bei zunehmender Mechanisierung die Qualifikationsanforderungen zunächst an,

---

[3] *Weber, Wolfgang* (geb. 1939) Prof. BWL, Uni Paderborn.

sinken dann aber wieder, da die prozeßgebundenen Qualifikationen, wie handwerkliche Fertigkeiten, Materialgefühl, immer stärker entwertet werden.

3. Polarisierungs-These

Nach dieser, von *Kern/Schumann* (1970) vertretenen These kommt es bei zunehmender Automatisierung sowohl zu Höherqualifizierungs- als auch Dequalifizierungstendenzen (eben zu einer Polarisierung). Die Arbeit an (teil)automatisierten Aggregaten erfordert demnach sowohl einfache Jedermannstätigkeiten als auch hochqualifizierte Anlerntätigkeiten. Die Analyse wird erleichtert durch eine Differenzierung von Qualifikationen in prozeßgebundene bzw. prozeßabhängige (auf die technischen Erfordernisse des konkreten Arbeitsplatzes ausgerichtet) und prozeßunabhängige (auf andere Arbeitsplätze transferierbare) Qualifikationen (vgl. auch die Unterscheidung von funktionalen und extrafunktionalen Qualifikationen, S. 161 der Arbeit). Während erstere durch technologischen Wandel laufend entwertet werden, steigt die Bedeutung prozeßunabhängiger Qualifikationen (wie zum Beispiel Flexibilität, technische Intelligenz und Sensibilität, Verantwortung).

Neben diesen drei Standard-Thesen wird auch die Meinung von der langfristigen Konstanz des Qualifikationsniveaus vertreten (**Status-quo-These**), die zwar auch von einem Trend zur Höherqualifikation ausgeht, der aber durch entsprechende arbeitsorganisatorische Veränderungen (etwa *Taylorisierung* der Büroarbeit) wieder rückgängig gemacht werde. Diese Vielzahl unterschiedlicher Auffassungen zu den qualifikatorischen Folgen neuer Technologien erklärt sich u.a. aus der Tatsache, daß bestehende Organisationsspielräume vom Management für arbeitsstrukturelle Maßnahmen unterschiedlich genutzt werden, was unterschiedliche Qualifikationsanforderungen zur Folge hat.

Neben diesen mehr harten Situationsfaktoren, Technologie und Organisation, scheint die Einstellung des Top Managements gegenüber Sinn und Zweck von PE (Unternehmungs- und Managementphilosophie) deren Ausmaß und Bedeutung erheblich zu beeinflussen. So lassen sich etwa folgende idealtypische **PE-Strategien** unterscheiden (vgl. *Taylor/Lippitt* 1983):

- **Jungle Method:** Die Unternehmung wartet solange, bis sich personelle Engpässe ergeben oder neue Aufgabengebiete entstehen, und besetzt diese mit mehr oder weniger zufällig vorhandenem oder neu eingestelltem Personal. PE findet nicht statt.
- **Agricultural Method:** Die Unternehmung stellt junge, ‚grüne‘ Nachwuchskräfte (Lehrlinge, Hochschulabsolventen) mit hohem Wachstumspotential ein, unterstützt und fördert sie systematisch (Trainingsprogramme) und schafft sich so ein Reservoir hochqualifizierter Mitarbeiter. PE findet umfassend und auf allen Ebenen statt.

- **Manufacturing Method:** Die Unternehmung stellt ‚halbfertige' Mitarbeiter mit Berufserfahrung ein und probiert deren Qualifikationen auf verschiedenen Positionen aus. PE findet selektiv, nur bei Bedarf statt.
- **Purchasing Method:** Die Unternehmung kauft ‚fertige' Mitarbeiter ein und trennt sich von ihnen bei nicht ausreichender Leistung. PE findet nicht statt.

Lediglich Unternehmungen, welche die zweite und dritte Methode anwenden – und das sind fast alle Großunternehmungen – sind Gegenstand der weiteren Betrachtung.

Wichtigste interne Auslöser für PE-Maßnahmen sind ein wie auch immer ermitteltes bestehendes und/oder latentes Defizit hinsichtlich beruflich bzw. betrieblich notwendiger Kenntnisse, Fähigkeiten und Einstellungen sowie das Ziel einer generellen Humanpotentialentfaltung. Defizite oder Lücken können einmal institutionell verursacht sein, wenn das vorhandene Personal mit veränderten organisatorischen Bedingungen konfrontiert wird. Diese resultieren aus der Variabilität von Einflußgrößen wie Unternehmungsgröße, Technologie, Organisationsstruktur, Unternehmungsumwelt oder Unternehmungspolitik.

Zum anderen können Defizite im Zuge personalpolitischer Entscheidungen, wie Einstellung, Versetzung, Beförderung oder Entlassung entstehen, die an das Personal – möglicherweise bei konstanten Bedingungskonstellationen – veränderte qualifikatorische Anforderungen stellen. Entsprechend soll der PE-Bedarf aufgrund der Analyse von Diskrepanzen zwischen veränderten Anforderungs- und Qualifikationsprofilen ermittelt werden (vgl. den Abschnitt über Planungsmethoden, S. 735 ff.).

Technokratische PE-Bedarfsplanungen sind aus der Sicht der Unternehmungsleitung sicherlich funktional, vernachlässigen aber die individuellen sowie gesamtgesellschaftlichen Entwicklungsziele systematisch. Der Mitarbeiter wird als beliebig *entwickelbar* angesehen, ohne hinreichend zu beachten, daß eine erfolgreiche PE-Maßnahme folgendes beim Mitarbeiter voraussetzt (vgl. *Berthel* 1983):

- Bereitschaft zur Entwicklung
- Fähigkeit zur Entwicklung
- Beteiligung am Entwicklungsprogramm
- Umsetzung/Anwendung des Erlernten.

c. Instrumente der Personalentwicklung

(1) Gliederung der PE-Instrumente

Sieht man in der Weiterbildung den Schwerpunkt der PE, steht die Gliederung nach **Adressaten** (Mitarbeitergruppen) im Vordergrund:

Mitarbeitergruppen	Anteil an gesamten Weiterbildungskosten	Anteil an Teilnehmern betr. Weiterbildung	Anteil an Beschäftigten
Führungskräfte	16 %	14,8 %	4,4 %
kaufmännische Angestellte	28,9 %	30,3 %	15 %
technische Angestellte	43,9 %	37,8 %	18,2 %
Facharbeiter	9 %	13 %	31,6 %
An- und Ungelernte	2,2 %	4,1 %	30,8 %

Quelle: Bardeleben/Böll/Kühn 1986, S. 56 und 105

Nach Angaben des Bundesinstituts für Berufsbildung in Berlin (*Bardeleben* et al. 1986) belaufen sich die betrieblichen Weiterbildungskosten auf mehr als 10 Milliarden DM pro Jahr (hinzu kommen nochmals rund 3 Milliarden DM für AFG-geförderte Maßnahmen). Diese beinhalten neben Sachkosten und Honoraren auch die durch die Freistellung der Mitarbeiter verursachten Ausfallkosten. Die prozentuale Verteilung der Weiterbildungskosten auf einzelne Mitarbeitergruppen macht deutlich, wo die Schwerpunkte der PE vom Management gesetzt werden. In diesen Zahlen schlägt sich die Personalpolitik der letzten Jahre nieder, Un- und Angelernte sowie vermehrt auch Facharbeiter über die öffentlich geförderte berufliche Weiterbildung (AFG-Maßnahmen) weiterqualifizieren zu lassen und Führungskräfte und sonstige Angestellte primär selbst zu qualifizieren.

Nach dem **Ziel der Maßnahme** unterscheiden *Heymann/Müller* (1982, S. 152)

• **Erhaltungsentwicklung**

(Aufrechterhaltung der Leistungsfähigkeit des Mitarbeiters)

• **Anpassungsentwicklung**

(Anpassung der Leistungsfähigkeit an veränderte Anforderungen)

• **Aufstiegsentwicklung**

(Vorbereitung des Mitarbeiters auf höherwertige Aufgaben).

Conradi (1983) ordnet die PE-Maßnahmen nach der zeitlichen und räumlichen **Nähe zum Arbeitsplatz** in:

• **PE into-the-job**

(z. B. berufliche Erstausbildung, Einführung neuer Mitarbeiter, Trainee-Programme)

• **PE on-the-job**

(z. B. Arbeitsunterweisung, Erfahrungslernen am Arbeitsplatz, Arbeitsplatzwechsel, qualifikationsfördernde Arbeitsstrukturierung)

• **PE near-the-job**

(z. B. Lernstatt, Entwicklungsarbeitsplätze, Qualitätszirkel)

• **PE off-the-job**

(z. B. betriebliche und überbetriebliche Weiterbildung, Selbststudium)

- **Laufbahnbezogene PE**
  (z.B. Karriereplanung, Mitarbeiterförderung)
- **PE out-of-the-job**
  (z.B. Outplacement, Ruhestandsvorbereitung).

Obwohl allen drei Gliederungsvorschlägen (Adressaten, Ziele, Arbeitsplatznähe) viel Plausibilität zukommt, werde ich die auch in der Praxis übliche Einteilung nach **Hauptanwendungsgebieten der PE** wählen, nämlich

- **Weiterbildung**
- **Karriereplanung**
- **Arbeitsstrukturierung**

Während die Weiterbildung eine direkte Qualifizierung (über Bildungsmaßnahmen) und die Arbeitsstrukturierung eine indirekte Qualifizierung (über Arbeitsinhalte und -bedingungen) bedeutet, stellt die Karriereplanung eine Kombination beider Maßnahmen dar.

(2) Weiterbildung

Die Bund-Länder-Kommission für Bildungsplanung definiert Weiterbildung[3] als die Fortsetzung oder Wiederaufnahme organisierten Lernens nach Abschluß einer unterschiedlich ausgedehnten ersten Bildungsphase. Weiterbildung setzt also eine (berufliche) Erstausbildung voraus. Das Arbeitsförderungsgesetz (§ 41 AFG 1969) versteht unter **beruflicher Fortbildung** alle „Maßnahmen, die das Ziel haben, berufliche Kenntnisse und Fertigkeiten festzustellen, zu erhalten, zu erweitern oder der technischen Entwicklung anzupassen oder einen beruflichen Aufstieg zu ermöglichen und eine abgeschlossene Berufsausbildung oder eine angemessene Berufserfahrung voraussetzen".

Berufliche ist also von allgemeiner Fortbildung/Weiterbildung (Förderung der Allgemeinbildung) abzugrenzen. Zusammenfassend lassen sich der hier primär interessierenden beruflichen Weiterbildung folgende Maßnahmen subsumieren (vgl. *Ashauer* 1986):

- **berufliche Erstausbildung** Erwachsener
- **Ergänzungs- und Anpassungsweiterbildung,** die den Arbeitnehmern ein Verbleiben im Arbeitsprozeß trotz technischer Veränderungen ermöglichen soll
- **Aufstiegsweiterbildung,** die in der Regel vorbereitet auf die Übernahme einer höherwertigen Tätigkeit innerhalb einer Unternehmung
- die **berufliche Umschulung** als nachgeholte Ausbildung zum Erwerb neuer Fähigkeiten und Kenntnisse
- Maßnahmen der **beruflichen Rehabilitation** (körperlich, geistig, seelisch Behinderter), der **Resozialisation** (berufliche Wiedereingliederung straffällig gewordener), **berufliche Reaktivierung** (z.B. von Hausfrauen).

---

[3] Weiterbildung und Fortbildung werden als synonyme Begriffe verwandt.

Berufliche Weiterbildung wird heute von einer kaum noch zu überschauenden Vielzahl von **Institutionen** aus dem privaten und öffentlichen Bereich angeboten. Folgende Trägergruppen der Weiterbildung lassen sich unterscheiden:

a) • innerbetriebliche eigene Einrichtungen
   (z. B. Ausbildungszentren)
   • innerbetriebliche fremde Einrichtungen
   (z. B. Herstellerschulung)

b) • überbetriebliche Einrichtungen
   (z. B. Bildungswerke der Wirtschaft, Kammern, Innungen, Fachverbände)
   • außerbetriebliche Einrichtungen
   (z. B. Weiterbildungsinstitute; anerkannte Träger, freie Träger ohne AFG-Förderung bzw. kommerzielle Träger)

Zentrale Aufgabe des Managements einer Weiterbildungseinrichtung ist die problem- und situationsangemessene Bestimmung bzw. Entwicklung von Lehrstoff, Lehrmethode und Lernumwelt. Die lehrziel- und adressatenadäquate Kombination dieser didaktischen Variablen ist Voraussetzung für den Erfolg von Weiterbildungsprozessen.

Im folgenden werden diejenigen Dimensionen analysiert, deren Kenntnis die Voraussetzung für eine sinnvolle Gestaltung von Weiterbildungsprogrammen und -organisationen darstellt. Eine solch detaillierte Analyse der **Einflußfaktoren der Trainingssituation** wird notwendig, wenn man die irreale Annahme fallenläßt, daß es eine optimale Lösung gibt, eben den richtigen Lehrstoff oder die richtige Lehrmethode; denn unterschiedliche Konstellationen der Einflußfaktoren führen zu unterschiedlichen Empfehlungen hinsichtlich der Gestaltung der Lehr-Lern-Situation. Dabei werden in der Regel Lehrziel und Adressaten als *unabhängige* Variablen und Lehrstoff, Lehrmethode, Medium (Dozent, Buch, Film etc.) und Umwelt (Lernen allein oder in Gruppen, on-the-job, off-the-job) als *abhängige* Variablen betrachtet. Abb. 3.80 zeigt den Zusammenhang zwischen den einzelnen Variablen der Lehr-Lern-Situation.

Im Zeitablauf lassen sich folgende Stufen der **Programmentwicklung** unterscheiden (vgl. *Lippitt* 1982, S. 338):

1. Bedarfsanalyse der Unternehmung und des Trainers
2. Anforderungsanalyse
3. Analyse der gegenwärtigen Qualifikationen und Definition von Auswahlkriterien für Teilnehmer
4. Definition von Lehr- und Lernzielen
5. Entwicklung des Curriculums (Inhalt und Ablauf)
6. Wahl der Lehrmethoden und des Lehrmaterials
7. Bereitstellung von Ressourcen (Budget, Räume, Zeit, Personal)
8. Durchführung des Trainingsprogramms
9. Evaluation und Feedback

Abb. 3.80: Determinanten der Lehr-Lern-Situation

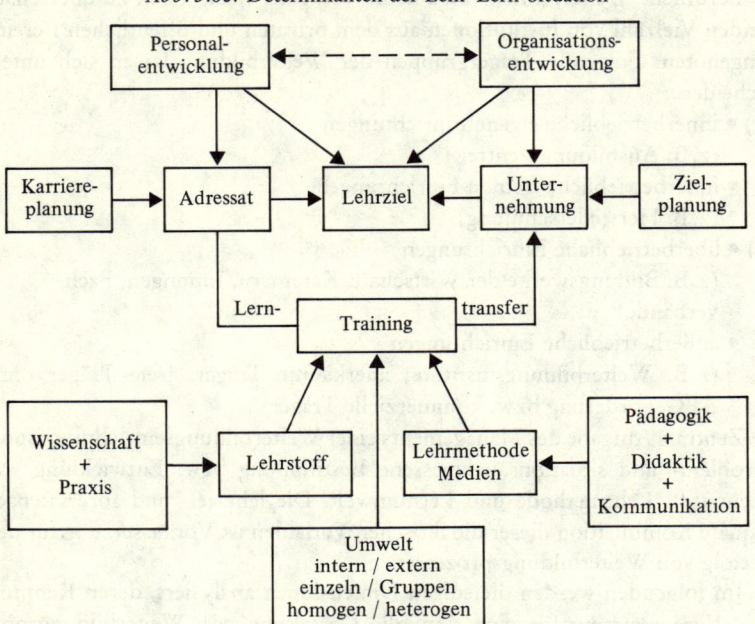

Das **Lehrziel** ist im Idealfall das Ergebnis eines Aushandlungsprozesses zwischen dem Adressat (als Ergebnis seiner individuellen Karriereplanung) und der Institution, in der er tätig ist (als Ergebnis deren Zielplanung). Die Lehrzielbestimmung umfaßt im institutionellen Bereich eine Organisationsanalyse, in deren Verlauf die Eignung der organisatorischen Regelungen zur Zielerreichung überprüft wird, und eine Personalplanung, mit der evtl. Diskrepanzen zwischen Anforderungen und Qualifikationen erhoben werden. Einen Ansatz zu einer gemeinsamen Programmentwicklung liefert *Domsch*[4] (1983) mit seinem **Konzept partizipativer Bildungsplanung** (vgl. Abb. 3.81 sowie *Strube* 1982).

Abb. 3.81: Methoden partizipativer Bildungsplanung

Methoden	Vorgehen
1. Bedarfsplanung mit Hilfe gemeinsam erarbeiteter Lernzielkataloge	• Erstellung eines detaillierten Lernzielkataloges mit Beteiligung der betroffenen Mitarbeiter und Festlegung von Prioritäten • Basis in der Regel: Arbeitsplatzbeschreibungen/ Arbeitsplatzanalysen/geplante Vorhaben/absehbare Veränderungen der Anforderungen etc. • Transfer der Lernziele in die Planung konkreter Bildungsmaßnahmen nach Prioritäten • Zentrale Erfassung/Auswertung/Feed back

[4] *Domsch, Michel* (geb. 1941) Prof. BWL, Uni der Bundeswehr Hamburg.

Methoden	Vorgehen
2. Bedarfsplanung mit Hilfe vorgegebener Lernziel- kataloge	• Erstellung eines detaillierten Lernzielkataloges ohne Beteiligung der betroffenen Mitarbeiter • Basis in der Regel: Arbeitsplatzbeschreibungen/ Arbeitsplatzanalysen/geplante Vorhaben/absehbare Veränderungen der Anforderungen etc. • Besprechung des Lernzielkataloges mit betroffenen Mitarbeitern und gemeinsame Festlegung von Prioritäten • Transfer der Lernziele in die Planung konkreter Bildungsmaßnahmen nach Prioritäten • Zentrale Erfassung/Auswertung/Feed back
3. Bedarfsplanung auf der Basis kritischer Vorfälle und Ereignisse	• Schilderung von gewesenen und vorhersehbaren positiven Erlebnissen, kritischen Problemen, Vorfällen, Ereignissen, Situationen etc. durch die betroffenen Mitarbeiter • Selbstanalyse durch die Mitarbeiter und Empfehlung gezielter Bildungsmaßnahmen • Gruppendiskussion und Empfehlung konkreter Bildungsmaßnahmen • Zentrale Erfassung/Auswertung/Feed back
4. Bedarfsplanung mit Hilfe gegenseitiger Interviews	• Vorbereitung der Interviews und des Erfassungs- bogens/Schulung in Interviewtechnik • Mitarbeiter mit vergleichbaren Tätigkeiten sprechen über ihre Tätigkeit und Bildungsbedürfnisse • Protokollierung konkreter Bildungsmaßnahmen • Zentrale Erfassung/Auswertung/Feed back
5. Bedarfsplanung mit Hilfe von Beurteilungs- und Förderungsgesprächen	• Gespräche zwischen Vorgesetzten und Mitarbeitern über bisherige Zeit (Leistungen, Verhalten, Anforderungen etc.) und zukünftige Anforderungen/Entwicklungsmöglichkeiten • Gemeinsame Erarbeitung von konkreten Bildungsmaßnahmen/Aufnahme spezieller Mitarbeiterwünsche • Zentrale Erfassung/Auswertung/Feed back
6. Bedarfsplanung mit Hilfe von Mitarbeiterbefra- gungen	• Entwicklung eines Fragebogens zur Erfassung des Bildungsbedarfs • Erfassung des Bedarfs mit Hilfe des Fragebogens (und evtl. zusätzlichen Interviews) • Diskussion der Ergebnisse und Prioritätensetzung • Zentrale Erfassung/Auswertung/Feed back

Quelle: Domsch 1983, S. 103

In der Literatur (vgl. für viele *Hawrylyshyn* 1983, *Marr/Stitzel* 1979, S. 340, *Staehle* 1977) werden üblicherweise folgende Lehrziele genannt:

1. **Vermittlung von Sachwissen (knowledge):**
   - generelles Wissen über die Unternehmung und ihre Umwelt auf den neuesten Stand bringen,
   - Wissen über den Führungsprozeß vermitteln (Entwicklung von Spezialisten zu Generalisten),
   - Spezialwissen (hinsichtlich Funktionen, Prozessen, Methoden) vermitteln.
2. **Verbesserung von Fähigkeiten (skills):**
   - analytische Fähigkeiten (konzeptionelle Fähigkeiten, Organisationsfähigkeiten, Auffassungsvermögen, Kritikfähigkeit),
   - soziale Fähigkeiten (Fähigkeit, Ideen und Gefühle zu kommunizieren, effizient in Gruppen zu arbeiten, Mitarbeiter zu motivieren und zu führen, zu kooperieren),
   - technische Fähigkeiten (Fähigkeit, gelernte Methoden und Techniken auf praktische Probleme anzuwenden).
3. **Bildung von neuen Einstellungen (attitudes):**
   - abweichende Meinungen und Ansichten respektieren, Toleranz, permanentes Lernen, in größeren zeitlichen und räumlichen Dimensionen denken, Offenheit gegenüber neuen Erkenntnissen und sozialem Wandel.

Ein wichtiger Grundsatz für die **Auswahl von Bewerbern** für Weiterbildungsveranstaltungen sollte es sein, daß weniger in die Vergangenheit gerichtete Kriterien (wie Ausbildung, Alter, Aufgabenbereich, hierarchische Stellung im Betrieb) als vielmehr solche, die auf die Gegenwart oder in die Zukunft zielen (wie Anspruchsniveau hinsichtlich beruflicher und persönlicher Entwicklung, Lernmotivation, Weiterbildungsbedürfnis), ausschlaggebend sind.

Realität ist jedoch, daß die personalpolitischen Ziele der Unternehmung bei weitem dominieren, daß vorrangig diejenigen weiterqualifiziert werden, die schon hoch qualifiziert sind, und daß die gering Qualifizierten und verstärkt von Arbeitslosigkeit Bedrohten an AFG-Maßnahmen verwiesen werden. Diese Politik schlägt sich in der Tabelle auf S. 811 eindeutig nieder.

Der Schwerpunkt betrieblicher **Weiterbildungsaufwendungen** liegt im Bereich der Technik einschließlich der elektronischen Datenverarbeitung. Über 60 % der gesamten Weiterbildungskosten entfallen auf diesen Bereich. Es folgen gewerblich-technische Lehrgänge (11 %), Managementtraining (8 %), Sprachkurse (6 %), Verkaufstraining (6 %) und Maßnahmen im kaufmännisch-verwaltenden Bereich (5 %) (*Bardeleben* et al. 1986, S. 112).

Sind Lehrziele und Adressatenkreis bekannt, muß der **Lehrstoff** (Curriculum) festgelegt werden. Für die Konstruktion von Curricula ist sowohl vergangene, gegenwärtige als auch zukünftig mögliche Praxis von Bedeutung. Dieser Betrachtungsweise liegt das Konzept der Curriculum-Konstruktion nach *Robinsohn* (1967) zugrunde, das als Folge der Veränderung von Arbeitssituationen als Prozeß fortlaufender Curriculumreform zu verstehen ist. Angeregt wurde die situative Richtung in der Curriculumforschung vor allem durch die Arbeiten von *Robinsohn* u. a., die ab 1957 als *Berliner Modell* bekannt wurden. Das Strukturkonzept von *Robinsohn* besteht aus den drei Curriculum-Variablen Lebenssituationen, Qualifikationen und Bildungsinhalte (als Curriculum-Elemente), zu deren Verknüpfung Hypothesen formuliert werden. Dabei geht er von dem Primat der Situationsanalyse vor der Inhaltsanalyse aus, d. h. er fordert eine Curriculum-Konstruktion nach den Anforderungen, die reale gesellschaftliche Situationen an den Aus- bzw. Weiterzubildenden stellen und nicht – wie klassischerweise üblich – nach der Logik der Wissenschaften. Aufgabe der Bildungsinstitutionen ist es dabei, auf der Grundlage von Situationsanalysen diejenigen Qualifikationen zu ermitteln, über die eine Person verfügen muß, wenn sie situationsadäquat, d. h. kompetent, autonom und verantwortlich handeln will. Erst wenn alle Qualifikationen zur Beherrschung einer konkreten Situation bestimmt sind, können – nach diesem Konzept – die Curriculum-Elemente interdisziplinär zusammengestellt werden.

Die Festlegung von Weiterbildungsprogrammen folgt in aller Regel nicht diesem situativen Konzept. Ausgangspunkt der Lehrstoffbestimmung ist das über einen Problembereich (z. B. EDV) kumulierte Wissen, das häufig nach einer fachimmanenten Logik gegliedert und aufbereitet ist und nicht nach einer anwendungsorientierten und adressatenadäquaten. Letzteres würde eine intensive Analyse der Anwendungsprobleme und Teilnehmerbedürfnisse voraussetzen.

Unterschiedliche Lehrstoffe und -ziele erfordern unterschiedliche **Lehrmethoden** und Medien (vgl. Abb. 3.82).

Abb. 3.82: Zusammenhang zwischen Lehrstoff, Lehrmethode und Lernumwelt

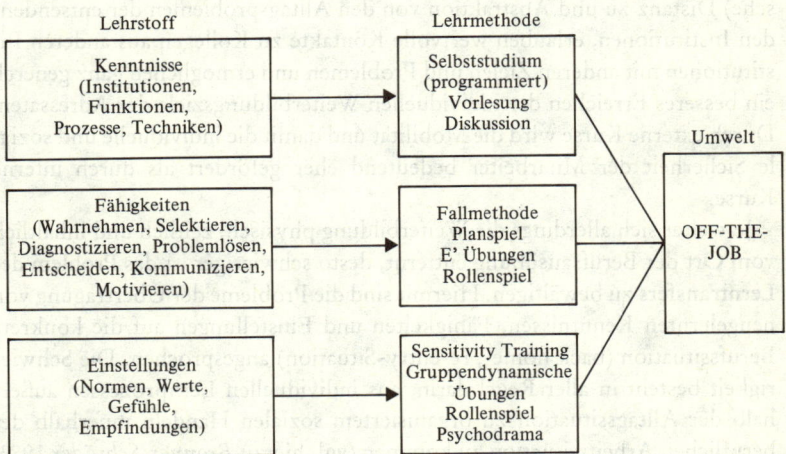

Auch die Frage, welche **Lernumwelt** für den Lernerfolg vorteilhaft ist, läßt sich nur aus der Analyse der Situation beantworten. Unabhängig von konkreten Maßnahmen der betrieblichen Weiterbildung existiert eine Fülle außerbetrieblicher Bildungsanreize, wie

- Hochschulveranstaltungen,
- Lektüre von Fachbüchern und Fachzeitschriften,
- Fernkurse,
- Fachgespräche mit Wissenschaftlern und Kollegen.

Nach der Lehrsituation bzw. Lernumwelt, in der Weiterbildung stattfinden kann, wird grundsätzlich zwischen **on-the-job-** und **off-the-job-Training** unterschieden (vgl. hierzu die weitergehende Aufteilung von *Conradi* auf S. 811 der Arbeit).

Dabei ist die **Weiterbildung on-the-job** am verbreitetsten, wenn man auch die ungeplante, unsystematische PE am Arbeitsplatz einbezieht. Zudem ist sie die billigste und am einfachsten durchzuführende Maßnahme. Hierzu zählen u. a. die Orientierung und Anleitung neuer Mitarbeiter, Coaching durch erfahrene Vorgesetzte (Patenschaft), Job-Rotation, Trainee-Programme, Stellvertretung, Projektarbeit. Der Übergang zur PE durch Arbeitsstrukturierung ist hier fließend. Als weiterer Vorteil gilt, neben den oben genannten Gründen, ein Lernen in realen Arbeitssituationen, was ein ,learning by doing' erlaubt. Als nachteilig wird die unsystematische, zu spezielle Fach- und zu starke Betriebsbezogenheit der Wissensaneignung angesehen.

Diese Nachteile sollen durch das **off-the-job-Training** vermieden werden. Bei dieser Weiterbildungsart wird zwischen betriebsinternen und -externen Programmen unterschieden. Während *interne* Weiterbildungsprozesse, wie spezielle Kurse und Seminare bis hin zur Betriebsuniversität, in der engen Orientierung an spezifischen Problemen des Arbeitgebers dem on-the-job-Training ähneln, bieten *externe* Weiterbildungsveranstaltungen eine (kritische) Distanz zu und Abstraktion von den Alltagsproblemen der entsendenden Institutionen, erlauben wertvolle Kontakte zu Kollegen aus anderen Institutionen mit anderen Zielen und Problemen und ermöglichen ganz generell ein besseres Erreichen der individuellen Weiterbildungsziele der Adressaten. Durch externe Kurse wird die Mobilität und damit die individuelle und soziale Sicherheit der Mitarbeiter bedeutend eher gefördert als durch interne Kurse.

Je weiter sich allerdings die Weiterbildung physisch, zeitlich und inhaltlich vom Ort der Berufsausübung entfernt, desto schwieriger ist das **Problem des Lerntransfers** zu bewältigen. Hiermit sind die Probleme der Übertragung von neugelernten Kenntnissen, Fähigkeiten und Einstellungen auf die konkrete Berufssituation (back home-, re-entry-Situation) angesprochen. Die Schwierigkeit besteht in aller Regel darin, aus individuellen Lernprozessen außerhalb der Alltagssituation zu organisiertem sozialen Handeln innerhalb der beruflichen Arbeitssituation zu kommen (vgl. hierzu *Bronner/Schröder* 1983, speziell S. 249ff., *Nork* 1989).

Der Transfer von erfolgreichem Lernen zur Verhaltensänderung am Arbeitsplatz ist Voraussetzung für organisatorische und manageriale Effizienzsteigerung einerseits sowie individuelle Höherqualifikation andererseits. Empirische Untersuchungen über den **Transferprozeß** kommen zu dem Ergebnis, daß der Transfer dann erleichtert wird, wenn (vgl. etwa *Dreyer* 1975)

1. die Lern- und Berufssituation gleiche Strukturen aufweisen,
2. die Lehrenden über ein fundiertes Verständnis der Berufs-/Arbeitssituation verfügen,
3. die Lerninhalte während des Lernens auf verschiedene Situationen bezogen werden, um Generalisierung anzuregen (vgl. S. 191 der Arbeit).

Diese Punkte weisen erneut auf die große Bedeutung einer umfassenden Analyse der beruflichen *Arbeitssituation* und der weiteren Arbeitsumwelt der Adressaten *vor* dem Beginn jeglicher Weiterbildungsmaßnahme hin.

Weitere Voraussetzung für den **Erfolg** von Weiterbildungsmaßnahmen ist eine Veränderung des gesamten *Klimas* am Arbeitsplatz (Einbeziehung von Kollegen, Vorgesetzten und Mitarbeitern), was zu einer größeren Offenheit und Bereitschaft gegenüber neuen Kenntnissen und Einstellungen des Trainierten führen muß. Aber selbst wenn die offiziellen Lehrziele nicht erreicht wurden, muß die Weiterbildungsmaßnahme nicht nutzlos gewesen sein, denn meist werden extrafunktionale Ziele, wie Auszeichnung, Anerkennung, Belohnung, Kontaktpflege, Klimaverbesserung, erreicht.

(3) Karriereplanung

Was die prophylaktische Funktion von PE anbetrifft, so wird neben der Schaffung einer permanenten Weiterbildungsbereitschaft vor allem in der Laufbahnentwicklung (Karriereplanung) ein Instrument gesehen, das der wahrgenommenen Perspektivenlosigkeit des individuellen Werdegangs begegnen soll.

Berthel/Koch (1985, S. 11) verstehen unter **Karriere** „jede beliebige Stellenfolge einer Person im betrieblichen Stellengefüge" (also nicht nur Beförderung sondern auch horizontale Versetzungen) und grenzen diesen Begriff von der aus dem öffentlichen Dienst stammenden **Laufbahn,** als normiertem Werdegang von Beamten, ab. Innerhalb der Lebensbiographie eines Menschen stellt der Karrierebegriff allein auf den beruflichen Teil ab; durch die enge Verflechtung von Arbeit mit anderen Lebensbereichen hat der berufliche *Aufstieg* in einer Leistungsgesellschaft allerdings zentrale Bedeutung für die Selbstachtung und soziale Anerkennung der Person insgesamt. Aus der Sicht des Individuums definiert *Hall* (1976, S. 4) Karriere als Folge von Einstellungs- und Verhaltensänderungen im Leben eines Menschen mit bezug auf seine Berufstätigkeit.

Karriereplanung heißt dann die gedankliche Vorwegnahme einer Stellenfolge sowohl aus der Sicht der Unternehmung als auch aus der des Mitarbeiters. Planung soll die improvisierten, zufälligen Beförderungs- oder Versetzungsentscheidungen bei Vakanzen oder neu geschaffenen Stellen ablösen. Karriereplanung ist insofern ein PE-Instrument, als jeder Stellenwechsel den

Mitarbeiter mit neuen Anforderungen konfrontiert, auf die er sich durch Weiterbildung on- oder off-the-job vorbereiten muß. Im positiven Fall (s. Arbeitsstrukturierung als PE-Maßnahme) bietet die neue Position erweiterte Handlungsspielräume, die zur Selbstentfaltung und Entwicklung des Mitarbeiters beitragen.

Karriereentscheidungen werden vom Management offiziell mit dem Leistungs- und/oder Senioritätsprinzip begründet. Tatsächlich erfolgen Beförderungen jedoch häufig aufgrund von *Loyalität* (Anpassung an Normen und Werte der Unternehmung oder des Vorgesetzten) oder *Beziehungen* (Kooptation, Cliquen, Koalitionen, Seilschaften).

Während Karriere herkömmlicherweise nur mit beruflichem Aufstieg verbunden war, ist mit verlangsamter oder stagnierender Wirtschaftsentwicklung, Verjüngung des Top Managements und Abbau von Hierarchieebenen eine drastische Verschlechterung der Aufstiegsmöglichkeiten eingetreten. Allerdings hat schon immer der pyramidenförmige Aufbau der Unternehmungen (vgl. den Abschnitt über die *Leitungsgliederung* S. 657 ff. der Arbeit) die Anzahl der Stellen für potentielle Aufstiegsbewegungen von Ebene zu Ebene zunehmend begrenzt.

In Zeiten des Aufschwungs wurden **neue Hierarchieebenen** vor allem aus zwei Gründen eingeführt: Erstens wurde die Kontrollspanne bei wachsenden Mitarbeiterzahlen zu groß; zweitens gilt der Aufstieg innerhalb der Hierarchie traditionellerweise als ein wirksamer Motivator.

In Zeiten der Rezession und Enthierarchisierung (Verzicht auf Managementebenen und Reduzierung von Stabsabteilungen) muß nach **neuen Anreizsystemen** neben der Hierarchie gesucht werden. Als solche kommen in Betracht:

• Delegation von Aufgaben und Verantwortung auf tiefere Ebenen. Bildung von teilautonomen Einheiten, die unternehmerisch geführt werden können.

• Einrichtung einer Parallel-Hierarchie (vgl. S. 709) etwa als professionelle Hierarchie, um Spezialisten einen Entwicklungspfad neben dem traditionellen Führungskräfteaufstieg zu ermöglichen.

• Ermöglichen von horizontalen Personalbewegungen (Versetzungen). Hierzu mußte der Karrierebegriff zwangsläufig eine Erweiterung auch auf Seitwärtsbewegungen erfahren, wollte man ihn nicht – wie in der ursprünglichen Verwendung – für eine kleine Minderheit von (potentiellen) Führungskräften reservieren. Entsprechend zieht es *Schanz* (1982, S. 252) vor, neutraler von einer beruflichen Entwicklung zu sprechen, die jeder Berufstätige durchläuft, auch wenn er nicht *aufsteigt*. Dieser Denkweise kommen die Karrierekonzepte von *Hall* (1976) und *Schein* (1978) entgegen. *Schein* unterscheidet neben *vertikalen* (z.B. Beförderung) auch *horizontale* (z.B. Versetzung von einer Abteilung zu einer anderen auf der gleichen hierarchischen Ebene) und *zentripetale Bewegungen* (z.B. Versetzung von einer Niederlassung zur Zentrale ohne Kompetenzzuwachs) (vgl. Abb. 3.83).

Abb. 3.83: Bewegungsrichtungen innerhalb einer Karriere

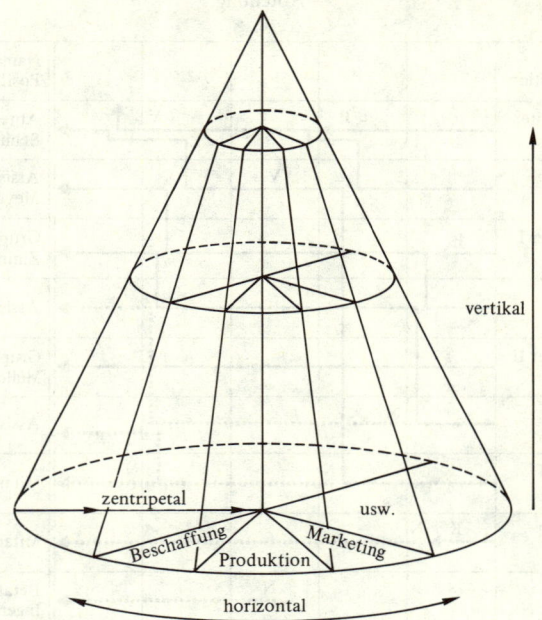

Quelle: Schein 1971, S. 402.

Vor allem in Unternehmungen in schrumpfenden Branchen mit sinkenden Beschäftigungszahlen sind vermehrt auch Abstiegsbewegungen festzustellen. Diese können indirekt auftreten, etwa im Falle einer Scheinbeförderung auf eine de facto (von der Kompetenzausstattung her) niedrigere Position (Frühstücksdirektor), oder direkt durch eine Rückversetzung, allerdings mit der Gewährung neuer Aufstiegsmöglichkeiten.

Notwendige Voraussetzung für eine systematische und längerfristige Karriereplanung ist die Existenz einer detaillierten **Personalbedarfsplanung.** Bedarf kann sich aus Vakanzen bei gleichbleibender Belegschaftsstärke (**Nachfolgeplanung**), aus neugeschaffenen Positionen bei Wachstum (**Einstellungsplanung**) und aus fehlendem Nachwuchspotential (**Nachwuchsplanung**) ergeben (vgl. Abb. 3.84).

Im Idealfall trifft auf diesen betrieblich erforderlichen Karrierebedarf ein Angebot an Mitarbeitern mit entsprechenden individuellen Karrierezielen. Einer solchen Deckung von Karrierechancen und Karrierewünschen stehen in aller Regel Hindernisse entgegen, die daraus resultieren, daß

„• weniger Aufstiegspositionen vorhanden sind als Personen, die nach Aufstieg streben;

• Betriebe ihre Mitarbeiter für Positionen vorsehen, die diese gar nicht anstreben;

Abb. 3.84: Beförderungs-, Versetzungs-, Einstellungsplan für Führungskräfte einer Abteilung

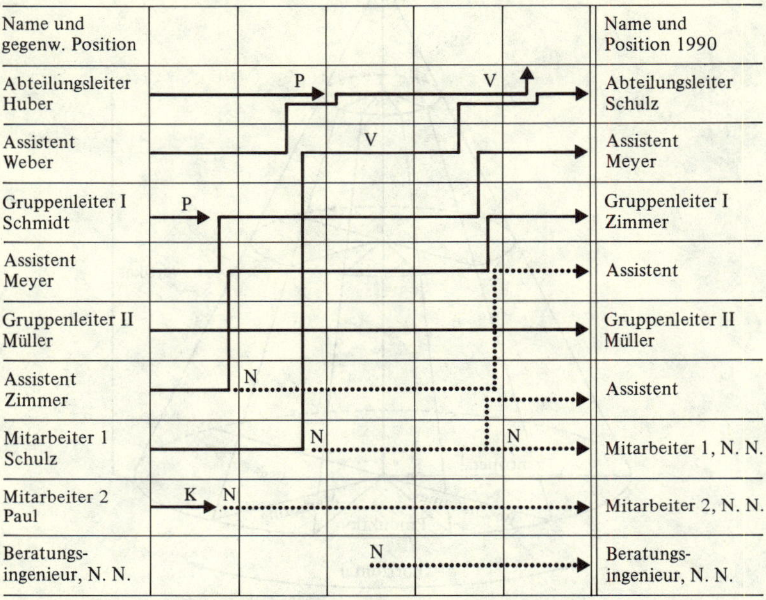

Name und gegenw. Position					Name und Position 1990
Abteilungsleiter Huber	P		V		Abteilungsleiter Schulz
Assistent Weber		V			Assistent Meyer
Gruppenleiter I Schmidt	P				Gruppenleiter I Zimmer
Assistent Meyer					Assistent
Gruppenleiter II Müller					Gruppenleiter II Müller
Assistent Zimmer	N				Assistent
Mitarbeiter 1 Schulz		N		N	Mitarbeiter 1, N. N.
Mitarbeiter 2 Paul	K N				Mitarbeiter 2, N. N.
Beratungs- ingenieur, N. N.			N		Beratungs- ingenieur, N. N.

P = Pensionierung, V = Versetzung, K = Kündigung, N = Neueinstellung

Quelle: In Anlehnung an *Remer* 1978, S. 331

- Betriebe das Karrierepotential von Mitarbeitern nicht erkennen bzw. falsch einschätzen;
- der Aufstieg nach Kriterien erfolgt, die die Mitarbeiter nicht durchschauen und/oder nicht akzeptieren;
- Mitarbeiter ihr eigenes Karrierepotential falsch einschätzen, so daß sie unrealistische Karriereziele und Erwartungen hegen;
- Mitarbeiter verschiedene Ziele haben, die sich auch noch im Zeitablauf ändern." (*Berthel/Koch* 1985, S. 54).

Bei dieser Sachlage ist es nicht verwunderlich, wenn die Karriereplanung der Unternehmung sich mit Ausnahme von Top Management-Positionen nicht an einzelnen **Stellen** und individuellen Karrierewünschen orientiert, sondern sinnvoll aggregiert, und zwar einmal zu Positionsfamilien (vgl. *Pearlman* 1980) und andererseits zu Mitarbeitergruppen (vgl. die Tabelle auf S. 811). Diese Bildung von Positionsgruppen mit ähnlichen Anforderungsprofilen (z.B. Controlling, Marktforschung) und die Heranbildung eines Pools von potentiellen Anwärtern für solche Positionen erhöhen die Flexibilität der Planung und erleichtern die Organisation von entsprechenden Weiterbildungsmaßnahmen (vgl. *Berthel/Koch* 1985, S. 70ff.).

Eine systematische Karriereplanung erfordert das Angebot von **Beratungsleistungen** zur besseren Fundierung von Karriereentscheidungen. Diese können rein formaler Natur sein, wie etwa die Zurverfügungstellung von Karrierehandbüchern als Anleitung zur Selbstanalyse und -bewertung, oder die Form von individuellen Karrieregesprächen (mit dem Vorgesetzten oder einem internen/externen Personalberater) sowie von Gruppensitzungen, sog. Karriere-Workshops, annehmen. Eine Selbsteinschätzung ohne die relativierende Kontrolle durch Karrieregespräche führt in aller Regel zu unrealistischen Karrierevorstellungen, die dann fast zwangsläufig Enttäuschungen nach sich ziehen. Bei der Abschätzung von möglichen Konsequenzen erfolgloser Karrierebemühungen kann uns die **Attributionstheorie** weiterhelfen (vgl. hierzu S. 347 ff. der Arbeit). Bei *externer* Attribution (z. B. der Vorgesetzte ist schuld) wird die Teilnahme- bzw. Beitragsentscheidung in Frage gestellt (Widerspruch oder Abwanderung); bei *interner* Attribution (z. B. ich bin ein Versager) ist eher mit einer Senkung des Anspruchsniveaus zu rechnen.

Neben dem Angebot von Karriereberatung ist die Kenntnis typischer **Entwicklungsstufen** im Leben eines Menschen für eine realistische Karriereplanung hilfreich; diese lassen sich bezogen auf das Berufsleben in typische Karrierephasen einteilen (vgl. *Hall* 1976, *Schein* 1978, *Schanz* 1982, *Hofmann* 1979, *London/Stumpf* 1982, *Gerpott* 1988).

● **Frühe Karrierephase**

In dieser Phase wird ein Berufsanfänger, der mit hohen Erwartungen an eine anspruchsvolle Tätigkeit in die Organisation eintritt, mit einer in aller Regel restriktiven, kompetenzarmen Arbeitssituation konfrontiert, in der Lern- und Anpassungsverhalten erwartet wird (Lehrjahre sind keine Herrenjahre). Die subjektiv wahrgenommene Diskrepanz zwischen Anspruch und Wirklichkeit führt zu einem *Praxis- oder Realitätsschock,* der je nach der subjektiven Kontrollerwartung (*Locus of Control,* vgl. S. 223) unterschiedlich verarbeitet wird (z. B. Kündigung oder verstärkte Anstrengung). Durch eine in dieser Phase erworbene berufliche Spezialisierung gewinnt der Mitarbeiter eine relative Autonomie und schmiedet erste Karrierepläne, für deren Realisierung er die Unterstützung einflußreicher Manager (Mentoren, Förderer) sucht.

In dieser Phase hat die Karriereplanung die Aufgabe, im Rahmen einer systematischen **Personaleinführung** Informationen über die Unternehmung, die Abteilung und den Arbeitsplatz *(Stellen- und Positionsbeschreibungen)* zur Verfügung zu stellen, evtl. ergänzt durch Einführungs-Workshops, und dem ‚Neuen' zur Einführung und Betreuung einen erfahrenen Mitarbeiter zur Seite zu stellen (Patensystem). Zur Gestaltung von Eingliederungsprogrammen vgl. *Kieser/Nagel* 1986 sowie *Wanous* 1980.

● **Mittlere Karrierephase**

In dieser Phase werden entscheidende Weichenstellungen hinsichtlich der weiteren Karriereentwicklung getroffen: Der Erfolgreiche wird sich aus der

Enge der Spezialisierung lösen, verstärkt Managementaufgaben übernehmen und eine gezielte Karrierepolitik betreiben. Andere werden von Erfolgsangst oder privaten Krisen (Beziehungsproblemen) behindert, steigen aus und beginnen eine zweite Karriere oder verharren resignierend auf der bislang erreichten Karrierestufe (Phänomen des ‚plateaued manager'). *Ference/Stoner/ Warren* (1977) haben 55 Manager untersucht, die sich in unterschiedlichen Karrierephasen befanden. Beurteilt man die Manager nach den beiden Kriterien gegenwärtige **Leistung** und **Entwicklungspotential,** ergeben sich vier Typen (*Ference* et al. 1977, S. 603):

gegenwärtige Leistung	Entwicklungspotential niedrig	hoch
hoch	Solid citizens (effizient plateaued)	Stars (nicht plateaued)
niedrig	Deadwood (ineffizient plateaued)	Comers (nicht plateaued)

Slocum et al. (1985) haben 499 Verkäufer aus zwei Unternehmungen (Defender und Analyser nach *Miles/Snow* 1978) befragt. Als ‚plateaued salespersons' wurden Verkäufer klassifiziert, die fünf Jahre und mehr weder vertikal noch horizontal ‚bewegt' wurden. In der Verteidiger-Unternehmung waren bedeutend mehr ‚plateaued salespersons' beschäftigt als in der Analysierer-Unternehmung. Außerdem gab es dort mehr ‚Deadwood'.*Gerpott* (1988, S. 80 ff.) kritisiert am Konzept des Karriereplateaus vor allem das Fehlen der zeitlichen Dimension der bisherigen Karriereentwicklung und schlägt als alternative Karriereentwicklungsvariable die **Positionsimmobilität** (PIM) bzw. Positionsstehzeit vor. Positionsimmobile Manager stellen eine besondere Herausforderung an das HRM dar. Entsprechend differenziert muß hier eine Karriereberatung durch den Vorgesetzen bzw. die Personalspezialisten ansetzen. Liegen die Ursachen in fehlendem oder veraltetem Wissen sowie in unzureichenden Managementfähigkeiten, sind Maßnahmen der internen/externen Weiterbildung angezeigt. Erweist sich der Mitarbeiter trotz aller gegenseitiger Bemühungen als Fehlbesetzung oder seine jetzige Position als Sackgasse, ist es Aufgabe der Karriereplanung, einen Positionswechsel innerhalb (Versetzung) oder außerhalb der Unternehmung (Kündigung) vorzubereiten. Im Falle von Führungskräften bietet es sich im letzteren Fall an, mit Hilfe eines Personalberaters, aber auf Kosten der Unternehmung aus einem ungekündigten Arbeitsverhältnis heraus eine neue Position in einer anderen Unternehmung zu finden. (Zum *Outplacement* vgl. *Mayrhofer* 1989).

• **Späte Karrierephase**

In dieser Phase werden die Erfolgreichen ihren Weg nach oben fortsetzen, die weniger Erfolgreichen werden ihren status quo zu erhalten suchen. Die besonderen Stärken der älteren Mitarbeiter sind weniger im Bereich des Fachwissens als des Erfahrungswissens, weniger im technokratischen als im sozialen Bereich zu suchen.

Ein besonderes Problem besteht in der Bewältigung des für viele bedrohlichen Näherrückens des Ruhestandes *(Ruhestandskrise)*. Angst vor dem Verlust sozialer Kontakte, der gewohnten Ordnung, der Möglichkeit zur Selbstverwirklichung in der Arbeit und finanziellen Einbußen sowie dem Gefühl der Nutzlosigkeit prägen diese schwierige Vorruhestandsphase (vgl. *Lehr* 1987).

Mit Pre-Retirement-Seminaren, Ruhestands-Workshops, Seniorenclubs und einer Vielzahl von Modellen des gleitenden Übergangs vom Erwerbsleben in den Ruhestand versucht die Karriereplanung, diese schwierige Phase zu überbrücken zu helfen.

Cummings/Huse (1989, S. 358 ff.) unterscheiden folgende vier **Karrierephasen:**

Phase	Entwicklungsbedürfnisse	HRM-Maßnahme
Establishment (Trial) 21–26 Jahre	richtiger Anfangsjob verschiedene Aufgaben Entwicklung der Fähigkeiten Feedback über Leistung	realistische Beratung Leistungsbeurteilung Coaching
Advancement 26–40 Jahre	herausfordernder Job Anerkennung, Verantwortung Abstimmen von Karriere und Freizeit	interessante Aufgabenstellung Assessment Center Sponsoring
Maintenance (mid-career) 40–60 Jahre	Autonomie Entwicklung/Förderung anderer, Übernahme neuer Rollen	Angebot neuer Aufgaben Training Mentoring
Withdrawal (late career) über 60 Jahre	Erfahrung und Weisheit nutzen, Vorbereitung auf den Ruhestand	Consulting gleitender Übergang in den Ruhestand

Zusammenfassend ist festzuhalten, daß die Karriereplanung als weit verbreitet anzusehen ist, wenn man sich vergegenwärtigt, daß implizit und häufig unbewußt jeder Vorgesetzte Karriereplanung betreibt. In Form systematischer PE ist sie jedoch noch weitgehend auf große Unternehmungen und hier überwiegend auf (potentielle) Führungskräfte beschränkt. Dabei ist ein Hemmnis für eine weitere Verbreitung in der Tatsache zu sehen, daß jede Positionsveränderung *Machtveränderung* bedeutet und daß sich die derzeit Mächtigen nicht ein wichtiges Instrument der Machterhaltung, die Beförderungsentscheidung, aus der Hand nehmen lassen. Eine von einer zentralen PE-Abteilung verantwortete Karriereplanung würde diesem Interesse entgegenstehen. Cliquenwirtschaft und Beförderungsseilschaften würden erschwert oder ganz verhindert. Die Einführung eines Karriereplanungssystems stellt – sofern es Top Management-Positionen miteinbeziehen soll – eine erhebliche personalpolitische Veränderung dar, die den Einsatz von OE-Maßnahmen geraten erscheinen läßt.

(4) Arbeitsstrukturierung

Unter Arbeitsstrukturierung verstehe ich die Gestaltung von Inhalt, Umfeld und Bedingungen der *Arbeit* auf der Ebene eines Arbeitssystems (vgl. S. 642 ff.). Arbeitsstrukturierung als PE-Instrument setzt primär an den **Arbeitsinhalten** und **Handlungsspielräumen** von Tätigkeiten an (PE on-the-job) (*Baitsch/Frei* 1980). Aber auch die **Arbeitsbedingungen** (wie Arbeitszeit) und das **Arbeitsumfeld** (wie Arbeitsraum und Arbeit in Gruppen) haben positiven oder negativen Einfluß auf die PE. Jeder Arbeitsplatz ist zumindest ein Ort, wo Erfahrungen gesammelt werden können. Ob er auch als Lern- und Entwicklungsfeld zu betrachten ist, hängt sehr von seiner Ausgestaltung sowie der (Eingangs-)Qualifikation und *Motivation* des Arbeitsplatzinhabers ab.

Die qualifikations- und persönlichkeitsförderliche Gestaltung der Arbeit ist vor allem in den 70er Jahren Gegenstand von Forschungsvorhaben zur *Humanisierung der Arbeit* (HdA) und zur Qualität des Arbeitslebens gewesen (vgl. S. 760 f.).

Die *Arbeitssituation* bzw. die Art der *Arbeitsgestaltung* als Quelle der Humanpotentialentwicklung ist spätestens im Zuge der **HdA-Forschung** durch die PE-Praxis erkannt worden. Dabei ist die Untersuchung des Einflusses der Arbeit bzw. der Berufserfahrung auf die *Persönlichkeit* schon lange Gegenstand der beruflichen Sozialisationsforschung. Nach *Kohn* (1981) gilt z. B. berufliche Selbstbestimmung verbunden mit einer hohen Komplexität der zu bewältigenden Arbeit als zentrale Determinante geistiger Beweglichkeit, die auf die gesamte Lebenstätigkeit ausstrahlt. In einer kritischen Auseinandersetzung mit dem dynamischen Konzept der Industriesoziologie von *Fricke* (1975)[5] beschreibt *Lempert*[6] (1977) **Arbeitssituationen, die Persönlichkeitsentfaltung fördern,** durch Merkmale wie

- komplexe und abwechslungsreiche Tätigkeiten,
- Experimentierchancen,
- kollegiale Kommunikations- und Interaktionsformen,
- demokratische Entscheidungsverfahren und
- Erfahrungen und realistische Erwartungen individuellen Weiterkommens und gesellschaftlichen Fortschritts,

und **Arbeitssituationen, die Persönlichkeitsentfaltung behindern,** durch Merkmale wie

---

[5] Vgl. S. 163 f. und 762 der Arbeit.
[6] *Lempert, Wolfgang* (geb. 1930), Prof. Soziologie, Max-Planck-Institut für Bildungsforschung, Berlin.

- einfache, eintönige Tätigkeiten
- standardisierte Operationen
- autoritäre Sozialbeziehungen
- autokratische und bürokratische Entscheidungsverfahren
- Perspektivenlosigkeit des individuellen Werdegangs und der gesellschaftlichen Entwicklung.

Im Zuge der HdA-Bewegung sind vor allem potentiell persönlichkeitsfördernde Arbeitssituationen untersucht und entsprechende Arbeitsgestaltungsmaßnahmen entwickelt worden (vgl. *Hacker* 1986, *Baitsch/Frei* 1980, *Ulich/Frei* 1980). Dabei knüpfen die Vorschläge an den *Hacker*schen Regulationsebenen an und qualifizieren solche Tätigkeiten als persönlichkeitsförderlich, die einen hohen Anteil an intellektueller Regulation von Arbeit aufweisen.

Die PE-Praxis hat diese Ansätze implizit aufgegriffen und in sog. **Neuen Formen der Arbeitsorganisation** (z.B. job enrichment) zu verwirklichen gesucht.

Was zu Zeiten des HdA-Programms primär unter dem Humanisierungsaspekt eher halbherzig vom Management toleriert wurde, ist heute unter dem Flexibilisierungs- und Qualifikationsaspekt nahezu eine zwingende Notwendigkeit geworden. Flexible Systeme der Fertigung und Montage erfordern es, den Mitarbeiter von starrer Technik, Taktzwang und Normarbeitszeit zu entkoppeln und schaffen die Chance, häufig sogar die Notwendigkeit, für eigenverantwortliches, fachlich kompetentes Verhalten. Neue Informationstechnologien im Büro- und Verwaltungsbereich (vernetzte Personal Computer, multifunktionale Terminals, integrierte Bürosysteme) erlauben bei entsprechender Arbeitsorganisation eine verstärkte Aufgabenintegration und -automation.

Ob diese Handlungsspielräume eher im Interesse der *Arbeitgeber* (Flexibilisierung und Segmentierung des Arbeitskräftepotentials, Entkopplung von Betriebszeit und Arbeitszeit, Ausweitung der Betriebsnutzungszeiten, Anpassung der Arbeit an Auftrags- und Produktionsrhythmen, Deregulierung im Bereich des Arbeits- und Mitbestimmungsrechts) oder im Interesse der *Arbeitnehmer* (Höherqualifikation, vor allem Mehrfachqualifikation, individuelle Wahl von Dauer und Lage der Arbeitszeit, individuelle Wahl von Arbeitsplätzen mit unterschiedlichen Anforderungsniveaus und Entwicklungsmöglichkeiten) genutzt werden, hängt einmal von der *Personalpolitik* (vor allem PE-Politik) der Unternehmungsleitung sowie zum anderen von der Stärke und Qualität der Arbeitnehmervertretung ab.

Erste Ansatzpunkte zur Veränderung hocharbeitsteiliger, inhaltsarmer Arbeitsplätze und zu deren Nutzung als PE-Instrument bieten die Dimensionen der Arbeit, wie sie im **Job Characteristics Model** zur Erfassung wahrgenommener Arbeitsinhalte Verwendung finden (vgl. S. 643): Tätigkeitsvielfalt, Ganzheitlichkeit der Aufgabe, Wichtigkeit bzw. Bedeutung der Aufgabe für den Ausführenden, Entscheidungsspielraum, Information über Arbeitsergebnisse.

Strebt man eine persönlichkeitsförderliche Arbeitsgestaltung an, so kann eine Ausformung dieser und weiterer Dimensionen der Arbeit (wie etwa Einzelarbeit/Gruppenarbeit, Mitbestimmung am Arbeitsplatz) nach den Prinzipien *flexibler, differentieller* oder *dynamischer* Arbeitsgestaltung erfolgen (vgl. S. 646). Unter PE-Gesichtspunkten ist vor allem die dynamische Arbeitsgestaltung von Bedeutung, da hier bestehende Arbeitssysteme den gewachsenen Ansprüchen der Arbeitenden entsprechend angepaßt und neue mit veränderten/höheren Anforderungsniveaus geschaffen werden.

In der betrieblichen Praxis haben unter der Bezeichnung **Neue Formen der Arbeitsorganisation** einige Arbeitsstrukturierungskonzepte Bedeutung erlangt, die z.T. auch PE-Anforderungen genügen: Während bei *Job Rotation* und *Job Enlargement* über die Variation der Arbeitsinhalte bzw. die Verlängerung des Arbeitszyklus nur in sehr beschränktem Maße PE möglich ist, bietet *Job Enrichment* durch die qualitative Vergrößerung des Arbeitsfeldes Chancen zur Höherqualifikation und Weiterentwicklung. Die neuen, anspruchsvolleren Aufgabeninhalte wirken dabei als Motivatoren im Sinne der *Zwei-Faktoren Theorie Herzbergs* (vgl. S. 205). In *teilautonomen Arbeitsgruppen* ermöglicht das Angebot von Selbstorganisation bzw. Selbstabstimmung der Gruppenarbeit die Entwicklung sozialer Kompetenz, Teamfähigkeit und Selbständigkeit.

Die Tatsache, daß die überwiegend in restriktiven Arbeitssituationen sozialisierten Arbeiter und Angestellten den neuen Organisationsformen zunächst überwiegend ablehnend gegenüberstehen, darf nicht dahingehend interpretiert werden, daß die Arbeitnehmer auf den untersten Hierarchieebenen generell an einer PE desinteressiert seien. Die Akzeptanz anspruchsvollerer Tätigkeiten stellt sich vielmehr erst nach längeren Lern- und Einarbeitungsprozessen ein (vgl. *Fricke* 1975).

Was die persönlichkeitsförderliche Gestaltung der Arbeitsbedingungen anbetrifft, sind in jüngerer Zeit vor allem die Lage und Dauer der **Arbeitszeit** als weitere Gestaltungsparameter entdeckt worden (vgl. S. 767). Aus Sicht der PE wäre es sinnvoll, die Arbeitszeit den Anforderungen unterschiedlicher Karrierephasen anzupassen (vgl. den vorangegangenen Abschnitt). Hierfür können die von der Praxis entwickelten variablen Arbeitszeitmodelle genutzt werden, die vom gleitenden Einstieg in das Erwerbsleben über Teilzeitarbeit, Job Sharing, Bildungsurlaub, Sabbaticals etc. bis zum gleitenden Ausstieg aus dem Erwerbsleben reichen (vgl. *Bielenski/Hegner* 1985, *Hoff* 1983). Bei der Nutzung dieser Modelle wird der Aspekt der PE allerdings heute noch völlig nachrangig hinter dem der **Beschäftigungspolitik** (Verringerung der Arbeitslosigkeit) und betrieblichen **Flexibilisierungspolitik** betrachtet. Dabei wäre es durchaus naheliegend, den durch Arbeitszeitverkürzung gewonnenen Spielraum nicht (nur) für Freizeit- sondern verstärkt für Weiterbildungsaktivitäten zu nutzen, oder den temporären Übergang von Vollzeit- zu Teilzeitbeschäftigung auch deshalb anzustreben, um Qualifikationsdefizite zu beseitigen und/oder notwendige Bildungsabschlüsse nachzuholen.

D. Management des Wandels: Entwicklung und Veränderung von Organisationen

I. Arten und Modelle des Wandels

1. Planbarkeit und Ausmaß des Wandels

Organisationen verändern sich permanent. Sind diese Wandlungsprozesse nicht intendiert, zufällig und bleiben sie weitgehend unbemerkt, spricht man von ungeplantem Wandel. Geplanter Wandel setzt dagegen eine bewußte Entscheidung des Systems voraus, seine Arbeitsweise/Funktionsweise zu verändern, bzw. beinhaltet die Entscheidung einen Veränderungsprozeß einzuleiten. *Geplanter organisatorischer Wandel* umfaßt alle Bemühungen, die Funktionsweise einer gesamten Organisation oder wesentlicher Teile davon mit dem Ziel der Effizienzverbesserung zu ändern (vgl. *Bennis/Benne/Chin* 1985; *Steinle* 1985).

Eine solche Veränderung, sei sie nun geplant oder ungeplant, kann unterschiedliches Ausmaß annehmen (vgl. *Levy/Merry* 1986; *Bartunek/Louis* 1988; *Owen* 1987; *Nadler/Thushman* 1986):

Wandel 1. Ordnung:

Hier erfolgt lediglich eine inkrementale Modifikation der Arbeitsweise einer Organisation ohne Veränderung des vorherrschenden Bezugsrahmens oder des dominanten Interpretationsschemas. Die Organisation wächst z.B. rein quantitativ (mehr Mitarbeiter, mehr Abteilungen und Hierarchieebenen). Das angemessene Konzept der Organisationsveränderung heißt *Organizational Development* (vgl. Abschnitt II 1.).

Wandel 2. Ordnung:

Hier erfolgt eine einschneidende, paradigmatische Änderung der Arbeitsweise einer Organisation insgesamt, und zwar mit Änderung des Bezugsrahmens. Die Veränderungen sind qualitativer Natur; wir sprechen nicht mehr von Wachstum sondern von Entwicklung. Aus der Raupe wird ein Schmetterling (*Owen* 1987, S. 7). Das angemessene Konzept der Organisationsveränderung heißt *Organizational Transformation* (vgl. Abschnitt II 2.).

Diese Veränderungsprozesse lassen sich nicht nur auf der Ebene der Organisation, sondern auch auf der Ebene des Individuums, der Gruppe und der Gesellschaft analysieren.

So unterscheiden z.B. für die Mikroebene, allerdings mit dem Anspruch auch organisationales Lernen erklären zu können, *Argyris/Schön* (1978) zwischen

- **Lernen durch Fehlerkorrektur,** ohne Veränderung des Bezugsrahmens (*single-loop learning* bzw. lower-level learning nach *Fiol/Lyles* (1985)
- Höherentwicklung des Lernens durch **Modifikation** bzw. **Auswechseln des Bezugsrahmens** (*double-loop learning* bzw. higher-level learning)
- **Meta-Lernen** i.S. von Lernen, (besser) zu lernen (*deutero-learning* i.S. von *Bateson* 1972).

Auf der Makroebene hat *Kuhn*[1] (1962) den Paradigmabegriff für die Beschreibung wissenschaftlicher Revolutionen fruchtbar gemacht. *Paradigma* steht für die Art und Weise, wie Menschen ihre Wahrnehmungsstrukturen organisiert haben, für Weltsicht, Glaubenssätze, und in unserem Bereich, Managementphilosophien. Paradigmatische Veränderungen der Gesellschaft von der Modernen zur Postmodernen sind vor allem von Futurologen aus den unterschiedlichsten Wissensbereichen prognostiziert worden. So sieht *Bell*[2] (1973) eine nachindustrielle Gesellschaft auf uns zukommen; *Toffler* prognostiziert (1980) eine dritte Veränderungswelle der Gesellschaft und *Naisbitt* (1982) sieht zehn Megatrends, die unser Leben verändern; *Capra*[3] (1987) formuliert Bausteine für ein neues Weltbild, die sich fundamental vom bislang vorherrschenden cartesianischen Weltbild[4] unterscheiden, und *Vester*[5] (1985) prognostiziert im Neuland des Denkens ein kybernetisches Zeitalter. Dies sind alles Prognosen über Wandlungsprozesse 2. Ordnung,

Abb. 3.85: Merkmale von Wandel 1. und 2. Ordnung

Wandel 1. Ordnung	Wandel 2. Ordnung
Beschränkt auf einzelne Dimensionen, Aspekte	Mehrdimensional
Beschränkt auf einzelne Ebenen	umfaßt alle Ebenen
quantitativer Wandel	qualitativer Wandel
Wandel des Inhalts	Wandel im Kontext
Kontinuität, gleiche Richtung	Diskontinuität, neue Richtung
Inkremental	Revolutionär
logisch und rational	vermeintlich irrational, andere Rationalität
ohne Paradigmawechsel	mit Paradigmawechsel

Quelle: In Anlehnung an *Levy/Merry* 1986, S. 9

---

[1] *Kuhn, Thomas Samuel* (geb. 1922) amerik. Wissenschaftshistoriker und -theoretiker, Prof. am MIT.
[2] *Bell, Daniel* (geb. 1919) amerik. Publizist, Prof. Soziologie, Harvard Uni.
[3] *Capra, Fritjof,* österr. Physiker, lebt in Kalifornien.
[4] *Descartes, René* (1596-1650) franz. Philosoph, gilt als Begründer der Philosophie der Neuzeit (mechanistische Naturauffassung), emigriert 1629 nach Holland.
[5] *Vester, Frederic* (geb. 1925) Biochemiker, Prof. Bw Uni München, Leiter der Studiengruppen für Biologie und Umwelt GmbH, München.

und das Management von Unternehmungen tut gut daran, sich damit auseinanderzusetzen, um entsprechende organisatorische Transformationen rechtzeitig vorzubereiten. Abb. 3.85 gibt einen zusammenfassenden Überblick
über die Charakteristika von Wandel unterschiedlichen Ausmaßes.

2. Krisen als Auslöser von Wandel

Anlaß für ein Individuum oder eine Organisation, sich mit einem neuen
Weltbild, einem veränderten Interpretationsschema, auseinanderzusetzen,
sind meist Widersprüche zwischen beobachteten empirischen Erscheinun-
gen/Ereignissen und Erklärungsangeboten aus tradierten Wissensbeständen
und Bezugsrahmen (vgl. *Kuhn* 1962). Die von akzeptierten wissenschaftlichen und/oder Alltagstheorien angebotenen Handlungsanleitungen vermögen Abweichungen zwischen prognostizierten/geplanten und faktisch einge-
tretenen Handlungsergebnissen nicht (mehr) hinreichend zu bewältigen.
Harten (1977) unterscheidet mit Bezug auf *Piaget* (1985) drei Anlässe für
solche Strukturüberschreitungen:
• Probleme fehlender Stimmigkeit
• Krisen aus unbewältigten Abweichungen
• Fragen nach dem Sinn
Interpretiert man Probleme und Sinnfragen weit, so lassen sich beide unter
einem generellen Krisenbegriff subsumieren. Allgemein bedeutet *Krise* die
unbeabsichtigte und unerwartete nachhaltige Störung eines Systems (Person
oder Institution) oder wesentlicher, für dessen Überleben zentraler Teile. Ein
erhebliches Abweichen von der geplanten Entwicklung führt zu einer für das
System existenzbedrohenden Situation.

a. Krisen und ihre Ursachen

Aus traditioneller betriebswirtschaftlicher Perspektive „wird der Krisenbegriff auf eine mikro-ökonomische Einheit, d. h. auf eine selbständig wirt-
schaftende Unternehmung bezogen. Die Bedrohung bedeutet hier Existenzgefährdung des Gesamtunternehmens. Sie ist gegeben, wenn die Selbständigkeit im Sinne der autonomen Entscheidungseinheit in Frage gestellt ist. Nicht
einzelne Teile, Sparten oder Funktionsbereiche sind Gegenstand der Betrachtung, sondern die akut gestellte Existenzfrage für das selbständige Weiterbe-
stehen des Unternehmens als Ganzes" (*Witte* 1981, S. 10). Die Existenzfrage
stellt sich bei dieser Auffassung am deutlichsten bei Gefährdung der beiden in
der Konkursordnung verankerten Tatbestände der *Zahlungsunfähigkeit* und
Überschuldung (Verluste bis zur Aufzehrung des haftenden Eigenkapitals).
Daneben wird in der Praxis die Unternehmungskrise auch mit erheblichen

Umsatzrückgängen in Verbindung gebracht. Statistiken über Insolvenzen gelten als *der* Indikator für die Krisenanfälligkeit der Gesamtwirtschaft oder einzelner Branchen. Etwas allgemeiner ist die Begriffsfassung von *Krystek* (1987, S. 6 f.): „Unternehmungskrisen sind ungeplante und ungewollte Prozesse von begrenzter Dauer und Beeinflußbarkeit sowie mit ambivalentem Ausgang. Sie sind in der Lage, den Fortbestand der gesamten Unternehmung substantiell und nachhaltig zu gefährden oder sogar unmöglich zu machen. Dies geschieht durch die Beeinträchtigung bestimmter Ziele (dominanter Ziele), deren Gefährdung oder gar Nichterreichung gleichbedeutend ist mit einer nachhaltigen Existenzgefährdung oder Existenzvernichtung der Unternehmung als selbständig und aktiv am Wirtschaftsprozeß teilnehmender Einheit mit ihren bis dahin gültigen Zweck- und Zielsetzungen".

Die Vorstellung von Krisen als einer (oder mehrere) Phase(n) eines Prozesses der Fehlentwicklung im Zeitablauf ist in der Literatur weitverbreitet (s. *Argenti* 1976, *v. Löhneysen* 1982, *Krystek* 1987). In *prozeßorientierter* Hinsicht werden typischerweise folgende Phasen unterschieden:

- **latente Krisenphase** (das System ist nicht mehr im Gleichgewicht; Korrektur- und Stabilisierungsmaßnahmen reichen aber noch aus, um die dringendsten Probleme zu lösen)
- **akute Krisenphase** (die Stabilisierungsmaßnahmen versagen, und die Krise bricht offen aus; am Ende dieser Phase entscheidet sich, ob das System eine Überlebenschance hat oder untergeht),
- **nachkritische Phase** (die Krise ist vorerst bewältigt, und das System steuert einem neuen Gleichgewichtszustand zu).

Die Einteilung von Krisen in Phasen ist zwar analytisch und ex post factu relativ einfach durchzuführen (ähnlich wie beim Produktlebenszyklus), ex ante – und das ist für Maßnahmen der Krisenvermeidung bzw. -bewältigung zentral – kaum möglich. Denn existenzbedrohende Situationen sind keine empirisch vorfindbaren objektiven Phänomene, die mit Hilfe naturwissenschaftlicher Beobachtungsverfahren beobachtet und gemessen werden können. Die Beurteilung einer (über-)betrieblichen Situation als Krise ist also davon abhängig, welche Wirklichkeitsausschnitte der Betrachter als für sich relevant erachtet; dies ist wiederum sehr stark auch eine Frage seines Interessenstandpunktes. Managementphilosophie, Wertsystem und Einstellungen wirken hier als Wahrnehmungsfilter (vgl. *Staehle/Stoll* 1984). Insofern ist die Identifikation einer krisenhaften Situation Ergebnis von individuellen oder kollektiven *Wahrnehmungs- und Bewußtseinsbildungsprozessen*. Nur so ist es zu erklären, daß etwa in einer bestimmten Situation unterschiedliche Personen(-gruppen) die gleichen realen Zustände einmal als krisenhaft und zum anderen als unproblematisch oder bereits wieder stabilisiert bezeichnen. Nun dürfen aber diese Aufführungen nicht dahingehend mißverstanden werden, daß die Identifikation einer (ökonomischen) Krise allein eine Frage des Interessenstandpunktes oder gar ein rein bewußtseinsmäßiger Prozeß sei. Gegen eine solche Interpretation sprechen zwei grundlegende Erkenntnisse: Einmal sind die Wahrnehmung und die bewußtseinsmäßige Verarbeitung der Wirklichkeit keine Frage individueller Beliebigkeit, sondern sie sind immer durch die objektive äußere Welt des Menschen wesentlich (mit-)geprägt. So ist Zahlungsunfähigkeit auch durch verzerrte Wahrnehmung nicht wegzudiskutieren. Zum anderen bestehen auch in einer Gesellschaft, in der grundsätzliche Interessengegensätze zwischen den gesellschaftlichen Gruppen gegeben sind, immer auch Situationen, die über alle Gegensätze hinweg von den meisten als positiv oder als negativ eingeschätzt werden; es gibt Bereiche und Entwicklungen, die den allgemeinen Interessen entsprechen (partielle Interessenkomplementarität). So haben etwa in einer Unternehmung sowohl die Arbeitnehmer als auch die Arbeitgeber ein gemeinsames Interesse an dem Bestand und an dem Erfolg der Unternehmung.

In der Literatur (vgl. den Überblick bei *Krystek* 1987, S. 32 ff.) werden umfangreiche Kataloge von (meist) singulären *Krisenursachen* angeboten, die dann z. B. noch in extrasystemische (wie Branchenkrisen, Preisverfall, allg. Rezession) und intrasystemische (wie zu geringe Eigenmittel, Managementfehler, Kostenexplosion) Krisenursachen unterscheiden. Die herkömmliche Krisenursachenforschung ist insgesamt (noch) fest im eindimensionalen, linearen Ursache-Wirkungs-Denken verhaftet (und entsprechend defizitär sind die Therapievorschläge), obgleich offensichtlich ist, daß Krise einen Systemzustand beschreibt, zu dessen Entstehung mehrere, eng miteinander vernetzte, sich gegenseitig verstärkende Ereignisketten beigetragen haben. Die Suche nach *der* Krisenursache ist folglich vom Ansatz her verfehlt und verleitet lediglich zu kurzschlüssigen Krisenbewältigungsmaßnahmen.

Es empfiehlt sich folglich, eine umfassendere, ganzheitliche Sicht der Unternehmung und der Bedingungen eines effizienten Umgangs mit Krisen zu präferieren.

Die Notwendigkeit für organisatorischen Wandel wird am ehesten aus einer systemtheoretischen, interaktionistischen Analyse der Organisation und ihrer Umwelt deutlich. Organisation und Umwelt stehen in einem symbiotischen Interaktionsverhältnis zueinander. Eine Organisation wird solange als effizient und lebensfähig definiert, wie sie von ihrer Umwelt aufgrund ihrer Anreize akzeptiert wird. Nach *Hicks/Gullett* (1975, S. 387 ff.) bildet die Organisation zusammen mit ihrer Umwelt ein **Ökosystem,** wobei die Umwelt als Gegenleistung für die Outputs der Organisation die notwendigen Ressourcen bereitstellt (siehe Abb. 3.86. Die punktierten Linien deuten an, daß die Grenzen durchlässig sind). Die Umwelt bietet Chancen und Risiken und setzt gleichzeitig Daten (constraints) für organisatorisches Handeln.

Bezogen auf den Organisationstyp **Unternehmung** wird i. d. R. von einem
- **extern induzierten** und einem
- **intern induzierten Wandel**

gesprochen; dabei ist zu beachten, daß diese Aufteilung rein analytisch ist und sich die Anstöße zu organisationalem Wandel in der Praxis vermischen. Interne Anlässe können oft mittelbar auf Änderungen in der Umwelt der

Abb. 3.86: Organisation als Ökosystem

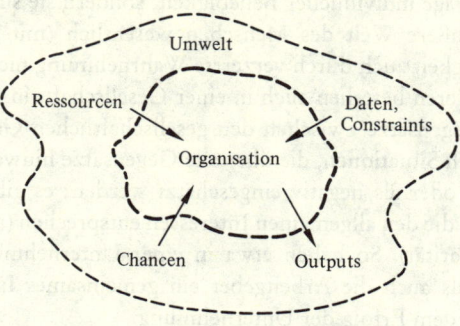

Quelle: Hicks/Gullet 1975, S. 388

Unternehmung zurückgeführt werden; externe Anlässe resultieren zuweilen aus vorherigen Handlungen der Unternehmung.

Externe Anlässe ergeben sich aus einer wahrgenommenen Veränderung in einem oder mehreren für die Unternehmung relevanten Umweltsegment(en). Als relevant sind dabei alle solchen Subsysteme der Umwelt anzusehen, mit denen die Unternehmung interagiert, deren Handlungen, Verhaltensweisen und Strategien sie also bei eigenen Handlungen, Verhaltensweisen und Strategien berücksichtigen muß, entweder um zu überleben oder aufgrund von Sanktionsandrohungen. Unter einem *relevanten* Umweltsegment verstehe ich dabei ein organisiertes Subsystem der Umwelt, das über die Macht verfügt, Handlungen und Verhaltensweisen der Unternehmung in seinem Sinne zu beeinflussen (vgl. hierzu S. 415 der Arbeit).

b. Identifikation krisengefährdeter Bereiche und Entwicklungen

Voraussetzung eines effizienten Umgangs mit Krisen – sei es i. S. v. Krisenvermeidung oder -bewältigung – ist die möglichst frühzeitige Identifikation von krisenrelevanten Veränderungen in der Umwelt der Unternehmung sowie in der Unternehmung selbst.

Nicht alle Länder (s. die Klassifikation von Staaten in Risikoklassen nach dem Business Environment Risk Index), alle Branchen (s. etwa Stahl-, Möbel-, Textilindustrie) und alle Unternehmensbereiche sind gleich krisenanfällig. Es bietet sich deshalb an, zunächst Felder besonderer Krisenanfälligkeit zu identifizieren. Welche Funktionsbereiche und Betriebsteile sind besonders anfällig für: Naturkatastrophen, Computerausfälle, Terroranschläge, Produktionsunterbrechungen, Tod von Managern, Angriffe von politischen, ökologischen Gruppen, Arbeitskämpfe, FuE-Flops, plötzliche Nachfrage-/Marktveränderungen, unfreundliche Übernahmeangebote, Liquiditätsengpässe, staatliche Regulierung/Deregulierung, Imageschädigung etc.?

Eine erste Ordnung dieser **Gefährdungsbereiche** als Voraussetzung für ein Krisenvermeidungsmanagement wird möglich, wenn man das weiter oben (vgl. S. 395 ff der Arbeit) beschriebene Stakeholder-Modell der Unternehmung heranzieht.

Unterschiedliche Ansprüche und Einflußpotentiale unterschiedlicher Stakeholder erfordern auch differenzierte unternehmerische Krisenvermeidungsstrategien. *Ten Berge* (1989, S. 80 ff.) hat vier Gruppen von Influencers unterschieden:

- **Autorisierende und kontrollierende Gruppen** (Gesetzgeber, Aufsichtsbehörden, Aktionäre, Banken) gewähren die gesetzliche und finanzielle Grundlage für die Existenz der Unternehmung. Lobbyismus, Teilnahme an Hearings und gezielte Informationspolitik stellen typische Strategien im Umgang mit diesen Gruppen dar.
- **Funktionale Gruppen** (Lieferanten, Konsumenten, Gewerkschaften) stehen im Mittelpunkt der herkömmlichen Sicht der Unternehmung; Marktstrategien, Beschaffungsstrategien oder Personalstrategien sind klassische Beispiele für eine einseitige Orientierung an betrieblichen Input- und Outputfunktionen.
- **Normative Gruppen** (Wirtschaftsverbände, Berufsverbände, Parteien) dienen der überbetrieblichen Interessenvertretung und legitimatorischen Absicherung von Unternehmerinteressen in Verbänden und Kammern. Strategien der Repräsentation und Kooperation bis hin zu Absprachen und Zusammenschlüssen sind in diesem Politikbereich anzutreffen.
- **Diffuse Gruppen** (Bürgerinitiativen, Umweltschutzgruppen, Minderheiten) sind die für das Management am schwierigsten einzuschätzende Gruppen, denn sie sind bezüglich ihrer Interessenlagen schwer zu verorten, in ihren Aktionen schwer zu prognostizieren, entstehen plötzlich und können ebenso schnell wieder verschwinden. Solide Öffentlichkeitsarbeit (PR) sowie permanentes Monitoring der Entstehung neuer sozialer Bewegungen und Strömungen sind typische Maßnahmen in diesem Umweltbereich.

Zur *Früherkennung* von Entwicklungen in der Umwelt und der Unternehmung werden neben den klassischen scanning-Techniken (vgl. vor allem *Aguilar* 1967) seit den 70er Jahren verstärkt sogenannte *Frühwarnsysteme* eingesetzt (vgl. S. 593 f. der Arbeit). Da hier nicht nur negative, sondern vor allem auch für die Unternehmung positive Signale (Chancen) aufgenommen werden sollen, ist der Begriff irreführend und sollte durch Früherkennungssysteme ersetzt werden.

Früherkennungssysteme sind zu einer Zeit bedeutsam geworden, als sich immer weniger aus der Vergangenheit extrapolierfähige Trends ermitteln ließen. Anfangs bestanden Frühwarnsysteme lediglich in einem permanenten Vergleich zwischen Plandaten und hochgerechneten Istdaten; als dies aufgrund fehlender harter Daten nicht mehr möglich war, wurden strategische Frühaufklärungs- bzw. Radarsysteme notwendig, um den Empfang auch schwacher Signale (*Ansoff* 1976) zu erlauben.

Speziell auf den Bereich der Markt- und Branchenstruktur ist der Analyseansatz von *Porter* (1980) gerichtet. Die fünf Determinanten der Wettbewerbssituation sind zugleich Indikatoren für sich abzeichnende krisenhafte
Veränderungen:

- Determinanten der **Konkurrenzintensität** (Branchenwachstum, Anzahl und
  Größe der Konkurrenten, Produktdifferenzierung und Marktsegmentie-
  rung, Preispolitik, Austrittsbarrieren)
- Determinanten des **Markteintritts** (Economies of Scale, Produktdifferen-
  zierung und Marktsegmentierung, Kapitalbedarf, Zugang zum Groß- und
  Einzelhandel, staatliche Zugangsbeschränkungen, mögliche Vergeltungsmaßnahmen)
- Determinanten der **Substitutionsgefahr** (Preis/Leistungsverhältnis der Ersatzprodukte bzw. -dienste, Umstellungskosten, Substitutionsneigung der
  Abnehmer)
- Determinanten der **Lieferantenmacht** (Lieferantenkonzentration, Auftragsvolumen, Gefahr der Vorwärtsintegration, Input-Substitute)
- Determinanten der **Abnehmermacht** (Abnehmerkonzentration, Abneh-
  mervolumen, Gefahr der Rückwärtsintegration, Ersatzprodukte, Preis-
  empfindlichkeit).

Krisen sind nach *Levy/Merry* (1986) Auslöser und Ausgangspunkte eines
vierstufigen Wandlungsprozesses 2. Ordnung:

1. Krise:
Externen und/oder internen Herausforderungen wird durch die Organisation
nicht (mehr) angemessen begegnet. Signale, welche die Notwendigkeit eines
radikalen Wandels anzeigen, werden ignoriert. Versuche, die Krise durch
Wandel 1. Ordnung zu bewältigen, scheitern.

2. Transformation:
Die Notwendigkeit für einen grundlegenden Wandel (2. Ordnung), ein Ab-
schied von alten, vertrauten Sichtweisen, Interpretationschemata und Welt-
bildern wird anerkannt. Verlernen des alten Paradigmas ist Voraussetzung für
das Lernen des neuen. Verändert werden das Organisationsparadigma, die
Organisationskultur, der Organisationszweck (mission) und zentrale Funktionsbereiche.

3. Transition:
Der Übergang vom alten zum neuen Organisationsparadigma wird systematisch geplant und organisiert. Hierzu dienen die klassischen Interventionstechniken (vgl. S. 867 ff. der Arbeit). Die in Phase 2 entwickelten Visionen
werden in Aktionsprogramme umgesetzt.

4. Stabilisierung:
In dieser Phase geht es um die Institutionalisierung des neuen Paradigmas, die
Verfestigung von neuen Denk- und Arbeitsweisen. Das Systemgleichgewicht
wird durch permanenten Wandel 1. Ordnung aufrechterhalten.

Ob und wie Organisationen mit der Herausforderung eines Wandels umgehen können, darüber informiert zunächst auf einer theoretischen Ebene der
nächste Abschnitt.

3. Modelle des Wandels

Türk (1989, S. 58 ff.) folgend unterscheide ich drei Grundmodelle der Veränderung von Organisationen im Zeitablauf:

- **Entwicklungsmodelle**
  Hierzu zählen vor allem Lebenszyklusmodelle, die in Analogie zur Biologie eine diskontinuierliche Abfolge von Entwicklungsstufen im Leben einer
  Organisation (von der Gründung bis zum Untergang) unterstellen, die sich
  in typische Phasen anordnen lassen.

- **Selektionsmodelle**
  Hierzu zählen vor allem populations-ökologische Modelle, die davon ausgehen, daß die Umwelt einer Organisation viel zu komplex und unsicher
  sei, als daß Planer und Manager die Organisation antizipativ daran anpassen
  könnten; vielmehr selektiert die Umwelt bestimmte Populationen von Organisationen (und damit indirekt Strategien, Strukturen und Systeme), welche dann überleben, und zwar ohne Zutun des Managements.

- **Lernmodelle**
  Im Gegensatz zu den eher fatalistischen Selektionsmodellen sind Lernmodelle bedeutend optimistischer, insofern als sie Organisationen prinzipiell
  die Fähigkeit der Anpassung, der Entwicklung und des Lernens zusprechen. Ihnen wird hier besondere Aufmerksamkeit geschenkt.

a. Entwicklungsmodelle

Entwicklungsmodelle unterstellen mehr oder weniger eindeutig abgrenzbare Phasen im Leben einer Organisation, die einer gewissen Eigendynamik
folgen und in organisatorischen Längsschnittanalysen typischerweise anzutreffen sind. Organisationsinterne Probleme bzw. Krisen bilden den Auslöser
für den Übergang zu einer nächsten Entwicklungsstufe. In Kenntnis dieser
Gesetzmäßigkeiten kann das Management sich auf die einzelnen Krisensituationen vorbereiten. *Greiner* (1972) ist jedoch dezidiert der Auffassung, daß
die Organisation keineswegs versuchen sollte, eine Phase zu überspringen.
Denn in jeder Phase laufen bestimmte Lernprozesse ab, die für eine gesunde
Entwicklung der Organisation unentbehrlich sind.

Ein Überblick über populäre Lebenszyklusmodelle findet sich auf S. 451 ff.
dieser Arbeit.

Quinn/Cameron (1983) haben neun solcher Entwicklungsmodelle zu einem **Meta-Modell** mit vier Stufen zusammengefaßt, die in allen Modellen
vorkommen:

1. Phase: *Unternehmertum* (Entrepreneurial Stage)
In dieser Gründungsphase steht der Unternehmer/Gründer im Mittelpunkt; Ideen sind überzählig vorhanden; es wird eine Nische gesucht. In dieser Phase favorisieren die Manager ein Open Systems-Modell als Orientierungsmuster.

2. Phase: *Gemeinschaft* (Collectivity Stage)
In dieser Phase bildet sich ein Gemeinschaftsgefühl heraus, bei hohem Commitment und hoher Motivation der Organisationsmitglieder. Informelle Organisations- und Kommunikationsstrukturen sind typisch für diese Aufbauphase. Hier favorisieren die Manager ein Human Relations-Modell als Orientierungsmuster.

3. Phase: *Bürokratisierung* (Formation and Control Stage)
In dieser Reifungsphase werden formelle Regeln und Programme aufgestellt, eine formale Organisations- und Kommunikationsstruktur entworfen und insgesamt auf hohe Effizienz geachtet. Die Manager favorisieren jetzt ein Rational Goal-Modell als Orientierungsmuster.

4. Phase: *Restrukturierung* (Elaboration of Structure Stage)
Zentral für diese Anpassungsphase sind erste Reorganisationsmaßnahmen hinsichtlich Differenzierung, Dezentralisierung und Innovation. Open System-Modelle lösen die rationalen Zielmodelle als Orientierungsmuster ab.

Quinn/Cameron (1983) finden es bemerkenswert, daß mit *einer* Ausnahme kein Modell den Niedergang bzw. Tod der Organisation thematisiert. Diese scheinen zu unterstellen, daß es in der 4. Phase jeweils gelingt, erfolgreiche Anpassungsmaßnahmen zu initiieren, die das Überleben der Organisation sichern.

Eine Erweiterung dieses Meta-Modells bietet der Ansatz von *Bartunek/ Louis* (1988), der den Lebenszyklus auf die Zeit vor der Gründung ausweitet. In ihrer *Organizational Transformation* Sichtweise unterscheiden sie drei Phasen *vor* und drei Phasen *nach* Gründung einer Organisation, wobei jeweils unterschiedliche Krisen Auslöser einer erneuten Transformation bilden.

1. Erste Ideen: Diese Phase umfaßt erste Vorstellungen darüber, wie man ein Problem lösen könnte; *auslösende Krise:* Wahrnehmung eines Problems/ einer Chance, die nicht gelöst/genutzt wird.

2. Commitment und frühe Planung: Diese Phase umfaßt den Versuch einer ersten konzeptionellen Ordnung der Ideen; *auslösende Krise:* Zwang, mit anderen zusammenarbeiten zu müssen.

3. Implementation: Diese Phase umfaßt den Versuch der Umsetzung der Konzepte in konkrete Strukturen und die Sozialisation neuer Organisationsmitglieder; *auslösende Krise:* Notwendigkeit, Pläne umsetzen und hierfür Ressourcen gewinnen zu müssen. Diese Phase endet mit der Gründung der Organisation (Birth).

4. *Unternehmertum:* Für diese Phase ist die Konzentration auf den Unternehmer und das Fehlen systematischer Planung und Koordination typisch; *auslösende Krise:* ungewohnter Umgang mit Neuem und Finden einer Marktnische.

5. *Gemeinschaft:* In dieser Phase entwickelt sich ein Wir-Gefühl zwischen den Organisationsmitgliedern, die Kommunikation ist intensiv aber informell; *auslösende Krise:* Zentralisation, fehlende Kommunikation und Kohäsion.

6. *Bürokratie:* In dieser Phase werden Regeln und Programme formuliert, formale Strukturen eingeführt und die Kommunikation formalisiert; *auslösende Krise:* Mangel an Ordnung und Effizienz, Wünsche der Mitarbeiter nach Ruhe und Struktur.

Während die Übergänge zwischen den Phasen 1 bis 6 i. d. R. den Charakter eines Wandels 2. Ordnung haben, wird nach der Konsolidierung, also in reifen Organisationen, meist nur noch Wandel 1. Ordnung vorkommen. Lediglich schwere Krisen führen zum Infragestellen des vorherrschenden Bezugsrahmens und zur Einleitung organisatorischer Transformationen.

Die bisherigen Ausführungen über Entwicklungsphasen einer Organisation suggerieren die Existenz objektiver Naturgesetze, nach denen sich Organisationen quasi zwangsläufig entwickeln. Gesellschaftliche Institutionen, wie etwa Organisationen, gewinnen im Laufe der Zeit den Status von Sachgesetzlichkeit und werden von den Mitgliedern einer Gesellschaft bzw. Organisation als objektive Wirklichkeit wahrgenommen. Dabei gerät in Vergessenheit, daß auch Institutionen lediglich von Menschen geschaffene Konstrukte darstellen, die prinzipiell auch anders aussehen könnten. Der Hang zur **Verdinglichung von Institutionen** manifestiert sich in der Tatsache, daß Menschen dazu neigen, ihre eigene Urheberschaft der sozialen Realität zu verdrängen.

Wandel spielt sich in *konstruktivistischer* Sichtweise (vgl. *Berger/Luckmann* 1987, *Schmidt* 1987) zunächst in den Köpfen der Menschen ab. Die **Konstruktion von Wirklichkeit,** hier übertragen von der symbolischen Ebene der Institutionalisierung auf die materielle Ebene der Entstehung einer Organisation, erfolgt in folgenden Stufen:

1. **Externalisierung:** Die Entäußerung eines subjektiv gemeinten Sinns durch den/die Gründer leitet die Gründungsphase ein. Es muß ein Basiskonsens über das gemeinsam Gewollte erzielt und permanent reflektiert werden.

2. **Habitualisierung:** Verhaltensweisen, Handlungen und Arbeitsweisen werden – bei positiver Erfahrung – zur unreflektierten Regelbeherrschung. Verhalten wird durch Erwartungsstabilisierung prognostizierbar, und die Organisation wird durch Routinisierung von Spannungen und Konflikten entlastet.

3. **Institutionalisierung:** Im Prozeß der Institutionalisierung werden Handlungen und Handelnde in ihrem Verhalten typisiert und damit auf längere Zeit festgeschrieben.

4. Objektivation/Verdinglichung: Institutionalisierte Handlungen werden mit der Zeit als objektive Wirklichkeit erlebt. Objektivation bedarf jedoch der Legitimation. Überlieferte institutionelle Wirklichkeiten (Traditionen) müssen Sinn machen.

Festzuhalten ist, daß in konstruktivistischer Sichtweise Wirklichkeitsbestimmungen geändert werden können, und zwar vor allem über neue Interpretationsmuster (vgl. *Daft/Weick* 1984).

b. Selektionsmodelle

Selektionsmodelle beantworten die Frage nach der Ursache für die empirisch vorfindbare Vielfalt von Organisationen, für Überleben oder Untergang von Organisationspopulationen, mit der *Selektionskraft der Umwelt* und gerade nicht mit der Anpassungsleistung der Organisation bzw. ihres Managements. In Analogie zu biologischen Selektionsmodellen (vor allem i.S. der darwinistischen Evolutionstheorie) wählen in dieser Sichtweise Umweltkräfte solche Organisationscharakteristika aus, die am besten mit den Umweltanforderungen vereinbar sind (fit, match). Organisationen können sich – wenn überhaupt – nicht rasch genug an ihre Umwelt anpassen. *Hannan/Freeman* (1977) sprechen von struktureller Trägheit (structural inertia). Sie haben (S. 931 f.) einige wesentliche organisationsinterne und -externe Gründe für ein solches *strukturelles Beharrungsvermögen* aufgeführt:
- hohe Investitionen in spezialisierte Maschinen, Anlagen, Humanressourcen (Probleme der sunk costs)
- fehlende bzw. unzureichende externe und interne Informationen über Anpassungsnotwendigkeiten
- mikropolitische Interessenlagen, die für eine Beibehaltung des status quo sprechen
- Macht der Gewohnheit und hohe Kosten des Wandels
- hohe Markteintritts- und -austrittsbarrieren
- stabile Erwartungshaltungen externer (z.B. Kunden) und interner Organisationsteilnehmer (z.B. Manager).

Sofern sich die Umweltanforderungen und Organisationsstrukturmerkmale entsprechen, ist die Selektion positiv, d.h. sie erlaubt das Überleben; wenn nicht, wird die Organisation negativ ausgelesen und geht unter. Dies u.a. als Folge begrenzter Ressourcen (zum Überleben) und des Wettbewerbs der Organisationen untereinander (um das Überleben). Damit wird das Absterben von Populationen und die Entstehung neuer Populationen (zunächst in geschützten Nischen) erklärt.

Gegenstand der Selektionsmodelle sind also weniger einzelne Organisationen, wie bei den anderen Modellen des Wandels, sondern ganze **Populationen** von Organisationsformen, deren Auftauchen und Ausdifferenzierung *(Varia-*

tion), Auswahl der Besten *(Selektion)* und Bewahrung und Reproduktion *(Retention)* in einem Drei-Phasen-Prozeß gesehen wird.

Der zentralen Fragestellung, warum einzelne Organisationstypen (Gattungen) überleben und prosperieren und andere aussterben (survival of the fittest organization) wird auch mit Hilfe typisierender und klassifizierender Methoden nachgegangen (vgl. vor allem *McKelvey* 1982, *Aldrich/Mueller* 1982). Zur Identifikation und Unterscheidung von Arten werden genotypische Merkmale (sog. comps als Gene der Organisation) herangezogen. Auch dieser Rekurs auf (angeborene oder durch Mutation erworbene) Merkmale bzw. Kompetenzen einer Organisation, reduziert Management auf reines Anpassungshandeln. Dennoch kann es sich auf diese Situation einstellen und das Schlimmste verhüten, wenn es nach *McKelvey/Aldrich* (1983) folgende Regeln beachtet:

1. *Variation:* Organisationen sollen experimentierfreudig und vielseitig sein und möglichst differenzierte Struktur- und Kompetenzangebote entwikkeln.
2. *Selektion:* Organisationsmitglieder müssen zum Experimentieren animiert werden und die Regeln kennen, nach denen das Management Variationen intern selektiert.
3. *Retention:* Erfolgreiche, d.h. bewährte Strukturen und Kompetenzen (etwa seltene Humanressourcen) müssen erhalten bzw. an die Organisation gebunden werden.
4. *Kampf:* Selbstgefälligkeit und -zufriedenheit schwächen den Überlebenskampf im Wettbewerb mit anderen Organisationen. Die Autoren empfehlen deshalb die Förderung des internen Wettbewerbs zwischen Gruppen und Abteilungen.

Trotz dieser moderaten Töne, was die (sonst negierte) Anpassungsfähigkeit von sozialen Systemen anbetrifft, übertreiben die Selektionsmodelle die Analogie zu biologischen Organismen bei weitem. Der Fatalismus der Selektionsmodelle erinnert stark an die Rede von der **unsichtbaren Hand** *(Adam Smith),* die als Begründung einer liberalen, von staatlichen Eingriffen freien Marktwirtschaft dient. Populationsökologen unterschätzen die Macht von nicht wenigen Organisationen, ihre Umwelt aktiv zu beeinflussen, und die Macht der **sichtbaren Hand** *(Alfred Chandler)* des Managements, etwa bei der Durchsetzung von Wettbewerbsstrategien. Der **Markt** ist kein organisationsunabhängiger Selektionsmechanismus (schon gar nicht im Oligopolfall); unvollkommene Wettbewerbsbedingungen erlauben Unternehmenspolitik und -strategie. Eigentümer und ihre Manager überlassen das Schicksal ihrer Unternehmung nicht einfach den ‚natürlichen‘ Selektionskräften des Marktes, sondern setzen – vor allem in jüngerer Zeit – verstärkt auf organisatorische **Lern- und Entwicklungsprozesse,** welche die Überlebens- und Erfolgschancen einer Organisation nachhaltig erhöhen.

c. Lernmodelle

Im Gegensatz zu biologischen Organismen haben Menschen die Fähigkeit zur Reflexion, zur kritischen Auseinandersetzung mit dem eigenen Tun und Handeln, sie können bewußt ihr Verhaltensrepertoire variieren und erweitern. Dieser Vorgang wird klassischerweise als **Lernen** bezeichnet (zu individuellen Lerntheorien vgl. S. 188 ff. der Arbeit).

Zunächst erscheint es naheliegend, Erkenntnisse individueller Lerntheorien auf organisationales Lernen zu übertragen. Hierzu sind aber die Stimulus-Response-Theorien im Gegensatz zu den meisten kognitiven Lerntheorien ungeeignet. Ich denke hier vor allem an Ansätze kognitiver Strukturiertheit (vgl. *Seiler* 1973). **Kognitive Strukturen** oder Schemata sind relativ überdauernde, konsistente Operations- und Verhaltenssysteme, die als Kondensate der Lernvergangenheit erworben (und nicht vererbt) sind. Sie stellen generalisierte Reaktionsmuster von Individuen in ihrer Auseinandersetzung mit der materiellen und sozialen Umwelt dar. Besondere Beachtung hat in diesem Zusammenhang die Lernpsychologie von *Piaget*[6] (1985) gewonnen, die u.a. auch für soziologische Evolutionstheorien fruchtbar gemacht wird. *Piaget* geht (im Gegensatz zu den Behavioristen) vom Menschen aus, stellt nicht die Veränderung von Verhalten, sondern die von dahinterliegenden Strukturen (**Entwicklungsstufen**) in den Mittelpunkt und unterstellt ein Streben nach Gleichgewicht (von Organismus und Umwelt). **Lernen** besteht im Erwerb von immer komplexeren Strukturen, die je spezifische Lernprozesse ermöglichen. *Piaget* (1985) unterscheidet vier solcher Stufen, die im Lebensalter von 16/17 ihren Abschluß finden:

- *sensomotorische Phase* (0 bis 1,5 Jahre)
- *präoperative Phase* (1,5 bis 7 Jahre)
- *konkrete Phase* (7 bis 12 Jahre)
- *formale Phase* (11 bis 17 Jahre

Damit wird keineswegs negiert, daß im Erwachsenenalter weitere Entwicklungsstufen denkbar und wahrscheinlich sind (vgl. etwa die Entwicklungsstufen der Moral bei *Kohlberg* 1976).

Wichtiger für die Frage des organisationalen Lernens ist vielmehr die Interpretation der Übergänge *(Transformation)* von einer Entwicklungsstufe zur nächsten (vgl. hierzu auch *Montada* 1970). Einschneidende Veränderungen des Verhaltensrepertoires laufen über drei Prozesse ab:

1. **Assimilation** meint die Integration von Erfahrungen im Umgang mit der Umwelt (etwa Ausführung von Handlungen an einem Gegenstand) in die bestehende Struktur.

2. **Akkomodation** meint die Veränderung der bestehenden Strukturen, eine Modifikation des Verhaltensrepertoires, um neue Assimilationen zu er-

---

[6] *Piaget, Jean* (1896–1980) schweiz. Entwicklungspsychologe, gründet 1955 International Center for the Study of Genetic Epistemology, Genf; lehrt und forscht in Lausanne und Paris.

möglichen. Akkomodation wird dann erforderlich, wenn die bestehenden Strukturen eine störungsfreie und kompetente Beherrschung der Umwelt nicht mehr erlauben.

3. **Äquilibration** stellt das Gleichgewicht zwischen Erhaltungs- und Erweiterungsstreben her. Erfolglose Assimilationsversuche (Erfahrungen lassen sich nicht in das vertraute Schema einordnen) führen zu einem Ungleichgewicht (*Kognitive Dissonanz* i. S. von *Festinger* 1978, vgl. S. 227 der Arbeit), das zu Lernprozessen höherer Ordnung (Akkomodation) motiviert.

„Ausgelöst und in Gang gehalten wird dieser Lern- oder Akkomodationsprozeß und die sich daraus ergebende Differenzierung und Integration der kognitiven Strukturen durch eine ‚optimale‘ Diskrepanz zwischen den zu verarbeitenden Gegenständen und Situationen einerseits und den dem Individuum im Moment zur Verfügung stehenden Operationssystemen. So werden aufgrund des ‚Widerstandes‘ der Realität und der sozialen Anforderungen besser angepaßte kognitive Systeme entwickelt" (*Seiler* 1973, S. 12).

Das, was bei *Piaget* als Akkomodation beschrieben wird, wird von Handlungstheoretikern, wie *Miller/Galanter/Pribram* (1960), als Hypothesenprüfung im Sinne eines TOTE-Modells (Test-Operate-Test-Exit) verstanden (vgl. S. 196 ff. der Arbeit). Kognitive Strukturen werden über Test, Assimilation und Akkomodation solange verändert, bis deren Anwendung auf die Realität gelingt.

Organisationales Lernen ist nun keineswegs mit individuellem identisch und läßt sich auch nicht einfach als Aggregation von individuellen Lernprozessen erklären (vgl. *Fiol/Lyles* 1985). Allerdings erlaubt die Prozeßdarstellung von *Piaget* einen ersten Zugang zum Problem der lernenden Organisation (vgl. *Pautzke* 1989). So ließe sich etwa in erster Annäherung organisationales Lernen als die (Weiter-)Entwicklung eines von den Organisationsmitgliedern geteilten Wissensbestandes deuten. Ein wesentlicher Unterschied zum Individuum besteht bei Organisationen darin, daß letztere mehr oder weniger *personenunabhängige Lernsysteme* entwickelt haben. *Shrivastava*[7] (1983) unterscheidet z. B. folgende Lernsysteme:

- **Ein-Mann-Institution** (eine Person ist Dreh- und Angelpunkt für alle Lernprozesse, z. B. Unternehmer, Vorstandsvorsitzender, Graue Eminenz)
- **Mythologisches Lernsystem** (Organisationsmythen, Geschichten, Organisationskultur als Wissensspeicher)
- **Informationskultur** (informale Kommunikationskanäle als Lernmedien)
- **Partizipative Lernsysteme** (ad hoc gebildete Gremien, Gruppen, Teams zur Problemlösung)
- **Formale Managementsysteme** (strategische Planung, Management-Informationssysteme als Wissensgeneratoren)
- **Bürokratische Lernsysteme** (Regeln und Programme, die genau vorschreiben, was in einer Situation zu tun ist).

---

[7] *Shrivastava, Paul*, Prof. Organizational Behavior, Bucknell Uni, Lewisburg, PA.

Letztere unterscheiden sich von den formalen Managementsystemen dadurch, daß sie äußerst rigide und unflexibel sind. Von der Ein-Mann-Institution bis hin zu bürokratischen Lernsystemen ist ein Prozeß der *Entpersonifizierung* erkennbar; es lernt nicht eine Person oder eine Elite (Top Management) stellvertretend für die ganze Organisation (vikarisches Lernen), sondern Lernen ist eine **Veränderung von Wissensbeständen** der ganzen Organisation (vgl. Abb. 3.87).

Abb. 3.87: Kontinium von Lernebenen

Individuum	Unternehmer Top Manager	Management-gruppen	Management-systeme	Organisation
Lernen für sich individuelles Lernen	Lernen für die Organisation vikarisches Lernen		Lernen der Organisation organisationales Lernen	

Darüber, wie diese Lernsysteme organisationales Lernen bewältigen, bestehen nach *Shrivastava* (1983), S. 9ff.) mindestens drei Auffassungen:

1. **Adaptive Learning** (z.B. *Cyert/March* 1963):
Organisationen passen sich im Laufe der Zeit inkremental, also in kleinen Schritten an Umweltveränderungen an, und zwar in den Bereichen
- Ziele (auf Druck der Stakeholder, vgl. S. 394ff. der Arbeit)
- Aufmerksamkeit (Umweltsegmente, die für das Überleben wichtig sind, ziehen mehr Aufmerksamkeit auf sich als andere)
- Problemlösungsverhalten (erfolgreiche Problemlösungs- und Entscheidungsregeln werden selektiert und habitualisiert).

Lernen durch Anpassen entspricht der *Assimilation* bei *Piaget*.

2. **Assumption Sharing** (z.B. *Argyris/Schön* 1978):
Organisationsmitglieder handeln auf der Grundlage von Alltagstheorien (theories-in-use). Organisationales Lernen findet durch den Vergleich der Handlungsergebnisse (outcomes) mit den Erwartungen (Planvorgaben) statt. Erfolgt die Korrektur der Abweichungen unter Beibehaltung der herrschenden Managementphilosophie (theory-in-use) spricht man von *single-loop Lernen* (Selbstbestätigung, Verstärkung); werden neue Interpretationsschemata gesucht, findet *double-loop Lernen* statt.

Double-loop Lernen entspricht der *Akkomodation* bei *Piaget*.

3. **Development of Knowledege Base** (z.B. *Duncan/Weiss* 1978):
Organisationales Lernen beschreibt den Prozeß, der das institutionelle Wissen über die Beziehungen zwischen den Handlungen einer Organisation und den daraus resultierenden Ergebnissen unter Umwelteinfluß erweitert (*Duncan/Weiss* 1979, S. 84). Während individuelles Lernen lediglich privates Wissen generiert, schafft organisationales Lernen (organisations-)öffentliches Wissen. Dazu muß das Wissen

- *kommunizierbar* (zwischen den Organisationsmitgliedern)
- *konsensfähig* (intersubjektiv validierbar)
- *integriert* (in Organisationsstrukturen und -prozesse) sein.

In hierarchisch strukturierten Institutionen ist notwendige Bedingung für organisationales Lernen, daß die neue Wissensbasis zumindest für Management (als der Machtelite) *gemeinsam geteilt* wird. Dabei bestimmt der langsamste Lerner das Tempo des organisatorischen Lernprozesses.

Während es sich beim adaptive und single-loop learning eher um Anpassungsprozesse (Assimilation) handelt, beginnt Lernen im Sinne einer Entwicklung erst mit dem double-loop Lernen. *Fiol/Lyles* (1985, S. 811) wollen den Begriff **Lernen** i.S. von higher-level learning lediglich auf Prozesse des double-loop Lernen begrenzt wissen. Für einfachere Assimilationen schlagen sie vor, lediglich von **Anpassung** (Adaptation) zu sprechen.

Von *organisationalem Lernen* kann man lediglich bei der Entwicklung eines von den Organisationsteilnehmern gemeinsam geteilten Wissensbestandes reden (*Duncan/Weiss* 1979). Wesentlich ist, daß sich das kollektiv geteilte Verhaltensrepertoire bzw. die akzeptierten Interpretationsschemata ändern.

Argyris/Schön (1978) haben hierfür den Begriff *theories-in-use* geprägt, als diejenigen Alltagstheorien, nach denen Menschen handeln. Diese sind häufig unbewußt und nicht öffentlich. Sie kontrastieren zu den *espoused theories,* den offiziell vereinbarten und vorgeschriebenen Theorien, wie sie sich etwa in Führungsgrundsätzen und -leitlinien niederschlagen. Abweichungen (mismatch) zwischen Handlungserwartungen und -ergebnissen können nun im Rahmen der bestehenden theories-in-use korrigiert werden (single-loop) oder bei wiederholtem Versagen der bestehenden Interpretationsschemata zur Fehlerbeseitigung zu deren Revision (double-loop) führen. Konkurrierende theories-in-use werden getestet und bei Bewährung in das neue Verhaltensrepertoire übernommen.

Single-loop learning verläuft nach *Argyris/Schön* (1978, S. 20ff.) in vier Phasen:

- Fehlersuche *(discovery)*
- Suche nach neuen Lösungen *(invention)*
- Umsetzung der Lösung *(production)*
- Bewertung und Verallgemeinerung der Ergebnisse *(generalization)*

Auf einer Metaebene unterscheiden *Argyris/Schön* (in Anlehung an *Bateson*[8] 1985, S. 219ff.) ein *deutero-learning,* ein Lernen auf der 2. Ebene im Sinne eines Lernen zu lernen. Deutero-learning ermöglicht die Verbesserung der Lernprozesse sowohl auf der single-loop als auch der double-loop Ebene. Es führt zu gravierenden Umstrukturierungen des Charakters des lernenden Individuums oder des Lernsystems einer Organisation.

---

[8] *Bateson, Gregory* (1904–1980), geb. in Cambridge, Biologe, Anthropologe, Psychologe; Prof. Uni of California, Santa Cruz, zeitweise verh. mit der Ethnologin *Margaret Mead.*

Eine solche Umstrukturierung setzt jedoch im Lernsystem ein vorgängiges **Verlernen** überholter Wissensbestände und Verhaltensweisen voraus. *Nystrom/Starbuck* (1984, S. 59ff.) sehen zumindest drei Wege, in denen Manager eigene theories-in-use verlernen können:

- *Hören auf Widersprüche* (Abweichende Meinungen in Organisationen, Dissenz über Ziele und Strategien sind Indikatoren für unterschiedliche Interpretationsschemata; diese ernstzunehmen und Ja-Sager zu meiden, ist der erste Schritt zum Verlernen)
- *Denken in Alternativen* (Abweichende Szenarien und deren Konsequenzen für das heutige und zukünftige Geschäft schaffen neue Lernsituationen)
- *Experimentieren* (Ausprobieren neuer Denkmuster und Verhaltensweisen schafft Chancen für Verlernen und Lernen anderer Sichtweisen).

Zentral für die Beantwortung der Frage, wie Organisationen lernen, ist das Problem der Generalisierung: Wie schafft man den Sprung von individuellen zum kollektiven Lernen? Die Arbeit von *Duncan/Weiss* (1979) ist hier besonders hilfreich. Wie weiter oben ausgeführt setzt die Verbreitung neuen Wissens in der Organisation voraus, daß es kommunizierbar, konsensfähig und integriert ist. Auslöser organisationaler Lernprozesse ist wie bei *Argyris/Schön* eine negative Abweichung (performance gap). Neue, alternative Problemlösungen haben aber nur dann eine Chance auf Akzeptanz zu stoßen, wenn die Organisationsmitglieder glauben, mit diesen eine höhere Effizienz zu erzielen. Dieser Glaube nimmt i.d.R. in dem Maße ab, in dem sich die Lösung vom zur Zeit bestehenden Paradigma (theories-in-use) entfernt. Erst wenn diese systemkonformen Lösungen nachhaltig scheitern, öffnet sich die Organisation auch gegenüber paradigmatisch neuen Lösungsansätzen. Dieser Öffnungsprozeß ist jedoch ein *mikropolitischer,* insofern als machtvolle Gatekeeper und Managementeliten den Ausschlag für einen Paradigmawechsel geben (double-loop learning) und nicht die Mehrheit der Organisationsmitglieder. Diese müssen dann durch geeignete Kommunikations- und Sozialisationsprozesse auf das neue Paradigma und die neuen Verhaltensweisen eingestimmt werden.

II. Ansätze der Organisationsveränderung

Im folgenden werden lediglich Ansätze der *geplanten* organisatorischen Veränderung (i.S.v. Abschnitt I.1.) behandelt, und zwar geordnet nach ihrer historischen Entstehung.

1. Aktionsforschung und Organisationsentwicklung

Organisationsentwicklung (Organization Development) ist eine Form des geplanten Wandels, bei der unter Verwendung verhaltenswissenschaftlicher

Erkenntnisse (meist aus der Kleingruppenforschung) ein organisationsweiter Veränderungsprozeß eingeleitet und unterstützt wird.

Organisationsentwicklung (OE) hat ihren Ursprung in der Aktionsforschung und der Gruppendynamik (zur historischen Entwicklung vgl. *Sievers* 1977, *French/Bell* 1984, *Rechtien* 1990). Der Ansatz der **Aktionsforschung** (Action Research) geht auf Forschungsarbeiten von *Kurt Lewin* über Gruppendynamik und *Jacob Moreno* über Gruppentherapie zurück (vgl. S. 242 d. Arbeit).

Die ersten gruppendynamischen Seminare wurden nicht zuletzt auch aufgrund des Mangels an Psychiatern und Therapeuten für Einzelgespräche 1946/47 in England (vgl. *Bion* 1959) und den USA (vgl. *Bradford/Gibb/ Benne* 1964) initiiert. Dort wurde eher zufällig die einstellungs- und verhaltensändernde Wirkung von Feedback über Gruppenereignisse auf den Einzelnen festgestellt. Dabei stammt das Feedback nicht nur von externen Trainern, sondern als Ergebnis einer Selbst-Analyse der Gruppe auch von den Gruppenmitgliedern selbst. 1945 wird an der Tavistock Clinic in London das **Tavistock Institute of Human Relations** und 1947 werden in Arlington (USA) die **National Training Laboratories** (NTL) gegründet.

Die amerikanischen *(Kurt Lewin)* und britischen Ansätze *(Eric Trist)* finden in der 1946 gegründeten Zeitschrift *Human Relations* ein gemeinsames Forum.

NTL, eine Vereinigung von gruppendynamisch arbeitenden Wissenschaftlern und Trainern, hat speziell für Organisationsveränderungen folgende Ziele formuliert (News and Reports from NTL, 1968):
1. Schaffung eines offenen, problemlösenden Klimas innerhalb der Organisation.
2. Ergänzung der auf Rolle und Status basierenden Autorität durch Autorität aufgrund von Wissen und Können.
3. Lokalisierung der die Entscheidungen treffenden und die Probleme lösenden Verantwortlichkeiten in größtmöglicher Nähe zu den Informationsquellen.
4. Schaffung von Vertrauen unter Individuen und Gruppen innerhalb der gesamten Organisation.
5. Anpassung des Leistungswettbewerbs an die Arbeitsziele und Verstärkung der gemeinsamen Anstrengungen.
6. Entwicklung eines Belohnungssystems, das sowohl die Leistung der Organisation hinsichtlich ihrer Ziele (Profit) als auch ihre Entwicklung (Wachsen der Personen) berücksichtigt.
7. Steigerung des Gefühls für „Eigentumsrechte" innerhalb der Organisation.
8. Unterstützung der Manager, damit sie so handeln, wie es relevanten Zielen entspricht und nicht entsprechend „früherer Praktiken" oder Ziele, die im eigenen Verantwortungsbereich sinnlos erscheinen.
9. Steigerung der Selbstkontrolle und Selbstlenkung der Personen innerhalb der Organisation

In Deutschland übt der Deutsche Arbeitskreis für Gruppendynamik und Gruppenpsychotherapie (DAGG) eine der NTL ähnliche Funktion aus. Der DAGG wurde 1967 gegründet mit dem Ziel

- wissenschaftlich fundierte Entwicklungen von Gruppenaktivitäten auf psychoanalytischer, tiefenpsychologischer und sozialpsychologischer Grundlage zu fördern
- die gewonnenen Erfahrungen und Forschungsergebnisse für Prävention, Diagnostik, Therapie, Rehabilitation und Organisationsentwicklung im Bereich der Gesundheit, Bildung, Arbeit und auf anderen Gebieten des privaten und öffentlichen Lebens zu vermitteln und nutzbar zu machen
- Ausbildung, Weiterbildung und Fortbildung in gruppenpsychotherapeutischen und gruppendynamischen Methoden zu vermitteln.

Dem Verein gehören heute über 500 Mitglieder (Ärzte, Psychologen, Psychotherapeuten, Sozialtherapeuten u. a.) an.

Aktionsforschung ist ein Konzept problemorientierter Organisationsveränderung, bei dem die Probleme gemeinsam mit den Beteiligten erhoben und analysiert werden. Veränderungsmaßnahmen werden auf Basis der *gemeinsam* erarbeiteten Problemanalyse eingeleitet, durchgeführt und in ihren Wirkungen analysiert. Vergleicht man Aktionsforschung mit OE, so wird deutlich, daß letztere stärker die Veränderungsinteressen der Organisation als die Forschungsinteressen der beteiligten Wissenschaftler berücksichtigt. Die Grenzen zwischen Forscher und Auftraggeber sowie zwischen Forschung und Veränderung werden bei der Aktionsforschung weitgehend aufgehoben. Die klassische Trennung von Objekt und Subjekt der Forschung wird hinfällig. Die Aktionsforschung gilt neben der Gruppendynamik als historische Wurzel und wesentlicher methodischer Ansatz der OE. *French/Bell* (1982, S. 123) definieren den OE-Prozeß als „ein Aktionsforschungs-Programm in einer Organisation zur Verbesserung des Funktionierens dieser Organisation."

Organisationsentwicklung wurde erstmals Mitte der 50er Jahre in den USA zur Organisationsveränderung in Unternehmungen eingesetzt. **ESSO** begann zu jener Zeit in seiner Baton Rouge Raffinerie mit dem Training von Gruppen anstelle von Individuen, und zwar unter Beteiligung von *Bernard Bass*, *Robert Blake* und *Jane Mouton*. OE ist heute ein allgemein anerkannter Zweig der angewandten Verhaltenswissenschaften (vgl. S. 134 der Arbeit) und Grundlage der darauf aufbauenden OE-Beratung.

Die folgenden **Definitionsversuche** geben einen Eindruck von der Vielschichtigkeit dieses Ansatzes.[1] *Filley* et al. identifizieren aufgrund einer Literaturauswertung folgende Definitionsmerkmale von OE (*Filley/House/Kerr* 1976, S. 487 ff.):

---

[1] Vgl. auch den umfassenden Definitionsüberblick bei *Trebesch* (1982): 50 Definitionen der Organisationsentwicklung – und kein Ende.
Trebesch, Karsten (geb. 1941) Dipl.-Soziologe, Gründungsmitglied Gesellschaft für OE, Berater für Unternehmensentwicklung.

1. geplanter Wandel (kein zufälliger Wandel)
2. umfassender Wandel (keine Detailänderung)
3. Schwerpunkt auf Wandel von Gruppen (weniger von Individuen)
4. langfristiger Wandel (kein kurzfristiges Krisenmanagement)
5. Einbeziehung eines Change Agent
6. Intervention durch erfahrungsgeleitetes Lernen und Aktionsforschung.

Organisationsentwicklung ist – und das geht aus allen Definitionen hervor – ein anwendungsbezogener Ansatz innerhalb der verhaltensorientierten Organisationsforschung.

OE zielt auf eine planmäßige mittel- bis langfristig wirksame Veränderung der

• individuellen Verhaltensmuster, Einstellungen und Fähigkeiten von Organisationsmitgliedern,
• Organisationskultur und des Organisationsklimas
• Organisations- und Kommunikationsstrukturen sowie der strukturellen Regelungen im weitesten Sinne (wie Arbeitszeit, Lohnformen).

Hierzu sollen bei der Organisation bzw. ihren Mitgliedern Lernprozesse eingeleitet und durch geeignete Methoden bzw. Instrumente der Veränderung unterstützt werden, d.h. OE kann auch definiert werden als ein Lernverfahren für Organisationen (vgl. z.B. *Wolff* 1982).

Bezieht man sich auf Unternehmungen, als einen speziellen Organisationstyp, so läßt sich OE mit *Beckhard* (1972, S. 24 f.) als ein Verfahren definieren, das

1. „planmäßig,
2. betriebsumfassend,
3. von der Führung gesteuert,
4. zum Zweck der Verbesserung von Wirksamkeit und Gesundheit der Organisation,
5. durch geplantes Eingreifen in den Organisations-,Ablauf' mittels Erkenntnissen aus den Verhaltenswissenschaften angewandt wird".

Ob allerdings OE notwendigerweise vom Management gesteuert sein muß, ist umstritten. So meinen *Beer* und *Huse*, daß zwar eine Abstimmung mit der Führung notwendig, aber eine vollständige Planung nicht möglich sei, da Lösungswege erst im Laufe des OE-Verfahrens entwickelt werden könnten und vorher nicht einmal die Richtung des Programms voraussehbar sei (*Beer/ Huse* 1972, S. 79 ff.; *Huse* 1980, S. 23).

Der amerikanischen OE-Literatur zufolge soll OE der Verbesserung von Wirksamkeit (efficiency/effectiveness) und Gesundheit (health) der Unternehmung dienen (z.B. *Beckhard* 1969; *Cummings/Huse* 1989). In der deutschen Literatur werden als Zielbündel genannt (etwa *Gebert* 1974, *Becker/ Langosch* 1984)[2]:

---

[2] *Gebert, Dieter* (geb. 1940) Psychologe, Prof. BWL, Uni Bayreuth.
Becker, Horst (geb. 1928) Dr. Psychologie, Selbst. Unternehmensberater.

1. **Humanisierung der Arbeit** und
2. **Erhöhung der Leistungsfähigkeit der Organisation.**

Die Befriedigung von Bedürfnissen nach sinnvoller Arbeit, sozialer Anerkennung und Selbstverwirklichung wird allenfalls als Mittel für die Steigerung der Effizienz einer Unternehmung angesehen und nicht als eigenständiges Ziel. OE-Praktiker behaupten nun, zwischen beiden Zielbündeln (Humanisierung und Effizienz) bestünde **Zielharmonie,** und OE-Maßnahmen beanspruchen für sich, beide Ziele gemeinsam erreichen zu können. Bisweilen wird sogar von Zielidentität gesprochen, denn das Ziel ‚Leistungsfähigkeit' beinhalte neben einer ökonomischen auch eine soziale Dimension.

Strukturen, die Effizienz und Zufriedenheit ermöglichen, sind das Ergebnis von Entscheidungen des Top Managements. Nun ist es aber unstrittig, daß zwischen Management-Interessen sowie denjenigen der restlichen Mitglieder einer Organisation mehr oder weniger tiefe **Konflikte** bestehen, seien sie latent oder manifest.

Diese sind Gegenstand des Abschnitts über Widerstände gegen Wandel (vgl. S. 900 ff. der Arbeit).

Die Tatsache, daß OE vom Top Management gesteuert werden soll und das Management zusätzlich auch der Auftraggeber externer Berater ist, läßt jedoch die Vermutung aufkommen, daß OE weniger einer gleichberechtigten Durchsetzung beider Zielkomplexe als vielmehr primär desjenigen des Managements dient.

Die oben beschriebenen Ansätze individueller und organisatorischer Veränderung kamen nach dem zweiten Weltkrieg durch Marshallplan-finanzierten Wissenschafts-Transfer auch nach **Deutschland.** Nach *Rechtien*[3] (1990, S. 108 f.) fanden die ersten gruppendynamischen Trainings im deutschsprachigen Raum 1954 in Wien (mit dem US-Trainer *Leland Bradford*) und 1963 in Schliersee in Bayern (mit dem US-Trainer *Ken Benne*) statt. Teilnehmer waren überwiegend Lehrer, deren Erziehungsstil – ähnlich wie bei den IOWA Studien von *Lewin* Ende der 30er Jahre (vgl. S. 313 der Arbeit) – von einem eher autoritären zu einem eher demokratischen verändert werden sollte. Die amerikanischen NTL-Trainer arbeiteten überwiegend mit Methoden des **Sensitivity Trainings** (vgl. *Bradford/Gibb/Benne* 1964 sowie S. 870 ff. der Arbeit) aber vermittelten auch Kompetenz im Umgang mit Organisations-Laboratorien. Somit kam auch die Bezeichnung *Organization Development* nach Deutschland, die in der Folge mit Organisationsentwicklung übersetzt wurde. 1970 wird – zunächst als Korrespondenzausgabe des *Journal of Applied Behavioral Science* (Zeitschrift der NTL) – die deutsche Zeitschrift *Gruppendynamik* als Forum für Fragen der Gruppendynamik, Aktionsforschung und OE gegründet. Allerdings fanden die gruppendynamischen Methoden in Deutschland nicht die gleiche Akzeptanz wie in den USA.

---

[3] *Rechtien, Wolfgang,* Dr. phil., Geschäftsführer des Kurt Lewin Instituts für Psychologie, Fernuni Hagen.

Psychologie und Psychologen haben in den **USA** einen ganz anderen Stellenwert als in Europa. Sicherlich bieten die hohe berufliche, geographische und soziale Mobilität der Amerikaner mit den damit verbundenen Gefühlen der Heimatlosigkeit und Beziehungslosigkeit einen Erklärungsansatz für deren großes Bedürfnis nach interpersonalen Kontakten, was wiederum den großen Erfolg von z. B. T-Gruppen und Encounter-Gruppen verständlich macht.

In **Europa** mit seinen stabileren sozialen Beziehungsnetzen haben solche gruppendynamischen Ansätze – von Anfangserfolgen und spezifischen therapeutischen Anwendungen abgesehen – bis heute keine derartige Resonanz gefunden.

Während OE seit ihrer Entstehung nach dem 2. Weltkrieg primär auf eine Veränderung der Werte und Einstellungen von Menschen (Emanzipation, Humanisierung) und erst in zweiter Linie (wenn überhaupt) auf eine Veränderung von Organisationsstrukturen und formalen Regelungen zielte, hat sich diese Auffassung in den 70er Jahren dahingehend gewandelt, daß den technologischen und strukturellen Veränderungen eine mindestens gleich große Aufmerksamkeit geschenkt wird. Mit zunehmender Anerkennung der Bedeutung der Organisationskultur für den Unternehmenserfolg ist jüngst wieder eine Hinwendung zu Normen und Werten und weg von Strukturen festzustellen.

Der europäische Stand von Theorie und Praxis der OE wurde 1978 auf dem **1. Europäischen Forum über Organisationsentwicklung** in Aachen einem größeren Kreis von Interessenten vorgestellt (die Beiträge sind in *Trebesch* 1980 abgedruckt). Anläßlich dieser Tagung wurden erste Gespräche über den potentiellen Nutzen einer deutschen Gesellschaft für OE geführt. Im Juni 1980 kam es dann zur Gründung eines Vereins mit den Aufgaben, die auf dem Gebiet der OE tätigen Menschen und Institutionen im deutschsprachigen Raum zusammenzuführen, die Philosophie und Anwendung von OE zu verbreiten und das fachliche Qualifikationsniveau von OE in der Praxis zu heben. Die **Gesellschaft für Organisationsentwicklung** definiert OE als einen längerfristig angelegten, organisationsumfassenden Entwicklungs- und Veränderungsprozeß von Organisationen und der in ihnen tätigen Menschen. Der Prozeß beruht auf Lernen aller Betroffenen durch direkte Mitwirkung und praktische Erfahrung. Sein Ziel besteht in einer gleichzeitigen Verbesserung der Leistungsfähigkeit der Organisation (Effektivität) und der Qualität des Arbeitslebens (Humanität).

Anders als bei der Rezeption gruppendynamischer Ansätze und praxisnaher OE-Ansätze wurde das Konzept der **Aktionsforschung** in Deutschland schon bald mit einem Anspruch auf Demokratisierung der Beratungsprozesse, auf Mitbestimmung der von den Änderungen Betroffenen (unter Einbezug des Betriebsrats) sowie insgesamt auf mehr Transparenz im Forschungsprozeß verbunden (vgl. *Moser* 1978, *Kappler* 1980). Konsequenterweise lehnen die Anhänger einer so verstandenen emanzipatorischen Aktionsforschung OE ab, da letztere eine Interventionsmethode im primären Interesse des Managements darstelle.

Ab Mitte der 70er Jahre sind jedoch bedeutsame Richtungsänderungen gegenüber den Ursprüngen der Ansätze, Aktionsforschung und OE, festzustellen; dies gilt jedoch eher für OE und eher für die USA als für Deutschland (vgl. zum folgenden *Mirvis* 1988):

- OE ist *technokratischer* geworden, weniger prozeß- als eher inhaltsorientiert; so verlieren z. B. Sensitivity Trainings (wie T-Gruppen überhaupt) oder Teamentwicklung gegenüber Qualitätszirkeln und Lernstatt-Konzepten an Bedeutung.
- OE-Berater waren ursprünglich Verhaltenswissenschaftler (primär Psychologen), heute sind es vermehrt *Betriebswirte*.
- OE ist weniger personen- als *organisationsorientiert;* während es früher primäre Zielrichtung von OE war, Menschen in Organisationen zu helfen und zu fördern, geht es heute darum, ungenutzte Humanressourcen und Leistungsstreben zu aktivieren.

Insgesamt ist es zu einer **Entpolitisierung** und Entideologisierung der Konzepte gekommen. Aktionsforschung und OE verlieren ihren humanitären und emanzipatorischen Anspruch. So wollte *Lewin* die Überlegenheit amerikanischer demokratischer Erziehungsmethoden gegenüber denjenigen in Nazi-Deutschland belegen; T-Gruppen sollten die Integration von Minoritäten (wie z. B. Kriegsveterane, Schwarze) in die Gesellschaft unterstützen; Encounter-Gruppen sollten die persönliche Entwicklung fördern und die zwischenmenschlichen Beziehungen verbessern; Friedens- und Freiheitsbewegungen (wie Peace Corps, Black Power, Flower Power) verfolgten gesellschaftspolitische Ziele etc.

Ähnliches konstatiert *Rechtien* (1990) für die Gruppendynamik-Bewegung in Deutschland. Er sieht nach einer Blütezeit zwischen 1969 und 1974 eine Tendenzwende zum Bedeutungsverlust. Das mit den Begriffen Humanisierung und Demokratisierung verbundene Konzept einer emanzipatorischen Gruppendynamik verliert seinen ursprünglichen Inhalt. „Mit dem Verzicht auf demokratische Inhalte entsteht die Gefahr, daß Gruppendynamik zu einer „seid-nett-zueinander-Methode" wird, die vorgibt, die Verbesserung der zwischenmenschlichen Kommunikation sei bereits politische Bildung" (*Rechtien* 1990, S. 116).

Heute dominiert (wieder) ein narzißtischer Individualismus; visionäre, charismatische Führer sind gefragt, Intrapreneurs ersetzen Team-Management.

2. Neuere Ansätze der Organisationsveränderung

Neben den oben geschilderten Veränderungen der Werte und Ansprüche der Anwender von Gruppendynamik und OE hat sich in der verhaltenswissenschaftlich ausgerichteten Organisationstheorie auch ein neues Wissenschaftsverständnis etabliert. Danach versteht man Organisationen nicht (allein) objektivistisch als konkret existierende Gebilde, sondern als sozial konstruierte Realitäten (**social construction paradigm**), die von internen und externen Organisationsteilnehmern selbst produziert werden (vgl. z. B. *Berger/Luckmann* 1987; *Weick* 1979; *Schmidt* 1987). Wenn dem so ist, dann gibt es auch nicht eine (richtige) Organisationsstruktur für eine (objektive) Organisationsumwelt, sondern mehrere Interpretations- und Deutungsangebote. Für OE bedeutet dies, möglichst viele Interessengruppen in einen diskursiven OE-Prozeß zu involvieren (vgl. etwa *Pieper* 1988).

Seitdem das Konzept der **Organisationskultur** in die organisationstheoretische Diskussion geraten ist und bisweilen sogar als neues Forschungsparadigma angesehen wird (vgl. *Ebers* 1985), mehren sich die Versuche, Verbindungen zwischen OE und Organisationskultur herzustellen (so etwa *Beer* 1980, S. 32 ff.). Dabei hatten schon *French/Bell* in der 1. Aufl. (1973) OE als konsensuales Management der Organisationskultur bezeichnet. *Dyer/Dyer* (1986, S. 20) sehen die Unterschiede zwischen einem strukturellen *(system change)* und einem kulturellen Wandel *(culture change)* wie folgt:

system change	culture change
• problemorientiert	• wertorientiert
• leichter steuerbar	• weitgehend nicht zu steuern
• inkrementale Veränderungen	• Veränderung grundlegender Annahmen
• Effizienz- und output-orientiert	• Lebensqualität in der Organisation
• Analyse von Störungen in der Organisation	• Analyse der negativen Folgen des Wertesystems
• Führungswechsel ist nicht unbedingt notwendig	• Führungswechsel ist zwingend geboten

Dyer (1985) beschreibt auf der Grundlage einer intensiven Analyse von Kulturwandelprozessen in fünf Unternehmungen (u. a. **General Motors, Levi Strauss, NCR**) (vgl. Abb. 3.88 auf S. 854), wie ein Kulturwandel typischerweise verläuft, ausgehend von einer Krise (Phase 1) bis zur Herausbildung einer neuen Kultur (Phase 6).

Die Betonung von OE als **Kulturentwicklung** ist vom Begriff her neu, nicht aber vom Inhalt: *Burke* (1971) definierte bereits vor der „Entdeckung" der Organisationskultur OE als planmäßigen Prozeß kulturellen Wandels. Inwieweit sich diese Vorstellung von OE als Kulturmanagement durchsetzt, bleibt abzuwarten. Allerdings würde dies dann bedeuten, daß sich OE noch eindeutiger als bisher zur Sozialtechnologie entwickelt. Darüber hinaus ist es zweifelhaft, ob Werte, Normen oder gar Sinn durch Sozialtechnologien überhaupt geschaffen und geändert werden können (vgl. hierzu *Heinen* 1987, *Holleis* 1987).

Abb. 3.88: Typischer Verlauf eines Kulturwandels

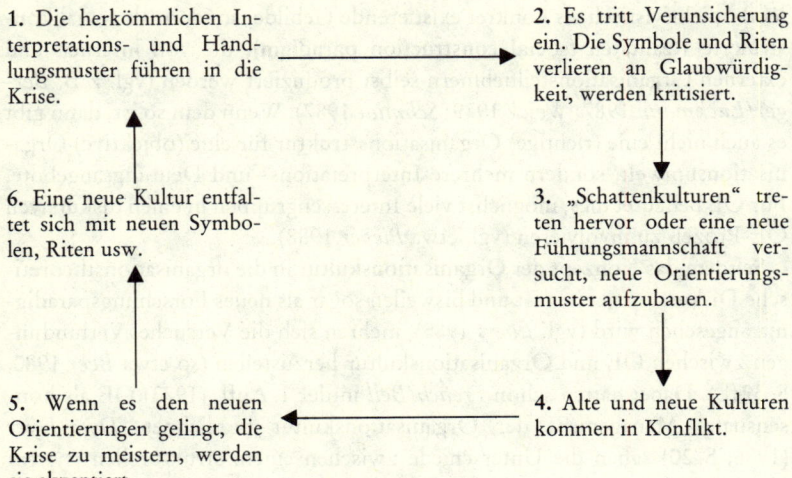

1. Die herkömmlichen Interpretations- und Handlungsmuster führen in die Krise.

2. Es tritt Verunsicherung ein. Die Symbole und Riten verlieren an Glaubwürdigkeit, werden kritisiert.

6. Eine neue Kultur entfaltet sich mit neuen Symbolen, Riten usw.

3. „Schattenkulturen" treten hervor oder eine neue Führungsmannschaft versucht, neue Orientierungsmuster aufzubauen.

5. Wenn es den neuen Orientierungen gelingt, die Krise zu meistern, werden sie akzeptiert.

4. Alte und neue Kulturen kommen in Konflikt.

Quelle: Dyer 1985, S. 211 in der Übersetzung von *Steinmann/Schreyögg* 1990, S. 549

Ähnlich unterscheidet *P. Ulrich* (1983, 1984) zwischen Management als Systemsteuerung und als Kulturentwicklung *(Konsensus-Management).* Für ihn zielt OE auf eine dialogische Verbesserung der Organisationskultur und -struktur. Kulturbewußtes Management umfaßt im Gegensatz zu Kulturmanagement symbolisches Management (symbolische oder argumentative Schaffung intersubjektiver Sinngemeinschaft) und konsensorientiertes Management (argumentative Konsensfindung und dialogische Willensbildung).

In neueren Ansätzen der Organisationsveränderung werden vor allem die im ersten Kapitel diskutierten Modelle des Wandels, speziell Lernmodelle, fruchtbar gemacht. Besondere Beachtung hat hier das Konzept der **Organizational Transformation (OT)** gefunden.

Nach *Kilman*[4]*/Covin* (1988) und *Cummings/Huse* (1989, S. 418ff.) unterscheidet sich OT von OE vor allem in folgenden Punkten (s.a. Abb.: 3.89):

- Auslöser für Wandel finden sich in der *Systemumwelt* (z.B. Marktveränderungen, Neue Technologien)
- OT impliziert eine neue Realitätssicht, einen visionären Entwurf für die Zukunft; somit ist der Wandel revolutionär und nicht evolutionär; OT ist damit ein typischer Fall von *Wandel 2. Ordnung,* während OE eher Wandel 1. Ordnung zuzurechnen ist.
- Ausgangspunkt der Veränderungsbemühungen ist die Unzufriedenheit mit alten Managementphilosophien (als Wirklichkeitsbestimmungen) und der Glaube an die *Existenz neuer Lösungen*

---

[4] *Kilmann, Ralph H.,* Prof. Business Administration, Uni of Pittsburgh.

- OT impliziert *qualitativ* unterschiedliche Wahrnehmungs-, Denk- und Verhaltensweisen
- OT betrifft die *gesamte* Organisation und nicht nur Teile
- OT ist *Top-Management-initiiert* und wird idealerweise von einem Team externer und interner Experten begleitet. Diese helfen bei der Klärung von Problemen und bei der Redefinition von Fragestellungen und bieten Hilfe bei der Suche und dem Finden neuer Realitätsbestimmungen.

Nach *Allaire/Firsirotu* (1985) ist Auslöser für *einen Typ* radikalen strategischen Wandels ein misfit zwischen den gegenwärtigen Stärken der Organisation und den Herausforderungen zukünftiger Umweltkonstellationen (vgl. auch die Typologie von *Nadler/Tushman* 1986):

- **Transformation** wird erforderlich, um sich rechtzeitig auf diese Situationen einzustellen. Eine neue Vision muß heute schon alle Kräfte auf diese zukünftigen Herausforderungen konzentrieren. Transformationen sind besonders schwer zu initiieren, da es der Unternehmung z.Zt. noch sehr gut geht, und die Notwendigkeit zu einem Wandel 2. Ordnung nicht eingesehen wird.
- **Reorientierung** wird erforderlich, wenn sich abzeichnet, daß die jetzige Umwelt (vor allem die Märkte der Unternehmung) in Zukunft keine ausreichenden Wachstums- und Gewinnchancen bieten. Umsatzstagnationen und -rückgänge werden rechtzeitig prognostiziert; Desinvestitionen aus stagnierenden und Neuinvestitionen in wachsende Märkte führen zu einer Reorientierung, d.h. einer Umlenkung von Ressouren in erfolgverspre- chende Produkt/Markt-Felder.

Abb. 3.89: Unterschied zwischen Organizational Development und Transformation

Organisationsentwicklung	Organizational Transformation
keine Herausforderung des herrschenden Paradigmas	Änderung des herrschenden Paradigmas
beginnt mit Problem-Diagnose und Suche nach Lösungen	beginnt mit einer neuen Vision oder einer Krise der alten
zielorientiert	zweckorientiert (neue Mission)
Betonung von Werten, Normen, Einstellungen	Betonung von Ideologie, Politik und Technik
Einigung über Lösungen	Ausrichten von Personen und Systemen an neuer Mission
gegenwartsorientiert	zukunftsorientiert
Kontinuität mit der Vergangenheit	Beginn einer neuen Zukunft

Quelle: Levy/Merry 1986, S. 33

Auslöser für einen *anderen Typ* radikalen strategischen Wandels ist ein misfit zwischen der gegenwärtigen Situation der Unternehmung und den zukünftigen *und* gegenwärtigen Herausforderungen der Umwelt:

- **Turnaround** wird erforderlich, wenn die Unternehmung in akute Liquiditätsengpässe geraten ist, in eine Krise, die ihr Überleben unmittelbar bedroht. Hier wird aufgrund der Zeitnot häufig das gesamte Top Management ausgetauscht und massiver Kapitalfluß von außen wird notwendig (neue Beteiligungen, Veräußerung von Betriebsteilen).
- **Revitalization** wird erforderlich, wenn die Liquiditätskrise nicht akut, sondern erst latent vorhanden ist. In dieser Situation ist es Aufgabe des Top Managements, den Mut zu einem Wandel 2. Ordnung, d.h. nach neuen Interpretationen und Lösungen für die gegenwärtigen Probleme aufzubringen.

Die Beschreibungen von *Allaire/Firsirotu* machen deutlich, daß sie den primären Auslöser für OT in den Wirklichkeitsbestimmungen des Top Managements verorten. **Quellen neuer Denkmuster** als Voraussetzung für neue Bezugsrahmen und Wirklichkeitsbestimmungen sind bei OT *transformative Führer* (vgl. *Bass* 1985, *Bennis/Nanus* 1985), *Change Master* (vgl. *Kanter* 1983), *charismatische Führer* (vgl. *Conger* 1989) oder externe *Berater* mit neuen Visionen. Der Trend von transaktionalen zu transformativen Führern (vgl. S. 799 f. der Arbeit) findet sich auf der Ebene der Organisation in der Betonung von Organizational Transformations wieder. Neben personalen Auslösern von OT können aber auch *innovationsfördernde Organisationsstrukturen*, wie verschiedene Formen der Sekundärorganisation (vgl. S. 714 ff. der Arbeit) OT stimulieren.

Conger (1989, S. 26 ff.) verbindet in seinem Vier-Phasenschema personale und strukturale Elemente der **Entwicklung einer Vision:**

1. *Entdecken und formulieren einer Vision:* Finden ungenutzter Chancen und Mängel in der jetzigen Situation; Feeling für die Bedürfnisse der Organisationsmitglieder; Formulierung einer idealisierten Vision
2. *Kommunikation der Vision:* Darstellung des status quo als inakzeptabel und der Vision als attraktive Alternative
3. *Aufbau von Vertrauen in die Vision:* vertrauensbildendes Verhalten, wie Risikobereitschaft, Commitment, Selbstbindung, Expertentum, unkonventionelles Auftreten und erste Erfolge
4. *Wege zur Vision:* Aufzeigen von Maßnahmen zur Erreichung der Vision, Strategien und Taktiken, Motivation und Führung.

Conger plädiert dafür, sich nicht auf das zufällige Auftauchen charismatischer Führer zu verlassen, sondern eher **visionäre Fähigkeiten** (communication skills, trust-building skills, empowerment skills) in *allen* Managern zu fördern, und zwar nicht nur durch spezielle Trainingsprogramme, sondern auch durch Abbau funktionaler Spezialisierung, Dezentralisation, Änderung des Vorgesetztenverhaltens (Übertragen ganzheitlicher, herausfordernder Aufgabenstellungen) etc.

Verfolgt man OT-Prozesse über eine längere Zeitspanne, lassen sich sog. **Organizational Tracks** (Pfade, Spuren) entdecken (*Hinings/Greenwood* 1988). *Steinle* (1985, S. 553 ff.) spricht von Wandlungspfaden. In der *Konsi-*

stenzsichtweise der Organisationstheorie (S. 60 der Arbeit) sind Organisationen komplexe Ganzheiten, deren Struktur-, Strategie- und Kulturelemente eine natürliche Tendenz haben, sich zu Konfigurationen oder Typen (Archetypen) – eben Gestalten – zu verbinden (*Miller/Friesen* 1984). **Archetypen** sind Cluster von formell geplanten und emergenten (informell entstandenen) Strukturen und Systemen, die durch gemeinsam geteilte Ideen, Werte und Normen (einem kollektiven Interpretationsschema) zusammengehalten werden (*Hinings/Greenwood* 1988, S. 22).

Übergänge von einem Archetyp zu einem anderen, neuen sind relativ selten und mit revolutionären Quantensprüngen verbunden. Diese werden als **Organizational Transformations** verstanden. Die meisten Organisationsveränderungen sind konsistent mit den Design-Elementen des gegenwärtigen Archetyps und spielen sich innerhalb der gegebenen Konfiguration ab (Wandel 1. Ordnung).

Das Nachzeichnen von Ergebnissen einer Veränderung 1. oder 2. Ordnung im Zeitablauf, sei es innerhalb oder zwischen Archetypen, wird als **Organizational Track** bezeichnet.

Track bezeichnet den Weg, den eine Organisation im Zeitablauf nimmt. Eine Bewegung weg von einem Archetyp erfordert eine *Entkopplung* von Teilen oder der gesamten Struktur und der Systeme vom vorherrschenden Interpretationsschema und das *Ankoppeln* an ein neues. Idealtypisch verläuft der Übergang in fünf Phasen (*Hinings/Greenwood* 1988, S. 28 f.):

1. **Kohärenz im Archetyp A:** alle Design-Elemente sind in sich konsistent
2. **Embryonale Inkohärenz im Archetyp A:** einige wichtige Struktur- und Prozeßelemente sind nicht mit dem vorherrschenden Interpretationsschema A vereinbar
3. **Schizoide Inkohärenz:** Strukturen und Prozesse stehen in einem Widerstreit zwischen zwei Archetypen A und B
4. **Embryonale Inkohärenz im Archetyp B:** einige wichtige Struktur- und Prozeßelemente hängen noch dem alten Interpretationsschema A an
5. **Kohärenz im Archetyp B:** alle Design-Elemente sind in sich konsistent.

Ein weiterer neuer Ansatz der Organisationsveränderung, der sich allerdings weniger weit von etablierten Reorganisationsmaßnahmen entfernt als OT, stellt **Organizational Transition** dar. Organizational Transition bezieht sich auf die Übergangsphasen, die im Rahmen von umfangreichen und langwierigen OE- oder OT-Prozessen anzutreffen sind. In Anlehnung an die oben beschriebenen Lernmodelle interpretiert dieser Ansatz (nach *Beckhard/ Harris* 1987) organisatorischen Wandel als den Übergang von einem gegenwärtigen Zustand (A) mit einem Zwischenstadium *(transition state)* zu einem zukünftigen Zustand (B). Im einzelnen geben *Beckhard/Harris* folgende Tips für die **Übergangsperiode:**

1. Beschreibe den gegenwärtigen Zustand incl. des Änderungsbedarfs!
2. Beschreibe den zukünftigen Zustand nach dem Wandel!

3. Beschreibe die Übergangsperiode!
4. Entwickle Strategien und Aktionspläne für das Transition Management!
5. Evaluiere den Wandel!
6. Stabilisiere den neuen Zustand!

Dem **Transition Management** kommen hier vor allem vier Aufgaben zu (vgl. *Nadler* 1987, S. 365 ff.):

1. Konzeption und Kommunikation eines klaren Bildes des zukünftigen Zustands (Unsicherheitsreduktion)
2. Einbeziehung aller Ansatzpunkte für Verhaltensänderung (Aufgaben, Mitarbeiter, formale und informale Organisation)
3. Einsatz spezieller Management-Techniken des Übergangs (Transition Manager, Projekt-Gruppe, parallele Transition-Organisationsstruktur, Transition-Plan – vgl. hierzu vor allem *Beckhard/Harris* 1987)
4. Evaluation und Feedback über Fortschritt in Richtung auf die zukünftige Organisation (laufende Fortschrittsberichte, Reduzierung der Abhängigkeit vom Transition Manager).

Im Gegensatz zu diesen mehr formalen Empfehlungen hinsichtlich der Gestaltung des Transition-Prozesses bietet die nachfolgende Beschreibung von sechs Schritten bei der Implementation radikaler Strategien einige konkrete inhaltliche Angaben zum geplanten Wandel (vgl. *Allaire/Firsirotu* 1985):

Schritt 1: Diagnose der Ausgangssituation, konkret der Kompetenz der Unternehmung in ihren gegenwärtigen und zukünftigen Umweltsystemen (fit oder misfit?). Das Ergebnis dieser Analyse kann zu vier strategischen Handlungen Anlaß geben (vgl. S. 855 der Arbeit). Bei fit mit der gegenwärtigen Umwelt, aber einem misfit mit der zukünftig prognostizierten Umwelt:

• **Transformation** oder **Reorientation**

und bei einem misfit sowohl zwischen der gegenwärtigen als auch zukünftigen Umwelt

• **Turnaround** oder **Revitalization.**

Schritt 2: Formulierung einer Meta-Strategie durch den/die Top Manager, die im engsten Führungskreis Konsens finden muß.

Schritt 3: Beurteilung der gegenwärtigen Organisationsstruktur und -kultur. Sind die gegenwärtigen Werte, Annahmen, Erwartungen, Interpretationsschemata mit dieser Meta-Strategie vereinbar oder nicht?

Schritt 4: Entwurf der zukünftigen Organisationsstruktur und -kultur. Dabei sollte, wenn irgendmöglich, an den bestehenden Design-Elementen angeknüpft werden, sofern sie sich bewährt haben.

Schritt 5: Mittel und Wege zur Durchführung der Veränderung. Die drei Design-Elemente: **Struktur, Kultur** und **Individuum** erfordern unterschiedliche Interventionstechniken, die unterschiedlich schnell wirken und zu einem unterschiedlichen Ausmaß vom Management kontrolliert werden können. Am einfachsten sind formale Strukturen und Systeme zu ändern; am schwie-

rigsten die Kultur (etwa durch symbolisches Management). Bei den Individu-
en ist zwischen schnell (z. B. Austausch von Managern) und längerfristig
wirkenden Maßnahmen (z. B. Weiterbildung) zu unterscheiden.

Schritt 6: Stabilisierung der Organisation durch Maßnahmen, wie Beförderung und Neueinstellung von Mitarbeitern, die sich voll mit den neuen Strategien identifizieren; Achten auf Konsistenz zwischen formulierten Zielen
und Werten (Worten) und Taten. Dadurch soll das neue Interpretationsschema bzw. die neue Managementphilosophie verstärkt werden.

III. Strategien und Techniken der Veränderung

1. Veränderungsstrategien

a. Überblick

Veränderungsstrategien beinhalten konzeptionelle Festsetzungen hinsichtlich der Interventionsziele, -ebenen, -intensität und -dauer.
Porter et al. (1975, S. 473 ff.) unterscheiden nach den Kriterien
- Interventionsebene in der Hierachie
- Grad der Standardisierung der Interventionstechnik
- Intensität der Intervention
insgesamt sieben Arten von **Veränderungsstrategien:**
a) Wandel-Strategien nach der **Interventionsebene** in der Hierarchie
  - **top down**
  - **bottom up**
  - **from middle both ways**
Nach herrschender Meinung der Praxis ist der ‚top down‘ Ansatz in den
meisten Fällen der richtige, da mit ihm am leichtesten und nachhaltigsten die
notwendige Top Management-Unterstützung erreicht wird.

Wird auf Breitenwirkung und hohe Akzeptanz Wert gelegt, kann der Wandel auch auf mittlerer oder unterer Ebene begonnen werden. Dabei sind
jedoch die Top Management-Unterstützung und das Engagement der Middle
Manager sicherzustellen.

b) Wandel-Strategie nach dem Grad der **Standardisierung** der Interventionstechnik:
  - **Prepackaged change**
    Hier handelt es sich um mehr oder weniger vorgeplante, standardisierte
    Programme, wie Grid-OE oder MbO, die die Organisation von einem
    Berater kauft; bei fehlendem persönlichen Engagement und großer Di-
    stanz zu den Ursachen des Wandels führen solche Ansätze kaum zu
    organisatorischer Entwicklung.

- **Individualized change**

  Hier handelt es sich um *maßgeschneiderte* Programme, die von den konkreten Problemen der Organisation ausgehen. Diese werden zunächst mit Methoden der empirischen Sozialforschung erhoben und den Betroffenen rückgekoppelt (z.B. Survey-Feedback-Methode). Diese Vorgehensweise ist bedeutend aufwendiger, erfordert die aktive Teilnahme aller Organisationsteilnehmer, führt aber mit höherer Wahrscheinlichkeit zum gewünschten Wandel.

c) Wandel-Strategien nach der **Intensität** der Intervention:

- **Radical change** (Wandel 2. Ordnung)

  Radikale Eingriffe in die Organisation, wie Austausch von Führungskräften, revolutionäre strukturelle Veränderungen.

- **Gradual change** (Wandel 1. Ordnung)

  Anpassung der Eingriffe an das Ausmaß, in dem die Organisation Wandel und Wertänderungen verkraften kann.

Abb. 3.90: Alternative Ausgangspunkte für organisatorischen Wandel

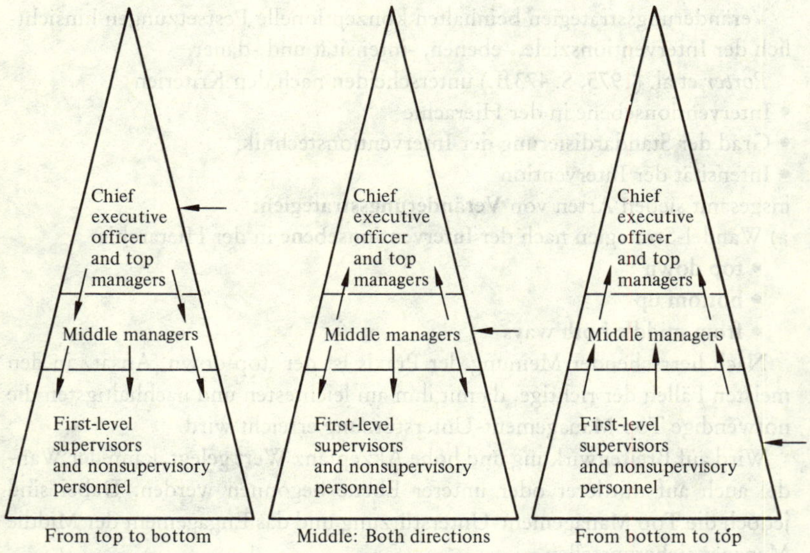

From top to bottom   Middle: Both directions   From bottom to top

Quelle: Porter/Lawler/Hackman 1975, S. 474.

In ihrem inzwischen klassischen Artikel ‚General Strategies for Effecting Changes in Human Systems' unterscheiden *Chin/Benne* (1975) drei Strategien zur Veränderung sozialer Systeme:

a) **empirisch-rationale Strategien**

b) **normativ-reedukative Strategien**

c) **Macht- und Zwangsstrategien**

Zu a)
Diese Strategie geht von der Annahme rationalen Handelns und der Nutzenmaximierung des Individuums aus. Wandel wird *dann* von den Betroffenen akzeptiert, wenn sie über die Vorteilhaftigkeit der Änderung aufgeklärt worden sind und der Wandel sich rational rechtfertigen läßt. Die notwendige Aufklärung kann durch Grundlagenforschung, Verbreitung von neuen Erkenntnissen durch die Bildungseinrichtungen, Besetzung von Führungs- und Stabspositionen mit hochqualifizierten Technokraten, Entwurf realer Utopien und Verbesserung sozialer Kommunikation erreicht werden.

Zu b)
Diese Strategie geht von der verhaltensprägenden Kraft sozio-kultureller **Normen** und Werte und der Identifikation mit ihnen aus. Handeln und Verhalten läßt sich demnach nur dann ändern, wenn es gelingt, die die Einstellung tragenden Normen und Werte der Menschen zu verändern. Veränderung ist hier nicht etwas von außen Herangetragenes, sondern ein von den Betroffenen (Klienten) aktiv zu vollziehender Lernprozeß. Dabei können durchaus Hilfen angeboten werden, um das Lernen des Lernens zu erleichtern (Kulturentwicklung).

Zu c)
Diese Strategie stützt sich zur Durchsetzung von Veränderung auf **Macht,** die mittels ökonomischer, politischer oder sozialer Sanktionen erwünschtes Verhalten erzwingt. Denkbare Ansätze dieser Art reichen von Strategien der Gewaltlosigkeit (z.B. *Gandhi*) über den Einsatz politischer, legitimierter Macht (Gesetzgebung) bis hin zum Austausch von Machteliten (Revolution).
Chin/Benne sind realistisch genug einzusehen, daß auch die Strategien vom Typ a und b zwangsläufig die reale Machtsituation berücksichtigen müssen, wenn sie nicht bloße Sozialromantik verkünden wollen; jedoch impliziere dies nicht zwangsläufig die Inanspruchnahme von Machtstrategien.

b. Empirisch-rationale Strategien

Typisch für diesen Ansatz sind die im Rahmen der betriebswirtschaftlichen Organisationslehre entwickelten **Verfahren der Reorganisation.**
In Analogie zum Ablauf von (rationalen) Entscheidungsprozessen (vgl. S. 486) werden hinsichtlich des methodischen Vorgehens bei der Reorganisation fünf Phasen unterschieden (vgl. *Schmidt* 1989, *Grochla* 1982, *Wittlage* 1986):

• Problemerkennung und Projektplanung
• Erhebung
• Analyse und Problemdiagnose
• Entwicklung von Gestaltungsalternativen
• Bewertung und Auswahl.

Neuerdings wird nicht mehr gefordert, daß Organisationsprojekte diese Phasen in einer starren zeitlichen Abfolge zu durchlaufen haben, sondern der Organisator soll lediglich die logische Struktur der Phasen beachten. Es wird sich also unter Umständen eine andere Anordnung der Schritte ergeben bzw. es werden zahlreiche Rückkopplungen erforderlich.

Insbesondere größere Organisationsprojekte werden in einzelne Projektkomplexe aufgeteilt, die immer wieder die verschiedenen Phasen (auch Organisationskreislauf bzw. -zyklus genannt) zu durchlaufen haben. Als unterschiedliche **Projektkomplexe** werden genannt:

• Vorstudie
• Hauptstudie und Teilstudien
• Einführung

In Abb. 3.91 wird deutlich, daß die Phasen des Organisationskreislaufes in den einzelnen Organisationskomplexen ständigen Rückkopplungen unterliegen.

Abb. 3.91: Organisationskreislauf

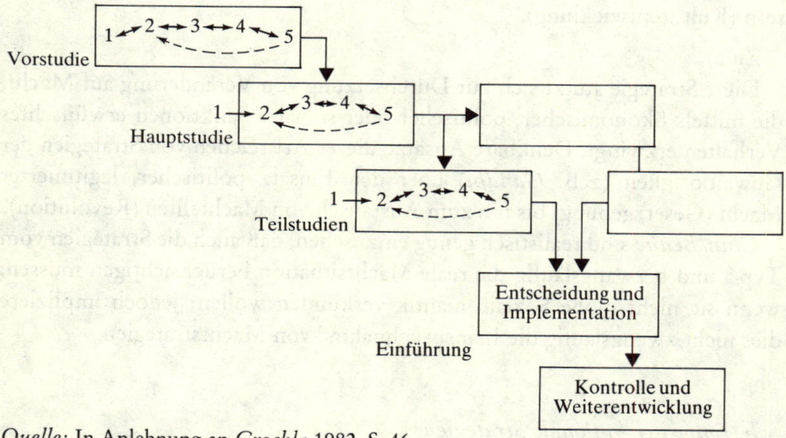

Quelle: In Anlehnung an *Grochla* 1982, S. 46.

In der ersten Phase geht es darum, organisatorische **Problem- und Schwachstellen** überhaupt erst einmal zu erfassen und ein Organisationsprojekt zur Behebung dieser Mängel zu planen. Als weitere Anlässe für Organisationsprojekte kommen die Einrichtung völlig neuer Systeme sowie veränderte bzw. zusätzliche Ziele und Aufgaben der Organisation in betracht.

In der Phase der **Erhebung** werden die vagen Informationen, die bislang über das Problemgebiet bestehen, weiter verfeinert. Der Zweck der Untersuchung bestimmt das nähere Vorgehen, d.h. bei einer Neuorganisation wird man sich an den zu bewältigenden Aufgaben und den Gestaltungsbedingungen orientieren, dagegen bei einer Reorganisation den Ist-Zustand mitzuberücksichtigen haben.

Abb. 3.92: Organisationstechniken im Organisationskreislauf

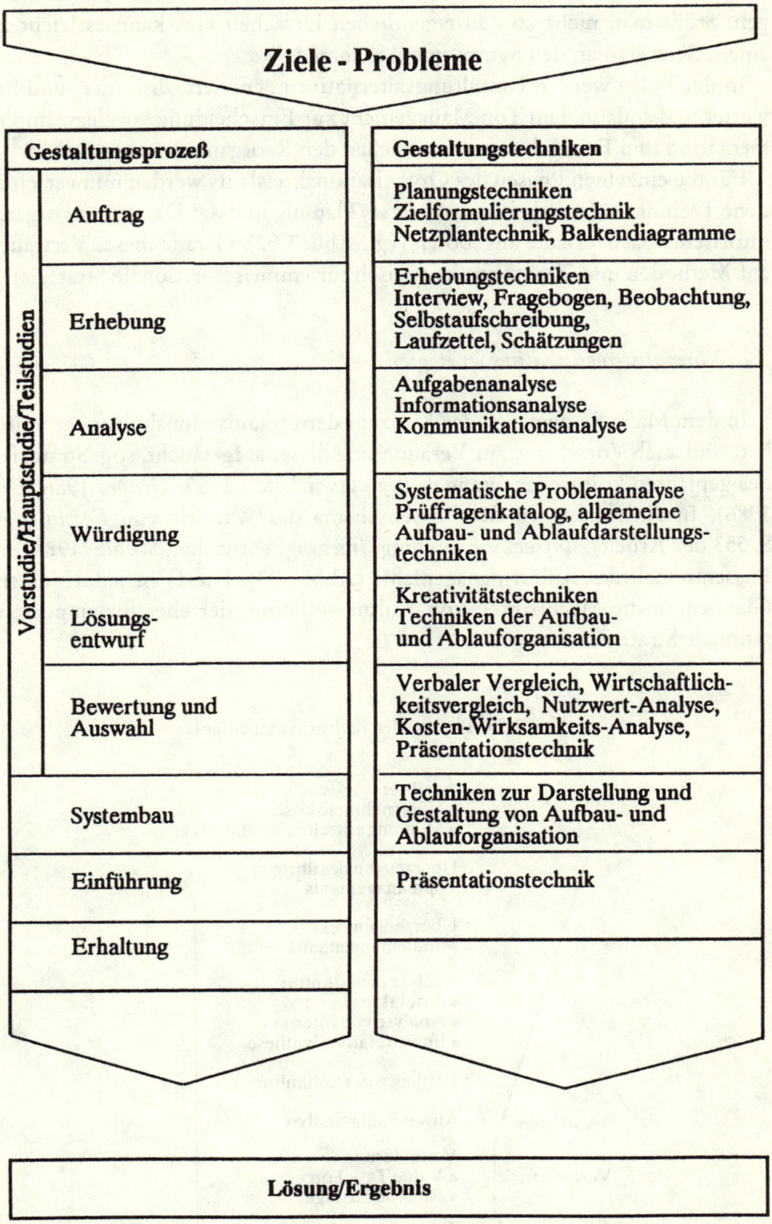

Ziele - Probleme

Gestaltungsprozeß		Gestaltungstechniken
Vorstudie/Hauptstudie/Teilstudien	Auftrag	Planungstechniken Zielformulierungstechnik Netzplantechnik, Balkendiagramme
	Erhebung	Erhebungstechniken Interview, Fragebogen, Beobachtung, Selbstaufschreibung, Laufzettel, Schätzungen
	Analyse	Aufgabenanalyse Informationsanalyse Kommunikationsanalyse
	Würdigung	Systematische Problemanalyse Prüffragenkatalog, allgemeine Aufbau- und Ablaufdarstellungstechniken
	Lösungs- entwurf	Kreativitätstechniken Techniken der Aufbau- und Ablauforganisation
	Bewertung und Auswahl	Verbaler Vergleich, Wirtschaftlichkeitsvergleich, Nutzwert-Analyse, Kosten-Wirksamkeits-Analyse, Präsentationstechnik
	Systembau	Techniken zur Darstellung und Gestaltung von Aufbau- und Ablauforganisation
	Einführung	Präsentationstechnik
	Erhaltung	

Lösung/Ergebnis

Quelle: Schmidt 1989, S. 67

Sind die notwendigen Daten und Informationen erhoben, so werden sie einer kritischen Würdigung sowie einer vertieften **Problemanalyse** unterzogen. Stößt man nicht zu den eigentlichen Ursachen vor, kann es leicht zu einem ‚Kurieren an den Symptomen' kommen.

In der Folge werden **Gestaltungsalternativen** generiert, diskutiert und bewertet und sodann dem Top Management zur Entscheidung vorgelegt. Implementation und Erfolgskontrolle schließen den Reorganisationsprozeß ab.

Für die einzelnen Phasen des Organisationskreislaufs werden nun verschiedene Techniken der Erhebung, Analyse, Planung und der Darstellung organisatorischer Sachverhalte angeboten (vgl. Abb. 3.92). Gerade dieses Vertrauen auf Methoden und Techniken ist typisch für empirisch-rationale Strategien.

c. Normativ-reedukative Strategien

In dem Maße, in dem sich das Konzept der **Organisationskultur** verbreitet hat, sind auch Vorschläge zur Veränderung dieser aufgetaucht, sog. Strategien des geplanten kulturellen Wandels (vgl. etwa *Lewis* 1985, *Graves* 1986, *Dill* 1986). In Anlehnung an das Phasenschema des Wandels von *Lewin* (vgl. S. 553 der Arbeit); *unfreezing, moving, freezing,* entwickelt *Scholz* (1988) ein Phasenmodell des Kulturmanagements (Abb. 3.93). Dieses ist jedoch einem Glauben an die Machbarkeit von Kultur verhaftet, der eher für empirisch-rationale Strategien typisch ist.

Abb. 3.93: Phasen des Kulturmanagements

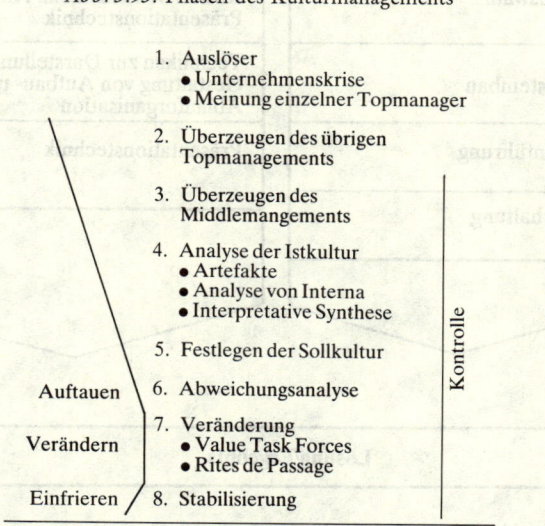

Quelle: Scholz 1988, S. 91.

Vertreter dieser Richtung können auch als *Kulturingenieure* bezeichnet werden; dies im Gegensatz zu den *Kulturalisten* oder Puristen, welche die bestehende Unternehmenskultur als unberührbare, bewahrenswerte Lebenswelt betrachten. Für letztere verbietet sich folglich ein Eingriff in die Kultur im Sinne eines Kulturmanagements. Mit dem Thema ‚Managing Corporate Cultures‛ haben sich im Oktober 1984 an der Universität Pittsburgh führende US-amerikanische Verhaltenswissenschaftler intensiv beschäftigt. Die 18 Vorträge sind in *Kilmann* et al. (1985) abgedruckt.

Schreyögg (1988, S. 165) nimmt eine vermittelnde Position zwischen Machern und Bewahrern ein, und favorisiert ein Programm der **Kurskorrektur,** bei dem nicht neue Kulturen vorgegeben, sondern lediglich Anstöße zu einem Überdenken bzw. Aufbrechen verkrusteter Verhaltensmuster gegeben werden (vgl. Abb. 3.94).

Abb. 3.94: Phasen einer Kurskorrektur

Phase

Diagnose	– Systematische Erfassung der kulturellen Ausdrucksformen
	– Erschließung der zugrundeliegenden Basis-Orientierung
Beurteilung	– Abschätzung der Wirkungen der Ist-Kultur
	– Ermittlung der Veränderungsbedürftigkeit
Maßnahmen	– Entwurf einer Kurskorrektur im Dialog mit den Betroffenen
	– Einleitung von Interventionen
	– Bestärkung der Neuorientierung

Quelle: Steinman/Schreyögg 1990, S. 552

Auf *lerntheoretischen* Überlegungen basiert der Vorschlag von *Lewis* (1985, S. 119 ff.) zur Entwicklung einer starken Organisationskultur:

1. **Manager als Vorbilder:** Das Management muß sich in Wort, Schrift und Tat konform den Normen und Werten der Organisation verhalten.
2. **Positive Verstärkung von Konformität:** Mitarbeiter, die wertekonformes Verhalten zeigen (als Folge von Modellernen) werden öffentlich belobigt und werden damit selbst zu Vorbildern.
3. **Kommunikation der Philosophie:** Schriftliche Verbreitung der Botschaft über die gesamte Organisation (z.B. Führungsgrundsätze, Firmenzeitung).
4. **Weiterbildung:** Längerfristig angelegte Trainingsprogramme vermitteln die Botschaft bzw. Philosophie (s.a. Personalentwicklung).
5. **Techniken zur Unterstützung:** Rekrutierung von Mitarbeitern mit kulturkonformen Werten, *open door* Politik, Karriereplanung, architektonische und bauliche Veränderungen.

Sathe (1985) geht davon aus, daß das Management einer Unternehmung in verschiedenen Phasen (vgl. die fünf Pfeile in Abb. 3.95) der Kulturentwicklung und Enkulturation neuer Mitglieder diesen Prozeß beeinflussen kann; sei es zur *Veränderung* oder *Bewahrung* der Kultur. Im letzten Fall muß das

Management verhindern, daß in diesen Phasen etwas verändert wird; im ersten Fall muß aktiv eingegriffen werden, so z. B. bei 1: Verhaltensänderung, bei 2: Unterstützung der Verhaltensänderung und Vermeiden einer Rechtfertigung traditionellen Verhaltens, bei 3: glaubwürdige Kommunikation neuer Werte, Vermittlung von Sinn.

Abb. 3.95: Kulturentwicklung als Prozeß

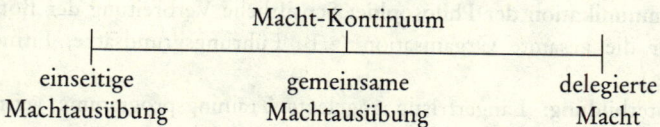

Quelle: Sathe 1985, S. 385

d. Macht- und Zwangsstrategien

Die vorfindlichen Strategien zur Initiierung von organisatorischem Wandel sind von *Greiner* (1967) auf einem **Macht-Kontinuum** angeordnet worden:

Macht-Kontinuum

| einseitige Machtausübung | gemeinsame Machtausübung | delegierte Macht |

a) Zu Strategien der **einseitigen Machtausübung** zählen
- der Anordnungsansatz *(by decree)*
  (von oben verordneter Wandel)
- der Ablösungsansatz *(by replacement)*
  (Wandel durch personelle Veränderung)
- der Strukturansatz *(by structure)*
  (Verhaltensänderung durch Strukturänderung).

b) Zu Strategien der **gemeinsamen Machtausübung** zählen
- der Gruppenentscheidungsansatz *(by group decision making)* (Beteiligung der Betroffenen an der Formulierung von Alternativen bei gegebenen Zielen)
- der Gruppenproblemlösungsansatz *(by group problem solving)* (Betroffene definieren und lösen gemeinsam die Probleme).

c) Zu Strategien der **delegierten Macht** zählen
- der Falldiskussion-Ansatz *(by case discussion)* (Betroffene erheben und analysieren selbst Daten aus der Organisation)
- der T-Gruppen-Ansatz *(by T-group sessions)* (Verhaltensänderung durch Selbsterkenntnis).

Abb. 3.96: Aktions-Reaktions-Profil des „erfolgreichen Bombenwurfs"

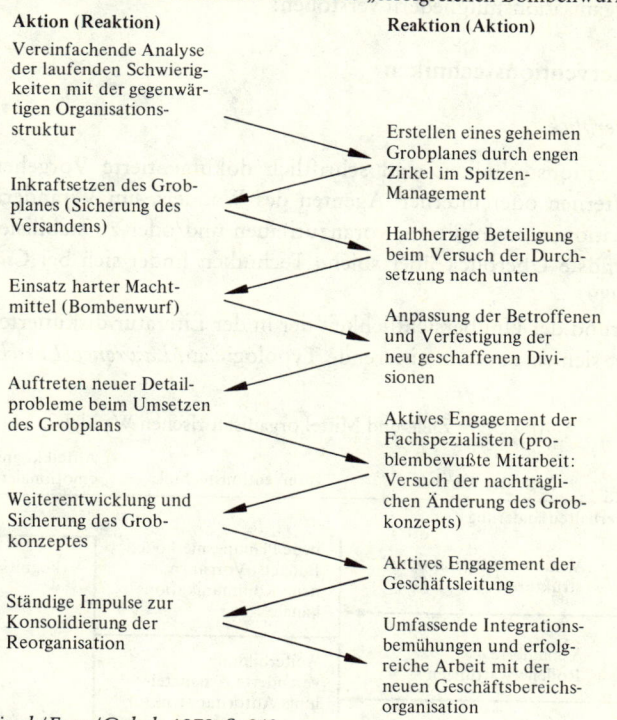

Aktion (Reaktion)

Vereinfachende Analyse der laufenden Schwierigkeiten mit der gegenwärtigen Organisationsstruktur

Inkraftsetzen des Grobplanes (Sicherung des Versandens)

Einsatz harter Machtmittel (Bombenwurf)

Auftreten neuer Detailprobleme beim Umsetzen des Grobplans

Weiterentwicklung und Sicherung des Grobkonzeptes

Ständige Impulse zur Konsolidierung der Reorganisation

Reaktion (Aktion)

Erstellen eines geheimen Grobplanes durch engen Zirkel im Spitzen-Management

Halbherzige Beteiligung beim Versuch der Durchsetzung nach unten

Anpassung der Betroffenen und Verfestigung der neu geschaffenen Divisionen

Aktives Engagement der Fachspezialisten (problembewußte Mitarbeit: Versuch der nachträglichen Änderung des Grobkonzepts)

Aktives Engagement der Geschäftsleitung

Umfassende Integrationsbemühungen und erfolgreiche Arbeit mit der neuen Geschäftsbereichsorganisation

Quelle: Kirsch/Esser/Gabele 1978, S. 249

Eine empirische Analyse von 18 Fallstudien über organisatorischen Wandel ergab, daß die als erfolgreich beschriebenen Organisationen Strategien der gemeinsamen Machtausübung verfolgten, während die weniger erfolgreichen Organisationen Strategien an den Endpunkten des Macht-Kontinuums gewählt hatten. Auf der Grundlage dieser eingestandenermaßen schwachen empirischen Basis schlägt *Greiner* für effiziente Wandelprozesse einen Machtausgleich in Richtung auf gemeinsame Machtausübung vor.

Zum Typ der einseitigen Machtausübung zählt dagegen die Strategie des Bombenwurfs. Sie wird so angelegt, daß die vom Top Management (evtl. mit externer Unterstützung) heimlich konzipierte Groblösung wie eine Bombe in die unvorbereitete Organisation geworfen wird und damit aufgrund des Überraschungseffekts jeglichen massiven Widerstand lähmt. Diese Vorgehensweise schließt ex definitione eine Partizipation der Betroffenen aus. Die mit dieser Strategie verbundene Kette von Aktionen und Reaktionen ist in Abb. 3.96 dargestellt.

Ganz abgesehen davon, daß diese Art der radikalen Veränderung im Widerspruch zu den von fast allen OE-Vertretern geäußerten Wertvorstellungen steht, wird hier m.E. auch eindeutig gegen Rechtsvorschriften (z.B. § 90 BetrVG) und Prinzipien einer vertrauensvollen Zusammenarbeit zwischen allen Organisationsmitgliedern verstoßen.

2. Interventionstechniken

a. Überblick

Interventionstechniken sind schriftlich dokumentierte Vorgehensweisen eines externen oder internen Agenten des Wandels, um Veränderungen in Organisationen zu initiieren, voranzutreiben und/oder zu stabilisieren. Der umfassendste Überblick über solche Techniken findet sich bei *Cummings/ Huse* 1989.

Aufgrund der Unübersichtlichkeit der in der Literatur diskutierten Ansätze bietet sich eine systematisierende **Typologie** an. *Lawrence/Lorsch* (1969b)

Abb. 3.97: Ziele und Mittel organisatorischen Wandels

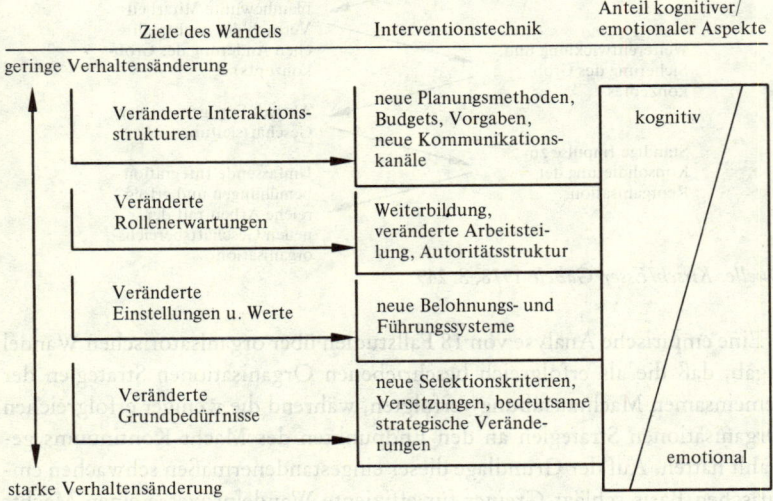

Quelle: Lawrence/Lorsch 1969b, S. 87

differenzieren nach Zielen des Wandels und dem jeweiligen Anteil kognitiver/emotionaler Aspekte (vgl. Abb. 3.97).

Einen weiteren Ansatz bietet das **Leavitt-Modell.**

Leavitt[1] (1962, 1965) versteht unter Organisation ein komplexes System von Menschen und Sachen, das mittels einer bestimmten Struktur bestimmte Aufgaben zu erreichen sucht. Entsprechend läßt sich eine Organisation mit Hilfe von vier interdependenten Variablen beschreiben (s. Abb. 3.86):

1. **task** (Aufgaben, Ziele)
2. **people/actors** (Organisationsmitglieder)
3. **technology** (Technologie, Sachmittel)
4. **structure** (Kommunikationssystem, Rollensystem, Autoritätsstruktur).

Abb. 3.98: Die vier Systemvariablen nach *Leavitt*

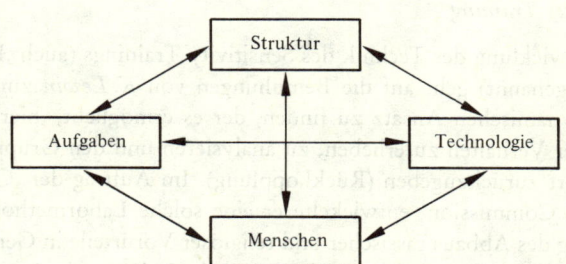

Quelle: Leavitt 1965, S. 1145

Diese Variablen, die noch um die Organisationskultur ergänzt werden müssen, stellen gleichzeitig **Ansatzpunkte für organisatorischen Wandel** dar. Bei gegebenen Aufgaben/Zielen lassen sich dann vier Ansätze unterscheiden:

- **kulturelle Ansätze** (z.B. Kulturentwicklung)
- **strukturelle Ansätze** (z.B. Kontingenzansatz)
- **technologische Ansätze** (z.B. sozio-technischer Systemansatz)
- **personale Ansätze** (z.B. Sensitivity Training, Coaching)

Aufgrund der hohen Interdependenz der vier Variablen untereinander (vgl. die Pfeile in Abb. 3.98) führen Veränderungen in einer Variablen zu gegenläufigen oder verstärkenden Änderungen in den beiden anderen.

Im folgenden wähle ich dem Grundkonzept des Buches entsprechend eine Gliederung der Interventionstechniken nach Analyseebenen in

- **Techniken auf der Ebene des Individuums**
- **Techniken auf der Ebene der Gruppe**
- **Techniken auf der Ebene der Organisation**

---

[1] *Leavitt, Harold J.* (geb. 1922) Prof. Organizational Behavior and Psychology, Stanford Uni.

b. Techniken auf der Ebene des Individuums

Techniken auf dieser Ebene befassen sich ausschließlich mit personalen und zwischenmenschlichen Problemen von Individuen ohne (direkten) Bezug zu den Problemen der Organisation (back-home situation). Entscheidend sind die Probleme, Gefühle, Empfindungen *hier* und *jetzt* (here and now).[2]

Techniken auf der Ebene des Individuums sind weitgehend identisch mit den Techniken der **Personalentwicklung,** speziell mit denen der Weiterbildung (S. 812 ff.). Für Organisationsberater sind die Trainings jedoch primär Mittel zur Veränderung von Organisationen und weniger zur individuellen Weiterqualifikation. Sie sollen die soziale Kompetenz (etwa Teamfähigkeit) zunächst beim Einzelnen fördern, um eine Grundlage für erfolgreiche Kooperation auf höheren Ebenen (Gruppe, Organisation) zu schaffen.

Sensitivity Training

Die Entwicklung der Technik des Sensitivity Trainings (auch ‚Laboratory Training‘ genannt) geht auf die Bemühungen von *K. Lewin* zurück, einen gruppendynamischen Ansatz zu finden, der es ermöglicht, ‚hier und jetzt‘ Daten über Verhalten zu erheben, zu analysieren und den Gruppenteilnehmern sofort zurückzugeben (Rückkopplung). Im Auftrag der ‚Connecticut Interracial Commission‘ entwickelte er eine solche Labormethode zur Erleichterung des Abbaus rassischer und religiöser Vorurteile in Gemeinden.

Schein/Bennis (1965, S. 4)[3] verstehen unter der **Labormethode** (als Sammelbegriff für alle unter Laborbedingungen durchgeführten Verhaltenstrainings, wie Sensitivity Training und T[4]-Gruppen) eine Lernstrategie, die primär auf den Erfahrungen aus Gruppenkontakten beruht, die *die Lernenden selbst* gemacht haben. **Lernziele** sind u. a.
- Selbsterkenntnis
- Kennenlernen der Bedingungen, welche die Gruppenarbeit fördern oder hemmen
- Verständnis der zwischenmenschlichen Beziehungen in Gruppen
- Entwicklung von Fähigkeiten zur Diagnose des Verhaltens von Individuen, Gruppen und ganzen Organisationen.

Die **Vorgehensweise des Sensitivity Trainings** läßt sich als Modell eines Lernzyklus mit mehreren Lernschritten abbilden (vgl. *Schein/Bennis* 1965):
1. Verhaltensverunsicherung durch ungewohnte, unerwartete Informationen
2. Änderung des eigenen Lernverhaltens
3. Aneignung neuer Verhaltensweisen, die neue Informationsquellen eröffnen
4. Fortschreitende Selbsterkenntnis und erneute Verunsicherung

---

[2] Eine m. E. sehr zutreffende Kritik dieser Techniken findet sich bei *Kovel* 1976.
[3] Siehe auch *Argyris* 1962, *Staehle* 1971 b, *Gebert* 1972.
[4] T für Training; vgl. *Bradford/Gibb/Benne* 1964.

5. Änderung der Einstellungen (sich selbst und anderen gegenüber) und Verhaltensweisen
6. Einüben neuer Verhaltensmuster, dann wieder wie 1.

Zur Erklärung des fünften, schwierigsten Lernschritts ziehen die Autoren das klassische **Lewin-Modell** heran mit den drei Phasen:
1. unfreezing (altes Verhalten in Frage stellen)
2. moving (Verhalten ändern)
3. refreezing (neues Verhalten konsolidieren).

Die **Praxis** des Sensitivity Trainings hat gezeigt, daß der Erfolg eines Seminars steht und fällt mit dem erfolgreichen Abschluß der ersten Phase (unfreezing). Aus diesem Grund werden die Seminare meist in einem von der vertrauten Umwelt abgeschiedenen Ort durchgeführt, d.h. es wird eine künstliche Umwelt geschaffen, in der der Teilnehmer konfrontiert wird mit dem Verlust von

• gewohnten Quellen der Sicherheit, des Rückhalts und der Unterstützung (täglicher Feedback von Vorgesetzten, Kollegen, Freunden, Familie)
• Statussymbolen (Titel, Büro, Sekretärin usw.)
• bestimmten Privatsphären (es gibt i.d.R. keine Einzelzimmer)
• der Bestätigung oder Ablehnung von Rollen, wie sie „zu Hause" üblich sind
• hierarchischen Autoritätsbeziehungen und vertrauten Statusstrukturen zugunsten partizipativer Kollegialbeziehungen mit selbstgesetzten Normen (die Gruppe ist in keiner Weise strukturiert, es gibt keinen Gruppenleiter, keine Tagesordnung, kein Programm; die Teilnehmer bestimmen selbst, worüber sie diskutieren wollen).

Die Teilnehmerzahl schwankt zwischen 6 und 15 und die Dauer zwischen einem Wochenende und vier Wochen. Dabei kann das Training als eine zeitliche Einheit konzipiert (marathon lab) oder auf mehrere Wochenenden oder Tage verteilt werden.

Aufgabe des Trainers ist es, in der schwierigen *1. Phase des Auftauens* ein psychologisches Klima der Sicherheit und des gegenseitigen Vertrauens zu schaffen, damit die Teilnehmer ihre Scheu verlieren und über ihre Empfindungen und persönlichen Probleme sprechen. Dabei übernimmt der Trainer keinerlei Führerrolle, enthält sich auch jeglichen Rats oder strukturierender Eingriffe. Er hält lediglich der Gruppe einen Spiegel vor, indem er über seine eigenen Gefühle spricht und Rückkopplung gibt.

In der *2. Phase* (moving) ist der Teilnehmer (im Idealfall) bereit, seine Einstellungen und sein Verhalten zu ändern. Hier ist es wichtig, daß der Trainer und alle übrigen Teilnehmer sich gegenseitig helfen, neues Verhalten auszuprobieren.

Damit ist schon der Übergang zur *3. Phase* (refreezing) geschaffen, in der der Teilnehmer langsam wieder auf die nüchterne Realität seiner Alltagsumwelt vorbereitet wird, die ganz sicherlich den neuen Verhaltensweisen zunächst ratlos und unsicher gegenüberstehen wird. In dieser kritischen Phase der Reintegration zeigt sich der Erfolg oder Mißerfolg des Sensitivity Trainings; entweder der Teilnehmer kann sich mit seinen neu erworbenen Einstellungen und Verhaltensweisen erfolgreich behaupten oder er fällt ohne großen Widerstand in seine traditionellen Verhaltensmuster zurück.

Haben sich die Teilnehmer noch niemals zuvor gesehen und stammen sie aus unterschiedlichen Organisationen, spricht man von *stranger labs;* kommen die Teilnehmer aus der gleichen Organisation, aber aus unterschiedlichen Abteilungen, nennt man die Gruppen *cousins labs,* und als *family labs* werden Trainings bezeichnet, bei denen die Gruppe mit einer betrieblichen Arbeitsgruppe identisch ist.

Bei der Verwendung des Sensitivity Trainings als OE-Technik ist ganz eindeutig ein Trend zu mehr gruppenproblemorientierten Trainings festzustellen.

Abb. 3.99 gibt einen Überblick über mögliche Gruppeneffekte von Sensitivity Trainings und deren Konsequenzen für das Individuum.

Die **empirischen Befunde** belegen, daß Sensitivity Trainings beim einzelnen Individuum durchaus Veränderungen zur Folge haben, wie etwa eine Verbesserung der Fähigkeit zuzuhören, hilfreichen Feedback zu geben, offen und ehrlich zu diskutieren, sowie sich selbst besser zu verstehen und zu akzeptieren.

Abb. 3.99: Mögliche Folgen von Sensitivity Trainings

	Mögliche Konsequenzen für den Einzelnen	
Mögliche Gruppeneffekte	positive	negative
1. Aufbau und Erhalt von Gruppenkohäsion	sich als Teil einer Gruppe fühlen, Zugehörigkeitsgefühl	Verlust an Eigenständigkeit und Autonomie zugunsten der Gruppe
2. Konformität mit Gruppennormen	Teilnahme an der Bildung von Gruppennormen	Unterwerfung unter Gruppennormen
3. Überprüfung der eigenen Wahrnehmung am Gruppenkonsens	Realitätstest und Korrektur von Wahrnehmungsverzerrungen	Übernahme der ebenfalls verzerrten Gruppenwahrnehmung
4. Äußerung affektiver Gefühle	freie Gefühlsäußerung	Erfolg nur beim Ausdruck von der Gruppe genehmen Gefühlen
5. Gruppensicht der Probleme	neue Denkanstöße	Zwang zur Gruppenproblemansicht
6. Gruppenstärke	sich einflußreich fühlen	sich manipuliert fühlen
7. Rollendifferenzierung	Rollenflexibilität	Rollenstereotype
8. Offenheit	Einsicht in bislang unbewußte Bereiche des Selbst	Verunsicherung des Selbstbewußtseins und der Selbstsicherheit

Quelle: Likin 1972, S. 11

Der ‚back-home' Effekt, d. h. die Anwendung der neu erworbenen Verhaltensweisen in der Organisation, wird allgemein äußerst gering eingeschätzt (deshalb ein Trend zu ‚family labs'). Die Hypothese, daß diejenigen, die in solchen Labortrainings am meisten lernen und das Gelernte auch effizient zu Hause anwenden, Menschen sind, die man auch vor dem Training schon als für neue Ideen und Verhaltensweisen aufgeschlossen, als empfindsam und kontaktfähig beschreiben würde, wird immer wieder bestätigt.

Encounter Gruppen

Während Sensitivity Trainings und T-Gruppen individuelle und z. T. auch Gruppenprozesse zum Gegenstand haben, richten sich Encounter Gruppen primär auf **individuelles Wachstum und Persönlichkeitsentwicklung** (deshalb auch die Bezeichnung ‚personal-growth laboratories'). Insofern kann diese Methode der Begegnung mit sich selbst, die vor allem mit dem Namen *Carl R. Rogers* (1970) verbunden ist, nur sehr bedingt als Interventionstechnik zur Organisationsveränderung bezeichnet werden. Die relative Ferne zu Organisations- und Gruppenproblemen wird auch aus dem Katalog von **Encounter-Zielen** deutlich, den *Huse* (1980) zusammengestellt hat:

1. Ich-Stärkung zur Verbesserung des Selbstbildes
2. Entwicklung von mehr Offenheit und Flexibilität
3. Ermöglichung größerer zwischenmenschlicher Intimität und größeren Vertrauens in Gruppen
4. Abbau von Verhaltensstereotypen und Eröffnung neuer Verhaltensalternativen
5. Steigerung der individuellen Kompetenz im sozio-emotionalen Lebensbereich.

Der **Ablauf von Encounter-Gruppen** gleicht dem in T-Gruppen.

Nach *Rogers* (1974, S. 127) lassen sich sechs Stufen eines Prozesses der personalen Veränderung hin zu mehr Spontaneität hinsichtlich der Äußerung von Gefühlen, Deutung von Erfahrungen, Beziehungen zu eigenen Problemen und Problemen anderer unterscheiden:

1. Stufe: Kommunikation mit anderen und Selbst-Kommunikation sind nebensächlich, eher gefährlich; Gefühle werden weder er- noch anerkannt.

2. Stufe: Probleme und Konflikte werden zugegeben, aber nicht als etwas Eigenes gesehen; das Selbst wird noch als Objekt erfahren. Gefühle können aber schon beschrieben werden, aber ohne Bezug zum Selbst.

3. Stufe: Das Selbst wird bei anderen erkannt. Eigene Gefühle und persönliche Erlebnisse werden in der Vergangenheitsform beschrieben und nicht hier und jetzt.

4. Stufe: Gefühle und persönliche Erlebnisse werden als sich hier und jetzt ereignend und dem Selbst zugehörig beschrieben. Erste, vorsichtige Erfahrungen mit anderen auf eher gefühlsmäßiger Basis werden gesucht.

5. Stufe: Gefühle (mit Ausnahme sehr intensiver) können hier und jetzt geäußert und akzeptiert werden. Widersprüche zu früheren Verdrängungen werden deutlich. Eine ernsthafte Suche nach dem wahren Selbst beginnt.

6. Stufe: In der Vergangenheit geleugnete Gefühle können jetzt gefahrlos akzeptiert werden. Gefühle werden als nützliche Wegweiser zu sich selbst und im Umgang mit anderen erkannt und voll akzeptiert.

Transaktionsanalyse

Transaktionsanalyse (transactional analysis) ist eine jüngere **gruppentherapeutische Methode,** die auch in Deutschland Anwendung (auch im Management) gefunden hat (die wichtigsten amerikanischen Beiträge liegen alle in deutscher Übersetzung vor). Sie wird hier nur der Vollständigkeit halber erwähnt, da sie ausführlich im Teil 2 beschrieben wurde (S. 293 ff.).

Coaching

Im Gegensatz zu den bislang beschriebenen Interventionsansätzen wendet sich Coaching an das einzelne Organisationsmitglied mit Problemen. Begriffe wie Team- oder Gruppen-Coaching sind irreführend, insofern als sie nichts Neues gegenüber den bekannten Methoden der Teamentwicklung oder des Gruppentrainings beinhalten. Der Begriff **Coaching** stammt aus dem Bereich des Wettkampfsports und meint eine intensive physische und psychische Vorbereitung auf einen Wettkampf. Die Übertragung des Begriffs auf den Bereich der Personal- und Organisationsentwicklung ist problematisch. Einerseits weckt er Assoziationen mit dem Personalberatungsdienst (**Personnel Counseling Program**), der im Zuge der Hawthorne-Experimente in vielen US-amerikanischen Unternehmungen eingerichtet wurde (vgl. S. 33 f. der Arbeit). Mitarbeiter sollten hier von leistungsmindernden gefühlsbedingten Störungen befreit werden. Andererseits erinnert er an Maßnahmen der Karriereplanung im Zuge von **Career Counseling** (vgl. S. 823 ff. der Arbeit). Zur Abgrenzung der Konzepte Instruktion, Coaching und Mentoring vgl. *Sattelberger* (1990).

Im folgenden verstehe ich unter Coaching einen Interaktionsprozeß zwischen einem externen oder internen psychologisch geschulten Berater (Coach) und einem Organisationsmitglied (gleich welcher Ebene) mit dem Ziel, dessen Leistungsvermögen und Zufriedenheit zu erhalten oder zu erhöhen. Hindernisse für hohe Leistung und Zufriedenheit können existente oder bevorstehende berufliche oder private **Krisen** sein, wie z.B. Beförderung, Auslandsentsendung, Verrentung, Outplacement, Beziehung- und Sinnkrisen, Krankheiten.

Krisen als Auslöser für Wandel auf organisationaler Ebene sind ausführlich in Abschnitt I.2. behandelt worden. Hier sind Krisen auf individueller Ebene angesprochen, die sich im Falle von Führungskräften und Top Managern jedoch leicht zu Krisen der Organisation ausweiten können; dies vor allem bei kleinen und mittleren Unternehmungen, wo der Unternehmer dominiert. Insofern steht das Coaching von Managern und Unternehmern und nicht das der sonstigen Mitarbeiter im Mittelpunkt der einschlägigen Literatur.

Folgt man der Lerntheorie *Piagets* (S. 842 der Arbeit), dann sind vor allem die Übergänge (Transformationen) von einer Entwicklungsstufe auf eine andere mit intensiven Lern- und Verlernprozessen verbunden. Hier kann ein psychologisch geschulter Coach wertvolle Hilfe und Unterstützung bei der **Entwicklung neuer Interpretationsschemata** und eines erweiterten Verhaltensrepertoires leisten. Linienvorgesetzte als Coaches ihrer Mitarbeiter vorzusehen, wie es *Sattelberger* (1990) fordert, stellt eine völlige Überforderung dar. Manager verfügen in aller Regel nicht über die notwendige psychologische Ausbildung und Erfahrung (zur Kritik am Coaching vgl. auch *Sievers*[5] (1991).

Die Interventionstechnik Coaching ist noch zu jung, als daß sie heute schon in ihrer Leistungsfähigkeit angemessen beurteilt werden könnte. Richtig erscheint mir, daß sie der Einsicht Rechnung trägt, daß berufliche und private Lebenssphären, Probleme am Arbeitsplatz und zu Hause nicht (allenfalls analytisch) zu trennen sind. Andererseits kann es nicht Aufgabe des Vorgesetzten sein, Therapeut des Mitarbeiters zu werden. Ideal wäre es, das Coaching im Unternehmen völlig überflüssig zu machen, und zwar durch das Anbieten einer Vielzahl von Lernchancen und Entwicklungsmöglichkeiten in Arbeits- und Projektgruppen, Workshops und Gruppentrainings.

c. Techniken auf der Ebene der Gruppe

Die nachfolgend beschriebenen Interventionstechniken betonen entweder mehr die *Prozesse* und Interaktionen in und zwischen Gruppen (Prozeßberatung, Drittparteien-Intervention, Teamentwicklung, Intergruppen-Intervention) oder mehr die *Inhalte* der Gruppenarbeit (Lernstatt, Arbeitsstrukturierung).

Prozeßberatung

Nach *Schein* (1969)[6] beinhaltet Prozeßberatung (Process Consultation) solche Bemühungen auf seiten eines Beraters, die darauf abzielen, Individuen und Gruppen zu helfen, Prozesse und Episoden in der Organisation bewußt wahrzunehmen, zu verstehen und dementsprechend zu handeln (S. 9). Der Erfolg dieser Bemühungen hängt zu einem großen Teil von den Fähigkeiten und Erfahrungen des **Change Agent** ab, der nicht als Experte oder Fachmann für Organisationsberatung auftritt (nach dem Arzt-Patient-Modell), sondern

---

[5] *Sievers, Burkhard* (geb. 1942) Prof. BWL und Organisationsentwicklung, Uni Wuppertal.
[6] Siehe auch die 2. Aufl. 1987/88 sowie *Beer* 1976, *Cummings/Huse* 1989.

als Entwicklungshelfer, der Prozesse und Episoden teilnehmend beobachtet und der Gruppe bei der Diagnose der Interaktionen hilft, diese aber nicht für sie durchführt. Gegenstand der **Beobachtung** und **Diagnose** sind etwa:

- Kommunikationsbeziehungen
- Rollen und Funktionen der Gruppenmitglieder
- Problemlösungs- und Entscheidungsprozesse
- Gruppennormen und -entwicklung
- Führungs- und Autoritätsbeziehungen
- Intergruppenprozesse.

In Anlehnung an *Kurt Lewins* Phasenmodell (S. 553 der Arbeit) definiert *Schein* (1987, S. 93) **Wandel** als einen Prozeß von drei sich überlappenden Phasen: *unfreezing, changing, refreesing.*

Die Vorgehensweise bei der Prozeßberatung gliedert *Schein* (1969) in sieben eng miteinander verbundenen **Phasen:**

1. Erster Kontakt mit der Organisation
2. Definition der Beziehung; formaler und psychologischer Vertrag
3. Wahl des Interventionsobjektes (Gruppe) und der Arbeitsmethode
4. Datensammlung und Diagnose
5. Intervention
6. Reduzierung des Engagements
7. Beendigung der Beziehung.

Bei der Analyse und Diagnose der Gruppenprozesse (Phase 4) kann der Berater die in Abschnitt 2 C II 2 b beschriebenen Instrumente, wie Interaktions-Prozeß-Analyse, Johari-Fenster oder soziometrische Tests heranziehen. Sein Beitrag besteht dabei lediglich darin, daß er die Gruppenphänomene offenlegt, selbst aber keine Alternativen oder gar Lösungen anbietet. Dies ist deshalb äußerst wichtig, weil der Change Agent nur für eine relativ kurze Zeit mit der Organisation arbeitet und kein Abhängigkeitsverhältnis aufkommen sollte (vgl. die sieben Phasen). Die Qualität des Prozeßberaters besteht gerade darin, nach gewisser Zeit sich selbst überflüssig zu machen.

Drittparteien-Intervention

Die Drittparteien-Intervention (Third-Party Consultation) ist primär eine Form der **Konflikthandhabung,** die interpersonale Konflikte als Ausgangspunkt für Veränderungen benutzt. Über Entstehung und Bearbeitung von Konflikten wurde ausführlich in Abschnitt 2 C II 4 berichtet, so daß ich mich hier auf den speziellen Ansatz der Drittparteien-Intervention beschränken kann.

Walton[7] (1987), der Hauptvertreter dieses Ansatzes, sieht in interpersonalen Konflikten weder eine grundsätzlich negative noch positive Erscheinungsform von Verhalten in sozialen Organisationen.[8] Nach unterschiedli-

---

[7] *Walton, Richard E.* (geb. 1931) Prof. Business Administration, HBS
[8] Siehe auch *Beer* 1976, *Cummings/Huse* 1989.

chen Konfliktursachen unterscheidet er *substantive conflict* (sachliche Meinungsverschiedenheiten z.B. über organisatorische Strukturen, Strategien, Verfahren) und *emotional conflict* (persönliche Meinungsverschiedenheiten mit Folgen wie Angst, Ärger, Mißtrauen, Zurückweisung) (S.2 und 68). Unterschiedliche Konfliktursachen erfordern auch unterschiedliche Vorgehensweisen, z.B. im ersten Fall mehr **kognitive Ansätze,** wie Bargaining oder Problemlösen, im zweiten Fall eher **affektive Ansätze,** wie Veränderung der Wahrnehmungs- und·Einstellungs-Strukturen, Aufbau von Vertrauen und Offenheit.

Ähnlich wie bei der Prozeßberatung spielt auch hier der (interne oder externe) Berater eine ausschlaggebende Rolle für Erfolg oder Mißerfolg der Intervention bzw. Konfrontation. *Walton* (1987, S. 115) stellt an ihn folgende **Anforderungen:**

* profunde Kenntnisse über soziale Prozesse
* geringe Macht über das Schicksal der Beteiligten
* starker Einfluß auf Ort und Ablauf der Konfrontation
* ausreichendes Wissen über die Beteiligten, die Streitobjekte und die Hintergründe
* Neutralität (d.h. Nichtbetroffenheit der eigenen Person), was die Ergebnisse der Konfliktlösung anbetrifft.

Neben diesen in der Person des Beraters begründeten Faktoren sind nach *Walton* folgende **Bedingungen** – die dem Einfluß des Beraters unterliegen – funktional für den Erfolg der Methode:

* die Konfliktparteien müssen ausreichend motiviert sein, den Konflikt zu bearbeiten
* die Machtpositionen (z.B. Status, Wissen, Unterstützung durch Dritte, Eloquenz) in der Situation der Konfrontation sollten ausgeglichen sein
* die Bemühungen um eine Konfliktbearbeitung sollten gut aufeinander abgestimmt werden (z.B. was Ort, Zeit, Wahrnehmung anbetrifft)
* die Dialog-Phasen der Differenzierung (was trennt uns?) und der Integration (was eint uns?) sollten ausgewogen sein (d.h. keine darf zu kurz kommen)
* der Dialog sollte durch ein Klima der Offenheit und des Vertrauens gekennzeichnet sein
* es muß sichergestellt sein, daß die Kommunikation störungsfrei abläuft (der Berater kann hier als Übersetzer fungieren, auf die Einhaltung von Regeln und die Benutzung einer gemeinsamen, verständlichen Sprache drängen)
* es sollte ein ,optimaler' Spannungszustand (tension level) angestrebt werden, der ein Höchstmaß an offener Kommunikation und Konfrontation erlaubt (vgl. das Konflikt-Modell der Entscheidung, S. 490ff.).

Teamentwicklung

Im Gegensatz zur Prozeßberatung und Drittparteien-Intervention ist Anlaß der Teamentwicklung (Team Development, Team Building) nicht ein akutes Problem, sondern der generelle Wunsch des Managements oder der Gruppe, Kohäsion und Effizienz einer neugegründeten oder schon bestehenden formellen Arbeitsgruppe zu steigern (vgl. *DuBrin*[9] 1974, *Cummings/ Huse* 1989). Die Gruppe soll sich zu einem echten **Team** entwickeln (vgl. zu den Merkmalen, die ein Team als eine besondere Art von Gruppe auszeichnen, den Abschnit 2 C I). Konkrete **Ziele der Teamentwicklung** können nach *Beer* (1976) sein:

• Entwickeln von Gruppenzielen (Goal-Setting-Model)
• Entwickeln von gegenseitigem Vertrauen, Unterstützung, Sicherheit, offener Kommunikation (Interpersonal Model)
• Klärung der Rollen der einzelnen Gruppenmitglieder (Role-Model)
• Entwicklung nach dem Grid-Ansatz, wonach die Gruppe ein wichtiges Bindeglied im Veränderungsprozeß der Gesamtorganisation ist (Managerial Grid Model).

Daneben kann Gegenstand von **Gruppendiskussion** sein
• Arbeitsweise, Vorgehensweise der Gruppe
• Zeiteinteilung, Planung der Aufgabenerledigung
• Problemlösungs- und Entscheidungsverhalten.

Ansatz zur Diskussion dieser Probleme ist die Diagnose der Gruppensituation im Rahmen eines eintägigen Treffens außerhalb der täglichen Routinearbeit. Dabei können ganz einfache Techniken verwandt werden, wie etwa die Aufforderung an jedes Gruppenmitglied, die fünf wichtigsten derzeitigen Probleme der Gruppe aufzuschreiben, oder auch anspruchsvolle Fragebogenaktionen oder Einzelinterviews durch einen Berater zur Vorbereitung der Sitzung. Auf der Grundlage dieser Informationen werden von der Gruppe Prioritäten gesetzt und ein Katalog denkbarer Maßnahmen zur Problemlösung aufgestellt. Eine gemeinsame Handlungsplanung und ein Aktivitätenprogramm schließen die Klausurtagung ab.

Der Erfolg dieser Interventions-Technik hängt weniger vom Berater ab als von der Unterstützung des Managements und des direkten Vorgesetzen sowie von der Breite des Handlungsspielraumes, über den die Gruppe verfügen darf.

Intergruppen-Intervention

Intergruppen-Interventionen setzen im Gegensatz zur Teamentwicklung an den Schnittstellen zwischen bestehenden Arbeitsgruppen an. Über die Entstehung von Intergruppen-Beziehungen und die potentiellen Probleme

---

[9] *DuBrin, Andrew J.* (geb. 1935) Prof. Behavioral Science, Rochester Institute of Technology.

darin wurde ausführlich in Abschnitt 2 C II 2 c berichtet (vgl. hierzu vor allem *Schein* 1980).

Bei der Bewältigung von **Intergruppen-Problemen** lassen sich alle in diesem Abschnitt besprochenen Interventionstechniken anwenden, eben nur mit dem Unterschied, daß die Klienten nicht Individuen, sondern Gruppen sind. Mit dem Problem der Verbesserung der Intergruppen-Beziehungen haben sich vor allem *Blake* und Mitarbeiter beschäftigt (vgl. *Blake* et al. 1965). Sie beschreiben eine mögliche **Vorgehensweise der Intergruppen-Intervention** (vgl. *Blake* et al. 1964):

1. Ein neutraler Berater (Drittpartei) gewinnt die Zustimmung der beiden betroffenen Gruppen zu einer gemeinsamen Problembearbeitung.
2. Ein gemeinsames Treffen außerhalb der Alltagsroutine wird vereinbart.
3. Der Berater und der Manager der jeweiligen Gruppe beschreiben Ziel und Zweck der Veranstaltung – vor allem die Verbesserung der Intergruppen-Beziehungen. Danach soll jede Gruppe folgende oder ähnliche Fragen beantworten:
   • Welche Eigenschaften charakterisieren am besten unsere Gruppe?
   • Welche Eigenschaften charakterisieren am besten die andere Gruppe?
   • Wie glauben wir, beschreibt uns die andere Gruppe?
4. Die beiden Gruppen diskutieren und beantworten die Fragen in getrennten Räumen. Der Berater ermuntert sie zu möglichst offener, freizügiger Diskussion.
5. In der anschließenden gemeinsamen Sitzung trägt jeweils ein Gruppensprecher die Antworten vor. Es sind lediglich Informationsfragen erlaubt, keine Wertungen oder Rechtfertigungen.
6. Danach trennen sich die beiden Gruppen wieder.
7. Die aufgetretenen Beurteilungsunterschiede und Wahrnehmungsverzerrungen werden konstruktiv bearbeitet, d. h. sie werden nicht als falsch/richtig bewertet, sondern als Faktum hingenommen, und es wird nach den Ursachen für deren Entwicklung und nach Lösungen für die Probleme gesucht.
8. In der anschließenden gemeinsamen Sitzung werden die Unterschiede und Gemeinsamkeiten erörtert und die jeweiligen Lösungsstrategien diskutiert. Eine Liste der ungelösten Probleme wird erstellt.
9. Die beiden Gruppen beschließen nun über konkrete Aktionen und Vorgehensweise zur Verbesserung der Intergruppen-Beziehungen.
10. Ein Termin für eine gemeinsame Evaluationssitzung wird vereinbart, auf der die bisherigen Bemühungen beurteilt und neue Maßnahmen eingeleitet werden.

Eine weitere Variation (vor allem für Phasen 4 bis 7) der Intergruppen-Intervention, die weniger formal abläuft, dagegen aber stärker gruppendynamische Aspekte einbezieht, sieht vor, daß eine Gruppe im Innern eines Kreises sitzt und die andere Gruppe um diese herum Platz nimmt (**Fish Bowl**). Die äußere Gruppe diskutiert nun miteinander ihre Probleme, die sie mit der

Gruppe im Innern des Kreises hat; diese darf lediglich zuhören, aber nicht kommentieren. Anschließend wird die Übung mit vertauschten Rollen wiederholt.

In einer abschließenden Würdigung dieser Technik weisen *Cummings/Huse* (1989, S. 201) zu Recht darauf hin, daß Harmonie zwischen Gruppen keinesfalls ein generell anzustrebender Idealzustand sei (ähnlich wie Konfliktlosigkeit), sondern daß unterschiedliche Wahrnehmungen, Einstellungen und Interpretationen der Realität eine Folge unterschiedlicher Umwelten sein können, in denen die Gruppen arbeiten. Die Aufrechterhaltung der Unterschiedlichkeit kann in situativer Sicht durchaus funktional sein, und Kooperation kann in diesem Fall besser durch Integratoren oder andere ‚linking pins‘ geleistet werden, und zwar bei Beibehaltung der Differenzen.

Lernstatt

Das *Lernstatt*-Konzept (zusammengesetzt aus *Lernen* und *Werkstatt*) wird als Intervention „von unten" verstanden. Es bezieht sich vor allem auf kognitive Wissensvermittlung – ursprünglich allein auf Sprachunterricht – und wurde Anfang der 70er Jahre vom Quickborner Team/Metaplan bei der **Kraftwerk Union AG** in Mühlheim/Ruhr entwickelt. Anlaß waren die Verständigungs- und Lernschwierigkeiten der KWU-Mitarbeiter angesichts einer gestiegenen Zahl ausländischer Arbeitnehmer und das dabei zutage tretende Versagen traditioneller Lernmethoden, vor allem im Hinblick auf das Erlernen der am Arbeitsplatz benutzten Umgangssprache. Bekannt geworden sind vor allem die Lernstatt-Projekte, die **BMW** seit 1973 durchführt und jene, die seit 1974 bei der **Hoechst AG** eingerichtet wurden (vgl. *Kunstek* 1986, *Riegger* 1983, *Becker/Langosch* 1984, S. 197ff.).

Das Lernstatt-Konzept verzichtet auf traditionelle Lehrer-Schüler-Rollen. Seine **Elemente** sind:
• die Lerngruppe, bestehend aus 5 bis 10 Personen, die alle aus demselben Arbeitsbereich stammen
• Moderatoren zur Leitung der Diskussion
• externe Experten, die bei Bedarf hinzugezogen werden können,
• die Lernstatt-Zentrale, die den Einsatz leitet und koordiniert.

Die **Durchführung** gliedert sich in sechs Phasen:
• allgemeine Information über die Zielsetzung
• Ermittlung des konkreten Lernbedarfs
• Planung des Ablaufs
• Schulung von Moderatoren
• Zusammensetzung der Lerngruppe und Durchführung der eigentlichen Lernstatt (i. d. R. während der Arbeitszeit)
• Evaluation.

Die **Metaplan GmbH,** die Initiatorin des Lernstatt-Konzepts, unterscheidet heute zwischen Werkstattzirkeln und Bürozirkeln, wobei es sich jeweils um Mitarbeitergruppen handelt, die sich neben ihrer normalen Tätigkeit mehrmals treffen, um gemeinsam Verbesserungen ihrer Arbeit zu ersinnen und zu realisieren.

Metaplan-Zirkel treffen sich in der Regel fünfmal; das Ende eines Zirkels ist also von Anfang an vorprogrammiert. Die erste Sitzung dient der Einführung in das Thema und die Arbeitsmethode, die zweite der Problemanalyse, die dritte der Problembearbeitung in parallelen Kleingruppen, die vierte der Diskussion der Lösungsvorschläge, die fünfte der Aufbereitung der Ergebnisse und der Vorbereitung der Präsentation vor dem Management.

Das Lernstatt-Konzept hat dann, wenn es sich nicht allein auf Lernen bezieht, wie im Falle der Metaplan-Zirkel, große Ähnlichkeit mit dem **Quality Circle-Konzept** (vgl. S. 680 f. der Arbeit sowie *Deppe* 1989). Lernstätten liefern neben ihrer Funktion als PE-Instrument nur dann einen Beitrag zur OE, wenn sie mit anderen Verfahren, die gruppendynamische und strukturelle Elemente einbeziehen, kombiniert werden.

Arbeitsstrukturierung

Maßnahmen zur Arbeitsstrukturierung mittels sog. Neuer Formen der Arbeitsorganisation galten zum Zeitpunkt ihrer Entwicklung Ende der 60er Jahre primär als Mittel zur **Humanisierung der Arbeit.** Neue Technologien und neue Rationalisierungskonzepte des Managements erfordern heute aber auch aus ökonomischen Überlegungen heraus einen neuen Typ von Mitarbeiter mit verändertem Qualifikationsprofil und einen neuen Typ von Arbeitsablauf, die allein durch neue Formen der Arbeitsorganisation in effizienter Weise zu gewährleisten sind. Im Mittelpunkt stehen hier Konzepte, die an andere Stelle (S. 647 ff.) schon besprochen wurden, wie

- Job Enlargement
- Job Rotation
- Job Enrichment
- Teilautonome Arbeitsgruppen, S. 678 der Arbeit.

Zur **Implementation von Job Einrichment-Programmen** hat *Ford* (1969) eine Vorgehensweise entwickelt, die vier verschiedene Phasen umfaßt:

1. Phase: **Auswahl eines Projektleiters**
Dies kann ein organisationsinterner Experte oder aber auch ein externer Berater sein.

2. Phase: **Auswahl einer organisationsinternen Kontaktperson**
Im Falle eines externen Change Agent sollte ein interner Verantwortlicher für das Projekt ernannt werden, der als Kontaktperson für den Externen dient.

3. Phase: **Auswahl der anzureichernden Tätigkeiten**
- Identifikation einer Gruppe innovationsfreudiger Manager
- Identifikation problematischer Jobs
- Festlegung von Effizienzkriterien

- Auswahl eines Jobs aus dem laufenden Produktionsprozeß
- Auswahl eines Jobs, der organisationsweit bedeutsam ist.

4. Phase: **Workshop für das Management**
In einem zweitägigen Workshop zusammen mit den Abteilungsleitern und Meistern (ohne Beteiligung der eigentlich betroffenen Arbeiter) wird nach einer theoretischen Einführung in die motivationalen Hintergründe des Programms eine Liste mit möglichen ‚Anreicherungen' der Jobs entwickelt.

Anschließend werden Soll-Arbeitsinhalte konzipiert und Strategien der Implementation diskutiert.

Abb. 3.100 auf S. 883 zeigt ein stärker formalisiertes, ausdifferenziertes Schema zur Gestaltung des Implementationsprozesses.

Das schwierige Problem der Selektion von Arbeitsplätzen, die sich für Enrichment-Programme eignen, ist durch die Entwicklung des **Job Diagnostic Survey** (JDS) durch *Hackman/Oldham* (1975) einen großen Schritt zu seiner Lösung vorangetrieben worden (vgl. S. 644 der Arbeit).

In Europa hat sich vor allem das **Tavistock Institute of Human Relations** (London) einen Namen auf dem Gebiet der Einführung neuer Arbeitsstrukturen (vor allem teilautonomer Arbeitsgruppen, vgl. S. 678 sowie *Sydow* 1985 a) gemacht. Aufbauend auf langjähriger Forschungs- und Beratertätigkeit in England und Indien entwickelten die Tavistock-Forscher ein **Konzept sozio-technischer Arbeitsstrukturierung,** das soziale und technische Effizienzanforderungen in gleicher Weise berücksichtigt. *Hill* (1976) unterscheidet neun Stufen sozio-technischer Analyse:

Stufe 1: **Grobanalyse**
   Beschreibung der wichtigsten Merkmale des Produktionssystems und seiner Umwelt, wie Fabrik-Layout, Organisationsstruktur, Input, Output, Transformationsprozesse, Ziele (ökonomische und soziale), Hauptprobleme.

Stufe 2: **Arbeitsablaufanalyse**
   Beschreibung sämtlicher materieller Transformationsprozesse im Arbeitssystem nach Input, Transformation und Output (Eingang, Bearbeitung, Ausgang).

Stufe 3: **Schwachstellenanalyse**
   Identifikation von Problemen, die ihre Ursache in der Beschaffenheit der Werkstoffe und der Art des Produktionsprozesses haben. Eine Liste der Probleme wird von den zuständigen Managern erstellt und von einer Projekt-Gruppe nach vier Kriterien ausgewertet:
   a. Quantität der Produktion
   b. Qualität der Produktion
   c. Produktionskosten
   d. soziale Kosten (Streß, Belastungen)

Stufe 4: **Analyse des sozialen Systems**
   Folgende Schritte sollen hier durchlaufen werden
   a. Analyse der Organisationsstruktur (Ebenen, Gruppen, Rollen)

Abb. 3.100 Die Phasen des Implementationsprozesses

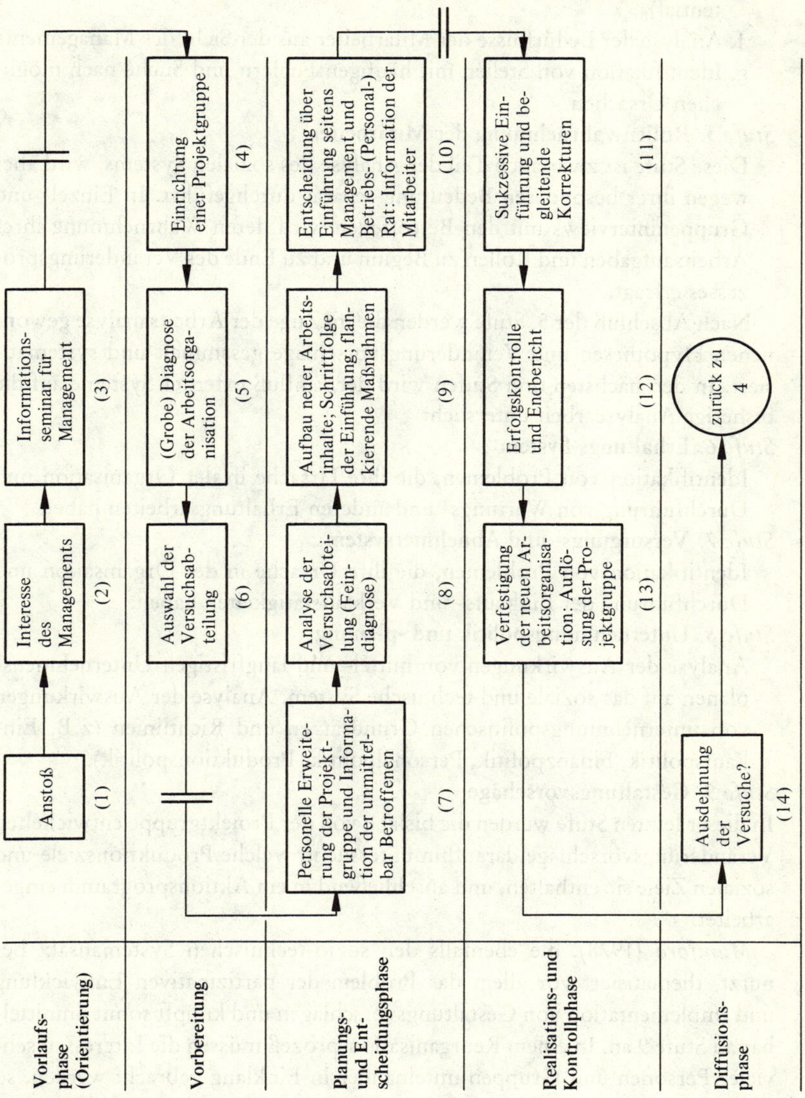

Vorlaufsphase (Orientierung)	Vorbereitung	Planungs- und Entscheidungsphase	Realisations- und Kontrollphase	Diffusionsphase
Anstoß (1)	Auswahl der Versuchsabteilung (6)	Personelle Erweiterung der Projektgruppe und Information der unmittelbar Betroffenen (7)	Verfestigung der neuen Arbeitsorganisation: Auflösung der Projektgruppe (13)	Ausdehnung der Versuche? (14)
Interesse des Managements (2)	(Grobe) Diagnose der Arbeitsorganisation (5)	Analyse der Versuchsabteilung (Feindiagnose) (8)	Erfolgskontrolle und Endbericht (12)	zurück zu 4
Informationsseminar für Management (3)	Einrichtung einer Projektgruppe (4)	Aufbau neuer Arbeitsinhalte; Schrittfolge der Einführung; flankierende Maßnahmen (9)	Sukzessive Einführung und begleitende Korrekturen (11)	
		Entscheidung über Einführung seitens Management und Betriebs- (Personal-)Rat: Information der Mitarbeiter (10)		

Quelle: Schreyögg et al. 1978, S. 127

b. Analyse von Schwachstellen im sozialen System nach Ort der Entstehung sowie der Art und Weise der Problembearbeitung

c. Analyse von Hilfsfunktionen zur Aufrechterhaltung des Produktionsprozesses

d. Beschreibung der räumlichen Gegebenheiten, der Kommunikationsstrukturen und der Arbeitszeitordnung

e. Analyse der horizontalen Mobilität der Arbeitskräfte (job rotation Potential)

f. Analyse der Bedürfnisse der Mitarbeiter aus der Sicht des Managements

g. Identifikation von Stellen mit häufigen Fehlern und Suche nach möglichen Ursachen.

Stufe 5: **Rollenwahrnehmung der Mitarbeiter**
Diese Stufe ist zwar auch Teil der Analyse des sozialen Systems, wird aber wegen ihrer besonderen Bedeutung separat durchgeführt. In Einzel- und Gruppeninterviews mit den Betroffenen wird deren Wahrnehmung ihrer Arbeitsaufgaben und Rollen zu Beginn und zu Ende des Veränderungsprozesses erfragt.

Nach Abschluß der 5. Stufe werden die im Zuge der Arbeitsanalyse gewonnenen Hypothesen und Veränderungsvorschläge gesammelt und systematisiert. In den nächsten drei Stufen wird der Einfluß externer Systeme auf die bisherige Analysearbeit untersucht.

Stufe 6: **Erhaltungs-System**
Identifikation von Problemen, die ihre Ursache in der Organisation und Durchführung von Wartungs- und anderen Erhaltungsarbeiten haben.

Stufe 7: **Versorgungs- und Abnehmersystem**
Identifikation von Problemen, die ihre Ursache in der Organisation und Durchführung der Einkaufs- und Verkaufstätigkeiten haben.

Stufe 8: **Unternehmungspolitik und -planung**
Analyse der Auswirkungen von mittel- und langfristigen Unternehmensplänen auf das soziale und technische System. Analyse der Auswirkungen von unternehmungspolitischen Grundsätzen und Richtlinien (z.B. Einkaufspolitik, Finanzpolitik, Personalpolitik, Produktionspolitik).

Stufe 9: **Gestaltungsvorschäge**
In dieser letzten Stufe werden die bislang von der Projektgruppe entwickelten Veränderungsvorschläge daraufhin untersucht, welche Produktionsziele und sozialen Ziele sie enthalten, und anschließend in ein Aktionsprogramm eingearbeitet.

Mumford (1978), die ebenfalls den sozio-technischen Systemansatz benutzt, thematisiert vor allem das Problem der partizipativen Entwicklung und Implementation von Gestaltungsvorschlägen und knüpft somit unmittelbar an Stufe 9 an. In einem Reorganisationsprozeß müssen die Interessen sehr vieler Personen und Gruppen miteinander in Einklang gebracht werden, so daß das Setzen von Zielen und Entwickeln von Veränderungsmaßnahmen eher einen Verhandlungsprozeß zwischen unterschiedlichen Interessengruppen als einen einheitlichen Entscheidungsprozeß des Managements darstellt. *Mumford* empfiehlt die Bildung eines ‚design team' (*Hill* spricht von einer ‚action group'), bestehend aus Mitarbeitern der betroffenen Abteilung, dem Manager der Abteilung, einem Mitglied der Personalabteilung und der EDV-Abteilung sowie einem Sozialwissenschaftler als Berater. Dieses Team führt eigenständig und eigenverantwortlich in Form einer self-managing-group die

weiter oben beschriebenen Analysearbeiten aus und entwickelt darauf aufbauend konsensfähige Gestaltungsvorschläge.

Rieckmann[10] (1982) berichtet sehr anschaulich von einer Werksneugründung in Deutschland, die ebenfalls auf den Grundprinzipien des sozio-technischen Systemansatzes beruht.

d. Techniken auf der Ebene der Organisation

Kontingenzansatz

Ansatz und empirische Basis der von *Lawrence/Lorsch* (1967) entwickelten
Kontingenztheorie der Organisation wurden ausführlich in Teil 2 (S. 437ff.
der Arbeit) besprochen. In einem späteren Werk (*Lawrence/Lorsch* 1969b)
haben sie zur Eignung dieses Ansatzes als Konzept der Organisationsentwicklung genauer Stellung genommen.

Lawrence/Lorsch (1969b) sehen Organisationsentwicklung als Übergang
einer Organisation von einem gegebenen Zustand zu einem erwünschten
besseren. Dabei folgen sie einem **outside-in Ansatz,** der über drei Ebenen
abläuft. Auf der *ersten Ebene* werden die Interaktionen zwischen Organisation und ihrer Umwelt analysiert (organization-environment interface) und
ein *fit* zwischen Anforderungen der Umwelt und Struktur der Organisation
angestrebt. Auf der *zweiten Ebene* sind die Interaktionen zwischen organisatorischen Subsystemen (group-to-group interface) Gegenstand der Entwicklung. Hier soll eine effizientere Integration und Zusammenarbeit zur besseren Erreichung der Organisationsziele angestrebt werden. Auf der *dritten
Ebene* Individuum/Organisation (individual-and-organization interface) gilt
es, einen optimalen *fit* zwischen den individuellen Bedürfnissen der Organisationsmitglieder und den organisatorischen Rollenerwartungen herzustellen.

Der Interventionsprozeß nach dem Kontingenzansatz läuft gemäß den
Vorstellungen der Autoren in vier eng miteinander verbundenen **Phasen** ab.

1. Phase: **Diagnose.** Hier werden die relevanten Umweltausschnitte und die
Organisation analytisch durchleuchtet, und zwar mit Hilfe von Interviews
und Fragebogen (allerdings ausschließlich für Manager). Das Ausmaß der
Lücke zwischen Ist-Zustand und gewünschtem Soll-Zustand der Organisation bestimmt die Wahl der *gap*-adäquaten Interventionstechniken (vgl. Abb.
3.97 auf S. 868).

2. Phase: **Aktions-Planung.** Wahl einer Veränderungsstrategie (z.B. Weiter-
bildungsprogramm, Stukturwandel, Produkt-Markt-Veränderung), die den
Bedürfnissen der Organisation und des Managements entspricht (tailor-
made).

3. Phase: **Implementation.** Umsetzung der Strategie in die Realität und Ein-
übung neuen organisatorischen Handelns.

---

[10] *Rieckmann, Heijo,* Prof. BWL und Organisationsentwicklung; Uni Klagenfurt.

4. Phase: **Evaluation.** Vergleich der Ergebnisse mit den Zielen und Analyse der Abweichungen. Dies ist zugleich die 1. Phase eines neuen OE-Prozesses.

Da der Kontingenzansatz eine eher formal-strukturanalytische, statische ex post Orientierung aufweist, erhebt sich die Frage, ob er überhaupt als OE-Technik anzusehen ist. Die Stärke des Ansatzes liegt zweifellos im diagnostischen Bereich, und hier findet er auch verbreitet Anwendung. Zur Gestaltung neuer Organisationen und zur Veränderung bestehender erscheint er aufgrund der fehlenden verhaltenswissenschaftlichen, speziell gruppendynamischen Fundierung weniger geeignet.

Survey Feedback

Das Verfahren der **Datensammlung** (survey) innerhalb einer Organisation und der **Rückkopplung** (feedback) ausgewerteter Daten an die Organisationsmitglieder wurde in den 50er Jahren am Institute for Social Research (ISR) der University of Michigan u.a. von *Floyd Mann, David Bowers* und *Rensis Likert* entwickelt. Ausgangspunkt des Prozesses sind mit Hilfe **standardisierter Fragebogen** erhobene Daten (und nicht Glaubensbekenntnisse) über wesentliche Eigenschaften (properties) der Organisation, wie Führungsstil, Organisationsklima, Zufriedenheit. Nach ausführlicher Diskussion und mit Zustimmung des Top Managements werden die Fragebogen anonym i.d.R. von allen Organisationsmitgliedern ausgefüllt, anschließend nach Gruppen und Abteilungen ausgewertet, den Ausfüllenden rückgekoppelt und die Ergebnisse in einer Vielzahl von Gruppensitzungen diskutiert. Die Diskrepanzen zwischen eigener Einschätzung und den Gruppen- bzw. Abteilungsdurchschnittswerten sowie den idealen Sollvorstellungen (z.B. System 4 Management nach *Likert* 1967) geben Anlaß zur Entwicklung von Verbesserungs- bzw. Änderungsmaßnahmen, wobei die Auswertungs-Gruppen sich allmählich zu Problemlösungs-Gruppen umfunktionieren. Zur Sicherstellung der Vertraulichkeit und kompetenten Duchführung der empirischen Erhebung empfiehlt es sich, die Dienste eines externen Beraters in Anspruch zu nehmen. Auch bei den Feedback-Sitzungen kann ein Berater mit gruppendynamischen Kenntnissen eine wertvolle Unterstützung darstellen.

Etwa vier Monate nach dem ersten Survey wird der gleiche Fragebogen nochmals ausgegeben; der Vergleich der Ergebnisse mit dem ersten ermöglicht eine Einschätzung des Fortschritts der Organisation in Richtung auf System 4.

Die einzelnen Aktivitäten folgen einem *organizational improvement cycle* mit folgenden Phasen (*Likert* 1978, S. 17):

1. Entwurf eines Idealmodells (System 4)

2. Messung der Ist-Situation der Organisation in Relation zum Ideal

3. Analyse und Diskussion der Abweichungen zwischen Soll und Ist; Diagnose der Stärken und Schwächen der Organisation

4. Planung der Veränderungsmaßnahmen auf der Basis der Stärken zur Korrektur der Schwächen

5. Durchführung der Veränderung.

Von einem Zyklus wird deshalb gesprochen, weil sich an die Phase 5 erneute Analyse- und Diagnoseschritte anschließen.

Als Beleg für den Erfolg dieser OE-Technik gelten u. a. die Bemühungen in der **Weldon Corp.**, diese in Richtung System 4 zu entwickeln, nachdem sie 1961 von der **Harwood Manufacturing Corp.** gekauft worden war (vgl. *Marrow* et al. 1967).

Das ISR hat im Laufe der Jahre äußerst valide und reliable Erhebungsinstrumente entwickelt, nicht zuletzt auf der Grundlage von **Längsschnittanalysen** (Intercompany Longitudinal Study) in insgesamt 31 Organisationen (vgl. *Bowers/Seashore* 1966, *Taylor/Bowers* 1972, *Bowers/Franklin* 1977). Das breit und gut aufbereitet dokumentierte Datenmaterial des Instituts erlaubt einen Vergleich der individuellen Daten einer Organisation mit Durchschnittswerten vergleichbarer Organisationen.

Damit wird gleichzeitig eine **Schwäche des Survey-Feedback** – ähnlich dem Kontingenzansatz – deutlich: Der Interventionsprozeß geht von den bestehenden Verhältnissen aus, und die Konstatierung auch nur einigermaßen positiver Äußerungen über die Organisation kann – mangels Alternativen – zu einer Verfestigung der bestehenden Strukturen führen. Das hohe Engagement und die hohe Motivation zur Veränderung können in Resignation umschlagen, wenn die von den einzelnen Gruppen vorgeschlagenen Änderungen vom Management nicht aufgegriffen, geschweige denn realisiert werden.[11] Survey Feedback sollte deshalb nur dann eingesetzt werden, wenn ein entsprechender Handlungsspielraum besteht, und das Top Management sich voll und ganz zur Durchsetzung beschlossener Änderungen bekennt. Unter Berücksichtigung dieser notwendigen Bedingungen stellt Survey Feedback eine solide Technik zur, wenn auch nur marginalen, Veränderung von Organisationen dar. So konnte *Bowers* (1973) in einer vergleichenden Studie über die Leistungsfähigkeit unterschiedlicher Interventionstechniken für die Survey Feedback Methode die besten Ergebnisse berichten.

Konfrontationssitzung

Eng verwandt mit dem Survey Feedback – was die möglichst breite Problemdiagnose anbetrifft – ist die Technik der Konfrontationssitzung (vgl. *Beckhard* 1967, 1969, *Bennis* 1969). Sie ist allerdings bedeutend einfacher zu handhaben – lediglich **Gruppendiskussionen** ohne Fragebogenaktion – und beansprucht bedeutend weniger Zeit (4 bis 8 Stunden). Zur Moderation der Gruppensitzungen werden jedoch entsprechend ausgebildete und erfahrene Experten benötigt. Ziel ist die Mobilisierung und Motivation möglichst aller

---

[11] Diese letzte Kritik trifft allerdings generell auf alle OE Maßnahmen zu.

Organisationsmitglieder, Probleme und Unzuträglichkeiten zu diagnostizieren, dies in eine Rangordnung nach der Dringlichkeit und Bedeutsamkeit zu bringen und schließlich Lösungsvorschläge zu entwickeln. Hierzu schlägt *Beckhard* (1967, S. 154), der Hauptvertreter dieses Ansatzes, ein **Sieben-Phasen-Programm** vor.

1. Phase: **Einstimmung** (ca. 1 Stunde)

Der Top Manager, unterstützt von einem Change Agent, erläutert Ziel und Ablauf der Veranstaltung und betont die Notwendigkeit eines freien, offenen Meinungsaustausches (confrontation), bei dem niemand mit negativen Konsequenzen zu rechnen hätte.

2. Phase: **Informationssammlung** (ca. 1 Stunde)

Die Großgruppe teilt sich nun auf in heterogene (was Abteilungszugehörigkeit und hierarchische Stellung anbetrifft) Kleingruppen von 7 bis 8 Mitgliedern und beginnt, über Probleme der Organisation (nicht einer Abteilung) zu diskutieren.

3. Phase: **Informationsaustausch** (ca. 1 Stunde)

Gewählte Gruppensprecher einer jeden Gruppe präsentieren der Großgruppe das Ergebnis, das gleichzeitig in Form einer Wandzeitung in dem Veranstaltungsraum festgehalten und für jeden kopiert wird.

4. Phase: **Prioritäten setzen und Aktionsplanung** (ca. 1 Stunde)

Die Großgruppe teilt sich in homogene Gruppen (Größe und Zusammensetzung entsprechend dem Organisationsplan) auf, die die Relevanz der Problemfelder für ihre jeweilige Abteilung diskutieren, Prioritäten setzen und erste Lösungsansätze vorschlagen.

5. Phase: **Aktionsplanung für die Gesamtorganisation** (1 bis 2 Stunden)

Die Gruppensprecher berichten in der Großgruppe über die Prioritäten und Aktionspläne, woran sich eine generelle Diskussion über die organisationsweite Vorgehensweise anschließt.

6. Phase: **Follow-up durch das Top Management** (1 bis 3 Stunden)

Das Top Management trifft sich unmittelbar im Anschluß an die Konfronationssitzung und beschließt erste Aktionsschritte.

7. Phase: **Diskussion erster Ergebnisse** (2 Stunden)

Das Top Management trifft sich vier bis sechs Wochen später und diskutiert den Fortschritt der OE-Bemühungen.

Obwohl die Konfrontationssitzung von *Beckhard* ursprünglich nur für Manager konzipiert war, läßt sich diese Technik für alle Ebenen und alle Mitglieder der Organisation anwenden. Die größere Zahl an Gruppen und der größere Raumbedarf ließe sich nach dem Vorbild der in Deutschland von der Beratergesellschaft **Metaplan** entwickelten Technik des **Informationsmarktes** gut bewältigen (vgl. *Schnelle* 1978).

Der große Vorteil der Konfrontationssitzung ist, daß innerhalb kürzester Zeit ein hohes Maß an konstruktivem Problembewußtsein in einer Organisation geschaffen und eine Vielzahl brauchbarer Verbesserungsvorschläge aufgedeckt werden kann. Dieser potentielle Nutzen kann aber – wie beim Survey Feedback – in großen Schaden umschlagen, wenn der Euphorie der ersten Stunden und dem großen Engagement in den Gruppen keine Aktionen des Managements folgen. Darüber hinaus ist das für diesen Ansatz notwendige Vertrauensverhältnis, bei dem jeder, ohne Nachteile befürchten zu müssen, seine Meinung sagen kann, nicht ad hoc (in Phase 1) herzustellen. Insofern baut die Konfrontationssitzung auf unrealistischen Vorbedingungen auf.

Grid Organisationsentwicklung

Die Grid OE-Technik ist die umfassendste und weltweit am häufigsten eingesetzte Methode zur Entwicklung und Veränderung von Personen, Gruppen und gesamten Organisationen. Der Ansatz beruht auf dem im Abschnitt C II 2 beschriebenen **Managerial Grid** (Verhaltensgitter) von *Blake/ Mouton* (1964, 1985) (s. Abb. 3.70 auf S. 773), nach dem eine gemeinsame Betonung des Menschen und zugleich der Produktion (Theorie 9,9) anzustreben ist. Die Grid OE-Technik integriert stufenweise eine Personal-, Team- und Organisationsentwicklung, um organisationsweit die 9,9-Philosophie zu verwirklichen (vgl. *Blake/Mouton* 1967, 1969, 1985). Dazu wird ein Sechs-Phasen-Programm vorgeschlagen, das über zwei bis fünf Jahre laufen kann. Da das Grid-Programm – im Gegensatz zum Sensitivity Training – von organisationsinternen Trainern (Managern) durchgeführt werden soll, werden diese Trainer zunächst in einer Vorphase mit dem Grid-Ansatz vertraut gemacht.

1. Phase: **Grid Laboratorium-Seminar**
In dieser einwöchigen Veranstaltung vermitteln die in der Vorphase Gridgeschulten Manager etwa 12 bis 48 ihrer Manager-Kollegen das Grid-Programm und helfen beim Ermitteln des derzeitigen individuellen Führungsverhaltens. In verschiedenen Übungen werden Problemlösungsverhalten, Teamarbeit und der neue 9,9-Führungsstil geprobt.

2. Phase: **Teamentwicklung**
Einüben und Praktizieren des in Phase 1 erlernten neuen Verhaltens mit den Kollegen, Vorgesetzten und Mitarbeitern in den einzelnen Abteilungen. In Phase 2 wird von oben nach unten in der Hierarchie vorgegangen, d.h. jede hierarchisch tiefer stehende Gruppe lernt von der höheren die neuen Verhaltensweisen.

3. Phase: **Intergruppenentwicklung**
Im Mittelpunkt dieser Phase steht die Verbesserung der Beziehungen zwischen organisatorisch getrennten Gruppen, die aber zusammenarbeiten müssen. Hier sollen tradierte ‚Gewinn-Verlust' Strategien der Konflikthandhabung abgebaut und eine vertrauensvolle Kooperation eingeübt werden.

4. Phase: **Entwicklung eines strategischen Idealmodells**
In dieser Phase verlagert sich die Aufmerksamkeit von der Ist-Organisation weg hin zu einem Idealmodell der Organisation, indem konkrete Ausssagen gemacht werden sollen über finanzielle und organisatorische Ziele, Produkt-

Markt-Strategien, Organisationsstruktur, Entscheidungsverhalten, Wachstumsstrategie (corporate excellence rubrics).

5. Phase: **Implementation des Idealmodells**

Einleiten und Durchführen von Problemlösungs- und Reorganisationsprozessen in nach Markterfordernissen gegliederten Organisationseinheiten (z.B. profit center, cost center) mit Hilfe von Planungsteams, deren Arbeit zentral koordiniert wird.

6. Phase: **Systematische Kritik**

Nachdem sich die Organisation nach dem Wandel einigermaßen stabilisiert hat, wird mit Hilfe einiger standardisierte Erhebungsinstrumente (im Mittelpunkt steht ein 100-Item Fragebogen) der Erfolg – als Differenz zwischen vorher und nachher – gemessen. Überdies sollen Fehlentwicklungen identifiziert werden und Vorschläge zu deren künftiger Vermeidung erarbeitet werden.

Neuerdings teilen *Blake/Mouton* (1983) das Programm, das insgesamt über drei bis fünf Jahre laufen kann, in zwei große Teile: Die ersten beiden Phasen beinhalten eine PE (Managemententwicklung) als Voraussetzung für eine OE, welche die letzten vier Phasen umfaßt. Phasen 1 und 3 sollen dazu dienen, möglicherweise vorhandene Widerstände in der *Organisationskultur* abzubauen.

Als Beleg für die **Leistungsfähigkeit** ihres Ansatzes zitieren *Blake/Mouton* häufig das Grid OE-Programm in der Sigma Plant der **Piedmont Corp.**, das von *Barnes* und *Greiner* als Begleitforscher analysiert wurde (vgl. *Blake* et al. 1964b). Hier sollen angeblich in den Jahren 1962 und 1963 erhebliche Produktivitäts- und Gewinnverbesserungen als Folge der Grid-OE eingetreten sein, wobei allerdings zu berücksichtigen ist, daß die Belegschaft im gleichen Zeitraum um 600 Mitarbeiter reduziert worden war. Eindeutig den Grid-Bemühungen zuzurechnen ist dagegen der Anstieg an formellen Sitzungen (plus 31% im Vergleich vorher – nachher) und der Anstieg des Anteils ihrer Arbeitszeit, den Manager dem Problemlösen in Gruppen widmen (plus 12,4%).

Cummings/Huse (1989, S. 211f.), die noch über weitere Begleitforschungen berichten, kommen zu dem Ergebnis, daß diese Studien zu sehr unterschiedlichen Resultaten kommen, was den ‚zurechenbaren‘ Erfolg der Grid-OE anbetrifft. Bislang gibt den Autoren und ihrer Methode vor allem der Verkaufserfolg recht. Alle sechs Phasen hat jedoch bislang kaum eine Organisation in der Realität durchlaufen.

NPI-Modell

In Europa ist vor allem das 1954 gegründete **Nederlands Pedagogisch Instituut** (NPI) in der Veränderungs-Beratung von Unternehmungen, Schulen, Krankenhäusern und Behörden mit einem eigenen, an sozialphilosophischen

Grundannahmen der Anthroposophie orientierten Konzept hervorgetreten (zur Darstellung vgl. *Glasl*[12]/*de la Houssaye* 1975, *Rehn* 1979). Es basiert auf einem ganzheitlichen Menschenbild, das Körper, Seele und Geist als Einheit sieht, sowie dem homo mensura Prinzip, d.h. der Mensch ist Maß aller Dinge. Gestaltungselemente sind das **Klientensystem**, der **Entwicklungshelfer** (Entwicklungsbegleiter) und die **Steuergruppe** (Projektteam). Die NPI-Trainer verstehen sich nicht als Berater, sondern als Sozial- oder Heilpädagogen der Organisation. Gestaltungsziel ist die Annäherung an das Integrationsmodell von *Lievegoed*[13] (vgl. S. 542f.). Der hierzu notwendige Veränderungsprozeß folgt idealerweise den nachstehend beschriebenen fünf verschiedenen Phasen:

1. **Phase der Orientierung**
   In dieser Phase gilt es, die Wünsche nach Wandel zu konkretisieren, Problembewußtsein zu schaffen, ein Vertrauensverhältnis zwischen Entwicklungshelfer und Klient aufzubauen und eine Aufklärung über die möglichen Konsequenzen eines Entwicklungsprozesses zu leisten.

2. **Phase der kognitiven Veränderung**
   Tätigkeiten in dieser Phase sind u.a. Situationsdiagnosen, eine Verhaltensschulung der Organisationsmitglieder und die Erarbeitung einer Zukunftskonzeption, die dann mit der Ist-Situation konfrontiert wird.

3. **Phase der expektativen Veränderung**
   Jetzt schließt sich eine Phase der detaillierten Datenerfassung und der Konkretisierung der Ziele an. Die Organisationsmitglieder werden verstärkt zur Selbstorganisation und -steuerung angeleitet.

4. **Phase der intentionalen Veränderung**
   Nun ist die Organisation in der Lage, konkrete Pläne der Veränderung aufzustellen. Die Arbeiten werden verstärkt durch eine Steuergruppe koordiniert, so daß sich der Entwicklungshelfer auf seinen Rückzug aus der Organisation vorbereiten kann.

5. **Phase der Realisation**
   Die Durchführung der geplanten Veränderungen erfolgt in einer schrittweisen Reduzierung der Diskrepanzen zwischen Soll und Ist. Abweichungsanalysen leiten permanente Korrekturmaßnahmen ein.

   Diese Phaseneinteilung sollte nicht den Eindruck einer hochstrukturierten Vorgehensweise erwecken. Im Gegenteil, das NPI-Modell ist ein offenes Verfahren, das weitaus weniger standardisiert und systematisiert zu handhaben ist als etwa das Grid-Modell.

   Neben dem NPI-Intitut für OE in Zeist bieten noch die Trigon-Entwicklungsberatung in Wien und der BGO-Beraterverbund für Gegenwartsfragen und OE in Freiburg i.Br. Dienstleistungen nach dem **NPI-Modell** an.

---

[12] *Glasl, Friedrich* (geb. 1943), Dr. phil., OE-Berater in Salzburg, Gesellschafter der Trigon-Entwicklungsberatung.
[13] *Lievegoed, Bernard*, holländ. klinischer Psychologe, OE-Berater.

Management by Objectives

Das Konzept der Zielvereinbarung (MbO) wurde ausführlich in Abschnitt C II 2 beschrieben. Da mit diesem Ansatz eine Integration der Ziele der Organisation mit individuellen Zielen über einen partizipativen Zielvereinbarungsprozeß angestrebt wird, sehen einige OE-Vertreter in der Implementation von MbO eine zwangsläufige Folge von Veränderungsbemühungen – und umgekehrt (vgl. *Beck/Hillmar* 1972, 1976). Wie erinnerlich, setzen beim MbO Vorgesetzte und Untergebene gemeinsam die Ziele (möglichst quantifizierbare) für die nächste Periode und evaluieren in gewissen Abständen gemeinsam den Zielerreichungsgrad. *Shelton* (1983) beschreibt Beispiele für MbO als Management Development and Training Program. Aus OE-Sicht ist an diesem **klassischen Ansatz** zu kritisieren (vgl. *Levinson* 1970, *Hellriegel/ Slocum/Woodman* 1986, S. 449, *French/Bell* 1984):

• zu starke Betonung eines reinen Lob-Tadel-Systems
• Tendenz zur Formalisierung und Bürokratisierung
• MbO wird von oben kontrolliert und eröffnet nur wenig echte Partizipationschancen
• MbO neigt zu einem Nullsummen-Spiel zwischen Vorgesetzen und Untergebenen
• quantifizierbare Aspekte der Aufgabe werden gegenüber qualitativen überbewertet
• individuelle Ziele und Leistungen werden auf Kosten von Teamarbeit überbewertet.

Ausgehend von dieser Kritik sind am MbO-Konzept einige **Modifikationen** erforderlich, damit es den Anforderungen an eine Interventionstechnik gerecht werden kann:

• Der Zielbildungsprozeß muß zugleich als Lernprozeß verstanden werden, in den auch persönliche Entwicklungsziele einbezogen werden (also nicht nur Belohnung oder Bestrafung).
• MbO muß als organisationsweiter, komplexer OE-Prozeß verstanden werden, der entsprechende Bildungsmaßnahmen voraussetzt. Ein solcher Prozeß kann vier bis fünf Jahre dauern.
• Zur Vermeidung des Individualismus sollte der Zielvereinbarungsprozeß ganze Arbeitsgruppen bzw. Abteilungen umfassen (Team MbO-Modell nach *French/Hollmann* 1975).

MbO führt empirischen Studien zufolge vor allem zu einer Reduktion der Rollenmehrdeutigkeit, zur verstärkten Planungsorientierung und verbesserten Kommunikation und Rückkopplung (vgl. *Caroll/Tosi* 1973). In einer jüngeren empirischen Erhebung berichtet *Ivancevich* (1974) von einem Industriebetrieb, der in zwei von drei vergleichbaren Fertigungsstätten MbO einführte; die dritte diente als Kontrollgruppe. Die Betriebe mit MbO zeigten dabei eine deutliche Leistungsverbesserung gegenüber dem dritten.

Systemische Intervention

Zu einer im Vergleich zu den oben besprochenen Interventionstechniken völlig anderen Sicht von Organisationsveränderung kommt man, wenn eine systemtheoretische und nicht eine verhaltenswissenschaftliche Interpretation von Organisation gewählt wird (vgl. S. 40 ff. der Arbeit). Im Mittelpunkt neuerer *systemtheoretischer* Interpretationen steht die Frage, welche internen Handlungen bzw. Operationen Systeme initiieren müssen, um Ereignisse zu verdichten und organisatorisch so zu verknüpfen, wie dies zum Überleben des Systems notwendig ist. Die von den Populationsökologen und Kontingenztheoretikern betonte Umweltabhängigkeit von Systemen wird zugunsten primär systemspezifischer interner Prozesse aufgehoben. Für diese Art Selbsterhaltungstrieb von Systemen übernehmen einige Systemtheoretiker neuerdings den Begriff der *Autopoiesis* aus der Biologie (vgl. *Maturana/Varela* 1980), der auf die Fähigkeit eines Systems abhebt, seine Elemente und Struktur selbst zu erzeugen, sich quasi selbst zu organisieren.

Überträgt man das Konzept der Autopoiesis und operationalen Geschlossenheit auf soziale Systeme, so ist jeder Eingriff von außen eher schädlich und schon vom Ansatz her verkehrt. Dennoch fehlt es nicht an Versuchen, systemische Beratung anzubieten (vgl. *Exner/Königswieser/Titscher* 1987). Zwar wird nicht von Experten- und Fachberatung gesprochen, aber dennoch von Intervention, Arbeiten an Widersprüchen und Paradoxien des Systems, Angebot von Hypothesen, Paradigma Reframing, Focusing, Consciousness Raising etc.. Insgesamt geht es aber mehr um Aufklärung und Deutungsangebote und weniger um Beratung im klassischen Sinn. Insofern stellt sich auch nicht so sehr die Frage nach der Wahl der richtigen Interventionstechnik, sondern nach der Wahl eines bestimmten **Beobachters.** Denn Realität ist in dieser Sichtweise nur beobachterabhängig beschreibbar, und je nach Wahl des Beobachters ändert sich auch die Realität. Im Mittelpunkt der Beschreibungen stehen nicht Individuen oder Gruppen, sondern Handlungen. Das Individuum wird in der neueren Systemtheorie zur Umwelt eines sozialen Systems gerechnet. Folglich setzen Diagnosen und Interventionen auch nicht mehr bei Personen, sondern bei Operationen oder Handlungen an (vgl. *Exner/ Königswieser/Titscher* 1987). Hierzu wird der Zugang über moderierte Gruppengespräche mit Beobachtern und Netzwerkanalysen gesucht. Ein systemischer (externer) Beobachter drängt nicht auf Veränderung, sondern auf Verstehen der komplexen Beziehungen und auf eine unvoreingenommene Diskussion der (vermeintlichen) Vor- und Nachteile der bestehenden Strukturen.

Hierzu werden vielfältige Anleihen aus der **Familientherapie** gemacht (vgl. *Minuchin/Fishman* 1981). Exemplarisch sollen hier die Ansätze der paradoxen Intervention und des Perspektivenwechsels vorgestellt werden (vgl. *Selvini-Palazzoli* 1981).

Paradoxe Intervention ist ein Begriff der Familientherapie. Der Patient (hier: die Unternehmung) befindet sich in dem Dilemma, das Symptom aufgeben und nicht aufgeben zu wollen. Klassischerweise drängt der Therapeut (hier: der Berater) den Patienten auf Befreiung von dem Symptom. Paradox ist eine Intervention, die den Patienten darin bestärkt, das Symptom (positiv gewendet) zu behalten. Als Folge eines gelungenen Aufstandes gegen den Vorschlag des Therapeuten (er solle das Symptom doch behalten) ändert sich der Patient durch vermehrte Selbstachtung.

Änderung kann auch über einen *Perspektivenwechsel* von der Untersuchung des Symptoms selbst hin zur Analyse des Symptomumfeldes innerhalb eines anderen Bezugsrahmens erfolgen (Paradigma Reframing). Die der Situation zugeschriebene Bedeutung wird geändert (umgedeutet, umdefiniert) und damit ändern sich auch deren Konsequenzen (vgl. *Watzlawick/ Weakland/Fisch* 1974).

IV. Akteure des Wandels: Berater und Klient

1. Interaktionen zwischen Berater- und Klientensystem

An der Entwicklung und Veränderung von Organisationen sind, sofern ein *geplanter* Wandel zugrunde liegt, mindestens zwei Akteursgruppen beteiligt, das Berater- und das Klientensystem. Mit **Klientensystem** ist die ratsuchende Unternehmung gemeint, mit **Beratersystem** die ratgebende Unternehmung (Beratungsgesellschaft). Gehen beide einen Beratungsvertrag ein, entsteht für die Dauer des Projekts ein Beratungssystem i.w.S. Das Beratungssystem i.e.S. (vgl. die Schnittmenge in Abb. 3.101) umfaßt die unmittelbar an dem Projekt beteiligten Mitarbeiter von Berater- und Klientensystem.

Geht man davon aus, daß gemeinsam geteilte Managementphilosophien und Interpretationsschemata den Vertragsabschluß zwischen Klienten- und Beratersystem erleichtern, dann muß sich das Normen- und Wertsystem (Beratungsphilosophie) zumindest auf der Top-Ebene von Klient und Berater entsprechen (vgl. *Elfgen/Klaile* 1987, S. 71ff.; *Staehle* 1991). Auf tieferen Hierarchieebenen oder in unterschiedlichen Funktionsbereichen des Klientensystems können jedoch die Alltagstheorien und Erwartungsmuster der Manager mehr oder weniger weit auseinanderfallen. Daraus ergeben sich im Verlauf des Beratungsprozesses vielfältige *Konflikte,* die bei einer nicht-partizipativen top-down Beratung zu schwerwiegenden Implementationsproblemen führen können.

Hoffmann (1991) hat aufgrund umfänglicher empirischer Analysen von Beratungsfällen sowie von Berater- und Klientenbefragungen eine **Klassifikation von Klienten** in vier Typen vorgenommen, und zwar geordnet nach dem

Abb. 3.101: Das System der Unternehmensberatung

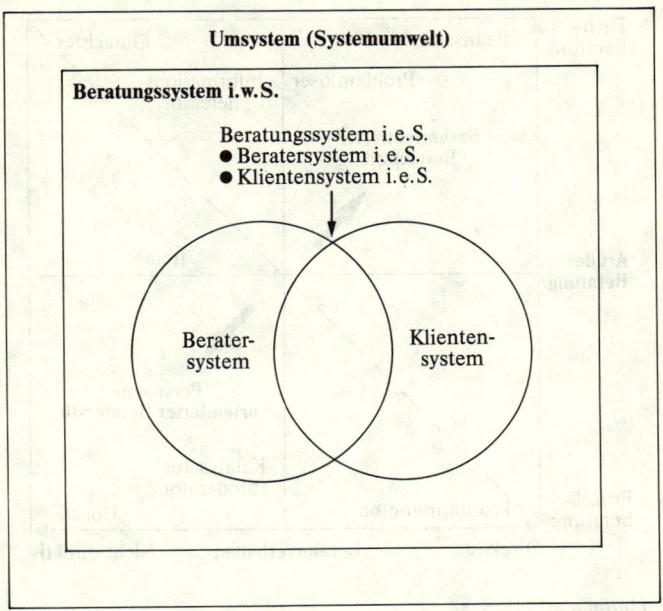

Quelle: Hoffmann 1991, S. 27

Problemdruck im Klientensystem und nach der Bereitschaft zum Lernen und zum Wandel:

Typ 1: Getriebener. Hoher Problemdruck bei geringer Lernbereitschaft.

Typ 2: Krisenbewältiger. Hoher Problemdruck bei hoher Lernbereitschaft.

Typ 3: Kooperativer Problemlöser. Geringer Problemdruck bei hoher Lernbereitschaft.

Typ 4: Imagepfleger. Geringer Problemdruck bei geringer Lernbereitschaft.

In der Untersuchung von *Hoffmann* (1991, S. 96) kam Typ 3 mit Abstand am häufigsten vor. Nun wäre zu erwarten, daß ein bestimmter Kliententyp die Nachfrage nach einer spezifischen Beratungsleistung induziert. Unterscheidet man nach der Art der Beratung zwischen *Fachberatung* (Vermittlung von problembezogenem Fachwissen, z.B. durch Fachpromotoren) und *Prozeßberatung* (Zurverfügungstellen von Prozeß-Know-how, z.B. durch Prozeßpromotoren) und nach dem Beraterverhalten zwischen direktivem und nicht-direktivem Auftreten im Beratungsprozeß, ergeben sich acht **Beraterrollen** (vgl. Abb. 3.102).

Nun zeigen die empirischen Belege von *Hoffmann*, daß es keineswegs zu einem fit zwischen qualitativem Beratungsbedarf und -angebot (an Berater-

Abb. 3.102: Beraterrollen

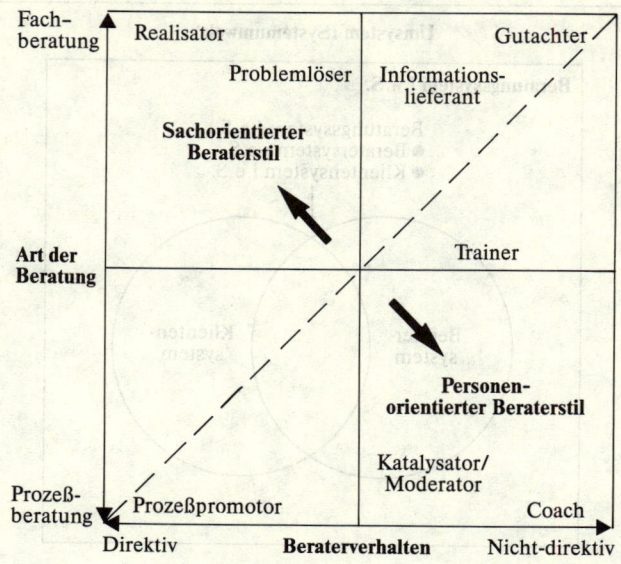

Quelle: *Hoffmann* 1991, S. 87

rollen) kommt. Durchgängig präferieren die Klienten den Typ des Problemlösers; mit Ausnahme des Imagepflegers, der den Informationslieferanten bevorzugt.

Der **Problemlöser** ist – wie auch andere Studien belegen (vgl. die Hinweise bei *Staehle* 1991) – der vorherrschende Beratertyp im deutschsprachigen Raum. Er folgt der Zielvorstellung des Klienten, erarbeitet Konzepte und formuliert Empfehlungen. Die Durchsetzungs- und Realisationverantwortung liegt beim Klienten. Beratung als Problemlösung kommt dem Alltagsverständnis der Manager von der Organisation(-sstruktur) als einer *Maschine,* die mal wieder geschmiert oder in Teilen erneuert werden muß, am nächsten. Verstärkt wird diese Sichtweise nicht zuletzt durch die ingenieurwissenschaftliche Sozialisation vieler Unternehmensberater. Darüber hinaus entspricht es den mikropolitischen Intentionen der an Stabilität orientierten Manager, den Prozeß des Wandels stets unter Kontrolle zu halten. Im Gegensatz zur nicht-direktiven Prozeßberatung (vgl. Abb. 3.102) ist der Beratungsprozeß beim Typ Problemlöser über den Einsatz von Machtmitteln durch das Management steuerbar und das Ergebnis relativ gut prognostizierbar.

Die klassische Beratungssituation, in der ein Berater oder Management-Trainer quasi als Arzt auf einen mehr oder weniger passiven, als krank definierten Patienten (das Klientensystem) einwirkt, wurde in den letzten Jahren dennoch immer mehr ergänzt durch den Typ der **Prozeßberatung,** bei der der

Berater klientenzentriert vorgeht und als Katalysator und Moderator von im Klientensystem selbst initiierten und gesteuerten Veränderungsprozessen wirkt. In der Bundesrepublik Deutschland hat auf diesem Gebiet die **Metaplan GmbH** in Quickborn bei Hamburg Vorreiterfunktion übernommen. Das holländische **NPI** (vgl. S. 890 f.) fordert, daß der ‚Entwicklungshelfer‘ seine Methode den Werten und Normen des Klientensystems anpaßt. Diese Entwicklung von Beratungsangeboten hin zum stärkeren internen Engagement hat jedoch ihre Ursache nicht nur in gruppendynamischen und lernpsychologischen Einsichten, sondern ist eindeutig auch unternehmenspolitisch zu verstehen. Und zwar insofern als in vielen Fällen der externe Berater, wenn er als zu progressiv oder zu ‚wirklichkeitsfern‘ empfunden wurde, von internen, dem Top Management verpflichteten Agenten abgelöst wurde.

2. Anforderungen an Berater als Agenten des Wandels

Je nachdem, ob der Berater Mitglied der betroffenen Organisation (Klientensystem) ist oder nicht, spricht man von *internem* oder *externem* Berater. Fast in jeder Veröffentlichung über organisatorischen Wandel werden die Vor- und Nachteile des Arbeitens mit externen bzw. internen Beratern diskutiert.

Für *externe* spricht
- deren unbefangene, von Betriebsblindheit freie Problemsicht
- breiter Erfahrungsschatz aus verschiedenartigen Organisationen
- bessere Akzeptanz durch das Top Management, das in aller Regel Auftraggeber ist
- Mut zu einschneidenden Maßnahmen.

Für *interne* spricht
- bessere Vertrautheit mit der eigenen Organisation
- weitgehende Identität der Wertvorstellungen
- leichtere Anerkennung auf unteren Ebenen
- eher evolutionäres Vorgehen.

Alle Argumente, die für einen externen sprechen, lassen sich als Nachteile des interenen Beraters und umgekehrt anführen.

Witte (1973) bezeichnet die sich unabhängig von ihrer Position und Aufgabe um die Einleitung und Durchsetzung von Innovationen bemühenden (internen) Organisationsmitglieder sehr treffend als Promotoren. Je nachdem, ob es sich dabei primär um die Überwindung von Willens- oder Fähigkeitsbarrieren handelt, die dem Innovationserfolg in aller Regel entgegenstehen, unterscheidet er zwischen **Macht- und Fachpromotoren**. Während ersterer sich auf eine hohe hierarchische Position mit entsprechender Sanktionsgewalt berufen kann, stützt sich der zweite eher auf Expertenmacht. Als besonders effizient (gemessen an ‚Größe des Innovationsschritts‘ und ‚Problemlösungsumsicht') erwies sich im empirischen Feld eine als Gespannstruktur bezeichnete Art der Zusammenarbeit (Koalition) zwischen Macht- und Fachpromotor. *Hauschildt* (1991) geht von einer Drei-Personen-Konstellation aus und ergänzt das Zwei-Personen-Modell von *Witte* um den **Prozeßpromotor** (*Gaulhofer* 1989 spricht von einem Verhaltenspromotor). Der Prozeßpromotor moderiert nicht nur zwischen dem Fach- und dem Machtpromotor, sondern hält auch Beziehungen zu den Marktpartnern der Unternehmung, zu externen Beratern und Opponenten.

Die große, z.T. erfolgsentscheidende Bedeutung von Beratern hat eine Vielzahl von empirischen und analytischen Forschungsarbeiten zur **Beschreibung und Typologisierung von Change Agents** angeregt. So unterscheiden z.B. *Kirsch* et. al. (1978, S. 36, S. 356–370) nach dem sicherlich wichtigen Kriterium der Einbringung von Werturteilen und ungeprüften Annahmen in den Beratungsprozeß zwischen **normativen** und **deskriptiven Aktoren** des Wandels. Dabei definieren sie als

● normative Aktoren
Aktoren, die die Realität aufgrund bestimmter vorgefaßter Werte, Meinungen gestalten bzw. verändern (Change Agents, Change Catalysts, Prozeßberater, Interventionisten, Projektmanager)
● deskriptive Aktoren
Aktoren, die den Wandlungsprozeß unter Hinweis auf die im konkreten Fall vorfindliche Realität beeinflussen (Promotoren, Politiker, Technokraten, Initiatoren)

Die Zuordnung der in den Klammern genannten Aktoren erscheint willkürlich, wie überhaupt eine Trennung in ‚normativ' und ‚deskriptiv' nur analytisch vollziehbar ist; in der Realität wird jeder Berater sowohl normative als auch deskriptive Elemente einbringen, nur in einem unterschiedlichen Ausmaß.

Eine weitaus differenziertere Charakterisierung von Agenten des Wandels hat *Tichy* (1974) im Anschluß an *Hornstein* et. al. (1971) vorgenommen. Ausgangspunkt seiner Typologie von **Agents of Planned Social Change** ist ein Beschreibungsmodell mit den fünf Komponenten

● persönliche Daten (z.B. Alter, Geschlecht, Ausbildung, Einkommen, Glaubensbekenntnis)
● Werthaltung (Weltanschauung, politische Orientierung, eigene Ziele in Wandlungsprozessen)
● theoretischer Bezugsrahmen (Annahmen über soziales Verhalten, bevorzugte Theorie des Wandels und der Veränderung)
● Interventionstechniken (bevorzugte Instrumente, wie Teamentwicklung, Sensitivity Training, um Ziele zu erreichen)
● tatsächliches Verhalten (was haben die Agenten im Wandlungsprozeß tatsächlich getan).

Aufgrund einer Befragung von 91 erfahrenen Beratern stellt *Tichy* (1974) signifikante Unterschiede in den Ausprägungen der fünf Komponenten fest, die ihn dazu veranlassen, die vier folgenden **Typen von Agenten** abzugrenzen:[1]

1. Bezugsgruppenanwalt (outside pressure type)

Beispiele: Repräsentanten von Verbraucherverbänden, Bürgerinitiativen, Frauenverbänden

Annahmen: nur externer Druck auf die Organisation führt zu Wandel; die Machtverteilung in der Organisation muß verändert werden

2. Top Management-Berater (analysis for the top type)

Beispiele: beratende Wirtschaftswissenschaftler, OR-Spezialisten, Systemanalytiker

Annahmen: Wandel ist nur von oben erfolgreich; Wandel durch Änderung der Technologie (z.B. computergestützte Informationssysteme) und der Organisationsstruktur

3. OE-Berater (organization development type)

Beispiele: beratende Sozialwissenschaftler

Annahmen: Verbesserung der Problemlösungsfähigkeiten einer Organisation durch Initiierung von Lernprozessen in der Organisation, Veränderung von Menschen und Strukturen

4. Sozialtechnologe (people change technology type)

Beispiele: beratende Psychologen, Humanisierungsexperten

Annahmen: Organisatorischer Wandel durch Wandel der Personen; neue Einstellungen, Verbesserung der Motivation, der Arbeitssituation, und damit der Zufriedenheit.

Tichy (1974) stellt aufgrund der empirischen Daten zu den fünf Komponenten seines Modells interessante **Inkongruenzen** fest, und zwar zwischen der erklärten Werthaltung und dem tatsächlichen Verhalten einerseits und dem angegebenen theoretischen Bezug und dem tatsächlichen Handeln andererseits. Der **Bezugsgruppenanwalt** weist hierbei unter allen Agenten des Wandels die höchsten Kongruenzen auf, d.h. Werthaltung, Handlungsziel und ergriffene Maßnahmen sind voll miteinander vereinbar. Dagegen zeigt der **Sozialtechnologe** die größten Diskrepanzen zwischen Werthaltung, Konzept und Handlung auf. Der **OE-Berater** gibt Werte und Ziele wie Demokratisierung, Partizipation an, arbeitet tatsächlich aber an der Verbesserung der Effizienz. Die **Top Management-Berater** schließlich weisen zwar hohe Kongruenz zwischen Werten und Handlungen auf, dagegen aber hohe Diskrepanzen zwischen theoretischem Modell und verwirklichtem Plan.

Die Diskrepanzen und Widersprüche ergeben sich vor allem deshalb, weil Interventionsmaßnahmen, welche die Machtverhältnisse unangetastet lassen, wenig Chancen haben, die postulierten Humanisierungsziele zu erreichen.

---

[1] In einer späteren Arbeit haben *Tichy* und *Hornstein* (1976) das Modell verfeinert (Unterscheidung zwischen zwei Untertypen von Sozialtechnologen, einem Typ A: Verhaltensänderung, und einem Typ B: Austausch der Führungskräfte) und erneut bei 133 Change Agents empirisch überprüft.

Vom Berater, der diese Änderungen initiieren und begleiten soll, kann man aufgrund seiner Interessenlage und der Kurzfristigkeit seines Engagements keine einschneidende Veränderung der Situation erwarten, dies nicht zuletzt aufgrund möglicher materieller Abhängigkeit vom Auftraggeber.

An den Berater, wie auch an den Aktionsforscher, werden höchste moralische Anforderungen gestellt. Er trägt die Verantwortung für die Handlungs- und Verhaltensspielräume einer Vielzahl von Menschen mit. Unter diesem Gesichtspunkt erscheinen manipulative Interventionstechniken, die die Betroffenen über die wahren Ziele und Konsequenzen des Wandels bewußt im Unklaren lassen, als äußerst fragwürdig und mit den vielgepriesenen Wertvorstellungen der Offenheit und Authentizität von Beziehungen unvereinbar.

V. Widerstände gegen geplanten Wandel

Wandel in sozialen Organisationen vollzieht sich nicht lautlos, unauffällig und problemlos, sondern ruft in aller Regel Widerstände hervor. Diese zeigen sich zum einen ganz *offen* (z. B. Streik, explizite Ablehnung der Innovation) oder mehr oder weniger *verdeckt* (z. B. erhöhter Absentismus, Leistungs- und Qualitätseinschränkungen, Wunsch nach Versetzung). Widerstände treten im Verlauf des Wandlungsprozesses mit unterschiedlicher Stärke und Intensität auf.

Watson (1975, S. 416 f.) unterscheidet fünf **Phasen des Widerstandes:**
1. *Phase:* Pioniere sind eindeutig in der Minderzahl, Widerstand ist massiv und undifferenziert
2. *Phase:* Kräfte pro und contra werden identifizierbar
3. *Phase:* direkte Konfrontation und für den Erfolg des Wandels entscheidende Positionskämpfe
4. *Phase:* Widerstände nehmen ab, Einbindung der Opposition
5. *Phase:* entspricht Phase 1 mit umgekehrten Vorzeichen, Opponenten sind eindeutig in der Minderzahl.

1. Ursachen von Widerständen

Um die Widerstände gegen Wandel besser verstehen und ihnen gegebenenfalls angemessen begegnen zu können, empfiehlt es sich, diese näher zu analysieren und nach unterschiedlichen Kriterien zu differenzieren.

Hierzu liegt eine ganze Reihe sowohl empirischer als auch analytischer Ansätze vor (vgl. z. B. *Coch/French* 1948, *Lawrence* 1954, *Böhnisch* 1979). So berichtet z. B. *Duncan* (1975, S. 438) von einer Studie über einen geplanten

Wandel in einer amerikanischen Grundschule, wobei die betroffenen Lehrer Widerstände aufgrund unterschiedlicher **Ursachen** entwickelten:

1. Widerstand aus Unwissenheit, mangelnder Information über Alternativen
2. Widerstand aus Trägheit oder versäumten Gelegenheiten
3. Widerstand wegen Beharrens auf dem status quo
4. Widerstand aus sozialen Gründen, Angst vor fehlender sozialer Akzeptanz des Wandels
5. Widerstand aus interpersonalen Gründen, da Freunde und Kollegen den Wandel auch nicht akzeptieren
6. Widerstand durch Substitution; Ausweichen auf eine andere Strategie
7. Widerstand aus der Überzeugung heraus, daß man es selbst am besten weiß
8. Widerstand aufgrund von Erfahrung; beim Ausprobieren merkt man, daß man das Neue nicht mag
9. Widerstand aufgrund fehlerhafter Annahmen über den Wandel.

Auch die Erkenntnisse von *Watson* (1975) über individuelle und organisatorische Widerstände gegen Innovationen stützen sich überwiegend auf Erfahrungen im Organisationstyp ‚Schule‘. Er analysiert

a) **Widerstände auf der Ebene des Individuums**

- Gewohnheit (Bekanntes wird bevorzugt)
- Übergewicht der Primärerfahrung (wie man beim erstenmal erfolgreich eine Situatiton bewältigt hat, prägt Verhalten)
- selektive Wahrnehmung (Informationen, die nicht in den akzeptierten Bezugsrahmen passen, werden verdrängt; dies führt zur Bildung von Vorurteilen, Stereotypen)
- Abhängigkeit (Wertvorstellungen, Einstellungen und Überzeugungen der wichtigsten Bezugspersonen werden internalisiert/einschl. der Kontroll-Instanz des Über-Ich)
- Selbstzweifel (wer den status quo akzeptiert, handelt gut, wer ihn verändern will, ist ein Rebell und böse)
- Unsicherheit und Regression (Sicherheit wird in der Vergangenheit, im ‚Bewährten und Wahren‘ gesucht).

b) **Widerstände auf Organisationsebene**

- Konformität mit Normen (Normen sind durch einzelne kaum zu ändern, es müssen Mehrheitsentscheide herbeigeführt werden)
- Interdependenz von Subsystemen (Änderungen in Teilbereichen einer Organisation haben Konsequenzen in anderen; eine Fixierung allein auf den zu ändernden Teilbereich gefährdet den gesamten Wandel)
- Privilegien (sind durch Wandel Privilegien gefährdet, ist mit starkem Widerstand der Privilegierten zu rechnen)
- Tabus (werden vom Wandel auch tabuisierte Bereiche einer Organisation betroffen, ist mit stärkstem Widerstand zu rechnen)
- Widerstand gegen externe (obwohl die meisten Innovationen von außen eingeleitet werden, besteht massive Ablehnung gegenüber fremden Ideen von Organisations-Externen).

In mehr systematisch-analytischen Arbeiten (*Carlisle* 1976, *Hellriegel/ Slocum/Woodman* 1986) wird überwiegend zwischen ökonomischen und sozialpsychologischen Ursachen von Widerständen unterschieden.

Unter den **ökonomisch** bedingten Widerständen steht die Angst vor Arbeitsplatzverlust ganz an der Spitze; aber auch die Gefahr der Dequalifizierung mit den damit möglicherweise verbundenen Lohneinbußen bedroht die Befriedigung der Bedürfnisse nach Sicherheit und sozialer Anerkennung. Vor allem technologischer Wandel hat in aller Regel ökonomische Folgen, die primär von den betroffenen Arbeitnehmern zu tragen sind.

Aber auch die **sozial-psychologischen** Faktoren sollten keineswegs unterschätzt werden. Jede Gefährdung der Sicherheit, die man im langjährigen Umgang mit einer Aufgabe an einem Arbeitsplatz und mit vertrauten Kollegen gewonnen hat, ist mit massiven Ängsten verbunden:

• Angst vor ungewissem Ausgang des Wandels

• Angst, der neuen Aufgabe nicht gewachsen zu sein

• Angst, mit den neuen Kollegen, der neuen Gruppe, nicht zurechtzukommen

• Angst, geliebte Privilegien und Statussymbole (ersatzlos) zu verlieren

• Angst, inzwischen gewonnene Autonomie am Arbeitsplatz wieder zu verlieren

• Angst vor einer grundsätzlichen Veränderung der gesamten (vertrauten) formalen und informalen Beziehungsmuster in der Organisation.

Widerstand gegen Wandel geht allerdings nicht nur von betroffenen Mitarbeitern aus, sondern auch von **Managern.**

Je höher ein Organisationsmitglied in der Hierarchie gestiegen ist, über desto mehr Macht und Einfluß verfügt es und desto mehr muß es Machteinbußen durch organisatorische Veränderungen befürchten. Trotz hoher Identifikation mit der Organisation sind die Ziele des Managers[1] für die Organisation keineswegs mit seinen persönlichen identisch, d.h. er fördert und unterstützt nur solche Veränderungsprozesse, die ihm Vorteile bringen, und er behindert alle Entwicklungen, seien sie noch so positiv für die ganze Organisation, die seine Position gefährden.

Wiedemann (1971, S. 148) beschreibt sehr anschaulich, wie der Vorschlag einer neuen Konzeption zu einer Polarisierung des Managements führt. Eine aufstrebende Gruppe, die mit der neuen Konzeption zu Erfolg kommen will (Angreifer), trifft auf eine konservative Gruppe, die an alten Privilegien hängt (Verteidiger). Das Top Management ist dabei meist in einer schwierigen Position; es ist einerseits Angegriffener und muß zugleich über die neue Konzeption entscheiden. **Konzeptions-Konkurrenz** ist ein sozialer Prozeß, bei dem es um Machtveränderung geht (S. 213).

Der erfolgreiche **Innovator** muß deshalb bestens kennen

• die Struktur seiner Abteilung/Organisation und aller in ihr ablaufenden Prozesse

---

[1] *Bosetzky* (1977) nennt ihn sehr anschaulich Mikropolitiker.

- die Sozialstruktur und die politischen Kräftefelder in seinem und angrenzenden Bereichen
- Schlüsselfiguren und deren mikropolitischen Einfluß

und

- durch Koalitionsbildung sein Machtpotential erhöhen
- an Änderungen beteiligten (betroffenen) Personen Belohnungen versprechen
- für Änderungsvorhaben Überzeugungsarbeit leisten.

Empirische Untersuchungen belegen, daß Menschen mit unterschiedlichen Persönlichkeitsmerkmalen auch unterschiedlich auf geplanten Wandel reagieren. So zeigt eine Literaturanalyse (*Filley/House/Kerr* 1976), daß folgender Personenkreis tendenziell **besonders starken Widerstand** gegen jeglichen Wandel entgegenbringt:

Personen

- die sich primär auf eigene Erfahrung berufen
- die an Kontinuität und Stabilität der Bedingungen glauben
- die glauben, daß es einen einzigen richtigen Weg gibt
- die geringe Risikoneigung aufweisen
- die ihre Arbeit sehr ernst nehmen
- die weniger gebildet sind
- die eher älter sind
- die weiblichen Geschlechts sind.

Gruppenwiderstand ist nach *Miner* (1973, S. 268) vor allem dann zu erwarten, wenn die Gruppenmitglieder

- hohes Zusammengehörigkeitsgefühl aufweisen
- offenkundig machen, daß sie in der Gruppe bleiben wollen
- ihre Gruppe allen anderen überlegen empfinden und wenn
- der Führer der Gruppe selbst negativ gegenüber Wandel eingestellt ist.

Generell läßt sich festhalten, daß dann mit Widerstand gegen Wandel gerechnet werden muß, wenn die erwarteten Ergebnisse negativ von den Betroffenen bewertet werden, und daß auf Unterstützung zu zählen ist, wenn sich positive Ergebnisse erwarten lassen.

Widerstände auf der Ebene des Individuums und der Gruppe als Folge konfligierender Interessenlagen sollen vor allem durch personale Interventionsstrategien überwunden werden. Dabei ist jedoch zu berücksichtigen, daß individuelle Verhaltensänderungen nicht zwangsläufig zu organisatorischen Veränderungen führen, sondern eher umgekehrt.

Unzulänglichkeiten der Organisation sind meistens nicht auf individuelles Fehlverhalten zurückzuführen, sondern als Konsequenz inadäquater Entscheidungsstrukturen und -prozesse zu interpretieren.

Organisationen sind eben nicht nur soziale Systeme, sondern weisen vor allem auch technische, ökonomische und politische Aspekte auf. Entsprechend müssen Entwicklungsmaßnahmen auch Variablen wie Macht, Interessen, Organisationskultur, Technologie und Struktur mit einschließen. Ein solch strukturell-politischer Ansatz muß dabei keineswegs individuelle Bedürfnisse vernachlässigen. Im Gegenteil halte ich es für wenig verantwortungsvoll, Menschen in Organisationen eine Verbesserung ihrer Situation zu versprechen, ohne die diese Situation beeinflussenden Faktoren miteinzubeziehen und zum Gegenstand von Veränderungsprozessen zu machen.

2. Umgang mit Widerständen

Technokratische Ansätze der Veränderung beschränken sich in aller Regel darauf, den erkannten Widerstand zu überwinden. Ich habe an anderer Stelle (vgl. S. 551 ff. der Arbeit) deutlich gemacht, daß Widerstand eine selbstverständliche Begleiterscheinung von Wandel ist und keineswegs nur störend und einfach abzubauen ist. Auch *Lawrence* (1954, S. 56) warnt davor, Widerstand als etwas zu betrachten, das sofort überwunden werden muß. Er sieht vielmehr im Widerstand ein Warnsignal analog dem Schmerz im menschlichen Organismus. Genauso wie es falsch ist, Schmerz einfach durch Betäubungsmittel zu bekämpfen, anstatt nach den Ursachen zu forschen, wäre es unangemessen, den Widerstand über disziplinarische Maßnahmen zu bekämpfen. In der Literatur über organisatorischen Wandel findet sich folglich eine Fülle von Empfehlungen zu subtileren **Formen der Überwindung von Widerstand:**

- Information über Ursachen und Ziele des Wandels
- Beteiligung der vom Wandel Betroffenen
- Verhandlung, Mitbestimmung
- Schutz der Personen, die vom Wandel negativ betroffen werden (z. B. Zusage, daß keine Entlassungen erfolgen, Umschulungen)
- Unterstützer des Wandels belohnen
- Vermeiden revolutionärer Ansätze
- Wahl eines kompetenten Beraters.

Lippitt et al. (1985, S. 99 f.) empfehlen, folgende Punkte bei einem geplanten Wandel zu beachten:

- Partizipation der Betroffenen bei Planung und Implementation
- offene Aussprachen ermöglichen
- langjährige Arbeits- und Sozialbeziehungen berücksichtigen
- Information der Betroffenen vor dem Wandel
- Aufbau eines Klimas des Vertrauens
- Problemlösung statt -verdrängung
- frühzeitig Erfolgserlebnisse schaffen
- rasche Stabilisierung erzielter Veränderungen

Kotter/Schlesinger/Sathe[2] (1979, S. 389) haben die häufig genannten Maßnahmen zur Überwindung von Widerstand mit Situationen in Beziehung gebracht, in denen sie am ehesten Erfolg versprechen:

---

[2] *Sathe, Vijay,* geb. in Indien, Prof. Business Administration, HBS.

Maßnahme	Situation
Information	Widerstand basiert auf Informationsdefizit, Gerüchten und Fehleinschätzungen
Partizipation	Den Change Agents fehlen wichtige Informationen, die Betroffenen verfügen über erhebliches Widerstandspotential
Unterstüztung/Hilfe	Widerstand basiert auf Anpassungsproblemen
Verhandlung	Gewinn-Verlust Situationen, mächtige Interessengruppen
Kooptation/Manipulation	Andere Maßnahmen sind unbrauchbar oder zu aufwendig
Zwang	Zeit ist knapp, und das Management verfügt über viel Macht

Die weithin in der Literatur vertretene These, daß erfolgreicher Wandel die **Partizipation** der Betroffenen bei Planung und Implementation des Wandels voraussetze, wird von *Kirsch* et al. (1978, S. 247ff., 394ff.) unter Hinweis auf eigene empirische Untersuchungen bestritten. Nach Auffassung der Autoren präferiert die deutsche Praxis eindeutig radikale Strategien vom Typ des **Bombenwurfs** und vermeidet eine Beteiligung der Betroffenen so weit wie möglich (vgl. S. 867 der Arbeit). Diese Einschätzung der Praxis wird auch von der Mehrheit der Betriebsräte in deutschen Unternehmungen bestätigt, die die Erfahrung gemacht haben, daß mit umso schwerwiegenderen Folgen für die Arbeitnehmer gerechnet werden muß, je weniger konkret die Aussagen der Unternehmungsleitung bei anstehenden Veränderungen sind (Checkliste Rationalisierung der Abt. Automation und Technologie der IG Metall, 1979).

Konsequenterweise sehen *Schienstock/Müller* (1978) organisatorischen Wandel als Problem der Arbeitsbeziehungen (Industrial Relations) und OE als Verhandlungsprozeß, wobei Ziele und Inhalt von Interventionsmaßnahmen zum Verhandlungsgegenstand zwischen Arbeitnehmer- und Arbeitgeber-Vertretern werden. Ein solcher Ansatz könnte OE auch für die Gewerkschaften attraktiv machen. In europäischen Ländern ist noch eine erhebliche Zurückhaltung der **Gewerkschaften und Betriebsräte** gegenüber OE-Maßnahmen zu erkennen (*Kubicek* 1981b). Dies mag aus einer prinzipiellen Skepsis gegenüber allen neuen Ansätzen und Methoden der Organisation und Führung herrühren, die das **Management** – ohne Einbeziehung der Arbeitnehmer-Vertreter – freudig aufgreift; im konkreten Fall von OE-Maßnahmen, wie sie z.Zt. in Deutschland überwiegend praktiziert werden, sehen die Arbeitnehmervertreter und Gewerkschaften jedoch keinen Ansatz zur nachhaltigen Verbesserung der Situation ihrer Mitglieder. Diese Ablehnung ist nicht zuletzt darauf zurückzuführen, daß Berater sich fast ausschließlich als Agenten des Top Managements verstehen.

Ein solcher Verhandlungsansatz verlagert auch die unergiebige Diskussion über die Prioritätsverteilung zwischen ökonomischen und sozialen Interessen aus der Unternehmung heraus auf das Feld der Interaktionsprozesse zwischen der Unternehmung und den relevanten Interessengruppen (= Analyse politischer Prozesse).

Um die organisationsinterne Machtverteilung und die verschiedenen Interessenkonflikte besser zu verstehen, muß m. E. das **gesellschaftliche Umfeld der Unternehmung** mit in den Prozeß des geplanten Wandels einbezogen werden.

Während betriebswirtschaftliche Ansätze bis vor kurzem durch eine weitgehende Konflikt- und Interessenfreiheit gekennzeichnet waren, finden sich erst in jüngeren realitätsnäheren und damit komplexeren Ansätzen Versuche einer Erfassung von Machtbeziehungen, die Ursache und Ausfluß konfligierender Interessenlagen sind (vgl. *Küpper/Ortmann* 1988).

Abkürzungsverzeichnis

AMJ	Academy of Management Journal
AJS	American Journal of Sociology
AdMJ	Advanced Management Journal
AMR	Academy of Management Review
AP	American Psychologist
ARP	Annual Review of Psychology
ASQ	Administrative Science Quarterly
ASR	American Sociological Review
BH	Business Horizons
BFuP	Betriebswirtschaftliche Forschung und Praxis
BS	Behavioral Science
BWL	Betriebswirtschaftslehre
CMR	California Management Review
DB	Der Betrieb
DBW	Die Betriebswirtschaft
DU	Die Unternehmung
FB/IE	Fortschrittliche Betriebsführung/Industrial Engineering
GD	Gruppendynamik
HBR	Harvard Business Review
HBS	Harvard Business School
HIOP	Handbook of Industrial and Organizational Psychology
HO	Human Organization
HOB	Handbook of Organizational Behavior
HR	Human Relations
HWB	Handwörterbuch der Betriebswirtschaft
HWFür	Handwörterbuch der Führung
HWO	Handwörterbuch der Organisation
HWPlan	Handwörterbuch der Planung
HWProd	Handwörterbuch der Produktionswirtschaft
IO	Industrielle Organisation
IR	Industrial Relations
ISR	Institute for Social Research
JABS	Journal of Applied Behavioral Science
JAP	Journal of Applied Psychology
JAPM	Journal of Applied Psychology Monograph
JASP	Journal of Abnormal and Social Psychology
JCB	Journal of Contemporary Business
JESP	Journal of Experimental Social Psychology
JET	Journal of European Training
JfB	Journal für Betriebswirtschaft
JOB	Journal of Occupational Behavior
JoMS	Journal of Management Studies
JP	Journal of Psychology
JPSP	Journal of Personality and Social Psychology
JSI	Journal of Social Issues
JSP	Journal of Social Psychology

KZSS . . . . Kölner Zeitschrift für Soziologie und Sozialpsychologie
LRP . . . . Long Range Planning
MIR . . . . Management International Review
MIT . . . . Massachusetts Institute of Technology
MS . . . . Management Science
MSU . . . . MSU Business Topics
OAS . . . . Organization and Administrative Sciences
OBHP . . . . Organizational Behavior and Human Performance
ODY . . . . Organizational Dynamics
OS . . . . Organization Studies
PA . . . . Personnel Administration
PB . . . . Psychological Bulletin
Pers . . . . Personal – Mensch und Arbeit
PJ . . . . Personnel Journal
PP . . . . Personnel Psychology
PR . . . . Psychological Review
PRS . . . . Psychologische Rundschau
PuP . . . . Psychologie und Praxis
ROB . . . . Research in Organizational Behavior
SMR . . . . Sloan Management Review
SOFI . . . . Soziologisches Forschungsinstitut Göttingen
SQ . . . . Sociological Quarterly
SW . . . . Soziale Welt
TDJ . . . . Training and Development Journal
UCLA . . . . University of California, Los Angeles
Uni . . . . Universität/University
Vp(n) . . . . Versuchsperson(en)
WIST . . . . Wirtschaftswissenschaftliches Studium
ZfA . . . . Zeitschrift für Arbeitswissenschaft
ZfB . . . . Zeitschrift für Betriebswirtschaft
ZfbF . . . . Zeitschrift für betriebswirtschaftliche Forschung
ZfhF . . . . Zeitschrift für handelswissenschaftliche Forschung (bis 1963)
ZfO . . . . Zeitschrift für Organisation, ab 51. Jg. (1982): Zeitschrift Führung + Organisation
ZfS . . . . Zeitschrift für Soziologie

Literaturverzeichnis

Abernathy, W. J./Clark, K. B./Kantrow, A. M. (1983), Industrial renaissance – producing a competitive future for America, New York 1983

Acker, H. B. (1977), Organisationsanalyse, 9. Aufl. Baden-Baden 1977

Ackermann, K.-F. (1985), Personalstrategien bei alternativen Unternehmensstrategien, in: *Bühler, W.* et al. (Hrsg.), Die ganzheitlich-verstehende Betrachtung der sozialen Leistungsordnung, Wien/New York 1985, S. 347–373

Ackermann, K.-F. (1987), Konzeptionen des strategischen Personalmanagements für die Unternehmenspraxis, in: *Glaubrecht, H./Wagner D.* (Hrsg.), Humanität und Rationalität in Personalpolitik und Personalführung, Freiburg i. Br. 1987, S. 39–68

Adams, J. S. (1963), Toward an understanding of inequity, in: JASP 1963, S. 422–436

Adams, J. S. (1965), Inequity in social exchange, in: *Berkowitz, L.* (Hrsg.), Advances in experimental social psychology, Vol. 2, New York 1965, S. 267–299

Adams, J. S. (1976), The structure and dynamics of behavior in organizational boundary roles, in: *Dunnette, M. D.* (Hrsg.), HIOP, Chicago 1976, S. 1175–1199

Adams, J. S./Rosenbaum, W. B. (1962), The relationship of worker productivity to cognitive dissonance about wage inequities, in: JAP 1962, S. 161–164

Aguilar, F. J. (1967), Scanning the business environment, New York/London 1967

Aiken, M./Hage, J. (1968), Organizational interdependence and intra-organizational structure, in: ASR 33/1968, S. 219–230

Albach, H. (1981), Die internationale Unternehmung als Gegenstand betriebswirtschaftlicher Forschung, in: ZfB-Ergänzungsheft 1, 1981, S. 13–24

Albach, H./Hahn, D./Mertens, P. (Hrsg.) (1979), Frühwarnsystem, in: ZfB-Sonderheft Okt./Nov. 1979

Alchian, A. A./Demsetz, H. (1972), Production, information costs, and economic organization, in: American Economic Review 62/1972, S. 777–795

Alderfer, C. P. (1969), An empirical test of a new theory of human needs, in: OBHP 4/1969, S. 142–175

Alderfer, C. P. (1972), Existence, relatedness, and growth. Human needs in organizational settings, New York/London 1972

Aldrich, H. E. (1972), Technology and organizational structure: A reexamination of the findings of the Aston Group, in: ASQ 1972, S. 26–43

Aldrich, H. E. (1979), Organizations and environments, Englewood Cliffs, N. J. 1979

Aldrich, H. E./Mueller, S. (1982) The evolution of organizational forms: Technology, coordination, and control, in: *Staw, B. M./Cummings, L. L.* (Hrsg.), ROB, Vol. 4 1982, S. 33–87

Aldrich, H. E./Pfeffer, J. (1976), Environments of organizations, in: Annual Review of Sociology, Vol. 2, Paolo Alto 1976, S. 79–105

Allaire, Y./Firsirotu, M. E. (1984), Theories of organizational culture, in: OS 1984, S. 193–226

Allaire, Y./Firsirotu, M. (1985), How to implement radical strategies in large organizations, in: SMR Spring 1985, S. 19–34

Allport, G. W. (1973), Personality, New York 1937; deutsch: Persönlichkeit. Struktur, Entwicklung und Erfassung der menschlichen Eigenart, 2. Aufl. Meisenheim am Glan 1959

Allport, G. W. (1957), European and American theories of personality, in: *David, H. P./v. Bracksen, H.* (Hrsg.), Perspectives in personality theory, New York 1957, S. 3–24

Allport, G. W./Vernon, P./Lindzey, G. (1960), Study of values, 3. Aufl., Boston 1960

Altmann, N./Bechtle, G. (1971), Betriebliche Herrschaftsstruktur und industrielle Gesellschaft, München 1971

Altmann, N./Binkelmann, P./Düll, K./Stück, H. (1982) Grenzen neuer Arbeitsformen – Betriebliche Arbeitsstrukturierung, Einschätzung durch Industriearbeiter, Beteiligung der Betriebsräte, Frankfurt/New York 1982

Alvesson, M. (1987), Organization theory and technocratic consciousness, Berlin/New York 1987

Amelang, M./Bartussek, D. (1981), Differentielle Psychologie und Persönlichkeitsforschung, Stuttgart/Berlin/Köln/Mainz 1981

Amigoni, F. (1978), Planning management control systems, in: Journal of Business Finance and Accounting 1978, S. 279–291

Andre, R./Ward, P. D. (1984), The 59-second employee, Boston 1984

Andrews, K. R. (1968), Die Entwicklung der Unternehmensausbildung in den USA, Essen 1968

Andrews, K. R. (1987), The concept of corporate strategy, Homewood, Ill. 1971, 3. Aufl. 1987

Ansoff, H. I. (1965/1966), Corporate strategy, New York etc. 1965, 2. Aufl.: The new corporate strategy, New York 1988; deutsch: Management Strategien, München 1966

Ansoff, H. I. (1976), Managing surprise and discontinuity – Strategic response to weak signals, in: ZfbF 1976, S. 129–152

Ansoff, H. I. (1979), Strategic management, London 1979

Ansoff, H. I. (1984), Implanting strategic management, Englewood Cliffs, N.J. 1984, 2. Aufl. 1990

Ansoff, H. I./Brandenburg, R. G. (1971), A language for organization design, in: MS 12/1971, S. 705–731

Ansoff, H. I./Declerck, R. P./Hayes, R. L. (Hrsg.) (1976), From strategic planning to strategic management, London etc. 1976

Ansoff, H. I./Stewart, M. (1981), Strategies for a technology-based business, in: *Rothberg, R. R.* (Hrsg.), Corporate strategy and product innovation, New York/London 1981, S. 81–97

Arbeitsgruppe Bielefelder Soziologen (Hrsg.) (1973), Alltagswissen, Interaktion und gesellschaftliche Wirklichkeit, Reinbek b. Hamburg 1973.

Arbeitskreis ‚Langfristige Unternehmensplanung' der Schmalenbach-Gesellschaft (1977), Strategische Planung, in: ZfbF 29/1977, S. 1–20

Argenti, J. (1976), Corporate collapse, the causes and symptoms, London etc. 1976

Argyle, M. (1982), Körpersprache und Kommunikation, 2. Aufl. Paderborn 1982

Argyris, Ch. (1957), Personality and organization, New York 1957

Argyris, Ch. (1962), Interpersonal competence and organizational effectiveness, Homewood, Ill. 1962

Argyris, Ch. (1964), Integrating the individual and the organization, New York 1964

Argyris, Ch. (1972), The applicability of organizational sociology, London 1972

Argyris, Ch. (1985), Strategy, change and defensive routines, Boston etc. 1985

Argyris, Ch./Putnam, R./McLain Smith, D. (1985), Action science, San Francisco/London 1985

Argyris, Ch./Schön, D. (1978), Organizational Learning: A theory of action perspective, Reading, Mass. 1978

Arnold, H. J./Feldman, D. C. (1986), Organizational behavior, New York etc. 1986

Asch, S. E. (1952), Social psychology, New York 1952

Aschoff, Ch. (1978), Betriebliches Humanvermögen, Wiesbaden 1978

Ashauer, G. (1986), Weiterbildung, in: *Kreklau/Uthmann/Woortmann* 1986, Ziffer 4010

Ashby, W. R. (1958), Requisite variety and its implication for the control of complex systems, in: Cybernetica, 1/1958, S. 83 ff.

Astley, W. G./Fombrun, Ch. J. (1983), Collective strategy: Social ecology of organizational environments, in: AMR 8/1983, S. 576–587

Astley, W. G./Van de Ven, A. H. (1983), Central prespectives and debates in organization theory, in: ASQ 28/1983, S. 245–273

Atkinson, J. (1985), Flexibility, uncertainty and manpower management, Institute of Manpower Studies, University of Sussex, Brighton 1985

Atkinson, J. W. (1975), Einführung in die Motivationsforschung, Stuttgart 1975

Atkinson, J. W./Birch, D. (1970), The dynamics of action, New York 1970

Attems, R. (1979), Der Zusammenhang zwischen Motivation und Führungsstil, in: FB/IE 3/1979, S. 147–151

AwF, Ausschuß für wirtschaftliche Fertigung (1920), Arbeitswissenschaftliche und berufskundliche Forschungsstätten, Berlin 1920

Baetge, J. (1979), Lernprozesse in der Produktion, in: *Kern, W.* (Hrsg.), HWProd, Stuttgart 1979, Sp. 1125–1133

Baethge, M. (1970), Ausbildung und Herrschaft: Unternehmerinteressen in der Bildungspolitik, 2. Aufl. Frankfurt/M. 1970

Bahrdt, H. P. (1958), Industriebürokratie – Versuch einer Soziologie des industrialisierten Bürobetriebs und seiner Angestellten, 2. Aufl. Stuttgart 1972

Baird, L./Meshoulam, I. (1988), Managing two fits of strategic human resource management, in: AMR 1/1988, S. 116–128

Baitsch, Ch./Frei, F. (1980), Qualifizierung in der Arbeitstätigkeit, Bern 1980

Bales, R. F. (1950), Interaction process analysis; A method for the study of small groups, Cambridge, Mass. 1950

Bales, R. F. (1970), Personality and interpersonal behavior, New York 1970

Bales, R. F./Cohen St. P. (1979/1982), A system for the multiple level observation of groups, New York 1979; deutsch: SYMLOG. Ein System für die mehrstufige Beobachtung von Gruppen, Stuttgart 1982

Bales, R. F./Slater, P. E. (1969), Role differentiation in small decision-making groups, in: *Gibb, C.* (Hrsg.), Leadership, Harmondsworth 1969, S. 255–276 (erstmals veröffentlicht 1955)

Bandura, A. (1969), Principles of behavior modification, London/Sidney 1969

Bandura, A. (1977), Social learning, theory, Englewood Cliffs, N. J. 1977; deutsch: Sozial-kognitive Lerntheorie, Stuttgart 1979

Bandura, A. (1986), Social foundations of thought and action – A social cognitive theory, Englewood Cliffs, N. J. 1986

Bannister, D./Fransella, F. (1981), Der Mensch als Forscher (Inquiring Man) – Die Psychologie der persönlichen Kontrolle, Münster 1981

Bardeleben, R. v./Böll, G./Kühn, H. (1986), Strukturen betrieblicher Weiterbildung, Berichte zur beruflichen Bildung: Heft 83, bibb, Berlin/Bonn 1986

Barnard, Ch. I. (1938/1970), The functions of the executive, Cambridge, Mass. 1938; deutsch: Die Führung großer Organisationen, Essen 1970

Barrett, J. H. (1970), Individual goals and organizational objectives, Ann Arbor, Mich. 1970

Bartunek, J. M./Louis, M. R. (1988), The interplay of organization development and organizational transformation, in:
Pasmore, W. A./Woodman, R. W. (Hrsg.), Research in Organizational Change and Development, 2/1988, S. 97–134

Bass, B. M. (1965), Organizational psychology, Boston 1965

Bass, B. M. (1981) (Hrsg.), Stogdill's Handbook of Leadership; A survey of theory and research, 2. Aufl. New York/London 1981, 3. Aufl. 1990

Bass, B. M. (1985/1986), Leadership and performance beyond expectations, New York/ London 1985; deutsch: Charisma entwickeln und zielführend einsetzen, Landsberg/ Lech 1986

Bateson, G. (1972), Steps to an ecology of mind, New York 1972; deutsch: Ökologie des Geistes, Frankfurt/M. 1985

Baugut, G./Krüger S. (1976), Unternehmensführung: Modelle – Strategien – Techniken, Opladen 1976

Baumgarten, R. (1976), Führungsstile und Führungstechniken, Berlin/New York 1976

Bavelas, A. (1950), Communication pattern in task-oriented groups, in: Journal of the Acoustical Society 1950, S. 725–730

Bechmann, A. (1981), Grundlagen der Planungstheorie und Planungsmethodik, Bern/ Stuttgart 1981

Bechtle, G. (1980), Betrieb als Strategie, Frankfurt/M. 1980

Beck, A. C./Hillmar, E. D. (1972), OD to MBO or MBO to OD: Does it make a difference? in: PJ, Nov. 1972

Beck, A. C./Hillmar, E. D. (1976), Making MBO work, Reading, Mass. 1976

Becker, F. G. (1985), Anreizsysteme für Führungskräfte im Strategischen Management, Bergisch Gladbach/Köln 1985

Becker, G. S. (1964), Human Capital, New York 1964

Becker, H./Langosch, I. (1984), Produktivität und Menschlichkeit. Organisationsentwicklung und ihre Anwendung in der Praxis, Stuttgart 1984, 3. Aufl. 1990

Beckhard, R. (1967), The confrontation meeting, in: HBR March/April 1967, S. 149 bis 155

Beckhard, R. (1969/1972), Organization development: Strategies and models, Reading Mass. 1969; deutsch: Organisationsentwicklung – Strategien und Modelle, Baden-Baden/Bad Homburg 1972

Beckhard, R./Harris, R. T. (1987), Organizational transitions: Managing complex change, Reading, Mass. 1. Aufl. 1977, 2. Aufl. 1987

Beckurts, K. H./Reichwald, R. (Hrsg.) (1984), Kooperation im Management mit integrierter Bürotechnik, München 1984

Beer, M. (1976), The technology of organization development, in: *Dunnette, M. D.* (Hrsg.), HIOP, Chicago 1976, S. 937–993

Beer, M. (1980), Organization change and development. A systems view, Cambridge, Mass. 1980

Beer, M./Huse, E. F. (1972), A systems approach to organizational development, in: JABS 8 (1) 1972, S. 79–101

Beer, M./Spector, B./Lawrence, P. R./Mills, D. Q./Walton, R. E. (1985), Human resource management, New York/London 1985

Beer, St. (1959/1970), Cybernetics and Management, London 1959; deutsch: Kybernetik und Management, Frankfurt 1970

Beer, St. (1981), Brain of the firm, 2. Aufl. Chichester etc. 1981, 1. Aufl. 1972

Bell, D. (1973), The coming of post-industrial society, 1973; deutsch: Die nachindustrielle Gesellschaft, Frankfurt/New York, 1975

Bender, K. (1951), Pretiale Betriebslenkung, Essen 1951

Bendix R. (1956/1960), Work and authority in industry, New York 1956; deutsch: Herrschaft und Industriearbeit, Frankfurt/M. 1960

Bendixen, P. (1970), Divisionen sind nicht ideal, in: Plus 8/1970, S. 35–38

Bendixen, P./Kemmler, H. W. (1971), Planung, Organisation und Methodik innovativer Entscheidungsprozesse, Berlin/New York 1971

Bennis, W. G. (1969/1972), Organization development: Its nature, origins, and prospects, Reading, Mass. 1969; deutsch: Organisationsentwicklung, Baden-Baden/Bad Homburg 1972

Bennis, W. G./Benne, K. D./Chin, R. (Hrsg.) (1985/1975), The planning of change,

4. Aufl., New York etc. 1985, 1. Aufl. 1961; deutsch: Änderung des Sozialverhaltens, Stuttgart 1975

Bennis, W. G./Nanus, B. (1985/1987), Leaders: The strategies for taking charge, New York etc. 1985; deutsch: Führungskräfte, Frankfurt/M./New York 3. Aufl. 1987

Berelson, B./Steiner, G. A. (1964), Human behavior: An inventory of scientific findings, New York 1964

Berg, C. C. (1981), Organisationsgestaltung, Stuttgart etc. 1981

Berger, L. P./Luckmann, T. (1967/1980), The social construction of reality, New York 1967; deutsch: Die gesellschaftliche Konstruktion der Wirklichkeit, Frankfurt/M. 1980

Bergius, R. (1972), Psychologie des Lernens, 2. Aufl. Stuttgart etc. 1972

Beriger, P. (1986), Quality Circles und Kreativität, Bern/Stuttgart 1986

Berle, A. A./Means, G. C. (1932), The modern corporation and private property, New York 1932, 2. Aufl. 1968

Berman, F. E./Miner, J. B. (1985), Motivation to manage at the top executive level: A test of the hierarchic role-motivation theory, in: PP 38/1985, S. 377–391

Bernard, L. L. (1926), An introductions to social psychology, New York 1926

Bernays, M. (1910), Auslese und Anpassung der Arbeiterschaft der geschlossenen Großindustrie, Leipzig 1910

Berne, E. (1961), Transactional analysis in psychotherapy, New York 1961

Berne, E. (1964/1967), Games people play, New York 1964; deutsch: Spiele der Erwachsenen, Reinbek bei Hamburg 1967

Bernthal, W. F. (1962), Value perspectives in management decisions, in: AMJ 5/1962, S. 190–196

Bertalanffy, L. v. (1951), General systems theory: A new approach to the unity of science, in: Human Biology 23/1951, S. 302–361

Berthel, J. (1979), Personalmanagement: Grundzüge für Konzeptionen betrieblicher Personalarbeit, Stuttgart 1979, 2. Aufl. 1989

Berthel, J. (1983), Zur Ermittlung betrieblichen Fortbildungsbedarfs, in: *Weber* (Hrsg.) (1983), S. 39–52

Berthel, J./Koch, H.-E. (1985), Karriereplanung und Mitarbeiterförderung, Sindelfingen/Stuttgart 1985

Bettinger, N. (1983), Bibiographie der Sozialforschungsstelle Dortmund in der Gründungsphase und im ersten Jahrzehnt 1946–1960, in: *Neuloh* et al. (1983), S. 103 bis 169

Beyer, H.-T. (1970), Die Lehre der Unternehmensführung,Berlin 1970

Beyer, H.-T. (1972), Wissenschaftstheorie und Managementlehre, in: BFuP 1972, S. 336–353

Beyer, H.-T. (1986), Betriebliche Arbeitszeitflexibilisierung, München 1986

Bielenski, H./Hegner, F. (Hrsg.) (1985), Praktizierte Arbeitszeitformen, Frankfurt/ New York 1985

Bion, W. R. (1959/1971), Experiences in groups, and other papers, New York 1959; deutsch: Erfahrungen in Gruppen, Stuttgart 1971

Bircher, B. (1976), Langfristige Unternehmensplanung, Bern/Stuttgart 1976

Birkigt, K./Stadler, M. M. (Hrsg.) (1980), Corporate Identity, München 1980, 3. Aufl. 1986

Bittel, L. R. (1964), Management by Exception, New York 1964

Blake, R. R./Mouton, J. S. (1967), Grid organization development, in: PA Jan/Feb. 1967

Blake, R. R./Mouton, J. S. (1964/1968), The managerial grid, Houston 1964; deutsch: Verhaltenspsychologie im Betrieb, Düsseldorf/Wien 1968, 2. Aufl. 1980

Blake, R. R./Mouton, J. S. (1969), Building a dynamic corporation through grid organization development, Reading, Mass. 1969

Blake, R. R./Mouton, J. S. (1982), How to choose a leadership style, in: TDJ Feb. 1982, S. 38–47

Blake, R. R./Mouton J. S. (1983), The new managerial grid in action, in: *Taylor/Lippitt* (Hrsg.) (1983), S. 449–470

Blake, R. R./Mouton, J. S. (1985), The managerial grid III, 3. Aufl. Houston 1985

Blake, R. R./Mouton, J. S. (1986), Executive achievement – making it at the top, New York etc. 1986

Blake, R. R./Mouton, J. S./Sloma, R. L. (1965), The union-management intergroup laboratory: Strategy for resolving intergroup conflict, in: JABS 1965, S. 25–57

Blake, R. R./Shepard, H. A./Mouton, J. S. (1964), Managing intergroup conflict in industry, Houston 1964

Blake, R. R./Mouton, J. S./Barnes, L. B./Greiner, L. E. (1964b), Breakthrough in organizational development, in: HBR Nov./Dez. 1964, S. 133–155

Blanchard, K. H./Johnson, Sp. (1983/1985), The one-minute manager, New York 1983; deutsch: Der Ein-Minuten-Manager, Reinbek b. Hamburg 1985

Blanchard, K. H./Zigarmi, P./Zigarmi, D. (1985), Leadership and the one-minute manager, New York 1985

Blau, P. M. (1956), Bureaucracy in modern society, New York 1956; mit *M. W. Meyer:* 2. Aufl. New York 1971

Blau, P. M. (1964), Exchange and power in social life, New York 1964

Blau, P. M./Schoenherr, F. (1971), The structure of organizations, New York 1971

Blau, P. M./Scott, W. R. (1962), Formal organizations, San Francisco 1962

Blauner, R. (1964), Alienation and freedom, Chicago 1964

Bleicher, K. (Hrsg.) (1972), Organisation als System, Wiesbaden 1972

Bleicher, K. (1981), Organisation – Formen und Modelle, Wiesbaden 1981, 2. Aufl. 1990

Bleicher, K. (1985), Betriebswirtschaftslehre als systemorientierte Wissenschaft vom Management, in: *Probst/Siegwart* (Hrsg.) (1985), S. 65–91

Bleicher, K./Meyer, E. (1976), Führung in der Unternehmung: Formen und Modelle, Reinbek bei Hamburg 1976

Blohm, H. (1971), Buchbesprechung zu Werner Kirschs „Entscheidungsprozesse", in: ZfB 1971, S. 893–895

Bluedorn, A. C. (1986), Introduction to special book review section on the classics of management, in: AMR 2/1986, S. 442–464

Bobbit, H. R. Jr./Ford, J. D. (1980), Decision-maker choice as a determinant of organizational structure, in: AMR 1/1980, S. 13–23

Böhm, H. (1979), Gesellschaftlich verantwortliche Unternehmensführung, Weilheim/ Teck 1979

Böhnisch, W. (1979), Personale Widerstände bei der Durchsetzung von Innovationen, Stuttgart 1979

Böhnisch, W./Ragan, J. W./Reber, G./Jago, A. G. (1988), Predicting Austrian leader behavior from a measure of behavioral intent: A cross-cultural replication, in: *Dlugos* et al. (Hrsg.) (1988), S. 313–322

Böhrs, H. (1963), Organisation des Industriebetriebs, Wiesbaden 1963

Boetticher, K. W. (1963), Unternehmer oder Manager: Grundprobleme industrieller Führerschaft, Köln und Berlin 1963

Bornemann, E. (1967), Betriebspsychologie, Wiesbaden 1967

Borrmann, W. (1986), Strategic resource management: Securing international competitiveness through competitive resources, in: *Macharzina/Staehle* (Hrsg.) (1986), S. 275–283

Bosetzky, H. (1970), Grundzüge einer Soziologie der Industrieverwaltung, Stuttgart 1970

Bosetzky, H. (1976), Zur Erzeugung von Eigenkomplexität in Großorganisationen, in: ZfO 45/1976, S. 279–285

Bosetzky, H. (1977), Machiavellismus, Machtkumulation und Mikropolitik, in: ZfO 46/1977, S. 121–125

Bosetzky, H./Heinrich, P. (1985), Mensch und Organisation, 3. Aufl. Köln etc. 1985

Bowers, D. G. (1973), OD techniques and their results in 23 organizations – The Michigan ICL study, in: JABS 1973, S. 21–43

Bowers, D. G./Franklin, J. L. (1977), Survey guided development: Data based on organizational change, La Jolla 1977

Bowers, D. G./Seashore, St. E. (1966), Predicting organizational effectiveness with a four-factor theory of leadership, in: ASQ 1966, S. 238–263

Bradford, L. P./Gibb, J. R./Benne, K. D. (Hrsg.) (1964), T-Group theory and laboratory methods, New York 1964

Brandstätter, H./Schuler, H./Stocker-Kreichgauer, G. (1974/1978), Psychologie der Person, Stuttgart etc. 1974, 2. Aufl. 1978

Braun, W. (1976), Das Transsubjektivitätsprinzip, in: WIST (Wirtschaftswissenschaftliches Studium) 11/1976, S. 526–528

Braun, W. (1987), Die Organisation ökonomischer Aktivitäten – Eine Einführung in die Theorie der Institutionen, Wiesbaden 1987

Braverman, H. (1974/1977), Labor and monopoly capital, New York 1974; deutsch: Die Arbeit im modernen Produktionsprozeß, Frankfurt/New York 1977, 2. Aufl. 1985

Brech, E. F. L. (Hrsg.) (1963), The principles and practice of management, 2. Aufl. London 1963

Brede, K. (1986), Individuum und Arbeit – Ebenen ihrer Vergesellschaftung, Frankfurt/New York 1986

Breer, P. E./Locke, E. A. (1965), Task experience as a source of attitudes, Homewood, Ill. 1965

Brehm, J. W. (1966), A theory of psychological reactance, New York 1966

Brenner, Ch. (1972), Grundzüge der Psychoanalyse, 6. Aufl. Frankfurt/M. 1972

Bresser, R. K./Bishop, R. C. (1983), Dysfunctional effects of formal planning: two theoretical explanations, in: AMR 4/1983, S. 588–599

Bresser, R. K./Harl, J. E. (1986), Collective strategy: Vice or virtue?, in: AMR 11/1986, S. 408–427

Briefs, G. (1918), Über das Organisationsproblem, Berlin 1918

Briefs, G. (1934), Betriebsführung und Betriebsleben in der Industrie, Stuttgart 1934

Bright, J. R. (1958), Automation and Management, Boston 1958

Brightford, E. G. (1974), Wie entwickeln wir einen eigenen Führungsstil?, in: IO 3/1974, S. 143–147

Brings, K. (1976), Erfahrungen mit der Matrixorganisation, in: ZfO 2/1976, S. 72 bis 80

Brödner, P. (1985), Fabrik 2000 – Alternative Entwicklungspfade in die Zukunft der Fabrik, Berlin 1985, 2. Aufl. 1986

Bronner, R./Schröder, W. (1983), Weiterbildungserfolg. Modelle und Beispiele systematischer Erfolgssteuerung. München/Wien 1983

Brooke, M. Z./Remmers, H. L. (1978), The strategy of multinational enterprise, 1. Aufl. 1972, 2. Aufl. London 1978

Bruggemann, A./Groskurth, P./Ulich, E. (1975), Arbeitszufriedenheit, Bern 1975

Buchanan, B. (1974), Building organizational commitment. The socialization of managers in work organizations, in: ASQ 19/1974, S. 533–546

Buchanan, D. A./Boddy, D. (1982), Advanced technology and the quality of working life: The effects of word processing on video typists, in: Journal of Occupational Psychology, 55/1982, S. 1–11

Buchner, M. (1981), Controlling – ein Schlagwort?, Frankfurt a. M./Bern 1981

Budäus, D. (1972), Betriebswirtschaftslehre und Wissenschaftstheorie. Ein Beitrag im

Rahmen der Diskussion um die „Entscheidungsprozesse" von W. Kirsch, in: ZfB 1972, S. 373–375

Budäus, D./Dobler, Ch. (1977), Theoretische Konzepte und Kriterien zur Beurteilung der Effektivität von Organisationen, in: MIR 3/1977, S. 61–75

Budäus, D./Gerum, E./Zimmermann, G. (Hrsg.) (1988), Bertiebswirtschaftslehre und Theorie der Verfügungsrechte, Wiesbaden 1988

Bühl, W. L. (1987), Grenzen der Autopoiesis, in: KZSS 39/1987, S. 225–254

Bühner, R. (1985), Strategie und Organisation, Wiesbaden 1985

Bühner, R. (1987), Betriebswirtschaftliche Organisationslehre, 3. Aufl. München/Wien 1987, 4. Aufl. 1989

Bühner, R. (1987b), Strategisches Personalmanagement für neue Produktionstechnologien, in: BFuP 3/1987, S. 249–265

Büschges, G. (1983), Einführung in die Organisationssoziologie, Stuttgart 1983

Burghardt, A. (1972), Einführung in die allgemeine Soziologie, München 1972

Burke, W. W. (1971), A comparison of management development and organization development, in: JABS 7/1971, S. 569–579

Burnham, J. (1941/1949), The managerial revolution, New York 1941; deutsch: Das Regime der Manager, Stuttgart 1949

Burns, J. M. (1978), Leadership, New York 1978

Burns, T. (1962), Micropolitics: Mechanisms of institutional change, in: ASQ 6/1962, S. 257–281

Burns, T./Stalker, G. M. (1961), The management of innovation, London 1961, 3. Aufl. 1971

Burrell, G./Morgan, G. (1979), Sociological paradigms and organisational analysis, London 1979

Busse von Colbe, W. (1962), Wirtschaftshochschulen und Wirtschafts- und Sozialwissenschaftliche Fakultäten, in: *Seischab, H./Schwantag, K.* (Hrsg.), HWB, 3. Aufl., Stuttgart 1962, Sp. 6391–6407

Bust-Bartels, A. (1980), Herrschaft und Widerstand in den DDR-Betrieben, Frankfurt/ New York 1980

Buzzell, R. D./Gale, B. T. (1987), The PIMS principles: Linking strategy to performance, New York/London 1987; deutsch: Das PIMS-Programm, Wiesbaden 1989

Byrne, J. A. (1986), Business Fads: What's in – and out, in: Business Week, Jan. 20, 1986, S. 52–61

Calder, B. J. (1977), An attribution theory of leadership, in: *Staw, B. M./Salancik, G. R.* (Hrsg.), New directions in organizational behavior, Chicago, Ill. 1977, S. 179–204

Calder, B. J./Staw, B. M. (1975), Self-perception of intrinsic and extrinsic motivation, in: JPSP 31/1975, S. 599–605

Calmes, A. (1906), Der Fabrikbetrieb, Leipzig 1906

Campbell, J. P./Dunnette, M. D. (1968), Effectiveness of T-group experiences in managerial training and development, in: PB August 1968, S. 73–104

Campbell, J. P./Dunnette, M. D./Lawler III, E. E./Weick Jr., K. E. (1970), Managerial behavior, performance, and effectiveness, New York u. a. 1970

Campbell, J. P./Pritchard, R. D. (1976), Motivation theory in industrial and organizational psychology, in: *Dunnette, M. D.* (Hrsg.), HIOP, Chicago 1976, S. 63–130

Caplan, R. D./Cobb, S./French, J. R. P./Van Harrision, R./Pinneau, S. R. (1975/1982), Job demands and worker health, Research Report HEW No. 75–160, Washington D. C. 1975; deutsch: Arbeit und Gesundheit, Bern etc. 1982

Capra, F. (1982), The turning point, New York 1982; deutsch: Wendezeit. Bausteine für ein neues Weltbild, 3. Aufl. Bern etc. 1983

Carey, A. (1967), The Hawthorne Studies – A radical criticism, in: ASR 32/1967, S. 403–416

Carlisle, H. M. (1973), Situational management: A contingency approach to leadership, New York 1973

Carlisle, H. M. (1976), Management: Concepts and situations, Chicago etc. 1976

Carlson, S. (1951), Executive behavior: A study of the work load and the working methods of managing directors, Stockholm 1951

Carroll, D. T. (1983), A disappointing search for excellence, in: HBR Nov./Dez. 1983, S. 78–88

Carroll, S. J./Gillen, D. J. (1987), Are the classical management functions useful in discribing managerial work?, in: AMR, 12/1987, S. 38–51

Carroll, S. J./Tosi, H. L. (1973), Management by objectives, New York 1973

Cartwright, D./Zander, A. (Hrsg.) (1968), Group dynamics: Research and theory, 1. Aufl. Evanston, Ill. 1953, 3. Aufl. New York 1968

Chandler, A. D. (1962), Strategy and structure, Cambridge etc. 1962

Chandler, A. D. (1977), The visible hand – The managerial revolution in American business, Cambridge, Mass./London 1977

Child, J. (1972), Organizational structure, environment, and performance: The role of strategic choice, in: Sociology, Vol. 6, 1972, S. 1–22

Child, J. (1984), Organization – A guide to problems and practice, London etc. 1977, 2. Aufl. 1984

Child, J./Ganter, H.-D./Kieser, A. (1987), Technological innovation and organizational conservatism, in: *Pennings, J. M./Buitendam, A.* (Hrsg.), New technology as organizational innovation, Cambridge, Mass. 1987, S. 87–115

Chin, R./Benne, K. D. (1975), Strategien zur Veränderung sozialer Systeme, in: *Bennis, W. G./Benne, K. D./Chin, R.* (Hrsg.) (1975), S. 43–78

Chmielewicz, K. (1979), Forschungskonzeption der Wirtschaftswissenschaft, 2. Aufl. Stuttgart 1979

Christensen, C. R./Andrews, K. R./Bower, J. L./Hamermesh, R. G./Porter, M. E. (1987), Business policy: Text and cases, 6. Aufl. Homewood, Ill., 1987, 1. Aufl. 1965

Chrubasik, B./Zimmermann, H.-J. (1987), Evaluierung der Modelle zur Bestimmung strategischer Schlüsselfaktoren, in: Die Betriebswirtschaft Nr. 47/1987, S. 426–450

Churchman, Ch. W./Ackoff, R. L./Arnoff, E. L. (1957/1961), Introduction to operations research, New York 1957; deutsch: Operations Research, Wien/München 1961

Clausewitz, C. v. (1980), Vom Kriege, hrsg. von *U. Marwedel*, Stuttgart 1980

Cleland, D. I. (1984), Matrix management systems handbook, New York 1984

Cleland, D. I./King, W. R. (1972), Management: A system approach, New York etc. 1972

Cleland, D. I./King, W. R. (1983), System analysis and projects management, New York etc. 1968, 3. Aufl. 1983

Coase, E. (1937), The nature of the firm, in: Economia 4/1937, S. 386–405

Coch, L./French Jr., J. R. P. (1948), Overcoming resistance to change, in: HR Vol. 1, 1948, S. 512–532

Cohen, M. D./March, J. G. (1986), Leadership and ambiguity, Boston, Mass., 2. Aufl. 1986, 1. Aufl. 1974

Cohen, M. D./March, J. G./Olsen, J. P. (1972), A garbage can model of organizational choice, in: ASQ 1/1972, S. 1–25

Conger, J. A. (1989), The charismatic leader, San Francisco/London 1989

Conrad, P. (1983), Maslow – Modell und Selbsttheorie – eine Kritik, in: DU 37/1983, S. 258–277

Conrad, P. (1988), Involvement-Forschung, Berlin/New York 1988

Conrad, P./Sydow, J. (1984), Organisationsklima, Berlin/New York 1984

Conrad, P./Sydow, J. (1988), Organisationskultur, Organisationsklima und Involvement, in: *Dülfer* (Hrsg.) (1988), S. 77–94

Conrad, P./Jaekel, B./Staehle, W. H. (1986), Review of European Foundation's research on new technology, Berlin 1986

Conradi, W. (1983), Personalentwicklung, Stuttgart 1983

Cooley, Ch. H. (1909), Social organization. A study of the larger mind, New York 1909

Coser, L. (1956), The functions of social conflict, New York 1956

Cotton, J. L./Vollrath, D. A./Froggatt, K. L./Lengnick-Hall, M. L./Junnings, K. R. (1988), Employee participation: Diverse forms and different outcomes, in: AMR 1/ 1988, S. 8–22

Cox, T. (1978), Stress, Baltimore 1978

Crott, H. (1979), Soziale Interaktion und Gruppenprozesse, Stuttgart etc. 1979

Crozier, M. (1964), The bureaucratic phenomenon, Chicago 1964

Crozier, M./Friedberg, E. (1979), Macht und Organisation, Königstein 1979

Cummings, L. L. (1975), Assessing the Graen/Cashman model and comparing it with other approaches, in: *Hunt, J. G/Larson L. L.* (Hrsg.) (1975), S. 181–185

Cummings, L. L. (1978), Toward organizational behavior, in: AMR Jan. 1978, S. 90–98

Cummings, Th. G./Huse, E. F. (1989), Organization development and change, 4. Aufl. St. Paul etc. 1989

Cyert, R. M./March, J. G. (1963), A behavioral theory of the firm, Englewood Cliffs, N. J. 1963

Dachler, H. P. (1984), Grenzen der Erklärungskraft biologischer und organismischer Analogien im Lichte von grundsätzlichen, in den Sozialwissenschaften begründeten Eigenschaften von Humansystemen, in: *Ulrich, H.* et al. (1984), S. 190–225

Daft, R. L./Weick, K. E. (1984), Toward a model of organizations as interpretation systems, in: AMR 9/1984, S. 284–295

Dahl, R. A. (1957), The concept of power, in: BS 1957, 201–215

Dahrendorf, R. (1959 a), Sozialstruktur des Betriebes – Betriebssoziologie, Wiesbaden 1959

Dahrendorf, R. (1959 b), Homo Sociologicus: Ein Versuch zur Geschichte, Bedeutung und Kritik der Kategorie der sozialen Rolle, Köln/Opladen 1959

Dahrendorf, R. (1962), Elemente einer Theorie des sozialen Konflikts, in: Gesellschaft und Freiheit, München 1962, S. 197–235

Dahrendorf, R. (1972), Konflikt und Freiheit, München 1972

Dale, E. (1965/1972), Management: Theory and practice, New York etc. 1965, 4. Aufl. 1978; deutsch: Management, Düsseldorf/Wien 1972

Dalton, M. (1959), Men who manage, New York 1959

Dansereau, F./Graen, G./Haga, W. (1975), A vertical dyad linkage approach to leadership within formal organizations, in: OBHP, 13/1975, S. 46–78

Davis, K./Blomstrom R. L. (1971), Business, society, and environment, 3. Aufl. New York 1975

Davis, L. E./Taylor, T. C. (Hrsg.) (1972), Design of jobs, Harmondsworth 1972

Davis, St. M./Lawrence, P. R. (1977), Matrix, Reading, Mass. 1977

Davis, T. R. V./Luthans, F. (1980), A social learning approach to organizational behavior, in: AMR 1980, S. 281–290

Deal, T. E./Kennedy, A. A. (1982/1987), Corporate culture, Reading, Mass. 1982; deutsch: Unternehmenserfolg durch Unternehmenskultur, Bonn 1987

Dearden, J. (1962), Limits on decentralized profit responsibility, in: HBR Juli-August 1962, S. 81–89

Delbecq, A. L./Van de Ven, A. H./Gustafson, D. H. (1975), Group techniques for program planning, Glenview, Ill. 1975

De Man, H. (1927), Der Kampf um die Arbeitsfreude, Jena 1927

Deppe, J. (1989), Quality Circle und Lernstatt. Ein integrativer Ansatz, Wiesbaden 1989

Dessler, G. (1976), Organization and management: A contingency approach, Englewood Cliffs, N.J. 1976

Dessler, G. (1985), Management fundamentals, 4. Aufl. Reston, Virginia 1985

Devanna, M.A./Fombrun, Ch.J./Tichy, N.M. (1981), Human resources management: A strategic perspective, in: ODY Winter 1981, S. 51–67

Dewey, J. (1910), How we think, Boston 1910

Dienstbach, H. (1972), Dynamik der Unternehmensorganisation, Wiesbaden 1972

Dierkes, M. (1974), Die Sozialbilanz. Ein gesellschaftsbezogenes Informations- und Rechnungssystem, Frankfurt/M. 1974

Dill, P. (1986), Unternehmenskultur: Grundlagen und Anknüpfungspunkte für ein Kulturmanagement, Bonn 1986

Dill, W.R. (1958), Environment as an influence on managerial autonomy, in: ASQ 1958, S. 409–443

Diller, H. (1975), Produkt-Management und Marketing-Informations-Systeme, Berlin 1975

DIN 33400 (1975), Gestalten von Arbeitssystemen, Berlin 1975

Dlugos, G. (1974), Unternehmungsspolitik als betriebswirtschaftlich-politische Teildisziplin, in: *Wild, H.* (Hrsg.) (1974), S. 43–73

Dlugos, G. (1987), Unternehmenspolitik als Führungsaufgabe, in: *Kieser/Reber/Wunderer* (Hrsg.), HWFü, Stuttgart 1987, Sp. 1985–1994

Dlugos, G./Dorow, W./Weiermair, K. (Hrsg.) (1988), Management under differing labour market and employment systems, Berlin/New York 1988

Dörner, D. (1979), Problemlösen als Informationsverarbeitung, 2. Aufl. Stuttgart etc. 1979

Dollase, R. (1975), Soziometrie als Interventions- und Meßinstrument, in: GD 6/1975, S. 82–92

Dollase, R. (1976), Soziometrische Techniken, 2. Aufl. Weinheim 1976

Domsch, M. (1983), Partizipative Bildungsplanung im Betrieb, in: *Weber* (Hrsg.) (1983), S. 97–110

Domsch, M./Gerpott, T.J. (1985), Verhaltensorientierte Beurteilungsskalen, in: DBW 45, 6/1985, S. 666–680

Donaldson, L. (1987), Strategy and structural adjustment to regain fit and performance: In defence of contingency theory, in: JoMS 24/1987, S. 1–24

Donham, W. (1936), The theory and practice of administration, in: HBR 14/1936, S. 405–413

Donnelly, J.F. (1977), Participative management at work, in: HBR Jan./Febr. 1977, S. 117–127

Donnelly, J.H./Gibson, J.L./Ivancevich, J.M (1987), Fundamentals of management, 6. Aufl., Plano, Texas 1987, 7. Aufl. 1990

Dorow, W. (1978), Unternehmungskonflikte als Gegenstand unternehmungspolitischer Forschung, Berlin 1978

Dorow, W. (1982), Unternehmungspolitik, Stuttgart etc. 1982

Dorow, W. (Hrsg.) (1987), Die Unternehmung in der demokratischen Gesellschaft, Berlin/New York 1987

Drazin, R./Van de Ven, A.H. (1985), Alternative forms of fit in contingency theory, in: ASQ 30/1985, S. 514–539

Dreyer, H. (1975), Motivationspsychologischer Ansatz zur Erfassung des Lerntransfers im Führungskräfte-Training, in: ZfA 1/1975, S. 14–19

Drucker, P.F. (1954/1956), The practice of management, New York 1954; deutsch: Die Praxis des Management, Düsseldorf 1956

Drucker, P.F. (1969), The age of discontinuity, New York 1969

Drumm, H.J. (1987), Qualitative Personalplanung, in: ZfbF 39 11/1987, S. 959–974

Drumm, H.J./Scholz, Ch. (1988), Personalplanung, 2. Aufl. Bern/Stuttgart 1988

Druwe, U. (1988), ‚Selbstorganisation' in den Sozialwissenschaften, in: KZSS 40/1988, S. 762–775

Dubin, R./Champoux, J.E./Porter, L.W. (1975), Central life interests, in: ASQ 1975, S. 411–421

DuBrin, A.J. (1974), Fundamentals of organizational behavior – an applied perspective, New York etc. 1974, 2. Aufl. 1978

Dülfer, E. (Hrsg.) (1988), Organisationskultur, Stuttgart 1988

Duncan, R.B. (1972), Characteristics of organizational environments and perceived environmental uncertainty, in: ASQ 1972, S. 313–327

Duncan, R.B. (1979), What's the right organization structure?, in: ODY Winter 1979, S. 59–80

Duncan, R.B./Weiss, A. (1979), Organizational Learning: Implications for organizational design, in: *Staw, B.M.* (Hrsg.) ROB 1/1979, S. 75–123

Duncan, W.J. (1975), Essentials of management, Hinsdale, Ill. 1975

Duncan, W.J, (1981), Organizational behavior, 2. Aufl., Boston etc. 1981

Dunnette, M.D. (Hrsg.) (1976), Handbook of industrial and organizational psychology, Chicago 1976

Dunst, K.H. (1983), Portfolio Management: Konzeption für die strategische Unternehmungsplanung, Berlin/New York 1979, 2. Aufl. 1983

Dyer, W.G./Dyer, W.G. Jr., (1986), Organization Development: System change or culture change? in: Personnel, Februar 1986, S. 14–22

Dyer, W.G. Jr. (1985), The cycle of cultural evolution in organizations, in: *Kilman* et al. (Hrsg.) (1985) S. 200–229

Easton, D. (1965), A systems analysis of political life, New York etc. 1965

Eberlein, G./Kondratzkowitz, H.J. (1977), Psychologie statt Soziologie? Zur Reduzierbarkeit sozialer Strukturen auf Verhalten, Frankfurt/New York 1977

Ebers, M. (1985), Organisationskultur: Ein neues Forschungsprogramm? Wiesbaden 1985

Eckardstein, D.v./Schnellinger, F. (1978), Betriebliche Personalpolitik, 3. Aufl. München 1978

Edwards, R. (1979/1981), Contested terrain, London 1979; deutsch: Herrschaft im modernen Produktionsprozeß, Frankfurt/New York 1981

Eells, R. (1960), The meaning of modern business, New York 1960

Eisfeld, C. (1956), Betriebswirtschaftslehre und Wirtschaftspraxis in ihrer Wechselwirkung, in: Ein Halbjahrhundert betriebswirtschaftliches Hochschulstudium, Festschrift zum 50. Gründungstag der Handels-Hochschule Berlin, Berlin 1956

Ekeh, P. (1974), Social exchange theory – the two traditions, London 1974

Elfgen, R./Klaile, B. (1987), Unternehmensberatung, Stuttgart 1987

Elias, H.J./Gottschalk, B./Staehle, W.H. (1982), Arbeitsstrukturierung auf der Grundlage der dualen Arbeitssituationsanalyse, in: ZfA 1/1982, S. 1–8

Elias, H.J./Gottschalk, B./Staehle, W.H. (1985), Gestaltung und Bewertung von Arbeitssystemen, Frankfurt/New York 1985

Elschen, R. (1982), Bertiebswirtschaftslehre und Verhaltenswissenschaften. Probleme einer Erkenntnisübernahme am Beispiel des Risikoverhaltens bei Gruppenentscheidungen, Frankfurt/M. 1982

Elschen, R. (1983), Führungslehre als betriebswirtschaftliche Forschungskonzeption, in: *Fischer-Winkelmann, W.F.* (Hrsg.) (1983), S. 238–263

Emerson, H. (1913), The twelve principles of efficiency, New York 1913

Emery, F.E./Thorsrud, E. (1982), Industrielle Demokratie – Bericht über das norwegische Programm der industriellen Demokratie, Bern/Stuttgart/Wien 1982

Emery, F.E./Trist, E.L. (1965), The causal texture of organizational environments, in: HR 1965, S. 21–32

England, G.W. (1988), Potential constraints upon management action as a function of national work meanings and patterns – Germany, Japan, and the USA, in: *Dlugos* et al. (Hrsg.) (1988), S. 455–468

Erikson, E. (1965), Kindheit und Gesellschaft, Stuttgart 1965

Etzioni, A. (1961/1975), A comparative analysis of complex organizations, New York 1961, 2. Aufl. 1975

Etzioni, A. (1964), Modern organizations, Englewood Cliffs, N.J. 1964

Etzioni, A. (1975), Die aktive Gesellschaft, Opladen 1975

Euler, H.P. (1977), Das Konfliktpotential industrieller Arbeitsstrukturen. Analyse der technischen und sozialen Ursachen, Opladen 1977

European Management Forum (Hrsg.) (1973), European management symposium. Summary of plenary sessions, Davos 1973

Evans, M.G. (1970), The effects of supervisory behavior on the path-goal-relationship, in: OBHP 1970, S. 277–298

Evans, M.G. (1987), Führungstheorien – Weg-Ziel-Theorie, in: *Kieser/Reber/Wunderer* (Hrsg.), HWFü, Stuttgart 1987, Sp. 948–965

Exner, A./Königswieser, R./Titscher, St. (1987), Unternehmensberatung – systemisch, in: DBW 3/1987, S. 265–284

Farmer, R.N./Richman, B.M. (1965), Comparative management and economic progress, Homewood, Ill. 1965

Fayerweather, J. (1982/1975), International business strategy and administration, 2. Aufl. Cambridge, Mass. 1982; deutsch: Internationale Unternehmensführung. Ein Begriffssystem, Berlin 1975

Fayol, H. (1916/1929), Administration industrielle et générale, Paris 1916; deutsch: Allgemeine und industrielle Verwaltung, München/Berlin 1929

Feldman, D.C./Arnold, H.J. (1983), Managing individual and group behavior in organizations, New York etc. 1983

Ference, T.P./Stoner, J.A.F./Warren, E.K. (1977), Managing the career plateau, in: AMR 2/1977, S. 602–612

Festinger, L. et al. (1956), When prophecy fails, Minniapolis 1956

Festinger, L. (1957), A theory of cognitive dissonance, Evanston 1957

Festinger, L. (1978), Theorie der kognitiven Dissonanz, hrsg. von *Irle, M./Möntmann, V.*, Bern/Stuttgart 1978

Fiedler, F.E. (1967), A theory of leadership effectiveness, New York etc. 1967

Fiedler, F.E. (1969), Engineer the job to fit the manager, in: *Cummings, L.L./Scott, W.E.* (Hrsg.), Readings in organizational behavior and human performance, Homewood, Ill. 1969, S. 643–651

Fiedler, F.E./Chemers, M.M./Mahar, L. (1976/1979), Improving leadership effectiveness: The Leader Match Concept, New York 1976, 2. Aufl. 1984; deutsch: Der Weg zum Führungserfolg. Ein Selbsthilfeprogramm für Führungskräfte, Stuttgart 1979

Fiedler, F.E./Mai-Dalton, R. (1980), Führungstraining mit Hilfe des Kontingenz-Modells, in: DBW 1/1980, S. 45–51

Field, R.H.G. (1979), A critique of the Vroom-Yetton contingency model of leadership behavior, in: AMR 1979, S. 249–257

Field, R.H.G. (1982), A test of the Vroom-Yetton normative model of leadership, in: JAP 5/1982, S. 523–532

Filley, A.C. (1975), Interpersonal conflict resolution, Glenview, Ill. 1975

Filley, A.C./House, R.J. (1969), Managerial process and organizational behavior, Glenview, Ill. 1969

Filley, A.C./House, R.J./Kerr, St. (1976), Managerial process and organizational behavior, Glenview, Ill. 1. Aufl. 1969, 2. Aufl. 1976

Fiol, C.M./Lyles, M.A. (1985), Organizational Learning, in: AMR 4/1985, S. 803–813

Fischer, G. (1949), Mensch und Arbeit im Betrieb, Stuttgart 1949

Fischer-Winkelmann, W. F. (Hrsg.) (1983), Pradigmawechsel in der Betriebswirtschaftslehre?, Spardorf 1983

Fittkau, B. et al. (Hrsg.) (1983), Kommunizieren lernen (und umlernen), 3. Aufl. Braunschweig 1983

Fittkau-Garthe, H./Fittkau, B. (1971), Fragebogen zur Vorgesetzten-Verhaltens-Beschreibung, Göttingen 1971

Flamholtz, E. G. (1974), Human resource accounting, Encino, Calif. 1974

Flanagan, J. C. (1954), The critical incident technique, in: PB 51/1954, S. 327–358

Flechtner, H.-J. (1970), Grundbegriffe der Kybernetik, Stuttgart 1966, 5. Aufl. 1970

Fleishman, E. A./Harris, E. F./Burtt, H. E. (1955), Leadership and supervision in industry, Columbus 1955

Flippo, E. B. (1984), Personnel management, 6. Aufl. New York etc. 1984, 1. Aufl. 1961

Flippo, E. B./Munsinger, G. M. (1982), Management, 5. Aufl. Boston etc. 1982

Flohr, B./Niederfeichtner, F. (1982), Zum gegenwärtigen Stand der Personalentwicklungsliteratur: Inhalte, Probleme und Erweiterungen, in: *Kossbiel* (Hrsg.) (1982), S. 11–49

Follett, M. P. (1918), The new state: Group organization: The solution of populare government, London 1918

Fombrun, Ch. J./Tichy, N. M./Devanna, M. A. (Hrsg.) (1984), Strategic human resource management, New York etc. 1984

Fopp, L. (1982), Mitarbeiter-Portfolio: Mehr als nur ein Gedankenspiel, in: Pers 8/1982, S. 333–336

Ford, H. (1923), Mein Leben und Werk, Leipzig 1923

Ford, R. N. (1969), Motivation through the work itself, New York 1969

Forehand, G. A./Gilmer, B. H. (1964), Environmental variation in studies of organizational behavior, in: PB 1964, S. 361–382

Forster, J. (1978), Teams und Teamarbeit in der Unternehmung, Bern/Stuttgart 1978

Forster, W. (1978), Das Konzept und die Dimensionen des Organisationsklimas, Diss. Zürich 1978

Fotilas, P. (1980), Arbeitshumanisierung und teilautonome Arbeitsgruppen – Wirtschaftliche und technische Aspekte, Berlin 1980

Freeman, R. E. (1984), Strategic management: A stakeholder approach, Boston etc. 1984

Freese, H. (1909), Die konstitutionelle Fabrik, Jena 1909

Frei, F./Ulich, E. (Hrsg.) (1981), Beiträge zur psychologischen Arbeitsanalyse, Bern 1981

Freimann, J. (1987), Ökologie und Betriebswirtschaft, in: ZfbF 39 5/1987, S. 380–390

French, J. R. P./Kahn, R. L. (1962), A programmatic approach to studying the industrial environment and mental health, in: JSI 18/1962, S. 1–47

French, J. R. P./Raven, B. H. (1959), The bases of social power, in: *Cartwright, D.* (Hrsg.), Studies in social power, Ann Arbor, Mich. 1959, S. 150–167

French, W. L./Bell, C. H. jr. (1984/1982), Organization development, 3. Aufl. 1984, Englewood Cliffs, N. J., 1. Aufl. 1973; deutsch: Organisationsentwicklung, 2. Aufl. Bern/Stuttgart 1982

French, W. L./Hollmann, R. W. (1975), Management by objectives: The team approach, in: CMR 1975, S. 13–22

Frenckner, T. P. (1957), Betriebswirtschaftslehre und Verfahrensforschung, in: ZfhF 1957, S. 65–102

Frese, E. (1984), Grundlagen der Organisation – Die Organisationsstruktur der Unternehmung, 2. Aufl. Wiesbaden 1984, 4. Aufl. 1988

Frese, E. (1987), Unternehmungsführung, Landsberg am Lech 1987

Frese, M. (1981), Streß im Büro, Bern/Stuttgart 1981

Freud, S. (1920), Jenseits der Lustprinzips, Gesammelte Werke, Bd. 13, 7. Aufl. London 1972

Freudenberger, J. H. (1974), Staff burnout, in: JSI 30/1974, S. 159–165

Fricke, W. (1975), Arbeitsorganisation und Qualifikation, Bonn/Bad Godesberg 1975

Friedeburg, L. v. (1963), Soziologie des Betriebsklimas, Frankfurt/M. 1963

Friedman, A. (1977), Industry and labour, London 1977

Friedman, M. (1971), Die soziale Verantwortung der Geschäftswelt, in: *Schmölders, G.* (Hrsg.), Der Unternehmer im Ansehen der Welt, Bergisch-Gladbach 1971, S. 198 bis 206

Friedman, M./Rosenman, R. H. (1974), Type A behavior and your heart, New York 1974

Friedmann, G. (1946/1952), Problèmes humains du mechanisme industriel, Paris 1946; deutsch: Der Mensch in der mechanisierten Produktion, Köln 1952

Friedrichs, G. (1974), Situation als soziologische Erhebungseinheit, in: ZfS 1/1974, S. 44–52

Friedrichs, G./Schaff, A. (Hrsg.) (1984), Auf Gedeih und Verderb. Mikroelektronik und Gesellschaft, Bericht an den Club of Rome. Reinbek b. Hamburg 1984

Frieling, E. (1975), Psychologische Arbeitsanalyse, Stuttgart 1975

Frieling, E./Hoyos, G. (1978), Fragebogen zur Arbeitsanalyse (FAA), Bern 1978

Fröbel, F./Heinrichs, J./Kreye, O. (1977), Die neue internationale Arbeitsteilung, Reinbeck bei Hamburg 1977

Fröbel, F./Heinrichs, J./Kreye, O. (1986), Umbruch in der Weltwirtschaft, Reinbek b. Hamburg 1986

Fürstenberg, F. (1975), Konzeption einer interdisziplinär organisierten Arbeitswissenschaft, Göttingen 1975

Furubotn, E./Pejovich, S. (1972), Property rights and economic theory: A survey of recent literature, in: Journal of Economic Literature 10/1972, S. 1137–1162

Gabele, E. (1979), Unternehmensstrategie und Organisationsstruktur, in: ZfO 1979, S. 181–190

Gabele, E. (1981), Die Einführung von Geschäftsbereichsorganisationen, Tübingen 1981

Gabele, E. (1983), Betriebliche Bildungsinhalte im Spiegel akuter inner- und außerbetrieblicher Veränderungen, in: *Weber* (Hrsg.) (1983), S. 111–129

Gäfgen, G. (1974), Theorie der wirtschaftlichen Entscheidung, 3. Aufl. Tübingen 1974

Gälweiler, A. (1987), Strategische Unternehmensführung, Frankfurt/New York 1987

Gaitanides, M. (1975), Industrielle Arbeitsorganisation und technische Entwicklung, Berlin/New York 1975

Gaitanides, M. (1983), Prozeßorganisation, München 1983

Gaitanides, M. (1985), Strategie und Struktur. Zur Bedeutung ihres Verhältnisses für die Unternehmensentwicklung, in: ZfO 54/1985, S. 115–122

Gaitanides, M./Oechsler, E./Remer, A./Staehle, W. H. (1975), Forschungsziele der systemorientierten Betriebswirtschaftslehre, in: *Jehle, E.* (Hrsg.), Systemforschung in der Betriebswirtschaftslehre, Stuttgart 1975, S. 107–132

Galbraith, J. R. (1973), Designing complex organizations, Reading, Mass. 1973

Galbraith, J. R. (1982), Designing the innovating organization, in: ODY, Winter 1982, S. 5–25

Galbraith, J. R. (1987), Organization design, in: *Lorsch* (Hrsg.), HOB 1987, S. 343–357

Galbraith, J. R./Nathanson, D. A. (1978), Strategy implementation: The role of structure and process, St. Paul, Minn. 1978

Gannon, M. J. (1982), Management: An organizational perspective, Boston/Toronto 2. Aufl. 1982, 1. Aufl. 1977

Gasparini, G. (1978), Organizational power, strategies and social classes: Towards a critique of the contingency theory of organizations, in: *Warner, M.* (Hrsg.), Organizational choice and constraint, Westmead 1978, S. 215–248

Gaulhofer, M. (1988), Controlling im Mittelbetrieb, Frankfurt/M. 1988

Gaulhofer, M. (1989), Controlling und menschliches Verhalten, in: ZfB 59/1989, S. 141–154

Gaydoul, P. (1980), Controlling in der deutschen Unternehmenspraxis, Darmstadt 1980

Gebert, D. (1972), Gruppendynamik in der betrieblichen Führungsschulung, Berlin 1972

Gebert, D. (1974), Organisationsentwicklung, Stuttgart etc. 1974

Gebert, D. (1978), Organisation und Umwelt, Stuttgart etc. 1978

Gebert, D. (1979), Dezentralisierung und Entformalisierung aus kontingenztheoretischer Sicht, in: ZfO 1979, S. 97–104

Gebert, D. (1981), Belastung und Beanspruchung in Organisationen, Stuttgart 1981

Gebert, D./Rosenstiel, L.v. (1981), Organisationspsychologie – Person und Organisation, Stuttgart etc. 1981

Geck, A. (1931), Die sozialen Arbeitgeberverhältnisse im Wandel der Zeit, Berlin 1931

George, C.S. (1972), The history of management thought, 2. Aufl. Englewood Cliffs, N.J. 1972

Georgopoulos, B./Mahoney, G./Jones, N. (1957), A path-goal approach to productivity, in: JAP 1957, S. 345–353

Gerl, K. (1975), Analyse, Erfassung und Handhabung von Anpassungswiderständen beim organisatorischen Wandel, Diss. München 1975

Gerpott, T.J. (1988), Karriereentwicklung von Industrieforschern, Berlin/New York 1988

Geschka, H./Hammer, R. (1986), Die Szenario-Technik in der strategischen Unternehmensplanung, in: *Hahn/Taylor* (Hrsg.) (1986), S. 238–263

Gibb, C.A. (1969), Leadership, in: *Lindzey, G./Aronson, E.* (Hrsg.), The handbook of social psychology, Bd. 4, 2. Aufl. Reading, Mass. 1969

Gibson, J.L./Ivancevich, J.M./Donnelly Jr., J.H. (1976), Organizations: Behavior, structure, processes, 1. Aufl. Dallas 1973, 2. Aufl. 1976

Giddens, A. (1984/1988), The constitution of society. Outline of the theory of structuration, Cambridge 1984; deutsch: Die Konstitution der Gesellschaft, Frankfurt/New York 1988

Glasl, F. (1980), Konfliktmanagement – Diagnose und Behandlung von Konflikten in Organisationen, Bern/Stuttgart 1980, 2. Aufl. 1990

Glasl, F./Houssaye, L. de la (Hrsg.) (1975), Organisationsentwicklung, Bern/Stuttgart 1975

Goerke, W. (1981), Organisationsentwicklung als ganzheitliche Innovationsstrategie, Berlin/New York 1981

Goldmann, H. (1982), Organisationsentwicklung und Organisationsstruktur, Diss. Zürich 1982

Golembiewski, R.T. (1967), Organizing men and power: Patterns of behavior and line-staff models, Chicago 1967

Gomez, P. (1985), Systemorientiertes Problemlösen im Management: Von der Organisationsmethodik zur Systemmethodik, in: *Probst/Siegwart* (Hrsg.) (1985), S. 235 bis 260

Gomez, P./Probst, G.J.B. (1985), Organisationelle Geschlossenheit im Management sozialer Institutionen – Ein komplementäres Konzept zu den Kontingenz-Ansätzen, in: Delfin 5/1985, S. 22–29

Gordon, R.A./Howell, J.E. (1959), Higher education for business, New York 1959

Gore, W.J. (1964), Administrative decision-making, New York etc. 1964

Gottschall, D. (1988), Schule der Querdenker, in: manager magazin 4/1988, S. 308–319

Gouldner, A.W. (1954), Patterns of industrial bureaucracy, New York 1954

Gouldner, A. W. (1957), Cosmopolitans and locals: Towards an analysis of latent social roles, in: ASQ 2/1957, S. 281–306

Gouldner, A. W. (1959), Organizational analysis, in: *Merton, R. K./Broom, L./Cottrell, L. S.* (Hrsg.), Sociology today: Problems and prospects, New York 1959, S. 400–428

Grabatin, G. (1981), Effizienz von Organisationen, Berlin/New York 1981

Graeff, C. L. (1983), The situational theory of leadership: A critical view, in: AMR, 2/1983, S. 285–291

Graen, G. B. (1969), Instrumentality theory of work motivation: Some experimental results and suggested modifications, in: JAPM 1969, S. 1–25

Graen, G. B. (1976), Role-making processes within complex organizations, in: *Dunnette* (Hrsg.), HIOP, Chicago 1976, S. 1201–1245

Graen, G. B./Cashman, J. F. (1975), A role making model of leadership in formal organizations: A developmental approach, in: *Hunt, J. G./Larson, L. L.* (Hrsg.) (1975), S. 143–165

Graen, G. B./Orris, J. B./Alvares, K. (1971), Contingency model of leadership effectiveness: Some experimental results, in: JAP 1971, S. 196–201

Graen, G. B./Schiemann, W. (1978), Leader-member agreement: A vertical dyad linkage approach, in: JAP, 63/1978, S. 206–212

Graen, G. B./Scandura, T. A. (1987), Toward a psychology of dyadic organizing, in: *Cummings, L. L./Staw, B. M.* (Hrsg.), ROB, Vol. 9, 1987, S. 175–208

Graf, D. (1960), Arbeitsphysiologie, Wiesbaden 1960

Graicunas, V. A. (1937), Relationship in organization, in: *Gulick, L./Urwick, L.* (Hrsg.) (1937), S. 181–188

Graves, D. (1986), Corporate culture: Diagnosis and change, New York 1986

Green, St. G./Mitchell, T. R. (1979), Attributional processes of leaders in leader-member interaction, in: OBHP, 23/1979, S. 429–458

Greene, Ch. N./Adam, E. E./Ebert, R. J. (1985), Management for effective performance, Englewood Cliffs, NJ. 1985

Greenwood, W. T. (1974), Future management theory: A ‚comparative' evolution to general theory, in: AMJ 3/1974, S. 503–513

Greif, S. (1983), Konzepte der Organisationspsychologie, Bern etc. 1983

Greiner, L. E. (1967), Patterns of organization change, in: HBR May/June 1967, S. 119–130

Greiner, L. E. (1972), Evolution and revolution as organizations grow, in: HBR July/Aug. 1972, S. 37–46

Gribbins, R. E./Hunt, S. D. (1978), Is management a science? In: AMR 1978, S. 139 bis 144

Griffin, R. W. (1979), Task design determinants of effective leader behavior, in: AMR 1979, S. 215–224

Griffin, R. W. (1980), Relationships among individual, task design and leadership variables, in: AMJ 4/1980, S. 665–683

Grimshaw, R. (1903), Werkstatt-Betrieb und -Organisation, Hannover 1903

Grimshaw, R. (1906), System und Organisation in kaufmännischen Betrieben, Stuttgart 1906

Grochla, E. (Hrsg.) (1969/1980), Handwörterbuch der Organisation, 1. Aufl. Stuttgart 1969, 2. Aufl. 1980

Grochla, E. (1972), Unternehmungsorganisation, Reinbek bei Hamburg 1972, 9. Aufl. Opladen 1983

Grochla, E. (1982): Grundlagen der organisatorischen Gestaltung. Stuttgart 1982.

Grochla, E./Wittmann, E. (Hrsg.) (1984), Handwörterbuch der Betriebswirtschaft, 4. Aufl., Stuttgart 1984

Groeben, N./Scheele, B. (1977), Argumente für eine Psychologie des reflexiven Subjekts, Darmstadt 1977

Grössle, H. K. (1957), Der Mensch in der industriellen Fertigung, Wiesbaden 1957

Grün, O. (1989), Duale Organisation, in: *Szyperski/Winand* (Hrsg.), HWPlan, Stuttgart 1989, Sp. 304–316

Grüneberg, N. (1973), Das Produkt-Management: Seine Funktion im Marketing, Wiesbaden 1973

Grunwald, W. (1980), Das „Eherne Gesetz der Oligarchie": Ein Grundproblem demokratischer Führung in Organisationen, in: *Grunwald/Lilge* (Hrsg.) (1980), S. 245 bis 285

Grunwald, W./Lilge, H.-G. (Hrsg.) (1980), Partizipative Führung: Betriebswirtschaftliche und sozialpsychologische Aspekte, Bern/Stuttgart 1980

Grunwald, W./Lilge, H.-G. (Hrsg.) (1982), Kooperation und Konkurrenz in Organisationen, Bern/Stuttgart 1982

Gulick, L. (1965), Management is a science, in AMJ 1/1965, S. 7–13

Gulick, L./Urwick, L. (Hrsg.) (1937), Papers on the science of administration, New York 1937

Gutenberg, E. (1958), Einführung in die Betriebswirtschaftslehre, Wiesbaden 1958

Gutenberg, E. (1962), Unternehmensführung: Organisation und Entscheidungen, Wiesbaden 1962

Gutenberg, E. (1969), Unternehmensführung, in: *Grochla, E.* (Hrsg.), HWO, 1. Aufl. Stuttgart 1969, Sp. 1674–1685

Gutenberg, E. (1951/1983), Grundlagen der Betriebswirtschaftslehre, 1. Bd.: Die Produktion, 24. Aufl. Berlin/Heidelberg/New York 1983, 1. Aufl. 1951

Gzuk, R. (1975), Messung der Effizienz von Entscheidungen, Tübingen 1975

Habermas, J. (1968), Technik und Wissenschaft als ‚Ideologie', Frankfurt/M. 1968

Habermas, J. (1981), Theorie des kommunikativen Handelns, 2 Bände, Frankfurt/M. 1981

Hacker, W. (1986), Allgemeine Arbeits- und Ingenieurpsychologie, Bern etc. 1978; ab 4. Aufl. 1986: Arbeitspsychologie

Hacker, W./Raum, H. (Hrsg.) (1980), Optimierung von kognitiven Arbeitsanforderungen, Berlin 1980

Hackman, J.R. (1969), Toward understanding the role of tasks in behavioral research, in: ACTA Psychologica 31/1969, S. 97–128

Hackman, J.R. (1977), Work design, in: *Hackman, J.R./Suttle, J.L.* (Hrsg.), Improving life at work, Santa Monica 1977

Hackman, J.R. (1987), The design of work teams, in: *Lorsch* (Hrsg.), HOB 1987, S. 315–342

Hackman, J.R./Lawler, E.E. (1971), Employee reactions to job characteristics, in: JAP 1971, S. 259–286

Hackman, J.R./Oldham, G.R. (1975), Development of the job diagnostic survey, in: JAP 60/1975, S. 159–170

Hackman, J.R./Oldham, G.R. (1980), Work redesign, Reading, Mass. 1980

Hadaschik, M. (1979), Die Einsatzbedingungen organisierter langfristiger Unternehmensplanung, Diss. FU Berlin 1979

Hadaschik, M. (1982), Einflußfaktoren, Organisation und Alternativen formaler Unternehmensplanung, in: DU 1982, S. 149–166

Häusler, J. (1977), Führungssysteme und -modelle, Köln 1977

Hage, J./Aiken, M. (1969), Routine technology, social structure, and organization goals, in: ASQ 1969, S. 366–376

Hage, J./Aiken, M. (1970), Social change in complex organizations, New York 1970

Hahn, D. (1985), Planungs- und Kontrollrechnung, Wiesbaden 1974, 3. Aufl. 1985

Hahn, D. (1986), Stand und Entwicklungstendenzen der strategischen Planung, in: *Hahn/Taylor* (Hrsg.) (1986), S. 3–30

Hahn, D./Klausmann, W. (1986), Frühwarnsysteme und strategische Unternehmensplanung, in: *Hahn/Taylor* (Hrsg.) (1986), S. 264–280

Hahn, D./Krystek, U. (1979), Betriebliche und überbetriebliche Führungssysteme für die Industrie, in: ZfB 1979, S. 76–88

Hahn, D./Taylor, B. (Hrsg.) (1986), Strategische Unternehmensplanung – Stand und Entwicklungstendenzen, 4. Aufl. Heidelberg/Wien 1986, 5. Aufl. 1990

Haire, M. (1955), Role-perception in labor-management relations: An experimental approach, in: Industrial and Labor Relations Review, Jan. 1955, S. 205–216

Haire, M. (Hrsg.) (1959), Modern organization theory, New York 1959

Haire, M./Ghiselli, E.E./Porter, L.W. (1966), Managerial thinking: An international study, New York 1966

Hales, C.P. (1986), What do managers do? A critical review of the evidence, in: JoMS 23/1986, S. 88–115

Hall, D.T. (1976), Careers in Organizations, Los Angeles 1976

Hall, R.H. (1962), Intraorganizational structural variation. Application of the bureaucratic model, in: ASQ 1962, S. 295–308

Hall, R.H. (1963), The concept of bureaucracy: An empirical assessment, in: AJS 1963, S. 32–40

Hall, R.H. (1982), Organizations: Structure and process, Englewood Cliffs, N.J. 1972, 3. Aufl. 1982

Halpin, A.W./Winer, B.J. (1957), A factorial study of the leader behavior descriptions, in: *Stogdill, R.M./Coons, A.E.* (Hrsg.), Leader behavior: Its description and measurement, Columbus 1957, S. 39–51

Hampton, D.R./Summer, C.E./Webber, R.A. (1982), Organizational behavior and the practice of management, Glenview, Ill. 1973, 4. Aufl. 1982

Hanika, F. de P. (1965/1969), New thinking in management: A guide for management, London 1965; deutsch: Modernes Managementdenken, Wiesbaden 1969

Hannan, M.T./Freeman, J.H. (1977), The population ecology of organizations, in: AJS 82/1977, S. 929–964

Harbison, F.H./Myers, Ch.A. (1964), Education, manpower, and economic growth: Strategies of human resource development, New York 1964

Harris, Th.A. (1967/1975), I'm o.k. – You're o.k.: A practical guide to transactional analysis, New York 1967; deutsch: Ich bin o.k. – Du bist o.k., Reinbek bei Hamburg 1975

Harten, H.-C. (1977), Vernünftiger Organismus oder gesellschaftliche Evolution der Vernunft?, Frankfurt/M 1977

Hartfelder, D. (1984), Management als Sinnvermittlung? in: Die Unternehmung 4/1984, S. 373–395

Hattke, W./Sydow, J. (1982), Information und Partizipation bei technisch-organisatorischen Veränderungen der Arbeit, in: Office Management, 7/8 1982, S. 710 bis 719

Hauschildt, J. (1977), Entscheidungsziele, Tübingen 1977

Hauschildt, J. (1981), „Ziel-Klarheit" oder „kontrollierte Ziel-Unklarheit" in Entscheidungen?, in: *Witte, E.* (Hrsg.) (1981), S. 305–322

Hauschildt, J. (1991), Managementrolle: Innovator, in: Staehle (Hrsg.) (1991)

Hauschildt, J./Gemünden, H.G./Grotz-Martin, S./Haidle, U. (1983), Entscheidungen der Geschäftsführung, Tübingen 1983

Hawrylyshyn, B. (1983), Management education – a conceptual framework, in: *Taylor/Lippitt* (Hrsg.) (1983), S. 245–256

Hax, H. (1965), Die Koordination von Entscheidungen, Köln etc. 1965

Hax, K. (1965), Die Unternehmung als Erkenntnisobjekt von Betriebswirtschaftslehre und Betriebssoziologie, in: ZfbF 1965, S. 233–244

Hayakawa, S.I. (1964/1968), Language in thought and action, New York 1964; deutsch: Semantik – Sprache im Denken und Handeln, 2. Aufl. Darmstadt 1968

Hayes, R.H. (1985), Strategic planning – forward in reverse?, in: HBR 6/1985, S. 111 bis 119

Hayes, R. H./Wheelwright, St. C. (1984), Restoring our competitive edge; competing through manufacturing, New York etc. 1984

Haynes, W. W./Massie, J. L. (1961), Management: Analysis, concepts and cases, Englewood Cliffs, N. J. 1961

Heckhausen, H. (1965), Motivation der Anspruchsniveausetzung, in: *Thomae, H.* (Hrsg.) (1965), S. 231–250

Heckhausen, H. (1974), Motivationsanalysen, Berlin etc. 1974

Heckhausen, H. (1980), Motivation und Handeln, Berlin/Heidelberg/New York 1980

Hedberg, B./Nystrom, P./Starbuck, W. (1976), Camping on seesaws: Prescriptions for a self-designing organization, in: ASQ 21/1976, S. 41–65

Hegelheimer, A. (1986), Qualifikationsforschung, in: *Kreklau/Uthmann/Woortmann* (Hrsg.) (1986), Ziffer 3280

Heider, F. (1958/1977), The psychology of interpersonal relations, New York 1958; deutsch: Psychologie der interpersonalen Beziehungen, Stuttgart 1977

Heinen, E. (1962), Die Zielfunktion der Unternehmung, in: *Koch, H.* (Hrsg.), Zur Theorie der Unternehmung, Wiesbaden 1962, S. 9–71

Heinen, E. (1966), Betriebswirtschaftslehre heute. Die Bedeutung der Entscheidungstheorie für Forschung und Praxis, Wiesbaden 1966

Heinen, E. (1968/1985), Einführung in die Betriebswirtschafstlehre, 9. Aufl. Wiesbaden 1985, 1. Aufl. 1968

Heinen, E. (1969), Zum Wissenschaftsprogramm der entscheidungsorientierten Betriebswirtschaftslehre, in: ZfB 1969, S. 207–220

Heinen, E. (1971), Der entscheidungsorientierte Ansatz der Betriebswirtschaftslehre, in: *Kortzfleisch, G. v.* (Hrsg.) (1971), S. 21–37

Heinen, E. (1967/1976), Grundlagen betriebswirtschaftlicher Entscheidungen: Das Zielsystem der Unternehmung, Wiesbaden 1966, 3. Aufl. 1976

Heinen, E. (Hrsg.) (1978), Betriebswirtschaftliche Führungslehre – ein entscheidungsorientierter Ansatz, Wiesbaden 1978, 2. Aufl. 1984

Heinen, E. et al. (1987), Unternehmenskultur, München/Wien 1987

Heinz, W. R. (1982), Berufliche Sozialisation, in: *Hurrelmann, K./Ulrich, D.* (Hrsg.), Handbuch der Sozialisationsforschung, 2. Aufl. Weinheim/Basel 1982, S. 499–519

Helle, H. J./Schliemann, E. (1968), Soziometrie als Hilfsmittel des Organisators, in: *Jacob, H.* (Hrsg.), Schriften zur Unternehmensführung, Bd. 5: Rationale Personalführung, Wiesbaden 1968, S. 69–81

Hellpach, W./Lang, R. (1922), Gruppenfabrikation Berlin 1922

Hellriegel, D./Slocum, J. W. (1986), Mangement, Reading, Mass. etc. 1974, 4. Aufl. 1986, 5. Aufl. 1989

Hellriegel, D./Slocum, J.W. (1976/1986), Organizational behavior, St. Paul etc. 1976; mit *Woodman, R. W.* 4. Aufl. 1986

Hemphill, J. K./Coons, A. E. (1957), Development of the leader behavior description questionnaire, in: *Stogdill, R. M./Coons, A. E.* (Hrsg.) (1957), S. 6–38

Henderson, B. D. (1984), Die Erfahrungskurve in der Unternehmensstrategie, Frankfurt/New York 1974, 2. Aufl. 1984

Heneman H. G./Schwab, D. P./Fossum, J. A./Dyer, L. D. (1986), Personnel/human resource management, Homewood, Ill. 3. Aufl. 1986, 1. Aufl. 1980

Hentsch, B./Malik, F. (Hrsg.) (1973), Systemorientiertes Management, Bern/Stuttgart 1973

Hentze, J. (1984), Die Stellung des Menschen in der sozialistischen Arbeitsökonomie, in: ZfB 1984, S. 63–77

Henzler, H. (1978), Strategische Geschäftseinheiten (SGE): Das Umsetzen von strategischer Planung in Organisation, in: ZfB 48/1978, S. 912–919

Herbst, Ph. G. (1976), Alternatives to hierarchies, Leiden 1976

Herkner, W. (Hrsg.) (1980), Attribution – Psychologie der Kausalität, Bern/Stuttgart/Wien 1980

Herkommer, S./Bierbaum H. (1979), Industriesoziologie, Stuttgart 1979

Herman, E. S. (1981), Corporate control, corporate power, Cambridge 1981

Herrmann, Th. (1976), Lehrbuch der empirischen Persönlichkeitsforschung, 3. Aufl., Göttingen/Toronto/Zürich 1976

Hersey, P./Blanchard, K. H. (1977/1982), Management of organizational behavior, 3. Aufl. Englewood Cliffs, N. J. 1977, 1. Aufl. 1969, 4. Aufl. 1982

Hersey, P./Keilty, J. W. (1980), One on one OD communications skills, in: TDJ, 4/1980, S. 56–60

Herz, Th. A. (1987), Werte, sozio-politische Konflikte und Generationen – Eine Überprüfung der Theorie des Postmaterialismus, in: ZfS 16/1987 Heft 1, S. 56 bis 69

Herzberg, F. (1968), One more time: How do you motivate employees?, in: HBR 1968, S. 53–62

Herzberg, F. (1982), The managerial choice: To be efficient and to be human, 2. Aufl. Salt Lake City, Utah 1982

Herzberg, F./Mausner, B./Snyderman, B. B. (1959), The motivation to work, New York etc. 1959, 2. Aufl. 1967

Heydebrand, W. V. (Hrsg.) (1973), Comparative organizations – the results of empirical research, Englewood Cliffs, N. J. 1973

Heymann, H.-H./Langenfeld, L./Seiwert, L. J. (1982), Flexible Arbeitszeiten und Job Sharing, in: Pers 2/1982, S. 76–78

Heymann, H.-H./Müller, K. G. (1982), Betriebliche Personalentwicklung, in: WIST 4/1982, S. 151–156

Hicks, H. G./Gullett, C. R. (1975), Organizations: Theory and behavior, New York etc. 1975

Hickson, D. J./Hinings, C. R./Lee, C. A./Schneck, R. E./Pennings, J. M. (1971), A strategic contingencies' theory of intraorganizational power, in: ASQ 16/1971, S. 216 bis 229

Hickson, D. J./Pugh, D. S./Pheysey, D. C. (1969), Operations technology and organization structure: An empirical reappraisal, in: Administrative Science Quarterly 1969, S. 378–397

Hildebrandt, E./Seltz, R. (Hrsg.) (1987), Managementsstrategien und Kontrolle – Eine Einführung in die Labour Process Debate, Berlin 1987

Hill, P. (1976), Towards a new philosophy of management, Westmead 1976

Hill, W./Fehlbaum, R./Ulrich, P. (1974/1976), Organisationslehre, Bd. 1 und 2, 1. Aufl. Bern und Stuttgart 1974, 2. Aufl. 1976, 3. Aufl. 1981, 4. Aufl. 1989

Hines, T. (1987), Left brain/right brain mythology and implications for management and training, in: AMR 4/1987, S. 600–606

Hinings, C. R./Greenwood, R. (1988), The dynamics of strategic change, Oxford 1988

Hinings, C. R./Hickson, D. J./Pennings, J. M./Schneck, R. E. (1974), Structural conditions of intraorganizational power, in: ASQ 19/1974, S. 22–44

Hinterhuber, H. H. (1984), Strategische Unternehmungführung. Berlin/New York 1977, 3. Aufl. 1984, 4. Aufl. 1989

Hinterhuber, H. H./Kritzler, T. (1979), Technologiewirkungsanalyse, in: *Kern, W.* (Hrsg.), HWProd, Stuttgart 1979, Sp. 1930–1938

Hinrichs, P. (1981), Um die Seele des Arbeiters, Arbeitspsychologie, Industrie- und Betriebssoziologie in Deutschland 1871–1945, Köln 1981

Hirschman, A. O. (1970/1974), Exit, voice, and loyality, Cambridge, Mass. 1970; deutsch: Abwanderung und Widerspruch, Tübingen 1974

Höhn, R. (1983), Führungsbrevier der Wirtschaft, 11. Aufl. Bad Harzburg 1983

Höller, H. (1978), Verhaltenswirkungen betrieblicher Planungs- und Kontrollsysteme, München 1978

Hofer, Ch. W. (1975), Toward a contingency theory of business strategy, in: AMJ 4/1975, S. 784–810

Hofer, Ch. W./Schendel, D. (1978), Strategy formulation: Analytical concepts, St. Paul etc. 1978

Hoff, A. (1983), Betriebliche Arbeitspolitik zwischen Arbeitszeitverkürzung und Arbeitszeitflexibilisierung, München 1983

Hoff, E./Lappe, L./Lempert, W. (1983), Probleme der Untersuchung von Arbeitsstrukturen als Sozialisationsmilieus, in: Zeitschrift für Sozialisationsforschung und Erziehungssoziologie, 2/1983, S. 295–300

Hoffmann, F. (1980), Führungsorganisation, Bd. 1: Stand der Forschung und Konzeption, Tübingen 1980

Hoffmann, R.-W. (1985), Wissenschaft und Arbeitskraft – Zur Geschichte der Arbeitsforschung in Deutschland, Frankfurt/New York 1985

Hoffmann, W.H. (1991), Faktoren erfolgreicher Unternehmensberatung, Wiesbaden 1991

Hoffmann-Riem, Ch. (1980), Die Sozialforschung einer interpretativen Soziologie – Der Datengewinn, in: KZSS 32/1980, S. 339–372

Hofmann, M. (1979), Personalentwicklung und mittlere Lebenskrise von Mitarbeitern, in: *Wunderer, R.* (Hrsg.) (1979), S. 171–187

Hofstätter, P. R. (1965/1971), Gruppendynamik, Reinbek bei Hamburg 1965, 2. Aufl. 1971

Hofstätter, P. R. (1973), Einführung in die Sozialpsychologie, 5. Aufl. Stuttgart 1973

Hofstede, G. (1967), The game of budget control, Assen 1967

Hofstede, G. (1980), Culture's consequences: International differences in work-related values, Beverly Hills, Calif. 1980

Hofstede, G./Kassem, M. S. (Hrsg.) (1976), European contributions to organization theory, Assen 1976

Hollander, E. P. (1958), Conformity, status, and idiosyncrasy credit, in: PR 1958, S. 117–127

Hollander, E. P. (1978), Leadership dynamics: A practical guide to effective relationships, New York 1978

Hollander, E. P./Julian, J.W. (1969), Contemporary trends in the analysis of leadership processes, in: PB, 71/1969, S. 387–397

Holleis, W. (1987), Unternehmenskultur und moderne Psyche, Frankfurt/New York 1987

Holzkamp-Osterkamp, U. (1981/82), Grundlagen der psychologischen Motivationsforschung Frankfurt/M./New York, Bd. 1: 3. Aufl. 1981, Bd. 2: 3. Aufl. 1982

Homans, G. C. (1950/1960), The human group, New York etc. 1950; deutsch: Theorie der sozialen Gruppe, Köln/Opladen 1960

Homans, G. C. (1958), Social behavior as exchange, in: American Journal of Sociology 1958, S. 597–606

Homans, G. C. (1961/1968), Social behavior: Its elementary forms, New York 1961; deutsch: Elementarformen sozialen Verhaltens, Köln/Opladen 1968

Hoppe, F. (1965), Das Anspruchsniveau, in: *Thomae, H.* (Hrsg.) (1965), S. 217–230

Hoppock, R. (1935), Job satisfaction, New York 1935

Hornstein, H./Benedict, B./Burke, W./Gindes, M./Lewicki, R. (1971), Social intervention: A behavior science approach, New York 1971

Horváth, P. (1986), Controlling, München 1979, 2. Aufl. 1986, 3. Aufl. 1990

Horváth, P./Gaydoul, P. (1978), Bestandsaufnahme zur Controllingpraxis in deutschen Unternehmen, in: DB 42/1978, S. 1989–1999

House, R.J. (1967), T-group education and leadership effectiveness: A review of the empirical literature and a critical evaluation, in: PP 1967, S. 1–32

House, R.J. (1971), A path-goal theory of leader effectiveness, in: ASQ 1971, S. 321 bis 338

House, R. J./Filley, A. C./Kerr, S. T. (1971), Relation of leader consideration and initiating structure to R&D subordinates' satisfaction, in: ASQ 1971, S. 19–30

House, R. J./Miner, J. B. (1969), Merging management and behavioral theory: The interaction between span of control and group size, in: ASQ 1969, S. 451–464

House, R. J./Mitchell, T. R. (1974), Path-goal theory of leadership, in: JCB 1974, S. 81 bis 98

Howell, J. P./Dorfman, P. E. (1981), Substitutes for leadership: Test of a construct, in: AMJ 4/1981, S. 714–728

Howell, W. C./Dipboye, R. L. (1986), Essentials of industrial and organizational psychology, 3. Aufl. Chicago 1986

Hoyos, C. (1974), Arbeitspsychologie, Stuttgart etc. 1974

Hulin, C. L./Blood, M. R. (1968), Job enlargement, individual differences, and worker responses, in: PB 1968, S. 41–55

Hull, C. L. (1943), Principles of behavior, New York 1943

Hull, C. L. (1951), Essentials of behavior, New Haven 1951

Humble, J. W. (1967/1972), Management by objectives, London 1967; deutsch: Praxis des Management by Objectives, München 1972

Hummell, H. J./Opp, K.-D. (1971), Die Reduzierbarkeit von Soziologie und Psychologie, Braunschweig 1971

Hunt, J. G./Osborn, R. N. (1982), Toward a macro-oriented model of leadership: An odyssey, in: *Hunt, J. G./Sekaran, U./Schriesheim, C. A.* (Hrsg.), Leadership: Beyond established views, Carbondale, Ill. 1982, S. 196–221

Hunt, J. G./Larson, L. L. (Hrsg.) (1974), Contingency approaches to leadership, Carbondale etc. 1974

Hunt, J. G./Larson, L. L. (Hrsg.), (1975), Leadership frontiers, Kent, Ohio 1975

Huse, E. F. (1980), Organization development and change, St. Paul etc. 1975, 2. Aufl. 1980

Hutchins, D. (1985), Quality circles handbook, London/New York 1985

Illetschko, L. L. (1955), Management und Betriebswirtschaft, Wien 1955

Illetschko, L. L. (1969), Management, in: *Grochla, E.* (Hrsg.), HWO, 1. Aufl. Stuttgart 1969, Sp. 951–956

Inglehart, R. (1977), The silent revolution. Changing values and political styles among western publics, Princeton 1977

Irle, M. (1963), Soziale Systeme. Eine kritische Analyse der Theorie von formalen und informalen Organisationen, Göttingen 1963

Irle, M. (Hrsg.) (1969), Texte aus der experimentellen Sozialpsychologie, Neuwied 1969

Irle, M. (1971), Macht und Entscheidung in Organisationen: Studie gegen das Linie-Stab-Prinzip, Frankfurt/M. 1971

Irle, M. (1975), Lehrbuch der Sozialpsychologie, Göttingen 1975

Isaac, A. (1923), Die Entwicklung der wissenschaftlichen Betriebswirtschaftslehre in Deutschland seit 1898, Berlin 1923

Israel, J. (1972), Der Begriff Entfremdung, Hamburg 1972, Neuausgabe Reinbek b. Hamburg 1985

Ivancevich, J. M. (1974), Changes in performance in management-by-objectives program, in: ASQ 1974, S. 563–574

Ivancevich, J. M./Matteson, M. T. (1980a), Stress and work, Glenview, Ill. 1980

Ivancevich, J. M./Matteson, M. T. (1980b), Optimizing human resources: A case for preventive health and stress management, in: ODY Autumn 1980, S. 5–25

Jacobs, S./Thiess, M./Söhnholz, P. (1987), Human-Ressourcen-Portfolio, in: DU 41 3/1987, S. 205–218

Jago, A. G. (1987), Führungstheorien – Vroom/Yetton-Modell, in: *Kieser/Reber/Wunderer* (Hrsg.), HWFü, Stuttgart 1987, Sp. 931–948

James, L. R./Jones, A. P. (1974), Organizational climate: A review of theory and research, in: PB 1974, S. 1096–1112

James, M./Jongeward, D. (1971/1974), Born to win: Transactional analysis with Gestalt experiments, Reading, Mass. 1971; deutsch: Spontan leben: Übungen zur Selbstverwirklichung, Reinbek bei Hamburg 1974

Janis, I. L. (1982), Victims of groupthink, 2. Aufl. Boston 1982

Janis, I. L./Mann, L. (1977), Decision making. A psychological analysis of conflict, choice, and commitment, New York/London 1977

Jantsch, E. (1975/1979), Design for evolution – self-organization and planning in the life of human systems, New York 1975; deutsch. Die Selbstorganisation des Universums, München 1979

Jehle, E. (1979), Die Unternehmung in ihrer gesellschaftlichen Umwelt: Grundlagen einer ökonomischen Theorie der pluralistischen Unternehmung, Mannheim 1979

Jehle, E. (1982), Gemeinkosten-Management. Effizienzsteigerung im Gemeinkostenbereich von Unternehmen durch Overhead-Value-Analysis (OVA), Zero-Base-Budgeting (ZBB) und Administrative Wertanalyse (AWA), in: DU 1/1982, S. 59–76

Jelinek, M./Smircich, L./Hirsch, P. (Hrsg.) (1983), Organizational culture, Sonderheft des ASQ 4/28, 1983

Jeserich, W. (1981), Mitarbeiter auswählen und fördern – Assessment-Center-Verfahren, München/Wien 1981

Joas, H. (1980), Rollen- und Interaktionstheorien in der Sozialisationsforschung, in: *Hürrelmann, K./Ulich, D.* (Hrsg.), Handbuch der Sozialisationsforschung, Weinheim 1980, S. 147–160

Johnson, R. A./Kast, F. E./Rosenzweig, J. E. (1963/1973), The theory and management of systems, 1. Aufl. New York 1963, 3. Aufl. New York 1973

Jonas, F. (1974), Sozialphilosophie der industriellen Arbeitswelt, 2. Aufl. Stuttgart 1974

Jost, W. (1932), Das Sozialleben des industriellen Betriebes, Berlin 1932

Joyce, W. F./Slocum, J. W. (1984), Collective climate: Agreement as a basis of defining aggregate climates in organizations, in: AMJ 27/1984, S. 731–742

Junckerstorff, K. (1955), Über die amerikanische Business Administration, in: ZfB 9/1955, S. 473–476

Junckerstorff, K. (1958), Die Wissenschaft des Management, in: ZfB 6/1958, S. 345–353

Junckerstorff, K./Gast, W. F. (1960), Grundzüge des Management, Wiesbaden 1960

Jung, C. (1939), The integration of personality, New York 1939

Jung, R. H. (1985), Mikroorganisation – Eine Untersuchung der Selbstorganisationsleistungen in betrieblichen Führungssystemen, Bern/Stuttgart 1985

Kagan, J. (1958), The concept of identification, in: PR 65/1958, S. 290–305

Kahn, H./Wiener, A. J. (1968), Ihr werdet es erleben, Voraussagen der Wissenschaft bis zum Jahre 2000, Wien etc. 1968

Kahn, R. L./Wolfe, D. M./Quinn, R. P./Smoek, J. D./Rosenthal, R. A. (1964), Organizational stress: Studies in role conflict and ambiguity, New York etc. 1964

Kakabadse, A. P. (1984), The politics of management, Aldershot, Hants 1984

Kanter, R. M. (1983), The change masters, New York 1983

Kanungo, R. N. (1982), Work alienation, New York 1982

Kappler, E. (1980), Aktionsforschung, in: *Grochla, E.* (Hrsg.), HWO, 2. Aufl. Stuttgart 1980, Sp. 52–64

Karg, P. W./Staehle, W. H. (1982), Analyse der Arbeitssituation, Verfahren und Instrumente, Freiburg i. Br. 1982

Kasper, H. (1987), Organisationskultur, Wien 1987

Kast, F. E./Rosenzweig, J. E. (1985), Organization and management, a systems and contingency approach, 1. Aufl. Tokyo etc. 1970, 4. Aufl. 1985

Kaste, H. (1981), Arbeitgeber und Humanisierung der Arbeit, Opladen 1981

Katz, D./Kahn, R. L. (1966/1978), The social psychology of organizations, 1. Aufl. New York/London 1966, 2. Aufl. 1978

Katz, D./Maccoby, N./Morse, N. C. (1950), Productivity, supervision, and morale in an office situation, Detroit, Mich. 1950

Katz, R. (1974), Skills of an effective administrator, in: HBR, Sept.–Oct. 1974, S. 90 bis 102

Keesing, R. (1974), Theories of culture, in: Annual Review of Anthropology 3/1974, S. 73–97

Keller, E. v. (1982), Management in fremden Kulturen, Bern/Stuttgart 1982

Kelley, H. H. (1967), Attribution theory in social psychology, in: *Levine, D.* (Hrsg.), Nebraska symposium on motivation, Lincoln 1967

Kelley, H. H. (1972), Causal schemata and the attribution process, in: *Jones, E. E.* (Hrsg.), Attribution: Perceiving the causes of behavior. Morristown, N. J. 1972, S. 161–174

Kelley, H. H. (1973), The process of causal attribution, in: American Psychologist 1973, S. 107–128

Kelly, G. A. (1955), The psychology of personal constructs, Vol. I: A theory of personality, Vol. II: Clinical diagnosis and psychotherapy, New York 1955

Kelly, J. (1964), The study of executive behavoir by activity sampling, in: HR 17/1964, S. 277–287

Kelly, J. (1970), Make conflict work for you, in: HBR 1970, S. 103–113

Kelman, H. (1958), Compliance, identification, and internalization: Three processes of attitude change, in: Journal of Conflict Resolution 2/1958, S. 51–60

Kelman, H. (1965), Manipulation of human behavoir: An ethical dilemma for social scientists, in: JSI 1965, S. 31–46

Kepner, C. H./Tregoe, B. B. (1965/1982), The rational manager: A systematic approach to problem solving and decision making, New York etc. 1965; deutsch: Entscheidungen vorbereiten und richtig treffen, Landsberg am Lech 1982; 3. Aufl. 1985

Keppler, W. (1975), Institutionelle Aspekte einer politischen Planung in Organisationen, Diss. Mannheim 1975

Keppler, W./Bamberger, I./Gabele, E. (1975), Langfristige Planungssysteme, München 1975; wiederabgedruckt als ‚Organisation der Langfristplanung‘, Wiesbaden 1977

Kern, H./Schumann, M. (1970), Industriearbeit und Arbeiterbewußtsein, Frankfurt/ M. 1970

Kern, H./Schumann, M. (1984), Das Ende der Arbeitsteilung?, 3. Aufl. München 1986

Kern, W. (Hrsg.) (1979), Handwörterbuch der Produktionswirtschaft, Stuttgart 1979

Kern, W. (1984), Industriebetriebslehre, in: *Grochla/Wittmann* (Hrsg.), HWB, Stuttgart 1984, Sp. 1849–1858

Kerr, St. (1977), Substitutes for leadership: Some implications for organizational disign, in: OAS 8/1977, S. 135–146

Kerr, St./Jermier, J. M. (1978), Substitutes for leadership: Their meaning and measurement, in: OBHP 3/1978, S. 375–403

Kerr, St./Schriesheim, C. A. (1974), Consideration, initiating structure, and organizational criteria – an update of Korman's 1966 review, in: PP 1974, S. 555–568

Kets de Vries, M. F. R./Miller, D. (1984), The neurotic organization, San Francisco 1984

Khandwalla, P. N. (1973), Viable and effective organizational designs of firms, in: AMJ 16/1973, S. 481–495

Khandwalla, P. N. (1975), Unsicherheit und die ‚optimale‘ Gestaltung von Organisationen, in: *Grochla, E.* (Hrsg.), Organisationstheorie, 1. Teilband, Stuttgart, 1975, S. 140–156

Khandwalla, P. N. (1977), The design of organizations, New York etc. 1977

Kieser, A. (Hrsg.) (1981), Organisationstheoretische Ansätze, München 1981

Kieser, A./Kubicek, H. (1983), Organisation, Berlin/New York 1976, 2. Aufl. 1983

Kieser, A./Reber, G./Wunderer, R. (Hrsg.) (1987), Handwörterbuch der Führung, Stuttgart 1987

Kieser, A./Nagel, R. (1986), Die Gestaltung von Eingliederungsprogrammen für neue Mitarbeiter, in: ZfbF 11/1986, S. 956–962

Kiessler-Hauschildt, K./Scholl, W. (1972), Einführung in die Erforschung politischer Attitüden, München 1972

Killian, R. A. (1976), Human resource management – An ROI approach, New York 1976

Kilmann, R. H./Covin, T. J. (Hrsg.) (1988), Corporate transformation, revitalizing organizations for a competitive world, San Francisco/London 1988

Kilmann, R. H./Saxton, M. J./Serpa, R. (Hrsg.) (1985), Gaining control of the corporate culture, San Francisco/London 1985

Kipp, M. (1978), Arbeitspädagogik in Deutschland: Johannes Riedel, Hannover etc. 1978

Kirsch, W. (1969), Die Unternehmensziele in organisationstheoretischer Sicht, in: ZfbF 1969, S. 665–675

Kirsch, W. (1971), Entscheidungsprozesse, 3 Bände, Wiesbaden 1971, 2. Aufl. 1977

Kirsch, W. (1972), „Entscheidungsprozesse". Eine weitere Replik auf die Buchbesprechung meines gleichnamigen Werkes durch *H. Blohm,* in: ZfB 1972, S. 222–226

Kirsch, W. (1974a), Betriebswirtschaftslehre, Soziökonomie und psychologische Motivationstheorie, in: *Nick, F. R.,* Management durch Motivation, Stuttgart, etc. 1974, S. 9–17

Kirsch, W. (1974b), Die verhaltenswissenschaftliche Fundierung der Betriebswirtschaftslehre, in: WIST 1974, S. 459–465

Kirsch, W. (1977), Die Betriebswirtschaftslehre als Führungslehre: Erkenntnisperspektiven, Aussagensysteme, wissenschaftlicher Standort, München 1977

Kirsch, W. (1979), Die Idee der fortschrittsfähigen Organisation, in: *Wunderer, R.* (Hrsg.) (1979) S. 3–24

Kirsch, W. (Hrsg.) (1981), Unternehmenspolitik: Von der Zielforschung zum strategischen Management, München 1981

Kirsch, W. (1983), Die Betriebswirtschaftslehre als Führungslehre – neu betrachtet, in: *Fischer-Winkelmann, W.F.* (Hrsg.) (1983), S. 204–237

Kirsch, W. (1984a), Verhaltenswissenschaften und Betriebswirtschaftslehre, in: *Grochla/Wittmann* (Hrsg.), HWB, Stuttgart 1984, Sp. 4135–4149

Kirsch, W. (1984b), Wissenschaftliche Unternehmensführung oder Freiheit von der Wissenschaft? 2 Halbbände, München 1984

Kirsch, W./Meffert, H. (1970), Organisationstheorien und Betriebswirtschaftslehre, Wiesbaden 1970

Kirsch, W./Esser, W.-M./Gabele, E. (1978), Reorganisation – theoretische Perspektive des geplanten organisatorischen Wandels, München 1978; wiederabgedruckt als ‚Das Management des geplanten Wandels von Organisationen', Stuttgart 1979

Kirsch, W./Gabele, E./Bamberger, I./Börsig, C./Dumont du Voitel, R./Esser, W.-M./Kappler, W./Knopf, R. (1975), Planung und Organisation in Unternehmen, München 1975

Kirsch, W./Trux, W. (1981), Perspektiven eines strategischen Managements, in: *Kirsch, W.* (Hrsg.) (1981), S. 290–396

Kitzke, K. (1938), Soziale Grundfragen der Betriebsverwaltung – Die Bedeutung der französischen Verwaltungslehre, Berlin 1938

Klages, H. (1984), Wertorientierungen im Wandel, Frankfurt/New York 1984

Klages, H./Kmieciak, P. (Hrsg.) (1981), Wertwandel und gesellschaftlicher Wandel, Frankfurt/New York 1979, 2. Aufl. 1981, 3. Aufl. 1984

Klausmann, W. (1983), Entwicklung der Unternehmensplanung, Gießen 1983

Klein, L. (1975), Die Entwicklung neuer Formen der Arbeitsorganisation. Internationale Erfahrungen und heutige Problemstellungen, Göttingen 1975

Kline, J. M. (1985), International codes and multinational business, Westport/London 1985

Kluckhohn, C. (1951), Values and value-orientations in the theory of action, in: *Parsons, T./Shils, E. A.* (Hrsg.), Towards a general theory of action, Cambridge, Mass. 1951, S. 388–433

Kmieciak, P. (1974), Auf dem Wege zu einer generellen Theorie sozialen Verhaltens, Meisenheim/Glan 1974

Kmieciak, P. (1976), Wertstrukturen und Wertwandel in der Bundesrepublik Deutschland, Göttingen 1976

Knight, F. H. (1921), Risk, uncertainty, and profit, Boston/New York 1921

Knopf, R./Börsig, C./Esser, W.-M./Kirsch, W. (1976), Die Effizienz von Reorganisationsprozessen aus der Sicht der Praxis, München 1976

Knowles, H. P./Saxberg, B. O. (1967), Human relations and the nature of man, in: HBR 1967, S. 22–178

Koch, H. (1961), Betriebliche Planung – Grundlagen und Grundfragen der Unternehmungspolitik, Wiesbaden 1961

Kocka, J. (1969 a), Industrielles Management: Konzeptionen und Modelle in Deutschland vor 1914, in: Vierteljahreszeitschrift für Sozial- und Wirtschaftsgeschichte, Bd. 56, 1969, S. 332–372

Kocka, J. (1969 b), Unternehmensverwaltung und Angestelltenschaft am Beispiel Siemens 1847–1914, Stuttgart 1969

Kocka, J. (1975), Unternehmer in der deutschen Industrialisierung, Göttingen 1975

Kocka, J. (1983), Lohnarbeit und Klassenbildung, Berlin/Bonn 1983

Köckeis-Stangl, E. (1980), Methoden der Sozialisationsforschung, in: *Hurrelmann, K./ Ulich, D.* (Hrsg.), Handbuch der Sozialisationsforschung, Weinheim/Basel 1980, S. 321–370

Köhler, R. (1966), Theoretische Systeme der Betriebswirtschaftslehre im Lichte der neueren Wissenschaftslogik, Stuttgart 1966

Köhler, R. (Hrsg.) (1977), Empirische und handlungstheoretische Forschungskonzeptionen in der Betriebswirtschaftslehre, Stuttgart 1977

Köhler, R. (1981), Unternehmenssituation, Organisationsstruktur und Planungsverhalten. Dargestellt am Beispiel des betrieblichen Absatzbereichs, in: *Bergner, H.* (Hrsg.), Planung und Rechnungswesen in der Betriebswirtschaftslehre, Berlin 1981, S. 243–281

Köhler, R./Uebele, H. (1981), Einsatzbedingungen von Planungs- und Entscheidungstechniken. Programmatik und praxeologische Konsequenzen einer empirischen Untersuchung, in: *Witte, E.* (Hrsg.) (1981), S. 115–158

Kohlberg, L. E. (1976), Moral stages and moralization: The cognitive-developmental approach, in: *Lickona, T.* (Hrsg.), Moral development and behavior, New York 1976, S. 31–35

Kohn, M. L. (1981), Persönlichkeit, Beruf und soziale Schichtung, Stuttgart 1981

Kolb, M. (1980) Gestaltung von Arbeitsstrukturen, Ludwigshafen 1980

Koontz, H. (1961), The management theory jungle, in: Journal of the Academy of Mangement 3/1961, S. 174–188

Koontz, H. (1980), The management theory jungle revisited, in: AMR, 2/1980, S. 175 bis 187

Koontz, H./O'Donnell, C. (1984), Management: A systems and contingency analysis of managerial functions, 1. Aufl. New York etc. 1955, mit *Weihrich, H.* 8. Aufl. 1984

Korman, A. K. (1966), Consideration, initiating structure, and organizational criteria – a review, in: PP 1966, S. 349–361

Korndörfer, W. (1988), Unternehmensführungslehre: Lehrbuch der Unternehmensführung, Wiesbaden 1976, 6. Aufl. 1988

Kornhauser, A. (1947), Industrial psychology as a management technique and as social science, in: AP 7/1947, S. 224–229

Kortzfleisch, G.v. (Hrsg.) (1971), Wissenschaftsprogramm und Ausbildungsziel der Betriebswirtschaftslehre, Berlin 1971

Korzybski, A. (1933), Science and sanity: An introduction to non-aristotelian systems and general semantics, Lancaster, PA. 1933

Kosiol, E. (1962/1976), Organisation der Unternehmung, Wiesbaden 1962, 2. Aufl. 1976

Kossbiel, H. (1976), Personalbereitstellung und Personalführung, in: *Jacob, H.* (Hrsg.), Allgemeine Betriebswirtschaftslehre in programmierter Form, 3. Aufl. Wiesbaden 1976, 4. Aufl. 1981

Kossbiel, H. (Hrsg.) (1982), Personalentwicklung, ZfbF-Sonderheft 14/1982

Kotter, J. P. (1982), The general managers, New York 1982

Kotter, J. P./Schlesinger, L. A./Sathe, V. (1979), Organization, Homewood, Ill. 1979

Kovel, J. (1976/1977), A complete guide to therapy. From psychoanalysis to behavior modification, New York 1976; deutsch: Kritischer Leitfaden der Psychotherapie, Frankfurt/M. 1977

Kraepelin, E. (1896), Zur Hygiene der Arbeit, Jena 1896

Kramer, R. (1965), Information und Kommunikation, Berlin 1965

Krech, D./Crutchfield, R. S./Ballachey, E. L. (1962), Indiviual in society, Tokyo etc. 1962

Kreikebaum, H. (1987), Strategische Unternehmensplanung, 2. Aufl. Stuttgart etc. 1987, 3. Aufl. 1989

Kreikebaum, H./Grimm, U. (1986), Strategische Unternehmensplanung in der Bundesrepublik Deutschland – Ergebnisse einer empirischen Untersuchung, in: *Hahn/Taylor* (Hrsg.) (1986), S. 857–879

Kreilkamp, E. (1987), Strategisches Management und Marketing, Berlin/New York 1987

Kreklau, C./Uthmann, K. J./Woortmann, G. (Hrsg.) (1986), Handbuch der Aus- und Weiterbildung, Köln 1986

Krell, G. (1988), Organisationskultur – Renaissance der Betriebsgemeinschaft?, in: *Dülfer* (Hrsg.) (1988), S. 113–126

Kreppner, K. (1975), Zur Problematik des Messens in den Sozialwissenschaften, Stuttgart 1975

Kroeber, A. L./Kluckhohn, C. (1952), Culture: A critical review of concepts and definitions, Cambridge, Mass. 1952

Kroeber-Riel, W. (1984), Konsumentenverhalten, München 1975, 3. Auflage München 1984

Krüger, W. (1972), Grundlagen, Probleme und Instrumente der Konflikthandhabung in der Unternehmung, Berlin 1972

Krüger, W. (1976), Macht in der Unternehmung – Elemente und Strukturen, Stuttgart 1976

Krüger, W. (1984), Organisation der Unternehmung, Stuttgart etc. 1984

Kruk, M./Potthoff, E./Sieben, G. (1984), Eugen Schmalenbach – Der Mann – Sein Werk – Die Wirkung, Stuttgart 1984

Krystek, U. (1987), Unternehmungskrisen, Wiesbaden 1987

Kubicek, H. (1980), Bestimmungsfaktoren der Organisationsstruktur, in: *Potthoff, E.* (Hrsg.), RKW-Handbuch Führungstechnik und Organisation. 6. Lfg. VIII 80, S. 1–62

Kubicek, H. (1981), Unternehmungsziele, Zielkonflikte und Zielbildungsprozesse, in: WIST 10/1981, S. 458–466

Kubicek, H. (1981 b), Organisationsentwicklung im Interesse der Beschäftigten?, in: *Kohl, H./Küller, H.-D.* (Hrsg.), Betriebswirtschaftslehre und Gewerkschaften, Düsseldorf 1981, S. 48–88

Kubicek, H. (1984), Führungsgrundsätze als Organisationsmythen und die Notwendigkeit von Entmythologisierungsversuchen, in: ZfB 1/1984, S. 4–29

Kubicek, H. (1987), Organisatorische Gestaltungsbedingungen, in: *Welge, M. K.* (1987), S. 67–359

Kubicek, H./Thom, N. (1976), Umsystem, betriebliches, in: *Grochla, E./Wittmann, W.* (Hrsg.) HWB, 4. Aufl. Stuttgart 1976, Sp. 3977–4017

Kubicek, H./Welter, G. (1985), Messung der Organisationsstruktur, Stuttgart 1985

Kubicek, H./Wollnik, M. (1975), Zur Notwendigkeit empirischer Grundlagenforschung in der Organisationsforschung, in: ZfO 1975, S. 301–312

Kubicek, H./Leuck, H. G./Wächter, H. (1979), Organisationsentwicklung: Entwicklungsbedürftig und entwicklungsfähig, in: GD 1979, S. 297–318

Kudera, W./Mangold, W./Ruff, K./Schmidt, R./Wentzke, T. (1979), Gesellschaftliches und politisches Bewußtsein von Arbeitern. Eine empirische Untersuchung, Frankfurt 1979

Küpper, W./Ortmann, G. (Hrsg.) (1988), Mikropolitik – Rationalität, Macht und Spiele in Organisationen, Opladen 1988

Küting, K. (1980), Unternehmerische Wachstumspolitik, Berlin 1980

Kuhl, J. (1983), Motivation, Konflikt und Handlungskontrolle, Berlin 1983

Kuhn, Th. S. (1962), The structure of scientific revolutions, Chicago 1962; deutsch: Die Struktur wissenschaftlicher Revolutionen, 2. Aufl. Frankfurt/M 1976

Kunczik, M. (1972), Der Stand der Forschung, in: Ders., Führung: Theorien und Ergebnisse, Düsseldorf/Wien 1972, S. 260–302

Kunsteck, R. (1986), Das Konzept der Lernstatt im Industriebetrieb – Kritik eines Ansatzes der Organisationsentwicklung, Spardorf 1986

Kupsch, P. W./Marr, R. (1985), Personalwirtschaft, in: *Heinen, E.* (Hrsg.), Industriebetriebslehre, 8. Aufl. Wiesbaden 1985, S. 623–767

Kurke, L. B./Aldrich, H. E. (1983), Mintzberg was right!: A replication and extension of the nature of managerial work, in: MS 8/1983, S. 975–984

Kutsch, Th./Wiswede, G. (1986), Wirtschaftssoziologie, Stuttgart 1986

Lammers, C. J./Hickson, D. J. (Hrsg.), (1979), Organizations alike and unalike: International and inter-institutional studies in the sociology of organizations, London etc. 1979

Landsberger, H. A. (1958), Hawthorne revisited, management and the worker, its critics and development in human relations and industry, Cornell, Ithaca, NY 1958

Landy, F. J. (1985), Psychology of work behavior, 3. Aufl. Homewood, Ill. 1985

Lantermann, E. D. (1980), Interaktionen, Person, Situation und Handlung, München 1980

Latham, G. P./Saari, L. M. (1979), Application of social-learning theory to training supervisors through behavioral modeling, in: JAP 3/1979, S. 239–246

Latham, G. P./Wexley, K. N. (1981), Increasing productivity through performance appraisal, Reading etc. 1981

Lattmann, Ch. (1975), Führungsstil und Führungsrichtlinien, Bern/Stuttgart 1975

Lattmann, Ch. (1982), Die verhaltenswissenschaftlichen Grundlagen der Führung des Mitarbeiters, Bern/Stuttgart 1982

Lattmann, Ch. (Hrsg.) (1987), Personal-Management und strategische Unternehmensführung, Heidelberg 1987

Laukamm, Th. (1985), Strategisches Management von Human-Ressourcen, in: *Raffée, H./Wiedmann, K.-P.* (Hrsg.), Strategisches Marketing, Stuttgart 1985, S. 243–282

Laukamm, Th. (1986), Strategisches Management von Human-Ressourcen, in: *Riekhof* (Hrsg.) (1986), S. 77–113

Lauterburg, Ch. (1978), Vor dem Ende der Hierarchie – Modelle für eine bessere Arbeitswelt, Düsseldorf 1978

Laux, H. (1982) Entscheidungstheorie, Grundlagen, Berlin etc. 1982

Laux, H./Liermann, F. (1987), Grundlagen der Organisation, Berlin etc. 1987

Lawler III, E. E. (1969), Job design and employee motivation, in: PP 1969, S. 426–435

Lawler III, E. E. (1971), Pay and organizational effectiveness: A psychological view, New York 1971

Lawler III, E. E. (1973/1977), Motivation in work organizations, Belmont, Calif. 1973, deutsch: Motivierung in Organisationen, Bern/Stuttgart 1977

Lawler III, E. E. (1988), Substitutes for hierarchy, in: ODY Summer 1988, S. 5–15

Lawrence, P. R. (1954), How to deal with resistance to change, in: HBR 1954, S. 49–57

Lawrence, P. R./Lorsch, J. W. (1967/1969), Organization and environment, Cambridge, Mass. 1967, Homewood, Ill. 1969

Lawrence, P. R./Lorsch, J. W. (1969 b), Developing organizations: Diagnosis and action, Reading, Mass. 1969

Lazarus, R. S. (1966), Psychological stress and the coping process, New York 1966

Leavitt, H. J. (1962), Unhuman organizations, in: HBR 1962, S. 90–98

Leavitt, H. J. (1965), Applied organizational change in industry: Structural, technological, and humanistic approaches, in: *March, J. D.* (Hrsg.), Handbook of organizations, Chicago 1965, S. 1144–1170

Le Coutre, W. (1928), Betriebsorganisation, in: *Schmidt, F.* (1928), S. 969–1120

Leffingwell, W. H. (1917), Scientific office management, Chicago 1917

Lehr, U. (1987), Ältere Mitarbeiter, Führung von, in: *Kieser/Reber/Wunderer* (Hrsg.), HWFür, Stuttgart 1987, Sp. 1–23

Leiter, R. et. al. (1982), Der Weiterbildungsbedarf im Unternehmen. Methoden der Entwicklung, München/Wien 1982

Leitherer, E. (1984), Betriebswirtschaftslehre, Dogmengeschichte der, in: *Grochla/Wittmann* (Hrsg.), HWB, Stuttgart 1984, Sp. 694–720

Leitner, K. et al. (1987), Analyse psychischer Belastung in der Arbeit; das RHIA-Verfahren, Köln 1987

Lempert, W. (1977), Industriearbeit als Lernprozeß?, in: SW 3/1977, S. 306–327

Lempert, W./Hoff, E.-H./Lappe, L. (1980), Konzeption zur Analyse der Sozialisation durch Arbeit. Materialien aus der Bildungsforschung Nr. 14, 2. Aufl. Berlin 1980

Leontjew, A. N. (1977), Tätigkeit, Bewußtsein, Persönlichkeit, Stuttgart 1977

Leumann, P. (1979), Die Matrix-Organisation, Bern/Stuttgart 1979

Levinson, H. (1970), Management by whose objectives? In: HBR 1970, S. 125–134

Levy, A./Merry, U. (1986), Organizational Transformation, New York etc. 1986

Lewin, K. (1935), A dynamic theory of personality, New York 1935

Lewin, K. (1947), Frontiers in group dynamics, in: HR 1/1947, S. 5–41

Lewin, K. (1951/1963), Field theory and social science, New York 1951; deutsch: Feldtheorie in der Sozialwissenschaft, Bern/Stuttgart 1963

Lewin, K. (1958), Group decision and social change, in: *Maccoby, E. E./Newcomb, T. M./Hartley, E. L.* (Hrsg.), Readings in social psychology, 3. Aufl. New York 1958

Lewin, K. (1969), Grundzüge der topologischen Psychologie, Bern/Stuttgart 1969

Lewin, K./Lippitt, R./White, R. K. (1939), Patterns of aggressive behavior in experimentally created ‚social climates‘, in: JSP 10/1939, S. 271–299

Lewis, J. (1985), Excellent organizations: How to develop and manage them using theory Z, New York 1985

Lichtman, C. M./Hunt, R. G. (1971), Personality and organization theory: A review of some conceptual literature, in: PB 1971, S. 271–294

Liden, R. C./Graen, G. B. (1980), Generalizability of the vertical dyad linkage model of leadership, in: AMJ 3/1980, S. 451–465

Liebel, H. J./Oechsler, W. A. (1987), Personalbeurteilung, Bamberg 1987

Liermann, F. (1982), Koordinationsentscheidungen bei Unsicherheit, Würzburg 1982

Lievegoed, B. C. J. (1974), Organisationen im Wandel, Bern/Stuttgart 1974

Likert, R. (1961/1972), New patterns of management, New York etc. 1961; deutsch: Neue Ansätze der Unternehmungsführung, Bern/Stuttgart 1972

Likert, R. (1967/1975), The human organization, New York etc. 1967; deutsch: Die integrierte Führungs- und Organisationsstruktur, Frankfurt/New York 1975

Likert, R. (1978), An improvement cycle for human resource development, in: TDJ July 1978, S. 16–18

Likin, M. (1972), Experimental groups: The use of interpersonal encounter, psychotherapy groups, and sensitivity training, Morristown 1972

Lindblom, Ch. E. (1959), The science of ,muddling through', in: Public Administration Review 2/1959, S. 79–88

Lindblom, Ch. E. (1968), The policy-making process, Englewood Cliffs, N. J. 1968

Lindsay, W. M./Rue, L. W. (1980), Impact of the organization environment on the long-range planning process: A contingency view, in: AMJ 1980, S. 385–404

Linnert, P. (1971), Clausewitz für Manager, Strategie und Taktik der Unternehmensführung, München 1971

Lippitt, G. L. (1982), Organization renewal: A holistic approach to organization development, 2. Aufl. Englewood Cliffs, N. J. 1982

Lippitt, G. L./Langseth, P./Mossop, J. (1985), Implementing organizational change, San Francisco/Washington/London 1985

Litwak, E. (1961), Models of bureaucracy which permit conflict, in: AJS 1961, S. 177 bis 184

Litwin, G. H./Stringer, R. A. (1968), Motivation and organizational climate, Boston 1968

Locke, E. A. (1968), Toward a theory of task motivation and incentives, in: OBHP 3/1968, S. 157–189

Locke, E. A. (1976), The nature and causes of job satisfaction, in: *Dunnette, M. D.* (Hrsg.), HIOP 1976, S. 1297–1349

Locke, E. A./Schweiger, D. M. (1979), Participation in decision-making: One more look, in: *Staw, B. M.* (Hrsg.), ROB, Vol. 1 1979, S. 265–339

Locke, E. A./Shaw, K. N./Saari, L. M./Latham, G. P. (1981), Goal setting and task performance: 1969–1980, in: PB 90/1981, S. 125–152

Lodahl, T. M./Kejner, M. (1965), The definition and measurement of job involvement, in: JAP 49/1965, S. 24–33

Löhneysen, G. v. (1982), Die rechtzeitige Erkennung von Unternehmungskrisen mit Hilfe von Frühwarnsystemen als Voraussetzung für ein wirksames Krisenmanagement, Diss. Göttingen 1982

Lohmann, M. (1949), Einführung in die Betriebswirtschaftslehre, Tübingen 1949

London, M./Stumpf, S. A. (1982), Managing careers, Reading, Mass. 1982

Loomba, N. P. (1978), Management – a quantitative perspective, New York/London 1978

Lorange, P. (1980), Corporate planning: An executive viewpoint, Englewood Cliffs, N. J. 1980

Lorange, P./Scott Morton, M. F./Ghoshal, S. (1986), Strategic control, St. Paul, Minn. 1986

Lord, R. G./Foti, R. J./DeVader, C. (1984), A test of leadership categorization theory: Internal structure, information processing, and leadership perceptions, in: OBHP 34/1984, S. 343–378

Lorsch, J. W. (1965), Product innovation and organization, New York/London 1965

Lorsch, J. W. (Hrsg.) (1987), Handbook of organizational behavior, Englewood Cliffs, NJ. 1987

Lorsch, J. W./Morse, J. J. (1974), Organizations and their members: A contingency approach, New York etc. 1974

Ludovici, C. G. (1768/1932), Grundriß eines vollständigen Kaufmannssystems, Nachdruck der 2. Aufl. von 1768, Stuttgart 1932

Ludz, P. C. (1975), ,Alienation' als Konzept der Sozialwissenschaften, in: KZSS 27/1975, S. 1–32

Lück, W./Trommsdorff, V. (Hrsg.) (1982), Internationalisierung der Unternehmung, Berlin 1982.

Luft, J. (1961), The Johari window, in: Human Relations Training News 1961, S. 6–7

Luft, J. (1970), Group processes: An introduction to group dynamics, 2. Aufl. Palo Alto, Calif. 1970

Luhmann, N. (1964), Funktionen und Folgen formaler Organisation, Berlin 1964

Luhmann, N. (1968), Zweckbegriff und Systemrationalität, Tübingen 1968

Luhmann, N. (1971), Grundbegriffe und Probleme einer interdisziplinären Entscheidungstheorie, in: Die Verwaltung, Nr. 4/1971, S. 470–477

Luhmann, N. (1984), Soziale Systeme – Grundriß einer allgemeinen Theorie. Frankfurt/M. 1984

Lukasczyk, K. (1960), Zur Theorie der Führerrolle, in: PRS 1960, S. 179–188

Luthans, F. (1976), Introduction to management: A contingency approach, New York etc. 1976

Luthans, F. (1979), Leadership: A proposal for a social learning theory base and observational and functional analysis techniques to measure leader behavior, in: *Hunt, J. G./Larson, L. L.* (Hrsg.), Crosscurrents in leadership, Carbondale, Ill. 1979, S. 201–208

Luthans, F. (1985), Organizational behavior, Tokio etc. 1973, 4. Aufl. 1985

Luthans, F./Davis, T. R. V. (1979), Behavioral self-management: The missing link in managerial effectiveness, in: ODY, Summer 1979, S. 42–60

Luthans, F./Hodgetts, R. M./Rosenkrantz, St. A. (1988), Real managers, Cambridge, Mass. 1988

Luthans, F./Kreitner, R. (1985), Organizational behavior modification and beyond: An operant and social learning approach, 2. Aufl. Glenview/London 1985

Luthans, F./Lockwood, D. L. (1984), Toward an observation system for measuring leader behavior in natural settings, in: *Hunt, J. G.* et al. (Hrsg.), Leaders and managers, New York 1984, S. 117–141

Macaboy, M. (1976/1979), The gamesman. The new corporate leaders, New York 1976; deutsch: Die neuen Chefs, Reinbek bei Hamburg 1979

Maccoby, M. (1981), The leader, New York 1981

Macharzina, K. (1977), Neuere Entwicklungen in der Führungsforschung, in: ZfO 1977, Teil 1: S. 7–16, Teil 2: S. 101–108

Macharzina, K./Staehle, W. H. (Hrsg.) (1986), European approaches to international management, Berlin/New York 1986

Mag, W. (1986), Einführung in die betriebliche Personalplanung, Darmstadt 1986

Mag, W. (1989), Entscheidungstechniken, in: *Szyperski/Winand* (Hrsg.), HWPlan, Stuttgart 1989, Sp. 389–396

Mahoney, T. A./Jerdee, T. H./Carroll, S. J. (1965), The job(s) of management, in: IR Nr. 2, 4/1965, S. 97–110

Maier, N. R. F. (1970), Problem solving and creativity in individuals and groups, Belmont, Calif. 1970

Malik, F. (1986), Strategie des Managements komplexer Systeme, 2. Aufl. Bern/Stuttgart 1986

Mann, R. (1978), Vom operativen zum strategischen Controlling, in: Controller Magazin 3/1978, S. 1–4

Manz, C./Sims, H. P. (1980), Self-management as a substitute for leadership: A social learning theory perspective, in: AMR 5/1980, S. 361–367

Manzini, A. O./Gridley, J. O. (1986), Integrating human resources and strategic business planning, New York 1986

March, J. G./Olsen, J. P. (1979), Ambiguity and choice in organizations, 2. Aufl. Bergen etc. 1979, 1. Aufl. 1976

March, J. G./Simon, H. A. (1958/1976), Organizations, New York etc. 1958; deutsch: Organisation und Individuum, Wiesbaden 1976

Marcuse, H. (1968), Kultur und Gesellschaft 2, 7. Aufl. Frankfurt/M. 1968

Margulies, W. P. (1977), Make the most of your corporate indentity, in: HBR 4/1977, S. 66–74

Markowitz, H. (1959), Portfolio selection: Efficient diversifications of investments, New York 1959

Markowitz, J. (1979), Die soziale Situation – Entwurf eines Modells zur Analyse des Verhältnisses zwischen personalen Systemen und ihrer Umwelt, Frankfurt/M. 1979

Marr, R. (1986), Strategisches Personalmanagement – des Kaisers neue Kleider?, in: Management Forum,Bd. 6, 1986, S. 13–23

Marr, R. (Hrsg.) (1987), Arbeitszeitmanagement, Berlin 1987

Marr, R./Stitzel, M. (1979), Personalwirtschaft, München 1979

Marrow, A. J. (1977), Kurt Lewin – Leben und Werk, Stuttgart 1977

Marrow, A. J./Bowers, D. G./Seashore, St. E. (1967), Management by participation, New York 1967

Marschak, J. (1955), Elements for a theory of teams, in: Management Science 1/1955, S. 127–137

Martin, J./Siehl, C. (1983), Organizational culture and counterculture: An uneasy symbiosis, in: ODY, Autumn 1983, S. 52–64

Martin, S. (1983), Managing without managers – Alternative work arrangements in public organizations, Beverly Hills/London/New Delhi 1983

Martindell, J. (1962), The scientific appraisal of management, New York 1962

Maruyama, M. (1963), The second cybernetics: Deviation amplifying mutual causal processes, in: American Scientist, 51/1963, S. 164–179

Marx, K. (1844/1970), Ökonomisch-philosophische Manuskripte (1844), *Marx/Engels* Gesamtausgabe 1. Abt., Bd. 3, Berlin/Glashütten 1970

Maslow, A. H. (1943), A theory of human motivation, in: PR 1943, S. 370–396

Maslow, A. H. (1954/1977), Motivation and personality, New York etc. 1954; deutsch: Motivation und Persönlichkeit, Olten/Freiburg i.Br.. 1977

Maslow, A. H. (1965), Eupsychian management, Homewood, Ill. 1965

Massie, J. L. (1965), Management theory, in: *March, J. P.* (Hrsg.), Handbook of organizations, Chicago 1965, S. 387–422

Maturana, H. R./Varela, F. J. (1980), Autopoiesis and cognition. The realization of the living, Boston 1980

Matz, A. (1965), Die Ausbildung von Führungskräften der Wirtschaft an amerikanischen Universitäten, Stuttgart u. a. 1965

Mawhinney, Th. C./Ford, J. D. (1977), The path-goal theory of leader effectiveness: An operant interpretation, in: AMR 2/1977, S. 398–411

Mayer, A. (1951), Die soziale Rationalisierung des Industriebetriebes, München/Düsseldorf 1951

Mayer, A. (Hrsg.) (1978), Organisationspsychologie, Stuttgart 1978

Mayntz, R. (1958), Die soziale Organisation des Industriebetriebes, Stuttgart 1958

Mayntz, R. (1963), Soziologie der Organisation, Reinbek bei Hamburg 1963

Mayntz, R. (1966), Versuch eines Vergleichs, in: *Presthus* (1966), S. 295–330

Mayntz, R. (Hrsg.) (1968), Bürokratische Organisation, Köln/Berlin 1968

Mayrhofer, W. (1989), Outplacement – Stand der Diskussion, in: DBW 1/1989, S. 55 bis 68

McCaskey, M. B. (1974), A contingency approach to planning: Plannung with goals and planning without goals, in: AMJ 1974, S. 281–291

McClelland, D. C. (1961), The achieving society, Princeton, N. J. 1961

McClelland, D. C. (1965), Achievement motivation can be developed, in: HBR 1965, S. 6–24, 178

McClelland, D. C. (1971), Assessing human motivation, Morristown, N. J. 1971

McClelland, D. C./Atkinson, J. W./Clark, R. A./Lowell, E. L. (1953), The achievement motive, New York 1953

McClelland, D. C./Winter, D. G. (1969), Motivating economic achievement, New York 1969

McCollom, I. N. (1962), Industriepsychologie in Großbritannien und Westdeutschland, in: PuP, 2/1962, S. 82–94

McCormick, E. J./Ilgen, D. R. (1985), Industrial and organizational psychology, 8. Aufl. Englewood Cliffs, N. J. 1985

McCormick, E. J./Jeanneret, P. R./Mecham, R. C. (1973), User's manual for the Position Analysis Questionnaire. System I. Purdue 1973

McDougall, W. (1908), Introduction to social psychology, London 1908

McGrath, J. E. (1976), Stress and behavior in organizations, in: *Dunnette* (Hrsg.) (1976), HIOP, S. 1351–1395

McGregor, D. (1960/1973), The human side of enterprise, New York 1960; deutsch: Der Mensch im Unternehmen, 3. Aufl. Düsseldorf 1973

McKelvey, B. (1975), Guidelines for the empirical classification of organizations, in: ASQ 1975, S. 509–525

McKelvey, B. (1978), Organizational systematics: Taxonomic lessons from biology, in: MS 1978, S. 1428–1440

McKelvey, B. (1982), Organizational systematics: Taxonomy, evolution, classification, New York 1982

McKelvey, B./Aldrich, H. (1983), Populations, natural selection and applied organizational science, in: ASQ 28/1983, S. 101–128

Mead, G. H. (1968), Geist, Identität und Gesellschaft, Frankfurt/M. 1968

Meffert, H. (1971), Die Leistungsfähigkeit der entscheidungs- und systemorientierten Marketing-Theorie, in: *Kortzfleisch, G. v.* (Hrsg.) (1971), S. 167ff.

Mellerowicz, K. (1952), Eine neue Richtung in der Betriebswirtschaftslehre?, in: ZfB 1952, S. 145–161

Mellerowicz, K. (1963), Unternehmenspolitik, Bd. 1, Freiburg 1963, 3. Aufl. 1976

Merchant, K. A. (1984), Control in business organizations, Boston 1984

Merkens, H./Seiler, H. (1978), Interaktionsanalyse, Stuttgart etc. 1978

Merton, R. K. (1957), Social theory and social structure, 2. Aufl. Glencoe, Ill. 1957, 4. Aufl. 1968

Merton, R. K. (1968), Bürokratische Struktur und Persönlichkeit, in: *Mayntz, R.* (Hrsg.) (1968), S. 265–276

Metcalf, H. C./Urwick, L. (1942), Dynamic administration –The collected papers of *Mary Follett,* New York 1942

Meyer, H./Reber, G./Tichy, J. (1987), Streß und Führung, in: *Kieser/Reber/Wunderer* (Hrsg.), HWFü, Stuttgart 1987, Sp. 1906–1927

Meyer, J. W./Rowan, B. (1977), Institutionalized organizations: Formal structure as a myth and ceremony, in: AJS 83/1977, S. 340–363

Meyer-Dohm, P. (1984), Wie erfolgreich ist Führungstraining?, in: DBW, 44(3) 1984, S. 506–508

Michel, E. (1953), Sozialgeschichte der industriellen Arbeitswelt, 3. Aufl. Frankfurt/M. 1953

Michels, R. (1925/1970), Zur Soziologie des Parteiwesens in der modernen Demokratie, 2. Aufl. Stuttgart 1925, Nachdruck 1970

Mickler, O. (1981), Facharbeit im Wandel, Frankfurt/New York 1981

Mickler, O./Dittrich, E./Neumann, U. (1976), Technik, Arbeitsorganisation und Arbeit, Frankfurt 1976

Mickler, O./Mohr, W./Kadritzke, U. (1977), Produktion und Qualifikation, Bericht über die Hauptstudie, Teil II, 2. Aufl. Göttingen 1977

Miles, R. E. (1965), Human relations or human resources?, in: HBR 4/1965, S. 148–163

Miles, R. E. (1975), Theories of management, New York etc. 1975

Miles, R. E. (1985), The future of business education, in: CMR 3/1985, S. 63–73

Miles, R. E./Snow, Ch. C. (1978/1986), Organizational strategy, structure, and process, New York etc. 1978; deutsch: Unternehmensstrategien, Hamburg 1986

Miles, R. H. (1980), Macro organizational behavior, Santa Monica, Calif. 1980

Milgram, St. (1963), A behavioral study of obedience, in: JASP 67/1963, S. 371–378

Milgram, St. (1974), Das Milgram-Experiment, Reinbek b. Hamburg 1974

Milkovich, G. T./Glueck, W. F. (1985), Personnel/human resource management: A diagnostic approach, 4. Aufl. Plano, Texas 1985

Miller, D. (1981), Toward a new contingency appraoch: The search for organizational Gestalt, in: JoMS 1/1981, S. 1–26

Miller, D. (1982), Evolution and revolution: A quantum view of structural change in organizations, in: JoMS 1982, S. 131–151

Miller, D./Friesen, P. H. (1978), Archetypes of strategy formulation, in: MS 1978, S. 921–933

Miller, D./Friesen, P. H. (1984), Organizsations: A quantum view, Englewood Cliffs, N. J. 1984

Miller, E. J./Rice, A. K. (1967), Systems of organization, London etc. 1967

Miller, G. A./Galanter, E./Pribram, K. H. (1960), Plans and the structure of behavior, London etc. 1960

Mills, P. K. (1983), Self-management: Its control and relationship to other organizational properties, in: AMR 3/1983, S. 445–453

Mills, T. (1978), Europe's industrial democracy: An American response, in: HBR 1978, S. 143–152

Miner, J. B. (1969), An input-output model for personnel strategies, in: BH 6/1969, S. 71–78

Miner, J. B. (1973), The management process: Theory, research, and practice, New York etc. 1973

Miner, J. B. (1975), The uncertain future of the leadership concept: An overview, in: *Hunt, J. G./Larson, L. L.* (Hrsg.) (1975), S. 197–208

Miner, J. B. (1982), The uncertain future of the leadership concept: Revisions and clarifications, in: JABS 18/1982, S. 276–292

Mintzberg, H. (1973), The nature of managerial work, New York etc. 1973

Mintzberg, H. (1973b), Strategy-making in three modes, in: California Management Review 16/1973, S. 44–53

Mintzberg, H. (1976), Planning on the left and managing on the right, in: HBR July/August 1976, S. 49–58

Mintzberg, H. (1979), The structuring of organizations, Englewood Cliffs, N. J. 1979

Mintzberg, H. (1981), Organization design: Fashion or fit?, in: HBR Jan./Febr. 1981, S. 103–116

Mintzberg, H. (1983a), Power in and around organizations, Englewood Cliffs, N. J. 1983

Mintzberg, H. (1983b), Structure in fives: Designing effective organizations, Englewood Cliffs, N. J. 1983

Mintzberg, H./Waters, J. A. (1982), Tracking strategy in an entrepreneurial firm, in: AMJ 23 3/1982, S. 465–499

Minuchin, S./Fishman, C. F. (1981), Family therapy techniques, Cambridge, Mass. 1981

Mirvis, Ph. H. (1988), Organization Development (Part I), in: *Pasmore, W. A./Woodman, R. W.* (Hrsg.) Research in Organizational Change and Development, 2/1988, S. 1–57

Mischel, W. (1968), Personality and assessment, New York 1968

Mischel, W. (1973), Toward a cognitive social learning reconceptualization of personality, in: PR 1980, S. 252–283

Mischel, W. (1976), Introduction to personality, New York 1976

Mitchell, T. R. (1987), Führungstheorien – Attributionstheorie, in: *Kieser/Reber/Wunderer* (Hrsg.) HWFü, Stuttgart 1987, Sp. 698–713

Mitchell, T. R./Green, St. G./Wood, R. E. (1981), An attributional model of leadership and the poor performing subordinate: Development and validation, in: *Cummings, L. L./Staw, B. M.* (Hrsg.), ROB, Vol. 3 1981, S. 197–233

Mitchell, T. R./Smyser, C. M./Weed, S. E. (1975), Locus of control: Supervision and work satisfaction, in: AMJ 3/1975, S. 623–631

Mitchell, T. R./Wood, R. E. (1980), Supervisor's responses to subordinate poor performance: A test of an attributional model, in: OBHP 1/1980, S. 123–138

Möller, P. (1904), Aus der amerikanischen Werkstattpraxis, Berlin 1904

Montada, M. L. (1970), Lernpsychologie Jean Piagets, Stuttgart 1970

Montanari, J. R. (1978), Mangerial discretion: An expanded model of organization choice, in: AMR 1978, S. 231–241

Mooney, J. D./Reiley, A. C. (1931), Onward industry, New York 1931

Mooney, J. D./Reiley, A. C. (1939), The principles of organization, New York 1939

Moreno, J. L. (1934/1954), Who shall survive? Washington, D. C. 1934; deutsch: Die Grundlagen der Soziometrie, Köln/Opladen 1954, 3. Aufl. 1974

Morgan, G. (1986), Images of organization, Beverly Hills etc. 1986

Morrow, P. C. (1983), Concept redundancy in organizational research. The case of work commitment, in: AMR 8/1983, S. 486–500

Morse, J. J. (1975), Person-Job congruence and individual adjustment and development, in: HR 1975, S. 841–861

Morse, N. C./Reimer, E. (1956), The experimental change of a major organizational variable, in: JASP 1956, S. 120–129

Moser, H. (1978), Aktionsforschung als kritische Theorie der Sozialwissenschaften, 2. Aufl. München 1978

Mowday, R. T./Porter, L. W./Steers, R. M. (1982), Employee-organization linkages, New York 1982

Müller, G. (1981), Strategische Frühaufklärung, München 1981

Müller, W. R. (1980), Führung und Identität. Bern/Stuttgart 1980

Müller-Merbach, H. (Hrsg.) (1978), Quantitative Ansätze in der Betriebswirtschaftslehre, München 1978

Müller-Wenk, R. (1978), Die ökologische Buchhaltung. Ein Informations- und Steuerungsinstrument für umweltkonforme Unternehmenspolitik, Frankfurt/New York 1978, 2. Aufl. 1983

Münsterberg, H. (1912), Psychologie und Wirtschaftsleben, Leipzig 1912

Münsterberg, H. (1914), Grundzüge der Psychotechnik, Leipzig 1914

Mulder, M. (1977), The daily power game, Leiden 1977

Mumford, E. (1978), A strategy for the redisign of work, in: *Legge, K./Mumford, E.* (Hrsg.), Designing organizations for satisfaction and efficiency, Westmead 1978

Murray, H. A. (1938), Explorations in personality, New York/Oxford 1938

Myers, C. S. (1924), Industrial Psychology in Great Britain, Cape 1924

Myers, M. S. (1964), Who are your motivated workers?, in: HBR 1964, S. 73–88

Nachreiner, R. (1978), Die Messung des Führungsverhaltens. Zur Validität von Fragebogen zur Beschreibung des Vorgesetztenverhaltens, Bern/Stuttgart/Wien 1978

Nadler, D. A. (1987), The effective management of organizational change, in: *Lorsch* (Hrsg.), HOB 1987, S. 358–369

Nadler, D. A./Hackman, J. R./Lawler III, E. E. (1979), Managing organizational behavior, Boston/Toronto 1979

Nadler, D. A./Tushman, M. (1986), Managing strategic organizational change: Frame bending and frame breaking, New York 1986

Naisbitt, J. (1984), Megatrends – Ten new directions transforming our lives, 1. Aufl. 1982, 2. Aufl. New York 1984; deutsch: Megatrends, 2. Aufl. Bayreuth, 1984

Naschold, F. (1987), Organisationsentwicklung und technische Innovation, in: ZfA 41 4/1987, S. 193–195

Neff, W. S. (1985), Work and human behavior, 3. Aufl. New York 1985

Negandhi, A. R. (1974), Cross-cultural management studies: Too many conclusions, not enough conceptualization, in: MIR 6/1974, S. 59–72

Negandhi, A. R. (1975), Comparative management and organization theory: A marriage needed, in: AMJ 2/1975, S. 334–344

Nelson, D. (1980), Frederick W. Taylor and the rise of scientific management, Madison, Wisc. 1980

Neubauer, W. F. (1976), Entwicklungstendenzen der Arbeitspsychologie und der Arbeitspädagogik seit 1945, Linz 1976

Neuberger, O. (1972), Experimentelle Untersuchungen von Führungsstilen, in: GD 2/ 1972, S. 192–219

Neuberger, O. (1974), Messung der Arbeitszufriedenheit: Verfahren und Ergebnisse, Stuttgart etc. 1974

Neuberger, O. (1977), Organisation und Führung, Stuttgart etc. 1977

Neuberger, O. (1984), Führung, Stuttgart 1984, 3. Aufl. 1990

Neuberger, O. (1985), Arbeit, Stuttgart 1985

Neuberger, O. (1987), Führungstheorien – Rollentheorie, in: *Kieser/Reber/Wunderer* (Hrsg.), HWFü Stuttgart 1987, Sp. 867–880

Neuberger, O./Allerbeck, M. (1978), Messung und Analyse von Arbeitszufriedenheit. Erfahrungen mit dem ABB, Bern 1978

Neuberger, O./Kompa, A. (1987), Wir, die Firma – Der Kult um die Unternehmenskultur, Weinheim/Basel 1987

Neuloh, O. (1956), Die deutsche Betriebsverfassung und ihre Sozialformen bis zur Mitbestimmung, Tübingen 1956

Neuloh, O./Pardey, R./Bettinger, N./Graf von Schwerin, H.-A. (1983), Sozialforschung aus gesellschaftlicher Verantwortung, Opladen 1983

Neumann, J.v./Morgenstern, O. (1947/1961), Theory of games and economic behavior, Princeton 1947; deutsch: Spieltheorie und wirtschaftliches Verhalten, Würzburg 1961, 3. Aufl. 1973

Newcomb, T. M. (1961), The acquaintance process, New York 1961

Newman, W. H./Summer Jr., Ch. E. (1961), The process of management, Englewood Cliffs, N. J. 1961

Newman, W. H./Warren, E. K./Schnee, J. E. (1982), The process of management, 5. Aufl. Englewood Cliffs, N. J. 1982

Nicklisch, H. (1932), Die Betriebswirtschaft, Stuttgart 1932

Nieder, P./Naase, Ch. (1977), Führungsverhalten und Leistung, Bern/Stuttgart 1977

Niederfeichtner, F. (1982), Arbeitsgestaltung und Arbeitsorientierung, Bern/Stuttgart 1982

Niederfeichtner, F. (1983), Führungsforschung und ihre betriebswirtschaftliche Rezeption: Defizite und Anstöße zur Weiterentwicklung, in: DBW 4/1983, S. 605–622

Nitsch, J. R. (Hrsg.) (1981), Streß: Theorien, Untersuchungen, Maßnahmen, Bern/ Stuttgart/Wien 1981

Noelle-Neumann, E./Strümpel, B. (1984), Macht Arbeit krank? Macht Arbeit glücklich?, München 1984

Nord, W. R. (1974), The failure of current applied behavior science: A Marxian perspective, in: JABS 10/1974, S. 557–578

Nord, W. R. (1978), Dreams of humanziation and the realities of power, in: AMR 1978, S. 674–679

Nork, M. E. (1989), Management Training, München 1989, 2. Aufl. 1991

Nurmi, R. (1976), Developing a climate for planning, in: LRP 3/1976, S. 48–53

Nystrom, P. C./Starbuck W.H. (1984), To avoid organizational crisis, unlearn, in: ODY Spring 1984, S. 53–65

Odiorne, G. S. (1965/1967), Management by objectives: A system of managerial leadership, New York 1965; deutsch: Management by Objectives, Führung durch Vorgabe von Zielen, München 1967

Odiorne, G. S. (1970), Training by objectives, New York 1970

Odiorne, G. S. (1979/1980), MBO II: A system of managerial leadership for the 80s, Belmont, Calif. 1979; deutsch: MbO, Führungssysteme für die 80er Jahre, München 1980

Odiorne, G. S. (1984), Strategic management of human resources: A portfolio approach, San Francisco, Washington, London 1984

Oechsler, W. A. (1979), Konfliktmanagement – Theorie und Praxis industrieller Arbeitskonflikte, Wiesbaden 1979

Oechsler, W. (1988), Personal und Arbeit, 3. Aufl. München/Wien 1988

Oesterreich, R. (1981), Handlungsregulation und Kontrolle, München etc. 1981

Offe, C./Hinrichs, K./Wiesenthal, H. (Hrsg.) (1983), Arbeitszeitpolitik – Formen und Folgen einer Neuverteilung der Arbeitszeit, 2. Aufl., Frankfurt/New York 1983

Ohl, B./Reuter, H.-J. (1987), Anwendung und Erfahrungen mit einem objektiven und einem subjektiven Erhebungsverfahren, in: ZfA 41 2/1987, S. 88–94

Opens, M./Sydow, J. (1980), Situative Führungstheorien: Ein Vergleich zweier erwartungsvalenz-theoretischer Konzepte. DBW-Depot 81–1–4. Stuttgart 1980

Organ, D. W./Bateman, Th. (1986), Organizational behavior, 3. Aufl. Plano, Texas 1986

Ortmann, G. (1976), Unternehmungsziele als Ideologie, Köln 1976

Osborn, R. N./Hunt, J. G. (1974), Environment and organizational effectiveness, in: ASQ 2/1974, S. 231–246

Osborn, R. N./Hunt, J. G. (1975), An adaptive-reactive theory of leadership: The role of macro variables in leadership research, in: *Hunt, J. G./Larson, L. L.* (Hrsg.) (1975), S. 27–44

Osterloh, M. (1983), Handlungsspielräume und Informationsverarbeitung, Bern etc. 1983

Osterloh, M. (1986), Industriesoziologische Vision ohne Bezug zur Managementlehre?, in: DBW 46/1986, S. 610–624

Osterloh, M. (1988), Methodische Probleme einer empirischen Erforschung von Organisationskulturen, in: *Dülfer* (Hrsg.) (1988), S. 139–151

Ouchi, W. G. (1980), Markets, bureaucracies and clans, in: ASQ, 25/1980, S. 129–141

Ouchi, W. G. (1981), Theory Z, Reading, Mass. etc. 1981

Owen, H. (1987), Spirit, transformation and development in organizations, Potomac 1987

Owen, T. (1978), Making organizations work, Nijhoff 1978

Pack, L. (1969), Ausbildung und Weiterbildung von Führungskräften an amerikanischen und deutschen Universitäten, Wiesbaden 1969

Pack, L. (1984), Lehre von der Unternehmungsführung (Managementlehre), in: *Grochla/Wittmann* (Hrsg.), HWB, 1984 Sp. 4079–4093

Paine, F. T./Anderson, C. R. (1977), Contingencies affecting strategy formulation and effectiveness, in: JoMS 1977, S. 147–158

Parkinson, C. N. (1957), Parkinsons's law and other studies in administration, Boston 1957

Parnes, H. S. (1984), People power: Elements of human resource policy, Beverly Hills/London/New Delhi 1984

Parsons, T. (1949), Essays in sociological theory: Pure and applied, New York 1949

Parsons, T. (1951), The social system, Glencoe, Ill. 1951

Parsons, T. (1960), Structure and process in modern society, New York 1960

Pascale, R. T./Athos, A. G. (1981/1982), The art of Japanese management, Harmondsworth 1981; deutsch: Geheimnis und Kunst des japanischen Managements, München 1982

Paschen, K. (1978), Führerspezialisierung und Führungsorganisation, Köln 1978

Pautzke, G. (1989), Die Evolution der organisatorischen Wissensbasis, München 1989

Pawlow, I. P. (1927/1972), Conditioned reflexes, London 1927; deutsch: Die bedingten Reflexe, München 1972

Payne, R. L./Fineman, S./Wall, T. A. (1976), Organizational climate and job satisfaction. A conceptual synthesis, in: OBHP 16/1976, S. 45–62

Pearlman, K. (1980), Job families: A review of the discussion of their implications for personnel selection, in: PB 1980, S. 1–28

Pedler, M. (1983), Mangement self-development, in: *Taylor/Lippitt* (Hrsg.) (1983), S. 336–349

Peisl, A./Lüttge, B. (1975), Konzeption und Organisation der Unternehmensplanung der Siemens AG, in: ZfbF 1975, S. 349–365

Pennings, J. M. (1975), The relevance of the structural-contingency model for organizational effectiveness, in: ASQ 1975, S. 393–410

Pennings, J. M. (1977/78), Organization environment, in: OAS 1977/78, S. 1–17

Pennings, J. M./Gresov, Ch. G. (1986), Technoeconomic and structural correlates of organizational culture: An integrative framework, in: Organization Studies 7 4/1986, S. 317–334

Perlmutter, H. V. (1969), The tortuous evolution of the multinational corporation, in: Columbia Journal of World Business, Jan./Feb. 1969, S. 9–18

Perridon, L. (1967), Ansätze und Methodik der Vergleichenden Betriebswirtschaftslehre, in: ZfB 1967, S. 677–686

Perridon, L. (1986), Die ‚Doctrine' Henri Fayols und ihr Einfluß auf die moderne Managementwissenschaft, in: DBW 1/1986, S. 29–44

Perrow, Ch. (1961), The analysis of goals in complex organizations, in: ASR 1961, S. 854–866

Perrow, Ch. (1967), A framework for the comparative analysis of organizations, in: ASR April 1967, S. 194–208

Perrow, Ch. (1970), Organizational analysis: A sociological view, London 1970

Perrow, Ch. (1973), The short and glorious history of organization theory, in: ODY, Summer 1973, S. 2–15

Perrow, Ch. (1986), Complex organizations. A critical essay, Glenview 1972, 3. Aufl. 1986

Peter, L. J. (1969), The Peter Principle, New York 1969

Peters, T. J./Austin, N. (1985), A passion for excellence – The leadership difference, New York 1985

Peters, T. J./Waterman, R. H. (1982/1984), In search of excellence, New York 1982; deutsch: Auf der Suche nach Spitzenleistungen, Landsberg 1984

Petzold, H./Paula, M. (Hrsg.), (1976), Transaktionale Analyse und Skriptanalyse, Hamburg 1976

Pfeffer, J. (1978), The micropolitics of organizations, in: *Meyer, M. W.* (Hrsg.), Environments and organizations, San Francisco 1978, S. 29–50

Pfeffer, J. (1981a), Power in organizations, Marshfield, Mass. 1981

Pfeffer, J. (1981b), Management as symbolic action: The creation and maintenance of organizational paradigms, in: *Cummings, L. L./Staw, B. M.* (Hrsg.), ROB Vol. 3 1981, S. 1–52

Pfeffer, J. (1982), Organizations and organization theory, Boston etc.

Pfeffer, J./Salancik, G. R. (1978), The external control of organizations, New York 1978

Pfohl, H.-Chr. (1977), Problemorientierte Entscheidungsfindung in Organisationen, Berlin/New York 1977

Pfohl, H.-Chr. (1981), Planung und Kontrolle, Stuttgart etc. 1981

Pfriem, R. (Hrsg.) (1986), Ökologische Unternehmenspolitik, Frankfurt/New York 1986

Piaget, J. (1985), Meine Theorie der geistigen Entwicklung, Frankfurt/M. 1985

Picot, A. (1977), Betriebswirtschaftliche Umweltbeziehungen und Umweltinformationen. Grundlagen einer erweiterten Erfolgsanalyse für Unternehmungen, Berlin 1977

Picot, A. (1984), Organisation, in: Vahlens Kompendium der Betriebswirtschaftslehre, Bd. 2, München 1984, S. 95–158

Picot, A./Lange B. (1979), Synoptische versus inkrementale Gestaltung des strategischen Planungsprozesses: Theoretische Grundlagen und Ergebnisse einer Laborstudie, in: ZfbF 1979, S. 569–596

Picot, A./Michaelis, E. (1984), Verteilung von Verfügungsrechten in Großunternehmungen und Unternehmungsverfassung, in: ZfB 54/1984, S. 252–272

Picot, A./Reichwald, R. (1986), Der informationstechnische Einfluß auf Arbeitsteilung und Zentralisierungsgrad in Büro- und Verwaltungsorganisationen, in: *Hermanns, A.* (Hrsg.), Neue Kommunikationstechniken, München 1986, S. 85–94

Piel, N. (1986), Strategien der Entscheidungsfindung in bürokratischen Organisationen, Diss. Bochum 1986

Pieper, R. (1988), Diskursive Organisationsentwicklung, Berlin/New York 1988

Pierce, J. L./Dunham, R. B./Blackburn, R. S. (1979), Social system structure, job design, and growth need strength: A test of a congruency model, in: AMJ 2/1979, S. 223–240

Pierson, F. C. et al. (1959), The education of American businessmen. A study of university-college programs in BA, New York 1959

Pinchot, G. III. (1985/1988), Intrapreneuring: Why you don't have to leave the corporation to become an entrepreneur, New York 1985; deutsch: Intrapreneuring – Mitarbeiter als Unternehmer, Wiesbaden 1988

Piore, M. J./Sabel, Ch. F. (1984/1985), The second industrial divide, New York 1984; deutsch: Das Ende der Massenproduktion, Berlin 1985

Podsakoff, P. M. (1982), Determinants of supervisor's use of rewards and punishments: A literature review and suggestions for future research, in: OBHP 29/1982, S. 58–83

Poensgen, O. H./Hort, H. (1981), Die situativen Einflüsse auf die unternehmerische Planung, in: ZfB 1981, S. 3–31

Pollard, S. (1965), The genesis of modern management. A study of the industrial revolution in Great Britain, London 1965

Pondy, L. R. (1967), Organizational conflict: Concepts and models, in: ASQ 1967, S. 296–320

Pondy, L. R./Frost, P. J./Morgan, G. (Hrsg.) (1983), Organizational symbolism, Greenwich 1983

Pondy, L. R./Mitroff, I. I. (1979), Beyond open system models of organization, in: *Staw, B. M.* (Hrsg.), ROB Vol. 1 1979, S. 3–39

Popitz, H./Bahrdt, H. P./Jüres, E. A./Kesting, H. (1957), Das Gesellschaftsbild des Arbeiters, Tübingen 1957

Popitz, H./Bahrdt, H. P./Jüres, E./Kesting, H. (1957), Technik und Industriearbeit, 1. Aufl. Tübingen 1957, 3. Aufl. 1976

Popper, K. R. (1971), Das Elend des Historizismus, 2. Aufl. Tübingen 1971

Porter, L. W./McKibbin, L. E. (1988), Management education and development, New York etc. 1988

Porter, L. W./Lawler III, E. E. (1968), Mangerial attitudes and performance, Homewood, Ill. 1968

Porter, L. W./Lawler III, E. E./Hackman, J. R. (1975), Behavior in organizations, New York etc. 1975

Porter, M. E. (1980/1983), Competitive Strategy. Techniques for analyzing industries and competitiors, New York/London 1980; deutsch: Wettbewerbsstrategie, Frankfurt 1983

Porter, M. E. (1985/1986), Competitive advantage, New York/London 1985; deutsch: Wettbewerbsvorteile, Frankfurt 1986

Posth, M. (1983), Integration von Investitions- und Personalplanung, Diskussionsbeiträge Heft 22, Lehrstuhl für Allg. BWL und Unternehmensführung der Universität Erlangen-Nürnberg 1983

Potthoff, E. (1982), Prüfung der Ordnungsmäßigkeit der Geschäftsführung, Stuttgart etc. 1982

Presthus, R. (1962/1966), The organizational society, New York 1962, 2. Aufl. 1979; deutsch: Individuum und Organisation: Typologie der Anpassung, Frankfurt/M. 1966

Price, J. L. (1968), Organizational effectiveness. An inventory of propositions, Homewood, Ill. 1968

Probst, G. J. B. (1987), Selbstorganisation – Ordnungsprozesse in sozialen Systmen aus ganzheitlicher Sicht, Berlin/Hamburg 1987

Probst, G. J. B./Siegwart, H. (Hrsg.) (1985), Integriertes Management – Bausteine des systemorientierten Managments, Bern/Stuttgart 1985

Pross, H./Boetticher, K. W. (1971), Manager des Kapitalismus, 2. Aufl. Frankfurt/M. 1971

Pugh, D. S./Hickson, D. J. (Hrsg.) (1976), Organizational structure in its context. The Aston programme I, Westmead, Lexington 1976

Pugh, D. S./Hinings, C. R. (Hrsg.) (1976), Organizational structure. Extensions and replications. The Aston programme II, Westmead, Lexington 1976

Pugh, D. S./Payne, R. L. (Hrsg.) (1977), Organizational behavior in its context. The Aston programme III, Westmead/Farnborough 1977

Pugh, D. S./Hickson, D. J./Hinings, C. R./McDonald, K. M./Turner, C./Lupton, T. (1963), A conceptual scheme for organizational analysis, in: ASQ 1963, S. 289–315

Quinn, J. B. (1980), Strategies for change. Logical incrementalism, Homewood, Ill. 1980

Quinn, R. E. (1988), Beyond rational management, San Francisco/London 1988

Quinn, R. E./Cameron, K. S. (1983), Organizational life cycles and shifting criteria of effectiveness: Some preliminary evidence, in: MS, Jan. 1983, S. 33–51

Quinn, R. E./Rohrbaugh, J. (1981), A competing values approach to organizational effectiveness, in: Public Productivity Review 5/1981, S. 122–140

Randell, G. A. (1983), Management selection and recruitment, in: *Taylor/Lippitt* (Hrsg.) (1983), S. 195–210

Rathenau, W. (1918), Vom Aktienwesen. Gesammelte Schriften, Bd. 5, Berlin 1918

Raven, B. H./Kruglansky, A. W. (1970), Conflict and power, in: *Swingle, P.* (Hrsg.), The structure of conflict, New York 1970

Reber, G. (1969a), Unternehmensführung – Versuch einer ganzheitlchen Begriffserklärung, in: ZfB 1969, S. 101–128

Reber, G. (1969b), Entwicklungslinien der Betriebswirtschaftslehre in Nordamerika, in: ZfbF 1969, S. 689–705

Reber, G. (1972), „Entscheidungsprozesse" – Kritische Bemerkungen zu der Buchbesprechung von W. Kirschs „Entscheidungsprozesse" durch *H. Blohm,* in: ZfB 1972, S. 147–150

Reber, G. (1973), Personales Verhalten im Betrieb, Stuttgart 1973

Reber, G. (1976a), Zur Möglichkeit dysfunktionaler Folgen des Informationsverarbeitungsansatzes, in: WIST 1976, S.112–118

Reber, G. (1987), Organisationsstrukturen und Partizipationsspielräume, in: *Dorow, W.* (Hrsg.) (1987), S. 161–184

Rechtien, W. (1990), Zur Geschichte der Angewandten Gruppendynamik, in: GD 1/1990, S. 103–120

Reddin, W. J. (1970/1977), Managerial effectiveness, New York 1970; deutsch: Das 3-D Programm zur Leistungssteigerung des Managements, München 1977

Redding, W. Ch. (1972), Communication within the organization, New York 1972

Redel, W. (1982), Kollegienmanagement, Effiziensaussagen über Einsatz und interne Gestaltung betrieblicher Kollegien, Bern/Sutttgart 1982

Redlich, F. (1957), Academic education for business, in: The Business History Review 1957, S. 35–91

Rehn, G. (1979), Modelle der Organisationsentwicklung, Bern/Stuttgart 1979

Reichwald, R./Manz, U./Odemer, W./Sorg, St. (1984), Ein integriertes Bürosystem im Organisationstest, in: *Beckurts/Reichwald* (Hrsg.) (1984), S. 71–160

Remer, A. (1978), Personalmanagement: Mitarbeiterorientierte Organisation und Führung von Unternehmungen, Berlin/New York 1978

Rhenman, E. (1968), Industrial democracy and industrial management, Assen/London 1968

Ribeaux, P./Poppleton, S. E. (1978), Psychology and work: An introduction, London/Basingstoke 1978

Rice, A. K. (1958), Productivity and social organization: The Ahmedabad experiment, London 1958

Rice, A. K. (1963), The enterprise and its environment, London 1963

Richards, M. D./Greenlaw, R. P. S. (1966), Management decision making, Homewood, Ill. 1966

Richards, M. D./Greenlaw, R. P. S. (1972), Management: Decision and behavior Homewood, Ill. 1972

Richter, U. (1979), Grundlagen und Probleme der Macht in der betrieblichen Planung, Frankfurt/M. 1979

Riekhof, H.-Ch. (1986), Strategieorientierte Personalentwicklung, in: *Riekhof* (Hrsg.) (1986), S. 47–75

Riekhof, H.-Ch. (Hrsg.) (1986), Strategien der Personalentwicklung, Wiesbaden 1986

Rieckmann, H. (1982), Auf der grünen Wiese... Organisationsentwicklung einer Werksneugründung – Soziotechnisches Design und Offene-System-Planung, – Bern/Stuttgart 1982

Riegger, M. (1983), Lernstatt erlebt – Praktische Erfahrungen mit Gruppeninitiativen am Arbeitsplatz, Essen 1983

Rieser, J. (1978), Frühwarnsysteme, in: DU 1/1978, S. 51–68

Robbins, St. P. (1974), Managing organizational conflict: A nontraditional approach, Englewood Cliffs, N. J. 1974

Robbins, St. P. (1987) Organization theory, 2. Aufl. Englewood, Cliffs, N. J. 1987

Robinsohn, S. B. (1967), Bildungsreform als Revision des Curriculum, Neuwied/Berlin 1967, 2. Aufl. 1970

Roethlisberger, F./Dickson, W. (1939), Management and the worker, Cambridge, Mass. 1939

Rogers, C. R. (1942), Counselling and psychotherapy: Newer concepts in practice, Boston 1942

Rogers, C. R. (1970), On encounter groups, New York etc. 1970; deutsch: Encounter-Gruppen, München 1974

Rohmert, W./Landau, K. (1978), Arbeitswissenschaftliches Erhebungsinstrumentarium für Tätigkeiten, Bern 1978

Rokeach, M. (1960), The open and closed mind, New York 1960

Rokeach, M. (1973), The nature of human values, New York 1973

Ronen, S. (1984), Alternative work schedules, Homewood, Ill. 1984

Ronen, S. (1986), Comparative and multinational management, New York etc. 1986

Ropella, W. (1989), Synergie als strategisches Ziel der Unternehmung, Berlin/New York 1989

Rose, M. (1975), Industrial behavior: Theoretical development since Taylor, London 1975

Rosenberg, M.J./Hovland, C.I. (1960), Cognitive, affective, and behavioral components of attitudes, in: *Rosenberg M.J./Hovland, C.I.* (Hrsg.), Attitude organization and change, New Haven, Conn. 1960, S. 1–14

Rosenstiel, L.v. (1975), Die motivationalen Grundlagen des Verhaltens in Organisationen. Leistung und Zufriedenheit, Berlin 1975

Rosenstiel, L.v. (1978), Arbeitsgruppe, in: *Mayer, A.* (Hrsg.) (1978), S. 236–271

Rosenstiel, L.v. (1987), Grundlagen der Organisationspsychologie, Stuttgart 1980, 2. Aufl. 1987

Rosenstiel, L.v. (1983), Wertwandel und Führungsnachwuchs, in: Personalführung, 11/1983, S. 214–220

Rosenstiel, L.v./Falkenberg, Th./Hehn, W./Henschel, E./Warns, I. (1982), Betriebsklima heute, München 1982, 2. Aufl. Ludwigshafen 1983

Rosenstiel, L.v./Molt, W./Rüttinger, B. (1986), Organisationspsychologie, 6. Aufl. Stuttgart etc. 1986, 7. Aufl. 1988

Rosenstiel, L.v./Stengel, M. (1987), Identifikationskrise? Zum Engagement in betrieblichen Führungspositionen, Bern 1987

Rosenstock, E. (1922), Werkstattaussiedlung, Berlin 1922

Ross, R. (1971), OD for whom?, in: JABS Sept./Oct. 1971, S. 580–585

Rosse, J.G./Kraut, A.I. (1983), Reconsidering the vertical dyad linkage model of leadership, in: Journal of Occupational Psychology, 56/1983, S. 64–71

Roth, E. (1972), Der Werteinstellungs-Test, Bern/Stuttgart 1972

Rotter, J.B. (1954), Social learning and clinical psychology, Englewood Cliffs, N.J. 1954

Rotter, J.B. (1966), Generalized expectancies for internal versus external control of reinforcement, in: Psychological Monographs, 80/1966, S. 1–28

Roventa, P. (1979), Portfolio-Analyse und Strategisches Management, München 1979

Rückle, H. (1982), Körpersprache für Manager, 2. Aufl. Landsberg 1982

Rühl, G. (1984), Ingenieurwissenschaften und Betrieb; in: *Grochla/Wittmann* (Hrsg.), HWB, Stuttgart 1984, Sp. 1932–1942

Rühli, E. (1985/1978), Unternehmungsführung und Unternehmungspolitik, 1 + 2, Bern/Stuttgart, Bd. 1 1973, 2. Aufl. 1985, Bd. 2 1978, 2. Aufl. 1988

Rüttinger, B. (1977), Konflikt und Konfliktlösen, München 1977

Rumelt, R. (1974), Strategy, structure, and economic performance, Cambridge, Mass. 1974

Sader, M. (1980), Psychologie der Persönlichkeit, München 1980

Salancik, G./Pfeffer, J. (1977), Who gets power – and how they hold on to it: A strategic-contingency model of power, in: ODY 5/1977, S. 2–21

Salancik, G./Pfeffer, J. (1978), A social information processing approach to job attitudes and task design, in: ASQ June 1978, S. 224–253

Sandig, C. (1937), Betriebsgemeinschaft als Organisations- und Führungsproblem, Berlin 1937

Sandig, C. (1953), Die Führung des Betriebs, Betriebswirtschaftspolitik, Stuttgart 1953

Sandner, K. (1984), Lenkung und Kontrolle beruflicher Arbeit, in: JfB 4/1984, S. 172 bis 183

Sathe, V. (1978), Controllership in divisionalized firms, New York 1978

Sathe, V. (1985), Culture and related corporate realities, Homewood, Ill. 1985

Sattelberger, Th. (1990), Coaching: Alter Wein in neuen Schläuchen in: Personalführung 6/1990, S. 364–374

Sayles, L.R. (1958), Behavior of industrial work groups, New York 1958

Sayles, L.R. (1964), Managerial behavior: Administration in complex organizations, New York 1964

Scanlon, B./Keys, B. (1983), Management and organizational behavior, 2. Aufl. New York etc. 1983

Schachter, St. (1971), Emotion, obesity and crime, New York 1971

Schachter, St./Ellertson, D./McBride, D./Gregory, D. (1951), An experimental study of cohesiveness and productivity, in: HR 1951, S. 229–238

Schäfer, E. (1952), Selbstliquidation der Betriebswirtschaftslehre? In: ZfB 22/1952, S. 605–615

Schanz, G. (1972), Über den Stellenwert der Grundlagenforschung für eine „anwendungsorientierte" Wissenschaft, in: ZfB 1972, S. 439–443

Schanz, G. (1977), Grundlagen der verhaltenstheoretischen Betriebswirtschaftslehre, Tübingen 1977

Schanz, G. (1978), Verhalten in Wirtschaftsorganisationen, München 1978

Schanz, G. (1982), Organisationsgestaltung, München 1982

Scharfenkamp, N. (1983), Management-by-Konzepte. Eine kritische Bestandsaufnahme, Arbeitspapier der Abteilung für Wirtschaftswissenschaft, Ruhr-Universität Bochum 1983

Scharfenkamp, N. (1987), Organisatorische Gestaltung und wirtschaftlicher Erfolg, Berlin/New York 1987

Scharmann, Th. (1972), Teamarbeit in der Unternehmung, Bern/Stuttgart 1972

Schein, E. H. (1969), Process consultation: Its role in organization development, Reading, Mass. 1969, 2. Aufl. Vol I 1988, Vol II 1987

Schein, E. H. (1971), The individual, the organization, and the career: A conceptual scheme, in: JABS 1971, S. 401–426

Schein, E. H. (1975), Wie vollziehen sich Veränderungen?, in: *Bennis/Benne/Chin* (Hrsg.) (1975), S. 128–139

Schein, E. H. (1978), Career dynamics: Matching individual and organizational needs, Reading, Mass. 1978

Schein, E. H. (1980), Organizational psychology, Englewood Cliffs, N. J. 1965, 3. Aufl. 1980; deutsch: Organisationspsychologie, Wiesbaden 1980

Schein, E. (1985), Organizational culture and leadership: A dynamic view, San Francisco etc. 1985

Schein, E. H./Bennis, W. G. (1965), Personal and organizational change through group methods: The laboratory approach, New York 1965

Scherke, F. (1949), Leistungssteigerung durch Betriebspsychologie, in: Mensch und Arbeit, 7/1949

Schienstock, G./Müller, V. (1978), Organisationsentwicklung als Verhandlungsprozeß, in: SW 4/1978, S. 375–393

Schindel, V./Wenger, E. (1978), Führungsmodelle, in: *Heinen, E.* (Hrsg.), Betriebswirtschaftliche Führungslehre, Wiesbaden 1978, S. 93–187

Schirmer, F. (1987), Funktionswandel im mittleren Management, in: DU 41/1987, S. 353–364

Schlesinger, G. (1920), Psychotechnik und Betriebswissenschaft, Leipzig 1920

Schlicksupp, H. (1976), Kreative Ideenfindung in der Unternehmung – Methoden und Modelle, Berlin/New York 1976

Schmalenbach, E. (1947/48), Pretiale Wirtschaftslenkung, 2 Bände, Bremen-Horn 1947/48

Schmidt, F. (1928), Die Handelshochschule – Lehrbuch der Wirtschaftswissenschaft, Berlin/Wien 1928

Schmidt, G. (1989): Methode und Techniken der Organisation, 8. Aufl., Gießen 1989

Schmidt, H. (Hrsg.) (1982), Humanvermögensrechnung – Instrumentarium zur Ergänzung der unternehmerischen Rechnungslegung – Konzepte und Erfahrungen, Berlin/New York 1982

Schmidt, H. D./Brunner, E. J./Schmidt-Mummendey, A. (1975), Soziale Einstellungen, München 1975

Schmidt, S. J. (Hrsg.) (1987), Der Diskurs des Radikalen Konstruktivismus, Frankfurt/M. 1987

Schmidtchen, G. (1984), Neue Technik – Neue Arbeitsmoral, Köln 1984

Schneider, B. (1983), Work climates: An interactionist perspective, in: *Feimer, N. R./ Geller, E. S.* (Hrsg.), Environmental psychology: Directions and perspectives, New York 1983

Schneider, B./Reichers, A. E. (1983), Some relationships between job satisfaction and organizational climate, in: JAP 3/1983, S. 318–328

Schneider, D. (1987), Geschichte betriebswirtschaftlicher Theorie. Allgemeine Betriebswirtschaftslehre für das Hauptstudium, München/Wien 1981, 3. Aufl. 1987

Schneider, H.-D. (1975), Kleingruppenforschung, Stuttgart 1975

Schnelle, E. (1966), Entscheidung im Management. Wege zur Lösung komplexer Aufgaben in großen Organisationen, Quickborn 1966

Schnelle, E. (Hrsg.) (1978), Neue Wege der Kommunikation, Königstein/Ts. 1978

Schnelle, E. (1982), Werkstatt des Wandels, in: Harvard Manager 4/1982, S. 32–36

Schoeffler, S./Buzzell, R. D./Heany, D. F. (1974), Impact of strategic planning on profit performance, in: HBR 1974 März-April, S. 137–145

Schöllhammer, H. (1969), The comparative management theory jungle, in: AMJ 1969, S. 81–97

Schöllhammer, H. (1975), Current research on international and comparative mangement issues, in: MIR 2–3/1975, S. 29–45

Schoenfeld, H.-M. (1967), Die Führungsausbildung im betrieblichen Funktionsgefüge, Wiesbaden 1967

Schoenfeld, H.-M. (1984), Betriebswirtschaftslehre im anglo-amerikanischen Raum, in: *Grochla/Wittmann* (Hrsg.), HWB (Handwörterbuch der Betriebswirtschaft), Stuttgart 1984, Sp. 747–759

Scholl-Schaaf, M. (1975), Werthaltung und Wertsystem, Bonn 1975

Scholz, Ch. (1984), Strategisches Rezessionsmanagement, in: Harvard Manager 1/1984, S. 16–28

Scholz, Ch. (1988), Management der Unternehmenskultur, in: Harvard Manager 1/1988, S. 82–91

Schreyögg, G. (1977), Kritik situativer Führungstheorien am Beispiel des Fiedlerschen Kontingenzmodells, in: *Macharzina, K./Oechsler, W. A.* (Hrsg.), Personalmanagement I, Wiesbaden 1977, S. 109–144

Schreyögg, G. (1978), Umwelt, Technologie und Organisationsstruktur: Eine Analyse des kontingenztheoretischen Ansatzes, Bern/Stuttgart 1978

Schreyögg, G. (1984), Unternehmensstrategie – Grundfragen einer Theorie strategischer Unternehmensführung, Berlin/New York 1984

Schreyögg, G. (1987), Verschlüsselte Botschaften – Neue Perspektiven einer strategischen Personalführung, in: ZfO 3/1987, S. 151–158

Schreyögg, G. (1988), Kann und darf man Unternehmenskulturen ändern?, in: *Dülfer* (Hrsg.) (1988), S. 155–168

Schreyögg, G./Steinmann, H. (1981), Zur Trennung von Eigentum und Verfügungsgewalt, in: ZfB 51/1981, S. 533–558

Schreyögg, G./Steinmann, H. (1985), Strategische Kontrolle, in: ZfbF 37/1985, S. 391 bis 410

Schreyögg, G./Steinmann, H./Zanner, B. (1978), Arbeitshumanisierung für Angestellte, Stuttgart etc. 1978

Schriesheim, C. A./DeNisi, A. S. (1981), Task dimensions as moderators of the effects of instrumental leadership: A two-sample replicated test of path-goal leadership theory, in: JAP 5/1981, S. 589–597

Schröder, H. J. (1970), Projekt-Management, Wiesbaden 1970

Schröder, K. T. (1978), Soziale Verantwortung in der Führung der Unternehmung, Berlin 1978

Schütz, A./Luckmann, Th. (1975), Strukturen der Lebenswelt, Neuwied und Darmstadt 1975

Schultz, Th. W. (1978), Economic analysis of investment in education, Washington, D. C. 1978

Schulz von Thun, F. (1981), Miteinander reden: Störungen und Klärungen, Psychologie der zwischenmenschlichen Kommunikation, Reinbek b. Hamburg 1981

Schumacher, E. F. (1973), Small is beautiful: A study of economics as if people mattered, New York 1973

Schusser, W. H. (1986), Die betriebswirtschaftliche Beurteilung der Arbeitszeitflexibilisierung in der Metallindustrie, in: ZfbF 38 4/1986, S. 302–316

Schuster, F. E. (1986/1987), The Schuster report: The proven connection between people and profit, New York etc. 1986; deutsch: Menschenführung – ein Gewinn, Hamburg 1987

Schwab, D. P./Cummings, L. L. (1970), Theories of performance and satisfaction: A review, in: IR 9/1970, S. 408–430

Schwarz, H. (1983), Betriebsorganisation als Führungsaufgabe, 9. Aufl. Landsberg 1983

Scott, B. R. (1971), The stages of corporate development, Business Policy Notes, Harvard University 1971

Scott, W. G. (1961), Organization theory: An overview and an appraisal, in: Journal of the Academy of Management 1961, S. 7–26

Scott, W. G./Mitchell, T. R./Birnbaum, Ph. H. (1981), Organization theory: A structural and behavioral analysis, 4. Aufl. Homewood, Ill. 1981

Scott, W. R. (1987/1986), Organizations: rational, natural, and open systems, Englewood Cliffs, N. J. 1981, 2. Aufl. 1987; deutsch: Grundlagen der Organisationstheorie, Frankfurt/New York 1986

Seashore, St. E. (1954), Group cohesiveness in the industrial work group, Ann Arbor, Mich. 1954

Secord, P. F./Backman, C. W. (1964), Social psychology, New York etc. 1964

Seeman, M. (1967), On the personal consequences of alienation in work, in: ASR 1967, S. 273–285

Segler, T. (1981), Situative Organisationstheorie – Zur Fortentwicklung von Konzept und Methode, in: *Kieser, A.* (Hrsg.) (1981), S. 227–272

Seidel, E. (1978), Betriebliche Führungsformen, Stuttgart 1978

Seidel, E. (1984), Die Unterscheidung von Führungs- und Leitungsanteilen an der Vorgesetztentätigkeit, in: BFuP 5/1984, S. 460–469

Seiler, J. A. (1967), Systems analysis in organizational behavior, Homewood, Ill. 1967

Seiler, Th. B. (Hrsg.) (1973), Kognitive Strukturiertheit, Stuttgart etc. 1973

Seiwert, L. J. (1983), Personalforschung als Informationsinstrument des Personalmanagement, in: *Spie, U.* (Hrsg.) (1983), S. 193–243

Seligman, M. E. P. (1975/1979), Helplessness: On depression, development and death, San Francisco 1975; deutsch: Erlernte Hilflosigkeit, München 1979

Selvini-Palazzoli, M. S. (1978), Paradox and counter paradox, New York 1978; deutsch: Paradoxon und Gegenparadoxon, 3. Aufl. Stuttgart 1981

Selye, H. (1974), Stress without distress, New York 1974; deutsch: Streß, München 1974

Selznick, Ph. (1949), TVA and the grass roots, Berkeley 1949

Sengenberger, W. (Hrsg.) (1978), Der gespaltene Arbeitsmarkt, Frankfurt am Main 1978

Senn, P. R. (1966), What is ‚Behavioral Science‘? – Notes toward a history, in: The Journal of the History of the Behavioral Sciences, 2/1966, S. 105–122

Serfling, K. (1983), Controlling, Stuttgart ect. 1983

Sethi, S. P. (1971), Up against the corporate wall: Modern corporations and social issues of the seventies, Englewood Cliffs, N. J. 1971

Seyffert, R. (1925), Über Begriff und Aufgaben der Betriebswirtschaftslehre, in: Zeitschrift für Handelswissenschaft und Handelspraxis 1925, S. 48–54

Shaiken, H. (1980), Neue Technologien und Organisation der Arbeit, in: Leviathan 8/1980, S. 190–211

Shannon, C. E./Weaver, W. (1949), The mathematical theory of communication, Urbana, Ill. 1949; deutsch: Mathematische Grundlagen der Informationstheorie, München/Wien 1976

Sheldon, W. H./Stevens, S. S. (1942), The varieties of temperament: A psychology of constitutional differences, New York 1942

Shelton, D. (1983), Management by objectives in action, in: *Taylor/Lippitt* (Hrsg.) (1983), S. 438–448

Sheridan, J. E./Slocum, J. W. (1975), The direction of the causal relationship between job satisfaction and work performance, in: OBHP 14/1975, S. 159–172

Sheridan, J. E./Vredenburg, D. J./Abelson, M. A. (1984), Contextual model of leadership influence in hospital units, in: AMJ 27/1984, S. 57–78

Sherif, M. (1966), Group conflict and cooperation, London 1966

Sherman, H. (1966), It all depends, Alabama 1966

Sherwood, J. J. (1971), An introduction to organization development, MS-No. 396–1, 11, Experimental Publication System, 1971

Shrivastava, P. (1983), A typology of organizational learning systems, in: JoMS 1/1983, S. 7–28

Siegrist, H. (1987), Geschichte der Führung – Industrialisierung, in: *Kieser/Reber/Wunderer* (Hrsg.), HWFü, Stuttgart 1987, Sp. 1005–1015

Siegwart, H./Menzl, I. (1978), Kontrolle als Führungsaufgabe, Bern/Stuttgart 1978

Sievers, B. (Hrsg.) (1977), Organisationsentwicklung als Problem, Stuttgart 1977

Sievers, B. (1991), Mitarbeiter sind keine Olympioniken, Organisatorische Rollenberatung statt Coaching, in: Personalführung 4/1991, S. 272–274

Sikora, J. (1976), Handbuch der Kreativmethoden, Heidelberg 1976

Simon, H. A. (1945/1981), Administrative behavior, New York 1945, 3. Aufl. 1976; deutsch: Entscheidungsverhalten in Organisationen, Landsberg a. Lech 1981

Simon, H. A. (1960), The new science of management decision, New York 1960

Simon, H. A. (1978), Rationality as process and as product of thought, in: American Economic Review 68/1978, S. 1–16

Sims, H. P. (1977), The leader as a manager of reinforcement contingencies: An empirical example and a model, in: *Hunt, J. G./Larson, L. L.* (Hrsg.), Leadership: The cutting edge, Carbondale, Ill. 1977, S. 121–137

Sims, H. P./Szilagyi, A. D./McKemey, D. R. (1976), Antecedents of work related expectancies, in: AMJ 4/1976, S. 547–559

Skinner, B. F. (1938), The behavior of organisms, New York 1938

Skinner, B. F. (1948), Walden two, New York 1948

Skinner, B. F. (1971/1973), Beyond freedom and dignity, New York 1971, deutsch: Jenseits von Freiheit und Würde, Reinbek bei Hamburg 1973

Slocum, J. W./Cron, W. L./Hansen, R. W./Rawlings, S. (1985), Business strategy and the management of plateaued employees, in: Academy of Management Journal 28/1985, S. 133–154

Slocum, J. W./Sims, H. P., Jr. (Hrsg.), A typology for integrating technology, organization, and job design, in: HR 33/1980, S. 193–212

Smircich, L. (1983), Concepts of culture and organizational analysis, in: ASQ 28 3/1983, S. 339–358

Smircich, L./Morgan, G. (1982), Leadership: The management of meaning, in: JABS 18 3/1982, S. 257–273

Smith, A. (1776/1905), An inquiry into the nature and causes of the wealth of nations, London 1776; deutsch: Untersuchung über das Wesen und die Ursachen des Volkswohlstandes, Berlin 1905

Smith, P. C. (1959), The prediction of individual differences in susceptibility to industrial monotony, in: JAP 1959, S. 322–329

Smith, P. C./Cranny, C. J. (1968), Psychology of men at work, in: ARP 1968, S. 469 bis 477

Smith, P. C./Kendall, L. M. (1963), Retranslation of expectations: An approach to the construction of unambiguous anchors for rating scales, in: JAP 47/1963, S. 149–155

Smith, P. C./Kendall, L. M./Hulin, C. L. (1969), The measurement of satisfaction in work and retirement: A strategy for the study of attitude, Chicago 1969

Söllheim, F. (1922), Taylor-System für Deutschland, München/Berlin 1922

Sonnenfeld, J. A. (1985), Shedding light on the Hawthorne Studies, in: JOB 6/1985, S. 111–130

Spannhake, B. (1982), Die Arbeitsbedingungen zwischen Humanisierung und Rationalisierung, Köln 1982

Spie, U. (Hrsg.) (1983), Personalwesen als Managementaufgabe, Stuttgart 1983

Spranger, E. (1914/1928), Lebensformen, Tübingen 1914, 9. Aufl. 1966; englisch: Types of men, Halle a. d. Saale 1928

Sprüngli, R. K. (1981), Evolution und Management – Ansätze zu einer evolutionistischen Betrachtung sozialer Systeme, Bern/Stuttgart 1981

Srivastva, S./Salipante Jr., P. F./Cummings, T. G./Notz, W. W./Bigelow, J. D./ Watters, J. A. (1975), Job satisfaction and productivity, Cleveland, Ohio 1975

Staehle, W. H. (1969), Kennzahlen und Kennzahlensysteme als Mittel der Organisation und Führung von Unternehmen, Wiesbaden 1969

Staehle, W. H. (1971a), Über den Realitätsbezug organisationstheoretischer Modelle, in: ZfO 1971, S. 19–24, 80–85

Staehle, W. H. (1971b), Verhaltensänderung durch Sensitivity Training, in: ZfB 1971, S. 414–417

Staehle, W. H. (1973), Organisation und Führung soziotechnischer Systeme – Grundlagen einer Situationstheorie, Stuttgart 1973

Staehle, W. H. (1975), Die Stellung des Menschen in neueren betriebswirtschaftlichen Theoriesystemen, in: ZfB 1975, S. 713–724

Staehle, W. H. (1976), Der situative Ansatz in der Betriebswirtschaftslehre, in: *Ulrich, H.* (Hrsg.), Zum Praxisbezug der Betriebswirtschaftslehre in wissenschaftstheoretischer Sicht, Bern/Stuttgart 1976, S. 33–50

Staehle, W. H. (1977), Weiterbildung von Führungskräften in der Wirtschaft, in: *Reimann H.* und *H.* (Hrsg.), Weiterbildung, München 1977, S. 163–178

Staehle, W. H. (1980), Menschenbilder in Organisationstheorien, in: *Grochla, E.* (Hrsg.), HWO, 2. Aufl. Stuttgart 1980, Sp. 1301–1313

Staehle, W. H. (1987), Interaction with external actors as a guide to business efficiency, in: *Dorow, W.* (Hrsg.) (1987), S. 153–159

Staehle, W. H. (1988a), The changing face of personnel management, in: *Dlugos* et al. (Hrsg.) (1988), S. 323–333

Staehle, W. H. (1988b), Human Resource Management (HRM), in: ZfB 5/6 1988, S. 576–587

Staehle, W. H. (1989), Funktionen des Managements. Eine Einführung in einzelwirtschaftliche und gesamtgesellschaftliche Probleme der Unternehmensführung, Bern/ Stuttgart 1983, 2. Aufl. 1989

Staehle, W. H. (1991), Organisatorischer Konservatismus in der Unternehmensberatung, in: GD 1/1991, S. 19–32

Staehle, W. H. (Hrsg.) (1991), Handbuch Management, Wiesbaden 1991

Staehle, W. H./Conrad, P. (1987), Organisationsklima und Führung in: *Kieser/Reber/ Wunderer* (Hrsg.), HWFür (Handwörterbuch der Führung), Stuttgart 1987, Sp. 1607–1618

Staehle, W. H./Grabatin, G. (1979), Effizienz von Organisationen, in: DBW 1 B/1979, S. 89–102

Staehle, W. H./Karg, P. W. (1981), Anmerkungen zu Entwicklung und Stand der deutschen Personalwirtschaftslehre, in: DBW 1/1981, S. 83–90

Staehle, W. H./Stoll, E. (Hrsg.) (1984), Betriebswirtschaftslehre und ökonomische Krise, Wiesbaden 1984

Staehle, W. H./Sydow, J. (1986), Büroarbeit, Büroorganisation und Büroautomation als Gegenstände betriebswirtschaftlicher Forschung, in: DBW 46 2/1986, S. 188–202

Staehle, W. H./Sydow, J. (1987), Führungsstiltheorien, in: *Kieser/Reber/Wunderer* (Hrsg.), HWFür, Stuttgart 1987, Sp. 661–671

Staerkle, R. (1961), Stabsstellen in der industriellen Unternehmung, Bern 1961

Staffelbach, B. (1986), Strategisches Personalmanagement, Bern/Stuttgart 1986

Starbuck, W. H. (1976), Organizations and their environments, in: *Dunnette* (Hrsg.), HIOP, Chicago 1976, S. 1069–1124

Staude, J. (1985), Assessment Center, in: WIST 10/1985, S. 517–520

Staudt, E./Rehbein, M. (1988), Innovation durch Qualifikation, Frankfurt/M. 1988

Stehle, B. (1987), Belastungssituationen und Reaktionstendenzen von Führungskräften der Industrie, Frankfurt/Bern/New York 1987

Steinbuch, K. (1965), Automat und Mensch, 3. Aufl. Berlin etc. 1965

Steiner, G. A. (1971), Business and society, New York 1971

Steinle, C. (1978), Führung: Grundlagen, Prozesse und Modelle der Führung in der Unternehmung, Stuttgart 1978

Steinle, C. (1985), Organisation und Wandel, Berlin/New York 1985

Steinmann, H. (1969), Das Großunternehmen im Interessenkonflikt, Stuttgart 1969

Steinmann, H. (1973), Zur Lehre von der ‚gesellschaftlichen Verantwortung der Unternehmensführung‘, in: WIST 10/1973, S. 467–472

Steinmann, H./Schreyögg, G. (1980), Arbeitsstrukturierung am Scheideweg – Differenzierende Arbeitsgestaltung als neuer, besserer Weg zur Arbeitshumanisierung?, in: ZfA 2/1980, S. 75–78

Steinmann, H./Schreyögg, G. (1984), Zur Bedeutung des Arguments der „Trennung von Eigentum und Verfügungsgewalt" – Eine Erwiderung, in: ZfB 54/1984, S. 273 bis 283

Steinmann, H./Schreyögg, G. (1990), Management – Grundlagen der Unternehmensführung, Wiesbaden 1990

Steinmann, H./Schreyögg, G./Dütthorn, C. (1983), Managerkontrolle in deutschen Großunternehmen – 1972 und 1979 im Vergleich, in: ZfB 53/1983, S. 4–25

Stern, W. (1900), Die differentielle Psychologie, Leipzig 1900

Stewart, R. (1967), Managers and their jobs, London 1967

Stewart, R. (1982), Choices for the manager – A guide to managerial work and behavior, London etc. 1982

Stiefel, R. T. (1969), die anglo-amerikanische Managementlehre, in: BFuP 1969, S. 626 bis 637

Stöber, A. M./Bindig, R./Derschka, P. (1974), Kritisches Führungswissen, Stuttgart etc. 1974

Stogdill, R. M. (1948), Personal factors associated with leadership: A survey of the literature, in: JP 25/1948, S. 35–71

Stogdill, R. M. (1959), Individual behavior and group achievement, New York 1959

Stogdill, R. M. (1974), Handbook of leadership: A survey of theory and research, New York/London 1974, 2. Aufl. von *Bass, B. M.* (1981) herausgegeben

Stogdill, R. M./Coons, A. E. (Hrsg.) (1957), Leader behavior: Its description and measurement, Columbus 1957

Stoll, E. (1983), Betriebswirtschaftslehre als Geführtenlehre? Anmerkungen zu W. Kirsch: Die Betriebswirtschaftslehre als Führungslehre – neu betrachtet, in: *Fischer-Winkelmann, W. F.* (Hrsg.) (1983), S. 264–286

Stollberg, G. (1981), Die Rationalisierungsdebatte 1908–1933, Frankfurt/New York 1981

Strauss, G. (1963), Some notes of power equalization, in: *Leavitt, H.* (Hrsg.), The social science of organization, Englewood Cliffs, N. J. 1963, S. 85–136

Strebel, H. (1980), Umwelt und Betriebswirtschaft. Die natürliche Umwelt als Gegenstand der Unternehmenspolitik, Berlin 1980

Strehl, F. (1987), Arbeitsrollen der Führungskräfte (nach *Mintzberg*), in: *Kieser/Reber/ Wunderer* (Hrsg.), HWFür, Stuttgart 1987, Sp. 33–46

Strube, A. (1982), Mitarbeiterorientierte Personalentwicklungsplanung, Berlin etc. 1982

Susman, G. I. (1976), Autonomy at work – a sociotechnical analysis of participative management, New York etc. 1976

Sydow, J. (1981), Der normative Entscheidungsansatz von Vroom/Yetton – Kritik einer situativen Führungstheorie, in: DU 1/1981, S. 1–17

Sydow, J. (1985a), Der soziotechnische Ansatz der Arbeits- und Organisationsgestaltung, Frankfurt/New York 1985

Sydow, J. (1985b), Organisationsspielraum und Büroautomation, Berlin/New York 1985

Sydow, J./Conrad, P. (1987), Der Einfluß flexibler Arbeitszeiten auf das Organisationsklima, in: *Marr, R.* (Hrsg.) (1987), S. 199–211

Szyperski, N. (1969), Organisationsspielraum, in: *Grochla, E.* (Hrsg.), HWO, 1. Aufl. Stuttgart 1969, Sp. 1229–1236

Szyperski, N./Grochla, E./Höring, K./Schmitz, D. (1982), Bürosysteme in der Entwicklung – Studien zur Typologie und Gestaltung von Büroarbeitsplätzen, Braunschweig/Wiesbaden 1982

Szyperski, N./Müller-Böling, D. (1980), Gestaltungsparameter der Planungsorganisation. Ein anwendungsorientiertes Konzept für die Gestaltung von Planungssystemen, in: DBW 1980, S. 357–373

Szyperski, N./Winand, U. (1979), Duale Organisation – Ein Konzept zur organisatorischen Integration der strategischen Geschäftsfeldplanung, in: ZfbF-Kontaktstudium 31/1979, S. 195–205

Szyperski, N./Winand, U. (Hrsg.) (1989), Handwörterbuch der Planung, Stuttgart 1989

Taguiri, R./Litwin, G. H. (Hrsg.) (1968), Organizational climate: Explorations of a concept, Boston 1968

Tannenbaum, R./Margulies, N./Massarik, F. et al., (1985), Human systems development: New perspectives on people and organizations, San Francisco/London 1985

Tannenbaum, R./Schmidt, W. H. (1958), How to choose a leadership pattern, in: HBR March/Apr. 1958, S. 95–101

Tannenbaum, R./Schmidt, W. H. (1973), Retrospective commentary to how to choose a leadership, in: HBR May/June 1973, S. 162–180

Taylor, B./Lippitt, G. (Hrsg.) (1983), Management Development and Training Handbook, 2. Aufl. London etc. 1983

Taylor, F. W. (1911/1917), The principles of scientific management, New York 1911; deutsch: Die Grundsätze der wissenschaftlichen Betriebsführung, Berlin/München 1917

Taylor, J. C./Bowers, D. G. (1972), Survey of organizations: A machine – scored standardized questionnaire instrument, Ann Arbor, Mich. 1972

Ten Berge, D. (1987), The first 24 hours: A comprehensive guide to succesful crisis management, Cambridge, Mass. 1987; deutsch: Crash Management, Düsseldorf etc. 1989

Tenckhoff, Ph. (1983), Leitende Angestellte. Methodische Abgrenzung im Führungsbereich, Stuttgart 1983

Tepper, A. (1983), Mitarbeiter wählen ihre Vorgesetzten, in: Pers 3/1983, S. 99–103

Terry, G. R. (1982), Principles of management, 1. Aufl. Homewood, Ill. 1953, mit *Franklin, St. G.* 8. Aufl. 1982

Theisen, M. R. (1987), Überwachung der Unternehmungsführung, Stuttgart 1987

Thibaut, J./Kelley, H. H. (1959), The social psychology of groups, New York 1959

Thom, N. (1976), Zur Effizienz betrieblicher Innovationsprozesse, Köln 1976, Grundlagen des betrieblichen Innovationsmanagements 2. Aufl. Königstein/Ts. 1980

Thom, N. (1987), Personalentwicklung als Instrument der Unternehmungsführung, Stuttgart 1987

Thom, N./Winkelmann, E. (1984), Personalentwicklung in der mittelständischen Wirtschaft, in: WIST 7/1984, S. 361–366

Thomae, H. (Hrsg.) (1965), Die Motivation menschlichen Handelns, 1. Aufl. Köln 1965, 8. Aufl. 1975

Thomas, K. (1969), Analyse der Arbeit, Stuttgart 1969

Thomas, K. W. (1976), Conflict and conflict management, in: *Dunnette, M. D.* (Hrsg.), HIOP, Chicago 1976, S. 889–935

Thomas, K. W./Schmidt, W. H. (1976), A survey of managerial interest with respect to conflict, in: AMJ 1976, S. 315–318

Thomas, W. I. (1965), Person und Sozialverhalten, Neuwied/Bonn 1965

Thommen, J.-P. (1986), Die Lehre der Unternehmungsführung, 2. Aufl. Bern/Stuttgart 1986

Thompson, J. D. (1967), Organizations in action, New York u. a. 1967

Thompson, V. A. (1965), Bureaucracy and innovation, in: ASQ 1965, S. 1–20

Thorndike, E. L. (1911), Animal intelligence, New York 1911

Thorndike, E. L. (1913), The psychology of learning, Vol. II, New York 1913

Tichy, N. M. (1974), Agents of planned social change: Congruence of values, cognitions and actions, in: ASQ 1974, S. 164–182

Tichy, N. M./Devanna, M. A. (1986), The transformational leader, New York etc. 1986

Tichy, N. M./Fombrun, Ch. J./Devanna, M. A. (1982), Strategic human resource management, in: SMR 2/1982, S. 47–61

Tichy, N. M./Hornstein, H. A. (1976), Stand when your number is called: An empirical attempt to classify types of social change agents, in: Human Relations 1976, S. 945–967

Tjosvold, D./Wedley, W. C./Field, R. H. G. (1986), Constructive controversy, the *Vroom-Yetton* model, and managerial decision-making, in: JOB 7/1986, S. 125–138

Todt, E. (1977), Motivation: Eine Einführung in Probleme, Ergebnisse und Anwendungen, Heidelberg 1977

Töpfer, A. (1976), Planungs- und Kontrollsysteme industrieller Unternehmungen, Berlin 1976

Töpfer, A./Zander, E. (Hrsg.) (1982), Führungsgrundsätze und Führungsinstrumente, Frankfurt/M. 1982

Toffler, A. (1970), Future shock, New York 1970; deutsch: Der Zukunftsschock, Bern etc. 1970

Toffler, A. (1980), The third wave, New York 1980; deutsch: Die dritte Welle, München, 1980

Tolman, E. C. (1932), Purposive behavior in animals and men, New York 1932

Torre, H. de La/Toyne, B. (1978), Cross managerial interaction: A conceptual model, in: AMR 1978, S. 462–474

Tosi, H. L./Carroll, S. J. (1976), Management: Contingencies, structure and process, Chicago 1976

Tosi, H. L./Hamner, W. C. (1985), Organizational behavior and management, 1. Aufl. 1974, 4. Aufl. Columbus, Ohio 1985

Tracey, W. R. (1981), Human resource development standards, New York 1981

Trebesch, K. (1980), Teamarbeit, in: *Grochla, E.* (Hrsg.), HWO, 2. Aufl. Stuttgart 1980, Sp. 2217–2227

Trebesch, K. (Hrsg.) (1980), Organisationsentwicklung in Europa, Band 1 A: Konzeptionen, Bern/Stuttgart 1980

Trebesch, K. (1982), 50 Definitionen der Organisationsentwicklung – und kein Ende, in: Organisationsentwicklung 2/1982, S. 37–62

Triandis, H. C. (1975), Einstellungen und Einstellungsänderungen, Weinheim/Basel 1975; englische Originalausgabe 1971

Trist, E. L./Bamforth, K. W. (1951), Some social and psychological consequences of the long wall method of coal getting, in: HR 4/1951, S. 3–38

Trist, E. L./Higgin, G. W./Murray, H./Pollock, A. B. (1963), Organizational choice, London 1963

Tscheulin, D./Rausche, A. (1970), Beschreibung und Messung des Führungsverhaltens in der Industrie mit der deutschen Version des Ohio-Fragebogens, in: PuP 14/1970, S. 49–64

Tuckman, B. W. (1965), Development sequence in small groups, in: PB 1965, S. 384 bis 369

Tuckman, B. W. (1967), Group composition and group performance of structured and unstructured tasks, in: JESP 3/1967, S. 25–40

Türk, K. (1978), Soziologie der Organisation – Eine Einführung, Stuttgart 1978

Türk, K. (1981), Personalführung und soziale Kontrolle, Stuttgart 1981

Türk, K. (1987), Entpersonalisierte Führung, in: *Kieser/Reber/Wunderer* (Hrsg.), HWFür, Stuttgart 1987, Sp. 232–241

Türk, K. (1989), Neure Entwicklungen in der Organisationsforschung – Ein Trend Report, Stuttgart 1989

Turner, A. N./Lawrence, P. R. (1965), Industrial jobs and the worker: An investigation of response to task attributes, Boston 1965

Tushman, M. L. (1979), Work characteristics and subunit communication structure: A contingency analysis, in: ASQ 24/1979, S. 82–97

Tushman, M. L./Nadler, D. A. (1978), Information processing as an integrating concept in organizational design, in: AMR 1978, S. 613–624

Udy, Jr., S. H. (1959), Organization of work, New Haven 1959

Ulich, E. (1972), Arbeitswechsel und Aufgabenerweiterung, in: REFA-Nachrichten, Bd. 25, 1972, S. 265–278

Ulich, E. (1981), Subjektive Tätigkeitsanalyse als Voraussetzung autonomieorientierter Arbeitsgestaltung, in: *Frei/Ulich* (Hrsg.) (1981), S. 327–347

Ulich, E./Frei, F. (1980), Persönlichkeitsförderliche Arbeitsgestaltung und Qualifizierungsprobleme, in: *Volpert, W.* (Hrsg.), Beiträge zur psychologischen Handlungstheorie, Bern etc. 1980, S. 71–86

Ulich, E./Groskurth, P./Bruggemann, A. (1973), Neue Formen der Arbeitsgestaltung – Möglichkeiten und Probleme einer Verbesserung der Qualität des Arbeitslebens, Frankfurt/M. 1973

Ulrich, H. (1968/1970), Die Unternehmung als produktives soziales System, Bern/ Stuttgart 1968, 2. Aufl. 1970

Ulrich, H. (1971), Der systemorientierte Ansatz in der Betriebswirtschaftslehre, in: *Kortzfleisch, G. v.* (Hrsg.) (1971), S. 43–60

Ulrich, H. (1984), Skizze eines allgemeinen Bezugsrahmens für die Managementlehre, in: *Ulrich, H.* et al. (1984), S. 1–30

Ulrich, H./Krieg, W. (1972), Das St. Galler Management-Modell, Bern 1972,

Ulrich, H./Staerkle, R. (1962), Verbesserung der Organisationsstruktur von Unternehmungen, 2. Aufl. Bern 1962

Ulrich, H./Malik, F./Probst, G./Semmel, M./Dyllick, Th./Dachler, P./Walter-Busch, E. (1984), Grundlegung einer Allgemeinen Theorie der Gestaltung, Lenkung und Entwicklung zweckorientierter sozialer Systeme, IfB St. Gallen 1984

Ulrich, P. (1977), Die Großunternehmung als quasi-öffentliche Institution: Eine politische Theorie der Unternehmung, Stuttgart 1977

Ulrich, P. (1983), Konsensus-Management: Die zweite Dimension rationaler Unternehmensführung, in: BFuP 1/1983, S. 70–84

Ulrich, P. (1984), Systemsteuerung und Kulturentwicklung, in: DU 4/1984, S. 303 bis 325

Ulrich, P. (1986), Transformation der ökonomischen Vernunft, Fortschrittsperspektiven der modernen Industriegesellschaft, Bern etc. 1986, 2. Aufl. 1987

Urwick, L. F. (1943), The elements of administration, New York 1943

Urwick, L. F./Brech, E. F. L. (1963), An outline history of management literature, in: Brech, E. F. L. (Hrsg.) (1963), S. 83–93

U. S. Dept. of Health, Education and Welfare (Hrsg.) (1973/1974), Work in America, Cambridge, Mass./London 1973; deutsch: Die 8 Stunden am Tag, hrsg. von *E. Pieroth*, München 1974

Uyterhoeven, H. E. R./Ackerman, R. W./Rosenblum, J. W. (1977), Strategy and organization: Text and cases in general management, Homewood, Ill. 1973, 2. Aufl. 1977

Van de Ven, A. H./Delbecq, A. (1974), A task-contingent model of work unit structure, in: ASQ 1974, S. 183–197

Van de Ven, A. H./Delbecq, A./Koenig Jr., R. (1976), Determinants of coordination processes within organization, in: ASR 1976, S. 322–338

Van Zelst, R. H. (1952), Sociometrically selected work teams increase productivity, in: PP Autumn 1952, S. 175–185

Vecchio, R. P./Gobdel, B. C. (1984), The vertical dyad linkage model of leadership: Problems and prospects, in: OBHP 34 1/1984, S. 5–20

Vernon, R. A./Luke Jr. R. A. (1970), The temporary task force: Challenge to organization structure, in: Personnel, May/June 1970, S. 16–23

Vernon, R./Wells, L. T. (1986), Manager in the international economy, 5. Aufl. Englewood Cliffs, N. J. 1986

Vester, F. (1984), Neuland des Denkens, München 1984

Vilmar, F./Kißler, L. (1982), Arbeitswelt: Grundriß einer kritischen Soziologie der Arbeit, Opladen 1982

Volmerg, B./Senghaas-Knobloch, E./Leithäuser, T. (Hrsg.) (1986), Betriebliche Lebenswelt – eine Sozialpsychologie industrieller Arbeitsverhältnisse, Opladen 1986

Volpert, W. (1974), Handlungsstrukturanalyse als Beitrag zur Qualifikationsforschung, Köln 1974

Volpert, W. et al. (1983), Verfahren zur Ermittlung von Regulationserfordernissen in der Arbeitstätigkeit (VERA), Köln 1983

Voßbein, R. (1978), Matrix-Organisation – Konzept ohne Bedeutung? in: DB 23/1978, S. 1093–1096

Vroom, V. H. (1964), Work and motivation, New York etc. 1964

Vroom, V. H. (1981), Führungsentscheidungen in Organisationen, in: DBW 2/1981, S. 183–193˙

Vroom, V. H./Jago, A. G. (1988), The new leadership: Managing participation in organizations, Englewood Cliffs, N. J. 1988; deutsch: Flexible Führungsentscheidungen, Stuttgart 1990

Vroom, V. H./Yetton, P. W. (1973), Leadership and decision-making, Pittsburgh 1973

Wächter, H. (1987a), Soziale Verantwortung der Unternehmen – Eine Literaturanalyse, in: *Dierkes, M./Wenkebach, H. H.* (Hrsg.), Macht und Verantwortung, Stuttgart 1987, S. 141–186

Wächter, H. (1987b), Professionalisierung im Personalbereich, in: DBW 2/1987, S. 141–150

Wagner, A. (1987), Besser Führen mit Transaktions-Analyse, Wiesbaden 1987

Wagner, D. (1986), Möglichkeiten und Grenzen des Cafeteria-Ansatzes in Deutschland, in: BFuP 1/1986, S. 19–27

Wahren, H.-K. (1987), Zwischenmenschliche Kommunikation und Interaktion in Unternehmen, Berlin/New York 1987

Walker, Ch. R./Guest, R. H. (1952), The man one the assemgly line, in: HBR May/June 1952, S. 71–83

Wallach, M. A./Kogan, N. (1965), The roles of information, discussion and consensus in group risk taking, in: JESP 1/1965, S. 1–19

Walter-Busch, E. (1977), Arbeitszufriedenheit in der Wohlstandsgesellschaft, Bern 1977

Walter-Busch, E. (1984), Methodische Aspekte des Interdisziplinaritätsproblems in der systemorientierten Managementlehre, in: *Ulrich, H.* et al. (1984), S. 226–252

Walton, C. (1967), Corporate social responsibilities, Belmont, Calif. 1967

Walton, R. E. (1987), Managing conflict, Reading, Mass. 1969, 2. Aufl. 1987

Walton, R. E./Warwick, D. (1973), The ethics of organization development, in: JABS 1973, S. 681–689

Wanous, J. P. (1974), Individual difference and reactions to job characteristics, in: JAP 1974, S. 616–622

Wanous, J. P. (1980), Organizational entry. Recruitment, selection and socialization of newcomers. Reading, Mass. 1980

Watson, G. (1975), Widerstand gegen Veränderungen, in: *Bennis, W. G./Benne, K. D./Chin, R.* (Hrsg.), Änderung des Sozialverhaltens, Stuttgart 1975, S. 415–429

Watson, J. B. (1930), Behaviorism. Chicago 1930

Watson, J. B./Rayner, R. (1920), Conditioning emotional reactions, in: Journal of Experimental Psychology 3/1920, S. 1–14

Watzlawick, P./Beavin, J. H./Jackson, D. D. (1985), Menschliche Kommunikation: Formen, Störungen, Paradoxien, 7. Aufl. 1985, Bern etc., 1. Aufl. 1969

Watzlawick, P./Weakland, J. H./Fisch, R. (1974), Change, New York 1974; deutsch: Lösungen. Zur Theorie und Praxis menschlichen Wandels, Bern 1974

Weber, M. (1920), Die protestantische Ethik und der Geist des Kapitalismus, in: ders. (Hrsg.), Gesammelte Aufsätze zur Religionssoziologie, Tübingen 1920

Weber, M. (1921/1972), Wirtschaft und Gesellschaft, 5. Aufl. Tübingen 1972, 1. Aufl. 1921

Weber, W. (Hrsg.) (1983), Betriebliche Aus- und Weiterbildung, Paderborn etc. 1983

Weber, W. (1985), Betriebliche Weiterbildung, Stuttgart 1985

Weick, K. E. (1979/1985), The social psychology of organizing, New York 1969, 2. Aufl. 1979; deutsch: Der Prozeß des Organisierens, Frankfurt/M. 1985

Weihe, H. J. (1976), Unternehmungsplanung und Gesellschaft, Berlin/New York 1976

Weiner, B. (1972/1976), Theories of motivation: From mechanism to cognition, Chicago 1972; deutsch: Theorien der Motivation, Stuttgart 1976

Weiner, B. (1980), Human motivation, New York etc. 1980

Weinert, A. B. (1983), Der Mensch in der Unternehmung, in: DU 37/1983, S. 222 bis 243

Weinert, A. B. (1984), Menschenbilder in Organisations- und Führungstheorien: Erste Ergebnisse einer empirischen Überprüfung, in: ZfB 54/1984, S. 30–62

Weinert, A. B. (1987), Lehrbuch der Organisationspsychologie, München/Wien/Baltimore 1981, 2. Aufl. München-Weinheim 1987

Weitzig, J. K. (1979), Gesellschaftsorientierte Unternehmenspolitik und Unternehmensverfassung, Berlin/New York 1979

Welge, M. K. (1975), Profit-Center Organisation, Wiesbaden 1975

Welge, M. K. (1985), Unternehmungsführung, Bd. 1: Planung, Stuttgart 1985

Welge, M. K. (1987), Unternehmungsführung, Bd. 2: Organisation, Stuttgart 1987

Welge, M. K. (1988), Unternehmungsführung, Bd. 3: Controlling, Stuttgart 1988

Welters, K. (1989), Cross Impact Analyse, in: *Szyperski/Winand* (Hrsg.), HWPlan, Stuttgart 1989, Sp. 241–248

Werhahn, P. H. (1980), Menschenbild, Gesellschaftsbild und Wissenschaftsbegriff in der neueren Betriebswirtschaftslehre, Bern/Stuttgart 1980

Wheelwright, St. C. (1973), An experimental analysis of strategic planning procedures, in: Journal of Business Policy 1973, S. 61–74

White, R. K./Lippitt, R. (1960), Autocracy and democracy: An experimental inquiry, New York 1960

Whyte, W. F. (1948), Human relations in the restaurant industry, New York 1948

Whyte, W. F. (1956), The organization man, New York 1956

Wicke, L. (1989), Umweltökonomie, München 1982, 3. Aufl. 1991

Wiedemann, H. (1967), Die Rationalisierung aus der Sicht des Arbeiters, 2. Aufl. Köln/Opladen 1967

Wiedemann, H. (1971), Das Unternehmen in der Evolution, Neuwied/Berlin 1971

Wiedmann, K.-P. (1988), Corporate Identity als Unternehmensstrategie, in: WIST 5/1988, S. 236–242

Wiener, N. (1948), Cybernetics. Or control and communication in the animal and the machine, New York 1948

Wild, J. (1972), Product-Management. Ziele, Kompetenzen und Arbeitstechniken des Produktmanagers, München 1972, 2. Aufl. 1973

Wild, J. (Hrsg.) (1974), Unternehmungsführung: Festschrift für Erich Kosiol, Berlin 1974

Wild, J. (1981), Grundlagen der Unternehmungsplanung, Reinbek bei Hamburg 1974, 3. Aufl. Opladen 1981

Williamson, O. E. (1975), Markets and hierarchies: Analysis and antitrust implications, New York 1975

Williamson, O. E. (1985), The economic institutions of capitalism: Firms, markets, relational contracting, New York 1985

Wilpert, B. (1977), Führung in deutschen Unternehmen, Berlin/New York 1977

Windolf, P. (1981), Berufliche Sozialisation, Stuttgart 1981

Winter, G. (1987), Das umweltbewußte Unternehmen, München 1987, 4. Aufl. München 1990

Wissema, J. G./Van der Pol, H. W./Messer, H. M. (1980), Strategic management archetypes, in: Strategic Management Journal 1/1980, S. 37–47

Witte, E. (1962), Immaterielle Investitionen, in: Rationalisierung 10/1962, S. 237 bis 238

Witte, E. (1968), Die Organisation komplexer Entscheidungsverläufe – Ein Forschungsbericht, ZfbF 1968, S. 581–599, S. 625–647

Witte, E. (1969), Führungsstile, in: *Grochla, E.* (Hrsg.), HWO, 1. Aufl. Stuttgart 1969, Sp. 595–602

Witte, E. (1973), Organisation für Innovationsentscheidungen, Göttingen 1973

Witte, E. (1981), Die Unternehmenskrise. Anfang vom Ende oder Neubeginn?, in: *Bratschitsch, R./Schnellinger, W.* (Hrsg.), Unternehmenskrisen, Stuttgart 1981, S. 7–24

Witte, E. (Hrsg.) (1981), Der praktische Nutzen empirischer Forschung, Tübingen 1981

Witte, E./Bronner, R. (1974), Die leitenden Angestellten, München 1974

Wittlage, H. (1986): Methoden und Techniken praktischer Organisationsarbeit, Herne/Berlin 1980, 2. Aufl. 1986

Wittmann, W. (1958), Betriebswirtschaftslehre und Operations Research, in: ZfbF, S. 285–297

Wittmann, W. (1959), Unternehmung und unvollkommene Information, Köln/Opladen 1959

Wohlgemuth, A. C. (1982), Das Beratungskonzept der Organisationsentwicklung, Bern/Stuttgart 1982

Wolff, R. (1982), Der Prozeß des Organisierens. Zu einer Theorie des organisationalen Lernens, Spardorf 1982

Wollert, A./Bihl, G. (1983), Wertorientierte Personalpolitik, 2 Teile, in: Personalführung 8/9, S. 154–162, Heft 10, S. 200–205

Woodward, J. (1958), Management and technology, London 1958

Woodward, J. (1965), Industrial organization: Theory and practice, London 1965

Wortman Jr., M. S. (1961), A philosophy for management, in: Advanced Management, Oct. 1961, S. 11–15

Wrege, Ch. D./Perroni, A. G. (1974), Taylor's pig-tale: A historical analysis of *Frederick W. Taylor's* pig iron experiments, in: AMJ 1974, S. 6–27

Wrege, Ch. D./Stotka, A. M. (1978), Cooke creates a classic: The story behind *F. W. Taylor's* principles of scientific management, in: AMR 1978, S. 736–749

Wren, D. A. (1979), The evolution of management thought, New York 1972, 2. Aufl. 1979

Wrighley, L. (1970), Divisional autonomy and diversification, Diss. Harvard Business Scholl, Boston 1970

Wright, T. P. (1936), Factors affecting the cost of airplanes, in: Journal of the Aeronautical Sciences, 3/1936, S. 122–128

Wührer, G. (1985), Strategien des Personalmanagements, Krefeld 1985

Wunderer, R. (1979b), Das „Leader-Match-Concept" als Fred Fiedlers „Weg zum Führungserfolg", in: *Wunderer, R.* (Hrsg.) (1979), S. 219–251

Wunderer, R. (Hrsg.) (1979), Humane Personal- und Organisationsentwicklung, Berlin 1979

Wunderer, R. (Hrsg.) (1983), Führungsgrundsätze in Wirtschaft und öffentlicher Verwaltung, Stuttgart 1983

Wunderer, R. (Hrsg.) (1988), Betriebswirtschaftslehre als Management- und Führungslehre, Stuttgart 1985, 2. Aufl. 1988

Wunderer, R./Grunwald, W. (1980), Führungslehre, 2 Bände, Berlin/New York 1980

Wunderer, R./Mittmann, J. (1987), Identifikation, in: *Kieser/Reber/Wunderer* (Hrsg.), HWFür, Stuttgart 1987, Sp. 1085–1097

Wundt, W. (1874), Grundzüge der physiologischen Psychologie, Leipzig 1874

Wylie, R. (1974), The self concept, Vol. I, Lincoln, Nebr. 1974

Wysocki, K. v. (1981), Sozialbilanzen, Stuttgart/New York 1981, 2. Aufl. 1989

Yuchtman, E./Seashore, St. E. (1967), A systems resource approach to organizational effectiveness, in: ASR December 1967, S. 891–903

Yukl, G. A. (1981), Leadership in organizations, Englewood Cliffs, N. J. 1981, 2. Aufl. 1989

Zahn, E. (1979), Strategische Planung zur Steuerung der langfristigen Unternehmensentwicklung, Berlin 1979

Zahn, E. (1981), Entwicklungstendenzen und Problemfelder der strategischen Planung, in: *Bergner, H.* (Hrsg.), Planung und Rechnungswesen in der Betriebswirtschaftslehre, Berlin 1981, S. 145–190

Zaleznik, A. (1977), Managers and leaders: Are they different? in: HBR May/June 1977, S. 67–78

Zeigarnik, B. (1927), Das Behalten erledigter und unerledigter Handlungen, in: Psychologische Forschung 9/1927, S. 1–85

Zwerdling, D. (1984), Workplace democracy, 3. Aufl., New York etc. 1984

Zwerman, W. L. (1970), New perspectives on organization theory. An empirical reconsideration of the Marxian and classical analyses, Westport, Conn. 1970

Personenverzeichnis

Fettgedruckte Seitenverweise enthalten kurze biographische Angaben.

Stichwortverzeichnis